房地产股份有限公司
of Chongqing Iron & Steel Group

创新·人本

重庆钢铁集团朵力房地产股份有限公司简介

国家一级开发企业朵力地产是重庆市属最大工业企业重钢集团控股子公司，专注从事小区住宅的开发，资本金近4亿元，资产规模近7亿元。

近年来，朵力地产坚守诚信、责任、创新、人本的企业精神和企业文化，牢固树立市场为先，品牌为重，以人为本的企业理念，传承重钢百年精神，创新重庆人居环境，在政府及重钢集团的大力支持下，相继独立开发了马王村片区、新山村小区、月光小区、钢花小区、朵力名都等总体量近100万平方米的小区住宅，经典之作朵力名都以优良的工程质量、优美的环境绿化、优质的物业管理获得社会的高度赞扬，评为"重庆十佳人居经典住宅小区"、"中国·重庆名盘"、"重庆市园林式小区"、"重庆市物业管理示范小区"、"2004年重庆市优秀住宅小区"。

正确的理念、清晰的思路、精细化的运作造就了朵力地产的成功，从1999年以来连续四届荣获重庆市房地产开发企业50强、从2000年以来连续三次获重庆市房地产诚信企业、重庆市诚信纳税先进企业、重庆市守合同重信用企业，连续7年保持重庆市文明单位，2006年朵力地产荣获全国房地产诚信企业称号，同时今年开发的朵力尚美国际还荣获中国住交会授予的"中国名盘"称号等荣誉，2005年荣升国家一级房地产开发资质，朵力品牌为重庆市著名商标。

朵力地产目前在售楼盘有朵力·西城星座、朵力·欣元、朵力·尚美国际一、二、三组团，朵力·尚美国际位于高新区二郎科技新城，总体量33万平方米，属高品质园林小区。

朵力地产从一个后勤处室，每年靠集团公司补贴过日子的企业，逐步走向市场，2000年以前企业年利润在150万元至300万元左右；2001年到2005年年利润在1000万元至1500万元之间；2006年我司确立了三个突破的工作思路，建立了项目成本精细化管理控制体系，使开发速度、开发规模、经济效益得到突破，实现销售收入2.2亿元，实现利润2020万元。

重钢朵力 打造诚信 首创成建制“交房交证”

2006年度中国房地产诚信建设典型事件纪要

重钢朵力坚持“责任、诚信、创新、人本”的经营理念，着力打造诚信经营，目前业主投诉为零，朵力品牌形象得到不断提升。2006年，重钢朵力开发的朵力·尚美国际项目一、二组团从7月29日开盘以来，销售率分别达到80%和60%，在我市房地产行业中处于领先地位，重钢朵力受到市民的热烈追棒和关注，主要源于“诚信为本，效益为重，市场为先”。重钢朵力长期以诚信为本，也使我司连续三次获得了重庆房地产开发“诚信企业”称号，2006年还获得了“2005-2006年度中国房地产诚信企业”的殊荣，在荣誉面前朵力地产更加深刻的认识到诚信的内涵和意义。面对目前房地产市场出现的开发商办证拖延和信息不公开等问题，重钢朵力推出了“成建制交房交证”和“六公开”的首创做法。为进一步打造房地产业的诚信开了先河，重钢朵力的具体做法是：

▲朵力房产公司董事长党委书记黎伟作成建制交房交证情况汇报

▲朵力房产司成建制交房交证情况汇报会

一、信息公开，业主就是董事长

为使市民和业主了解重风钢朵力情况，重钢朵力建立了(www.doorlead.com)的网站，任何一个人，只要点开该网站，就能够了解掌握该公司的工程进度、质量、购房信息以及重钢朵力的业主所渴望掌握的所有信息。重钢朵力在网络平台上，做到了“六公开”，　一是公示预售“一证一书”（《重庆市商品房预售（预租）许可证》、重庆市房屋勘测院出具的《商品房预售面积预测报告书》）的影印原件；二是及时向公众公告各种工程动态和各类招投标情况；三是办理产权证前公示“一书一证”（《重庆房屋面积测算报告书》及《重庆市建设工程竣工验收备案登记证》）的公告；四是及时通报关于办理产权证的进展情况；五是向购房业主公布发放产权（小）证的计划时间；六是通知发放业主的产权(小)证。通过严格、有效并且及时的实施这“六公开”，目前朵力已初步成功证明这一网络平台能有效解决业主所反映的信息不对称问题。信息化平台的建设和成功运行，让业主所掌握的信息跟地产公司的董事长并没有大的区别。从承诺和实施成建制交房即交证，到建网络平台解决业主和开发商之间的信息不对称瓶颈，重钢朵力创造了两个全国第一。今年，重钢朵力建立了一个从预售，竣工，验收，备案再到拿房产权证全程信息公开的网络平台。在全国，这种从预售开始到最终办理每一户房产权证，全程均向业主公开的企业，朵力地产是第一家。

二、重钢朵力成建制“交房交证”

重庆钢铁集团朵力房地产股份有限公司开发的“朵力·欣元”、“朵力·西城星座”（朵力三期）两个项目已经提前竣工。均取得了两个项目的所有房地产权（总）证、《重庆市房产面积测算报告书》（简称“一书”）和《重庆市建设工程竣工验收备案登记证》（“一证”）

在重庆市与大渡口区政府各有关部门与单位的关心帮助下，尤其是在重庆市地房局的指导和大渡口区政府职能部门的高效工作下，10月27日下午，我们已经取得两个项目的所有房地产权（总）证。目前我司已为业主办理产权（小）证369个（除业主特殊原因外），我司都将实行“交房交证”。在朵力·欣元、朵力·西城星座（朵力三期）“交房交证”以后，我司还将对购买了其尚美国际二组团及其以后的所有业主实施交房即交证。

不仅是二组团，今后购买重钢朵力项目所有的业主都将享受到交房交证的待遇。重钢朵力地产实行的是成建制的交房交证，这一举措，为全国首创。

按照国家有关规定，“由于开发企业的原因，承购人未能在房屋交付使用之日起90日内取得房屋权属证书的，除开发企业和承购人有特殊约定外，开发企业应当承担违约责任。”而我市的规定更为严格：预售商品房需在交房60天内，到产权部门办理产权登记手续。

因此，重钢朵力这一成建制的交房即交证的重大举措，在全国地产行业是一个突破。更重要的是，这一举措，使得业主在销售、抵押等活动时，能非常便捷地办理下来对民间经济的拉动有非常重要的推动作用。

办理房地产权证其实是个综合的系统工程，涉及至少五个以上的部门，而且必须所有的资料都整齐了，才能在规定时间内办理下来。那么，为什么包括很多地产大腕在内的地产商至今都没能向所有业主承诺，“一手交房，一手交证”，而单重钢朵力就敢于承诺呢?

“交房交证其实是我们精细化管理和提升执行能力的结果。”举例说，从周一到周五，重钢朵力的每个员工对自己所要做的工作都有非常详细的安排，并照此落实和执行具体到每件资料的登记处理以及完成时间，都会有详细的日志。交房交证是体现地产公司诚信与管理水平的一个重要标志，它要求楼盘在建筑施工、工程监理、建筑分步验收、资料管理等方面有非常高的管理水平。

开发企业办证拖延，通常存在两个问题，一是竣工综合验收出了问题，过不了关；二是国土证抵押到银行，难以解押由于在这两方面都不存在问题，重钢朵力因此敢于承诺成建制的交房交证。

鉴于重钢朵力的成功突破，大渡口区已倡导辖区154家企业向重钢朵力学习，市地房局拟将在重钢朵力进一步试点，然后据此在全市推广。

在大渡口区国土分局、房管分局与大渡口产权产籍监理所的努力下，经过对购房客户填写的“办理产权证所需资料”的初审、复审合格后，按照重庆市有关法规要求和业务流程，目前，已购“朵力·欣元”“朵力·西城星座”房屋的业主的第一批房地产权（分）证319户已经办好。重钢朵力已经在2006年12月中旬举行“交房交证”活动。

三、实施“交房交证”的效果

实施“交房交证”取得了“政企合协、政企互动、四个满意”的效果。一是群众满意，由于一些房地产企业不讲诚信，造成业主迟迟不能拿证，到处进行投述，重钢朵力的交房交证，使业主吃到了定心丸，得到了满意。二是政府满意，由于重钢朵力按照政府（现行法规框架下）提供的内容完成了“交房交证”所需要的各项备案资料，也体现了“政府执政为民服务发展”，政府有关部门也积极为企业服务，及时办好手续，使诚信政府得以体现。三是金融机构满意，避免了金融信贷的风险。四是企业满意，“政企和谐、政企互动”支持，将企业的诚信度得以进一步提升，巩固了“朵力”品牌，体现了“重钢朵力”的社会责任感，使企业得到更好的发展机遇。

【重庆】

2006，重庆龙湖地产8盘连推，再度刷新重庆楼市年度销售纪录，领军重庆，超越自己。

【成都】

2006，成都龙湖地产1号作品晶蓝半岛荣耀面世，半年销售突破1500套，并创造出成都楼市三大纪录。

【北京】

北京龙湖地产1号作品即将亮相京城。从新起点再次出发，新的征战掷地有声。

重庆项目：

成都项目：

北京项目：

▪龙湖荣誉▪

• 2003/2005年“全国住宅用户满意度抽查测评”第一名 • 全国重合同守信用企业 • 全国物业管理示范住宅小区

• 连续十年蝉联“重庆市十佳住宅小区”第一名 • 2006年“首届全国房地产行业诚信企业”

重庆/龙湖大社区全景

重庆/龙湖·北城天街

重庆/龙湖·蓝湖郡

重庆/龙湖·西苑

重庆/龙湖·香樟林

重庆/龙湖·水晶郦城

龙湖地产经典楼盘展示

重庆/龙湖·水晶郦城

重庆/龙湖·大城小院

重庆/龙湖·蓝湖郡

重庆/龙湖·弗莱明戈

重庆/龙湖·弗莱明戈

重庆联合产权交易所

CHONQING LIANHE CHANQUAN JIAOYISUO

重庆联合产权交易所（简称重交所），是根据党中央、国务院关于深化国有企业改革、规范国有产权有序流转的精神，经重庆市人民政府批准，于2004年3月19日正式挂牌成立的为全社会所有产权包括物权、股权、债权、知识产权等交易服务的综合性产权交易平台，为重庆市国资委指定的重庆唯一的国有产权交易平台。

重交所成立近三年来，以对国有资产、交易各方、股东、会员及内部员工负责为宗旨，认真履行职能职责，做了大量卓有成效的工作。具有“起步规范，机制良好；政策业务，全国最多；物权交易，成效显著；市场体系，健全完善；信息系统，优势独特；廉政建设，卓有成效”等六大特点，被业内专家和舆论界誉为产权交易“重庆模式”。现已成为重庆市资本要素市场的重要组成部分，为重庆的改革开放和现代化建设发挥了积极作用。

一、交易情况

重交所尽管起步较晚，但起点较高，运作规范，发展前景较好。截至2006年12月，已实现交易项目3687宗、交易额267.86亿元，其中竞价增值率12.53%。尤其是电子竞价项目，竞价增值率达24.47%。特别是涉讼破产国资的进场，在全国尚属首创，不仅盘活了存量资产，而且较好地解决了部分国有破产企业久拖不决的资产处置和职工安置难题，为维护社会稳定、创建和谐社会作出了积极贡献。如重庆锅炉总厂经过三次拍卖，溢价2250万元，增幅15%，得到王鸿举市长的充分肯定："这是一次有益的经验，是对市场经济机制的进一步认知"。市委邢元敏副书记评价：搭建产权交易阳光平台十分重要，重交所的体制机制很好，员工队伍朝气蓬勃，这是做

国务院国资委常务副主任李伟（前排左一）、产权局局长郭建新（后排右一）等领导视察重庆联交所

重庆市委副书记邢元敏（右三）视察重庆联交所

重庆市委常委、常务副市长黄奇帆在重庆联交所新址鸣锣仪式上致辞

一、交易情况

重交所尽管起步较晚，但起点较高，运作规范，发展前景较好。截至2006年12月，已实现交易项目3687宗、交易额267.86亿元，其中竞价增值率12.53%。尤其是电子竞价项目，竞价增值率达24.47%。特别是涉讼破产国资的进场，在全国尚属首创，不仅盘活了存量资产，而且较好地解决了部分国有破产企业久拖不决的资产处置和职工安置难题，为维护社会稳定、创建和谐社会作出了积极贡献。如重庆锅炉总厂经过三次拍卖，溢价2250万元，增幅15%，得到王鸿举市长的充分肯定："这是一次有益的经验，是对市场经济机制的进一步认知"。市委邢元敏副书记评价：搭建产权交易阳光平台十分重要，重交所的体制机制很好，员工队伍朝气蓬勃，这是做

国务院国资委常务副主任李伟（前排左一）、产权局局长郭建新（后排右一）等领导视察重庆联交所

重庆市委副书记邢元敏（右三）视察重庆联交所

重庆市委常委、常务副市长黄奇帆在重庆联交所新址鸣锣仪式上致辞

重庆联合产权交易所

CHONQING LIANHE CHANQUAN JIAOYISUO

(接上页)强做大的希望所在。市委常委、常务副市长黄奇帆欣然评价：重交所的建立，为重庆市国有产权和民营企业资产转让提供了一个很好的流通平台。

国务院国资委常务副主任李伟、产权局局长郭建新评价：重交所起步晚、起点高，软硬件平台搭建好，内部管理严格规范。

二、主要特点

（一）起步规范，机制较好重交所作为重庆唯一的国有产权交易机构，从根本上避免了多个产权交易机构并存、恶性竞争的弊端产生。重交所的现行体制，既有利于切实履行国资交易特殊的游戏规则，又可发挥企业的优势做强做大平台。总的来看，重交所的起步良好，起点较高，运作规范，前景广阔。

（二）政策业务，全国最多

在市委、市政府和市级有关部门的大力支持下，重交所获得的政策性业务全国最多：一是经营性国有产权；二是涉讼国有产权；三是机关、团体、事业单位国有产权；四是地方金融企业国有产权；五是非上市公司股权托管。

（三）物权交易，成效显著

重交所盯住量大面广、流动性强的物权交易，使房产、设备等物权交易实现了最大化。截至2006年12月，实现物权交易项目2879宗，占总交易宗数的77.98 %。

（四）市场体系，构建完善

在布局市场体系上，重交所采取了横向与纵向相结合的布局，横向与全国主要产交所和相关专业市场及40多个会员单位合作，纵向构建了总所、分所（4个）、支所（25个）三级管理模式，把分支机构建到了主城以外的每一个区县，不仅使产权交易方便快捷，而且实现了国资进场交易工作在我市的全覆盖。

（五）信息系统，优势独特

强大的信息功能，是重交所的一大优势。重交所成立以来，相继投入600余万元，用于信息化建设，不仅组建了自己的网站，而且建立了较为完善的信息系统，包括国务院国资委监测系统、业务软件系统、电子竞价系统、OA办公系统等软件系统。网站的建立，与全国兄弟产交所联网，其披露信息和征集受让方的范围极为广泛；业务软件系统的建立，有效实现了对分支机构的远程管理；电子竞价作为国务院国资委倡导的目前最为先进的竞价方式，其竞价系统的建立，消除了人为因素的干预，使交易更加公正、规范，交易双方对此非常赞赏。

（六）道德风险，防范严格

重交所成立以来，非常注重维护“阳光平台”的形象，在加强员工自律意识教育的同时，作出了一系列防范员工道德风险和预防商业贿赂的规定，采取了一系列行之有效的措施，取得了很好的成效。重交所成立至今，未发现一例员工不廉洁和商业贿赂方面的案例，多次受到市纪委、市国资委纪委的好评。

三、运作思路

展望未来，重交所发展前景广阔。重交所下一步工作的指导思想是：树立和落实科学发展观，围绕实现国有资产保值增值，着眼于增强国有经济的活力和竞争力，力争在规范国有产权交易行为、加强国有产权交易的监督管理方面实现新的突破，更好地发挥产权市场的资源配置的基础性作用，为实现我市经济全面协调持续发展做出新的更大的贡献。

其总体运作思路是：紧紧围绕“大产权、大市场”的理念，始坚持对国有资产、交易各方、会员单位、股东单位、内部员工“五负责”的宗旨，坚持“公开、公平、公正”、“规范、高效、创新”的服务理念，遵循“内强素质、外树形象、服务发展、打造精品”的运作思路，朝着预定的奋斗目标迈进，将重交所真正打造成为与直辖市地位、长江上游地区经济中心相匹配的，立足重庆、辐射西部、面向全国的产权交易大市场。

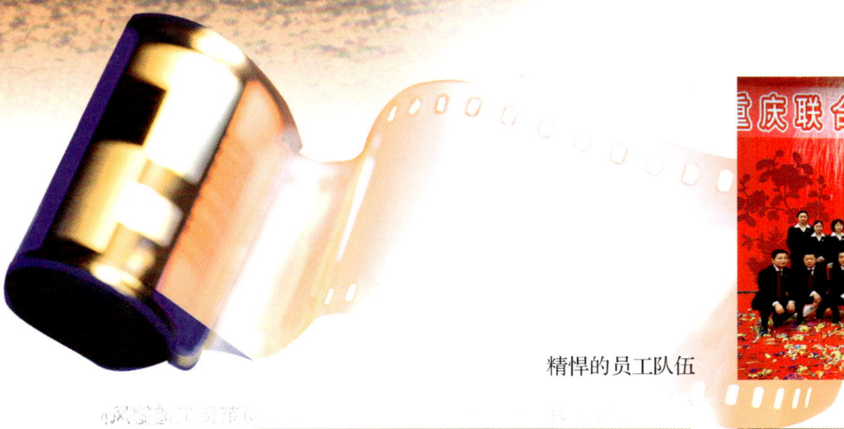

精悍的员工队伍

宗申—中国企业500强 | 宗申—中国机械500强 | 宗申—中国驰名商标 | 宗申—中国名牌

地址ADDRESS:重庆市巴南区宗申工业园 ZONGSHEN INDUSTRIAL PARK, BANAN DISTRICT CHONGQING | 邮编POSTALCODE:400054 网站http://www.zongshenmotor.com

ZONGSHEN INDUSTRIAL GROUP

宗申产业集团 ZONGSHEN INDUSTRIAL GROUP

宗申产业集团有限公司立足于重庆，着眼于全球，坚定不移地实施“热动力机械相关多元化”发展战略，专注于热动力机械产品的开发、制造和销售。在全球化浪潮、后工业化时代的到来之际，抓住国际产业进行重新分工的机遇，全球定位宗申的产业和产品，承接国际产业转移。在积累科技创新实力和精良制造经验的基础上，实现与世界先进制造技术、世界先进制造标准的对接，建设工业园区，搭建国际合作平台，终结组装旧模式，开启制造新时代，全方位提升企业自主创新能力，全方位提升工业产品的制造水平，重新定义“中国制造”。力争在宗申发展的第2个10年末(2012年)，宗申重庆制造基地实现年产各类动力产品(摩托车动力、汽车动力、船艇动力、飞行器动力、通用机械动力、燃料电池动力等)1000万台的数量级目标。打造一个系列化、国际化的动力集成基地，打造一个世界级的“动力王国”。

——左宗申

■中共中央政治局常委、国务院总理温家宝（左一）高度称赞宗比合作

■重庆市委书记、市人大常委会主任汪洋（左二），重庆市市长王鸿举（右一）出席2006非公有制经济人士表彰大会，并与左宗申先生（右二）等合影

■非典捐赠220万

■宗申和比亚乔的签约仪式

■宗申工业园101厂房外景

■宗申车手在比赛中

■宗申发动机成品测试线

■第一台宗申制造比亚乔发动机正式下线

2006年05月30日 重庆市委市政府隆重举行表彰大会，对宗申集团总裁左宗申等128位民企老板进行表彰并授予"重庆市非公有制经济人士优秀社会主义事业建设者"荣誉称号。

2006年07月02日 重庆市政府公布了2005年度工业企业50强榜单，宗申连续第七年入选并列榜单第8位。

2006年09月02日 中国企业联合会、中国企业家协会联合发布2006中国企业500强，宗申产业集团有限公司列第461位。在同时发布的2006中国制造业500强中列第259位。

2006年12月08日 在全国工商联、日本经济同友会、韩国经济人联合会、新加坡工商联合总会共同举办的“亚洲制造业论坛2006年会”上，左宗申入选“2006中国制造业10大创新人物”。

2006年12月20日 中国第二届全国优秀中国特色社会主义事业建设者表彰大会在北京召开，左宗申作为重庆市的三位获奖代表之一赴京领奖。

2007年01月10日 国家商务部公布了2006年度“最具市场竞争力品牌”名单，宗申成为全国入选的22个品牌之一。

2007年01月18日 “2006十大渝商颁奖典礼”举行，左宗申当选十大渝商，并荣获2006渝商年度人气大奖。

2007年02月04日 2006重庆首届民营经济十大风云人物评选颁奖盛典隆重举行，左宗申再次荣膺这一重庆人民给予的殊荣。

ZONGSHEN
宗申产业集团
ZONGSHEN INDUSTRIAL GROUP

激情演绎 光荣梦想
中国宗申车队 世界冠军车队 邀你共同见证2007精彩赛事
CHINA ZONGSHEN RACING TEAM CHAMPION OF THE WORLD
HTTP://WWW.ZONGSHENMOTOR.COM
China
ADVANCE
RACE TEAM OF ZONGSHEN CHINA
中国宗申车队
2007

一路凯歌——重庆交通

CHONGQING TRAFFIC

旅游投资集团有限公司

& TOURISM INVESTMENT GROUP CO.,LTD.

一　千山万水，重庆高投应运而生

一个富有三千年巴渝文化底蕴的历史名城，它丰姿绰约。

一个中国最年轻的直辖市，它正在谱写无尽的现代神话。一个世界最大的内陆山水城，它力图高铸辉煌。

重庆，这个在近10年内迅速发展的山城雾都，以其不容忽视的经济发展速度、浓厚的文化底蕴、闻名遐迩的夜景……，吸引着国人甚至世人的眼球。这个中国西部唯一的直辖市在短短十年造就了一个不容置疑的神话，它没有让重庆人失望，没有让中国失望。纵观其巴山绵延，渝水纵横，俯瞰历史源远流长，文化积淀深厚，构成了集山、水、林、泉、瀑、峡、洞等为一体的壮丽自然景色和融巴渝文化、民族文化、移民文化、三峡文化、“陪都”文化、都市文化于一炉的浓郁文化色彩。

而10年前的重庆,纵然相同的显山露水，可是瞭望云遮雾绕的山城重庆，高山巍峨，河流低回，一条条羊肠小路蜿蜒曲折，数百年来锁咽着边远区县的经济发展。

修路，是改变贫困现状的根本方法，是造福子孙后代的伟大工程，势在必行。

就在建设长江上游经济中心、构建长江上游交通枢纽这一激动人心的历史时刻，2002年12月12日，重庆高等级公路建设投资集团有限公司（以下简称“高投公司”）——这颗肩负重庆经济发展重任的新星应运而生。“千山写春秋，天堑变通途”，这不是远古的神话，重庆高投公司以矫健稳重的步伐，以“万山磅礴一道通，千水沟壑八方联”的气势，谱画着高等级公路绵延亘古的永世传奇，铸就着旅游兴市的辉煌篇章。

二　春华秋实，四年耕耘硕果累累

高投公司，成立于2002年12月12日，是重庆市人民政府出资组建的国有大型独资公司，经市政府授权对重庆市的高等级公路实施投资（含回购）、组织建设、经营和资产管理，同时兼营土地储备整治，房地产开发，物业管理，交通机械等业务。

高投公司转变思维方式，创新投融资体制，彻底打破制约高等级公路建设的瓶颈。形成了“集中信用、统一建设，统一管理”的“高投模式”，突破了资金需求难题，实现了公司的良性循环和可持续发展，换来了累累硕果。它在全国交通系统被誉为“重庆模式”，先后被江西、贵州等兄弟省市借鉴运用。

在董事长、全国劳模李健的带领下，公司先后获得“市级模范职工之家”、“市国资委考核特别奖”、“市交委年度考核一等奖”、文明单位和好班子等78项荣誉称号。公司坚持“理性投资，效益为先；集中信用，诚信为本；规范管理，良性发展”的经营理念，在完成市委、市政府赋予的从2003年至2007年5年间、投融资108亿元，

庆交通旅游投资集团有限公司

CHONGQING TRAFFIC & TOURISM INVESTMENT GROUP CO.,LTD.

建成36条2000多公里县际联网公路任务的同时，积极创新探索旅游、房地产等多元发展路子，推进快速可持续健康发展，以“苦干、实干、奋进、拼搏”的高投精神和“敢打硬仗，善打恶仗，能打胜仗”的气魄，在几千万民众的渴盼中，用钢铁般的意志修筑出一项又一项震撼人心的工程，努力把公司打造成“发展思路清、市场潜力大、合作领域广、企业信誉优、经济实力强”的政府投融资集团。

“8小时重庆”，耗资40亿元，穿越崇山峻岭，绵延860多公里，打破了山区人民的贫困僵局；36条县际联网公路，2000多公里，纵贯南北，为边远山区的穷苦人民带来了新生；生命护栏工程最大限度的减少事故发生，保障了人民生命财产安全；“两卡一接待制度”（民工工资明白卡、社会监督卡、民工接待日），解决民工工资10多亿元；“阳光招投标”办法和“阳光变更”法（这一系列招投标、工程变更办法是重庆县际联网公路建设史上的一次重大革命），最大限度的节约投资并有效杜绝了工程招投标中的腐败行为……

精诚团结，不屈不挠的高投人在公司领导李健的带领下，历经为时四年的风雨洗礼，凭着“苦干、实干、奋进、拼搏”的企业精神，借以“攻坚克难、敢于胜利、勇争一流”的企业态势和“严密组织、科学管理、树公司形象”的企业理念为指引，脚踏实地行进在“积极探索、多元发展、健康持续”的企业道路上，在四年春秋中茁壮成长起来，为重庆经济发展划上了功不可灭的漂亮一笔。

高投公司就在这四年，从一颗横空而出的新星，冉升为了山城夜空中的璀璨之星。

三　旅游新象，创新之歌划破长空

开拓了“重庆经济发展之路”后，高投人并未以此满足，昨日的成就固然辉煌，但他们依然怀着澎湃的热情，以敏锐的市场洞察力观察着重庆这个物华天宝，地产丰盈的宝地，时刻准备着以万变应一变，为这个魅力都市再画下炫目的一笔。

从夏禹王“三过其门而不入”的涂山旧痕，到“上帝折鞭之处”的合川钓鱼城古迹；从白雪皑皑的金佛山，到驰名古今的长江三峡，重庆这座山水共灵的文化之都以其独具特色的魅力吸引着各地的旅游者。进入新世纪，重庆旅游业发展面临新机遇和新挑战。世界旅游的热点正向亚太地区转移，中国旅游业在世界旅游市场上的地位日益提高。据世界旅游组织预测，到2020年，中国将成为世界上最大的旅游目的地国家和第四大旅游客源国。国民收入的不断提高和闲暇时间增加，国内旅游需求空前高涨，旅游消费已成为社会公众消费的重要组成部分，党中央、国务院已作[illegible]业作为国民经济新的增长点予以加快发展的重要决策。西部大开发、中国加入WTO和三峡工程建设及库区开发等，为重庆旅游业提供了千载难逢[illegible]展机遇。

长路漫漫，挥斥方遒；风云际会，歌破长空。高投公司在成立短短四年时间里，为重庆经济社会发展作出了应有的贡献，公司取得了良好的成绩，得到了市委、市政府的充分肯定。为了实施“旅游强市、旅游兴市”战略，实现把重庆建设成为长江上游交通枢纽和旅游中心的宏伟目标，市委、市政府决定赋予高投公司新的重任——更名为重庆交通旅游投资集团有限公司，对全市的高等级公路进行投资、建设、经营管理，对旅游景点实施投资、开发和经营。

2006年9月29日，秉承着把重庆建设成为长江中上游交通枢纽和旅游中心这一宏伟目标，重庆市委、市政府按照重庆交通和旅游发展“十一五”规划，将高投公司正式更名为重庆交通旅游投资集团有限公司（以下简称“重庆交通旅游集团”）。

公司以“苦干、实干、奋进、拼搏”的企业精神，坚持“理性投资，效益为先；集中信用，诚信为本；规范管理，良性发展”的经营理念，努力将公司打造成“发展思路清、市场潜力大、合作领域广、企业信誉优、经济实力强”的政府投融资集团。目前公司正积极推进市委、市政府赋予的从2003年至2007年5年间、投融资108亿元，建成36条2000多公里县际联网公路的交通建设任务。投资建设回购长江、嘉陵江大桥6座，回购公路42条2050公里。正在进行投资开发丰都南天湖、南山抗战遗址、南川市金佛山等旅游项目。

站在历史的新起点，重庆交通旅游集团积极落实科学发展观，谨遵市委二届九次全委会精神，“冲出心理大山，突破思维峡谷”，大刀阔斧、勇于革新，在继续发挥公路建设龙头作用的同时，积极探索旅游、房地产等多元化发展道路，努力推进重庆旅游事业的发展。向着“发展思路清、市场潜力大、合作领域广、企业信誉优、经济实

四　十年磨剑，奋力拼搏再创辉煌

重庆交通旅游投资集团现董事长李健在公司2006年的工作总结会上讲过一句话——“忠诚事业，激情奉献，为加快企业持续健康发展而拼搏奋进”。这并不是一句简单的发言，而是体现了高投人背负着政府对于他们的信任与厚望，是一种浓厚的使命感在督促着他们不断地奋发向前。过去四年的成功只是走了一小段路而已，而更大的挑战与辉煌还在前路等着他们。

重庆交通旅游投资集团有限公司自2006年9月29日正式挂牌以来，按照市委、市政府提出的“旅游强市”的战略部署，以及着力抓好“四大旅游精品”的大项目运作思路，积极有效推进旅游大项目投资开发，做大做强旅游产业，促进集团公司快速健康发展。按照市政府批准的重庆旅游投资主体构建方案，他们为自己定下了系列目标：

◎近期目标——到2008年底实现长江三峡、南山抗战遗址、金佛山、南天湖的整合和开发取得较好的成效，集团旅游类资产达到数十亿元，旅游开发项目将实现大规模投资。

◎中期目标——到2010年基本完成对长江三峡、乌江画廊、山水都市三大旅游精品旅游资源的整合，集团旅游类资产总额翻一翻，旅游开发项目投资总额翻一翻。

◎远期目标——2010年以后，稳步发展，继续做大做强，实现把重庆打造成为长江上游旅游中心的目标。

每一个高投人都将实际的行动编绘成了一种语言，默默无闻地坚守在他们的岗位上，日复一日地为这个美丽都市洒下豆大的汗粒，实现着他们无声的承诺。所谓“十年苦磨一剑”，成功总会属于那些忠诚奋进的人们，重庆交通旅游集团必会不负众望地为重庆经济划下新的一笔……

过去的高投，
如今的重庆交通旅游集团，
散发着璀璨的光芒，
闪耀在重庆经济的长空上。
用他们最忠诚的热情配合着重庆直辖市的经济建设与发展，
用他们最崇高的理想与激情点燃了“重庆直辖市十周年”庆典的盛焰！

CHONGQING TRAFFIC & TOURISM INVESTMENT GROUP CO.,LTD.

崛起在新型工业化大道上的重庆空港工业园区

重庆空港工业园区
CHONGQING KONGGANG INDUSTRY ZONE
新型工业之都·生态宜居之城

新型工业之都 生态宜居之城

空港大道

园区管委会

长安汽车研究院

长安工业园

重庆空港工业园区
CHONGQING KONGGANG INDUSTRY ZONE

重庆空港工业园区是市政府首批批准设立的特色工业园区之一。园区南接渝北主城，以双凤桥为起点，辖210、319国道夹角向北拓展的开阔地带，总体规划建设面积达54平方公里。

重庆空港工业园区地处重庆都市发达经济圈，区位优势得天独厚，立体交通迅捷通畅。园区距江北国际机场仅1千米，距长江上游最大的寸滩深水港13千米，距西南地区最大的龙头寺客货编组站11千米；渝邻、渝涪、渝黔、渝合等高速公路环绕四周，市轻轨三号线连接南北、市绕城高速路横贯东西，空港工业园区成为西部地区汇集航空、水运、公路、铁路、轨道于一体的交通枢纽。

重庆空港工业园区是重庆工业“北移东下”的战略腹地和重庆打造“汽车名城”、“摩托车之都”的产业基地，主导产业特色鲜明，发展空间纵深广阔。自2002年1月动工建设以来，园区遵循“科技先导、环境至上、突出重点、持续发展”的战略思想，坚持新型工业化发展道路，推动工业建设和城市开发同步协调发展，取得了令人瞩目的业绩。截止目前，园区已累计实施土地征用20期、16000多亩。签约引进各类项目166个，其中以长安工业园、银翔工业园、高新轻纺工业园、安徽安凯汽车、重庆恒通客车为龙头的骨干工业项目130个，计划总投资超过130亿元，设计年产值接近450亿元，可实现利税36亿元，解决就业人员5.5万人；以长安汽车工程研究院、重庆工业职业技术学院为代表的资源配套项目36个，计划总投资近30亿元。随着项目的规模化集聚和产业链条的延伸壮大，园区已经形成“一区多园三产业”（即以空港园区为载体，以长安工业园、银翔工业园、轻纺工业园、台商工业园、都市工业园等产业园区为平台，整体推动以汽车摩托车及零部件制造业为主，电气机械及电子设备制造业和高新轻纺工业为辅，商贸、物流、会展等现代服务业协调发展）的发展格局，以长安为龙头的商务轿车、以银翔为龙头的摩托车和以安凯、重客为龙头的客车等“三车”研发、生产基地初具规模，轻纺工业园、台商工业园、都市工业园、印刷包装城也在积极推进之中。目前，已有近百余个进驻工业项目启动建设，40余个项目建成投产，园区一期14平方公里规划区域正在整体实施开发，其中11平方公里基本建设成型。2005年，园区完成工业总产值35.2亿元，上缴工业税金1.95亿元。2006年，园区工业总产值将突破50亿元，可实现工业税收2.5亿元以上。

产业强势发展，新城加速扩张，向园区提出了“以业兴城、以城旺兴、业城并举”的发展要求。2006年，重庆空港工业园区围绕“建设高层次的工业城，打造高档次的生态城”的工作目标，以做大做强主导产业和提升城市软环境为主要任务，提出并正在全力推进二次创业。按照“城为体、业为骨、商为血、人为气” 的工作思路，园区正着手服务产业发展的商务平台、服务产业工人的生活平台、服务对外交流的信息平台以及服务居民群众的社区平台的全面打造，提升城市的素质和品质，铸造以“两高”为特征的空港新城品牌。至“十一五”期末，园区建设规模将达到20平方公里，进驻城市人口10万人以上，引进工业项目超过300个，建成工业项目超过200个，工业年总产值可达300亿元，实现工业税收20亿元以上，开发建设的经济效益和社会效益得以全面彰显。

届时，一个新型工业之都，一座生态宜居之城将初见端倪。迈步在新型工业化发展大道上的重庆空港工业园区，将昂首崛起在重庆之北。

银翔集团展厅

银翔集团

重庆鸽牌电线电缆有限公司

空港广场

南方的十年

2007年4月，孙甚林当选为重庆市工商联、总商会会长

"党引春风，百业腾飞展鸿图；国施善政，十载直辖结硕果"。十年来，伴随着共和国最年轻直辖市的成长步伐，南方集团也获得了跨越式的发展……

南方，重庆"造城运动"的先锋

作为开发了重庆市第一个商住小区、第一家做到百万平方米以上住宅小区的地产商，南方集团被称为重庆"造城运动"的先驱。南方集团历时8年打造的南方花园十大片区，硬是把当年还是一片农田的荒芜之地建设成为名副其实的一座小城。十年来，南方集团完成了南方花园、南方上格林、南方新城及南方碧水康桥共计300余万的开发项目，成长为国家一级资质的开发企业、重庆市历届房地产开发企业50强、重庆市房地产诚信交易企业50强和民营企业50强。

南方，为普通百姓建房的先行者

南方集团一直恪守"建老百姓买得起的好房子"的理念："让更多的人，花更少的钱，住更好的房"。这一再成为南方楼盘获胜的不二法门。便宜的价格、上乘的质量、憩静的园林小区，一直是企事业单位集体福利购房和城区动迁居民的首选。因此，南方的开发理念、产品规范与价格策略，一再被重庆市的开发商模仿与复制。在这种氛围下，重庆房价始终没有出现非理性的上涨，在全国各大城市中一直保持在十分合理的中低价位上。重庆房市没有泡沫，南方为此功不可没!

南方，多元化战略与专业化精耕细作结合的成功实践者

学校、酒店的创办和与之相关联的教育地产、旅游地产以及房地产业的物业管理、建筑建材等配套产业，一直被当作主打产业在南方受到高度重视，也一直被南方人按照专业水准精耕细作而与房地产主业同步发展。南方翻译学院、重庆民族艺术学校是第一个由重庆本地民营房企举办的院校，旗下的在校生已突破了11000人。南方花园酒店系重庆高新区的第一家三星级涉外酒店，南方君临酒店则是本土民营房企投资兴建和管理的第一家五星级酒店。南方旗下的南方物业

▲重庆市第一个商品房住宅小区--南方花园

南方集团

SOUTH 比昨天做得更好

管理有限公司、万康建筑公司、大创塑钢也是业绩菲然、口碑卓著，彰显了多元化战略与专业化操作融合成功的无限前景。

南方，民[illegible]企业的典范

与重庆直辖之年[illegible]南方集团党支部正扎实工作、发展壮大。2001年，成立了重庆市第一个以民营企业名称冠名的“中国共产党重庆南方集团有限公司委员会”，南方党委成为了集团员工的政治核心，党委书记孙甚林同志成为集团构建和谐企业的总指挥。目前，南方党委与集团行政、工会、团委、人武部一起，制定规划、发展经济，重用党员、厚待员工、关爱业主，成为民企构建和谐企业、和谐社区的典范。

南方，社会责任义不容辞的承担者

直辖十年，重庆经济社会高速发展，南方集团在董事长孙甚林率领下也创造了重庆民营经济发展史上的若干第一，成就了若干业绩，获得了若干荣誉，同时也承担了若干社会责任。作为重庆非公经济的唯一代表，2002年，孙甚林出席了党的十六大。此后一直担任重庆市人大常委会委员、全国工商联常委、重庆市工商联副会长、光彩事业促进会副会长。2007年4月，孙甚林又当选为重庆市工商联会长、总商会会长。直辖十年，南方捐建了森林希望、光彩小学18所，对抗击非典、抗旱救灾等公益捐赠、对口扶贫和光彩事业项目的各种捐资、投入达4069万元，义不容辞地承担了民营企业家肩负的社会责任。南方，将继续以每年3所的速度，向重庆市的老少边穷地区和基础教育不发达的区县，捐建森林光彩小学；还将设立光彩教育基金和慈善教育基金，奖励优秀的教师和学生，资助贫困山区的教师和学生。总之，南方将一如继往地、更大范围地承担光荣的、责无傍贷的社会责任。

▲大社区、大配套的典范--南方上格林

▲重庆市第一家由本地企业投资兴建的五星级南方君临酒店

▲和谐社区的典范--南方新城

▲碧水湖畔的南方碧水康桥

晋愉地产集团
JINYU REAL ESTATE GROUP
中国地产百强 | 重庆地产十强 | 房地产企业一级开发资质
晋愉
晋愉·城市彩园
CITY HOME
晋愉·城市彩园
九龙坡杨家坪西郊路2号
023-68422959
上江城
CITY OF MEMORY
晋愉·上江城
杨家坪直港大道天宝广场旁
023-68423378 68423388
NATURAL LAND
晋愉·绿岛
晋愉·绿岛：
重庆市大渡口区双山隧道南侧
023-68566666 68933333
晋愉·九龙湾
晋愉·九龙湾：
杨家坪直港大道上江城旁
023-68423378 68423388
晋愉·锦都
JINYU JINDU
晋愉·锦都
西彭镇智城南路（老油库旁）
023-65813888 65813999

人 人 重 庆

金大人
排毒养颜胶囊

重慶晨報
因为有你的声音
我们的传播充满荣幸
因为有你的倾听
我们的传播充满价值
重庆晨报——
全国晚报都市报30强
全国品牌媒体100强
全国最具品牌传播力强势媒体
地址:渝中区较场口85号　邮编:400010　网址:www.cqcb.com　新闻热线:966966

CHONGQING NANBU MINGZHU

重庆南部明珠

巴南区龙洲湾新区位于重庆市主城核心区南部，东靠铜锣山脉，西临长江，南起鱼洞鱼胡路，北达上界高速公路，规划面积10平方公里。龙洲湾新区开发建设投入资金约200亿元人民币，其中基础设施建设投入约20亿，二级开发投入约180亿。计划在“十一五”期间，将龙洲湾新区打造成一座可容纳20万人的集行政办公、现代商贸、文化娱乐、最宜人居为一体的现代文明与滨江特色交相辉映的重庆市南部新城区。

新区濒临浩浩长江，背靠巍巍铜锣山，内有重庆国际高尔夫球场，地下有丰富的温泉资源，生态环境极具特色。龙洲湾新区基础设施完善，功能配套。主要功能分区为行政办公区、商业金融区、综合居住区、文化休闲区和滨江餐娱区。新城区规划有500亩大型生态公园和266亩滨江景观公园，8公里亲水江岸和“五横三纵”道路网络系统，学校、医院等公共设施配套齐全。

龙洲水岸

龙洲湾新区是巴南区政府主导的大规模城市开发建设项目，采取市场化运作模式，坚持高起点规划、高品质建设、高效能管理原则,计划在2010年基本建成。

龙洲湾新区自2003年10月正式动工建设以来，已投入资金约13亿元。基础设施建设快速推进，已建成龙海大道和龙洲大道两条城市景观道路。在加快道路建设的同时，水、电、气、通讯等管网同步下地建设，确保十年不开挖。新区重点打造的充分体现生态性、亲水性和景观性三大特色的“龙洲水岸”景观公园由加拿大CCW城市及景观设计公司设计，将于2007年建成。二级开发如火如荼，新区建设正按计划快速推进。

龙洲湾

LONG ZHOU WAN

打/造/重/庆/最/佳/人/居/环/境/

龙洲大道

龙海大道

龙洲湾广场

龙洲湾生态公园

行政办公区

商业中心

重庆市巴南区龙洲湾新区管委会　电话：66219999

重庆渝富
资产经营管理有限公司

重庆渝富资产经营管理有限公司2004年3月18日经重庆市政府批准正式挂牌成立。短短三年时间里，在市委、市政府的正确领导下，公司注册资金从成立初期的10亿元达到19亿元，资产规模从2004年的50亿元达到2006年的150亿元，为全市国企改革、改制、重组提供周转资金100多亿元，消化处置各类金融不良资产230亿元，创造利润3.2亿元，在帮助国有企业破产关闭、环保搬迁、“退二进三”、债务重组、资产重组等方面发挥了重要作用。重庆渝富公司的成功运作，为中国老工业城市国有企业的重组、关闭和转型提供了借鉴，被世界银行和业内人士称为“重庆渝富模式”。

经市政府批准，渝富公司逐步形成了三大主要职能：一是打包处置国有企业不良债务和资产重组；二是承担国有企业破产、环保搬迁和“退二进三”的资金托底周转；三是对地方金融和国企进行战略投资、控股。

重庆市委常委、常务副市长黄奇帆（右二）等出席渝富公司成立授牌仪式

国务院国资委主任李荣融（左二）亲临渝富公司视察

三年来，渝富公司主要有以下几个亮点：

一是充分发挥国有企业不良资产处置操作平台作用，按照市场化、专业化原则，实现资产处置社会效益和经济效益最大化。自2004年3月以来，渝富公司共帮助国有企业处置金融机构不良资产230亿元。

二是圆满完成了市政府布置的重要战略重组和投资任务。化解了市商业银行历史形成的不良资产，为市商业银行的引资重组和上市作出了重要贡献；向西南证券提供10亿元资金，帮助其填实资产、剥离不良资产、归还被挪用保证金等，使西南证券增资扩股方案顺利获批和实施；完成了重庆实业不良资产处置和资产重组；重庆东源通过重组完成了股改、清欠、扭亏，消除了退市风险；通过提供保牌资金、担保债务等措施支持了民丰农化等企业的重组工作。根据市政府的指示和市国资委的部署，公司还积极参与了三峡库区产业发展信用担保公司、安诚保险公司等企业的组建。

三是盘活土地资产，发挥国企改制、改革、重组融资平台作用。渝富公司收购储备了主城区国有企业土地约9000亩。通过土地储备，公司向机电集团、轻纺集团、化医集团、外贸集团、茧丝绸集团等国有企业集团和重庆特钢提供环保搬迁、破产关闭、“退二进三”、改制重组资金近30亿元，有力推进了这些企业的重组和新的生产基地建设。

根据市委、市政府的决策，重钢公司将在“十一五”期间实施战略性搬迁。重钢搬迁土地的融资任务已交给渝富公司，这将是一个艰巨的、长期的，也是光荣的任务。今后几年里，渝富公司将作为公司的头号任务来认真抓好组织落实。通过对重钢环保搬迁土地运作，渝富公司的资产规模也将跃上一个更高的台阶。

重庆市委常委、常务副市长黄奇帆到渝富公司调研

渝富公司与重钢集团签署土地储备合作协议

渝富公司董事长何智亚接受重庆日报记者专访

渝富公司与境外战略投资者的股权转让签约仪式

渝富公司与战略投资者重组重庆实业合作框架协议签约仪式

渝富公司与重庆东源股权转让签字仪式

重庆市新大兴实业（集团）有限公司

▲重庆市新大兴实业(集团)有限公司董事长 彭忠英 女士

▲2002年5月12日，时任重庆市市长包叙定（前排左一）、时任副市长王鸿（前排右一）举等领导亲临新大兴集团公司视察指导工作，公司董事长彭忠英在现场作详细介绍。

▲2003年3月31日，重庆市市长王鸿举（前排右一）在视察新大兴依蝶购物广场时对新大兴的经营发展给予了高度评价，他说：“作为本土商贸企业，新大兴的规模、档次可以与主城任何一家大型商场媲美，在库区8个区县别无二家！”

重庆市新大兴实业（集团）有限公司成立于1994年，是一家以连锁超市、流行百货零售业为主，投资贸易、高科技产业、房地产开发等多元化发展，下辖7家分（子）公司的综合性企业集团。公司注册资金3300万元，现有经营面积60000多平方米，辐射区域包括香港、成都、重庆、涪陵、黔江、忠县等地。

直辖10年，全市商贸流通业发展迅速，商品市场建设初具规模，流通主体多元化基本形成，流通现代化水平逐年提高，对外开放成效明显，流通规模不断扩大。直辖10年来，对新大兴的发展也具有重大的历史意义，是新大兴实现跨越式发展、铸就辉煌的10年。10年来，新大兴集团公司以百货业为基础，以连锁超市为新的起跑线，企业规模不断扩大，从一家街边小店发展到各类连锁门店25家；营业面积从1000多平方米到60000万多平方米；就业岗位逐渐增多，从60多个到3000多个，经营业绩连年翻番，企业知名度和美誉度不断提高，为提高人民的生活品质，促进商贸繁荣，推动经济发展做出了显著贡献。

直辖10年，新大兴人不懈追求，以拼搏的精神和坚强的意志，走过了一段辉煌的历程。坚持“以情育商，以诚待客”的企业宗旨，“诚信经营，永续发展”的经营理念，以“传递新文化，创造新生活”为企业使命，突现“对社会负责，对社会尽责”的企业价值观。先后获得全国“再就业先进企业”，重庆市“百强企业”、重庆市“诚信民营企业”、重庆市“守合同重信用企业”、重庆市“企业法人知名字号”、重庆市“消费者信得过企业”、重庆市“价格、计量信得过单位”等殊荣。我们以人为本，重视人才，关心员工，营造了相互尊重、彼此激励的事业留人、感情留人、待遇留人的企业文化，建立起了一套适应市场竞争、灵活高效的运作机制和科学、严谨的现代企业管理体系。

10年是里程碑，也是起跑线。面对未来，新大兴人将锐意创新，开拓进取，以“立足重庆，辐射西部”的发展战略，积极开拓新的连锁门店，为消费者提供更全面、更优质的零售服务新聚点！

▲社会各界对新大兴的发展高度关注，《重庆日报》社的记者现场采访公司董事长彭忠英女士

▲集百货、超市、餐饮为一体、经营面积20000多平方米的新大兴依蝶购物广场是涪陵本土商贸企业的形象和窗口。

大泽置业

重庆市大泽置业代理有限公司

Daze Estate Agent Co.ltd. Chongqing

10年大泽，服务从“心”开始

Service with whole heart

曾获殊荣

中国房地产经纪百强企业
中国房地产百强策划代理企业
中国房地产诚信企业
中国优秀房地产经纪机构
中国西部房地产十大营销机构
中国房地产最具创意代理行
……

公司简介

大泽置业成立于1997年，注册资金1000万元，为重庆首家A级资质企业，是一家以房地产全程营销策划和销售代理为核心业务，并涉及名墅坊高端物业交易、二手房交易、商业地产策划、招商、租售、金融投资等领域的专业房地产集成服务商。

创业十年来，公司在云、贵、川、渝、鄂和内蒙古等地已成功代理了上百个难度有别，风格各异的项目，形成了辐射全国的业务网络。多次被评为中国房地产百强策划代理企业、中国西部房地产十大营销机构、全国优秀房地产经纪机构、中国房地产诚信企业，在业内树立了良好的口碑。

经营服务范围

- 楼盘全程策划/营销代理
- 楼盘分销服务
- 各类房地产贷款服务
- 房屋买卖/租赁/按揭/权证办理
- 尾盘/存量房/银行资产代理

Honors:

Top 100 China Estate Agency
Top 100 China Estate Saling & Marketing Agency
China Real Estate Brand of Business Credibility
Excellent China Real Estate Agency
Top 10 Western China Marketing Company
China Most Creative Estate Agency
……

Company profile

Daze Estate Agent Co.ltd. is one of the Top 100 China Real Estate Agency.It was established in 1997 with registered capital totaling RMB I0 billion yuan and A-Class qualification. We are principally engaged in project marketing and property agency services, we provides other services such as market research, retail marketing, Mortgage Brokerage , top property brokerage and so on.

Based in but not limited to Chongqing, we provides real estate services and successfully acts as agents for scores of projects all over the country, such as Yunnan province,Guizhou province,Sishuan province,Hubei province and Leimenggu Zizhiqu. We earn respects from the estate profession and won a number of honors, including Top 100 China Real Estate Agent, China Real Estate Brand of Business Credibility,Excellent China Real Estate Agent, Top 10 Western China Marketing Company and so on.

Service lines:

Sales & marketing: Residential services, retail services
Property Brokerage: 2nd property selling & leasing, top property services
Mortgage Brokerage: Title documentation services, Property guarantee services

地址：重庆江北区建新西路2号特1号中冶大厦6F（家乐福旁） 总机：(023)67862481/67737836/67867545 传真：(023)67862481-8112 邮编：400020

Http://www.cqdaze.com（网络实名：大泽置业）

CNT 重庆有线

重庆有线电视网络有限公司

热烈庆祝重庆直辖10周年

重庆有线电视网络有限公司（简称重庆有线），其前身是经国家广播电影电视总局和市人民政府批准，于2001年4月18日成立的重庆广播电视网络传输有限责任公司。公司属国内大型有线广播电视城域网络运营企业，也是重庆市唯一具有国家广电总局颁发的有线广播电视传输资质的有线广播电视网络运营商，其建设、运营的重庆有线广播电视宽带信息网络已成为重庆信息化建设基础设施之一。

重庆有线运营的有线广播电视网络经过十几年的发展，已形成覆盖全市，通达全国，技术先进，拥有1GHz带宽的光纤/同轴电缆混合网络。目前，公司以重庆市有线广播电视网络设施为基础，主要经营基于以高带宽的广播、视频、数据以及多媒体通信与信息服务；经营与有线广播电视及信息业务相关的系统集成、技术开发、设计施工、广告业务等。目前公司服务的有线电视客户已达420万户。

信息时代的到来，给公司带来了前所未有的发展机遇。有线电视数字化使有线广播电视网成为集公共传播、大众娱乐、信息咨询、交流互动为一体的全业务综合信息平台，使电视机成为家庭多媒体信息终端。公司同步信息时代，践行“品牌形象卓越、竞争优势明显、企业文化健康、员工队伍优秀、管理水平先进的全国一流广电网络运营商”的愿景。致力于企业文化理念和制度变革创新、技术与流程创新、业务与服务创新、不断提高企业的核心竞争力；致力于新型的基础网络构建，打造家庭多媒体信息和全业务综合信息平台；致力于为社会提供多样化、专业化、个性化的高质量多媒体信息化产品。

有线数字电视业务

有线数字电视是一种全新的技术，是在拍摄、编辑、制作、传输、播出、接收电视信号的全过程都使用数字技术的电视系统，它将彻底改变您看电视的方式。有线数字电视节目内容极其丰富，轻松实现点播、定制，将您带入个性化电视、交互式电视时代。

数据专线业务

重庆有线构造的SDH信息传输网、ATM数据交换平台及独立的IP数据交换平台，完全适应市场经济信息化发展对数据传输容量大、宽带应用广等多方面的要求。

宽带互联网接入业务

它依托遍布整个重庆市的有线电视网络，致力于对图像、语音、数据等传播方式的全方位整合，借助有线电视网络与生俱来的宽带优势和媒体资源优势，为人们创造一种全新的宽带网络生活方式。

有线电视业务

目前以全天24小时不间断方式向广大用户传送40余套有线电视节目，其优质的播出质量和丰富的节目内容在重庆广大电视观众中享有较高的声誉。

重庆有线电视网络有限公司 客服热线 96868
Chongqing CATV Network Co.,Ltd 网址：http://www.cqcnt.com

重庆机场集团有限公司
Chongqing Airport Group Co.,Ltd

重庆机场集团有限公司是根据国务院关于民航体制改革的有关精神，于2003年11月26日在原民航重庆市管理局基础上设立的，并于2004年4月18日加盟首都机场集团公司。主要职责是经营管理重庆江北国际机场。

重庆江北国际机场于1990年1月22日建成投使。目前，机场飞行区等级为4E级，跑道长3200米，宽60米，平行滑行道长3200米，宽49.5米，拥有3条快速出口滑行道和4条垂直联络道，航站楼10万平方米，停机坪38万平方米，登机桥26座，停机位45个，可满足年旅客吞吐量1500万人次、货邮吞吐量30万吨的生产需要。

长期以来，集团公司按照“安全第一、飞行正常、优良服务”的民航工作总体要求，狠抓各项规章制度的落实，安全、生产、服务、效益、改革等各项工作成效显著。从1990年开航到2003年，机场共运送旅客4332万人次、货邮87万吨、安全保障飞行57万架次；1992年旅客吞吐量突破百万人次；1993年进入全国十大机场之列；1995年被正式批准为对外籍飞机开放的口岸机场；1998年更名为国际机场；2000年国务院批复同意授予机场口岸入境落地签证权；2000年通过了中国船级社认证公司的ISO9002质量管理体系认证；2002年通过了英国国家认可机构(UKAS)审核，获得UKAS证书；先后荣获全国绿化先进单位、全国五一劳动奖状、全国文明机场、全国文明单位、全国优秀企业、全国精神文明创建先进单位、全国百家思想政治工作优秀企业等省（部）级以上荣誉90余项。

2006年，机场安全保障起降飞行8.8万架次，同比增长22.3%；完成旅客吞吐量805万人次，同比增长21.4%；货邮吞吐量12万吨，同比增长19.1%。重庆机场旅客吞吐量在全国民用机场中排名第10位。目前，机场已开辟国内外航线130余条，有10多家航空公司投入运力，与60余个国内外城市通航。

集团公司高度重视企业文化建设，秉承“用创造满足客户需求、用创新谋求集团发展、用创业实行人生价值”的宗旨，以“安全、诚信、创新”为核心价值观，以“诚、效、知、行、和”为企业精神，求真务实，顽强攻坚，与时俱进，开拓创新，为把重庆江北国际机场建设成为“亚洲领先、世界一流”的大型国际商业门户枢纽机场而不懈奋斗。

集团公司地址：中国重庆江北国际机场　邮编：401120　网址：www.cqa.cn

Chongqing Airport Group Co.,Ltd

重庆华宇物业（集团）有限公司

责任华宇——构建和谐社区 缔造居住文明

重庆华宇物业（集团）有限公司，1995年创立。

借助重庆直辖和国家西部大开发的大好机遇，华宇集团经过11年突飞猛进的发展，现已成长为一家以房地产开发为龙头，集物业管理、商贸经营、建筑安装、装饰装修、设备租赁等于一体的大型现代化企业集团，累计开发面积500万平方米，年开发面积150万平方米，物业管理面积350万平方米，商业经营面积50万平方米，年纳税能力2亿元。华宇集团、华宇集团旗下物业管理公司、建筑公司、装饰公司均获ISO质量管理体系认证。

在企业发展壮大过程中，华宇集团始终高举“责任、诚信”大旗，抓住机遇，诚信经营，做责任地产。11年来，华宇已经建成和正在开发建设的楼盘项目22个，提供了4万多套中高档住宅，满足了10多万市民居有良所的要求；累计缴纳税费近10亿元，捐助社会公益事业6000多万元，提供就业岗位5000多个。

公司地址：重庆市沙坪坝华宇广场1号附30号
电　　话：（023）68650105
传　　真：（023）68850114
法人代表：蒋业华
邮　　箱：cqhyrc@cqhyrc.com.cn
网　　址：http://www.cqhyrc.com.cn

华宇集团代表楼盘：
华宇福源山庄：詹天佑土木工程大奖优秀住宅小区，重庆市园林式小区、十佳住宅小区、物业管理示范住宅小区；
华宇广场：中国商务楼盘成功开发典范，重庆市园林式小区、消费者满意小区、物业管理示范小区；
华宇名都城：全国人居经典综合大奖，中国综合社区成功开发典范，重庆市十佳住宅小区，十佳园林式小区、物业管理示范小区；
华宇林泉雅舍：中国国际建筑艺术双年展生态环境住宅社区金奖，中国城市标志名盘奖，重庆市十佳住宅小区、园林式小区；
华宇渝州新都：中国最具价值楼盘，中国和谐社区试点楼盘，重庆市十佳住宅小区、园林式小区
华宇金沙港湾：中国住交会名盘，2006重庆居民最满意楼盘；
华宇北国风光：中国住交会名盘，重庆市节能住宅小区、绿色生态小区；
华宇西城丽景：重庆市节能住宅小区、AA级住宅小区。

开拓创新，坚定地走现代民族企业发展之路。----华宇集团董事长蒋业华

创建民族大业，塑造城市文化，融入国际社会。----华宇集团总裁张为耕

重庆北部新区
Chongqing New North Zone

2001年4月，重庆市委、市政府借鉴上海开发浦东、天津发展滨海的经验，设立重庆北部新区。一座规划面积136.6平方公里，规划人口65万的新城区，开始迈出“重庆向北”的步伐。

位于重庆主城区的北部新区，北靠国际空港，南临重庆中央商务区，西依嘉陵江，东接长江黄金水道，是中国西部唯一同时拥有水运、航空、公路、铁路、管道立体交通运输网络的区域，也是中国西部经济版图上重要的枢纽之地。

6年的开发建设，重庆北部新区正逐渐成为实现“把重庆加快建成西部地区的重要增长极、长江上游地区的经济中心、城乡统筹发展的直辖市，在西部地区率先实现全面建设小康社会目标”的重要支撑力。

6年来，重庆北部新区发展迅猛，GDP、工业总产值、固定资产投资、入库税金等几大经济指标增长达10倍以上。已形成以汽车及零配件、仪器仪表为支柱产业，电子信息和生物技术为主导产业的产业体系。目前已形成近30平方公里的城市功能区，生态人居环境明显改善，都市风貌初步显现。

这里将打造成为重庆思想观念最解放，开放意识最浓，投资环境最佳，创新氛围最优，服务水平最高的改革开放、创新发展的前沿和首善之区。

北部新区一直致力于建设成为一个高起点、高标准、高质量的中国西部一流的大型综合性开发区，建成以高新技术产业为基础的现代产业基地、都市发达经济圈的核心增长极和都市风貌展示区。到2010年，实现“再造一个重庆工业”的战略发展目标，即北部新区（含经开区、高新区）当年实现工业总产值1500亿元，相当于2000年全重庆市的工业生产规模。

▲北部新区汽车城

▲海王星和金星科技孵化大厦

▲药友制药

▲寸滩港

▲1.3L力帆参加全国拉力锦标赛

▲四联流量标定装置中央控制室

重庆高新技术产业开发区

海王星科技孵化大厦

重庆高新区于1991年3月经国务院批准成立，是全国53个国家级高新区和首批5个国家综合改革试点开发区之一，2005年被评为全国先进高新区。现管辖面积70平方公里，人口30万。由石桥铺高科技开发园、二郎科技新城和北部新区高新园三部份组成。

16年来，高新区坚持“科技新城与产业基地同建”的和谐发展理念，将工作重点放在壮大科技产业、孵化科技企业、推动科技创新和生态城市建设上，打造科技创新和科技产业高地。目前，高新区已从200家中小企业、1.1亿元工业产值、470万元税收的欠发达城郊地区，发展成拥有1.29万家企业、400亿元工业产值、47亿元区域财政收入的科技产业集聚区和都市风貌展示区。高新区已形成智能化仪器仪表、电子信息、新医药器械、现代制造和软件创意等“五个主导产业”，是国家级软件产业基地和高新技术产业标准化示范区。

在发展中，高新区已形成“三个功能”和“三个特色”：

孵化功能——壮大科技企业群。依靠每年1亿元的“五个创业基金”和150万平方米科技孵化楼，已扶持5家企业进入重庆工业50强，另有5家50强企业与高新区紧密关联。

创新功能——培育自主知识产权。创造了大批科技成果并实现了产业化，“海扶超声聚焦刀”荣获国家技术发明二等奖，信威“SCDMA无线用户环路系统”荣获国家科技进步一等奖，已集聚了全市40%的高新技术企业。

辐射功能——对重庆经济发展的整体贡献。高新区成功孵化了一批企业集团并向全市扩展。力帆、宗申集团在高新区成长，在全市壮大，推动了重庆成为全国的摩托车产业基地。华邦公司在武隆县旅游业投资近2亿元，并投资8000万元在合川市建设制药项目。高新区支援2000万元帮助万州区建成了1.8万平方米标准厂房，就地解决了3000个就业岗位。

高新区二郎立交桥

经济特色——民营经济担当主力。民营经济已占全区GDP、税收、投资的6成，占工业总产值的7成。民营科技企业发展兴旺，4000家中小科技企业，90%以上由科技人员自主创办。

城市特色——产业基地与科技新城同建。高新区坚持集约使用土地，高标准构建基础设施，注重人居环境，提升城市管理水平，是建设部批准的重庆唯一的“数字化管理城市”。并用短短4年，就在重庆北部新区高新园中心区初步建起了一座

高新园『星系列』孵化楼宇群

重庆科技生态商务区(重庆EBD)一隅

重庆百林公园方尖碑

集科研、产业、金融、生态、时尚为一体的新城区——生态科技商务区（EBD）。

体制特色——创新行政管理体制，服务发展。高新区管委会仅有61个公务员，财政供养人口（含教师、市政、公安等）不到2900人，服务70平方公里上1.29万家企业和30万人口，服务比例为1:460，83%财力用在基础建设、扶持创业和社会保障的刀刃上。

在重庆“一圈两翼”建设的新发展阶段，高新区将努力建成“一小时经济圈”内一个集“科技产业核心区、未来产业孵化区、改革创新示范区、都市风貌展示区、科技产业辐射区”为一体的“改革开放的综合试验区”。到 2010 年，实现工业总产值 700 亿元，税收53亿元。

高新区二郎高科孵化园

火炬大厦——高新区南区行政服务中心

火星科技孵化大厦

重庆软件园

摄影：胡伟、程建伟

重庆渝北国家农业科技园区

重庆渝北国家农业科技园区是科技部等六部委批准成立的全国36个国家农业科技园区之一，也是科技部批准的国家863计划智能化农业信息技术应用示范工程重庆示范区。其前身是1997年由重庆市人民政府批准成立的第一个市级现代农业开发园区和重庆市农业科学园区。

园区总体规划面积38727公顷，园区核心A区位于渝北区回兴街道境内，南接重庆市经济开发区北区，北邻重庆市空港工业园区、两路工业园区，距江北国际机场4公里，长江寸滩深水港码头6公里，与212、319国道、渝黔、渝邻高速路相连的210国道和市中环快速干道纵贯园区。核心B区位于渝北区双凤桥街道境内，距江北国际机场1公里。

自1997年建园以来，园区依托自身主要的农业资源和强势农业产业，制定了把技术研发和孵化、加工和市场放在园区，农产品原料标准化规模生产置于园外乡镇的“两头在园、中间在外”的发展策略，基本形成了以现代农业科技研究为载体，“政府搭台、企业运作、中介参与、农民受益”的“三区四型”发展模式。三区，即核心A、B区1427公顷，累计入驻项目达222家；示范区3300公顷；辐射区34000公顷。四型，即确立了发展以科技型农业、生态型农业、加工型农业和市场型农业为中心的产业定位，初步形成了以良种奶牛业、精品花卉业、名贵种苗业、生物药业、农产品加工业为龙头的现代农业产业集群。

为做大、做强重庆食品工业，园区正在建设中国西部最具规模的中国（重庆）国际食品工业城。充分利用资源、地域、低廉劳动力优势，按照国内和国际市场需求，发展市场前景广阔的农畜产品深精加工食品，广泛开展食品机构、包装、物流等市场业务，即将成为西部地区最具规模、食品产业门类齐全，集加工、物流、商贸于一体的现代化国际食品工业集聚地。

重庆天友乳业

脱毒马铃薯种生产

重庆金橙柑桔育苗中心

GQING YUBEI GUOJIA NONGYE KEJIYUANQU

重庆华牧肉业科技园

重庆渝北国家农业科技园区科技创业中心

重庆市良种牛繁育中心

重庆市薯类脱毒中心

皇田安祖鲜切花花卉生产基地

重庆利农一把手黄菜籽油加工中心

重庆皇田花卉交易中心

CHONGQING YUBEI GUOJIA NONGYE KEJIYUANQU

城市名片 南滨路

CHENGSHIMINGPIAN NANBINLU

重庆市南岸区南滨路位于重庆市主城区长江南岸,面临渝中半岛，背靠南山绿色屏障，是全区历史上投资最多、规模最大的一项综合整治工程。南滨路建设按区委、区政府确立的“高起点规划、大手笔建设”的指导思想，定位于“最有人气的旅游观光带、最显活力的经济增长极、最具品位的人居环境”；按照“以绿色为生命、以灯饰为特色、以文化为灵魂”建设理念进行打造经营，大力发展南滨路的休闲商务经济。

南滨路涵盖长江在南岸区行政区域的全部江岸线，全长54公里。一、二期工程12.3公里已经建成，三、四、五期工程11.4公里正在如火如荼的建设中。

南滨路一期工程在景观建设上，沿江打造了长6.8公里、占地250亩、投资一亿元的全国最大的开放式护堤公园——重庆南滨公园。公园建设突出了重庆历史人文景观和巴渝文化内涵。分为三大部分：187高程道路景观、180高程景区连接段。六大主题景区（黄葛晚渡、海棠烟雨、龙门浩月、字水宵灯、峡江开埠、禹王遗踪）、特别是建成的长300米、宽7米，主题为“长江之歌”音乐灯饰，声光俱佳,其规模世界第一，已被授予大上海基尼斯世界纪录。2005年5月，南滨公园被重庆市民评为“重庆最美的地方”，成为观赏重庆夜景绝佳之地。

南滨路的建设极大地改善了交通条件，治理了危岩滑坡，实现了防洪护岸，启动了大规模旧城改造和片区开发，同步实施绿化、亮化、美化工程，改造了人居环境。实现了产业结构调整，建成了集餐饮、娱乐、观光、休闲为一体“南滨路美食街”，带动了滨江区域的经济发展，南滨路发挥了综合范例作用，取得了良好的社会效益与经济效益。南滨路全部建成后，总投资将达60余亿元，最终将带动500亿元开发资金投入，正在向市政府批准的规划定位为“建设成为集居住、商贸、都市旅游和休闲为一体的滨水花园城区”的目标快速迈进。

南滨路以“出新、出奇、出彩”的经营管理理念，不断举办重大活动聚集人气。先后成功举办了2003年第三届中国美食节、2004年第四届中国美食节暨首届国际重庆火锅文化节、2003年与香港凤凰卫视“万水千山总是情”春节联欢晚会、2005年亚太市长峰会焰火晚会、中法文化年图卢兹文化节、重庆市第九届菊展即第六届盆景艺术展等各种大型文化活动。每项活动吸引了上万群众参加，激情南滨、绚丽南滨、风情南滨成为南滨路的特色。中央领导江泽民、胡锦涛、李鹏、朱镕基、曾庆红、贾庆林等先后前来视察。航天英雄杨利伟、部分省、市、区领导来此参观考察，受到普遍肯定和赞誉。

南滨路建设带动了大规模旧城改造和成片开发，和记黄埔、融侨集团、喜来登国际俱乐部、武夷集团、阳光100上海景瑞等知名企业争相入驻南滨路一至三期，将开发土地上万亩，建筑面积1000万平方米，形成旅游经济、会展经济、总部经济、城建经济四大经济业态。未来3-5年内，一座崭新的滨水花园城区将出现在人们面前。

一条美丽的南滨路，一条生机勃勃的经济快车道，一条风情万种的城市休闲带，这就是南滨路向全国、全世界展示的最新形象，南滨路已经成为重庆市的一张靓丽的城市名片。

万州工业园区简介

WANZHOU INDUSTRIAL ZONE

重庆市万州工业园区是重庆市人民政府批准设立的市级特色工业园区，是中国光彩事业促进会重点联系和扶持的光彩事业园区，是万州区委、区政府为破解产业空虚而全力打造的招商引资发展大工业的重要载体和平台。园区按“一区三园”布局，规划面积30平方公里，“十一五”计划启动面积10平方公里，已启动面积6平方公里，包括天子园、盐气化工园、五桥园三个分园。重点发展盐气化工、轻纺服装、灯饰照明、电子信息、机电汽车、现代医药、绿色食品等产业。

万州工业园区地处三峡库区腹心，区位、交通优势突出，政策、资源、人才优势明显，正才成为国内瞩目的投资热土。重啤10万吨啤酒、科华100万吨新型干法水泥、索特100万吨真空制盐和热电联产陪送中心、双里制衣基地等重点项目已建成投产；三峡技术纺织100万锭紧密纺、宜化集团80万吨联碱、广东雷士公司灯饰照明基地、大全集团多晶硅等知名品牌项目正在建设之中。

围绕科学建园、工业强区，万州工业园区将着力打造招商大平台，营建工业主战场，培育财税增长点，开辟就业新渠道，努力把万州工业园区建成三峡库区最大的紧密纺基地、盐气化工园基地、农副产品加工基地和移民就业基地。

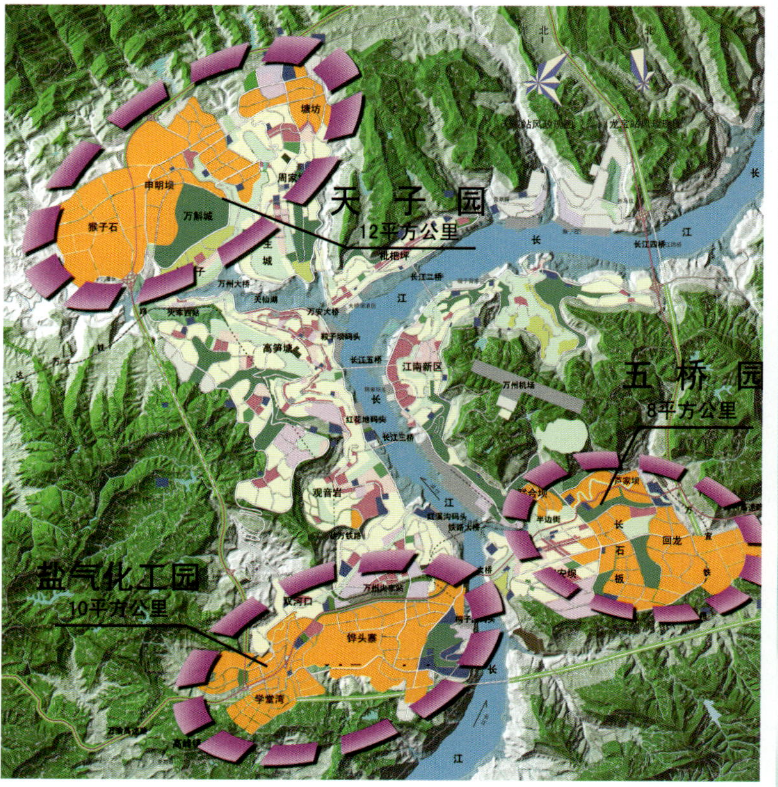

直辖十年 见证重庆经开区辉煌历程

重庆经济技术开发区（以下简称重庆经开区）于1993年4月经国务院批准设立，是中国西部第一个国家级经济技术开发区，建区十余年来，尤其是重庆直辖以来，在中央、重庆市委市政府的正确领导下，坚持以邓小平理论和“三个代表”重要思想为指导，坚持发展这个党执政兴国的第一要务，坚持以科学发展观统领经济社会发展全局，按照“三为主两致力一促进”的办区方针，精心营造投资环境，大胆创新管理体制，全力搞好招商引资，着力培植经济增长点，“两区两园”（重庆经济技术开发区、重庆出口加工区、经济技术开发区南部园、经济技术开发区北部园区）综合实力不断增强，取得了辉煌的成就。“十五”期间，总收入、地区生产总值、工业总产值、入库税金和预算内可支配财力收入等主要经济指标分别高达1091亿、300亿、807亿、78亿和21亿，与“九五”相比，其增长均达到了两倍以上。“九五”期间，重庆经开区在32家国家级经济技术开发区综合实力排名中几乎处在25位以后，“十五”期间经开区的综合排位在54个国家级开发区和享受国家级开发区政策的工业园区中一直都在12到15位之间，始终位居西部经济技术开发区之首。截止目前，经开区共引进22个国家和地区的投资者，设立了包括福特、爱立信、伟世通、可口可乐等20多家世界500强在内的外资企业447家，投资总额35.3亿美元。同时，兴办内资企业4000多家，投资总额268.79亿元人民币。全区已形成了汽车摩托车、电子信息、生物医药、精细化工及新材料、绿色食品、服装制造、现代物流等七大产业集群，为2010年“再造一个重庆工业”和率先构建和谐社会奠定了坚实基础。

▲出口加工区卡口

▲重庆经开区管委会大楼—金山大厦

▲鸟瞰丹桂工业园区

▲重庆经开区·十里汽车城

直辖10年，奋斗10年。重庆经开区经历了不平凡而又辉煌的发展历程，目前已建成为一个以开放型经济为主体、功能完善、环境优美的现代化新城区和长江上游乃至中国西部最具经济活力的地区之一，国家级开发区的示范、辐射和带动作用日益明显。

站在新的起点上，重庆经开区在构建社会主义和谐社会的新征程上，将全面贯彻和落实党的十六届六中全会和重庆市委二届十次全委会精神，继续坚持以人为本，坚持科学发展，坚持改革开放，坚持民主法治，坚持正确处理改革发展稳定的关系，坚持党的领导；继续发扬“求实”、“求是”、“求新”、“求稳”、“求快”和进一步抓协调、抓保证、抓班子建设、抓队伍建设、抓党的建设的工作经验，解放思想，更新观念，与时俱进，开拓创新，克难攻坚，再铸辉煌到2010年，实现地区生产总值240亿元、工业总产值800亿元、入库税金60亿元；区内实现就业岗位20万个、单位GDP能耗比“十五”期间降25%、走新型工业化道路、打造节约型社会，建成现代高新技术产业的基地、都市发达经济圈的核心增长极、都市风貌展示区，在重庆市乃至中国西部地区率先构建和谐的小康社会！

汽车工业

化工及新材料

电子信息

绿色食品

重庆解放碑中央商务区(CBD)

JIEFANGBEI CENTRAL BUSINESS DISTRICT OF CHONGQING

重庆解放碑中央商务区建设指挥部办公室

解放碑CBD是重庆CBD的硬核部分，包括解放碑和朝天门地区，承担商务、商贸双重功能,面积为1.61平方公里。自2003年7月市政府常务会通过《重庆中央商务区总体规划》以来，坚持遵循“政府引导、市场运作，强化商务、提升商贸，统一规划、分步实施”的原则，一步一个脚印，一年一个重点，全力推进解放碑CBD建设。2004年作为“CBD宣传年”，拉开建设序幕，使市民充分了解了CBD知识；2005年以迎“峰会”为契机，确定为“项目建设年”，提升了CBD景观形象；2006年以壮大总量为目标，确定为“总部经济”发展年，取得了明显的效果。

通过三年的建设发展，解放碑CBD已汇集了90%的驻渝国内商业银行、保险、金融证券公司，四分之三的驻渝境外银行、保险机构和驻渝世界500强企业，5家驻渝领事馆有4家入驻解放碑CBD。解放碑CBD已成为渝中区乃至全市经济增长的推动力，外企进入重庆的“窗口”和寻求投资机会的“平台”。

继获得“全国精神文明建设示范点”、“全国百城万店无假货示范街”后，2006年解放碑CBD又连续获“中国十大新地标商务区”、“中国著名商业步行街”、“全国特色文化广场”等全国性荣誉称号。同时，解放碑CBD中心购物广场周末音乐会也入选“全国特色文化活动”。

通过几年的建设发展，解放碑CBD品牌效应日见凸显，景观形象逐步提升、城市功能日益完善、经济总量更加壮大，集聚辐射能力显著增强。2004年至今，共新入驻企业一千多家，世界500强企业入驻速度加快，目前，入驻解放碑CBD的大陆以外世界500强企业已达37家、设立了分支机构46家，分别占全区的79%和75%，全市的56%和48%，解放碑CBD招商引资继续保持强劲的发展势头。

2007年，作为渝中区委、区政府确定的“解放碑CBD基础建设年”，将拉开解放碑CBD新一轮的建设序幕。围绕“江山CBD、财富CBD、数字CBD、人文CBD”的建设理念，解放碑CBD将强力推进基础设施建设、景观建设及载体建设，并形成合理的产业支撑体系，力争把解放碑CBD建设成为西部地区最有影响力、推动力的中央商务区。

重庆市人民政府农村工作办公室

——双百工程发展成就篇

重庆“农业产业化百万工程”建设成就

“农业产业化百万工程”，简称“百万工程”。于2001年正式启动，实施5年多来，取得了显著成效，全市农业产业化龙头企业已突破2300家，其中市级龙头企业159个，国家级龙头企业19家，全市龙头企业销售收入增长4倍多。

推进了农村经济结构调整。粮经结构由2000年的80.6：19.4调整为72.9：27.1，农产品商品率达到60%，粮油产品优质率达到50.8%，分别比2000年提高了12和15个百分点。

促进了现代农业建设进程。全市建有高产高效优质柑橘示范园30万亩，生态环保型生猪养殖小区88个，肉牛养殖小区77个，肉兔养殖小区56个。形成了以石柱黄连、江津花椒、巫溪党参、合川葛根为代表的现代农业科技示范基地22个。建成了渝北现代农业加工园区、巴南特色农业生产园区，合川现代中药材生产园区，永川百里水果经济长廊开发园区。加快了农业对外开放步伐。引进了汇源集团、澳门恒河果业集团等一批国内外企业33家。实施“走出去”战略，把发展领域延伸到市外。祥飞集团公司、重庆种子集团公司纷纷开拓国外市场，全市共培育外向型龙头企业56家，出口创汇型龙头企业44家。

带动了农民收入持续增长。全市各类种养殖基地带动农户202万户，经济收入96亿元，户均增收475元。龙头企业吸纳30万人进行生产就业，经济收入30余亿元，人均年收入9000余元。基地农民以土地入股和资金入股，带动农户3万户，经济收入10余亿元，年均收入2.5万元。农业产业化经营成为了基地农民增收致富的主要经济来源。

重庆“百个经济强镇工程”建设成就

“百个经济强镇工程”，简称“百镇工程”。2003年正式全面启动总共103个镇以来，历经三年有余，有效拓展了农业产业化，承接了城市与农村，促进了农村工业化，推动了农村城镇化，吸纳了农村劳动力，推动了社会主义新农村建设。

工程实施四年来，取得了巨大成效。2006年，全市百强镇的经济总量达到650.9亿元，占全市农村经济总量1220亿的53 %，形成了上10亿元的经济强镇10个，上5亿元的镇达到29个。

涌现了一批特色乡镇。如涪陵李渡、江津白沙等的农产品加工业，大足龙水镇、沙坪坝陈家桥镇等的机械加工和汽摩产业，北碚静观镇、九龙坡白市驿镇等的花卉苗木业，合川三汇镇、秀山清溪场镇、江津珞璜镇等的能源矿产建材业。

城镇规模不断扩大。2006年，百强镇城镇面积达到56387平方公里，当年新增转移农村劳动力37万人，吸纳农村人口12.4万人。

财政收入大幅增长。2006年，全市102个镇财政收入达到17.39亿元，比2003年增长219%，翻了一番多。

农民收入持续增加。2006年，百强镇的农民人均纯收入达到3352元，比2003年增加980元，增长41.3%，比全市平均水平高出672元，有17个镇的农民人均纯收入超过4000元，82个镇的农民收入水平在全市平均水平之上。

重庆市委书记、市人大常委会主任汪洋（中）视察农业产业化龙头企业

重庆市市长王鸿举（中）视察农业产业化龙头企业

重庆市委常委、市人大常委会副主任陈光国（前排中）视察北碚农村

重庆市委常委、副市长马正其（右二）视察农业产业化龙头企业

重庆市高级人民法院

重庆市高级人民法院党组书记、院长：张轩

2005年1月，最高法院院长肖扬视察重庆法院人民法庭建设情况

司法手段处置城市形象和发展的“烂尾楼”

在解放碑开展法律咨询

张君为首的渝湘鄂持枪抢劫杀人案庭审现场

重庆市高级人民法院于1997年6月成立，下辖4个中级法院，40个基层法院。2006年，经中编委和最高法院批准，原市第一中级法院分设为第一、第五两个中级法院。截至2006年，全市共有法官及工作人员5490名，其中本科以上学历占总人数72.2%；市高级人民法院有法官及工作人员304人，其中硕士、博士学位62名，占20.4%。

直辖十年来，全市法院在党委的领导和人大及其常委会的监督下，以邓小平理论和“三个代表”重要思想为指导，全面落实科学发展观，努力践行“公正司法，一心为民”工作方针和“公正与效率”工作主题，紧紧围绕工作大局，不断强化职能作用，共审理各类案件179万余件，涉案标的1768亿元，为构建和谐重庆、促进全市经济和社会发展作出了积极贡献。

全市法院围绕党和国家的中心工作，充分发挥司法保障职能，严厉打击刑事犯罪，及时调处民、商事纠纷，依法审理行政案件，努力化解“执行难”，年均审判和执行案件20万件左右。公开审判了綦江“虹桥”垮塌案、以张君为首的渝湘鄂持枪抢劫杀人案、“12·23”开县井喷责任事故案、非法吸收公众存款208亿的“德恒证券”系列案等一批在全国有较大影响的案件，通过司法手段处置了一批影响城市形象和发展的“烂尾楼”，得到社会各界的肯定。

全市法院始终把建设一支政治坚定、业务精通、作风优良、勤政廉洁的干部队伍作为全面推动工作的根本保证，深入开展了“一教育三整顿”、“回顾过去开拓未来”、“司法公正树形象”、“保持共产党员先进性教育活动”和“执政为民、服务发展”等教育活动，队伍职业道德素养和纪律作风素质进一步增强。不断加大教育培训力度，市高院共举办各类培训126期，培训干部11980余人次，选送734人到国家法官学院和政法院校以及出国进修，法官及工作人员的业务素质得到进一步提高。积极开展创先争优活动，全市法院有120余个集体和190余名个人受到中央、最高法院和市委表彰，沙坪坝区法院、渝中区法院先后被最高法院评为“全国模范法院”、“全国优秀法院”，渝中区法院陶力同志荣获全国五一劳动奖章，市一中院汪夏同志被评为全国模范法官。

全市法院深入践行司法为民，稳妥推进法院工作机制改革。推行“窗口式”立案、诉讼风险告知、判后答疑、定点收案、巡回办案等便民措施，方便群众诉讼。切实落实对贫弱群体的司法救助，2002年以来累计对75430件案件的当事人实行了减、缓、免收诉讼费。全面实行审判公开，完善审判流程管理，健全案件质量评查机制，强化和规范审判监督。构建庭前调解、委托调解和协助调解在内的大调解格局，推行刑事附带民事案件调解、执行和解制度，强化人民调解工作的指导，初步形成了多元化解决社会矛盾纠纷机制和格局。市高院全力配合最高法院收回死刑核准权改革，于2006年6月实现死刑二审案件全部开庭审理。

基层基础建设稳步推进，市高院、3个中院和29个基层法院的审判办公楼投入使用，其余2个中院和11个基层法院的审判办公楼正在建设中，需新建的105个人民法庭已全部纳入中央西部地区法庭建设项目，各区县也把人民法庭建设纳入当地发展规划。法庭配备警车、电脑和书库,办公办案条件得到明显改善。

2007年2月28日，重庆市委书记、市人大常委会主任汪洋（前中）、市委副书记邢元敏（前排右四），时任市委常委、组织部部长马儒沛（左四），副市长童小平（左二），市政协副主席陈邦国（右二）与重庆首届十佳女法官合影

直辖以来人民银行重庆营业管理部工作回顾

直辖以来，在人民银行总行和市委、市政府的正确领导下，人民银行重庆营业管理部（以下简称重庆营业管理部）认真传导货币政策，努力维护金融稳定，积极开展金融服务。在全市金融系统的共同努力下，重庆金融体系不断完善，金融机构数量持续增加，金融业务快速发展，重庆金融业发展在我国西部处于相对领先的地位，为支持重庆建设长江上游经济中心作出了应有的贡献。

一、货币政策传导效率不断提高，有效支持地方经济持续、快速、健康发展

（一）认真贯彻稳健的货币政策，促进经济金融良性互动

重庆营业管理部贯彻落实各项金融调控政策，引导金融机构积极筹措资金，为地方经济发展提供了稳定的货币环境。积极支持重庆市新型工业化战略，适当增加信贷投入，努力促进全市经济结构调整，鼓励金融机构加大工业流动资金贷款投放。贯彻落实扩大内需的战略部署，加强房地产金融监测，在规范房地产市场发展的同时，大力发展个人消费信贷业务，形成信贷投向的新亮点，不断增强消费对地方经济发展的贡献。规范市场运行，鼓励金融创新，根据辖内实际，先后推出了鉴证贷款，出口退税质押贷款等创新性信贷品种，满足了不同层次的金融需求。票据市场、拆借市场和债券市场交易活跃，交易量处于西部领先地位。充分利用货币市场平台，积极参与金融市场创新，目前重庆3家企业共获得银行间短期融资券发行额度28.1亿元，现已发行18.4亿元。截至2006年末，全市金融机构各项存款余额5588亿元，是1996年末的6.7倍，本外币贷款余额4444亿元，是1996年末的4.8倍。

▲重庆营业管理部新建办公综合楼

（二）统筹兼顾、协调发展，支持和谐社会建设

重庆营业管理部多管齐下，不断促进区域间、城乡间协调发展，有效支持重庆市小康社会和和谐社会建设。先后制定并出台了《关于加强和改进三峡重庆库区金融服务的指导意见》，《关于金融支持我市社会主义新农村建设的指导意见》，引导金融机构切实加强库区金融服务，增进支持新农村建设的可持续性和有效性。创新中小企业融资方式，充分发挥票据融资作用，支持筹建信用担保机构，有效缓解了中小企业贷款难问题。积极贯彻落实国家助学贷款新政策，确保相关工作有序推进。2006年全市累计发放国家助学贷款17803万元，资助贫困大学生20544人。改进小额担保贷款办法，简化贷款审批程序。截至2006年末，全市下岗失业人员小额担保贷款余额达2.6亿元，累计帮助4.5万名下岗失业人员实现了再就业。

▲重庆市委书记、市人大常委会主任汪洋（中）、市长王鸿举（右）、市委常委、常务副市长黄奇帆（左）视察重庆营业管理部

▲全国金融知识展览重庆巡展

（三）正确处理改革、发展、稳定的关系，努力维护辖区金融稳定

按照国家金融改革的统一部署，组织完成工商银行重庆市分行股份制改造可疑类贷款买方尽职调查，积极推动其完成不良贷款剥离。有效推进农业银行重庆市分行消化不良贷款存量，积极引导农业发展银行拓宽业务经营范围。督促农村信用社完善法人治理，加强内部管理和约束。重庆市农村信用联社成功获得央行专项票据24.1亿元，目前已有8.12亿元的专项中央银行票据获得兑付，票据发行和兑付的进度在全国均名列前茅。全市39家县级联社均实现盈利，不良贷款率比2002年末下降70.9%，资本充足率由-6.5%提高到10.4%，基本实现阶段性改革目标。同时，积极支持重庆市政府加快地方性金融企业改制步伐的工作部署。目前，重庆市商业银行财务重组已告一段落，不良率有效下降，并积极引进战略投资者；万州商业银行改制工作也已提上议事日程，相关工作正在有序推进。营业管理部还通过完善规程、深入调研，切实维护辖区金融稳定，完成了《2005年重庆市金融稳定报告》和《2005年度重庆市金融运行报告》，有效指导金融机构合规、有序、稳定发展，并为市委、市政府及有关部门提供了重要的理论参考。

二、金融服务内容不断丰富，服务水平有效提高

支付清算体系初步形成，支付清算效率明显提高。目前，重庆已初步建立起以大额和小额支付系统等现代化支付系统为核心，18家商业银行行内系统为基础，同城票据交换系统为辅助的相对完善的支付清算体系。2006年，处理支付往来业务共计414.85万笔，清算资金3.80万亿元。“中国银行卡产业发展高层研讨会”在重庆举行，有力促进了银行卡受理市场建设，改善了用卡环境。2006年，全市刷卡消费264亿元，占全社会消费品零售总额的22.82%，在西部处于领先地位。

征信服务日臻完善，社会信用管理工作全面推开。企业和个人信用信息基础数据库初步建立，系统数据信息质量有效提高，为防范金融风险、培育社会信用体系发挥了重要作用。个人信用信息采集范围不断扩大，个人征信系统查询快捷简便，查询量和查得率迅速上升。同时，辖内3个区县信用评级试点、国家开发银行重庆市分行小企业贷款信用评级试点正有序开展，并在黔江区开展中小企业信用档案建设试点先行先试工作。

有效维护国库资金安全，积极支持地方财税改革。重庆营业管理部通过规范制度，明确职责，有效维护了国库资金安全。辖区内跨地区、跨银行财政拨款、退库资金的到账速度有效提升，国库集中支付资金实现了当日即时清算，财政资金划拨实现“零在途”。通过推动国库集中支付改革，积极探索财、税、库、银横向联网通用工作，切实支持了地方财税改革。2006年共收纳报解中央预算收入216亿元，地方预算收入528.7亿元。

货币发行和反假货币工作不断取得新成效。通过科学调拨，保证了辖区经济社会发展过程中的合理货币供应。加强发行库管理，发行基金管理和调运的安全性逐年提高。2006年累计投放现金444亿元，回笼现金477亿元，净回笼现金33亿元。成立了重庆市反假货币工作联席会议，有效完善了反假货币工作的制度保障和组织保障。通过强化宣传，加大打击力度，有效遏制了制贩假币犯罪活动的泛滥，2006年共计收缴假币2078万元。

反洗钱合力初步形成，反洗钱工作稳步推进。重庆营业管理部牵头成立反洗钱工作领导小组和重庆市反洗钱工作联席会议，强化与公安机关的反洗钱情报会商制度，形成打击洗钱犯罪的合力。通过制定反洗钱工作考核实施办法,拟定反洗钱行政调查管理规定，规范了反洗钱行政调查和案件协查工作程序。2006年共上报人民币可疑支付交易172.4万笔，金额337055亿元；上报大额可疑外汇资金交易6.1万笔，金额121亿美元。

全面加强外汇服务体系建设，积极支持地方开放型经济发展。辖区外汇服务网络体系不断完善，金融外汇服务已覆盖全市所有区县。重庆营业管理部一方面推动商业银行改进外汇服务方式、增加业务品种、培育和发展外汇市场，另一方面争取外汇管理改革试点政策，支持重庆企业实施“走出去”战略，积极参与国际竞争。目前，出口企业自动核销范围不断扩大，贸易便利化有序推进，自动核销笔数和金额分别达到总数的80%。

金融科技水平不断提高，服务能力显著增强。近年来，重庆金融信息化水平明显提高，服务能力和科技含量显著提升。营业管理部先后完成了大小额支付系统、会计核算系统等29个系统的建设维护， 13个业务系统的自主开发，以及企业征信系统、办公自动化系统的推广。积极开展银行卡联网通用工作，推动重庆市各商业银行《中国金融集成电路(IC)卡规范2.0版》的使用，以及银行卡EMV迁移的相关工作，增强了金融服务的科技支撑。

三、金融公益事业不断发展，金融生态环境有效改善

重庆营业管理部先后组织开展了“社会大众信用与征信知识集中宣传周”、反假货币成果巡展、打击非法外汇交易成果展、反洗钱法律法规宣传、“银行卡之春”宣传活动等一系列大型金融公益活动。2002年以来，共散发反假宣传资料1800余万份，接受群众咨询4000余万人次。先后在辖区内8所高校举办十余场专题讲座，开展征信知识、国家助学贷款政策系列宣传。特别是为向全社会宣传普及金融知识，促进全民金融素质的整体提升，于2006年9月15日至9月21日，成功举办了大型公益性金融知识展览“全国金融知识展览重庆巡展”。

营业管理部大力优化辖区金融生态。积极推动国务院三峡工程建设委员会办公室、中国人民银行、重庆市人民政府共同主办了重庆历史上规格最高、影响最大的金融盛会三峡库区（重庆）经济发展暨金融服务高层论坛，引发了社会各界对三峡重庆库区金融生态的持续关注。积极参与“诚信兴商宣传月”活动，积极推进“诚信重庆”建设。为引导社会各界对人民币汇率形成机制改革的认识，努力防范汇率风险，与中国外汇管理杂志社联合举办了“人民币汇率形成机制改革与汇率风险防范”专题培训。推动建立外汇市场信用体系，试行违法违规行为信息披露制度，促使市场参与主体诚实守信。依托社区信用平台，推广“创业培训＋小额担保贷款”模式，扩大小额担保贷款覆盖面，改善社区金融生态。

▲三峡库区（重庆）经济发展暨金融服务高层论坛

经过不懈努力，金融生态建设得到了地方党政的重视、企业的理解和群众的关注。根据中国社会科学院《中国城市金融生态环境评价》，截至2004年末，重庆市金融生态排名在中西部城市中仅次于合肥和成都。重庆金融资产质量评级为3B级，在全国各省、区、市中列第8位。在此基础上，2006年全市金融机构不良贷款率再次下降2.55个百分点，金融机构实现盈利70亿元，重庆金融生态正逐步向好的方向迈进。

中国人民财产保险股份

1949年10月20日，经中华人民共和国政务院批准，中国人民保险公司成立。2003年经国务院同意、中国保监会批准，中国人民保险公司更名为中国人保控股公司。作为一家拥有50多年经营历史的公司，作为目前中国内地最大的非寿险公司，中国人保财险在非寿险市场处于领先地位，主导着非寿险市场的发展。

中国人保财险重庆市分公司（以下简称中国人保财险重庆市分公司）是总公司直属的省级分公司，是重庆市历史最悠久、迄今唯一一家在所有县级以上行政区域设有支公司、在区、县以下重要集镇设有营销服务部，实现了信息网络全面覆盖的保险公司，同时也是全市实力最雄厚的财产保险公司。直辖十年来，人保财险重庆市分公司服从、服务于全市改革开放和经济发展的需要，遵循“以市场为导向，以客户为中心”的经营理念，不断实施产品创新和服务创新。十年累计承担各种风险保障24346亿元，处理各种自然灾害和意外事故赔案95万余件，支付保险赔款46.2亿元，上缴税费54266万元。

公司积极参与社会管理，以“安保互动”为主要载体参与政府平安建设，做好企业防灾防损和驾驶人员安全教育，积极预防自然灾害造成的损失和意外事故发生。公司网点遍布全市各区、县（自治县）及部份中心乡镇，有从业人员4000多人，与各专业代理公司、经纪公司和银行、邮政集团、运输公司、汽车消售商等兼业机构建立了中介合作关系。

公司拥有先进的管理体系，各项业务、财务、及办公均实行集中化、统一化、规范化、电子化管理。95518客户服务专线全天候24小时为客户提供咨询、查询、报案、回访等服务，电子商务平台随时为您办事承保手续。

公司奉行“诚信立业、稳健经营、创造卓越、回报社会”的核心价值观，以优质高效的服务贯穿于保单售前、售中、售后全过程，实行客户回访制、首问责任制和承诺限时服务制，同城通赔、异地出险就地理赔、“黄金周”渝、川、黔联动服务，赢得了客户信赖和社会认同，2006年在重庆报业集团开展的民意调查中获得“最受市民喜爱的保险公司”赞誉。公司热心社会公益事业，经常开展扶贫帮困、爱心捐献等活动，以实际行动回馈社会，得到社会各界好评。

投保的武隆江口电站溢洪

网点优势显著

人保财险重庆市分公司的前身是中国人民保险公司最早设立的分支机构，1997年重庆直辖后，成为中国人民保险公司的省级分支机构。目前公司下辖万州、涪陵、黔江 3 个二级分公司，2 个直属营业部，20个直属地市级区、县支公司、23个区、县支公司，10个办事处，172个营销服务部，编内员工858人，编外员工1022人，保险营销人员2000余人,服务网点覆盖全市各区县（市）及部份中心乡镇，是建国以来重庆市历史最悠久、规模最大、机构网点最多、实力最雄厚的财产保险公司。

业务发展强劲

直辖十年来，公司坚持以市场为导向，正确处理发展与管理，效益与规模、经济效益与社会效益的关系，坚持科学发展观，积极开拓保险市场，业务从城市到农村、从社会到家庭、从国内到国际，目前开办了机动车辆保险、船舶保险、财产保

2006年3月2日重庆三峡油漆厂发生重大火灾爆炸，人保财险重庆市分公司及时现场查勘

有限公司重庆市分公司

险、家庭财产保险、工程保险、责任保险、信用保证保险、货物运输保险、特殊风险保险、农业保险、意外伤害保险、综合保险、意外健康保险等13类保险产品，200多个险种，十年累计实现保费收入79.7亿元；2006年表列保费和实收保费双双跃过十亿元大关，创重庆人保57年经营历史的重大突破，分公司总资产达6.3亿元,提取各项准备金8亿元，享有全市财产险市场38.8%的市场份额。近两年，公司获得重庆市2006年度金融贡献奖”一等奖 、“2005年度售后服务先进单位”和“2006年度-2007年度纳税信用A级纳税人”荣誉称号；获得中国人保财险“2006年度经营业绩优胜单位”一等奖和“连续三年经营管理先进单位”荣誉称号。

理赔实力雄厚

公司不断提升理赔快速反应能力,发挥保险经济补偿职能,直辖十年累计承担各种风险保障24346亿元，处理各种自然灾害和意外事故赔款95万余件，支付保险赔款46.2亿元，在1998年长江流域特大洪灾、2003年开县”12.23”井喷事故、2004年开县特大暴雨，2005年“二.八”特大雪灾、綦江东溪化工厂爆炸、“5.26”轻轨二号线事故、2006年重庆大干旱等重大自然灾害和意外事故面前显示出强大的补偿实力，仅1998年“八.七”洪灾,就支付赔款达9400万元，这一笔笔赔款，不仅有力地支援了企业和群众抗灾、救灾，恢复生产、重建家园，还大大减轻了国家和政府的救灾负担。近年来，随着网络化的发展，理赔服务手段不断完善，理赔服务质量进一步提高，公司依托“金牌服务工程”、“理赔无忧——车险快捷”服务承诺活动、实行首问责任制，完善了95518客户服务专线全天候24小时为客户提供咨询、查询、报案、回访制度，加强了客户服务平台建设，推出了远程定损、查勘车GPS定位、同城赔付、异地出险就地赔付，“黄金周”渝、川、黔三省联动，对自驾游者提供车辆故障急救、应急加油、事故救援、伤员救护、事故处理等服务，赢得了客户的信赖和社会的认同。

服务地方经济

十年来公司以服务地方经济、为政府排忧解难为已任。针对我市大农村、大城市的特点，先后开办了农房长效还本保险、奶牛保险、耕牛保险、生猪保险、养鸡保险、养鸭保险、养鱼保险、烤烟种植业保险、林木火灾保险、农作物收获火灾保险等十多个农业保险险种，2005年开发了“农家福”、“福临门”、“人顺财旺”等8款产品投放农村市场，积极推进“安保互动”责任保险、城镇居民补充医疗保险试点工作，努力化解社会公共安全风险和解除城镇居民生病、住院的后顾之忧；公司各机构主动配合地方安全管理部门和交警部门做好厂矿企业、运输工具的安全检查和驾驶人员的安全教育，发现事故隐患，督促相关企业和人员及时整改，减少社会财产损失；公司热心公益事业，1997年损资30万元在贫困地区的武隆县修建了羊角小学，直辖十年来为三峡库区希望小学、巫山大昌白云山小学、荣昌先双河敬老院、开县井喷事故、武隆县土地乡小学、历次洪灾和旱灾等捐款达成170余万元。为扶贫济困、帮助弱势群体、构建和谐社会做出了积极的贡献。

人保财险重庆市分公司捐资30万元，在贫困县武隆建起羊角小学，并定期向孩子们赠送学习用具

2003年7月19日时任重庆市人大常委会副主任税正宽（右五）、重庆市副市长童小平（右四）、政协副主席陈邦国（右六）、重庆保监局等领导出席人保财险重庆市分公司成立揭牌仪式

HUA XIA BANK
华夏银行 重庆分行
团结 拼搏
敬业 创新

▲重庆市委副书记邢元敏出席“华夏银行交通安全杯”腰鼓大赛

▲银企合作恳谈会（右一为华夏银行重庆分行李琦行长）

▲柬埔寨外交部长和国际贸易部副部长尼姆·钱塔那到华夏银行进行工作考察

华夏银行于1992年在北京诞生，1995年完成股份制改造，成为一家全国性的股份制商业银行，2003年9月公开上市发行股票，成为全国第五家上市银行。2005年11月，华夏银行成功引进战略投资者德意志银行，与之签署了全面长期战略合作协议，开始了国际化进程。近年来，华夏银行被评为中国上市公司金融地产行业10家最具竞争力企业之一；荣获“中国最具影响力财富企业”称号；在英国《银行家》杂志世界1000家大银行评选中排名第339位。

华夏银行重庆分行自1999年12月成立以来，在重庆市委、市政府的领导和社会各界的关心和支持下，按照“一流人才，一流管理，一流服务，一流效益”的发展理念，坚持“走高质量发展之路，创建一流商业银行”的办行方针，以市场为导向，以客户为中心，依法经营，规范管理，诚信服务和支持重庆地方经济建设。已在主城区及万州设立12家支行和29家自助银行，与中信银行、浦发银行、深发银行和兴业银行实现了“五行存取通”，先后向重庆长安汽车股份有限公司、庆铃汽车股份有限公司、重庆钢铁集团有限公司、太极集团、重庆大学等重点企事业投放500多亿元贷款，支持重庆汽车摩托车、机械加工、水利、电力、建设、文教卫生、交通运输、能源化工等重点行业的发展，支持企业产品结构调整，新产品、新工艺、新技术开发，为重庆国有企业、民营企业的经营发展提供了有效的金融服务与支持。

华夏银行重庆分行大力发展个人业务，服务市民经济生活。近年来，累计发放个人综合贷款、个人汽车消费贷款、个人住房贷款超过15亿元，一大批中小民营企业家、个体工商户，通过华夏银行的贷款支持，走上了富裕的小康道路。坚持以自主创新为突破，形成以华夏丽人卡、华夏卡自助贷款为代表的投资增值、融资助业、金融理财、至尊回报、贴心服务等五类华夏理财投资新产品，深受客户青睐。华夏丽人卡是中国第一张定位都市白领女士，为白领女性提供个性化服务的银行借记卡，2001年获得VISA国际年度组织优秀创意奖，具备本外币存储、购物消费、网上银行的所有华夏卡功能和联名商户贵宾会员待遇，成为现代都市丽人推崇的高品质金融产品。

华夏银行重庆分行坚持“在发展中规范，在规范中发展”，落实科学发展观，坚持规模、质量、效益、结构协调发展，积极推行精细化、规范化管理，重点抓好专业管理。树立“以人为本”的人才兴行战略，狠抓“一把手工程”，实施“接班人”计划，进一步完善人事管理机制、分配机制和绩效考核机制，打造学习型、管理型、服务型的精英团队，提升企业核心竞争力，正以健全的公司治理结构、合规的经营管理、优良的资产质量和良好的经营效益、稳健的发展态势，向着精品银行的发展目标迈进。

▲华夏银行金秋交响音乐会现场

▲华夏银行重庆分行协办的“渝中区首届体育大会”开幕式

2005年11月17日，重庆市人民政府与中国农业银行在重庆签署《加强合作 促进城乡一体化发展框架协议》

创新发展中的农行重庆市分行

中国农业银行是我国改革开放恢复最早的一家国有商业银行，具有经营网点最多，遍布城乡；服务团队最大，客户最广；业务功能最全，电子网络覆盖最广等特色优势；自二十世纪九十年代中期以来，中国农业银行一直保持着世界1000家大银行和全球企业500强的地位，规模优势突出，品牌价值巨大，持续发展强劲。

中国农业银行重庆市分行是中国农业银行直属一级分行。全行现辖42个分、支行，对外营业机构500余家，在职员工近8000人。2006年末，全行各项存款余额724亿元，比1997年增加580亿元，增长405.66%；各项贷款余额499亿元，比1997年增加336亿元，增长206.07%；当年实现经营利润9亿元，比1997年增盈11亿元，已初步建成人均效益大行。

重庆直辖十年来，农行重庆市分行在总行、各级党政正确领导和社会各界的大力支持下，顺应时代潮流，始终坚持"伴你成长"理念，牢固树立科学发展观和一级法人意识，坚持加快有效发展，着力实施经营战略转型，在全行实施了基础管理工程、贷后管理工程、科技创新工程和人才培养工程。紧紧抓住西部大开发和重庆城市化、工业化发展机遇，切实加强业务结构、产品结构、客户结构、收入结构调整，实现经营规模、质量效益持续协调健康发展，市场竞争力和创新能力不断增强。现拥有300多家AAA级集团客户、大型客户、系统客户。储蓄存款余额和增量、各项贷款余额、银行卡发卡和收入、保险代理业务规模和手续费收入等多项指标在同业位居首位，赢得了领先优势。

十年来，农行重庆市分行认真贯彻执行国家金融方针政策，坚持以服务重庆经济社会发展为已任，紧紧围绕重庆市委、市政府工作重点，大力支持三峡库区建设、农村扶贫开发、城市基础设施建设、城乡经济、区域经济一体化建设、农村小城镇建设、重点工业、商贸流通业，对能源、交通等基础设施、优质房地产、高新技术产业、重点院校、医院、城镇居民住宅小区建设、农业产业化龙头企业等给予了重点支持，有效发挥了农业银行在县域商业金融的主渠道作用。

在2007年初召开的全国金融工作会议上，温家宝总理对中国农业银行的工作给予了充分肯定：中国农业银行是一家大型国有商业银行，多年来在服务农村、服务经济社会发展中做出了重要贡献。按照国家对农业银行提出的"面向'三农'、整体改制、商业运作、择机上市"改革总要求，为尽快把农业银行建设成为资本充足、内控严密、运营安全、服务优质、效益良好、创新能力和国际竞争力强的现代商业银行，重庆农行将牢固树立和落实科学发展观，紧紧围绕"十一五"期间实现存款增长和贷款投入翻番升位，努力把重庆农行建设成为质量效益型、文明和谐型、追赶跨越型的新分行的目标，强化责任意识、危机意识、创新意识、奉献意识、竞争意识，抓住机遇，开拓创新，负重奋进，扬帆前行，努力为广大客户提供优质便利的金融服务，充分发挥农业银行在县域商业金融的主渠道作用，为努力把重庆加快建成西部地区的重要增长极、长江上游地区的经济中心、城乡统筹发展的直辖市，在西部地区率先实现全面建设小康社会的目标做出应有的贡献！

地址：中国重庆市渝中区新华路103号
联系电话：（023）63551188 63844275（传真）
邮政编码：400011
网址：http://www.95599.cn
24小时客户服务热线:95599

伴你成长

中国农业银行 AGRICULTURAL BANK OF CHINA

中国工商银行 重庆市分行
INDUSTRIAL AND COMMERCIAL BANK OF CHINA CHONGQING BRANCH

为重庆经济建设 提供强有力的金融支持

全国人大代表、中国工商银行重庆市分行党委书记、行长：刘卫星

重庆直辖十年来，工商银行重庆分行认真贯彻党和国家金融方针政策和工总行的经营战略部署，秉承“以人为本，客户至上，崇尚信誉，追求卓越”的经营理念，致力于支持重庆地方经济建设，为山城广大客户提供快捷、方便的全方位金融服务，并依托区域经济的快速发展，实现了自身经营管理水平的新跨越。

伴随着工行股改上市，工商银行重庆分行的经营业绩和管理水平迈上了新台阶，2006年末，总资产达854.53亿元,实现利润10.06亿元;存、贷款余额分别达到807.4亿元和532.22亿元;不良贷款率降低到5.2%,达到国际水准。资产规模、负债规模、营业收入均保持全市银行同业领先地位置。

十年间,工行重庆分行为重庆经济的快速健康发展提供了强有力的支持,发挥了骨干力量的作用。累计投放各类贷款2000亿元，其中，支持能源、交通、市政等全市重庆基础设施项目近200个亿，促进了城市“硬件”环境的加速改善；支持全市主导产业和大中国有企业1200亿元，促进了产业升级和技术改造；支持住房开发和个人按揭等综合消费贷款 600个亿，有效提升了市民生活品质。与此同时，通过与重庆市政府创新合作整体打包处置不良贷款和实施政策剥离，处置各类不良贷款237亿元，帮助全市一大批国有、集体企业卸掉了沉重债务包袱，增强了发展后劲。

面对工行股改上市后的新形势，新任务和重庆经济发展的新要求，重庆分行将加快实施精品工程，着力构建和谐分行。实施精品工程，就是实现小而强、小而优的目标。小而强就是核心竞争力强、创新功能强、创利能力强；小而优就是经营效益优、资产质量优、风险防范优、运行机制优、内外服务优、团队素质优、社会形象优。构建和谐分行就是牢固树立科学发展观，坚持以人为本，尊重员工价值，构建团队和谐；坚持下上沟通，注重协调运转，构建管理和谐；坚持服务至上，快速响应客户，构建市场和谐；坚持合作共赢，同业良性发展，构建竞争和谐；坚持依法合规，确保稳健经营，构建监管和谐；坚持诚信守法，履行社会责任，构建环境和谐。

为此，我们确定今后一个时期改革和发展的总体思路是：坚持一个方针、狠抓两个重点、落实“五争三保”、弘扬一种作风、保持一种精神。

即坚持依法合规、稳健经营的方针。狠抓观念转变和机制建设。

发展争速度。各类业务的发展不低于工行系统及全市行业系统的平均增幅。经营争效益。一切经营活动围绕效益的提高来进行。同业争占比。主营业务保持同业领先地位，并逐年提高市场占比。系统争位次。各项工作，各项经营指标在总行系统的排名逐年有所提高。工作争效率。倡导马上办、办得快、办得好。扩张保质量。在风险可控的条件下追求规模的扩张。管理保安全，把严格管理、规范管理放在一切经营活动的首位，通过强化管理，确保营运安全，提高质量效益。服务保形象。坚持以客户为中心的服务理念，通过优质高效的服务，树立我行良好的社会形象。

弘扬求真务实的作风，说实话、办实事、求实效、报实情。

保持“与时俱进、开拓创新、积极进取、追求卓越”的精神状态。

刘卫星行长主持召开银企恳谈会

刘卫星行长到金科集团调研

刘卫星行长视察草街电站

重庆市三峡库区产业信用担保有限公司

一、公司简介

重庆市委常委、常务副市长黄奇帆（前排右二）亲自为三峡担保公司揭授牌

重庆市三峡库区产业信用担保有限公司是依据国家开发银行与重庆市人民政府开发性金融合作备忘录和中共重庆市委《关于加快库区产业发展着力解决移民就业促进库区繁荣稳定的决定》，并经国家发展和改革委员会批准组建的市级政策性融资担保公司，注册资金10亿元，3年内达到20-30亿元，是市政府确定的市属五大融资平台之一。公司按照现代企业制度建立了科学的法人治理结构和组织机构，内设办公室、计划财务部、业务一部、业务二部、风险管理部、法律事务部，拥有一支素质优良的员工队伍。

公司第一届董事会第一次会议现场

重庆市三峡库区产业信用担保有限公司以科学发展观及开发性金融理论为指导，以推动库区产业发展，增加移民就业，促进库区繁荣稳定为宗旨，本着诚信、进取、创新、奉献、和谐的经营理念，认真履行组织增信和承担风险的职能，为全市库区产业、各类工业园区、“一圈两翼”区域融资性和非融资性项目提供担保。开设有企业借款担保；企业债券担保；进出口贸易合同项下的保函；工程承包担保、项目咨询等业务品种。在市委、市政府领导的关心下，在市国资委的领导下，在国家开发银行的指导和协助下，我公司业务发展迅速，可对全市各郊区工业园区（含库区）的担保公司做反担保、再担保；对我市教育医疗卫生体系建设、经济适用房建设等项目进行担保；对个别优秀项目，在资本金不足难以达到融资的情况下，我公司可直接投资并阶段性持股，待项目建成后转让等。公司经营坚持政策性目标，市场化运作，坚持政府、银行、公司、企业、中介机构“五位一体”的运作模式，坚持发展速度与质量的统一，努力践行执政为民、服务发展。未来三年力争实现担保金额200亿元，不良担保率控制在5%以下的目标。

二、主要业绩

公司自2006年9月27日挂牌成立以来，严格按照市委、市府的要求，努力开拓，认真评审，踏踏实实的立足库区，服务社会。截止2007年5月底止，与15个库区县签订了产业项目融资担保合作协议；与永川区、双桥区、北碚区、大渡口区、黔江县、大足县,垫江县,璧山县等非库区政府也签订了产业项目融资担保合作协议；并与开行、农行、农信社、商行、建行、交行、光大、兴业、浦发、华夏等10家银行签订了合作协议。在促进产业担保业务发展方面，共考查了区县23个。公司已经调研评审项目230多个，为111个企业正式承诺担保额51.8亿元，已有49个企业到位资金14.1亿元。如为长寿化工园区乙烯下游片区基础

公司经营班子在研究工作（从左至右：顾刚副总经理、袁明杰董事长、游金全总经理、母继军副总经理）

三峡担保公司与北碚区人民政府签定产业项目贷款担保合作协议

公司领导考察江津天助水泥集团150万吨干法悬窑项目

设施及配套工程贷款3亿元、江津市为引进玖龙纸业配套开发的江津珞璜新区道路管网建设项目贷款1.5亿元、渝北区重庆卡福汽车制动转向系统有限公司厂房搬迁及生产线技改项目贷款2亿元等提供担保。为了支持库区小企业的发展，公司还对贷款需求在200万元以下的融资担保建立了专门机构，开设了绿色通道，制定了小额贷款担保管理办法。截止目前，小企业担保贷款调研期间，召开了5个座谈会，走访了33户企业，首批已承诺担保19个企业,金额3040万元。

公司董事长和总经理一行考察重庆美心集团

三、市领导重要批示

1、2006年12月6日，重庆市委汪洋书记在看了市政府办公厅编发的第204期专报信息后批示：“担保公司挂牌时间不长，为落实市委二届九次全委会做出了积极的努力，我代表市委向同志们表示慰问。希望继续努力，实现库区发展和公司发展的双赢。”

公司领导考察云阳县重庆冠军化工有限公司

2、2007年4月19日，黄奇帆常务副市长在三峡担保公司上报的《关于2007年一季度工作情况汇报及有关问题的请示》上批示，同意请示意见，抓好落实。另外，担保公司增加一项专题任务，为全市各郊区工业园区（包含库区）的担保公司作反担保、再担保工作，推动工业园区发展。

公司领导考察江津川东汽车客车制造车间

3、2007年4月24日，黄奇帆常务副市长在三峡担保公司上报的《关于呈报〈加快库区小企业融资担保服务、促进库区产业发展的调查报告>的报告》上批示：“好，努力开拓，扎实推进，精神状态好，可加快八个机制的试点推进工作。”

重庆国际信托投资有限公司
Chongqing International Trust & Investment Co.,Ltd

重庆国际信托投资有限公司成立于1984年，注册资本3500万元。2002年1月，公司进行改制重组，引入战略投资者，注册资本10.3373亿元，经中国人民银行批准重新登记，2004年底，公司再次增资扩股，注册资本增加到16.3373亿元，名列全国信托公司前列，是西部地区最大的信托投资公司。

公司成立以来，始终遵循“立足重庆、服务全国、走向世界”的经营策略，确立“以基础设施和金融投资为重点，发展壮大信托主业”的经营方针，强化管理、灵活经营，成效显著。截至2006年末，公司改制5年来利润连年增长，累计实现盈利3.6亿元，其中2006年实现利润1.6亿元；公司目前累计管理信托项目 234个，信托资金累计规模164.8亿元；已清算到期信托项目156个，金额为 98.08 亿元，没有出现一笔清算风险；存续期内的项目78个，信托财产66.7亿元。公司资本、年利润、信托规模、信托财产收益率等指 标综合排名跻身国内同行前列， 重新登记后为地方基础设施建设项目筹集资金100多亿元，为地方经济发展做 出了较大贡献。

公司作为非银行金融机构，经营范围广泛、经营手段灵活，可通过投资、贷款、担保、租赁、资产重组、财务顾 问、承销等多种手段为客户提供金融服务。我们成功推出了众多的信托产品，其中，“教育信托”、“重庆渝涪高速公路股权信托”、“企业短期融资集合信托”、“龙湖·西城天街集合资金股权信托”等一些信托项目推出后在业界引起了较大反响。

公司坚持“诚信、稳健、创新、求精”的经营理念，讲求团队合作和奉献精神，构筑独特的“以团队精神实现公司价值，以企业发展实现个人价值”的企业文化体系。

重庆国投力求建设一支高效务实的经营管理团队和高素质的员工队伍，公司业务人员来自全国各地，集中了诸多行业的专业人士。目前公司具有大学本科及以上学历的69人，占员工总数 的79%。

凤凰涅磐，浴火重生，改制重组后的重庆国投，坚持合规经营，强化内控制度，防范经营风险， 以产品创新促发展，以发展求生存，已逐渐走向成熟。借重庆成为直辖市和西部大开发的大好时机，我们将乘天时、占地利、秉人和，积极应对竞争和挑战，争取实现“管理一流、人才一流、业绩一流”，并努力使重庆国投发展成为国内一流的信托投资公司。

乘风破浪正当时，重庆国投借西部大开发和三峡库区建设的东风，励精图治，奋发图强，正一步步走向成功，走向辉煌。

公信权威　财富新源

地址：重庆市渝中区上清寺路110号

◇电话：023-89035888　◇传真：023-89035998◇邮政编码：400015　◇ 网址：www.cqitic.com

加快崛起的重庆第二大城市 万州区

2007年4月11日，重庆市委书记、市人大常委会主任汪洋（右二）在万州区甘宁镇永胜村调研

万州机场建成通航，已开通至北京、上海、广州、昆明、成都等航线

达（州）万（州）铁路建成投入使用

万州，地处三峡库区腹心、长江中上游结合部，因“万川毕汇，万商云集”而得名，系长江十大港口之一。建国后曾先后设置万县地区和地级万县市，重庆直辖后设立万州区，辐员面积3457平方公里，辖52个镇乡街道。万州总人口171.7万，在全市40个区县中人口最多；城市建成区面积41平方公里，城区人口59.5万，城市规模除主城以外全市最大；动态移民26万人以上，占三峡库区的五分之一，占重庆库区的四分之一，在库区区县中移民任务最重。直辖十年来，万州经济社会发展取得了辉煌成就，城乡面貌发生了巨大变化。

经济发展迈上新台阶。2006年，万州生产总值达到152.3亿元，比直辖前增长2.1倍，其中工业增加值42.2亿元，增长2.9倍；社会消费品零售总额达到56.7亿元，增长1.8倍；全社会固定资产投资达到102.1亿元，增长4倍；地方财政收入达到7.5亿元，增长2.6倍;三次产业结构由2002年的25.4：41.0：33.6调整为12.5：40.3：47.2。

交通和城市建设实现新跨越。机场、铁路、高速公路、1500万吨深水港，构建起水、陆、空立体交通框架。旧城有机更新和新区开发建设明显加快，成功创建重庆卫生城区，“一江两岸、三大片区、八大组团”的大城市格局基本形成，一座美丽的移民新城矗立在长江之滨。

移民攻坚取得新成效。坚持在移民中发展、在发展中移民，二期、三期移民工作一次性通过国家终验。到2006年底，累计搬迁城乡移民23.9万人，占原规划任务的95.5%。移民安稳致富工作积极推进，取得了初步效果。

对外开放走出新路子。连续三年成功承办三峡库区（重庆）对口支援暨经贸洽谈会，2006年成功举办F2摩托艇世界锦标赛暨中美滑水明星表演赛，扩大了对外影响。山东如意、青岛双星、浙江科华、江苏大全、广东雷士、湖北宜化、重庆啤酒、重庆长安等知名企业落户万州。

社会事业取得新进步。科技成果转化率达到46%。“普九”欠债全部偿还，中小学D类危房全部排除，义务教育阶段学生全部免交学杂费，高中阶段入学率达到88.6%，职业教育在校学生达9万人。《移民金大花》进入国家舞台艺术精品工程30强。新型农村合作医疗参合率达75.9%。

人民生活水平有了新提高。城市居民人均可支配收入、农村居民人均纯收入分别达到9540元和2739元，分别比直辖前增长1.5倍和1.1倍。城镇和农村居民人均住房面积分别达到26.9平方米、35.5平方米。乡镇公路通畅率和村级公路通达率分别达到76.9%和87%。社会保障制度基本建立，城市居民最低生活保障实现全覆盖。

未来一个时期，万州区委、区政府将坚持以科学发展观统领经济社会发展全局，大力培育和弘扬“自强不息、开拓开放”的人文精神，努力把万州建设成为全市“一圈两翼”发展格局中的重要增长极、渝东北地区城乡统筹发展的先行区、和谐稳定新库区的示范区。今后五年，围绕建设繁荣和谐的重庆第二大城市和三峡库区经济中心，加快推进“1113”工程，基本建成“一框架、一基地、一枢纽、三中心”，即基本建成重庆第二大城市框架，三峡库区特色工业基地，三峡库区综合交通枢纽，三峡库区商贸流通中心、现代服务中心、科教文卫中心，主要经济指标实现翻番，在重庆新的发展中有新的更大作为。

渝（重庆）万（州）高速公路建成通车

长江十大港口之一的万州港

连续三年成功承办三峡库区（重庆）对口支援暨经贸洽谈会，对外开放不断扩大

双星制衣万州生产基地建成投产，一大批知名企业落户万州

三峡技术纺织基地加快建设。万州盐气化工、纺织服装、新型材料、食品药品、机械电子等特色支柱产业正在形成

舍小家为国家，外迁移民启程奔赴新家园

CHONGQING AGRICULTURE BUREAU
重庆市农业局

重庆农业成就斐然

▲中共中央政治局常委、国务院总理温家宝（左二）视察重庆奶牛养殖情况

▲中共中央政治局委员、国务院副总理回良玉（前排左二）视察重庆农业三电合一项目实施情况

▲重庆市委书记、市人大常委会主任汪洋（左一）将饱含关怀的慰问品送到赴疆采棉工手上

重庆市农业局是主管全市农业经济和综合管理种植业、畜牧业、渔业、饲料工业、农村合作经济的市政府组成部门。直辖以来，在市委、市政府的正确领导下，认真落实支农政策，深入推进“百万工程”，全力打造劳务经济，大力促进科技进步，突出重大疫病防控，加强质量安全监管，不断优化信息服务，大力发展农村沼气，努力扩大对外开放，全面推进农业综合执法，粮食等主要农产品产量稳定增长，农业结构渐趋优化，农村改革全面推进，农业基础条件不断改善，农村社会事业快速发展，农民收入持续稳健增长，农业和农村经济发展步入了全面、快速、健康发展轨道。主要表现在粮食综合生产能力显著提升、农村劳务经济持续快速发展、畜牧优势产业取得重大进展、优质经济作物发展全面提速、蔬菜产业发展步伐明显加快、名优水产养殖取得新的成效。

CHONGQING AGRICULTURE BUREAU

九禾股份有限公司
JIUHE COMPANY LIMITED

▲九禾公司董事长、总经理陈晓军先生在公司经营工作会上讲话

▲九禾云阳中国现代营销网络 新农村测土配方施肥技术服务中心
化肥配送中心

企业基本情况简介

九禾农资股份有限公司是由泸天化集团、泸天化股份、天华股份等国内多家大型化肥生产企业共同出资，精心打造的集商贸、生产、投资于一体的现代农资流通企业集团。公司成立于2001年12月26日，注册资金5000万元，立足于川渝，2005年经增资扩股后注册资金1亿元，2006年9月经国家工商总局核名、重庆市工商局批准，九禾农资股份有限公司更名为“九禾股份有限公司”。

公司以经营化肥、化工产品为主，主要经营股东产品、外购其他厂家的各种化肥、自产化肥等业务。公司以每年递增3亿—16亿元的速度快速发展，2005年，公司总营业收入达30亿元，较2002年实现营业收入15亿元净增15亿元，提前一年实现了公司年销售收入五年突破30亿元的目标。截至2006年底，公司年销售收入已突破46.6亿元。

公司成立以来，大力构筑中国农村现代新型商品流通网络，如今先后在全国20个省、市、自治区构建新农村测土配方施肥技术服务中心、化肥配送中心，网络成员店达10000多家；通过建立现代企业先进的用人、激励和职业发展机制，打造了一支精诚团结、能打硬战、充满朝气、精练高效的员工队伍。以“便利农民、服务农业”为己任，以铸造“大品牌、大网络、大营销、大采购、大生产”的具有九禾特色的农资企业集团为目标，开创了化肥企业直接进入流通领域、并向纵深发展的化肥流通改革新模式!

与此同时，九禾公司被农业部列为了首批重点扶持的农资连锁经营企业，被国家工商总局作为农资流通领域的龙头企业推向社会公开承诺诚信经营，2004、2005、2006年连续三年位居重庆市百强企业第19位，2006年被评为中国服务行业500强第212位，“九禾”牌被授予“2004中国农民喜爱的农资品牌”、“中国化工行业卓越品牌”、“2004中国化肥行业品牌十佳”……这些都表明了政府、社会对九禾公司的充分肯定。

风云际会更无前，独立潮头破长风。随着中国加入WTO、国际巨鳄进军中国，市场的竞争将更加激烈！而九禾——这支农资、化工、物流领域的新生力量，将继续以铸造“大品牌、大网络、大营销、大采购、大生产”的具有九禾特色的现代化企业集团为目标，开拓创新，努力进取，以成就九禾在农资销售、化工销售、物流配送、化肥生产等多个领域成为行业领先者的宏图伟业!

▲九禾公司大足测土施肥服务站—农资配送中心

▲九禾公司宣传推广及科技三下乡活动

重庆市工业企业50强

领导关怀

LINGDAO GUANHUAI

中共中央政治局常委、国务院副总理黄菊（右）视察川维厂

重庆市委书记、市人大常委会主任汪洋（前排左二）视察川维厂

中国石化集团公司党组副书记周原（右）与重庆市市长王鸿举（左）会见

中国石化集团公司党组书记、总经理陈同海（右二）、重庆市委常委、常务副市长黄奇帆（左二）视察川维厂

川维厂生产装置

中国石化集团四川维尼纶厂

ZHONGGUO SHIHUA JITUAN SICHUAN WEINILUN CHANG

企业简介 QI YE JIAN JIE

ZHONGGUO SHIHUA JITUAN SICHUAN WEINILUN CHANG

中国石化集团四川维尼纶厂（以下简称川维厂），位于重庆市长寿区境内长江北岸。工厂于1973年由国家计委下达项目计划，1974年破土动工，1979年投料试生产，1983年经国家竣工验收投产。全厂主要生产装置分别从英、法、德、日等国引进，基建投资10亿元。

经过30多年的建设与发展，川维厂已成为全国惟一以天然气为主要原料，生产化工化纤产品的大型联合企业，多年来位列“重庆市工业企业50强”。目前，全厂主要生产装置生产能力为年产乙炔6万吨、甲醇35万吨、醋酸乙烯20万吨、聚乙烯醇6万吨、甲醛5万吨、VAE6万吨、维纶2万吨，合资工厂醋酸35万吨、醋酸酯8万吨，主要产品在国际国内市场享有良好信誉。工厂先后获得“全国五一劳动奖状”、“全国质量效益型企业”、“全国思想政治工作优秀企业”等荣誉称号。

2006年我厂克服了原材料价格上涨和部分产品价格回落等的不利因素，取得了良好的经营业绩。通过调整营销策略，深化销售组织体制改革，加大了促销力度，实现产品销售收入23.58亿元，出口创汇3900万美元。企业利税再创新高，达到6.89亿元，上缴税金1.85亿元，实现利润5.02亿元。2006年末，企业资产总值36.37亿元，资产负债率为17.99%。现主厂在岗职工3480人。

在企业经济效益和经营质量大幅提高，天然气化工核心业务优势开始凸现的新形势下，川维厂结合中国石化川东北地区丰富的天然气资源、以及川维厂已具备发展大规模天然气化工的实力，积极响应中国石化集团公司和重庆市人民政府提出的打造“100亿川维”的宏伟目标，“十一五”期间，将充分利用中国石化上下游一体化的优势，发挥川维厂在天然气化工方面的技术与生产优势，与川东北天然气勘探开发与管网建设协调发展，建设30万吨/年醋酸乙烯项目。利用合资工厂富产的氢气建设20万吨/年合成氨项目已经启动。在此基础上，根据市场发展情况，进一步扩大甲醇、醋酸等装置规模，并择机建设1,4-丁二醇以及其它下游延伸项目，努力实现将川维厂建成天然气加工量最大、单套装置品种和产量最多、资产质量最优、天然气化工产品销售收入最高、利润最好、综合竞争力最强的全国最大的天然气化工企业。

川维厂生产装置

重庆潍柴发动机厂

重庆市市长王鸿举（左二）、副市长吴家农（左一）视察我厂

重庆潍柴发动机厂是潍柴动力集团旗下的全资企业，是生产中、高速发动机的专业生产厂家。企业现拥有资产总额14亿元，占地面积76万平方米,现有职工2600余人。

重庆潍柴发动机厂积极贯彻市委、市政府“将重庆建设成我国装备制造基地”的区域定位和“走新型工业化道路”的发展思路，根据“潍柴动力”集团总部的部署，始终把谭旭光董事长提出的“用户满意是我们的宗旨”作为自己的经营理念，摒弃了单纯追求经营指标的做法，把增强企业活力和提高企业核心竞争力作为追求的目标，以更新观念、深化改革来推动技术创新和管理提升。由此取得了显著的成效，使重庆潍柴发动机厂从一个连续十年亏损的特困企业发展成为经营规模十亿元以上，并且快速、稳定、健康发展的先进企业。

强大的技术创新能力、拥有自主知识产权是企业持续发展的动力所在。重庆潍柴发动机厂十分注重科学技术的学习、消化和应用，在集团总部的强大技术支持下，开辟了与上、下游企业、各类高校、科研院所“联合开发、联合攻关”的技术创新道路，具备了较强的技术创新能力。企业技术创新硕果累累，6年来，先后共开发研制了38个CW200柴油机新产品，受到了市场的认可、用户的欢迎。其中11种新款CW200柴油机先后被重庆市科委认定为“重点新产品”。2006年又有5个CW200柴油机品种获得重庆市“高新技术产品”证书，企业也荣获重庆市“高新技术企业”称号。目前企业拥有功率范围148KW至2250KW共四个系列一百多个柴油机产品，形成了横跨汽车、工程机械、船舶、柴油发电机组等多个领域，中、高速柴油机兼备的产品体系。

潍柴动力集团董事长谭旭光考察我厂

重庆潍柴发动机厂近几年连续不断地加大技改投入，通过技术改造不断完善加工和检测手段，大大提升了企业的生产能力和产品质量的保证能力。目前已形成年产WD615柴油机35,000台、CW200柴油机1,500台、12VE230ZC型柴油机60台的生产能力。

企业注重诚信经营，狠抓产品质量的不断提升。在完善军品质量保证体系的基础上又与国际先进的质量标准接轨，先后顺利通过了ISO9001:2000版标准转换认证和国际汽车行业质量体系ISO/TS16949标准认证。对质量保证体系

CW12V200中速柴油机

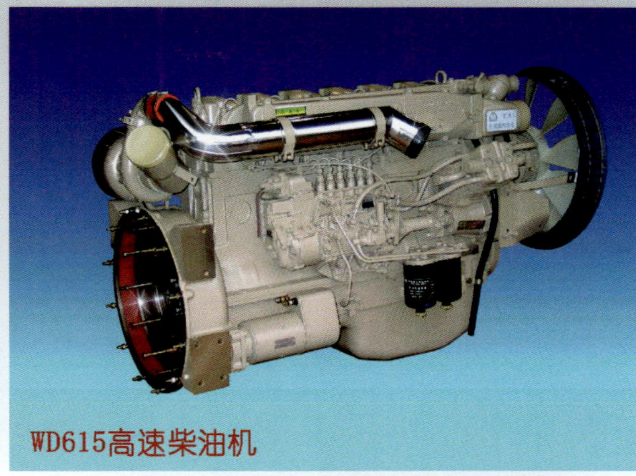

WD615高速柴油机

的严格执行，使整个生产过程的质量处于稳定受控状态。完善的工艺装备和先进的质量管理确保了产品的质量。同时，企业秉承潍柴“说到、做到、更周到”服务理念，不断完善售后服务机制，依托遍布全国的近1000个特约维修服务中心，为用户提供周到的服务，实现了顾客的“零投诉”，产品品牌美誉度不断提高。企业现生产的“同心牌”WD615高速发动机为“中国名牌产品”。2005年CW200系列柴油机又荣获“重庆名牌产品”称号。企业多次被市、区两级工商管理部门授予“守合同重信用企业”；被两级消费者权益保护委员会授予“消费者信得过企业”。

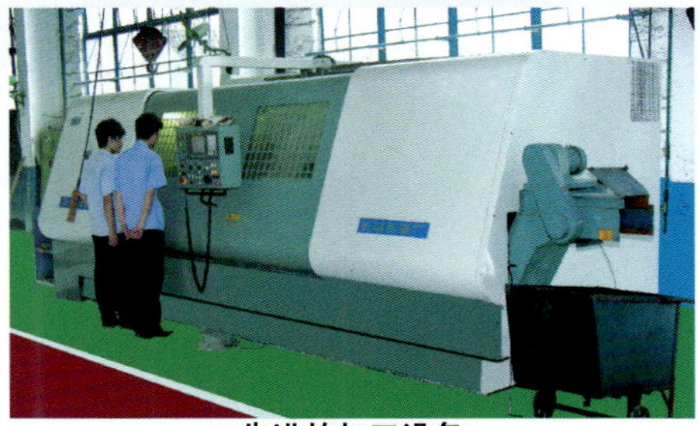

先进的加工设备

重庆潍柴发动机厂注重学习吸收先进的经营理念和管理模式，不断优化人力资源，力求实现管理流程的科学合理和简单清晰。今年又开始向着更高的目标——“精益六西格码管理模式”攀登。企业在发展过程中，还逐渐培育形成了具有自身特点的企业文化，锤炼了一支勤劳务实，雷厉风行、团结协作的职工队伍，使企业整体素质得到显著提高。

先进的检测设备

重庆潍柴发动机厂坚持以深化改革来推动技术创新和管理提升，从而取得了显著的成效。企业生产能力迅速扩大，销售收入和利税逐年增长，企业效益稳步提升。WD615系列高速柴油机生产能力突破了设计纲领的3倍多，达到了年产3.5万台的能力。中速船用柴油机从重庆直辖前的年产80多台上升到现在的年产400多台，实现了跨越式增长。企业销售收入从重庆直辖前的8千万元增加到2006年的13亿元，十年间增长了16倍。企业也由直辖前的连年亏损到目前年创造利税1.8亿元，为重庆地方经济的发展做出了应有的贡献。企业连续数年被评为“江津工业企业十强”和“重庆工业企业五十强”单位。

职工拔河比赛

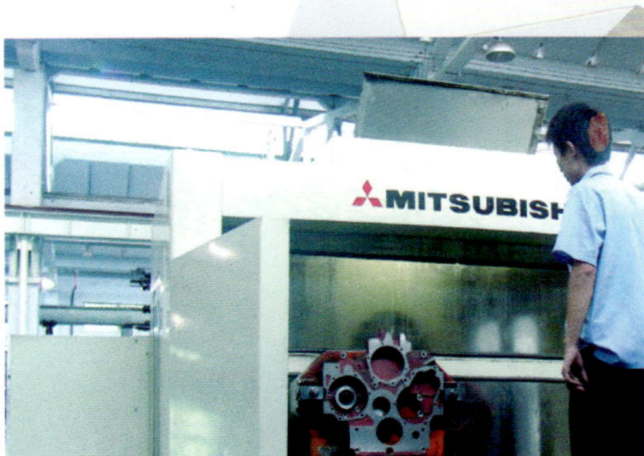

先进的加工设备

生产车间一角

建峰化工 打造中国一流化肥化工基地

JIANFENG

中国核工业建峰化工总厂，1966年国防三线建设建厂，1984年停军转民，2001年划转重庆市直管，2004年11月与重庆化医控股集团重组整合的国有大型企业，重庆市唯一的大型氮肥企业。建峰化工地处涪陵白涛，区域面积8000余亩，固定资产25亿元，员工5000余名；下属20多个生产经营性分厂（公司）、1个上市公司(股票代码000950)、2个控股公司、2个参股公司，形成集生产、科研、教育、贸易为一体、科工贸相融并具进出口经营权的综合企业。

建峰化工产品跨及化肥、化工、电力、电冶、机械、塑料、橡胶等七大类。主要装置有：年产30万吨合成氨/52万吨尿素的大型化肥厂；年产3万吨三聚氰胺装置；装机容量50000千瓦的自备热电厂；年产3000万条塑料编织袋生产线以及中德合资年产150万条柔性集装袋生产线；年产10000吨电解金属锰生产线；年产100万套摩托车消声器生产线；年产30000吨氮、磷、钾三元素高效复合肥的生产线；年产20000吨水玻璃/5000吨白炭黑生产线；年产200吨聚丙烯酸酯特种橡胶生产线；2007年6月建成投产年产3万吨三聚氰胺；2009年底建成投产年产45万吨合成氨/80万吨尿素装置。

作为一家具有核军工印记并与地方经济发展息息相关的国有大型企业，建峰化工秉承国企社会责任，用成绩延续了企业对员工、对社会、对国家的责任。重庆直辖十年也是建峰化工发展的十年，据不完全统计，1997年至2006年年底，建峰化工共生产、销售尿素560多万吨，发电量达到26亿千瓦时，电解金属锰出口产值近2000万美元，生产、销售消声器有400多万套，生产、销售白碳黑16000多吨，生产、销售复合肥近70000吨，累计实现工业总产值近80亿元。

“建峰”牌系列产品均通过了ISO9001质量管理体系认证，其中，“建峰”牌尿素获得国家质监总局颁发的“产品质量免检证书”。2006年“建峰”商标被认定为“中国驰名商标”等荣誉称号。

建峰化工的成绩和成就得到政府和社会的良好认同和高度评价。1997年获中华全国总工会颁发的“五一劳动奖状”；2006年中共中央组织部、国务院国资委党委授予“全国国有企业创建四好领导班子先进集体”；2005年获“全国模范职工之家”；

企业法定代表人:曾中全

产品质量免检证书

中国核工业建峰化工总厂

中华人民共和国
国家质量监督检验检疫总局

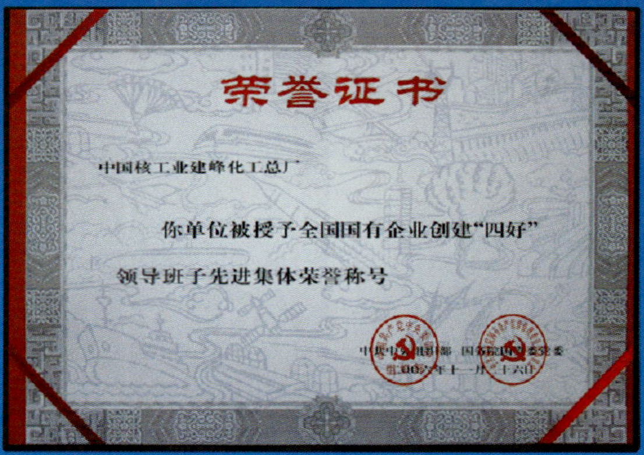
荣誉证书

中国核工业建峰化工总厂

你单位被授予全国国有企业创建“四好”领导班子先进集体荣誉称号

2006年被评为“全国精神文明建设先进工作单位”；1998—2006年，连续跻身“重庆工业五十强”等诸多荣誉，走上了健康可持续发展的道路。

今日的建峰化工已经形成了化肥化工、物流贸易、公共服务三大主业并举的经营格局，企业经济效益和社会效益蒸蒸日上，建峰化工已步入前所未有的快速发展期，企业的中长期发展规划正式出台，建峰化工确立了到2010年经济总量进入重庆化工产业前三名，争取进入中国化肥行业10强，重庆工业20强的“十一五”规划目标；以建峰化工为核心，作为重庆市直辖十周年十大工业献礼项目之一的重庆白涛化工园区正式成立，为建峰化工迎来了新的发展平台和空间。按照重庆市政府“大投资、大支柱、大基地、大企业、大项目”的建设和发展思路，以建峰化工为龙头的园区建设生机勃勃，成为重庆工业建设发展的一片热土。

建峰化工竭诚奉行“追求卓越服务社会、诚信经营共谋发展”的宗旨；弘扬“团结自强、求实从严、拼搏奉献、勇争第一”的企业精神；树立“打造百亿建峰、塑造百年建峰”、“把建峰化工建设成为全国一流的化肥生产基地和重庆市举足轻重的化工龙头企业”的企业愿景，培育“诚实劳动、共享企业效益；创新劳动、共享企业成长；享受生活、共建和谐建峰”的企业核心价值理念。抓住发展机遇，夯实发展基础，加快新项目、新产品的开发建设步伐，促进企业发展和经济效益提高，立足把企业做大做强做久，为重庆市经济发展作出更大的贡献。

法定代表人：曾中全
厂址：重庆市涪陵区白涛镇
通讯：重庆市4513信箱
邮编：408601
电话：023-72591816 72591427 72596758
传真：023-72591490
HTTP：//www.cnjf.com

重庆建峰化工股份有限公司挂牌仪式

年产45万吨合成氨/80万吨尿素项目合同签字仪式

即将竣工的三聚氰胺项目

西南铝业(集团)有限责任公司

▲赵世庆总经理荣获重庆争光贡献奖

▲西南铝企业文化

西南铝业（集团）有限责任公司是中国铝业公司直属企业，中国生产规模最大、技术装备最先进、品种规格最齐全的综合性特大型铝加工企业，中国高精尖铝材研发生产基地，中国航空航天、国防军工材料研发保障基地，中国出口铝材加工基地.

西南铝装备有国际先进水平的高精铝及铝合金板带材热连轧生产线、3万吨模锻水压机、1.25万吨卧式挤压机、2800毫米热轧机和冷轧机、1850毫米特薄板轧机、1700毫米铝箔轧机、8000吨卧式挤压机、预拉伸板生产线、彩色涂层机列、建筑型材及表面氧化喷涂生产线等设备。主要产品有铝及铝合金板、带、箔、管、棒、型材和模锻件、自由锻件、压铸件、铝焊管、铝锂合金、高温合金、彩色涂层铝板等产品，形成了航空航天、交通运输、包装、电子家电、印刷、建筑装饰用铝材等系列支柱产品。

西南铝坚持“为国家多做贡献，为社会多创财富，为股东多求回报，为员工多谋利益”的经营理念，坚持“在改造中求发展，在改革中求振兴，在不断完善自我中做优做强”的发展理念，坚持“严、细、实、新、恒、齐”的管理理念。为广大客户提供更好的产品和服务。

Http://www.swa.com.cn E-mail:swa@swa.com.cn

▲铝材大卷

▲1+4热连轧生产线

▲12500吨挤压机

西南铝近几年商品产量增长图（吨）

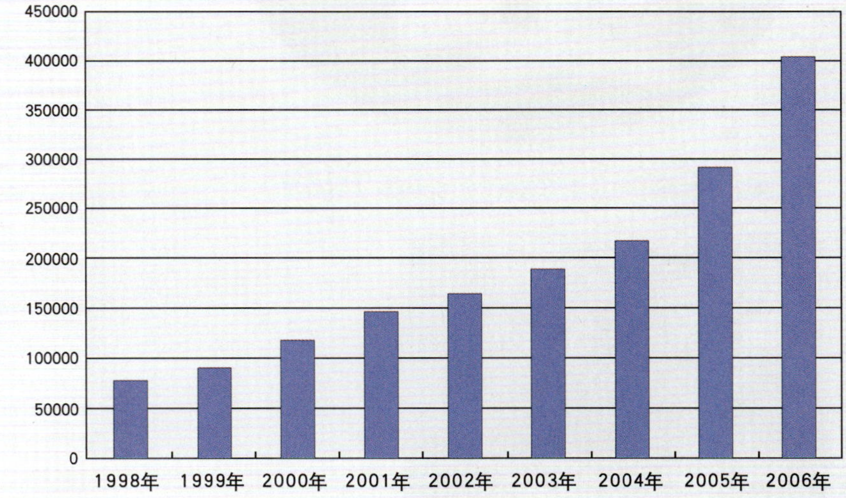

西南铝近几年销售收入增长图（万元）

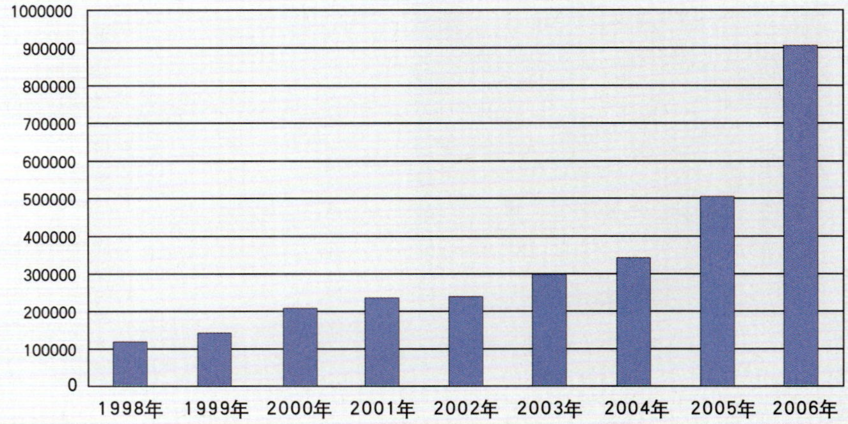

西南铝业(集团)厂区

重庆渝能泰山电线电缆有限公司

★重庆工业企业五十强
★重庆企业100强
★全国用户满意企业

重庆渝能泰山电线电缆有限公司总经理

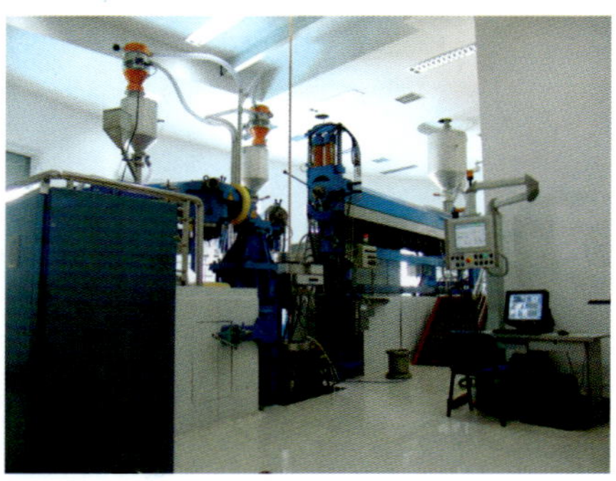

德国NIEHOFF M85铜大拉机组

重庆渝能泰山电线电缆有限公司（原重庆泰山电线电缆有限责任公司，成立于1998年），属全国电线电缆行业大型骨干企业，为重庆工业企业50强，重庆企业100强，重庆市高新技术企业。被重庆市政府列为66户重点增长企业和重点发展的四个优势装备制造业中的输变电成套设备制造企业，注册资本1.25亿元。

公司具有从德国、英国、法国、瑞士、美国、意大利等国家引进的立式交联生产线、一步法硅烷交联生产线、悬链式交联生产线、铜大拉机组、框式绞线机组、盘式绞线机组、铝护套挤压机组、局部放电测试仪、测偏仪等代表当今世界领先水平的电线电缆生产和检测设备，拥有市级研发中心和一支高素质的专业技术队伍，具有很强的产品研发、设计和生产能力。公司先后荣获“重庆市消费者信得过单位”、“重庆市守合同重信用单位”、“重庆市用户满意企业”、“全国用户满意企业”、“全国再就业先进企业”等多项称号。

公司通过了ISO9001:2000质量管理体系和ISO14001:2004环境管理体系双认证。产品以“泰山牌”为注册商标。主导产品：1000kV及以下钢芯铝绞线、500kV及以下电力电缆、电磁线（绕组线）、电气装备用电缆、特种电缆等五大系列，400多个型号，上万种规格。公司产品荣获“产品质量国家免检”和“全国用户满意产品”称号。钢芯铝绞线荣获“重庆市高新技术产品”、“重庆市名牌产品”称号。750kV扩径型钢芯铝绞线及ACSR720/50高强度钢芯铝绞线填补国内空白，制造技术达到国际先进水平。35kV及以下交联电缆、35kV及以下架空绝缘电缆、电力电缆荣获“重庆市用户满意产品”和“重庆市名牌产品”称号；塑料绝缘电线被评为“消费者信得过产品”。

公司业务遍及全国25个省（市）、自治区和东南亚国家。优质的产品被全国城乡电网建设与改造、西电东送、电源建设、三峡输电、北京奥运及国家重点工程项目广泛采用，深受客户赞誉。

公司位于重庆市渝北国家科技园区（210国道旁），距重庆江北国际机场、重庆集装箱深水港、重庆火车北站仅3公里，交通便捷，环境优美。

重庆渝能泰山电线电缆有限公司立足西南，面向全国，放眼世界，追求“仁极其尽，业精至止”的崇高境界，不断提高管理水平，以先进的生产设备和精湛的工艺技术竭诚为广大客户提供安全、高效、优质的输配电产品。

地址：重庆市渝北国家农业科技园区金果大道239号 邮编：401120 销售热线：61898101-09 传真：023-61898288 外贸部：61898068

重庆市市长王鸿举（前排左二）、副市长童小平（前排右二）听取产品介绍

重庆市委书记、市人大常委会主任汪洋（前排左二），市委常委、常务副市长黄奇帆（左一）视察公司

重庆市副市长童小平、中国南方电网有限责任公司董事长、党组书记袁懋振考察我公司

中冶赛迪工程技术股份有限公司
CISDI ENGINEERING CO.,LTD.

中冶赛迪工程技术股份有限公司法定代表人、董事长兼总经理：肖学文

中中冶赛迪工程技术股份有限公司是一家为钢铁企业提供工程设计、总承包、设备成套等服务的科技型工程公司。承继中冶集团重庆钢铁设计研究总院的主营业务及相关资质，由中国冶金科工集团公司控股，攀钢、上海宝信软件等参股，2000年以来一直名列全国勘察设计企业营业收入前五强，2003年名列第一名，长期保持冶金行业和西部地区第一位置。是全国精神文明建设先进单位、重庆市园林式单位。重庆直辖十年期间均获重庆市质量效益型企业称号，2006年分别获“全国国有企业创建‘四好’领导班子先进集体”、“十?五”全国建设科技进步先进集体、全国冶金建设优秀企业、重庆最佳诚信企业、全国电子信息百强单位、重庆市高新技术企业和软件企业称号。

中冶赛迪注重人力资源培养，拥有一支在冶金行业学识渊博、业务精湛的技术队伍，在1000多名员工中，拥有国家工程设计大师2人，享受国务院有突出贡献津贴专家近50人，获得包括英国皇家特许测量师、资深建造师等各种执业资格者300余人。注重与国际知名企业的交流合作，重庆直辖期间，先后建立了“中冶赛迪-罗克韦尔系统工程中心”和“中冶赛迪-西门子系统工程中心”，通过积极引进外商企业投资，有力地促进重庆国际化发展。一直以来，中冶赛迪以科技为本，重视研究与开发，在科研和优秀工程设计方面取得了丰硕的成果，获得国家及部、省级奖励200多项，获得专利授权200余件。仅重庆直辖十年间，获国家、部、省级优秀工程设计、优秀工程咨询成果、工程总承包、计算机软件奖等各类奖项近70项。公司作为主研单位之一的“宝钢2号RH工艺与装备技术的开发和应用”和“攀钢1450热连轧关键技术及设备研究与应用”分别荣获2004、2006年度国家科学技术进步二等奖。

利用知识技术密集型企业的优势，依靠科技进步，中冶赛迪不断增强自主创新能力，将科研成果密切与工程项目的结合，使科研成果在钢铁建设中得到推广，为中国钢铁工业技术水平的提升做出了积极贡献，带动并促进了重庆装备制造业和高新技术业的发展。截至2006年底，已有数百项科研成果在钢铁建设项目中应用，取得直接或间接经济效益超过10亿元，为重庆经济建设做出直接贡献。

与此同时，中冶赛迪努力把自身发展融入重庆地方经济发展中，利用自身优势，为重钢、庆铃等重点企业提供技术服务，重庆直辖十年间，公司设计的重钢冷轧板带一期工程投产，进一步增强其市场竞争力，目前正在为重钢的整体搬迁做方案设计。积极投身重庆城市建设和三峡库区移民迁建，承担了重庆市少年宫、技术展览中心、人民大礼堂大修改造、市庆项目高九路BT建设等工程服务，承担了重庆奥林匹克体育中心体育场、长江鹅公岩大桥和江北国际机场扩建等项目的监理任务，通过积极投身重庆市政、环保建设，为重庆市建设资源节约型、环境友好型社会做出了卓越贡献。

重庆市委书记、市人大常委会主任汪洋（前排左二）在中冶赛迪党委书记戴祯庆陪同下看望公司基层设计人员

中冶赛迪确立了“打造国内顶尖、国际先进的学习型、开放型、创新型企业，成为受人尊敬的拥有全球化视野的国际型工程公司”的目标，在这一征程中，中冶赛迪将一如既往秉承“精心设计、科学管理、诚信服务、顾客满意、以人为本、持续改进”的方针，更加积极地融入地方经济发展，为重庆市做出更大贡献。

中冶赛迪设计的重庆华宇福源山庄，获2002年度重庆市第三届“十佳住宅小区”、2004年全国人居经典建筑规划设计竞赛“建筑、环境双金奖”及“詹天佑土木工程奖优秀住宅小区提名奖”

中冶赛迪设计的宝钢2号高炉，获1994年度国家级优秀工程设计金奖；中冶赛迪承担的宝钢2号高炉大修创造了国内特大型高炉快速大修最短记录，2006年开始了第二代炉役的生产

中冶赛迪承担设计的目前世界单厂产量最大的不锈钢炼钢厂——太钢新不锈炼钢厂

中冶赛迪总承包建设的国内容积最大、压力最高的鞍钢30万m³新型高炉煤气柜

地址:重庆市渝中区双钢路1号　　邮编:400013
电话:(023)63850431　　传真:(023)63548888
HTTP: //www.cisdi.com.cn
E-MAIL: CISDI@cisdi.com.cn

中冶赛迪监理的重庆奥林匹克体育中心体育场，获2006年度中国土木工程界最高工程荣誉——“詹天佑土木工程奖”、重庆市工程建设特殊贡献奖

中冶赛迪设计的重庆市社会文化事业十大重点建设项目之一的重庆市少年宫

中冶赛迪设计的攀钢《国产1450热连轧关键技术及设备研究与应用》项目获2006年度国家科技进步二等奖

由中冶赛迪技术总负责、自主集成2006年投产的新疆八一钢铁集团有限责任公司1750mm热轧工程，是国内首套由国内工程公司技术总负责的、国产化的常规热轧宽带钢生产线，该工程被国家发改委列为示范项目

中冶赛迪2006年总承包建设的攀成钢冷轧镀锌线工程，是国内工程公司首次总承包建设的完整的冷轧镀锌工程

重庆钢铁集团

CHONGQING GANGTIE JITUAN

▲重庆市委书记、市人大常委会主任汪洋（前排右二）视察重钢

地处中国重庆直辖市的重庆钢铁（集团）有限责任公司（简称重钢）是一个有百年历史的特大型钢铁联合企业。其前身创立于我国清代开启民族工业的洋务运动，即1890年9月湖广总督张之洞创办的汉阳铁厂。1938年，在抗战的烽火硝烟中，为坚决抗击日本侵略者，保存我国仅有的民族基础工业，国民政府将汉阳铁厂、大冶铁矿、上海炼钢厂等的主要设备拆迁，抢运内迁至抗日大后方重庆大渡口地区，完成了逆江而上、迁渝建厂的悲壮历程，设立为国民党军政部兵工署第二十九兵工厂。新中国成立后，重钢曾先后更名为西南工业部一零一厂、西南钢铁公司、重庆钢铁公司、重庆钢铁（集团）公司，1995年6月改制为重庆钢铁（集团）有限责任公司。

在百废待兴的建国之初，回到新中国怀抱的重钢人，挺立起新中国工人阶级的脊梁，投入到火热的生产建设高潮中，于1950年轧制生产出我国第一根铁路重轨，铺成了新中国第一条铁路成渝铁路。在计划经济向社会主义市场经济的过渡转型时期，重钢人解放思想，大胆尝试，积极探索和勇于突破，于1979年开始在全国首家自销计划外钢材，冲破了长期实行的钢材统分体制。1988年，重钢成立进出口公司，获得冶金产品自主进出口权。重钢还敢为人先，自筹资金进行百万吨铁系统和钢系统的大规模的技术改造，成为全国自筹资金搞技改的第一家钢铁企业。重钢建成了我国第一条中厚钢板控轧控冷示范生产线，成为我国重要的中厚钢板生产基地之一。

沐浴着改革的春风，重钢激流勇进。1995年被国务院确定为全国100家首批现代企业制度试点企业；1997年被列为国家120家企业集团试点单位；1998年被列为国家重点联系的512家国有大型企业之一。重钢1997年组建国家级技术中心，1999年建立国家博士后科研工作站。

进入二十一世纪，伴随着我国国民经济的快速发展和钢铁工业迅猛发展之态势，重钢审时度势，牢牢把握发展的战略机遇期，经过一系列的技术改造和技术创新，重钢发生了深刻的变化，迈上了新的台阶。到“十五”末，已形成年产300万吨钢的综合生产能力。钢铁生产改变了万能化工厂的格局，形成普钢的中厚板和薄板，普钢的高线和优质特殊钢生产线“两板两线”的生产体系。自此，重钢走上健康的良性发展轨道。

▲船体结构用钢板和锅炉压力容器用钢板等中国名牌产品

重钢实行母子公司管理体制，现有子公司26家，其中全资21家，控股5家，包括重钢控股在香港上市的核心企业H股公司重钢股份公司。有在册职工28000余人，资产总额142亿元。重钢是重庆市市属工业企业第一家年销售收入破百亿元的企业。2005年位列中国企业500强第228位。重钢主业产品有板材、管材、型材、带材、线材和棒材六大类。主导产品中的20g锅炉板和16MnR容器板系国家金牌产品，镀铅薄板、18号矿用槽帮钢、6.5号刮板钢系国家银牌产品，船体结构用钢板和锅炉压力容器用钢板获中国名牌产品称号，造船板获英国、德国、美国、挪威等9国船级社质量认证。重钢获得ISO9001质量和ISO14001环境体系认证。

▲冷轧厂

重钢在钢铁主业发展的同时，非钢产业也得到较大发展。钢铁产品深加工与机械制造、建筑与房地产、电子信息、环保产业、矿业等五大非钢支柱产业已逐步成为重钢新的经济增长点。非钢产业收入已达重钢总收入的25%左右。其中环保产业的重钢三峰环境有限公司已成为国内知名的环保设计、施工、运营企业。

近年来，以努力构建和谐重钢为目标的精神文明建设，取得丰硕的成果。重钢荣获了“全国文明单位”等荣誉称号。在重钢人引以为骄傲和自豪的这片热土上，中国共产党三代领导核心毛泽东、邓小平和江泽民都曾在重钢留下了视察的足迹。

在描绘“十一五”发展的宏伟蓝图中，“三峰无限，攀登不止”、“钢铁品质，表里如一”的重钢人，又奏响了重钢大发展的辉煌乐章。在重钢新的领导班子带领下，以科学发展观统领企业改革发展的全局，以《钢铁产业发展政策》为指导，强化管理，强力推进技术创新，大力调整产业结构和产品结构，坚持走新型工业化发展道路，以节能降耗为重点，推广清洁生产，降低环境负荷，努力发展循环经济，构建资源节约型和环境友好型企业，全力推进重钢的持续健康发展。重钢在重庆市委、市政府的亲切关怀和支持下，结合重钢自身的优势和特点，确立了“结合搬迁，依托资源，自主发展，做精做强”的发展战略，决定搬迁老厂，建设新区，调整结构，扩大规模。

▲重钢股份公司炼钢厂LF炉

▲国内第一条控轧控冷中厚钢板示范生产线

展望未来，前程锦绣。一座全新的现代化的大型钢铁联合企业--重钢，将耸立于长江之滨。传承中国百年工业化历史长河的新重钢，正以崭新的姿态，勃勃的生机，昂首奋进在新世纪的征程中。

▲1350高炉

▲同兴垃圾厂外景

▲轧机

▲轻轨线

中国四联仪器仪表集团有限公司

直辖重庆培育出的全国最大综合性仪器仪表制造基地

▲全国科协主席、全国人大原副委员长周光召（右二）到公司参观考察

伴随重庆直辖所走过的十年辉煌历程，中国四联仪器仪表集团有限公司通过不懈的自主创新和锐意进取，经营规模、产品种类和研发能力均高居国内同行之首。目前，“中国四联·重庆川仪”已成为行业的领军企业，是我市工业自动化领域最响亮的一块全国性品牌。

重庆直辖十年，也是四联集团不断发展的重要时期。在上世纪90年代末，四联集团新一届领导班子大力实施科技兴企、人才兴企战略，建立了以技术开发、工艺质量保证和技术管理为支撑的“三个体系”，与时俱进地紧跟国际领先潮流，艰苦卓绝地逾越了一道横亘在发达国家与发展中国家企业之间的“数码鸿沟”。自主研制成功并批量投产的智能控制系统、变送器、调节阀、电磁流量计、电动执行机构及分析仪器等构成了四联集团可持续发展的支柱产品，与世界工业自动化尖端技术的差距愈来愈小。目前，四联集团已经从国内三大仪器仪表制造基地中脱颖而出，成为全国经营规模最大、产品种类最全、研发能力最强的综合性仪器仪表行业龙头企业。

▲全国政协副主席董建华（中）在四联集团公司总经理向晓波（右一）陪同下参观考察

▲重庆市委书记、市人大常委会主任汪洋（前排右一）、市委常委、秘书长范照兵（右一）、副市长童小平（左三）等到公司参观考察情景

“绿叶不忘根的情。”重庆直辖以来，四联集团建设发展所迈出的每一步都离不开国家、重庆市委、市府的亲切关怀。董建华、贺国强、包叙定、黄镇东、王鸿举、汪洋等历届、现任主要领导多次亲临集团视察并指导工作，不断勉励四联集团要站在新的高度，把中国四联·重庆川仪品牌做大做响，引领行业发展。从十五初期至今，四联集团销售收入和利润每年均以两位数的增速稳健发展，连续多年荣获中国机械工业100强、中国电气工业100强、重庆工业50强、重庆最佳诚信企业等称号，为我国电力、冶金、石化、环保等行业做出了重大贡献，被国家授予全国“五一”劳动奖状。2006年四联集团主要经济技术指标再创新高，实现销售额347040万元、利润总额18782万元，集团核心企业重庆川仪总厂有限公司是国家创新型试点企业。

“关山初度路犹长。”在重庆市“十一五”发展规划中，四联集团作为振兴我市装备制造业的重点企业，已被市政府列入综合性发展规划。为了不负直辖重庆的厚望和在行业的地位，四联集团以前瞻性的魄力和目光，发扬重庆人“自强不息、开拓开放”的精神，实施重大战略调整，在北部新区二次创业，倾力打造了具有国际一流水平的高科技仪器仪表研发与制造基地。现在，这个研发与制造基地已初具规模，她将为四联集团插上腾飞的翅膀，在全方位国际化合作与竞争的天空搏击翱翔！

▲四联自动贴片机生产线

▲四联流量标定装置中央控制室

▲四联智能执行机构生产线

▲四联智能流量仪表生产线

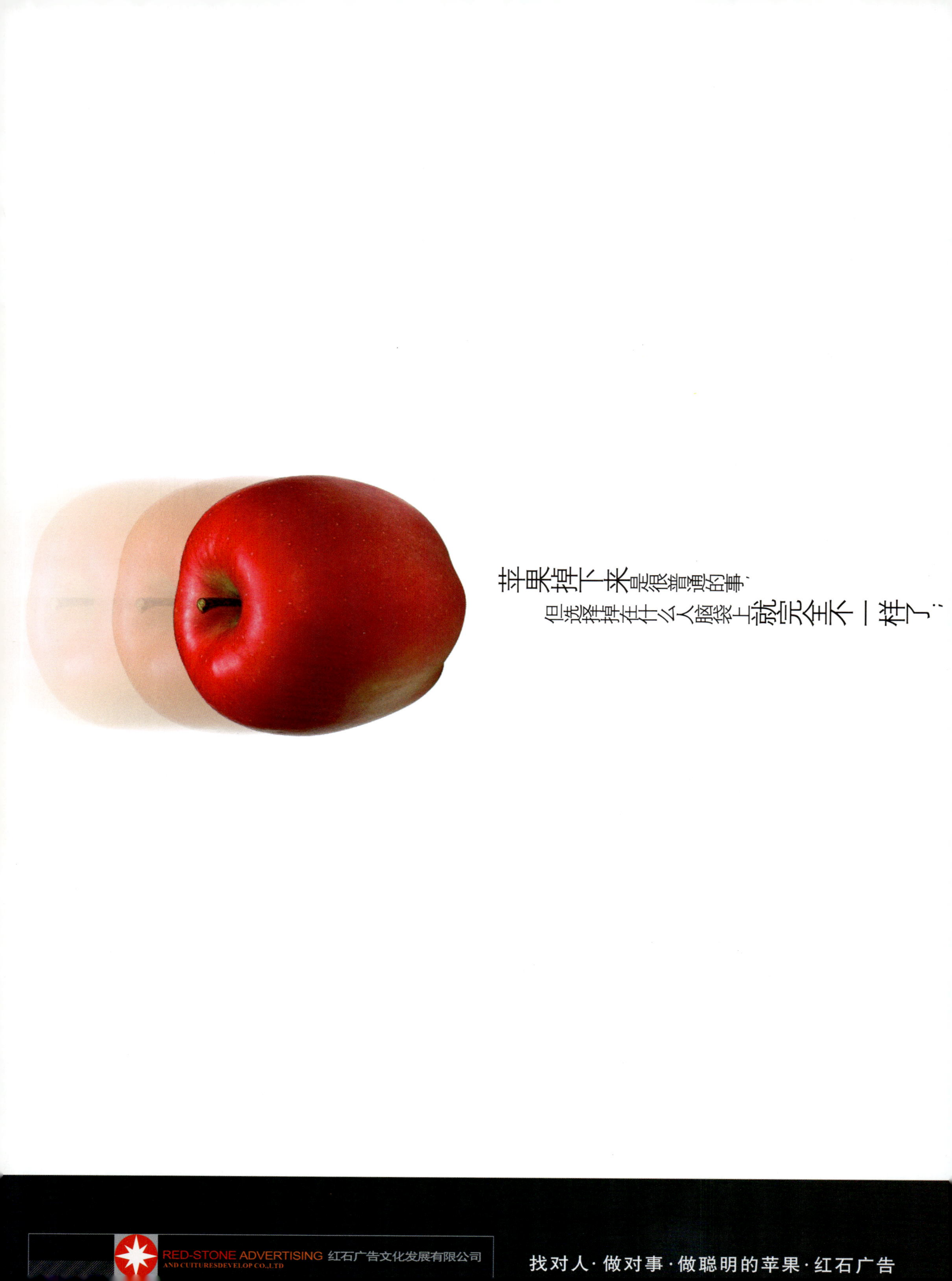
苹果掉下来是很普通的事，
但选择掉在什么人脑袋上就完全不一样了；
RED-STONE ADVERTISING 红石广告文化发展有限公司
AND CUITURESDEVELOP CO.,LTD
找对人·做对事·做聪明的苹果·红石广告

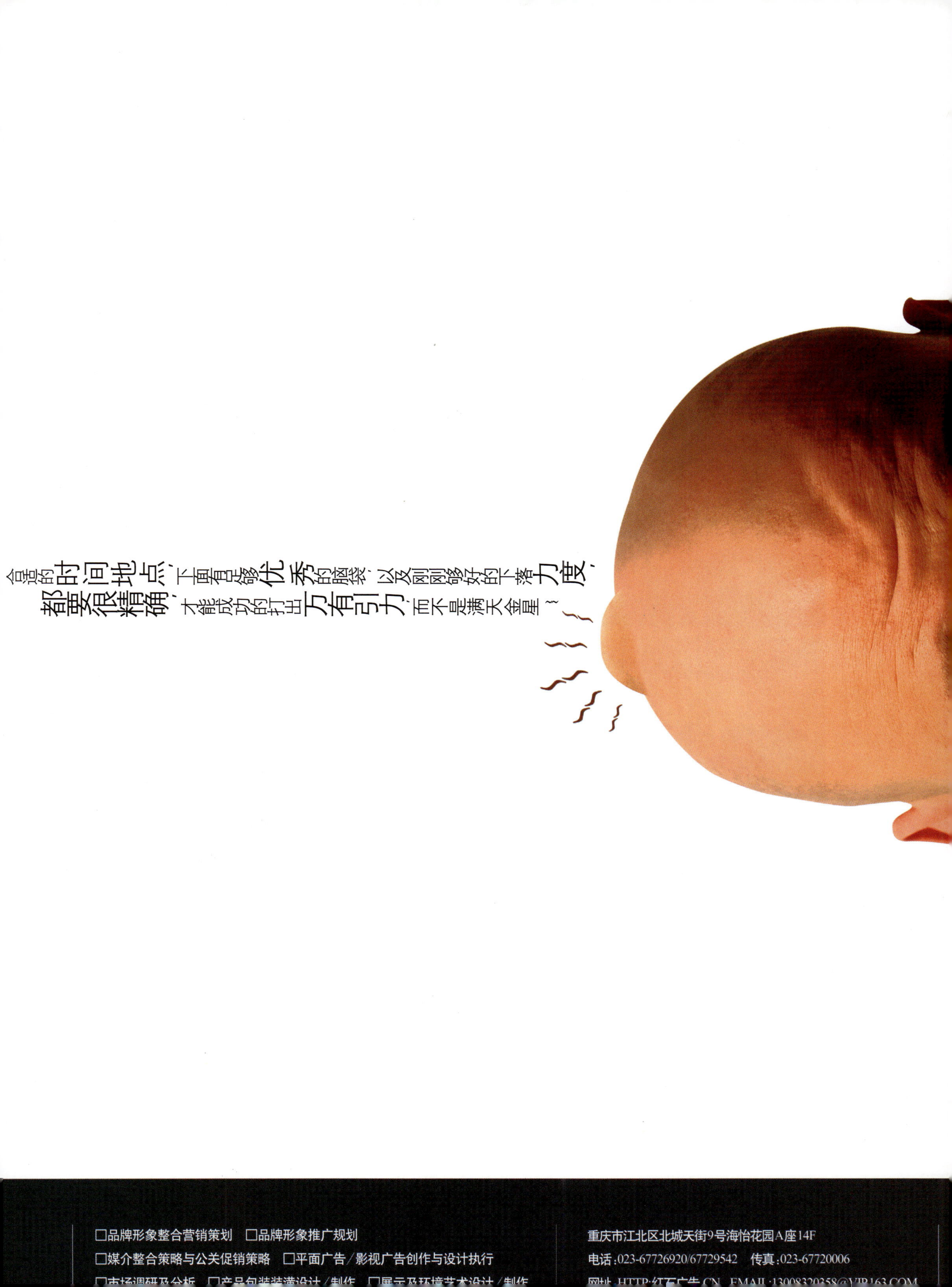
合适的时间地点，下面有足够优秀的脑袋，以及刚刚好的下落力度，
都要很精确，才能成功的打出万有引力，而不是满天金星～
□品牌形象整合营销策划 □品牌形象推广规划
□媒介整合策略与公关促销策略 □平面广告/影视广告创作与设计执行
重庆市江北区北城天街9号海怡花园A座14F
电话:023-67726920/67729542 传真:023-67720006

直辖10年，国土资源房屋管理铸辉煌

直辖10年来，全市国土房管系统以保护资源、保障发展、维护权益、调控资源、服务社会为中心，发挥了对经济社会发展的资源保障作用、宏观调控作用，并坚持依法行政，科技创新，努力提高管理水平。

重庆市委书记、市人大常委会主任汪洋（右一）、市政协主席刘志忠（右二）、市委常委、常务副市长黄奇帆（左二）、市委常委、秘书长范照兵（左三）等领导视察住房建设保障工作

——探索前进，保障用地、保护耕地，促进发展

全市耕地保护更加严格，土地使用制度改革深入，土地使用权实现无偿无限期到有偿有限期的转变，市场配置土地资源的基础性作用得到发挥，节约集约用地受到重视、初显成效，地籍、信息化等业务基础逐步巩固，管理体制不断完善，队伍素质、执法能力和服务水平有了新的提高。全市落实最严格的土地管理制度，保护耕地特别是基本农田。努力保障了三峡库区、工业园区以及交通、能源、水利基础设施等重点区域和重点项目建设用地。规范发展国土资源和房地产市场，增加了政府收益，集聚了建设资金。认真落实、积极参与宏观调控宏观调控政策，节约集约利用土地资源，为维护经济平稳运行发挥了作用。

重庆市市长王鸿举（前排右二）、副市长余远牧（前排右一）等陪同国土资源部部长孙文盛（前排右三）视察重庆国土资源管理工作

——以维护群众利益为出发点，建设和谐重庆

一是以土地开发整理助推新村建设。三峡库区土地开发整理“移土培肥”工程等土地开发整理项目的实施有效提高了耕地产量，改善了农业生产条件，促进了农民增收致富。加强农村建设用地保障，实施“三集中”战略，推进工业向园区集中、土地向规模经营集中、农民向城镇集中，促进土地资源高效整合。合理安排用地计划指标，支持农业和农产品精深加工业、农产品流通企业及乡镇企业发展，为农村基础设施建设和社会事业发展提供了用地保

举办房交会活跃房地产市场

保护资源◇保障发展◇维护权益◇服务社会

深入开展“执政为民、服务发展”学习整改活动

住房困难群众喜迁新居，全市主城区廉租住房保障全覆盖

启动实施三峡库区地质灾害防治工作，保证了蓄水和库区人民群众生命财产安全

障。二是依法规范征地与拆迁工作，采取征地拆迁补偿安置资金前置审批制度，提高补偿安置标准和最低单价保障、最低总价保障等“四个保障”制度等措施，维护了被征地拆迁群众合法权益；三是积极推进“红层”缺少地质地区找水示范工程，为抗旱减灾做出了贡献。四是基本解决土地房屋“两证”遗留问题，全面推行“城乡合一、房地合一”的“两证合一”登记制度，方便群众办证。五是城镇廉租住房保障成效明显。在直辖十周年前，全市主城区现有人均住房使用面积6平方米以下低保家庭实现廉租住房保障全覆盖。六是加强物业管理，促进了和谐社区建设。

国土资源部和重庆市委、市政府联合表彰宣传黎昌和同志的英雄事迹

——充分发挥职能作用，大力支持库区发展

加大倾斜支持力度，保障库区重点建设，支持了移民迁建和符合国家产业政策和环保要求的重点项目用地，保障了三峡工程的顺利实施。合理利用矿产资源，切实加强地质找矿工作，促进了矿业经济发展，为库区产业发展作出了贡献。 加强地质灾害防治，保证了三峡工程135米、156米水位蓄水，保护了人民群众的生命财产安全。

全市国土房管系统职工文艺演出

——完善管理体制，提高队伍素质，积极服务发展大局

提出并努力实现戒“惰性”，要勤政为民等“三戒”和严守做人原则，严格依法行政等“三严”标准。开展大规模的培训教育活动和“学习型标兵”、“岗位技能标兵”评比、政策法规知识竞赛活动，分级抓好业务培训,着力加强职工队伍的政治理论、廉政自律、业务知识和形势等四项培训教育，着力干部职工思想政治素质、业务素质和综合素质，促进干部职工把握全局、改革创新和解决矛盾的“三个能力”的提升。

站在重庆发展的新起点上，国土资源和房屋管理工作努力实现保护资源更加严格有效，保障发展更加持续有力，房地产业发展更加健康，维护权益更加切实有效，服务社会更加全面优质等各项目标任务。

九龙坡区对外开放站上新的起点

JIULONGPOQUDUIWAIKAIFANG

九龙坡区外经贸委

重庆直辖，给九龙坡区对外开放带来历史机遇，这十年，是外经贸迅速发展的十年，是开放型经济迈出新步伐的十年。

▲郑洪书记赴台湾考察

对外贸易持续增长，进出口规模不断扩大。直辖以来，九龙坡区坚持“大经贸、大开放、大发展”的方针，外贸出口主体多元化发展，外贸经营企业达到160家，外贸进出口规模不断扩大，累计进出口额超过23亿美元。2006年进出口总额达到7.3亿美元，同比增长33.4%，其中出口实现6.5亿美元，占全市出口总额19.4%。外贸依存度达到18%，较好地发挥了出口拉动经济的作用。

外商投资增长较快，招商引资势头良好。直辖以来，全区累计引进各类项目近两千个，引进资金200亿元人民币，其中，直接利用外资达到1.5亿美元，平均每年递增20%以上。2006年共引进各类项目367个，实际到位资金42.2亿元。先后引进美国沃尔玛、时代华纳、新加坡嘉德置业、佳通轮胎、瑞典ABB、法国家乐福以及珠海格力、中国铝业、江苏徐工、浙江盾安等世界和中国500强企业到九龙坡区落户。

▲渝洽会签约

对外交流与合作频繁，领域和范围不断拓宽。直辖以来，九龙坡区对外联系日益紧密，经济、文化、技术等多方面的交流与合作不断扩大。广泛参与国际和国内各类节会，积极宣传九龙坡区，外地客商纷至沓来，每年接待十多个国家政要和上百名中外企业集团老板来九龙坡区参观、考察。单独组团赴日本、南美、美国、德国、台湾、港澳等国家和地区招商引资。有近千人次出国考察、参展。分别与美国、日本的两个郡、县政府建立了友好关系，正在和德国、韩国及非洲国家商谈结好事宜。

对外投资和工程承包有新的起步。直辖以来，九龙坡区积极争取国家和重庆市的相关政策，广开渠道，对外投资和工程承包以及劳务输出实现“零”的突破，2005、2006年对外投资达到1286万美元，对外工程设计3705万美元，营业额1995万美元，带动劳务输出300多人。广厦集团承揽境外建设项目，隆鑫、鑫源、环松、长兴、富川等一批企业开始走出国门投资办厂，实现增加外汇、培养人才和学习经验多赢目的。

投资环境得到改善，外经贸体制改革初见成效。直辖以来，随着重庆市和九龙坡区加大了对基础设施的投资力度，一批道路交通、环保、市政公用以及水电气等重大基础设施建设取得成果，西部新城建设拉开序幕，特色工业园区初具规模，投资的硬环境有了明显改善。改革外经贸体制，重新独立组建了外经贸委，合并了招商引资和外事工作。建立了行政服务大厅，完善审批制度，简化审批手续，创新工作思路，充分发挥政府的引导和服务职能，投资软环境得到进一步改善和优化。

▲摩托生产线

JIULONGPOQU WAIJINGMAOWEI

▲区领导会见德国考察团

▲马来西亚大使考察我区

▲团结奋进的九龙坡外经贸委集体

重庆市九龙坡区对外贸易经济委员会
地址：重庆市杨家坪西郊路27号
邮编：400050
电话：68786850　传真：68786854
电子邮件：jlpwjw@vip.sina.com

重庆市盐务管理局　重庆市盐业总公司

重庆市直辖以后，重庆市政府确立重庆市盐业总公司为我市加碘食盐专营的法定经济实体；承担全市食盐和小工业盐的收购调拨批发任务。重庆市盐务管理局是重庆市人民政府盐业行政主管部门，履行全市盐业行政管理职能，主管全市盐业生产、运销、盐政市场管理工作，与重庆市盐业总公司合署办公、职能分开。

▲重庆市委常委、常务副市长黄奇帆（右四）副市长参加五省（区）一市盐业合作与发展研讨会

直辖以来，市盐业总公司不断调整企业组织结构、产业结构和产品结构，全市制盐企业从9家减少到2家，形成规模化生产；设立了万州、涪陵、黔江3个公司，35个分公司和一个食盐配送中心，以及年产20万吨多重盐产品的重庆合川盐化工业有限公司。品种盐的销售由直辖前十余个规格品种，年销量500吨，扩展到现在100多个规格品种，年销量过万吨。企业经济运行质量和经济效益稳步提高，国有资产大幅度增值。2005年，销售各类盐产品33万余吨，销售收入突破4亿元，税利总额突破8000万元，资产总额43317万元，比1996年增加了7倍，保持了持续稳定健康向前发展的好势头。

▲出席中国西南盐业区域合作与发展研讨会

▲重庆市盐业总公司向巫溪捐建希望小学

市盐务管理局在40个区县设立了36个盐务分局，形成强有力的市场监管和执法体系，不断加强执法队伍建设，全面推行盐业行政执法责任制，先后开展了一系列打假联合行动。1998年4月，重庆地方法院首次适用新刑法对贩运私盐的违法分子判处刑罚，在全国开创了先例。直辖以来，共查处盐业违法案件6710件，查获违法盐产品16.44万吨，依法移送司法机关刑拘72人，判刑25人。通过依法行政，严格执法，食盐市场秩序和食盐安全形势明显好转，保障了市民放心方便地消费合格碘盐。

重庆直辖前为缺碘病区，经2000年国家消除碘缺乏病评估组考核评估，我市未达到消除碘缺乏病阶段目标。我们按照“食盐加碘是消除碘缺乏危害的根本措施”的要求，在国际组织的帮助下，和有关部门一道通过持续不断地、广泛深入地宣传教育，坚持普供合格碘盐，依法缉私打假，构建专营市场网络，在涪陵、丰都榨菜产区开展大规模“换盐行动”等综合干预措施，有效地推进了食盐加碘消除碘缺乏危害工作。碘盐普及率由1996年的68.70%，提高到2005年的96.56%。在2004年重庆市级专家组评估中，全市40个区（市）县中已有38个实现了基本消除碘缺乏病的目标。

▲锻炼队伍打造团队

▲陈逸根总经理深入零售店进行市场调查

艰苦奋斗创基业 奉献光热耀夔州

奉节县煤炭产业发展简介

“十五”期间，我县煤炭工作在县委、县政府的正确领导下，通过全县煤炭战线广大干部职工的共同努力，取得了长足进展，煤炭产业已成为县域经济的骨干支撑，是全县经济社会发展名符其实的“晴雨表”。年均产原煤350万-400万吨，煤炭税费占全县财政收入的三分之一强，有从业人员7万余人，煤炭生产链供养约30万人口。煤炭在县域经济发展中扮演着越来越重要的角色。仅以2006年为例，全县煤炭工业总产值达到89199万元，生产原煤340万吨，外销原煤270万吨，全县煤炭行业创税、费11360万元（含国税、地税补征），占全县地方财政总收入16716万元的67%，扛起了县域经济的半壁河山。

一、推进结构调整，做大煤炭产业。一是实施项目带动，抓好大矿建设。积极引进重煤集团投资5个多亿开发青龙矿区，该项目已获得国家财政支持，被重庆市列为2007年五个重点勘探项目之一，将建成年产45万吨的矿井两对。目前，重煤集团已进入青龙矿区进行现场钻探。二是对现有骨干企业实行重点扶持。2006年，县委、县政府经过反复筛选，确立了“十大”骨干煤矿企业，出台了一系列优惠政策，予以重点扶持，鼓励企业做大做强。三是强力推进煤矿关闭整合工作。按照国家产业政策、市政府相关要求和我县煤炭工业“十一五”规划，2006年，依法关闭了65个不具备安全生产条件的煤矿，同时积极引导具备条件的关闭煤矿开展资源整合，启动小型煤矿企业资产整合工作，经市整合办确认，全县141个煤矿整合为40个公司制企业，为做大做强煤炭产业奠定了基础。四是大力推进煤炭加工转化，延长产业链条，新建洗选、选配煤厂4个，总设计能力超过100万吨。

二、严打非法开采，巩固打非成果。2005年，县委、县政府痛下决心，组织动员一切可以动员的力量，在全县范围展开了一场声势浩大的打非攻势，通过各级各部门的共同努力，仅用不足三个月时间，就彻底关闭了2646口非法小煤窑，创造了打击非法开采的奇迹。同时，认真总结打非工作经验，探索建立了一整套行之有效的监管制度，明确乡镇和涉煤部门的监管责任，并且把监管责任延伸到有证矿业主和当地村民，从而把非法小煤窑置于全方位的监控之下。县煤炭安全执法大队不断加大打击力度和巡查密度，始终保持严打重罚的高压态势，有力地巩固了来之不易的打非成果，遏制了非法开采蔓延的势头。

三、坚持安全第一，强化安全管理。始终把煤矿安全生产作为行业发展的头等大事来抓。一是充实监管力量。组建了县煤炭安全执法大队；在14个重点产煤乡镇设立了煤安办；在白帝、汾河、竹园、大树等乡镇设立了煤矿工会组织；县煤炭工业局配备了“一通三防”安全技术总工程师，公开了招录了4名煤炭安全专业技术人员；对各煤矿全面实施安全特派员制度。二是建立责任体系。县政府与各产煤乡镇、涉煤部门，县煤炭工业局与乡镇煤安办，乡镇煤安办与辖区各煤矿企业层层签定安全目标责任状，形成“横向到边、纵向到底”的责任体系。三是严格考核，奖惩斗硬。每年县政府拿出近30万元，用于表彰煤矿安全生产先进集体和先进个人，严格执行安全生产“一票否决”。2006年，全县煤矿事故起数和死亡人数同比分别下降10.9%、38.6%，死亡人数没有突破上级下达的控制指标，没有发生特大事故，安全形势保持了总体平稳逐步趋于好转的态势。我县煤矿安全监管工作首次获得市级主管部门表彰的二等奖，还获得重庆煤监局渝东分局表彰的先进单位。

四、创新执法机制，加大执法力度。2005年，全县首次对乡镇实施煤炭安全监管委托执法，充分调动了乡镇抓煤矿安全工作的积极性。2006年，县煤炭工业局把原矿管所人员调整充实到局机关安全科和安全执法大队，整合了执法力量，解决了长期以来存在的执法力量分散、重复执法、多头执法等问题，同时对煤炭安全行政执法职能实行现场检查、行政处罚和执法监督相分离，建立起“三位一体”的执法监督机制，提高了执法效能，保证了执法畅通。

五、加强应急救援，减少事故损失。为了减少煤矿事故损失，维护社会稳定，我县继2002年组建矿山救护队以后，按照市上统一要求，以我县矿山救护队为依托，于2006年成立了覆盖奉节、巫山、巫溪三县的渝东矿山救护中心，加强应急演练，提高救护队员的素质，矿山救护能力明显增强，先后成功处置多起重大事故险情，解救50余名遇险、遇难人员脱离灾区。在重庆市2005年举办的矿山救护大比武中，我县矿山救护队一举摘取特等奖桂冠。

六、搭建服务平台，提高服务水平。为了杜绝非法经营，实现公平税赋，增加财政收入，提高服务水平，2006年，由县煤炭工业局牵头，争取国家发展银行贷款2000多万元，启动建设了主要包括煤炭安全监控和市场交易等八大功能体系的奉节县煤炭综合服务管理中心，为促进煤炭产业健康发展提供了有利条件。

局长、党组书记杨贵荣安排布置工作

县煤碳工业局“执政为民，服务发展”学习政治活动动员大会

煤矿安全警示报告会

丰富多彩的文艺生活

打击非法小煤窑

重庆市博赛矿业（集团）有限公司

2006年9月26日，重庆市委书记、人大常委会主任汪洋（前排左一）视察我公司

2006年1月21日上午，重庆市市长王鸿举（前排右二）在董事长袁志伦陪同下视察我公司

重庆市博赛矿业（集团）有限公司是一家以铝矾土系列产品即氧化铝、电解铝、棕刚玉、铝矾土熟料等为龙头，煤炭、焦炭系列产品为支柱，涉足国际贸易、矿产资源开发等领域的跨国、跨行业大型外向型民营企业。

公司成立于1994年，至2006年底已拥有资产超20亿元，员工4500余人，其中外籍员工650人；在重庆市、四川省、贵州省、天津市、广西壮族自治区、中国香港以及德国、圭亚那合作共和国等国家和地区建有19个生产加工企业；产品畅销欧洲、北美、日本、印度等20多个国家和地区以及国内广大市场。是全球最大的铝矾土熟料生产企业，其铝矾土熟料生产和出口量居世界第一；棕刚玉生产和出口量居亚洲第一、世界第二。

公司连续多年跻身于中国民企500强、重庆市工业企业50强、重庆市外贸出口前10强和重庆市民营企业前5强。

公司已形成年产铝矾土熟料100万吨、电解铝12万吨、氧化铝40万吨、棕刚玉12万吨、焦炭30万吨、原煤30万吨的综合生产能力，销售收入超50亿元，利税超6亿元。

目前，公司已开发特种氧化铝项目，并在未来5年内在圭亚那投资100亿元人民币，拟建设80万吨氧化铝、40万吨电解铝、100万千瓦电站项目，真正形成优势互补的产业链。

正以蓬勃生机健康发展的博赛矿业集团，围绕着“打造中国的世界的魅力博赛、雕塑重庆的行业的矿业骄子”这一宏伟发展目标，热诚期待与社会各界携手合作，共谋发展，共同富裕。

圭亚那合作共和国总理塞缪尔·海因兹（左一）和董事长袁志伦（右一）合影

圭亚那欧迈工厂的矿山

公司总部地址：重庆市渝中区邹容路131号世界贸易中心47楼　邮政编码：400010
法人代表：袁志伦　总经理：袁志华　联系电话：(023) 63886666　传真：(023) 63620343
电子邮件：info@ncminerals.com.cn　网址：www.cqbosai.com

LIFAN
力帆集团

百億力帆

力帆刚进入轿车行业，正在二次创业，应当卧薪尝胆，不宜张扬宣扬。但销售上百亿元系重庆民营企业首家，理应周知各界，并向一贯支持力帆发展的政府、媒体和社会友人致以诚挚的感谢。

2006年，力帆企业销售103.95亿元，同比增长38%；交纳税金2.85亿元，同比增长3%(今年摩托消费税从10%降到3%，使企业少交消费税6545万元。即，若同税率同口径计算，力帆2006年交税应为3.5045亿元，同比增长26.52%)；利润2.1亿元，同比增长19.3%；员工12026人，同比增长10.75%。

2006年力帆产销摩托车133万辆，发动机254万台，汽车52574辆，其中轿车9108辆。

值得一提的是，2006年出口将突破3.1亿美元，继续保持本市出口第一；专利累计申请量4159项，其中授权专利3807项，继续为我市第一位和全国民营企业第一位。

这对于一个1992年创业，当时仅有20万元资金9个员工，当年销售仅为47万元的企业，无疑发展是称得上又好又快的。

2007年，力帆将增长20%以上。汽车将生产9万辆以上。由于轿车目前已日产销100辆，明年品种将从现在的一款车变为四款，有信心确保产销4万辆，力争5万辆，2008年力争轿车产销10万辆，摩托车尤其是出口2007年也必有增长，企业至迟在2010年销售超200亿。

力帆前进道路并不平坦，渴望继续得到政府、社会各界和媒体朋友的支持。我们坚信，在建设创新型国家和构建和谐社会的政策指引下，力帆能克服前进中的各种困难。

选择摩托就选择了拼搏，选择汽车就是选择了奉献！“百亿力帆，百年力帆”的下一个目标是100亿美元的销售收入。

100亿

2006年力帆实现销售103.95亿元,成为重庆第一家销售突破百亿的民营企业.

重庆力帆汽车销售有限公司

地址：重庆市江北洋河北路2号　销售电话：023-61883080

好车好家庭
力帆520

格力电器(重庆)有限公司

简 介

▲重庆市市长王鸿举（左四）、副市长童小平（左三）考察格力电器（重庆）有限公司

格力电器(重庆)有限公司成立于2001年7月，位于重庆市高新区二郎科技新城，是珠海格力电器股份有限公司独资兴建的子公司，注册资金为2.3亿元。公司总占地面积约为20万平方米，建筑面积约为12万平方米。其中一期工程于2002年5月18日正式竣工投产；二期扩建工程于2004年4月18日竣工投产。公司现有员工3800余名，年生产空调器达350万套，是中国西部最大的专业化空调生产基地。

目前，格力电器（重庆）有限公司以珠海格力一流的管理、先进的技术、过硬的质量为基础，不断努力创新，追求卓越。在家用空调领域，拥有壁挂式、落地式2大类，金系列、绿系列、康系列等17个系列，150多个品种的强大阵容。

公司成功实施了当今国际上最先进的ERP管理系统、“6西格玛管理法”和“零缺陷”工程，创建了国家标准的焓差法空调实验室、长期运转实验室、计量实验室、电器分析室等专业实验室20多个，并引进世界上最先进的生产设备和检验设备，如进口高速冲床、无托盘式生产流水线、高精度的氦检设备等。

经过几年的发展，公司产值由2亿元增长至50多亿元，产量由最初的7万套增加至目前的328万套，共计生产883万套。在高速发展的同时，格力电器（重庆）有限公司也取得了良好的经济效益和社会效益，在消费者中享有很高的声誉。2003年、2004年连续被评为重庆高新区优秀企业，2004年被授予再就业工作先进单位，2004年入选重庆工业企业50强；2005年被全国总工会、全国工商联联合授予“全国双爱双评先进企业”称号；2006年入选全国电子信息百强企业。

格力电器（重庆）有限公司的跨步发展，不但能直接提供数千人的就业机会，还进一步推动了当地及周边配套产业的发展与壮大，形成了“以一带十”的龙头效应，为重庆市工业经济结构的调整带来了机会。

“精品空调，格力制造，格力空调，世界名牌！”展望未来，格力电器（重庆）有限公司正朝着做精、做强、做大的目标稳步迈进。

▲2007年2月副市长童小平（左一）莅临格力电器（重庆）有限公司新春慰问

▲2006年10月格力电器(重庆)有限公司举办《格力之歌》大型歌咏比赛—公司领导倾情演出

▲绿树掩映的员工宿舍楼

▼格力电器（重庆）有限公司全景

中国最高水平的钛白生产厂家之一

攀钢集团重庆钛业股份有限公司

攀钢集团重庆钛业股份有限公司（攀渝钛业）是集生产、研发、销售于一体的大型现代化工企业，公司股票于1993年7月在深圳证券交易所挂牌上市，是目前中国唯一的钛白行业上市公司。公司通过引进国外先进技术和关键设备建成的硫酸法钛白生产装置，是目前我国最大而且生产水平领先的钛白生产装置。公司生产工艺先进，装备精良，布局紧凑，自控水平较高，在同行业中处于佼佼者地位，深受社会各界人士的赞誉。一期工程年产金红石型钛白粉1.5万吨装置于1995年9月竣工投产，累计投资7.8亿元；二期扩建工程现已竣工投产，公司钛白粉生产能力可达3.6万吨/年。该装置可生产包括R－238、R－244、R－248、R－249、R－105、R－258等在内的12个牌号的金红石型钛白粉和包括A－111等在内的3个牌号的锐钛型钛白粉。其主导产品广泛地应用于涂料、塑料、油墨、纸张、橡胶等领域，产品畅销国内外，远销美国、西欧和东南亚等地。

公司不仅具有先进的生产技术、严格的科学管理经验、一流的生产设备及质量检测分析仪器，而且拥有一支训练有素、纪律严明、业务过硬的员工队伍。公司已通过了ISO9001:2000质量管理体系认证，生产的R－244和R－248金红石型钛白粉被认定为重庆市高新技术产品，获重庆市名牌产品称号，公司被认定为重庆市高新技术企业。自行研发的锆包膜产品R－249质量上乘，品质优良，满足高耐候性和其它高端产品用户的使用要求。

公司为适应市场变化的需求，非常注重技术创新和新产品开发，公司的研究开发中心及与重庆大学联合成立的“钛白研究中心”是改进产品质量、提高产品品质和发展壮大企业的有力保证。

公司在搞好生产的同时，始终坚持环保建设与走循环经济相结合的发展路子，积极做好“三废”治理工作，强化资源的节约意识，积极推行清洁生产工艺，采取技术改造、污染源治理、资源综合利用等节能降耗减污措施，实现低消耗、低排放、高利用的目标，既有利于环保建设，又建立了节约型企业。只要有利于环境保护，公司就舍得花血本、花大价钱治理环境。近年来，公司投入大量资金，对工业废水、酸解废气、锅炉烟气、煅烧尾气、厂界噪声以及渣场等多个系统进行了综合治理，使整个排污情况得到了有效控制，各项排放指标均达到国家规定的排放标准，为长江上游生态环境保护作出了应有的贡献。

公司的质量方针是：比过去好、比同行好、持续改进、顾客满意。公司将严格管理、立足市场、狠抓质量、强化优势产品，力争将公司建成为国内最大的钛白粉生产、研发、销售基地。为此，我们诚挚欢迎国内外新老用户和朋友支持和帮助我们的工作，同时欢迎业内外各方面同仁继续加强合作，在“双赢”的基础上，共展钛白宏图大业。

近年来，公司先后被国家、市级有关单位评定为“清洁文明工厂”、“无泄漏工厂”、“园林式工厂”、“重庆高新技术企业”、“出口创汇先进企业”、“节水型企业”、“质量信誉AAA级”等称号。公司近五年来连年被驻区评为“纳税大户”单位，为地方的经济建设做出了应有的贡献。

攀钢集团重庆钛业股份有限公司下设攀钢集团成都钛业贸易有限公司，属子公司。

攀钢集团重庆钛业股份有限公司——钛白粉生产基地
地址：重庆市巴南区走马二村51号
邮编：400055 电话：023-62551924
攀钢集团成都钛业贸易有限公司——主要销售钛产品
地址：四川省成都市一环路北三段167号攀钢大厦412号
邮编：510081 电话：028-86610953

公司大门

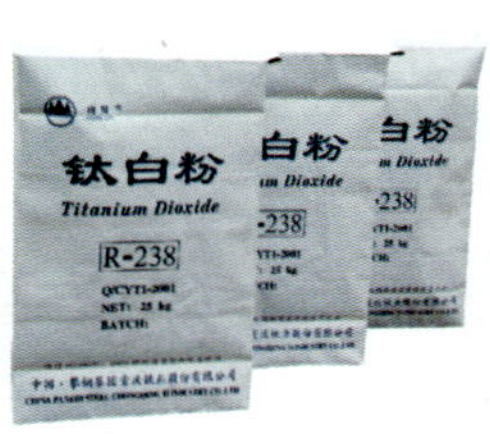

公司产品

生产区鸟瞰

重庆市烟草专卖局(公司) 国家利益和消费者利益的忠实维护者

重庆市烟草专卖局(公司)肩负着全市卷烟经营和专卖管理的双重职责。重庆直辖的10年，也是重庆市烟草专卖局（公司）改革发展的10年。作为我市国有企业的纳税大户，重庆市烟草专卖局（公司）从1998年开始的工业联合重组，到2003年的工商管理体制分开，再到如今建立起的向上的母子公司和向下的母分公司体制构架，每一步都始终不忘所肩负的经济和社会责任，牢固树立“国家利益至上，消费者利益至上”的行业共同价值观，用自身的改革发展为重庆直辖十年的经济腾飞推波助澜。

▲重庆市委书记、市人大常委会主任汪洋（左一）视察烟水配套工程建设

我市作为全国烟叶主产区之一，每年烟叶产量在6.5万吨左右。为增强行业发展后劲，重庆市烟草专卖局（公司）加强烟叶基地建设和基础设施建设。采取“工商联动”、“两烟互动”等方式与重点卷烟工业联手，创办全国优质烟叶基地；与此同时站在支持新农村建设的高度，从2005年起全面开展了以烟水配套工程为主的烟水、烟机、烟房、烟站“四配套”基础建设。其中烟水配套工程建设惠及全市15个产烟区县、烟农户3.57万户。在2006年全市遭遇百年不遇的特大旱灾中，已建成的14.33万亩烟水配套工程发挥了抗旱救灾的积极作用。

在“以市场为导向，以效益为中心”发展思路指引下，2003—2006年，全市销售卷烟330万箱，年均增长9.6%；利润总额三年翻两番；实现税利45.8亿元，年均增幅41.7%。全面卸下历史包袱，经济实力大大增强。与此同时大胆变革卷烟交易方式，用14个月的时间建成了符合重庆特殊地域特征的“一库四点”，年分拣量100万箱左右，覆盖40个区县、8万平方公里、10.5万卷烟零售客户的现代物流体系；建立起了以市公司为法人主体，“经营模式统一、业务流程统一、信息平台统一、运行标准统一”的现代卷烟销售网络，实现了从传统商业向现代流通的转变。

▲重庆市市长王鸿举（左一）代表灾区接受我公司捐款

▲2004年10月16国家烟草专卖局局长姜成康视察九龙坡客户服务部

卷烟市场始终保持打假高压态势。2003—2006年，全市共查处各类涉烟违法案件89866起，查处各类违法烟草专卖品60082件，捣毁假烟窝点432个，抓捕犯罪嫌疑人531人，拘留396人，判刑111人，卷烟打假打私工作取得了显著成效，有力地捍卫了国家和消费者的利益。

文明创建活动风生水起。截止2006年，重庆市烟草专卖局(公司)成功创建市级文明单位的企业已达95%，创市级百佳文明单位（或文明单位标兵）的企业已达59%；2006年被评为“重庆市文明行业”。行业发展始终不忘回报社会，在2006年夏天百年不遇的特大旱灾中，向受灾群众累计捐款500余万元；并向烟草工业企业发起倡议，共有10家卷烟工业企业向灾区捐款760万元。此外，给南川马嘴东州春蕾小学捐赠图书4050册。

回首直辖十年来的历程，重庆市烟草专卖局（公司）大刀阔斧地推进改革，取得了辉煌成绩，为国家为地方创造了巨大的经济财富；他们不遗余力地投身公益，时刻不忘回报国家、回报社会，更为重庆烟草带来一笔无私奉献的精神财富。这每一步，都是对“两个至上”行业价值观的身体力行；也正是在这一价值观的指引下，他们已驶入了可持续发展的“快车道”，期待着为国家、为重庆的经济腾飞作出更大的贡献！

▲配送中心

▲分拣现场

▲烟叶生产

▲呼叫中心

重庆陶然居

严琦，女，1967年11月出生，汉族，重庆市人，民建会员，硕士，重庆陶然居饮食文化集团董事长。全国妇女联合会代表、全国青联委员、中央国家机关青联委员、团中央中国青年企业家协会副会长、重庆市政协常委、重庆市工商联副会长、重庆市总商会餐饮商会会长。

1995年创办餐饮企业陶然居。经过十年努力，如今陶然居已发展成为一家集餐饮管理、生态养殖、人才培训、物流配送、连锁经营的大型集团，拥有员工16853名，在重庆、北京、成都、等全国二十多个省市开了73家连锁店，营业总面积超过25万平方米，年营业额11.6亿元，全国最大的餐饮连锁店北京朝阳店营业面积6500平方米，成为重庆菜在北京的一面光彩夺目的旗帜，并连续两年在北京开了三家营业面积超过3000平米的直营店。

2006年，她在白市驿镇高田坎村投资2亿多元，兴建了占地537亩的“中国重庆陶然居建设社会主义新农村示范基地”，打造重庆目前最大的生态农业项目。该项目的实施可解决当地2000余名农村劳动力的就业问题，为当地政府加快推进城镇化建设，实现把白市驿镇建设成为重庆的都市后花园提供产业支撑。她心系国家和社会，以强烈的社会责任感和感恩的实际行动不断回报社会：每年向市妇联捐助20万元修建一所“陶然居春蕾小学”，在重庆乃至全国餐饮业首开先例。

作为重庆市工商联（总商会）餐饮商会会长，严琦在行业中起到很好的模范带头作用。她紧密团结会员单位，在推动重庆餐饮业的整体发展中起到重要作用，为推销重庆的饮食文化，打造重庆这个美食之都建言献策。在2006年重庆市政协会上，严琦提交了《加快重庆餐饮业经济发展创新重庆饮食品牌》的汇报材料，得到到市委书记汪洋的批示和相关部门的重视。并在全市展开了以“打造重庆美食之都”为主题的为期三个月大讨论，新闻媒体全方位宣传报道，发表了235篇（条）文章和信息，引起了社会各界的广泛关注。为加快重庆餐饮发展，创新重庆餐饮品牌，打造美食之都作出了贡献。

餐饮商会也从她上任之初的43家会员单位发展到如今的736家，在全国已与内蒙、厦门等九个餐饮商会建立友好单位。严琦在带领餐饮商会担当起维护行业利益的重任，当好政府的助手，推动同业参与社会主义新农村建设、提高自主创新能力、加强和谐社会建设、促进餐饮企业健康发展等方面做出了积极贡献。

重庆陶然居饮食文化集团创立于1995年，注册资金5100万元，在全国26个省市有73家全国大型中餐连锁店,年营业额达11.6亿元，营业总面积20万平方米，员工15863名，全国最大的中餐单体直营店——北京朝阳店，营业面积达6500平米，成为重庆菜在北京的一面光彩夺目的旗帜；向全国人民充分展示了重庆的美食、美景、美女，把重庆的巴渝文化推向全国，为推销重庆，打造美食之都作出了贡献，为重庆人民争了光，先后被CCTV-2《激情创业》、CCTV－7《致富经》栏目报道。“陶然居”商标已获得国家工商总局商标局颁发的“中国驰名商标”称号

企业成立以来累计为社会提供了30000余人的就业岗位，且大部分是农村剩余劳动力、城镇下岗职工，为重庆解决了上万人的就业问题，大大缓解了社会的就业压力，为构建社会主义和谐社会、维护社会稳定作出了贡献。

公司目前是以餐饮为龙头，涉足生态养殖、物流配送、人才培训、连锁经营、食品加工等跨行业集团。先后在广西北海,贵州红枫湖、百花湖,青城后山,重庆白市驿等地拥有八大生态种、养殖基地，其中水产水域养殖面积达8万多亩。

2006年公司为响应党中央号召，投入资金2亿多元，在重庆九龙坡区白市驿高田坎村占地537亩，兴建“中国重庆陶然居建设社会主义新农村示范基地”，集观光休闲、生态餐饮、园林文化、人才培训等功能为一体的大型生态农业项目，此项目的建立及全国各地原材料的需求带动了地方经济及相关行业的发展，进一步实现农业产业化，既带动一方农民致富，解决了部分农村人口的就业问题，推动农村劳动力向城镇和非农产业转移，促进了“三农”问题的解决。

公司长期坚持以回报社会为己任，每年向重庆市妇联捐资20万元兴建一所“陶然居春蕾小学”，获得“儿童公益明星单位”荣誉称号，并积极参与各项爱心捐赠活动；为响应重庆市政府号召，支援库区建设，促进库区繁荣；吸纳3000名库区移民到企业上班；捐资20万元，在库区建立一所陶然居春蕾小学；免去所有费用15万元，为云阳县库区移民培训30名厨师。

陶然居不仅以弘扬民族餐饮文化、创立“百年老店”为己任，高举重庆菜的大旗，铸造凝聚民族文化的餐饮精品，引领中餐业的发展潮流，而且还以延伸餐饮产业链，积极参与社会主义新农村建设，构建社会主义和谐社会为己任，在吸纳农村转移劳动力、库区移民就业和城市下岗职工再就业方面做出了积极贡献。

饮食文化集团

2006年10月13日，国家商务部副部长姜增伟在重庆市副市长吴家农（右一）、重庆市商委主任秦文武（后排左一）陪同下视察陶然居新农村示范基地

2006年10月，重庆市委书记、市人大常委会主任汪洋（前排右二）视察"重庆陶然居建设社会主义新农村示范基地"

陶然居集团荣誉

◎中国驰名商标（国家工商总局商标局）
◎首届中国十大餐饮品牌企业（中华人民共和国商务部颁发）
◎全国五一劳动奖状（中华全国总工会颁发）
◎全国农村青年转移就业先进单位（共青团中央颁发）
◎中国青年创业实践基地（共青团中央颁发）
◎重庆商贸企业30强（重庆市人民政府颁发）
◎重庆市民营企业50强（重庆市人民政府颁发）
◎全国就业与社会保障先进民营企业
（劳动和社会保障部 全国总工会 全国工商联联合颁发）
◎儿童公益明星单位（重庆市妇女联合会颁发）
◎中国餐饮百强企业（中国商业联合会 中国烹饪协会颁发）
◎严琦董事长个人荣誉
◎首届中国青年创业奖（共青团中央颁发）
◎首届中国青年企业家管理创新奖（共青团中央颁发）
◎全国三八红旗手十佳标兵（中华全国妇女联合会颁发）
◎全面建设小康社会作贡献先进个人（民建中央）
◎振兴重庆争光贡献奖（中共重庆市委 重庆市人民政府颁发）
◎重庆市非公有制经济人士优秀社会主义事业建设者
（中共重庆市委 重庆市人民政府颁发）
◎首届重庆十大女杰特别奖（重庆市妇联颁发）
◎首届重庆十大渝商（重庆晨报颁发）
◎全国女职工建功立业标兵（中华全国总工会颁发）
◎重庆五一劳动奖章（重庆市总工会颁发）

2006年11月18日，共青团中央书记处书记、中国青年企业家协会会长王晓在陶然居新农村示范基地为陶然居授牌——"中国青年创业实践基地"

陶然居白市驿豆瓣加工基地

严琦与厨师们在研究菜品

每年向重庆市妇联捐赠20万，修建陶然居春蕾小学

重庆会馆国宾1号包间

重庆陶然居建设社会主义新农村示范基地——"金色阳光生态酒店"室内景色

前进中的
重庆维丰房地产开发有限责任公司

QIANJINZHONGDECHONGQINGWEIFENGFANGDICHANKAIFAYOUXIANZERENGONGSI

重庆维丰房地产开发有限责任公司原为中国石化集团公司四川维尼纶厂下属公司，成立于1999年，2002年1月实施改制分流。公司注册资本金2000万元，是一个集二级房地产开发、二级物业管理、三级建筑、三级园林绿化企业资质及国家质量监督检验检疫总局颁发的《塑钢门窗生产许可证》为一体的、具有良好社会信誉的综合性实体，2003年，公司通过国家中质协质量保证中心ISO9001：2000质量体系认证，2006年12月控股子公司物业管理公司和园林绿化公司分别通过中质协ISO9001：2000质量体系认证。现主要产业为房地产开发、房屋建筑安装及维修、物业管理、园林绿化、环境卫生管理、饮食服务、幼儿教育、塑钢门窗制造及销售、纺织复合浆料加工销售等，公司现生产的“PVC-U塑料中空玻璃窗”和“中空玻璃”已通过重庆市建设领域新技术和节能技术（产品）的认定，成为重庆市42家具有节能新技术的企业之一，

丽水菁华

公司现有管理部门5个、分公司5个，幼儿园2所，员工150余人，拥有高级工程师、高级经济师、土建工程师、机械工程师、建筑工程师、注册税务师、会计师、统计师、物业管理经纪人、中学高级教师、小学高级教师等各类专业人才60余人。公司重视培养和引进人才，硬件设施齐备完善。

维丰小区

公司坚持“务实、改革、创新、发展”的企业方针，推崇“学习、创新、诚信、敬业”的企业文化，提倡“以人为本”、“以顾客关注为焦点”的经营服务理念，坚持“质量第一，用户至上、诚信经营、持续改进”的质量方针，以社会需求为目标，积极稳妥打造市民满意的品质楼盘，取得了良好的开发业绩。先后完成开发建设项目有川维厂危改楼工程、“维丰小区”住宅项目、川维厂农贸市场、川维中心广场、重庆“维丰·南桥小区”、长寿“维丰·黄桷雅居”一、二期项目等共计30余万平方米，公司所开发楼盘质量均得到市民广泛认可，2006年11月，“维丰·黄桷雅居”项目经重庆市建委、市开发办专家组检查评审，获得重庆市第五届“十佳住宅小区”荣誉称号。目前在建项目长寿“维丰·丽水菁华”一期项目3.3万平方米主体工程已经完成，将在2007年底交付使用。

黄桷雅居

改制以来，公司坚持诚信经营，依法办事，为区域经济的建设发展、为构建和谐社会作出了积极的贡献，先后荣获“重庆城市建设综合开发协会优秀会员单位”、“诚信房地产开发企业”、“诚信守法中小企业”、“非公有制经济组织团建工作示范单位”、中国农业银行重庆分行“2005年度AAA级信用客户”、“2006年度AA级信用客户”、长寿区“消费者信得过企业”、“再就业工作先进单位”、“物业管理先进单位”、“诚信纳税先进单位”、“2006年纳税大户”、“抗旱救灾奉献奖”等荣誉称号；2006年公司董事长闵大彤同志被评为了重庆市“文明市民”，荣获重庆市“非公有制经济人士“优秀社会主义事业建设者”荣誉称号，受到市委、市政府领导的表彰。经历了市场经济的洗礼和磨练，公司更加注重企业文化建设，注重维丰品牌的打造。在今后的工作中，全体维丰人将更加紧密团结，紧紧抓住长寿区域经济发展的历史机遇，艰苦奋斗，锐意创新，努力为长寿市民打造高品质楼盘，不断提升公司服务质量和品牌形象，竭诚为社会各界朋友服好务。

维丰小区2期

公司地址：重庆市长寿区四川维尼纶厂内
电话：（023）68974740　传真：（023）68974740　邮编：401254

RAYCOM 融科智地 联想控股成员企业

融科蔚城 dream town 共同创意生活

和重庆一起联想

ASSOCIATES TOGETHER WITH CHONGQING

以下图片均为实景拍摄

⊙公司简介

融科智地是联想控股旗下专业从事房地产行业的投资、开发与经营的全资子公司，与联想集团有限公司、神州数码控股有限公司、联想投资有限公司及弘毅投资有限公司同为联想控股有限公司旗下独立运作的五家主要子公司。

融科智地于2001年6月成立并正式迈进房地产写字楼和住宅开发领域，目前开发和经营的写字楼项目有建筑面积32.8万平方米的“北京融科资讯中心”和总建筑面积约4.8万平方米的“深圳研发大厦”，所包含的入住企业有：INTEL,NTT Docomo,日立华胜，中欧国际工商学院，UT斯达康等多家知名企业；商业住宅已成功进入北京（融科·橄榄城）、重庆（融科·蔚城）、武汉（融科·天城）、长沙（融科·三万英尺）、天津（融科·心贻湾）共五座城市，总开发建筑面积超过200万平方米。融科智地凭借联想控股强大的品牌优势、管理优势和财务优势，立志成为对客户负责，对社会和城市发展做贡献，实力雄厚、品牌一流、基业常青的房地产企业。

重庆融科智地房地产开发有限公司是融科智地在重庆的子公司，成立于2004年3月5日，注册资金为3亿元人民币，目前正在开发建设位于重庆市北部新区1000余亩的住宅项目——融科·蔚城。

⊙项目简介

融科·蔚城位于北部新区经开园金开大道与金山大道交汇处西北角。距观音桥商圈10公里，距江北国际机场10公里，距江北火车客运站约5公里，距即将建成的寸滩港口约6公里。项目区内自然风景优美，具有高品质优秀居住区的天然资源条件，住宅户型为独立别墅、联排别墅、多层洋房、中高层、高层和公寓。小区内将配套建设商业网点、幼儿园、小学及会所等综合服务设施及场所。项目计划分五至六期开发，目前已开发完成一、二期。一期用地面积51060平方米，建筑面积99622.08平方米，容积率1.95，绿化率30%，密度31.68%；二期用地面积28503.84平方米，建筑面积38113平方米，容积率1.34，绿化率46%，密度16.17%。一、二期产品主要为多层及高层住宅，共23栋，另有3栋公建设施。目前，用地面积约32万平方米的三期高档住宅产品正在规划当中，预计2007年年底开始建设。

高尚金开，宜居蔚城：□5大亲景院落，重拾邻里温情。□约40000m^2原生湖泊，悠闲湖居。□3处丘陵，2道山脊，原生地貌。□800米街巷，3大主题配套，完善配套。□160余种植物，花木成林。□13处妙趣水景，活水萦绕。□3000m^2运动会所，释放激情。□1500m^2配套超市，便利生活。□区域三大名校均可就读。

生活连线 VIP HOTLINE T+6746 6668 | **发展商：联想控股·融科智地**

发展商：**联想控股·融科智地** / 规划设计：**澳洲DEM** / 建筑设计：**香港南普华泰** / 景观设计：**美国AI** / 物业管理：**第一太平融科** / 销售顾问：**北京伟业顾问**

重庆賓館

Chongqing Guest House

★ ★ ★ ★

重庆宾馆简介

三千年重庆，一百年解放碑，六十年重庆宾馆 。

位于解放碑中心的重庆宾馆，是重庆最早的四星级涉外饭店、中国名酒店组织常务理事单位、中国旅游饭店协会理事单位、重庆旅游饭店协会副会长，先后荣膺“全国最佳星级饭店”、“全国优秀星级饭店”、“重庆市十佳星级饭店”、“重庆市最佳旅游星级饭店”等诸多殊荣。

宾馆地处重庆市繁华的解放碑商贸中心区，距火车站5公里，距朝天门码头3公里，距机场25公里，交通十分便利。她独具中国传统园林式建筑风格，绿荫掩映、雕梁画柱、小桥流水、曲径通幽，除拥有各类高档客房以外，设有锦绣厅、芝兰厅等风味各具的美食餐厅，以及阳光厅、红岩厅、嘉陵厅、三峡厅、缙云厅、桂圆厅等各型会议厅。宾馆同时还拥有国际旅行社、夜总会、健身房、桑拿、室内游泳池等服务设施，向宾客提供完善的四星级配套服务。

六十年来，重庆宾馆已经走上了稳步发展的道路。作为解放碑黄金地区占地面积最大的酒店企业，重庆宾馆的经济效益在重庆饭店业中一直位居前列。为了与时俱进、顺应形势，在西部大开发中谋求自身的大发展，为了精心打造独具特色的高星级品牌酒店，重庆宾馆决定实施大规模的改扩建工程。未来的重庆宾馆，将是重庆市解放碑地区独具中国民族特色的园林庭院式五星级饭店，不仅规模和档次大大提升，而且还将发掘和整合巴渝文化内涵，发扬光大民族文化，成为重庆的标志性建筑和巴渝文化的象征。“到重庆，住重宾”将不仅是一次生活的享受，还将是品味巴渝文化的旅行。

此前的六十年，重庆宾馆成就了辉煌，今后无数个六十年，重庆宾馆将和您一同奏响新的乐章。

Brief Introduction of Chongqing Guest House

3000-year historical Chongqing, 100-year-old Jiefangbei, 60-year classic Chongqing Guest House.

Chongqing Guest House, which is located in the center of Jiefangbei district, is the first four-star-rated and foreign-concerned hotel. It is a member of the CFHC and the China Tourism Hotel Union, also the vice-chairman of Chongqing Tourism Hotel Union. It has won numerous awards including National Best Star-rated Hotel, National Excellent Star-rated Hotel, the Top 10 Star-rated Hotel of Chongqing and Chongqing Best Tourism Star-rated Hotel.

Chongqing Guest House is located near Jiefangbei, the best downtown business area. Travel is convenient: the Railway Station is about 5km away, Chaotianmen Harbour is about 3km, and Jiangbei Airport is only 25km. The architecture of the hotel is in the Chinese traditional garden style. There are carved beams, painted rafters, bridges, fish ponds and beautiful garden filled with green grass. Besides different kinds of high-grade guest rooms, it has Jinxiu Restaurant and Orchid Western Restaurant with various flavors as well as a variety of meeting rooms such as Sunshine Hall、Redcrag Room、Chaling Room、Threegorges Conference Room、Nebula Conference Room and Longan Conference Room. The international travel agency, nightclub, health center, sauna and indoor swimming pool provide perfect 4-star service for every guest.

In sixty years, Chongqing Guest House has got onto the track of developing steadily. As the hotel owning the largest area in Jiefangbei district, the financial benefit of Chongqing Guest House is always in advanced of Chongqing hotel line. In order to advance with time and adapt to the circumstances, to construct meticulously a high-star-rate-boutique hotel, Chongqing Guest House is determined to carry out a large-scale reconstruction and extension project. The future Chongqing Guest House will be a five-star hotel of a unique Chinese national characteristics and garden style in Jiefangbei Chongqing. It is not only promoted in scales and rates, but also become the mark construction and local cultural symbol of Chongqing with keeping on exploring and enhancing native cultures. To stay of Chongqing Guest House will be a unforgettable trip of perceiving Chongqing charming.

60-year growing history is recording the brilliance of Chongqing Guest House, the future innumerable 60 years will declare the brand new achievements of it, with the efforts of you and us.

为六十年经典增光添彩

享有“六十年经典，跨世纪温情”的四星级饭店——重庆宾馆从抗战时期的援华美军招待所、胜利大厦，建国初期的西南军政委员会第一招待所、重庆市政府第一招待所，发展到改革开放年代的重庆市第一家中外合作饭店，重庆市最早的高星级涉外饭店。曾经荣获过“全国最佳星级饭店”、“全国优秀星级饭店”、原“四川省五十强宾馆”、“巴蜀旅游业五十强”等诸多殊荣。而重庆直辖后，在宾馆饭店呈数十倍地增长，竞争空前激烈，全行业大面积亏损的情况下，重庆宾馆也出现了经营维艰的窘况。

在生存与发展面临前所未有的困难与挑战面前，1999年的春天，重庆宾馆组建了新的领导班子。新一届领导班子大胆解放思想，勇于改革创新，紧密团结和依靠全体员工，经过艰苦拼搏与奋斗，终于自2004年起扭亏为盈，2005年收入较上年增长7.8%，利润增长37.77%，创造了1999年以来的历史最好水平，并连续四届评为“重庆市最佳星级饭店”，“重庆市十佳星级饭店”，以及重庆市“最具特色酒店奖”、“全国诚信单位光荣榜”上榜荣誉企业等一系列的荣誉，创造了七年来最佳的经济效益和社会效益，他们的主要做法是：

一、适应形势，更新观念，确立指导思想和发展目标。

重庆宾馆新的领导班子上任后，审时度势，及时确定了新的目标任务和战略措施。一是制定了三个阶段的发展目标。即以“千方百计搞活经营，占领市场，站稳脚跟”为主要任务的近期目标；以“在保证国有主体地位，维护员工根本利益基础上，实施五星级改造”的中期目标和以“立足主城区，依托大三峡，面向海内外，发展大旅游，把自身建设成为我市旅游行业龙头企业”的长远目标。在制定“三步走”发展目标的基础上，还确定了“巩固主营，拓展两翼”的经营战略，提出了“薄利多销，灵活经营”的经营措施，重宾人开始走上了自强不息的扭亏脱困之路。

二、立足当前，创新经营，巩固和拓展了市场份额。

面对日益激烈的行业竞争形势，重庆宾馆经过认真的市场调研，调整确定了“加强商务散客市场，提高旅游团体市场，发展会议婚宴市场”的经营定位。努力向社会推出和创造了重宾的会议品牌，并不断地投入巨资改造完善配套的服务设施。从2000年起，重宾连续7年被市里确定为中国重庆三峡国际旅游节的接待宾馆。2004年的亚洲和平协会理事会和2005年的第五届亚太地区城市市长峰会两次重庆最大的国际盛会中也被指定为接待宾馆,并被市政府表彰为会议“优秀接待单位”。会议市场、旅游市场都实现了年均收入在15%以上的较快增长。在餐饮方面采取了调整菜品和价位，抓好主题餐饮，拓展婚宴寿市场等措施，收入一年上一个台阶，并荣获了重庆市“婚庆寿宴最具特色奖”。

三、充分发挥品牌优势，“两翼”业务取得了显著效益。

为了弥补宾馆体量偏小，主营收入增长空间有限的不足，重庆宾馆制定并贯彻了“巩固主营，拓展两翼”的经营战略。拓展两翼，即一翼是输出管理。借助重宾品牌效应，成立了酒店管理公司和经典物业管理公司两家子（分）公司，先后承接了丰都皇都大酒店、重庆日报报业集团培训中心、第三军医大学综合楼、西南医院外环境等10多个酒店及物业管理项目，取得了良好的经济效益和社会效益。二是拓展食品开发业务，他们将粽子、月饼的产销认认真真地当作一个产业、一个事业来做。仅用了几年时间，从几款简单的月饼发展为月饼、粽子和年货三大系列50多个产品，从手工作坊式生产发展到专业化、规模化、机械化的厂房流水线生产。重宾“粽子王”系列产品评为“全国最佳金粽子”，“重宾月饼”连续4年评为“中国名饼”，2006年7月又荣膺仅五家入选的“中国最佳特色月饼”，9月独家获得“人民大会堂宴会指定用品”。依托主营发展两翼，做强两翼反哺主营的良性互动，终于使重宾摆脱连年亏损的困境，实现了近两年收入利润双双两位数的增长，为实现企业第二步目标打下了坚实的基础。

四、以人为本，从严治企，队伍素质和服务品质明显提高。

重庆宾馆以人为本，尊重人，信任人，把人放在企业管理的主体地位上，经过企业领导的倡导和全体员工的认同与实践，形成了具有自身优良传统和经营特色，从严治企的管理风格。一是2001年在吸取企业传统精华和先进管理理念的基础上，组织编撰了50余万字的《重庆宾馆管理实务》，为管理的制度化、规范化、科学化，奠定了扎实的基础；二是实行了工效挂钩的工资和奖金分配管理办法及全员促销奖励政策，极大地激励了员工的工作热情；三是2004年制订出台了《重庆宾馆有限公司绩效考核制度》，实行全员绩效考核，为科学公正评价员工，为晋级加薪提供了可靠的依据；四是形成了一套科学完善的干部选拔、聘任和考核制度，培养了一支能吃苦、能战斗，敬业廉洁的干部队伍；五是高度重视员工培训教育，不断提高员工服务意识和技能，整体服务质量一直保持了较高水平，宾客满意率常年达98%以上，多次评为“重庆市消费者信得过企业”客房部、前厅部等多次被授予“全国青年文明号”和“重庆市青年文明号”，餐饮部被评为“重庆市首届餐饮业诚信经营示范单位”。

五、着眼长远，谋划发展，改扩建工作正有效推进。

为了适应发展的新形势和新要求，实现第二阶段发展目标，即实现重庆宾馆的五星级改造，重宾适时开展了对外招商引资工作。经过几年的艰苦洽谈，比较论证，最终与北京一家颇具实力的国有企业达成协议，联合开发建设重宾的改扩建项目，走出了一条既不改变企业国有性质，确保国有资产保值增值，又维护员工根本利益的新型合作道路，为实现企业做大做强做优的理想目标迈出了重要的步伐。

重庆宾馆已经走出了一条具有自已特色的国有老字号企业解放思想，改革创新，在困境中图生存谋发展的奋进之路！可以相信，只要重宾人进一步解放思想，开拓创新，求实奋进，随着五星级改造项目的完成，重庆宾馆一定能创出新的佳绩，续写新的辉煌，为六十年经典增添新的光彩。

重庆正宗广告有限公司

CHONGQING ZHENGZONG ADVERTISEMENT CO.,LTD

重庆星全律师事务所
CHONGQING XINGQUAN LAW FIRM

本所成立于1992年，原名重庆涉外律师事务所，1995年由国有性质的律师事务所转制更名为合伙性质的重庆星全律师事务所，是一家以涉外法律专业为主的大型律师事务所，直属重庆市司法局、重庆市律师协会领导。历届被重庆市司法局评为文明律师事务所、文明单位、目标管理先进单位、重庆市优秀律师事务所。

▲刘兴全主任

本所现有执业律师60名，法学本科学历占80%以上，其中教授、博士、硕士占三分之一，从业十年以上的专职律师35人，所内业务设涉外经贸部、金融证券部、地产物业部、知识产权部、企业事务部、诉讼事务部及研究室、办公室。

本所是首批取得从事证券法律业务资格和企业产权界定业务资格的律师事务所。另有10名中青年律师专题研究WTO运作规则。本所成立以来，励精图治，创造了良好的经济效益和社会效益。为英、美、法、俄、德、日、港、台等客商提供了较好的法律服务，受到高度的赞扬。担任重庆机场、机场高速、航天企业、水产集团、华立控股、重庆路桥、三峡油漆、四维瓷业、长丰通讯、乌江电力等百余家大中型企业的法律顾问，为多家企业重组、兼并、破产、界定产权以及为30余家股票上市及配股提供法律服务，受到一致好评。同时办理了大量经济案、民事案件、刑事案件、行政案件、证券项目26件、非诉讼327件，共计3877件；为国家、企事业单位和社会挽回经济损失9亿元，企业直接融资23亿元，为我市引进外资5亿美元，对重庆的经济发展、社会稳定、民主法制建设作出了应有的贡献。

地址：中国重庆渝中区两路口中山二路192号港天大厦B座23层
Address:23rd Floor, B Block , Gang tian Edifice, Zhongshan Second Road, Second Road No.192 Junciton, Yuzhong District, Chongqing, China
电话：023-63523758
传真：023-63537164
邮编：400014
Http://www.cq-xq.com
Email:xq@cq-xq.com

▲日本团来本所访问

▲刘兴全与香港律师公会前会长周永健在晚宴上合影

▲刘兴全出庭审理仲裁案件

▲全体员工合影

▲刘兴全代表重庆律协向香港高等法院上诉庭大法官廖子明先生赠送礼品

▲重庆律协会长刘兴全与香港大律师公会签署合作协议

▲中华全国协会长任继圣和刘兴全等人合影

▲本所支持市体委万人长跑

CHONGQING XINGQUAN LAW FIRM

重庆静升律师事务所 JING SHENG LAW FIRM

重庆静升律师事务所主任彭静

重庆静升律师事务所，是集规模化、专业化、国际化于一体的综合性、合伙制律师事务所。自1996年初成立至今已十年，在创始人彭静女士的带领下，本所遵循“敬业、求实、利民、护法”的服务宗旨，奉行“依法执业”、“当事人利益至上”的执业理念，坚持法律服务综合化、管理机制团队化、业务分工专门化的经营理念和发展模式，不断强化服务观念、精品意识和团队精神，形成了以房地产、金融证券、公司企业业务为特色，刑事、行政诉讼传统法律业务齐发展的格局，以专业、优质、高效的服务赢得国内外客户的认同和信赖，已成为目前国内规模较大、知名度较高的综合型律师事务所之一。连续多年被重庆市司法局等评为“优秀律师事务所”、“诚信执业律师事务所”等称号。2005年静升律师事务所又被司法部全国律协授予“全国优秀律师事务所”称号，主任律师彭静也同时被评为“全国优秀律师”，开创了同一律师事务所同时荣获“全国双优”的先河。

静升律师事务所现有执业律师四十多名，均毕业于国内知名法学院校，受过正规系统的教育，其中包括6名法学教授、副教授、5名法学博士、10余名法学硕士，知识领域涉及法律、金融、证券、企业管理等多种学科，能够充分满足客户对专业化、优质法律服务的需求。

事务所创始人彭静主任律师，高级律师，执业十八年，首批中国证券资格执业律师，现担任全国青联委员、重庆市政协委员，全国律协金融证券委委员、重庆市律师协会常务理事兼知识产权业务委员会主任，重庆仲裁委员会仲裁员、中国国际商会重庆商会副会长、重庆市工商联（总商会）常委、重庆企业改制上市促进会常务理事兼副秘书长等社会职务。多次荣获“重庆市优秀律师”称号，2005年被司法部全国律协授予为“全国优秀律师”。

彭静律师特别擅长金融证券、房地产、公司企业等方面的法律事务，承办了大量相关诉讼案件和非诉讼法律事务，尤其是成功办理了许多具有重大影响的复杂疑难案件，其中有的案件已被最高人民法院纳入审判案例并形成了相关司法解释，为当事人挽回数十亿元的经济损失，现担任几十家大型国有控股集团、上市公司、金融机构、政府机关常年法律顾问。

作为西南地区最具实力和影响力的律师事务所，“静升”在专业化分工的基础上，进行各种资源的优化配置与组合，组成包括房地产部、公司企业部、金融证券部、涉外知识产权部、民商法务部、刑事行政部等6个业务部门，各业务部统一协调，为客户提供优质法律服务。

静升律师具有丰富的诉讼、仲裁经验和良好的信誉，在各级法院、各类仲裁机构均有大量成功代理记录，为当事人避免或挽回了巨额的损失。业务范围涵盖房地产、金融证券、公司企业、专利、商标、刑事、行政、涉外、国内外仲裁等诉讼及非诉讼业务领域。

“静升”以房地产、金融证券、公司法律业务为最主要专业特长，同时为大型公司、金融机构及政府职能部门等逾百家单位担任常年法律顾问，如重庆市国有资产管理委员会、重庆市经济委员会、重庆市国土资源和房屋管理局、重庆市规划局、江北区人民政府、太极集团、重庆公交控股（集团）有限公司、重庆化医控股（集团）有限公司、重庆啤酒（集团）股份有限公司、西永微电子工业园开发有限公司、重庆地产集团、江北城投资开发有限公司、广厦重庆第一建筑公司、广厦重庆置业发展有限公司、重庆中城联置业发展有限公司、重庆日报报业集团、重庆新华书店集团公司、中信重庆投资有限公司、重庆博富文柑橘有限公司、重庆市三峡库区产业信用担保有限公司、华夏证券公司重庆市分公司、兴业银行重庆分行、深圳发展银行重庆分行、华夏银行重庆分行、中国银行重庆市分行等。

十年来，“静升”代理了五千余件诉讼案件，为当事人挽回数十亿元的经济损失。在金融证券领域，静升律师代理了大量金融机构债权清收、借款合同纠纷、保证保险纠纷等各类案件，如在震惊全国的“德隆系”案件中，受华夏银行等三家银行委托，静升律师采取多种法律手段维护当事人的利益，涉案标的高达3亿多元；在全国首例汽车保证保险索赔案中，静升律师代理中国银行重庆市分行等三家银行诉某保险公司共301户集团诉讼案，该案受到银监局及保监委的极大关注，最终判定由保险公司承担责任，维护了银行的利益。在房地产领域，静升律师代理了大量的商品房预售合同纠纷、房屋联建纠纷、土地转让纠纷、物业管理纠纷等案件，如代理重庆某房地产商与400多户业主商品房预售合同纠纷集团诉讼案等，依法维护了开发商的利益。代理重庆某房地产开发建设有限公司与沙区某公司联建合同纠纷，该案涉及联建总投资1.2亿元，曾引起市委市府和媒体广泛关注。在公司企业领域，静升律师也代理了大量的股权转让纠纷、担保合同纠纷、经营权纠纷等案件，如代理重庆某大型国有上市集团公司与某科技股份有限公司和某电力股份有限公司担保合同纠纷上诉案，涉及标的3亿多元；代理重庆某国有大型集团公司与北京某车辆有限公司其他经营权纠纷案，涉及标的1亿元，最大限度为本地企业挽回了经济损失。此外，静升律师还代理了全国索赔金额最高的人身伤害案、重庆市个人获得国家赔偿金最高案、重庆市首例律师涉嫌犯罪案等广受关注的案件。

“静升”还全程参与了重庆市政府2007年重庆工业一号工程（811工程）项目谈判、重庆红岩汽车有限责任公司重组、重庆地产集团与新加坡大东方人寿保险公司合资设立中新人寿保险公司、西南证券上市、全国最大、安置人数最多、资产清理特别复杂的重庆特殊钢集团有限责任公司破产清算等项目法律服务。

彭静主任与香港陈叶冯会计事务所有限公司总裁陈维端在签字仪式上的合影

彭静律师所撰写的“和谐社会视野下的法律援助制度之完善构想”在“中国法学家论坛”上获优秀论文奖后与法学会会长韩杼滨的合影

受政府或相关部门委托，“静升”还参与了地方性法规的立法、修改和清理工作，如全程负责《重庆市公路养路费征收管理条例》的论证、起草、制定等工作，经人大审核通过，成为重庆市立法速度最快、通过时间最短的地方性法规，同样我所还参与了《重庆市土地管理条例》、《重庆市房地产登记条例》、《重庆市拆迁管理条例》草案的立法论证和修订以及市国土资源和房屋管理局规范性文件的清理、修订工作。

作为具有综合业务资质的律师事务所，“静升”在不断强化专业素质的同时，始终重视与国家各有关部门、各地司法部门、工商界、新闻界和学术界保持长期、密切的工作关系。如与中国政法大学、西南政法大学等国内很多著名高校保持着学术互动与合作。以十余名著名专家、学者为核心组成的专家顾问团，一直在精心指导和支持静升律师事务所的各项业务活动。

“静升”还与国内外律师界同仁、政府机关和专业机构保持着密切的联系和合作，现已与美国和香港的律师行建立了横向的合作关系。如与渝港经济促进会、澳门贸易投资促进局签署了三方《合作协议》、与香港陈叶冯会计师事务所有限公司、香港黎炎锡律师事务所建立战略关系并分别签订《合作协议》，积极为内地企业到香港上市、融资和港澳企业到内地投资兴业牵线搭桥，并多次跟随政府代表团对外招商引资，促进本地经济的发展。

在十年的岁月中，静升律师事务所以孜孜以求的敬业精神、娴熟的法律专业技能取得了进步，赢得了信誉，面对新的挑战，“静升”将审时度势，抓住机遇，与时俱进，以不断创新的理念和更加规范化、专业化的服务水准，更多的给予客户“法律中的人文关怀”，把致力于打造百年名所，作为终身奋斗的目标！

地址：重庆市渝中区邹容路50号半岛国际16层ABC座 ■邮编：400010 ■电话：023－63763303/63763308/63763309
■传真：023－63763398 ■E－mail JSLS9658@21cn.com

重庆索通律师事务所

CHONGQING SOLTON&PARTNERS

索通创办于一九九五年元月，是中国西部第一家以留学生为主设立的合伙制律师执业机构。从创立至今，索通已从一家初期主要从事涉外服务的专业律师事务所，成长为本地区最具规模和实力的商务律师事务所之一。

▲2006年11月司法部部长吴爱英（前排左三）视察索通律师事务所

索通从二零零一年起率先打破业界分成制传统，实现全员年薪制，将全所资源有效整合为一个系统，按照统一的标准和流程为客户提供规范化服务。二零零二年八月，索通创业界先河，接受重庆市人大委托起草的《重庆市物业管理条例（草案）》获得通过，该条例成为在中国大陆实施的第一部由律师起草的地方性法规。二零零三年一月，索通执行合伙人韩德云当选为十届全国人大代表，与来自全国的其他几位中国杰出律师一道走进国家最高立法舞台，发挥和演绎中国律师的角色和影响。二零零五年四月，索通获得司法部、中华全国律师协会授予的“全国优秀律师事务所”称号。

索通以严格而先进的管理机制培养和造就了一支高素质的职业律师团队，在重庆本部现有近三十名专职律师执业。索通律师均具有大学本科以上学历且大都具有丰富的工作经验，其中有八名律师曾在美国、日本、英国、法国、香港等国家或地区获得学习、培训或工作经历。更重要的是，相当部分的索通律师具有十年以上的执业生涯，有不少律师在选择专职执业之前，曾经长期在高等院校、政府机关、司法机构和国内外企业从事法律实践工作，由此打下了非常扎实的职业基础。

▲索通律师事务所执行合伙人韩德云律师

▲索通律师事务所合伙人

作为一家商务律师事务所，索通的业务开展主要定位于为客户提供非诉讼法律服务并逐步形成了涉外法律业务、房地产业务、金融证券业务、公司重组并购及知识产权保护等为主的版块业务。此外，在有影响的重大诉讼、仲裁案件代理方面，索通亦取得巨大成功。

索通的服务得到客户的认同并能够持续成功，依赖于以下“三大优势”：行业领先的体制优势，一贯秉承开放式的合伙机制以及职业化的团队合作体制已成为我们为客户持续提供全面服务的基础；严密科学的管理优势，依靠自主开发研制的办公自动系统（OA系统），围绕业务组织、操作和质量控制确立的管理体系已成为我们为客户提供优质服务的前提；不断提升的专业优势，汇聚海内外精英、积累十余年经验，承受数百家客户重托、交融各行各业智慧已成为我们为客户提供增值服务的保证。

十年来，索通坚持“当事人的利益永远是律师维护和保障的核心”、“法律服务不仅仅在于防范风险更在于为客户创造效益和价值”的执业理念，以职业化、专业化的团队执业方式为我们的客户提供优质的法律服务。在重庆地区拥有金融证券、外资企业、国有大中型企业和政府机构等150余家常年顾问客户。

地址：重庆市渝中区中山三路168号中安国际大厦12层

电话：023-63631830　传真：023-63631834　网址：www.solton.com.cn

不断创新的

重庆新华书店集团公司

▲物流中心外景

重庆新华书店集团公司组建九年来，坚持以科学发展观为指导，积极适应文化产业发展要求，不断探索企业机制创新、经营创新和管理创新，稳步实施“规模经营、多元开发、周边辐射、移民迁建”四大发展战略，在全国率先以省为单位成建制实现连锁经营和网络化管理，较早完成企业化转制，实现了国有资产授权经营，企业向规模化、产业化、集团化迈出了坚实步伐。2006年实现销售收入24.6亿元，税利1.02亿元，资产总额达到20亿元。2006年，重庆新华书店集团公司在全国服务企业500强中名列第257位，在重庆企业100强中名列第27位，在重庆商贸流通企业30强中名列第10位。

做大做强主业，巩固社会主义文化阵地，是国有文化企业改革发展的立足点。近年来，重庆新华书店集团公司始终把图书发行主业放在中心位置，不断加大资金投入，建设批销配送中心，兴建重庆书城，实施连锁经营，构建信息平台，提升服务水平，使集团公司在重庆出版物市场的主渠道地位越来越牢固。集团现有图书发行网点320 个，图书经营面积9万平方米，经营品种26万个。

▲千瀑之山—四面山

在加大图书发行主业发展力度的同时，集团公司积极探索与主业良性互动的多元产业路子，通过拓宽经营渠道增强企业的市场竞争能力和发展后劲。初步形成了出版物发行、多媒体制造、酒店旅游、房地产开发四大产业板块，涉及图书、期刊、音像制品、电子出版物、电教产品、数码产品、文化用品分销，物流配送、光盘生产、酒店、旅游、房地产开发等多个行业。

“十一五”时期，重庆新华书店集团公司将按照“主业最大化、产业多元化、管理集团化、人才专业化”的总体思路，进一步优化产业结构，完善经营机制，激发发展活力，培育新的经济增长点，努力建成全国一流的、“主业强大，辅业兴旺，有实力、有活力、有竞争力”的现代大型文化产业集团。

▲中宣部部长刘云山视察重庆书城

▲重庆书城外景

▲阎维文签售

蓬勃发展的奉节县永安中学

奉节县永安中学建校于1958年，是搬迁至新县城的唯一一所高完中。她雄峙于新县城北侧，北依青山，南临长江，东傍夔门。学校占地60余亩，建筑面积45000平方米，总投资4000多万元。搬迁后的永安中学，规格高，规模大，人气旺，现有61个教学班，学生4330余人，教职工200余人。学校拥有全县一流的现代教育设施，装备一新的语音室、多功能报告厅、微机室、理化生实验室、图书室、阅览室、音体美活动室，以及校园宽带网、电子监控系统、校园演播系统、校园电视台等一应俱全。校园环境优美，建筑气势恢宏，运动设施完善。拥有全县最大的足球运动场，设有5个标准篮球场，20个乒乓球台，4个羽毛球场，为学生学习科技，培养健康向上的人格和创新实践能力提供了优越的成长条件。校园内，名贵花草树木布置合理，与大型雕塑、画廊、亭台、文化墙等相互映衬，营造了浓厚的教育文化氛围。

▲学校教学楼、实验楼

▲2003年10月25日，国务院总理温家宝（前排左三）视察永安中学

学校以“文明、博学、合作、创新”为校训，坚持“以人为本、依法治校、科研兴校、质量强校”的治校方针，努力打造和谐的人际环境，浓厚的学术环境，高雅的文化环境和催人奋进的 育人环境。学校全面贯彻党的教育方针，扎实推进素质教育，历届中考成绩均居全县前茅，高考自1997年以来连年跃上新台阶，2004年，高考总计上线465人，其中重点和一般本科上线203人，考生朱珠喜获全县文科状元。2005年，高考总计上线524人，其中重点37人，一般本科230人，考生缪远奎、高琦分获全县文理科状元。2006年高考总计上线768人，其中重点上线62人，本科上线409人，唐一博同学以633的高分喜获全县文科第二名。学校先后荣获县“最佳文明单位”、市教科实验基地、市依法治教合格学校、市卫生与健康促进示范学校、全国中学99佳文学社、联合国教科文组织研究项目实验学校、县教研示范学校等40余项命名表彰奖励。2007年1月，顺利通过重庆市重点中学专家组的验收，创建为重庆市重点中学。

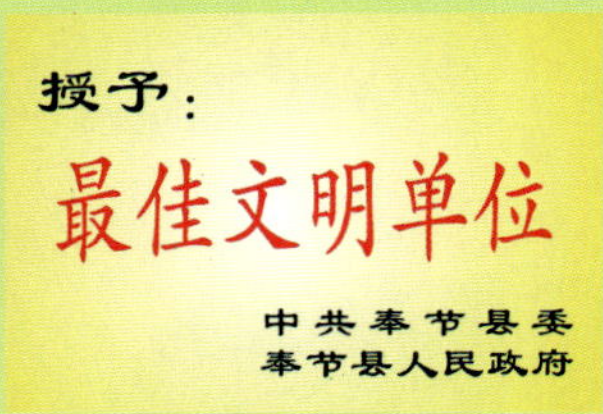

百年奉中 百年名校

BAINIANFENGZHONG BAINIANMINGXIAO

奉节中学创立于1903年，是下川东第一所新式官立中学，面向云阳、开县、万县、奉节、巫溪、巫山六县招生，1906年刘伯承元帅就读于该校，1939年被省教育厅指定为四川省十所示范学校之一，1944年温诗铸院士到该校就读，现为重庆市重点中学。

奉节中学富有光荣革命传统，严谨开放的办学特点。自恢复高考以来，向高等院校输送新生7千余人，一批优秀学生先后进入北大、清华等全国名校学习，数百名学子已获得博士、硕士学位，百余名学子远赴海外深造，世界著名学府美国哈佛大学有奉中学子就读。

全国人大副委员长、原国务院副总理邹家华如是评价奉节中学：“教书育人出英才，百年桃李满天下”，国家总督学原国家教委副主任柳斌为奉节中学题词：“育人德为首，立身诚是根”。

奉节中学占地180亩，绿化、美化面积达40%，环境优雅，办学条件好。学校有特级教师2人，高级教师35人，一级教师58人，全国优秀教师5人，省级优秀教师10人。学校现有88个教学班，其中高中42个班，附属初中46个班，在校学生5800余人，重庆直辖后，学校荣获十三项国家级、市级命名表彰：全国依法治校示范校、全国奥林皮匹克教育示范学校、重庆市文明单位、重庆市民主管理学校、重庆市优秀家长学校、重庆市卫生单位、重庆市校务公开先进集体等。

近两年，奉节中学教育科研成绩突出，市级课题《重庆市奉节中学课程开发研究》已开题，编辑出版了《重庆市奉节中学研究性学习案例》、《历代名人咏夔州诗文选》、《校庆诗刊》、《奉节中学校志》等。

奉节中学是中华名校黄冈中学的合作学校，是北大附中远程教育示范学校，清华大学远程教育扶贫基点校，是中国人民解放军成都军区国防生基地，还聘请了外籍教师进行英语教学。优势教育资源不断输送到奉节中学，将使奉节中学的教育教学再上新台阶。他们组织开展青年教师教学跟踪研讨活动，支持广大教师参加各种培训学习，外出考察甚至出国学习。2006年9月，张和平校长携英语教师何朝平前往英国奥克兰兹中学访问，带回了先进的办学理念及教育、教学、管理经验；英语教师杨正勇通过两个月英语强化培训即将赴澳大利亚学习访问；学校派出9名教师到南开中学进行了为期3周的集中培训，参培教师全程参与南开中学的教育教学及管理工作，收获很大。学校始终坚持“以人为本，质量为本、发展为本，特色立校”的办学理念，实施“搬迁促发展”、“科研兴教”、“现代教育信息”、“名师培育”、“温暖关怀”等五大工程，奋力向中华名校迅速迈进。

三峡移民和西部大开发给奉中带来了千载难逢的发展机遇，奉节县委县政府从打造奉节教育航母的高度，充分认识奉节中学高中部搬迁的战略意义，相继出台了有利于学校搬迁的各种政策，坚持高起点、高规格、高质量、高品位的“以人为本、和谐发展”的设计理念，将奉节中学打造成三峡移民形象工程，高中教育品牌工程、城市建设名片工程。目前，此项工程正在万众瞩目中井然有序的进行着。矢志不移的奉中人始终坚持以“三个代表”为准绳，以保持共产党员先进性教育活动为契机，精诚团结、斗志昂扬、克难攻坚、内强素质、外树形象、重质量、强管理。今年秋季，占地390余亩，总投资1.387亿元，总建筑面积140000平方米，高中教学班90余个，容纳在校生5400多人的新奉中高中部将落成竣工。届时，一座“生态化、数字化、人文化”特色的重庆市优质示范高中将矗立在夔州大地上，奉中人必将感到无比骄傲和自豪，他们的目标也将更高更远！

长江师范学院

重庆市市长王鸿举（前排右二）视察我校

长江师范学院是重庆市属全日制本科院校，位于三峡库区腹心地带，坐落在重庆市涪陵区。学校前身是1931年兴建的“涪陵县立乡村师范学校”。几经变迁，1977年建立“涪陵地区师范学校高师班”。1982年成立“涪陵师范专科学校”（后名“涪陵师范高等专科学校”）。2001年在涪陵师范高等专科学校与涪陵教育学院合并的基础上组建涪陵师范学院。2006年更名为长江师范学院。学校所处的三峡生态经济区和渝东南地区是少数民族聚居区和贫困山区，学校是该地区惟一的本科师范院校，主要承担全日制本专科教育教学、高等职业技术教育、初等教育等教育师资培养和培训任务。

学校现有校园占地1642亩，建筑面积39万平方米（另有15万平方米在建），教学实验仪器设备总值6400余万元，馆藏纸质图书110万余册、电子图书20万册、中外文期刊2000余种、人大复印资料全文检索数据库16万多条和电子阅览室280座。学校现有专任教师730人，副高以上职称200多人（其中有教授43人），具有博士、硕士学位的教师300多人，另有兼职教授20人，外籍教师4人。学校有16个教学系（院），35个专业，涵盖了文学、理学、法学、工学、经济学、管理学、教育学和历史学八大学科门类，初步形成了以教师教育为特色，文学、理学为主，多学科相互支撑、协调发展的学科专业结构。学校现有重庆市“十一五”规划重点建设学科1个，校级重点建设学科5个和重点扶持学科2个，有副高职称任职资格学科评议权的学科3个。现有在建市级精品课程3门，市级重点建设课程4门。学校是重庆市少数民族预科教育基地、重庆市中小学骨干教师培训基地、重庆市三峡库区移民培训基地。学校有11个科研机构，乌江流域社会经济文化研究中心是重庆市人文社科重点研究基地。近三年来，主持和参与国家级科研课题9项、省级科研课题65项。学校有公开发行刊物《涪陵师范学院学报》（哲学社会科学版）、《涪陵师范学院报》和内部刊物《三峡教育论坛》、《乌江论丛》，并与多所大学、科研机构保持有经常性的联系和学术交流。学校面向全国27个省（直辖市、自治区），现有全日制普通本专科在校学生13200余人，各类成人教育在册学生3800余人。学校从2004年开始在澳大利亚、美国、墨西哥、泰国、斐济等国家招收留学生，与日本立命馆女子大学建立友好合作关系，并与新加坡创新计算机学院合作办学。

近年来，学校先后获得“全国保护母亲河先进集体”、“全国部门绿化400佳单位”、“重庆市文明学校”、“重庆市文明单位”、“重庆市普通高校优秀图书馆”、“重庆市园林式单位”、“重庆市高校档案工作先进集体”、“重庆市高校校园网络工作先进集体”、“重庆市民族工作先进单位”等荣誉称号，连续三年被评为“全国大中专学生志愿者暑期‘三下乡’社会实践活动先进单位”。

人大副主任周建中视察我校新校区

电教实验综合楼南楼

重啤集团
CHONGQING BEER GROUP
山城啤酒
知心朋友！
Shancheng
1958
BEER
山城啤酒
中国名牌
CHINA TOP BRAND
2005.9~2008.9
中国驰名商标
重啤集团
销售电话：（023）89069036 传真：（023）89069132

行政办公大楼

重庆紫光化工有限责任公司

重庆紫光化工有限责任公司成立于2000年12月，位于重庆永川市经济技术开发区，为重庆市高新技术企业，拥有重庆市级企业技术中心和进出口自营权，并通过ISO9001：2000国际质量体系认证和欧洲跨国公司的HSE审计。公司由“三个一”（一个停产车间，一千万元资金，一项中试技术）起步，经过六年的发展，已建设成为国内规模最大、技术最先进、成本最具竞争力的天然气精细化工生产基地。2001年，公司进入永川工业10强前列；2002年受到重庆市人民政府表彰奖励；2003－2005年度连续三年进入重庆市工业50强，2005年排名第27位；2004、2005年度连续两年被评为重庆企业100强、中国化工500强；公司连续五年进入重庆市66家重点增长工业企业行列。截至2006年底，公司总资产由成立时的2000万元增长到4.7亿元，增长了23倍；六年来累计实现销售收入18.2亿元，实现利税2.3亿元。2006年全年完成销售收入6.2亿元，实现利税总额8,000万元。

公司坚持对核心技术进行自主研发，广泛发展与国内高校、科研院所和高科技企业的技术合作，走出了一条推动企业可持续发展的集成创新之路，被重庆化医控股（集团）公司确定为自主创新型样板企业。公司初步形成了具有紫光化工特色的技术创新体系，建成重庆市级企业技术中心，已批准和正在申报的专利成果7项；黄血盐钾、苯胺基乙腈、亚氨基二乙腈、TMOF、DMM、DHP等六个产品被认定为重庆市高新技术产品。其中，苯胺基乙腈被评为2002年度国家重点新产品，并获得上海2003年国际工业博览会铜奖；黄血盐钾获得“九五”国家优秀技术创新项目奖，为公司在行业内赢得了很高的声誉。

公司秉承经济效益和社会责任并重的发展理念，依靠技术进步，发展循环经济，实行清洁工艺，确保安全生产，在企业快速发展的同时，资源综合利用、“三废”治理、本质安全水平在重庆市乃至行业内处于领先水平。2005年，公司对能源的回收利用创造效益1518万元，副产物综合利用创造效益651万元，公司每万元产值电能消耗水平是重庆市工业平均水平的60%。公司坚持按销售收入比例提取安全环保专项资金，安全环保设施建设累计投入资金3000多万元，确保了生产装置的本质安全和“三废”的有效治理。

公司“十一五”发展的目标是：围绕建设技术创新型、资源节约型、环境友好型、本质安全型企业的总方针，“十一五”末实现销售收入30亿元、利税5亿元（其中税收2亿元），建成西南最大、国内一流、国际化的天然气精细化工上市公司，成为永川天然气精细化工产业基地的核心企业。

□公司网址：http//www.unischem.com　网络实名：紫光化工
□E-mail：office@unischem.com
□公司办公室：023-87161881　Fax：023-87161889
□营销公司：023-87161867　Fax：023-87161863
□供应部：023-87161896　Fax：023-87161895

董事长罗玉成（左二）陪同时任重庆市委书记黄镇东（右二）和重庆市委常委、常务副市长黄奇帆（右一）视察氧化岗位

国家安监局危化司田乐群处长（中）一行到公司视察

公司厂区全貌

重庆国平实业（集团）有限公司

CHONGQING GUOPING(GROUP)CO.,LTD

董事长：彭玉国

重庆国平集团成立于2001年4月。在重庆直辖的大好形势下，乘着西部大开发的东风，生产、经营规模不断扩大，已形成了多元化的产业体系。

集团下辖船务运输、煤炭开采、建筑物业、商业贸易四大产业共17个公司。集团注册总资本1.6亿元，总资产3.5亿元，固定资产1.46亿元；现有员工2700余人，（其中：高级技术职称以上人员80人，中级职称资质证书者260人，大专以上文化程度600余人）。

主要经营范围：长江上中下游干线及支流省际间货物运输、长江外贸集装箱内支线班轮运输、货物（船舶）代理；公路项目开发、室内外装饰设计；房地产开发与经营（二级）；房屋建筑工程（二级）；物业管理（三级）；煤炭开采、销售；驾校（二类）；汽车客运站（三级）。

集团以“**诚信经营、开拓创新**”为经营理念，实施“**以船务产业为龙头，煤炭产业为基础，建筑、物业开发为两翼**”的发展战略，现拥有2000吨级和3000吨级集散两用货船24艘，货运总量85万吨；煤炭资源储量5000万吨，年生产原煤40万吨，销售原煤85万吨；重庆国平商业广场10多万平方米的项目正在二期开发之中。

重庆国平实业集团始终坚持以人为本，不断进行企业体制创新和机制创新的探索和实践，进一步完善企业法人治理结构；注重企业基础管理，逐步健全现代化企业管理制度，积极推进企业科学化、规范化管理，努力为重庆的经济发展作出贡献！

重庆国平商业广场

竣工的建筑工程

地址：重庆渝中区棉花街18号12楼
邮编：400011
电话：023—63778222 63778333
传真：023—63777154
电子信箱：guopinggroup@126.com

煤炭货场一角

集装箱船舶

重庆星星套装门有限责任公司

“三新”结硕果　创新促发展

农业产业化国家重点龙头企业重庆星星套装门有限责任公司，高举邓小平理论和三个代表重要思想的伟大旗帜，坚持科学发展观，走新型工业化和农业产业化的路子。依靠科技创新，采用竹材新原料、研制成功新技术、推出适销新产品，“三新”结硕果，促进了企业全面、协调、持续、超常发展。2006年产销突破3亿元、税利实现8000万元，取得了显著的经济效益、社会效益和生态效益。五年来，产销翻三翻，是五年前的14倍。先后吸纳农村富余劳动力、三峡库区移民、城镇待业人员和下岗职工2015人。每年收购竹材5万吨，农民增收2000多万元，每年节约木材4万立方米，为振兴地方经济、减轻就业压力、构建和谐社会、维护生态平衡发挥了积极作用，为建设社会主义新农村作出了贡献。

独具特色　新原料

竹材代木突破传统木门观念

实现竹与门的完美结合，年节约木材8万 m^3

竹是易生长植物，力学和理化性质优于木材，病虫害少，最适宜加工生产人造板。世界上没有一家用竹材生产碎料板或纤维板的企业。星星公司敢为人先，早在20多年前研制成功竹材碎料板，中国林科院认定，填补国内空白，世界上也未见所闻，列入国家七五、八五星火计划和三峡库区支柱产业。近10年来，开发竹材装饰套装门，实现竹与门的完美结合，开创中华门业之先河。

新技术　独树一帜

自主创新　国家专利二十二项　专有技术三十六项

星星公司自主创新，研制成功适应竹材加工的一系列新工艺、新技术、新设备，生产的产品各项物理指标均超过国家标准。经中国林科院鉴定，该生产技术属国内首创。实现了人造板产品结构与工艺的重大创新，在世界人造板行业产生了重大影响，实现门业传统工艺与现代大规模工业化生产的完美结合。获国家专利22项，拥有专有技术38项，获国家星火金奖、国家专利成就金奖、国家建材金奖，泰国国际博览会金奖等16项大奖。

独占鳌头　新产品

新潮款式　典雅华丽　市场前景广阔

星星套装门通过ISO9001：2000国际质量体系认证和ISO14025环境标志国际标准Ⅲ型环境认证。实现了实用品与艺术品的完美结合。星星公司是中国竹材套装门的创始者开县是中国竹材套装门的源产地。

纯粮固态发酵白酒
中国董酒 国密工艺
三十年珍藏董酒
130余种天然名贵植物密酿成曲
1963年起连续四届被评为中国名酒
1983年、1996年国家两次将董酒独特的酿造工艺列为国家机密
董酒
CHINA DONGJIU
—珍藏三十年—
贵州振业董酒股份有限公司
珍藏30年
董酒
贵州董酒销售有限公司
重庆总经销·重庆董香贸易有限公司
地址：中国·重庆市江北区塔坪20号
电话：67850067 15998980191

赛力盟

WWW.CEMF.COM.CN

重庆赛力盟电机有限责任公司专业生产交直流电动机、发电机和水轮发电机组，ISO9001、CE、CCC认证企业。电机单机容量达到10000千瓦。产品综合生产能力500万千瓦，年产值10亿元。被列为国家“863”计划的电动汽车电机销往美国等地，深受好评。

公司成立六年来，各项经济指标均以两位数的幅度增长，先后获得中国机械500强，重庆工业企业50强，重庆企业100强，重庆优秀诚信企业，重庆市文明单位等光荣称号。

齐心敬业

追求卓越

重庆電機

重庆赛力盟电机有限责任公司

CHONGQING ELECTRIC MACHINE FEDERATION LTD.

序

重庆市人民政府市长　**王鸿举**

在中国，没有哪座城市能像重庆这样，与“3·14”有着特殊的“情缘”。1997年的3月14日，一个重庆人民永远值得纪念的日子——八届全国人大五次会议通过了设立重庆直辖市的决定，开启了重庆这艘“直辖航母”波澜壮阔的新航程。10年后的3月，胡锦涛总书记对重庆经济社会发展提出“314”总体部署，为重庆这艘“直辖航母”导向定航，为重庆未来发展绘就了一幅崭新的宏伟蓝图。

星移斗转，10年巨变。重庆直辖市已成为令世界瞩目的大都市。

回眸直辖10年，我们以邓小平理论和“三个代表”重要思想为指导，全面贯彻落实科学发展观，紧紧抓住重庆直辖、三峡移民搬迁、西部大开发等历史机遇，围绕建设长江上游经济中心的战略目标和中央交办的“四件大事”，在加快富民兴渝，全面建设小康社会的征程上奋力拼搏，迸发出年轻直辖市旺盛的发展活力！

重庆经济总量这块“蛋糕”越做越大，GDP从直辖之初的1000亿级跃上现在的3000亿级。1996年，重庆工业销售值只有1000亿元，去年达到4200亿元，十年翻了两番。地方财政收入达到529.5亿元，较直辖前增长近10倍。10年前重庆工业总效益是亏损的，2006年工业总利润155亿元，市属国有重点企业资产规模进入全国十强，老工业基地正在恢复活力。破解世界级难题，百万移民任务基本完成，113万移民已经动迁了102万，为国家和世界级工程的建设和移民积累了丰富经验。蓝天、碧水、宁静、绿色家园“四大工程”让重庆初步告别了“雾都”，生态环境不断优化，人与自然和谐共生。破解城乡二元结构难题，以大城市带大农村，工业反哺农业、城市支持农村，农村绝对贫困人口从366万降到53万，2006年城乡居民收入分别达到11570元、2874元，年均增长8.7%和6.9%。城市人均住宅使用面积是1996年的3倍，达到24.3平方米；农村居民人均住房面积由1996年的24.4平方米，增加到33.4平方米。教育全面完成了普九，全部消除了中小学危房。市民安全感指数达到92%，八成以上市民为工作和生活在重庆这片土地上而感到幸福和自豪。2006年，重庆被《中国经济周刊》推举为中国十大和谐城市之首。“八小时重庆、半小时主城”，让重庆变得更“小”、更“平”……今日之重庆，正以急行军的速度，跨越着大山大水的制约，奔流着大江大河的狂想！

重庆直辖10年的实践，证明中央设立重庆直辖市的战略意图，完全符合跨世纪中西部发展的总体战略走向，决策是完全正确的英明的；重庆直辖10年的发展，是党中央、国务院正确领导，大力支持的结果，凝聚了全国人民巨大的物质和精神力量；重庆直辖10年的辉煌，充分表明重庆的广大干部群众，没有辜负党中央、国务院的重托，没有辜负全国人民的厚望。

10年光阴，在人类历史长河中只是短暂的一瞬。经过10年的发展，重庆已站在一个新的历史发展起点上。在今年的全国“两会”上，胡锦涛总书记要求重庆“加快建设成为西部地区的重要增长极、长江上游地区的经济中心、城乡统筹发展的直辖市，在西部地区率先实现全面建设小康社会的目标。”总书记为重庆经济社会发展导航定向，进一步明确了重庆在中国西部区域发展的战略地位。对重庆未来发展提出的四项任务，充分体现了科学发展观和构建和谐社会的本质要求。胡锦涛总书记提出的“314”总体部署，充分表明了中央对重庆的未来充满期待、寄予厚望，标志着重庆发展一个新阶段的开始，揭开了重庆在前十年“打基础、建平台、增后劲”的基础上奋力“求突破、大发展、上台阶”的序幕，昭示着重庆更加美好的未来。

恩格斯指出：历史是沿着最短的路程奔向新的灿烂的理想星座。我们坚信：重庆这艘承载了3000年深邃历史底蕴的“航母”，必将乘东风，破巨浪，在波澜壮阔的新航程中续写新的奇迹，再创新的辉煌！

目　录

第一编　经济运行

第二编　产业发展

第三编　区县经济

第四编 开发区和特色园区建设

第五编 附录

Contents

Part Ⅰ Economic Operating

Part Ⅱ Industrial Development

Part Ⅲ Economy of Districts and Counties

Part Ⅳ Construction of Exploity Regions and Characteristic Industrial Park

Part Ⅴ Appendix

前环衬

卷首跨页

目录前扉页

图片集锦

内插彩页

图片集锦

卷尾跨页

后环衬

第一编

经济运行

经济综述

直辖10年来，在党中央、国务院的亲切关怀下，在全国各族人民的大力支持下，3000万重庆人民认真贯彻党的十五大、十六大精神，紧紧抓住三峡移民、西部大开发、老工业基地改造、扩大内需等重大战略机遇，按照市委一届、二届党代会部署，团结奋进，扎实工作，负重自强，为建设新重庆积极拼搏，以科学发展观为指导，突出以人为本，加快结构调整，切实转变经济增长方式，努力克服亚洲金融危机、抗击"非典"、百年不遇特大旱灾等一系列冲击和矛盾，使全市经济社会发生了显著变化，取得了丰硕成果。

一、经济综合实力显著增强

（一）经济总量不断攀升

1997—2006年，重庆生产总值在持续攀升。2004年实现经济总量翻番，2005年全市生产总值首次突破3000亿元，2006年实现3486亿元，是1996年的2.96倍（见表1），其中第一、二、三产业增加值分别增长0.5倍、2倍、2.88倍。

表1 直辖以来经济总量变化情况 单位：亿元

	1996年	1997年	1998年	1999年	2000年	2001年	2002年	2003年	2004年	2005年	2006年
GDP	1187.5	1360.2	1440.6	1492	1603.2	1765.7	1990	2272.8	2692.8	3070.5	3486.2
一产业	287.6	307.2	300.9	286.2	284.9	294.9	317.9	339	428.1	463.4	428.5
二产业	474.3	540.1	558.9	575	623.8	688.4	781	921.1	1112.8	1259.1	1500.1
三产业	425.6	513	580.8	630.9	694.5	782.4	891.2	1012.7	1152	1348	1557.6

（二）经济增长稳定性不断增强

直辖以来，特别是从1999年开始，重庆经济进入新一轮增长周期，经济连续5年加速增长，逐渐步入稳定较快增长期，经济波动明显减弱（见图1）。1997—2006年期间，2004、2006年增速达到12.2%，是直辖以来的最高点，重庆经济增长最高增速与1999年7.6%的最低增速差值为3.8个百分点，比上一个经济周期的峰谷差值降低11.5个百分点。直辖以来，重庆经济以10.2%的年均速度增长，比同期全国年均增速高1.1个百分点，经济增长质量逐步提高，经济增长稳定性不断增强。

图1 直辖以来经济增长

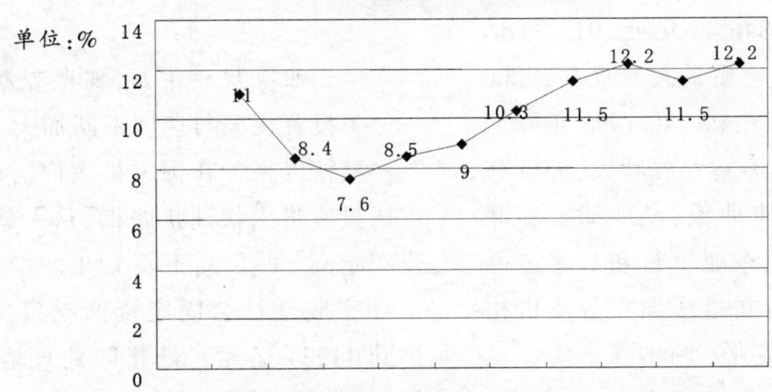

（三）经济水平不断提高

国内生产总值GDP是衡量一个国家或地区的经济总量，而人均生产总值GDP则是评价一个地区经济水平的人均指标。直辖10年重庆人均生产总值年均增长10.5%，按常住人口计算，2004年人均生产总值首次超过1000美元，达到1160美元，2005年达到1340美元，是1996年的2.7倍。2006年（特别注明：按2900万常住人口、3月18日基准价折算汇率7.739人民币元/美元计）达1530美元，是1996年的3倍。

从2006年人均GDP看，按照现行汇率换算，全市有三个区人均GDP均超过了3000美元。其中渝中区最高，人均GDP为34697元，九龙坡区、大渡口区分别居二、三位，二区人均GDP分别为32981元、29256元，按汇率7.739折算分别达4483美元、4262美元、3780美元。这说明重庆部分地区经济发展已步入现代化的门槛。到2006年底，重庆市人均GDP超过1000美元的区县达到26个。根据国际经验，人均GDP超过1000美元，消费结构与产业结构升级速度加快，进入一个发展黄金期，一个重要的发展起点。

（四）财政金融支持力度加大

1997—2006年，重庆累计完成地方预算内财政收入2073亿元，年均增速达到25.4%，2003年总量突破200亿元，2004年突破300亿元，2006年突破500亿元，达到529.46亿元，是1996年的9.6倍，增长30.5%，实现年年上台阶（见图2）；人均财力明显增强，按常住人口计算，2006年重庆人均财政收入为1889元，比1996年增加1698元。

全市金融机构各项存贷款稳步增长。直辖十年，重庆金融机构本外币存贷款余额年均分别增长20.2%和16.5%。2006年末金融机构本外币存贷款余额分别达到5587.50亿元和4443.84亿元，比年初分别增长18.2%和19.5%；分别是1997年初的存贷款余额846.43亿元、913.93亿元的6.6倍和4.86倍。贷款质量大有提高，2006年金融机构不良贷款率为6.4%，比1996年降低28.6个百分点。金融机构不断发展壮大，外资驻渝机构从无到有，加拿大丰业银行、菲律宾新联银行、香港上海汇丰银行、东亚银行和日本三井住友银行等6家境外银行在重庆设立分支机构或代表处，地方金融机构实力不断增强。

图2 2002—2006年重庆地方财政收入总量

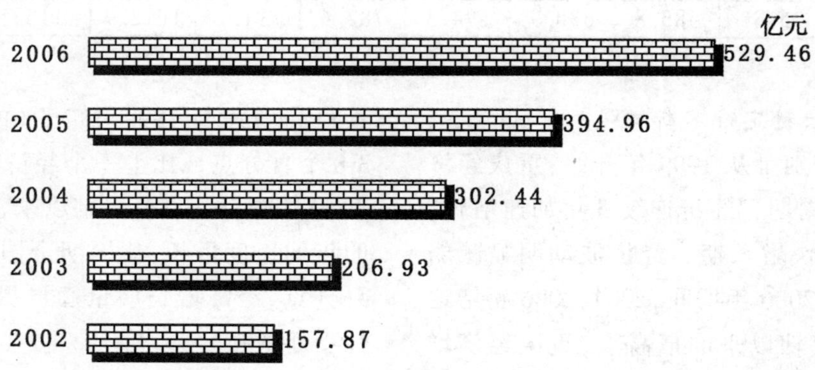

二、经济发展动力显著增强

（一）投资规模扩大，投资动力继续巩固

1.投资规模与速度不断加大

直辖以来，在国家扩大内需政策的驱动下，重庆投资进入快速扩张期，从大趋势看投资增速逐年走高（见图3，下页），年均增速达到22.6%，累计完成全社会固定资产投资突破万亿大关，达到11234亿元，是建国到直辖前48年的6.9倍。直辖10年来，从1992年100亿元到1999年

图 3 直辖以来全社会固定资产投资增速

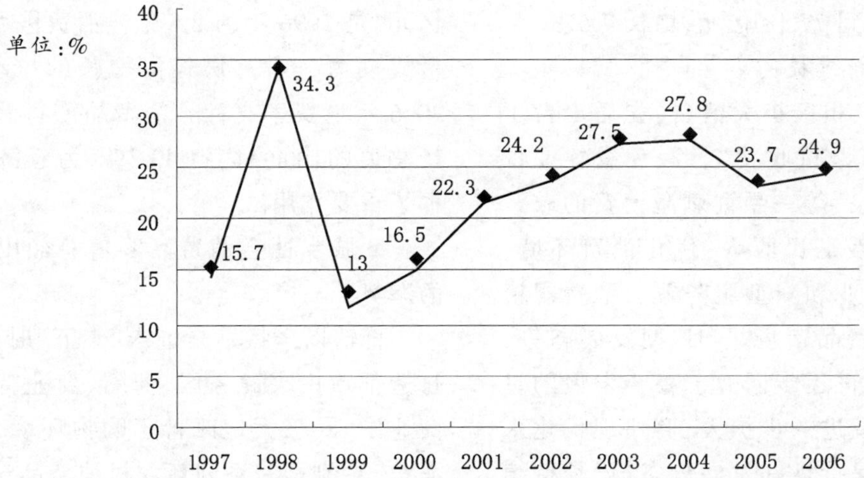

首次突破 500 亿元用了七年时间，而到 2003 年突破1000 亿元用了四年时间，再到 2005 年突破 2000 亿元仅两年的光景；到 2006 年全社会固定资产投资达到了 2452 亿元，几乎一个年头将近增加了一个 500 亿元，这是建国以来未曾有过的，也是其他省市区少有的；2006 年全社会固定资产投资总额是 1996 年投资总量的 7.6 倍。

2.资金来源多元化

在全社会固定资产投资完成额中，其中国有经济投资 2006 年突破 1000 亿元大关，实现 1021.93 亿元，是 1996 年 159.8 亿元的 6.4 倍；其占全社会固定资产投资的比重呈下降趋势，进入新世纪以来，比重未突破 50%，最低降至占比 39.8%，其他成分的投资额纷纷扬升，个体私营经济的投资从 1996 年的 59.9 亿元，增加到 2006 年的 494 亿元；港澳台与外商投资从无到有，2006 年港澳台投资 58.5 亿元，外商投资 83.59 亿元，分别比 2005 年增长 0.4%、40.7%。企业筹资能力增强，直辖以来，企业自筹资金年均增长 27%左右，2006 年达到 1061.24 亿元，增长 28.4%。国内贷款年均增长 30%左右，2006 年达到 700.07 亿元，增长 80.8%。

3.重点行业支撑作用继续加强

为加快老工业基地改造步伐，优化产业结构，工业投资力度加大，直辖以来全市累计完成工业固定资产投资 2774 亿元，占全社会固定资产投资的 24.7%，年均增长 20%以上。2006 年工业投资总量达到 735.47 亿元，增长 33.4%，占比由 2005 年的 28.1%上升至 30.0%。其中，制造业投资累计完成 1684 亿元，占工业投资比重为 60.7%，年均增长 18.3%。直辖以来，重庆房地产投资持续稳定增长，年均增速达到 30.2%，2006 年投资总量为 786.3 亿元，增长 23.3%，比 2005 年略有下降，但仍然保持在适度水平上；重庆房地产市场呈健康有序发展，2003 年以来全国房地产市场出现趋热势头，国家连续出台一系列调控措施，重庆结合实际积极细化调控措施，保证了房地产市场的健康有序发展，在国家六部委联合对重庆房地产市场的四次检查中，均认为重庆房地产市场秩序规范、价格适中、资源配置合理；重庆已基本构筑起“普通商品房—经济适用房—廉租房—住房补贴”较为完善的住房体系。

4.薄弱环节投资得到加强

直辖以来，特别是“十五”以来，重庆在做大投资总量的同时，更加注重对基础设施、基本公共服务等薄弱环节的投入，2006 年交通、教育文化分别完成投资 278.6 亿元和 78.48 亿元，分别是 1996 年的 7.5 倍和 9.8 倍。农村投资加快启动。直辖以来特别是在加快推进社会主义新农村建设、实施城镇化带动战略，在加大城镇投资同时，农村地区的投资力度显著增加。2006 年城镇投资 2291.46 亿元，比 2005 年增长 25.3%；农村投资达160.38亿元，比2005年增长19.6%；其中农村非农户投资83.2亿元，比2005年增长33.5%；农户投资达到77.18亿元，增长7.5%。

(二)消费动力持续提高

直辖以来，重庆积极扩大消费，先后出台了“双十百千”、“改革路桥收费”、“减免餐饮业税费”、“建设五方十泉”等一系列刺激消费的政策措施，努力增加城乡居民收入，优化消费环境，积极发展现代流通业和新型服务业，消费规模不断扩大，全市消费品市场呈“U”型发展态势，经历了由高向低，再逐步回升、稳步发展的过程，保持了流通规模进一步扩大，商业现代化水平快速提高，全市保持良好发展势态，增长持续向好。

1.消费增长持续向好

1996—2006年，重庆社会消费品零售总额年均增长10.9%，特别是2004年以来，消费持续升温，增速分别达到14.3%、13.8%、15.4%（见图4），2006年全社会消费品零售总额达到1403.58亿元，是1996年的2.8倍。消费作为经济增长的最终动力，对重庆经济增长的拉动逐渐增强，2006年消费率（社会消费品零售总额占全市生产总值的比重）达到40.3%，为经济稳定增长发挥了重要作用。

2.城乡社会消费品零售总额出现全面增长的态势

直辖以来特别是进入“十五”时期，全市集中打造都市中央商务区、商圈、商业特色街和乡镇商业中心，极大地改善了购物环境，刺激扩大了消费。特别是一系列新农村消费品流通体系的建设，如“乡镇建连锁超市，村社建便民放心商店”，开拓了农村市场，扩大农村消费。直辖以来，随着城乡居民收入的提高，带动了人们的消费，使重庆市城乡消费品市场进一步发展。

图4 直辖以来重庆社会消费品零售总额增速

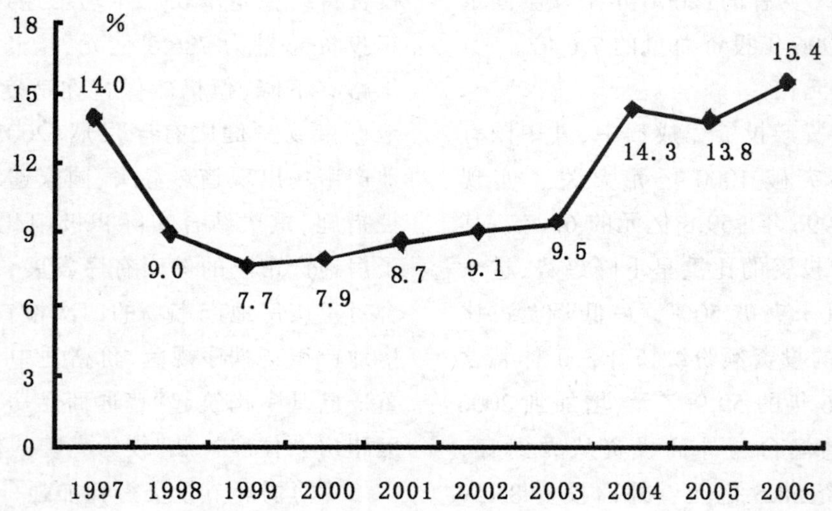

2006年，在全市社会消费品零售总额中，市的零售额实现833.83亿元，比2005年增长16.7%，是1996年的3.22倍；县的零售额实现187.21亿元，比2005年增长14.8%，是1996年的3.26倍。农村市场2006年实现社会消费品零售额382.54亿元，比2005年增长13.2%，是直辖之初的2.96倍(见表2)。

表2 城乡市场消费品零售额与增长情况

	1996年（亿元）	2006年（亿元）	比上年增长（%）	直辖以来年均增长(%)
市零售额	258.9	833.83	16.7	12.4
县零售额	57.4	187.21	14.8	12.5
县以下零售额	129.2	382.54	13.2	11.5

3.国际旅游蓬勃发展,国内旅游消费强劲

直辖以来,随着重庆经济社会的快速发展,重庆的国际大都市地位与形象凸显。随着居民消费能力的不断增强,消费观念出现积极变化,走出国门、吸引世界游客的能力逐步增强,信息服务、电子商务等新兴服务业加快发展,会展经济、节假日经济持续扩大。

2006年空港旅客吞吐量突破800万人次,达到805万人次;2006年全市接待国际游客首次突破60万人次,达到60.3万人次,创旅游外汇收入3.09亿美元,分别比1996年增加44.1万人次、2.38亿美元(见图5)。入境旅游人数自1997年以来至2006年连续增长,每年均以两位数增长,其最高者达到60.3万人次(2006年),与增长最低者16.4万人次(1998年)之差达43.9万人次。

国内自驾游、休闲度假游成为时尚,“红色旅游”、“绿色生态旅游”交相辉映,打造出长江三峡、大足石刻、乌江画廊、山城都市四大旅游精品,2005年接待国内旅游人数5965万人次,比1996年增加4549万人次。商圈消费增势强劲,呈现前所未有的崭新格局,解放碑商圈、观音桥商圈被评为“中国著名商业街”。

图5 直辖以来全市入境旅游人数

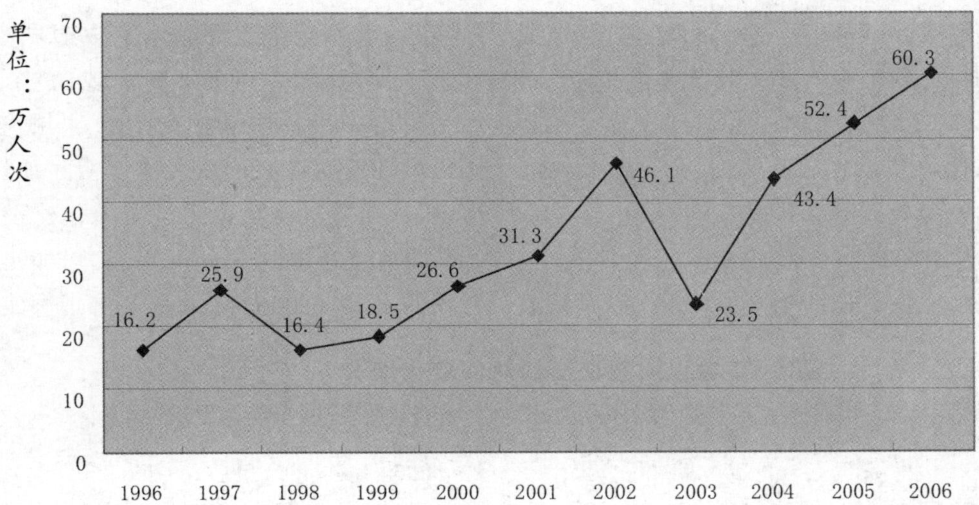

4.城乡居民消费结构升级升温

直辖以来,城市居民消费逐步从普及家用电器为主的购置生活必需品需求型,向以住房、汽车为主的发展型和享受型消费阶段转移。居民的消费方式、消费渠道和消费结构发生了重要变化,刷卡消费、网络购物明显增加,电子商务、送货上门消费增加较快。高科技含量的数码产品通讯设备、与住房相关的装饰材料、汽车及商品升级换代等成为拉动消费品市场较快增长的动力,2006年建筑及装潢材料类、家用电器和音像器材类、汽车类完成零售额分别增长95.4%、22%和16.4%。农村居民消费由满足吃住向改善生活条件转变,农村消费(县以下)年均增长11.5%,2006年完成社会消费品零售总额382.54亿元,是1996年的3倍,增长13.2%。电器、通讯等消费支出明显增加,2006年农村居民人均家庭设备用品及服务、交通和通讯消费支出分别达到117.98亿元、186.57亿元,比1996年分别增加51.68元和165.75元。

(三)外需动力有所增强

直辖以来,重庆采取积极措施应对国际贸易摩擦,弥补出口退税政策调整等不利影响,企业出口逐渐从数量型向质量型转变,外贸出口取得明显成效。

1.进出口总额不断攀升

1997—2006年,全市累计完成进出口总额255.51亿美元,年均增长13.2%,其中出口145.22亿美元,年均增长18.9%;进口年均增长

6.9%。2006年实现进出口总额54.7亿美元,创历史最高水平,是1996年的3.5倍,同比增长27.4%;其中,出口完成33.52亿美元(见图6),进口21.18亿美元,同比增长分别为33%、19.5%。

2.对外依存度提高

2006年全市对外依存度为12.6%,比1996年上升1.9个百分点;其中,出口依存度为7.7%,比1996年上升3.7个百分点。

3.出口商品结构不断优化

2006年机电、高技术和优质农产品出口分别完成22.59亿美元、7.42亿美元、1.77亿美元(见图7),分别是2001年的3.3倍、3.2倍、2倍,分别增长44.2%、22.5%、持平,重庆已成为全国机电产品十大出口基地之一。

(四)三大经济区携手发展

1.都市发达经济圈

作为长江上游经济中心的核心区,以其特有的区位优势、经济优势独占鳌头,引领重庆市消费品市场。都市发达经济圈不仅消费能力强,而且以解放碑、沙坪坝、观音桥、南坪、杨家坪五大商圈为代表,引领重庆市商业快速发展。2006年都市发达经济圈实现社会消费品零售总额712.13亿元,比2005年增长17.5%,占全市社会消费品零售总额的50.7%。

2.渝西经济走廊

凭借便利的交通条件、良好的地区优势和良好的经济基础,城郊经济特点日益明显。直辖10年来,渝西经济走廊基本完成旧城改造,城市化水平提高,新兴市场不断涌现,整个消费品市场呈现出一片兴旺和繁荣景象。永川、合川、江津等区域性商贸中心的发展速度明显加快,铜梁、璧山、大足等区县大力推进城镇化建设,以工促商,从根本上提高居民的消费能力,加快了消费品市场的发展。2006年,渝西经济走廊实现社会消费

图6 直辖以来重庆出口总额变化情况

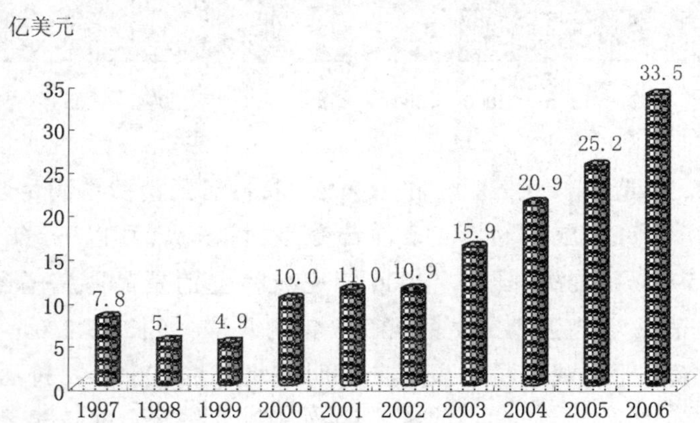

图7 1996年与2006年重庆出口产品分类比较

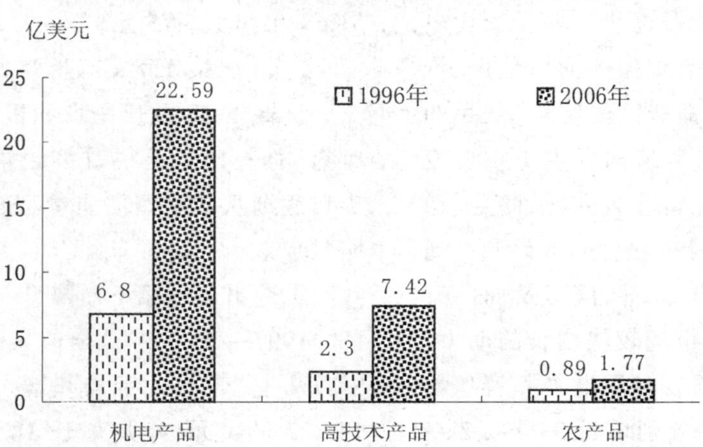

品零售总额322.23亿元，比上年增长15.0%，占全市社会消费品零售总额的23%。

3.三峡库区生态经济区

大打“库区、生态”牌，利用生态、矿产和民族文化资源优势，大力发展绿色产业、生态农业和旅游业，利用引资嫁接，培育新的经济增长点，其消费品市场均保持了较好的发展势头。2006年实现社会消费品零售总额369.22亿元，比上年增长14.7%，占全市社会消费品零售总额的26.3%。

三、结构调整成效显著

(一)产业结构明显优化

重庆大城市带大农村的二元经济结构特征明显，农业在国民经济中一直占有较大比重，1949—1996年第一产业增加值占GDP比重均在24%以上。由于土地产出率较低、规模化生产程度不高、抗风险能力弱，农业经济发展缓慢一直是制约重庆经济轻装上台阶的关键因素。

1.三次产业结构不断调整优化

直辖以来，重庆加大产业结构调整力度，二、三产业加快发展，产业结构明显优化，三次产业增加值占GDP的比重由1996年24.2:39.9:35.9优化为2006年的12.3:43:44.7(见图8)，为重庆整体经济再上新台阶打下扎实基础。

2.新农村建设步伐加快

直辖以来，重庆扶农、惠农、支农政策力度加大，极大地激发了农民的生产积极性，促进农村经济发展。2006年全市农业增加值完成428.54亿元，是1996年的1.6倍，年均增速达到3%。

一是农业结构调整成效明显。直辖以来，粮食产量总体稳定在1000万吨左右，人均占有粮食高于全国，因遭遇百年不遇的大旱，2006年全市粮食产量仍达910.5万吨；经济作物产量大幅增加，2005年全市油料产量达到42.71万吨，水果、蔬菜总产量突破1000万吨，分别比1996年增加20万吨和300万吨；畜牧水产业快速发展，2006年全市肉类总产量为176.85万吨，水产品产量为22.61万吨，分别是1996年产量的1.29倍和1.62倍。经过10年调整，农、林、牧、渔业总产值占农林牧渔业总产值的比重由1996年63.9:2.7:30.9:2.5调整为2005年的54.1:3.0:37.7:3.6。

二是农业中的二、三产业稳步发展。2005年一产业乡村从业人数大致为756.88万人，比1996年减少196万人，二、三产业从业人员突破600万人，比1996年增加约260万人。

三是农业发展呈现出组织化、规模化经营。农业产业化龙头企业超过2300家，其中销售收入上亿元的龙头企业达36家，龙头企业发展壮大有力地促进农业农村发展和农民致富奔小康。

四是农业生产条件显著改善，机械化生产能力不断增强。2006年全市农村有效灌溉面积约60万公顷，比1996年增加1.6万公顷，累计解决农村饮水安全人口360万人，整治病险水库686

图8 1996年与2006年三次产业增加值占GDP比重

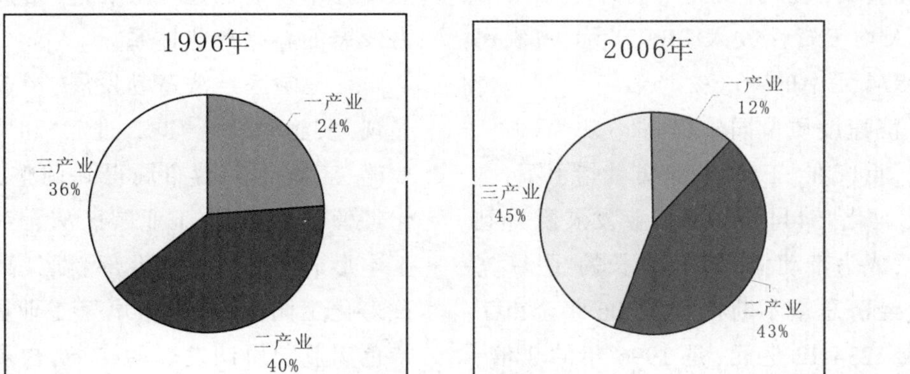

图 9 直辖以来全市农民人均纯收入

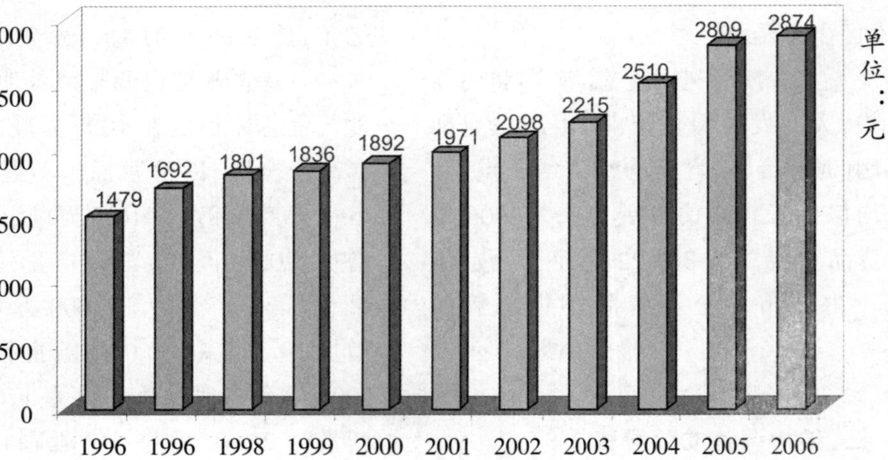

座，治理水土流失面积 1346 万亩；市农科院、畜牧科技城科技孵化基地开工建设，市农牧科技大楼、市农牧检测检验大楼进展顺利，2006 年农用机械总动力已达到 775.96 万千瓦，比直辖前增加 366 万千瓦，2006 年农业机械化耕作率达 11.1%，比 1996 年提高 9 个百分点。

五是农民生活水平明显提高。2006 年在与百年不遇的干旱抗争中，全市上下积极采取措施发展经济，弥补了大旱带来的重大损失，成就了直辖以来全市经济发展的又一个高峰，实现了“减产不减收”的目标。农村居民人均纯收入为 2874 元，比 2005 年净增 65 元，增长 2.3%；比直辖之初 1996 年增加 1395 元，年均增长 6.9%（见图 9）。在农民人均纯收入中，除家庭经营收入外，外出务工的工资性收入逐渐成为农村居民家庭收入的主渠道和主要来源。如 2006 年全市通过组织到新疆摘棉打季节工、各区县组织培训输出、各种社会力量牵线搭桥引领到市内外务工等多种形式，获得人均工资性收入 1309.9 元，占农民人均纯收入 2874 元中的 45.6%。

3.工业经济速度质量同步提高

直辖以来，重庆在“工业强市”方针指引下，全力推进新型工业化“5444”战略，工业发展跃升到一个新的高度，成为带动全市经济增长的“引擎”。

一是工业经济总量不断提升。2006 年全市工业增加值完成 1234.12 亿元，是 1996 年的 3 倍，年均增速达到 12.6%（见图 10，下页）；规模以上工业企业总产值年均增长 21.1%，2006 年完成 3214.23 亿元，是 1998 年的 4.2 倍，顺利实现“再造一个重庆工业”的目标。

二是汽车摩托车、装备制造、资源加工、高技术四大支柱产业发展加速。2006 年全市汽车、摩托车产量分别为 51.99 万辆和 534.6 万辆，是 1996 年的 4.2 倍和 3 倍，以长安、力帆、嘉陵、隆鑫、宗申、建设为代表的汽摩企业在行业中已占据重要地位，重庆已成为全国最大的摩托车生产出口基地；2001 年以来装备制造业持续高速增长，工业总产值年均增速达到 29.2%，仪器仪表规模居行业之首；天然气化工、冶金建材、轻纺食品等资源加工产业竞争力进一步得到提升；2006 年高技术产业增加值达到 216 亿元，是 1996 年的 5.7 倍，占 GDP 比重为 6.2%，比 1996 年提高 3 个百分点，信息产业、生物产业、现代中药等重点高技术产业加速发展，逐步形成引领先进生产力发展的新兴产业体系。

三是园区经济蓬勃发展，产业集聚态势初步显现。实施主城区“退二进三”和“退城进园”发展战略，工业生产力布局得到调整，工业经济集约化经营效果显现，工业园区从无到有，快速发展，基本形成了“1430”即北部新区、高新区、经开区、长寿化工园区、西永微电子工业园区、30 个区县特色工业园协调发展的格局，初步形成了汽车摩托车及零部件制造、家电和IT业、装备制造、天然气和盐化工、医药及医疗器械、冶金、建材、服装制鞋等为主导的特色产业集群。

四是工业企业经济效益显著提高。2000年全市结束整个工业连续4年、国有工业连续6年严重亏损局面；2006年规模以上工业企业实现利润总额154.71亿元，增长35.3%，经济效益综合指数达到153.3%，比1996年提高了89.5个百分点（见图11），创直辖以来的最高水平；全员劳动生产率达到87470元/(人·年)，是1996年的7.1倍，年均增速达到21.7%。

图10 直辖以来重庆工业增加值增速

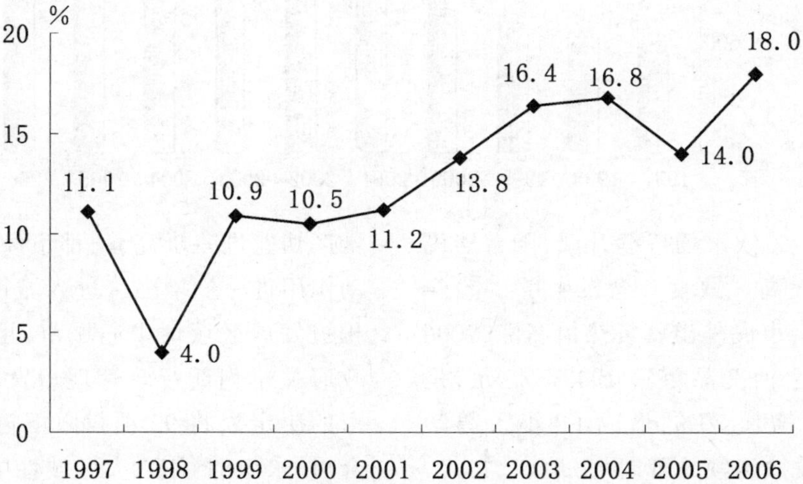

图11 直辖以来规模以上工业企业经济效益综合指数

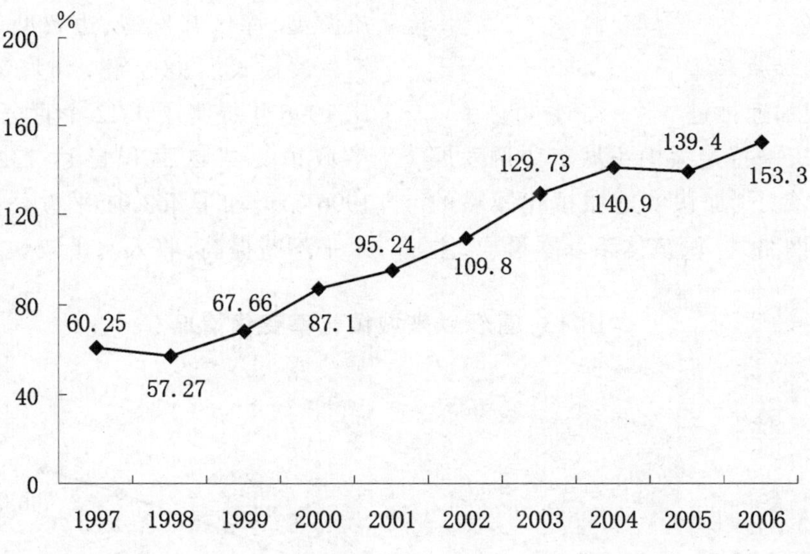

4.服务业加速发展

随着重庆经济快速发展和经济体制改革不断深入，重庆服务业迸发出新的活力。直辖以来，全市服务业增加值年均增速达到11%，高于同期全市GDP年均增速0.8个百分点，2006年完成1557.59亿元，是1996年的3.7倍（见图12，下页），增长13.8%。商贸流通业快速发展，围绕建成长江上游商贸中心，重庆制定了加快商贸流通产业发展和改革的意见，推动全市商贸业向现代经营方式转变，全市流通规模不断扩大，流通现代化水平稳步提升，市场体系日趋完善，商贸中

图 12 直辖以来服务业增加值总量变化

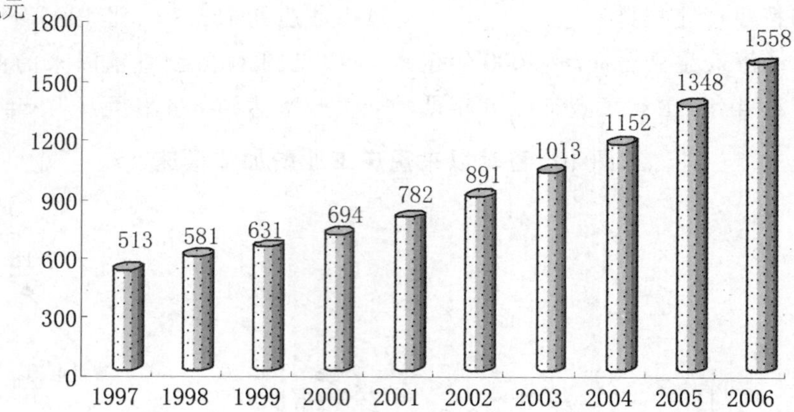

心架构初步形成。餐饮市场持续升温，随着居民收入水平的不断提高，饮食观念发生了“饱”-“好”-“精”的转变，市民外出就餐热情高涨，2006年餐饮业实现社会消费品零售194.28亿元，是1996年的5.8倍，增长20%，形成了“小天鹅”、“陶然居”等一批餐饮连锁品牌。以房地产、文化、旅游、电信等为代表的新兴服务业迅速兴起，以现代物流业、金融业、科技服务业等为代表的生产服务业稳步发展。

（二）城乡结构加快改善

1.城镇化进程加速推进

直辖以来，重庆坚持走大中小城市协调发展的城镇化道路，出台了《加快实施城镇化战略的决定》，“一心多极网络式”城镇体系基本形成。主城区功能进一步完善，都市经济圈的中心辐射带动作用进一步增强，进入城镇化发展成熟阶段；积极发展区域性中心城市，出台了《重庆市人民政府关于创新行政管理培育六大区域性中心城市的决定》，将92项权限下放万州、涪陵、江津、合川、永川、黔江六大区域性中心城市，促进区域中心城市加快发展；富有特色的小城市和新型小城镇星罗棋布，初步形成了工贸型、资源加工型、旅游型、库区开发型、边贸型等各具特色的小城镇发展模式。2006年全市城镇化率达到46.7%，比1996年提高了17.2个百分点（见图13），2005年城镇建成区面积已达732.87平方公里，比1996年增加了463.91平方公里。城镇居民生活水平不断提高，收入水平较快增长。城镇居民可

图 13 直辖以来城镇化率变化情况

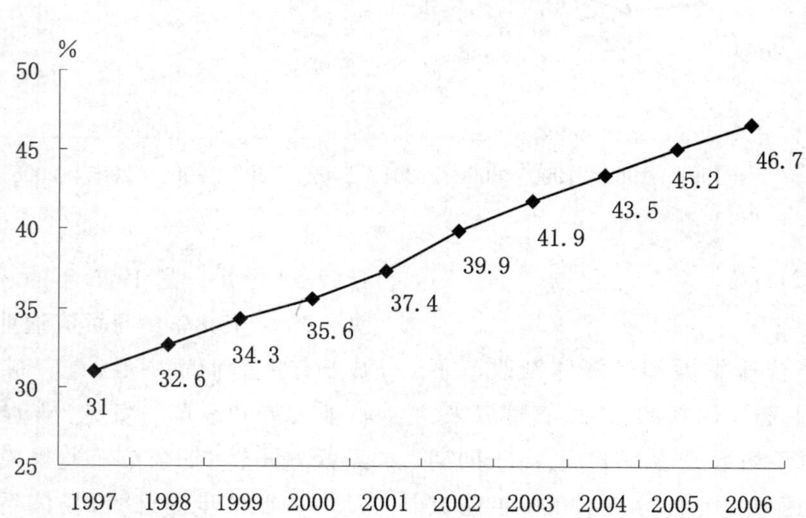

支配收入于2005年超过1万元,2006年达到11570元,是1996年的2.3倍。

2.中心镇建设稳步推进

坚持"突出重点、以点带面"的工作思路,对全市百个中心镇、百个经济强镇、百个商贸集镇进行了统一调整,首批推出45个重点扶持中心镇,2005年45个中心镇经济总量、城镇建成区面积、本级财政收入占全市小城镇的比重分别达到43%、42%和28%,中心镇对县域经济的支撑作用和对周边农村的带动作用逐步显现。

3.着力发展各具特色的城镇经济

加强对城镇经济发展的指导和政策支持,将城镇化同工业化、信息化、市场化相结合,进一步提升产业层次,加快发展农村二、三产业,建成粮食、果菜、畜禽、水产品等一批农产品加工和产业化项目,壮大城镇经济实力,以城带乡、以乡促城、城乡经济良性互动的发展格局正逐步形成。

(三)所有制结构更加合理

重庆是一个老工业城市,计划经济比例较高,直辖为非公有制经济发展带来了前所未有的机遇。直辖10年,全市坚持改革开放的方针,通过国有经济"抓大放小"、股份制改造,大力发展个体私营经济,港澳台等海外资本纷至沓来,形成了公有制为主体,多种经济成分共同发展的新格局。

1.非公有制经济总量快速增长,已成为推动重庆国民经济持续快速发展的重要力量

直辖以来,非公有制经济增加值增速均以2倍左右于全市生产总值的增速发展(见图14),2006年非公有制经济增加值达到1851亿元,占全市生产总值的比重达到53.1%,比1996年提高了28.2个百分点,已占据重庆市经济的半壁江山,对经济增长的贡献率达到75.7%,比1996年提高近50个百分点。

2.非公有制经济发展环境得到明显改善

党的十六大报告将"必须毫不动摇地鼓励、支持和引导非公有制经济发展"与"必须毫不动摇地巩固和发展公有制经济"放在同等地位进行强调。《国务院关于鼓励支持和引导个体私营等非公有制经济发展的若干意见》要求对垄断行业要放宽市场准入,引入竞争机制。有条件的企业要积极推行投资主体多元化。允许非公有资本进入法律法规未禁入的基础设施、公用事业及其他行业和领域。阻碍非公有制经济发展的理论禁锢、政策法规限制已被完全打破,为非公有制经济发展提供了宽松的政策法律环境。重庆也连续出台了一系列鼓励非公有制经济发展的政策措施,2003年出台了加快民营经济发展的《决定》,2004年出台了一系列配套措施,2005年出台了落实国务院"三十六"条的贯彻实施意见和《重庆市非公有制经济中长期规划》,2006年召开了非公有制经济表彰大会、中国(重庆)民营经济发展战

图14 直辖以来重庆非公有制经济增加值占全市经济总量的比重

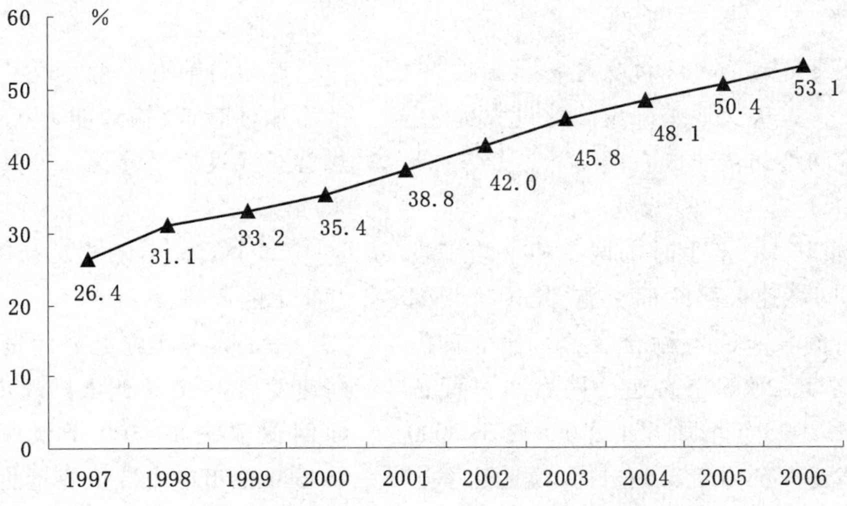

略论坛，加快非公有制经济发展已成为全市共识。

3.非公有制经济已经成为扩大就业、财政和居民增收的重要途径

全市70%以上的下岗职工在非公有制企业实现再就业，2006年全市非公有制经济单位58.5万个，非公有制经济从业人员达到605.7万人，是1996年的1.8倍，占全市从业人员数的37.7%，比1996年提高17.6个百分点。2006年重庆市非公有制经济上缴税收达到200亿元，占全市税收总额的49.5%，比1996年提高17.7个百分点。2006年乡镇企业支付劳动报酬280.9亿元，相当于为全市农业人口人均提供1075元，占当年农民人均纯收入的37.4%。

4.非公有制经济是外向型经济发展的生力军

全市拥有进出口经营权的非公有制企业超过1000家，非公有制经济完成出口总额25.97亿美元，占全市出口总额的77.5%。

5.非公有制经济推动了重庆产业结构不断优化，促进了经济持续发展

经过多年发展，非公有制经济由第三产业为主逐步向第一、第二产业发展，初步显现一、二、三产业并举的局面。在农产品加工业、建材业、摩托车制造业、建筑业中，非公有制经济实现增加值占其总量的2/3以上；在房地产业、商贸批发零售业、餐饮、旅游、住宿业中，非公有制经济实现增加值占其总量的比重超过80%。

四、基础设施明显改善

（一）综合交通运输网络初步建成

直辖以来，重庆交通基础设施建设大提速，综合交通运输网络初步建成。

1.公路

“八小时重庆”、“半小时主城”相继竣工投用，“二环八射”高速公路全面实施，比国家规划提前了10年，渝长、长涪、渝合、渝黔、渝邻和内环高速建成通车，2006年高速公路通车里程达到778公里，比1996年增加664公里。42条3000公里县际公路建设全面启动，农村乡镇通达率达到100%，行政村公路通达率达到60%。

2.铁路

达万、渝怀、渝遂铁路建成通车，与西北、华东、华南连接的铁路干线通道初步贯通，2006年铁路营运里程达到1209公里，比1996年增加594公里；成渝、襄渝、渝黔铁路完成电气化改造，龙头寺火车站建成投用。

3.城市轻轨

轻轨二号线2005年建成运营，三号线2006年开工建设，预计2010年完工，重庆成为西部第一个拥有轨道交通的城市。

4.港口码头与航道整治

三峡水库156米蓄水成功，25个库区淹没复建项目基本建成，实施富金坝航电枢纽、草街航电枢纽、寸滩集装箱等一批码头重点工程，一批专业化、机械化码头建成投运，港口客货吞吐能力不断增强，2006年内河港口货物吞吐量达到3573.53万吨；完成一批江河整治工程，航道条件明显改善，全市新增通航支流55条，新增内河航道通航里程1789公里。

5.民航

“一大两小”机场格局初步形成，江北机场8.4万平方米的第二候机楼建成投运，跑道由2800米延长至3200米，已经具备起降大型客机能力，完成国际旅客候机厅改造，形成805万人次/年的吞吐能力；万州五桥机场建成投入使用，新增吞吐能力48万人次/年；黔江舟白机场顺利推进，计划2007年建成使用。

6.管道运输

省际间管道运输实现了零的突破，建成投运兰渝输油管道，输油能力达到250万吨/年；建成忠县至武汉输气管线，输气能力达到30亿立方米/年。

（二）能源、水利设施保障能力显著增强

1.能源建设

一是大力实施电力优先发展战略，电网建设高速发展。110千伏电网逐步完善，220千伏双回环网覆盖全市，500千伏骨干电网加快推进。2006年全市电力装机容量达到759万千瓦，在建

项目总装机规模420万千瓦。加快农网改造，基本消除农村“瓶颈”线路，实现城乡居民用电同网同价，供电质量明显提高。二是煤矿建设步伐加快。特别是“十五”以来原煤产量逐年增加，2006年在建煤炭基地近300万吨。三是天然气消费快速增长。形成65亿立方米/年的天然气配套生产能力，为民用、CNG车用和大量工业用气提供了保障，全市城镇气化率超过80%。

2.水利设施建设

直辖以来累计完成各类水利水电投资338亿元，其中市级以上104亿元。一是基本建成“九五”期间开工的17座中型水库，开工建设开县鲤鱼塘大型水库、“泽渝”15座中型水库、松溉和铜罐驿两大提水工程、万盛青山湖水库、渝北观音洞水库以及巫溪中梁、酉阳金家坝等一批重点水利水电工程。二是建设县级以上城市防洪工程36处，建设城市防洪堤120余公里，防洪能力全面加强，减灾效益超过100亿元。三是探索破解水利发展体制和机制难题，第一个在全国成立省市级水利投融资平台。

(三)信息基础设施高速发展

1.公用通信网综合能力显著加强

基本完成由模拟技术向数字技术、电话网向信息网、窄带网向宽带网、单一网向综合网及智能网转变。构建了023大本地网络结构，建立重庆本地互联网交换中心和国内第一个省级互联网交换中心，建成了覆盖全市的宽带高速城域网和数字电视基础平台。移动交换机容量达到1214万户，固定交换机容量达到1165万门，全市电话普及率达64.6部/百人，IP电话、网络电话等新通信方式层出不穷。

2.农村等薄弱地区通信条件进一步改善

大力实施“自然行政村电话村村通”工程，全部乡镇和行政村实现通电话，截至2006年末，农话增加至232.4万户，农话占固话比率超过全国平均水平。

3. 网络水平与业务创新实现与国际先进水平同步发展

互联网用户达140.6万户，广播和电视综合人口覆盖率分别达到92.6%和96%，有线电视入户率达到36%。通信产业链逐渐成型，基本形成以电信运营商为核心，包括设备供应商、终端制造商、系统集成商、内容及服务提供商、虚拟运营商和用户在内的产业链条。

(四)市政建设日新月异

1.城市道路畅通明显改善

建成马桑溪长江大桥、大佛寺长江大桥、石板坡长江大桥复线桥等各种桥梁200余座，改造完成红旗河沟立交、陈家坪立交、汉渝路立交、红土地立交等一批重要交通节点工程，交通堵点得到缓解。

2. 建成污水处理厂50座、垃圾处理场32座，城市污水集中处理率和生活垃圾处理率分别达到65%和70%，城市供水状况得到有效改善，日供水能力由238万立方米/日增加到510万立方米/日。

3.景观工程效果明显

先后实施6期灯饰工程建设，新建和改造灯饰980余项，功能性照明和景观性照明交相辉映，山城成为驰名全国的城市品牌和旅游景观。两江滨江路加快建设，融合交通、景观、餐饮、休闲综合功能，充分体现出江城和山城特色。

4.大力整治城市“脏、乱、差”现象，深入开展大规模城市环境综合整治专项行动，全市公共环境卫生大幅改善，环境质量和城市形象明显提升。城市园林绿化程度明显提高，建成区绿化覆盖率达到28%。2006年重庆获得“城市管理进步奖”。

五、外向型经济格局基本形成

(一)外资外贸成效明显

1.重庆已成为海外投资兴业的热土

直辖期间，全市克服了国际金融市场不景气和亚洲金融危机的不利影响，抢抓重庆直辖、全球化以及国际产业转移等重大历史机遇，不断优化引资环境，加大引资力度，大力发展开放型经济，以开放促发展、促改革。目前，建立了经济贸易和科教文化交往关系国家和地区达到180多个,英国、加拿大、日本、丹麦等国家在渝设立领事机构。69家世界500强企业来渝投资兴业,其中37家在渝拥有直接投资项目,32家在渝设立办事处或分支机构,ABB、福特、百安居、惠普、美国利宝、中美大都会人寿、沃尔玛等一大批国外知名企业相继入驻重庆。直辖以来,全市共新批利用外资项目2346个,合同利用外资金额70.18亿美元,实际利用外资54.75亿美元。2000年以来,实际利用外商直接投资保持逐年增长(见图15),2006年外商直接投资6.96亿美元,增长34.9%。

图15 2000年以来实际利用外商直接投资增速

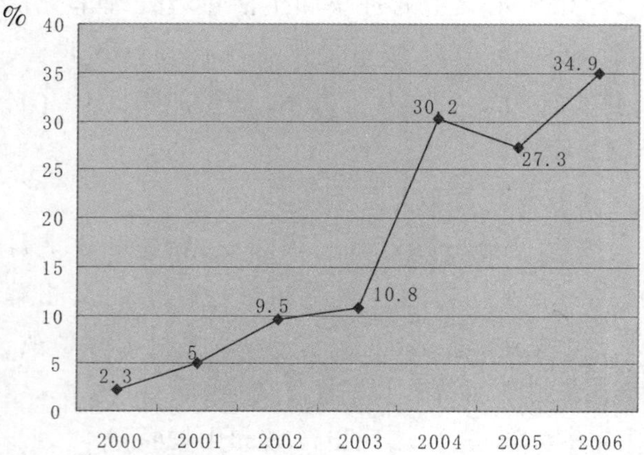

2.国际经济技术合作领域和范围不断扩大

重庆国际经济技术合作遍及亚、非、欧和拉丁美洲60个国家和地区，在环境卫生、健康教育、农业及相关产业等领域的国际合作取得重大成就。城市基础设施、教育、医疗卫生、农产品加工、能源开发等领域利用国外贷款规模稳中有升,有力促进了公共行业的改革开放。

(二)国内合作成绩斐然

直辖以来,重庆紧紧围绕建设长江上游经济中心和全面建设小康社会的战略目标,加强了与国内东中西的区域经济合作与交流。以西南六省区市的经济协调会，西南经济区的市长联席会,长江沿岸中心城市的经济协作会,重庆经济协作区等组织为依托,基本形成了多层次,宽领域的"西南一片、长江沿线、周边一圈、南北两翼"的国内合作总体格局。2001—2006年全市实际利用

图16 2001—2006年实际利用内资总量

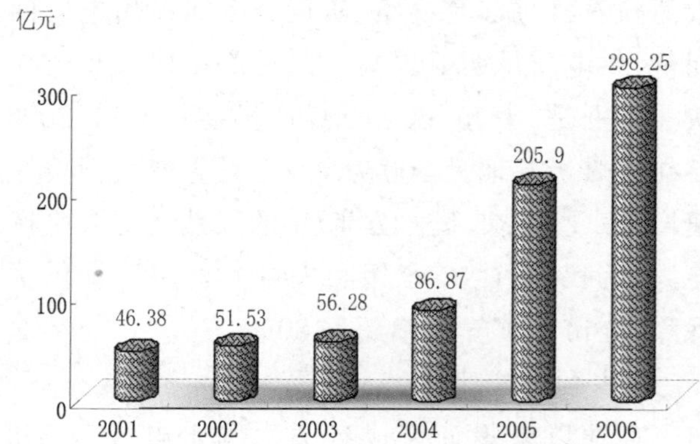

内资累计达到约746亿元,2006年达到298.25亿元,增长44.9%(见图16)。

1.加强川渝、渝黔合作,与四川、贵州签署了"1+6"和"1+16"合作框架协议,加快在煤炭、旅游、化工等方面的合作。

2. 主动承接东部沿海发达地区产业和资本转移,与上海、浙江、江苏等省市加强了项目对接和对口支援,签署了渝浙两省市框架协议和部门合作协议,与广东、山东的合作进一步加强,广东工业园落户江津双福工业园区,广东200多家在渝企业在渝成立了重庆市广东商会,渝鲁加强产业合作。

3.连续多年举办了高交会、渝洽会、摩博会、三峡国际旅游节等一系列招商活动,吸引国内资金向重庆集聚。

4.利用CEPA实施的机遇,与香港、澳门实施了"9+1"和"8+1"合作协议,每年成功举办重庆香港周、澳门周,与港澳地区的经贸往来进一步深化。

注:本文数据出自1.《重庆统计年鉴》、《2006年重庆市国民经济和社会发展统计公报》，以及统计局、中小企业局、外经贸委等市级部门统计资料;2.2006年数据为快报数，应以《2007年重庆统计年鉴》数为准

撰稿单位:重庆市发展和改革委员会、重庆社会科学院

执笔人:黄朝勇、金华、吴极、李琼

国有企业改革

直辖10年是重庆市国有企业爬坡上坎、负重前行的艰难10年。在市委、市政府的正确领导下，在党和国家的大力支持下，重庆市国有企业改革不断深化，取得了丰硕成果。国有企业在重庆市经济社会发展中的骨干支撑作用得以进一步巩固，国有经济在重庆市经济发展中发挥了中流砥柱的作用。

一、直辖以来重庆市国有企业改革发展的基本历程

国有企业是重庆工业、建筑业、商贸流通业和餐饮业等经济社会发展关键性行业的龙头或骨干，国有企业发展的好坏事关全市经济社会发展的命脉。深化国有企业改革，加快重庆经济社会发展，是中央交办给重庆的“四件大事”的重要内容之一，也是国家在重庆设立直辖市的重要战略意图之一。

直辖以来，通过不断改革深化，重庆市国有企业逐步从经济社会发展的包袱重新转变为全市经济社会发展的重要动力。从2000年起重庆市规模以上工业企业数量逐年增加，直辖以来全市规模以上工业企业达到2946户，较1999年增加了971户；总资产3091.96亿元，较1999年增加了1240.38亿元。同1997年相比，虽然企业数量减少了，但是企业的规模效益却得到了大幅提升，全市销售产值上亿元的企业达243户，其中，10亿元以上的企业36户，50亿元以上的企业7户，100亿元以上的企业(集团)4户，全市规模以上工业企业的总资产、总产值分别比1997年增加1396.7亿元、1655.32亿元。具体来说，过去10年重庆市国有企业改革发展大致经历了三个阶段：1997年至2000年为第一阶段，即扭亏增效阶段；2000年至2003年为第二阶段，即产业结构优化发展阶段；2003年至今为第三阶段，即新型工业化发展阶段。

(一)第一阶段(1997—2000年)：扭亏增效阶段

受亚洲金融风暴的影响，从1996年起，重庆市国有企业进入亏损发展期。1997年，全市有各类规模以上国有企业3243个，资产总额达1425.57亿元，就业人数达119.38万人，年总产值为832.26亿元，全年完成利税34.1亿元，利润总额-19.92亿元，平均资产负债率为73.73%。全市规模以上国有企业的平均资产规模为4395.84万元/个，平均产值规模为2566.33万元/个，单位资产产出率为58.38%，平均利税和利润分别为105.15万元/个和-61.42万元/个，国有企业发展效益较差(具体分类发展情况见表1，下页)。特别是直辖的最初两年，全市国有企业亏损面超过了50%，其中1998年国有工业企业亏损面高达63.29%。重庆国有企业发展处于风雨飘摇之中。

但国有企业在全市经济社会发展中具有举足轻重的作用。1997年，全市国有企业总产值占工业、建筑、商贸流通、餐饮等行业规模以上企业总产值的75.87%。对国有企业过于倚重使重庆发展面临巨大危机。1999年，在党的十五届四中全会精神指导下，重庆市委召开了一届六次全委(扩大)会，专题研究国有企业改革和发展问题，出台了《关于贯彻落实党的十五届四中全会精神，加快国有企业改革和发展的意见》，提出了“七个一批”的改革发展思路和工作措施，为全市国有企业改革发展进行了全面部署。这是重庆直辖后第一次进行国有企业改革发展的重大战略调整。在新的产业政策指导下，1999年当年全市就减亏了10亿元，国有企业改革发展取得了初步成效。其中，“七个一批”工程是：

1. 实施兼并破产淘汰一批，消灭部分亏损源。按照“有进有退、有所为有所不为”的原则，积

表1 1997年重庆市各类国有企业发展情况

企业类型	企业数（个）	人数（万个）	资产总额（万元）	总产值（万元）	利税（万元）	#利润（万元）	资产负债率(%)
工业企业	1191	91.04	11448858	4897506	181527	-208454	71.48
建筑企业	183	16.77	792248	691185	7152	4463	74.79
商贸流通业	1763	10.99	1983061	2719731	147289	4519	86.55
餐饮业	106	0.58	31573	14155	5026	263	58.9

注:数据来源于《重庆统计年鉴·1998》,其中,商贸流通业和餐饮业的利税为利润与销售或营业税金及附加的总和。

极稳妥地推进破产关闭，一批劣势企业退出市场。同时,加大淘汰落后生产力的力度,相继关闭了达不到规模或是不符合相关规定的小煤矿、小水泥、小玻璃、小钢铁企业、小火电机组等“十五小”企业,淘汰落后生产能力。

2.实施债转股搞活一批,实现扭亏转盈。全市实行企业向资产管理公司进行债转股政策,一大批企业通过实施债转股,甩掉了包袱,减低了资产负债率,实现了扭亏为盈。

3.技术改造提高一批,增强企业创新发展能力。一批企业进入国债技改项目计划,在国家下达的重点技术改造项目中,重庆市所占份额越来越大,推动了重庆工业企业的发展。

4.加强内部管理转化一批,促进扭亏增盈。通过广泛开展“学邯钢、抓管理”的活动,产生了庆铃质量管理、太极营销管理、长安现场管理等一批成功经验。

5. 军民品分线解脱一批，减员增效一举扭亏。多户企业进行了军品生产能力调整、军民品分线经营和分开核算,成功实现减员增效。

6.中小企业改制脱困一批,不断增强企业活力。将原有市属中小企业放权交给所在区县,以产权制度改革为核心深化国有企业改革,使中小企业建立起适应市场竞争的经营机制。

7. 扶优扶强壮大一批，发挥骨干与带动作用。实施大公司、大集团战略,引导具备扩张能力的优势骨干企业,以市场为导向,资本为纽带,引导企业实行强强联合,加快实现市场、产品和资本扩张,支撑和带动全市工业的增长。

总体来说,这一时期突出对国有企业改革发展的直接扶持,特别是“七个一批”工程的深入实施,对全市国有企业实现扭亏增盈发挥了核心支撑作用。到2000年,全市有规模以上国有工业和建筑企业总数806个、就业人数54.71万人、资产总额860.36亿元,完成总产值349.05亿元,实现利税和利润分别为41.83亿元和-10.06亿元,平均资产负债率为76.23%；企业平均资产规模为10674万元/个，平均产值规模为4330.65万元/个,平均利税和利润分别为518.99万元/个和-124.81万元/个(见表2,下页)。与1997年相比,重庆国有企业数量大幅减少,国有企业规模大幅提高,发展效益得到较大改善,市场竞争力得到显著增强。特别是企业利润较1997年减亏了9.15亿元,利税增加了7.73亿元,国有企业重新显现出一定的发展活力。

(二)第二阶段(2000—2003年):优化产业结构阶段

自2000年国有企业整体扭亏为盈后，重庆市针对国有企业在商贸流通和餐饮业领域发展出现一定亏损的情况,在“七个一批”工程的基础上提出并实施了“三大基础”工程,加大国有企业的调整改造力度,对症下药,一企一策,辨证施治,极大地推动了全市经济发展,大大增强了全市经济发展活力,提高了经济发展质量。工业利润一年一步台阶，在工业利润相继突破20亿元、30亿元后,2003年更是突飞猛进达到85.97亿元。

1.建立合理的经济结构。通过调整所有制结构,为各种经济成分创造平等竞争的环境。加快劣势企业退出的步伐，建立国有经济的退出通道,大力吸引外资和非公有制经济参与国有企业改组改造，进一步提高混合所有制经济的比重；进一步壮大支柱产业发展,大力发展高新技术产业;提高企业技术水平,提升产品档次,扩大生产规模;通过加大资产重组力度,整合资源,优化资

表 2 2000 年重庆市各类国有企业发展情况

企业类型	企业数(个)	人数(万个)	资产总额(万元)	总产值(万元)	利税(万元)	利润(万元)	资产负债率(%)
工业企业	698	43.46	7908970	2836257	185142	-102973	76.35
建筑企业	168	11.25	694608	654197	21155	2393	74.9
商贸流通业	-	-	1604122	2150396	201259	-4832	91.99
餐饮业	-	-	80892	28209	10733	-2070	54.9

注:数据来源于《重庆统计年鉴·2001》,其中,商贸流通业和餐饮业的利税为利润与销售或营业税金及附加的总和。

产结构,形成整体优势;培育具有国际竞争力的企业集团,打造重庆工业的"航空母舰",加快构建合理的经济结构基础;通过调整产品结构,淘汰过剩及工艺、技术落后的产品。

2.建立先进的技术进步体系。包括以企业技术中心为主的技术创新体系,以中介机构为主的技术创新服务体系,产学研相结合的科技管理体系。与此同时,建设高新技术产业化基地,建设科技支撑体系。

3.建立灵活的经济运营机制。一方面,建立适应市场经济要求的政府宏观经济管理体制;另一方面,推动建立现代企业的制度,完善股份制改造以及一系列配套改革。

总体来说,1999 年开始实施的"七个一批"工程强调对国有企业改革发展的硬扶持,或者说直接扶持,2000 年开始实施的"三大基础"工程重点转向软扶持,强调对国有企业改革发展进行间接扶持。随着改革的不断深化,重庆市国有企业发展效率和效益进一步提高。到 2003 年,全市国有企业数量下降到 545 个,资产总额为 514.63 亿元,年均从业人员为 25.94 万人,总产值或营业收入总额达到477.06 亿元,利税和利润总额分别达到 23.03 亿元和 7.57 亿元,资产负债率为 73.23%。企业平均资产规模和产值规模分别为 9442.75 万元/个和 8753.39 万元/个,平均利税和利润规模分别为 422.57 万元/个和 138.9 万元/个(具体分类发展情况见表 3)。与 2000 年相比,全市国有企业数量大幅减少,以第二产业为例,规模以上国有企业减少了 428 个,但企业规模进一步提高,国有企业发展的市场竞争力进一步增强,其中利润总额较 2000 年增加了 17.74 亿元,企业平均产值规模提高了 1 倍以上,平均利润提高了 263.71 万元,除餐饮业外真正全面实现了扭亏增盈。国有企业改革发展的经济效益和社会效益得到进一步提高。

(三)第三阶段(2003 年至今):新型工业化发展阶段

2003 年之后,重庆市以党的十六大精神为指导,深入实施新型工业化发展战略,进一步推进国有企业改革深化,促进国有资产从一般竞争性领域退出,进一步向基础设施产业、公共服务产业、能源原材料产业、装备制造业和基础化工产业等关系国计民生的重要产业集中,充分发挥国有企业在全市经济社会发展中的作用。为此,重庆市成立了专门的国有资产管理委员会,对全市国有企业改革发展进行全面统筹协调。近 3 年来,重庆市主要以国资监管、国企体制改革、国有经济布局结构调整和国企党建为重点,从 7 个方

表 3 2003 年重庆市各类国有企业发展情况

企业类型	企业数(个)	人数(万个)	资产总额(万元)	总产值(万元)	利税(万元)	利润(万元)	资产负债率(%)
工业企业	264	13.93	2963761	1285529	141900	22627	71.64
建筑企业	114	9.37	867512	827443	39474	11038	70.2
商贸流通业	156	2.41	1290172	2649025	48864	42149	79.78
餐饮业	11	0.23	24879	8557	108	-100	29.1

注:数据来源于《重庆统计年鉴·2004》,其中,商贸流通业和餐饮业的利税为利润与销售或营业税金及附加的总和。

面全面推进国有企业改革发展。

1.搭建8大投资发展平台(集团),增强国有企业发展的影响力和控制力。2003年以来,重庆市通过国债资金的重新集约配置,政府土地和规费等注入,以及由此形成的金融融资,先后组建并发展壮大了重庆市水务控股(集团)有限公司、重庆高速公路发展有限公司、重庆市高等级公路建设投资有限公司、重庆市地产集团、重庆市城市建设投资公司、重庆市能源投资集团公司、重庆市开发投资有限公司和重庆市水利投资(集团)有限公司"等8大建设性投资集团。同时配套出台了"三个绝不"(即绝不允许以财政资金担保、相互担保、专项资金为其他项目担保)和"三个平衡"(即确保净资产与负债总体平衡、现金流平衡和投入产出平衡)的监管政策,促进8大建设投资集团良性发展。

8大投资集团的组建和发展壮大,改变了过去分散投入、分散建设、缺乏融资资信、无法形成规模化、专业化管理的状况;搭建了城市基础设施建设、公共事业发展的投融资平台,有效缓解了全市及各区县建设资金缺口,充分发挥了国有企业在重庆市公共性产品生产或服务领域的基础性作用。截至2006年9月底,8大集团已累计实现投资额782亿元、融资额978亿元,资产总额已达到1700亿元,资产负债率60%,资产质量和银行信誉良好。这为重庆市经济社会良性发展提供了重要保障。

2.采取一户一策,推动地方金融集团改革改造,为全市经济社会发展提供重要的金融支撑。首先,深化实施"龙虾三吃"战略,推动重庆市商业银行进入改革发展快车道。其中,"一吃"即增资扩股,"二吃"即剥离不良贷款,"三吃"即抓紧推进战略重组和上市。截至2006年9月底,重庆市商业银行资本金已由2.7亿元扩大到20亿元,核心资本大幅增加,放贷能力达到300亿元左右,33亿元不良贷款得以有效处置,不良贷款率已降至4%,利润总额同比增长116%,资产质量和规模已进入全国商业银行前20位。

其次,通过统一法人、增资扩股和处置坏账"三管齐下",全面改造农村信用联社。截至2006年,全市近800个乡镇农信社法人已整合为39家县级联社法人,资本金总额由2亿多元增加到15亿元,贷款规模达到600亿元,50亿元坏账得以妥善处置,不良贷款率已降至11%,服务"三农"资金占全市比重达到70%以上。部分有条件的区县联社通过进一步改革深化组建了农村合作银行。农村信用联社真正成为了重庆市农村全面小康社会、社会主义新农村和和谐社会建设的重要金融基础。

第三,抓住"三大关键"(即追讨资金、争取支持和处理遗留问题),将西南证券重组转变为创新类证券公司。迄今为止,共追讨回各类资金数亿元,并争取中建银18亿元资本金和低息贷款现金注入,由重庆渝富注资控股,解除了以前的担保和虚置股权,恢复了西南证券的国有控股地位。截至2006年9月底,西南证券公司的重组工作已基本完成,实现营业收入2.56亿元,同比增长263.9%;实现利润8500万元,同比增利1.78亿元。西南证券彻底扭转了经营困难、面临倒闭的局面。

第四,根据长江上游金融中心建设和重庆市地方金融市场发展需要,筹建了一批总部在重庆,可辐射周边和全国的金融机构。地产集团和新加坡大东方人寿合资组建了重庆大东方人寿保险公司;城投公司与国有和民营企业联合组建了重庆安诚财产保险公司;在国家开发银行支持下,重庆渝富集团已注册成立了三峡库区产业信用担保公司;在国资委的大力支持下,市金融办、银监局积极推进万州商业银行的重组整合,为三峡库区产业发展提供了重要的金融支撑。

2005年,重庆市集银行、证券、信托、担保、保险和金融控股为一体的地方金融体系已初步建成,并呈现出快速发展的良好势头。到2006年9月末,纳入国资委财务统计的重庆市商业银行、信用联社、国际信托公司等3户地方金融企业的资产总额已达1357.1亿元,较国资委成立时增长64.4%;实现业务收入36.75亿元、利润总额10.38亿元,较去年同期同比增长22.5%和

83.4%。这为全市经济社会发展提供了重要的金融基础。

3.深入实施债务重组和破产两大工程,深化国有企业体制改革。首先,创新性地推进国有企业债务重组,使部分国有企业债务沉重、融资能力弱、信用状况差的状况得以根本改善。2003年以来的3年中,全市共核销国有企业不良债务近300亿元。尤其是2004年,重庆组建了重庆渝富公司,对665户国有企业在工行的157亿元不良债务,以21亿元的清偿资金予以整体回购处置,使市级国有工商企业的资产负债率下降了11个百分点,解开了银企债务"死结",降低了国有企业改革成本。全市国有企业从工商银行释放抵押土地790多万 m^2、房屋300多万 m^2、机器设备价值10多亿元,对促进重庆市金融环境好转发挥了重要作用。

其次,对经营不善的国有企业深入实施破产工程,形成国有企业改革发展的退出机制。充分利用各类政策性破产指标,建立提前介入机制,搭建周转平台,加大依法破产工作力度,促进劣势国有企业关闭破产改革。2003年以来的3年中共有36户市级国有企业破产,占市级国有企业破产总数的67%。其中,较好地完成了特钢公司破产,妥善安置了3万名职工,如此大规模的破产安置,在全国尚属首例。同时,按照一户一策落实亏损企业发展思路或退出措施,全面消灭亏损源,预计到2008年基本消除长期亏损或扭亏无望的企业。

第三,大力推进国有企业体制改革、产业调整和自主创新。按照六个集中原则(即管理集中、生产基地集中、财务集中、营销集中、市场和资本运作集中、增长点集中),推动机电、化医等控股集团向产业集团转型。到2006年9月,全市组建了试点企业的资金池、财务结算中心,并运行良好。加大研发费投入,工业企业三年年均增幅达到33%。出台专门政策,对企业集团研发费支出进行导向,即要求40%用于企业内部项目研发和队伍建设,30%用于与高校、科研院所联合开发或购买其科研产品、技术,30%用于购买中小企业的研发成果或通过收购、控股中小企业而获取其研发成果,形成了比较合理的研发费支出结构。对国有企业集团进行产业发展定位,明确了企业主业,启动了集团工业园区建设,要求集团资产向主业集中、向新兴和高新产业集中、向工业园区集中。同时对各企业集团非主业资产进行一次集中划转,组建新的企业集团,或划转到相关集团作为主业发展。产业结构调整及分化重组,提高了国有企业集团的生产经营能力,极大地增强了重庆市国有经济发展的活力特别是市场竞争力。

4.深入实施产权多元化、资产资本化、股权证券化和监督公众化四大战略,充分激活国有存量资产。首先,大力实施产权多元化发展战略。进一步明确了国有企业相互持股、吸引战略投资者合资合作、整体上市等产权多元化实现形式,进一步理清了产权多元化的推动方向。其中主要表现在,投资集团保持国有控股,对水务、公路等成熟项目组建二级子公司,引入多元投资主体合作经营;对公交、燃气等公共设施产业,逐步放宽市场准入,允许民营资本参与经营。工商产业集团中的地方支柱产业集团、行业龙头集团和未来先导产业集团,保持国有控股;集团下属骨干企业,保持国有相对控股,其他企业国有参股或全部退出。地方金融集团仍保持国有相对控股,并稳步探索国有参股路子。吸引苏格兰纽卡斯尔、德国西门子、日本三菱、香港查氏、北大方正等一大批国际国内知名企业参与重庆国企改造,并取得了一定成效。

其次,进一步健全金融市场、资本市场和证券市场,巩固、拓展国有企业改革发展的资金渠道。能投、水务、商行、西证、重钢、四联、机电、商社和建工等首批9户市属国有重点企业的整体上市工作已全面启动,资产规模占市级国有资产总量的20%。ST渝开发、ST农化(建峰)等一大批上市公司,通过资产重组或资产置换,恢复了融资功能。城投、开投、水务等企业集团成功发行企业债券62亿元,其他集团正在研究采用资产证券化及短期融资券等方式筹集发展资金。信用联社获央行25亿元票据贴现。西南证券取得中建行18亿元资金支持。国开行550亿元政策性贷款,将重点支持三峡库区产业发展、城市基础设施建设、工商产业集团发展和企业自主创新。

第三,盘活国有企业土地资源,增强了企业改革发展资本和资金实力。通过国有企业土地功能的转换和土地资产的置换,将18户企业集团近400户所属企业原2.5万亩划拨地改为出让地,21.5亿元土地出让金转增国家资本金。推动主城环线近20户国有企业依靠土地级差价值置换资金,顺利推进了"退城进园"、"退二进三"和环保搬迁,同步实现了企业技术改造、产业和产品结构调整。

5.组建重庆渝富公司,搭建重庆国有企业改革发展的重要平台。2004年,重庆市组建了重庆渝富公司,重点承担债务重组、资金周转和发展投资三大职能。它集聚了中央汇金公司和四大资产管理公司的双重功能,形成了闻名全国的"渝富"模式,在重庆市国有企业改革发展中发挥了操作杠杆作用。这主要表现在三个方面:

首先,在债务重组中,它充分发挥了自己的专业化优势,充当了债务承接主体,通过债权属性的转换支持了国有企业的债务重组。

其次,在资金周转中,它充当了关闭破产企业、环保搬迁企业先期资金的周转平台,解开了破产企业无安置资金无法破产、不破产资产无法处置,搬迁企业无资金无法搬迁、不搬迁土地就无法拍卖的循环死结。

第三,在发展投资中,它充当了操作杠杆,为国有企业改革发展提供了外部动力。重庆渝富成立两年多时间来,资产总额已达到146亿元,已成为重庆市商业银行、西南证券、重庆实业、重庆东源和重庆普天等企业的控股股东,完成了200多亿元国有企业各种不良债务的处置,为50多户国有企业的破产周转、土地置换和改革发展提供了60多亿元周转资金。目前,重庆渝富正逐步向金融控股集团转型。

6.建立健全市级国有资产监管制度,防止国有资产流失。一方面,全市逐步建立健全了财务决算审计、国有资产损失认定、清产核资及资金核实、经济鉴证等国资监管的基础性工作制度。基本构建了以年度和任期经营业绩目标考核、年薪制、法律顾问制、经济运行月报制等为主要内容的统计评价、经营业绩考核、激励约束、产权纠纷调处、政策法律咨询体系。

另一方面,围绕国有产权转让、营运风险防范等国有资产流失和损失的关键环节,大力推进监管制度和机制创新。规范审计、评估、律师事务所等中介机构参与国有企业资产评估、经济审计的程序,防止企业暗箱操作导致国有资产流失。建立了年薪预分配制度,更大程度调动了企业负责人的积极性。注重企业日常营运过程的监控,建立了市属国有重点企业经济运行情况季度分析会制度、财务监管提示和警示制度、国资委领导定点联系重点企业制度、重点企业重大事项报告制度,基本实现了出资人对国有资产营运过程的动态监控。成立了重庆市联合产权交易所,充分发挥市场发现价格的功能。截至2006年9月底,全市共完成各类产权交易2565宗,交易额达到72.79亿元,竞价成交值比挂牌价溢价7768万元,同比增长了9.79%,尤其是国有涉讼资产和物权的进场交易,开创了全国先例。

7.加强发展领导,提供组织保障,为企业改革发展创造良好条件。首先,突出抓好班子能力和素质培训。坚持以资本运作能力、战略规划能力、投资决策能力、资本融通能力、开拓开放能力为重点,强化企业负责人的能力培训。2006年全市共培训国有企业经营管理人才4.2万人次。

其次,完善企业法人治理结构。按照决策层与执行层分离,党委会与董事会"交叉任职、双向进入",执行董事不超过董事会成员1/3等基本要求,进一步健全完善了企业法人治理结构。34户市属国有重点企业中,24户实行了外派董事和独立董事制度,22户党委书记与董事长"一肩挑",54.6%的党委委员进入了董事会、监事会。

第三，不断健全完善日常管理制度。遵循党管干部原则和《公司法》规定，坚持管资产与管人、管事相结合，按照现代企业制度建设发展要求，探索建立了与国企改革发展相适应的企业领导人员选拔、培养、任免、激励和约束机制。全面推行了年薪制、年度和任期经营业绩考核制、年度考核、民主测评、审计以及监事会监督检查的班子运行分析制。大力开展以“作风建设好、转机建制好、经营业绩好、党群关系好”为主要内容的“四好班子”争创活动。建立了企业外部董事人才库，实施滚动调整充实机制，储备了丰富的企业领导后备人才资源。

第四，加强国有企业党建工作。一是以多元投资和关停破企业为重点突出党组织建设。对多元投资企业，坚持“五同步”原则，防止在企业改制中削弱党建工作。对关停破企业，健全完善党建工作责任制，确保企业在关停破过程中党的组织不散、党的工作不断、党员的作用不减。二是党风廉政和企业文化建设突出廉洁和诚信文化建设。坚持以企业对国家、对社会、对员工、对用户、对股东和对合作伙伴诚信为重点，全面启动了企业诚信文化建设。三是建立健全安全稳定工作责任制，形成了安全稳定源排查、事件快速反应和处置的工作机制。2003 年以来的 3 年中，全市国有企业发展党员 12036 名，整顿基层党组织 431 个，新建党组织活动阵地 232 个，建立党员责任区 8236 个、党员示范岗 5135 个。涌现出 11 户全国文明单位、11 户市级文明单位标兵、247 户市级文明单位。通过查办案件为企业挽回经济损失 5076 万元，效能监察为企业避免和挽回经济损失 2.1 亿元。

可以看出，这一时段重点是围绕现代企业制度建设，按照市场经济发展要求，深化国有企业改革；同时，通过国有资源整合，组建投资集团，搭建经济社会发展平台，为重庆市经济社会持续、快速、健康、和谐发展提供强大动力。

直辖 10 年来，全市规模以上国有企业数量下降到 449 个，资产总额为 527.34 亿元，年均从业人员为 20.94 万人，总产值或营业收入总额达到 535.07 亿元，资产负债率为 64.72%；平均每个企业的资产规模和年产值规模分别提高到 11744.77 万元和 11916.95 万元，利税和利润总额分别达到 69.75 亿元和 41.82 亿元，企业平均利税和利润分别为 1553.45 万元/个和 931.4 万元/个（见表 4）。全市国有企业数量较 2003 年减少了 96 个，资产总额减少了 12.71 亿元，但国有企业及资产进一步集中到了关系全市国计民生的一批重要行业；国有企业的总产值、利税和利润总额较 2003 年分别增加了 58.01 亿元、46.72 亿元、34.25 亿元；平均每个企业的资产规模、年产值规模、利税和利润较 2003 年分别提高了 2302.02 万元、3163.64 万元、1130.68 万元、792.5 万元，利税和利润分别增长了 2.68 倍和 5.71 倍；资产负债率下降了 8.51 个百分点。

截至 2006 年 9 月底，重庆市投资集团累计投资总额达到 782 亿元、融资总额达到 978 亿元，年投资额占全市基础设施建设投资中的比重达到 35%；市属国有重点企业资产总额和所有者权益已分别达到 4257 亿元、1048 亿元，2003 年来增长了 112.5%、178.7%。资产总额上 100 亿元的企业集团较 2003 年净增 7 户，达到 13 户；工业企业资产负债率下降了 10.08 个百分点。重庆市国有企业的市场竞争力得到显著增强，在全市经济社会发展中真正发挥了引擎带动作用。

表 4 2005 年重庆市各类国有企业发展情况

企业类型	企业数（个）	人数（万个）	资产总额（万元）	总产值（万元）	利税（万元）	利润（万元）	资产负债率（%）
工业企业	208	10.71	3141654	2018800	359654	119587	60.06
建筑企业	106	8.16	992653	1013327	47070	12823	71.6
商贸流通业	126	1.96	1131000	2314576	288731	283909	71.8
餐饮业	9	0.11	7953	4007	2048	1853	40.93

注：数据来源于《重庆统计年鉴·2006》，其中，商贸流通业和餐饮业的利税为利润与营业税金及附加的总和。

二、直辖以来重庆市国有企业改革发展的基本特征

作为全国著名的老工业基地，重庆市国有企业数量大，涉及面广，需要改革发展投入的资金量比较大，国企产权、法人治理结构、职工安排、技术改造等方面改革发展难度大。直辖以来，在市委、市政府的正确领导下，在国家的大力支持下，重庆市国有企业以政府为引导，以市场为导向，以深化改革为动力，取得了较好成绩。过去10年中，重庆市国有企业改革发展主要呈现出八大特征。

(一)粗放型增长向集约型发展转变

直辖10年中，重庆市国有企业按照"有进有退、有所为有所不为"的原则，相继关闭了达不到规模或是不符合相关规定的小煤矿、小水泥、小玻璃、小钢铁企业、小火电机组等"十五小"企业，淘汰落后生产能力，经济效益得到显著提高。全市国有工业企业增加值率、总资产贡献率、资产保值增值率、成本费用利润率、销售利润率分别为27.71%、13.03%、131.07%、6.54%、5.94%，全员劳动生产率、人均实现利税分别为5226元/(人·年)、33577元，较直辖之初的1997年都有大幅提升。国有企业全面从粗放型增长转向集约型发展。

(二)大规模投入为国企改革发展提供了重要保障

大规模的资金投入是重庆市国企改革发展的核心驱动力。直辖以来特别是"十五"期间，全市用于国企改革发展的资金大幅增加。以工业为例，从2001年到2005年，全市用于工业发展的财政资金年均增幅达23.50%，五年用于工业发展的财政预算资金总额达70.57亿元(不包括土地出让金)，其中中央各项专款预算投入达39.44亿元，占财政支持工业发展预算资金总额的55.58%。仅2005年重庆市用于工业发展的财政资金就达到21.82亿元，此外还有23.22亿元土地出让金转增资本金，全年国家投资重庆市国有企业发展的资本总额达到63.88亿元，占全市工业国家资本总额的36.15%；国有企业实收资本达82.65亿元，占全市的11.45%。财政资金引导国有企业投资发展的平均功能系数为3.79，虽然仅为全市平均水平(工业)的22.05%，但财政对国有企业投资发展的导向作用在"十五"期间得到显著增强，财政资金在国企改革发展中较好地发挥了"四两拨千斤"的引导作用，有力地促进了全市国有企业改革发展。

(三)深化企业产权制度改革

深化产权制度改革，推进现代化企业制度建设，构筑由计划经济体制向市场经济体制转换的通道，增强国有企业在市场经济条件下发展的竞争力。到2005年，重庆市大部分国有企业完成了产权改制工作，其中，仅国有建筑企业就有300多家初步完成了改制工作，大大提高了企业施工生产经营能力。在国有企业因改制特别是股份制改造而大幅减少的同时，重庆市国有控股企业迅速增加，直辖10年，全市国有工业控股企业总数达到474个，年均从业人员达到40.43万人，工业总产值达到1299.08亿元，分别占国有及规模以上非国有工业企业总数的16.09%、43.75%和51.43%。此外，重庆市在1998年出台了《重庆市国有大中型企业三年改革和脱困规划及1998年工作意见》，实施"抓大放小"，将市级国有中小企业下放到所在区县(自治县)管理，为国有企业产权改革发展指明了新方向。随着产权制度的不断改革完善，全市国有企业法人治理结构逐步全面建立。

(四)加强企业改组分离和破产重组，盘活国有资源

采取联合、收购、兼并、破产等多种方式，促进国有企业资产重组，达到盘活存量资产、激活增量资产的目的。一是支持对长期亏损、扭亏无望、污染严重的企业实施破产。2001—2005年，重庆市共预算安排了26.85亿元用于企业改革改制及破产企业职工安置，其中中央预算专款23.01亿元，使国有资本逐步从低效益的行业和企业中退出，初步形成了国有资本有进有退、合理流动的新机制。二是积极支持中央在渝企业和本地企业办社会职能分离。就"十五"期间而言，

重庆市支持国企社会职能分离的资金总额达1.71亿元，安排偿债支出3592万元，实现主辅分离、辅业改制，切实减轻了企业负担，为国企改革改制创造了良好条件。三是组建了重庆市渝富资产经营管理公司，搭建了一个较好的国企改革重组和融资运作平台，引导和推动国企改革。不少企业建立了规范的多元投资主体的法人治理结构，特别是通过重组整合，优化资源，增强了国有工业的市场竞争力。四是深入实施再就业工程。全市总体上完成了中央确定的有下岗职工的国有企业100%建立再就业服务中心，国有企业下岗职工100%进中心，进中心的下岗职工100%发放基本生活费的三个"100%"工作目标。五是建立社会保障体系。根据市委、市政府战略部署，以及市财政、企业、职工承受能力，建立了城镇职工基本养老保险体系和基本医疗保险体系，并积极筹措资金，确保国有企业下岗职工基本生活费和企业离退休人员养老金的按时、足额发放。这为重庆市国有企业改革发展创造了良好环境。

自直辖以来，全市累计实施关闭破产企业1338户(库区企业961户、市级企业52户、中央和区县企业325户)，主城9区中，南岸、江北等六个区完成了区属国有企业改革。特别是江北区在完成所属国企改革任务的同时，承担了辖区内重庆船厂、望江厂等市级和中央国企的拆迁职工安置和稳定工作，出色地完成了任务。永川、铜梁、梁平、双桥、开县、云阳、彭水、荣昌、大足等九个区县已基本完成城镇集体工业企业改革。着力解决企业办社会问题，累计剥离380户企业的水电气，涉及职工45.38万人，每年为企业节约支出2.04亿元，为水电气部门减少欠费1.5亿元；完成81户市级国有企业所办150所中小学校的分离移交工作；基本完成兵器和船舶系统等中央在渝33户企业的42所中小学、14个公安机构移交地方管理工作。尤其是2005年，顺利推进了特钢、望江、重庆造船厂、海康纺织厂、三棉等一大批大中型企业破产重组工作。这为促进重庆市经济体制改革和社会安定团结作出了巨大贡献。

(五)搬迁安置及改造重组是重庆市国有企业改革发展的重要途径

众所周知，重庆市主城区工业企业大多数分布在城市的中心，企业占地和城市居民居住地相互交错。主城区工业结构中，偏重于冶金、化工、医药类行业，且大多数企业分布在长江、嘉陵江两岸，化工安全隐患和结构性污染问题较为严重。为保障主城9区600万居民的居住安全、空气质量，改善长江、嘉陵江水体质量，重庆市采取"关停、治理、破产、搬迁、转产、调整、限产"等方式，把一批对污染严重、安全隐患突出的国有企业先后搬出主城区，以彻底解决主城区工业环境污染和安全隐患问题。一是在2002年市政府出台了《关于防治主城区大气污染实施"五管齐下"的"净空"措施》，要求对民丰农化等7户重点大气污染企业实施关停或搬迁，并给予一定的优惠政策。二是在2004年出台了《重庆市人民政府关于加快实施主城区环境污染安全隐患重点企业搬迁工作的意见》(渝府发〔2004〕59号)，进一步明确了企业搬迁的原则和任务，确定了包括2002年7户重点大气污染企业在内的总共29户搬迁企业，即实施第一批环境污染安全隐患重点企业搬迁工作，并在资金、土地和资源上给予同时期国内最优的政策支持。三是2006年市政府第74次常务会议决定，将重庆川东化工有限公司等53户企业(其中含厂中厂20户)纳入主城区第二批环境污染安全隐患重点企业范围，并要求搬迁不能仅仅停留在厂址移位和污染源迁移的层面上，而要实现生产工艺技术和装备水平的提升，使资源利用率有所提高、产品结构得到优化、生产规模得到扩大、人员结构更为合理，最终实现"搬活、搬大、搬强，消除污染和安全隐患"的目标。截止到2006年9月，已完成29户主城区第一批环境污染安全隐患重点企业中的20户，余下9户将于2007年前全面完成搬迁工作；到2007年初已完成第二批搬迁企业中的1户，第二批企业搬迁正有条不紊地进行。通过实施"退二进三"和"退城进郊"发展战略，促进企业搬迁改造，为国有企业改革发展提供了重要动力。

(六) 企业技术创新和新产品开发是国企改革发展的强大动力

为引导国有企业等加大技术创新和新产品开发力度，重庆市2001年出台了企业新产品开发扶持政策。如"十五"时期，全市用于企业技术进步的资金总额达到5.54亿元，用于企业改造方面的投入共14.3亿元；全市累计对360家企业的651个新产品给予了3.13亿元财政补贴。新产品开发扶持政策和重庆市产业技术研究与开发资金对新产品、新技术研究与产业化项目的引导支持，有效地调动了国有企业新产品研发与产业化的积极性，取得了明显效果。"十五"末期，全市国有及国有独资企业有科技机构53个，有科研人员11007人，全年经费总额达到11.61亿元；全市国有及国有独资企业全年新增科研项目565个(其中新产品项目数达到470个)，科技活动经费支出总额达到11.72亿元(其中9.30亿元用于新产品开发)，技术改造经费支出达10.02亿元，技术引进经费达0.76亿元，购买国内技术用款0.10亿元，研究与发展经费内部支出8.15亿元，新产品销售收入达到113.85亿元(其中出口4.62亿元)，占全市的19%。国有企业新产品产值占工业总产值的比重达到31%，较全市国有及规模以上工业企业新产品产值率高出4.2个百分点。重庆市有国家级企业技术中心9家，市级企业技术中心80家，行业技术中心5家。它们对促进重庆市国有企业改革发展发挥了重要作用。

(七) 国有资产整合和产业结构调整是国有经济布局发展的主线

通过企业战略整合和产业结构调整，国有资产进一步向基础设施产业、公共服务产业、能源原材料产业、装备制造业和基础化工产业等关系国计民生的重要产业集中，并呈现出投资集团、工商产业集团和地方金融企业三部分国有资产同步快速增长的新格局。2003年以来，重庆市共对22户企业集团实施了战略整合，新建企业集团8户。仅2005年，市属国有重点企业集聚的国有资产占全市经营性国有资产的比重已达到82%，国有经济的控制力、影响力和带动力显著增强。同时，重庆市国有资产进一步向大集团集聚，其中，投资集团在基础设施产业中累计实现投资782亿元，年投资额占全市基础设施建设投资中的比重达到35%，在自来水、燃气、电力等公共产品领域的市场占有率达到80%以上，成为维护居民生活稳定的主要力量。至2006年9月底，投资集团(含重庆渝富)投资总额达1842亿元，工商产业集团投资达1063亿元，地方金融集团投资达1352亿元，分别占全市的43.3%、25.1%和31.6%，国有经济布局结构调整达到一个新的历史高度。

(八) 一般竞争性领域国有资产的退出力度进一步加大

以投融资集团为重要平台，国有企业在汽车摩托车、化工、机电、资源加工等重庆市支柱产业发展中也发挥骨干支撑作用，使工业结构进一步趋向合理。例如，2005年重庆市汽摩产业产值占全市工业的比重较2004年下降了3.9个百分点，机电、化医、轻纺和冶金等产业的比重得到增加，汽摩产业"一枝独秀"的局面有所改善。2003年以来，全市共消灭存续企业、空壳公司和集团下属二级、三级及以下级企业近400户，推动36户市级国有企业实施破产。工商产业集团中的非国有权益比重已由国资委成立时的11.7%，提高到2006年9月底的31.2%；市属国有重点工商企业资产占全市工商企业资产的比重已下降至21.5%，为民营企业和其他所有制企业腾出了发展空间。

三、重庆市国有企业改革发展存在的问题

过去10年中，重庆市国有企业改革发展取得了较好成绩，同时也存在不少问题，首先在总体上表现为国有经济占全市GDP的比重太高，以国有控股工业企业为例，其增加值占全市国有及规模以上工业企业的比重达到54.8%，国有经济发展的活力不强，对重庆市产业发展的带动作用亟需进一步增强，其中主要表现在八个方面：

一是改革投入与发展需求有较大差距。受计

划经济体制的影响，我国国有企业是“小企业即大社会”，除公益性支出和经济效益最大化追求外，还承担了“办社会”的大量成本，如医院、学校、治安和养老保障等。深化国有企业改革，让国有企业与市场经济发展相适应，主要就是要实现两个方面的剥离，即将企业“办社会”的成本剥离出来，将公益性支出部分剥离出来。而重庆市是全国知名的老工业基地，需要改革发展的量大、面广。这需要大量的人力、物力和财力投入。但国家支持国有企业改革发展的宏观政策在2005年来出现了新的变化，国家财政资金投入严重不足。二是国有企业在“破”和“立”的改革发展上需要进一步协调，特别是重庆市一部分国有企业在“破产”以后如何重新发展“立”起来。三是国有工商产业类集团缺乏核心竞争力、影响力和带动力。国有企业与市场经济发展要求还存在较大差距。四是国有企业自主创新能力不强，研发费投入不够，企业可持续发展动力不足，工业投资增幅还大大低于全市增幅52%的水平。五是企业亏损面仍比较高。国有企业亏损面还有26%，三大控股集团亏损面还在30%以上。六是企业法人治理结构还不够完善。集团下面的子公司、孙公司、壳公司还多，企业多元化控股还不够活。还存在改制企业和存续企业间产权不明晰、改制企业控股股东出资不到位或多种形式抽逃资本金、国有资本同股不同权、通过关联交易侵蚀国有企业利益等问题。七是企业防范风险意识不强。一些企业内部控制不严、内控制度不健全，对外投资疏于管理，对外担保违规操作，委托理财输多赢少，造成大额风险和损失。八是对企业的监管力度还不够。特对财务会计的管理、现金流的把握能力等方面还不强，对造成国有资产流失的企业负责人缺乏责任追究。

四、加快国有企业改革发展的对策

应立足重庆市国有企业改革发展的现状，结合国有企业改革发展存在的问题，采取科学合理的发展对策，加快重庆市国有企业改革发展进程。

（一）要继续推动集团层面的战略整合，进一步优化国有经济布局和结构，推动国有资本向关系国家安全和国民经济命脉的重要行业与关键领域集中，发挥国有企业的骨干和带动作用

国有企业要向国家必须控制和提供公共服务的领域集中，进一步发挥国有经济不可替代的作用。要改变国有经济战线过长，在国民经济各个领域无处不有、无所不包的状况下，通过改制、改组、改造、资产重组等措施，收缩国有经济战线，优化国有资产配置，加强重点，有进有退，抓好关系国家经济命脉的关键少数。

（二）加快经济增长方式转变，摒弃粗放型增长方式，在注重提高增长质量和效益的基础上实现较快增长

注重资源合理开发和利用，提高资源利用效率、降低物质消耗、保护生态环境，坚持节约发展、清洁发展、安全发展，实现可持续发展。

（三）要吃好国有企业政策性破产“最后晚餐”

国家最后一轮政策性破产规划已全面启动实施，重庆市纳入规划企业33户，涉及职工5.7万人，资产总额65.8亿元，负债总额112.1亿元，其中市级国有企业23户、区县级国有企业10户。时间紧、任务重、稳定压力大。应积极争取尽快下达正式计划，争取国家破产资金支持，筹集破产资金缺口，提前介入破产工作，制定稳定工作预案，确保破产工作稳步推进。

（四）抓紧解决四大历史遗留问题

即涉及职工合法权益的遗留问题；国有企业对水电气费、政府税费拖欠问题；长期不正常的亏损或微利企业问题；大量法律纠纷案件问题。

（五）加快大型国有企业改制进度，真正实现投资主体多元化或产权主体多元化

加大以产权主体多元化为主要内容的国有企业产权改革力度。积极引进外部资金，让外资、私人资本等非国有资本参与到国有企业之中，真正打破政府“一股独大”的格局。同时，走“内源融资”之路，在国有企业内部大力推广员工持股式企业制度模式，通过职工持股将企业的产权制度

改造成一个简单多元的开放结构。

(六)要积极围绕打好“直辖牌”,加快国有企业发展步伐

找准国有企业与直辖体制相匹配特别是胡锦涛总书记“314”总体部署的发展差距,挖掘直辖体制带来的发展潜力,加强企业的科技研发,争取国家的政策支持,集聚并用好用活金融、证券等各种资本和要素市场资源,进一步增强国有企业的活力。

(七)以创新为国有企业发展的根本驱动力,把增强自主创新能力作为战略基点和调整结构、转变增长方式的中心环节,大力开发具有自主知识产权的关键技术和核心技术,提高原始创新能力、集成创新能力和引进消化吸收再创新能力

一方面要吸引更多的科技人员、技术职工进入企业,重视企业的技术更新和技术改造。另一方面要健全技术创新体系,进一步确立企业在技术创新中的主体地位,营造企业外部政策和体制环境。建立以企业为主体、市场为导向,科研机构、企业、政府、中介机构共同参与的技术创新体系。要集中优势技术、资金、信息、政策力量,加强关键技术、核心技术和应用技术研究。促进产学研的结合与互动,鼓励应用技术研发机构进入企业,支持企业与大学、科研机构通过共同建立实验室和研发机构、共同承担国家任务,加强多种形式的合作研究。加强国有大中型创新机构、企业技术中心建设,引导企业调整创新发展战略,加大创新投入,在相应产业领域发挥先导和支撑作用。

(八)继续发挥国有企业产业优势,走联合和规模化发展道路,并积极实施“走出去”发展战略

首先,在发挥产业优势的同时,考虑把单个的企业做大做强,比如通过自身积累实现规模的扩张。其次,走联合发展的路子,比如在相同产业内,要鼓励组建跨省市、跨所有制的大型企业集团,实现产业的横向联合和资源更大范围的配置。同时积极考虑产业链的合理延伸,有条件的企业要在产业的纵向上进行联合直至一体化,充分发挥优势产业的整体优势。再次,实施“走出去”发展战略,到产品市场的所在地去设立基地或建厂,将自己的初级产品在那里依据市场需求进行再加工,从而巩固、拓展产品市场,并获得更高的附加价值,提高国有企业发展的市场竞争力。

(九)加强制度创新

充分发挥市场机制在资源配置上的基础性作用,建立市场力量驱动的经济增长机制和优胜劣汰机制,消除一些老工业基地振兴的制度和机制障碍。建立对市属国有重点企业改革发展方向、考核分配方式、激励约束机制、法人治理结构模式、党建工作重点等分类指导制度。推动国有企业监事会工作制度和纪检监察制度的改革。创新对市属国有重点企业的财务监管制度。

(十)深化国有资产管理体制改革,建立国有资产监督体系,强化国有资产管理、监督、运营体制

以建立出资人制度为核心,以加强产权管理为主线,实现对国有资产全方位、全过程、全覆盖管理。抓紧制定和落实国有资产监督管理实施办法和相关法规,强化出资者代表职能,尽快实现国有资产出资人行为主体到位、职责权利到位、责任主体到位,真正做到管资产、管人、管事相统一,其他部门不再干预企业经营事务。同时要加快产权市场发展,建立国有资本退出平台。引进和采用先进的管理方法和现代化的管理手段,努力与先进的企业管理制度接轨,提高企业的决策与管理水平。通过强化管理全面提高企业整体素质和经营效率,提升企业的综合竞争力。

注:本文数据出自于《重庆市统计年鉴1998—2006》、市经委、市国资委、市商委、市财政局等

协作单位:重庆市经济委员会、重庆市国有资产管理委员会、重庆市商业委员会、重庆市财政局

执笔人:方明

财政改革与发展

直辖以来，全市财政工作在市委、市政府的坚强领导下，紧紧围绕全市经济社会发展目标，充分发挥财政职能作用，始终把握全市经济社会发展大局，以财经良性互动为主线，以支持经济社会和谐健康发展为根本，以改革创新为动力，以依法行政、依法理财为手段，有效实施财政政策，有力地促进了全市国民经济和社会事业的蓬勃发展。财政收入持续快速增长，财政实力逐渐增强；财政支出结构不断优化、财政保障能力逐渐提高；财政改革全面推进，力度最大、措施最实、成效最好，公共财政管理体系初具雏形，农村税费改革、所得税分享改革、出口退税机制改革以及部门预算、国库集中收付、政府采购、“收支两条线”等一系列财政改革相继推出，取得重大突破和进展，管理水平不断提高。不仅有力地支持中央交办的三峡移民、国企改革、生态环保和农村扶贫四件大事的圆满完成，而且也圆满地完成了“九五”、“十五”的各项财政目标，实现了财政与经济同步双向良性发展。

重庆直辖后，既面临着极好的发展机遇，又面临着严峻的挑战。全市财政工作以邓小平理论和“三个代表”重要思想为指导，结合市情，调整理财思路和发展战略，紧紧把握解放思想、实事求是、加快发展的工作方针，认真贯彻落实各项财政政策措施，牢固树立科学的发展观、务实的理财观和正确的绩效观，充分发挥财政分配职能，合理配置社会资源，以改革促发展，以管理求效益，为促进经济和社会事业的发展，迈出了坚实的步伐，取得新的成效。

一、通过支持经济发展，财政实力不断壮大

经济决定财政，财政促进经济发展。发展是硬道理，发展是解决各种矛盾和问题的关键，也是壮大财政实力的基础和源泉。市财政局从正确处理支持经济发展、加强财源建设与确保公共支出的关系入手，更新理财观念，拓展理财领域，加强经济发展与财源建设的分析预测，深入研究税收结构变化与经济增长的关系，准确把握财经互动规律。运用好财政政策支持经济发展，推进新型工业化、城镇化和农业产业化建设，重点支持发展壮大汽车摩托车、装备制造、资源加工、高新技术等支柱性产业；支持企业提高自主创新能力和新产品开发能力，促进经济增长质量和效益的提高；落实西部大开发财税优惠政策，足额安排出口退税预算；积极支持企业扩大出口，发挥财税政策在全市经济发展和结构调整中的杠杆和引导作用，为完善和稳定财政收入的内生增长机制、做大经济财政“蛋糕”奠定了良好基础。支持区县发展特色产业、特色经济，支持特色工业园区建设，支持库区和少数民族地区产业发展，培植财源增长点。依法加强税收征管，严格控制地方自行出台财税优惠政策，避免无序竞争和收入流失，全面实施财政直接征收契税，全面推进非税收入收缴管理制度改革，努力挖掘增收潜力，大力组织收入。

直辖以来，重庆的财政收入大幅提高。2006年实现地区生产总值3486.2亿元，比2005年增长12.2%，高出全国平均水平1.5个百分点，2006年人均地区生产总值达到12437元(按人民币/美元汇率7.8元计算，已超过1500美元，达1594美元)。2006年，重庆地方财政收入由直辖前的55亿元增长到2006年的529亿元，总量增长超过9.6倍。2005年，全市地区生产总值(GDP)首次突破3000亿元，2006年GDP实现3486.2亿元，比2005年增长12.2%，高出全国平均水平1.5个百分点。按常住人口计算，重庆市人均GDP在2002年实现迈过1000美元大关的

基础上,2006年达到12437元(已超过1500美元)。城市居民人均可支配收入和农民人均纯收入分别达到11570元和2874元,中央交办的"四件大事"取得重要进展,在全面建设小康重庆、和谐重庆的征程上迈出了非常坚实的步伐,长江上游经济中心框架已初步成型(见表1)。

从直辖历年增长的统计数据分析上看,重庆市地方财政收入增长除1999年偏低以外(亚洲金融危机导致的经济下滑),其他年份均在15%以上,高于同期的全市地区生产总值增幅。其中1997年非税收入增长122%,导致地方财政收入总额大幅上升,增幅达到了35%。总体来看,除1999年外,重庆市地方财政收入增长率稳步提高。1997年(非税与基金收入增幅122%)和2004年(非税收入增幅79.8%)由于非税与基金收入增幅较大,故地方财政收入增幅较高(见表2、图1,下页)。

直辖以来重庆财政收入增长呈现以下特点:

一是直辖以来重庆各级政府组织财政收入富有效率。在税率基本稳定和众多税收优惠政策实施的条件下,充分化解各类减收因素影响,保持财政收入持续稳定增长,财税管理部门工作绩效显著。

二是社会收入分配中政府收入所占份额逐渐提高,政府财力明显改善,为实现经济发展和社会进步目标提供了有力保障。

三是与周边省份和西部地区税负水平加以比较,直辖10年来重庆税负水平基本维持在合理的区间,表明重庆投资环境较为良好。

四是重庆作为中国西部经济社会较为发达的地区,宏观税负水平保持在西部地区平均水平以下,有利于降低制度成本,改善政策环境,吸引更多投资介入,以保持本地经济竞争力。

五是直辖以来,重庆财政收入大幅增长是在优惠政策对财政造成减收的情况下实现的,这难能可贵。其影响主要体现在:

税收减免。对发展国家鼓励类产业和新办交通、电力、水利、邮政、广播电视等企业给予所得税优惠;三峡库区兴办的民营企业、民族自治县的企业、商业连锁企业、国家鼓励的文化企业、新办吸收再就业人员的企业均享有所得税优惠;部分高新技术企业、外商投资的农业企业可享受关税和增值税优惠;在营业税、农业特产税、房产税、土地使用税等多个地方税种中确定了税收优惠范围。

政府收费优惠。在北部新区、高新区、经济技术开发区、重庆化工园区、重庆大学科技园区等国家级园区和30个市级特色工业园区执行优惠地价,减免多项政府行政事业性收费;对国家鼓励类的民营企业、外商投资企业、科技企业、文化企业以及社会力量办学、社区服务等多项事业可享受政府行政事业性收费的优惠。另外,还有对

表1 重庆市经济、人口及财政收入统计表

年份	GDP（亿元）	总人口（万人）	人均GDP（元）	辖区内财政收入（亿元）	辖区内财政收入占GDP比重（%）	地方财政收入（亿元）	人均地方财政收入（元）
1997	1350.1	3042.92	4452	119.3	8.8	74.53	244.93
1998	1429.3	3059.69	4684	138.6	9.7	85.80	280.44
1999	1479.7	3072.34	4826	163.9	11.1	89.89	292.58
2000	1589.3	3091.09	5157	185.4	11.7	104.46	337.93
2001	1749.8	3097.91	5654	214.8	12.3	126.41	408.05
2002	1971.3	3113.83	6347	269.7	13.7	157.87	506.98
2003	2250.6	3115.40	7222	342.3	15.2	206.93	664.22
2004	2665.4	3144.23	9608	462.9	17.4	302.44	961.89
2005	3069.1	3159.3	11068	581.2	18.9	394.68	1249.26
2006	3486.2			742.2	21.3	529.46	

注:1.数据出自重庆市财政局;2.辖区内财政收入统计口径:"地方财政收入+辖区内中央财政收入"。

表 2 重庆市 1994—2006 年地方财政收入统计表

年份	地方财政收入（万元）	地方财政收入增长率（%）	税收收入（万元）	税收收入增长率（%）	非税与基金收入（万元）	非税与基金收入增长率（%）	GDP（亿元）
1994	366325		303623		62702		751.21
1995	460052	25.6	365090	20.2	94962	51.4	1009.47
1996	549412	19.4	433157	18.6	116255	22.4	1179.09
1997	745296	35.7	487036	12.4	258260	122.1	1350.10
1998	858046	15.1	559025	14.8	299021	15.8	1429.26
1999	898912	4.8	580241	3.8	318671	6.6	1479.71
2000	1044570	16.2	681028	17.3	363542	14.1	1589.34
2001	1264090	21.0	755778	11.0	508312	39.8	1749.77
2002	1578651	24.9	923362	22.2	655289	28.9	1971.30
2003	2069315	31.1	1193688	29.3	875627	33.6	2250.56
2004	3024439	46.11	1449514	21.4	1574925	79.8	2665.39
2005	3946800	30.50	1769900	22.10	2179800	38.41	3069.1
2006	5294580	30.5	2152562	21.6	3142018	37.7	3486.2
年均增长率	--	24.9	--	17.73	--	38.57	--

注：数据出自重庆市财政局。

图 1 直辖以来重庆市地方财政收入、税收收入、非税(含基金)收入情况 单位：万元

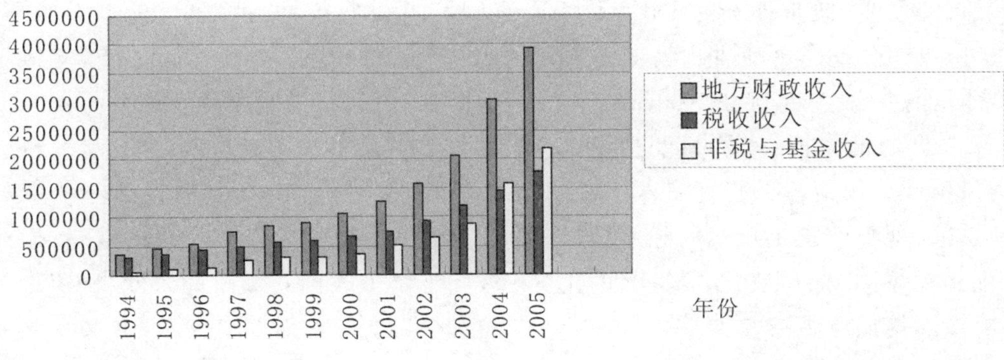

八大集团的财政扶持、新产品开发补贴、大气污染搬迁企业财政返还等。

由于上述各项优惠政策的实施，2003—2005 年全市所得税减免额就达 48.8 亿元。仅 2005 年，重庆市农村全部免征农业税，其减收额为 8.5 亿元。

然而，优惠政策造成的减收不但没有使财政收入减少，反倒使直辖 10 年以来重庆地方财政收入年均增幅保持在 20%以上。而且在优惠政策集中实施的“十五”期间，地方财政收入增长最为迅速，表明其减收作用是有限的，并且由于政策环境改善和扶持力度加大，有利地降低了交易成本、提高了投资预期，增加投入创造出新的经济增长点，形成一定的财政增收效应。

二、优化支出结构满足社会公共需求

财政实力增强，使财政保障能力逐渐提高，为市委、市府提高执政能力、统筹全市经济社会协调发展、增强构建和谐社会能力奠定了坚实基础，提供了有力保障。直辖 10 年来，重庆财政保障能力日益增强、支出结构调整优化、薄弱环节

得以加强。2006年全市财政支出达到820.55亿元。直辖以来,财政支出总量已达到3539亿元。财政对"三农"、社会保障、教育、科技、文化、卫生等公共事业的投入力度不断加大。与此同时,直辖10年来,政府财政职能充分发挥,财政政策有效实施,财政宏观调控能力不断增强,西部大开发、库区产业发展、城镇化、新型工业化等一系列政策措施贯彻落实,有力地支撑了经济社会发展。财政管理体制不断完善,事权财权日趋规范,区域经济协调发展得到有力支持,市对区县(自治县)财政管理体制、基本养老保险体制、转移支付制度等调整完善到位,对区县(自治县)转移支付力度不断加大,"十五"期间,累计财力性转移支付区县254亿元(不含专款),是"九五"时期的6倍,年均增长34.5%。

从全市地方财政支出范围看,主要包括:生产性支出、各项事业费支出、行政事业单位离退休支出、抚恤和社会福利救济、社会保障补助支出、行政管理费及外交外事支出、公检法司、武警及国防支出、城市维护费、政策性补贴支出、支援不发达地区支出、专项支出、其他支出及基金预算支出等14个方面。一般来说,财政支出高于财政收入,在分税制体制框架下,经济欠发达地区更加如此。衡量财政支出规模的指标有两个,一是财政支出的总额,即财政支出规模的绝对量指标;二是财政支出比率,即财政支出占GDP的比重,是财政支出规模的相对量指标。

(一)财政支出的扩大成为拉动经济的快速增长的重要力量

1997年重庆市一般预算支出101.01亿元,基金支出14.15亿元,财政总支出为115.16亿元;到2006年一般预算支出达595.64亿元,基金支出224.91亿元,财政总支出820.55亿元,分别约为直辖初期的5.9倍、15.9倍、7.1倍。(见表3)与此同时,重庆2006年的GDP较1997年的GDP增长了2.3倍,财政支出与GDP增长趋势一致,但支出增长幅度远大于GDP增长幅度,表明财政支出的扩大是拉动经济增长的非常重要的力量,近年经济增长对财政支出的依赖非常明显。

直辖以来,财政一般预算支出占GDP的比重由1997年的8.53%增长到了2006年的17.09%,年均增幅达8.03%(见表4、图2,下页)。

全市财政支出从1996年的79.4亿元增加到2006年的820.55亿元,年均增长24.38%。支出规模的逐年增加,确保了农业、教育、科技、社会保障、扶贫和文化体育卫生事业发展等社会公共需要。

(二)财政支出呈现了财政公共性特征,提高了社会保障能力,满足社会公共需求

市财政按照社会主义市场经济下公共财政的要求,规范财政资金供给范围,通过调整支出结构,有保有压,有进有退,做到有所为,有所不为,既突出了财政公共性的特征,又提高了财政公共保障能力,满足了社会公共需求。

1.确保机关事业单位工资发放和机构正常运转

建立财政统一发放工资制度,将农村中小学教师工资上收到县级财政统发,确保机关事业单位和教师工资按时足额发放。用好中央建市补助专项资金,加强政权建设财政保障力度,确保了机构正常运转必需的资金需求。

2.财政支持重点逐步向"三农"倾斜

依法保障并逐步加大对农业的投入,每年市级预算安排的农林水支出均高于当年财政经常性收入增长幅度,公共财政阳光照耀农村的范围

表3 1997—2006年重庆市财政支出简表 单位:亿元、%

年份	1997	1998	1999	2000	2001	2002	2003	2004	2005	2006	年均增幅
一般预算支出	101.01	125.76	150.23	187.64	237.54	305.85	341.58	395.72	487.35	595.64	21.79
基金支出	14.15	10.19	12.13	14.82	18.00	39.21	49.78	89.40	138.10	224.91	35.98
财政支出	115.16	135.95	162.36	202.46	255.54	345.06	391.36	485.11	625.45	820.55	24.38

表 4 1997—2004 年全国、重庆市地方财政一般预算支出占 GDP 比重对比表 单位:%

年份	1997	1998	1999	2000	2001	2002	2003	2004	2005	2006	年均增幅
重庆市	8.53	9.51	10.97	12.74	14.6	17.51	17.39	18.2	15.88	17.09	8.03
全国	12.40	13.78	16.07	17.76	19.42	21.04	21.16	19.61	17.69	——	4.54

注:本表数据出自 1.据《重庆市财政局预算处 1997—2003 年财政收支统计资料汇编》数据计算;2.财政部网站。

图 2 1997—2005 年全国、重庆市财政一般预算支出占 GDP 比重对比

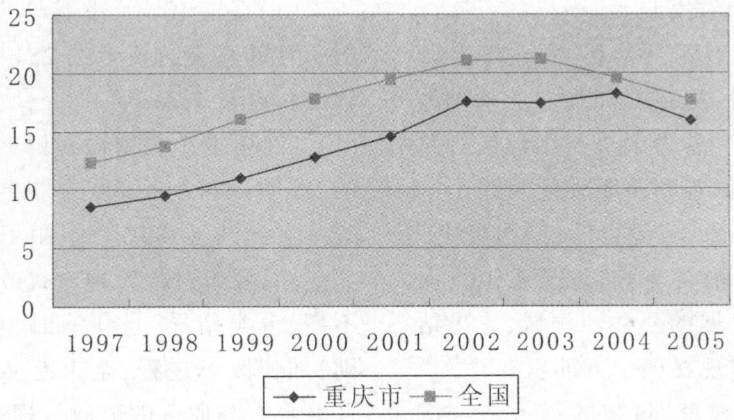

进一步扩大,“多予、少取、放活”的反哺“三农”机制逐步建立,方式更多、渠道更广、效力更强。仅以 2006 年落实的 “三农” 资金就足可见一斑。2006 年支农资金达 158.5 亿元,较 2005 年增长 28%。具体体现在:

(1)全面免征农业税。2005 年,市财政承担 2.1 亿元,区县减收的 93%得到上级补助,当年农民直接获益 5.89 亿元。制定农村基层组织(村、组)正常运转的最低保障标准,明确资金来源,农村基层组织经费保障机制基本建立。

(2)农业投入力度加大。2006 年全市农林水气和扶贫支出就达 51.4 亿元,增长 20.1%。整合资金 8.7 亿元继续支持农业产业化百万工程、百强镇工程和百万劳动力转移工程等。

(3)农村社会事业支持力度加大。2005 年新增教育、文化、卫生经费用于农村的比重分别为 70%、75%、77%。为切实解决农村中小学生“上学难”。认真实施农村义务教育经费保障机制改革,投入资金 13.9 亿元,全面落实农村义务教育“两免一补”政策,并将城镇低保家庭子女和农民工子女纳入保障范围,实现农村困难家庭女童义务教育“零收费”,惠及全市 388.6 万学生。安排资金 6 亿元,推进农村中小学寄宿制学校建设、校舍维修、现代远程教育工程、黑板改造、饮水设施改造等重点项目,改善办学条件。全年教育新增经费用于农村的比重为 70.5%。为努力缓解农民“看病难”。安排资金 2.4 亿元,扩大新型农村合作医疗试点范围,覆盖 17 个区县 750 多万农民。投入资金 8100 万元,完成 285 个乡镇卫生院改扩建。全年卫生新增经费用于农村的比重为 83%。为推动农村劳动力转移。安排专项资金 8961 万元,提高补助标准,延长培训时间,推进农村劳动力转移培训 23 万人,补助 7.2 万农民工赴新疆拾棉车费,免费办理 50 万农民工暂住证,促进农村劳动力转移和增收。完成政府投资项目清欠任务,实现网上零拖欠目标,保障农民工工资及时兑付。到 2006 年底,重庆市已成功转移农村劳动力 706 万人。

(4) 运用财政政策资金调动粮食生产积极性。10 年来,财政支持“三农”的理念、政策和方式不断创新,直接针对农民减负、农村义务教育、农村卫生发展、农村劳动力转移等农村薄弱环

节，投入大，范围广，措施多，全方位联动，农民受益实。2006年，加大惠农补贴实施力度。全年拨付各类直接补贴19.6亿元，较上年增长15%。安排种粮农民各种补助资金2.2亿元，受益农民近2000万人。落实退耕还林现金和粮食折现补助15.5亿元，受益农民900多万人。补助农机具购置4144万元，惠及1.6万农户。落实资金5.2亿元，支持扶贫开发，增加农民收入。

⑸重点支持“三百工程”、水利、农业综合开发和农村基础设施建设，稳定和加强农业基础地位。加大扶贫开发力度，着力解决贫困地区行路难、饮水难、读书难、就医难和照明难的问题。

3.公共支出全面保障，范围更广，结构更优

财政支出有保有压有促有控，增量重点投向促进经济社会可持续发展的公共性领域，支出结构进一步优化。主要体现在四个方面：

(1)科教文卫。对教育、科技的投入依法增长，文化投入进一步加大，重点支持农村义务教育、职业教育、高等教育、科技创新平台、文化体制改革和基层文化建设。卫生经费预计增长30%，完善公共卫生信息网络，防治艾滋病、结核病、地氟病等疾病。

(2)完善社会保障体系。社会保障支出同比增长22.7%，继续支持就业再就业工作，推进养老保险、失业保险、医疗保险等社会保障制度改革，实施新型农村合作医疗试点，建立城市居民最低生活保障制度，全面启动工伤保险，推进疾控、急救、传染病救治等公共卫生体系建设，探索建立适应经济发展水平的社会保障制度，努力构建和谐社会。安排专项资金完成边远乡镇敬老院建设，实现“全覆盖”。支持加强食品药品安全监。

(3)环境保护。市以上环境保护投入32.1亿元，重点支持空气水质改善、库区地质灾害治理、辐射环境安全等保护工作，采取税收返还等手段，推进三线企业搬迁和主城区污染企业搬迁。

(4)政权建设。行政经费管理进一步完善，机关事业单位津补贴清理全面开展。政法经费保障机制逐步到位，驻渝部队反恐装备购置、调增自主择业军转干部标准等支出得到有力保障。

4.协调区域共同进步，体制更顺，手段更实

市对区县(自治县)财政管理体制运行良好，对区县(自治县)转移支付力度进一步加大，基层政权运转最低保障线初步建立，缓解县乡财政困难的各项政策措施有效落实，财力分配重心下沉区县。

(1)直辖10年，市财政共安排区县(自治县)财力性转移支付资金约254亿元，郊区县获得转移支付超过72%。

(2)争取中央财政对财政困难县和产粮大县的“三奖一补”政策资金7.29亿元，奖补资金全部落实到区县，80%以上用于偿还县乡债务。

(3)乡镇财政管理方式改革启动。按照“三权不变、分类指导、止新消旧、乡为主体”的基本原则，加快改革进程，全市有7个区县全面推行了乡财乡有县监管的财政管理方式，起到了“挖潜、节支、堵漏、减债”的作用。

(4)全面清理和核实县乡政府性债务，制止乡镇新增债务，着力消化政府性债务。大力推进“普九”债务的清偿工作，市财政累计拨付区县“普九”欠债销号补助资金19.6.59亿元，于2006年11月全部偿还。

(5)扶持三峡库区力度加强。以2005年和2006年对比数据为例，2006年市财政对库区转移支付额为52亿元，较之2005年的37亿元增长40.5%；2006年少数民族区县转移支付额为12.7亿元，较2005年的8.8亿元增长44.3%。657个后期扶持和产业发展项目4.95亿元资金全部落实到位，项目建设顺利启动实施。二期地质灾害防治工程基本完成，三期地质灾害防治顺利启动。

5.重大决策执行到位，把握更准，效率更高

市财政积极主动服务全市发展、改革、稳定大局，服务全市重大战略决策，提前谋划，未雨绸缪，资金筹措渠道拓宽，预见性、时效性增强，确保了重大项目和应急突发财政资金的及时到位。

(1)重点保障亚洲议会(AAPP)和平协会第三届年会会议、亚太市长峰会项目资金。市级资金全部筹措落实到位，改善交通条件，整治市容

环境，完善城市功能。

(2)积极筹措重点工程、民心工程及公益项目工程资金。争取国债和中央预算内资金，市级投入，确保"八大民心工程"的圆满完成。

(3)及时设立电煤平衡专项资金。安排专项资金支持全市能源建设，保证补齐电煤缺口，确保电煤平衡和生产生活用电需求。

(4)安排专项资金支持做好企业军转干部和复退军人解困工作，支持破产企业职工安置和特困企业职工慰问工作，维护社会和谐稳定。

(5)应急资金及时到位。财政应急预警机制建立，应对处理突发事件的能力增强。及时到位资金，购置禽流感疫苗和组织防治工作，支持禽流感防控。安排安全生产专项资金2500万元，化解交通、工矿企业安全隐患。积极应对自然灾害等突发事件，及时启动财政应急预案，全年落实抗灾救灾资金2.6亿元，财政应对突发事件的能力明显增强。

(6)成功承办G20财政及央行副手会议和布雷顿森林体系改革研讨会议。积极申报国际金融组织和外国政府贷款项目资金6.78亿美元，支持小城市基础设施、水电开发、学校建设和轻轨三号线项目。

(7)确保重点工程建设资金需要。积极争取国债资金，利用好国际金融组织和外国政府贷款，保证财政资金及时到位，支持投融资体制改革，培植壮大政府投资主体，实施政府建设项目代理制，加强政府公益性项目建设管理，确保了交通、能源、农田水利、生态环境和AAPP、市长峰会等重点工程、重点项目的顺利实施。

三、通过深化财政改革实现管理制度创新

10年来，财政改革全面推进，力度最大、措施最实、成效最好，公共财政管理体系初具雏形，农村税费改革、所得税分享改革、出口退税机制改革以及部门预算、国库集中收付、政府采购、"收支两条线"等一系列财政改革相继推出，取得重大突破和进展。全市财政干部队伍结构优化，综合素质全面提高、服务意识不断增强，一支政治强、作风硬、懂经济、通财政的高素质干部队伍逐渐建成。财政事业的飞速发展和综合实力的大幅提升为服务重庆改革发展稳定大局，促进重庆"三步走"战略目标的顺利实施提供了财力保障，也为财政"十一五"规划的顺利启动奠定了坚实基础，重庆财政已经站在一个新的历史起点上。

(一)精心组织农村税费改革

准确把握和落实农村税费改革各项政策措施，在2001年4个区县试点的基础上，2002年在全市全面启动农村税费改革试点，有效地规范了农村分配关系，减轻了农民负担，确保了乡镇机构和村级组织的正常运转，确保了农村义务教育经费的正常需要。

(二)积极推行部门预算编制改革

改革传统的基数加增长的预算编制方法，合理确定预算支出标准和预算定额，建立项目支出滚动数据库实行滚动安排，市级预算单位2002年全面编制部门预算，到2005年，市级部门及所有二级预算单位全面推开，70%以上生产性资金纳入部门预算，15个区县全面试行部门预算。试行预算听证制度，建立预算管理的内部约束机制，增强预算安排的透明和规范。

(三)大力实施国库集中收付制度改革

集中支付扩面完成，市级150个一级预算单位和109个基层预算单位全部纳入改革范围，工资统发、政府采购、预算单位预算内拨款和已纳入财政专户管理的预算外资金全部实行集中支付；清理规范行政事业性收费、政府性基金，全面推进非税收入收缴管理制度改革，落实"收支两条线"管理规定，确保行政事业性收费、政府性基金等非税收入及时足额纳入财政管理。市级部门和所有区县已纳入改革范围，并在教育系统启动试点。全面清理行政事业单位银行账户，逐步建立单一账户体系，稳步开展国库集中支付改革试点，到2005年，市级一级预算单位全面实施国库集中支付改革，3个区县也开展了集中支付改革试点。

(四)全面推进政府采购制度

率先进行政府采购试点，在实践中不断拓展

采购范围,扩大采购金额,采购范围从单纯的购买采购拓展到政务会议、防疫药品、车辆定点维修、重大工程的物资采购和保险服务,采购规模从1998年的4045万元上升到2006年的44.96亿元,采购的质量和效率明显提高。目前,政府采购体系日趋完善,40个区县和2个开发区均按照《政府采购法》实行了"管采分离",采购范围扩展到93个品目。

(五)进一步完善财政管理体制

调整市对区县财政管理体制,明确市与区县事权范围和支出责任,建立直辖后新的分税制财政管理体制,并不断加以完善,调动区县发展经济、增收节支的积极性。完善转移支付办法,通过财力性转移支付、激励约束性转移支付和一次性转移支付等手段,加大对区县特别是民族地区、贫困地区财政支持力度,缩小地区间财力差距。实施所得税分享改革和出口退税机制改革。全市范围财政主干网全面贯通,实现了市局与进一步规范市与区县税收分配关系。按照全市统筹、分级管理的原则,统一全市基本养老保险管理体制,确保了养老保险金按时足额发放。金财工程提升管理水平财政部系统互通,与所有区县光纤连接,并逐步向乡镇一级延伸。初步形成了以信息化网络为基础,以部门预算管理和国库集中收付为中心,以非税收入管理和政府采购为补充,统一平台、动态连接、同步传输、综合查询的科学、规范、高效的财政管理信息系统。

(六)加强区县预算管理,完善一般性转移支付办法

为强化转移支付激励机制,提高转移支付资金使用效率,调动区县发展经济的积极性和支持社会事业发展的主动性,促进区县克服"等、靠、要"的依赖思想,实现自我约束、自求平衡,努力缩小区县间公共服务水平差距,加快构建和谐社会步伐,2006年市财政局对一般性转移支付办法进行了调整和完善。新办法遵循维护公平、促进发展,确保重点、规避风险,公开透明、简便易行的原则,坚持"三不变"、"三确保",实行"三奖补"。调整后的一般性转移支付分为保障性(原财力性和一次性)和激励性(原激励约束性)两部分,分别体现促进公共服务均等化和鼓励区县增收消赤的目标。

四、通过规范财经秩序提高依法理财能力

(一)加强财政法制建设,落实行政执法责任制,规范财经秩序,不断提高财政依法理财能力和水平

制定《一般性转移支付办法》、《市级预算单位银行账户管理暂行办法》、《市级非税收入收缴管理试行办法》、《行政赔偿费用核拨管理办法》等一系列法规制度。加大《会计法》执法检查力度,开展会计信息质量抽查,查处企业出具虚假会计报告和会计师事务所出具虚假审计报告等行为。加强税务稽查,坚决贯彻"加强征管、堵塞漏洞、惩治腐败、清缴欠税"的方针,严厉打击偷税、骗税和逃税行为,确保应收尽收、及时入库。加强对涉及人民群众切身利益的专项资金监管,严格执行财经纪律,加强党风廉政建设,推进依法行政。推行行政执法责任制,建立政务公开制度、行政处罚听证制度、执法人员培训考试持证上岗制度、行政复议应诉处罚案件统计报告制度,财政执法水平不断提高,财政执法监督机制逐步完善。

(二)坚持将预算执行监管与规范财政业务管理、深化财政改革相结合,以管理水平的提高和监管力度的强化促进全年预算的有效执行,政府公共支出管理更到位,监督更有力,权威性进一步增强

一是依法监管。全面完成"四五"普法任务,以贯彻《财政部门全面推进依法行政依法理财实施意见》为主线,《预算法》、《重庆市市级预算监督条例》和《财政违法行为处罚处分条例》等财政相关法规有效落实。严格执行《行政许可法》,减少并规范行政审批、许可和收费项目。制定颁布《重庆市财政局执法过错责任追究办法》,明确执法过错责任。依照《国家赔偿法》,审核拨付国家赔偿费,切实履行国家赔偿责任。二是重点监管。

重点对城市居民最低生活保障资金、乡镇企业发展资金、三峡库区产业发展资金、移民后期扶持资金、地质灾害防治资金等涉及社会经济发展和群众切身利益的重点资金开展了专项检查和自查,从资金的管理、拨付、审批、发放等方面全方位监管,对挤占、挪用等违规行为进行了严肃处理,共查出问题资金596万元,归垫和收缴入财政专户及国库477万元。开展《会计法》实施20周年系列宣传活动,重点对13家单位进行了会计信息质量检查,查处违规导致的资产、利润和所有者权益不实1.5亿元。三是制度创新。制定《财政性投资项目委托评审管理暂行办法》,通过政府采购公开招标确定中介机构,委托实施重点审计,对污水处理建设等17个项目进行了评审。并对陈家坪立交改造项目、红旗河沟转盘交通改造项目、南区路景观综合整治项目进行了专项审计,核减投资2386万元。

五、干部队伍素质提升,作风更好,服务更佳

直辖以来,在市委的统一领导部署下,全市财政系统广泛深入地开展了以学习实践"三个代表"重要思想为主要内容的保持共产党员先进性教育活动。各级财政统一思想认识,加强组织领导,精心部署安排,环环相扣,层层落实,严格工作程序,细化推进措施,丰富活动形式,提高教育实效,圆满完成了学习动员、分析评议、整改提高三个阶段的全部工作,达到了"提高党员素质、加强基层建设、服务人民群众、促进各项工作"的预期目标,形成了党员干部思想教育、工作作风、民主风气、创新体系、服务效能等一系列长效机制,干部队伍整体素质稳步提升。同时,继续深入贯彻落实中共中央《深化干部人事制度改革纲要》、《党政领导干部选拔任用工作条例》及《重庆市公开选拔党政领导干部工作实施办法》等方针政策,牢固树立科学的人才观和正确的用人指导思想,加强财政干部的能力建设。制定《重庆市财政局首接首问责任制办法》,明确责任、强化管理,进一步转变工作作风,建设运转高效务实、规范有序、勤政廉洁的财政机关。坚持公开招录、干部轮训、轮岗交流、竞争上岗、上挂下派锻炼等好的做法,积极调整干部队伍的年龄结构、知识结构和能力结构,开展厦门培训、高级工商管理硕士(EMBA)进修、继续教育培训及素质拓展训练等活动,推动财政干部的思维方式和理财方式向开放性、长期性和科学发展观转变,协调解决了4000余名乡镇财政干部依照公务员管理的历史遗留问题,全市财政干部的凝聚力、战斗力进一步提升。随着全市财政干部队伍结构优化,综合素质全面提高、服务意识不断增强,一支政治强、作风硬、懂经济、通财政的高素质干部队伍逐渐建成。

总的来说,在过去的10年,重庆财政紧紧把握历史机遇,始终坚持以全市经济社会发展大局为中心,着眼长远、统筹兼顾;始终坚持以财经良性互动为主线,发展经济,做大"蛋糕";始终坚持以支持经济社会和谐健康发展为根本,强化保障,促进公平;始终坚持以改革创新为动力,积极管理,提升效益;始终坚持以依法行政依法理财为手段,以人为本,为民理财,经济社会实现了加速式发展。提前一年完成"十五"计划确定的财政收入目标任务,实现了财政与经济同步双向良性发展。在未来的时间里,全市财政工作将继续按照十六大精神,高举邓小平理论伟大旗帜,全面贯彻落实"三个代表"重要思想,认真落实全市社会经济发展的各项战略决策,牢牢把握财政工作主线,在市委、市政府的领导和市人大的监督下,增强紧迫感和责任感,开拓创新,锐意进取,为重庆更加辉煌的明天做不懈的努力。

注:本文数据未经作者许可,不得转用

撰稿单位:重庆市财政局

地方金融改革

直辖10年来，重庆市金融机构体系不断完善，金融资源总量持续增加，金融业务较快增长，金融服务能力得到增强，金融资产质量有效改善，金融发展环境不断优化，在重庆经济社会发展中的重要支撑作用日益凸现。

截至2006年末，重庆市共有银行及非银行金融机构32家；有证券法人机构1家，证券营业部63家，期货法人机构5家，基金管理公司2家，上市公司32家；有保险公司法人机构2家，区域分公司1家，分公司18家，另有政策性保险公司1家，管理性保险公司1家，专业保险中介机构36家，初步形成了较为完整的金融服务体系和发展框架。

一、银行业

截至2006年末，全市共有市级银行及银行业监督管理机构监管的非银行金融机构32家，其中政策性银行分行2家，国有控股商业银行分行5家，全国性(区域性)股份制商业银行分行8家，城市商业银行2家(重庆市商业银行、万州商业银行)，重庆市农村信用社联合社1家，农村合作银行1家(重庆武隆农村合作银行)，金融资产管理公司办事处4家，信托投资公司2家(重庆国际信托投资公司、新华信托投资公司)，重庆邮政储汇局1家，外资银行分行6家(加拿大丰业银行、菲律宾新联商业银行、汇丰银行、东亚银行、荷兰银行、渣打银行)，另外还有外资银行代表处1家(三井住友银行)。已基本形成以政策性银行、国有控股商业银行市分行为主体，全国性股份制商业银行在渝机构、地方股份制商业银行和农村信用社并存，外资银行重庆分行为补充，功能齐备、分工合理的银行组织体系。

截至2006年末，全市各项本外币存款余额5588亿元，比年初增加793亿元，增长16.8%；本外币贷款余额4444亿元，比年初增加665亿元，增长17.6%(见图1；图2，下页)。不良贷款余额下降至286亿元，占比下降至6.4%(其中农村合作金融机构为四级分类)。全市银行业金融机构资产总额为6087亿元，比年初增加756亿元，比

图1 直辖以来金融机构存贷款余额　单位：亿元

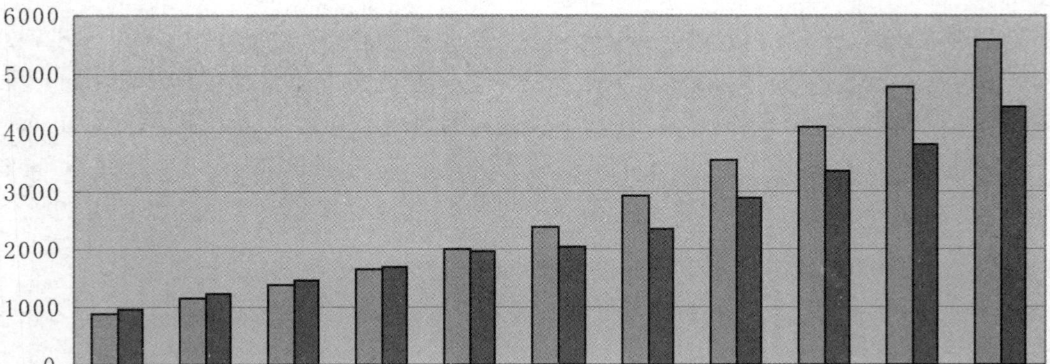

	1996年	1997年	1998年	1999年	2000年	2001年	2002年	2003年	2004年	2005年	2006年
存款余额	885.91	1147.9	1361.2	1638.2	1977.8	2378	2903.4	3512.8	4105.1	4784.8	5588
贷款余额	968.71	1224	1456.8	1693.6	1966.4	2027	2343.7	2861.3	3309.1	3779.3	4444

图 2 1997—2006 年存贷款增加情况　单位:亿元

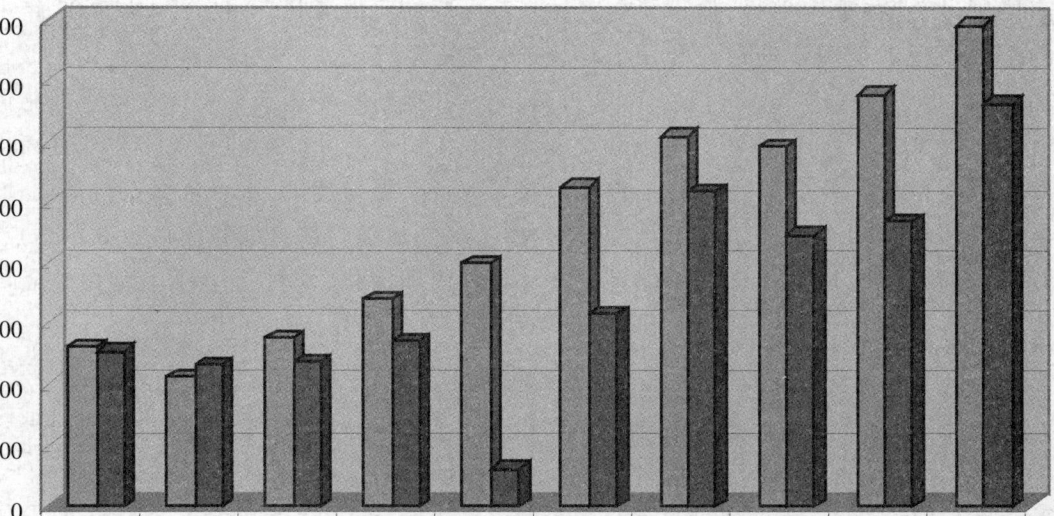

	1997年	1998年	1999年	2000年	2001年	2002年	2003年	2004年	2005年	2006年
存款	262.01	213.32	276.97	339.61	400.16	525.44	609.4	592.27	679.67	793.2
贷款	255.3	232.81	236.82	272.76	60.58	316.74	517.57	447.84	470.15	664.7

年初增长 14.18%。全市银行业累计实现账面利润 70 亿元,同比增加 40.9 亿元。

(一)货币信贷业务持续较快增长

直辖以来,重庆金融业按照全市国民经济发展的总体目标和产业政策, 不断调整信贷投向,积极拓展服务领域,做到了“区别对待,有保有压”, 在促进地区经济结构调整和经济发展上起到了不可忽视的推动作用,有力地支持了全市经济社会持续、快速、协调、健康发展。截至 2006 年末, 全市金融机构各项存款余额 5588 亿元,是 1996 年末的 6.66 倍; 本外币贷款余额 4444 亿元,是 1996 年末的 4.82 倍。

近年来,在财政投入的带动下,全市基本建设贷款保持快速增长,确保了基础设施建设和重大工程项目顺利推进,重点支持了道路、电网、供水等基础设施建设,为工业经济发展奠定了坚实的基础。到 2005 年末,全市金融机构用于对高新技术产业的贷款余额达 189 亿元,有力地支持了新型工业化的发展。为积极支持社会主义新农村建设,下发了《关于金融支持重庆市社会主义新农村建设的指导意见》, 加大了金融支持社会主义新农村建设的力度。个人消费贷款快速增长,占比达 11%,成为信贷投向优化的亮点,对于促进消费,改善人民生活水平作用重大。针对“贷款难”长期困扰重庆市中小企业发展的问题,积极引导金融机构增强服务中小企业的意识,提出多项中小企业融资服务计划;创新中小企业融资方式,充分发挥票据融资在支持中小企业融资中的作用;支持筹建信用担保机构,缓解中小企业融资担保“瓶颈”。积极贯彻落实国家助学贷款新政策,全力资助贫困大学生完成学业。2005 年全市累计发放国家助学贷款 12670 万元,资助贫困大学生 17203 人。大力推进再就业小额贷款工作,帮助下岗失业人员实现再就业,全市下岗失业人员小额担保贷款余额 22899 万元, 共帮助 28204 名下岗失业人员实现再就业。

(二)金融服务水平不断提高

按照中国人民银行统一部署,重庆成为中国现代化支付系统的首批推广试点城市。2004 年 11 月,重庆市大额支付系统正式上线成功。2005 年,共计处理支付往来业务 301.83 万笔,清算资金 2.59 万亿元。2006 年,重庆市小额支付系统正式上线成功,支付清算效率进一步提高。

通过改善银行卡受理环境,加快推进银行卡

产业发展。2006年5月27日，“中国银行卡产业发展高层研讨会”在重庆举行，促进了包括重庆在内的全国银行卡受理市场建设和用卡环境改善。2005年，重庆市银行卡持卡消费1143万笔，刷卡消费金额201亿元，持卡消费笔数和交易金额双双迈上新台阶。社会信用管理工作稳步推动，企业征信系统和个人征信系统均已投入使用，为防范金融风险、培育社会信用体系发挥了重要作用。货币发行和反假货币工作取得新成效。2005年累计投放现金409.97亿元，回笼现金437.47亿元，净回笼现金27.5亿元。反假货币工作取得显著成效，2005年全年上报大额可疑外汇资金交易2.74万笔，金额70.6亿美元；共收缴假人民币1498万元、假外币88万美元，有力打击了制贩假币违法犯罪活动。

积极支持地方开放型经济发展，不断扩大出口企业自动核销范围，推进贸易便利化。用好用活境外投资试点改革政策，支持重庆企业参与国际竞争。推动部分区县实现了外汇业务网点零的突破。对全市30家重点进出口企业及部分外资企业指定专人实行“一对一”贴心服务。积极应对人民币汇率形成机制改革带来的机遇和挑战，支持重庆最大的主权外债项目通过签订货币掉期协议规避汇率风险。推动商业银行努力改进外汇服务方式、增加业务品种、培育和发展外汇市场。加强外汇监管，依法查处涉汇违法违规行为，净化外汇市场。

(三)地方金融机构实力逐步增强

充分利用各种社会资源，积极推动地方金融机构增资扩股。重庆市商业银行仅用3个多月就完成增资扩股，创造了城市商业银行增资扩股的“重庆速度”，注册资本从2.88亿元增加到15.16亿元，资本金规模在全国城市商业银行中居北京、上海、广州、深圳、天津之后，列全国第六、西部第一。2004年，市商业银行向重庆渝富资产管理公司出售账面价值22.5亿元的不良资产，不良资产率降低到5%以下。

重庆市农村信用联社基本实现阶段性改革目标，成功获得央行专项票据24.1亿元，历史包袱得到一定消化。截至到2006年末，全市39家联社实现赢利，不良贷款比2002年末下降57%，资本充足率由-6.8%提高到10.51%，有32家联社提前一年达到了央行专项票据兑付条件。中国人民银行重庆营业管理部以发行和兑付中央银行票据为契机，重点督促农村信用社完善法人治理，加强内部管理和约束。改革试点成效得到巩固和深化，农村信用社作为农村金融服务“主力军”的作用更加突出。

信托业务不断扩大。重庆国际信托投资有限公司在经过两次改制重组和引进战略投资者后，注册资本从1984年的3500万元发展到了2004年底的16.3373亿元，名列全国信托公司前列。截至2006年末，公司的净资产从1997年的3.22亿元增长到14.62亿元，利税总额从0.49亿元增长到2.12亿元，自有资产从1997年的25.3亿元增长到46.9亿元，公司资产总规模已达(含信托资产)114.7亿元，是西部地区最大的信托公司。信托资金累计规模164.8亿元，管理的存续信托资产达67.8亿元；已清算到期信托项目156个，金额为96.97亿元，均达到或超过了预期信托收益，没有出现一笔清算风险。公司资本、年利润、信托规模、信托财产收益率等指标综合排名跻身国内同行前列，重新登记后为地方基础设施建设项目筹集资金100多亿元，为地方经济发展作出了突出贡献。

(四)金融发展环境不断改善

为了积极支持三峡库区经济社会发展，2005年11月，市政府与中国人民银行联合主办了三峡库区(重庆)经济发展暨金融服务高层论坛，引起了社会各界对三峡重庆库区金融发展环境的持续关注。同时，制定并出台了《关于加强和改进三峡重庆库区金融服务的指导意见》，引导金融机构切实加强对三峡重庆库区的金融服务。为提高全民金融素质，积极向全社会宣传普及金融知识，2006年9月15日至9月21日，在重庆中国三峡博物馆举办了全国大型公益性金融知识展览，受到社会各界的广泛关注和热烈欢迎，有效地提高了广大市民的金融知识和素养，为优化重庆金融生态环境营造了良好的社会氛围。为积极推进"诚信重庆"建设,先后在辖区内8所高校举办十余场专题讲座,开展征信知识、国家助学贷款政策系列宣传,提升大学生信用意识,受到广泛欢迎。推动建立外汇市场信用体系,试行违法违规行为信息披露制度,促使市场参与主体诚实守信。积极参与"诚信兴商宣传月"活动,重庆外汇管理部被国家外汇管理局评为宣传活动先进单位。依托社区信用平台,推广"创业培训+小额担保贷款"模式,扩大小额担保贷款覆盖面,改善社区金融生态。经过社会各方共同努力,重庆市金融发展建设取得阶段性成果。根据中国社会科学院《中国城市金融生态环境评价》,2004年末,重庆市金融生态排名在中西部城市中虽低于合肥和成都,但高于武汉、昆明、南昌、郑州、西安等城市。重庆金融资产质量评级为3B级,在全国31个省、自治区和直辖市中位列第8位,在西部仅次于云南省。在此基础上,2005年全市金融机构不良贷款率再次下降2.76个百分点,金融机构实现赢利29.1亿元,重庆金融生态正逐步向好的方向迈进。

(五)对外开放力度不断扩大

以重庆直辖市地位为基础,以西部大开发战略为契机,以重庆长江上游经济中心城市为依托,大力推进重庆金融业的对外开放进程。截至2006年末,外资银行在重庆共设立5家分行,分别是:加拿大丰业银行重庆分行、新联商业银行重庆分行、香港上海汇丰银行重庆分行、东亚银行重庆分行和荷兰银行重庆分行。渣打银行2006年底已经获得银监会批准筹建,预计将在2007年内开业。届时,在渝外资银行分行将达到6家。另外还有日本三井住友银行在重庆设立了代表处。随着重庆对外开放步伐加快,越来越多的外资金融机构将进入重庆市场。2005年,香港上海汇丰银行重庆分行、东亚银行重庆分行、中美大都会人寿保险公司重庆分公司相继开业。外资银行分行以开展外汇贷款、国际贸易融资和国际结算业务为主,经营情况稳健,不良资产保持为零。代表处依法为母行及客户提供咨询、联络及市场调查等服务。截至2006年末,辖内外资银行资产总额22亿元,比年初增加9.1亿元,负债总额16.1亿元,比年初增加9.3亿元,资产和负债总额位于西部各省前列;税前利润0.01亿元。

(六)监管措施不断完善

一是加强对城市商业银行的风险监管。制定《重庆市辖内城市商业银行监管与发展指导意见》,积极引导商业银行按照"自主选择,确保质量"的原则,做好引进境外合格战略投资者工作,争取各项经营指标达到好银行标准,逐步实现跨区域发展。督促商业银行进一步完善法人治理结构和内控机制,大力调整资产和股权结构,增强市场竞争力。截至2006年末,市商业银行各项存款余额295亿元,比年初增加59亿元;各项贷款余额205亿元,比年初增加32.1亿元;不良贷款占比1.53%,较年初下降4.06个百分点。二是加强对合作金融机构的风险监管。充分运用《农村合作金融机构风险评价和预警指标体系》,对农村信用社法人治理结构、风险管理能力、内部控制等进行评价,进一步推进合作金融机构产权制度改革,完善法人治理,明晰产权关系,规范股金管理,改善股权结构。截至2006年末,有15家联社兑付央行票据8.1亿元。严格对贷款的跟踪监控,密切关注合作金融机构全面实行贷款五级分类后极可能出现的不良贷款反弹压力,加强协调与沟通,及时研究处置不良资产。督促合作金融机构强化为"三农"服务的宗旨,做好小额信用贷款、农户联保贷款、支持小企业贷款等工作,进一步发挥其农村金融主力军的作用。截至2006年末,全市农村合作金融机构各项存款余额达778.9亿元,市场份额在全市银行业金融机构中排名第二;各项贷款余额达560.4亿元,市场份额在全市银行业金融机构中排名第一;不良贷款占比10.55%(按四级分类方式),较年初下降1.47个百分点。赢利能力明显增强,实现利润总额4.92亿元,同比增长0.12亿元。三是加强对信托投资公司的监管。实行派驻监管和弹性监管方式,将辖区内两家信托投资公司的风险防控情况与业务市场准入挂钩,重点监控关联交易资金走向；督促其落实风险防范化解的有关措施；督促其加快稳健发展长效机制建设，建立与风险管理能力相匹配的业务经营模式；要求国际信托投资公司按照《信托投资公司信息披露管理暂行办法》认真做好信息披露工作。

二、证券业

截至2006年末，全市共有证券法人机构1家(西南证券有限责任公司)，证券营业部63家；期货法人机构5家，期货营业部4家；基金管理公司2家；证券投资咨询公司2家；上市公司32家，其中A股27家，B股1家，A、B股1家，H股3家，总股本已达120亿股，是直辖前的2.66倍。

(一)大力推进资本市场改革，扫除市场发展障碍

股权分置问题是历史遗留难题，也是制约我国资本市场发展的制度瓶颈。从2005年4月底开始，辖区按照证监会统一部署，启动了股权分置改革。截至2006年末，辖区28家应股改上市公司完成或进入股改程序的已有26家，家数占比92.9%、市值占比已经达到96.5%，超过了全国平均水平，取得重要成果。股权分置改革的完成，将推动市场化定价机制形成，奠定非流通股和流通股股东共同的利益基础，促进市场创新，对辖区资本市场实现持续健康发展具有关键性意义。

(二)夯实市场发展基础，市场运行质量提高

10年间，资本市场在实现快速发展的同时，也积累了矛盾和问题，通过强化监管、加强治理，这些突出矛盾和问题得以及时解决，市场发展的基础更加坚实。

以上市公司清欠解保工作为突破口，推进上市公司质量提高。认真落实国务院关于提高上市公司质量意见的通知，狠抓清欠解保专项治理工作，严格治理上市公司资金占用和违规担保，强化公司信息披露，加强高管人员行为规范，不断完善公司内部治理。与10年前比，上市公司资金占用和违规担保已经大幅下降，各项违法违规明显减少，提高上市公司核心价值与回报投资者意识增强，上市公司质量进一步提高。到2006年底，全市清理上市公司大股东占款工作取得突破性进展，共有12家上市公司解决了资金占用问题，涉及金额18亿元。辖内上市公司实现市值和赢利双增长，到2006年12月，辖内上市公司总市值511.03亿元，比年初增长75.35%；截至2006年9月底，实现净利润7亿元，同比增长110%。

证券经营机构综合治理工作取得明显成效。10年来，辖区证券经营机构伴随股市兴衰经历大起大落后，各种违规风险和问题集中暴露，通过关闭德恒证券，重组西南证券等，保证了证券公司的集约良性发展。同时，加大了高风险券商在渝营业部的风险处置力度，处置了新华证券等8家在渝证券营业部的风险，机构规范发展的意识空前提高。证券机构扭亏为盈，2006年1—12月，实现利润总额2.02亿元，实现净利润1.85亿元，扭转了全行业亏损局面。

(三)资本市场监管不断完善，维护市场稳定发展

10年间，监管伴随市场发展而不断完善和创新，逐步形成了权威监管体制和高效监管机制。

监管体制进一步理顺。直辖10年来，已形成在集中统一监管体制下，政府、职能部门、市场齐抓共管的协同监管与自律监管相结合的监管格局。辖区先后成立起证券业协会和上市公司董事长协会，证券业协会规模进一步扩大，已经发展为证券期货业协会。经过10年的发展，辖区已经形成了由中央在渝监管机构、市级部门和自律组织组成的层次分明、分工明确、各司其职的监管体制。

此外，随着对市场规律认识的深化，监管理念更新和监管方式的完善，监管促发展、服务促发展的工作思路更加清晰。

三、保险业

重庆辖区内共有保险分公司19家，其中财

表 1 重庆直辖 10 年保险发展情况

年份	辖内保险机构数量(家)	保费收入(亿元)	比上年增长(%)	同期全国保费增长(%)
1996	4	12.82		
1997	4	19.52	52.26	
1998	4	22.77	16.65	
1999	4	25.39	11.51	11.95
2000	5	27.71	9.14	13.66
2001	6	33.72	21.69	31.98
2002	11	46.17	36.92	44.81
2003	13	57.93	25.47	27.05
2004	16	66.51	14.81	11.29
2005	21	73.1	10.10	14.11
2006	24	93.16	27.45	14.27

产险分公司 13 家，寿险分公司 6 家。各级保险分支机构 933 家(含分公司、支公司和营销服务部)。重庆辖区内共有专业保险中介机构 32 家，其中保险代理公司 17 家，保险公估公司 8 家，保险经纪公司 7 家。重庆辖区内保险机构共实现保费收入 73.1 亿元，其中，财产险保费收入 19.64 亿元，人身险保费收入 53.64 亿元（见表 1）。截至 2006 年末,已设立保险法人机构 1 家，已开业保险分公司 20 家（含外资和合资保险分公司 2 家),其中财产险分公司 14 家,寿险分公司 6 家(含外资保险分公司 2 家)；专业保险中介机构 36 家,其中保险代理公司 19 家,保险公估公司 9 家,保险经纪公司 8 家。共设立营业性分支机构 956 个。2006 年，保费收入 93.24 亿元，增长 27.56%，其中财产险 24.17 亿元,增长 24.2%,人身险 69.07 亿元,增长 28.78%。

(一)保险业务持续快速增长

直辖以来,全市保费收入快速增长。“十五”期间,全市保费收入年均增幅达 21.4%,高出同期全市 GDP 年均增幅 10 个百分点。2006 年全市保费收入实现 93.24 亿元，同比增长 27.56%,是 2000 年 27.7 亿元的 3.37 倍，是 1997 年 19.5 亿元的 4.78 倍。(见图 3;图 4,见下页)

保险深度和保险密度不断提高,2006 年全市保险深度达到 2.67%、保险密度达到 294 元,分别比 2000 年提高 0.91 个百分点和 204 元，分别比 1997 年提高了 1.24 个百分点和 229 元。

图 3 直辖以来保险机构保费收入情况 单位:亿元

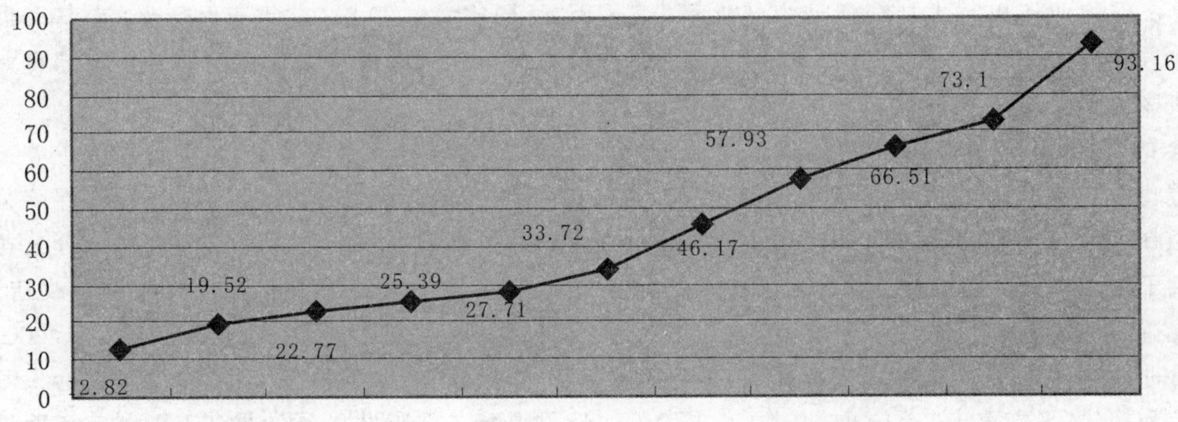

图 4 1999—2006 年重庆、全国保费收入增长单位比较 单位:%

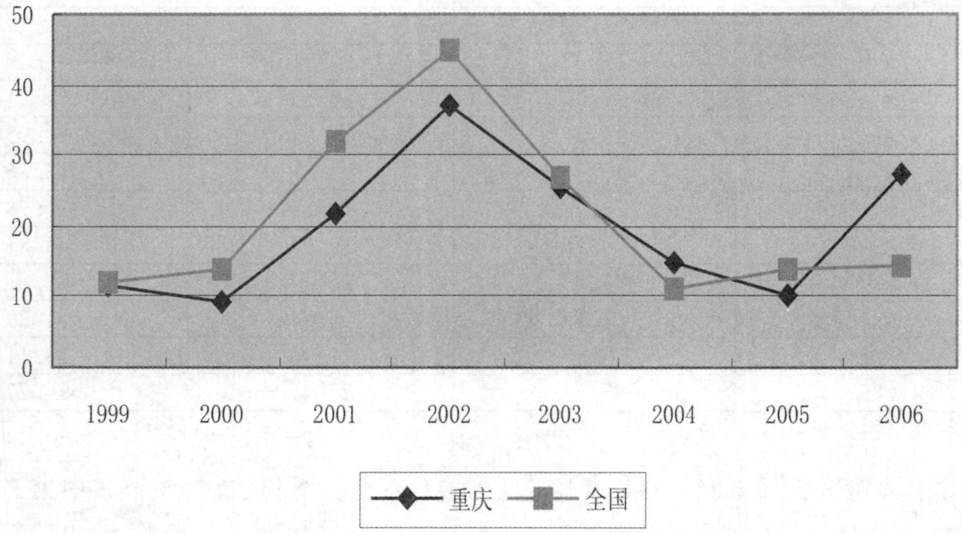

(二)保障功能日渐凸现,社会效益日益突出

直辖以来,重庆保险业累计支付各类赔款和给付达 108.8 亿元,有力地支持了重庆经济社会健康快速发展。"十五"期间,重庆保险业累计承担财产保险保障金额 2.5 万亿元, 为 3000 多万人次提供了人身保险保障。2006 年,重庆市保险业支付赔款和给付达 21 亿元,同比增长 17%。近年来,在"12.23"开县井喷事故、"4.16"氯气泄漏事故、"5.26" 轻轨二号线事故等重大事故发生后,相关保险机构及时赶赴现场,迅速开展抢险救灾和查勘理赔工作,在帮助受灾群众和企业尽快恢复正常生产生活秩序、促进社会稳定方面发挥了积极作用。

重庆保险业还以重大社会活动为契机积极服务地方经济社会发展。如为 2005 年 10 月参加在重庆举办的第五届亚洲及太平洋地区城市市长峰会的约 1000 名城市市长和全球著名企业 CEO 提供了总保额达 22 亿元的保险保障。2004 年至 2005 年, 重庆保险业累计为全市进出口贸易提供了约 20 亿元的出口信用保障, 较好地发挥了支持对外贸易的作用。

同时,重庆保险业更加注重发挥保险在服务"三农"和构建"平安重庆"等方面的作用。一是努力推动被征地农民储蓄式养老保险业务稳定发展, 努力拓展外出务工农民意外伤害保险业务。截至 2006 年底,累计承保本金 24 亿元,累计为 12.7 万"女 40 岁以上、男 50 岁以上"失地农民提供了生活及养老保障。2006 年末,在重庆城口县党政的大力支持和推动下,城口县外出务工农民投保意外伤害人数达到 2.83 万人, 约占当地外出务工农民的 73%。二是积极探索种植、养殖业保险发展之路。2005 年,全市实现种植、养殖业保险保费收入 838 万元, 为全市 65 万亩烟叶提供保险保障。三是全行业以火灾公众责任险试点为契机,积极推动责任保险发展。2005 年,全市责任险业务实现保费收入 6303 万元, 同比增长 50%;2006 年末,全市责任险保费收入达到 8371 万元,同比增幅 32.81%。重庆保险业在江津开展的农村医疗机构医疗责任保险业务也取得良好的效果。

(三)改革开放稳步推进,服务功能不断增强

直辖以来,特别是"十五"期间,国有保险公司股份制改革顺利推进, 两家国有保险分公司相继按照总公司的统一部署完成股份制改造。按照中国加入 WTO 承诺,重庆保险业已于 2003 年对外资开放。美国利宝互助、中美大都会人寿公司相继在重庆设立分公司 (美国利宝互助重庆分公司是中国西部第一家开业的外资保险分

公司)、由重庆地产集团与新加坡大东方人寿保险公司合资组建的中新大东方人寿保险公司作为第一家法人机构设立在重庆的保险公司已经开业。

各公司在经营理念上树立了以市场为导向、以服务为中心、以效益为目标的经营思想,并以客户为中心建立经营和服务模式,相继成立了客户服务中心,逐步完善客户服务体系,并出台改善服务的举措,开通24小时服务热线,加快电子化建设进程,实现了电话投保、网上投保、手机短信投保等,在收费上实现了由银行、邮政代收保险费服务等。

(四)保险监管和行业自律得到有效加强,保险市场明显规范

2000年9月19日,重庆保监办(局)正式挂牌成立。6年多来,重庆保监局坚持一手抓引领发展、一手抓防范风险,将促进保险业发展、切实维护被保险人根本利益作为监管工作的出发点和落脚点,努力构建一个企业内控为基础、政府监管为保证、行业自律为辅助的保险监管体系,在引导全行业树立和落实科学发展观、规范保险市场秩序、营造良好发展环境、督促公司加强管控及提升从业人员素质等方面,做了大量工作,取得了明显成效。保险市场秩序进一步好转,业内合作关系得到加强,行业自律向更高层次提升。重庆市保险行业协会在行业自律、消费者维权、公司间协调、行业宣传、信息交流等方面也发挥了积极作用。

注:本文数据出自中国人民银行重庆营业管理部、中国银行业监督管理委员会重庆监管局、中国证券监督管理委员会重庆监管局、中国保险监督管理委员会重庆监管局、重庆市商业银行、重庆市农村信用社联合社、重庆国际信托投资有限公司

撰稿单位:重庆市人民政府金融工作办公室

协作单位:中国人民银行重庆营业管理部、中国银行业监督管理委员会重庆监管局、中国证券监督管理委员会重庆监管局、中国保险监督管理委员会重庆监管局、重庆市商业银行、重庆市农村信用社联合社、重庆国际信托投资有限公司

非公有制经济

非公有制经济是我国现阶段非国有、非公有的一种经济形态,主体是个体私营经济,同时包含港澳台商及外商合资合作经济。它是与我国改革开放和建立社会主义市场经济体制相伴而生的,并以市场为导向,是市场经济的天然主体;它具有产权清晰、自担风险、机制灵活、适应市场的内在动力和广泛吸纳民间资本,推进资本社会化的突出优势;它也能使更多的自然人转变为创业的主体,在创造财富中获得财富,在创造价值中实现价值,促进一切生产要素的活力得到竞相进发,一切创造财富的源泉得到充分涌流。

党的十一届三中全会后,随着改革开放的推进,党和国家对非公有制经济认识不断深化,制定出台了促进发展的方针政策;国家法律制度也作了相应的调整,不断为非公有制经济营造和改善发展环境。重庆直辖10年来,非公有制经济快速、健康发展,已成为重庆市社会经济的重要组成部分。不仅实现了非公有制经济自身素质的历史跨越,还实现了对重庆市社会经济增长、非公有制经济管理及政策体系的历史跨越。

一、非公有制经济自身素质的跨越

民营企业由少向多迅速转变,成为全市经济

活动的一支重要力量。2006年末,全市注册登记个体工商户注册资本达到93.53亿元,比2005年增长26.26%,比1996年23.51亿元增长297.83%;户均注册资本由4515元增至18587元,比2005年增长11.68%,比1996年增长311.67%。私营企业由1.63万户增至8.04万户,比2005年增加4697户,注册资本达到1321.1亿元,比上年增长18.55%,是当年国有、集体企业注册资本的3.72倍,占全市企业注册资本总量的36.23%,比1996年55.05亿元增长23倍,户均注册资本由39.89万元增至164.35万元,增长312%。以非公有制经济为主体的混合所有制企业迅速发展,2006年末达到3.02万户,比2005年增加1076户,注册资本1970.02亿元,比2005年增长99.66%;占全市企业注册资本总量的54.03%(见表1)。

(一)经营能力由弱到强快速转变

市中小企业局统计数据表明:直辖10年来,

表1 重庆市民营经济资本金状况

指标名称	个体工商户			私营企业		
	户数(万户)	注册资本(亿元)	户均资本(元)	户数(万户)	注册资本(亿元)	户均资本(元)
1996年	52.07	23.51	4515	1.38	55.05	398913
1997年	57.83	31.83	5504	1.63	82.14	503926
1998年	59.66	40.03	6710	2.3	178.61	776565
1999年	51.39	32.31	6287	2.56	225.87	882305
2000年	45.11	33.75	7482	3.07	313.97	1022704
2001年	42.27	36.64	8668	3.47	407.00	1172911
2002年	44.76	43.82	9790	4.37	546.43	1250412
2003年	47.69	60.46	12678	5.49	698.25	1271858
2004年	45.6	68.77	15081	6.8	880.92	1295471
2005年	44.51	74.08	16643	7.57	1114.35	1472061
2006年	50.32	93.53	18587	8.04	1321.10	1643547

注:本表数据来源于重庆市工商局。

重庆市非公有制经济快速成长起来,经营能力显著提高。一是户均注册资本大幅度上升。民营企业户均资本从1996年39.89万元增至2006年164.4万元,增长312%,个体工商户户均注册资本从4515元增至16643元,增长311.67%。二是民营经济资产总额快速上升。民营经济总资产由1997年560亿元上升至2006年9800亿元,年均增长33.1%,占全市资产总规模比重由8.1%上升至40.1%,比全市平均水平快19.7个百分点;其中民营企业从460亿元上升至9200亿元。三是固定资产投资快速增长。1996年至2006年,非公有制经济完成固定资产投资7530亿元,年均增长29.9%,非公有制经济固定资产原值由1996年220亿元增至2006年5013亿元,其中民营企业固定资产原值由80亿元增至4165亿元,户均固定资产由61.5万元增至518万元。四是销售收入快速上升。工业销售产值从1996年485亿元上升至2006年3672亿元,年均增长20.3%;社会消费零售总额从1996年210亿元上升至2006年1232亿元,年均增长20.2%,占全市总额88%。五是企业上规模步伐加快。2006年,全市销售收入500万元及以上,非公有制企业达到8429户,其中销售收入上千万元的有5181户;上亿元的企业从1996年6户增至646户;入选"重庆工业五十强"企业从1996年1家上升至2005年16家;有39家非公有制企业跨入大型企业行列。

(二)经营理念由粗放型经营向集约型迅速转变

一是利润快速攀升。2006年非公有制经济实现利润总额318.2亿元,比1996年增长7倍,百元销售收入利润达到5.01元,提高了1.45元;二是产品科技含量快速提高。非公经济利用新技术、开发新产品能力迅速增强,产品升级换代步伐加快。

(三)经营组织由个体、家族为主向多元投资的公司制迅速转变

企业制度和经营管理由家族式为主逐步向现代企业制度转变,法人治理结构逐步完善,企业迅速发展壮大。2006年,全市私营企业8.04万户、混合所有制企业3.02万户中,股份制及公司制成为企业主要组织形式,达到2.99万户,占混合所有制企业总量的99%。建立现代企业制度的非公有制企业从2002年以来呈几何级数增长,到2006年,全市近2000家非公有制企业脱离了传统的家族式粗放经营模式,积极推进现代企业制度建设。这批实行董事会、监事会和股东大会等法人治理结构的企业,产权关系明晰,规章制度健全,建立了财务、产品标准、产品质量、安全生产、人力资源等基础管理制度和产品质量监测体系;大力实施"名牌战略",积极推行厂务公开,注重企业文化建设,着力提高经济效益,实现了粗放经营型向管理效益型的转变,核心竞争力开始形成,竞争优势明显增强,在社会上有了较高的知名度。

(四)经营行业由一般性竞争领域向国民经济全行业渗透

非公有制经济已经覆盖了全市国民经济所有行业。2002年以来,由于国家产业政策倾斜,非公有制经济在第一产业中取得长足发展。截至2006年底,农业企业达到4579户,注册资本51.67亿元,分别比2005年增长1146户和16.32亿元;农业产业化龙头企业和产业集群也大量催生。花椒、辣椒、黄连、莼菜、青蒿素等食品、药材基地大量出现,生机勃勃,形成了较合理的产业结构,具备了较强的市场竞争能力,成为全市现代农业发展方向的代表。在采掘业和制造业中,非公有制企业已成为全市工业发展的主体,数量众多,达到3.61万户,占全市工业总量的80.22%,其中规模以上企业达到2752户,占全市规模以上工业的85.7%,且呈快速攀升势头。在汽车摩托车及其零部件制造业、装备制造业、建材工业、农产品加工业、医药业、纺织业已取得绝对优势。私营建筑企业注册资本达到201.4亿元,比国有集体企业高出183%,拥有建筑市场90%左右的份额。在第三产业中非公有制经济亦蓬勃发展,已成为新兴服务业等领域的主力军。2006年私营企业和混合所有制企业达到7.3万户,占全市三产业注册企业数的71.6%,注册资本1100.9亿元,占全市三产业注册资本的94.8%,占据全市社会零售总额的90%左右份额。同时,产业结构更趋合理,在消费服务业、信息咨询业、律师、会计、旅游、计算机服务业以及保险代理、物流配送和美容化妆品等新兴服务业的就业大幅度增长(见表2,下页;表3、表4)。

(五)经营地域由"遍地开花"向产业集聚方向快速转变

直辖10年以来,通过政府引导、政策扶持,重庆市非公有制经济逐步走上了集中连片发展和特色经济的路子,开始形成了行业和地域都比较集中的产业集群。到2006年,进入全市30个特色工业园和74个乡镇企业园区的非公有制企业达到1849户,占非公有制企业的2.5%,实现增加值371.6亿元,占非公有制经济增加值的24%。2006年,已命名了46个市级都市工业园(楼宇),共入住企业1163户,使用闲置房屋219.61万平方米,提供就业岗位7.59万个,实现营业收入99.81亿元,上缴税金3.21亿元,创利润5.97亿元。从2005年起,市政府又把小企业创业基地建设工作纳入了全市"民心工程"予以推动,当年全市建立了35个"重庆市级小企业创业基地",为69980名农民工提供了就业岗位。到2006年底,全市又创19个"重庆市级小企业创业基地",为2.3万多个农民工提供就业岗位。出现了生产加工摩托车配件、汽车配件、铸造、小五金、皮鞋、食品、家具和纺织、餐饮等专业化、特色化的镇(街)和市场。这批行业和地域集中的专业化、特色化产业集群,集中度不断提高,代表了重庆市非公有制经济发展方向。

在全市农村,专业村镇共达到168个,年营

表2 2006年全市工商注册登记企业分布情况

行业代码	行业分类	合计	国有集体企业		私营企业		混合所有制企业	
		户数	户数	比重（%）	户数	比重（%）	户数	比重（%）
	合　计	138917	28315	20.38	80381	57.86	30221	21.75
A	农、林、牧、渔业	4579	775	16.93	3244	70.85	560	12.23
B	采矿业	2286	551	24.10	1514	66.23	221	9.67
C	制造业	25802	4600	17.83	17705	68.62	3497	13.55
D	电力、燃气及水的生产和供应业	1786	520	29.12	648	36.28	618	34.60
E	建筑业	6936	874	12.60	4711	67.92	1351	19.48
F	交通运输、仓储和邮政业	5697	2173	38.14	2546	44.69	978	17.17
G	信息传输、计算机服务和软件业	4882	272	5.57	3660	74.97	950	19.46
H	批发和零售业	52501	13255	25.25	26477	50.43	12769	24.32
I	住宿和餐饮业	3148	1195	37.96	1358	43.14	595	18.90
J	金融业	4988	974	19.53		0.00	4014	80.47
K	房地产业	5293	183	3.46	3801	71.81	1309	24.73
L	租赁和商务服务业	10884	923	8.48	8346	76.68	1615	14.84
M	科研技术服务和地质勘查	1396	764	54.73			632	45.27
N	水利、环境和公共设施管理业	403	97	24.07			306	75.93
O	居民服务和其他服务业	3720	899	24.17	2233	60.03	588	15.81
P	教育	74	33	44.59			41	55.41
Q	卫生、社会保障和社会福利业	165	26	15.76	102	61.82	37	22.42
R	文化、体育和娱乐业	1063	201	18.91	722	67.92	140	13.17
	其他	3314			3314	100.00		

业收入670亿元，利税15亿元，从业人员90万人。主要产品有酿酒、缫丝、玻璃制品、竹编制品、棉纺织品、制伞、制糖、铸造、腌菜、干菜、泡菜、粉条、土陶、五金、机械、塑料、夏布、鞋类（皮鞋、胶鞋、拖鞋）、服装、中药材、猪鬃等。此外专业村镇还包括第三产业，例如专业市场、运输、餐饮、休闲、服务等。

（六）经营市场由以本市县域及农村为主向国内国际两个市场转变

直辖以来，重庆市非公有制经济以我国加入世贸经济组织为契机，努力开拓国内、国际两个市场，在向国内市场提供有效供给的同时，以优质的产品和良好的服务跻身于国际市场，涌现出了像重庆力帆实业（集团）有限公司、隆鑫控股有限公司、宗申产业集团、重庆弘愿气动工具厂、重庆市万州鱼泉榨菜集团有限公司、重庆陶然居饮食文化（集团）有限公司、重庆小天鹅投资控股（集团）有限公司等一批在全国乃至国际上都有较高知名度的非公有制企业。在市政府表彰的2006年出口“三十强”中，非公有制企业占有22个席位。

二、对全市经济发展贡献的跨越

（一）拉动经济增长的发动机

直辖以来，全市非公有制经济实现增加值以年均20%以上的速度增长。到2006年，非公有制经济实现增加值1851.3亿元。增加值占全市生产总值的比重，从1996年的25.1%提高到53.1%，其中民营经济实现增加值1561亿元，占全市GDP的比重，从23.8%提高到44.8%。10年间，非公有制经济拉动全市经济增长7.72个百分点，对全市生产总值增长的贡献率达到67.6%。

表 3 2006 年全市工商企业注册资本分布情况 单位:万元、%

行业代码	行业分类	合计	公有制企业		私营企业		混合所有制企业	
		金额	金额	比重	金额	比重	金额	比重
	合　　计	36460298	3549066	9.73	13210997	36.23	19700235	54.03
A	农、林、牧、渔业	516724	21187	4.10	323283	62.56	172254	33.34
B	采矿业	461586	28229	6.12	154546	33.48	278811	60.40
C	制造业	7355231	872623	11.86	2397502	32.60	4085106	55.54
D	电力、燃气及水的生产和供应业	1701907	127571	7.50	168705	9.91	1405631	82.59
E	建筑业	4456787	711559	15.97	2013744	45.18	1731484	38.85
F	交通运输、仓储和邮政业	1453285	429466	29.55	382737	26.34	641082	44.11
G	信息、传输计算机服务和软件业	966672	62406	6.46	242748	25.11	661518	68.43
H	批发和零售业	5237846	529291	10.11	2870638	54.81	1837917	35.09
I	住宿和餐饮业	297759	32912	11.05	156396	52.52	108451	36.42
J	金融业	1253181	26385	2.11		0.00	1226796	97.89
K	房地产业	5029638	146055	2.90	2833023	56.33	2050560	40.77
L	租赁和商务服务业	5325690	444449	8.35	775920	14.57	4105321	77.09
M	科研技术服务和地质勘查	444195	71295	16.05			372900	83.95
N	水利、环境和公共设施管理业	886636	17212	1.94			869424	98.06
O	居民服务和其他服务业	222843	15627	7.01	130007	58.34	77209	34.65
P	教育	6530	1857	28.44			4673	71.56
Q	卫生、社会保障和社会福利业	41843	215	0.51	23258	55.58	18370	43.90
R	文化、体育和娱乐业	158056	10727	6.79	94601	59.85	52728	33.36
	其他	643889			643889	100.00		

表 4 2006 年全市个体工商户行业分布情况 单位:万元

行业分类	期末实有					
	合计				其中:城镇	
	户数	比重%	资金数额	比重%	户数	资金数额
合　　计	503203		935320		385210	686490
农、林、牧、渔业	3551	0.71	32605	3.49	1250	8821
采矿业	1710	0.34	29535	3.16	426	6113
制造业	34383	6.83	116074	12.41	20814	53375
电力、燃气及水的生产和供应业	438	0.09	8783	0.94	237	2942
建筑业	617	0.12	3457	0.37	443	2110
交通运输、仓储和邮政业	26596	5.29	96676	10.34	17149	60888
信息传输、计算机服务和软件业	3490	0.69	15237	1.63	2946	14100
批发和零售业	325096	64.61	393745	42.10	252511	330112
住宿和餐饮业	38264	7.60	104427	11.16	32138	89079
房地产业	245	0.05	774	0.08	230	662
租赁和商务服务业	6312	1.25	27891	2.98	5515	22186
居民服务和其他服务业	56432	11.21	79366	8.49	46012	70850
卫生、社会保障和社会福利业	1709	0.34	6676	0.71	1509	6294
文化、体育和娱乐业	4088	0.81	18595	1.99	3789	17940
其他行业	272	0.05	1479	0.16	241	1018

在1996年到2006年全市累计完成的11554.6亿元固定资产投资中，非公有制经济完成6028.7亿元，年均增长32.1%，增幅高于国有投资8.5个百分点，占全市投资总额的比重由1996年34.18%上升至61.2%，占全市10年投资总额的比重达到52.2%。

全市非公有制经济实交税金以年均22.6%的速度增长。到2006年，实交税金230.2亿元，

表5 非公有制经济主要指标 单位:亿元

指标名称	增加值	增长速度(%)	GDP	占GDP比重(%)	对经济增长的贡献率(%)	固定资产投资完成额(亿元)	增长幅度(%)	占全市固定资产投资比重(%)	实交税金总额(亿元)	增长幅度(%)	占全市入库税金比重(%)
1996年	298.3		1187.47	25.12		109.64		34.18	25.49		31.78
1997年	356.43	19.5	1360.24	26.2	33.65	122.03	11.30	32.90	32.28	26.64	34.64
1998年	427.35	19.9	1440.56	29.67	88.3	178.36	46.16	35.80	39.55	22.52	36.97
1999年	474.25	10.97	1491.99	31.79	91.19	212.51	19.15	37.75	48.35	22.25	37.54
2000年	577.86	21.85	1603.16	36.05	93.2	269.5	26.82	41.09	58.43	20.85	42.55
2001年	693.14	19.95	1765.68	39.26	70.93	334.79	24.23	41.75	73.97	26.60	43.68
2002年	833.83	20.3	1990.01	41.9	62.72	535.15	59.85	53.75	89.29	20.71	45.17
2003年	1029.02	23.41	2272.82	45.28	69.02	717.63	34.10	56.54	106.5	19.27	44.64
2004年	1303.27	26.65	2692.81	48.4	65.3	840.48	17.12	51.82	128	20.19	43.56
2005年	1590.12	22.01	3070.49	51.79	75.95	1208.6	43.80	60.24	161	25.76	47.24
2006年	1851	19.70	3486	53.10	75.70	1500	24.11	61.20	230	42.86	52.71

注:本表数据来源于《重庆统计年鉴》和市中小企业局。

比1996年增长5.32倍，占全市税收总额的比重从1996年31.8%上升至2006年52.7%。其中民营经济上交税金187.7亿元，占全市税收总额的43.9%。大多数区县(自治县)当地财政收入的多数来自非公有制经济，非公有制经济已名副其实地成为县域经济的主体(见表5)。

(二)增加就业的主渠道

1996年以来，全市非公有制经济从业人员以年均6.36%的速度增长，每年新增就业岗位达30万个左右。到2006年，非公有制经济从业人员达到605万人，已占全市二、三产业从业人员的70%以上(见表6，下页)。非公有制经济迅速发展，不仅解决了全市就业增量，还消化了全市大部分就业存量的转移，对国有、集体企业经济体制改革、完善社会主义市场体制发挥了保障作用。1996年至2006年，全市国有集体从业人员减少343.7万人，而同期非公有制经济增加就业268.5万人，比1996年增长79.4%，相当于同期国有、集体经济从业人员减少总量的78.1%。目前，全市70%以上的城镇下岗职工在非公有制企业实现了再就业(见表6，下页)。非公有制经济为扩大就业，保持社会稳定发挥了重要作用。

(三)统筹城乡发展和城乡居民增收的火车头

1996年以来，全市非公有制经济群体迅速壮大，成为走向共同富裕的基本力量。一是全市2006年末个体工商户注册登记数达到50.32万户，户均资本1.87万元，另有31.6万户未登记注册的个体工商户(2004年经济普查数据)，二者至少涉及82万个家庭，250万人口，他们普遍进入富裕或小康生活水平。二是全市8.04万户私营企业，户均注册资本174.36万元，绝大多数为中小企业，涉及投资者超过25万人，家庭人口超过80万人，这些家庭多数是富裕家庭，成为全市富裕家庭的主体。三是私营企业及混合所有制企业的中高级管理人员、专业技术人员人数远远高于投资者，所涉及的家庭人口更多、范围更广，他们基本上属中高等收入阶层，大多进入了富裕阶层。四是605万人的非公有制经济从业大军，至

表 6 非公有制经济从业人员情况

指 标 名 称	全市总就业人数（万人）	全市二三产业从业人员（万人）	全市国有、集体经济从业人员（万人）	全市非公有制经济从业人员（万人）	非公有制经济从业人员占二三产业从业人员比重（%）
1996 年	1674.9	678.53	1337.63	337.27	49.71
1997 年	1679.91	684.76	1336.8	343.11	50.11
1998 年	1686.71	699.24	1318.31	368.4	52.69
1999 年	1688.73	707.4	1305.48	383.25	54.18
2000 年	1690	741.58	1269.21	420.79	56.74
2001 年	1680.38	766.08	1213.04	467.34	61.00
2002 年	1654.51	780.72	1138.72	515.79	66.07
2003 年	1634.77	796.44	1097.16	537.61	67.50
2004 年	1623.85	805.94	1059.71	564.14	70.00
2005 年	1611.57	816.76	1023.89	565.42	69.23
2006 年			993.6	605.75	

注：数据来源于《重庆统计年鉴》和市中小企业局，2005 年非公有制经济从业人员依据《重庆经济普查年鉴·2004》调整。

少涉及 500 万个家庭，1500 万人口，占全市人口总量的一半左右，他们因为有了工作，获得生活保障，其中多数过上了温饱或小康生活。

1996 年以来，全市非公有制经济为从业人员提供的劳动报酬总额以年均 19%的速度增长，2006 年达到 660.03 亿元，从业人员人均 10896 元（见表 7）。相当于为全市人均提供收入 2129 元，占全市人均收入的 35%左右(见表 7)。非公有制经济已成为增加城乡居民收入持续增长的重要来源。

（四）产业结构调整和支柱产业发展的擎天柱

1996 年以来，随着国有集体企业改革深入、全市主城区产业结构调整，特别是“退二进三”步伐加快，非公有制经济进入全市国民经济各大行业。以打造农业产业化龙头企业为主要形式进入第一产业，成为全市农业现代化、市场化建设的先锋和标兵，引导全市农业发展方向。在第二产业中，非公经济份额越来越大，拥有 74%的企业数量，实现了 64.3%的经济份额，成为制造业、采掘业、建筑业的主体。在第三产业中，非公经济全

表 7 非公有制经济从业人员劳动报酬

指标名称	非公有制经济从业人员（万人）	劳动报酬（亿元）	增长幅度（%）	从业人员人均收入（元/人·年）	从业人员人均收入增长（%）
1996 年	337.27	125.62		3724.51	
1997 年	343.11	149.45	18.97	4355.75	16.95
1998 年	368.40	181.95	21.75	4938.93	13.39
1999 年	383.25	211.46	16.22	5517.55	11.72
2000 年	420.79	243.91	15.35	5796.48	5.06
2001 年	467.34	288.78	18.40	6179.23	6.60
2002 年	515.79	339.40	17.53	6580.20	6.49
2003 年	537.61	385.50	13.58	7170.63	8.97
2004 年	564.14	445.00	15.43	7888.11	10.01
2005 年	587.68	526.40	18.29	8957.34	13.55
2006 年	605.74	660.00	28.00	10896.09	21.64

注：数据来源于重庆市中小企业局。

面渗透，快速发展，迅速壮大，已成为第三产业的主体。其中社会消费零售总额的88%、房地产业的90%均是由非公有制经济实现的。非公有制经济成为商业、餐饮、社会服务业、旅游业、公路运输、房地产业的主体。非公有制经济已成为全市主要支柱产业的重要组成部分。

(五)推进自主创新和发展名牌产品的先行者

直辖以来，全市认定的高新技术企业有677家，其中非公有制企业569家，占84%；非公有制企业申报国内专利1038项，占全市企业和院所申报总数的62%。在全市23个国家级、228个市级重点新产品项目中，民营企业分别占57%和79%。非公有制经济在发展中大力实施“名牌发展战略”，名牌产品由少到多，逐年增加。2006年，全市非公有制企业名牌产品达到74项，比1999年增加53项，占全市名牌产品的比重由1999年的32.8%提高到2006年的71.2%，7年提高了38.4个百分点；在全市19项全国驰名商标中，非公有制经济占了10项。它们是力帆、隆鑫、宗申、金夫人、小天鹅、辣妹子、鑫源、鱼泉、陶然居、谭木匠。截止到2006年底，由市政府命名的332项名牌产品中，非公有制企业有215项，占64.7%。

(六)对外开放的生力军

一是拥有自营进出口权的民营企业快速催生。1996年，全市非公经济出口主要依靠三资及外资企业，民营企业尚无自营进出口权，基本上是转口贸易。1997年，进出口经营权的民营企业实现了“零”的突破。2006年，全市拥有进出口经营权的非公有制企业达到978家。二是非公有制企业出口能力快速提升。实现了出口产品从以农产品为主快速向机电产品、高新技术产品为主转变，出口地区以亚非为主向全球广泛出击转变，出口以物化商品为主向物化商品、劳务商品齐头并进三大转变。三是出口总额迅速增长。2006年完成出口交货值25.97亿美元，比1996年增长13.3倍，比全市出口总额年均增长快11.6个百分点。占全市外贸出口总额比重由30.54%上升至77.6%，对全市外贸出口增长的贡献率达到87.57%(见表8)。四是利用外资水平进一步提高。2006年，全市利用外资项目252个，合同外资110158万美元，实际使用外资68195万美元；合同外资、实际使用外资同比分别增长36.25%、32.02%。

(七)建设和完善市场经济的实践者

1996年以来，非公经济快速发展，特别是在工业一般性竞争领域和第三产业中的快速发展，在加快了物质财富增长的同时，也极大促进了文化体育卫生娱乐等精神消费需求的增加。进一步满足了人民群众日益增长的多层次、多方位的需要。不仅如此，非公有制经济在加快市场体系完善的进程中起着无可替代的作用。随着非公有制经济快速发展，各种经济成分规模数量不断扩

表8 非公有制经济出口情况 单位：万美元

年份	非公有制经济出口	全市出口	非公经济出口所占比重(%)
1996	18128	59365	30.54
1997	22822	78015	29.25
1998	16992	51411	33.05
1999	19346	49039	39.45
2000	41754	99522	41.95
2001	51173	110248	46.35
2002	55824	109119	51.14
2003	80811	158509	50.98
2004	166236	209119	79.48
2005	191534	252054	75.98
2006	259663	335192	77.64

注：数据来源于《重庆经济年鉴》和非公有制经济领导小组办公室。

大,素质不断提高,相互之间的联系日益密切,彼此既有竞争,又有合作,尤其是以股份制为纽带,出现了融合发展的新趋势。越来越多的非公有制经济与公有制经济以股份制为载体,实现了共同发展。这种现象说明股份制不仅是公有制的实现形式,而且也是非公有制经济发展到一定阶段所必然采取的形式。非公有制经济的发展,为一部分中小型国有企业和其他公有制企业与非公有制企业的联合、兼并、嫁接、租赁和拍卖等提供了现成的对象和有效途径,为公有制企业实施股份制改造、募集股本、扩大资本及生产经营创造了条件。截至2006年底,全市有2000多家民营企业参与了国有企业的改组、改造,完成了与全市95%以上的乡镇集体企业的产权制度改革的对接,推动了全市所有制结构的调整和优化,形成了不同所有制企业之间相互竞争、共同发展的格局。

(八)造就企业决策、经营管理大军的大学校

全市非公有制企业从1996年13776户私营企业、1964户三资及外资企业发展到2006年8.04万户私营企业、929户三资及外资企业、3万户混合所有制企业。在这些众多的私营企业主中,有的是通过长期的个体经营,逐步积累并发展起来的;有的是"洗脚上田"的;有的在经过改革或企业改革中"下海"、下岗分流后开始创业的;有的是依靠高科技专利技术等智力资本的投入走上发展之路的;有的是购买改制的国有中小企业和乡镇企业后进行私人或合伙经营的,等等。企业规模迅速扩大,产业迅速做强。培养了一支近百万人的企业经营者和优秀管理人才队伍,涵盖了企业决策、经营、管理、专业技术的方方面面。优秀企业家群体和杰出管理人才队伍的形成为全市经济快速健康发展奠定了坚实的物质基础。

(九)农业产业化进程的开拓者

10年间,农业产业化龙头企业从无到有,快速发展。到2006年,全市已有农业产业化龙头企业2300家。其中,市级龙头企业达到159家,国家级龙头企业19家,龙头企业销售收入增长4倍多,带动发展了优质商品生产基地1000余万亩,辐射带动了900多万农民增收致富。重庆农业产业化参与的市场主体快速扩大。据国家统计局重庆调查总队调查统计分析,一是投资渠道多元化,2005年非国有投资高达10.3亿元,占总投资的76.3%。二是带动作用强。重庆市20家农业重点企业直接带动农户20.25万户,间接带动农户44.86万户,平均每家带动农户数达3.26万户。

(十)公益事业发展的坚定支持者

直辖以来,全市非公有制经济以库区、贫困山区扶贫开发为重点,实施光彩事业项目100多个,投资总额超过15亿元,带动了40余万人脱贫,解决了4万多名下岗职工再就业;有近200户非公有制企业共捐赠1亿多元,捐建学校80余所。在抗洪救灾、抗击"非典"中发挥了扶贫济困的积极作用。据初步统计,全市非公有制经济仅在2006年抗旱救灾中就捐款3169万元,捐献的各类物资价值达417万元。非公经济在支持全市公益事业、扶危济困方面已成为不可或缺的重要参与者。

三、政策环境的跨越

(一)政策体系日趋完善

为了加快非公有制经济发展,1997年2月,市委、市政府制定出台了《关于大力发展个体私营经济的决定》。1998年,市委、市政府又制定出台了《关于进一步加快个体私营经济发展的决定》。2001年,市政府制定出台的《重庆市实施西部大开发若干政策措施》中,许多政策措施都是有利于促进非公有制经济发展的。2003年9月,市委、市政府召开全市发展民营经济动员大会,制定出台了《关于进一步加快民营经济发展的决定》。

2004年,市中小企业局牵头,会同26个市级部门制定了8个贯彻市委、市政府《关于进一步加快民营经济发展的决定》的配套文件,在全市形成了推动民营经济加快发展的高潮。

2005年,市政府制定出台《重庆市人民政府贯彻国务院关于鼓励支持和引导个体私营等非公有制经济发展若干意见的实施意见》(渝府发〔2005〕85号),在扩大非公有制经济市场准入和

投资领域、加大政策支持力度、维护企业合法权益等方面进一步作了明确规定，为非公有制经济发展营造了较好的政策环境。

2006年，市委、市政府在全市机关开展了旨在改善民营经济发展环境的“执政为民、服务发展”的学习整改活动，发展环境得到进一步宽松与优化；为了促进全市文化事业、文化产业的协调发展，市委办公厅、市政府办公厅转发了市委宣传部、市财政局、市文化广电局、市新闻出版局《关于大力发展民营文化企业的意见》（渝委办〔2006〕43号），明确了放宽民营文化市场准入和投资领域等政策规定。同时，市委、市政府还建立了发展非公有制经济的激励机制。

直辖以来，市政府在扶持企业做大做强的政策措施和评选工业企业50强、确定优势扩张型企业和“小巨人”企业中，对非公有制企业一视同仁地给予支持。从2004年起，市政府在继续对乡镇企业实行目标综合考核奖励的同时，在全市开展了“民营经济十强区县”、“民营企业五十强”考评奖励活动，建立了“民营经济发展奖”奖励制度。市中小企业局与市人事局开展了“重庆市首届民营企业家”评选活动，评选出118名重庆市民营企业家。这些措施，对调动非公有制企业业主积极性，提高非公有制经济发展水平起到了积极的促进作用。

(二)行政体制科学高效

1997年，市委、市政府成立了“重庆市发展个体私营经济领导小组”，批准了沙坪坝区、潼南县、开县等10个区县为个体私营经济试验区和示范区。2001年，根据《国务院办公厅转发国家经贸委关于鼓励和促进中小企业发展若干政策意见的通知》，市政府成立了重庆市推动中小企业发展工作领导小组，在重庆市工商局设立重庆市个体私营经济工作办公室。由于中小企业、乡镇企业经过改制，绝大多数成为了非公有制企业。因此，在非公有制经济、中小企业、乡镇企业中出现你中有我，我中有你的发展局面。长期以来，全市中小企业、乡镇企业和非公有制经济的发展工作又是由几个部门分别组织实施的，存在着职能交叉、多头管理、政出多门、发展合力不强、管理体制不顺的问题。

针对这些问题，市委、市政府组织市级有关部门就理顺管理体制进行了专题调研。2002年，市委、市政府在推进职能转变，创新行政管理体制的进程中，决定撤销市乡镇企业管理局和市经委中小企业处，在原乡镇企业管理局的基础上组建了重庆市中小企业发展指导局，挂乡镇企业局牌子，形成了“一个机构、两块牌子”的体制。2003年，市委、市政府在作出的《关于进一步加快民营经济发展的决定》中，将原重庆市个体私营经济领导小组更名为重庆市民营经济发展领导小组，领导小组办公室改设于市中小企业局，就形成了一个机构、三块牌子（中小企业局、乡镇企业局、民营经济领导小组办公室）的新体制，把民营经济、中小企业和乡镇企业的指导服务工作由过去几个部门分头抓改为由一个部门统一组织实施。2005年，市政府制定出台《重庆市人民政府贯彻国务院关于鼓励支持和引导个体私营等非公有制经济发展若干意见的实施意见》，又将重庆市民营经济发展领导小组更名为重庆市非公有制经济发展领导小组，领导小组办公室仍然设在市中小企业局。“一个机构、三块牌子”，这是市委、市政府行政管理体制上的创新，受到了国家有关部委的好评。

市级的非公有制经济、中小企业、乡镇企业管理体制基本理顺后，各区县（自治县）党委、政府十分重视创新行政管理体制的工作，结合本地实际也逐步理顺了体制。目前，从市到各区县（自治县）及镇（街道），基本形成了非公有制经济、中小企业、乡镇企业的工作体系，不断加强了对非公有制经济工作的指导、服务，发展非公有制经济的合力不断增强。

(三)减负工作成效显著

为了营造一个良好的发展环境，1998年，市政府制定出台了《重庆市人民政府关于规范政务管理改善投资环境的决定》及其6个配套文件，从行政许可、审批、登记、收费、处罚以及政务公开、办事效率、投资服务、监督检查等方面规范了政务管理。2000年,市政府推出了"十个一批"的综合整治措施。即:废止或停止适用一批地方政策和规章;停止施行一批行政许可、审批项目;取消一批行政事业性收费项目;破除一批行政性垄断和行业性垄断;宣布一批政府主管部门与所办中介机构脱钩;规范一批报刊的征订发行;综合整治一批重点窗口地区和行业;公开评价一批市政府职能部门;宣布一批对外开放的优惠政策;表彰一批人民建议获奖人员。2002年,市政府又推出了新的"十个一批"措施,并对市级职能部门的行业作风进行公开评议,对社会或企业反映的问题,由市政府督察室督促整改。为了解决对企业乱收费、乱罚款、乱摊派的"三乱"问题,市政府自1997年以来,认真贯彻落实《中共中央、国务院关于治理向企业乱收费、乱罚款和各种摊派等问题的决定》和市人大制定出台的《重庆市禁止非法增加企业负担条例》,加大了治乱减负力度。截止到2006年底,全市共清理取消不合理收费项目800多项。为了维护非公有制经济合法权益,市委、市政府还分别在市外经贸委、市台办和市中小企业局设立了外商投诉中心、台商投诉中心和民营企业维权投诉中心。通过采取以上措施,非公有制经济的合法权益受到较好保护,发展和生存环境得到明显改善。

(四)理论研究硕果累累

2002年,市工商联举办了"重庆市非公有制经济发展研讨会",就非公有制经济发展的有关问题进行了研讨。会上提出的关于成立全市诚信建设领导小组;关于加强中小企业信用和担保体系建设,加大对中小企业的扶持力度;关于整顿规范和发展行业协会,发挥行业协会在市场经济建设中应有的重要作用;关于加强对餐饮行业的管理支持,将餐饮行业定位为重庆市的重要产业;关于设立企业家活动日等5条意见和建议被市委、市政府采纳。2004年,民革重庆市委、市中小企业局、黔江区政府、市工商联在重庆市举办了"民营经济论坛",全国人大常委会副委员长成思危应邀到会发表演讲,市委常委、常务副市长黄奇帆就重庆市民营经济发展现状、今后发展的方向也发表了演讲。2006年,市中小企业局在举办了"都市型工业论坛",来自香港特别行政区和上海市的有关专家发表了演讲,重庆市副市长余远牧就重庆都市型工业发展也发表了演讲。

2003年以来,市中小企业局还在大专院校、区县(市)和镇(街)及企业举行了近100次非公有制经济讲座,与各级党政领导和企业法人探讨非公有制经济的发展,并利用《重庆中小企业》杂志、中国中小企业重庆网和新闻媒体加强非公有制经济的舆论导向,积极组织开展非公有制经济发展的经验交流、理论探讨,共撰写了1000余篇颇有价值的理论性和经验总结文章,使重庆市不少非公有制企业人士受益匪浅。2005年,市政府开展了发展民营经济意见征集活动,收集到的1000多条建议意见对市委、市政府决策和促进非公有制经济发展起到了积极作用。

四、服务体系建设的跨越

(一)融资服务体系

首先是争取金融机构加大对非公有制经济发展的扶持力度。从2004年起,重庆市中小企业局协助国家开发银行重庆市分行实施百亿"中小企业贷款试点计划";与市商业银行合作实施3年内新增贷款100亿元扶持100户"小巨人"企业的"311金融服务计划";与市农信社合作实施在3年内新增贷款200亿元支持2000户中小企业的"322金融服务计划"。这三大金融服务计划进展顺利,2005年,为非公有制经济新增贷款150亿元。2006年,市中小企业局又与市农业发展银行合作实施涉农小企业金融服务计划,将为涉农小企业提供10亿元的贷款支持。其他金融机构也在陆续制定出台支持非公有制经济发展的融资办法和措施。其次,是成立了全市中小企业信用担保协会,规范担保行为,指导担保机构健康发展。截至2006年11月,全市中小企业信用担保机构发展到55家,注册资金42.21亿元。预计到2006年底,全市累计担保金额将达到140亿元,非公有制企业贷款难的矛盾有所缓解。

(二)创业服务体系

市中小企业局积极争取国家发改委把重庆市作为了全国中小企业创业培训试点城市,制定了《创办小企业,开发新岗位的实施意见》,以市中小企业培训中心为基地,利用社会各种资源组织创业辅导和创业培训。2003年以来,已为1100名立志创业者提供了免费培训,其中有310名学员成功地创办了小企业。同时,充分利用闲置的厂房设备积极推动小创业基地建设,取得了明显成效。

(三)技术服务体系

市中小企业局与市科委、市技术监督局等市级有关部门建立了全市企业技术公共平台,为全市非公有制企业提供科技产品开发、科技信息集成共享、科技成果转化、科技人才培养等方面的服务。2004年11月,市中小企业局举办了"重庆市中小企业技术难题与融资发布会",推出了61个技术难题,组织企业与大专院校、科研单位共同攻克技术难关。2005年,市中小企业局在中小企业发展专项资金中划出100万元建立了创新基金,主要用于专家服务团与企业开展"一对一"的对接技术难题诊断咨询活动;资助企业建立技术研发中心和新产品开发;重点扶持科技型企业开发技术创新活动等。当年底,全市非公有制企业技术创新中心和研发机构有431个,开发新产品389项,申报技术创新项目29个,技术创新项目和新产品创造的经济价值达73亿元,新增利税5.1亿元。组织开展专家服务团与企业"一对一"对接技术难题诊断活动,联系28个科研院校为非公有制企业攻克了52项技术难题。

(四)培训服务体系

市中小企业局按照中央提出实施人才强国战略和市委提出人才强市的总体要求,加强市乡镇企业干校(中小企业培训中心)和万州、黔江、永川3个分中心的建设,结合国家发改委实施的"银河培训工程"、农业部实施的"蓝色证书工程"、"阳光工程"和科技部实施的"星火培训"开展了创业者、企业管理人员、专业技术人员和融资担保人员培训。2005年1月18日,市中小企业局与重庆广播电视大学共建的重庆广播电视大学企业管理学院正式挂牌运行,使重庆市对非公有制经济人员的培训教育服务迈上了一个新的台阶。直辖以来,市乡镇企业干校(中小企业培训中心)及其分支机构培训各类人才累计达到10万人。其中2003年至2006年,举办"银河培训班"63期,9908名非公有制企业经营管理人员、服务机构从业人员和创业者接受了培训。

(五)法律服务体系

2003年,市中小企业局成立了"中小企业法律服务中心"。2004年,根据市委、市政府《关于进一步加快民营经济发展的决定》的要求,市政府在市中小企业局设立了"重庆市人民政府民营企业维权投诉中心"。这"两个中心"及时受理企业的投诉和法律咨询,积极配合有关部门加大企业治乱减负和侵犯企业合法权益行为的查处力度,指导各区县(自治县)设立维权投诉中心。至此,已有10多个区县(市)设立了维权投诉中心或"经济110",为非公有制企业发展营造良好的法律环境和生存环境。截至2006年8月,"两个中心"累计受理投诉案件971件,已办结960件,结案率达98.8%。

(六)市场服务体系

为了适应非公有制经济开拓市场的需要,2004年以来,市中小企业局建立了"重庆市中小企业产品推介中心"、"重庆市中小企业国际经贸促进中心",在杭州市设立了对外招商工作部,并在37个区县设立了联络员,将市场服务平台延伸到了区县。2003年以来,市中小企业局组织非公有制企业参加了多届重庆名优农产品交易会、渝洽会、中小企业博览会等各种展示展销会,为非公有制经济开展了境外合作伙伴的资信调查、国际经贸交流、国际行业市场分析等服务。2006年4月,市中小企业局经市政府批准,成功地承办了2006年·中国重庆都市工业园(楼宇)招商洽谈会和"都市型工业论坛",吸引了国内外、市内外500多名商家和有关人士参加,有27个项目在会上签约,签约项目使用厂房(楼宇)面积23.35万平方米,投资总额达到3.83亿元,预计年销售收入可实现8.15亿元、利税9625万元、新增4846个就业岗位。同时,还与市内外商家签署了15项意向性协议,拟利用厂房(楼宇)面积33760平方米,项目总投资6980万元,预计项目实施后,年销售收入可达到3.4亿元、税收2116万元、利润2355万元、新增就业岗位2020个,扩大了全市非公有制经济的市场化程度和对外开放度。对此,市委常委、常务副市长黄奇帆在市中小企业局《关于2006中国重庆都市工业园(楼宇)招商洽谈会情况报告》上批示:"很好!要努力将都市型工业办成重庆老工业基地新的增长极,成为满足都市商品需求、增加职工就业、合理城市布局的功能性产业。"

(七)质量服务体系

市中小企业局整合政府资源,将农业部乡镇企业局设在重庆市的建材质检站与市水泥质检站合并,形成了一个机构、一套人马、统一工作的质量检测体系,为非公有制企业的质量体系建设提供服务;其次,按照建立现代企业制度和现代产业制度的要求,积极指导和帮助企业建立完善产品质量监测管理制度,组织实施名牌战略,帮助重点企业争创名牌产品;三是配合有关部门建立非公有制企业信用信息征集、评价、公示、查询制度,开展企业诚信等级评定,有力地推动了非公有制企业的信用建设。

(八)信息服务体系

市中小企业局在已建局域网的基础上,于2004年与重庆电信增值业务中心合作,建立了中国中小企业网重庆网,为企业提供快捷、准确的人才、技术、市场、融资等信息和政策导向服务。同时,还建立了全市非公有制经济统计评价体系和动态监测体系,为各级党委、政府科学决策提供服务。为此,国家发改委将重庆列为了全国中小企业、非公有制经济统计工作试点城市之一。

五、转变经济增长方式的跨越

(一)规划先行,引导发展

一是制定《重庆市非公有制经济中长期发展规划》引导全市非公有制经济快速健康发展。二是制定《重庆市都市型工业发展规划》促进重庆市新型工业化进程,拓宽非公有制经济发展空间,提供更多的就业岗位,利用主城区和其他中心城区的一批闲置楼宇。三是制定《重庆市"十一五"农产品加工发展规划》全面提升全市农产品生产能力和加工水平。

(二)创新思路,拓展空间

1.制定了《重庆市人民政府关于推进都市工业园(楼宇)建设的意见》(渝府发〔2005〕20号),用以优化资源配置和生产力布局、完善城市功能、增加就业岗位、培育特色经济与优势产业、构建区域经济发展新格局

全市共建设67个都市工业园(楼宇)。其中12个都市工业园和12个都市工业楼宇被命名为市级都市工业园和市级都市工业楼宇。截至2006年上半年,已命名了46个市级都市工业园(楼宇),共入住企业1163户,使用闲置房屋219.61万平方米,提供就业岗位7.59万个,实现营业收入99.81亿元,上缴税金3.21亿元,创利润5.97亿元。

2.推进小企业创业基地建设,新增就业岗位

市中小企业局按照《创办小企业,开发新岗位的实施意见》的要求,积极支持和引导有条件的企业把闲置的厂房、设施改造成为创业辅导基地,为创业者提供创业服务。从2005年起,市政府又把小企业创业基地建设的工作纳入了市"民心工程"予以推动,当年全市建立了35个"重庆市级小企业创业基地",为69980名农民工提供了就业岗位。预计到2006年底,全市将再创15个"重庆市级小企业创业基地",可为2万多个农民工提供就业岗位。

3.积极培育成长型企业,指导非公有制企业做大做强

从2006年开始,在全市组织实施"3153工程"。即:用3年的时间,在全市培育1000家重点成长型中小企业,其中500家成为中型骨干企业,30家进入大企业行列。2006年市中小企业局又制定了《关于实施成长型中小企业"3153"工程

的意见》(渝中小企〔2006〕143号),进一步明确了培育成长型中小企业的目标,确认了1114户企业为重庆市成长型中小企业加以培育,使其成长壮大,从而改变非公有制企业规模偏小的状况。

4.大力培育和发展产业集群,突出特色经济

直辖以来,市中小企业局结合全市实施的十个"农业产业化百万工程"、"经济百强镇工程",引导非公有制经济实施"名牌战略",充分利用资源优势、产业优势、产品优势,相对集中,连片发展,鼓励非公有制企业做大做优做强,出现了摩托车配件、汽车配件、铸造、小五金、皮鞋、食品、家具、纺织、餐饮等专业化、特色化的镇(街)和市场。随着产业集群的发展,逐步改变非公有制经济小、散、杂、弱的状况。

(三)开拓市场,扩大开放

直辖以来,市委、市政府通过整治发展环境,制定出台《重庆市鼓励外商投资若干优惠政策》及补充规定;建立渝港、渝澳经济促进洽谈会;年年举办"一会一节"和高新技术成果交易会;有关部门每年都组织非公有制企业参加境内外各类经贸洽谈会、交易会;加快北部新区、经开区、高新区、长寿化工园区和30个特色工业园区、74个乡镇企业工业园区建设;大力推进都市工业园(楼宇)建设等措施,为非公有制经济发展拓展了新的发展空间。

(四)百年老店,人才第一

直辖以来,随着非公有制经济的快速增长,优化非公有制经济发展的人才环境,建设一支具有中国特色社会主义共同理想、适应经济全球化和非公有制经济快速发展要求的高素质非公有制经济人才队伍摆上有关部门的重要议事日程。2004年,市中小企业局以市民营经济发展领导小组的名义印发了《关于进一步加强民营经济人才工作的实施意见》(渝中小企〔2004〕25号),并会同市人事局和浙江省人事厅、浙江省行政学院联合组织了2004年浙江·重庆民营经济发展公务员对口培训班,全市有39位来自市和区县(市)中小企业工作部门的有关领导、乡镇分管领导参加了为期三周的专业培训和实地考察,达到了提高认识、更新观念、开阔视野、增长知识的目的。2005年,市委组织部、市人事局、市中小企业局、市工商联联合制定了《关于进一步加强民营经济人才队伍建设的意见》,明确了民营经济人才队伍建设的指导思想和目标任务,提出了建立民营经济人才培养体系、评价体系的总体要求和鼓励及引导各类人才向民营经济流动的投入机制、激励机制。同年9月,为了探索和学习浙江民营经济发展的经验及浙江省民营企业家的创新精神、发展理念、经营智慧和市场眼光,经市中小企业局与浙江省中小企业局商定,组织了29名民营企业优秀管理工作者到浙江民营企业进行60天的挂职学习。根据市委组织部等四个部门的《意见》,市中小企业局于2006年制定了《重庆市非公有制经济工作部门人事人才工作考核办法》(渝中小企〔2006〕113号),对组织领导、人才培训、人才服务、企业党建等四个方面的工作提出具体的考核内容和奖励等次;印发了《关于在非公有制经济、中小企业、乡镇企业中开展高级经营管理师资格认证工作的通知》(渝中小企〔2006〕165号),并纳入了非公有制经济工作部门人事人才工作的考核,以此培育和壮大高级管理人才队伍。截至2006年上半年,全市有127人获得高级经营管理师证书。从2005年开始,市中小企业局还配合市人事局开展了"重庆市乡镇企业工程类专业技术称号转评工程专业技术职务任职资格"工作。截至2006年上半年,全市有6900余人获得中高级专业技术职务任职资格。同时,还充分发挥培训服务平台的作用,组织开展了各类人才的教育培训和职业技能鉴定等工作。通过实施加强人才队伍的措施,为加快全市非公有制经济发展提供了人才保障和智力支持。

注:本文数据出自市统计局、工商局、中小企业局

撰稿单位:重庆市中小企业局(乡镇企业局)
重庆市非公有制经济发展领导小组办公室

执笔人:吴锡鹏、孙长清

第二编

产 业 发 展

大城市带大农村

直辖后的重庆，市情特殊。与我国其他三个直辖市相比，直辖之初的重庆有“三个之最”：面积最大、人口最多、经济最穷。既有特大型城市，又有地域广阔的农村，大城市与大农村并存是直辖后的重庆市的一个突出的特殊市情。因此，有党中央交代的一项重要任务：探索大城市带动大农村的新路子。新兴直辖市的发展思路在科学论证和反复探索中不断理清，一种既有直辖共性，同时又有别于京津沪的建市思路逐步形成——以建成长江上游经济中心为战略定位，探索一套科学、高效的行政管理新体制，实现大城市带动大农村、城乡一体共发展共繁荣。

一、直辖十年来重庆大城市带大农村建设与发展的基本状况

直辖10年来，重庆通过统筹城乡协调发展，推进城镇化进程，城乡二元结构有了一定程度的改善，目前已初步进入“以工促农、以城带乡”、“工业反哺农业、城市带动农村”的新阶段。直辖10年来的重庆，经济社会持续、快速、健康发展，社会面貌发生深刻变化，大城市带大农村建设与发展取得辉煌成就，其基本状况和态势主要表现在以下一些方面。

(一)城镇化进程加快，城镇化率提高

重庆市辖区面积82403平方公里，直辖时由涪、万、黔3个地区和原重庆单列市共43个区县（自治县）组成（其中6个区、4个县级市、33个县）。1996年末总人口为3022.77万人，其中农业人口有2445.65万人，农业人口占总人口比重高达80.9%，非农业人口577.12万人，城镇化率仅为19.09%。直辖后经行政区划调整，目前辖区有40个行政区县，包括19个区、21个县。

直辖以来，重庆市采取了加快户籍制度改革、构建网络状城镇体系、加强农村小城镇建设等一系列措施加快城镇化进程，城镇化率稳步上升，重庆大城市带大农村战略实施取得有一定成效，城乡差距缩小，城乡二元结构一定程度改善，城乡一体化趋势加强。2006年重庆市总人口达到3188.87万人[①]，农业人口2339.83万人[②]，农业人口比1996年减少105.82万人，农业人口占总人口比重73.37%，比1996年下降7.53个百分点。城镇人口2006年1311.29万人，常住人口2808.00万人，按照城镇人口计算，城镇化率达到46.7%。2006年全市非农业人口849.04万人[③]，按照非农人口计算，城镇化率达到26.63%，比直辖前的1996年的19.09%提高7.54个百分点。2006年，城市建成区面积732.87平方公里[④]，比直辖前的1996年的355.71平方公里扩大了1.23倍。目前，重庆市有超大城市1个（重庆主城区），中等城市5个（江津、合川、永川、万州、涪陵），小城市5个（万盛、双桥、南川、黔江、长寿），小城镇969个（其中县城21个），城市体系正在逐渐完善之中（见图1，下页）。

(二)城市经济社会得到发展，城市综合实力提高

大城市带大农村，首先，大城市要得到发展。直辖以来，在党中央、国务院的关怀、领导下，在全国人民的大力支持下，通过全市人民的艰苦奋斗，开拓创新，重庆城市经济社会得到快速发展，城市综合实力进一步提高，为大城市带大农村战略实施奠定了坚实基础。

1.工业经济发展迅速

重庆是我国著名的老工业基地，工业经济发展对于重庆经济实力的提高起着决定性的作用。通过国有企业扭亏脱困，加大社会主义市场经济

图 1 1996—2006 年重庆市城镇化率

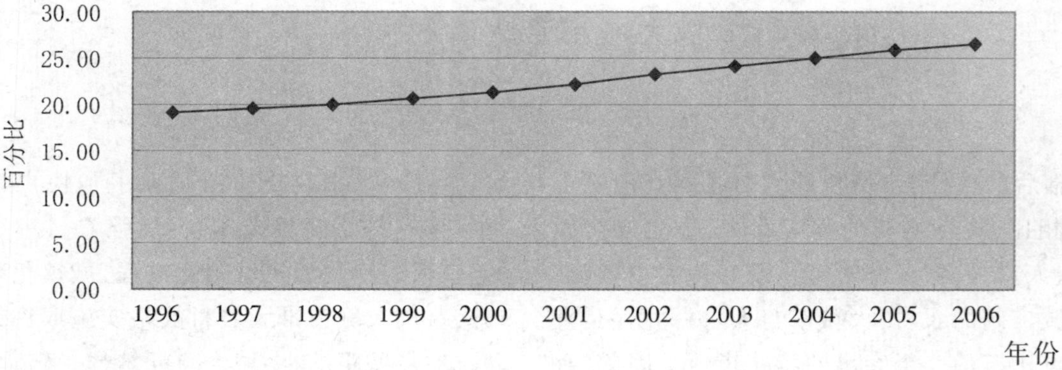

体制改革，扩大对外开放等措施，直辖以来，重庆工业经济得到较快发展，工业经济效益得到提高，城市经济实力得到增强。2006 年，重庆工业总产值 3214.23 亿元，是 1996 年 823.47 亿元的 3.90 倍，年均增长率 14.59%；工业增加值 845.38 亿元，是 1996 年 233.37 亿元的 3.62 倍，年均增长率 13.74%；实现利税总额 316.66 亿元，是 1996 年 47.50 亿元的 6.67 倍，年均增长率 20.89%；全员劳动生产率 87470 元/(人·年)，比 1996 年的 12298 元/(人·年) 增加 75172 元/(人·年)，是 1996 年的 7.11 倍，年均增长率为 21.68%。直辖 10 年来的改革、发展，重庆工业逐步形成了汽车摩托车、装备制造、资源加工和高新技术等重点产业，为全国工业经济的发展作出了自己的贡献。

2.城市建设日新月异

重庆直辖以来，通过加大城市基础设施投入，加强城市规划和管理，一大批城市基础设施建成投入使用，城市建设发展迅速，城市面貌日新月异。解放碑中央商务区人气鼎盛，观音桥商圈商业街成为西南第一条中国著名商业街，商圈建设成效显著。中国三峡博物馆、重庆国际会展中心等一批标志性建筑建成投用，长江李家沱大桥、嘉陵江黄花园大桥、渝澳大桥、城市轻轨交通等重大基础设施建成使用，一个现代化的大都市已初见雏形。与此同时，金融、商贸、科教文化等第三产业也得到大力发展，城市综合实力得到加强，重庆直辖市正朝着长江上游的商贸流通中心、金融中心、科教文化信息中心，综合交通枢纽和通信枢纽，以及以高新技术产业为基础的现代产业基地目标迈进。

（三）农业农村经济快速发展，农村面貌得到较大改善

重庆作为一个大城市与大农村并存、城乡二元结构突出的特殊直辖市，做好"三农"工作意义重大。在大城市带大农村过程中，农村也需要夯实自身发展的基础，增强自身实力，才能跟上大城市发展的步伐，接受大城市的辐射和带动。

直辖 10 年来，重庆市认真贯彻落实党在农村的各项方针政策，扎扎实实做好"三农"工作，农业农村发展取得显著成就，呈现出良好势头。随着 2004 年重庆市人均地区生产总值越过 1000 美元，重庆市初步进入了"以工促农、以城带乡"的新阶段。突出表现在八个方面：一是农村经济实力明显增强，农产品短缺问题得到有效解决。2006 年重庆市农林牧渔业总产值 637.24 亿元，是 1996 年 424.99 亿元的 1.50 倍，年均增长 4.13%。主要农产品总产量和人均占有量均大幅度增加，实现了总量平衡、丰年有余。二是"三百工程"深入实施，农业农村经济结构不断优化。以"农业产业化百万工程"、"百个经济强镇工程"和"百万农村劳动力转移就业工程"为载体，大力推进农业农村经济结构战略性调整，农业产业化、农村工业化步伐明显加快，城镇化率达到 46.7%。三是农村基础设施建设步伐加快，农民生产生活条件逐步改善。实现了全市所有乡镇和 90%左右的行政村通公路，解决了几百万农村人

口的饮水困难,农村通讯条件、生态环境质量得到较大改善。四是农村各项改革深入推进,市场经济体制在农村基本确立。农村税费改革、土地征用制度、粮食流通体制等各项改革取得较好成效,农业农村发展的内在活力不断增强。五是扶贫开发取得阶段性成果,实现成建制整体越温达标。到目前为止,经过不懈努力,如期完成了国家“八七”扶贫攻坚计划规定的任务和重庆市“五三六”扶贫攻坚计划、重庆市“十五”扶贫开发规划确定的主要目标。农村绝对贫困人口由1997年的220万人下降到55万人,减少了165万人,减幅达75%;农村绝对贫困发生率由9%下降到2.3%,下降6.7个百分点。开发式扶贫顺利推进。六是农村社会事业稳步发展,社会文明程度不断提升。“两基”、“普实”任务基本完成,科技教育事业不断发展,公共卫生体系建设步伐加快,人口和计划生育工作取得成效,精神文明建设、民主法制建设进一步加强。七是农民收入持续增长,生活水平显著提高。全市农村居民人均纯收入由1996年的1479元提高到2006年的2874元,农村住房条件明显改善,消费水平不断提高。八是农村基层组织建设扎实推进,凝聚力战斗力进一步增强。“三级联创”取得成效,村级组织活动阵地建设顺利推进,干部队伍的思想政治素质、工作业务水平和带民致富本领不断提高。全市各级党委、政府和广大干部群众经过10年的艰苦努力,在解决“三农”问题上取得了显著成就,积累了宝贵经验,为在新的起点上更好地推进农业农村发展奠定了坚实基础。

(四)地区综合实力提高,大城市带大农村取得实效

直辖10年来,在工农业生产加速发展的势头下,重庆综合实力得到提高,大城市带大农村战略实施取得实效。2006年,重庆市地区生产总值3486.20亿元,是1996年1187.47亿元的2.94倍,年均增长率11.37%;地方财政收入529.46亿元,是1996年54.94亿元的9.64倍,年均增长率25.43%;产业结构更趋合理,三产比重由1996年的24:40:36调整到2006年的12.3:43.0:44.7,第一产业比重下降11.7个百分点,第三产业比重上升8.7个百分点。2004—2006年,重庆市人均地区生产总值分别达到9624元、10982元、12437元,均超过1000美元。经济的快速发展使重庆初步具备了“工业反哺农业、城市支持农村”的基础条件和实力,跨入21世纪,重庆已初步进入了“以工促农、以城带乡”的发展时期(见表1)。

(五)城乡居民生活水平提高,统筹城乡发展取得进展

直辖以来,重庆经济社会的发展使人民得到了实惠,城乡居民生活水平不断提高,大城市带

表1 1996—2006年重庆市国民经济发展情况

年份	GDP(亿元)	GDP增长率(%)	人均GDP(元)	工业总产值(亿元)	工业总产值增长率(%)	农林牧渔业总产值(亿元)	农林牧渔业增长率(%)
1996	1187.47	16.85	3942	823.47	7.63	424.99	12.48
1997	1360.24	14.55	4485	870.55	5.72	439.35	3.38
1998	1440.56	5.90	4721	766.79	-11.92	428.88	-2.38
1999	1491.99	3.57	4866	858.55	11.97	416.88	-2.80
2000	1603.16	7.45	5202	962.32	12.09	412.63	-1.02
2001	1765.68	10.14	6219	1072.83	11.48	433.17	4.98
2002	1990.01	12.71	7052	1228.37	14.50	460.98	6.42
2003	2272.82	14.21	8091	1588.99	29.36	488.57	5.99
2004	2692.81	18.48	9624	2142.73	34.85	612.77	25.42
2005	3070.49	14.03	10982	2525.87	17.88	662.19	8.07
2006	3486.2	13.54	12437	3214.23	27.25	637.24	-3.77

注:数据根据2006年重庆市统计公报、《重庆统计年鉴·2006》有关数据计算整理。

大农村取得实效,统筹城乡发展取得进展。

1. 城乡居民收入提高

2006年城市居民人均可支配收入11570元,比1996年5022.96元增加6547.04元,增长1.30倍,年均增长率8.70%;农村居民人均纯收入2874元,比1996年的1479.05元增加1394.95元,增长0.94倍,年均增长率6.87%。2006年城乡居民储蓄存款余额2949.05亿元,是1996年500.71亿元的5.89倍,年均增长率19.40%;城乡居民人均人民币储蓄存款余额9249元⑤,是1996年1656元的5.58倍,年均增长率为18.76%。居民收入的提高和储蓄存款的大幅度增加,表明了重庆直辖以来经济的发展带动居民生活水平的提高,反映了重庆大城市带大农村城乡共富裕的事实(见表2)。

2.城乡居民消费水平提高,生活质量优化

直辖10年来,居民消费水平上了一个新台阶。2006年,城市居民人均消费支出9399元,比1996年的4467.12元增加4931.88元,增长了1.10倍,年均增长率7.72%;农村居民人均生活消费支出2205元,比1996年的1328.18元增加876.82元,是1996年的1.66倍,年均增长率5.20%。反映居民生活质量的恩格尔系数,直辖以来不断下降。城市居民家庭恩格尔系数由1996年的50.2%下降到2006年的36.3%,下降13.9个百分点;农村居民家庭恩格尔系数由63.2%下降到52.2%,下降11个百分点,城乡居民生活质量有了明显改善(见图2,下页)。

表2 1996—2006年重庆市城乡居民生活变化情况

年份	城市居民人均可支配收入(元)	增长率(%)	农村居民人均纯收入(元)	增长率(%)	城市居民恩格尔系数(%)	农村居民恩格尔系数(%)	城乡居民人民币储蓄存款年末余额(亿元)	增长率(%)
1996	5022.96	14.80	1479.05	16.42	50.2	63.2	500.71	24.73
1997	5302.05	5.56	1692.36	14.42	46.7	65.8	580.67	15.97
1998	5442.84	2.66	1801.17	6.43	45.6	61.3	724.54	24.78
1999	5828.43	7.08	1835.54	1.91	42.8	60.7	909.1	25.47
2000	6176.3	5.97	1892.44	3.10	42.2	53.6	1085.36	19.39
2001	6572.3	6.41	1971.18	4.16	40.8	54.1	1317.17	21.36
2002	7238.07	10.13	2097.58	6.41	38	55.8	1595.01	21.09
2003	8093.67	11.82	2214.55	5.58	38	52.5	1896.56	18.91
2004	9220.96	13.93	2510.41	13.36	37.8	56.0	2189.73	15.46
2005	10243.99	11.09	2809.32	11.91	36.4	52.8	2545.85	16.26
2006	11570	12.94	2874	2.30	36.3	52.2	2949.05	15.84

注:数据来源同表1。

二、直辖十年来重庆大城市带大农村建设与发展的辉煌成就

(一)交通建设成就斐然,缩短城乡时空距离

重庆刚直辖时,由于幅员面积大,地势起伏,江河纵横,交通基础设施建设滞后,交通很不便利。从主城区到南边的秀山和北边的城口,乘车单程都至少需要两天时间。交通的阻隔阻碍了城市和农村在经济社会等各个方面的交流和联系,成为重庆大城市带大农村建设与发展的重要制约因素之一。直辖市新一届市委、市政府从重庆经济和社会发展的战略高度出发,将公路建设特别是高速公路建设作为全市经济工作的切入点,提出了"五年变样,八年变畅"的公路发展宏伟目标。1997年,《重庆市骨架公路网建设规划》出台。

"九五"以来,重庆市紧紧抓住重庆直辖、西部大开发、国家连续实施积极的财政政策和稳健的货币政策,在拉动内需中以交通基础设施为重点,交通基础设施又以公路为重点等历史机遇,

图 2 1996—2006 年重庆市城乡居民家庭恩格尔系数

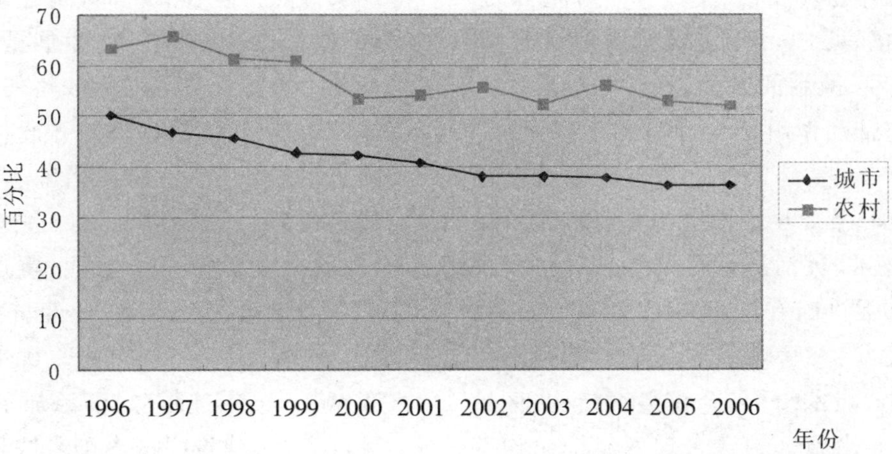

加快了重庆交通建设的步伐,重庆交通建设日新月异。

"九五"期间,渝长高速公路、长涪高速公路建成通车。"十五"期间,渝合、渝黔、长万、渝邻、綦万高速公路建成通车,达万铁路、遂渝铁路建成投用,江北国际机场扩建、万州五桥机场建成投用。2006 年 11 月,渝怀铁路建成通车。交通建设成就斐然。

2001—2003 年,重庆实施了"8 小时重庆"公路交通通达工程,2003 年底,该工程完工,重庆市所有区县(自治县、市)从行政中心出发的车辆,都能在 8 小时内到达主城区外环高速公路接口处。8 小时重庆的建成,极大地缩短了重庆大城市和大农村的距离,促进了城乡交流,加快了重庆市经济建设的步伐。

2002—2004 年,重庆市实施"半小时主城"主城区交通畅通工程,改善了重庆市主城区交通条件,对主城区的经济建设起到了促进作用。

农村交通基础设施建设加快,目前实现了全市所有乡镇和 90%左右行政村通公路,城市和农村交流日益便捷,农民生产生活条件逐步改善。

直辖 10 年来,重庆交通基础设施的加速建设,极大地改善了重庆交通落后的面貌,成为重庆直辖 10 年经济建设的一大亮点,给重庆人民带来了看得见摸得着的便利和实惠,缩短了大城市和大农村的距离,城乡联系日益紧密,城乡交流日益便捷,促进了大城市带大农村战略的有效实施。

(二)城市综合经济实力得到加强,火车头拉力增强

实施大城市带大农村发展战略,大城市是火车头,其综合经济实力的强弱,对于大农村发展有着重要作用,在资金、物资、人才、技术、信息、市场等各个方面,大城市都有着优越于大农村的优势条件,能够对大农村起到辐射带动作用。火车头动力强,对大农村带动能力就强,火车头动力不足,对大农村带动能力就会显得较为薄弱。

经过直辖 10 年来的经济建设,重庆城市综合经济实力较直辖初有较大提高。城市综合经济实力得到加强,火车头拉力增强。

1.坚持"工业强市"战略,建设现代制造业基地

重庆虽是我国重要的老工业基地,但在直辖之初,却面临着百年老工业基地需要振兴,国有企业需要脱困的重大历史任务。作为中央交办的四件大事之一,国有企业改革成为直辖重庆市经济建设的中心任务之一。

(1)实施"七个一批",实现国有企业扭亏脱困。通过实施"七个一批",对国有企业进行战略性改组等措施,重庆国有企业扭亏脱困取得突破性进展。2000 年,重庆市结束国有工业企业连续六年、整个工业企业连续四年的严重亏损局面,基本跟上全国国有企业三年扭亏脱困的步伐。"七个一批"包括通过兼并破产淘汰一批,消灭部分亏损源;债转股搞活一批,实现扭亏转盈;技术

改造提高一批，增强创新发展能力；加强内部管理转化一批，当年扭转亏损；军民分线解脱一批，减人增效一举扭亏；中小企业改制脱困一批，整体上亏损的扭亏、赢利的增盈；扶优扶强壮大一批，发挥骨干与带动作用。

(2)构建"三大基础"，促进国有企业向良性发展转换。2001年，开始推进构建合理经济结构、先进科学技术、灵活运营机制等新经济发展的“三大基础”，促进国有企业从扭亏脱困向良性发展转换。构建“三大基础”包括通过推进所有制结构、产业结构、技术结构、企业组织结构、区域经济结构调整等措施，构建合理的经济结构基础。通过加快以企业为主体的技术创新体系建设、以中介机构为主体的技术服务体系建设、以投融资、政策法规、人力资源开发为重点的科技支撑体系建设、高新技术产业化基地建设、以信息工程、生物工程、环保工程为重点的高新技术产业化项目建设，构建先进的科学技术基础。通过抓好现代企业制度建设、配套改革、企业内部三项制度改革、市场体系建设、抓好企业发展环境改善等措施，构建灵活的运营机制基础。

(3)全面推进新型工业化“5444”思路，构筑先进制造业基地。

进入21世纪，随着社会主义市场经济体制逐步建立，通过深化企业改革、大力发展非公有制经济、扩大对外开发等措施，重庆工业经济得到长足发展，工业经济实力进一步增强。目前形成了机械制造、化工、冶金、食品、建材、医药等在本市及全国都有一定影响的重要行业，汽车摩托车、装备制造、资源加工和高新技术成为重庆四大重点产业。近年来，重庆市大力推进经济结构调整和经济增长方式转变，坚持走新型工业化道路，提高企业自主创新能力，着力培育多支柱产业体系，构筑先进制造业基地。2004年，重庆市委二届五次全委会出台了《中共重庆市委关于加快推进新型工业化的决定》，明确提出“5444”思路，即实现工业经济总量、工业集中度、工业经济质量效益、信息化水平和科技创新能力、人民生活和就业水平显著提升等五大目标；集中力量发展汽车摩托车、装备制造、资源加工和高新技术等四大重点产业；切实抓好优化调整工业生产力布局、改造提升传统产业、发展循环经济、充分发挥劳动力资源优势等四大战略任务；大力实施经济体制改革、扩大对内对外开放、发挥人才支撑、加强组织领导等四大保障措施。围绕实施“5444”的战略思路，重庆市大力推进经济增长方式转变，发展循环经济，重点行业、重点产品和重点区县工业发展提速，全市工业经济增长强劲，新型工业化进程加快。近年来，重庆市集中力量发展汽车摩托车、装备制造、资源加工和高新技术四大重点产业。建设中国汽车名城和摩托车之都取得了一定成效；制齿机车、分离机械、计量泵、重齿齿轮及齿轮箱、大型输变电设备等在国内同行业中处于领先地位；天然气化工、矿电联产、食品加工等产业正在建设一批重大项目，长寿涪陵万州化工基地正在形成；电子信息、生物工程、环保工程三大高新技术先导产业发展迅速。

2.加强城市建设，增强城市辐射带动能力

加快城市交通、通信、能源、供水排水、园林绿化、环境保护、抗灾防灾等基础设施和科教文卫设施建设，建设一批代表城市形象、弘扬城市文明的标志性建筑，提升城市现代化水平，增强城市功能。加快大力发展商贸、金融、科教文化等第三产业，使城市综合经济实力进一步增强，带动大农村发展有了坚实的基础。

(三)加大财政投入，工业反哺农业，促进农业经济发展

直辖以来，重庆市通过加大对农业的投入，坚持“多予、少取、放活”方针，深化农村税费制度改革，工业反哺农业，促进了重庆市农业经济发展，农村经济活力增强。

农村税费制度改革，是在农村经济发展进入新阶段，党中央、国务院为解决“三农”问题所采取的重大措施，是农村历史上继土地改革、家庭联产承包责任经营改革后第三次重大改革，是依法治国，维护农村稳定的重要途径。2001年，重庆市召开农村税费制度改革动员大会，对全市提出具体的要求和部署，并先行在永川、铜梁、垫

江、丰都四个县市试点，试点工作取得圆满成功。随着农村税费制度改革的逐步深化，2005年，重庆市全部免征农业税及附加，结束了农民种粮纳税的历史，全市2000多万农民每人每年减少了近100元的税费负担。

财政对农业的投入也逐年加大，保持了较高的增长速度。2006年，财政资金的投入继续向农村倾斜，对农村义务教育阶段的学生免收学杂费，向贫困家庭学生提供课本费和寄宿生生活费补助，对实行新型农村合作医疗试点地区参合农民的补助标准由人均20元提高到35元，完善农村特困医疗救助等，工业反哺农业，农村经济发展负担减轻，活力增强。

(四)“三百工程”深入实施，农业农村经济结构不断优化

直辖以来重庆市在探索特殊行政体制构架下加强“三农”工作的实践中，以实施“三百工程”为抓手，促进农村工业化、城镇化和农业现代化的发展进程，促进农业、农村和农民问题的有效解决，逐步形成了“三百”促“三化”、“三化”促“三农”的农村工作基本思路。“三百”工程紧扣“三农”问题的主要方面，通过农业农村经济结构战略性调整的纽带，共同作用于农村“三化”。其中，“农业产业化百万工程”侧重于农业和农产品结构调整，强调农产品的商品化和市场竞争力，通过推动农业产业化促进农业现代化；“百个经济强镇工程”侧重于农村经济结构调整，突出二、三产业的协调发展，通过强化产业支撑促进农村工业化；“百万农村劳动力转移就业工程”侧重于劳动力就业结构调整，注重在农业农村外部拓展就业和增收空间，通过有序转移农村劳动力促进农村城镇化。三者各有侧重，互相支撑，相互促进，构成重庆市农村工作的有机整体。

1.深入推进"农业产业化百万工程"，加快调整农业产业结构

2002年，重庆市开始实施农业产业化百万工程，包括百万亩天然香料、百万亩优质中草药、百万亩笋竹、百万亩优质黄籽油菜、百万亩花卉苗木、百万吨优质柑橘深加工、百万吨优质粮油加工、百万担优质蚕茧、百万头草饲牲畜、百万头出口创汇猪等十大农业产业化开发项目。在实施农业产业化百万工程过程中，坚持优势产业向优势产区集中，积极扶持一批具有地域特色、比较优势和市场前景的重点产业，形成优势产业带和产业区；大力发展区域特色经济，办好区县特色工业园区，做大做强瘦肉型生猪、优质柑橘、中药材和优质粮油等一批优势产业，鼓励发展榨菜、茶叶、笋竹、草食牲畜、蚕桑等特色产品；积极引导农产品加工企业走集约发展之路，发展一批科技含量高、规模大、竞争力强的龙头企业，发挥好带动作用。支持企业把第一车间办到农村，合理开发农村能源和矿产资源，大力发展农副产品加工，延长产业链，提高农业产业化经营水平。全市围绕“重点产业，重点产品，良繁基地”三大环节，加大基地建设力度。都市花卉苗木、三峡库区优质柑橘、渝西笋竹和优质瘦肉型猪、三峡库区和渝东南草食牲畜和中药材等一批产业带正在逐步形成。农业产业化企业发展数质并进，实现了农民增收，企业增效。随着农业产业化百万工程的深入推进，全市农产品生产结构得到了进一步优化，优质率、商品率和加工转化率不断提高，市场开拓能力不断增强。

2.深入推进“百个经济强镇工程”，加快调整农村经济结构

2003年，百个经济强镇工程开始实施，百个经济强镇工程指在全市选择有基础、有潜力、有优势的百个建制镇，通过政策扶持、投资拉动和工作推动，使其成为经济强镇。“百镇工程”的核心是产业立镇、经济强镇。着眼于产业的培育，大力发展非公有制经济；推进包括乡镇企业在内的中小企业的改革和调整，鼓励农村中小企业向小集镇集中，发展农产品加工业、服务业和劳动密集型企业，繁荣城镇二、三产业，形成产业支撑，增强城镇辐射带动能力。加强城镇基础设施建设，注重城镇环境培育，完善城镇服务功能，大力发展劳动密集型企业，增强城镇吸纳农村人口的能力，充分发挥城镇的管理和服务功能，带动农

村劳动力转移;充分发挥城镇科技、教育、卫生、文化的优势,带动农民素质提高;充分发挥城镇社会力量的支农作用,带动农民脱贫致富,从而实现以城带乡、城乡良性互动。高度重视三峡库区城镇产业空虚存在的问题,认真实施库区经济社会发展规划,抓紧培育特色优势产业,着力提升库区产业层次,推动库区经济结构重建。百个经济强镇工程的实施,促进了重庆市城镇经济实力和城镇功能的增强,促进了农民收入的增加,加快了农村富余劳动力转移的步伐,推进了重庆市城镇化进程的加速。

3.深入推进"百万劳动力转移就业工程",加快调整农村劳动力就业结构

2003年,百万农村富余劳动力转移工程开始实施,通过对农村劳动力开展技能培训、维权服务和组织输出,每年新增转移农村劳动力40万人,到2007年新增转移农村劳动力200万人。农村富余劳动力向城镇和非农产业转移,是减少农民、富裕农民的重要途径。抓住培训和组织两个关键环节,多途径、多形式促进农村富余劳动力有序转移。在转移途径上,突出抓好"四个一批",即大力发展乡镇企业直接转移一批,努力繁荣小城镇就近吸纳一批,不断优化服务吸引进城务工消化一批,积极创造条件向市外输送一批。在转移形式上,一方面积极引导和组织农民进城务工,大力发展劳务经济,拓宽农民增收渠道;另一方面努力为农民在城镇就业创造条件,努力让农民最终实现向城市居民的根本转变,切实减轻农村的人口承载压力。注重加强对农民工的教育培训,探索保障农民工生产生活权益的办法,加强农民工维权、服务和管理,着力优化农民进城就业的环境。积极引导和鼓励进城致富农民回乡创业。

实施农业产业化百万工程、百个经济强镇工程和百万农村劳动力转移就业工程"三百工程",是重庆市农村工作的基本抓手,是推进重庆市农业农村经济结构调整的重要载体,对重庆农业农村经济加快发展、增强大农村经济实力起到了重要作用。

(五)以加强农业综合生产能力建设为重点,增强农业发展后劲

加强农业综合生产能力建设,是确保粮食安全的重要基础,是发展农村生产力的关键环节。

1.加快推进农村基础设施建设,努力构筑提高农业综合生产能力的基础平台

交通通讯不畅、水利建设落后和生态环境脆弱,是制约重庆农业综合生产能力提高的几大"瓶颈"。直辖以来,重庆市加快农村公路建设,实施了农村公路通达通畅工程,目前,实现了全市所有乡镇和90%左右的行政村通公路,努力实现人便其行、货畅其流,农民生产生活条件逐步改善。深化水利改革,推进"泽渝工程",认真搞好水库、堤防、节水灌溉等农田水利建设,加大病险水库、水毁工程整治和农村供水设施建设,建立稳定可靠的基本农田灌溉保障体系,解决农村人畜饮水困难,确保农村饮水安全、防洪安全、灌溉安全和水生态安全。抓好农村生态环境建设,推进天然林保护、退耕还林和水土保持工程建设,加强三峡库区库周绿化带工程建设和库区水环境治理,实施以沼气为重点的"生态家园富民工程",加强农村污染防治,为农业农村发展奠定良好的生态基础。

2.加强"六大能力"建设,整体提升农业综合生产能力

重庆农业受土地资源匮乏、自然条件差、科技支撑能力弱、物质装备水平低、市场流通体系不健全等因素的影响和制约,综合生产能力长期处于较低水平。加强"六大能力"建设,一是在加强土地产出和资源综合利用能力建设方面,严格保护耕地,控制非农建设占用耕地,确保基本农田总量不减;加快推进农业综合开发,实施"沃土工程",加强中低产田土改造,提高耕地质量;深入挖掘林地、草原、水面、生物等资源开发利用潜力,提高资源利用效率,拓宽农业增产增效的空间。二是在加强农业科技创新和运用能力建设方面,整合科技资源和力量,加强农业关键技术攻关和高新技术研究,加强农技推广与服务。三是在加强农业物质装备能力建设方面,抓好农业机

械化综合示范区县建设，完善农机服务机制，推广以机耕机收为重点的机械化作业，大力提高农业机械化水平；合理调控农资价格，保证化肥、农药、农膜等农业生产资料的生产和供应；规范农资市场秩序，严厉打击各种制售假冒伪劣农资产品的行为。四是在加强农民自我发展能力建设方面，加强农村义务教育，发展农村职业教育，开展农民科技培训，重点抓好农民转移就业培训、务农农民技能培训、乡镇企业岗位培训和后备劳动力素质培训，提高农村劳动力的科技文化素质和职业技能；提高农民进入市场的组织化程度和参与市场竞争的能力，更好地适应农业和农村经济发展的要求。五是在加强农产品加工转化和市场开拓能力建设方面，加快农产品市场建设，发挥城市市场和流通主体对农村的辐射带动作用，形成布局合理、规范有序、各具特色、城乡一体的市场流通体系；发展农村现代流通方式，培育农村流通主体，延伸和扩展农产品“绿色通道”，多渠道拓展农产品流通空间；抓好农产品质量标准和检验检测体系建设，加强特色农产品质量标准制定工作，加大农业标准化示范基地建设力度，提高农业标准化程度，确保农产品安全，增强市场竞争能力。六是在加强农业综合支持和服务能力建设方面，重点抓好农业信息服务、动植物保护和农业防灾减灾等方面的工作，为提高农业综合生产能力提供重要保障。

积极整合农业生产资源，不断拓展提高农业综合生产能力的有效途径。配套推进农业基础设施、物质装备和市场体系、科技支撑体系等各项建设，实现整体联动、协调推进，促进各种要素产生出最大的集合效应。

(六)加大农村扶贫力度，提高贫困人口生活水平

1997年重庆直辖时有20个贫困县（区划调整后变为18个），贫困人口366万，占全市总人口的12.2%，大大超过全国贫困人口5.6%的比例。农村扶贫攻坚成为直辖市面临的“四件大事”之一。为了全面完成中央赋予的这一艰巨任务，直辖伊始，市政府就把扶贫攻坚作为头等大事来抓，通过集团扶、对口帮，加大财政投入，加强贫困地区交通、通信、水利设施和农村电网改造等基础设施建设等措施，促进贫困地区发展，提高贫困人口生活水平。到2006年如期完成了国家“八七”扶贫攻坚计划规定的任务和重庆市“五三六”扶贫攻坚计划、重庆市“十五”扶贫开发规划确定的主要目标。在扶贫开发工作中，突出“基础设施建设、基础产业发展、贫困人口基本素质提高”三大重点，实施整村推进、农村劳动力培训就业、农业产业化扶贫、易地移民扶贫等工程，使贫困群众的基本生产生活条件得到改善，贫困群众的生产生活水平得到提高，逐步实现贫困地区经济、社会健康、协调、可持续发展。

1.突出基础设施建设

重点加强了农村道路、农村人畜饮水、基本农田改造、农村电力建设与电网改造等基础设施建设，极大地改善了贫困地区农民生产生活条件。

2.产业扶贫开发稳步推进

充分利用优势资源，紧紧围绕全市农业产业化百万工程，找准扶贫开发的路子，进行产业结构调整，因地制宜，逐步培育贫困地区的支柱产业。结合贫困地区的资源优势，选择特色产业，确立了果品、草食牲畜、蚕桑、中药材、笋竹、优质瘦肉型生猪、优质烟叶、蔬菜等扶贫特色产业。支持贫困地区发展农业生产和地方特色产业，推广先进的种植和养殖技术，扶持了一批农业产业化龙头企业和专业大户，带动了贫困地区农民脱贫致富。在产业化扶贫模式上推行了“业主+科研单位+基地农户”的组织形式，着力提高扶贫产业的科技含量，增强产品的竞争力。

3.加大科技扶贫开发力度

在扶贫资金安排上，注重向科技扶贫倾斜。推广了一批增产增收效果明显的农作物、畜禽优良品种和栽培、养殖技术，大力扶持良种繁育和推广体系建设。支持贫困区县发展优良种养业基地建设。支持贫困地区发展文教卫生事业，兴建和改造了一批乡村小学、基层卫生院、计生站和文化站，促进了贫困地区社会事业的发展。

4.重视智力扶贫，提高劳动力素质

高度重视智力扶贫工作，把提高劳动力素质作为贫困户脱贫致富的重要途径和措施，把人力资源开发作为一项重要的扶贫工程来抓，实施贫困农民技能培训计划，重点加强对农民的实用技术培训和农村劳动力务工技能培训，促进贫困地区农业技术的普及推广和劳动力转移输出。

5、加强社会扶贫工作

通过市级扶贫集团不断完善帮扶形式、充实帮扶内容，积极主动争取国家机关和有关单位的定点帮扶，深化东西扶贫协作，推进区县扶贫济困活动，动员全社会力量参与扶贫开发。

（七）三峡库区移民进展顺利，库区经济社会发展加快

三峡工程的关键在移民，移民的关键在重庆。三峡库区淹没涉及重庆16个区县（自治县），共需动迁移民103.79万人，占全部库区移民的88%，其中农村移民35万人。坚持开发性移民方针，按期完成三峡工程重庆库区移民任务成为重庆直辖之初，中央交办的四件大事之一。自1993年三峡库区移民工作有计划实施以来，至2006年，三峡工程重庆库区预计累计完成移民搬迁安置1023576人，移民工作按计划有序实施，进展顺利，库区经济社会发展加快。

三峡库区移民坚持开发性移民方针，把“使移民搬得出、稳得住、逐步能致富”作为移民工作的根本出发点和落脚点，坚持“党委统一领导，政府全面负责，移民部门综合管理，相关部门各负其责”的领导管理体制，坚持依法移民，规范管理，坚持可持续发展战略，注重库区生态环境的保护和建设，努力实现移民搬迁、经济发展及生态环境的协调统一。在移民工作实践中，逐步探索和形成了较为完善的工作思路。在农村移民安置方面，坚持以土为本、以大农业为基础，本地安置与异地安置、集中安置与分散安置、政府安置与移民自找门路安置相结合，努力实现移民的稳定安置；在城镇迁建方面，坚持基础先行、配套建设、机关带头、整体搬迁的工作思路，积极探索解决占地移民、城镇纯居民和城郊移民搬迁安置等难点问题；在工矿企业迁建方面，坚持扶优扶强一批、关闭破产一批、发展壮大一批的工作思路，着力搞好企业结构调整；在监督管理方面，坚持强化监管、推动迁建、建管并重、质量为先的工作思路，坚决纠正和克服重迁建轻管理的现象。

1.库区移民工作有序进行

（1）直辖以来，重庆库区移民工作有序进行，库区经济社会加快发展。农村移民坚持以土为本、以大农业安置为主的原则，采取多渠道、多方式进行搬迁安置。（2）库区城镇迁建突出抓好水、电、路、通讯等基础设施配套建设，学校、医院、车站、市场、小区建设进展顺利，库区基础设施得到改善。（3）库区企业迁建工作重点放在调整结构，改进质量，提高效益上。

2.对口支援工作在“全国一盘棋”中不断深入开展

（1）按照“优势互补、互利互惠、长期合作、共同发展”的方针，积极开展多种多样形式的经济技术合作，取得显著成效。浙江娃哈哈、山东黑豹、北京汇源、广东格力等一批技术含量高、市场竞争力强的好项目、新项目在三峡库区落户生根，开花结果，发展壮大，促进了库区经济发展。（2）积极支援三峡库区的基础设施和公益设施建设，帮助库区加快发展交通、邮电等基础设施和教育、文化、医疗等社会事业的发展，为改善库区移民的生产生活环境创造良好的条件。（3）加大库区的技术交流，传授先进技术和科学理念，提高库区移民素质。

3.库区经济持续发展

移民迁建安置是库区经济和社会功能的重组和改造，为加快库区经济发展创造了条件和机遇。（1）从2003年开始，集中精力抓了在库区重点发展的柑橘、草食牲畜、水产养殖和旅游等产业项目的规划制定和启动实施，增强库区产业支撑能力，提高库区经济发展水平。（2）积极推进实施了库区退耕还草、水土保持、生态建设综合治理等“青山绿水工程”。（3）按实施计划加大工矿企业结构调整的力度。（4）继续高质量加快城集镇迁建进度。（5）坚持不懈扩大库区对外开放和对口支援经济协作项目的实施。（6）移民后期扶

持项目的规划、实施和管理工作加快启动，库区经济呈现出持续、快速、健康发展的态势。

(八)城镇建设取得成效，城镇集聚辐射功能增强

重庆直辖以来，城镇化进程加快。在城镇化建设过程中，坚持统筹城乡经济社会发展，坚持以基础设施为前提，以产业发展为支撑，以先进文化为内涵，坚持大中小城市和小城镇协调发展，科学规划，注重建设，加强管理，强化城镇经济，完善城镇功能，发展城镇文明，逐步走出了一条具有重庆特色的城镇化建设新路子。2003年，重庆市启动实施“百个经济强镇工程”，选择有基础、有潜力、有优势的百个建制镇，通过政策扶持、投资拉动和工作推动，使其成为引领广大农村地区快速发展的经济强镇，有力地推动了重庆市小城镇建设和城镇化进程的推进。

1.加强城镇基础设施建设，完善城镇功能

加强城镇规划，加强城镇道路、市政等基础设施建设，合理规划建设城镇科技、教育、体育、文化、卫生等公益设施，为城镇化建设创造有利条件。

2.城镇产业逐步壮大

正确处理城镇化与农业产业化、农村工业化的关系，通过推进农业产业化、农村工业化，进一步强化了城镇产业支撑，促进了城镇经济繁荣。(1)加速乡镇企业发展，有效转移农村劳动力。小城镇建设加速了乡镇企业的集聚，乡镇企业加快发展成为区县新的增长点。(2)培养特色产业，支撑城镇经济发展。各区县(自治县)在小城镇建设中，因地制宜，强化优势，合理确定经济发展定位，初步形成了工贸型、资源加工型、旅游型、库区开发型、边贸型等各具特色的小城镇发展模式。著名的“五金之乡”——大足县龙水镇，发达的小五金产业带动了整个镇域经济的发展。北碚区静观镇花木产业带动了静观镇经济的发展。

3.各级城镇对人口的吸纳能力增强，农村劳动力转移成效明显

(1)积极培育产业支撑，努力增加就业岗位，吸纳农村富余劳动力。(2)结合实施“农业产业化百万工程”和“农村劳动力转移百万工程”，大力促进农民增产增收，加大农村劳动力转移力度。(3)建立劳务输出基地，加强职业技能培训，提高劳动力就业素质，为农村劳动力转移创造条件。(4)切实维护农民工合法权益，为加快农村富余劳动力转移创造良好的环境。

4.多元化投资体制初步形成

(1)抓好招商引资。(2)积极探讨和实践多元化投融资机制，促进民间资本更多地融入城镇化建设。(3)抓好项目储备，积极争取国债资金和银行贷款，切实解决基础设施资金不足的“瓶颈”问题。

(九)加快三大经济区建设，促进区域协调发展

重庆市情特殊，经济发展的级差，在这个面积最大、人口最多的直辖市体现得相当典型：工商业发达并高度集的都市地区，稳步发展而相对富庶的西部成渝沿线地区，经济贫弱、生态脆弱的三峡库区和东南部高山贫困地区。一个600万人口的大城市如何带起2400万人口的大农村，是重庆直辖后面临的大问题。重庆市在实施大城市带大农村战略过程中，逐步形成了“一城两翼，建设三大经济区”的发展思路，使实施大城市带大农村战略有效进行。2002年，重庆市全面启动构建三大经济区，一个良性互动、协调推进的区域发展格局初步形成。在三大经济区建设过程中，重庆市委、市政府加强了三大区域协调发展的分类指导，促进了三大经济区整体发展水平逐步提升。通过采取产业的退与进：主城区实施退二进三、退城进郊，渝西与库区地区在对项目进行经济、环境全面评估基础上积极进行产业承接；主城9区积极对库区区县进行对口帮扶，促进库区经济社会发展；加大对库区、渝东南地区的交通基础设施建设等等措施，三大经济区得到了协调发展和共同进步。

1.都市发达经济圈

重庆主城内的9个区构成都市发达经济圈，按照“三中心、两枢纽、一基地”的要求，在重庆主城内逐步建设现代化的商贸流通中心、金融中

心、科教文化信息中心，综合交通枢纽和通信枢纽，以及以高新技术产业为基础的现代产业基地，提升城市的综合竞争力，逐步成为长江上游经济中心的核心区。着眼于提高核心竞争能力、辐射带动能力和可持续发展能力，重点发展以汽车摩托车为支柱的现代制造业集群、以电子信息为主导的高新技术产业集群、以物流中心为龙头的现代服务业集群和以民营经济为主体的都市型装配加工业集群，形成优势互补、协调互动的产业发展新格局。

2.渝西经济走廊

渝西经济走廊12个区县位于成渝、渝黔、遂渝及渝合等交通干线沿线地区内，环绕都市发达经济圈的西部，是成渝经济走廊的重要组成部分。实施加快工业化和城镇化，促进城乡一体化发展战略，推进一批现代农业基地、特色产业园区、小城镇和区域性批发市场建设，积极构建新型工业密集带、大中小城镇连绵群和现代农业展示区，努力建设成为长江上游经济中心的重要战略区域。(1)发展壮大以特色产业园区为支撑的优势工业，加快传统农业向现代农业转化，快速发展商贸流通和城郊旅游及其带动的综合服务业，逐步形成城郊型产业密集带。重点发展与大工业配套的加工业，突出发展汽摩配件和大型机械加工、五金和铸锻加工、建材、制革制鞋和优势农副产品加工业。(2)加速发展卫星城镇，不断完善其功能，逐步形成成渝两大城市之间的中小城市连绵区。大幅度提高城镇化率，促使二元经济结构日渐融合，在全市经济发展中形成新的增长极。

3.三峡库区生态经济区

三峡库区生态经济区19个区县(自治县)涉及三峡库区和与之具有很强相似性的武陵山区和大巴山区部分地区，位于都市发达经济圈东部。三峡库区生态经济区处于水陆交通要道，自然资源富集，拥有独特的移民、扶贫和少数民族地区发展等综合政策优势，实施加快发展提升，发挥后发优势发展战略，建设成为全市国民经济发展的后续支撑力量，成为长江上游经济中心最具特色的发展区。坚持移民搬迁、经济发展与环境保护并重，加强基础设施和社会环境建设，完善产业布局，努力建设成为高效生态农业走廊、新型资源加工业基地和国际黄金旅游带。(1)加快基础设施建设，提升基础设施的承载功能。(2)加快科技教育发展，提升经济发展动力。(3)加快优势资源的合理开发，发展绿色产业、生态农业和旅游经济，加速构造特色产业体系，提升经济总体实力。重点发展资源加工业和劳动密集型产业，突出发展能源、矿电联产、农副产品、林产品和中药材加工、天然气化工及盐化工、化肥等特色产业。(4)加快生态环境保护和建设，提升可持续发展能力。

目前，三大经济区建设进展良好，各区域内区县经济社会得到较快发展。2006年，都市发达经济圈实现地区生产总值1511.09亿元，较直辖前1996年增长2.65倍；渝西经济走廊实现地区生产总值959.55亿元，增长1.75倍；三峡库区生态经济区实现地区生产总值1015.56亿元，增长1.96倍(见表3，下页)。

三大经济区建设立足各自资源优势进行区域发展定位，增强了区域内各中心城市对其周边辐射范围内各级城镇和广大农村的带动作用，对于促进区域协调发展，大城市带大农村战略实施起到了重要作用。

注：除①②③④⑤项指标为预测数外，其余指标均为实际数，数据出自2006年重庆市统计公报

撰稿单位：重庆社会科学院
执笔人：钱小利、廖玉姣

表 3 1996—2006 年三大经济区经济发展情况　　单位:万元

地区	指标	地区生产总值	农林牧渔业总产值	工业总产值	全社会固定资产投资	社会消费品零售总额	区县级财政预算内收入
都市发达经济圈	1996 年	4144720	667831	6496811	1409564	1719236	125572
	2005 年	12947300	745254	17199981	10026181	6074315	1094628
	年均增长率 (%)	13.49	1.23	11.42	24.36	15.06	27.20
	2006 年	15110900	754392.6	19165000	12468317	6988825	1392363
	2006 年较 1996 年增长 (倍)	2.65	0.13	1.95	7.85	3.07	10.09
渝西经济走廊	1996 年	3494741	1867793	3053722	552748	1019743	89677
	2005 年	8697200	2619553	4280907	4378884	2820962	362342
	年均增长率 (%)	10.66	3.83	3.82	25.86	11.97	16.78
	2006 年	9595500	2719877	4444639	5511047	3158624	423156.1
	2006 年较 1996 年增长 (倍)	1.75	0.46	0.46	8.97	2.10	3.72
三峡库区生态经济区	1996 年	3426444	2063527	2377106	934375	1201494	131318
	2005 年	9060400	3257135	3777796	5658115	3262308	415976
	年均增长率 (%)	11.41	5.20	5.28	22.15	11.74	13.67
	2006 年	10155600	3426580	3977342	6911581	3645233	472831.6
	2006 年较 1996 年增长 (倍)	1.96	0.66	0.67	6.40	2.03	2.60

注:根据 2006 年重庆市统计公报、《重庆统计年鉴·2006》、《重庆统计年鉴·1997》有关数据计算整理。

三百工程

直辖以来,重庆市委、市政府高度重视“三农”工作,在不断总结重庆“三农”工作经验和不断深化对新时期农业农村经济发展规律认识的基础上,分别于 2001 年、2003 年、2004 年启动实施了农业产业化百万工程、百个经济强镇工程、百万劳动力转移就业工程(简称“三百工程”),走出了一条实现农业增效、农民增收、农村繁荣的发展新路。

一、实施“三百工程”的总体构想和主要举措

重庆直辖后,全市农业农村经济发展取得长足进步,农产品产量大幅增加,品种不断丰富,质量不断提高,切实保障了城乡供应,基本解决了“菜篮子”和“米袋子”问题。到“十五”期末的 2000 年,相比直辖前的 1996 年,除粮食总产量从 1172.1 万吨小幅下降到 1131.2 万吨属农村经济结构正常调整外,其余主要农产品产量和品质均得到大幅提升,(见表 1,下页)。

但随着传统农业逐步向商品农业转变,农产品逐步由卖方市场向买方市场转变,农业农村经济发展面临着结构性矛盾突出、发展速度缓慢、农产品销售难、农民增收难等新的问题,重庆市委、市政府认真分析形势,准确把握农村经济发展规律,审时度势地提出并分别于 2001 年、2002 年、2003 年先后实施了农业产业化百万工程、百个经济强镇工程、百万农村劳动力转移就业工程。“三百工程”的启动实施,既是市

表 1 1996 年、2000 年重庆市主要农产品产量表 单位:万吨

类别	1996 年产量 (万吨)	2000 年产量 (万吨)	增幅 (%)
油料	23.6	31.1	31.8
水果	56.6	81.7	44.3
水产品	14.1	20.0	41.8
肉类	133.2	143.9	8.0
禽蛋	20.8	27.9	34.1
牛奶	4.0	5.6	40.0
甘蔗	8.3	9.1	8.4
蚕茧	2.7	2.9	7.4

委、市政府顺应新形势、适应新要求,转变农村工作方式的创新性举措,更是市委、市政府推进农村经济结构调整、切实增加农民收入的战略性举措。

(一)实施"三百工程"的基本思路

"三百"促"三化"是重庆市委、市政府新阶段发展农业农村经济的总体构想,也是市委、市政府新时期解决"三农"问题的根本途径。基本思路是:通过实施"百万工程",做强产业,做大龙头,优化农业产业结构、产品结构和区域布局结构,形成一批主导产业和优势产业,培育一批特色产业,延长产业链条,强化加工流通,推进农业的规模化、产业化经营,大力发展优质农产品和特色农产品,全面提高农产品安全质量水平和农业综合竞争能力,以解决农产品"好的不多、多的不好"问题。通过实施"百镇工程",大力发展乡镇企业,着力培育镇域骨干产业,增强镇域经济实力,带动和发展农村二三产业,拓展农民就业空间,吸纳农村劳动力,以破解农民就业难、增收难的难题。通过实施"百劳工程",加大对农民就业培训力度,提高农民就业技能和从业素质,大规模转移和输出农村劳动力,切实摆脱"人往哪里去,钱从哪里来"的困惑。通过"三百工程"的全面实施,实现"三百工程"的良性互动,全面推进农业农村经济结构由适应性、常规性调整向突破性、战略性调整深化,加快推进农业产业化、农村工业化和农村城镇化进程,加速发展和繁荣农业农村经济,大幅增加农民收入。

(二)实施"三百工程"的奋斗目标

"百万工程"计划到规划建设期末,全市年出栏优质瘦肉型猪 300 万头,年产优质柑橘 100 万吨,优质粮加工能力 212 万吨,出栏优质牛 18 万头、优质羊 200 万只、优质兔 400 万只、奶牛 2 万头,榨菜 120 万亩、中药材 90 万亩、笋竹 100 万亩、黄籽油菜 300 万亩、花卉苗木 50 万亩、蚕茧 100 万担、香料 100 万亩。全市 11 个"百万工程"计划总投资 183 亿元,预计建成优质农产品基地 1274 万亩,培育出 100 个以上的加工流通龙头企业,全部工程实现年总产值 385 亿元、年出口创汇 6 亿美元、年增加农民收入 110 亿元。"百镇工程"建设期限为 2003 年至 2015 年,建设期内规划投资 3040 亿元,到 2015 年纳入"百镇工程"镇的镇域经济总量达到 1150 亿元,二、三产业增加值达到 1005 亿元,财政收入镇平均 3094 万元,农民人均纯收入达到 8100 元,城镇化水平提高到 56.3%。"百劳工程"的工作目标是:从 2004 年开始,每年培训农村劳动力 20 万人以上,新增农村劳动力转移 40 万人以上。建设一批农村劳务输出基地区县、一批农村劳务培训基地和一批重点劳务中介机构。到 2007 年,农村劳动力转移人数达到 700 万人左右,全市农村劳务收入每年增长 10%以上。

(三)实施"三百工程"的推进措施

一是健全工作机构,加强组织领导。"三百工程"作为推进农业农村经济发展的重大举措和主要抓手,市委、市政府从一开始就非常注重加强对实施"三百工程"的组织领导,专门成立了

由市委、市政府领导任组长、各相关部门负责人为成员的“百万工程”领导小组、“百镇工程”领导小组、“百劳工程”领导小组,并设立了专门办公室(百万工程、百镇工程办公室设在市农办,百劳工程办公室设在市农业局),负责统筹协调和日常工作,“百万工程”各项目还设立了工作小组,各区县、“百镇工程”镇也相应设立了相关机构。“三百工程”各领导小组分别建立了工作推进机制、细化了工作目标、制定了资金、项目等管理办法,切实加大了“三百工程”的组织力度和工作力度。二是制定优惠政策,加大政策扶持。为促进“三百工程”建设,市委、市政府相继出台了《关于大力推进农业产业化经营的意见》、《关于扶持农业产业化市级龙头企业的政策意见》、《关于实施“百个经济强镇工程”的意见》和《关于实施百万劳动力转移就业工程的意见》等政策文件,制定了建设用地、税费减免、企业注册、户籍管理、金融支持、培训补助、输出奖励、权益保障等方面制定了一系列优惠政策,强化了对“三百工程”的政策扶持。市财政还专门安排了“三百工程”建设专项资金,2004年农业产业化专项资金2300万元、“百镇工程”专项资金3200万元、“百劳工程”专项资金2000万元(不含国家“阳光工程”资金1500万元)。同时,“三百工程”实行了打捆资金的办法多渠道筹集建设资金,“百万工程”打捆资金头三年总计超过10亿元,“百镇工程”市级有关部门安排的项目资金头两年共1.8亿元,“百劳工程”2004年就整合各项市级资金3200万元,使该项目工程的资金达4700万元。三是突出重点,整体推进。“百万工程”突出“一化三重点”,即农业标准化和重点产业、重点企业、重点区域布局。在重点产业上集中力量做大做强柑橘、生猪、中药材、优质粮等优势产业,加快培育榨菜、笋竹、香料、茧丝绸、草食牲畜等特色产业,逐步形成优势产业带、特色产品群。在重点企业上加快培育和做大做强龙头企业,不断壮大龙头企业单体和集群规模,提高龙头企业核心竞争力。在重点区域上调整规划布局,实现优势产业向优势产区集中,着力构建一批优质农产品生产区和加工区,优化区域布局。“百镇工程”建设突出产业兴镇、企业强镇,重点培育支撑镇域经济的骨干企业和主导产业,努力形成具有产业支撑的经济强镇。大力发展乡镇企业,促进乡镇企业向百强镇集中,提高集聚效应,带动发展农村二、三产业,繁荣镇域经济。工作中突出中心镇建设这个重点,在工作力量和资金扶持上,重点向中心镇倾斜,并努力完善城镇功能,尤其是完善资金、技术、人才的聚集功能,完善基础设施服务功能和社会事业发展功能,增强汇聚人气和吸纳农村劳动力就业的能力。“百劳工程”建设突出资源调查、劳务培训和输出服务三大系统建设,重点抓好农村劳动力就业培训。根据劳动力市场的变化和需求,探索创新农民工技能培训方式和培训内容,大力开展订单培训和定点培训,提高务工农民技能素质,增强外出就业和稳定就业的能力,并积极畅通渠道,打通出口,探索建立长效的转移输出机制和输出通道,切实加快农村劳动力转移输出步伐,促进劳务输出组织化、规模化、稳定化。

二、“三百工程”的实施情况和发展态势

近几年来,市委、市政府坚持把“三百工程”作为全市农村工作的重中之重,集中力量,深入推进。在思路上不断升华,在措施上不断深化,在工作力度上不断加大,使全市实施“三百工程”的思想日臻统一、氛围日趋浓厚、进展日渐加快、成效日益突出。

(一)“百万工程”推进态势喜人

一是优质农产品商品基地的规模不断扩大,具有重庆特色的优势产业框架初步形成。优势产业向优势区域集中趋势明显,以奉节、万州、忠县、江津为重点的柑橘产业带,以万州、丰都、涪陵为沿线的榨菜产业带,以长江流域和乌江流域为重点的中药材产业带发展较快。二是农业产业链条不断延伸,龙头企业队伍迅速发展壮大。全市龙头企业总数超过了2123户,比2000

年的739户增长了1384户；实现销售收入216亿元，比2000年的57亿元增长4倍。市级以上龙头企业159户（含19家国家级龙头企业），实现销售收入150亿元，其中：销售收入10亿元以上的2家、5亿元以上的4户、1亿元以上的34户，共占20.13%；5000万元以上的35家，占22.01%；1000万元以上的78户，占49.06%；1000万元以下的14户，占8.8%。市级以上龙头企业（含国家级龙头企业）实现利税12.71亿元，实缴税金5.86亿元，带动农户180万户，对农民的增收贡献率达到43%。出口创汇型龙头企业44户，实现出口创汇2.17万美元。三是农业标准化行动计划迈出坚实步伐，支撑市场竞争力的安全优质农产品品牌逐渐增多。2004年以来，全市全面启动实施了农业标准化行动计划，共编印了9个产业、11个产品共17万册农业标准化生产技术（傻瓜技术）手册和20万册标准化生产管理技术推广挂历，免费赠送给农户，指导他们开展标准化生产。

（二）"百镇工程"建设进展良好

一是"百镇工程"镇主导产业开始形成。"百镇工程"实施以来，各镇骨干产业不断发展壮大，主导产业逐步凸现出来。如九龙坡珞璜镇的能源和建材、万州熊家镇的皮鞋加工、涪陵李渡镇的农产品综合加工、开县长沙镇的第三产业发展等，都形成了较大的规模。二是"百镇工程"镇经济总量不断增大。全市百强镇镇域经济总量达到429.9亿元，以年均近20%的速度增长。其中，第一、二、三产业增加值分别达到75.2亿元、233.8亿元、120.9亿元，比2004年增长7.6%、23.5%、21.4%。全市百强镇本级财政收入13.7亿元，比2004年增长21.5%，镇平均1342.2万元。三是"百镇工程"镇聚集效益开始显现。投资强劲，各百强镇固定资产投资总额达219.4亿元，镇平均固定资产投资2.2亿元，近年来固定资产投入共达547.7亿元。镇域社会消费品零售总额163.5亿元，比2004年均增长20%以上。招商引资到位资金总额84.6亿元，近年来累计达到241.9亿元。企业发展迅速，工业企业占比较大。百强镇内企业个数26777个，占企业数的41.5%，其中工业企业11108个，较好地提供就业岗位，企业从业人员达到54万人。企业营业收入总额963.1亿元；年均净利润总额46亿元；实交税金总额27.3亿元。四是居民生活水平不断提高。2005年末居民储蓄存款余额271.8亿元，比2004年增长17.7%。累计转移到二、三产业的劳动力121.2万人，比2004年增长8.9%。百强镇农民人均纯收入3224元，比2004年增长9.4%，比全市平均水平绝对数高415元。

（三）"百劳工程"实施初战告捷

一是三大系统初步建成。通过三年的努力，全市开展了农村劳动力资源普查，基本摸清了农村劳动力资源情况，开发了调查处理系统，开通了"重庆劳务信息网"；全市整合各类培训教育资源，公开招标确定并公布了406家培训机构，并签订了培训输出合同。全市各类培训机构、中介机构、驻外服务机构共同构建了全方位、多渠道、多层次的劳务输出组织网络，充分发挥了344家职介机构、88个市外劳务"窗口"和市政府6个驻外办事处设立的劳务输出协作处的作用。二是技能培训效果明显。三年来，全市各类培训机构共培训农村劳动力65.8万人，其中获得职业技能证书的人数达11万人，占16.7%。三是劳务品牌开始形成。全市创立并形成了如"重庆师傅、富侨保健、石龙技工、重庆月嫂"等一批具有一定标志性的劳务品牌，使重庆市农民工在劳务市场的竞争能力和整体输出能力得到明显增强。四是农村劳动力转移步伐加快。三年来，全市新增农村劳动力转移126.4万人，农村劳动力转移总数达到706.3万人，占全市农村劳动力的51.7%。

三、"三百工程"的抓手作用和实施效应

随着"三百工程"的全面启动实施和不断深入推进，对全市农业农村经济发展和农民增收的抓手作用越来越突出、实施效应越来越明显，贸工农一条龙、产加销一体化的农业产业化进程加

快,农村二、三产业的发展和工业化进程加速,农村城镇化的发展进程稳定推进。

(一)优化了农业农村经济结构

"三百工程"的实施,从整体上深入推进了农业农村经济结构的战略性调整,使农业资源得到了优化配置。一是优化了农村二、三产业结构。重庆市传统的粮猪型、生产型农业结构逐步被形式多样、充满活力的经营模式所取代,以江津、忠县、奉节为主的柑橘产业带,以涪陵、丰都、万州为主的榨菜产业带,以主城区、合川、垫江、开县为主的优质猪加工带,以秀山、酉阳、武隆、石柱、巫溪为主的中药材产业带,以南川、荣昌、涪陵为主的笋竹产业带,以江津、巴南、长寿为主的花椒产业带等优势产业带粗具规模。农村二、三产业的比重,2006 年比 2002 年提高了 3.7 个百分点。二是增强了农村经济发展的市场竞争力。2006 年,全市粮油优质率比 2000 年提高了 30 多个百分点,主要农产品商品率提高了 6 个百分点。重庆市生猪在全国形成了较大影响,9—12 月供应香港活猪 3719 头,创汇 47.8 万美元;涪陵榨菜在与浙江榨菜的竞争中取得了优势;奉节脐橙、忠县柑橘、江津花椒、石柱黄连、酉阳青蒿在国际国内形成了较大的知名度。2006 年,全市农业产业化出口达到 17684 万美元,比 2003 年增长 53.7%;百强镇内企业出口交货总额达 8.1 亿美元,同比增长 78.3%。三是优化了劳动力就业结构。随着"三百工程"的实施和推进,农村二、三产业就业岗位的增加,农民务工技能的提高,较好地适应了沿海地区用工需求,拓宽了外出务工渠道,就地转移和市外输出步伐加快,全市劳动力非农产业就业比 2000 年提高了 18.4 个百分点。

(二)推动了农村经济加快发展

"三百工程"的推进实施,使农村经济全面融入了国民经济的各个领域,带动了优势特色农产品生产规模的扩大和农村二、三产业的全面发展,对农村经济产生了全面的促进作用。2006 年,全市农村经济总量实现 1220 亿元,比 2003 年增长52.1%;农业增加值达到 428.5 亿元,比 2000 年增长 50.4%;乡镇企业达到 7.56 万家,实现增加值 858.2 亿元,比 2000 年增长 272.2%,乡镇企业农产品加工产值达到 387.5 亿元;各百镇工程镇域经济总量占全市农村经济总量的比重由 2003 年的 32.4%提高到 38.2%。

(三)促进了农民收入大幅增长

"三百工程"推动了农民家庭经营收入和工资性收入的快速增长,成为农民增收的重要支撑力量。"百万工程"对全市农民增收的贡献率 2006 年达到 43%。各百强镇农民人均纯收入达 3224 元,比 2004 年增长 9.4%。"百劳工程"推动农民工资性收入持续稳定增长势头,达到 1310 元,同比增长 20.3%。"三百工程"的实施,拉动了全市农民收入大幅增加,2006 年,经历百年一遇的旱灾考验,全市农村人均纯收入仍然增收 65 元,达到 2874 元。

总体来看,"三百工程"建设进展顺利,并取得了较好的成效,但在推进中也还存在一些问题。突出表现在:"三百工程"资金投入不足,打捆资金到位不理想,中小龙头企业和乡镇企业贷款困难;"百万工程"优势产业和特色产业不强,龙头企业规模不大,优质名牌产品不多;"百镇工程"镇主导产业不突出,经济特色不鲜明,聚集功能不够强,辐射带动作用不够好;"百劳工程"三大系统尚未形成互动机制,劳务信息平台尚不完善,技能培训力度还需加大,转移输出和稳定就业的机制仍未健全。

"十一五"期间,全市将进一步加大"三百工程"的推进力度,完善政策,加大投入,突出重点,确保"三百工程"建设取得实实在在的成效,实现以"三百"抓"三农"促"三化"。力争到 2010 年,"百万工程"培育销售收入超 10 亿元的龙头企业达到 10 个以上,销售收入超亿元的龙头企业达到 50 个以上,超千万元的龙头企业达到 300 个以上;把柑橘、生猪、中药材、优质粮加工培育发展为支撑全市农业农村经济发展的骨干优势产业,使这四大产业在全国的行业排位有较大的提升;把榨菜、香料、笋竹、蚕茧等产业培育成为具有重庆特点的特色产业,使 11 个百万工程的产业逐步形成链条较为完备、优势较为突出的农业产业带。“百镇工程”把45个中心镇建设成为具有较强带动辐射能力的区域经济强镇,把一批支柱产业和优势产业明显的“百镇工程”镇培育成为特色强镇和明星乡镇。“百劳工程”进一步健全三大系统,加大技能培训力度,完善转移输出机制,每年培训农村劳动力达到20万人以上,培训转移率达到90%以上,到2010年农村劳动力转移总体规模突破800万人,农村城镇化率达到52%。

注:1.2006年各百强镇数据已报统计部门,待审核后方可作为正式数据,因此本文部分采用了2005年的相关数据;2.本文数据出自市农办、市劳务办

撰稿单位:重庆市人民政府农村工作办公室

农业产业化百万工程

“农业产业化百万工程”(以下简称“百万工程”),是重庆市委、市政府农业农村工作抓手的“三百工程”之一。“百万工程”从2001年初开始酝酿谋划,到2001年10月正式启动实施,历经五年多,从最初启动时的8项产业发展到现在的11项产业,有效加快了农村经济结构调整步伐,增强了农产品加工能力和出口创汇能力,增加了农民收入,推动了社会主义新农村建设。“百万工程”作为重庆促进结构调整、增加农民收入的主要途径,显著提高了农业产业化水平,为重庆直辖10年来的农村变化作出了巨大的贡献。

一、“百万工程”的由来启动

为适应21世纪新阶段对于农业农村发展的新要求,重庆市委、市政府经过充分谋划酝酿、认真制定规划、组织专家论证,作出了以实施“农业产业化百万工程”为载体,推进农业农村经济结构战略性调整的重大决策,于2001年10月召开了农业产业化百万工程启动会议,正式启动“百万工程”。

“百万工程”包含了规模经济、产业经济和工程经济的丰富内涵,是按壮大产业生产规模、构建贸工农一体化产业体系要求,突出重庆有基础、有优势、有特色、有前景的农业主导产业的发展。“百万工程”的实施,是农业农村工作由发展思路到工作计划的重大转变,是跳出农业抓农业、换个方式搞农业的具体体现,是农业农村工作方法更加突出重点的新的调整,是重庆农业农村经济结构由常规性、适应性调整向突破性、战略性调整转变的重要依托,是重庆农业农村经济应对我国加入WTO挑战的有效措施。

重庆市委、市政府要求,实施“百万工程”要坚持五大原则:一是以市场为导向的原则,充分发挥市场配置资源的基础性作用,形成农业农村经济直面市场的新机制。以市场为发端,积极发展优质高效农业和特色农业,努力提高产品质量和农业效益,增强在国内外市场上的竞争能力。二是尊重农民意愿的原则,保护农民自主权,调动农民的积极性。不准搞瞎指挥和强迫命令,不准层层压指标,不准搞形式主义。三是遵循创新的原则,积极探索和建立“政府+公司+基地+农户”的运行模式。各级政府要加强组织、领导、调控、服务,创造良好环境,解决实际问题;龙头企

业要发挥开拓市场、深度加工、创立品牌、带动农户等方面的多维功能;农民要积极参与、增加投入,努力建设规模化、优质化的商品基地建设。四是以龙头企业为抓手的原则。按照“龙头要增多,龙头要做大,龙头要变强,龙头要务实,龙头要向外,龙头要利农”的要求,发展和培育龙头企业。每个“百万工程”都要确定一批重点基地区县市,依托一批重点龙头企业,实施一批重点建设项目。五是依靠科技进步的原则。注重建立科技创新机制,加强高新技术和现代生物技术在农业发展领域中的应用,加速科技成果转化,发挥科技人员作用,注重人才培养和开发,努力提高“百万工程”实施的起点和产品开发的档次。六是利益连结机制的原则。建立贸工农一体化的经营机制和龙头企业与农民一体化的利益机制。在建设优质农产品基地的同时,抓好农产品精深加工,搞活市场流通,着力构建优质农产品生产—终极农产品开发—抢占国内外市场的新的产业体系;正确处理龙头企业与农户之间的利益关系,提倡通过契约关系、垫底扶持、最低保护价、利润二次分配等形式,完善龙头企业与农民利益一体化的连接机制。

“百万工程”落实了严格的责任制,有效提高工程的实施组织化程度,由市农业产业化工作领导小组牵头组织实施,每个“百万工程”都建立了由一个部门牵头、几个部门配合、重点基地区县和重点龙头企业参加的工作小组。11个产业化“百万工程”分别由6个市级部门牵头,具体分工为:①市农办牵头实施3个:百万亩优质中药材产业化工程、百万亩榨菜深加工产业化工程和百万亩黄籽油菜产业化工程。②市农业局牵头实施3个:百万头草食牲畜产业化工程、百万头瘦肉型猪出口创汇产业化工程、百万吨优质粮深加工产业化工程。③市农综办牵头实施2个:百万亩花卉苗木产业化工程和百万亩天然香料产业化工程。④市发改委牵头实施1个:百万吨优质柑橘深加工产业化工程。⑤市林业局牵头实施1个:百万亩优质笋竹产业化工程。⑥市外经委牵头实施1个:百万担优质蚕茧产业化工程。“百万工程”主要区县分布为:重点基地区县(市)数量最少9个,最多24个;重点龙头企业数量最少3个,最多21个。各“百万工程”产业分布区县、主要龙头情况详见附表。

二、“百万工程”的主要成就

目前,11个“百万工程”囊括了重庆主要的农业产业化项目,对于深化农村经济结构调整,提升农产品品质,促进标准化生产,扩大农业产业化生产规模,增加农民收入,都起到了积极的推进作用。

2002年,全市新建优质柑橘、蚕桑、优质粮、优质中药材、甘蓝型黄籽油菜、天然香料、花卉苗木商品生产基地近400万亩,其中香料新增种植面积7.28万亩;优质中药材新增种植51.8万亩;优质柑橘基地新增种植面积2.08万亩;花卉苗木新增种植面积17.9万亩;建设优质粮商品生产基地226万亩,优质蚕桑育苗8.57万亩。出栏优质瘦肉型猪600余万头,出、存栏优质肉牛8万头,优质奶牛0.71万头,优质肉羊85万只,优质肉兔170万只。市内龙头企业达到1600多户,其中14家国家重点龙头企业和77家市级龙头企业实现销售收入119.88亿元。直接带动了170万农户,新创造了10万个以上就业机会。

2003年,全市累计建设各类优质商品生产基地660万亩,其中:花卉苗木10万亩,优质粮460万亩,“渝黄1号”油菜82.5万亩,天然香料21万亩,优质笋竹31万亩,优质柑橘5.3万亩,优质中药材15万亩,优质蚕桑12万亩。全市出栏瘦肉率56%以上的生猪880万头,瘦肉率63%以上的优质瘦肉型生猪220万头;出栏优质肉牛47万头,优质肉羊120万只,优质肉兔230万只;存栏优质高产奶牛1.1万头。全市各类农业产业化经营组织接近3200个,其中龙头企业已经达到1600余家,国家重点龙头企业达14家,市级龙头企业总量达到102家。带动农户总量达到240万户,同比增加了30万户;转移农村劳动力约5万人;增加全市农民人均纯收入超过50元,同比净增加20元，其中前三季度种植业收入达到148元，同比增加31元，增长26%，对农民收入增量的贡献率达到27%。在首届中国国际农产品交易会上，鱼泉公司、金州食品公司等12个参展企业都各有所获，共签订合同金额1.82亿元，与国内外采购商洽谈意向性协议近2亿元。香港·重庆美食博览会达成意向性协议3亿元，随后香港、深圳等地客商与四面山花椒公司、鱼泉公司、金州食品公司等企业的出口合作合同1.5亿元，实现率为50%。

2004年，全市新建设各类优质商品生产基地668万亩。其中优质粮490万亩，黄籽油菜103万亩，中药材11万亩，柑橘建园10万亩，花卉5万亩，笋竹20万亩，天然香料17万亩，榨菜12万亩。全市出栏瘦肉率达56%以上的瘦肉型猪950万头，瘦肉率达62%以上的"洋三元"和PIC优质瘦肉猪250万头，分别占全市生猪出栏总量的50%和13%，比2004年同期增长11.8%和13.6%，比2001年增长43.9%和456%；出栏优质肉牛16万头，比2001年增加11.5万头，增长256%；优质肉羊165万只，比2001年增加133万只，增长416%。

2005年，全市累计建设农业产业化百万工程优质商品生产基地超过1000万亩。共产优质蚕茧60万担，出栏优质瘦肉型猪310万头、肉牛22万头、肉羊220万只、肉兔1000万只，存栏优质奶牛2.2万头、长毛兔180万只。农业产业化国家重点龙头企业达19家，市级龙头企业有159家，实现销售收入150亿元，其中销售收入亿元以上龙头企业32个。全市共创160个市级以上优质名牌农产品，共创无公害食品74个、绿色食品68个、有机食品11个，"乌江"、"鱼泉"榨菜和"诗仙太白"酒获得中国驰名商标。重庆榨菜占有全国榨菜市场60%的份额，石柱黄连市场交易量占全国黄连交易量的80%以上，茧丝绸年出口达到5400万美元，优质肉猪远销香港、东南亚及俄罗斯等地，恒河果业引领重庆柑橘成功打入国际市场。

"百万工程"的主要成就表现在：

(一)推进了农村经济结构战略调整

通过实施"百万工程"，推进了农村经济结构和农业产业结构调整，农业农村经济得到快速发展。一是促进了农村经济持续增长。据初步统计，2006年全市农业产业化总产值超过220亿元，比2000年增长60%，对全市农业GDP增长的贡献率超过40%；二是促进了农村经济结构优化。通过农业产业化的实施带动，2006年全市农村经济中一产业占不到40%，较2000年下降了18个百分点，二、三产业分别提高14个和4个百分点；粮经结构由2000年的80.6:19.4调整到约70:30；农产品商品率达到59%，粮油产品优质率达到63.5%，分别比2000年提高6个和30多个百分点；三是加快了农业产业结构调整步伐。到2006年，全市建立百万工程优质商品生产基地1055万亩。其中，优质粮、天然香料、笋竹、黄籽油菜、中药材、标准化柑橘果园、花卉苗木分别达到505、95、90、131、90、30、35万亩，分别较2001年增长123%、1627%、549%、111%、847%、1328%、1166%。年出栏生猪1950万头、牛58万头、羊340万只、兔210万只，较2001年分别增长2031%、152%、496%、135%。

(二)加快了现代农业建设进程

"百万工程"坚持以科技为先导，以标准为基础，园区建设为重点，生产加工为纽带，加快了全市现代农业建设步伐。一是新技术新品种大面积推广运用。通过实施农、林、牧、渔业"良种工程"建设，全市建有高效高产优质柑橘示范园22万亩，优质笋竹产业带70万亩，生态环保型生猪养殖小区88个，肉牛养殖小区77个，肉兔养殖小区56个；二是建立标准化示范基地。通过制定20多种主导品种标准化技术手册，下发到龙头企业和基地农民，推进主导产业标准化生产，现已建成石柱黄连、江津花椒、巫溪党参、合川葛根为代表的现代农业科技示范基地22个，评选认定了10个农业产业化标准化示范龙头企业。三是推进现代农业开发园区建设。现已建成渝北现代农业加工园区、巴南特色农业生产园区，合川现代中药材生产园区，沙坪坝都市现代农业园区，这批现代农业示范园区塑造了重庆农业产业化发展的新形象；四是改造龙头企业技术装备。通过引进先进生产设备和生产工艺，提高龙头企业生产加工能力。今普食品公司引进德国200万头生猪屠宰生产线，科学合理的处理了生猪屠宰、猪肉分割、冷却排酸、污水排泄、废物处理等一系列问题，实现了生产加工卫生安全和高产高效。金风丝绸公司对丝绵球和丝绸生产线进行技改，目前蚕茧加工能力位居全国前列，加工工艺达到国内先进水平。

(三)加速了农业对外开放步伐

"百万工程"加强了嫁接联合和对外开放，加快了外向型农业发展。一是推出一批农业产业化项目对外招商引资，引进国内外企业进行农业产业化发展。万州区引进北京汇源集团建成20万吨柑橘深加工生产线，大渡口区引进今普食品公司建成200万头生猪屠宰生产线，产品销售俄罗斯、中国香港等国家和地区，全市已通过项目引进外资企业33家。二是实施"走出去"战略，促进龙头企业把发展领域延伸到市外。重庆祥飞集团公司到四川攀枝花、巴中等地建蚕桑基地和丝绸加工厂，重庆种子集团公司到越南和老挝建立"Q优"系列优质杂交水稻繁育生产基地，全市现已培育外向型龙头企业56家，产品销往世界各地；三是培育出口主导产品，出口创汇实力逐渐增强。根据日本、法国、德国、美国等经济发达国家和地区的市场需求，结合重庆市农产品特点，积极把丝绸、冻猪肉、苎麻、猪鬃等产品，培育成为出口创汇主导产品，出口创汇实力逐年增强。2002年全市农业产业化出口创汇10148万美元，2003年11815万美元，2004年15416万美元，2005年17683万美元，2006年17684万美元。

(四)带动了农民收入持续增长

"百万工程"通过种养殖基地、生产加工、投资入股等方式带动农民生产就业，增加了农民收入。一是种养殖基地带动农民增收。据初步统计，2006年全市各类种养殖基地带动农户超过200万户，经济收入超过100亿元，户均增收250元。二是企业生产就业带动农民增收。龙头企业吸纳30余万人进行生产就业，经济收入超过40亿元，人均年收入1.3万元。三是利润分红带动农民增收。基地农民以土地或资金入股，带动农户3万户，经济收入15亿元，年均收入5万元。四是农民收入持续增长。2003—2006年农业产业化经营带动农户增收分别是12.3亿元、13.3亿元、17.5亿元、20亿元，户均增收分别是512元、637元、700元、750元，2004年较2003年增长24%，2005年较2004年增长9.8%，2006年较2005年增长7.1%。

三、"百万工程"的发展方向

回顾"百万工程"建设历程，有以下几条经验：因地制宜布局主导产业是基础，高起点培育龙头企业是关键，探索创新运行机制是重点，全方位开拓产品市场是核心。预测"十一五"时期，在重庆经济社会已步入了统筹城乡发展、建设社会主义新农村的新的历史阶段，分析"百万工程"的发展前景，既面临发展机遇，也存在严峻挑战。有利条件方面，有中央做出的"两个趋向"重要论断，国家西部大开发战略，三峡库区产业发展和移民后期扶持政策，市委二届七次全委会出台的各项支持"三农"建设的扶持政策等。不利因素方面，重庆农业产业化经营整体水平还不高，主导产业在全国还没能形成市场优势，龙头企业实力较弱，经营方式落后，创新动力不足；产品开发不够，市场占有率低，名特优产品少；利益连接机制不尽完善，带动农户不尽紧密，离新时期激烈的市场竞争和新农村建设的形势要求，还存在较大差距。

展望"十一五"，"百万工程"将围绕建设社会主义新农村的战略部署，坚持以"生产发展"和"生活宽裕"为主线，努力实现"三提高两突破"(即提高主导产业竞争力、农产品加工能力和龙头企业带动农户能力，实现龙头企业集群和农产品品牌建设的突破)的发展目标，全面提升重庆市农业产业化发展水平。

(一)基地建设规模将进一步扩大

到2010年，全市将建成农业产业化优质农产品种植基地1500万亩(柑橘82万亩、中药材90万亩、优质粮510万亩、蚕桑100万亩、榨菜100万亩、笋竹268万亩、香料100万亩、花卉苗木50万亩、黄籽油菜200万亩)；年产优质蚕茧120万担；出栏优质肉猪800万头、肉牛28万头、肉羊350万只；建成农业标准化生产示范基地50个、示范龙头企业100个；主要农产品加工转化率达50%以上，市级以上龙头企业食品类产品全部达到无公害食品或绿色食品标准。

(二)龙头企业集群将进一步壮大

“十一五”期间，随着财政资金加大对新农村建设的扶持力度、《重庆市金融支持社会主义新农村建设合作行动计划》的深入实施和《重庆市农业产业化担保公司》的正常运行，将有效改善长期困扰龙头企业资金紧缺的问题，龙头企业将积极争取资金，进行扩大生产、技术改造和产品开发，一批原有实力的企业将越来越大，实力较弱的企业将进一步做大作强，同时在农业产业化“双十计划”龙头企业的带动下，各产业龙头企业将快速成长。到2010年，全市将培育10个年销售收入超10亿元龙头企业、100个超亿元龙头企业、1000个超千万元龙头企业，初步建成10个农业产业化龙头企业集群。

(三)农产品安全质量水平将进一步加强

“十一五”时期，始终坚持把农业标准化生产贯穿到从生产基地到餐桌消费的各个环节，对农产品的产前、产中、产后实行全过程标准化管理。围绕区域优势和资源优势，突出区域重点，建设规模化、优质化、标准化的农业产业化生产基地，着力构建优势产业标准化产业带。推进市级龙头企业率先实现标准化生产，加快与国际接轨步伐，对生产基地、产品加工、包装销售等各环节逐步推行ISO9000、ISO14000、HACCP等质量管理体系认证。加快建设农业标准化示范基地和示范龙头企业，积极发展优质、高效、生态、安全型农产品，大力发展特色产品、名牌产品、绿色食品和有机食品。

(四)“一村一品，一县一业”将不断涌现

“十一五”时期，随着“一村一品，一县一业”的推进实施，龙头企业和社会经济实体将集中开发一批优势主导产业，为“一村一品，一县一业”快速发展创造了良好的发展环境。一批有区域优势和规模优势的产业，将培植成为“一县一业”的主导产业，预计到2010年，全市将培植40个“一县一业”主导产业。一批有发展潜力和市场优势的产业，将培植转变成“几村一品、几乡一色”的区域优势产业。

(五)经营机制将进一步规范完善

“十一五”时期，将加快农业产业化经营机制创新，积极探索积累各地农业产业化经营中的好经验和好作法，推广实施先进的经营机制，确保农企双方利益得到有效保证。积极规范订单农业，探索依托龙头企业建立风险基金，加强对市级龙头企业的动态监测，依托农业产业化龙头企业联合会及各种专业协会开展行业自律，总结不同产业和产品的利益联结机制、风险保障机制、监督约束机制、行业协调机制的经验和模式。

注：本文数据出自市农办产业化办公室

撰稿单位：重庆人民政府农村工作办公室

附表：

农业产业化百万工程基本情况表

百万工程	牵头单位	重点基地区县(市)	重点龙头企业
柑橘	市发改委	万州区、长寿区、江津区、永川区、忠县、开县、奉节县、云阳县（8个）	重庆三峡建设集团有限公司、重庆三峡果业集团有限公司、重庆市恒河果业有限公司（3个）
优质瘦肉型猪	市农业局	万州区、涪陵区、巴南区、万盛区、合川区、南川区、潼南县、大足县、荣昌县、垫江县、武隆县、开县(12个)	重庆华牧实业（集团）有限公司、重庆今普食品有限公司、重庆大正畜牧科技股份有限公司、重庆德佳食品（集团）有限公司、重庆市钱江食品有限公司、重庆市垫江蓝星实业有限公司、重庆市渝西食品有限公司、重庆市五洋畜牧科技有限公司、重庆市桂楼食品有限公司、重庆康河食品公司（10个）
中药材	市农办	石柱县、酉阳县、武隆县、彭水县、忠县、南川区、巫溪县、巫山县、万州区、秀山县、城口县、涪陵区（12个）	太极集团公司、三牧集团公司、希尔安公司、东田药业公司、华立控股公司、光正公司、赛诺公司、葛恩公司、名叶公司（9个）
优质粮	市农业局	合川区、开县、南川区、秀山县、潼南县、梁平县、江津区、铜梁县、垫江县、酉阳县、巴南区、永川区、綦江县、涪陵区、忠县、长寿区、大足县、巫溪县（18个）	重庆市优质粮油集团有限公司、重庆市种业集团、涪陵龙潭米业、开县九龙山米业、重庆樵平米业有限公司、綦江横山米业有限公司、重庆环球石化有限公司、重庆市铜龙食品有限责任公司、重庆人和米业有限责任公司、大足县粮茂米业有限公司、江津德感粮油食品厂、重庆泰威生态农业有限公司、忠县豆腐乳厂（13个）
榨菜	市农办	万州区、涪陵区、渝北区、长寿区、丰都县（5个）	重庆市涪陵榨菜（集团）有限公司、重庆市鱼泉产业（集团）有限公司、重庆涪陵辣妹子集团有限公司、重庆新盛实业发展有限公司、涪陵宝巍食品有限公司、丰都三和实业有限公司（6个）
草食牲畜	市农业局	黔江区、江北区、沙坪坝区、江津区、铜梁县、璧山县、城口县、丰都县、忠县、云阳县、奉节县、巫山县、巫溪县、石柱县、酉阳县、彭水县、长寿区（18个）	重庆市三牧（集团）有限公司、重庆市肉兔原种场、重庆市天友乳业公司、重庆市波尔山羊原种场、重庆市牛良种繁育中心、重庆市三高乳业有限公司、重庆市渝欣牧业有限公司、重庆市欣欣牧业有限公司、重庆市彭水牧业开发有限公司、重庆光大乳业养殖有限公司、重庆金宏乳业养殖有限公司（11个）
花卉	市农综办	万州区、江北区、沙坪坝区、九龙坡区、南岸区、北碚区、渝北区、巴南区、璧山县（9个）	重庆市园林工程建设有限公司、重庆皇田农业股份有限公司、重庆同力花木园艺有限公司、天润生态农业开发有限公司、新力园林艺术工程有限公司、重庆渝西园林工程有限公司、金土地景观设计建造有限公司、津马花卉园林有限公司、隆盛农业发展有限公司、飞雅公司（10个）
香料	市农综办	北碚区、渝北区、巴南区、长寿区、江津区、大足县、奉节县、酉阳县（8个）	重庆四面山花椒开发有限责任公司、重庆荣达现代农业发展有限公司、涪陵兆阳农业发展公司、奉节桦林农贸公司、重庆德馨香料有限公司、北碚区兰蕙园植物香料有限公司（6个）
优质蚕茧	市外经委	合川区、永川区、铜梁县、涪陵区、垫江县、丰都县、黔江区、武隆县、石柱县、巫溪县、奉节县、云阳县（12个）	重庆金凤丝绸有限公司、重庆昌州茧丝绸集团有限公司、铜梁县安居丝绸有限责任公司、合川盛丰蚕茧公司、涪陵区正众蚕业有限公司、垫江县丝绸公司、重庆皇嘉丝绸有限公司、黔江区蚕业公司、南川区玉龙茧业有限公司、重庆宏美达丝绸有限公司、巫溪县隆望丝绸有限公司、重庆祥飞实业（集团）公司、重庆市西里种蚕场（13个）
黄籽油菜	市农办	荣昌县、梁平县、南川区、丰都县、垫江县、忠县、秀山县、酉阳县、彭水县（9个）	重庆利农一把手农业科技有限公司、忠县植物油公司、梁平县利农植物油有限责任公司、丰都县三明油脂有限公司、秀山县粮油总公司、酉阳县油脂化工有限公司、南川区金合食用油有限责任公司、重庆金浪粮油有限责任公司、彭水县茂源植物油脂公司（9个）
笋竹	市林业局	万盛区、綦江县、永川区、潼南县、铜梁县、大足县、荣昌县、梁平县、南川区、丰都县、开县、江津区(12个)	开县星星套装门有限公司、重庆鱼泉产业集团有限公司、潼南三鑫林业发展有限公司、重庆新盛实业发展有限公司、重庆包黑子食品有限公司、重庆龙章纸业有限公司（6个）

百个经济强镇工程

“百个经济强镇工程”(以下简称“百镇工程”),是重庆市委、市政府农业农村工作抓手的“三百工程”之二。“百镇工程”从2002年开始酝酿谋划，到2003年4月首批启动40个镇、2003年9月正式全面启动总共103个镇以来(2006年调整为102个镇),历经四年有余,有效拓展了农村二、三产业发展空间,承接了城市与农村,促进了农村工业化,推动了农村城镇化,吸纳了农村劳动力,推动了社会主义新农村建设。“百镇工程”作为重庆农业农村工作思路的创新之举,有力推动了农村地区尤其是小城镇建设,为重庆直辖10年来的农村变化作出了巨大贡献。

一、“百镇工程”的由来启动

市委、市政府为进一步推进农村经济结构战略性调整,结合重庆实际,加快推进农村工业化、城镇化进程,全面建设小康社会,加速实现“富民兴渝、建设长江上游经济中心”的奋斗目标,于2003年2月9日下发6号文件《中共重庆市委重庆市人民政府关于实施“百个经济强镇”的意见》,正式启动实施“百镇工程”。

市委、市政府指出:实施“百镇工程”,是富民兴渝、全面建设小康社会的重大举措,能够有力地加速农村经济发展,增加农民收入,创造物质文明,推进“富民兴渝”进程,能够有效地促进农村交通、通讯、文化、卫生、教育等各项社会事业的发展,改善农村居民的生活环境,提高生活质量和水平,促进精神文明建设,推进全面小康社会建设进程;实施“百镇工程”,是实现农村工业化和城镇化的现实选择,是全市实施“大城市带大农村”总体发展战略的延伸,能够有效地聚合各种生产力要素,加快乡镇企业“二次创业”步伐,实现农村工业的跨越发展,并能有力地推动小城镇建设和繁荣,改善基础条件,吸纳农村人口,提高城镇化水平;实施“百镇工程”,是启动农村消费、拉动全市经济增长的客观需要,能带动农村和城镇基础设施建设,扩大投资需求,能增加农民收入,提高农民的消费能力,激活农村市场,拉动经济增长;实施“百镇工程”,是加快农村二、三产业发展,推进农村经济结构战略性调整的迫切要求,能够带动和推进农村二、三产业发展,提高农村二、三产业在全市农村经济结构中的比重,提高农村经济的整体素质和总体水平,实现三次产业健康、协调发展;实施“百镇工程”,是转移农村富余劳动力、解决农民就业问题的有效途径,加快农村非农产业发展,繁荣小城镇经济,可以为农村劳动力拓展就业空间,扩大就业容量,实现就近就地转移。

市委、市政府要求,实施“百镇工程”要以发挥比较优势、培育支柱产业、壮大骨干企业为途径,以扩大开放和科技创新为动力,推进“百镇工程”镇实现跨越式发展,使之真正成为全市农村经济发展的重要支撑点、带动点和增长点,坚持提高起点、市场运作、突出特色、做强产业、对外开放、可持续发展六大原则。产业发展方面,稳定优化第一产业,着力壮大第二产业,大力发展第三产业。二产业重点发展农副产品加工业、机械加工业、建筑建材业、能源矿产业和轻工纺织业等劳动密集型产业。三产业重点发展商贸流通业、旅游服务业。扶持政策方面,“百镇工程”镇享受中心镇建设、特色工业园区、小城镇商业群建设的相关优惠政策,主要包括用地政策、土地出让金政策、鼓励私营企业和乡镇企业发展政策、鼓励商贸业发展政策、融资政策五大类政策。“百镇工程”的建设规划期限为2003—2015年,力争到“十二五”末,“百镇工程”镇的主要经济指标,比全国提前5年实现全面小康。

按照构建重庆“三大经济区”的总体战略构想，根据各建制镇的城镇建设规模、经济发展水平、产业结构特色、农民收入状况、辐射带动能力等现实基础，综合考虑乡镇企业明星镇、小城镇建设试点镇、小城镇商业群及边贸、旅游、移民特色镇等因素，全市现有的102个镇为“百镇工程”镇，包括都市发达经济圈24个、渝西经济走廊35个、三峡库区生态经济区43个(百强镇区域分步情况详见附表)，其中：以二产业为主的64个，以三产业为主的38个；集镇人口1万人以上的58个，5000—10000人的34个；集镇面积2平方公里以上的43个，1—2平方公里的42个；农村二、三产业总产值达到5亿元以上的23个，1亿元以上的79个。

归结起来，“百镇工程” 有如下几个特点：一是以经济强镇建设为中心。“百镇工程”的一切工作围绕经济增长、经济发展来做，以增大经济规模为目标，以提高经济效益为核心，以经济的发展促进小城镇其他事业的发展，不只是单纯的搞小城镇建设。二是强调镇域的概念。“百镇工程”具有区域性、整体性，立足整个镇域面貌的改观，全面提高镇域经济的发展，规划、思维、工作突出整体性。三是突出工业经济发展。这是百镇工程的产业特征。各百强镇产业特点突出，包括旅游业、特色农业和其他产业。四是强调发挥优势、突出特色。各百强镇有各自的长项和优势，实施过程中注重镇情，善于发现优势、发扬优势，防止百镇一面、产业雷同、盲目追风。五是强调带动型和示范性。实施“百镇工程”，不仅是抓百强镇，还充分发挥了百强镇对其他900多个镇和街道的带动辐射作用，取得了较好效果。

二、“百镇工程”的主要成就

目前，102个百强镇占全市608个建制镇的16.9%，总人口542.9万人，其中乡村人口370万人，在重庆市农村经济发展中占有举足轻重的地位。各级党委、政府，各级部门在组织实施、推进、建设等方面做了大量工作，百镇工程建设成绩显著。

2004年，百强镇固定资产投入211.5亿元，引资实际到位资金91.6亿元，投入城镇基础设施建设资金47.5亿元。2003和2004两年，各百强镇共引资173.6亿元，投入固定资产资金达到343.7亿元，实施了1997个各类建设项目；百强镇二、三产业增加值共达306.6亿元；镇域二、三产业比重达到82.1%，比实施前的2002年提高了4个百分点；镇域二三产业的就业结构比重提高了4个百分点；百强镇内企业数量达到23674个(其中工业企业9959个)，企业从业人员79.1万人；实现镇域经济总量373.3亿元，镇域内企业营业收入总额833.2亿元，净利润总额42.7亿元，实交税金总额30.7亿元。百强镇区面积扩大了21.8平方公里，自来水入户数增加5.8万户，生活用燃气入户数增加5.2户，公共绿化面积增加341.8万平方米，污水处理能力增加748.2万吨/年；共吸纳农村人口15.6万人，其中吸纳到百强镇企业就业人员4.0万人。各百强镇按镇区人口计算的平均城镇化率由35.3%提高到38.6%。

“百镇工程”的主要成就表现在：

(一)综合实力增强，发展速度加快

一是经济总量与产业结构得到提升和优化。百强镇具有较为雄厚的经济实力，经济发展速度快，产业结构调整取得进展。2005年百强镇镇域经济总量达到429.9亿元，年均增长速度近20%，比全市农村经济总量的增幅高10个百分点。其中：第一产业增加值75.2亿元，增长7.6%；第二产业增加值233.8亿元，增长23.5%；第三产业增加值120.9亿元，增长21.4%。二是财政收入得到增长。如2005年，百强镇本级财政收入13.7亿元，增长21.5%，镇平均达到1342.2万元。三是居民存款不断增加。截止到2005年底，百强镇各项存款余额709.9亿元，比2004年增长125.5%，其中：居民存款余额271.8亿元，比2004年增长17.7%。年末各项贷款余额139.8亿元，比2004年增长9.7%，其中农业贷款33.6亿元。四是农民收入得到增收。由于各镇经济特别是二、三产业的快速发展，以及农民转移就业

的数量增加，农民收入增长的空间得到拓宽，促进了农民收入的较快增长。2005年，各百强镇镇域内农民人均纯收入3224元，增长9.4%，比全市水平绝对数高415元。

（二）投入力度不断加大，企业发展态势喜人

各百强镇充分利用"百镇工程"的政策优势和工作优势，加强对外开放和招商引资。其招商引资到位资金总额84.6亿元，三年来累计达到241.9亿元。同时，各级投入力度不断加大，各百强镇固定资产投资总额达219.4亿元，镇平均固定资产投资2.2万元，三年来固定资产投入共达547.7亿元。百强镇内企业个数26777个，其中工业企业11108个。企业从业人员54万人。企业营业收入总额963.1亿元；年均净利润总额46亿元；实交税金总额27.3亿元。

（三）劳动力转移进程加快，城镇化水平继续提高

百强镇城镇化进程不断提速，预计到2006年底百强镇城镇化率达38.5%，比2004年提升2.7个百分点，比全市增幅快1.2个百分点。城镇化进程的加快和城镇经济的发展，促进了农村富余劳动力向城镇和非农产业的转移。百强镇累计转移农村富余劳动力121.2万人，其中当年新转移农村劳动力12.8万人，比2004年同期增长8.9%。

三、"百镇工程"的发展方向

自"百镇工程"实施以来，经济总量增长迅速，经济结构调整步伐加快，投资增长显著，城镇化率平稳提升，特色镇建设崭露头角，百强镇成为各地内引外联、促进发展的有效平台。但同时也存在着诸如发展不平衡、地区差异明显、辐射带动能力不强、规划科学性不高、资金技术人才匮乏、特色产业不强不大、政策执行不配套等问题。"十一五"期间，推动"百镇工程"建设，创新发展思路，更新发展理念，拓展发展思路，优化发展格局，创新发展模式，转变发展方针，强化发展措施。

（一）主要目标任务

"百镇工程"建设的总体目标为：到2015年，纳入"百镇工程"镇的经济总量（GDP）实现翻两番，由2001年的230亿元增加到1150亿元，人均国内生产总值达到3025美元；二、三产业收入由2001年的186.03亿元增加到1005亿元，镇平均9.78亿元，最低的超亿元；财政收入全部超千万元，镇平均达到3094万元；农民人均纯收入增长330.6%，由2001年的2450元增加到8100元；三次产业结构由2001年的20.5:53.8:25.7调整到12.4:56.8:30.8；农村劳动力在三次产业中的就业结构由2001年的49.4:21.3:29.3调整到36:30:34；城镇化水平由2001年的36%提高到56.3%。按照百强镇总体上要提前5年实现全面小康的要求，到2010年，全市百个经济强镇的十项主要目标：一是带动1000个村的示范；二是硬化1000公里集镇街道；三是绿化1000公里镇村公路；四是新建1000个场镇垃圾处理池；五是新上1000个规模以上企业；六是新创1000个市级以上品牌；七是新修1000公里集镇下水道；八是新招商1000个重点工业项目；九是新推广1000项先进适用工业技术；十是建设1000人的集镇保洁队伍。

（二）主要工作重点

第一，抓住两个关键。一是培育产业，开展特色镇命名活动，原则上一个区县有1—3个，其特色和主导产业比重应占全镇经济的60%以上，从业人员占比重达50%以上，特色产业产品有区县级以上名牌。二是培育企业，实施"春笋计划"。坚持"大中小并举、高中低并重、农工商联动"的企业培育方针。大中小并举以中小为重，高中低并重以高中为重，农工商联动以工商为先。到2007年，全市各类企业突破3万户，其中规模以上企业300个；到2010年，企业总数突破5万户，年销售500万元以上，规模以上企业8家。培育企业以培育工业企业为重点，到2007年工业企业总数达到60%，其中规模以上企业数达到200户，并注重培育1000万元以上企业。到2010年工业企业总数要占企业总数70%以上，其中规模

以上企业数达500户，亿元以上企业达到100户。形成10亿元为龙头、5亿元为骨干、1亿元为基础的企业梯次带动层。

第二，强化三个基础建设。一是强化基础设施建设。道路交通方面，到2007年，镇至区县市城主干畅通。镇至周边乡镇道路硬化，镇内各村全面实现路通车通；到2010年，镇至区县市主干达二级以上标准，镇内各村公路全面硬化，车辆通畅，集镇街道硬化规范。通讯方面，到2007年，百强镇固定电话入户率达20%，移动电话每百人20部，电脑拥有每百人达2台；到2010年，百强镇固定电话入户率达30%，移动电话每百人达30部，邮政所(点)镇平均2个，电脑拥有每百人达5台。二是强化环境与生态建设。环境建设方面，到2007年，整治集镇和新村重点部位的环境卫生，实现污水归渠、垃圾归池、摊店归区、集贸归市，改造和扩建场镇厕所；到2010年，硬化集镇主要街巷，新建污水和垃圾处理设施，设置垃圾箱等卫生设施，镇镇建立保洁队伍。生态建设方面，到2007年，百强镇森林覆盖率达30%，集镇主要街道实现绿化；到2010年，百强镇森林覆盖率达40%，镇内主要公路实现绿化，农村主要村落实现绿化，集镇所有街巷实现硬化绿化。三是强化人才队伍建设。到2010年，将百强镇内所属党政机关干部和村、社主要干部普遍轮训一次，农村每一个农户中有一名受过非农技术专业培训，镇内企业主要负责人轮训一次。

第三，抓好四大突破。一是工业经济的突破。到2007年，工业经济达到300亿元，其比重占镇域经济总量的60%，财政收入的50%由工业提供；到2010年，工业经济在2005年基础上提高60%，力争达到500亿元，其比重占镇域经济总量的70%，财政收入的80%由工业提供。二是招商引资的突破。采用领导招商、行业招商、窗口招商、基地招商、亲情招商，百强镇年项目储备达2000个以上，其中市级重大项目储备100个以上。百强镇年招商项目达到500个以上，年引资总额达30亿元。三是城镇化率的突破。到2010年，百强镇城镇化率年均提高3个百分点。四是明星镇和特色镇的突破。明星镇标准为：镇域经济总量超10亿元，本级财政收入1亿元，镇内居民人平收入1万元，镇获区县级以上文明单位称号，治安刑事案件发案率低于万分之十。2007年明星镇达5家，2010年明星镇达10家。特色镇标准为：地方特色(包括人文)明显，在全市具有广泛的知名度。或特色产业具有明显优势，产值占镇域经济总量的60%以上，镇内居民人均收入5000元以上。2007年特色镇达5家，2010年特色镇达10家。

注：本文数据出自市农办镇村发展指导处。2006年各百强镇数据已报统计部门，待审核后方可作为正式数据，因此本文部分采用了2005年的相关数据

撰稿单位：重庆人民政府农村工作办公室

附表：

全市“百镇工程”镇区域分布情况表

区县（市）	百强镇
全市	102个
都市经济圈	24个
大渡口区	八桥镇、建胜镇
江北区	鱼嘴镇
沙坪坝区	井口镇、歌乐山镇、陈家桥镇、青木关镇
九龙坡区	西彭镇、白市驿镇、含谷镇、华岩镇
南岸区	黄桷桠镇、长生桥镇、鸡冠石镇、涂山镇
北碚区	水土镇、歇马镇、静观镇
渝北区	洛碛镇、统景镇、龙兴镇
巴南区	花溪镇、南泉镇、木洞镇
渝西经济走廊	35个
万盛区	南桐镇
双桥区	双路镇
綦江县	赶水镇、三江镇、打通镇
潼南县	梓潼镇、太安镇、双江镇
铜梁县	安居镇、旧县镇、虎峰镇
大足县	龙水镇、邮亭镇、宝顶镇
荣昌县	广顺镇、峰高镇、安富镇
璧山县	青杠镇、丁家镇、大路镇
江津市	白沙镇、珞璜镇、油溪镇、杜市镇
合川市	三汇镇、太和镇、云门镇、钱塘镇
永川市	双竹镇、三教镇、大安镇、朱沱镇
南川市	水江镇、南平镇、大观镇
三峡库区和渝东南地区	43个
万州区	分水镇、新田镇、熊家镇、龙沙镇
涪陵区	李渡镇、白涛镇、珍溪镇
黔江区	石会镇、濯水镇
长寿区	葛兰镇、云台镇、狮子滩镇
梁平县	袁驿镇、屏锦镇
垫江县	澄溪镇、坪山镇
丰都县	高家镇、社坛镇
武隆县	江口镇、巷口镇
忠　县	汝溪镇、石宝镇
开　县	长沙镇、临江镇、温泉镇、郭家镇
云阳县	江口镇、盘石镇
奉节县	永安镇、兴隆镇
巫山县	大昌镇、福田镇
巫溪县	城厢镇、文峰镇
城口县	葛城镇
石柱县	黄水镇、西沱镇
秀山县	清溪场镇、平凯镇
酉阳县	钟多镇、龙潭镇
彭水县	汉葭镇、保家镇

百万农村劳动力转移就业工程

重庆市作为大城市、大农村并存的特殊直辖市，农村人口比重大，农村劳动力数量多，农村富余劳动力转移任务重。2005年，全市农业人口2351.9万人，占总人口的74.2%；农村劳动力1366.9万人，占全市农业人口的58.1%，全市常用耕地面积2098.8万亩，农村人口人均耕地仅0.89亩，农村富余劳动力达900多万人。近年来，重庆市委、市政府高度重视农村劳动力培训转移就业工作，一直把开发农村富余劳动力资源作为促进农业农村经济发展的重大战略来抓。2003年，按照农业部的安排部署，重庆市在全国率先进行了农村劳动力转移培训、有序输出及平等就业试点；2004年，市委市政府在总结农村劳动力培训转移试点工作的基础上，出台了7号文件，在全国率先提出全面实施“百劳工程”，结合国家“阳光工程”，进一步加大重庆市农村劳务开发工作的推进力度。

一、直辖以来重庆市农村劳务开发的基本情况

直辖以来，特别是2004年国家实施农村劳动力转移培训阳光工程（简称阳光工程）和市委、市政府实施“百万农村劳动力转移就业工程”（简称百劳工程）以来，全市农村劳动力以前所未有的规模和速度从农业向非农产业、从农村向城镇转移。

（一）转移的数量

从1997年至2005年的9年间，每年重庆市农村劳动力转移人数分别为350.4万人、355.4万人、365.8万人、401.8万人、454.7万人、537万人、579.9万人、621.1万人、664.8万人，年均增长11.2%，占全市农村劳动力的比例由25.6%提高到48.6%。其中2004至2005年百劳工程、阳光工程实施的两年来，共新增转移84.9万人。到2006年底，全市新增转移农村劳动力41.5万人，农村劳动力转移总量达到706.3万人，比2005年增长6.2%，占全市农村劳动力总数的51.7%。

（二）转移的收入

随着转移规模的不断扩大，农村劳务收入不断增长，在农民增收份额中逐渐占据主导地位。据统计年报分析，1997年至2005年，重庆市农村劳务总收入分别为78.21亿元、92.82亿元、110.23亿元、133.23亿元、148.6亿元、165.87亿元、184.86亿元、204.1亿元、238.91亿元，年均增长25.7%；农民人均务工收入分别为318.9元、379.6元、451.3元、548.2元、617元、693.3元、778元、865.4元、1015.8元，务工收入成为农民收入的重要组成部分。2006年，全市农村劳务总收入283.1亿元，农民人均务工收入1210元，比2005年增长18.5%（见表1，下页）。

（三）转移的特征

当前农村劳动力转移就业呈现出“五化”的基本特征：一是输出方式多样化。转移就业的组织化程度逐年提高，通过各级政府和部门、中介机构（劳务经纪人）以及各类职业培训机构等组织转移的约占35%；通过农民自组织、自管理转移的约占62%；个人外出“闯”的约占3%。二是转移行业非农化。到2006年底，农村劳动力向非农产业转移672.8万人，占农村劳动力转移总数的95.3%；其中从事机械、建筑、矿山、商贸、餐饮、服务等约占85%，外出从事第一产业仅占4.7%。三是就业分布区域化。农民外出务工地区多数集中在大中城市和城镇区域；转移到市外的农民工，主要集中在“珠三角”、“长三角”、“京津唐”等东部经济发达城市或地区，并逐年向东北、西北、中部和西南其他省区扩散，零星遍布全国所有省市。四是外出群体年轻化。转移就业人群中，30岁以下的约占转移总数的43.7%，31—40

表1 直辖10年来农村劳务转移与收入基本情况表

年份	劳动力转移数量(万人)	农村劳务总收入(亿元)	农民人均务工收入(元)
1997年	350.4	78.21	318.9
1998年	355.4	92.82	379.6
1999年	365.8	110.23	451.3
2000年	401.8	133.23	548.2
2001年	454.7	148.6	617
2002年	537	165.87	693.3
2003年	579.9	184.86	778
2004年	621.1	204.1	865.4
2005年	664.8	238.91	1015.8
2006年	706.3	283.1	1210

注:数据来源于重庆市劳务办年度统计报表。

岁的约占34.8%,41岁以上的占21.5%。五是新增转移技能化。2000—2006年,全市接受职业技能培训的农村劳动力达116万人,占已转移总数的16.4%。其中,获得职业技能证书的人数11万人,占培训人数的9.5%。

二、重庆市农村劳务开发工作的做法

近年来,重庆市委、市政府高度重视农村劳动力培训转移就业工作,一直把开发农村富余劳动力资源作为促进农业农村经济发展的重大战略来抓。2003年,按照农业部的安排部署,重庆市在全国率先进行了农村劳动力转移培训、有序输出及平等就业试点;2004年,市委、市政府在总结农村劳动力培训转移试点工作的基础上,出台了7号文件,确立了"政府促进、市场运作、部门服务、农民受益"的指导思想,在全国率先提出全面实施"百劳工程",结合国家"阳光工程",进一步加大全市农村劳动力转移就业工作的推进力度。总结几年来的工作,我们的基本做法是:

(一)坚持政府推动、市场运作的主导思想

两年多来,通过宣传引导、政策调控和完善公共服务走出了一条政府推动农村劳动力转移的有效路子。2004年,重庆市委、市政府召开了全市农村劳动力转移就业工作会,全市各地迅速掀起了促进农村劳动力转移就业的高潮,在很短的时间内全市就形成了市、县两级工作体系,协调完善了工作机制,明确了工作职责;全市将农村劳动力转移就业工作进行了工作细化、目标分解,将主要工作任务落实到相关部门,做到任务层层明确,责任层层落实;制定出台了培训补贴、输出奖励、费用减免、权益保障、回乡创业等五大优惠扶持政策;加大宣传力度,充分利用各种媒体,大力开展各种形式的农村劳动力培训转移就业政策宣传,使各项政策深入人心;加大财政性资金投入,重庆市在积极争取国家加大投入的基础上,市级整合了农发资金、扶贫资金、移民资金用于转移培训,2004年投入农村劳动力转移培训的财政性资金达到4700万元(含中央项目1500万元),2005年达到了6700万元(含中央项目2400万元),人均培训补助由200元提高到300元。2006年达到12825万元(含中央项目4000万元)。在政府的大力推动下,全市农村劳动力转移就业总体形势良好。

同时,在具体工作过程中,尊重市场法则,以市场调节为主,充分调动各类市场主体的积极性来参与农村劳动力的培训转移就业工作。在农村劳动力的职业技能培训上,坚持市场化运作,按照动态管理原则,公开招投标确定了406个定点培训机构。2005年,尝试将政府采购的理念引入到农村劳动力转移培训指标的下达过程中,通过市场竞争配置培训任务,让更多的培训任务向具有优质教育资源和教学质量优良的培训机构集中,将部分工种的培训任务向社会各类培训机构

实行公开招投标。2006年进一步扩大招投标范围,有效地利用市场手段整合培训资源。同时,在转移输出中,注重培育劳务中介组织、农村劳务经纪人,调动各类中介服务组织参与农村劳动力转移就业的积极性,进一步带动了全市农村劳动力的转移就业。

（二）坚持技能培训、提升素质的工作重点

提高农村劳动力的职业技能水平是促进农村劳动力转移就业的基础。各级都把农村劳动力职业技能培训作为工作的突破口和切入点,依托全市各定点培训机构,大力开展农村劳动力转移培训。培训单位按照“自主招生、自主培训、自主管理、自主联系安排就业”的原则,根据市场需求,从农民意愿出发,把技能培训和输出就业相结合,不断创新培训的模式和方法,受到农民群众的普遍欢迎。

1.开展订单培训。按市场订单开展培训是各地采取的主要方法,各地加强与劳务市场、用工单位的衔接。“百劳工程”实施两年多来,各地重点围绕市场需求量大的机械制造、建筑装饰、电子电器、计算机应用、缝纫与加工、餐饮旅游服务、社区服务等12大类的64个工种开展技能培训,增强培训的针对性和实用性,2004—2005年共完成订单培训36.6万人,占两年培训总数的85.5%,培训就业率达98%。

2.强化技能培养。坚持引导性培训和职业技能培训相结合的方式,逐步向技能培训过渡。在加强农民择业观和就业观培训引导的同时,根据国家职业标准和不同行业、工种、岗位对农村劳动力转移就业人员的基本要求和劳动力市场需求,确定农村劳动力职业技能培训的内容。采用顶岗实习、两段式培训、校企联合培养等方式,切实提高农民的就业技能。

3.打造特色品牌劳务。特色劳务是在市场经济条件下,一个区域经过多年劳务工作积累,具有较大的务工群体和较高知名度的品牌劳务,因为特色劳务是在市场竞争条件下产生的,因此有着非常强大的生命力,有群众基础,有市场需求,有务工基地。近年来,各地充分挖掘各自特色和优势,把特色劳务培训放在培训工作的首位,集中培训资金、整合培训资源、加大招生和培训力度,首先做成规模,三年来全市共投入特色培训9500万元。如“重庆师傅”、“富侨保健”、“石龙技工”、“重庆月嫂”、“黔江港务装卸”、“三峡服装”、“巫山建工”等已成为全国有一定影响力的特色的劳务品牌。

4. 突出中长期培训。从2006年起各地进一步加大了长期培训力度,按照不同对象和不同岗位需求,采取长期、中期、短期培训相结合、全日制与非全日制培训相结合的方式,逐步向长期培训过渡。长期培训与中职学历教育相结合,2006年,“阳光工程”与“百劳工程”出资4200万元,与有关部门共同对三峡库区移民、城镇低保人员和农村贫困家庭子女等“三类学生”就读中等职业学校实行“学费全额资助、生活费包干补助”的资助政策。使学生一进校就能转户口,毕业时能拿两证,并能实现稳定就业,实现了劳动力转移与减少农业人口的有机结合,2006年中长期培训的人数已达到了8万人,占全年农村劳动力培训计划的40%;对年龄偏大,希望在较短时间内学到一门技术找到工作的农村劳动力,根据技能要求相对较低的一些市场热门专业的需求,主要开展中、短期职业技能培训,实现招生即招工,毕业即就业。

5.加强培训监管。制定和完善了培训补助政策,加大资金扶持力度,逐年提高补助标准。各级劳务办实行了严格的补助资金管理制度,采取代金券、降低收费标准、定额返还等三种形式,确保把补助资金落到实处;切实加强对培训的监管,严格执行了培训计划报送、任务书签订、办班计划拟定、学员花名册和课程安排表上报、补助申请手续等程序;实行了培训补贴公示制度、培训输出台账制度、培训进度月报制度和检查验收制度,同时,各级劳务办加强对各定点培训机构进行定期或不定期抽查和考核,杜绝培训机构弄虚作假事情的发生。

（三）坚持畅通渠道、促进转移的工作目标

在继续采取宣传动员、政策激励、奖励输出

等政策措施，在支持鼓励农村劳动力自发组织转移输出的同时，积极探索各种有序转移输出方式，畅通输出渠道，促进扩大转移规模。

1.搭建输出平台。各级劳务部门十分重视劳务输出平台建设工作，奉节、云阳、彭水、秀山等部分区县（自治县）已组建或正在组建政府公益性职业介绍机构，降低农民转移成本，让更多的农民外出就业；部分地方政府出资注册劳务品牌，加大了对本地劳动力的整体宣传和推介；市政府6个驻外办事处和部分区县对外设立88家办事“窗口”已成为重庆市劳务输出的前沿阵地；合川、开县等地重视职介体系向乡镇延伸，在乡镇成立了职介所或劳动力转移促进协会，在村里设立了劳务信息员。在全市建立了农村劳动力资源信息系统，基本摸清了农村劳动力底数；开通了农村劳务信息网，及时更新劳动力供求信息，为农村劳动力外出就业和企业用工提供服务。

2.创新输出方式。加强集团式、规模化输出，提高输出的组织化程度；突出订单输出模式，增强输出的针对性，今年初在农村劳动力转移对接洽谈会上签订的32万人的转移就业订单，兑现率已在80%以上；建设稳定的劳务基地，方便外出农民的维权与后续服务，多数区市县都建立了自己稳固的务工基地。

3.拓展输出区域。继续巩固“珠三角”、“长三角”、“京津唐”等重庆市劳务输出的传统地域，并积极开拓新的就业基地，近两年又新拓展了新疆、福建、云南、东北等一批新的务工基地。市政府与新疆建设兵团、重庆市劳务办与厦门市劳动局签订了长期劳务合作的协议。特别是2006年7月，面对特大干旱，在市委市政府的正确领导下，全市各级层层发动、精心组织，向新疆输出摘棉工11.59万人，据统计，人均摘棉2.23吨，实现劳务总收入2.35亿元，打开了一条重庆市农村劳动力转移西进的通道。

4.培育市场主体。各级逐步认识到做强劳动力转移市场主体的重要意义，加大了对劳务中介组织、农村劳务经纪人，职业培训机构的扶持力度，一批劳务市场主体正在成长。如巴南区群龙劳务输出公司、江北区中泽职业经纪有限公司、开县金开劳务开发公司正逐步成为农民和企业信得过的劳务中介，其影响力也正在逐步扩大。同时，重庆市农村也涌现出了一批劳务经纪人，南川、荣昌、合川等地加大了对农村劳务经纪人的培育和扶持。如合川燕窝镇新街村农民孙辉菊，原也是一名打工者，通过外出务工积累了一定的社会经验和资本，返乡后成为了一名职业劳务经纪人，由于其掌握的就业信息及时可靠、服务周到，周围群众都愿意找她帮忙联系工作，从1989年到2006年底，通过其介绍就业的农民达1.5万人，成为远近闻名的劳务能人。南川、荣昌培养的一批拾花经纪人，在2006年组织农民赴疆摘棉中大显伸手，其作用表现得十分充分。劳务经纪人的出现进一步带动了全市农村劳动力成建制、有规模的转移输出。

（四）坚持城乡统筹、服务管理的工作举措

在抓农村劳动力转移输出的同时，重庆市立足城乡统筹，推出了强化进城务工农民服务管理的各项工作举措，首先在主城的2个区开展试点工作，逐步总结经验，扩大到全市13个区。工作中，明确了“维好权、服好务、管得住”的目标；坚持“用人单位和社区双重管理，社区为主，条块结合，综合服务，改善环境，促进就业”的原则；提出了“建立健全一个精简高效的工作系统、建立一套行之有效的日常工作制度、建立一个统筹协调的长效机制”三大工作任务；制定出台了市政府第186号令。全市各级各部门按照各自的职能职责切实加强了农民工的服务管理工作，极大地改善了农民进城务工环境，调动了农民进城务工的积极性。

1.采取措施，规范管理。通过简化进城务工农民的办证手续，实行除居民身份证外的流动人口居住证“一证式”管理制度，较为完善地建立起进城务工农民的基础档案。2006年，为89.9万进城务工农民办理了流动人口居住证，全市累计登记进城务工农民总数达到140万人，农民工凭居住证可享受社区提供的各种服务。在完善登记办证的基础上，各试点区结合开展了社会治安综合治理工作，如大渡口区建立了一套进城务工农民基本信息反馈网络体系，在此基础上，健全了新兴行业、大型集贸市场、重大施工场地和进城务工农民集居地的人民调解委员会和治保委员会，设立人民调解员、治保员和信息员，切实抓好进城务工农民集中、散居、流动三个层次的动态管理，进一步完善了社会治安防控系统。

2.以人为本，开展服务。坚决取消了对农民进城就业的行业和工种限制；全市公益性的职介机构免费向农民工开放并提供就业帮助和就业咨询；通过政府引导、市场运作，利用闲置的房产资源，在务工农民相对集中的地区，开办较为规范的“农民工公寓”；对随进城务工符合条件的农民工子女与城镇居民子女同等对待，由当地教育行政主管部门指定学校入学，免收借读费、暂读费等。从2005年开始，重庆市确定招收进城务工农民子女的中小学达133所(其中试点的主城区达到93所)，一年为农民工子女免借读费达到1个多亿；对进城务工农民提供细致周到的计生卫生服务，免费办理婚育证明，加强农民工聚居地的卫生防疫。同时，重庆市充分发挥社区、企业、输出地农村的作用，切实加强对农民工的服务管理工作。首先是发挥社区对农民工服务管理的支点作用，设立进城务工农民服务窗口，向农民工提供房屋租赁、就业信息咨询服务；开展教育培训；组织开展形式多样、丰富多彩的社区文化活动，增进农民工与城市居民的交流沟通，帮助进城务工农民融入城市生活。其次是强化企业对农民工的服务管理，使企业转变发展观念，把农民工作为企业的财富，给予农民工更多的人性化关怀和服务。全市总结推广了广厦重庆第一建筑集团有限公司关于“善待好、组织好、教育好、管理好”农民工的“四好”经验；探索总结了重庆百货股份有限公司、朝天门市场等对零散务工人员采用的与输出地联动、成立劳务服务公司等有效模式。同时，重庆市还在输出地农村积极探索开展对外出务工农民的服务工作，切实解决农民工外出的后顾之忧。大力推行农村“全程代理”服务制；建立“助耕队”，积极引导开展农业生产互助合作，帮助外出务工农民家庭搞好农业生产经营；探索对农村“留守儿童”建立“代理家长”制度；对农村“空巢老人”，给予关心关注，帮助其解决生产生活压力；开展农村集体资产的股份合作制改革试点，切实保障外出务工农民在原集体经济组织中的收益分配权等。

3.严格执法，维护权益。加大劳动维权力度，全市逐步落实了最低工资保障制度和建筑领域工资保证金制度，逐步加强劳动监察执法，及时处理举报投诉案件，落实农民工仲裁费用减免等政策，从2005年到2006年底，全市已收取农民工工资保障金8.67亿元，涉及项目4244个。加大司法维权力度，对侵犯农民工合法权益的各种违法行为，司法部门及时按规定提供法律援助，2006年为农民工办理法律援助案件16118件，比上年增长26.6%，为5256名农民工提供了法律援助，比上年增长42.7%。重庆市与广东、浙江等30多个省市建立了法律援助协作机制。加大党团工妇组织的维权力度，进一步加强进城务工农民党、团员管理和教育工作，发挥党团组织在维护农民工权益中的重要作用。江北区团委在全区务工农民相对集中的街道建立了10余个团支部，创建“青少年维权岗”，开展务工农民权益维护活动。同时，重庆市还充分发挥工会、妇联等组织维护农民工合法权益的作用。沙坪坝区总工会在小龙坎街道、土湾街道和覃家岗镇率先建立了务工农民联合会，开展了会员服务维权工作。截至2006年底，市总工会发展农民工工会会员185.3万人。

(五)坚持部门配合、协调动作的工作机制

农村劳动力转移是一项庞大复杂的系统工程，工作涉及面广、牵涉的部门多，为此，重庆市建立了由32个部门组成的农村劳务开发领导小组，设立了专门的办公室。今年国务院5号文件出台后，重庆市在原农村劳务开发领导小组成员单位的基础上，相应增补了八个单位作为重庆市农民工工作联席会议成员单位，建立了重庆市农民工工作协调机制。在各级劳务办的统筹协调下，各级各部门从大局出发，积极主动履行自身职责，认真执行农村劳动力转移就业的各项政策，加强协调配合，共同推进各项工作任务的落实。如公安部门推出了“市民化管理、人性化执法、亲情化服务”的工作举措；司法部门对农民工维权法律援助给予了特别的关注；建设部门强化了建设领域农民工的安全知识培训，完善了劳务派遣的规范管理，对施工现场的农民工开展了意外工伤保险，并联合相关部门在建设领域实施了工资保证金制度；劳动部门加强了劳动监察和劳动合同管理，加大了对拖欠农民工工资行为的查处力度；工商部门制定落实了农民工返乡创业的各项优惠政策；工会系统总结推广了“四+X”维权机制和广厦一建公司的“四好”先进经验等，各级各部门围绕农村劳动力转移就业的各项工作，把农村劳动力转移就业纳入了服务管理的工作范畴。

三、取得的成效

通过实施“百劳工程”和“阳光工程”，重庆市农村劳务开发工作取得了显著成效，突出表现在：

（一）促进了农村劳动力转移就业步伐的加快

1997—2006 年，全市农村劳动力转移由 350.4 万人增加到 706.3 万人，年均增长 11.3%，占全市农村劳动力的比重由 25.6% 提高到 51.7%。通过加大农村劳务开发力度，进一步促进了农村劳动力的转移就业。

（二）促进了农民增收，推动了区域经济发展

通过推进农村劳动力转移就业，促进了农民收入的增加。1997—2006 年，农民人均劳务收入由 318.9 元提高到 1210 元，劳务收入占农民人均纯收入的比重由 18.8%提高到 42%。特别是 2006 年重庆市遭受特大旱灾，重庆市农民人均纯收入之所以保持增长，主要是得益于劳务收入的增长，2006 年重庆市农民人均劳务收入比 2005 年增收 194 元，对农民人均增收的贡献率达 318%。另外还通过向新疆输送短期季节性务工的摘棉工，使全市农民人均增收 10 元左右，对农民人均增收的贡献率为 16.2%。外出务工收入的增长带动了农民整体收入的增加，而且大量农村富余劳动力转移，使农村耕地等资源的人均占有量大大增加，也间接地增加了农民收入。

同时，外出农村劳动力带回大量的现金，提高了农民购买力水平，拉动了农村的消费，促进了地区经济发展。从抽样调查看，外出农民的务工收入中约有 60%以上都带回了当地，建房或在镇上购房成为最大支出，农民工成为拉动当地房产和建筑行业增长的重要因素。另外，一些外出务工农民在挣得了资金，学到了技术、积累了资金后返乡创业，对促进重庆市经济发展也起到了重要作用。

（三）促进了农民素质提升，带动了农民思想观念的转变

2000—2006 年，全市接受各类职业技能培训的农村劳动力达 116 万人，其中 2004 年至 2006 年“百劳工程”实施的三年期间，共培训农村劳动力 65.8 万人，占培训总数的 56.7%。通过农村劳动力转移培训，促进了农民技能水平和综合素质的提高，就业竞争力增加，使外出务工农民的工资水平、工作适应力、工作满意感都有了较大提升。同时，通过培训，引导农民群众树立了勤劳致富、劳务富民的思想，增强了农村劳动力外出务工的信心和决心，使农民在转移就业的过程中，接受了城市文明和现代工业的熏陶，开阔了眼界，转变了观念，逐步转变成为具有现代市场意识、效益意识、创新意识的新型农民。

（四）促进了全市职业教育事业发展，职教正成为重庆市的一项新兴产业

两年多来，通过实施“百劳工程”，进一步引导群众树立了稳定就业靠培训的思想，农民主动要求参加职业技术培训的积极性得到了很大提高。重庆市丰富的劳动力资源和大量的培训需求，加速了职教培训的巨大市场的形成，促进了重庆市各类职业学校跨越式的发展。出现了社会民营资本投资办职教，外地企业和外地政府参股或投资职教的热情。2006 年全市已有各类职业教育培训机构 2200 所，新的职教机构不断兴办，

在校生人数成倍增加。彭水、武隆、酉阳等偏僻地区依托丰富的劳动力资源,吸引外地资金建设职教中心,缓解了当地职教资源严重不足的矛盾。在竞争的态势下,全市一批职教机构脱颖而出,如永川国立职业技能培训学校、万州区三峡服装学校、开县三峡职业学校等已成重庆市民办职业学校中的佼佼者,它们在激烈的市场竞争中找到了位置,通过实施劳动力职业技能培训,搞好就业服务,站稳了脚跟,创立了品牌,办学规模不断扩大,学校的地位得到了提升,竞争力明显增强。同时,在政府、社会和市场的推动下,永川、万州、涪陵、黔江等一批区域性"职教中心"正在崛起,如永川"职教城"2006年已有高职5所,中职20所,培训机构20个,共有91个专业、7万多名在校生,已基本形成中等职业教育与高等职业教育、公办职业教育与民办职业教育、学历教育同非学历教育互相促进、共同发展的比较完善的职业教育体系,按每个学生平均年交费4000元计算,该市职教产业的年产值达近10亿元,已成为永川一项重要的支柱产业。

(五)促进了农村产业结构调整,带动了产业集群的形成

农村劳动力的转移开发促进了劳动就业结构调整。"十五"期间,全市农村劳动力从一产业转移到二、三产业就业的人数达633万人,全社会就业结构由2000年的55.8:16.7:27.5调整到2005年的49.3:18.9:31.8。进而带动了农村产业结构的调整,农村三次产业结构由2001年的43.8:31.2:25调整为2005年的41.7:35.2:23.1。同时,随着东西部产业结构的"梯度转移"和国家西部大开发战略的实施,重庆市丰富的农村劳动力资源成了招商引资的一个重要优势资源,一些劳动密集性产业正逐步转移到重庆市劳动力资源丰富的地区,宁波雅戈尔、青岛双星、海尔、温州的康奈鞋业等一批劳动密集型产业已在重庆落户,形成了璧山西部鞋城、渝北服装工业园、巴南石龙返乡创业工业园等一批新兴的劳动密集型产业集群。

四、下一步的思路和打算

重庆市农村劳务开发管理工作的总体思路是:牢固树立科学发展观,着力构建和谐社会,以"阳光工程"和"百劳工程"为抓手,以减人增收为中心,以城乡统筹为保障,按照"1446"工作思路,精确设计,定点落实,确保农村劳务经济持续、快速、有序发展。

(一)围绕一个目标

"十一五"时期,全市农村劳动力转移培训100万人,新增转移就业200万人,其中,三峡库区培训51.5万人,转移输出105万人;农民人均劳务收入年递增12%。2007年,全市农村劳动力转移示范性培训20万人,新增转移就业40万人,农民人均劳务收入增加140元。

(二)遵循四项原则

政府促进与市场运作相结合,以培育市场主体为重点的原则;长中短期培训相结合,以中长期技能培训为重点的原则;务工增收与"转人转户"(劳动力转移与户籍转移)相结合,以稳定就业为重点的原则;整体推进与分类指导相结合,以三峡库区转移输出为重点的原则。

(三)开展四大行动

培训质量提升行动,"两转"(转人转户)落实推进行动,城乡和谐促进行动,农村劳务体系构建行动。

1.培训质量提升行动。2007年,继续开展"培训质量年"活动,优先安排库区和农村"零转移就业"家庭劳动力的技能培训,帮助实现就业转移。

统一培训规范。对全市通用工种,统一培训教材、统一培训规范、统一培训学时、统一补贴标准。完成20个通用工种教材统编和培训规范的制定工作,适当提高培训补贴标准。

推行现金直补。在全市范围内重点推行培训结业现场现金直补的办法。区县劳务办、财政局在开班上第一堂课时,向学员讲清培训补助金额和补助办法;中途抽查,结业前3天由培训机构在培训地对拟补贴学员进行公示;结业当天,财政和劳务办共同审核,现场现金直补学员。

严格五项制度。严格公示制度、严格第一节课制度、严格台账制度、严格月报制度和严格检查验收制度。向社会和农民公布培训单位名称、培训任务、培训专业、培训时间、收费标准、政府补贴标准、就业去向等内容,建立培训情况网上直报公示系统,公布培训学员的基本情况,公布举报电话。

完善管理办法。进一步完善培训招标办法,分级实行招投标,并向社会公布。改变培训指标分配方式,实行培训项目申报制度,各区县向市劳务办、市财政局提交申请报告,市里根据区县教育资源、农民培训需求、监督管理力量、培训工作经费落实和区县党政、部门的工作积极性等因素,安排2007年培训和资金计划。

强化监督管理。区县从培训到转移就业实施全程监督,市级部门开展定期或不定期的监督检查,建立完善培训管理远程监控系统,制定完善检查考核办法,建立健全信用评价制度。引入第三方监督机制。

2.“两转”落实推进行动。2007年,转移就业工作坚持增收与减人并重,就地转移和市外输出并重,稳定就业与灵活务工并重,着重推进农民工转为城市居民,最终实现促进农民增收和减少农民的目标。

突出转移对象。以农村“零转移就业”家庭劳动力、新生农村劳动力和转移就业不稳定的农村劳动力为重点对象。对全市农村零就业家庭开展全面调查摸底,采取相应措施,确保消灭“零转移就业家庭”目标任务的落实。

搭建输出平台。开发建立“劳务信息短信互动平台”,实行会员制管理,注册用户横向到各省市重点用工企业、劳务市场,纵向到村社,实现用工信息和求职信息的自动撮合。积极搞好辖区内农村剩余劳动力的求职登记、培训愿望的分类汇总,重点做好春节后、暑期和农忙后的农民工招聘工作,组织农村劳动力供需洽谈会和现场招聘会。

培育劳务中介。鼓励公共就业服务机构和各类劳务公司、职业中介机构、职业培训机构与输入地劳务公司、培训机构等市场经济主体开展劳务协作,提高农民外出务工组织程度。各区县培育1—2个市场化运作的劳务经济主体。探索开展外出务工农民路费贷款贴息试点。

做好劳务对接。组织搞好深圳、上海、厦门、北京等就业基地和新疆就业市场考察对接,确保全市订单输出劳动力达到70%。开展职业技能大比武,着力把重庆打造成为农村劳动力技能培训高地。协助做好主城8区对口接纳库区腹心区县农村劳动力转移工作。探索国际劳务合作,促进规范化的境外就业。

做大季节务工。在搞好以赴新疆摘棉工为重点的季节性务工的同时,拓展季节性务工渠道;继续对摘棉工或摘棉劳务经纪人进行补贴或奖励,探索建立全市季节性务工重大伤亡和医疗保险统筹机制。研究出台组织赴疆摘棉工指导意见,组织赴新疆摘棉季节性务工在10万人以上。

3.城乡和谐促进行动。按照对进城农民工维好权、服好务、管得好、稳得住的要求,深化对农民工的服务管理工作,促进城乡和谐。

搞好办证登记。充分发挥街道、社区和用人单位的作用,做好进城农民的登记和办证工作,力争对进入各区县城区的农民工全免费,确保登记办证率达到80%以上。以城市社区为主,全面开展进城农民工的统计和动态监测。

解决突出问题。继续贯彻落实国务院5号文件精神,规范农民工用工管理和保障农民工劳动安全、搞好农民工就业服务和培训,依法将农民工纳入工伤保险以及保障农民工子女接受义务教育等方面取得新的进展。

强化公共服务。进一步健全覆盖农民工的公共服务体系,做好进城务工农民的计划生育、卫生保健、职业介绍、法律服务、治安管理、生产生活条件改善等服务工作。大力推广农民工服务管理“四好经验”,积极推行农村事务全程代理制度和“留守儿童”代理家长制度。在部分区县开展农民工外出后农村服务管理和农村改革试点,探索解决农民工外出后顾之忧的新体制和机制。全市新建和改建“农民工公寓”30个,新发展农民工工会会员40万人。

4.农村劳务体系构建行动。建立健全管理体系。逐步健全从市、区县到乡镇、村社的农村劳务开发体系，着重完善区县到镇乡村的工作体系。2007年3月底前，全部区县都要建立完善联席会议工作制度，形成政府统一领导、部门各负其责、社会合力、集体议事、协调推进转移就业工作的良好局面。劳动力转移大县要把劳务部门配制成“第一部门”，充实人员，强化职能。各区县要成立农村劳动力转移协会，乡镇（街道）建立分会，探索建立好各级劳动力转移协会与农村劳务经纪人的利益和工作链接机制。

完善数据统计监测。开发和完善农村劳务开发综合数据系统，系统涵盖农村劳动力资源、培训档案、农民工基本情况等信息。各区县要建立完善全市农村劳动力资源数据库，每季度开展农村劳务开发趋势分析。2007年3月底前，全市基本完成农村富余劳动力“零转移就业家庭”普查工作，开展农村劳动力转移抽样调查和统计监测。

创新投入激励机制。积极争取国家的支持，多渠道筹集资金，加大资金投入。各区县要在保证按项目经费的5%—10%配套落实工作经费的基础上，调整财政支出结构，安排专项经费，投入农村劳务开发工作。

建立考核评价机制。制定全市农村劳务开发管理目标考核办法，做到责任明确，任务落实，形成推动农村劳动力转移就业政策落实和工作开展的长效机制。采取专项督查、季度抽查通报、年底考核等办法，加强工作督导，一级抓一级，确保各项工作任务得到落实。对在农村劳动力转移就业工作中取得突出成绩的单位和个人每年进行总结表彰。

（四）实现六个突破

一是农民进城落户转变为市民上取得突破。搞好农民转市民的中长期规划和实施方案，制定科学合理的目标任务，在搞好“农民转市民”试点的基础上全面推开，逐步消除农民变市民的制度性障碍。全年实现5万名进城务工经商农民变市民。

二是消除农村零转移就业家庭上取得突破。搞好农村“零转移就业”家庭的调查统计，建立档案台账，制定针对性的解决方案。2007年6月底前基本消除三峡库区农村移民“零转移就业”家庭，年底前消除25%以上的农村“零转移就业”家庭。

三是创新季节性务工运作机制上取得突破。创新完善市场条件下组织发动机制、利益连接机制、财政补贴机制、经纪人培训机制，坚持“政府带”和“市场引”相结合，充分发挥市场主体的作用，培育发展劳务经纪人或带头人2000人。

四是落实“五类学生”资助政策上取得突破。完善“五类学生”（库区移民、农村贫困家庭和城市低保户子女、退役士兵、国办福利机构适龄孤儿）就读中职学校“学费全额资助、生活费包干补助”的扶持政策，年内实现“五类学生”资助全覆盖，享受政策的“五类学生”户口转移率达到100%。

五是建立农民工养老和医疗保险制度上取得突破。探索建立适合农民工特点的养老保险和医疗保险制度，年内出台相应的管理办法。

六是优化农村劳动力转移培训基地上取得突破。培育优化农村劳动力培训基地，改善培训设施和条件，分层次重点培育1个核心基地、10个示范基地和100个区域性重点基地。

注：本表数据出自市农村劳务开发领导小组办公室、市统计局、重庆统计年鉴

撰稿单位：重庆市农村劳务开发领导小组办公室

执笔人：洪国伟、熊亮

工业经济发展

重庆直辖的10年，是工业经济发展不平凡的10年，也是重庆市工业经济由全面扭亏为盈，创造新的佳绩的10年。全市工业战线干部职工认真贯彻科学发展观，抓住设立直辖市的契机，全力推进新型工业化，按照市委确定的"5444"战略部署，坚持发展第一要务，以奋发有为，开拓创新的精神状态，正确应对新的形势和全球化的挑战，主动顺应宏观经济调控，坚定不移地走新型工业化道路，经过10年的建设和发展，工业经济运行稳健，成效显著。

一、直辖之初的重庆工业经济背景

1997年3月14日，八届全国人大五次会议批准设立重庆直辖市。重庆市成为我国第四个直辖市和中西部地区第一个直辖市。1997年6月18日，重庆直辖市挂牌。具有3000多年悠久历史的重庆，在历史的长河中掀开了新的篇章。

(一)大背景

直辖之初，重庆欠发达的大城市和较落后的大农村并存，经济社会的二元结构特征十分突出。三峡库区百万移民，366万贫困人口的脱贫，生态环境保护，老工业基地的改造，重庆的"四大任务"同时又是多年积累的四大难题。发展难，难就难在留恋计划经济的"余温"。没有利益格局的大调整，就没有经济体制的大变革。

重庆是我国重要的工业基地和国防科研生产基地，有较强的产业基础，在全国40个工业大类行业中，重庆有39个，资产存量大、配套加工能力强是重庆工业经济的基本特点，同时，工业在重庆发展的各个历史时期都作出了重要贡献。

但是，直辖之初的重庆经济"家底"还相当薄弱：人口3000多万，是北京、上海的一倍多，人均GDP还不及北京和上海的一半。

(二)工业经济背景

工业经济亦是如此，自1994年起，重庆国有工业企业开始陷入亏损的局面，再到1996年，重庆工业经济整体出现大面积的亏损，并且沦入连续4年的亏损之中。情况最严重的是1997年和1998年。

多年计划经济形成的矛盾和问题，在短缺经济一去不复返的转折阶段集中爆发，造成全市工业经济总量偏小，经济增长质量不高，效益低下；经济增长点的培育还不能适应发展的要求；企业经营机制转换滞后，随着下岗职工增多，就业压力增大，社会稳定的任务更加艰巨。粗放的经济增长方式和企业经济效益低下的局面没有根本改变，直辖初年，工业经济效益综合指数同全国平均水平相比有20多个百分点的巨大差距。工业结构性矛盾较为突出，产品适应市场的能力不强，多数产品供大于求。

从表面上看，亏损的原因在产品竞争力弱；而从深层次看，重庆工业的病根在于"三高三低"：一是传统产业和产品比重高，高新技术产业和技术含量高的产品比重低。以冶金、机械、兵器为代表的重工业在重庆工业中所占比重超过70%。结构不合理导致重庆市工业整体抗风险能力低。二是国有经济比重高，非公有制经济比重低。在工业经济中长期占统治地位的是国有企业，非公有制经济发展缓慢。三是主城及周边地区工业化水平较高，三峡库区和少数民族地区工业化水平低。重庆二元经济结构突出，工业化进程步调不一。

二、直辖以来重庆工业经济运行的情况和态势

重庆直辖以来工业发展可以分为三个阶段。从直辖前夕的连年亏损，重庆市采取了一系列措

施，到2000年实现整体扭亏为盈，再到连年赢利，重庆工业在市场竞争的惊涛骇浪之中，在中国加入世界贸易组织的巨大考验之下，战胜自我，逐步步入良性循环的轨道。其过程可简要概括为三个阶段：

(一)第一阶段，1997—2000年的扭亏增效

从1996年起，重庆工业连续4年处于亏损之中。情况最严重的是直辖之初的头两年，1997年全市国有工业企业亏损面超过60%；1998年全市2034户规模以上工业企业中，亏损企业为1006户，亏损面为49.46%，其中国有工业企业亏损面高达63.29%。

为此，1999年，党的十五届四中全会召开后，重庆市委召开一届六次全委(扩大)会议专题研究国有企业改革和发展问题，作出了全面的工作部署，出台了《关于贯彻落实党的十五届四中全会精神，加快国有企业改革和发展的意见》，提出了“七个一批”的改革发展思路和工作措施，实施了重庆直辖后的第一次产业结构重大调整政策，1999年当年就减亏10亿元。“七个一批”工程即：

1.实施兼并破产淘汰一批，消灭部分亏损源

按照“有进有退、有所为有所不为”的原则，积极稳妥地推进破产关闭，一批劣势企业退出市场。同时，加大淘汰落后生产力的力度，相继关闭了达不到规模或是不符合相关规定的小煤矿、小水泥、小玻璃、小钢铁企业、小火电机组等“十五小”企业，淘汰落后生产能力。

2.实施债转股搞活一批，实现扭亏转盈

重庆市实行企业向资产管理公司进行债转股后，一大批企业通过实施债转股，甩掉了包袱，减低了资产负债率，实现了扭亏为盈。

3.技术改造提高一批，增强企业创新发展能力

一批企业进入国债技改项目计划，在国家下达的重点技术改造项目中，重庆市所占份额越来越大，推动了重庆工业企业的发展。

4.加强内部管理转化一批，促进扭亏增盈

通过广泛开展“学邯钢、抓管理”的活动，产生了庆铃质量管理、太极营销管理、长安现场管理等一批成功经验。

5.军民品分线解脱一批，减员增效一举扭亏

多户企业进行了军品生产能力调整、军民品分线经营和分开核算，成功实现减员增效。

6.中小企业改制脱困一批，不断增强企业活力

将原有市属中小企业放权交给所在区县，以产权制度改革为核心的改革，使中小企业建立起适应市场竞争的经营机制。

7.扶优扶强壮大一批，发挥骨干与带动作用

实施大公司、大集团战略，引导具备扩张能力的优势骨干企业，以市场为导向，资本为纽带，引导企业实行强强联合，加快实现市场、产品和资本扩张，支撑和带动全市工业的增长。

(二)第二阶段，实施“三大基础”工程优化产业结构

自2000年全市工业整体扭亏为盈后，重庆市委、市政府审时度势，在“七个一批”工作成效的基础上，提出并实施了“三大基础”工程，加大老工业的调整改造力度，对症下药，一厂一策，辩证施治，极大地推动全市经济的发展，大大增强经济发展的活力，提高了经济发展的质量。工业利润一年一个台阶，在工业利润相继突破20亿元、30亿元、80亿元后，2006年更是突飞猛进达到155亿元。

1.建立合理的经济结构

通过调整所有制结构，为各种经济成分创造平等竞争的环境。加快劣势企业退出的步伐，建立国有经济的退出通道，大力吸引外资和非公有制经济参与国有企业改组改造，进一步提高混合所有制经济的比重；进一步壮大支柱产业发展，大力发展高新技术产业；提高企业技术水平，提升产品档次，扩大生产规模；通过加大资产重组力度，整合资源，优化资产结构，形成整体优势；培育具有国际竞争力的企业集团，打造重庆工业的“航空母舰”，加快构建合理的经济结构基础；通过调整产品结构，淘汰过剩及工艺、技术落后的产品。

2.建立先进的技术进步体系

包括以企业技术中心为主的技术创新体系,以中介机构为主的技术创新服务体系,产学研相结合的科技管理体系。与此同时,建设高新技术产业化基地,建设科技支撑体系。

3.建立灵活的经济运营机制

一方面,建立适应市场经济要求的政府宏观经济管理体制;另一方面,推动建立现代企业制度,完善股份制改造以及一系列配套改革。

(三)第三阶段,推进新型工业化不断壮大重庆工业

2003年,新一届重庆市委、市政府认真贯彻落实党的十六大提出的走新型工业化道路的要求,及时总结经验,理清发展思路,提出了"工业强市"的指导思想和分"三步走"的发展战略。这"三步走"的发展战略是:第一步,到2005年,富民兴渝取得新的进展,经济增长速度高于全国平均水平,西部大开发在一些重点领域取得突破性进展,办好"四件大事"取得重大成果,城乡人民过上基本的小康生活,奠定长江上游经济中心的重要基础。第二步,到2010年,富民兴渝实现新的突破,经济总量比2000年翻一番以上,西部大开发见到明显成效,基本完成"四件大事",城乡人民过上富裕的小康生活,建成长江上游经济中心的基本框架。第三步,到2020年,富民兴渝迈上新的台阶,经济总量比2000年翻两番,西部大开发全面见到成效,城乡人民过上富裕的小康生活,部分地区率先基本实现现代化,全市综合实力、整体竞争力和辐射带动力大大增强,建成长江上游经济中心。

在此基础上,为进一步细化工作思路,统筹一、二、三产业的协调发展,2004年,按照党的十六大、十六届三中全会和中央经济工作会议精神的要求,深入学习贯彻"三个代表"重要思想,认真树立和落实科学发展观,进一步加大推进改革的工作力度,市委二届五次全委会专题研究加快推进新型工业化问题,通过了《关于〈中共重庆市委关于加快推进新型工业化的决定〉的决议》。市委、市政府又在全市范围内广泛开展了加快推进重庆新型工业化的大调研,集思广益,结合重庆实际,提出了推进重庆新型工业化"5444"发展思路(即:实现五大发展目标、发展四大重点产业、抓好四大战略任务、实施四大保障措施),从而有力地推动了重庆工业的加速发展,全市工业增幅继续攀升,运行质量持续提高,主要经济指标再创直辖以来最高水平。

三、直辖十年重庆工业经济大发展的十二大亮点

直辖以来,重庆工业经济发展迅猛,按照市委、市政府确立的"工业强市"战略,全市工业战线的广大干部职工攻坚克难、锐意进取,牢固树立科学全面协调的发展观,加大改革开放工作力度,加强经济运行调节,大力开展招商引资,抓好工业布局,促进园区建设,积极推进新型工业化,促进了全市工业经济持续、协调、快速发展。总结起来,有如下十二大亮点:

(一)工业经济整体实现跳跃式大发展

直辖以来,重庆工业主要经济指标不断刷新历史水平,2006年全市规模以上工业企业实现总产值3214亿元,是1997年870.55亿元的3.7倍;规模以上企业实现增加值845亿元,是1997年增加值240.47亿元的3.5倍。

重庆工业经济总规模突破1000亿元,用了46年,从1949年至1995年,工业总产值才由6亿元增加到1053亿元;总规模突破第二个1000亿元用了7年时间,从1996年到2002年增加到2260亿元;总规模突破第三个1000亿元,只用了两年时间,从2003年到2004年就超过了3000亿元。直辖以来,重庆规模以上工业经济年平均增长14.6%,除1998年以外,其余各年份的增长速度均超过两位数,其中又以2003年和2004年为最快,达到了26.7%和29.9%。

(二)不断调整产业结构,工业经济布局趋于合理

1.三次产业结构的比重向好

直辖10年来,重庆市农业占GDP的比重从

1997年的22.6%下降到2006年的12.3%，下降了10.3个百分点，呈逐年下降趋势；第三产业占GDP的比重从37.7%增加到44.7%，增加了7个百分点；而工业所占GDP的比重一直保持在三分之一左右（见表1）。

2.重工业是工业增长的主体，轻工业发展有所加快

直辖以来，重庆工业经济的发展仍以重工业为支撑，重工业在总量上处于主体地位。2006年重庆轻、重工业完成增加值的比重分别为34.47%、65.53%，与直辖之初的1997年相比并无太大变化。从速度来看，自2005年开始重庆市轻工业发展有所加快，呈现出近年来少有的轻工业增长持续快于重工业的态势，2005年全市轻、重工业增加值分别增长28.74%和16.27%，轻工业增长速度快于重工业12.47个百分点（见表2，下页）。

3. 公有制经济和非公有制经济共同推动工业发展

通过不断的调整和发展，重庆市工业经济微观主体的活力不断增强，所有制结构得到改善，工业经济增长的结构也进一步优化。1997年，重庆非公有制工业经济占经济总量的比重是21.6%，2006年这一比重则达到了53.1%，比直辖初年增加了31.5个百分点。重庆公有制经济和非公有制经济已形成了“对半分”的局面，逐步形成了一个合理的所有制格局。

4.老工业基地改造步伐加快，产业布局趋于合理

一是通过实施主城“退二进三”和“退城进园”发展战略，老工业基地核心区（都市发达经济圈）改造成效显著。2005年，都市发达经济圈9个区的规模以上企业共完成工业总产值1720亿元，占全市的68%；增加值482亿元，占全市的67.3%。除作为全市商贸中心和政治文化中心的渝中区外，其他8个区县都是重庆市10大工业经济强区（县）之一。在全市工业企业50强和66户重点增长企业中，分别有31户和41户集中在这一区域。目前，都市发达经济圈已基本成为长江上游的工业发展高地。二是在传统老工业基地之外兴起了一批新的区域工业经济增长极。其中，万州、涪陵、黔江、江津、合川、永川等地域性工业中心的作用进一步增强，长寿、璧山、南川、大足、秀山等特色工业逐步呈现。三是通过3年多的努力，工业园区快速发展，基本形成了“1430”的生产力布局，工业集约化程度有所提高，布局逐步趋于合理，园区经济已成为重庆市（自治县）新的经济增长极。

（三）加强经济运行调控，工业经济运行质量不断提高

1.工业企业经济效益不断好转

重庆工业经济10年大发展期间，全市工业

表1 三次产业及工业占GDP的比重表 单位：%

年份	第一产业	第二产业		第三产业
			工业	
1997	22.6	39.7	34.1	37.7
1998	20.9	38.8	32.5	40.3
1999	19.2	38.5	32.0	42.3
2000	17.8	38.9	31.9	43.3
2001	16.7	39.0	31.7	44.3
2002	16.0	39.2	31.7	44.8
2003	14.9	40.5	32.8	44.6
2004	15.9	41.3	33.4	42.8
2005	15.1	41.0	33.3	43.9
2006	12.3	43.0	35.4	44.7

表 2 直辖以来重庆市轻、重工业增加值比重及增速表　　单位:%

年份	重工业		轻工业	
	占比重	增速	占比重	增速
1997	65.81		34.19	
1998	61.20	-18.88	38.80	-1.01
1999	65.37	21.83	34.63	1.77
2000	63.92	15.75	36.08	23.34
2001	61.93	5.43	38.07	14.86
2002	65.85	37.13	34.15	15.66
2003	64.59	17.93	35.41	24.67
2004	68.02	31.28	31.98	12.58
2005	65.77	16.27	34.23	28.74
2006	65.53	21.3	34.47	19.2

企业努力克服土地和资金紧缩、能源运输供应紧张等严重困难,积极开拓市场,始终保持了生产和效益的同步增长。直辖之初的 1997 年,全市工业企业实现利润—15.1 亿元,全员劳动生产率 1.4 万元(人·年),经济效益综合指数 60.25%。至 2006 年,全市工业企业实现利润 155 亿元,全员劳动生产率 8.7 万元(人·年),经济效益综合指数153.3。工业流动资金周转率由 1997 年的 1.2 次,提升为 2006 年的 2 次;工业企业资产负债率也由 1997 年的 68.4%下降为 2006 年的 58.7%,下降了 9.7 个百分点。企业的各项经济指标均逐年提高,工业企业的经济效益和直辖之初相比有了翻天覆地的变化。

2.能源建设和投入力度大,保障能力提高

直辖的 10 年是重庆市能源建设和投入最多,也是保障能力不断提高的一个重要时期。到 2006 年底,全市总装机容量已达到 760 万千瓦,发电量由 1997 年的 148.16 亿千瓦时,增加到 2006 年的 275.44 亿千瓦时,年平均增长 7.1%。天然气产量由 1997 年的 30.69 亿立方米增加到 2006 年的 70.88 亿立方米,年均增长 9.7%。公路、铁路、水路运输能保障主要原材料、重点产品和重点企业的货物运输。

3.主要工业品的产量

1997 年至 2006 年底,全市工业企业累计生产汽车 313.24 万辆,摩托车 3121.57 万辆,原煤 1.76 亿吨,钢材 2107.46 万吨,铝材 236.17 万吨,水泥 1.7 亿吨。其中,全市主要工业品产量在全国的比重较高的有:维纶纤维,占 37.4%;摩托车,占 24.7%;冰醋酸,占 18.3%;天然气,占 11.4%;汽车,占 6.8%;铝材、精甲醇、油漆均为 6.6%;变压器,占 5.8%;牙膏,占 5.1%。

4.其他方面

建立健全机构,加强了公共管网线缆设施保护。组建成立重庆市保护公共管网线缆设施领导小组办公室,组织开展了保护电力设施专项整治行动和天然气田和输油气管道安全生产秩序专项整治行动等保障。

(四)工业投资规模逐年扩大,投资成效更加显著

1.工业投资总额不断扩大

几年来,重庆市坚持滚动实施 100 个重点技术改造项目和 180 个技术创新项目,发挥财政资金的导向作用,带动社会资金投向工业,投资规模不断扩大。直辖以来,全市工业累计安排市级财政专项资金近 2 亿元,工业投资额从 1997 年的 118 亿元,增加到 2006 年的 735.47 亿元,累计完成投资额 2773 亿元。工业投资额占全市固定资产投资总额的比重呈"U"形变化,2001 年为最低点,仅占全市投资总额的 16.8%,从 2002 年开始至 2006 年这一比重又不断提高;到 2006 年,工业投资额占全市固定资产投资总额的比重已达到 30%,为近年来的最好成绩。2002 年至 2006 年工业投资的平均增长速度为 42.3%,创历史新

高(见表3)。

2.工业投资项目数逐年增加,投资效果显著

直辖以来,重庆市工业投资高速增长,得益于项目数量的增加和规模的扩大,相继有西铝"1+4"热连轧、普天存储卡、新泰山电缆、隆鑫集团通机公司通用汽油机基地、长安汽车股份CV6生产线、卡福公司制动转向系统改造等近6000个工业项目建成投产,一大批国内外的优秀企业相继落户重庆。在工业投资规模不断加大的同时,工业投资的质量和效益不断提高,对工业经济及社会经济发展的推动作用日趋显著,为拉动重庆市经济的发展发挥了重要作用。

(五)做大做强企业,工业集中度进一步提高

直辖之初,全市"抓大放小"的结构调整工作的不断深入和连续4年的企业大面积亏损,致使全市规模以上工业企业由1996年末的11077户逐年减少至1999年的1975户,减少了9102户。但从2000年起至2006年末,随着重庆市工业经济的整体扭亏为盈以及非公有制经济的蓬勃发展,全市规模以上工业企业的数量呈逐年增加趋势。与1999年相比,2006年全市有规模以上工业企业3211户,同比增加256户;总资产3646亿元,净增543亿元。同直辖之初的1997年相比,虽然工业企业的数量减少了,但是企业的规模效益却大大提升,2006年重庆市规模以上工业企业的总资产、总产值分别比1997年增加1951亿元、2343亿元。

2006年,全市销售产值上10亿元以上的企业53户,增加15户;50亿元以上的企业15户,增加7户;并涌现出长安、电力、重钢、机电、西南铝、化医、力帆7户产值超过100亿元的企业(集团)。

(六)园区经济快速发展,产业布局趋于合理

1.起步

2002年是重庆特色工业园区建设的起步之年,重庆市委、市政府出台《关于加快建设特色工业园区的意见》,成立特色工业园区规划建设领导小组及其办公室,召开特色工业园区规划建设新闻发布会,开展特色工业园区宣传月活动,举办特色工业园区规划建设培训会。由此拉开了特色工业园区建设的序幕,也揭开了重庆工业经济建设的新篇章。

2.发展

2003年和2004年是重庆特色工业园区快速发展的两年,园区的建设和管理工作得到加强,园区用地和管理工作逐步完善和规范,总结起来有如下三个亮点。

一是园区基础设施建设和生产呈逐年大幅度增长势头。2003年完成基础设施建设投资48.9亿元,入驻企业891户,实现产值144亿元。2004年基础设施投资71.9亿元,入驻企业624户,实现产值319.6亿元。

表3 工业投资额及占全市投资总额的比重

年份	全市固定资产投资总额(亿元)	工业投资额(亿元)	工业投资增速(%)	工业投资占全市比重(%)
1997	370.95	118.30		31.9
1998	498.14	131.25	10.95	26.3
1999	562.87	115.01	-12.37	20.4
2000	655.81	134.63	17.06	20.5
2001	801.82	134.72	0.07	16.8
2002	995.66	179.14	32.97	18.0
2003	1269.35	262.44	46.50	20.7
2004	1621.92	398.30	51.77	24.6
2005	2006.32	564.69	41.78	28.1
2006	2451.84	735.47	33.4	30.0

二是入驻企业规模不断扩大,园区经济效益不断提高。2003年市经委配合有关部门开展了园区清理工作,30个特色工业园区通过国务院检查组验收,同时撤销了一批不符合规定的园区。园区经济呈现出一个新的局面,企业的规模较大,入驻园区的均为规模以上企业,入驻的大型企业不断增加,中石油、雅戈尔、奥康等一批知名企业入驻园区。同时,园区的投资强度增大,平均投资强度超过每平方公里10亿元;产出强度增大,每平方公里实现产值接近40亿元;建设密度加大,容积率达到0.5以上。

三是为财政增收和解决重庆市就业压力作出了重要贡献。两年累计实现税收18.3亿元,累计安置劳动力14.8万人。

3.壮大

至2005年,重庆市工业经济初步形成了"1430"的生产力布局,即:北部新区1个龙头,高新区、经开区、长寿化工园、西永微电子工业园4个重点园区,30个特色工业园区的生产力布局,促进了三大经济区、四大工作板块协调发展。工业集约化程度有所提高,布局逐步趋于合理。

2006年,园区入驻企业累计2394户,同比增加562户;实现销售产值810亿元,增长52.8%;完成工业增加值242亿元,增长69.2%;完成固定资产投资260亿元,占全市工业投资额的35.3%;实现税收37亿元,安置劳动力27万人,同比分别增长45.8%和28.6%。在搭建园区支持服务体系中,设立了信用担保公司19个、技术成果产业化服务中心10个,25个园区实行了全程代办服务,部分园区还建立了博士后科研工作站、劳动力就业培训中心和园区综合配套服务社区等机构。

从2002年园区建设起步到2005年形成"1430"的工业园区生产力布局,是重庆特色工业园区从无到有、从小到大的健康快速发展过程,2006年园区经济占全市经济总量的比重已经达到25.2%,全市工业增加值增量的近二分之一来自园区,全市GDP增量的近四分之一来自园区,园区工业已成为重庆市经济增长的重要支柱。

(七)加大技术创新力度,增强企业核心竞争力

1996年末,全市共有4个国家级技术中心,全年共开发新产品1097项,完成新产品产值93亿元,实现利税16亿元。到2006年底,全市有国家级企业技术中心12家,市级企业技术中心92家、行业技术中心5家;全市工业企业科技经费支出76亿元,投入强度1.8%;全市取得发明专利超过200项。

通过实施新产品开发扶持政策,促进了新产品开发。2001年以来,财政给予新产品大力的资金支持,新产品也大幅增长,财政支持与享受政策新产品上缴增值税之比达到1:10.8。1996年至2000年重庆市平均新产品产值率为15%,而从2001年开始这个局面得以改观,2001年至2006年全市平均新产品产值率为25.7%,结束了直辖初一直徘徊在15%左右的局面,比例有了很大的提高。

2006年,全市规模以上企业实现新产品产值935.2亿元,同比增长39.5%,新产品产值率达29.1%,创历史新高。企业信息化水平有所提高,一批大中型企业实现了管理网络化、办公自动化、设计数字化、生产程控化。2003年以来,政府仅投入少量的引导资助资金,便拉动企业投资十多亿元,累计完成了1936台企业关键设备数控化改造,与新购同类数控设备相比,为企业节省了设备购置费5亿元。

(八)不断扩大对外开放,招商引资取得突破性进展

1997年以来,全市工业累计引进外商直接投资项目1080个,合同利用外资26.54亿美元,实际利用外资17.57亿美元,分别占全市的53.8%、45.3%和46.8%。美国B&S、美国TRW、法国罗兰、香港查氏、ABB、海尔、格力、TCL、美的、中集、云天化、中国普天、康佳、如意、福耀、依维柯、长虹、武钢、徐工、金龙铜管等国内外一大批知名企业(集团)落户重庆,宝马、沃尔沃也有新

项目与重庆合作。尤其是随着“811”、惠普、禾兴江源、北大方正、神州龙芯、美国威能等一批IT项目的积极推进，为重庆市调整产业结构，发展IT产业奠定了重要基础。同时，与长三角等发达地区和周边地区区域经济合作加强。与贵州和四川分别签订了“1+6”协议和“1+16”协议，川渝黔经济社会呈现融合发展的良好态势(见表4)。

(九)推进企业改制重组，推动经济体制改革

1.工作重点和管理方法

直辖之后，为了摆脱国有工业企业大面积亏损的局面，重庆市加大了对国有工业企业的改革力度，工作重点也有所倾斜：

表4 重庆市工业外商直接投资项目(企业)数和投资额 单位：个、万美元

年份	签订项目(合同)数(个)	外商协议投资额(万美元)	实际利用外资额(万美元)
1997	128	13384	13161
1998	121	24180	24696
1999	105	25915	14633
2000	91	10386	15232
2001	104	22859	13708
2002	77	32334	14899
2003	97	23408	12305
2004	145	39690	22379
2005	89	25547	15377
2006	123	47685	29310
累　计	1080	265388	175700

一是以公司制为主要形式，推进现代化企业制度的建设，实行股份制改造。同时围绕支柱产业、优势行业，组建大型企业集团，确定具有扩张潜力的重点企业(集团)。

二是采取联合、收购、兼并、破产等多种方式，促进国有企业资产重组，以优抚弱、优势互补，实现了生产和效益的稳定增长。全市国有工业企业以资产重组为重点，迈向了整体推进、有序进行的新阶段。

三是大力推进减员增效工作。充分利用好国家的政策，实施国家批准的兼并计划。对全市国有亏损企业进行分类排序，测算了达到扭亏脱困目标的成本方案。开展破产企业分离社会职能的试点，提出全面推进的实施意见。

四是1997年市委、市政府下发了《关于加快重庆市中小企业改革的意见》及1998年制定了《重庆市国有大中型企业三年改革和脱困规划及1998年工作意见》，实施“抓大放小”的战略措施，将市级中小企业下放到所在区县(自治县)管理。集中管理大型骨干企业，全面开放搞活中小企业，培育和扶持了一批优质扩张型企业，以政策的力量给予了推动中小企业改革深入发展的动力。

五是建立再就业工程。全市总体上完成了中央确定的有下岗职工的国有企业100%建立再就业服务中心，国有企业下岗职工100%进中心，进中心的下岗职工100%发放基本生活费的三个“100%”工作目标。

2.企业改制重组成绩喜人

不断深化企业改革，截止到2006年底，共累计实施关闭破产企业1354户，主城9区中，南岸、江北等六个区完成了区属国有企业改革。特别是江北区在完成所属国企改革任务的同时，承担了辖区内重庆船厂、望江厂等市级和中央国企的拆迁职工安置和稳定工作，出色地完成了任务。永川、铜梁、梁平、双桥、开县、云阳、彭水、荣昌、大足等九个区县已基本完成城镇集体工业企业改革。着力解决企业办社会问题，累计剥离426户企业的水电气，涉及53.58万住户，每年可为企业节约支出362万元，为水电气供能部门减

少欠费2152万元；完成11个中央集团所属的34户在渝企业所办的44所中小学、14个公安机构移交地方管理工作。尤其是2006年，顺利推进了嘉陵集团、建设集团实施分离破产等一大批大中型企业的破产重组工作。为促进重庆市经济体制改革和社会安定团结作出了巨大的贡献。

（十）促节能、搬污染，发展循环经济初见成效

1.促进企业节能降耗，提高废弃物利用率

2005年，全市万元GDP能耗为1.42吨标煤，工业万元总产值能耗下降到0.78吨标煤，分别比1997年减少0.78吨标煤和1.47吨标煤。2000年到2005年期间，累计节约950万吨标准煤。2006年，全市加大了对电厂粉煤灰（含炉渣）、煤矸石等大宗工业固体废弃物的综合利用力度，利用率分别达到82%、72%，位于全国前列。积极治理工业污染，推行洁净煤技术，完成主城区10蒸吨以上锅炉技术改造。加大库区工业水污染防治工作力度，实施了36个工业污水治理项目。

2. 重庆市主城区环境污染安全隐患重点企业搬迁工作成效显著

众所周知，重庆市城区布局属于典型的组团式结构，工业企业大多数分布在城市的中心，企业占地和城市居民居住地相互交错。主城区工业结构中，偏重于冶金、化工、医药类行业，且大多数企业分布在长江、嘉陵江两岸，化工安全隐患和结构性污染问题较为严重。尤其是“4.16”氯气泄露爆炸事故发生后，市民对主城区重点污染安全隐患企业搬迁的要求越来越强烈，考虑到主城9区600万居民的居住安全、空气质量和长江、嘉陵江水体质量的改善，重庆市委、市政府下决心加大对污染严重、安全隐患严重的企业实施搬迁的力度，采取“关停、治理、破产、搬迁、转产、调整、限产”等多种方式，把一批重点污染安全隐患企业搬出主城区，以彻底解决主城区工业环境污染和安全隐患问题。概括来讲，可以分为以下三个阶段：

第一阶段，2002年，为改善主城区大气环境质量，市政府第97次常务会议审议并原则通过了《关于防治主城区大气污染实施“五管齐下”的“净空”措施》。措施中要求对民丰农化等7户重点大气污染企业实施关停或搬迁，并给予一定的优惠政策。

第二阶段，2004年，按照《重庆市人民政府关于加快实施主城区环境污染安全隐患重点企业搬迁工作的意见》（渝府发〔2004〕59号）文件的要求，进一步明确了企业搬迁的原则和任务，确定了包括2002年7户重点大气污染企业在内的总共29户搬迁企业，即：实施第一批环境污染安全隐患重点企业搬迁工作，并在资金、土地和资源上给予同时期国内最优的政策支持。

第三阶段，2006年，市政府第74次常务会议决定，将重庆川东化工有限公司等53户企业（其中含厂中厂20户）纳入主城区第二批环境污染安全隐患重点企业范围，在搬迁过程中，不能仅仅停留在厂址移位和污染源迁移的层面上，要实现生产工艺技术和装备水平的提升，安全生产第一保障，资源利用率有所提高，产品结构得到优化，生产规模得到扩大，人员结构更为合理，最终实现“搬活、搬大、搬强，消除污染和安全隐患”的目标。

截止到2006年底，主城区第一批环境污染安全隐患重点搬迁企业29户，已完成搬迁23户，余下6户企业已全面启动搬迁；纳入主城第二批环境污染安全隐患重点搬迁的企业共53户，其中重庆客车总厂、重庆鸽牌电线电缆有限公司、重庆阿波罗机电技术有限公司等企业搬迁已启动。

（十一）大力推进非公有制经济健康快速发展，所有制结构调整势态良好

1997年，重庆市委、市政府作出了《关于大力发展个体私营经济的决定》，把发展个体私营经济作为加快重庆经济发展的战略举措和调整所有制结构的有效途径；2005年市委、市政府又提出《贯彻国务院关于鼓励支持和引导个体私营等非公有制经济发展的若干实施意见》，进一步鼓励、支持和引导重庆市非公有制经济持续健康发

展。确立非公有制经济的平等市场主体地位,保护非公制企业和职工的合法权益,加强服务,改进监管,为非公有制经济发展创造良好社会环境。引导非公有制企业依法经营、诚实守信,提高素质,加快发展,做大做强。

个体私营经济通过收购、兼并、承包、租赁国有中小企业和集体企业,参与了公有制经济结构的调整,吸收了大批下岗职工,为重庆经济发展和所有制结构调整作出了贡献。少数个体私营企业已进入了全市支柱产业,并具备了较好的发展势头和强劲的竞争能力。在加快发展个体私营经济的同时,重庆市的决策者也在积极探索公有制的多种实现形式,大力发展混合所有制经济,以股份制来改造和发展公有制经济。有限责任公司、股份有限公司、股份合作制已成为国有、集体企业改制的主要形式。同时,租赁、承包、委托等多种经营方式也为许多公有制企业所选择和利用。

1. 非公有制经济和公有制经济一同拉动工业经济快速增长

从 1997 年到 2006 年,全市规模以上非公有制工业企业总产值年均增长 25.5%,比全市规模以上工业总产值 15.6%的年均增长速度快了 9.9 个百分点。非公有制工业经济占全市规模以上工业的比重从 1997 年的 21.6%上升为 2006 年的 45%,提高了 23.4 个百分点。2006 年,全市规模以上非公有制工业企业实现增加值 376 亿元,占全市工业的比重为 44.5%。重庆市正逐步形成非公有制经济和公有制经济共同推动工业增长的格局。力帆、隆鑫、宗申、博赛矿业、美心等一批非公有制企业成为国内行业排头兵,大批民营企业蓬勃发展(见表 5)。

2. 非公有制经济在解决就业和新产品产出等方面作出了巨大的贡献

一是非公有制企业吸收大量下岗人员。直辖之初,大批的国有和集体企业“减员增效”,直辖以来,公有制企业就业人数共计减少 404.85 万人;与之相对应的是,非公有制经济的蓬勃发展和吸收大量的国有及集体企业的下岗分流人员,直辖期间,非公有制企业的就业人数共增加 336.51 万人。非公有制经济的快速发展为维护重庆市的社会稳定和解决就业压力作出了巨大的贡献。

二是非公有制工业企业开拓创新能力不断提高,新产品销售收入稳定快速增长。1997 年,全市大中型非公有制工业企业新产品销售收入仅为 12.32 亿元,占全市的比重仅为 14%。直辖 10 年后,全市大中型非公有制工业企业新产品销售收入高达 561.53 亿元,占全市的比重已达 93.6%。这与 1997 年相比可以说是一种完全颠倒的境况,非公有制工业企业已成为拉动重庆市工业新产品研发和销售的动力之源。

(十二)积极开拓市场,工业品竞争力不断增强

直辖期间,重庆市积极为企业开拓市场搭建平台,共举办“重庆造”产品展销会和重庆市的服装节、啤酒节、汽车巡回展等促销、采购会等 20 多场。建立了联合国工业组织在中国设立的第一个 SPX 重庆中心,促进了“重庆造”产品进入国际国内市场,提升了重庆企业和产品的知名度。全市累计实现机电产品出口 77.08 亿美元,其中 2006 年机电产品出口 22.24 亿美元,占全市出口额的66.4%,出口总量是 1997 年的 18 倍,是 2000 年的 3 倍;占全市出口额的比重也比 1997

表 5 重庆市工业经济中公有制经济与非公有制经济比重及就业人数表

年份	公有制经济		非公有制经济	
	增加值占比(%)	就业人数(万人)	增加值占比(%)	就业人数(万人)
1997	78.4	1428.74	21.6	251.17
2005	56.4	1023.89	43.6	587.68
2006	55	–	45	–

注:数据统计口径为规模以上企业。

年提高50.6个百分点。

到2006年止，重庆市共有中国名牌产品26个、中国驰名商标17件、重庆名牌产品251个、国家免检产品34个。市经委牵头开展了建设社会信用体系和清理整顿市场经济秩序工作，累计查获假冒伪劣商品货值6亿多元，累计清理各类欠款298.7亿元，全市共录入企业和个体工商户信用信息数据200多万条，初步建成全市企业信用数据库。

此外，在贯彻落实国家产业政策，加强行业规划和管理，推进行业管理机构改革，强化安全生产工作，搞好企业法制建设，开展职工教育培训，加强调查研究等方面都作了大量扎实的工作，取得了新的成效。

四、美好前景展望

（一）重庆市"十一五"工业发展的总体思路和主要目标

1.总体思路

全面贯彻党的十六大、十六届三中、四中、五中全会和市委二届五次全会精神，落实以人为本、全面协调可持续的科学发展观，按照建设资源节约型、环境友好型社会的要求，加快推进新型工业化，切实转变经济增长方式。不断优化经济结构，着力推进科技创新和体制创新，增强以企业为主体的优势产业的自主创新能力，改造提升传统产业，大力发展高新技术产业和可持续发展的生态产业群，培育壮大龙头企业，走产业集群发展和品牌战略的道路；扩大开放提高利用外资的规模和水平，深化国有企业改革，发挥国有经济的主导作用，加快发展非公制经济；加快工业园区建设，调整优化工业生产力空间布局，促进区域经济协调发展；坚持资源集约利用，全面推进清洁生产，大力发展循环经济；统筹城乡发展，实行工业反哺农业，促进农民增收，推进社会主义新农村建设。"十一五"期间全面推进新型工业化"5444"战略，进一步"打基础、建平台、增后劲"，为后10年全面建设小康社会打下扎实基础。

2.主要目标

"十一五"期间，通过工业发展基本实现老工业基地改造，完成主城区老工业企业"退二进三"和"退城进园"迁建技改任务；突出发展四大重点产业，基本形成"一大三强"工业产业结构（"一大"即壮大汽车摩托车产业，"三强"即培育做强装备制造业、资源加工业和高新技术产业）；进一步调整优化"1430"的产业布局，促进三大经济区、四大工作板块协调发展。都市发达经济圈经济调优调强，实现产业升级。渝西经济走廊与都市发达经济圈的经济联系增强，成为都市圈工业扩散和配套的重要基地。鼓励主城及各大型企业对口扶持三峡库区生态经济区，提升其产业基础和就业能力，从根本上解决库区稳定发展的问题；基本完成国有企业改革任务，实现国有经济战略性调整。全市工业整体竞争力明显增强，经济总量在西部和全国的位次逐年提升，为把重庆建设成为自主创新能力强，结构合理、竞争有力的长江上游现代产业基地打下坚实的基础。

一是工业经济质量效益显著提升。"十一五"期间累计完成工业固定资产投资4500亿元以上，其中四大重点产业及劳动密集型产业拟实施2200个重点项目，完成投资3500亿元左右。2010年，全市实现工业增加值2500亿元（年均增长18%），占全市GDP的45%，销售产值8600亿元（年均增长18%），工业品出口60亿美元，其中规模以上企业实现工业增加值1900亿元，销售产值6500亿元，全员劳动生产率12.5万元，实现利润300亿元。

二是产业结构优化调整，工业集中度显著提升。2010年，汽车摩托车、装备制造、资源加工、高新技术四大重点产业增加值占工业增加值比重达到90%，保持汽车摩托车产业第一支柱产业的地位，电子信息产业的比重要提高到10%以上，化工行业比重要提高到9%，轻纺工业的比重要提高到14%。北部新区和特色工业园区工业增加值占全市工业增加值比重达到50%。培育壮大一批拥有著名品牌和自主知识产权，主业突出，核心竞争力强的大型企业集团，“十一五”末形成销售产值500亿元的企业（集团）2—3家，销售产值100亿元的企业（集团）10余家，国家级名牌产品和驰名商标40个以上。

三是自主创新能力和信息化水平显著提升。2010年，高新技术产品产值达30%，大中型骨干企业研发费占销售值的比重达2.5%以上，产品开发系统实现信息化比重、生产经营管理系统实现信息化比重、生产装备应用微电子和数控技术比重达到80%、70%和65%。建成国家级企业技术中心12家以上，市级企业技术中心150家以上。

四是可持续发展能力增强。2010年，万元工业增加值能耗下降到2.5吨标煤，比“十五”期末下降20%以上，工业固废处置利用率提高到80%，工业废水、二氧化硫排放达标率提高到100%，万元工业增加值二氧化硫（SO_2）和化学耗氧量（COD）排放量分别降低到32千克和5千克。在坚持节约、集约用地的前提下，全市特色工业园区新增工业用地75平方公里，都市发达圈工业园区投入强度要达到22亿元/平方千米以上，产出强度（销售产值）达60亿元/平方千米，渝西经济走廊工业园区投入强度要达到13亿元/平方千米以上，产出强度达50亿元/平方千米，三峡库区生态经济区工业园区投入强度要达到13亿元/平方千米以上，产出强度达40亿元/平方千米。

五是企业组织结构和所有制结构调整成效显著。深化国有企业改革，走大集团发展之路。大力发展中小企业为主的个体、私营等非公制经济。2010年，规模以上非公有制工业经济比重达60%以上，大中型企业基本建立起产权明晰、权责明确、政企分开、管理科学的现代企业制度。

（二）重庆市“十一五”工业产业发展的重点领域

“十一五”产业发展要以国务院批准的《产业结构调整指导目录》为指导，贯彻执行国家产业政策，大力发展鼓励类产业，加快淘汰落后工艺装备、落后产品。结合重庆市的具体情况，“十一五”产业发展重点是贯彻落实“5444”发展战略，发展壮大汽车摩托车、振兴装备制造业、择优发展资源加工业、推动以电子信息产业为代表的高新技术产业发展，培育发展一批特色工业。

1.大力发展汽车摩托车工业，建设汽车名城和摩托车之都

“十一五”期间，汽车摩托车产业滚动规划实施400个重点项目，总投资达到600亿元左右。2010年汽车摩托车及零部件规模以上企业实现销售产值2850亿元，其中产销汽车150万辆，占全国的15%，销售产值1350亿元，产销摩托车900万辆，占全国的50%，销售产值700亿元，汽车摩托车零部件销售产值800亿元（以上数据含市外）。

到2010年，汽车工业初步建成宽系列、多品种、多品牌、专业化、集团化的汽车工业生产体系，在研发、生产、贸易、服务、物流、金融、汽车后市场等方面全方位发展。

摩托车实现由“数量扩张型”向“质量效益型”的转变，提高竞争能力，建设“摩托车之都”。2010年80%以上产品具有自主知识产权，主导车型达到20世纪末本世纪初国际先进水平；形成高质量、多品种、宽系列35—1500CC的产品结构；建成3—5家具有较强国际竞争力的大集团，培育3—5个国际著名品牌。

2.发挥优势，突出重点，提高制造和成套水平，把重庆打造为西部地区最大的现代装备制造业基地

“十一五”期间滚动规划实施500个重点项目，投资400亿元。2010年规模以上企业实现销售产值1000亿元。

装备制造业要依托重点项目和工程，强化政策支持，坚持自主创新与技术引进相结合，提高重大技术装备国产化水平，以信息技术广泛应用为手段，以机电一体化为重点，通过技术引进、合作开发、自主开发等多种形式，提高研发设计、核

心元器件配套、加工制造和系统集成的整体水平，发展数控化、智能化、集成化的机电一体化装备产品，以及汽车摩托车产业成套装备，并促进成套设备与零部件配套企业协调发展，培育一批知名品牌，推动产业结构优化升级。

建设内燃机、环保成套设备、仪器仪表、军事装备等4个国家级装备研发生产基地。发展输变电成套设备、数控机床、船舶及配套产品等优势装备制造行业。培育轨道交通设备、建筑工程机械及大型结构件、能源开发成套设备、模具等重点产品。重点推进重庆海装公司风力发电机组成套设备，机电控股集团风力发电关键部件产业化、轨道交通车辆、数字化制齿机研发及产业化，四联集团北部新区仪表工业园，北碚机电仪表制造基地，宗申集团1000万台通用汽油机及下游产品基地，江津增压器厂径流增压器，重庆齿轮箱厂民用齿轮箱，川东造船厂高性能特种船产业化等一批重点项目建设。

3.立足资源优势，大力发展资源加工业

资源加工业要按照建设资源节约型、环境友好型社会的要求，着力提高资源利用率。对不可再生的矿产资源，要加大勘查力度，合理开发利用矿产资源，注重保护生态环境。加大对可再生农产品资源的利用，促进加工转化增值，并带动农业产业化发展，促进工业反哺农业。“十一五”期间资源加工业滚动规划实施900项重点项目，投资1100亿元左右。到2010年，资源加工业(不含电力)规模以上企业实现销售产值2400亿元。

4.实施“1162”工程，促进电子信息产业加速发展，打造以信息产业为代表的长江上游高新技术产业基地

以“信息化带动工业化，工业化促进信息化”，走新型工业化道路为契机，把握信息产业数字化、网络化、智能化的总体趋势，以信息化建设和百亿项目的实施为牵引，以产业基地为载体，通过加大招商引资和对外合作，促进电子信息产业实现加速发展。实施“1162”工程，即2010年实现销售产值1000亿元，完成投资100亿美元，重点发展集成电路，软件及信息服务、通信产品、新型元器件(含汽车电子)、数字化仪器仪表(含数字医疗)、信息家电6个产业领域，全力打造北部新区电子信息园和西永微电子工业园2个产业基地。

5. 大力发展劳动密集型的轻纺工业和楼宇工业，增加就业岗位，提高人民收入水平

“十一五”期间滚动规划实施400个重点项目，投资500亿元。到2010年规模以上企业实现销售产值600亿元。一是加快纺织服装、皮革制鞋、印刷包装、家具制造等轻纺工业发展，培育一批知名品牌。二是大力发展工业设计服务、工艺美术、玩具、珠宝设计制造等楼宇工业。

注：本文数据出自《重庆年鉴》、《重庆统计年鉴》、《重庆市政府工作报告》、《重庆市经济委员会工作报告》、《重庆市“十一五”规划》、《重庆市工业“十一五”规划》

撰稿单位：重庆市经济委员会研究室

执笔人：苏波

新型工业化

2004年6月,市委二届五次全委会专题研究了加快重庆市推进新型工业化的有关问题。会议审议通过了《中共重庆市委关于加快推进新型工业化的决定》(以下简称《决定》),这次会议对推动重庆市改革开放和现代化建设具有非常重要的意义。

一、重庆市新型工业化发展的背景及主要内容

(一)重庆市走新型工业化道路的历史背景

依托信息化推进工业化,走新型工业化道路,实现跨越发展,是当今世界经济社会发展的大潮流、大趋势。党的十六大明确指出,必须"坚持以信息化带动工业化,以工业化促进信息化,走出一条科技含量高、经济效益好、资源消耗低、环境污染少、人力资源优势得到充分发挥的新型工业化路子"。这是党中央在新世纪新阶段加快推进现代化、全面建设小康社会作出的战略决策。重庆必须顺应发展大势,抓住历史机遇,坚定地走新型工业化道路,努力实现工业化进程的新跨越。

《决定》强调推进新型工业化要着力于提高工业现代化水平,着眼于推进全社会进步。推进新型工业化要做到:

第一,把提高工业经济核心竞争力作为全市工作的重中之重。目前,全国已进入工业化中期阶段,而重庆整体上刚迈入工业化中期的门槛。

第二,协调一、二、三产业联动发展。在工业化中期阶段,工业必然是"龙头",推进新型工业化既要突出工业对农业、建筑业和第三产业的带动,又要注重各个产业对工业的支持和促进作用,使工业与其他产业互动发展。

第三,整体推进新型工业化、城镇化、农业产业化。工业化是城镇化的根本动力。没有一定规模的产业工人群体,就没有不断增长的消费群体,城镇服务业也难以兴盛,商气、人气难以集聚。

第四,工业化与信息化相融共进。发达国家是经历了工业化后才开始推进信息化,我国是在推进工业化过程中推进信息化,以信息化带动工业化,以工业化促进信息化,可以发挥后发优势,实现生产力的跨跃式发展。

第五,经济发展与资源环境的相协调。推进新型工业化要防止重蹈过去高投入、高消耗、高污染的老路,而应走生产发展、生活富裕、生态良好的文明发展道路。

(二)重庆市新型工业化的主要内容

就是实现5大发展目标,发展4大重点产业,完成4大战略任务和实施4大保障措施。

1.新型工业化发展目标

(1)工业经济总量显著提升。工业增加值在2000年基础上,2007年增长1.5倍,2010年实现翻两番。三次产业结构,由2000年17.8:41.4:40.8调整为2010年10:50:40。

(2)工业集中度显著提升。重点产业增加值占工业增加值比重2007年达到88%,2010年达到90%。北部新区和特色工业园区工业增加值占全市工业增加值比重2007年达到45%,2010年达到55%。规模以上工业企业户数年均增长3.5%,到2010年力争达到3000户左右。形成一批核心竞争力强、销售收入上30亿元、50亿元、100亿元的大型企业集团。

(3)工业经济质量效益显著提升。全员劳动生产率由2000年的3.1万元/(人·年),提高到2007年的8万元/(人·年),2010年的11万元/(人·年)。规模以上工业企业实现利润2007年达到150亿元,2010年达到300亿元。可持续发展能力明显增强,2007年,万元工业增加值能耗由

2000年的4.5吨标煤下降到3吨标煤，工业废水排放达标率、二氧化硫排放达标率和工业固废处置利用率分别提高到95%、80%和85%；2010年，万元工业增加值能耗下降到2.5吨标煤,工业废水排放达标率、二氧化硫排放达标率和工业固废处置利用率分别达到100%、100%和95%。

(4)信息化水平和科技创新能力显著提升。企业、科研机构和政府的研发经费投入不断增加。高新技术产品产值占工业总产值比重由2000年的12.8%提高到2007年的25%,2010年的30%。工业企业专利授权数每年有较大幅度增加。全市万人拥有专业技术人员数量每年有明显提高。大中型骨干企业产品开发系统实现信息化比重、生产经营管理系统实现信息化比重、生产装备应用微电子和数控技术比重,2007年分别达到60%、50%和40%,2010年分别达到80%、70%和65%。

(5)人民生活和就业水平显著提升。每年新增就业岗位略多于当年新增劳动力和新增失业人员，城镇登记失业率控制在5%以内。非农产业就业比重由2000年的43.9%提高到2007年的55%,2010年的60%。城镇化率由2000年的33.1%提高到2007年的45%,2010年的50%。城市居民人均可支配收入年均增长7%，农村居民人均纯收入年均增长6%。

2.推进新型工业化发展四大重点产业

(1)做大做强汽车摩托车产业。夯实汽车零部件基础,增强自主开发能力,走资本构成多元化、企业组织集团化、生产经营规模化、产品市场国际化的现代汽车产业发展路子。坚持引进技术与自主创新结合，建立汽车技术研发与服务平台,建设具有国内领先水平的汽车摩托车质检中心和综合试验场。加强国际合作,整合优化产业资源,以骨干企业集团为依托,集合高等院校和科研院所力量,构建融制造、研发、商贸服务为一体的“中国汽车名城”。力争到2007年全市整车生产能力达到100万辆,2010年达到150万辆，在全国市场占有率达到15%。发挥整车、系统、总成的带动作用,发展一批零部件优势企业,建成面向全球供货的汽车零部件生产基地。

推动摩托车由“数量扩张型”向“质量效益型”转变。形成比较完备的整车、发动机和零部件研发能力，主导车型达到20世纪末国际先进水平,部分产品达到当期国际水平。形成3—5个国际著名品牌,建设国内规模最大、配套能力最强、技术水平最先进的“摩托车之都”。2007年产销摩托车700万辆,2010年达到900万辆，整车在全国市场占有率达到50%,整车出口占全国比重达到60%。

(2)振兴发展装备制造业。大力提升装备制造业的研发设计、工艺装备、系统集成化水平,把重庆建成我国重要的装备制造业基地。建设国内重要的内燃机、环保成套装备、仪器仪表、军事装备及军转民技术等四个国家级研发生产基地。重点发展大型输变电成套装备制造业、数控机床制造业、电子产品及通讯设备制造业、船舶及配套产品制造业等四个优势行业。壮大轨道交通设备、工程机械及大型结构件、水力及风力发电成套设备、系列模具、医疗成套设备、优质材料等六类重点产品。以产品链为基础,发展一批骨干企业集团,形成一批新兴产业。

(3)择优发展资源加工业。加强宏观调控和产业引导,坚持保护环境,采用先进生产技术和清洁生产工艺,相对集中布局,合理开发优势资源,促进资源加工业有序、可持续发展。

优化提高天然气化工和精细化工产业链。建设长寿天然气化工、涪陵化肥、万州盐化工三大化工园区。发展天然气基础原料化工、精细化工、新材料和洁净能源四大领域,开发乙炔、甲醇、二甲醚、醋酸、氯碱和氨六大系列产品。延长加工深度,提高产品附加值,建成长江上游综合化工基地。

优化提高矿电联产产业链。加强电源项目建设,扩大装机容量,改善电源结构,继续推进城乡电网改造,形成适应经济社会发展需要的电源供给体系。依托电力资源和优势矿产资源,发展铝生产和精深加工，建成国内重要的铝工业基地；

提高工艺技术水平，有效利用锰矿、锶矿和钡矿资源，建设国内重要的锰业和锶盐、钡盐生产出口基地；采用先进技术和工艺，发展干法旋窑大水泥、高档卫生陶瓷、玻璃纤维等新型建材和优质钢材系列产品。

优化提高食品加工产业链。充分利用重庆市多数区县具备做大做强农副产品加工业的条件，结合实施农业产业化“百万工程”，加快建设各具特色、具有一定规模的农产品加工基地。重点发展乳品、肉类、果蔬、薯类加工业，改造提升粮油加工、烟草加工、酒及饮料、酿造调味品行业。大力发展无公害食品、绿色食品、有机食品和特色产品。加快形成国内重要的肉类食品加工基地、柑橘饮料产业中心和榨菜及酱腌菜产业带。

优化提高现代中药产业链。巩固发展具有明显优势和地方特色的道地中药材基地，推广应用中药材规范化种植和加工技术，加快中药提取、分离和纯化等关键技术研究开发，形成在国内领先的现代化大型中药企业集团和中药产业群。

优化提高纺织服装产业链。以苎麻、丝绸加工为重点，发展麻类植物产业和茧丝绸产业，建成三峡库区天然织物产业基地。突破染整瓶颈，发展名牌服装，增强“渝派”服装市场竞争力。

优化提高竹木浆纸产业链。发挥竹、木资源优势，加快建设速生丰产原料林基地，发展大型竹浆和木浆造纸。

(4)积极发展高新技术产业。以建设长江上游高新技术产业基地为目标，加快培育信息工程、生物工程、环保工程三大先导产业，发展壮大机电一体化、新材料两大优势产业。电子信息产业，重点发展软件和信息服务业，以及通讯设备制造、智能化仪器仪表、光电子元器件及微机电系统、数字医疗设备、汽车电子和消费类电子产品。生物工程产业，以新型抗生素和重大发酵药品、基因工程药物和疫苗、生物加工和生化工程药物、生物医学材料等关键技术研究为重点，建成我国生物医学工程产业重要基地。环保产业，重点发展污水处理、垃圾处理、烟气脱硫、清洁汽车等环保装备业及三峡库区生态环保关键技术。机电一体化产业，着重开发生产数控化、智能化、集成化的机电一体化产品。新材料产业，重点实施高性能金属结构材料、生态环境材料等9大类工程化项目，形成轻合金、天然气化工材料、工程塑料、先进复合材料、功能材料、新型建筑材料等为代表的特色产业优势。在用高新技术改造传统工业和提升第一、第三产业方面取得一批效益显著、易于推广、有重庆特色的成果。

3.切实抓好四大战略任务

(1)优化调整工业生产力布局。加强三大经济区布局规划指导，依托特大城市、大城市和区域中心城市，形成各具特色、优势互补、协调发展的新格局。都市发达经济圈，重点发展技术密集和资金密集型产业，加快发展高新技术产业、汽车摩托车产业、装备制造业、都市型工业和现代服务业，依托高速公路外环布局现代物流配送中心和新兴工业组团。渝西经济走廊，重点发展与大工业配套的加工业，突出发展汽摩配件和大型机械加工、五金和铸锻加工、建材、制革制鞋和优势农副产品加工业。三峡库区生态经济区，重点发展资源加工业和劳动密集型产业，突出发展能源、矿电联产、农副产品、林产品和中药材加工、天然气化工及盐化工、化肥、建材和机械加工等特色产业。

把发展特色工业园区作为推进新型工业化的主战场，构筑工业经济增长的新板块。引导企业向园区集聚，加强关联产业链接，培育发展专业分工突出、协作配套紧密、规模效应显著的产业集群。加快北部新区及两个国家级开发区建设，形成以高新技术为先导、现代制造业为支撑、现代服务业全面发展的产业格局，建成北部新区汽车城和光电产业基地。加强对特色工业园区的分类指导，扬长避短、突出特色，实行合理的产业布局。到2010年，北部新区、特色工业园区工业增加值分别超过500亿元，实现“再造两个重庆工业”的目标。

(2)加快改造提升传统产业。充分发挥现有工业基础，利用高新技术和先进适用技术，全面提升传统产业综合竞争力。广泛应用信息技术，提升企业产品研制、技术开发能力，推动企业工艺流程再造，提高企业经营管理系统和物流系统信息化水平。加快工业装备数控化改造和更新，力争2010年重点骨干企业装备水平达到20世纪末国际先进水平。

加强科技创新能力建设。构建技术研发平台、科技资源共享平台和科技成果转化平台。到2010年，力争特大型骨干企业集团都建立国家级企业技术中心，大中型企业都建立市级技术中心。推进产学研结合，开展关键共性技术研发、引进技术消化吸收和二次创新，加快新产品及重大技术装备研制。抓好原创性科技研发及成果产业化，建立专利资助制度，加强知识产权保护，开展重点企业专利服务活动，不断增加发明专利数量，增强重庆市拥有自主知识产权的实力。

结合实施名牌战略和质量经营战略，强化企业标准化工作。制定和实施先进的产品标准、污染物排放标准，引导企业尽快实施国际通行的专业技术、工艺和质量标准。重视驰名商标的培育和发展，加强质量和计量保证体系、标准化体系、环境管理体系和职业健康安全管理体系认证工作。到2010年主要工业产品采用国际标准或国外先进标准的比重达到70%以上。

(3)着力发展循环经济。推行"资源—产品—再生资源"循环发展模式，提高资源利用效率，减少环境污染，建设资源节约型和生态保护型社会。推进清洁生产，搞好天然气、煤层气等清洁能源开发利用。以化工、建材、冶金等行业为重点，创建环保模范企业和清洁生产示范企业。加快主城区污染企业"退二进三"，到2007年完成主城区29家重污染安全隐患企业搬迁治理。加快三峡库区及影响区工业废水治理，强化"排污许可证"制度。开展共生伴生资源利用和再生资源回收利用，实现垃圾处理无害化、减量化、资源化。主要资源综合利用指标达到国内先进水平。大力实施企业系统节能管理和水电气油煤综合节能改造，推进工业用水循环利用。制定实施促进循环经济发展的政策和地方性法规，倡导绿色消费、绿色生活，实现经济快速增长、环境状况明显改善的双赢目标。

(4)充分发挥劳动力资源优势。鼓励发展吸纳劳动力强、就业弹性大的创业型、科技型企业和都市型工业。促进纺织服装、皮革制鞋、印刷包装、家具制造等行业上规模、上档次、创品牌；发展精密仪器仪表、珠宝首饰、玩具、文体用品等楼宇工业；培育能工巧匠，开发具有民间特色、反映民风民俗的旅游纪念品和工艺美术品。

充分发挥商贸服务业吸纳劳动就业的潜力，加快推进中央商务区、主城现代都市商业以及万州、涪陵等区域性商贸中心建设。大力发展连锁经营、物流配送、电子商务等现代流通方式。积极发展会展、物业管理、家政服务等新兴服务业。

充分发挥旅游业关联带动作用，巩固提升特色知名旅游品牌，加快传统旅游景区景点提档升级，深度开发一批新景区新景点。加强旅游产品开发，培育发展工业旅游、农业观光旅游、科考探险旅游等新兴旅游业态。整合旅游资源，提高旅游整体素质和竞争力。

4.大力实施四大保障措施

(1)深化经济体制改革。以产权制度改革为核心，推进新一轮国有企业改革。大力发展混合所有制经济，引入战略投资者，加快国有企业股份制改造，实现投资主体多元化、法人治理结构规范化、分配方式多样化、企业经营者选聘市场化。推进国有资本有进有退的战略调整，整合重组国有资产，通过规范上市、中外合资、参股控股、债务重组、兼并收购等途径，促进国有资本向优势产业、优势企业和优秀企业家集中。优化调整企业组织结构，缩短管理链条，建立科学的公司集团体制。对劣势企业依法关闭破产。推进企业主辅分离、辅业改制和分离办社会职能。建立国有资本经营预算、授权经营制度和经营目标考核、奖惩激励机制。力争通过三年的努力，完成市属国有企业改制重组；基本解决长期亏损、资不抵债、扭亏无望企业的关闭破产；形成一批具有较强竞争力的大公司和大企业集团；建立健全市和部分区国资监管委员会，完善国资监管机构、国有控股(集团)公司、企业三级国资营运体系。对已经进行股份制改造的企业,重在加强现代企业制度建设,形成科学的经营决策机制和充满活力的领导班子选配、建设,人事劳动、收入分配等企业运行机制。

毫不动摇地鼓励、支持和引导非公有制经济发展。非公有制经济是推进新型工业化的重要力量。要坚决放开市场准入限制,支持和鼓励民间资本进入法律法规未禁止的一切行业和领域。认真落实扶持非公有制经济发展的各项政策,鼓励民营资本参与国有企业改组改造,支持非公有制企业参与工业调整改造项目建设。引导个体、私营等非公有制企业加强制度创新、科技创新和管理创新。积极发展就业型、科技型、外向型、农产品加工型非公有制企业,鼓励有条件的企业做大做强。

建立健全社会服务体系。加快要素市场建设,构建融资、创业、培训、技术、法律、质量、市场、信息、安全等公共服务平台。规范发展科技中介服务、市场中介服务组织和各类商会、行业协会等自律性组织。进一步完善重庆生产力促进中心、高技术创新服务中心、科技咨询中心、人才交流中心、产权交易所等中介机构服务功能。

完善劳动就业和社会保障体系。消除阻碍劳动力合理流动的制度性障碍,鼓励劳动者自谋职业、自主创业和组织起来再就业。加快劳动力市场规范化建设,加强就业培训,规范和监督企业用工行为。健全完善基本养老保险、失业保险和城镇居民最低生活保障制度。全面推进城镇职工基本医疗保险、工伤保险和生育保险制度建设。

(2)扩大对内对外开放。充分利用国际国内两个市场,优化资源配置,拓展发展空间,在更大范围、更广领域和更高层次上参与国际经济技术合作与竞争。紧紧抓住国际资本和产业转移的机遇,策划一批工业招商引资战略性项目。吸引跨国公司特别是世界500强企业来重庆市设立研发机构、地区总部和制造基地。发展加工贸易,带动外商投资。到2007年外资参与度达到10%,工业类外商投资占全市工业投资的20%;2010年外资参与度达到15%,工业类外商投资占全市工业投资的25%。

坚持科技兴贸、以质取胜和市场多元化战略,扩大"重庆造"出口规模。培育出口导向型产业,加快通用机械出口基地建设,争取成为国家汽车及零部件出口基地。引导企业与国际规则接轨,按照出口目标国的标准组织生产和出口。建立采购商和供应商信息数据库,争取更多的企业进入跨国公司全球采购体系。加强口岸建设,构建通畅、协调、高效的"大通关"通道。2007年全市外贸出口达到30亿美元,出口依存度提高到8%,2010年外贸出口48亿美元,出口依存度达到10%。

推动有条件的企业"走出去"发展跨国经营。开展资源开发型境外投资,建立境外战略性资源基地,形成稳定、多元、可靠的资源供给渠道。鼓励支持优势企业到发达国家设立研发机构,利用国外技术及信息资源,提高企业技术开发能力。

加强国际国内区域合作。发展与周边国家经贸关系,利用中国与东盟"10+1"协作机制带来的商机,拓展国际经贸合作新领域和新方式。跟踪落实渝港"9+1"、渝澳"8+1"合作计划,开展有针对性的多方推介、联络和对接活动。坚持对内开放与对外开放并举,建立完善对内区域合作工作机制,巩固发展长江沿岸城市、西南六省区市七方以及三峡库区对口支援省市的经济联系与协作,加快引进国内知名企业、知名品牌。推进川渝黔经济社会全面合作,共同打造长江上游经济带。

(3)发挥人才支撑保障作用。强化人才资源是第一资源的观念,大力实施人才强市战略。把握培养、吸引、用好人才三个环节,建立健全人才投入、创业、评价、激励四大机制,搞好经营管理人才、专业技术人才、高技能人才和农村实用人才队伍建设。在渝高等院校和科研院所要围绕推进新型工业化调整学科设置,加强重点学科、重点实验室和工程技术研究中心建设,开展科技实验联合攻关,培养多层次人才。启动实施"职工素质提升工程”,加强职业技术教育,建设技工培训基地,广泛开展合理化建议活动,引导职工爱岗敬业、刻苦学习、勤奋钻研、创造一流工作业绩,成为建功型人才。以重大项目引才聚才,结合研发生产基地建设、产业关键技术开发项目,汇聚一批海内外高层次科技人才和复合型人才。支持有条件的企业设立博士后流动站。

营造人才创新、创业的体制和政策环境。建立有利于优秀人才脱颖而出的选拔任用机制,按照劳动、资本、技术和管理等生产要素参与分配的原则,完善分配激励政策和奖励机制。到2010年,培养造就数以万计熟悉现代企业经营管理、具有一定国际交往能力的高素质企业经营管理人才;数以十万计有较强技术创新能力、能推进技术产业化的专业技术人才和高技能人才;数以百万计具备较高素质的产业技术工人和农村实用人才,构建西部地区和长江上游人才集聚高地。

(4)加强新型工业化的组织领导。各级党委、政府都要把推进新型工业化摆在重要位置。建立市新型工业化领导小组,由市政府主要领导任组长,相关市领导任副组长,市级有关部门主要负责同志为成员。办事机构设在市经委。负责制定有关政策措施,组织协调重大项目实施。建立市领导分线指导重点产业发展制度,实行市级部门和区县分类评价考核制度。

加强城乡发展的统筹协调,全面实施“三百工程”,促进农村二、三产业发展,不断增强城镇化的产业支撑,形成新型工业化、城镇化、农业产业化互动发展的机制。加强区域发展的统筹协调,坚持分类指导,注重解决三峡库区、贫困地区、民族地区产业空虚问题,从项目、资金、政策等方面加大支持力度。

加强发展环境建设。继续抓好基础设施和能源项目建设,加快形成比较完善的大交通、大通信基础设施构架,形成与经济社会发展相适应的水资源和能源供给保障体系。加快构建适应新型工业化发展的现代物流体系。依托寸滩、涪陵、万州三大港区建设物流基地;依托工业园区,结合交通枢纽建设,建成一批区域性综合物流中心。整合现有物流资源,培育发展一批大型第三方物流企业。建立物流交易信息网络,构建辐射内外、联系紧密的多层次现代物流配送体系。

加强政策支持和引导。进一步落实国家支持西部大开发、三峡库区移民开发和市里扶持北部新区、特色工业园区的各项政策,继续执行鼓励新产品开发的政策。加快构建适应新型工业化发展需要的投融资体制,建立和完善出资人自主决策机制、民间创业投资机制,建立高新技术风险投资基金。协助国家开发银行做好中小企业贷款试点,引导商业银行信贷资金流向,切实解决中小企业贷款难问题。对市属国有企业在工商银行的不良贷款实行“打包”处置,减轻企业债务负担。用好国家支持库区产业发展资金和后期移民扶持资金。加大财政支持力度,从2005年起,连续三年每年安排1亿元用于支持新型工业化重点项目建设。统筹安排工业用地,严格依法征用土地并给予合理补偿,在节约用地、提高土地利用效益的前提下,对重点产业项目用地依法给予支持。鼓励资源综合开发利用,对开发利用共生伴生资源和再生资源回收利用的企业实行激励性政策。

推进服务型政府建设。创新行政管理体制,切实转变政府职能,全面推进依法行政,认真贯彻执行《行政许可法》,依法规范行政审批事项和审批程序,提高行政效能。加强行业发展规划和产业政策指导。建立政府部门领导与工业园区、重点企业、重点项目负责人热线联系制度,加强政企信息交流。加快社会信用体系建设,建立政府、企业和个人诚信制度,健全完善信用监督和失信惩戒制度,整顿规范市场经济秩序,加强质量技术监督,严厉打击制售假冒伪劣商品行为,倡导和形成诚信为本、操守为重的良好风尚,努力营造投资、创业和发展的良好环境。

企业是推进新型工业化的主体,所有企业都要增强新型工业化理念,把新型工业化的要求贯穿到生产、经营、管理的各个环节。要切实加强企业党组织建设,坚持党管干部原则,并同市场化选聘企业经营管理者的机制相结合，把锐意改革、勇于创新、德才兼备的优秀人才选配进重点企业领导班子。改进党组织参与企业重大问题决策方式，对符合任职条件的党委会成员，按照法定程序推选进入董事会、经理层。充分发挥党组织在混合所有制企业、非公有制企业中的重要作用，积极支持工会、共青团、妇联等群众组织发挥作用。加强思想政治工作，妥善处理人民内部矛盾特别是涉及群众切身利益的矛盾，保持社会稳定。

二、新型工业化主要工作

（一）统揽全局，做好工业发展的规划建设

一是根据全市经济社会和新型工业化发展的大局，编制完成了重庆市"十一五"工业发展规划。二是从区域经济发展的需要出发，结合优势资源，制订科学合理的区域性产业布局调整规划。三是主要工业发展行业根据新型工业化发展的要求，编制完成了各行业"十一五"发展规划。通过规划，明确了全市、各区域和主要工业行业新型工业化的发展目标，并通过组织保障和政策引导，树立规划及其目标的权威性，认真贯彻落实。

（二）培育发展一批符合新型工业化发展要求的企业集团

新型工业化发展分布在各区域，落实到各工业行业，但最终执行者是企业，特别是各主要工业行业的龙头企业。结合重庆市情，实现大公司和企业集团发展的新型工业化，一是要充分利用国家提出的"国有企业主辅分离，安置分流职工"政策，加快国有企业改组、改造步伐，充分发挥资源、市场和存量资产的比较优势，实现区域工业生产要素的优势整合；二是要切实转变政府职能，减少政府办公中不必要的中间环节，进一步改善投融资环境；三是加强政府和企业的科技投入，提高产品的科技含量，并制定工业污染的具体防治政策措施；四是抓住世界工业结构变化尤其是全球制造业中心转移的历史机遇，制定向汽摩、医药、电子信息、输变电设备、仪器仪表、机床等有市场竞争优势的工业行业及其龙头企业倾斜的政策，重点扶持一批主导产品突出、经济效益好、科技开发能力强、经营机制灵活、市场潜力大的工业龙头企业，以及具有一定运作能力、战略规划能力、投资决策和创新能力、资本融资能力的高素质企业集团，提高重庆工业的整体素质和在国际国内市场的竞争力。

（三）大力发展中小企业和民营经济，充分发挥人力资源优势

尽管重庆市工业从业人员年年递增，但国有及规模以上非国有工业企业的就业人数却呈下降趋势。要走新型工业化道路，充分发挥重庆市的人力资源优势，必须大力发展中小企业和民营经济，培育发展一批产品开发能力强、现代化管理水平高、具有较强竞争力的"专、精、特、新"的"小巨人"企业。为此，一不断建立健全重庆市中小企业金融担保体系，完善投融资机制，打通中小企业创业发展的融资通道；二是实施中小企业"信用工程"，加快培育和建立为中小企业提供信息咨询、市场开拓、技术支持、人才培训等的社会中介服务体系；三是发挥政府和其他服务组织的作用，充分利用现有人才、加强优势人才引进，积极引导发展科技型、就业型、资源综合利用型、农副产品深加工型等多种类型的中小企业；四是减少创办中小企业的中间环节，简化行政审批手续和程序，扩大市场准入；五是提高企业管理水平，建立与国际接轨的科学管理模式和管理系统，推广一系列的产品国际质量认证和生产环保认证，实现优质、高效、低耗、清洁生产，提高经济效益。

（四）理顺机制，为新型工业化发展提供良好的微观运行基础

一是建立和完善技术创新体系。如设立专门用于重大技术攻关的产业技术研究与开发基金，建立企业技术创新体系和产学研一体化的社会化技术创新体系，完善知识产权保护制度等。二是培育科技创新主体，加大对科技开发、成果转化，以及技术引进、消化和吸收的投入。三是切实

贯彻落实国家和市政府已经颁发的促进新型工业化发展的各项政策法规,结合重庆市情进一步完善新型工业化发展的政策法规,如对高新技术产业发展的鼓励政策、对污染的适时监控政策等。四是建立和完善企业及其行业的发展扶持机制,逐步实现资金扶持向政策扶持和人才、土地、资源等其他生产要素扶持的转移。五是进一步完善新型工业化发展的市场支持体系,如人才培训等市场中介服务体系、市场化的投融资体系等。六是根据工业经济发展需要,培育发展各种工业品专业市场和综合市场、工业技术交易市场和人才市场等。

(五)进一步扩大开放,发展开放型经济

不仅是对国外开放,而且要对兄弟省市加强开放;不仅重点工业行业要扩大对外开放,其他工业行业也要扩大对外开放;不仅都市发达经济圈和区域性工业中心要扩大开放,其他区域也要实现全面开放。在对外开放的过程中,要采取"引进来"和"走出去"战略,充分利用外来的新技术、新工艺、管理新经验,以及人才、资金和设备等,发挥既有的各种资源优势,大力发展开放型经济,深入开拓、整合国际国内两个市场,全面参与国际国内市场竞争。

(六)大力发展支柱工业和龙头企业,实施名牌产品战略

汽车摩托车、医药化工、食品(烟草)和建材是重庆工业经济发展的四大支柱,完成产值占全市工业比重的80%以上。要通过发展壮大支柱工业,加强优势行业,以骨干企业和名牌产品为龙头,形成一批在国际上有影响力的大公司、大集团,建成西南地区和长江上游地区的现代化工业基地。目前,重点是要扶持发展具有市场潜力和重庆特色的八大类重点行业:(1)以长安、庆铃、重汽、嘉陵、建设、力帆等行业骨干企业为依托的装备制造业;(2)以川维、816厂等大型骨干企业为依托的天然气化工业;(3)以四联、计算机公司、光电研究所,以及大学科技园区为依托的电子信息工业;(4)以西南铝、重钢等行业龙头企业为骨干的金属材料工业;(5)以腾辉集团等行业骨干企业为龙头的建材工业;(6)以金帝集团为骨干的纺织工业;(7)以太极集团等龙头企业为核心支撑的现代中医药工业;以及轻工食品工业等,着力培育八大重点行业的名优产品,努力提升重庆名(品)牌产品在国内外市场的占有率。

(七)加强人才队伍建设

高度重视工业人才的培养和使用,努力培养一批高素质的创新人才、管理人才和合格的产业工人,为新型工业化发展提供坚实的人才保障。一是制定留住和吸引人才的优惠政策,营造良好的人才成长环境和创业环境,形成人才聚集的新机制。二是依托重庆大学、西南师范大学、西南农业大学、西南政法大学和重庆邮电学院等高等院校,采取灵活多样的教育形式,培养新型工业化发展需要的各种专业人才和综合型人才,形成人才培养的新机制。三是鼓励多渠道投资办学,增加教育投入,创办各种类型的职业技术教育学校,加强就业培训和企业在职职工的再教育和再培训,提高劳动者素质。四是继续加强现代企业制度建设,建立完善法人治理结构,健全完善企业经营管理者队伍的培育机制、成长机制和激励机制,形成新型的企业领导体制和企业内部管理体系,走出一条企业家市场化和职业化的路子。

(八)实施可持续发展战略,大力发展循环经济,加强资源综合利用

在工业化发展中,要通过发展循环经济,加强资源综合利用,实现经济社会与生态环境的协调发展。一要通过产业空间布局规划,做好各区域各产业和行业的发展协调,搞好循环经济和工业污染防治的基础设施建设,形成资源综合利用和循环发展的通道。二要根据循环经济发展要求,对现有工业和新兴企业,构筑生态循环平台,形成工业内部、工业和农业之间的产出循环链,实现污染的减量化和资源利用效率的最大化。三要根据环保要求,对招商引资工作要制定环保政策和措施,设置必备的环保门槛,防止污染企业入住重庆。四要进一步完善市场机制,

充分利用市场杠杆，形成资源供求平衡和循环利用。最后，要根据资源综合利用和回收开发的需要制定税收优惠等相关政策，并对工业污染治理项目和资源综合利用项目给予适当的财政资金或国债专项资金补贴，力争在短期内取得实效。

(九)完善工业化考评和激励机制

首先，要进一步转变观念，对一个地区工业发展的考评不仅要突破唯当前政绩表现的评价标准，而且要突破唯经济效益表现的评价标准。其次，要改革现有对党政领导唯眼前政绩是问的考评机制，建立一种有利于经济社会可持续发展的长效考评机制。第三，要建立一种与新型工业化发展要求相适应的激励机制，将生态环境指标和可持续发展指标纳入官员的升迁考核中。最后，在经济社会发展的统计中，要把生态环境的改善作为一种生产力，作为地区GDP的一部分，实现GDP的绿色化。

三、新型工业化主要成就

加快推进新型工业化以来，重庆市工业经济取得了快速健康发展。全市工业战线认真贯彻科学发展观，按照《中共重庆市委关于加快推进新型工业化的决定》的精神，积极落实市委二届五次全委会部署，全力推进新型工业化“5444”发展战略，促进工业经济上了一个新台阶。这一期间，重庆市工业主要经济指标刷新了历史水平，工业经济稳定快速增长，经济总量扩大，呈现加速发展态势，提前四年完成了“十五”翻番的任务，工业整体实力得到较大提升。

(一)工业经济稳定快速增长，工业经济运行质量不断提高

2006年，全市实现工业总产值4202亿元，比2003年增长70.5%，工业增加值1204亿元，比2003年增长56.8%，其中规模以上企业完成工业总产值3214亿元，比2003年翻了一番，工业增加值845亿元，较2003年增长76.8%，实现利润142亿元，比2003年增长65.1%，全员劳动生产率8.3万元，比2003年增长48.2%，经济效益综合指数达到149%，比2003年提高了19.3个百分点。

(二)工业投资总量大幅增长，投资效果显著

加快推进新型工业化进程以来，重庆市进一步深化投资体制改革，加大了财政资金支持力度，在市级财政预算内建立了新型工业化专项资金，进一步优化改善投资环境，积极落实优惠政策，加强产业导向，推动工业投资保持持续快速增长，投资结构进一步优化。2006年全市累计完成工业投资735亿元，是2003年的2.8倍；西铝“1+4”热连轧、重钢高速线材、长安铃木轿车、长安福特轿车、新泰山电缆、国际复合优质玻纤、扬子乙酰醋酸、格力电器、福耀汽车玻璃等2000多个技改项目竣工投产。工业投资占全市固定资产投资比重从2003年的20.7%，提高到2006年的30%。

在工业投资规模不断加大的同时，工业投资的质量和效益不断提高，对工业经济及社会经济发展的推动作用日趋显著，为拉动重庆市经济的发展发挥了重要作用。工业投资率由2000年的25.5%，提高到了2006年的61%。

(三)促进企业规模化发展，工业集中度进一步提高

与2003年相比，2006年全市有规模以上工业企业3211户，增加了968户。其中，5亿元以上企业94户，10亿元以上企业53户，50亿元以上企业15户，100亿元以上企业7户。66户重点增长企业产值增长31%，高于全市平均水平3.4个百分点，长安集团以汽车总量70.9万辆，位列全国第四位。

(四)园区经济快速发展，产业布局趋于合理

通过调整，初步形成了“1430”工业布局格局，工业集约化程度有所提高，布局逐步趋于合理，园区经济已成为重庆市新的经济增长极。到2006年，全市特色工业园区入驻企业累计2200户，竣工企业建成厂房面积1487万平方米，完成固定资产投资895亿元，预计投资强度达到每平方公里27.5亿元，产出强度达到平方公里58.4

亿元。在搭建园区支持体系中，设立了信用担保公司19个、技术成果产业化服务中心10个。2006年特色工业园区实现产值810亿元，占全市规模以上工业总产值的25.2%；完成工业增加值230亿元，占全市规模以上工业增加值的27.2%；实现税收35亿元，安置劳动力27万人。

(五)技术创新能力加强，凸现企业核心竞争力

到2005年底，全市有国家级企业技术中心12家，市级企业技术中心92家、行业技术中心5家。通过实施新产品开发扶持政策，促进了新产品开发。2001年以来，财政给予新产品支持资金约2.5亿元，财政支持与享受政策新产品上缴增值税之比达到1:10.8。2006年，全市规模以上企业实现新产品产值935.2亿元，同比增长39.5%，新产品产值率达29.1%，创历史新高。企业信息化水平有所提高，一批大中型企业实现了管理网络化、办公自动化、设计数字化、生产程控化。2003年以来，政府仅投入引导资助资金约800万元，拉动企业投资超过12亿元，完成了1936台(套)企业关键设备数控化改造，与新购同类数控设备相比，为企业节省了设备购置费5亿元。

(六)扩大对外开放，招商引资成效显著

2004年以来，全市工业累计引进外商直接投资项目约300个，合同利用外资超过12亿美元，实际利用外资8亿美元以上。美国B&S、美国TRW、法国罗兰、香港查氏、ABB、海尔、格力、TCL、美的、中集、云天化、中国普天、康佳、如意、福耀等国内外知名企业相继落户重庆。尤其是随着“811”、惠普、禾兴江源、北大方正、神州龙芯、美国威能等一批IT项目的积极推进，为重庆市调整产业结构，发展IT产业奠定了重要基础。

(七)加快企业改革，减轻企业负担取得突出成效

不断深化企业改革，截止到2006年，累计实施关闭破产企业1382户，主城9区中，南岸、江北等6个区完成了区属国有企业改革。特别是江北区在完成所属国企改革任务的同时，承担了辖区内重庆船厂、望江厂等市级和中央国企的拆迁职工安置和稳定工作，出色地完成了任务。永川、铜梁、梁平、双桥、开县、云阳、彭水、荣昌、大足等九个区县已基本完成城镇集体工业企业改革。着力解决企业办社会问题，累计剥离426户企业的水电气，涉及53.58万住户；完成11个中央集团所属的34户在渝企业的44所中小学、14个公安机构移交地方管理工作。

(八)建设节约型社会，发展循环经济

2006年，全市工业万元增加值能耗在2005年已降至2.8吨标煤的基础上又下降了5%。加大了煤矸石、粉煤灰等大宗工业固体废弃物的综合利用力度，全市固体废弃物利用率达到82%，位于全国前列。积极治理工业污染，推行洁净煤技术，完成主城区10蒸吨以上锅炉技术改造。加大库区工业水污染防治工作力度，实施了36个工业污水治理项目。按计划完成了23户主城区环境污染安全隐患重点企业的搬迁工作。

注：本文数据出自统计局数据和经委内相关报表

撰稿单位：重庆市经济委员会
执笔人：谢正茂

四大支柱产业

直辖10年来，重庆工业在市委、市府的领导下取得了显著成绩，特别是市委二届五次全委会作出的《中共重庆市委关于加快推进新型工业化的决定》，使重庆市汽车摩托车产业、装备制造业、资源加工业、高新技术产业呈现出千帆竞发、百舸争流的大好局面，并取得了举世瞩目发展。

1997年至2006年重庆直辖10年间，全市工业经济增长速度和效益步入良性互动轨道，国有及规模以上工业企业工业总产值从870.55亿元增加到3214亿元，翻了3.69番；工业增加值从240.47亿元增加到845亿元，翻了3.51番；利润总额从—15.06亿元增加到154.71亿元，全员劳动生产率从13688元/(人·年) 增加到87000元/(人·年)，翻了6.36番；经济效益综合指数从60.25%提高到153.3%。直辖给重庆四大支柱产业插上腾飞的翅膀，建设中国汽车名城和摩托车之都取得了一定成效；制齿机床、分离机械、计量泵、重载齿轮及齿轮箱、大型输变电设备等在国内行业中处于领先地位；冶金、建材、化工、轻纺、煤炭业突飞猛进；电子信息、生物医药及医疗器械、环保产业、机电一体化、新材料等高新技术先导产业发展迅速。工业强市战略凸现出年轻直辖市的勃勃生机。

一、汽车摩托车产业在直辖路上飞奔

直辖10年来，重庆市汽车工业飞速发展。汽车工业已培育成重庆市第一支柱产业，在全国也有较高地位，汽车工业是拉动全市经济增长的火车头，每年对全市经济增长的贡献度均超过50%，到2006年重庆市汽车产销量已连续10年排名全国第四位，摩托车产销全国第一。在汽车行业全体职工的共同努力下，各个方面均有不俗的表现。2006年全市汽车行业各项经济指标，完成销售收入1333亿元比1996年的200亿元增长6.5倍；实现利税109亿元，比1996年的16亿元增长6.7倍；利润总额47亿元，比1996年的1.9亿元增长24.7倍，资产总计950亿元，比1996年的400亿元增长1.38倍。

(一)汽车摩托车产业形成一定的特色和优势

直辖10年，是重庆市汽车工业经过引进消化、提升，取得惊人业绩的关键时期，具备了在行业内的基础地位，形成了一定的特色和优势，主要特点是：

品种齐全，已形成重、轻、微、轿车、摩托车、改装车较齐全，结构优化调整基本突破，轿车比重占全市汽车产量的57%，以“微车为本、轿车为主的产品战略”得到实施。

汽车工业已经是全市的第一支柱产业，支撑全市工业经济的重要力量，成为全国重要的汽车生产基地，培育发展了如长安集团、长安铃木、长安福特、庆铃集团、力帆、宗申、隆鑫、建设、嘉陵等一批在全国知名的大企业、大集团。其中：长安集团位居中国制造业第26位，汽车产量位居全国第4位，力帆、宗申、隆鑫、建设、嘉陵摩托车企业一直位居全国前十位。引进技术起点高，生产规模大，知名度高的产业基地格局基本形成，如：福特、五十铃、铃木、沃尔沃、雅马哈等。

丰富、多层次的人力资源所形成了人才优势和劳动力成本优势，增强了竞争力。资源和环境政策的改善吸引很多海归人士来渝参与重庆汽车工业的发展，每年大批大专院校毕业生充实汽车工业，给汽车工业增强了活力。

民营资本的进入，增强了汽车工业的活力和竞争力。全市规模以上零部件企业628户，而非公企业511户，占全市零部件企业的81%，实现产值占全市零部件产值的62%。

全市摩托车产量和出口自1999年以来已连续7年位居全国摩托车产销量第一，出口数量金额全国第一，重庆摩托车在全国的市场份额都保持在30%左右，尤其是发动机，近几年一直占全国产量的一半以上。

具备一批竞争力强的骨干企业。重庆市已拥有“嘉陵”、“建设”、“宗申”、“力帆”、“隆鑫”等中国摩托车行业驰名商标。骨干企业已经成功走向海外，在海外先后建立了16家改装厂，嘉陵和宗申在美国建立了销售公司。

配套企业加工协作能力强。重庆市较为完善的机械工业配套体系是快速发展的基础，摩托车零部件企业的产值在全国同行业比重接近40%，进入全国前三名的零部件企业有10多家，曲轴、摇臂等十多种零部件已进入全球摩托车公司的采购体系。

已建立一批初具研发能力的研发机构。技术体系中有合资企业带来的本田体系和雅马哈体系，几大摩托车骨干整车生产企业均有自己的研发机构。目前已经建立技术中心7个，其中国家级4个(嘉陵、建设、力帆、宗申)，市级3个(隆鑫、银钢、劲隆)，建立博士后工作站3个，嘉陵、宗申、隆鑫、银钢等投巨资建设的研发及检测中心具有国内领先水平。

企业加强自主知识产权保护，积极申报专利。截止到2005年底，重庆知识产权局公告的8000多项专利中，一半以上来自汽摩工业。

零部件工业基础已初步形成。第一，门类齐全、产品系列宽、规模大，影响大的汽车摩托车工业，对零部件工业有较强的带动和促进作用；第二，配套体系比较完整，有一定知名度的一批骨干零部件企业已经形成。

机械加工配套能力强。以机械加工为特征的汽车关键总成(如发动机、变速器、制动、转向、车桥、传动轴等)在国内具备较强的竞争力。

形成了一批国内知名品牌和产品。如重型汽车变速箱及发动机，微型汽车用发动机、变速箱和制动器、汽车增压器等国内知名品牌产品，油泵油嘴、汽车弹簧、曲轴等产品。

(二)汽车工业主要成绩

1. 重庆市委、市政府高度重视汽车工业发展，将汽车工业作为四大支柱产业之首，并组织编制了《汽车工业十一五发展规划》

在市委二届五次全会的决议中，提出了重庆市未来应重点发展的四大产业，其中排在第一位的就是汽车工业。按照《决议》精神，重庆市组织编制了重庆市汽车工业十一五发展规划，规划提出了“1221”战略发展思路：夯实零部件基础，强化微车和轻型车两种产品优势，壮大轿车和重型车两大产品，培育改装车产业族群。规划要求，在2007年重庆市汽车生产能力要达到100万辆，到2010年汽车生产能力要达到150万辆。

2.直辖10年重庆市实施了一系列的重大投资项目，汽车整车生产能力有了大幅度提高

2005年长安集团在本市的四大整车生产企业均进行了扩能改造，大幅度提高了生产能力；其中长安股份完成了长安工业园的建设，新增了12万辆生产能力，使长安股份在本市的生产能力提高到32万辆；长安福特及长安铃木均完成了20万辆扩能改造，各新增了10万辆生产能力；长安跨越完成了搬迁改造，形成了5万辆生产能力；现在长安在本市的生产能力合计已达到77万辆；另外，力帆的轿车生产项目也在2006年完成，新增5万辆轿车及发动机生产能力；迪马公司、凯瑞特种车制造公司、重庆环保车辆厂也分别完成了搬迁改造，新增1万辆以上改装车生产能力。

3. 直辖10年重庆市汽车产销量快速增长，产品结构更加优化

从1996—2006年，汽车整车产量以年均29%的速度增长，销售收入以年均24%的速度增长，2006年汽车产销量79.1万辆比1996年的11.46万辆增长5.9倍。汽车整车实现销售收入569亿元比1996年的70亿元增长4.7倍，利税总额60亿元比1996年的10亿元增长5倍。我市经过直辖10年来快速发展，汽车主要品种重、轻、微、轿都有，车型比较齐全，2006年7月长安福特投入生产沃尔沃S40，从而结束了重庆市不能生产高

档轿车历史。轿车占全市汽车产量的58%。

4.出口实现了快速增长

2006年重庆出口汽车1.6万辆,出口金额达0.8亿美元,零部件自营出口额3500万美元,重庆市零部件已被国家列为全国零部件基地。

5.骨干企业情况

长安集团公司。长安公司在2005年11月11日,完成了第300万辆汽车的生产,成为国内第四家汽车产量累计超过300万辆的企业;2006年前10个月累计出口汽车1.3万辆,在全国名列第一;累计申请专利543件,同比增长5倍以上,名列全市第一;基本完成了CV6、CV7、CV8、CV9、CV11五款整车产品开发,2006年起将陆续投入生产;初步搭建起了自主开发平台,开发能力达到S5级;完成了CA16、CA20两款发动机的自主开发,其中CA16已完成了生产准备,并正式投入生产;另外,长安公司的合资合作也取得了重大进展,一是长安福特南京汽车厂及长安、福特、马自达三方合资的发动机工厂2006年分别开工;二是长安与江西江铃实施战略重组,双方合资成立了江铃控股集团。2005年,长安集团累计销售汽车63.11万辆,同比增长8.9%,其中长安股份销售21.74万辆,同比增长0.1%,长安福特6.3万辆,同比增长33.5%,长安铃木9.07万辆,同比下降17.6%,长安跨越1万辆,同比增长47.6%。

庆铃集团。2006年,庆铃集团走出了多年来的徘徊下降局面,实现了汽车销售及出口大幅上升。全年共销售汽车3.6万辆,同比增长21.5%;实现出口交货值1643万美元,增长88%。另外,按照市委、市政府的重大战略决策,重庆市与庆铃、五十铃共同制定了做强西部商用车及发动机产业的发展战略,该战略的两个关键项目已在2006年顺利实施:一是庆铃公司与日本五十铃公司合资成立庆铃发动机公司,该公司将投资20亿元,形成17.5万台高性能商用车发动机生产能力,产品将面向国际、国内两个市场;二是通过合资改变日方合作伙伴的赢利模式,以降低成本,增强企业竞争能力,目前,五十铃已将持有的庆铃的股份提高到20%。

(三)摩托车工业主要成就

重庆市摩托车工业的发展一直位居全国前列,全市现有目录内整车生产企业24家,上规模的零部件生产企业400余家。已形成700万辆整车、800万台发动机生产能力。目前重庆市的摩托车工业已具备了完善的配套体系,拥用熟练的技术工人队伍及一大批高级技术及管理人才,开发体系已初步形成。

1.以大长江为榜样,重庆市摩托车企业正在实施战略性调整,品牌意识逐渐增强

长期以来,重庆市企业过分注重产品花色品种的翻新,不注重产品内在质量的提升,品牌、款式虽然很多,但真正有价值的品牌却很少。例如重庆市某大型骨干企业生产几十万辆摩托车所包含的各种品种、款式多达20多种,而大长江生产一百多万辆摩托车却只有一个品牌几种款式。过多的品种和过长的产品链给企业组织生产和降低成本都带来困难。

当前,在国家行业管理逐渐规范,行业竞争日趋激烈,消费市场逐步成熟的情况下,具有品牌、品种上作"瘦身"运动,同时以贯彻国家排放二阶段标准为契机,全面提升产品质量,重塑品牌形象。如隆鑫主动放弃了一些品牌,转而集中力量做大做强"隆鑫"牌摩托车,同时该公司还加强了与宝马公司的合作,共同生产高品质的摩托车发动机;银翔也从韩国小星全面引进品牌、管理、技术,努力打造企业核心竞争力;嘉陵在近期将投资300万美元研发电喷发动机;建设集团加强同雅马哈的全方位技术合作,打造高端摩托车产品。另一方面,各企业在"差异化"方面也迈出了实质性步伐。嘉陵集团研发出大排量二轮、三轮摩托车、军用四轮车、四轴车等高附加值产品,正在形成量产;银钢将继续开发具有自主知识产权的节能型摩托车。

2.高质量配套体系的建设成为各大企业工作的重点

重庆市企业由于共用一个相同的配套体系,同质化现象较为严重,而同质化的结果就是恶性

竞争，长期下来，整个行业出现了产品质量下降、企业赢利能力低下、发展能力不足，并最终导致市场逐渐萎缩。目前，各企业已逐渐认识到单纯"冲量"不再是长久之计，没有质量的数量不会长久。因此，重庆市部分整车生产企业加大了对零部件领域的投资力度，对一些关键零部件加强了质量控制，并开始自己投资生产高质量的零部件，如宗申集团和银翔集团正在建设零部件工业园，打造自己的零部件配套平台，隆鑫也投资了几千万元用于发动机生产线建设。

3.2006 年基本运行情况

2006 年重庆市摩托车行业经历原材料大幅涨价，国内市场低迷，全国主要城市限摩及电动自行车的冲击，引起重庆市委、市政府领导的高度重视，市经委、市汽车办及时加大了行业运行监控，并出台了支持摩托车生产企业发展的返税政策。调动广大摩托车生产企业积极性。在国内市场低迷的情况下，积极开拓国外市场，取得不俗效果，产品在中东、南美享有盛誉。摩托车产量一路攀升，全年生产摩托车 7.51 万辆，同比增长 40%，比 1996 年 178.57 万辆增长 2.9 倍，全国占比从 1996 年的 20.6%到至今的 34%。

4.出口实现了快速增长

2006 年重庆出口摩托车 261 万辆，出口金额 8.8 亿美元，分别增长 51%和 49%。出口沙滩车 21 万辆，出口金额为 1.5 亿美元，同比增长 52%和 50%。

二、装备制造业助推"工业强市"战略发展

直辖 10 年，是重庆市全面开展社会主义市场经济建设，实现跨越式发展的 10 年，是重庆装备制造业发展最快的历史时期。重庆市装备制造积极应对瞬息万变的市场变化，不断优化结构，依靠科技进步，增强自主开发能力，加快国企改革，发展多种经济成分，培育大集团、大公司，坚持走切合市情、富有特色的行业发展道路，全行业经过 10 年的快速发展，取得了令人瞩目的成就，形成了门类齐全、具有相当规模和一定水平的装备制造业体系，成为重庆市国民经济发展的重要支柱产业。

(一)经济规模快速扩张，行业实力显著增强

10 年来，重庆装备制造业保持了快速发展的势头，经济总量不断扩展，实现了由传统产业向新型工业化产业迈进的历史性跨越。2006 年，全行业(不含汽车、摩托车)规模以上企业达 520 户、资产总额 500 亿元、从业人员 16 万人，分别占全市工业的 16%、16%、17%；2006 年，全行业规模以上工业总产值 495 亿元，是 10 年前的 5 倍多，年均增长 19.8%；工业增加值 116 亿元，比 1996 年增加 87 亿元，年均增长 17.8%，占全市 GDP 的比重从 1996 年的 9.5%跃升到 2006 年的 14%，对全市 GDP 增长的贡献率达 10.23%。重庆装备制造业已成为拉动重庆市经济增长的重要力量。

2006 年，全市装备制造业规模以上工业企业共 520 户，比 1996 年增加 170 户。直辖前产值上亿的企业仅 16 户，现在产值 1 亿元以上的企业已发展到 72 家。其中产值达 10 亿元以上的企业有 6 户，5 亿元到 10 亿元的有 11 户，1 亿元以上的有 55 户。规模以上工业总产值由 1996 年的 80 亿元增加到 2006 年的 495 亿元，年均增长 19.8%。

通过直辖 10 年的发展，全行业主要工业产品的生产能力大幅提高。2006 年，变压器产量 3822 万千瓦，比 1996 年增长 12.4 倍；电力电缆 7.5 万公里，比 1996 年增长 8 倍；自动化仪表 206 万(台)套，比 1996 年增长 15 倍。

(二)经济总量大幅提高，速度效益同步发展

10 年间，全行业经济运行质量明显提高，经济效益屡创历史新高，呈现出速度与效益同步发展的喜人局面。2006 年，规模以上工业企业的六项经济效益指标中有五项比 1996 年明显趋好，其中：总资产贡献率为 9.28%，比 1996 年提高 6.5 个百分点；资产负债率(逆指标)为 62%，比 1996 年下降 10 个百分点；流动资产周转率为 1.5 次/年，比 1996 年加快 0.3 次/年；全员劳动生产率 6.8 万元/(人·年)，比 1996 年增加 4.72 万

元/(人·年)。

10 年来，全行业规模以上工业企业的获利能力和盈利水平逐年提高。2006 年，全行业规模以上工业实现主营业务收入 474 亿元，比 1996 年增长 6 倍，年均增长 19.6%；实现利税总额 39 亿元，比 1996 年增长 32 倍，年均增长 42%，其中盈亏相抵后实现利润总额 18.5 亿元，而 1996 是全行业大幅亏损。全行业工业生产呈现出向管理要效益，保质量求发展的良好格局，企业技改的力度不断加大，节能降耗工作取得显著成效。全行业规模以上工业每万元工业产值能耗由 1996 年的 0.9 吨标准煤/万元，下降到 2006 年的 0.75 吨标准煤/万元。以上数据表明，重庆市装备制造业的管理水平和经营业绩在不断提高，经营状况有了明显改善，资产获利能力不断增强，工业经济运行质量显著提高。

(三)特色产品优势突出，技术进步成果显著

产品是行业发展的生命，是参与市场竞争的载体，重庆装备制造业一直坚持以龙头产品为主，以市场为导向，以满足国民经济发展为目标，紧跟世界先进技术的发展趋势，不断完善产品研发和技术创新体系，不断加大科技投入，努力培育自主创新能力，先后推出一代又一代特色、优势产品。主要有：30 万吨乙烯和 30 万吨合成氨设备配套的大型离心式压缩机；70 万吨的污泥脱水离心机；30 万 kW、60 万 kW 火电机组的加酸加药处理泵站和自动化仪表控制系统；90 万 kW 超临界机组的锅炉给水泵；秦山核电站二期工程的 R134A 制冷机组 4 台和核岛循环水泵；日产 4000 吨大型水泥窑外分解高温风机；宝钢二期工程所需 440 万大卡冷源和大型钢铁企业技术改造所需的除磷泵；卫星发射和载人航天工程，神五、神六航天飞机的遥感遥测装置和液压元器件；海军核潜艇使用的配套装置、人民解放军使用的常规兵器；工业自动化仪表及控制系统、分析仪器及成套系统、电工仪器仪表、厚膜集成电路板、仪表复合材料及各类高灵敏度传感元器件；500kV 大型变压器；高水头冲击式水轮发电机组；高压注水泵及井控成套装置；8000 吨级各类军用舰船、汽车滚装船、江河挖泥船、豪华游轮、采金船、不锈钢化学品及油品运输专用大型、特种船舶；齿轮加工机床等，为国家重大装备和重点建设项目提供了大批优良装备。

此外，重庆装备制造业通过直辖 10 年的加速发展，形成了较强的加工配套能力，主要有：重型汽车齿轮及变速箱；汽车和摩托车齿轮系列；大型重载齿轮箱；轴流和径流增压器；低噪声全密封轴承、汽车轴承和内燃机活塞；模具加工、内燃机及发电机组、液压件、高压气瓶、计量泵、煤气表、分离机械等产品在国内也占有重要地位；有很强的机械加工能力和研发能力；量大面广的内燃机生产门类齐全，可生产 1.6 马力到 2200 马力的汽油和柴油发动机；大型钢结构件、铝材结构件和航天、航空、高速列车等关键构件的加工配套能力。这些较强的加工配套能力的形成，将使全行业的前进步伐更加迅捷，更加稳健。

截止到 2006 年底，已形成国家级技术开发中心 7 个，市级企业技术开发中心 31 个，行业技术中心 5 个，15 所高等院校都设有与装备制造业相关的学科和专业。我们充分利用这些科研院所和大专院校的力量，千方百计推进产品结构优化，始终坚定不移地走自主创新之路，大力推动科技进步，集中财力，重点支持高新技术产品实现产业化，着力增强自主创新核心竞争能力。

10 年来，重庆重点发展了 20 多个核心技术产品和高新技术产品，如：高档数控齿轮机床、重型汽车及汽摩零部件、通用环保设备、分离机械、CNG 汽车加气站成套设备、500 千伏大型变压器、高水头冲击式水轮发电机组、军用通讯、核辐射电子仪器、电子调谐器、粉末冶金等。通过加大投入和技术装备的改造提升，使优势产品竞争实力大大提高，目前，获得国家专利 400 多项，在全国产销排名前三位的重点产品达 23 个，重庆市名牌产品称号 59 个。新产品产值率达 42%以上，高于全市 26.2%的平均水平。

经过几年努力，重庆机床集团 YKS3120/YKS3132 六轴四联动系列数控滚齿机等 32 项高新技术产品实现了产业化；重庆 ABB 公司大型

变压器产量继续位居 ABB 集团全球 21 家变压器厂首位；江北机械有限责任公司的虹吸式刮刀离心机、重庆长江轴承公司的摩托车曲轴轴承、重庆气压厂有限责任公司天然气加气站成套设备已分别占国内市场份额的 90%以上和 70%、60%。

在瞄准国内国际先进技术、顶尖技术，加快自主创新产品研发，加大新产品开发力度方面。通过自主创新、集成创新、消化创新等，培育了一批具有先进技术水平和自主知识产权，竞争力强的新产品。目前，在生产的上万个品种、规格产品中，拥有自主知识产权产品 1300 多种；具有自主知识产权核心技术的企业由 2000 年的 16 户，增加到 38 户；具有自主知识产权的优势产品如：高档数控滚齿机、水轮发电机组、分离机械、计量泵、变频式中央空调、天然气加气站成套设备、炮兵指挥系统、仪器仪表、海扶刀、BORN—BE 无创脑水肿动态监护仪、混合型人工肝支持仪等，在国内具有较高技术水平。海扶刀等在国际上也属于技术领先，基础研究领先的产品。

(四)改革创新多元发展，经营方式不断更新

深化国企改革，促进行业发展。过去，全行业的市属国有工业企业由于历史原因，多数债务沉重，人员多且结构老化，资产负债率极高，大部分都已资不抵债，产品结构单一，缺乏市场竞争力，企业资产、设备得不到有效利用，已经很难在市场经济条件下以国有企业的身份生存发展。根据行业的实际情况，从 1996 年起，对国有企业进行了大刀阔斧的改制工作，通过实行破产、股份制改造、产权出售转让、切块分离拍卖等形式，一部分企业摘掉了国有牌子，使政府、企业、职工一起从计划经济中解脱出来，既盘活了闲置资产，又让企业重新焕发了生机和活力。同时，通过引资重组对 26 户企业实施了投资主体多元化股份制、公司制改造，使混合所有制经济得到快速发展。从已改制的企业看，绝大多数的企业都已找到了出路，摆脱了困境，有的已成长为全市的重点企业，呈现出良好的发展态势。如原电线总厂改制后，经过近 10 年的发展，现已成为我国西南地区最大的专业电线电缆制造企业之一。

扩大招商引资，建立多元化投资主体。特别是近几年来，我们积极寻求与世界 500 强和国内外大公司、大集团的合资合作。全行业先后与 20 多家国内外知名企业引资合作，完成合资合作项目 23 个，引资总额 8.05 亿元。通过招商引资、资本运作等形式，全行业的销售收入已由 1996 年的 106 亿元发展到 2006 年的 580 亿元，规模已是 10 年前的 5 倍多。

在扩大招商引资同时，还尝试着利用合资企业的产品优势，积极构筑以产品为核心的产业体系，带动产业链的发展，实践证明取得了成功。比如电工电器行业，依托重庆 ABB 大型变压器的产品优势，充分发挥大型变压器的辐射带动作用，积极构筑以大型级变压器为核心，发展各种输配电设备及下游产品的作法，就使这个行业在短短几年时间，形成了主机与配套产品齐头并进发展的态势。目前全行业共有近百家涉电企业，2006 年这些涉电企业累计实现工业产值 157 亿元，较 1996 年增长 6.8 倍，占全市规模以上工业企业的 5.3%，比 1996 年增加了 3 个百分点。电工电器行业已成为重庆市的优势产业之一，拉动经济增长的作用日益增强。

全行业在打破所有制结构，实现多元发展思想的指导下，民营经济异军突起，蓬勃发展。针对装备制造业国有经济一统天下的历史格局，重庆市把“大力发展非公经济”提到与支持国有企业改革改制摆在同等重要的位置，通过采取“为民营企业发展创造条件保驾护航”等措施，激发私营企业主在装备制造业的投资创业的热情，全行业呈现出百花齐放、百家争鸣的繁荣景象，实现了各种所有制企业的优胜劣汰。重庆市利用市里先后出台的关于鼓励外商投资、关于进一步改善投资环境、关于鼓励发展中小企业、鼓励发展民营经济及投资优惠政策等一系列措施，从在政策上倾斜、资金上帮扶、体制上改革、服务上周到，和其他行业一样，在短短的几年时间，民营经济比重不断上升。2006 年，全行业规模以上非公企业累计实现工业产值 323 亿元，比 1996 年增长

9.6倍，占装备制造业的65%。其中：力帆、隆鑫、宗申、渝江压铸等民营企业，已成为行业的排头兵，成为拉动全行业经济发展的强劲推动力，充分显示出民营经济在重庆市装备制造业发展中的主力军地位。

(五)产业结构不断优化，行业发展后劲增强

改革、开放、创新是全行业发展的突破点，大型骨干企业是行业发展的主导。10年来，重庆装备制造业按照调整改革思路，选准主业，做大龙头，以项目为支撑，“有所为，有所不为”的原则，在结构调整，做大优势产业方面取得明显成效。全行业通过对优势资源的不断整合重组，目前，已形成电工电器、通用环保、机床工具、仪器仪表等产业板块，其资产占装备制造业总量的60%，主营业务收入占53%，利润占90%。全行业现已形成重庆机电控股(集团)公司、重庆船舶工业公司、中国四联仪器仪表集团有限公司、中国北方工业集团公司等一批优势骨干企业和集团公司，这些大产业、大集团，支撑重庆装备制造业的作用十分明显，这批优势骨干企业和集团公司的发展，把重庆装备制造业带上了新的发展阶段。

通过自主创新，科技进步，企业品牌质量和经济效益大大提高。目前，重庆市66户重点企业中，装备制造业就有14户，占全市21.2%；重庆市工业企业五十强从10户增加到16户，占全市32%。

重庆市紧紧围绕四大产业板块的重大项目，加大投入，一方面积极争取资金支持，直辖10年是重庆市获得资金支持最多的10年，起到了“四两拨千金”的积极作用；另一方面自筹资金，加大投入，支持优势产业发展。国债项目、国家级技术创新项目、重大装备技术创新项目、技术成果转化项目、科技攻关重点项目和市新型工业化等项目的投资每年都上百亿元，仅机电控股集团一家的总投资就达23.78亿元，相当于2000年组建初期的7.26倍。其中，技术改造投资17.85亿元，是原来的9.8倍，近几年，机电控股集团是全行业申报项目最多、技改投资最大、优势产业发展最快的集团之一。同时，利用一切机会，积极参与为国家重点项目、重点工程配套的办法来加快产业结构、产品结构的调整。10年来，不仅为三峡大型输变电工程、国家电网改造、三峡库区污水处理、城市轻轨交通、港口基础建设、天然气加气站、国家军工电子等一批重点建设项目，提供了一批高水平、高质量的大型成套设备和技术装备，而且有力推进了全行业的产业结构、产品结构的调整。

瞄准国际市场，加快产品结构调整。几年来，大力拓展国际市场，出口产品由小批量出口，到较大批量出口，10年增长7倍多。2006年，出口交货值有望突破50亿元。逐步形成由单一国内市场，向国内、国际两个市场并举的格局。

(六)抓好园区筑巢引凤，整合资源再造一流

为了培育新经济增长点，全行业坚决贯彻落实“工业立市”、“工业强市”的发展战略，为打造装备制造业发展平台，形成产业聚集效应，加快了工业园区建设的步伐。行业园区的重头戏机电工业园，实行高起点规划、高标准建设、高效能管理，并以产业链条、产业方向、产品上下游为纽带，有层次、有梯度地合理配置不同类型企业，形成一个符合装备制造业发展实际、体现集聚效应和协调一致、布局合理的工业格局。目前，机电工业园已在进行园区基础设施建设基础上，进行厂房建设，从现在起，将继续加大资金投入，竭尽全力建设机电工业园。

重庆机电集团，全面推进“三园一城”建设(即机电工业园、康佳数码园、美的工业园，红岩汽车城)。也叫“换新颜工程”(即通过对国有企业的搬迁、重建，使原绝大部分“老、大、粗、黑”企业的面貌发生根本改变，旧貌换新颜)。鸽牌公司在长寿晏家工业园实现当年建设当年投产增效，在空港工业园的建设即将竣工；博森、长轴即将在茶园、北部新区开工建设。2006年，4户企业将建成投产。“三园一城”已逐渐成为新的招商引资的平台。中国四联集团公司也已开始搬进北部新区的仪表工业园；重庆船舶公司的新产品风力发电设备、轨道交通设备也要逐步进入园区。工业园区已成为自主创新的前沿阵地，创新、创业的战

略高地，创新产业的集聚地，也是推动重庆市工业快速发展的主动力。

(七)以人为本集聚人才，坚持创新促进发展

行业的兴旺主要是靠全体员工聪明才智的发挥，而员工智慧这一潜在资源的开掘与否，与坚持以人为本，营造和谐氛围的人才管理方式息息相关，重庆市一方面在行业提倡营造崇尚创新的氛围，让每一位员工都成为创新的源泉，另一方面还通过实施科技兴企、人才兴企战略，建立了以技术开发、工艺质量保证和技术管理为支撑的"三个体系"和以技术带头人、首席工程师、首席专家为主体的"三个层面"骨干科技人才队伍的科技创新格局，以此统揽技术进步工作全局，在原有产品体系的基础上，成功研发出了一大批具有自主知识产权、技术性能大幅提升的新产品。如：包括FCS—3000控制系统、智能电磁流量计、M8000智能电动执行机构、智能分析仪器成套系统、CV3000智能调节阀等技术先进、具有广阔市场前景的产品已进入成熟的批量生产阶段，全行业规模以上企业获国家批准专利400余项，呈现出了蓬勃的发展势头，为企业的可持续发展提供了强大的推动力。

目前，全系统企业经营管理层大专以上学历占经营团队的98%，高级职称占41.37%，中级职称占50.2%；全系统科技人员18971人，占职工人数的近20%；高级技师170人，技师853人，技术工人已占到职工总人数近50%。全行业培养造就了一支具有高文化结构、高科技开发能力的科研人才队伍和一支以中级工为主体、高级工为骨干，技师和高级技师为生产岗位操作带头人的高素质技术工人队伍。这支由优秀企业家团队引领的，品行端正、训练有素、多层次结构、能打胜仗的干部职工队伍，成为了行业实现跨越式发展的核心竞争力。

三、资源加工业在"直辖效应"中不断壮大

按照市委关于加快推进新型工业化的决定，重庆市资源加工成为全市集中力量发展的重点产业之一。市委、市府加强宏观调控和产业引导，坚持保护环境，采用先进生产技术和清洁生产工艺，相对集中布局，合理开发优势资源，促进了资源加工业有序、可持续发展。天然气化工和精细化工、矿电联产、纺织服装、食品加工产业链得到优化提高，使冶金、建材、化工、轻纺、煤炭行业等资源加工业得到前所未有的发展。

(一)冶金工业

重庆冶金工业由钢铁工业和有色金属工业两部分组成。拥有炼铁、炼钢、轧钢、耐火材料、焦炭、金属制品、功能材料、粉末冶金、磁性材料、电解铝、电解铜、电解镍、电解锰、铝加工、铜加工等工艺技术，常年生产2000多个品种的冶金产品。经过重庆市直辖10年的建设和发展，钢铁工业已形成年产250万吨焦炭、260万吨生铁、320万吨普钢、40万吨特殊钢、400万吨钢材、42万吨铁合金、6万吨金属制品的生产能力。10种有色金属年生产能力达15万吨，铝材年生产能力60万吨，铜材1.5万吨，氧化铝40万吨，有色金属粉末0.4万吨，电解金属锰20万吨，镁合金压铸件300万件。

重庆钢铁工业除重庆钢铁(集团)公司，重特公司外，其余部分是区县小钢铁企业。重庆有色金属工业共有大中型企业14户，按生产类型划分，加工企业8户、冶炼企业6户。加工企业资产占总资产的66.25%、冶炼企业资产占总资产的33.75%，主体企业有亚洲最大的西南铝业(集团)公司和重庆冶炼(集团)公司、重庆涪陵东升铝业股份有限公司。

1.冶金工业经济增长迅猛

直辖前的1996年，重庆冶金工业销售收入70.7亿元，钢130万吨，钢材产量134万吨，铝材产量8万吨，电解铝产量3.5万吨。2006年销售收入突破400亿元，达到430亿元；钢材产量突破300万吨，铝材产量突破60万吨。这三个突破使重庆冶金工业经济规模在直辖的10年间跨越了历史性的三大步。

(1) 钢铁工业。1996年钢铁工业销售收入53.2亿元，产钢130万吨，生铁85万吨，钢材产

量134万吨;2006年实现销售收入196.78亿元,产钢320万吨,生铁300万吨,钢材385.5万吨,分别增长270%、145%、253%、187%(2006年重钢公司完成销售收入132.6亿元,与96年48.3亿元相比较,增长173%)。

(2)有色金属工业。1996年有色金属工业销售收入17.5亿元,铝材产量8.8万吨。2006年实现销售收入233.35亿元,铝材产量61.1万吨,分别增长1233%、594%。

十种有色金属产量14.6万吨,与1996年比较增长121.8%;电解铝锭10.96万吨,增长177%;再生铝12万吨,增长17.5%;铝材60.1万吨,增长592%(西南铝铝材产量31.4万吨)。

2.冶金行业结构调整成效显著

(1)钢铁工业装备得到提高。重钢是中国的一家大型钢铁企业和全国最大的中厚板生产商之一,通过十余年的技术改造,从焦炉到烧结,从高炉到转炉,从连铸到型钢,从高线到中板,从总图运输到公辅设施,整个工艺技术结构得到大幅度调整。通过技改后的主要生产设施有:焦炉5座(4.3m焦炉,2×45+3×42孔)、105m²烧结机2台、240m²烧结机1台、8m²球团烧结竖炉2座、1200m³高炉1座、750m³高炉1座、1350m³高炉1座、80t转炉4座、2700中板轧机1套、800大型轧机1套、650中型轧机1套、高速线材轧机1套、连续棒材轧机1套。主要业务为生产和销售中厚板、型材、线材、商品钢坯、焦化产品和炼铁副产品,提供了高水平的技术装备。

(2)铝加工装备达到世界先进水平。重庆铝工业按照国家装备技术的需要,更新了三分之一具有国际先进水平、三分之一具有国内先进水平的现代铝加工技术装备,配备有被誉为“四大国宝”的3万吨模锻水压机、1.25万吨卧式挤压机、2800毫米热轧机和冷轧机,1850毫米特薄板轧机、1700毫米铝箔轧机、彩色涂层机列,配套有9500吨卧式油压挤压机、6000吨拉伸机、建筑型材及表面处理生产线等设备。这标志着我国重型挤压装备和挤压工艺技术、制造水平进入世界先进行业,已能大规模、全方位地生产“国内唯一”和达到国际先进水平的“高、精、尖、新”的材料及其产品。

中国铝加工史上的里程碑——我国第一条具有国际先进水平的“1+4”铝热连轧生产线在西南铝的建成投产,标志着结束了我国高精铝板带材长期依靠国外进口的历史。

(3)氧化铝生产实现零的突破。重庆已经形成40万吨氧化铝的生产能力,不仅填补了川渝两地无氧化铝产品的空白,还成为全国首家民企生产氧化铝的省市。已累计生产氧化铝20万吨,实现销售收入10亿元,其产品在市场供不应求。重庆氧化铝生产从无到有,从小到大的成长过程,已成为重庆市冶金行业的一个亮点。

(4)电解铝技改水平达到国内先进水平。重庆电解铝由直辖初期的3.5万吨发展到12万吨生产能力,可实现销售收入20多亿元。天泰铝业和东升铝业通过技术改造,采用国际先进的200ka和170ka大型预焙电解槽生产技术、德国西门子直降式供电整流机组、法国ECL电解多功能天车、烟气净化系统和超浓相输送系统,计算机自动化控制技术,环保达标排放,符合国家环保治理的要求。吨铝综合能耗1430度/吨,达到国内先进水平。技改后的电解铝生产技术和工装设备达到了20世纪90年代的国际先进水平。

3.科技开发和产品结构调整取得明显成效

(1)钢铁工业已经形成六大系列产品。①板材(中厚板、热轧硅钢片);②管材(无缝钢管与焊管);③线材;④型材(专用型材及工、槽、角、螺纹钢);⑤带材(镀铅、镀锌钢带等);⑥棒材。其主导产品是容器板、锅炉板和船板。其中20g锅炉板和16MnR容器板系国家金牌产品、免检产品;镀锌薄板、18号矿用槽钢、6.5号刮板钢系国家银牌产品;容器板、锅炉板、船板、焊接气瓶低合金钢板及热轧球扁钢为冶金行业协会评定的实物质量达国际水平(金杯奖)产品;20g、16MnR、20R、16MnDR、Hp3H5钢板获得国家质量监督检验检疫总局安全性能认证(免复验产品);造船板及球扁钢获英国、挪威、日本、法国、韩国、意大利和中国等9家船级社质量认证;路路通牌输送流体用无缝钢管、路路通牌锅炉及压力容器用钢管是重庆市名牌。

重钢股份公司中板厂2450毫米轧机扩能扩宽技术改造的竣工投产，其轧制压力提高到4000吨，生产中板的厚度范围达到6—40mm，板宽由2.2米扩宽到2.5米。将使中板的年生产能力由90万吨增加到120万吨。

(2)铝工业产品包括军、民用铝及铝合金板、带、箔、管、棒、型、自由锻件、模锻件和深加工材，形成了航空航天、交通运输、包装、电子家电、印刷、建筑装饰用铝材等6大系列支柱产品。"白云牌"、"西南铝"牌、"燕"牌铝材已连续多年产销量居全国第一，产品出口欧美、东南亚、中东等30多个国家和地区。重庆铝制品厂开发了压铸件、铝焊管、铝锂合金、高温合金、彩色涂层板等各类民用铝加工产品。东升铝业公司的"东辰"牌铝锭已成为出口创汇主要产品。

(3)镁工业开发技术创国内一流水平。直辖以来，重庆镁产业焕发出了惊人的生命力，并取得了一系列令人瞩目的成就。它已成为中国最大的汽车、摩托车镁合金零部件生产企业。在镁合金方面，拥有了29项专利技术，承担了国家和重庆市20多个科研项目，已经具备年产170万件镁合金压铸件和1500吨镁合金型材和连续轧制板材三大系列产品的生产能力。重庆铝制品加工厂与大专院校攻关重大课题高性能特薄镁合金板材加工产业化取得突破，AZ31B变形镁合金带坯连续轧制成型技术具有国际先进水平，板材的产业化开发技术位居国内领先水平。

重庆市工业炼金属镁实现零的突破。金属镁冶炼通过采用先进的半水煤气还原炉以及热交换和余热利用等一系列新技术，收到极好的效果。不但可以从矿石中提炼粗镁，而且粗镁单罐产量达到20公斤以上，并且耗煤量比国内其他生产线降低25%，达到国内同行业先进水平。

(4)高新技术产业不断提升。西南铝和重庆钢研所是本市7家为"神舟六号"载人飞船配套的企业中的两家。2003年他们也曾为"神五"配套提供高新技术产品。其中，西南铝为"神舟六号"载人飞船提供了25个品种33种规格的优质铝材和为运载火箭提供了55个品种123种规格的铝材和锻件。重庆钢研所为"神六"提供的伺服阀专用桥型磁钢新材料从"神一"到"神六"都得到成功应用。这是重庆市冶金行业高新技术材料应用于国防航空航天的一大成功典范。

(5)锰工业开发达到国内先进水平。直辖以来重庆市锰工业发展迅猛，锰资源加工业在渝东南和渝东北已形成两大区域经济"亮点"，成为地方财政收入的主要支撑。目前，锰的开采、生产和加工主要分布在秀山、城口、酉阳等地，这三县的民营资本在锰工业上已投入10多亿元，遍及20多个锰工业项目。锰矿开采能力约180万吨。电解金属锰生产规模已由1万吨发展到20万吨，焙烧锰加工能力约15万吨，锰粉加工能力约50万吨。主要产品有富锰渣、电解金属锰、硅锰合金、锌锰合金、锰粉末加工产品，销售收入达23亿元。

(二)建材工业

直辖10年来，重庆市建材工业坚持科学发展观，建设节约型社会，用高新和先进适用技术改造、提升传统建材工业步入科技含量高、效益好的路子，逐步形成了以国际复合、拉法基瑞安、美心门业、福耀玻璃、涪陵建陶、四维瓷业、顾地塑胶、富皇、小南海、富丰水泥等一批有代表性的重点建材企业。整个行业在工艺技术、质量档次、企业规模、装备水平、经济效益、创新能力等方面均取得长足进步。目前已形成玻璃纤维、卫生陶瓷、水泥、玻璃深加工、墙体材料、化学建材以及装饰装修材料等为一体的建材工业产品体系，使全市建材工业的整体实力和竞争力得到明显增强。

重庆市建材行业2006年工业销售产值342亿元，比1996年增长32倍；工业增加值65.34亿元，增长266.87%；销售收入181.61亿元，增长326.31%；实现利润12.57亿元，增长102倍；出口交货值11.8亿元，增长37倍多；全员劳动生产率66675元/人，提高5.47倍多；资产总值259.03亿元，增加231.58%；资产负债率58.17%，比

1996年下降12.73个百分点;规模以上企业从业人员8.2万人,比1996年减少2.22万人。

1.建材行业结构调整取得重大进展

10年全市重大建材竣工项目有:重庆拉法基公司二线、科华集团綦江水泥有限公司,科华集团万州水泥有限公司、小南海水泥厂二线、重庆长寿润江水泥公司及腾辉特种水泥公司的新型干法水泥生产线,还有铜梁金江日产2500吨的新型干法生产线等全面投产,目前全市新型干法水泥生产线已达17条,年生产能力1170万吨,占全市水泥总产能力的32.2%;重庆国际复合材料公司投资3.7亿元,自行设计并顺利投产的年产4万吨ECR玻纤生产线,是迄今全球最大规模的ECR玻纤生产线,填补了我国ECR玻纤生产的空白;重庆美心(集团)有限公司投资0.35亿元的新型墙材生产线,技术已达国际领先水平。美心门先后通过美国ITS、英国BS等国际认证;重庆杜拉维特股份有限公司投资1.2亿元的高档卫生瓷生产线,目前已成为西南地区规模最大的建筑卫生陶瓷生产基地;重庆世纪金马集团有限公司投资0.2亿元,建设年产1.3亿块砖生产线也将竣工。10年来全市建材行业完成投资160亿元,2006年比直辖前增销售产值138亿元。这些项目具有工艺先进,集约化生产程度高,产品市场需求大,社会效益好的特点,是全市建材工业加快推进新型工业化的重要标志,对全市建材工业的结构调整发挥着重要作用。

2.主要产品产量稳步增长

2006年规模以上企业建材主要产品产量完成情况:水泥产量2617万吨,比1996年的780万吨增长235.25%。其中:新型干法水泥产量1047万吨,而1996年还是空白。卫生陶瓷247万件,比1996年增长177.55%;平板玻璃175.62万重量箱,增长823.34%;石膏板1200万平方米,比1996年增长19倍;玻璃纤维纱16.03万吨,比1996年增长38倍;夹层玻璃130.95万平方米,而10年前只有0.77万平方米,增长169倍。

3.建材工业出口增长迅速

2006年全市建材工业实现出口交货值11.8亿元(博赛除外),比1996年的0.31亿元增长37倍多。在全国31个省市建材出口交货值中居第10位,居西部12省市第一位;占2006年全市规模以上企业出口交货值225.3亿元的5.24%。

其中:重庆国际复合材料有限公司产品出口率在70%以上,保持全国产量第三,出口第一的地位。2003年出口创汇3394万美元,2004年创汇5400万美元,2005年创汇7900万美元,2006年出口交货值7.77亿元。为加强玻纤产品应用开发水平,还投资2000万元建立了国内最大规模玻纤产品应用研发中心。现在每年开发或改进多个新产品,并成批量推向市场,新产品的销售额占总销售额的30%以上。

美心集团能规模化制造防盗门、室内门、防火门、车库门、卷帘门等系列产品,畅销世界三十多个国家和地区。2006年实现销售收入1.89亿元,利税之和1.59亿元;出口创汇628万美元。

重庆四维瓷业(集团)股份有限公司年产卫生陶瓷400万件、五金龙头90万套、亚克力浴缸3万只、瓷砖200万平方米。拥有重庆江津、重庆万盛、湖南湘潭三大生产基地。公司50%以上的产品出口欧美发达国家。卫生瓷连续三年名列全国销量第一。Golden swell、swell已成为国内卫浴行业最知名品牌。2006年出口交货值1.37亿元。

4.做大做强企业、行业集中度不断提高

2006年全市建材行业规模以上企业322户,比1996年增加了70户,增长27.8%。2006年全市建材行业总产值上亿元企业达30户,其中:工业总产值上十亿元企业3户。而10年前仅有3户工业总产值上亿元的建材企业,增长了10倍。

2006年国家发改委、国土资源部和中国人民银行联合下发《关于公布国家重点支持水泥工业结构调整大型企业(集团)名单的通知》文件,确立了全国60家国家重点支持的水泥企业。重庆市的拉法基瑞安(北京)技术服务有限公司重庆分公司和重庆科华(建材)集团有限公司荣登国家重点队。

5.2006年当年获免检企业产品数约占全市三分之一

2006年国家质检总局公布了获得“国家免检产品”资格的企业名单。重庆市19家企业的19个产品获此殊荣,其中重庆市建材行业有6家企业的6个产品获“国家免检”,是重庆市建材行业历史上获得免检企业产品数最多的一年,约占全市免检产品数的三分之一。有重庆四维瓷业(集团)股份有限公司生产的卫生洁具,重庆美心·麦森门业有限公司生产的安全门,重庆在川门业集团有限公司生产的防盗安全门,重庆腾辉特种水泥有限公司生产的水泥,重庆宏漆涂料有限公司生产的涂料和重庆汉森木业有限公司生产的复合木地板。

(三)化学工业

新中国成立后,重庆化学工业经过56年的发展历程特别是重庆直辖10年以来的发展建设,已成为重庆市重要的支柱产业之一,初步建立起了门类比较齐全的现代化学工业体系,初步形成了以长寿化工园区、涪陵化肥工业基地、万州盐气化工基地三大化工板块为主,特色化工产业区为辅,相对集中的基本格局。

截止到2006年,重庆市化工行业规模以上工业企业230户,其中:国有企业16户,集体企业18户,股份制企业18户,外商、港澳台投资企业22户,其他有限责任公司55户,私营企业111户。行业资产总额268亿元,从业人员6.85万人。产品涉及化学矿山、化学肥料、化学农药、基础化学原料、涂料、颜料、染料、化学试剂、催化剂及助剂、粘合剂、炸药及火工产品、信息化学品、塑料、合成橡胶、合成纤维、橡胶制品、化工设备制造等17个大类、1000多个品种、3000多个规格。

重庆化工行业2006年主营业务收入按区域细分,都市经济发达圈占29.4%,渝西经济走廊占21%,三峡库区生态经济区占49.6%;全市化工行业利润总额中,都市经济发达圈占9.8%,渝西经济走廊占18.3%,三峡库区生态经济区占71.8%。

重庆化工整体在全国化工行业中,从生产总量、技术水平、研发能力及投入等方面均处于中偏下水平,在西部地区居中上位置。销售收入2006年在全国排名第21位,在西部地区排名第4位;利润总额2006年在全国排名第13位,在西部地区排第4位。

1.生产规模不断壮大经济效益大幅提高

2006年化工行业完成工业总产值(现价)238.15亿元,比1996年增长3.62倍,年平均增长16.54%。主营业务收入完成240.24亿元,比1996年增长3.75倍,年平均增长16.86%。工业增加值完成75.34亿元,比1996年增长5.84倍,年平均增长21.19%。利税总额完成30.38亿元,比1996年增长4.97倍,年平均增长19.56%。资产总计为294.27亿元,比1996年增长1.58倍,年平均增长9.92%(见表1,下页)。

2.产品结构调整取得成效

按照“品种、质量、效益和增加出口”的原则,大力调整产品结构。通过调整投资方向,加大技术改造力度,大力发展高档、高附加值产品,加快产品的更新换代,取得了初步的成效。尿素产量在氮肥中的比例上升到59%;高浓度磷复肥产量在磷肥中的比例增加到70%;离子膜烧碱产量在烧碱中的比重增加到26%;建有30万吨硫黄制酸、30万吨磷铵、35万吨醋酸、20万吨醋酸乙烯、10万吨甲醇等一批具有先进水平的大型装置。

3.三大化工基地格局初步形成

经过“十五”的调整布局,重庆化工已基本形成了长寿化工园区、涪陵化肥基地、万州盐气化工基地的格局。三个化工基地各具特色,沿长江流域分布,为承接主城区化工企业“退二进三”调整搬迁、为招商引资企业合理布局、为提高产业集中度,充分发挥园区的集聚效应,形成各具特色的产业集群奠定了良好基础。

4.主城区化工企业调整搬迁启动

随着社会经济的快速发展,城市化进程逐步加快。按照重庆市的总体规划,重庆化工启动了主城区环境污染安全隐患重点企业搬迁工作。根据市经委的具体安排,主城区化工企业分期实施搬迁。嘉陵化学制品有限公司、新华化工厂、合成

表1 1996~2006年重庆化工主要经济指标完成情况表 单位:万元

指标名称	1996年	2005年		2006年		
	实际	实际	比1996年增加%	实际	比1996年增加%	年平均增长%
工业总产值	515487	2085907	304.65	2381531	362.00	16.54
工业增加值	110219	668984	506.96	753432	583.58	21.19
主营业务收入	505643	2071337	309.64	2402378	375.11	16.86
利税总额	50903	317367	523.47	303804	496.83	19.56
资产总计	1142356	2639618	131.07	2942725	157.60	9.92

化工厂等企业已搬迁到位。天原化工厂等一批企业正在迁建之中。各企业以搬迁为调整的契机,推动了企业技术结构、产品结构的调整优化。

5.技术进步取得进展

"十五"期间,化工行业加速科研机构向企业化转制,积极推进建立以企业为主体的技术创新体系,自主开发能力和科研成果转化能力得到增强。重点突破了一批行业急需和对行业技术进步带动性较大的新技术、新工艺。通过市场和产业政策等手段,基本淘汰了茶法苯断、磺化法苯盼等落后的工艺和技术,关停了老法红矾纳等落后生产装置及斜交胎等落后产品。

6.企业改革步伐加快

按照集中优势、加强协作的原则,化工行业组建了化医集团等集团公司,使产业的集中度、竞争力得到进一步提高和增强。同时,国有企业改革进一步深化,一批企业初步建立现代企业制度,一批企业进行了股份制改造,使企业的产权结构走向多元化,运行机制更加适应市场经济的要求。2006年底,重庆化工资产总计中,国有经济占30.7%,外商、港澳台占19.1%、股份公司占11.2%、其他有限公司占24.3%、私营经济占14%、集体经济占0.7%。

(四)轻纺工业

重庆轻纺工业经过建国50多年特别是直辖以来的发展,已形成门类比较齐全,具有相当规模的工业体系。轻工业拥有食品(烟草)工业、日用硅酸盐工业、家用电器制造工业、日用化学品工业、日用金属制品工业、日用塑料制品工业、皮鞋及其制品工业、家具工业、造纸及纸制品工业、印刷工业等15个大类型,覆盖70个中类型,纺织业拥有纺织工业、服装鞋帽业、羽绒加工业、化纤工业、地毯挂毯制造业、纺织专业设备制造业等7个大类型、11个中类型。重庆直辖以来,全市轻纺系统坚持发展为第一要务,认真贯彻落实科学发展观,全力推进新型工业化,主动顺应宏观经济调控,大力调整产业结构和产品结构,努力转变经济增长方式,轻纺工业经济稳健运行,快速、健康发展,取得了显著成绩,为"十一五"轻纺工业经济的大发展打下了坚实基础。

1.经济总量快速增长,经济效益大幅攀升

重庆直辖之后,全市轻纺工业渡过了1997—1999年的缓慢发展期,2000年开始步入快车道,特别是"十五"期间,轻工业和纺织业总产值分别以年均23.1%和16.59%的速度发展。2006年,全市国有及规模以上轻纺工业实现总产值492.76亿元,是1996年的2.8倍。更为可喜的是,直辖10年间,轻纺行业的经济运行质量得到了极大改善,经济效益大幅提高,1996年,全市轻纺行业大面积亏损,亏损总额达9.8亿元,到2006年末,全市国有及规模以上轻纺工业实现利税总额58.73亿元,其中利润19.23亿元。

2.重点企业发展迅速,品牌战略初见成效

截止到2006年底,全市轻纺行业有规模以上工业企业832户,其中,销售产值上亿元的企业84户,销售收入为305.36亿元,占全市轻纺行业销售产值的63.7%,撑起了全市轻纺工业经济的大半壁河山。一批重点骨干企业已拥有较先进的技术装备水平,具备较强的创新能力,新产品开发逐年增加,品牌不断增多,到目前为止,重庆轻纺行业已创中国名牌产品8个，占全市的30.77%，创市级名牌165个，8个产品获得国家产品认证，5户轻纺企业被列为商务部重点培育和发展的出口品牌。行业重点企业正引领着重庆市轻纺工业由封闭式、初加工、低水平、温饱型向开放式、深加工、高水平、小康型方向转变。

3.企业所有制结构调整成效显著，非公有制经济成为行业发展主体

"十五"期间，全市轻纺企业加快了所有制结构调整，按照国有经济有进有退的战略思路，公有制经济成分逐步退出轻纺工业的一般性竞争行业，民营、外资等非公有制经济加快进入轻纺各个领域，全市非公有制经济迅速发展，2006年末，规模以上非公有制轻纺企业已达775户，占轻纺工业总户数的91.3%，实现工业总产值457.98亿元，占全市轻纺工业总产值的92.9%。

4.不断扩大对外开放，招商引资取得突破性进展

直辖以来，全市轻纺行业累计引进内资、外资企业90多户，格力、海尔、美的、奥康、红蜻蜓、雅戈尔、天翔羽绒、山东如意等国内著名企业、著名品牌相继落户重庆，有效地提升了重庆轻纺行业的整体装备水平和市场知名度，增强了重庆轻纺产品的市场竞争力，加快了重庆轻纺产业的结构调整步伐。

(五)煤炭工业

全市40个区县(自治县)中，除渝中区、江北区、九龙坡区、大渡口区、沙坪坝区、巴南区、潼南县等7区县无煤矿外，其余33个区县(自治县)产煤。

重庆煤炭(集团)有限责任公司管理原市属国有重点和国有地方煤矿，下辖南桐、天府、永荣、松藻、中梁山等五大矿业公司，共29个矿井。核定生产能力1426万吨/年，2006年产煤1068万吨；全市区县属煤矿1448个，生产规模3376万吨/年，2006年产煤2780万吨。

煤炭行业管理体系。全市煤炭管理部门主要分四类：一类是独立运行的煤炭局或归口在经委的煤炭局(奉节、永川、綦江、巫山、彭水、云阳等共6家)，二类是区县经(贸)委(荣昌、开县、梁平、城口、丰都、垫江、武隆、忠县、巫溪、秀山、酉阳、南岸等共12家)，三类是区县安监局(或加挂煤炭局)(万州、北碚、万盛、双桥、黔江、铜梁、大足、石柱、江津、合川、南川、长寿等12家)，四类是中小企业局(乡镇企业局)(渝北、璧山、涪陵等3家)。

煤炭行业服务体系。在渝煤炭科研、教学、设计、勘查单位主要有：重庆大学、重庆工程职业技术学院、重庆煤科分院、重庆煤设院、一三六地质队、煤田地质研究所等。另有南桐、天府、永荣等三家丙级煤炭设计单位和原市煤炭工业局批准建立的18个区县煤矿安全技术服务站。为全市煤炭行业服务的单位还有重庆市煤炭行业协会、煤炭学会、煤炭运销协会等。

煤炭资源量。截止到2003年底，重庆市累计查明煤炭资源储量30.19亿吨，保有资源储量22.95亿吨；表外储量井田858处，累计探明资源量3.87亿吨，保有储量3.04亿吨；未上表的普查资源量4.22亿吨；远景预测储量近100亿吨。

煤种。煤种较齐全但不平衡，烟煤(气、肥、焦、瘦、贫)和无烟煤。其中无烟煤占约51%，烟煤占约49%。

主要开采技术条件。重庆市煤层储存条件差，地质构造较复杂，开采技术条件较差，瓦斯、煤尘、水、火、顶板灾害严重。70%以上的矿井开采薄或极薄煤层。

煤炭生产情况。2006年，全市煤矿生产原煤3848万吨。其中重庆煤炭集团公司所属煤矿29对，生产原煤1068万吨；乡镇煤矿1448对，生产原煤2780万吨。

煤炭资源开发利用情况。已探明的139处井田中，均有矿井进行开采，生产和闭坑矿井占有资源量17亿吨。开发程度高，利用率达74.07%。

矿井生产规模。全市1477对矿井生产规模5277万吨/年，平均3.57万吨/年。其中，区县1448对矿井生产规模3851万吨/年，平均2.66万吨/年。重庆煤炭(集团)有限责任公司29对矿井，生产规模1426万吨/年，平均49.17万吨/年。

表 2 煤炭消费总量预测 单位:万吨

耗煤行业	2006 年	2010 年
合计	3210	4450
电力	1200	2040
冶金	560	680
建材	520	580
化工	280	400
民用及其他	650	750

煤炭资源供需形势。全市煤炭总体上能够实现市内自主供应,生产量略大于需求量,总量有余。全市年消费煤炭总量 3200 万吨。2006 年调出煤炭 600 万吨。同时,从市外调入部分冶炼精煤和电力用煤。

煤炭资源勘查需求量预测。到 2010 年,重庆市煤炭产量将达到 4500 万吨/年—5000 万吨/年,达到普查以上勘查程度煤炭资源需求量在 10 亿吨—15 亿吨,远景储量需求量 20 亿吨—35 亿吨。

煤炭资源消费量预测。到 2010 年,重庆市煤炭消费总量预计将达到 4450 万吨(见表 2)。

1.存在的主要问题

一是煤矿企业数量太多、规模太小、产业集中度低。二是煤炭安全生产形势依然严峻。三是专业人才匮乏。四是煤矿投入相对不足。五是技术含量和利用水平低。

2.主要成就

(1)煤炭产量快速增长,有力地保障全市经济社会发展。2006 年,全市原煤生产量达到 3848 万吨,是 2000 年的 1.7 倍以上,年均增长 11.6%。其中,区县煤矿产量达到 2780 万吨,比 2000 年增加了 1390 万吨,增长了 90.9%;重煤集团产量突破 1000 万吨,比 2000 年增长了 270 万吨。特别是最近几年,全市电力紧张,电力供应能力大幅度提高,70%是靠煤炭供应来支撑的。

(2)煤炭调控能力显著增强。近三年来,市政府相关部门和各区县采取一系列调控监管措施,加强煤炭资源的调控和调度,煤炭的调度和组织运输能力大大加强,煤炭储存能力也进一步提高,有效保证了全市电煤的供应。

(3)煤炭行业整顿取得重大成果。小煤矿治理取得明显成效,重庆市煤矿总量由 4773 个减少到 1477 个。开展"一反双控"专项整顿,建立起 18 个煤矿安全技术服务站,21 支矿山救护队伍,煤矿装备水平有了提高,办矿秩序得到规范。开展"一打两整顿"活动,共关闭非法煤矿 3562 个,初步建立了防止非法煤矿生产的长效机制。2006 年,按照国务院关闭不具备安全条件煤矿工作的总体部署,关闭了 230 个不具备安全生产基本条件的小煤矿。

(4)煤炭行业体制改革取得新突破。煤炭行业改革,重庆目前走在西部地区前列。一是深化煤炭行业监管体制改革,推进市煤炭工业局与重庆煤监局分离;二是 2004 年开始,把市煤炭工业局改制为重煤集团,并把相应的煤炭行业管理职能转到市经委;三是推进国有煤矿改制重组,完成南桐、天府、松藻、永荣、中梁山等五大矿务局公司制改造以及东林煤矿、双河煤矿等政策性关闭破产。煤炭行业体制改革和资源整合,为加快构建新型煤炭工业体系打下了良好的体制基础。

四、高新技术产业呈现出勃勃生机

直辖以来,全市高新技术产业迅猛发展,从直辖之初一个较为弱小的产业快速发展成为重庆市工业的重要支柱产业,较好地实现了跨越式发展,并为进一步发展奠定了坚实的基础。

(一)高新技术产业实现跨越发展

重庆市的高新技术产业,主要涉及电子信息产业、生物/医药和医疗器械产业、环保产业、机电一体化产业、新材料等技术领域。直辖之初的

1998 年，全市高新技术及产品产值为 100.2 亿元，仅占全市工业总产值的 7.8%。直辖以来，市委、市政府高度重视高新技术产业的发展，全面贯彻落实国家“发展高技术，实现产业化”的发展方针，推动了全市高新技术产业的跨越式发展，进一步调整优化了重庆市工业的产业结构，也确立了高新技术产业在工业经济中的重要支柱地位。2005 年，全市高新技术产业实现产值 1281.2 亿元，占全市同口径工业总产值的比重为 36.5%；高新技术及产品产值为697.1 亿元，占全市同口径工业总产值的比重为19.9%，在 1998 年的基础上年均增长 31.9%；高新技术产业实现增加值278.0 亿元，占全市同口径生产总值的 9.1%，工业增加值的 27.2%(见图1、图 2)。市委二届五次全会上，明确提出高新技术产业是重庆市加快推进新型工业化重点发展的四大产业之一，高新技术产业已经是重庆市工业经济中不可或缺的重要支柱。

图 1　直辖以来全市高新技术产业产值增长情况

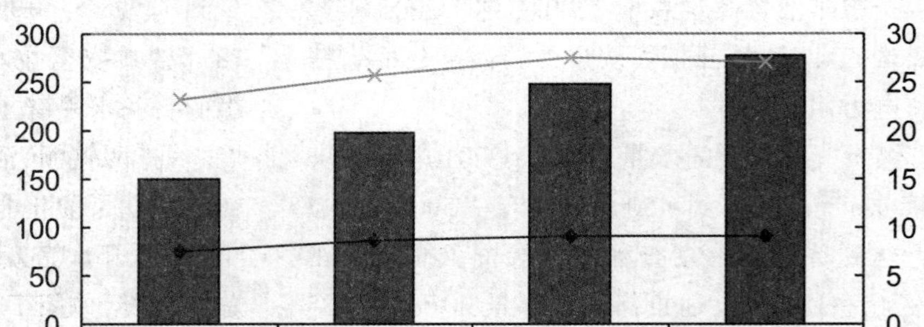

	2002年	2003年	2004年	2005年
高新技术产业增加值	150.5	196.7	247.8	278
占全市生产总值的比重	7.6	8.7	9.2	9.1
占工业增加值的比重	23.1	25.6	27.5	27.1

图 2　近年全市高新技术产业增加值增长情况

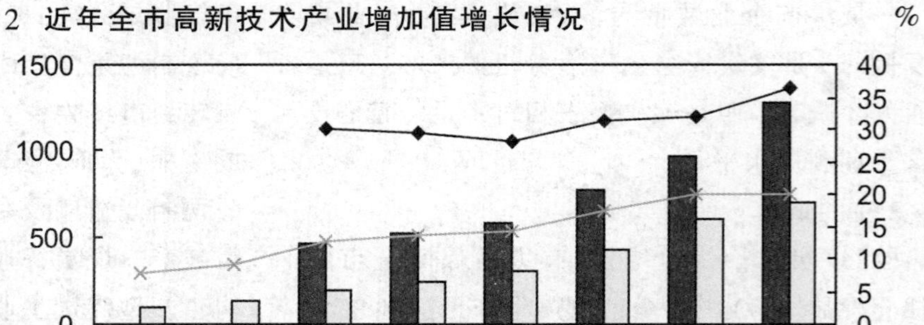

	1998年	1999年	2000年	2001年	2002年	2003年	2004年	2005年
高新技术产业产值			460	518	580	770.5	973.6	1281.2
高新技术及产品产值	100.2	130.1	193.8	240.1	297.2	427	606.1	697.1
高新产业在工业中的比重			30.1	29.3	28	31.3	31.9	36.5
高新产品在工业中的比重	7.8	9.1	12.7	13.6	14.3	17.3	19.9	19.9

从 1998 年到 2005 年，全市高新技术产业各技术领域实现了全面发展，电子信息领域实现产值从 7.3 亿元增长为 47.0 亿元，生物、医药和医疗器械领域实现产值从 11.7 亿元增长为 45.2 亿元，环护领域实现产值从 3.7 亿元增长为 49.3 亿元，光机电一体化领域实现产值从 57.4 亿元增长为 409 亿元，新材料领域实现产值从 20.1 亿元增长为 108.4 亿元(见图 3，下页)。在高新技术产业全面发展的同时，高新技术产业的经济效益实现了同步增长，全市高新技术及产品实现利税总额从 1998 年的 11.7 亿元增长为2005 年的 74.2 亿元，年均增长 30.2%(见图4，下页)。

图3 高新技术及产品各技术领域分年度产值情况 单位:亿元

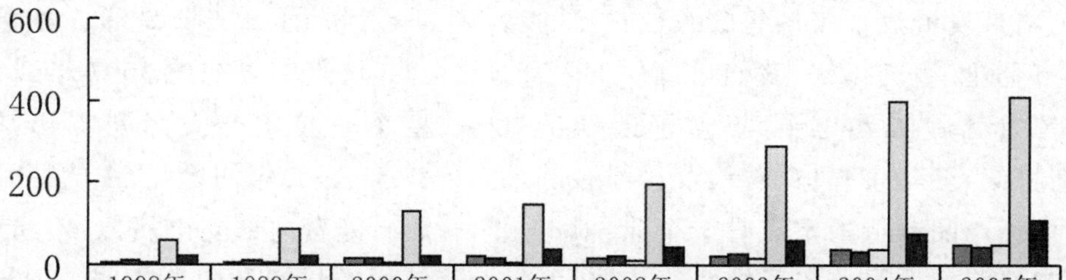

	1998年	1999年	2000年	2001年	2002年	2003年	2004年	2005年
电子信息	7.3	7.3	16.4	20.1	14	22.4	40.5	47
生物医药	11.7	11.9	15.1	18.7	24.1	28.4	33.1	45.2
环保	3.7	3.9	5	6.9	11.9	14.4	37.5	49.3
机电一体化	57.4	84.9	133.5	149.4	193.9	289.4	396.8	409
新材料	20.1	22	20.8	40.6	44.8	58.8	76.8	108.4

图4 高新技术及产品分年度利税总额情

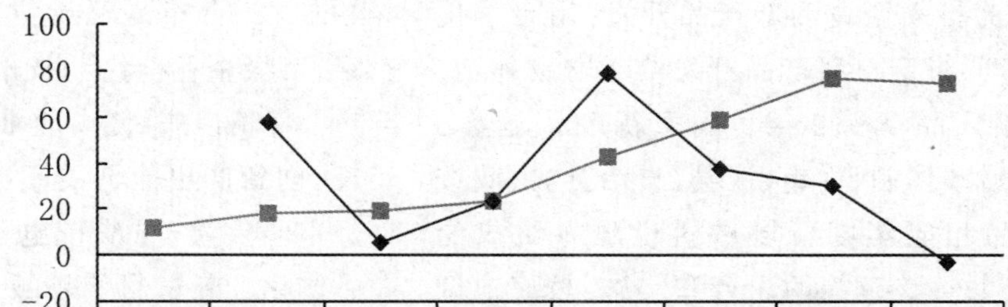

	1998年	1999年	2000年	2001年	2002年	2003年	2004年	2005年
利税总额(亿元)	11.7	18.4	19.4	24	42.9	59.1	77	74.6
同比增长(%)		57.3	5.4	23.7	78.8	37.8	30.3	-3.1

(二)高技术制造业规模快速扩张

直辖以来,重庆市在数字医疗、移动通信、汽车电子、仪器仪表、生物制药、现代中药等领域,启动建设了一批市场前景广阔、经济效益好、产业带动作用大的重大高技术产业化项目,部分项目建成后加速扩张,有力地促进了高技术制造业规模的增长。海扶公司具有自主知识产权的超声医疗设备产业化在国内外产生着重要影响,创新成果累计获得国内专利10件、国际发明专利6件,成为我国首例获得CE认证的大型医疗器械产品,并已成功出口英国、新加坡、日本、韩国等,打破了具有中国自主知识产权的大型医疗设备出口为零的记录;信威公司1998年在我市建立产业基地,进行宽带无线接入系统(SCDMA)的产业化,创造了我国通信制造业多项"第一",现年实现销售收入已突破30亿元,产品已在全国23个省市自治区的116个城市投入商业运行,用户超过270万户;成立于直辖之初的中电投远达环保公司,在引进技术消化吸收的基础上,成功地实施了国家发改委下达的烟气脱硫技术及装置产业化示范工程,其产业技术和工程建设迅速达到国内领先水平,现年营业收入已超过15亿元,成为全国环保产业三甲骨干企业;太极集团通过系列中药新品种产业化的陆续建成投产,促使企业规模迅速扩张,工业产值由直辖之初不到5亿元增至近30亿元;国际复合材料公司,从一个年产值几千万元的企业,成长成为重庆市年销售产值近10亿元,年出口数千万美元的重点骨干企业,并形成了较强的技术优势;三牧集团从直辖之初的一个年产值几百万元的作坊式小企业,通过培育和发展,成为了在国内处于前三位的骨干企业,年销售收入超过2亿元,并通过实施三峡库区绿色环保型中兽药制剂产业化示范工程,进一步夯实了企业中兽药研发与生产的国内领先地位;华邦制药股份有限公司,完全是从孵化开始,培育发展成了年销售收入数亿元的高新技术上市企业。直辖以来,我们通过外引内育,还培育了超力空调、徐港电子、集成电子、金美电子、航天新世纪、新华多媒体、普天茂德科技等一大批电子信息产品制造的重点骨干企业,对电子信息产品制造业的发展奠定了较好的基础。2005年全市高技术制造业完成产值182亿元,为直辖之初39.4亿元的4.6倍,年均增长24.4%。

(三)新产品有力地推动了全市工业经济的快速发展

"十五"期间,市委市政府高度重视企业技术创新工作,为推动企业的新产品开发,出台了优惠扶持政策,决定对新产品开发给予财政补贴,规定市级新产品享受2年,国家新产品享受3年,按现行财政体制,由市、区县(自治县)财政按企业新产品相应年度新增增值税地方留成的60%给予补贴。该政策的出台和实施,较好地调动了企业新产品开发的积极性,促进了工业经济的较快增长,并实现了财企"双赢"。"十五"期间,全市300余户重点企业先后获得市财政新产品开发补贴2.9亿元,有力的支持了重点企业的新产品开发;同时,也较好地促进了税收的增长,增加了财政收入,相应新产品对应年度实际上缴了增值税达27.4亿元,新产品补贴与对应新产品增加的财政税收之比为1:9.4。"十五"期间,全市企业新产品开发工作成效非常突出,企业新产品产值持续高速增长,规模以上工业企业的新产品产值从2000年的204.7亿元增加为2005年的680.3亿元,年均增长27.2%,大大高于"九五"期间的19.5%;新产品产值率从2000年的21.3%提高到2005年的26.9%,提高了5.6个百分点;规模以上工业企业新产品产值增长部分拉动同口径工业总产值增幅在2000年的基础上提高了49.4个百分点,占同口径工业总产值增长额的29.8%,年均提高增幅8.7个百分点。全国第一次经济普查结果显示,2004年全国规模以上工业企业新产品产值率为11.4%,而重庆市则高达24.3%,高于全国平均水平12.9个百分点,为全国领先。

(四)重点产业发展后劲持续增强

从直辖之初的1997年到2005年:全市大中型企业技术开发经费支出从8.7亿元上升到47.5亿元,年均增长23.6%;R&D(研究与试验发展)经费内部支出从2.7亿元上升到21.5亿元,年均增长29.6%,R&D投入占销售收入的比重为1.18%,高于全国平均水平0.42个百分点;2005年企业R&D经费内部支出达到23.9亿元,占全市R&D经费投入32.1亿元的74.6%;企业专利申请量从265件上升到3290件,年均增长37%,企业授权专利从86件上升到2154件,年均增长49.6%;全市现已建立国家级企业技术中心9家,市级企业(行业)技术中心85家。

直辖以来,随着企业技术创新投入的持续增长,创新产出能力的不断提高,创新体系建设的进一步完善,重庆市电子信息、生物、环保、机电一体化、新材料等领域形成了较好的发展基础,现有正在或即将规模化发展的新产品701个,产业发展后劲明显增强。

在电子信息产业领域,电子器件、通信设备、家用信息产品、汽车电子等初具特色,新一代移动通信系统及设备的研发居全国前列,重邮信科开发出世界上第一颗0.13微米工艺TD—SCDMA手机基带芯片——"通芯一号",推出了世界上首部TD—SCDMA手机功能样机。IT综合功能模块、存储卡等高技术项目建设进展较好,已在实施和即将实施的国虹手机、北大方正挠性电路板、矽谷首创电子、"811"等一大批电子信息制造业的重大项目,为电子信息产业的未来发展批下了较好基础。

在生物技术领域,青蒿、冬虫夏草、半夏等一批名贵中药材GAP种植基地陆续启动建设,累计有54个新药获得国家新药证书,洛伐他汀、妥布霉素、阿米卡星、氯洁霉素等6个原料药物通过美国FDA认证,乙型肝炎治疗性疫苗、幽门螺杆菌疫苗等7个国家Ⅰ类新药批准进入临床研究,抗艾新药等正在申报临床研究;兽药研发及生产居全国前列;医疗器械方面微胶囊内窥成像技术、超声医疗设备等国内领先,国内知名的医疗设备研发生产企业安科公司生产基地落户重庆,数字化医疗设备、医用光学设备、组织工程与人工器官、体外诊断试剂、无创检测、远程诊断监测等新型医疗器械产品及技术全面发展。

在环保技术领域,重庆市CNG汽车的研究应用为国内先进,已形成较好的产业基础;混合动力轿车的研发国内领先,已初步奠定发展基础;通过引进消化,我们在国内率先研究掌握危险固废物焚烧处置、垃圾焚烧发电成套技术,达到了国际先进水平,将带动重庆市环保装备制造业加快发展;在大型燃煤电厂烟气脱硫技术的基础上,已引进脱硝处理技术和脱硝催化剂研究生产技术,在国内先期抢占脱硝技术的高地。

在机电一体化领域,工业过程控制仪表及系统、科学测试仪器、仪表材料与元器件、专用仪器仪表全面发展,已成为我国门类齐全、体系完整、规模最大的仪器仪表生产基地之一。同时,得益于重庆市相对较强的装备研发制造基础,结合自动控制技术、嵌入式软件技术、现代通信技术等高新技术的发展与提高,传统机电产品通过改造不断得到优化提升,风电、轨道交通等新型机电一体化重大装备产业的发展已经起步,将成为继汽车摩托车和通机产品之后的重大经济增长点。

在新材料领域,重庆市高性能铝合金、镁合金、玻璃纤维、钛白粉、天然气化工等已形成较强的产业基础;纳米材料、电子信息材料、生态环保材料、生物医药材料、新能源材料、特种工程材料、微晶/非晶材料、膜材料、储轻材料已有较好的研究应用基础;高性能铝合金材料的技术水平国内领先,镁合金已成为国内研发生产的重要基地;纳米材料的开发应用向多行业渗透,药友制药的纳米手性材料正在从研发向生产转化,纳米创造者集团已形成了较强的纳米改性材料的研发生产能力;医药中间体的研发生产已启动并凸现较好发展趋势,博腾、英凯斯等企业已表现出较好成长性,已研究掌握的利用红薯、葛根等农副产品资源开发生产多孔、微孔淀粉用作医药、化工、食品、化妆品等中间体技术,正推广应用之中。

(五)高新技术产业发展环境大幅优化提高

直辖前,全市高新技术产业较为分散,仅有的国家高新技术开发区产品销售收入总额才22亿元,基础设施相对较差,一些配套政策措施缺位,高新技术产业发展的集聚和引导培育能力也相对较弱。直辖以来,重庆市陆续建立了国家经济技术开发区、北部新区、大学科技园、西永电子科园和一大批工业园区,相关交通及水电气讯等产业发展必备的基础设施日渐完备,大量标准厂房的建设满足了新办企业创新创业的要求,大幅度降低了创业的实际门槛和企业初创阶段的运营成本,催生了一批高技术企业。北部新区“星”系列创业设施,茶园工业园区、九龙工业园区等建设的孵化设施以及标准工业厂房等更是为高新技术人才、高新技术企业、创业资金的创新创业营造了良好发展空间。同时,软环境建设也明显改善,政府和各园区先后推出了一系列政策措施,除税、费、用地、人才等方面的政策外,还逐步推进了投融资体系建设,如设立高新技术产业化贷款风险担保资金、科技风险投资资金、重大高新技术产业化项目投资资金,为进一步加快高技术产业发展创造了融资支撑条件。目前,正在积极推进的中小型科技企业融资试点,将进一步拓展中小型科技企业的融资渠道。创新创业环境的大幅度改善,扶持了高技术企业加速成长,有力地推动了高新技术产业的集聚,促进了高新技术产业集群发展,北部新区特色产业园区、高新区、经开区、大学科技园区、主城区的工业园区等已成为全市高新技术产业的最主要集聚区域。2005年全市开发区集聚的高技术企业达287家,约占全市高技术企业总量的74.5%,产出占全市高技术产业规模的67.8%,这为高新技术产业的集聚和集群发展营造了相对优良的发展氛围。

注:本文数据出自1.《重庆统计年鉴》;2.市经委及市级有关部门统计报表、有关资料

撰稿单位:重庆市经济委员会

执笔人:颜家吉、顾建初、龚一春、黎勇、李静荣、兰劲、张玻、文世元、付利川

电子信息产业

重庆市直辖10年来，在西部大开发和三峡工程的国家政策驱动下，伴随着全市国民经济的快速发展，全市电子信息产业在市委、市政府的领导下，坚持科学发展观，始终保持高于全市国民经济的发展速度，成为全市国民经济发展的一股重要力量，有力地推动了新型工业化的进程。

一、重庆市直辖十年来电子信息产业发展基本情况

重庆市直辖的10年，是全市电子信息产业从无到有，从弱小到成为先导产业，并正在朝着支柱产业迈进的10年。这10年，全市电子信息产业总体规模大幅度提高，电子信息产业结构从单一逐步发展成为门类较齐、技术含量较高的产业群体。

(一)总体发展阶段

回顾重庆直辖10年来的发展，电子信息产业大致经历了三个发展阶段。

1.国有企业改制阶段

这一阶段的时间为1996年至2000年。这一阶段的标志是1998年重庆无线电三厂与康佳(集团)组建重康公司，拉开了重庆电子工业国有企业的改革序幕，并引发了电子工业国有企业的一系列改造重组。这一阶段的成效是电子信息产品制造业实现了行业整体扭亏，结束了10年亏损期。

2.“十五”发展阶段

为适应信息技术的发展，2000年8月26日，市委、市政府组建了重庆市信息产业局，标志着跨入新世纪的重庆，信息产业由此进入了新的发展时期。在这一阶段，市委、市政府把电子信息产业列为全市优先发展的先导产业，推进新型工业化，全市电子信息产业得到了飞速发展，基本形成了产业结构比较合理的产业门类，为下一步更快更好发展奠定了基础。

3.“十一五”崭新阶段

2006年是跨入这一阶段的第一年，全市电子信息产业明确了“十一五”发展思路，大力实施“1162”工程，即：到2010年实现销售收入1000亿元以上，吸引国内外投资100亿美元，重点发展集成电路、软件和信息服务、信息家电、新型元器件和汽车电子、通信产品、智能化仪器仪表和数字医疗等六个领域，积极推进以西永微电子工业园和北部新区高新园为核心的电子信息产业基地和园区，成为全市国民经济的支柱产业。

(二)发展基本情况

重庆市直辖10年来，信息产业在全市国民经济和社会中的地位和作用明显提升，电子信息产业从极其弱小到优先发展的先导产业，正在朝着支柱产业奋进。

重庆市电子信息产业始终保持高速增长的态势，伴随着国有企业改制和直辖市的发展而快速发展。特别是在“十五”期间，电子信息产业年均增长速度超过30%，迅速发展成为全市国民经济的一支重要力量。2006年，全市电子信息产业累计完成产品销售收入351亿元，同比增长30.61%。其中：电子信息产品制造业完成销售收入240.79亿元，同比增长31.1%；软件及信息服务业完成销售收入110.36亿元，同比增长29.55%。从直辖之初的1997年到2006年，电子信息产业总体规模扩大了20多倍，成为全市工业增长最快的行业之一(见图1，下页)。

重庆市电子信息产业门类越来越齐全，从直辖之初主要依靠国有企业支撑局面的现状，迅速发展成为国有、民营、外资齐备的行业。电子信息产品从直辖之初的电子元器件等少量产品的行业成长为集通信产品、新型元器件、数字化仪器

图 1 重庆电子信息产业 1997—2006 年销售收入 单位:亿元

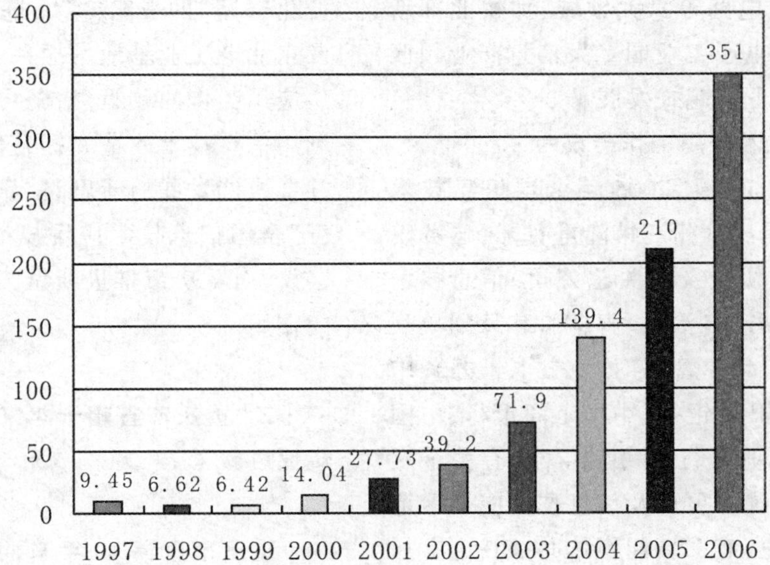

仪表、软件、集成电路、家用电器、数字医疗、汽车电子等产品门类齐全的行业,极大地促进了电子信息产业的发展。

(三)重大活动

重庆直辖 10 年来,电子信息产业快速发展离不开良好发展环境的营造。为此,重庆市政府积极申办大型会议,邀请国内外著名 IT 企业来渝,共同在高规格的平台上开展交流。

1.世界银行信息年会

2002 年 12 月 9 日至 11 日,世界银行信息年会在重庆隆重召开。年会由世界银行、中华人民共和国财政部、重庆市人民政府共同主办。年会主题是"信息、知识、贸易、发展"。年会期间,中外嘉宾分别就中国加入 WTO 后在信息技术的机遇与挑战、能力建设、信息通信技术与扶贫、远程教育、信息通信技术领域的私人投资、电子政务等 6 个专题进行积极有效的探讨;举办了信息化与工业化、世贸组织与重庆发展、重庆信息基础设施建设等三个座谈会。来自世界银行、亚洲开发银行、经济合作与发展组织、世界经济论坛、欧洲委员会等国际机构以及美国、加拿大、英国、德国、中国、印度、泰国、越南等 20 多个国家的高级官员、专家学者、企业界人士共 250 余名代表参加了会议。

2. 第十一届联合国际计算机会议暨首届中国·重庆电脑节

本次盛会由重庆市人民政府、中国计算机学会、香港电脑学会联合于 2005 年 11 月 10 日和 12 日在重庆召开。本次盛会以"新重庆、新 IT、新生活"为主题,开展了开幕式主题系列、论坛交流主题系列、经贸和展示主题系列、群众活动主题系列、公益活动主题系列 5 大类近 100 项丰富多彩的活动,实现了电脑节国际国内交流、最新 IT 技术和产品展示、群众参与互动和商贸促销四大平台的功能,为把重庆电脑节打造成全国知名的 IT 盛会迈出了坚实的一步。参与本届电脑节节会活动的国内外知名 IT 企业有英特尔、惠普、日立、东芝、海信、方正、清华同方等 1500 多家,展场爆棚,延伸到高新区数码一条街,展区近 10000 平方米。电脑节期间的交易额近 1.3 亿元,参与电脑节各项活动的人数达 70 万人次。

3."十一五" 信息产业和信息基础设施规划座谈会

2005 年 8 月 11 日,重庆市召开了"十一五"信息产业和信息基础设施规划座谈会。本次会议是重庆市规划"十一五"电子信息产业发展的一次重要会议。会议提出了"十一五"电子信息产业"1162"工程,即:"十一五"全市电子信息产品制造业销售收入实现1000亿元,新增投资1000亿元,重点发展集成电路等六大领域,加快北部新区高新园、西永微电子工业园二大信息产业园区建设,实现信息产业跨越式发展。

4.全国信息技术应用工作会议

2005年10月27日,2005年全国信息技术应用工作会议在重庆渝州宾馆隆重召开。国务院有关部委(行业性协会及有关总公司)信息技术应用主管部门,各省、自治区、直辖市和计划单列市信息技术应用工作主管部门(地方电子办),中国人民银行、国家开发银行、中国工商银行、中国建设银行、中国农业银行、中国银行等有关金融机构,"倍增计划"优秀项目及信息技术应用示范工程项目承担企业,有关新闻媒体共270人参加了会议。会议的主题是:建设节约型社会,信息技术应用大有作为。会议总结交流各地方、各行业信息技术推广应用工作的经验,探讨如何应用信息技术为建设节约型社会做好技术支撑和服务;表彰两年来国家信息技术应用"倍增计划"优秀项目与信息技术应用示范工程项目;座谈讨论"十一五"全国信息技术应用规划(讨论稿),听取代表们的修改意见;研讨促进信息技术应用工作的政策、措施;研究部署2006年的信息技术应用重点工作。本次会议是为了深入贯彻落实党的十六大提出的"以信息化带动工业化,以工业化促进信息化"、"大力推广信息技术应用,走新型工业化道路"的战略方针,进一步支持西部大开发及东北老工业基地的振兴,研讨加强信息技术推广应用工作的政策、措施,总结交流各地、各行业利用信息技术改造和提升传统产业,促进经济与社会协调发展的新思路、新经验,研究拟定"十一五"全国信息技术应用规划,而召开的一次重要会议,对重庆市推进新型工业化进程产生了积极的作用。

二、重庆市直辖十年来电子信息产业发展的辉煌成就

重庆市直辖10年来,电子信息产业在国家实施西部大开发战略和三峡工程建设的契机中,伴随着全市国民经济和社会的快速发展,以全市国民经济发展速度的2—3倍保持快速发展,在推进新型工业化道路中发挥着重要的作用,取得了辉煌的成绩。

(一)信息产业的总体地位和作用明显增强

直辖之初,重庆市信息产业还十分弱小,1996年全市信息产业完成增加值仅10.7亿元(见图2),占全市国内生产总值的比重仅为1%。重庆直辖后,特别是在"十五"期间,重庆市委、市政府高度重视信息产业发展,作出了加快推进新

图2 重庆信息产业1996—2006年增加值数据表 单位:亿元

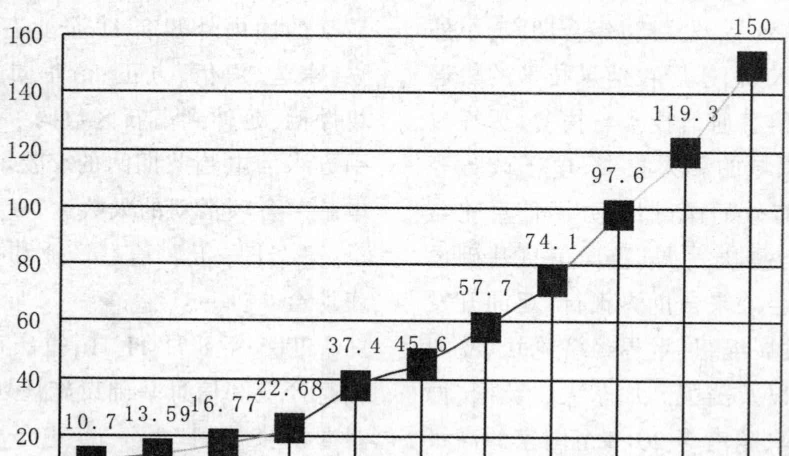

型工业化道路的决定,把电子信息产业列为全市优先发展的四大先导产业之一,信息产业得到快速发展。

2006年全市信息产业完成增加值150亿元(见图2),是直辖之初1996年的14倍,占全市GDP的比重超过4%,比直辖之初的1996年提高了3个多百分点。

(二)信息技术水平和自主创新能力大大提高

重庆直辖以来特别是"十五"以来,信息产业领域积极研制和开发具有自主知识产权的新技术、新产品,形成了一批具有自主知识产权的技术成果和特色产品。据不完全统计,仅"十五"期间,全市信息产业行业共取得自主创新科技成果1500余项,其中:国家级(包括国家部委)800余项、市级183项、企业级640项。

1.涌现出一批高水平的技术成果

重庆市在通信、数字医疗领域开发出了享誉国内外的领先技术,为改造提升重庆市传统产业提供了技术支持;连续两次获得国家信息技术重大发明奖,大大提高了重庆市信息技术自主创新在全国的地位。

(1)通信设备领域。在TD—SCDMA第三代移动终端、无线市话终端、宽带无线接入设备、综合业务接入设备等方面,初步形成了具有明显特色的通信设备制造优势技术和产业群,为我国3G通信关键核心技术达到世界领先水平作出了贡献。主要代表技术和产品有:重邮信科自主研发推出了世界上首部TD—SCDMA(LCR)手机功能样机和0.13微米工艺的TD—SCDMA 3G手机核心芯片;重庆信威研发出第一个拥有中国自主知识产权的无线通信平台—SCDMA无线接入技术,在全国21个省市100多个城市投入商业运行,并在国外开拓市场。

(2)数字医疗领域。重庆市企业自主研发出一批具有国际和国内领先水平的技术和产品,成为全国同行业一大亮点。重庆海扶公司的"高强度聚焦超声肿瘤治疗系统"、重庆海吉公司和重庆大学研制的"电气设备绝缘在线智能检测及诊断系统"分别荣获2003年、2004年国家信息产业重大技术发明。此外,数字化可视人体数据集(虚拟人)、无创脑水肿动态监护仪、混合生物人工肝支持仪、尿沉渣检测分析仪、智能手术动力装置、血液净化系统等均在全国同行处于领先地位。

(3)伴随信息技术对传统行业的渗透、提升与改造,重庆市出现了数字化仪器设备、汽车电子等一批创新性技术成果。主要代表技术和产品有:工业IT技术与数字式智能仪器、数字智能传动传感自动控制系统技术、数字虚拟仪器、基于微硬盘技术的多功能模块、智能车用空调器、电气设备绝缘在线智能检测及诊断系统、瓦斯与化学危险气体检测传感器技术及产品、煤矿安全生产井下自动化监测监控系统技术等。

2.自主创新体系建设初具成效

近年来,重庆市在大力推进信息产业发展的同时,注意引导企业自主创新,逐步培育和形成了一批信息产业技术创新团队,形成了以技术团队为核心、企业技术中心为依托、特色突出、梯次结构的技术创新体系。

涌现出一批在行业具有国家级水平的研发团队,如:重庆邮电大学的3G研发团队、四联集团工业IT及智能化仪器仪表研发团队、重庆海扶公司超声聚焦技术研发团队、重庆金山公司微机电技术研发团队、西南集成电路设计公司(RF电路)模拟集成电路设计团队、重庆禾兴江源公司多功能模块研发团队、西南大学数字智能传动传感自动控制系统技术研发团队、煤科院重庆分院瓦斯及危险化学气体检测传感器研发团队等。这些团队支撑着重庆市信息技术发展和成果的推广应用,成为推进产业化的中坚力量。

同时,还培育了一批在国内同领域中具有优势的研发团队,如:海吉公司与重庆大学输变电智能监控技术研发团队、重庆大学国家动力传动重点实验室与长安集团混合动力汽车、青山公司ATM传动技术研发团队、第三军医大学数字医疗技术研发团队、重庆钢铁集团电子公司智能模糊控制技术研发团队、重庆超力公司车用智能空调技术研发团队、重庆洪深现代视讯技术公司无线电音视频检测技术研发团队等。这些团队成为企业发展的核心推动力，由此在信息产业领域初步形成企业核心技术骨干团队，具有了一定的自主创新能力，在全国形成一定的领域集群优势。

(三)国民经济和社会信息化渗透于各个领域

重庆直辖以来，重庆市委、市政府高度重视信息技术的推广应用，大力推进国民经济和社会信息化，信息化知识普及程度大大提高，信息技术广泛应用于各行各业，信息化已经渗透于国民经济和社会的各个领域，成为国民经济和社会发展的重要推动力量。

1.基础建设成效显著，应用水平明显提高

直辖10年来，建成了全国最大的023本地电话网，建立了国内第一个省级互联网交换中心，建成了覆盖全市的宽带高速城域网和数字电视基础平台，互联网出口带宽达到42G。截止到2005年底，全市100%的乡镇、98.2%的行政村通电话，广播和电视综合人口覆盖率分别达到91.2%和94.3%，有线电视入户率达到36%，数字电视工程在主城区正式启动。主城区和重点地区的无线电监测网有效覆盖率达到70%。2006年，全市电话用户为1790.1万户，其中固话用户725.5万户，移动电话用户1064.6万户，电话普及率达64.6部/百人，比上年提高了6.3部，年均增长30%，互联网用户达140.6万户，比上年增加11.94万户。

2.重点领域信息化取得明显进展

全市初步建成了统一的电子政务内网和外网，国家金字工程顺利推进，金税、金关、金财、金盾工程取得了阶段性成果，社会保障信息系统一期工程基本完成，工商信息化建设在全国处于领先水平，国土资源和房屋管理信息化取得了初步成效。人口计生信息系统已覆盖40个区县的所有乡镇及社区，社区卫生信息综合管理系统已建立了近100万居民的个人健康档案，"城市一卡通"累计发卡已超过100万张，高速公路联网收费等智能交通系统建设取得明显成效。西部大学校园网和中小学"校校通"工程稳步推进，农村中小学现代远程教育快速发展，项目实施学校达6937所，占农村中小学的50%。市级农业信息网络平台基本建成，39个区县开通了农业信息网，乡镇农村经济信息服务站达到250个，乡镇农业科技110信息咨询已服务于农业建设。以长安、嘉陵、重钢等企业为代表的企业信息化建设快速推进，全市中小企业的公共信息服务平台、技术支持中心初步建成并开始发挥作用，重庆电子口岸正式开通，邮政物流网络体系基本形成。金融信息化迈上新台阶，区域支付清算平台建成，银行卡成功实现联网，企业信用和个人信用建设已正式启动，电子商务有了起步。

3.信息化支撑体系建设稳步推进

重庆市先后出台了信息化工程建设管理、电子政务建设、信息安全、无线电管理、信息技术管理人员职业水平认证、信息化培训机构管理等领域的一系列规范性文件。设立了信息产业发展专项资金，支持了一批重大信息化工程和产业发展项目，成立了信息化综合协调机构和相关行业组织，建设了一批信息化工程技术中心和重点实验室，组建了2所国家级软件学院和一批市级软件学院、职业技术学院，开展了多种形式、不同层次的信息人才教育培训，初步建立起信息化的发展环境。

(四)电子信息产业集聚度初步形成并形成明显加强的趋势

重庆直辖10年来的过程是电子信息产业不断形成集聚的过程，软件产业、通信产品、数字化仪器设备、信息家电，新型元器件等领域已初步形成产业集群。特别是随着重庆市集成电路产业的发展，西永微电子工业园成为重庆市又一重要的信息产业集聚园区，集成电路产业集群已现雏形。重庆市电子信息产业初步形成了以北部新区、西永微电子产业园区为龙头，以港城工业园、茶园新区等特色园区为载体的基地和园区格局。特别是国家发改委已批准西永微电子工业园为省级开发区，并正式更名为"重庆西永微电子产业园区"，这也是西部首个微电子专业园区。这更是重庆市历史上第一个经国家批准的电子信息产业专业园区，具有十分重要的意义。

在2006年全市电子信息产业实现的销售收

图 3 2006 年电子信息产业销售构成图

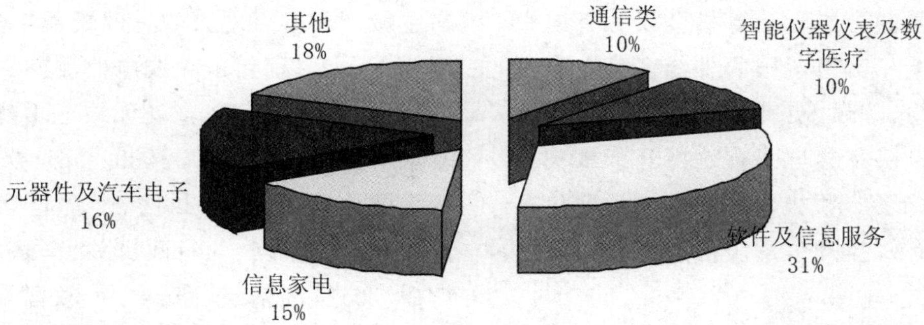

入 351 亿元中，软件及信息服务业 110.36 亿元，通信产品 35.88 亿元，仪器仪表及数字医疗 34.49 亿元，信息家电 51.52 亿元，元器件及汽车电子 55.88 亿元（见图 3）。

（五）信息产业对外开放水平大大提高

直辖以来，信息产业充分利用区位优势，紧紧抓住国内外资本加速向西部地区转移机遇，加大信息产业招商引资力度，改善投资环境，重庆已经成为西部信息产业吸引外资的重要城市。

1. 集成电路和软件产业招商引资取得重大突破

2005 年 9 月，惠普全球软件服务中心重庆分中心注册成立，标志着世界知名 IT 企业、全球五百强企业之一的美国惠普公司正式落户重庆，重庆成为继上海、北京、大连之后，惠普公司在中国的第四个战略基地。2007 年 1 月 21 日，重庆市政府与台湾茂德科技股份有限公司正式签约，茂德科技在沙坪坝西永微电子工业园区投资建设 8 英寸芯片厂，项目投资规模 9 亿美元。从芯片厂的启动到签约、开工，带动了封装测试和材料项目以及禾兴江源 IT 综合功能模块、神州龙芯重庆 IC 设计公司落户重庆，对重庆市集聚 IT 上游、中游、下游的产业链，发展壮大信息产业，加快推动重庆市经济结构调整和经济增长方式转变具有重要作用。为推进集成电路和软件产业发展，重庆市委、市政府批准组建西永微电子工业园开发有限公司，并于 2005 年 8 月 22 日挂牌成立，全市形成合力推进的良好态势。海尔集团在重庆建设海尔全球最后一个基地，投资建设平板电视机、空调器、冰箱、洗衣机、燃水热水器五大生产基地和研发中心、物流中心，其中平板电视机、空调器洗衣机、燃水热水器等四大产品基地 2007 年将投入生产。康佳集团在重庆建设康佳工业园，投资发展平板电视机和汽车电子。

2.国内外合作交流领域不断扩大

随着重庆市信息产业改革开放的不断推进，越来越多的国内外著名 IT 企业到重庆考察。UT 斯达康、爱立信等国际五百强企业落户重庆。锂电池、太阳能电池、多晶硅等重大项目相继落户重庆，为三峡库区有效利用资源解决产业空虚化问题走出了一条行之有效的路子。实达集团、微软、台湾铼德、台湾茂德、中国普天、中兴通信等公司在渝投资或增资，重庆市与中国电子信息产业集团公司（CEC）开展战略合作，与印度软件公司 NIIT 合作交流。招商引资和合作交流取得的成效将改变重庆 IT 产业格局，为重庆市电子信息产业实现跨越式发展奠定了坚实的基础。

3.信息产业行业形象得到较大提升

直辖 10 年来，通过举办国际性和全国性大型会议，参与国内外大型展览，搭建电子信息产品市场平台，信息产业行业形象取得了较大提升。先后组团参加了中国信息技术博览会、中国软件博览会、大连软件博览会、德国数字医疗博览会等国内外著名展会，重庆市组织承办了世界银行信息年会、第十一届联合国际计算机会议和首届中国·重庆电脑节、全国信息技术应用工作会议等重大活动，充分展示了重庆直辖市的风貌，大大提升了信息产业的形象。尤其是在组团参加中国软件博览会中，中共中央政治局常委、国务院副总理黄菊亲临重庆展团视察，引起广泛关注；在第十一届联合国际计算机会议和首届中国·重庆电脑节上，吸引了国内外众多著名专家学者和方正、联想、华硕、英特尔、摩托罗拉、东芝等著名IT企业的积极参与，有效提升了重庆信息产业的国际化形象。积极参与泛珠三角区信息产业区域合作，有效提升了重庆信息产业在区域的形象。

(六)无线电管理能力和水平得到空前提升

重庆直辖以来，全市无线电管理工作认真贯彻《中华人民共和国无线电管理条例》和《重庆市无线电管理办法》，加快无线电管理技术设施建设，保障了各类无线电业务的正常开展，维护了空中电波秩序，在维护社会稳定方面发挥了积极的作用。

加快无线电法制环境建设。重庆市结合实际，制定了一批在无线电频率和台站、无线电市场监管、重点行业频率台站管理等方面的政策、规划和制度。1999年市政府出台了《重庆市无线电管理办法》；2005年市政府对《重庆市无线电管理办法》进行了修订。《重庆市无线电管理办法》的制定和修订，对依法行政、规范管理、提高效率发挥了重要作用。

加强无线电频率台站管理与建设。加强无线电频率台站管理，科学指配频率，严格台站规划与审批，促进台站管理更加规范。2005年，全市在册登记各类无线电台站设备已达3.9万多台，比2000年增长160%；在册登记共有800多个设台单位、200多个个人。拥有30—1000M固定无线电台站7273台、移动电台7107台；微波、雷达台站1567台，微波网络总里程超过4000公里；卫星地球站187个；无线广播电视台站207台；短波无线电台270台；船舶电台1323台；GSM基站10302台、CDMA基站6451台，PHS基站9288台。全市公众无线电话用户已超过1000万。

启动了无线电监测网建设，监测能力大大提升。全市基本形成可覆盖市主城区及涪陵、万州、黔江城区等部分重点地区的“1835”无线电监测网络体系，即1个中心站、8个遥控分站、3个固定分站、5个移动站(车)。重庆市无线电监测网在主城区和重点地区的有效覆盖率达到70%。监测能力大大提高，市无线电监测站共检测无线电发射设备3万余部，查处无线电干扰2000余次，专项测试寻呼发射机3000余部(次)，为依法进行无线电频率指配、执法、干扰查处提供了技术保障和可靠依据，为行政机关、军队、民航、公安、广播、交通、通信、铁路、电力、教育等行业无线电业务的正常应用提供有效保障。

同时，初步建立了市无线电管理信息网络，实施与国家无线电管理信息网和涪陵、万州、黔江的联网；启动了包括频率资源和台站审批、地理信息系统等专业数据库的建设，为无线电管理提供了决策和技术支撑。加大检测技术人员培养以及提升检测资质等工作的力度，建成检测屏蔽实验室，基本能够完成GSM、CDMA、PHS基站射频指标的测试；检测实验室初步建成，通过了国家实验室认可；万州、涪陵、黔江无线电监测站通过了市质量技术监督局计量认证。

无线电管理工作紧紧围绕重庆市国民经济和社会发展，围绕维护社会稳定和政治需要，主动参与，正在发挥积极作用。如在防止和排除“法轮功”对无线电通信的干扰破坏，在承担AAPP会议和2005亚太城市市长峰会等重大活动中，出色地完成了无线电保障工作任务。

(七)重庆市信息产业发展环境得到很大改善

重庆市直辖10年来，信息产业发展环境不断改善。重庆市高度重视IT产业，把IT产业发展列入全市优先发展的先导产业，提出了重庆建设长江上游信息中心的宏伟目标，专门设立了信息产业发展资金，促进IT产业的发展，提升了传统产业的信息化水平。重庆初步形成了以软件和信息服务、通信设备、数字医疗、工业控制系统及仪器仪表等领域为特色的，且有一定基础的产业格局，在产业链的各个环节上培育了一批重点企业和主导产品，形成了一批与之同步发展的配套企业，具备更快更好发展的基础。

重庆市认真贯彻国家产业政策，积极规范行

业管理,认真做好服务工作。全市初步建立起能满足信息化需求的计算机信息系统集成资质认证队伍;重视知识产权保护,成立了软件产品著作权登记、软件产品评测、软件产品登记一站式受理服务机构。加强行业中介组织建设,软件行业协会、电子及计算机软件出口促进会、电子商务协会、信息安全技术中心、信息产业促进中心等相继成立,有力地促进了IT产业的发展。

重庆市重视信息技术人才队伍建设,着力营造用好人才、吸引人才和培养人才的良好环境,发挥人才在产业发展中的核心作用。经过10年发展,信息技术人才队伍逐渐壮大,行业员工接近5万人,其中有中国工程院院士3名,工程技术人员10000多人,海归专家100多人,外籍科技人员30多人,在人才培养、科技攻关、新产品开发、推动企业技术进步方面作出了很大贡献。

信息技术人才培养体系逐步完善。重庆大学、西南大学、重庆邮电学院在计算机及相关学科建设和教育上都取得了很大进展,现有博士点3个、硕士点10余个,重庆大学还有西部地区唯一的软件博士学位授予点。全市普通高等教育和成人高等教育建立了包括计算机软件与计算机科学理论、计算机科学与技术、计算机应用、计算机系统结构、计算机教育、电子商务等本专科专业,每年为重庆乃至整个西部地区输送了大量人才,近年来每年毕业博士生、硕士生200余人,各类普通高校及成人教育的计算机及相关专业毕业生6000余人。重庆市各高校中还建立有人工智能研究所、计算机软件研究所等科学研究机构。重庆拥有中国电子科技集团第24研究所、第26研究所、第44研究所,具有一定优势。全市信息产业行业共有技术研发机构18个,其中国家级技术中心和重点实验室4个、市级技术中心8个,具备了较强的研发能力。

大力引进国外高级人才,扶持留学回国人才及其团队创业发展,一批来自海外人员不仅带来了先进的技术也引进了先进的管理理念。普天茂富林育中博士、811项目杨东升博士、禾兴江源的技术和管理团队等都是其中的典型代表。重庆宏信软件公司引进海外研发团队,致力于游戏软件和商务智能软件的开发,被欧洲"海外管理"的全球调查机构评为中国最有潜力十大软件公司第五名。重庆大学、重庆邮电学院引进了一大批年富力强的海外归国人才,大大提高了科研能力和教学水平。重庆正大软件集团、重庆天骄俊才软件公司分别召入了来自法国、日本、印度的外籍技术专家。

加快企业与大学联合研发进程。重庆天海医疗设备有限公司与第三军医大学、重庆医科大学、重庆大学、重庆工学院等科研院校联手,创建重庆市第一个数字医疗技术研究中心,合作开发具有自主知识产权的、独具潜力的科研项目和产品。并与重庆工学院、英国邓迪大学、英国普茨矛斯大学联合建立了数字医疗技术研究所,专门从事数字医疗器械产品及技术的基础研究与技术开发。

三、"十一五"电子信息产业将发展成为支柱产业

"十一五"重庆市信息产业发展的总体思路是:以邓小平理论和"三个代表"重要思想为指导,认真贯彻党的十六届五中全会和市委二届八次全会精神,全面落实科学发展观,求真务实,集中力量开展招商引资工作,始终把信息产业持续快速稳定发展作为第一要务,促进全市国民经济产业结构调整;坚持走新型工业化道路,全面推进国民经济和社会信息化,为构建和谐重庆作出贡献。

(一)信息产业发展思路

积极实施"1162"工程,即:到2010年吸引100亿美元的投资,实现销售收入1500亿元,重点发展6个产业领域,建设2大基地(园区),使信息产业成为全市国民经济的支柱产业。

2010年信息产业销售收入实现1500亿元,年均增长率达到40%以上。其中:电子信息产品制造业1000亿元,软件业250亿元,通信业250亿元。

培育年销售收入超过100亿元的大型企业

集团3家以上、超过50亿元的6家以上,形成支撑产业发展的骨干企业群体。

以集成电路、软件与信息服务、新型元器件与汽车电子、信息家电、通信产品、数字化仪器设备与数字医疗等6大领域为主导,形成产品门类结构合理、产业链相对完善、自主创新能力突出的电子信息产品研发和生产体系,努力把重庆市建设成为在全国有影响力的国家级电子信息产业基地之一。

重点发展六个领域:

1.集成电路

以集成电路制造业为重点,积极发展集成电路封装测试业,迅速形成产业规模;鼓励、扶持集成电路设计业,特别是面向系统级芯片(SOC)的开发,努力提高集成电路自主研发能力;配套发展集成电路材料、气体等关联产业。到2010年,集成电路产业链基本形成,成为我国重要的集成电路产业基地之一,实现年销售收入400亿元。

2.软件与信息服务

遵循市场规律,打造国内外知名的软件品牌,重点支持技术开发平台、数据库管理系统、中文处理系统和网络管理系统等支撑软件的开发与应用;大力开发系统集成软件、嵌入式软件与系统,推广软件复用技术;加快以中文环境为平台的各类应用软件、基础软件和数字娱乐等软件产品的开发应用,拓展软件外包业务,完善软件产业链。到2010年,建立完善软件开发应用配套体系并具有较强市场竞争力,努力建设一个国家级软件园和一个数字娱乐产业基地,实现年销售收入250亿元。

3.新型元器件和汽车电子

结合集成电路产业发展,以锂电池、太阳能电池、新型平板显示器、绿色照明LED、存储器、厚膜混合集成电路为主导产品,努力建设新型电子元器件生产基地;以重庆汽车产业的整体优势为基础,加快汽车产业和信息产业的融合,大力引进和发展汽车电子产业。到2010年,成为国内重要的新型电子元器件产业基地,实现年销售收入250亿元。

4.信息家电

积极利用数字信息压缩技术、多媒体技术,加快数字电视接收机产品和技术、数字音频关键技术和产品、新一代高密度数字光盘系列产品、DVD光学头和机芯等关键产品、音响和功放设备等新型视听产品的研究与开发;加快实现传统家电产业结构的优化升级,大力发展智能家居及产品。到2010年,重庆市成为国内一流的信息家电产业化基地之一,实现年销售收入150亿元。

5.通信产品

以数字化通信发展趋势为导向,推进移动通信终端设备、光传输设备、无线通信设备等产品的更新换代和产业升级;以3G(TD—SCDMA)、NGN、光网络、XDSL、数字通信、宽带无线接入等为主要研究领域,推动重庆市通信网络技术与通信产品技术的持续进步,并加快产业化步伐。到2010年,形成具有核心竞争力的完整的通信设备制造业产业链,打造一个国内外知名的移动通信终端产品制造产业基地,实现年销售收入100亿元。

6.数字化仪器设备和数字医疗

以中国最大的自动化仪器仪表企业—四联集团为龙头企业,全力打造重庆市具备世界级竞争能力和水平的智能化仪器仪表企业集团。大力发展数字医疗设备产业,培育一批有自主知识产权的数字医疗企业,壮大企业规模,推进成果产业化,实施走出去战略,奠定重庆在数字医疗设备领域的全国领先地位。到2010年,打造在全球具有一定影响力的中国智能化仪器仪表产业基地,重庆成为中国数字医疗产业基地和数字医疗技术中心之一,实现年销售收入100亿元。

以建设国家级电子信息产业基地和园区为目标,重点建设两大产业基地(园区):

一是西永:依托西永微电子工业园,以微电子和软件为主导产业,大力发展和引进集成电路制造、封装和测试企业,IC设计和国内外大型软件企业,提高产业集聚度。

二是北部新区:依托北部新区高新园,以新型电子元器件、数码电器、智能仪表、通信产品等为主导产业，完善相互间的配套、协作体系，形成产业集群。

同时，结合全市30个特色工业园建设，积极争取把南岸、涪陵、永川、万州等具有较好IT产业发展基础的园区建成各具特色信息产业基地，加大引导，强化优势，把重庆建设成为集制造、营销、研发、物流和服务为一体的综合性制造、创造基地。

(二)国民经济和社会信息化发展思路

总体目标：到2010年，基本建成长江上游通信枢纽和信息中心框架。政务信息化建设和信息资源开发取得突破性进展，社会公共服务信息化水平明显提高，电子商务取得长足进步，信息基础设施更加优化，初步建立起与重庆经济社会协调发展的信息化应用、服务、安全及管理体系，形成政府、企业、社会共同参与的信息化发展环境，全市信息化水平迈上一个新的台阶。

1.社会信息化普及应用水平明显提高

信息消费市场不断规范和壮大，市民信息化素质普遍提高，到2010年，全市互联网用户达到460万户，互联网普及率达到20%；电话用户总数达到2550万户，电话普及率达到83%；银行卡持卡消费占社会消费品零售总额达到35%；信息技术在教育、科技、医疗、社会保障、文化建设等方面的普及应用给市民带来实惠，信息化在扶持农村、贫困山区和社会弱势群体方面发挥更加重要的作用，区域性中心城市信息化示范带动能力明显增强，全社会信息化综合水平力争走在西部前列。

2.重点领域信息化取得显著进展

建成覆盖全市统一的电子政务网络，初步建立政府信息资源公开和共享机制、目录与交换体系、法律与标准体系、安全与管理体制，50%以上的行政许可项目能够实现在线处理，有效降低行政成本，提高公共服务水平；农村中小学计算机教育普及率达到80%；规模以上企业互联网应用达100%，中小企业互联网应用达80%，50%的骨干企业开展电子商务，30家企业电子商务取得实质性进展。

3.信息基础设施的普遍服务能力显著增强

继续加强农村信息通信网络建设。到2010年，行政村村通电话率达到100%，完成20户以上已通电自然村广播电视村村通工程，广播和电视综合人口覆盖率分别达到94%和98%，完成主城区有线电视用户数字化转换，增加广播电视节目传输套数，明显改善收听收看效果。提高全市无线电监测网覆盖率，主城区和重点地区的有效覆盖率达到85%，无线电管理和技术基础设施水平处于西部地区前列。

(三)无线电建设发展思路

到2010年，全市无线电系统基本实现“13111”工程：即建立完善1个管理和工作体系、3个层面的监测网络、1个无线电应急指挥体系、1个检测服务体系、1个无线电管理综合信息平台；形成全市无线电管理与技术设施总体构架；无线电管理和技术基础设施水平达到西部地区前列。全市无线电管理工作对全市国民经济和社会信息化的支撑作用进一步明显，为社会稳定作出更大的贡献。

注：本文数据出自2006年重庆市信息产业年报

撰稿单位：重庆市信息产业局经济运行处
执笔人：景根元

第三编

区县经济

区县经济概述

针对重庆地域广、大城市带大农村、区域发展极不平衡的特殊市情,重庆直辖后的第一个国民经济和社会发展五年计划——“十五”计划,即明确提出建设都市发达经济圈、渝西经济走廊、三峡库区生态经济区三大经济区,实行分类指导的区域发展思路。在工作中,进一步明确按照三大经济区构建区域经济体系、四大板块实行分类指导,通过几年的发展实践,三大经济区呈现出良好发展格局。

一、都市发达经济圈

都市发达经济圈位于长江与嘉陵江交汇处及其附近河谷地带,处于长江上游干流经济走廊和成渝经济走廊的交接点。包括渝中区、大渡口区、江北区、沙坪坝区、九龙坡区、南岸区、北碚区、渝北区、巴南区等9个行政区,是重庆主城区所在地,区域面积0.54万平方公里,占全市的6.6%,2005年常住人口645.54万人,占全市的23%。直辖以来,都市发达经济圈充分利用区位优势突出、发展基础坚实的优势,抓住机遇,加快发展,城市建设全面、快速推进,产业结构明显优化,集聚、辐射功能进一步增强,区域性大都市形象显现,综合经济实力和核心竞争力进一步夯实。2002—2006年,都市发达经济圈GDP年均增长12.3%,达到1511亿元,占全市的43.4%,区级财政收入年均增长39.1%,达到132.5亿元,全社会固定资产投资年均增长28.4%,达到1279.3亿元,社会消费品零售总额年均增长13.7%,达到712.1亿元。城镇化率已达到86.2%,远高于周边地区。经济社会发展在全市处于主导地位,发挥着“火车头”作用,对外集聚和辐射功能不断增强,对周边地区的发展影响巨大。

(一)基础设施体系进一步完善

综合交通枢纽初具雏形,基本构筑起以航空、高速公路和铁路枢纽为骨干的都市交通体系。完成江北国际机场航站区二期扩建工程,结合渝怀、遂渝、兰渝线的建设和集装箱运输的发展改扩建重庆铁路枢纽,江北新客站和集装箱运输网络重庆节点站基本建成。重庆公路主枢纽的相关干线、站场、仓储及配套设施建设进一步完善。以九龙坡港区和寸滩港区为重点,形成西部地区较为完备的水陆联运枢纽。

信息通信枢纽基本建成。加快了重庆信息港和数字化重庆工程的建设,形成以骨干基础光缆网、综合传输网(光纤、微波、卫星)、市话网和移动网为重点为主要内容的信息基础设施网络。改造完成广播电视传输网并与国家骨干网和国际互联网的联结,宽带信息网得到进一步普及,建成公共信息服务平台。城市数字电视工程全面推进。

市政基础设施承载力得到提高。重点实施了“半小时主城”工程和“亚太城市市长峰会”项目,城市道路长度达到2642.17公里;轨道交通二号线顺利投运,使重庆成为西部地区第一个拥有轨道交通的城市。建设和改造城市给水系统,建成丰收坝水厂、江北梁沱水厂二期工程,城市供水综合生产能力达到274.7万立方米/日;完善了城市污水垃圾处理系统,城市污水集中处理率和城市垃圾无害化处理率比直辖前大大提高。

(二)现代都市形象日益显现

城市建设进程加快,新区建设、旧城改造、城市形象设计等诸多措施的强劲推出,使都市发达经济圈大都市形象逐步显现。城市空间拓展加快,新建城市新城区。在北部新区,按照“统一规划、统一管理、集中优势、加快发展"的原则,高起点、高标准、高质量的推进建设,成为重庆现代都市风貌展示区。积极推动主城向西和向东扩展,重庆大学城、西永微电子工业园、西彭铝加工基地等开发区的建设加快推进;中梁山以西逐步构建起西部新城区的雏形;茶园、鱼嘴、南泉等开发区的建设进一步加强,在铜锣山以东逐步构建起东部新城区的雏形。2005年城市建成区面积达363.6平方公里,占全市城市建成区面积的49.6%,比2002年增加85.49平方公里。旧城改造进度加快,实施江北城、化龙桥等重点地区的拆迁改建,推进一批重化工企业环保搬迁。推出富有现代气息的半岛城市形象设计,切实树立现代都市形象。建设山水园林城市,构造都市良好生态体系。以废水、废气、固体废弃物、噪声治理为重点,加大环境保护力度。消除了一批严重影响环境质量的工业污染源,建成"中日环境合作示范城市项目"和世界银行贷款"重庆城市环境项目"工程。大力实施清洁能源工程,加强汽车尾气污染防治,有效控制大气污染。城市绿化和天然林保护力度加大。按照显山露水,呈现"山城"、"江城"特色的要求,构建起主城区绿化系统,提高了城市景观形象。

(三)产业结构进一步优化

逐步形成了具有较为完善的现代产业体系和一定规模的产业基础,形成服务业与工业并重发展格局,三次产业结构由2002年的5.8:48.3:45.9调整到2006年的3.7:44.6:51.7,服务业占GDP的比重已经超过第二产业占GDP的比重。

工业产业层次进一步提升。汽车、摩托车产业实力雄厚,建成中国四大汽车生产基地之一和中国最大的摩托车生产和出口基地。以北部新区、重庆高新技术开发区、重庆经济技术开发区、重庆大学科技园等为依托,电子及通信设备、医药、医疗设备及仪器仪表等发展势头良好,以信息技术、生物技术、新材料技术等为重点的高技术和先进适用技术在传统产业中的应用得到进一步加强。2002—2006年,工业增加值年均增速15.4%,达到578亿元。2005年,工业全员劳动生产率达到82273元/(人·年),实现利润总额65.66亿元,是2002年的2.7倍,经济综合效益指数达到136.2%。

现代服务业加快发展。基本建成西南地区重要的商贸中心,渝中区解放碑零售中心商业区进一步提升,沙坪坝、观音桥、杨家坪、南坪四个次级零售兼批发中心商业区优化扩大。弹子石—解放碑—江北城中央商务区建设加快推进,在现有商贸中心的基础上增强了资金融通、信息交流的凝聚、辐射功能。金融业发展较快,形成较强的区域融资能力。2005年金融机构人民币存贷款余额分别达到2987.92亿元和2826.84亿元,各占全市总量的63.2%和76%。都市旅游业加快发展,形成山水园林城市、红岩革命精神、巴渝文化为重点的三大旅游主题,城市观光旅游和外围都市圈温泉湖泊度假旅游成为新的旅游热点。以家政、维修、养老、幼托、看护、保健、文娱等为重点的社区服务业得到大力发展,创造了更多的就业岗位。2002—2006年,服务业实现增加值年均增长11.2%,达到781.2亿元,是2002年的2.2倍。

都市农业充分发展。充分利用都市发达经济圈外围地区农业经济基础好、距离大城市近、对外开放条件相对较好等有利条件,以市场为导向,调整产品结构,组织引导社会资本投入,加快发展设施农业、观光农业等和农村非农产业。建成全国生态农业示范区、巴南现代农业示范区等一批特色农业园区。农业开放度进一步提高,积极发展出口创汇农业,农业的国际竞争力增强。2002—2006年农业增加值年均增长0.4%,达到55.66亿元,是2002年的1.25倍。

(四)社会发展更趋和谐

大力实施"再就业工程",2005年末,全部就业人员数达到322.77万人,都市发达经济圈各区除九龙坡区(3.6%)外城镇登记失业率均控制在3.5%以内,远低于全市平均水平(4.12%)。居民收入较快增长,2005年在岗职工年平均工资达到19694元,农村居民人均纯收入达到3813元,分别比2002年增长56.8%和40%。居民住房条件不断改善,2005年农村居民人均住房面积达到38.64平方米，比2002年增加3.05平方米。教育事业充分发展，教育资源得到优化配置，高等教育管理体制改革和布局结构调整力度加大，高校办学规模扩大，新的重庆大学、西南大学、工商大学等院校改组成立，综合办学实力得到提升。合理调整了高中阶段各类学校的布局结构，普通高中和中等职业学校协调发展，树立起一批高中名校品牌，基本普及高中阶段教育。职业教育、成人教育得到大力发展，实施教育信息化工程，加快以教育信息化推动教育现代化的步伐，积极发展网上教育、远程教育。鼓励社会力量办学，积极探索社区教育模式，促进多功能社区学院的建设。共有各类学校1143所，在校学生70.35万人。文化体育事业获得前所未有的发展。先后建成了奥体中心、国际会展中心、三峡博物馆、湖广会馆、规划展览馆等标志性文化体育设施，推出一批文化精品，城市文化氛围增强。广播、电视覆盖率均达到99%以上，公共图书馆藏书达到497.73万册，年均增加13.9%。公共卫生和基本医疗服务进一步加强。加大了医疗卫生投入力度，完善了公共卫生设施建设。每万人拥有卫生机构床位数达到38张，每万人拥有卫生技术人员达到45人。社会保障体系进一步完善。已基本建立起以基本养老保险、失业保险、基本医疗保险、工伤保险和生育保险为主要内容的社会保险体系框架，其城镇企业参加基本养老保险和参加城镇基本医疗保险的人数分别达到179.84万人和136.17万人，分别占都市发达经济圈总人口的27.8%和21%，城镇居民享有最低生活保障人数达到23.18万人。

二、渝西经济走廊

渝西经济走廊地处成渝经济走廊和渝黔经济走廊叠加区，位于成渝、渝合、襄渝、渝黔、渝遂等交通干线沿线地区。包括万盛区、双桥区、綦江县、潼南县、铜梁县、大足县、荣昌县、璧山县、江津区、合川区、永川区、南川区等12个区县，区域面积1.9万平方公里，占全市总面积的22.8%，2005年常住人口达到839.37万人，占全市总人口的38.2%。具有独特的区位优势、较好的经济发展基础和良好的交通通讯条件。直辖以来，特别是“十五”期间，渝西经济走廊依托自身基础和区位优势，努力加快经济社会发展，城镇化、工业化进程明显加快，一批卫星城市快速成长，一批产业园区发展壮大。2002—2006年，地区生产总值年均增长11.1%，达到959.6亿元，占全市总量的27.5%，是2002年的1.58倍。产业结构不断优化，三次产业占GDP比重从21.9:37.3:40.8调整到17.7:43.1:39.2，工业增加值占GDP比重从2002年的26.7%提高到2006年的35.7%。固定资产投资年均增长26.3%，达到505.6亿元，是2002年的2.4倍；社会商品零售总额年均增长11.6%，达到322.2亿元，是2002年的1.75倍；地方财政收入年均增长28.4%，达到49.3亿元，是2002年的2.68倍。接近全市平均水平。涌现出了江津、合川、永川三个GDP过百亿的区县。

（一）城镇体系不断完善

按照科学规划、突出重点、合理布局、城乡协调的原则，发挥渝西地区城镇比较密集，城镇建设基础较好的优势，城镇体系建设得到有力推进，逐步形成了以县城为中心、中心镇为纽带、小城镇为基础的城镇网络体系。永川、合川、江津、南川等城市发展迅速，已在地区性交通枢纽、资金融通、商贸流通、信息通信等方面发挥了重要作用。小城镇发展较快，形成了大足龙水镇、璧山青杠镇、永川双竹镇等一批功能比较完善、环境比较优美、经济实力较强的示范性较特色小城镇。2005年，城镇化率达到39.4%，城市建成区面积达到171.05平方公里，比2002年增加46.73平方公里。

（二）基础设施“瓶颈”制约得到极大改善

通过西部供水工程的建设，极大改善了渝西经济走廊工程性缺水的制约。开工建设了玉滩大型水库，永川孙家口、铜梁玄天湖、璧山三江等一批中型水库，铜罐驿、永川松溉长江提水工程，以及一批重点小型水利工程，基本构建起渝西地区的城乡供水保障体系。初步形成成渝、襄渝、渝黔、渝遂铁路和成渝、渝合、渝黔等高速公路为主干的辐射状交通骨架，联系渝西经济走廊各县的二环高速公路正在建设中。改造和新建333公里县际连接高等级公路和省际出境公路，乡村道路面貌呈现较大改观。与主城联系进一步紧密，对主城辐射的传递能力进一步加强。建设合川双槐电厂、珞璜电厂三期工程等一批重点能源工程以及綦江抽水蓄能电站，逐步成为重庆市重要的电能供应基地。

(三)产业实力有了较大提升

农业产业基地加快形成。按照建设"现代农业展示区"的定位，大力推进以粮油、畜牧、笋竹、花椒、辣椒、蚕业、水果为主的8个农业产业化经营项目。优质生猪、优质山羊、优质肉牛、优质肉兔等畜牧业发展初具规模。200万亩蔬菜产业化项目初见成效。一批农副产品生产基地已经形成。培育形成国家级农业产业化龙头企业10家，市级龙头企业48家，县级龙头企业256家，专业大户1.59万户。初步形成了产、供、销一条龙生产经营格局，带动了农村经济快速发展。2002—2006年，农业增加值年均增长2.5%，达到169.4亿元，是2002年的1.3倍。工业支柱产业初步形成。初步形成了具有一定规模的机械、制鞋、饲料、制药、食品、建材、矿产、服装等特色产业体系。以江津、双桥、綦江、璧山等区县为重点，依托德感、双桥工业园区，初步形成重型机械、重型汽车、专用车和特种车等装备制造产业基地以及汽车摩托车零部件制造基地。以荣昌为重点，依托板桥工业园区，初步形成了辐射整个西南地区的饲料、兽药生产基地。以璧山、铜梁为重点，依托璧城、金龙工业园区，初步形成了璧山、铜梁制鞋产业基地。以铜梁、大足、南川等地为重点，初步形成了锶盐、铝加工等生产基地。以大足为重点，依托大足工业园区，初步形成了五金铸造产业基地。2002—2006年，工业增加值年均增长16.6%，达到342.2亿元，是2002年的2.4倍。服务业稳步发展。随着渝西地区工业化、城镇化进程的推进，服务业得到了长足发展。2002—2006年服务业增加值年均增长10.9%，达到376.4亿元。商贸流通繁荣活跃。拥有各类商业经营网点10多万个，2006年实现社会消费品零售总额322.2亿元，年均增长11.6%，是2002年的1.75倍。重百、新世纪等连锁商店快速发展，纷纷向渝西经济走廊下沉扩张，各区县平均拥有一家以上大型购物超市。特色餐饮逐步形成，档次不断提高。大力挖掘历史文化，打造特色旅游产业，围绕主城区居民的休闲需求，都市旅游得到大力发展。

(四)社会事业发展取得巨大进步

在实施"科教兴渝"、"人才强市"战略的指导下，加大了财政对教育的投入力度，基础教育、职业教育、成人教育建设步伐加快，人口综合素质不断提高。永川区职教城已具有一定规模和影响，铜梁县、江津区等中等教育达到全市先进水平。渝西经济走廊共有各类学校3268所，在校学生130.89万人。文化事业发展逐步推进，城乡文化市场不断繁荣。涌现了綦江农民版画、铜梁龙等一批知名文化品牌。农村医疗卫生基础设施和农村卫生队伍建设得到加强，初步建立健全了重大疫情预防控制体系和突发公共卫生事件紧急救援机制，城乡医疗卫生水平得到极大提高。每万人拥有卫生机构床位数达到21张，每万人拥有卫生技术人员达到25人。千方百计增加就业岗位，拓宽就业空间，同时加强劳动技能培训，提高就业能力。2005年末除万盛区、永川区外，其余各区县城镇登记失业率均控制在4%以内。加强社会保障体系建设，加强社保资金的征缴和监管，有计划、有步骤地把社会保障延伸到社区，逐步建立起一套与经济发展水平相适应的社会保障网络体系。2005年，城镇企业参加基本养老保险年末人数达到51.27万人，参加基本医疗保险人数达到43.83万人，参加城镇最低生活保障人数达到19.1万人。人民收入水平逐步提高，生活条件日益改善。城镇在岗职工平均工资从2002年的9975元提高到2005年的13536元，农村居民人均纯收入从2002年的2540元提高到2005年的3459元，农村居民人均住房使用面积从2002年的32.37平方米提高到35.08平方米。

三、三峡库区生态经济区

三峡库区生态经济区地处水陆交通要道，是重庆向东、中部地区开放的门户，是长江上游地区与中下游地区进行经济联系的纽带。包括万州区、涪陵区、长寿区、梁平县、城口县、丰都县、垫江县、武隆县、忠县、开县、云阳县、奉节县、巫山县、巫溪县，以及渝东南少数民族地区黔江区、石柱县、秀山县、酉阳县、彭水县等19个区县(自治县)，区域面积5.8万平方公里，占全市的70.5%，2005年末人口1590.27万人，占全市的50.2%。资源具有相对优势，淡水及水力资源，天然气、岩盐、铝土矿、钡、锰矿等矿产资源，自然景观和人文旅游资源，生物资源等资源较为丰富。政策环境比较优越，享有三峡移民迁建工程补偿、三峡库区产业发展扶持、三峡移民后期扶持、三峡库区对口支援、少数民族地区发展和开发式扶贫等政策。以交通、能源、水利、环保等为重点的基础设施条件显著改善，地质灾害防治、生态建设取得显著进展，以三峡移民城市为代表的城镇建设大规模推进，以特色资源加工为主的产业发展明显加快，经济社会加快发展的基本条件初步具备。2002—2006年实现地区生产总值年均增长11%，达到1015.6亿元，占全市的29.1%；全社会固定资产投资年均增长21.3%，达到666.9亿元；社会消费品零售总额年均增长11.5%，达到369.2亿元；地方预算内财政收入年均增长18.3%，达到505.8亿元。

(一)大规模移民搬迁安置主体任务完成

合理安排进度，抓好移民迁建任务，确保三峡水库分阶段按期蓄水需要。截止到2006年12月底，全市累计搬迁安置移民102.4万人，占移民总数的89.98%，其中累计外迁移民16.2万人；复建各类房屋3111万平方公里，占规划总量的99.28%；调整搬迁淹没工矿企业1392户，占规划总量的99.64%；完成了公路、港口、码头等一大批专业设施的复建；完成移民投资439.7亿元。重庆库区三期移民圆满完成，四期移民顺利启动，保证了三峡工程156米水位成功蓄水。

(二)基础设施建设取得重要突破

加大库区基础设施建设投入，提高基础设施保障能力。高速公路、铁路、机场从无到有，渝长、长涪、长万高速公路、达万铁路、万州机场等重大交通项目建成投用，“八小时重庆”基本得以实现，库区长期主要依靠水运的交通格局发生了深刻变化；开县白鹤电厂二期第一台机组等电源项目相继建成，一批中型水库竣工投用，库区农业综合开发、农田水利建设、农村电网改造成效明显，库区能源和水利保障能力得到较大提高；移民迁建极大地促进了重庆库区城镇建设步伐，迁建城镇面貌日新月异，2005年城市建成区面积达到198.2平方公里，城市道路长度达到1205.7公里，分别比2002年增加25.8%和32%。一批小城镇迅速崛起，城镇面貌焕然一新，产业非农化和人口向城镇集聚进程明显加快，万州、涪陵等区域性中心城市的功能逐步完善，辐射能力增强。

(三)产业空虚问题逐步破解

针对库区产业发展严重滞后问题，市委召开全委会专题研究加快库区产业发展和着力解决移民就业问题，出台了《中共重庆市委关于加快库区产业发展着力解决移民就业促进库区繁荣稳定的决定》，进一步理清了库区发展思路，出台了支持产业发展、促进移民就业的系列政策措施。同时积极策划项目，争取国家支持，截止2006年底，重庆库区累计获得国家批准产业发展基金项目289个，安排基金7.79亿元；批准移民后期扶持项目1373个，投入后期扶持基金3.90亿元。库区新的产业格局正在形成，产业对库区经济发展的支撑作用逐渐加强，2006年，库区8个重点区县完成地区生产总值580亿元，实现工业增加值170亿元，分别比二期移民结束时增长39.6%、62.8%。特色产业发展起步，经济结构开始优化。2006年三次产业结构由2002年的23.2:38.5:38.3调整为20:40.6:39.4。坚持以龙头企业的市场化运作为根本，以连片种养殖基地建设为基础，以农工贸产业链构建为依托，启动实施柑橘、榨菜等“农业产业化百万工程”，初步形成了优质柑橘、榨菜、中药材等商品生产基地。2002—2006年农业增加值年均增长3.1%，达到203.5亿元。利用资源优势，引进先进技术，提高加工深度，天然气化工、电矿、绿色食品、中成药等特色产业链加快发展。长寿化工园区和特色工业园区发展明显提速。2002—2006年工业增加值年均增长17.7%，达到314亿元。批零贸易餐饮、房地产、交通运输、旅游等服务业发展迅速，商业业态调整步伐加快，连锁经营、物流配送等新兴业态得到发展。2002—2006年服务业增加值年均增长10.8%，达到400.1亿元。

（四）生态环境得到有效改善

加快推进“青山绿水工程”，生态建设和环境保护工作力度明显加强。退耕还林和三峡水库周边绿化带建设工程加快实施，截至2006年底，完成库周造林绿化63万亩。加快基本农田改造，云阳试验段一期建设任务全面完成。三峡库区工业污染防治、水环境治理项目建设取得成效。25座城集镇污水处理厂和16座城集镇垃圾处理场已投入运行，有11座城集镇污水处理厂和11座城集镇垃圾处理场正抓紧建设；城市生活污水集中收集处理能力可达72%，城市生活垃圾处理能力可达90%，在全国处于领先地位。长江、嘉陵江、乌江干流的8个国控断面水质均满足Ⅲ类以上水质标准，断面水质为Ⅱ类和Ⅲ类的分别达到87.5%和12.5%。加强了长江干流、次级河流漂浮物的清理，目前三峡库区水环境质量趋于稳定。基本完成二期治理的129个滑坡体和52段堤岸项目，三期地质灾害防治应急项目正抓紧进行。同时，在库周建立了108个地质灾害专业监测点，1689个地质灾害群测群防点。

（五）社会事业发展明显提速

科技水平逐步提高，在果品、水产、草食牲畜及中药材等高效生态农业和绿色食品加工、现代中药及生物医药加工、天然气化工及盐气化工等库区特色产业中，技术含量逐渐加大，农业科技创新与应用较为活跃。淹没学校搬迁工作稳步推进；基础教育不断得到加强，全部完成“两基”目标；职业教育、成人教育加快发展，着力打造万州重庆三峡职教与移民技能培训基地，广泛开展农村劳动力转移培训、移民技能培训、订单式劳务输出培训和城镇职工再就业培训等多种形式的培训；高等教育快速发展，新组建了涪陵师范学院等高校，启动了重庆三峡医药高等专科学校的组建工作。文体设施和文体队伍建设步伐加快，库区区县级文化馆、图书馆迁建项目全部启动，重点文物及时得到抢救发掘和保护，该区域的广播和电视覆盖率分别为97.1%、94.5%。疾病预防控制体系、医疗救治体系、农村基层医疗卫生体系相继开始建设，整体医药卫生水平提高，主要卫生指标逐年趋好。社会保障体系从无到有、不断完善，医保、低保初步建立，特困医疗救助制度实施，五大保险覆盖面不断扩大。2005年末，三峡库区生态经济区城镇居民最低生活保障人数为33.45万人，城镇企业参加基本养老保险57.17万人，参加基本医疗保险57.73万人。就业再就业力度加大，就业方式日趋多样化，城镇登记失业率控制在4.5%以内。人民收入水平迅速提高，生活条件逐步改善。2005年，农村居民人均纯收入2395元，在岗职工年平均工资13775元；农村居民人均住房面积33.3平方米；城乡居民储蓄存款余额740.8亿元。

注：本文数据出自重庆市统计局、重庆市发改委

撰稿单位：重庆市发展和改革委员会

万州区

一、基本情况

万州地处长江中上游结合部,位于三峡库区腹心,因“万川毕汇、万商云集”而得名,已有1700多年的历史。建国后,曾先后设置万县地区和地级万县市。重庆直辖后,建立万州区。幅员面积3457平方公里,辖11个街道办事处、28个镇、13个乡。2006年底总人口171.7万,在重庆市40个区县里人口最多;城市规模除重庆主城以外最大,2006年底建成区面积41平方公里,城市人口59.5万;动态移民25万,在三峡库区移民区县中任务最重。

万州发展有五大优势。一是区位优势。万州水路上距重庆327公里,下距宜昌321公里,系长江十大港口之一,历为渝东、鄂西、陕南、湘西和黔东北的重要物资集散地。二是交通优势。拥有机场、铁路、高速公路和长江黄金水道,水陆空立体交通网络基本形成,对周边区县具有较强的聚集辐射作用。三是资源优势。拥有天然气、岩盐、柑橘、中药材等优势资源,特别是天然气可采储量达2000亿立方米,岩盐储量达2800亿吨。万州是新三峡的新起点,地处全国11条主要旅游线之中,拥有“亚洲第一瀑”青龙瀑布等旅游资源,系中国优秀旅游城区。四是科教人才优势。万州原为地级万县市所辖三区八县的政治、经济、文化中心,科技、教育资源相对集中,聚集了一批管理人才和科技人才。五是政策优势。全面享受西部开发、三峡工程建设的各项优惠政策,市委、市政府从全市发展的战略全局出发,集中力量支持万州建设成为重庆第二大城市。

二、主要成就

(一)综合实力迈上新台阶

2006年,实现地区生产总值152.29亿元,是1996年的2.99倍,年均增长11.6%(见表1;表2、图1,下页)。按常住人口计算,人均生产总值达到10033元,比1996年增加7095元,年均增长12.9%(见图2,下页)。实现地方财政收入7.51亿元,同口径比较,是1997年的3.6倍,年均增长15.3%(见表3,下页)。完成全社会固定资产投资102.07亿元,年均增长18.3%(见图3)。三次产业结构由1996年的25.4:41.0:33.6调

表1 地区生产总值各年度情况 单位:万元

年 份	地区生产总值	第一产业	第二产业	第三产业
1997	491523	114861	203951	172711
1998	541182	117104	227404	196674
1999	572536	111562	244707	216266
2000	669668	108653	276844	284171
2001	760189	1100099	316002	334088
2002	841854	118454	362964	360436
2003	965991	126700	411342	427949
2004	1155119	145717	480072	529330
2005	1334488	163713	567955	602820
2006	1522924	190573	613932	718419

表 2 地区生产总值各年度增长速度

年 份	地区生产总值	第一产业	第二产业	第三产业
1997	14.5	6.8	18.1	15.2
1998	9.5	1.8	12.0	10.9
1999	6.4	-1.3	8.4	8.0
2000	9.5	3.0	11.6	10.2
2001	11.2	-0.5	14.1	12.9
2002	11.4	10.5	11.6	11.6
2003	12.3	2.2	14.6	13.5
2004	14.2	6.0	17.1	13.7
2005	13.2	5.0	15.6	13.0
2006	14.0	-3.0	16.4	16.3

图 1 地区生产总值及增速

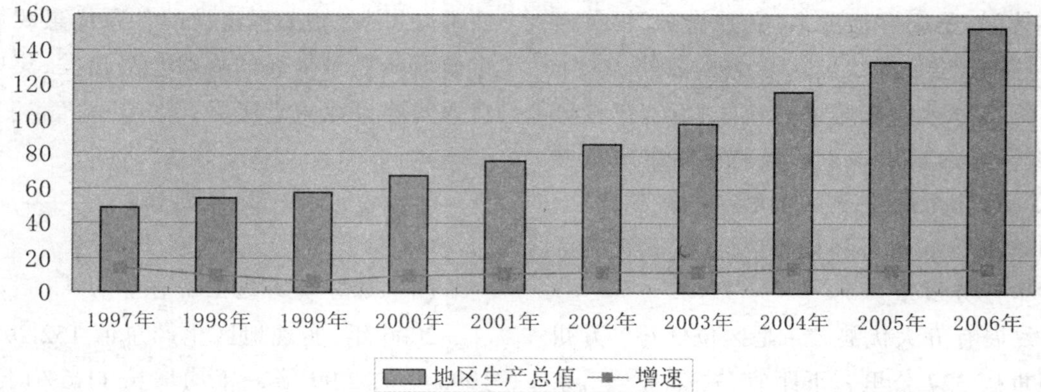

图 2 人均地区生产总值情况

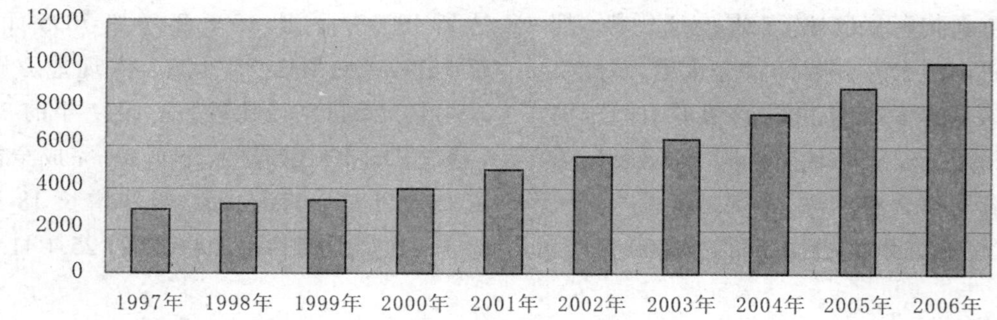

表 3 财政收支情况　　单位：万元

年 份	全口径财政总收入	#地方财政收入	#一般预算收入	财政总支出	#一般预算支出
1997	38387	20820	20469	52108	51304
1998	44088	24448	23233	66050	64273
1999	51146	29404	27558	72374	69725
2000	55329	30199	29059	84470	81450
2001	64184	35731	32589	109720	106066
2002	75725	42687	39376	164838	133777
2003	88744	50731	45932	188873	165452
2004	10926	61554	53252	163393	149773
2005	111486	67961	54462	180150	157945
2006	123988	75098	58843	236361	190110

图 3 全社会固定资产投资及增速

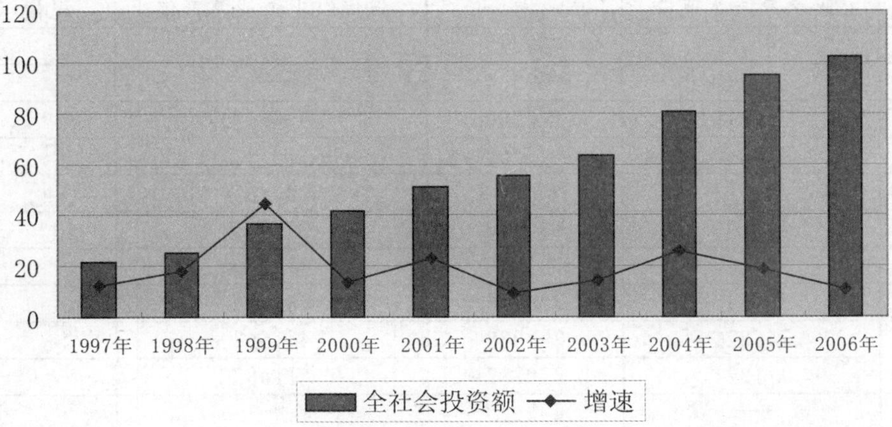

图 4 1996 年和 2006 年三次产业结构比较

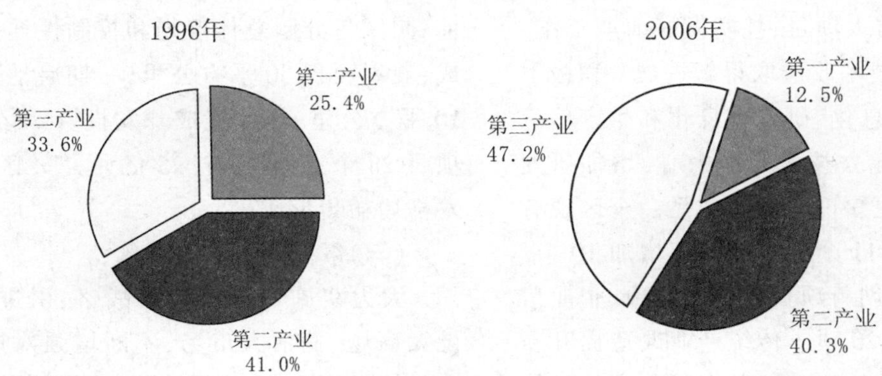

整为 12.5:40.3:47.2(见图 4)。

(二)工业经济快速发展

坚持把工业作为产业发展的"牛鼻子",大力实施"工业强区"战略,以新型工业化为统领,协调推进三次产业快速发展。2006 年全区实现工业增加值 42.21 亿元,是 1996 年的 3.92 倍,年均增长 14.7%。

1.工业企业较快发展。充分利用区位和交通条件相对较好,天然气、岩盐、农副产品、中药材、石灰岩等资源丰富的优势,大力发展盐气化工、纺织服装、新型材料、食品药品、机械电子五大产业。2006 年全区规模以上工业企业达到 109 家,其中销售收入超亿元的企业 18 家,比 1996 年多 16 家,"鱼泉榨菜" 被评为中国名牌产品和中国驰名商标,"谭木匠"、"诗仙太白" 被评为中国驰名商标,三峡牧业成为全国最大的中兽药生产企业,诗仙太白进入重庆市"工业 50 强"。规模以上工业企业实现增加值 20.96 亿元(见表 5,下页),是 1996 年的 3.99 倍,年均增长 16.6%;工业经济效益综合指数达到 127.4, 比 1998 年提高 104.4 个百分点。重点企业支撑作用进一步明显,2006 年 12 户重点企业实现增加值 11 亿元,占规模以上工业企业增加值的 59.5%。

2.工业项目建设成效明显。按照"竣工一批、续建一批、开工一批、储备一批"的总体思路,加快工业项目建设,培育经济增量。直辖 10 年来,累计完成工业项目投资 105 亿元, 年均增长 77.8%。100 万吨新型干法水泥、100 万吨真空制盐及热电联产、10 万吨啤酒、500 万套服饰一期工程等项目竣工投产,宜化 60 万吨联碱、雷士照明灯具、化伦羟甲基、科华水泥二期 200 万吨干法水泥等项目加快推进。同时,策划和储备一批

表5 工业总产值和增加值 单位:万元

年份	工业总产值(现价)	工业增加值	规模以上工业总产值	规模以上工业增加值
1996	340780	139225	—	—
1997	382510	129564	—	—
1998	390810	138700	—	—
1999	424453	143500	—	—
2000	446907	1601195	220885	75342
2001	490679	180480	252510	94569
2002	521365	197420	319136	96251
2003	590893	228167	385985	115720
2004	745821	271038	471562	141448
2005	771821	330282	511483	165204
2006	—	422120	—	209564

注:规模以上工业总产值、规模以上工业增加值为国有和年销售收入500万元以上的非国有工业企业。

带动性强、技术含量高、市场前景好、就业容量大、经济效益好的重大项目,扎实做好前期工作。

3.自主创新和技术改造取得新进展。积极引导企业加快管理信息化、研发信息化和生产信息化步伐,支持企业建立技术开发中心,增加研发投入,开发具有自主知识产权的产品。全区现有市级企业技术中心11个,比1996年增加10个。累计实施市级技术创新项目计划120项、企业信息化建设项目计划20项、传统产业改造提升项目计划10项,企业的技术装备水平和产品科技含量不断提高。全区现有高新技术企业17家,占规模以上工业企业的15.2%;新产品产值率达23%,比1996年提高12个百分点。

4.工业园区建设加快推进。自2002年12月万州工业园区成立以来,不断创新体制机制,围绕五大特色产业,加强基础设施建设,大力招商引资,优化产业结构,园区开发建设快速推进。目前,园区各分园总体规划和控制性详规已编制完成,规划面积30平方公里,一期启动开发面积近10平方公里,累计完成开发投资7亿多元,引进项目28个,到位资金25亿元,"一区三园"的开发格局初步形成。

(三)第三产业上档升级

大力实施"商贸活区"战略,引进大商家、建设大商场、搞活大市场,不断增强对周边地区的聚集辐射能力。完成社会消费品零售总额56.67亿元,是1996年的2.8倍,年均增长10.9%(见图5)。

1.商贸流通产业进一步发展壮大。着眼大流通、大商贸,新建和培育了一批规模较大、档次较高、辐射能力较强、特色较明显的市场和商业街。直辖10年来,累计建成各类市场161个、52.3万

图5 社会消费品零售总额及增幅

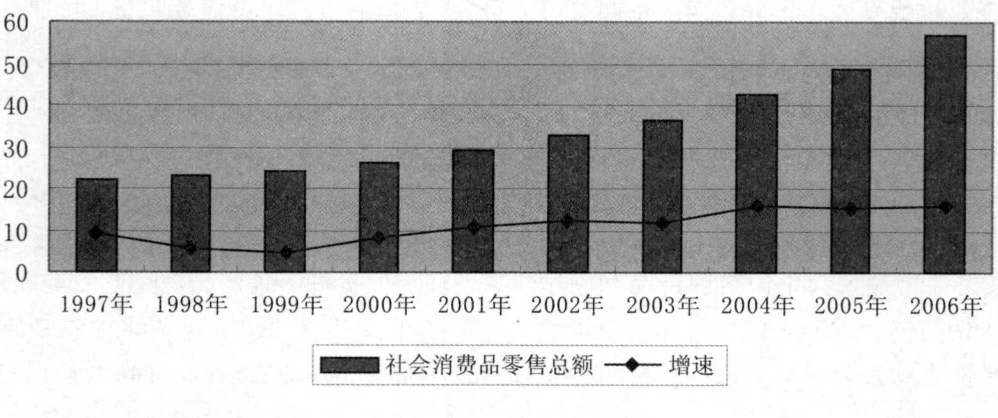

平方米，其中新建1万平方米以上的商场9个、10万平方米以上的批发市场5个。新世纪百货、重庆百货、百盛百货、苏宁电器、麦当劳等知名企业先后入驻万州，万州卷烟配送中心投入运行，火车站商贸城、三峡福斯德商业广场一期工程、光彩建材家居城、三峡粮油批发等市场建成开市，高笋塘商业步行街建成投入使用，三峡国际车界、沃尔玛购物广场等重大项目加快建设。2006年全区商业服务企业1514家，个体商业服务业经营者23557户，分别是1996年的2.36倍和2.08倍。商品销售收入过亿元的商贸企业达到17家，销售收入过5亿元的批发市场达2家。商品区外销售比重由2000年的38%提高到53.5%。连锁经营、物流配送等现代流通方式进一步发展，连锁经营门店发展到637家，实现零售额19.8亿元；物流配送企业51家，物流配送额达到54.6亿元。

2.旅游业较快发展。加强外引内联，支持旅游企业集约化、规范化发展，全区旅行社及分支机构发展到22家，比1996年增加15家。2006年接待游客444.8万人次，实现旅游收入7.3亿元。旅游服务能力进一步增强，现有星级饭店12家，其中四星级4家，三星级4家，二星级4家，拥有客房1680间，床位3290张。大垭口、盐井龙洞被评为国家AA级景区，铁峰山被命名为国家级森林公园，青龙瀑布、潭獐峡、龙泉、歇凤山风景区被列为市级重点风景名胜区，西山碑、库里申科墓、天生城、钟鼓楼被列为市级重点文物保护单位，大垭口、歇凤山、贝壳山、乌龙池、泉活森林公园被命名为市级森林公园，万州荣获“中国优秀旅游城区”称号。

3.交通运输、房地产、金融、保险、证券、中介服务等产业进一步发展。充分发挥水陆空立体交通优势，着力发展港口经济。完成全社会客运量5408万人次、客运周转量29.27亿人公里，比上年分别增长0.4%和0.3%；完成全社会货运量1648万吨、货运周转量46.02亿吨公里，比上年分别增长11.5%和26.5%。采取积极措施，规范和促进房地产业健康发展，商品房销售面积96.5万平方米，销售额13.6亿元，分别比上年增长29.5%和30.3%。金融业快速发展，存款余额达到227.4亿元，是1996年的5.12倍；贷款余额达到95.6亿元，比1996年的1.75倍。保险、证券业发展较快，2006年保险业务收入达到6.25亿元，比上年增长25%；证券成交量完成73.33亿元，比上年增长2倍。

(四)农业农村经济稳步发展

坚持“工业反哺农业，城市支持农村”和“多予、少取、放活”的方针，统筹城乡发展，积极建设“生产发展、生活宽裕、乡风文明、村容整洁、管理民主”的社会主义新农村。第一产业实现增加值19.1亿元，年均增长3.7%。

1.农业产业化工程顺利推进。积极推行产业基地的区域化布局、专业化生产、标准化建园和集约化经营，初步建成30万亩优质柑橘、50万头(只)草食牲畜、10万亩优质中药材、10万亩优质榨菜、50万亩工业原料林等重点产业基地，生猪年出栏规模稳定超过100万头。全区培育区级以上农业产业化重点龙头企业28户，龙头企业总数达到47家，其中国家级3家、市级6家。重点龙头企业带动农户23万户，年加工转化农产品58万吨。全区培育各级名牌农产品30余个，4个龙头企业的产品获得国家绿色食品认证。专业合作社、综合服务社、农民专业合作组织总数达到311个，带动农户32.48万户。

2.农村基础设施不断完善。建成各类水利设施13772处，总蓄引提水能力达15775万立方米，有效灌溉面积44万亩，农田保灌面积21万亩。农村公路总里程达到4267公里，其中硬(油)化464.207公里，乡镇公路通达率、通畅率分别达到100%和76.9%；通公路的行政村达到390个，村级公路通达率87%。农村自来水受益村达到205个，占行政村总数的45.8%。甘宁水库如期建成，大滩口水库、三角凼水库、鱼背山水库等水利设施建设顺利推进。农网改造工程有序推进，农村电气化建设通过国家级验收，所有行政村实现通电。保护母亲河项目通过国家验收。通程控电话的村达到438个，占全区行政村总数的98%。

3.经济强镇工程深入实施。8个经济强镇按照“突出重点、完善功能、培育特色、加快发展”的要求,深入实施“科技兴镇,产业强镇”,龙沙食品加工、分水茧丝绸、熊家皮鞋、新田笋竹、白羊柠檬、余家蚕桑、龙驹中药材、武陵榨菜等一批主导产业发展较快,镇域经济实力明显增强。2006年经济总量达到21.29亿元,比实施前的2002年增长89.37%,年均增长17.3%。

4.农村劳动力转移工程成效显著。整合“阳光百劳工程”、移民、扶贫等培训资源,大力开展定向、订单培训,培育了“万州保安”、“三峡缝纫”、“万州电焊”等劳务品牌。进一步加强与对口支援省市的劳务合作,在对口支援省市建立了农村劳动力转移基地,组织农村劳动力尤其是移民到对口支援省市务工。累计转移农村劳动力41.5万人,2006年劳务收入22.5亿元,劳务收入对农民人均纯收入的贡献率达到50.2%。积极开展“关爱家乡农民工”活动,做好农民工合法权益保障和司法救助工作。积极引导外出务工人员返乡创业,促进地方经济发展,带动农民增收。

5.新农村建设试点工作进展良好。按照“启动示范村、带动推进村、辐射面上村”的思路,以产业发展为支撑,增加农民收入为核心,改变农村面貌为关键,倡导乡村文明为重点,扩大基层民主为保障,新农村建设试点工作实现良好开局。“千百工程”4个示范村、30个推进村的新农村建设村级《规划》经区级评审,34个实施村的柑橘、中药材、榨菜等主导产业得到新发展。

(五)移民工作和生态环境建设扎实推进

万州规划搬迁安置城乡移民25万,占三峡库区的五分之一,重庆库区的四分之一,其中城镇移民和集镇移民占到总任务的80%以上。在移民工作中,坚持移民为先为重,举全区之力,奋力实施移民攻坚,移民工作进展顺利。

1.移民搬迁取得重大阶段性胜利。牢固树立“移民工作无小事”思想,大力弘扬三峡移民精神,创造性地推出“一包两挂”和“两大工程”等行之有效的工作措施,移民搬迁工作顺利推进。2003年二期移民一次性通过国家终验,实现了市委、市政府要求万州移民工作“走在前、出经验”的期望,万州区政府被国务院三峡建委表彰为先进集体。2006年8月三期移民工作一次性通过国家终验,满足了三峡水库156米蓄水需要。到2006年底,累计完成动态移民投资108.63亿元;搬迁城乡移民23.89万人,占规划任务的95.5%;完成淹没工矿企业结构调整366户,占规划任务的98.9%;复建各类房屋756万平方米。

2.外迁移民圆满完成。严把农村移民外迁报名关、资格审查关、对接关、建房质量关、搬迁运送关;动用轮船8艘、火车5列、物资运输车船180余辆(艘),2047户、8113名农村移民历时两个多月,分10批次顺利外迁到上海、广东、福建、江苏、江西、湖南等6省市的22个市、49个县、166个镇乡、392个村、525个安置点,811户、3272名农村移民顺利外迁到璧山县,实现了农村移民外迁运送“不伤、不掉、不亡和零安全事故”的目标。

3.后期扶持扎实开展。坚持“谁受淹、谁享受,谁安置、谁使用,无偿补助和有偿投入相结合”的原则,把后期扶持工作与产业发展紧密结合起来,不断提高移民生产生活质量。累计开工移民后期扶持项目145个,完工76个,近6万移民直接或间接受益。累计培训移民3.7万人次,培训后就业率在50%以上。城镇移民家庭“零就业”问题全部解决,农村移民家庭“零转移就业”问题解决了50%以上。累计发放困难移民救助金634万元,救助城乡移民1.84万户、3.9万人。

4.移民工作监督管理扎实有效。牢固树立移民资金“双包干”和“高压线”思想,坚持统一计划、分级管理、责权结合、专款专用,把移民资金监管重点放到了移民迁建单位、移民镇乡街道等末端环节,突出对农村移民市内外迁、移民后期扶持、移民培训、高切坡治理资金和移民行管费等领域的监控，严把移民资金的拨付和使用关，确保移民资金安全规范运行。加强移民工程质量安全监管，严格移民工程建设程序，确保移民工程质量。

5. 生态环境不断改善。大力推进库周绿化带、天然林保护、水土流失综合治理、城区基本无煤区等工程建设。累计实施退耕还林 51.58 万亩、荒山造林 78 万亩，天然林保护 133 万亩，森林面积达到 167.7 万亩，森林覆盖率达到 32.34%，比 1998 年提高 16.24 个百分点。沱口和明镜滩污水处理厂、长岭垃圾处理场、医疗废物集中处置场建成投入使用，申明坝污水处理厂加快建设，城市生活垃圾无害化处理率达到 100%，城市生活污水处理率达到 58.6%。新田、大周、渡污水处理厂投入试运行，武陵、新田、大周垃圾处理场基本建成。加大工业污染治理投入，工业废水排放达标率达到 96.65%。全区饮用水源水质达标率达到 96.4%，城区空气质量优良天数超过 90.6%。启动二、三期地质灾害防治项目 89 个，完工 70 个。切实加强三峡水库万州段管理，累计清理漂浮物 4.5 万吨，基本实现“江面清、库岸洁”的目标。

（六）基础设施和城市建设取得重大突破

围绕建设重庆第二大城市目标，统筹规划、分步实施、突出重点、整体推进，城市功能不断完善，人居环境明显改善，“一江两岸、三大片区、八大组团”的城市格局初步形成。城镇化率由 1996 年的 23.5%提高到 47.6%。

1.对外交通取得突破性进展。万州机场建成通航并开通至北京、上海、广州、昆明、成都等航线；达万铁路竣工并先后开通货运、客运；渝万高速公路建成通车，万州到重庆主城的时间由 7 小时缩短到 3 小时；万开高速公路建成通车；鞍子坝客运港区、红溪沟深水码头基本建成，1700 万吨深水港码头已具雏形；万宜铁路、万云高速公路、万石高等级公路、江南集装箱码头一期工程加快建设，水陆空立体交通框架基本形成。

2. 规划综合调控引导作用明显增强。围绕“科学规划、阳光规划、法制规划”目标，狠抓规划决策、规划实施及审批管理、批后管理和城市边缘区管理，维护规划的权威性。完成城镇体系规划、城市总体规划、近期建设等综合规划，完成或在编城市夜景照明、港区岸线利用、综合防灾、综合交通、综合管线、地下空间利用等 12 项专项规划和北滨路内侧开发、旧城改造、江南新区中心区、工业园区天子园等 13 项控制性详规；完成北滨路道路景观、三峡移民广场、三峡职业学院等 17 项修建性详规及城市设计，以总规为核心的城乡规划体系初步建立。

3.城市功能日趋完善。新建高笋塘广场、龙都广场、“心连心”艺术广场、沙龙公园等一批公共和公益场所，全区公园总数达到 7 个，公园面积达到 92.08 公顷；可容纳近 4000 人的“三峡之星”体育馆、展厅面积 3600 平方米的闽天会展中心建成投入使用；长江二桥、石宝大桥建成通车，双河口汽车客运站、汽车南站、汽车北站等相继建成；总投资近 20 亿元、长 12 公里的北滨大道和长 8 公里的南滨大道实现初通。苎溪河流域整治工程加快推进，长江三桥、城市外环高速公路、三峡移民广场等项目前期准备工作有序进行。利川至五桥输气工程、长寿至万州和万州至三斗坪输变电工程等项目竣工，2006 年天然气供气量 7370 万立方米，用气户数达到 10 万户，城区覆盖率达到 75%。

4.人居环境明显改善。按照净化、绿化、亮化、美化的要求，大力实施城市环境综合整治。投入资金近 2 亿元，对白岩路、太白路和新城路等城区主干线进行了地下、地面、地上的立体综合性改造，提升城市品味，打造城市“名片”；对机场、火车站、高速公路入口等 35 个重要节点进行了绿化、美化，拆除违章建筑 5.5 万平方米，新增绿地 11 万平方米；大力实施灯饰工程，对城市主干道、标志性建筑和重要节点进行亮化装饰；开辟了沙龙路扬帆观景广场、三峡学院观景台、五桥观景长廊等 11 个“邮票广场”，给市民提供更多的城市公共空间；对 110 条城区背街小巷进行了道路硬化铺砖或填坑补凼，增补路灯，整治人行道和排水沟，完善公厕、垃圾池等设施，不断改善市民生活环境。

5.城市管理不断加强。按照管理政府化、运作市场化、监督社会化、执法综合化的要求，积极探索建立行政、经济、法律手段并举的城市管理长效机制。建立城市管理局，改革城管执法体制，持续开展城市综合整治，不断提高城市管理水平。坚持"日检查、周巡查、月考核"制度，建立健全全民参与机制，在全市率先开通"12319"城建热线。2005年成功创建重庆市卫生城区。

6.江南新区建设顺利推进。累计完成开发建设投资16亿元，征地8934亩，建成道路36公里，开工建设房屋20万平方米，完工房屋16.5万平方米。万州行政中心首期工程完工，市民广场、步行系统及一批景观绿化、路灯等市政配套工程相继开工建设，完成市政管线敷设10.6公里，城市供水主管线、天然气管道和电缆沟已接入核心区。

(七)改革开放取得新进展

坚持深化改革，创新体制机制，不断增强经济社会发展活力。充分利用对口支援、光彩事业两大平台，发挥比较优势，不断提高对外开放水平。

1.各项改革稳步推进。在市委、市政府的领导下，撤销龙宝、天城、五桥三个移民开发区，完成了"两级政府、三级管理"向"两级政府、两级管理"的顺利转变，实现了平稳过渡。完成镇乡区划调整和村(社区)规模调整，镇乡街道由92个减少到52个。直辖10年来，累计完成工业企业改制113户，关闭破产198户；商贸企业改制49户，关闭破产7户。成立了国有资产监督管理机构，国有资产监督管理明显加强。投融资体制改革不断深化，组建了工业园区开发有限公司、土地收储中心、城市建设开发公司、水电开发公司、道路桥梁公司等政府投资主体，壮大了资产经营公司的实力。大力整顿和规范市场经济秩序，积极清理整顿城市金融"三乱"和农村"三金"。部门预算、国库集中支付、政府采购等公共财政改革顺利推进，财政对社会事业投入力度加大。从2005年起全部免征农业税及其附加，结束了农民缴粮纳税的历史。教育资源整合取得实效，整合了一批中职学校、初级中学和小学。文化体制改革顺利推进，组建了三峡传媒集团等文化实体。乡镇卫生院管理体制改革基本完成。国有林场改革取得阶段性成效，基层农业服务体系改革全面完成。

2. 对外开放水平不断提高。从2004年起连续三年成功承办三峡库区(重庆)对口支援暨经贸洽谈会。万州成为中国光彩事业促进会七个重点联系地区之一，中国光彩事业万州园启动实施。打好"直辖牌"和"库区牌"，积极争取国家有关部委、对口支援省市和重庆北部新区（经开区、高新区)对口帮扶集团的支持，直辖10年累计接受对口支援无偿捐赠4.16亿元。围绕重点产业和产业链的培育，广泛开展会展招商、专业招商、点对点招商和以商招商活动，招商引资取得较好成效。北京汇源、浙江科华、浙江双星、山东如意、重庆啤酒、湖北宜化、惠州雷士和新世纪、重庆百货、百盛百货、苏宁电器、麦当劳、沃尔玛等一批知名企业落户万州。外经外贸进一步发展，拥有进出口经营权的企业由1996年的8家发展到65家，累计利用外资3152万美元，完成外贸出口2.52亿美元。电池、榨菜、服装、皮鞋等一批"万州造"产品进入国际市场。对外交往进一步扩大，与乌克兰共和国切尔卡塞市缔结为友好城市。

3.发展环境进一步优化。围绕"开放万州、诚信万州、法治万州、魅力万州"的要求，切实加大发展环境综合整治力度，不断改善和优化发展环境。扎实推进行政审批制度改革，转变政府职能，规范政务行为，提高行政效能，营造优质高效的政务环境。加强法制建设，坚持依法行政，增强行政执法的透明度，营造规范严明的法制环境。大力推进社会信用体系建设，强化金融信用观念，落实外来投资企业优惠政策，兑现政府承诺，营造诚实守信的信用环境。倡导宽容、和谐、诚信、文明的社会风尚，提高窗口行业服务质量，提升万州形象。

4.非公有制经济加快发展。认真清理不适应非公有制经济发展的规章制度，在市场准入、项目审批、土地使用、对外贸易等方面，坚持做到与公有制经济同等重视、同等对待，营造有利于非公有制经济发展的良好社会环境。非公有制经济实现增加值77亿元，占全区GDP的比重达到50.9%，占据全区经济的“半壁河山”。

(八)经济社会协调发展

大力实施“科教兴万”和“人才强区”战略，推进各项社会事业全面发展。

1.科技水平得到提高。全区高新技术企业达到17家，高新技术产品37个，分别比1996年增加17家、30个，科技进步对经济社会的支撑作用进一步增强。累计实施国家级、市级重点科技项目163项，科技成果转化率达到46%。培育出一批科技含量高、具有自主知识产权的优质高产农作物新品种，玉米、水稻、油菜等农作物育种攻关技术全市领先，长江珍稀鱼类人工繁养技术、柑橘良种繁育及加工技术处于全国先进水平。

2. 教育事业稳步发展。现有各类学校634所，在职教职工13442人，其中高级教师915人，中级教师6112人，在校学生33.12万人。“两基”成果巩固提高，“普九”欠债全部偿还。农村学校布局进一步优化，寄宿制学校建设加快推进，27万平方米中小学D类危房全部排除。19万义务教育阶段学生全部免交学杂费，8200名中职学生接受助学资助，累计解决进城务工农民子女入学1691人。高中阶段入学率达到88.6%，比1996年增加31.5个百分点。高考上线人数从2000年起连续七年位居全市各区县第一。职业院校达到29所，在校学生达到9万人，三峡职业学院和三峡医药高等专科学校建成招生，三峡学院通过教育部本科教学水平评估。

3. 卫生事业取得长足进步。现有卫生机构699个，其中医院27所，各级各类卫生人员6331人，实有床位3593张，完成门诊259.06万人次，收治住院病人7.54万人次，病床使用率72.16%。三峡中心医院平湖分院、儿童分院、百安分院相继建成投入使用，被评为全国“百佳医院”和“百姓放心医院”，区疾病预防控制中心、传染病院顺利建成，突发公共卫生事件应急处理能力显著增强。农村三级卫生防保网络进一步完善，新型农村合作医疗参合率达到75.89%，受益群众达22.786万人次。CT、核磁共振、医用直线加速器等大型高精尖设备相继投入使用，肝移植、肾移植、体外循环心内直视手术、心脑血管介入治疗、肿瘤海扶超声治疗等新技术新项目相继开展。

4.人才强区战略深入实施。坚持“尊重劳动、尊重知识、尊重人才、尊重创造”的方针，强化人才资源是第一资源的理念，加强人才培养和引进。完善人才的选拔任用、考核评价、分配激励机制，为各类人才脱颖而出创造了良好条件。全区现有各类专业技术人员28083人，其中高级2210人。落实引进人才的优惠政策，共引进区外各类人才679名。

5.文化、体育、广播电视等事业进一步发展。现有艺术表演团体5个，文化馆22个，剧场、影剧院8个，乡镇和社区文化站52个，公共图书馆1个，藏书23万册。话剧《移民金大花》在全国、全市巡回演出120多场次，先后赴京参加汇报演出和“庆祝建党85周年全国现代戏展演”，荣获第九届中国戏剧节优秀入选剧目奖、重庆市第三届文学艺术奖和“五个一”工程奖、进入国家舞台艺术精品工程30强。成功承办F2摩托艇世界锦标赛暨中美滑水明星表演赛、全市党委政府办公室全民健身运动会，举办万州区第一、二届运动会。万州籍运动员钟国顺荣获第32届世界青年男子举重锦标赛冠军。广泛开展“亿万农民健身活动先进乡镇”创建活动，“村村通”广播电视工程有序推进，广播电视综合覆盖率达到95%。

6.人口和计划生育工作得到加强。切实稳定低生育水平，改善人口结构，优化出生人口性别比，干预新生儿出生缺陷，提高人口素质。加强生殖保健服务，扩大覆盖面。认真落实农村部分计划生育家庭奖励扶助制度，共有4794名年满60周岁的农村独生子女父母获得奖励扶助，发放资金306.2万元。人口自然增长率由1996年的

5.09‰下降到4.55‰，政策性生育率由89.01%提高到92.95%。

(九)人民生活明显改善

坚持以人为本，着力兴办一批人民群众最关心、最直接、最现实的实事，让改革发展的成果惠及广大人民群众。城市居民人均可支配收入、农村居民人均纯收入分别达到9540元和2739元，分别是1996年的2.45倍和2.1倍，年均增长10.1%和6.8%(见图6)。

1.城镇就业取得实效。按照"精确设计、定点落实"的要求，开展劳动力资源调查，建立需就业人员基本情况台账、求职意向台账、就业培训台账、用工需求台账、就业去向台账"五本账"，做到家庭情况清、技能特长清、就业愿望清、培训意愿清、就业去向清"五清楚"。按照"领导包社区、干部包人头"的要求，积极开展以送政策、送岗位、送技能、送服务为主要内容的就业"一帮一"援助活动。10年来累计解决就业9.7万人，其中2006年新增就业人员2.03万人，超过新增需就业人员0.83万人。全区结存城镇下岗失业人员4.23万人，城镇调查失业率下降到13.2%。认真落实培训补助、税费减免、回乡创业等扶持政策，2006年为下岗失业人员减免各项税费1070万元，发放再就业小额贷款403.8万元，引导扶助879名下岗失业人员实现自谋职业。大力开展多层次、多形式的技能培训，建立以"定向培训，订单转移"为主要形式的"培训、就业、服务"一条龙工作机制，提高培训的实用性、针对性。累计补助资金225.45万元，培训各类人员10321人，培训后就业率达到56.26%。

2.社会保障进一步加强。进一步落实街道、镇社会保障工作机构的职责，基本建立起以养

图6 城乡居民收入比较

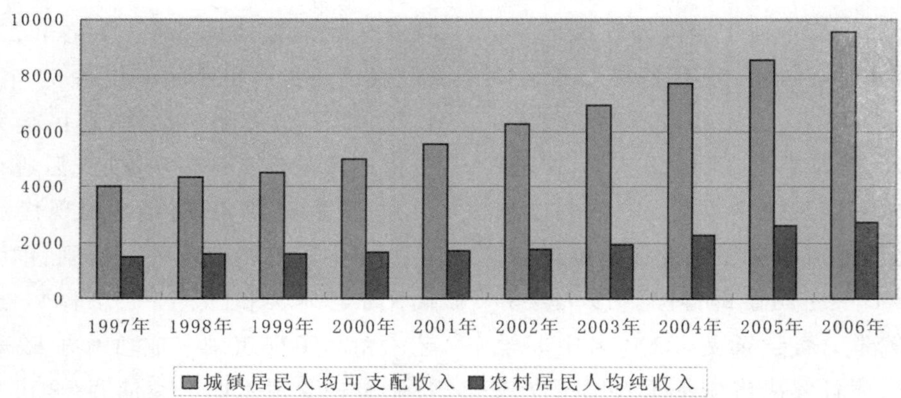

老、失业、医疗、工伤、生育保险和城镇低保、农村特困户救助为主要内容的社会保障体系。养老保险覆盖面进一步扩大，2006年全区养老保险参保单位达到1153户，参保职工85736人，征收养老保险基金21480万元，发放基本养老金37177万元，连续九年实现了"一天不拖、一分不欠、一人不漏"的工作目标。企业退休人员社会化管理率100%，农村养老保险试点工作有序推进。失业保险参保人数达到74574人，失业保险金社会化发放率100%。医疗保险参保单位937个，参保人数达到104890人。工伤保险参保单位885个，参保职工45931人，确保工伤职工"伤有所治"。生育保险参保单位884户，参保职工达到45931人，基本做到了"育有所保"。城镇居民最低生活保障标准由1998年每月80元提高到175元，累计发放城镇居民最低生活保障金32739万元，做到了应保尽保。

3.扶贫和救灾工作深入开展。坚持"开发式扶贫，综合治理，可持续发展"的扶贫基本方略，以机制创新为主题，以整村推进和农村贫困劳动力转移培训为抓手，以产业化扶贫为主线，严格落实党政一把手负总责和领导联乡、帮村、包户

工作责任制及部门结对"集团式"帮扶责任制,扶贫开发工作取得较好成效。累计投入扶贫资金59924.08万元,解决了23.78万绝对贫困人口的温饱问题,农村绝对贫困人口由1996年的27.1万减少到3.32万人。完成异地扶贫搬迁495户。扎实做好抗灾救灾工作,保障了人民群众的生命财产安全,受灾群众的生产生活问题得到及时妥善解决。

(十)"平安万州"建设扎实有效

深入贯彻《信访条例》,认真落实稳定工作责任制,健全矛盾纠纷排查调处长效机制,坚持和完善区长公开接待群众日制度、矛盾纠纷排查调处责任制和维稳责任追究制,加大突出信访问题的处理力度,一批重大不稳定因素得到化解。建立健全安全生产目标责任体系,强化责任制考核,严格实行"一票否决",扎实抓好道路交通、建筑、消防等专项整治,对重点行业、重要场所、重点时段、重点部门实行重点监管,安全生产形势逐年好转。深入开展"平安万州"创建活动,强化社会治安综合治理,万州被评为全国社会治安综合治理优秀地市,中央电视台《社会与法》频道展播了"平安万州"建设经验,群众安全指数达到92.47%。

(十一)政府自身建设得到加强

成立区政府决策咨询专家委员会,健全重大项目立项调研、集体决策、专家咨询、社会公示和听证制度,促进了科学民主决策。废止行政审批项目518项,保留项目均进入行政审批服务大厅统一办理。政府法制工作进一步加强,积极推行行政执法责任制、过错责任追究制、信访事项复查复核三级终结制、行政赔偿制和行政机关负责人出庭应诉制,依法行政水平有了新提高。建立政府新闻发言人制度,积极推行电子政务,建立政府公众信息网,政府规范性文件通过政府网站、政府公报、新闻媒体向社会公开。坚持强力推进"五个一批",促进了工作落实。开展"解放思想、更新观念"大讨论,加强公务员培训、教育、管理,办事效率和服务质量得到提高。强化行政监察、审计监督,廉政建设和反腐败工作取得新成效。自觉接受区人大及其常委会的法律监督和工作监督,支持人民政协履行政治协商、民主监督和参政议政职能。

全区经济社会发展中还存在不少困难和问题。一是经济总量不足,产业发展水平与建设重庆第二大城市差距较大;二是经济增长方式粗放,经济结构需进一步调整;三是影响社会和谐、涉及群众切身利益的一些问题还没有得到很好解决;四是政府职能和机关作风转变不够,发展环境还需进一步改善。

三、未来一段时期万州经济社会发展目标和主要任务

未来一段时期,万州经济社会发展的总体目标是:建成重庆第二大城市和三峡库区经济中心。实现这一目标,我们将分"三步走"。第一步,到2010年,地区生产总值在2005年基础上翻一番,达到270亿元左右,第二产业翻一番以上,其中工业增加值从33亿元增长到90亿元以上,第三产业翻一番以上,达到121亿元,社会消费品零售总额翻一番,达到102亿元,地方财政收入翻一番,达到13.7亿元,三次产业结构调整为8:47:45;城市建成区面积达到60平方公里以上,城市人口达到70万以上,城镇化率达到55%,城镇调查失业率下降到8%以内,基本实现有就业能力的城镇移民和农村富余劳动力转移,构建起重庆第二大城市和三峡库区经济中心基本框架。第二步,到2015年,地区生产总值在2005年的基础上翻两番,达到530亿元以上,城镇居民人均收入超过全国平均水平,城市建成区面积达到81平方公里以上,城市人口达到90万以上,城镇化率达到70%,构建起重庆第二大城市和三峡库区经济中心总体框架。第三步,到2020年,全面建成功能完善、特色鲜明、聚散力强的重庆第二大城市和三峡库区经济中心。

今后五年,是万州建设重庆第二大城市和三峡库区经济中心的重要时期,也是实现移民安稳致富、构建和谐万州的关键时期,必须抓住机遇,

乘势而上。万州区委、区政府决定在“十一五”规划的基础上提档提速，力求在三个方面取得较大突破。一是在产业发展上取得较大突破。今后一个时期GDP年均增长14%以上，到2010年GDP总量在2005年的基础上翻一番，其中工业翻一番半，第三产业翻一番以上。二是在扩大城乡就业上取得较大突破。到2010年，城镇调查失业率由2005年的16.14%下降到8%以内。三是和谐万州建设取得较大突破。生态环境质量明显提升，移民搬迁安置提前完成，社会保持和谐稳定。力争提前完成“十一五”目标，基本建成“一框架、一基地、一枢纽、三中心”，即基本建成大城市框架，三峡库区特色工业基地、综合交通枢纽、商贸流通中心、现代服务中心和科教文卫中心。

为实现上述目标，着力抓好以下工作：

一是坚持以经济建设为中心，加快产业发展。发挥区位和交通条件相对较好，天然气、岩盐、中药材、农副产品和劳动力资源丰富的优势，以资源加工型、生态环保型、劳动密集型产业为重点，大力培育盐气化工、机电轻纺、农副产品加工、商贸流通、旅游服务等五大特色产业，加快产业集聚，打造产业集群。

二是进一步完善基础设施，增强城市功能。着力加快以交通为重点的基础设施建设，建成三峡库区综合交通枢纽。狠抓城市规划、建设和管理，着力构建功能完善、特色鲜明、聚散力较强的大城市框架，积极创建国家卫生区和重庆市山水园林城市。不断完善小城镇功能，构建合理的城镇体系。

三是统筹城乡发展，全面推进新农村建设。坚持“多予、少取、放活”和“工业反哺农业、城市支持农村”的方针，抓好柑橘、榨菜、中药材、草食牲畜、工业原料林等基地建设和农业市场主体建设，大力发展“高产、优质、高效、生态、安全”的特色农业。公共财政向农村倾斜，公共设施向农村延伸，着力解决“三农”突出问题。

四是统筹对内改革与对外开放，增强发展活力。加快改革创新步伐，健全保障经济又好又快发展的体制机制。充分利用对口支援、光彩事业两大平台，全力打好“库区牌”和“直辖牌”，积极争取国家有关部委、对口支援省市和重庆北部新区对口支援帮扶集团的支持，全方位、宽领域、多层次推进对外开放，增强招商引资实效。

五是统筹经济社会协调发展，着力促进社会和谐。坚持科教兴区，推进各项社会事业协调发展，建成三峡库区科教文卫中心。按照“精确设计、定点落实”的要求，加快推进城镇就业和农村富余劳动力转移。加强生态环境保护和建设，2010年森林覆盖率达到40%以上，力争单位GDP能耗在2005年基础上降低18%。进一步完善社会保障体系，切实解决好群众最关心、最直接、最现实的利益问题。严格落实维护社会稳定责任制，完善矛盾纠纷排查调处和信访机制，深入推进平安万州建设。

六是大力培育崭新的人文精神，激活加快发展的内动力。大力解放思想、更新观念，进一步弘扬三峡移民精神，培育“自强不息、开拓开放”的人文精神，努力在全社会形成共同的核心价值观。

注：1．一江两岸、三大片区、八大组团：一江即长江，两岸即长江南北两岸，三大片区即原龙宝、天城、五桥三个片区，八大组团即高笋塘、龙宝、山顶、周家坝、申明坝、枇杷坪、百安坝、江南新区组团；2.8个经济强镇：包括龙沙、分水，熊家、新田4个市级“百强镇”和武陵、余家、龙驹和白羊4个市、区中心镇；3．一包两挂：即领导干部包片、机关干部包户，城镇居民人房挂钩、农村移民人地挂钩；4．两大工程：即思想领先工程、移民先锋工程；5．五个一批：即一批现有企业的改革和发展、一批重大项目的强力推进、一批事关群众切身利益的实事、一批影响发展环境的薄弱环节、一批不稳定因素的化解；6．本文数据出自万州区统计局、区经委、区商委、区建委、区农办、区计生委、区劳动社会保障局

撰稿单位：重庆市万州区人民政府研究室

黔江区

重庆直辖以来，黔江区委、区政府带领全区50万土家、苗、汉各族人民，坚持以邓小平理论和“三个代表”重要思想为指导，牢固树立和全面落实科学发展观，全力构建区域性中心城市和渝东南经济中心，全面加快小康社会和社会主义和谐社会建设进程，经济社会发展取得了巨大成就。2006年实现地区生产总值39.91亿元，按可比价格计算比1996年增长1.7倍，年均增长10.5%；财政总收入10亿元，比1996年增长2.6倍，年均增长13.5%，连续5年新增财政总收入达1亿元以上；全社会固定资产投资26.02亿元，比1996年增长8.4倍，年均增长25.1%，10年累计完成投资133.61亿元，是建国后到直辖前47年投资总和的8倍；社会消费品零售总额16.81亿元，比1996年增长2.2倍，年均增长12.5%；工业总产值达到30.2亿元，10年平均增长8.4%；农业总产值达到11.41亿元，10年平均增长2.3%（见表1，下页）。围绕全区产业结构上档升级，加大产业结构调整力度，三次产业结构由1996年的34.4:38.2:27.4调整为2006年的15.5:43.6:40.9（见图1，下页），产业结构更趋合理，促进了全区经济综合经济实力显著增强。

一、城乡基础设施建设成就显著

（一）城镇建设日新月异

以构建区域性中心城市为目标，突出“山水园林，民族风情，生态旅游”特色，城镇建设取得较快发展。自1996年以来，全区累计投入城市基础设施建设资金13亿余元，到2006年，黔江城区面积达到11平方公里，城市常住人口12.42万人，城市道路总长64.28千米，城区绿化覆盖面积348.24公顷，园林绿地面积302公顷；拥有2个总规模为6万吨/日的水厂，35kV变电站2座。现已拥有市级卫生城区、市级山水园林城区、市级环保模范区、市级生态旅游城市四个品牌，全区城镇化率大幅度提高。一是城镇规划日臻完善。全面完成了城市总规的修编并获市政府批复；完成了两个城市组团共50余个控制性详细规划；实施并完成了27个集镇总体规划。二是城市基础设施建设取得重大成就。总建筑面积达8.1万平方米的文体中心“一场三馆”建成并投用，其中体育场规模为2.5万座，体育馆规模为3000座，填补了渝东南无大型体育场馆的空白；建成了日处理能力达4万吨的污水处理厂，配套污水管网铺设32.3公里；日处理能力达200吨的垃圾处理场完工投用；建成总面积达4.1万平方米的大众广场，1999年被评为重庆市十佳建筑和重庆市十佳群众文化广场；建成了渝东南首条市级园林市街——西沙步行街，荣获2001年度重庆市“巴渝杯”优质工程奖；万米河滨绿色长廊现已建成9726米，总面积19.2265万平方米，成为市民休闲的好去处。三是在新区开发上亮点突出。在官坝小区建设了一期4万余平方米的武陵山家居城，二期3万平方米商住楼建设已部分完工；开发建设的高尚智能化园林社区——黔龙阳光花园占地250亩，一、二期10万平方米商住楼已全部完工，被评为重庆市十佳住宅小区。四是旧城改造成效明显，全面完成了6大片区旧城改造，改造总面积6万余平方米，新建房屋16万平方米。五是切实加强了城市管理，建成了异彩纷呈的灯饰工程，使老城实现了洁、绿、亮、美。以4个市级中心镇为重点的小城镇建设蓬勃发展，城镇体系不断完善。

（二）交通建设成就辉煌

自重庆直辖以来，全区共计完成投资约50亿元，交通状况有了质的改变，基本建成了集铁路、机场、公路于一体的渝东南综合立体交通枢

表 1 黔江区 1996—2006 年经济发展主要指标一览表　　单位:亿元、%

指标名称	1996 年	2006 年	十年年均增长
地区生产总值	12.51	39.91	10.5
财政总收入	2.80	10	13.5
全社会固定资产投资	2.77	26.02	25.1
社会消费品零售总额	5.18	16.81	12.5
工业总产值	8.77	30.2	8.4
农业总产值	7.79	11.41	2.3

图 1 1996 年与 2006 年三次产业结构比较图

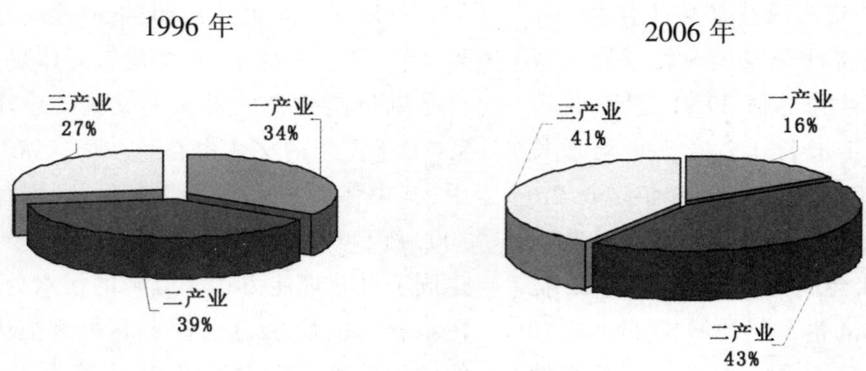

纽,黔江区位优势得以改善。一是积极争取并有效实施了渝怀铁路黔江段、渝湘高速公路黔江段、黔江机场建设项目。渝怀铁路是连接我国西南与沿海地区的大通道，在黔江境内全长 62.5 公里,投资 20 亿元,2006 年 11 月投入营运。渝湘高速公路是实现东西部经济大循环的大通道之一，渝湘高速公路黔江段 19 个合同段已全面开工建设并按计划推进,可在2008 年投入营运。黔江舟白机场于 2004 年 1 月开工，目前工程进展顺利,可望按期投入使用。二是顺利实施了“8 小时重庆”和“2 小时黔江”工程。“8 小时重庆”黔江段全长 88 公里,总投资 8.08 亿元,于 2004 年 5 月全面建成通车。“2 小时黔江”工程 2002 年开始实施,至 20051 年底全面完工,完成投资 1.5 亿元，实现了 2 小时内从黔江主城区到各乡镇政府所在地目标。三是实施了周边出口畅通工程。投资 2.3 亿元,改建了东至湖北咸丰的黔咸二级公路，其中主线 16 公里已于 2006 年 9 月 28 日建成通车。西北至石柱的黔石二级公路建设于 2006 年 12 月 28 日动工，目前工程进展良好。黔江至恩施、黔江至万州两条高速公路列入了重庆市高速公路网规划；黔江—张家界—常德铁路列入了重庆市和湖南省的“十一五”规划。四是大力开展了境内交通建设。2004 年开始先后启动建设了骨干乡村公路、通村通畅、通村通达、渡口码头改造、农村客运汽车站点、公路安全防护设施等一批交通“民心”工程,累计完成投资 3800 万元。

(三)水利、能源、信息等基础设施建设取得明显成效

加大了阿蓬江流域水能资源开发力度,完成了舟白电站和渔滩电站技改。实施了农网一、二期改造,78.5%的农户用电与城镇同网同价。完成了洞塘水库、小南海水库枢纽病害整治和城防一期工程,开工建设了“泽渝”工程子项目太极水库一期城北水库。建成了电信大楼、移动大楼、联通大楼和无线电监测中心,无线通讯实现全区覆盖,固定电话入户率达 42.1%。

二、农村经济稳步发展

(一)有效推进了农业产业化

按照“公司+基地+农户”发展模式,狠抓农产

品基地建设，充分发挥龙头企业的带动作用，农业产业化建设取得显著成效。通过10年发展，农业产业由单一的烤烟产业发展为蚕桑、干果、中药材、特菜茶等多种产业蓬勃发展、齐头并进的新局面。培植壮大农业产业化龙头企业13家，其中市级3家、国家级1家。已有3个产品获准使用绿色食品标志，有3个产品被命名为市级名牌农产品，蒲花水果基地、正阳蔬菜基地和黔江无公害养殖小区已获无公害农产品产地认证。强化了对农村富余劳动力转移工作的领导和指导，2006年全区农村劳动力转移达到11.6万人，累计培训农民工6393人次，有序输出5500余人次，培训就业率达85%以上，全年农民务工收入实现5.2亿元，劳务产业成为全区农村经济和农民增收的支柱产业。

(二)农村生产条件与生活环境得到明显改善

10年共解决了农村15.98万人的饮水困难和9.13万人的饮水安全问题。治理水土流失面积174平方公里。投入开发资金6317万元，完成土地整治9.27万亩，改造中低产田土6.58万亩。通过农网改造和沼气池建设，彻底改变了农村过去以柴禾为主的单一能源结构，电、煤、沼气成为农村的主要能源。林业生态建设进步明显，全区共实施退耕还林23.15万亩，荒山造林37.3万亩，大力实施天然林保护工程，全区森林覆盖率达到39.4%，森林蓄积达到490万立方米，林业产业蓬勃发展，林业总产值达到9.4亿元。

(三)农村扶贫开发卓有成效

以改善人民群众生产生活条件为突破口，强力推进扶贫开发工作。大力实施了“村村通”工程，截至2006年底，全区行政村通车率达到99.5%，全部实现了通电、通电话、通广播电视；全面消除了岩洞、窝棚户，易地扶贫搬迁646户；解决了近10万贫困人口的温饱问题，绝对贫困人口由1996年的13.2万人降至3.99万人，贫困发生率降至9.2%。以救助困难群众为目标，有效开展民政救济工作。10年累计救助困难群众10万余人，争取救灾资金1600万元。建设敬老院19所，五保家园20个。扎实有效地开展了气象、农机等事业，为农业生产提供了安全保障。

(四)新农村建设启动有力

按照“统一规则，分步实施”的要求，切实加大了新农村建设力度，首批启动2个市级示范村和28个推进村建设。当前，各项建设工作有序推进，新农村面貌逐步改善，人民群众安居乐业，建设新农村的热情不断高涨。

三、工业经济突飞猛进

通过大力实施“工业强区”战略，坚定不移地走新型工业化道路，全区工业及非公有制经济长足发展，成为全区经济的主要支撑和财政收入的主要来源。一是按照现代企业管理制度要求，扎实有效地开展了企业改制工作，进一步理顺了国有企业管理体制，为全区工业经济的快速发展奠定了坚实基础。二是强化企业技术创新，努力提高技术创新水平。10年来，全区申报列入市级技术创新项目24项，先后开发了20余个新产品，塑造了市级品牌3个。三是强力打造工业发展基础平台，经过不懈努力，争取到了渝东南首家市级特色工业园区——正阳工业园区；组建了区中小企业信用担保中心，争取到了市开行授信1亿元资金支持，为中小企业融资创造了良好条件；建立了黔江工业信息平台，为企业畅通信息渠道、实现信息资源共享创造了条件。四是加快非公有制经济发展，制定出台了鼓励非公有制经济发展的政策措施，努力为非公有制企业营造了公平、公正的发展环境，到2006年底，非公有制经济占国民经济的比重已提高到40%。目前，全区有工业企业180户，工业总产值从1996年的8.77亿元增长为2006年的30.2亿元，增长了3倍多。规模以上工业企业14户，资产总额达到53.1亿元，2006年规模以上工业完成工业产值26亿元，完成工业增加值13.41亿元，实现税利9.47亿元，实现主营业务收入25.83亿元(见表2，下页)。中型企业由直辖时的1户发展到5户。黔江卷烟分厂、乌江实业集团稳居重庆工业50强，黔龙集团也跻身重庆100强企业。

四、商贸业繁荣兴旺

立足"大市场、大流通、大商贸"的总体要求，坚持打基础、重培育、强监管的工作思路，从加快市场培育，加强商业基础设施建设和强化行业管理入手，商贸流通取得突破性发展。一是相继建设了南海鑫城、武陵山家居市场以及濯水、鹅池综合市场等一批市场项目，初步形成了以南海鑫城—新华桥—文体中心为核心的购物集聚区，打造了武陵山家居市场、解放路商业街等一批特色专业市场和特色街区。二是传统经营业态逐渐向现代新型流通业态发展，2006 年全区连锁经营等新型业态销售额占社会消费品零售总额的比重已达 16%。三是生活服务业加速发展。全区陶然居等一批餐饮大店、名店在黔江区落户；美容美发、足浴按摩、休闲茶楼等服务业硬件设施得到改善，服务水平明显提高。四是会展经济快速发展。每年均举办了 1—2 次大型商品展销会，特别是成功举办了跨渝、鄂、湘、黔四省市的首届武陵山民族文化节暨商贸洽谈会，办成了黔江历史上规模最大、档次最高的商品展销会，提升了黔江商贸形象。五是招商引资成效显著，外贸出口起步良好。直辖以来，共引进商贸流通项目 24 个，招商引资合同资金 4 亿多元，到位资金 2 亿余元。地牯牛泡菜、青蒿素、粉丝、工业硅等产品已实现出口。五是行业管理更加规范。推行了生猪定点屠宰，开展了成品油、危化品、民爆物品、酒类市场、废旧物资等市场专项整治活动，特种商品市场秩序井然，管理更加规范。2006 年，全区有各类商业网点 10695 个，比 1996 年增长 224%，商贸营业面积由 1996 年的 13.4 万平方米上升到 36 万平方米，增长了 169%，商贸从业人员已达 2.67 万人，比 1996 年增长了 3 倍，社会消费品零售总额实现 16.81 亿元。涌现了中石油、烟草、新大兴、和平药房等一批重点商贸流通企业。渝东南商贸中心已经纳入全市"1+9"区域性商贸中心规划。

五、旅游业发展势头良好

"十五"期间，全区投入旅游景区配套设施及景区建设的资金共计达 2.2 亿元，是建区前投入旅游业资金总和的 10 倍。着力打造"民族风情、生态环境、地震科研"三张牌，重点培育"神秘黔江·欢乐之旅"特色品牌，加大了精品景区打造力度，初步形成了小南海、神龟峡和武陵仙山三大旅游景区。其中小南海景区获"国家 4A 级景区""国家级地震遗址保护区"、"全国防震减灾科普宣传教育基地"、"国家地质公园"、"中国优秀旅游景区称号"，武陵仙山获"国家森林公园"称号，黔江区获"中国优秀旅游目的地"称号。在铸造精品景区的同时，开展了一系列民族文化的发掘、整理、保护和传承工作，以打造旅游景区民俗风情演出、民族风情村建设为重点大力开展民俗文化包装，增设游客参与项目。同时，成立了旅游产品开发研究所，设计制作了民族工艺品、服饰、手工制品、书画作品、音像制品、

表 2 黔江区 1996—2006 年工业总产值、增加值一览表

指标＼年份	1996	1997	1998	1999	2000	2001	2002	2003	2004	2005	2006
工业总产值(万元)	87696	88569	94514	87348	105960	134867	178017	218673	242480	267536	302000
比上年增长（%）	18.7	2.4	2.8	0.5	0.5	10.3	19.9	10.0	16.4	10.3	12.9
工业增加值(万元)	42888	50834	57097	59666	64937	70888	84861	1000390	117472	128934	150745
比上年增长（%）	16.4	16.9	11.3	5.0	8.3	8.8	18.7	17.8	14.5	9.2	14.4

特色食品等几十种旅游产品。加大旅游推销宣传力度，多次邀请市上旅行社到黔江踏勘旅游线路，目前重庆多家旅行社在市内各主流媒体上推出“黔江游”的宣传广告。小南海和阿蓬江等景区正在被外界熟知，形成了旅行社组团、自驾车、散客等游览方式并存，目的地游、过境游并举的良好局面。目前，全区有旅行社2家、二星级以上酒店5家，还有一家五星级饭店在建，2007年底可竣工投用，有各类宾馆、餐厅180余家，可日接纳约5000人住宿和1万人就餐，有旅游服务人员6000余人，旅游接待能力进一步增强，旅游经济效益明显提高，旅游业作为支柱产业的地位已经逐渐凸现。

六、对外开放招商引资硕果累累

10年来，黔江区与市外投资商共签订项目327个(其中1亿元以上项目5个)，项目总投资92亿万元。实施项目287个，已到位资金15亿元，其中境外资金200万元，主要投资于区内交通、基础设施、电力、加工业、生物制药业、食品业、商贸业、房地产业、畜牧业、采矿业、农副产品加工等行业。一是随着大批工业项目的实施，特别是黔龙印务、恒星生物制药、工业硅、博龙食品等企业建成投产，彻底改变了全区工业单一的局面，有效推动了全区新型工业化建设进程。二是随着重百、新大兴等大型综合百货商场、武陵山家居市场、德峰药品超市等一批商贸流通企业(项目)的入驻，全区商贸流通市场得到了繁荣和提升。三是通过招商引资，大大促进了全区的产业结构调整，加快了旧城改造和城镇化建设的步伐。

七、劳动和社会保障工作成效显著

(一)就业、再就业工作推进有力

10年共指导帮助21829名下岗职工和城镇失业人员实现就业再就业，城镇登记失业率控制在4%以内；发放再就业小额信贷款600余万元，帮助348名下岗职工实现再就业。为13570名个体经营的下岗失业人员减免税费1471万元；建成了23个街道、乡镇社区社会保障工作平台；创造了劳务输出领域的“黔江模式”，10年来全区稳定输出劳务人员在11万人以上；强化职业技能培训，成立了16个职业培训机构，累计完成培训5万余人。

(二)社会保险体系逐步健全

建立和完善了企业职工基本养老保险统帐结合制度和失业保险制度，实施了机关事业单位养老保险和基本医疗保险等制度改革，社会保险统筹层次逐步提高，企业职工养老、失业、工伤、生育四项保险进入市级统筹，社会保险基金综合协调监管机制得到加强。

(三)劳动保障得到加强

理顺了国有企业下岗职工劳动关系，改组改制企业职工的劳动关系逐步规范，劳动合同制度全面推行；稳步推进平等协商和集体合同制度，劳动关系三方协调机制建设取得实效，劳动争议仲裁机构职能得到充分发挥，10年共受理并结案1220件；强化劳动保障执法监察工作，切实维护劳动者和用人单位合法权益，大力开展了拖欠农民工工资专项执法检查，为农民工追回被拖欠工资4200万元，实施了建设领域工资保障金制度，建立起了预防拖欠农民工工资的长效机制。

八、社会事业协调发展

(一)文化事业

一是建成了一批品位高雅、风格鲜明的文化基础设施。先后建成了民族文化宫和重庆市民族博物馆，民族博物馆建成为全国首批民族团结进步教育基地和市级爱国主义教育基地。打造了黔江文化新亮点；强化乡镇文化建设工作，建设了一批示范性文化站和文化室，组建了一批农村电影放映队；扎实推进“村村通”工程建设，建成了6个高山数字微波站，全区广播电视覆盖率达95%，被市委、市政府命名为“全市广播电视先进区”；二是民族文化资源发掘和保护工作进一步加强。2004年成功举办了“重庆黔江·中国武陵山民族文化节”和首届全国民族文化论坛，整合了以土家族为主的武陵山区多民族文化资源，强化了黔江民族文化在武陵山地区的文化“符号”地位。同时，还打造了黔江区乡村文化节、武陵文化广场等不同层级的文化品牌，加强了对民族民间文化的发掘、整理和传承，“南溪号子”被成功纳入全国第一批非物质文化遗产代表作名录保护，“向氏武术”、“后坝山歌”已作为市级第一批非物质文化遗产代表作名录进行公示。建立了民族风情展示基地和土家族文化生态保护区，完成了对一批重点文物保护单位的维修和保护。三是群众文化生活进一步丰富。创办了广场文化、社区文化、企业文化、校园文化，组织了文艺下乡、图书赶场、电影进村等活动，开展了乡镇民俗文化队伍进城展演活动，极大地丰富了广大群众的文化生活。四是文艺创作硕果累累。《哦，沉香木》、《村庄的声音》等一批文艺作品在国家级和市级各种媒体发表，电视文艺片《最后一个船夫》获得电视文艺类最高奖“中国电视骏马奖”，土家摆手舞荣获全国金奖。“十五”期间，共获得国家级奖项13项，市级奖46项，实现了“五个一”工程奖零的突破。

（二）教育事业

一是教育投入不断增加，办学条件明显改善。10年来，全区教育经费总支出10亿多元，比前10年（1985—1995年）增长312%。按照“小学就近入学，初中相对集中”的原则，对农村学校和城区学校布局进行了合理调整，有效提高了教育资源的使用效益。加大了校舍建设力度，新建和维修校舍28.85万平方米，排除各类危房12.06万平方米，全区公办学校校舍面积达到58.2万平方米，比直辖前增长87.7%。二是“两基”水平得到巩固提高。全区各级各类教育在校生达10.3万人，比1996年增长35%，其中，义务教育阶段学生8万人，比1996年增长26%；高中阶段学生1万人，增长了79%；幼儿园及学前教育学生8463人，增长207%。1997年顺利通过了“普九”验收。目前全区小学入学率达99.98%，初中入学率达99.96%，初中毕业生升学率达66.2%，青壮年非文盲率达99.84%，各项指标均达到或超过国家标准。全区城乡居民受教育平均年限由直辖前的6.1年提高到7.8年。三是素质教育全面推进，育人质量不断提高。全区小学生毕业年级巩固成效明显，初中毕业年级质量不断提高，普通高考多项指标在渝东南片区遥遥领先。自1996年以来，全区参加高考学生11432人，被各类高校录取8656人，其中被重点院校录取1440人。四是现代远程教育取得突破性进展。投入资金3500余万元，为学校增配教学用计算机、DVD（VCD）、电视机、收录机、投影仪等现代远程教育设备，在中心校以上学校全部联入英特网，建设了多媒体教室和计算机网络教室，开设了信息技术教育课程。全区承担国家级教育技术立项课题16个，市级立项课题30个都已顺利结题。应用现代远程教育的先进经验，多次在国家、市级专题会议上交流，为国家实施农村中小学现代远程教育工作起到了一定的典型示范和辐射作用。特别是总结提炼了农村中小学现代远程教育“一机三用”（上课学生用，课余老师用，节假日农民用）经验，成为在全国和全市具有一定影响的特色和亮点，受到教育部充分肯定。

（三）卫生事业

围绕解决人民群众“看病难、看病贵”问题，加快基础设施建设，大胆改革创新，强化卫生队伍建设和管理，加大卫生行政执法力度，扎实推进新型农村合作医疗，医疗服务提供、医疗服务利用和公共卫生保障“三个能力”得到显著增强，成功创造了在全国推广的农村卫生工作“黔江经验”。一是有效开展了人才培养和职业培训工作，涌现了一批学有所长的中青年业务技术骨干，全区医疗卫生队伍的整体素质有了明显提高。乡镇卫生院“双无”人员的比例从2000年的58.6%下降到2006年的5%。二是卫生信息化建设取得进步。建设了卫生信息化平台，率先在全市实现了突发公共卫生事件信息网络直报。开通了覆盖全区医疗卫生单位的光纤网络，实现了图像与数据的互传。三是基础设施建设取得重大突破。随着中心医院新建住院大楼、医技楼、门诊楼的建成投用，以及市急救中心黔江分中心启用运行，服务一区三县的黔江中心血站建成，渝东南医疗卫生服务中心框架已具雏形。四是在管理体制和机制建设上取得成效。创造性地建立了“统一规划、分步实施、资金打捆、一步到位”的乡镇卫生院建设机制，全区27个乡镇卫生院完成业务用房和职工宿舍综合配套建设。按照“村医投资、政府补助、产权归公、逐年折旧、离任退款、滚动运行”的办法，完成了150个村卫生室的业务用房建设。五是农民医疗保障制度建设取得突破。经过三年试点，新型农村合作医疗制度在全区基本建立，参合农民得到了实惠，参合农民的总受益面达到了91%，住院医疗费用平均补偿率为37%，农民对新型农村合作医疗的满意率达到94%。

(四)体育事业

一是加快体育设施建设，不断满足广大群众的生活需求。相继建成了区文体中心体育场、体育馆、万米河滨健身长廊、民族健身中心等一系列体育健身设施。体育场被国家体育总局命名为“全民健身活动中心”；万米河滨长廊被纳入重庆市“两江四岸”健身长廊工程。群众的健身意识不断增强，群众体育活动蓬勃开展。充分利用传统节日举办万人长跑、龙舟赛、登山比赛，篮球联赛、拔河、龙狮舞等竞赛活动，每年举办(承办)两次以上全国(或国际性)体育比赛；每两年举办一届全区综合性运动会。通过广泛开展体育活动，群众体育事业有了突破性发展，健身成为群众生活的重要组成部分，全区已建立13个单项体育协会、65个体育指导站(或健身中心)，初步形成以体育协会为基础，以基层指导站(或健身中心)为依托，以社会体育指导员为骨干，以广大群众为主体的社会体育组织网络。全区有13个单位被评为全国全民健身周活动先进单位，近30个单位和企业被评为重庆市全民健身周活动先进单位。二是竞技体育取得巨大成绩。10年来，黔江区在组队参加国际、国内及省、市级各类比赛中，荣获国际比赛金牌2枚，银牌1枚，铜牌1枚；获全国比赛金牌7枚，银牌7牌，铜牌3枚；获省、市级金牌145枚，银牌119枚，铜牌119枚。向国家队输送集训队员4人，向省市级体工队输送25人。由黔江区输送的柔道队员杨素君在第21届世界大学生运动会中，独获2枚金牌。1999年，黔江区运动员代表重庆市参加第六届全国民运会荣获女子双蹴金牌，实现了重庆市直辖后首次参加全国民运会金牌“零”的突破。2003年第七届全国民运会黔江区运动员荣获陀螺、蹴球两枚金牌，表演项目获金奖一个，银奖1个、铜奖2个的好成绩，完成了“双超”任务。

九、人民群众生活水平明显提高

2006年城镇居民人均可支配收入8824元，比1996年增长1.8倍，年均增长11%；农民人均纯收入2279元，比1996年增长91.7%，年均增长6.7%(见表3，下页)。居民消费结构不断升级，消费水平进一步提高，城乡居民用于食品支出比重明显下降，用于教育文化及娱乐方面支出比重上升，居民消费正由注重物质生活向注重精神生活的全面小康型生活迈进。

注：本文数据出自1.黔江区1996—2006年《统计年鉴》，黔江区统计局编制，1997—2007年；2.黔江区2000—2006年《政府工作报告》，黔江区人民政府办公室编制，1997—2007年；3.黔江区相关部门1996—2006年工作资料，黔江区发改委、经委、教委、劳动保障局、民宗委、交通局、建委、规划局、卫生局、贸易局、农办、统计局、旅游局、文广局、体育局、招商局等提供

撰稿单位：重庆市黔江区人民政府办公室
执笔人：徐恭位、涂奎

表3 黔江区1996—2006年城乡居民收入一览表

指标 \ 年份	1996	1997	1998	1999	2000	2001	2002	2003	2004	2005	2006
城镇居民人均可支配收入（元）	3108	3500	4000	4800	5370	5700	6000	7413	7881	8289	8824
比上年增长(%)	8.7	12.6	14.3	20.0	11.9	6.1	5.3	23.6	6.3	5.2	6.5
农民人均纯收入（元）	1189	1382	1417	1365	1405	1510	1580	1716	1968	2129	2279
比上年增长(%)	35.4	16.2	2.5	-3.7	3.0	7.5	4.6	8.6	14.7	8.2	7.0

涪陵区

重庆直辖10年，涪陵区坚持以邓小平理论和“三个代表”重要思想为指导，全面落实科学发展观，抢抓三峡移民搬迁、国家实施西部大开发、倾斜扶持三峡库区产业发展、重庆直辖和区域性中心城市、“1小时经济圈”建设等重大历史机遇，积极应对行政体制调整、亚洲金融风暴的影响，有效抵御灾害疫情的侵袭，主动适应国家宏观政策的变化，努力克服煤电气运紧张的困难，前5年围绕“加快工业化、城市化、农业产业化进程，建设一流强区”、后5年紧扣“加快工业化、建设大城市、全面奔小康”的工作主线，按照“重点抓工业、突出抓招商、关键抓环境、推进五统筹”的总体思路，解放思想，励精图治，负重自强，开拓进取，经济工作铸就新辉煌，开创新局面，为涪陵的发展史写下了浓墨重彩的一页。

一、综合实力显著增强，三次产业协调发展

地区生产总值10年累计910.07亿元，年均递增13%，高于全国、全市同期平均水平；2006年地区生产总值突破150亿元大关，达到153.87亿元，人均地区生产总值达到15187元，分别是1996年的3.6倍和3.8倍。财政总收入累计133.08亿元，年均递增15.4%；2006年突破20亿元大关，达到20.6亿元，是1996年的3.58倍。全社会固定资产投资累计373.59亿元，年均递增15.8%；2006年突破60亿元大关，达到61.17亿元，是1996年的4.33倍。三次产业结构由1996年的18.5:46.5:35.0调整演变为10.3:52.8:36.9，发展更加协调。人民生活水平明显提高，2006年全区城镇居民人均可支配收入10428元，农民人均纯收入2854元，分别是1996年的2.48倍和2.13倍(见图1—图6，下页)。

二、库区奇葩绽异彩，涪陵工业大跨越

涪陵以工业立区，工业是涪陵经济社会兴旺繁荣之本。重庆直辖10年，111万涪陵人民统一工业兴区、工业强区的共识，“不管东南西北风，咬住工业不放松”，工业经济续创佳绩，规模效益大幅攀升，拉动了全区国民经济的稳定增长，奠

图 1 地区生产总值 单位:亿元

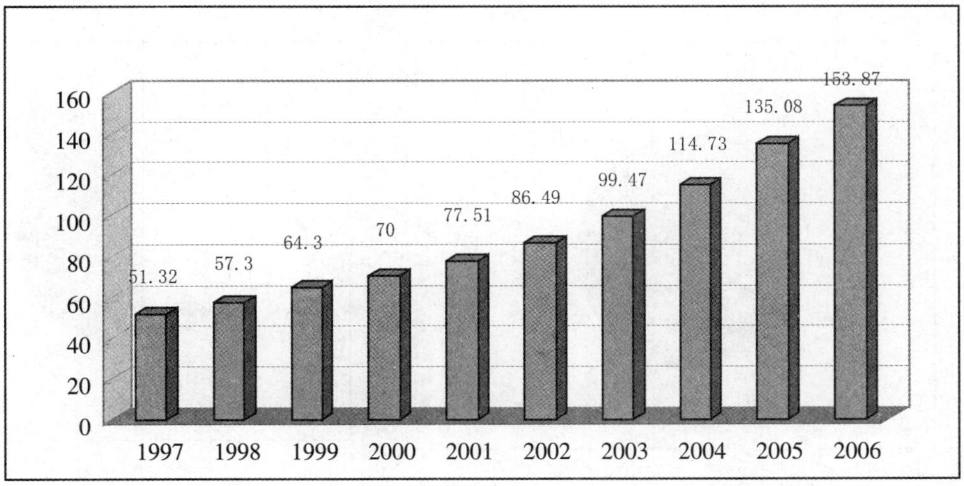

图 2 规模以上工业企业总产值 单位:亿元

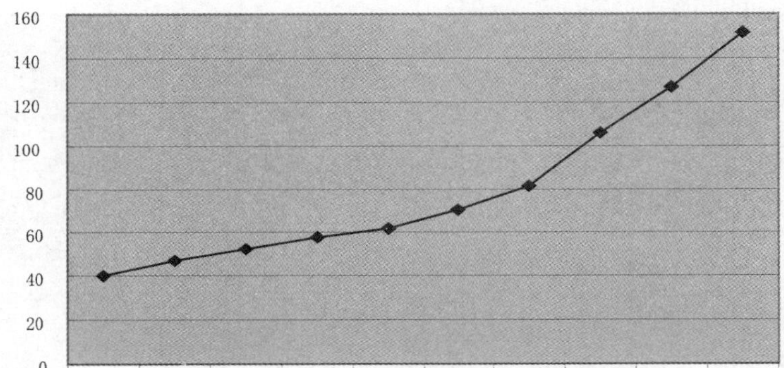

	1997	1998	1999	2000	2001	2002	2003	2004	2005	2006
规模以上工业企业总产值	40.49	47.01	52.93	58.28	62.19	69.97	81.51	105.9	126.5	151.2

图 3 全社会固定资产投资、社零总额 单位:亿元

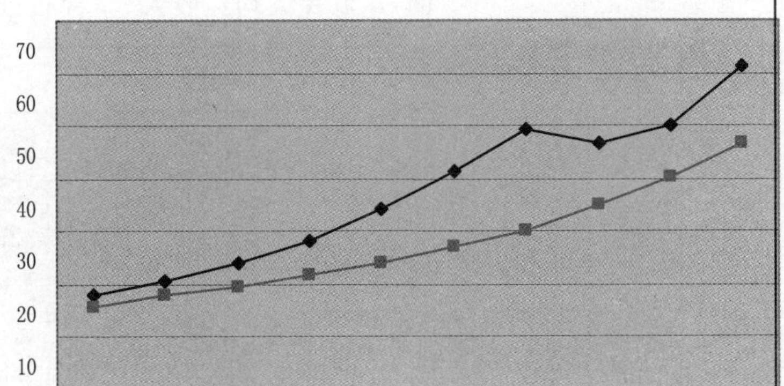

	1997	1998	1999	2000	2001	2002	2003	2004	2005	2006
全社会固定资产投资	17.99	20.58	24.11	28.16	34.13	41.54	49.47	46.54	49.92	61.17
全社会消费品零售总额	15.85	18.03	19.7	21.66	23.94	27.15	30.06	35	40.27	46.76

图 4 三次产业结构 单位:%

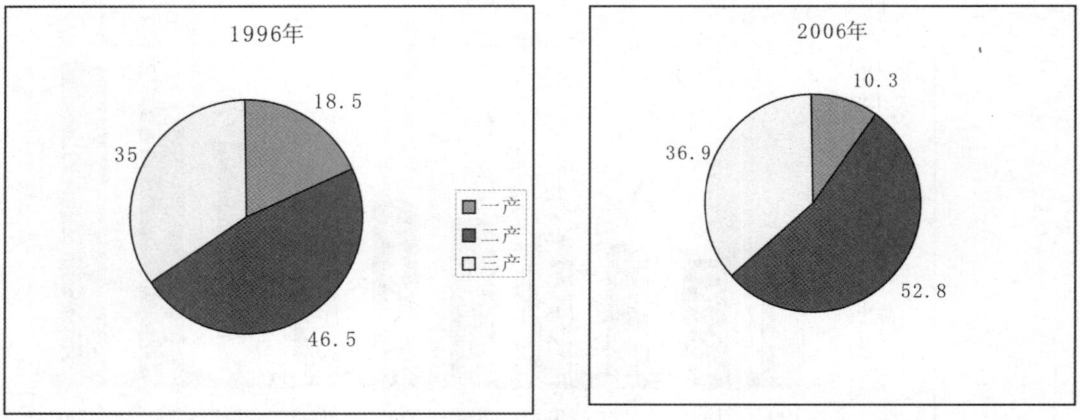

图 5 城镇居民人均可支配收入 单位:元

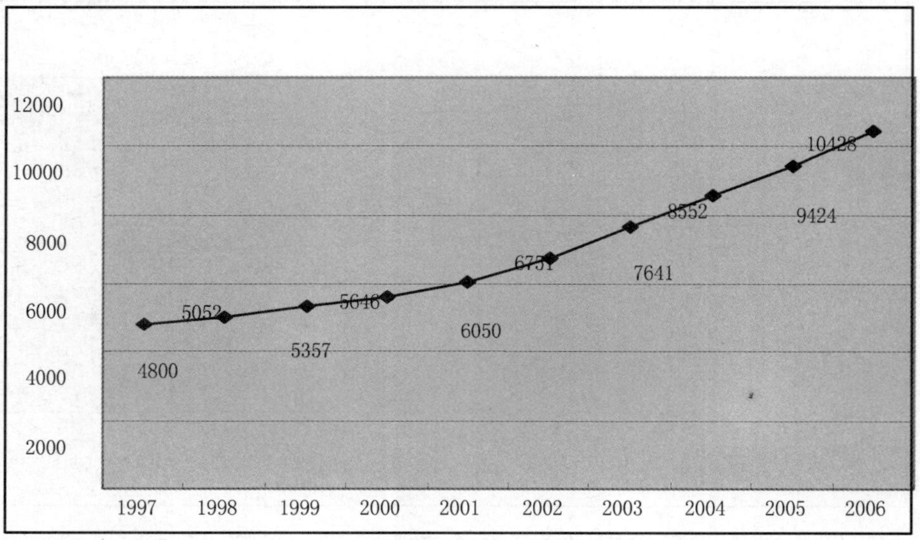

图 6 农民人均纯收入 单位:元

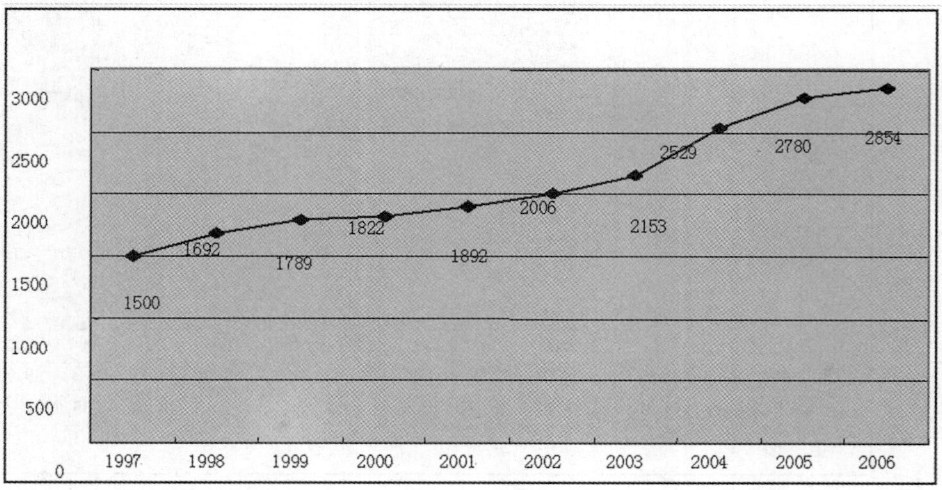

定了涪陵社会经济发展的良好基础。2006年,全区实现工业增加值72亿元,占地区生产总值的比重由1996年的39.5%提高到47%;工业总产值177.49亿元,10年年均递增15.7%;规模以上工业企业产值151.22亿元、利税21.34亿元,10年分别年均递增15.8%和11.7%,经济效益综合指数达到176.6,比1996年提高67.8个百分点。全区规模以上工业产值占重庆市长寿以下三峡库区的"半壁河山"。

(一)乘东风明思路,绘制工业经济发展蓝图

涪陵工业在"八五"时期成功实施"过亿超千"(骨干企业年销售收入超过1亿元、利税过1000万元)工程的基础上,"九五"时期实施了"5135"工程(培育一批年销售收入过5亿元、利税过1亿元和年销售收入过3亿元、利税5000万元的骨干企业),"十五"初期实施了"三个一"(骨干企业销售收入总额突破100亿元,利润总额达到10亿元,创国家级名牌产品10个)。面对推进新型工业化的新形势、新任务,涪陵区不甘人后,顺势而为,通过在全区深入开展调研活动,广泛汇聚民智,反复酝酿,多方论证,编制形成了《涪陵区推进新型工业化发展规划》,提出"三壮三升"(工业投资总额、工业经济总量、工业企业规模明显壮大,工业经济运行质量、工业企业实现利税、工业企业核心竞争力显著提升)的战略目标,着力实施"161"(构筑李渡特色工业园区平台,建设医药、化肥、食品、纺织、机械冶金、新型建材六大基地,培育10户企业进入全市工业50强)工程,形成涪陵长、乌两江T字型工业经济带,建成全市规模较大、实力较强、品牌较响、承接和辐射能力较强、特色鲜明的新兴工业基地,实现到2010年在2002年基础上"再造三个涪陵工业"的目标。在与时俱进的发展蓝图指引下,涪陵工业经济主导地位不断突出,运行质量不断提高,贡献支撑不断壮大,工业化在"三化"中的核心地位进一步巩固和加强。

(二)壮龙头求突破,坚持重点战略不动摇

"八五"以来,涪陵通过实施重点发展战略,选择达到一定规模、发展前景好的工业企业扶优扶强,涪陵烟厂、太极集团、建峰化工等一批优势骨干企业脱颖而出,实现了由小到大、由弱到强的历史性跨越,成为涪陵工业持续快速发展的中坚力量。重庆直辖10年以来,涪陵区坚定不移地秉承这一战略,并在实践中不断创造丰富其内涵,实现了全区重点企业超常规发展。一是牢固树立接力意识。不另辟蹊径,一届接着一届干,喊响"重点企业无小事"、"重点企业是衣食父母"的声音,加大服务重点企业的力度,认真落实区级领导联系重点企业制度、"直通车制度"、特事特办制度和"现场办公会制度",从领导精力、资源配置、政策扶持等方面给予重点企业大力倾斜,倡导大张旗鼓地为重点企业说话,名正言顺地为重点企业办事,理直气壮地为重点企业撑腰,形成"人人关心重点企业、人人支持重点企业、人人呵护重点企业"的良好社会氛围,促进重点企业扎根涪陵,留恋涪陵,满意涪陵,贡献涪陵。二是形成竞争机制。出台并不断完善《重点企业动态管理暂行办法》,对重点企业实行梯队培育,优胜劣汰,形成你追我赶的竞争局面,使重点企业手把红旗不放,争当排头不让,发挥了样板作用和示范效应。三是着力培养经营者队伍。坚持念好"选、放、奖、帮"四字经,不拘一格选人才,放手放胆让企业经营者干事创业,重奖有突出贡献的厂长(经理),在政治上给荣誉,在工作上给关爱,造就了一批能征善战、奋发有为的企业家队伍和职工队伍。经过不懈努力,重点企业群体快速发展,到2006年全区年销售收入过10亿元的企业达到5户、过5亿元的企业5户,6户企业相继进入重庆工业50强;14户重点企业完成工业总产值120.74亿元,占规模以上工业的79.8%,实现销售收入112.73亿元,占规模以上工业的79%,实现利税19.9亿元,其中利润6.45亿元,分别占规模以上工业的93%和94%,经济效益综合指数达到213.4,高出规模以上工业36.8个百分点。与1996年相比,重点企业产值、利税、利润分别增长了3.2倍、1.7倍和1.9倍。

(三)抓项目重投入,工业发展后劲显著增强

始终按照"投产一批、开工一批、储备一批"

的思路，突出项目"抓手"，加快技改步伐，加大投入力度，工业项目建设源源不断，高潮迭起，工业投资占全社会固定资产投资的比重由多年徘徊在20%左右逐渐上升到2006年的44%，发展基础断夯实。新涪公司豆油加工、涪陵卷烟厂完善25万标箱技改、太极集团"双加"二期、中化涪陵化工3×30万吨硫磺制酸配套30万吨磷酸一铵、24万吨磷酸二铵、30万吨复合肥、建峰化工1万吨电解锰、柔性集装袋、金帝集团1万锭亚麻纺、1500万米染整生产线、东升铝业新增2.5万吨电解铝、5万吨新型铝合金、榨菜集团万吨出口榨菜生产线、龙桥电厂2×3万千瓦热电联产等重点项目相继竣工投产，形成了新的增长点。中化涪陵化工20万吨合成氨配套20万吨尿素、5万吨湿法磷酸盐、建峰化工总厂45万吨合成氨配套80万吨尿素、6万吨三聚氰胺、天原化工公司迁建、化医大塬水合肼发泡济等项目开工建设，400万吨化肥工业基地加速打造。水投集团60万吨PTA项目开工建设，建成后不仅产出效益显著，还将延伸形成"PTA—聚酯—化纤纺"和"PTA—聚酯—切片、膜片—包装"的大产业链，对涪陵工业结构调整具有战略意义。川东造船厂3000吨级至9000吨级具有自主知识产权的不锈钢化学品船成功研制建造投运，特种船舶产业化基地加速打造。截止2006年底，全区在建的工业项目投资总额超过100亿元，夯实了工业经济持续发展的基础，"百亿建峰"、"70亿水投"、"50亿涪化"、"30亿船舶"基地实现步伐加快。

（四）兴质量促发展，精品名牌战略取得成效

品牌就是效益。坚持以质取胜，唱响"品牌涪陵"主旋律，按照"制定标准、创造名牌"的思路，大力实施精品名牌战略，增强市场竞争能力，品牌创建工作取得显著成效。"榨菜原产地域产品保护"申报成功，榨菜集团"乌江牌"、"健牌"涪陵榨菜原产地保护标记获准注册，榨菜调味液（榨菜酱油）标准制定推广。太极集团"太极"商标、榨菜集团"乌江"商标荣膺"中国驰名商标"。中化涪陵化工"腾升牌"磷酸一铵、磷酸二铵、榨菜集团"乌江牌"、辣妹子集团"辣妹子牌"酱腌菜（榨菜）荣获"中国名牌产品"。建峰化工总厂"建峰牌"尿素、榨菜集团"乌江牌"榨菜、中化涪陵化工"腾升牌"复合肥获得"国家免检产品"认证，工业品牌集群效应进一步凸显，"涪陵制造"的知名度和美誉度显著提高。

三、城乡统筹夯基础，涪陵农业农村焕新颜

农业是国民经济的基础产业，关乎民生。重庆直辖10年，涪陵区认真落实城乡统筹方略，坚持工业反哺农业、城市支持农村和"多予少取放活"方针，围绕建设重庆市特色农业基地的目标，以农业增效、农民增收为核心，坚持农业结构调整这条主线，突出培育龙头企业和发展乡镇企业两大重点，狠抓农村基础设施建设、劳务开发和科技兴农三项工作，农业农村经济发展迈出新步伐，取得"两大明显变化、三个重大成效、四项新的进展"。

（一）两大明显变化

一是农村经济实力明显变强。从1996年到2006年，全区乡镇生产总值由18亿元增加到64.7亿元，增长2.6倍；农业总产值由15亿元增加到25亿元，增长68.4%，农业增加值由8亿元增加到15.9亿元，增长近1倍。二是农民生活明显变好。从1996年到2006年，全区农民人均居住面积由26.7平方米提高到36平方米；农村居民储蓄存款余额由5.3亿元增加到27.35亿元，增长4.1倍；农村居民家庭恩格尔系数减为53%，下降9个百分点。

（二）三个重大成效

一是农村经济结构调整取得重大成效。全区粮经作物面积比由1996年的78:22调整到2006年的64:36。农村一二三产业比例调整为24.2:30.4:44.3。按照"做精榨菜、做强蚕桑、做优畜牧、做大苎麻"的思路，坚定不移地抓好四篇文章，2006年成品榨菜产量29万吨，居全国第一；产茧7.4万担，居重庆市首位；出栏生猪83.6万头，苎麻基地发展到4.2万亩。与此同时，大力发展

蔬菜、中药材、水产、果品、优质稻和烤烟等骨干优势产业，优质特色农产品基地建设步伐加快。坚持因地制宜，着力推进区域化布局、专业化生产、规模化经营，逐步形成了各具特色的沿江乡镇桑菜猪果主导产业密集区、坪上乡镇麻菜禽粮优质农产品生产区、后山乡镇烟菜羊绿色生态农业区、城郊地区观光休闲乡村游经济区。二是农业产业化经营取得重大成效。实施“双十百万”(培育10个成规模的农业产业化重点龙头企业，创建10个特色乡镇和100个特色村，发展1万户专业大户)工程，在培育农业产业化龙头企业、农民合作经济组织和发展农村专业大户上狠下功夫，到2006年，全区各类农业产业化经营龙头组织发展到269个，其中市级重点龙头企业9户，太极集团、榨菜集团先后创建为国家级重点龙头企业；农民专业合作经济组织56个，“两社两化”组织186个，农村专业大户8600多户，带动建立基地60余万亩。涪陵区先后被评为“中国果蔬十强县（区）”、“中国农产品深加工十强县(区)”，成功创建为国家无规定动物疫病示范区和全国第二批无公害农产品(种植业)生产示范区基地。三是乡镇企业发展取得重大成效。坚持把发展乡镇企业作为财政增收和农民增收的重要渠道，实施“135”(乡镇企业总产值超过1亿元、3亿元、5亿元的乡镇分别达到8个、7个和6个)工程，在城区街道及城郊乡镇大力发展都市楼宇工业，重点发展食品、医药、电子和服务产业，长江、乌江及干线公路沿线乡镇重点发展农副产品深加工、造船和交通运输业，坪上和后山乡镇重点发展农业适度规模经营和加工企业，全区各类乡镇企业快速催生壮大，从1996年到2006年，乡镇企业总产值由18亿元增加到81.4亿元，增长3.5倍，成为农业农村经济发展的生力军。

(三)四项新的进展

一是农村劳务开发取得新进展。大力实施“321”(全区转移农村劳动力30万人，实现劳务净收入20亿元，力争回引1万名外出务工人员返乡创业)工程，将劳务经济作为一个重要产业来抓，拓展转移空间，扩大转移规模，开展技能培训，提高转移质量。坚持内转外输相结合，一方面积极发展劳动密集型产业，促进农村富余劳动力就近转移就业；另一方面利用对口支援优势，推广成建制劳务输出经验，加强与区外重点地区和重点企业的联系，先后建立重庆金科、成都蛟龙、西安王氏、广东中山、浙江有关市等“五大”劳务输出基地，促进了对外有序输出。切实搞好“回引”工程，积极鼓励、大力扶持外出务工人员返乡创业，成功创建企业70余户。2006年，全区共转移农村劳动力24.6万人，劳务总收入18.1亿元。二是农村基础设施建设取得新进展。实施了农村基础设施“七大”工程建设，乡村道路状况显著改善，农村电网改造大部分完成，建成了一批电话乡、电话村，累计解决了20余万人的饮水困难，长防林、德援林、退耕还林、库周绿化带等生态项目顺利推进，全区森林覆盖率达到35.3%，完成了天宝寺水库主体工程建设，一批病险水库获得有效整治，农村环境治理和保护得到切实加强。三是农村改革开放取得新进展。税费改革全面实施，提前1年免除了农业税及其附加，农民负担极大减轻，农村生产力进一步释放。完成了乡镇机构改革和村组建制调整。稳定完善了第二轮土地承包，农村土地使用权流转依法、有序、规范进行。粮食流通体制、农村金融体制、供销社体制、基层农业服务体系等改革取得阶段性成果。四是农业科技推广取得新进展。科技对农业发展贡献率提高，农民致富技能增强，以“种源”工程为重点的先进农业科技成果应用取得良好效果。先后建成了外种鹅原种场、黑山羊原种场和长吻鮠繁殖基地，成功培育出涪杂一号、涪杂二号榨菜和宜香9303、中优9801水稻等具有自主知识产权的新品种，农作物良种大面积推广。农业机械装备水平快速提升，2004—2006年连续三年获农机推广全市第一。

与此同时，加快实施了和谐农村建设。全区农村义务教育阶段学生获得“两免一补”，中小学校危房改造和寄宿制学校建设大力推进，实现了现代远程教育“校校通”，“两基”工作获全市先进，农村教育质量进一步提升。文化事业蓬勃发展，实现了广播电视"村村通"。乡镇卫生院改扩建步伐加快，新型农村合作医疗制度试点后全面推广，获"全国农村初级卫生保健先进区"称号。农村人口和计划生育工作深入开展，基层基础工作不断夯实，成功创建为"全国计划生育优质服务先进区"。以特困村建设、产业化扶持、高山移民异地搬迁为重点，不断改善贫困地区生产生活条件，扶贫开发卓有成效。农村"五保"供养、特困户生活救助、特困人群医疗救助等社会救助体系进一步完善。按照"产业发展形成新格局、农民生活实现新提高、乡风民俗倡导新风尚、乡村面貌呈现新变化、乡村治理健全新机制"的总体思路，社会主义新农村建设稳步扎实推进。

四、推进大流通繁荣大市场，涪陵商贸聚辐功能增强

重庆直辖10年，涪陵区围绕建设区域性商贸物流中心的目标，按照扩大总量、优化结构、拓展领域、提高水平的要求，大力发展与工业化、城镇化演进相适应、相配套的服务业体系，切实增强综合服务功能和聚集辐射能力，以商贸流通业为主的第三产业明显壮大。

(一)商圈聚集辐射功能增强

先后实施了"2456"(实现2个番：社会消费品零售总额、商业增加值翻番；4个成型：关庙综合市场、金凯装饰城、中国榨菜交易中心、新旧汽车交易中心基本成型，珍溪、白涛、新妙、龙潭4个中心城镇商业区基本成型；5个超亿：年销售收入超亿元的商贸企业达到5个；60个达到：规模以上连锁店达到60个)发展战略和"4543"(构建涪陵城区中心商业区，李渡新城商圈、江东片区、南岸浦片区和社区商业区，中心镇商业区，一般集镇商业区等4级商业服务网；建设关庙综合市场、金凯装饰城、中国榨菜展示交易中心、渝中粮油物流中心、涪陵汽贸中心5大商品市场；培育北拱铁公水、涪陵港口、李渡特色工业园、白涛化工4大物流园区；培植营业面积2.5万平方米以上、从业人员1000人以上、年销售收入3亿元以上、入库税金1000万元以上的商品零售骨干企业3户)发展战略，10年社会消费品零售总额累计达278.4亿元，年均递增13.3%；2006年达到46.76亿元，是1996年的3.5倍。在城市，以重百涪陵商场、国美电器为核心的南门山商圈，以新世纪百货涪陵商都、依蝶购物中心、新大兴数码港、涪陵移动商城为核心的高笋塘商圈基本成型，滨江路特色商业带加快建设，李渡新城商圈渐成雏形，商业网络日益健全，购物环境极大改善，商业氛围显著增强，流通业态更加丰富，连锁经营、物流配送、电子商务等新型业态广泛运用，经营方式呈现专业化、特色化。在农村，大力推进"双建工程"，加快乡镇建连锁超市、村组建便民放心商店步伐，积极培育消费热点，发展边际商贸，进一步启动了市场。一批具有一定规模、专业性明显、特色突出、集散功能较强的专业市场相继建成，中心商业区、中心镇商业区和一般集镇商业区梯次发展的商业网络格局基本成形，商贸流通繁荣活跃。国美电器、重庆百货、新世纪百货等一批区外知名企业落户涪陵，新大兴集团、涪陵饭店、太极大酒店、巴人餐饮、合智商业广场、金凯装饰城等一批本土商贸企业和商品市场脱颖而出，建成国美电器涪陵店、新大兴泰兴电脑城、枫云居家具城、重庆书城涪陵分店等一批重庆中部地区最大的专业市场。通过加大宣传推介力度，留住本地消费，开发潜在消费，吸引周边消费，邻近区县对涪陵商业认同度提高，涪陵商圈的集聚辐射能力不断增强。

(二)区域性物流中心日臻成型

充分发挥滨长江、扼乌江的区位优势，依托内外畅达的交通条件，不断整合资源，瞄准工业物流需求，发展物资集散、仓储、配送和交易服务，区域性物流中心加快建设。2006年，全区完成货运量1397万吨，货物周转量105亿吨公里，分别比1996年增长0.8倍和15.6倍。

(三)旅游业发展形成新格局

深入挖掘巴枳文化、易理文化和榨菜文化内涵，实施白鹤梁题刻原址水下保护工程，开发境

内丰富的自然资源,太极集团涪陵医药工业基地成功创建为工业旅游景点,武陵山国家森林公园、石夹沟、御泉河、雨台山、周易园、北山道院、大梁山等一批旅游景区(点)建成开放,滨江文化长廊和两江休闲广场加速打造,涪陵逐渐成为长江三峡黄金旅游线上的重要节点。2006年,全区旅游业总收入2.18亿元,比1996年增长1.5倍,三星级以上的接待单位达到7个。

五、长乌江畔崛起古老希望城,涪陵大城市骨架基本成型

重庆直辖以来,涪陵在提速城镇化进程中大力推进“三大历史性跨越”:在发展目标上,由中等城市向大城市跨越;在战略导向上,由古老的山城向富有特色魅力、充满现代气息的“山城”、“江城”、“生态园林城”跨越;在城市构架上,由江南旧城区向以江南片区为中心,李渡、南岸浦、江东、江北共五片组团式格局跨越。按照“挖掘城市资源,扩大城市规模,完善城市功能,美化城市环境,提升城市品位”的思路,以拉开城市骨架、完善城市功能为重点,以强化产业支撑、增强城市竞争力为核心,以提高人民生活水平,实现共同富裕为落脚点,城市建设取得大突破、大发展,规模快速扩张,功能日臻完善,形象显著提升。2006年涪陵城区建成面积达到33.9平方公里,比1996年增加21.9平方公里,城镇化率达到50.4%,提高14.4个百分点,50万人口大城市骨架基本成型。

(一)城市规划切实加强

突出规划的战略性、先导性、强制性和权威性,坚持规划先行,按照城市发展“后靠东移、西进北连”战略和“三结合”(近期建设与远期发展相结合、城市建设与移民迁建相结合、城市总体布局与社会经济发展相结合)原则,两次修编《涪陵区城市总体规划》,形成到2020年涪陵城市“65平方公里、70万人口、一城两区五片”的发展格局,在规模扩张上以李渡片区和南岸浦片区为重点,在产业支撑上以工业为依托,突出特色,坚持以人为本,走可持续发展道路,认真处理好城市资源利用与保护的协调统一、工业基地建设与城市建设的协调统一、城市发展与生态环境建设的协调统一,努力营造优美、舒适的宜居(住)、宜创(业)环境。

(二)城市建设蓬勃开展

坚持高水平、高质量、出精品的原则,以市场为导向,优化城建投资机制,推进投资主体多元化、筹资手段市场化、资金来源多样化,切实加大了城建投入力度,一批道路、桥梁、文化体育设施等枢纽型、功能型重大项目相继建成,城市现代气息浓郁,动感活力催生,人民群众普获实惠。

1.在城市道路方面,先后扩建了兴华东、西路,新建了体育南、北路、李渡新城区主干道、鹅颈关立交桥、李渡南北快速通道等,拓宽改造了迎宾大道、太极大道、宏声大道、黎明南路、李渡环城大道等,特别是李渡长江大桥、乌江二桥和石板沟长江大桥在2003年渐次开工,全长8.5公里的长江大桥至乌江大桥滨江路、全长7公里的东西干道及火车站站前大道顺利建成,江东总长3公里的乌江大桥至石板沟长江大桥段、江北总长6公里的长江大桥至石板沟长江大桥段规划投建,天子殿至北拱滨江路实施改造,加上已有的长江大桥和乌江大桥,将形成“五座大桥、五条大道”的涪陵主城外环高速通道,为城市加速扩张创造了条件。

2.在基础设施方面,兴建了涪陵广场、青年广场、堡子城公园、秋月苑、黎明花园、乌江桥头花园、实验花园、稻香、四环、顺江移民花园等一系列城市花园,建成了设施齐全、功能完备的涪陵体育场,城市主干道全部改造铺设柔性路面,城市品位获得提升。

3.在景观塑造方面,突出创建标志性地段、代表性建筑鲜明特色,建设了一批高水平的灯光组团和灯光通道,城市形象得到改善。总投资17亿元的长江移民迁建防护大堤和滨江路建成,集繁华商贸区、公共活动集聚地、高档住宅区和三峡黄金旅游带“白鹤梁题刻”于一体的滨江片区开发如火如荼,涪陵“外滩”成为一道靓丽风景

线。倾力把与江南主城区一江之隔的北山坪作为一大景观来绿化，塑造江北库岸生态走廊，形成了“南有滨江大道、北有绿色屏障”的城市特色。

(三)城市管理突出效能

坚持“标本兼治”方针和“建管并重、疏堵结合”原则，努力提高城市综合管理水平，增强公共服务能力，改善人居环境，市容市貌明显改观。建立健全了“一级政府、二级管理、三级网络”的城管体制，落实职责任务，有效降低扬尘污染，规范管理背街小巷，依法取缔占道经营，着力美化城市环境，卫生、交通、市场、治安、建筑五大秩序明显好转，“十乱”现象有效遏制。城管内涵不断深化，执法水平和群众参与管理能力稳步提高，营造了市民良好的工作生活环境。一座容颜靓丽、魅力特色彰显、姿态开放创新、发展轮廓明朗的区域性中心城市和大城市，生机盎然地展现在世人面前。

六、综合交通网络加速构建，涪陵内外通达能力显著增强

重庆直辖10年，涪陵区交通建设累计完成投资额逾60亿元，超过1949—1996年的总和。铁路和高速公路从无到有，干线公路等级全面提升，“2小时交通”基本建成，港口码头迁复建成绩斐然，一个具有枢纽地位的综合立体交通网络初步形成，畅达了内外交通，激活了人流、物流、信息流和资金流，有力地推动了区域性中心城市建设。到2006年，全区公路通车里程达到3583公里，比直辖之初净增375公里；公路密度由109.1公里/百平方公里增加到121.8公里/百平方公里，全区交通设施条件明显改善，基本缓解了“瓶颈”制约，夯实了国民经济可持续发展的基础。

(一)渝怀铁路涪陵段建成通车

国家西部大开发十大重点工程之一的渝怀铁路，东西横贯涪陵境内71公里，于2006年初建成通车后，改写了涪陵无铁路的历史，气势恢宏的钢铁巨龙使巴国儿女通江达海的梦想成真，壮志激越。

(二)涪长高速公路缩短涪陵到重庆主城的时空距离

2000年底，穿越境内的涪长高速公路顺利建成通车，使涪陵到重庆主城的距离大大缩短，跻身重庆“1小时经济圈”范围，全面快捷地承接主城辐射。

(三)干线公路全面改造升级

涪龙路、涪水路、涪丰南线、涪垫路相继改造硬化，投资额居设区以来地方筹资之首的涪丰北线胜利贯通，渝巴路开工建设，构筑起涪陵至周边区县的快捷通道。以2003年国道319线涪武路“三改二”工程竣工通车为标志，“8小时重庆”目标顺利实现。

(四)“2小时交通”基本建成

2000年，根据乡镇公路建设严重滞后的状况，提出用3年左右的时间实现乡乡镇镇通水泥路，建设“2小时交通”的奋斗目标，迅速掀起了全民参与、轰轰烈烈大战交通建设的热潮。广大干部群众万众一心，艰苦奋斗，发扬领导苦带、干部苦帮、群众苦干的“三苦”精神，全区累计完成硬化乡镇道路462公里，如期实现乡乡镇镇通水泥路目标，彻底改变了乡镇交通比较落后的面貌，各乡镇至涪陵城区的行车时间缩短至2小时以内。通过不懈努力，到2006年全区硬化公路总里程达到688公里，为1996年的3.2倍。所有行政村公路通达率100%、通畅率30%。

(五)“九射三环三铁一港”综合立体交通网络格局初成

立足长远，未雨绸缪，在现有7条骨干公路基础上，规划建设渝湘高速公路涪陵连接线和沪蓉高速公路涪陵段，形成与涪长高速公路一起贯穿涪陵东西向和南北向的“十”字型骨干通道；加快完善境内长江以北、长江以南、乌江以西三个区域的乡镇公路环线，形成以涪陵城为中心、各乡镇为二级节点、三大环线为主动脉的区内公路交通网络；推动渝利铁路、南涪铁路涪陵段建设，连通川黔线和湘渝线，与渝怀铁路一起形成“一专一干一支”三条铁路在涪陵交汇的小枢纽；切实抓好重庆港涪陵港区码头、铁公水联运作业

区、黄旗集装箱滚装码头、化工、建峰、新涪等企业专用码头建设，打造涪陵枢纽港区。通过加快构建“九射三环三铁一港”的立体交通网络，积极分担重庆主城区对外交通运输功能，涪陵正在成为设施齐全、结构合理、功能完备、集聚和辐射作用明显的重庆交通副枢纽。

七、移民搬出“精、气、神”，涪陵递交满意答卷

三峡工程举世瞩目，移民关乎工程成败。涪陵是三峡工程主要淹没区之一，三峡工程按175米方案蓄水，将淹没涪陵陆域面积51平方公里，涉及28个乡镇，规划动迁人口近11万人。重庆直辖10年，是涪陵区移民投资额最大、任务最艰巨、成效最显著的时期，作为任务量居重庆库区第4位的移民大区，涪陵始终坚持开发性移民方针和“两个调整完善”政策，坚持“以移民为重，以移民为先”，紧紧围绕移民搬迁安置、库区经济社会发展、库区生态环境保护和建设三大历史任务，把推进移民放在各项工作的突出位置，发扬“顾全大局的爱国精神、舍己为公的奉献精神、万众一心的协作精神、艰苦创业的拼搏精神”，举全区之力攻坚克难，圆满完成了二、三期移民任务，顺利启动了四期移民搬迁安置。

（一）顺利完成移民搬迁

始终坚持以土为本，以大农业安置为基础，采取本地安置与异地安置、集中安置与分散安置、政府安置与自找门路安置相结合的办法，做到内安与外迁并举，多渠道、多形式安置农村移民；按照“基础设施先行、突出功能配套”的思路，采取集中修建与联户自建、打捆搬迁安置等办法，实施了区级部门联系帮扶、鼓励货币补偿销号、扎实开展就业培训指导、及时跟进基本生活保障等一系列促进城镇移民搬迁安置的优惠政策，推动城镇移民迁建；坚持把促进结构调整作为加快发展的有效手段，采取淹没企业搬迁与企业组织结构调整、产品结构调整、加速技术改造、开展对口支援和发挥地方资源优势相结合的“五结合”做法，推进移民工矿企业迁建；按照“夯实发展基础，改善投资环境，行业统一规划，资金补偿包干”的思路，以道路、能源、通讯等设施建设为重点，推进专业项目复建。完成1419名农村移民外迁浙江省安置任务，实现了“不伤、不亡、不掉1人、安全事故为零”的目标。经过10年鏖战，全区累计完成移民动态投资43亿元、搬迁安置10.39万人，复建房屋290万余平方米，迁建调整工矿企业222户，全部达到计划进度要求，顺利通过国家和重庆市验收，为三峡工程分期蓄水、通航、发电做出了贡献，向党中央、国务院和全国人民交上了一份满意的答卷。

（二）对口支援结出硕果

按照“近期支援与长远合作相结合、项目开发与人才培养相结合、重点突破与联动发展相结合、经济增长与移民迁建相结合、对口支援与共同发展相结合”的思路，坚持“优势互补、互惠互利、长期合作、共谋发展”的原则，紧紧围绕经济合作、无偿援助、干部交流、劳务输出等重点开展对口支援工作，取得较好成绩。先后与浙江、北京、江苏、福建、安徽、广东、山东、云南、贵州等9个省市和国家有关单位建立了密切的对口支援关系，累计实施对口支援项目350个，组建对口支援企业93户，安置移民1.8万人。中化集团、杭州娃哈哈集团、云南通海印务公司等一批有品牌、有实力的企业相继落户涪陵或来涪合作，注入了发展活力。抓住国家对库区工矿企业联营专贷机遇，不断推进企业技术改造，金帝集团、榨菜集团、东升铝业等一批企业在实施搬迁后成功摆脱困境，迅速做大做强，焕发出勃勃生机。与渝中区结成新的对口支援关系。

（三）生态建设与环境保护切实加强

在推进大规模移民搬迁安置的同时，高度重视库区生态建设与环境保护工作。一是严格按照国家要求开展了库区断面水质和饮用水源水质监测及评价工作，在长、乌两江涪陵段共设置9个地表水监测断面，在城区设置1个饮用水源水质监测点。监测结果显示，涪陵常年地表水和饮用水源水质基本达到《地表水环境质量标准(GB3838—2002)》III类水标准。二是切实加强对垃圾和污水的收集处理，城区先后建成污水处理厂和垃圾处置场，日处理污水能力8万吨，出水水质达国家1级排放标准；日处理垃圾能力达360吨，基本做到了日产日清；在7个中心集镇分别建设的垃圾处置场和污水处理厂已部分投入运行；7艘打捞船集中对江面垃圾进行“清漂”打捞，保证了水面的清洁；严格控制农业生产中农药使用量和品种选择，大力推广无公害栽培技术，有效减轻了农业面源污染。三是认真搞好水土流失治理，坚持以小流域为单元，以坡改梯、经果林建设为重点，大力治理水土流失，缓解了人、地、生态承载矛盾。四是加快实施退耕还林工程，开展库周绿化带建设，构建库岸绿色屏障。五是扎实推进地质灾害防治工作，全面完成二期32个地灾防治项目，启动实施了38个三期地灾项目治理工程，建立健全了群专结合的监测网络，促进经济社会安全可持续发展。通过努力，涪陵区在全市城市环境综合整治定量考核中排名不断提高，由直辖之初的后五位升至2006年的前三位。

（四）大移民促进大发展

重庆直辖以来涪陵区经济社会发展史，就是一部活生生的移民史。通过移民，促进了涪陵工业经济增量提质，结构不断优化；通过移民，促进了涪陵人民生产生活条件极大改善，城乡面貌焕然一新；通过移民，促进了涪陵农业农村经济稳步发展，工业化城镇化加速推进；通过移民，促进了涪陵社会事业长足进步，人民生活水平不断提高。

八、致力创造环境优势，涪陵开拓开放谱新篇

抓住机遇，乘势而上，能快则快尽量快。广大干部群众始终以高昂的士气和敢于超越的姿态，齐心协力，争先创优，立足增强可持续发展保障，在环境建设、借资引智、民营经济创新创业方面实现了新的跨越。

（一）夯基础造平台，整治环境创优势

环境就是生产力。重庆直辖10年，涪陵区坚持“围绕一个目标、实现两个转变、搞好三个结合”的思路，大造声势，喊响口号，落实措施，下大力气整治、优化发展环境，努力将涪陵建设成为有识之士兴业发财的乐园、充分吸纳各种生产要素的洼地，活跃一切创造财富的源泉。围绕一个目标，即把涪陵打造成为全市范围内投资最安全、办事最方便、执法最公正、服务最高效的投资服务环境和创业发展环境。实现两个转变，即深化行政审批制度改革，切实转变政府职能；清费减负优质服务，切实转变工作作风。搞好三个结合，即把综合整治发展环境与综合目标管理结合起来、与单位和个人的评先评优结合起来、与领导干部政绩考核和提拔任用结合起来，对被评定为最不满意的单位，第一年亮“黄牌”，第二年该单位领导班子集体就地免职。通过连续多年坚持不懈地推进发展环境综合整治，在建设宽松的政策环境、高效的办事环境、优质的服务环境、重信守诺的诚信环境、公正文明的法制环境、祥和平安的稳定环境等6个方面重点着力，取得明显成效：行政审批制度改革深入推进，环节简化效率提高；检查收费逐步规范，“三乱”现象有效遏制；机关作风逐步好转，干部“执政为民、服务发展”意识普遍增强；市场秩序和治安环境整治取得较好效果。一流的环境汇聚了一流的人气，使投资者在涪陵感受到处处是春风，处处是温暖，处处是亲情，形成了众人拾柴、众人划桨、共襄发展的良好格局。

（二）坚持双轮驱动，掀起民营经济发展热潮

一枝独秀不是春。涪陵国有企业发展相对较好，但整体经济上台阶难度大，其症结就在于非公有制经济发展缓慢。重庆直辖以来，涪陵区认真贯彻落实“两个毫不动摇”方针，大力营造对非公有制经济高看一眼、厚爱一分、重扶一把的社会氛围，大胆提出到2007年全区非公有制度经济总量突破100亿元的目标，高举发展非公有制经济旗帜，唱响发展非公有制经济调子、迈开发展非公有制经济大步，实施“12345”（培育10强领航企业、20颗明星企业、30户新星企业、40个小巨人企业、50朵小金花企业）非公有制经济发

展战略，强化“帮商就是帮民、扶商就是扶贫、惠商就是惠己、敬商就是敬业”理念，通过在经营领域上放开、在市场门槛上放低、在税费政策上放宽、在金融扶持上放活，促进一切有利于非公有制经济发展的活力竞相迸发，打破了非公有制经济多年徘徊不前的沉闷局面，全区非公有制经济发展增量，实力增强，贡献增大，一批成长良好、个性各异、特色突出、潜力较大的非公有制企业群体崭露头角，为涪陵经济添力加劲。2006年，全区非公有制经济实现增加值78.5亿元，占全区GDP的比重提高到51%。

（三）抓机遇借外力，开放招商呈现崭新局面

开放是时代潮流。始终高擎开放大旗，充分利用三峡移民、西部开发、国家解决三峡库区产业空虚问题和主城区“退二进三”产业梯度转移等机遇，实行“拿来主义”，在更大范围、更广领域集聚发展动力源。一是营造招商氛围。全区连续多年召开高规格、大规模的招商引资大会，造声势、鼓干劲、定任务、添措施，形成了“外商来了招手、有了问题伸手、干出效益拍手”的良好氛围。二是创新招商方式。组建水投集团、城投集团、涪投集团作为招商引资主体；组织招商团队外出招商，提高招商的组织化程度；利用政府公众信息网，发布招商项目，实现快捷招商。三是提高招商成效。以主城为依托，以浙江为跳板，到发达地区、到侨乡和外商集中的地方蹲点招商，一有线索就扭住不放，锲而不舍，一事一议，特事特办，提高签约率和到资率。通过不懈努力，全区招商引资实效不断攀高：成功引进天原化工和化医大塚公司来涪发展，形成了“承接产业转移效应”；美国明康电子、安徽国通管业、浙江诚信包装、广东金税科技、马来西亚威特佳公司落户李渡工业园区，形成了“工业园区效应”；新加坡泛联集团在涪投资3亿元建成日加工3000吨大豆的豆油加工生产线，形成了“新加坡效应”；涪陵化工与中化集团联姻，引进世界500强企业实现零的突破，法国拉法基公司控股腾辉涪陵水泥公司，形成了“强强联合效应”。美国来宝集团、德国斯托赛克、重庆啤酒、华夏农业等知名企业先后落户涪陵。特别是2003—2006年，全区招商引资到位资金分别达到8.47亿元、11亿元、12.8亿元和14亿元，不断刷新历史记录，开创了“办好一个，引来一批，建成一片”的良好局面。与此同时，适应经济全球化和加入WTO的新形势，依托区内、区外两个市场、两种资源，切实加快了外向型经济发展步伐，2006年全区实现外贸进出口总额2.4亿美元，其中出口8752万美元，分别是1996年的32.9倍和13.3倍。

遥看一色湖天处，正是轻舟破浪时。未来五年是涪陵全面开启“新创业”征程的“黄金发展期”。机遇空前，挑战空前，前景光明，任务繁重。涪陵的经济建设将以邓小平理论和“三个代表”重要思想为指导，全面贯彻科学发展观，围绕建成“两基地、一枢纽、两中心”（即，重庆市新兴工业基地、优质特色农产品基地、交通副枢纽、中部城区性商贸物流中心和教育文化医疗服务中心）的奋斗目标，紧扣投资建设“一城两线三园四基地”的工作主线，攻克产业项目不足的“难点”，突破招商引资薄弱的“重点”，化解投资环境欠佳的“弱点”，努力实现新的跨越。具体发展目标是：实现六个翻番、两个显著提高和一个建成，即：地区生产总值年均增长14%，工业总产值年均增长20%，地方财政收入年均增长15%，全社会固定资产投资年均增长15%，社会消费品零售总额年均增长15%，实际利用内外资年均增长20%，均实现翻番目标；农民人均纯收入、城市居民人均可支配收入显著提高，分别年均增长9%；建成重庆中部工业优势突出的大城市，保持区域性中心城市的“排头兵”地位。同时，科技对经济增长的贡献率达到48%；人均受教育年限增至9年。主要约束性指标为：万元地区生产总值能耗年均下降4%；城区空气质量优良天数占全年的比例达到80%以上；城镇登记失业率控制在4.3%以内；人口自然增长率控制在5‰以内。为此，我们将以追求卓越的信念，敢为人先的胆略，求真务实的精神，有胆有识地“闯”、争分夺秒地“抢”、千辛万苦地“拼”、脚踏实地地“干”，大气魄谋划，大视角招商，大手笔建设，着力提升产业发展水平、区

域性中心城市建设水平和对内对外开放水平，以追求卓越的精神状态和超一流的工作干劲，再造新优势，再谱新篇章，再铸新辉煌，创造更加灿烂美好的明天！

注：本文数据出自于《涪陵统计年鉴(2006年卷)》、涪陵区统计局根据市统计局、涪陵区交委、涪陵区移民局

撰稿单位：重庆市涪陵区人民政府办公室

渝中区

重庆直辖10年来，渝中区在市委、市政府的领导下，高举邓小平理论和"三个代表"重要思想伟大旗帜，坚持以经济建设为中心，积极把城区的改革发展放到重庆乃至西部大格局中，纵向分析明优势添信心，横向比较找差距讲危机，引导全区上下进一步深化了对区情的认识。积极把握城区发展规律，坚持规划先行，借"外脑"、纳群言、科学民主决策重大事项，促进了城区发展由"地域小天地"融入到了"服务大空间"，逐步明晰了"服务重庆、发展渝中"和巩固提升"四中心、两高地、一枢纽"的战略思路，明确了"优三强三、主攻现代服务业发展"的产业发展方针，全区上下统一思想、步调一致、齐心协力、奋力拼搏，经济社会发展取得了辉煌成就。

一、突出壮大经济总量，人民生活水平进一步提高

直辖10年，是渝中区经济持续快速健康发展的10年。全区地区生产总值由1996年的80.2亿元增加到243.2亿元，按可比价格计算年均增长10.4%(见图1，下页)，成为建区以来发展最为强劲、最为稳健的时期。其中第二产业增加值由1996年的22.2亿元增加到23亿元，年均增长4.6%；第三产业增加值由57.9亿元增加到220.2亿元，年均增长11.6%。经济总量的快速增长，使全区人均地区生产总值由1996年的13922元增加到34697元，年均增长9.6%；区级财政收入由1996年的3.4亿元增加到13.19亿元，年均增长19.5%(见图2，下页)。10年来，渝中区经济结构不断调整，产业结构在发展中趋于优化。三次产业产出比例由1996年的0.1:27.7:72.2发展为2006年的0:9.5:90.5（见图3），产业结构在2004年实现了由三、二、一的产业结构优化为三、二的产业结构，第三产业年均增长速度比全市经济的增速高出1.4个百分点，成为推动全区国民经济发展的主要动力。

在经济快速发展的基础上，渝中区人民生活水平不断提高，衡量居民生活质量的"恩格尔系数"(居民食品支出占消费支出总额的比重)从1996年的56.4%下降到2006年的34.2%(见图4)。1996年，全区社会消费品零售总额56.6亿元，城镇居民人均可支配收入4551元，居民储蓄余额59.7亿元。2006年，全区社会消费品零售总额180.1亿元，占全市的12.8%，年均增长12.3%；城镇居民人均可支配收入12481元，年均增长10.6%；居民储蓄存款余额达292.3亿元，年均增长17.2%(见图5、图6)。直辖10年的持续发展，渝中区经济总量进一步壮大，综合经济实力不断增强，正稳步跨入西部经济强区行列。

二、突出解放碑中央商务区建设，集聚辐射能力进一步增强

自中共渝中区委九届三次全委(扩大)会议

图 1 地区生产总值 单位:亿元

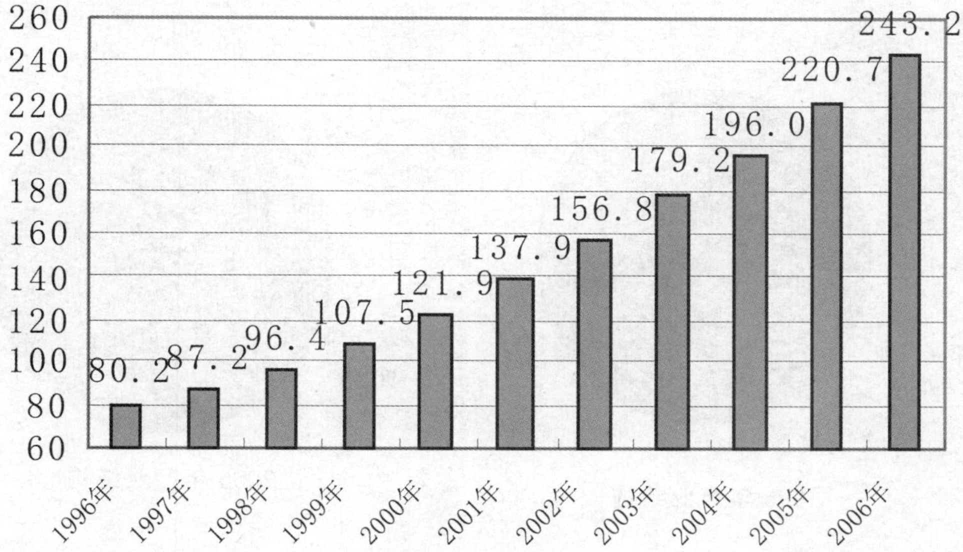

图 2 财政收入 单位:亿元

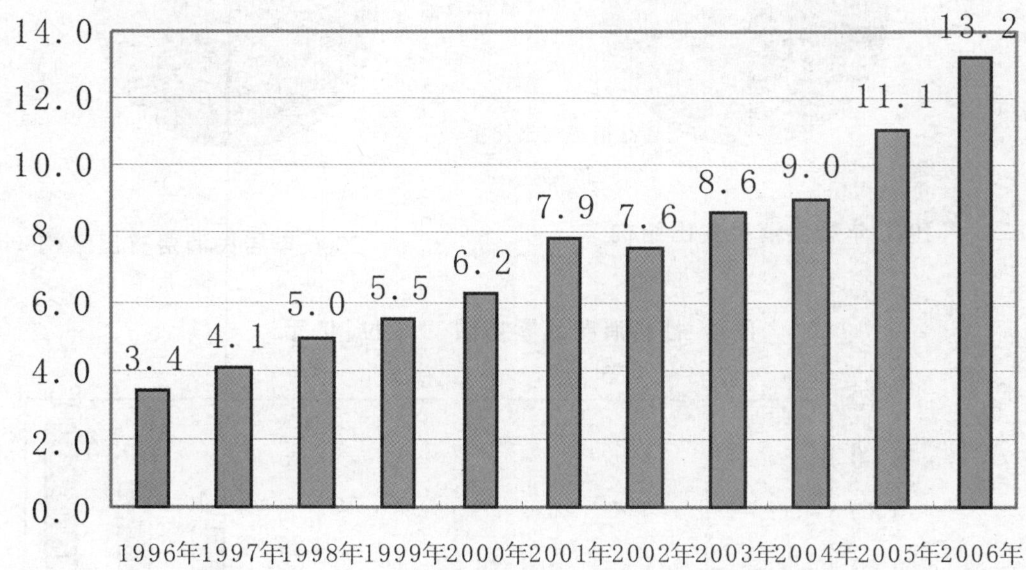

作出《关于加快推进重庆解放碑中央商务区建设的决议》以来，全区上下形成共识，渝中区要在23.71平方公里的土地上实现新的跨越式发展，就必须打造一个区域经济增长极。几年来，围绕"政府引导、市场运作，强化商务、提升商贸，统一规划、分步实施"的原则，以科学规划为先导，以提升景观形象为突破，以土地整治、设施建设为载体，以强化集聚辐射、综合服务功能为核心，以夯实产业基础、壮大经济总量为支撑，重庆解放碑CBD建设取得实质性进展。

图 3 产业结构

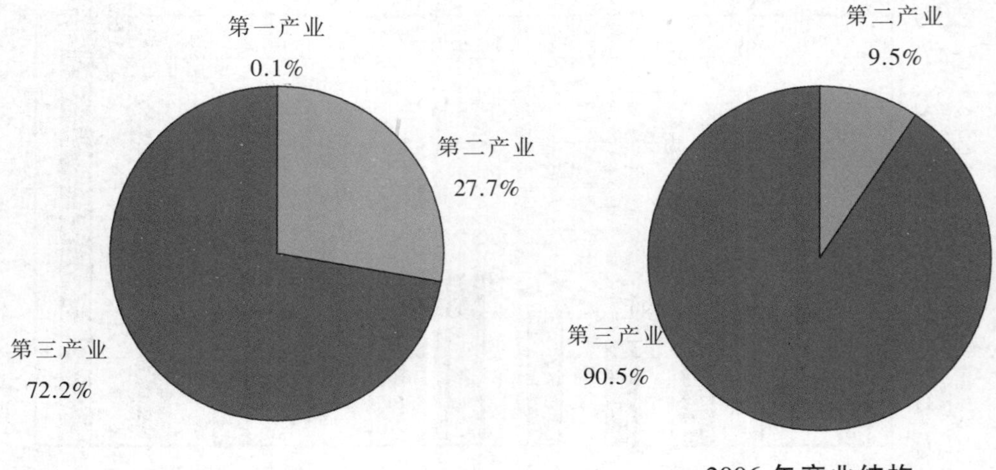

1996 年产业结构

2006 年产业结构

图 4 居民消费支出结构

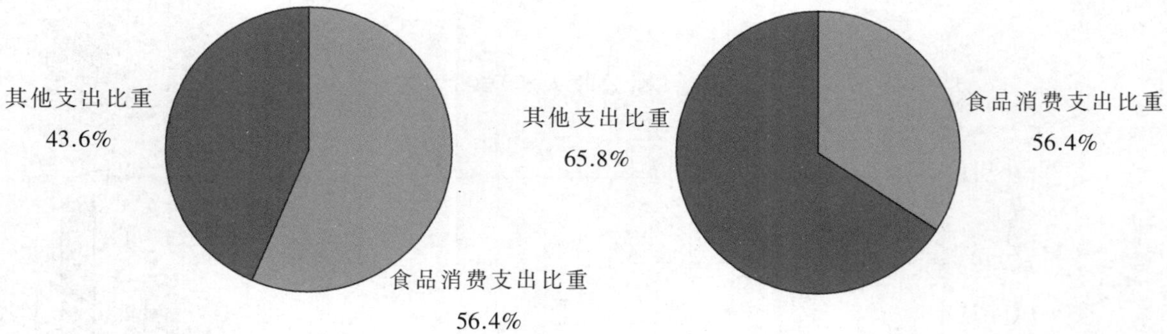

1996 年居民消费支出结构

2006 年居民消费支出结构

图 5 社会消费品零售额 单位:亿元

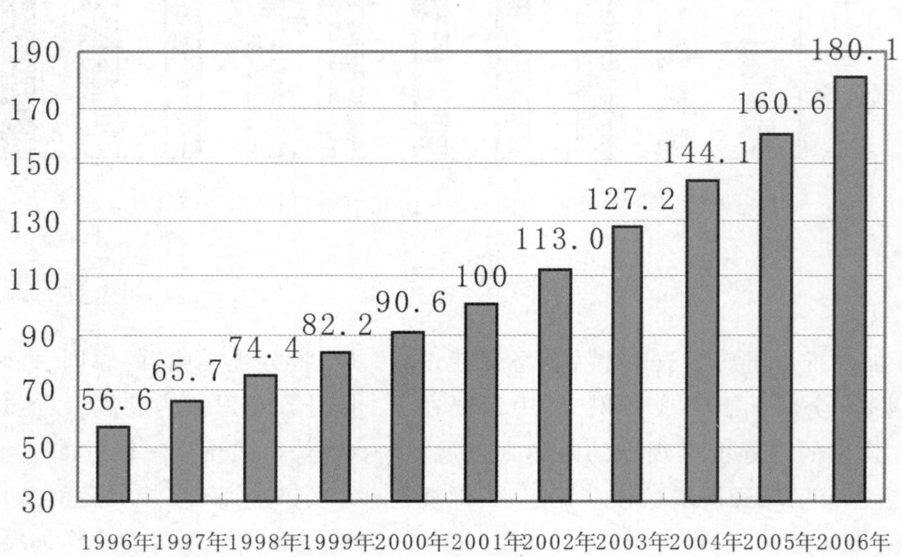

图 6 居民人均可支配收入 单位:元

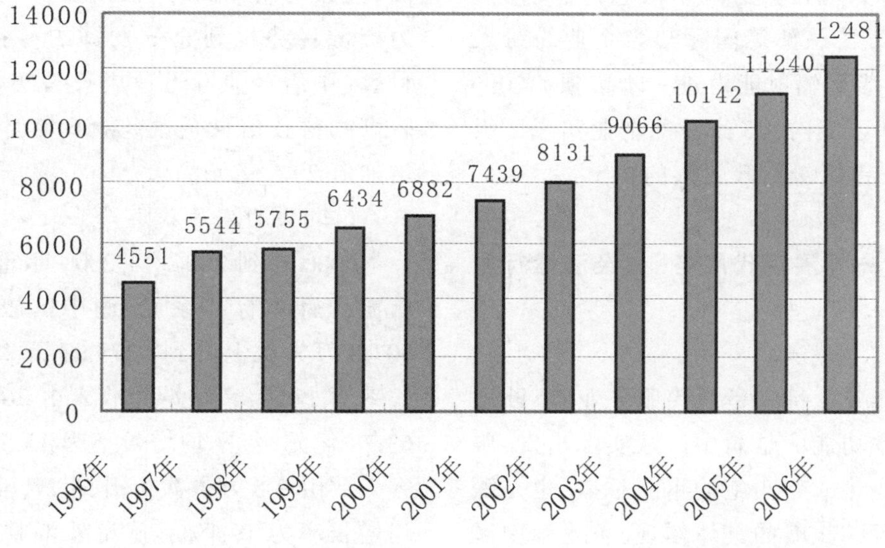

(一)规划体系趋于完善

完成了解放碑中心地区综合整治城市设计和交通及地下空间利用规划,委托国家发改委宏观研究院编制完成了解放碑 CBD 功能及产业发展规划。一个区域发展的“高地”、经济增长的“引擎”、最具活力的“集聚点”和“辐射源”、最具魅力与品位的现代都市“标志”,逐渐清晰地呈现在渝中经济社会发展的蓝图之上。

(二)品牌效应日益凸显

2004 至 2006 年,共有 1125 家企业入驻解放碑 CBD 区域,占全区入驻企业总数的 34%。汇丰银行、荷兰银行、大都会人寿保险等国际知名金融企业入驻解放碑,瑞士法因图、美国微软、中法水务等一批世界 500 强企业在解放碑 CBD 设立了分公司或办事处。解放碑 CBD 影响力进一步扩大,已成为外企进入重庆的“窗口”和寻求投资机会的“平台”,是国内外知名的大企业、大公司入驻重庆的首选之地, 入驻解放碑 CBD 已经成为一个企业身份和实力的象征。2006 年,解放碑 CBD 与上海陆家嘴、北京CBD 一起,荣膺“中国十大新地标商务区”。

(三)软硬环境更趋优良

政府各职能部门“重商、亲商、安商、富商”的意识日益增强,先后出台了一揽子招商引资优惠政策和培育总部企业、壮大楼宇经济的政策措施和工作措施,企业发展的政策环境更加优良。实施了一批道路改造、管网下地、绿化美化工程,着力优化 CBD 区域硬环境。全面完成了解放碑 CBD 范围内民族路、民权路、民生路、大同路等 12 条共计 3.5 公里长的道路改造。下大力气解决停车难问题,在五一路、新华路等路段,设置分时段停车场,增加临时停车位 500 余个,建成智能停车引导系统,涉及 28 个车库,近 6000 个停车位,解放碑 CBD 区域覆盖面为 90%,停车难问题得到有效缓解。重点打造较场口—解放碑—小什字景观大道。改造完成了新重庆广场、得意绿岛 2 个绿化休闲场所;投资 1950 万元,建成了较场口城市阳台;投资 1816 万元,完成了商业大厦、精益眼镜、农行大厦、小滨楼、花木公司等 13 栋重点建筑 4.3 万平方米的立面改造。2004—2006 年,解放碑 CBD 区域新增商务商业面积 50 余万平方米。相继建成了世贸中心、国贸中心、纽约·纽约大厦等一批高档商务楼宇,万豪国际金融中心、鼎好世纪星城、新闻智能出版大厦、重庆国托总部大楼等精品商务楼盘即将建成。

(四)总部经济长足发展

总部经济是集聚资金、吸引项目、壮大经济总量的重要经济形态。解放碑 CBD 区域所集中体现的商贸、商务、服务功能为总部经济的发展创造了良好条件,总部企业的聚集与区域经济的发展又加速了中央商务区的形成。新加坡大东方人寿中国总部、美国利保财险中国总部、美国大都会人寿保险西区总部等国际知名企业纷纷入驻,区域经济的集聚辐射能力进一步增强。2006年,解放碑 CBD 区域内,42 家总部企业实现区级税收 2.55 亿元,占区级财政收入的 1/5。

三、突出优先发展现代服务业,经济运行质量进一步提高

加快发展服务业特别是现代服务业,不断增强城区综合服务功能,是渝中区从实际出发,服务全市新型工业化战略实施的重要举措,也是深入落实"服务强区"战略的具体体现,更是渝中区站在新的发展起点,发挥自身优势,实现更大发展的战略选择。直辖以来,渝中区现代服务业在平稳运行中得到了较好发展,金融业、信息业、旅游业的支撑作用进一步增强,中介服务业的发展蒸蒸日上,医疗保健、文化教育等其他服务业的发展势头良好。

(一)重庆金融核心区地位进一步巩固

近年来,通过强化产业扶持、政策导向,不断优化金融布局和金融生态环境,金融业的聚集强度进一步提高。区域内集中了人民银行重庆营业管理部、重庆银监局、重庆证监局、重庆保监局等在渝的金融决策和监管机构;汇集了 90%以上的驻渝外资银行、商业银行市分行和所有的政策性银行市分行;云集了驻渝所有票据(专营)机构、证券法人机构、分公司及管理总部,以及重庆 50%的证券营业部;吸引了驻渝所有保险公司分公司、区域总部和中国总部;集聚了信托投资公司、基金管理公司和邮政储汇局等重庆市最主要的非银行金融机构,以及重庆 50%以上的金融中介(服务)机构。2006 年末,全区存、贷款余额分别达到 1249.1 亿元和 1730.7 亿元,占全市的 22.4%和 38.9%,金融业对全区地区生产总值增长和财政收入的贡献率达到 22.2%和 17.8%。

(二)培育扶持科技信息企业迅速成长

发挥信息基础设施较为完善的优势,结合科技型企业孵化器建设,培育扶持了一批科技含量高、投入产出比高、经济效益好、资源消耗低、人力资源优势得到充分发挥的科技信息企业,中科普、中冶赛迪等迅速成长为实力较强、知名度较高的科技信息企业。2006 年,科技信息业创造增加值 29.5 亿元。

(三)大力发展旅游产业

2000 年到 2006 年(2000 年重庆市建立新的旅游统计指标体系),渝中区旅游接待人数由 607.8 万人次上升到 1278.97 万人次,年平均增长率为 13.2%;旅游总收入由 26.95 亿元上升到 63.78 亿元,年平均增长率为 15.5%,其中国际游客人数由 9.5 万人次上升到 27.14 万人次,年平均增长率为 19.1%;旅游外汇收入由 4845 万美元上升到 1.39 亿美元,年平均增长率为 19.2%。截止到 2006 年,辖区内共有旅行社 93 家,其中国际社 18 家,国内社 75 家,星级宾馆饭店 29 家,4A 级景区 4 家、3A 级景区 1 家、2A 级景区 2 家。基本确立了渝中区成为中国特色都市旅游目的地、重庆山水都市旅游核心区和长江三峡旅游的最佳起始点的地位。

(四)中介服务业规模不断壮大

渝中区营利性中介服务机构数目由 2000 年末(自有统计口径以来)的 634 户,增加到 2006 年底的 2531 户(见表 1,下页)。2001—2006 年,全区新增中介服务机构 1897 户,年均增加 316 户,年平均增长速度为 25.95%,充分显示出在该产业上渝中区较强的吸引力和凝聚力。在机构数量快速增加的同时,机构规模不断发展壮大,注册资本总额由 2000 年的 9.8 亿元,增长到 2006 年的68.79 亿元,年平均增长速度达到 38.37%。税收贡献不断增长。2001—2006 年中介服务业税收分别为 4746.5 万元、6529.4 万元、7700.7 万元、10215.6 万元、15631.9 万元、20112.9 万元,年平均增长速度为 33.48%,显示出较好的成长性。从三大税种(营业税、企业所得税、个人所得税)区级财政分成看,中介服务业由 2001 年的 1246.7 万元,增加到 2006 年的 4900.17 万元,增长了 2.93 倍。五年来,中介服务业实现税收总额为

表 1 2001—2006 年中介服务业机构增长情况

年度	机构数目(户)	增长率(%)	注册资本总额(亿元)	增长率(%)
2000	634			
2001	850	34.07	13.23	35.00
2002	1082	27.29	15.45	16.78
2003	1380	27.47	18.52	19.87
2004	1768	28.12	55.97	202.2
2005	2141	21.10	61.82	10.45
2006	2531	18.22	68.79	11.27

6.49 亿元,三大税种区级财政收入为 1.89 亿元。区域纳税总额上百万的中介机构户数由 2002 年的 3 户增长到 2006 年的 38 户(见表 2)。

四、突出优化传统服务业,商贸中心地位进一步巩固

直辖以来,在城市经济加速发展,居民消费能力不断增强,消费需求日益多元化、精细化和深化的情况下,渝中区抢抓发展机遇,始终坚持走内涵式发展道路,以现代大商贸谋划渝中商贸,采取大举措、发展大产业、抓住大项目、扶持大企业、塑造大品牌,不断调整优化商贸业内部结构,提升商贸业产业能级,黄金区域、黄金产业、黄金产出、黄金效益的内在关联性日益紧密,促进了区域商贸业的高端、品牌、特色、错位、协调发展,凸现了渝中商贸在全市的领先优势,在打造长江上游一流商贸中心的过程中迈出了坚实步伐,充分发挥了渝中商贸对重庆乃至长江上游的集聚辐射效应。

表 2 2001—2006 年中介服务业税收增长情况

年度＼指标	各项税收合计 数值(万元)	各项税收合计 增长率(%)	三大税种区级财政收入 数值(万元)	三大税种区级财政收入 增长率(%)	三大税种区级分成比例
2001	4746.5	/	1246.7	/	营业税 60%,所得税 40%
2002	6529.4	37.56	2756.7	121.11	同上
2003	7700.7	17.94	3359.7	21.87	同上
2004	10215.6	32.75	2814.5	-16.23	营业税 40%,所得税 16%
2005	15631.9	40.18	3898.4	38.51	同上
2006	20112.9	28.67	4900.17	25.70	同上
合计	64937	/	18976.17		

据经济普查统计数据显示,全区现有商贸批零、餐饮单位及户数 37091 个,平均每平方公里 1686 个。按性质分,企业及产业活动单位 5651 个,个体 31440 个;按行业分,批发及零售 32966 个,餐饮住宿 4125 个;解放碑商贸中心区,商业面积 100 余万平方米,其中 20000 平方米以上的商厦 6 家,5000 平方米以上的商业设施近二十家,营业面积 30 多万平方米。重庆各大商业总部、知名商场大部分聚集渝中。批发 2000 万元、零售 500 万元、餐饮 200 万元的大中型企业达到 220 户。重庆最大的购物中心——大都会;最高档的百货商场——美美百货;排名全国前列的商业集团公司——重庆商社;全国医药行业最大的零售连锁企业——和平药房总部等都聚集在解放碑。商业网点的密集程度之大,超过许多发达地区和城市。基本形成了“123”的商业发展格局,即一个中心——解放碑商贸中心区;两大商圈——朝天门商圈和菜园坝商圈;三条经济产业带——长滨路、嘉滨路和大坪—两路口信息产业带。2006 年预计实现商贸增加值 62 亿,同比增

长 10%。分别占全区 GDP 和第三产业的 23.85% 和 26.27%，对全区 GDP 和第三产业的贡献率分别达到 22%和 23%，是渝中区第一大支柱产业。

(一)调整一批低端商业，打造时尚消费高地

根据在重庆经济、政治和自然地理、文化地理上的特殊区位，渝中区商贸业发展逐渐探索出一条由传统向现代、由低端向高端转变的思路。10 年来，渝中区着力调整商贸内部结构，重点优化解放碑商圈商业业态，通过“腾笼换鸟”、“筑巢引凤”、“优巢留凤”三管齐下，大力培育解放碑商圈的高端商品和个性特色化消费市场，凸现解放碑商圈高端商品和服务的“高集聚、高档次和高品味”，太平洋百货、王府井百货、美美百货等品牌商业企业相继开业，阿玛尼、夏奈尔、劳力士等一批世界顶级品牌专卖店入驻，“西部第一街”继续引领时尚潮流，解放碑商圈商贸销售总额突破 200 亿元，社会消费品零售总额突破 100 亿元，彰显了解放碑商圈的品牌价值和效益，充分展现了解放碑的西部商业地标形象。

(二)大力发展专业市场，市场辐射力进一步增强

10 年来，渝中区按照“提档升级一批，兴建一批，取消一批”的发展思路，巩固发展辐射力强的特色品牌专业市场，拓展打造要素市场和附加值高的商品市场，放弃淘汰影响城市形象和安全的商品市场，不断优化重点市场结构布局，改造完善硬件环境，提升商品市场产业能级，形成了门类全、规模大、分布广的商品市场格局。区域内各类市场由 1996 年的 56 个，增加到目前的 79 个，其中消费品市场 69 个(农副产品市场 29 个，工业消费品市场 38 个，旧货市场 1 个，文化用品市场 1 个)、生产资料市场 4 个、要素市场 6 个，市场成交额由 1996 年的 54.65 亿元，增加到 2006 年的 217 亿元。亿元市场由直辖前的 5 个增加到 12 个，实现成交额 177.4 亿元；其中，朝天门综合交易市场成交额于 2004 年突破 100 亿元，由 1996 年的 32 亿元增长到 2006 年的 118亿元。

(三)着力打造一批特色消费区域，商旅文结合成效初显

10 年来，渝中区注重“商、旅、文”的有机整合与优势互补，以旅游消费促进购物消费，以购物消费促进文化消费，充分发挥商业、旅游、文化资源的内在关联和产业联动效应，形成了一批著名品牌集聚区、精品商业区、特色消费区、旅游休闲区等商旅文结合的综合区域和品牌产品。依托朝天门码头的亲水性和朝天门广场，整合利用大溪沟餐饮渔船、规划展览馆、洪崖洞传统民俗风貌区、湖广会馆、珊瑚坝公园等资源，滨江路餐饮娱乐休闲带逐渐成形，并初具规模。积极发挥两路口地区历史悠久而丰富的文化体育资源，整合拓展重庆文化宫、少年宫功能，两路口健康休闲区建设取得较好成绩。以得意世界为中心的较场口“中央娱乐区”规模不断壮大、品质不断提高，影响力和凝聚力不断增强。

(四)会展经济进一步发展壮大，关联效应凸现

坚持错位竞争，成功地吸引了一批高层次、高档次的会议和论坛，借会造势，扩大了渝中区影响力。成功地举办了消费节、服装节、啤酒节、名车展、房交会、都市旅游节、禹王庙会等节会，不断开拓会展活动新领域，打造了有一定知名度的品牌会展，拉动了相关产业的快速发展。

五、突出改善发展环境，对内对外开放进一步扩大

直辖 10 年来，全区对内对外开放取得了显著成绩。按照区域经济结构布局和可持续发展的要求，坚持“优势互补、互惠互利”和“走出去、引进来”战略，着力改善投资环境，加大招商引资力度，不断提高引资质量，有效增强集聚辐射能力，形成了全方位、多层次、宽领域的对内、对外开放新格局。

(一)打造良好的发展环境，提高对内对外开放水平

始终致力于加强政府自身建设，为投资者营造良好的法制环境、市场环境和政策环境。以区行政服务中心建设为载体，深化审批制度改革，不断优化审批服务，简化办事程序、减少审批项

目、增强办事透明度，积极推进全程办事代理制、完善首问责任制、服务承诺制、并联审批制和一次性告知、限时办结、责任追究等措施，真正实现了"一站式"审批、"一条龙"服务；全面规范政府行为，深入开展"振奋精神，争创一流"活动，坚决纠正推诿扯皮、效率低下和"门难进、脸难看、话难听、事难办"的衙门作风，提高工作人员服务水平，为投资者提供方便快捷的公共服务。强化执法部门依法行政管理，公正廉洁处理外来企业投诉，切实保护企业和个体工商户的合法权益不受侵犯，创造了良好的法制环境。大力维护正常的市场秩序，依法严厉打击假冒伪劣，取缔各种非法经营，切实保护公平竞争，营造了公平竞争的市场环境。

（二）招商引资成效显著，区域经济总量进一步壮大

直辖10年来，全区合同外资总额77096.29万美元，实际利用外资71263.53万美元，分别年均增长50%和52.7%（见表3）。2002年至2006年，全区招商和引资分别以27.3%和20%年均增长率增长，五年共引进资金166.7亿元人民币，引进企业4011户，其中实际利用外资55665万美元，新批设立外资企业157户。2003年至2006年，新入驻的企业中符合全区产业发展方向的金融、商贸、中介、科技信息等现代服务业企业占同期引进企业总数的77.2%。10年间，区域内涉外资源更加丰富，外商投资企业占全市的32%以上，历年实际利用外资总额占全市四分之一左右，居重庆之首。英国、加拿大、日本、丹麦等国驻渝领事机构汇集渝中，同时与俄罗斯伏弗拉基米尔市正式缔结友好城市关系。国际知名企业入驻增势明显，区域内世界500强企业达到51户。瑞典爱立信、瑞士法因图、英国汇丰银行、荷兰银行、日本佳能、美国IBM、丹麦马士基等跨国大公司、大企业、大集团纷纷入驻渝中。渝中区良好的发展环境和区域地理优势，吸引了大批国际知名地产集团参与城市综合整治开发。香港瑞安投资100亿人民币，整体开发化龙桥片区，打造重庆制造业服务中心。台湾日月光投资数十亿开发建设百子巷危陋房片区。商业高端品牌集聚效应显著。太平洋百货、美美时代百货、王府井百货、劳力士等一批综合百货和专卖店入驻解放碑商圈，夏奈尔、雅诗兰黛、范思哲、阿玛尼等一大批知名国际品牌荟萃解放碑，美国星巴克咖啡，新加坡大食代等知名餐饮企业落户解放碑CBD，推动了解放碑商圈向高档次、高品位发展。

（三）加快发展非公有制经济，实施经济结构战略性调整

非公有制经济是集聚社会资金，发展区域经济的重要支撑。我们按照"平等待遇、开放领域、引导产业、调整结构、创新服务"的思路，进一步放宽投资领域、经营范围、登记条件、项目审批管

表3　直辖10年来渝中区利用外资情况表

年度	项目数	合同外资	实际利用外资
1997	19	2000	1063
1998	21	2568.6	1617
1999	28	4975.9	4214
2000	30	8657.77	2500
2001	33	5674.9	6204.53
2002	25	2565.12	5105
2003	39	7984	9876
2004	33	7533	10405
2005	30	14223	12616
2006	30	20914	17663
十年合计	288	77096.29	71263.53
年均增长率	7.58%	50%	52.7%
以1997年为基数2006年的增长倍数	1.58	10.5	16.6

理限制，切实降低创业门槛，不断健全和完善为非公有制企业服务的融资、技术、信息、人才等社会化服务体系，积极引导非公有制经济与国家和市里的产业政策相对接，鼓励民间资本参与公用事业和教育、文化、卫生、社区服务等领域的发展。同时，充分发挥各类行业协会作用，促进非公有制经济产业层次和企业素质提升，实现了非公有制经济快速健康发展。截至2006年，全区非公企业完成总产值241.15亿元，同比增长12.8%；营业收入实现245.45亿元，同比增长11.2%；完成增加值96.51亿元，同比增长10.1%，占全区GDP的39.72%；上缴税金25.15亿元，同比增长8.1%。

六、突出城市建设和管理，经济发展承载力进一步增强

城区经济发展，承载力是关键。直辖以来，渝中区坚持以不进则退的危机意识，不断增强承载力，加快发展载体建设，外树城市形象，内强城市品质，为经济结构调整和经济总量壮大提供物质支撑。

(一)城市规划体系进一步完善

坚持城市建设规划先行，把提升城市品质放在规划的重要位置，根据重庆市城市总体规划对中心城区的要求，先后完成了渝中区分区规划，实现了控制性详细规划和城市仿真系统的区域全覆盖，解放碑中心地区、两路口—嘉陵江大桥南桥头、迎宾大道肖家湾—渝州宾馆段等城市设计陆续完成。其中，重点完善了中央商务区和道路网络、绿化景观、公共设施、传统街区等专项规划，为渝中区城市可持续发展提供了高水准、高质量的规划指导。

(二)城市建设再创佳绩

1997—2006年，全区固定资产投资累计完成690.8亿元(各年固定资产投入见图7)。

其中，房地产业作为渝中区经济发展的重要支柱产业，累计完成房地产开发投资266.6亿元，房地产开发投资呈不断上升趋势，1997年完成投资20亿元，2006年完成投资40.2亿元，增幅达101%(见图8，下页)。

1997—2006年，渝中区房地产开发总竣工建筑面积为1158.5万平方米，各年竣工量呈波形上升趋势。1997年和1998年分别为140万平方米和159万平方米，之后开始逐渐下滑，到2002年下滑至83.7万平方米后，从2003年开始又逐渐上升，到2006年渝中区房地产开发完成竣工建筑面积达142万平方米。截至2006年底，渝中区30层以上的楼宇共计171栋，大都会、世贸中心、纽约·纽约及竞地城市花园、海客瀛洲、渝州新都等一批提升城市形象的高档楼宇和精品楼盘相继投入使用。1997—2006年，渝中区房地产完成销售总额166.8亿元，各年销售额呈波形上升趋势。1997年仅为8.9亿元，1998年增至18.4亿元，之后开始下降，到2000年下滑至10.9亿元，从2001年开始又逐渐上升，到2003年房地产销售额增至21.6亿元，2004年为11.1亿元，

图7 固定资产投入　单位：亿元

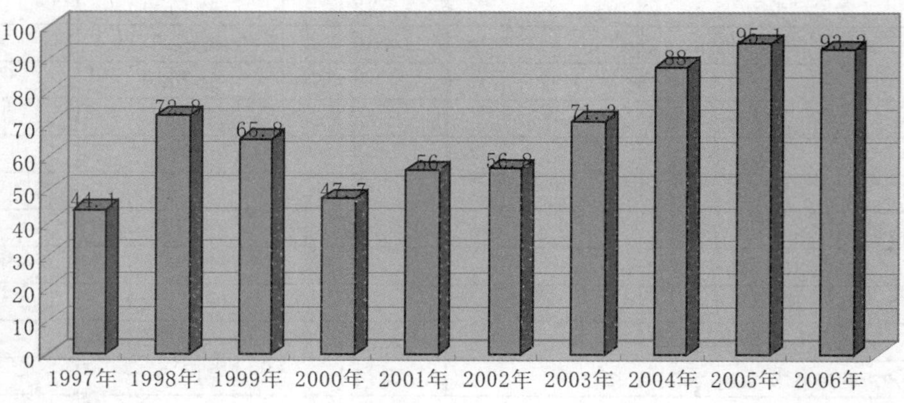

图 8 房地产开发投资 单位:亿元

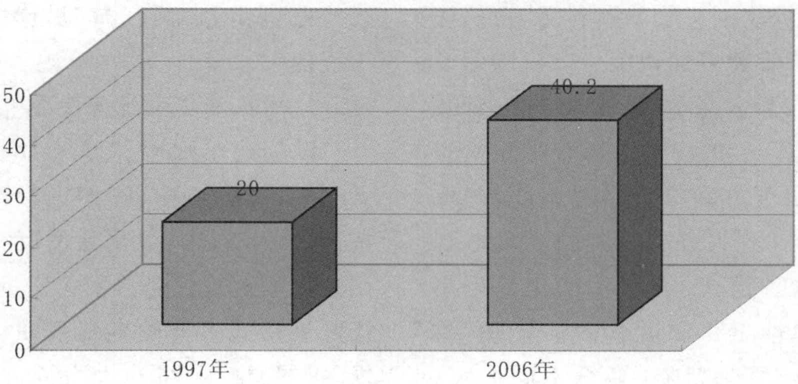

2005 年上升到 25.9 亿元,2006 年渝中区房地产销售额达 24.4 亿元。

经过 10 年的努力,人均住房面积从 1997 年的从 7.5 平方米增加到 2006 年的 26.3 平方米(见图 9)。

直辖 10 年来,渝中区坚持把强化基础设施建设作为完善经济发展载体功能、促进城区可持续发展的重要条件。积极支持配合市级重点工程建设,黄花园大桥、渝澳大桥、石板坡长江大桥复线桥、"半小时主城"工程、轻轨 2 号线、三峡博物馆、污水截流工程等一大批项目相继竣工并投入使用。临江门、上清寺、两路口、青年路、和平路等区域、路段和 109 条背街小巷综合整治顺利实施,临张路、华一路、正阳街等一批"断头路"实现贯通,渝中区半岛交通状况逐步改善,"瓶颈"制约得到缓解。建成了朝天门广场、八一路好吃街、解放碑步行街民族路延伸段、通远门城墙公园、较场口城市阳台、山城步道等城市景观工程,洪崖洞传统民居民俗风貌区、湖广会馆保护修复、人民公园改造等重点项目进度良好,推进顺利。立足现有城市空间布局和产业发展需要,强化土地整治储备和功能置换,直辖以来,先后实施了湖广会馆、洪崖洞、百子巷、下曾家岩、小米市等一大批危旧房片区综合改造,妥善安置危旧房居民 4.66 万户,拆除危旧房面积 350 余万平方米,特别是 2004 开始,以打造重庆制造业服务中心和高尚住宅区为契机,全力推进化龙桥片区改造开发,截止到 2005 年底,已拆迁安置 12185 户,占片区总户数的92%,并按进度交付香港瑞安集团实施"重庆天地新城"建设。相继实施了天灯堡社、红岩村等七个村社的征地工作,新增城市建设用地 91.3 万平方米,率先实现了全区域城市化。

(三)城市管理水平进一步提高

直辖以来,渝中区坚持把提高城市管理水平

图 9 人均住房面积 单位:平方米

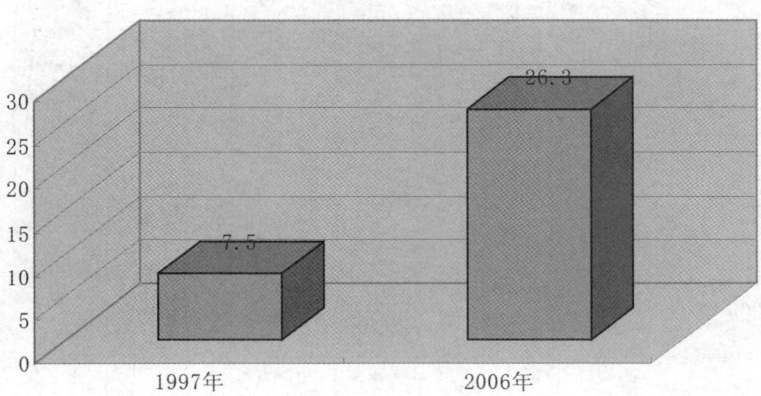

作为增强经济发展承载力、强化载体功能发挥的保障措施。综合行政执法改革顺利实施,执法机制更加完善,城市管理更加规范。以机制建设为核心,全面实施市容长效管理考评制度,有效落实部门一把手责任制和“117”市容市貌检查制度,认真推行督查督办和投诉举报制度,确保市容市貌工作“责任到人、管理到位、督办到家”;坚持网格化管理模式、城市标准化管理模式和错时执法的弹性工作制度,落实管理、执法、作业“三位一体”管理机制,遵循不同地区、不同路段、不同标准的原则,强化执法管理,形成部门管面、大队管块、队员管段的管理运行机制,实现全天候、无缝隙执法管理;坚持以环卫管理体制改革为着力点,强化社区环境卫生管理,加强环卫设施设备建设,积极推进居民区生活垃圾袋装化工作,全面落实环境卫生管理目标责任制,有效提高市容环境卫生质量;以市容环境综合整治为主题,以城市景观建设和治理城市生活污染为重点,以改善城市环境质量和打造现代化都市形象为目标,全面抓好主次干道、中心地区及背街支道的环境卫生、市政绿化、环境美化等方面工作,有效开展了卫生死角、“牛皮癣”、建筑工地、户外广告、两江河道、占道经营、建筑容貌、居民小区、城市入口、城市绿地、交通秩序、拆迁工地等市容环境专项整治。直辖以来,累计拆除违法建筑77.6万平方米,取缔建兴坡、新民街等占道市场127个,拆除占道亭棚1599个,减少占道面积近11万平方米。强化灯饰建设与管理,完成了南山“一棵树”视线范围内及“两江游”沿岸380余项灯饰景观工程建设。

(四)人居环境显著改善

以创建山水园林城区为契机,大力实施“蓝天、碧水、绿地、宁静”四大行动,营造宜居环境。按照“山水韵味、绿化品位”的建设要求,充分利用独特的地理优势,继续实施城市绿化工程,积极开展形式多样的宣传活动,不断提高市民爱绿、护绿、增绿意识,大力推进立体绿化建设,加强街头绿地和小游园建设,积极通过拆房建绿、拆墙透绿、见缝插绿等形式,有效提高城区绿化档次和品位,扩大公共绿地面积,直辖10年来,渝中区新增改造绿地148余万平方米,城区绿化覆盖率达到了29%,人均公共绿地从1997年的1.65平方米增加到2006年的3.85平方米(见图10)。

环卫作业机械化率达到95%,垃圾无害化处理率达到100%,粪便无害化处理率达到87%,垃圾袋装化率达到96%。环境保护力度不断增大,加强日常监督,重点治理餐饮单位油烟,累计完成510家餐饮单位油烟治理;加强机动车尾气污染防治监督管理,开展查处机动车冒黑烟污染行动;加强建筑工地扬尘监督和查处,积极推进噪声污染综合整治;切实加强对饮用水源保护区的管理,组织清理和整治饮用水源保护区范围内的污染源。持续推进主城“净空工程”和“蓝天行动”,通过全区上下共同努力,于2003年12月

图10 人均公共绿地 单位:平方米

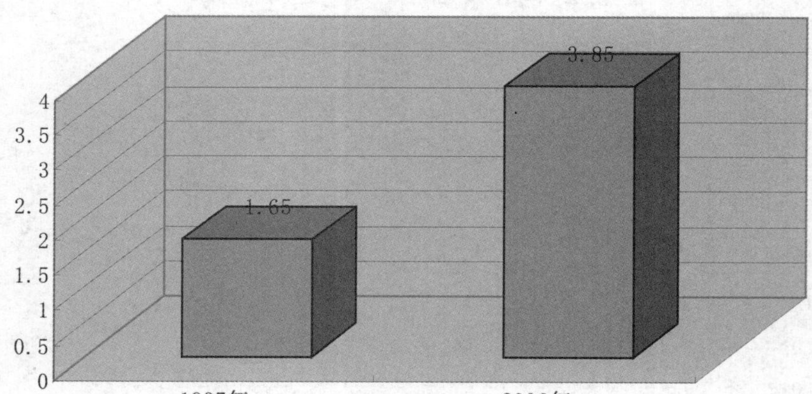

18日获市政府检查组验收通过，成为重庆第一个“基本无煤区”。截止到2006年底，渝中区共建成47个“无煤社区”，先后实施了重庆新华化工厂、重庆电池厂等6户污染企业搬迁，在全市率先完成市政府下达的污染企业搬迁治理任务，2006年度全区环境空气质量优良天数占全年的比例达到77%，城区环境质量进一步改善。

七、突出公共服务，经济发展基础进一步夯实

直辖10年来，渝中区紧紧围绕执政为民的本质要求，坚持强化政府的公共服务职责，逐年加大公共服务投入(见图11，图12)，健全公共服务体系，着力提高公共服务的公平性和可及性，切实促进城区繁荣进步和社会稳定，为经济的加快发展创造了良好的环境。

(一)科教兴区战略加快实施

科技创新力度加大，区域科技服务体系建设日益完善，促进了科技成果的不断涌现和推广应用，涌现了一批以“863”计划项目“医用无线内窥镜系统”为代表的、具有领先水平的高科技产品。“数字渝中”建设稳步推进，城区信息化工程全面推进，电子政务、电子商务深入发展，城区建设和管理信息化、社会事业信息化取得阶段性成果。

图11 社会事业投入 单位：万元

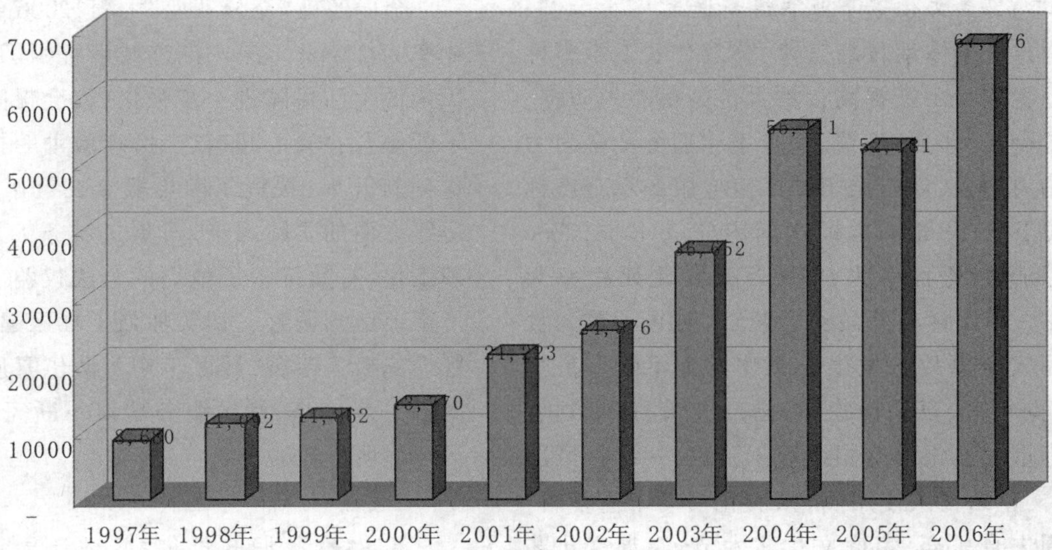

图12 对城镇贫困人口的解困资金投入 单位：万元

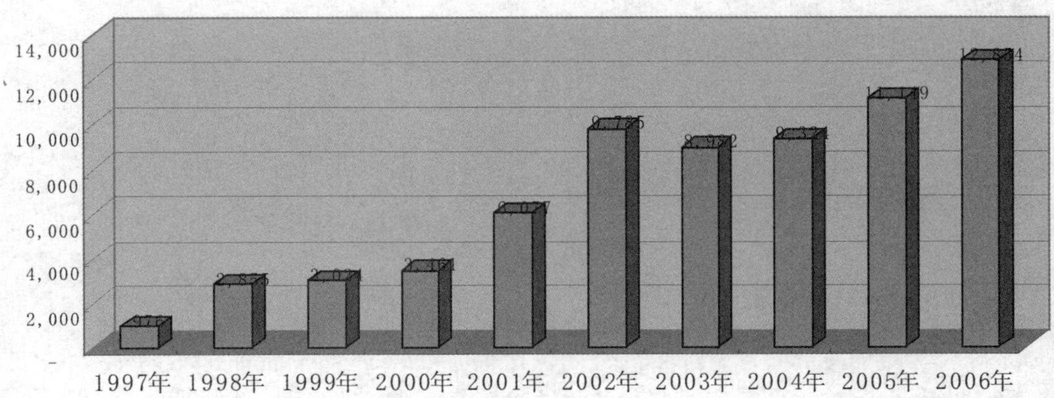

基础教育高地打造成效明显,顺利完成基本普及九年义务教育、基本扫除青壮年文盲的历史任务;校点布局调整有序推进,成功整合复旦中学和重庆53中等优质教育资源,完成了29中分部、求精中学分部等建设工程,完成了基础相对薄弱学校的治理任务;标准化学校建设进度加快,名校示范带动作用充分发挥,优质教育资源不断扩大;教师队伍建设力度加大,2006年,市级骨干教师占全区教师总数的4.3%;教育信息化处于全市领先水平,全区中小学基本实现"班班通";素质教育全面实施,强化了未成年人思想道德建设,基础教育课程改革深入推进,教育教学质量不断提升,初中毕业生升入高中阶段学校的比例达到95%以上。

(二)卫生文化等事业取得新进展

公共卫生体系日趋完善,突发公共卫生事件应急处置能力不断提高,重大传染病有效防控,成功抗御了"非典"疫情。医疗卫生服务的辐射力和影响力增强,获得全国社区卫生服务示范区称号,辖区居民健康指标达国内先进水平,2006年,孕产妇死亡率为0/10万,婴儿死亡率为4.44‰。强化食品药品安全监管,防止了重大食品药品安全事故的发生。文化设施不断丰富完善,市少年宫、三峡博物馆、湖广会馆、市规划展览馆等重大文化设施相继竣工开放,一批社区图书室、文化站投入使用。群众文化活动丰富多彩,广场周末音乐会、家庭文化艺术节、半岛文化艺术节等群众文化活动影响力日益增强,人民广场、解放碑CBD广场相继被评为全国特色文化活动广场。文明城区和学习型城区创建进一步深化,多次获得全国创建文明城市工作先进城区的荣誉称号,2005年被命名为重庆市首批文明城区。全民健身运动广泛开展,群众体育健身活动设施进一步完善,建成了滨江体育休闲长廊和165条体育健身路径,率先实现了社区健身路径的全覆盖。立足为经济发展创造良好的人口环境,大力推进人口计生工作,成功创建全国人口计生优质服务先进区,低生育水平持续稳定,2006年,政策性生育率达99.2%,出生人口性别比由2002年的111:100下降到2006年的102:100。同时,国防教育、老龄、民族、宗教等各项事业取得长足进步。

(三)群众根本利益得到切实维护

全面实施"充分就业"工程,2006年底登记失业率为2.04%。深入推进城市解困工程,城市居民最低生活保障进一步强化,社会保障服务体系不断健全,"爱心超市"、医疗救助等扶贫济困工作创新开展,缓解了困难群众在就医、就学和住房等方面的实际困难。开展进城务工人员服务管理工作,有效维护了他们的合法权益。顺利实施了街道区划调整,切实加强了社区建设力度,社区设施极大改善,社区工作者队伍素质和工作水平进一步提高,社区服务功能不断完善,群众生活环境明显改观。

注:本文数据出自渝中区统计局

撰稿单位:重庆市渝中区人民政府办公室

大渡口区

大渡口地处重庆市主城区西南部，滨临长江。据史料记载，在清朝道光、光绪年间，有一绅士在长江以北设义渡，该渡口为沿江数十里渡口之首，大渡口由此而得名。大渡口区于1965年为服务大型企业——重钢而建区。1995年，经国务院批准，九龙坡区的八桥镇、建胜镇、茄子溪街道、巴南区的跳磴镇纳入大渡口区，大渡口行政管辖面积由7.46平方公里扩大到103平方公里。现辖五街三镇，人口26.5万。辖区内成渝、渝黔、襄渝铁路交汇，有6个火车站，7条铁路专用线；有市内环高速公路上界路、马桑溪长江大桥、城市快速干道陈庹路、轻轨二号线大渡口段。区内交通网络密集，水运条件良好，有长江水岸线34公里，水运码头6个。1997年重庆直辖，作为直辖市主城区主要区域构成的大渡口，从此站在了新的起点上，步入了新的发展里程。

一、直辖十年大渡口经济发展基本情况

直辖10年来，大渡口始终把"富民强区"作为第一要务，抓住"经济结构调整、完善城市功能"两个重点，实施"西南新城建设、工业园区建设、物流园区建设、社会事业发展"四大工程，努力扩大"经济规模、城市规模、市场规模、人口规模"，初步走出了一条有区域特色的追赶型、跨越式发展道路。通过10年的发展，大渡口的经济实力明显增强、基础设施明显改善、城市面貌焕然一新、社会事业长足进步、人民群众生活水平显著提高，大渡口有了加快发展的基础，迎来了经济迅速发展、城市快速扩张的历史机遇。

(一)经济总量大幅跃升

2006年全区生产总值(以下简称GDP)达到77.3亿元，是1996年的3.3倍；按可比价格计算，比上年增长11.0%；一、二、三次产业结构为1.9:78.1:20.0；按常住人口计算，人均GDP接近30000元，与东部地区平均水平相当，是1996年的2.6倍；直辖10年来，全区累计实现GDP475亿元，按可比价格计算，年均增长11.4%。2006年规模以上工业企业达到133家，是1998年的3.7倍，平均每年增加8家左右；完成工业总产值185.7亿元，是1998年的4.4倍，年均现价增长20.3%；完成工业增加值44.1亿元，是1998年的3.3倍，年均现价增长16.2%(由于统计口径发生变化，只能与1998年相比)(见图1，下页)。

(二)经济运行质量大大提高

2006年非公有制经济增加值占GDP的比重达到50.5%，比2004年上升4.0个百分点(2004年开始计算，此前指标缺乏，2004年46.5%、2005年48.7%)；2005年城镇土地集约利用率达到1.209亿元/平方千米。2006年全区规模以上工业企业实现利润7.98亿元，是1998年的10.6倍，年均增长34.4%；经济效益综合指数达到155.3%，比1998年提高58.4个百分点，2003—2005年连续3年居全市及都市发达经济圈前列；2002—2005年连续四年被评选为重庆市工业十强区(县)，2004年跃居第4位。

(三)财税收入快速增长

2006年全区各项税收收入达到12.96亿元，是1996年的23倍。2006年全区实现财政总收入9.2亿元，是1996年的11倍。2006年地方预算内财政收入5.08亿元，是1996年的8.3倍，年均增长23%(见图2，下页)。直辖以来，全区累计实现地方预算内财政收入17.6亿元，其中："十五"期间实现10.0亿元。

(四)基础设施明显改善

2006年全区全社会固定资产投资规模达到60.6亿元，是1996年的14.0倍，比上年增长25.3%。直辖以来，全区累计实现固定资产投资

图1 1996—2006年大渡口区内生产总值变化情况 单位:万元

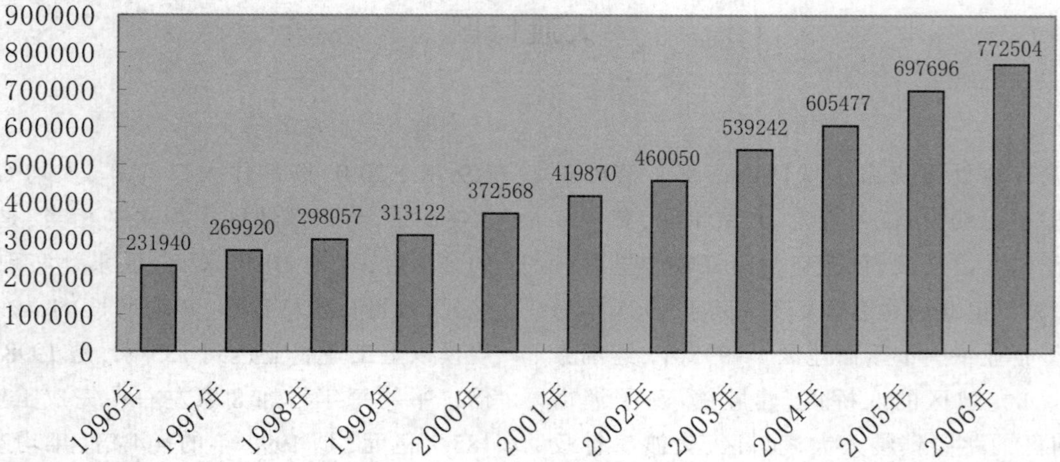

图2 1996—2006年大渡口预算内财政收入变化图 单位:亿元

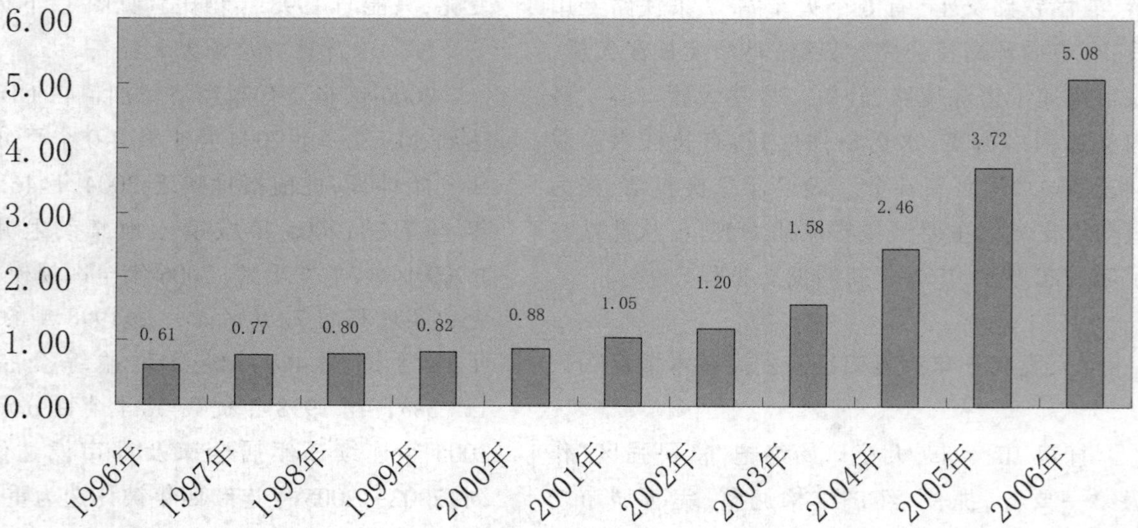

总额233.5亿元,年均增长29.1%,其中:"十五"期间实现139亿元。全区基础设施累计投入(含市级)53.2亿元,2006年末公路里程达194.3公里,城市道路总长度144公里,拥有公交线路23条,新增长途汽车线路7条。经过10年的建设,基本形成了较为完善的交通和水、电、气、通讯等公用设施体系(见图3,下页)。

(五)城市形象明显提升

直辖以来,全区房地产开发投资完成67.1亿元,其中:"十五"期间投资41.0亿元。2006年末全区建成区面积达到25.7平方公里;2006年商品房施工面积达到244.5万平方米,是1996年的21.4倍;10年累计竣工和销售商品房分别为294.0万平方米和299.2万平方米;建成区绿化覆盖率达到34.2%,人均公共绿地面积达到8.42平方米;2005年完成环保投入3.9亿元,比上年增长852.3%;2006年Ⅱ级以上空气质量天数达到239天,比上年多15天。

(六)对外开放成效明显

2006年出口依存度达到10.9%,实现进出口总额3.7亿美元,实际利用外资6500万美元,现有重庆十强出口企业2家。2006年末区内金融机构各项存款余额达到79.3亿元,是1996年的5.5倍,年均增长21.4%;各项贷款余额68.3亿

图 3 1996—2006 年大渡口全社会固定资产投资变化图 单位:亿元

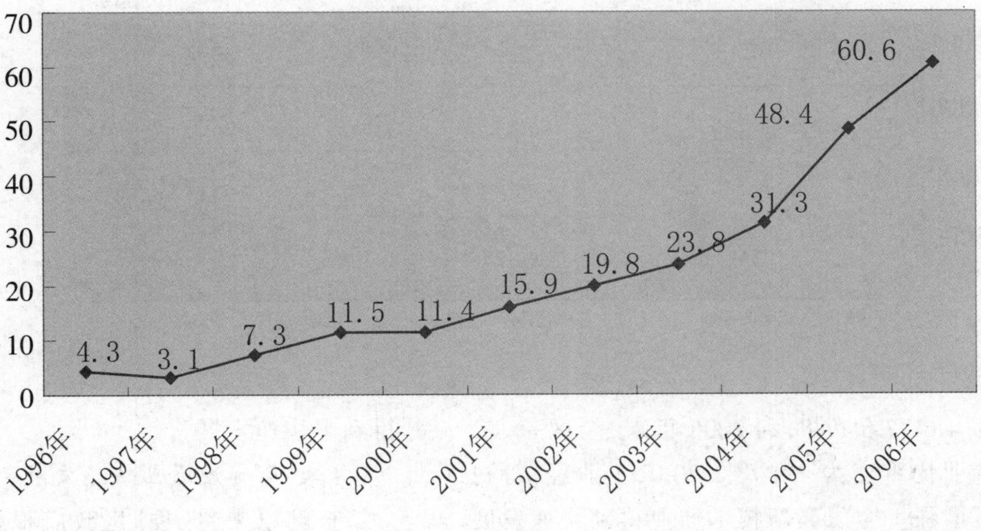

元,是 1996 年的 2.4 倍,年均增长 9.3%(见图 4)。

(七)人民生活质量极大提高

2006 年,城市居民人均可支配收入达到 11481 元,是 1996 年的 2.36 倍,年均增长 8.9%;农村居民人均纯收入达到 4790 元,是 1996 年的 2.4 倍,年均增长 9.0%;2006 年城乡居民人均储

图 4 1996、2006 年存款、贷款余额比较图 单位:亿元

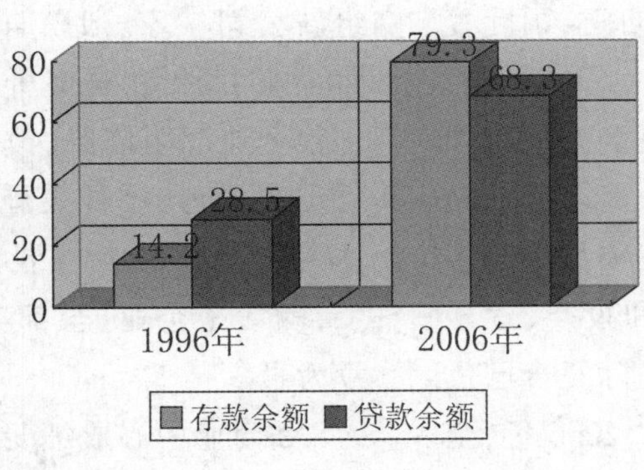

蓄余额 19084 元,是 1996 年的 4.7 倍,年均增长 14.2%(见图 5,下页);城市、农村居民人均住房建筑面积分别达到 29.0 平方米、44.8 平方米。每百户城市居民家庭拥有家用电脑和移动电话分别达到 36 台、140 部。

二、直辖十年来大渡口区经济发展主要成就

(一)工业经济做大做强

直辖以来,大渡口区以结构调整为主线,以加快推进新型工业化进程为动力,以"四大工程"为载体,以建桥工业园区为抓手,支持驻区国有大中型企业的改革和发展,大力发展民营经济和中小企业,全区工业取得了长足的进步。

1.结构调整取得新进展。2006 年工业投资总量达 20.8 亿元,居都市发达经济圈第二位;工业增加值占 GDP 的比重达 69%,对 GDP 增长的贡献率达 62.8%;全区工业企业实现工业总产值 216 亿元,增长 18.7%,比 1996 年增长 284%。结构调整取得重大进展,1996 年一、二、三次产业

图 5 1996、2006 年人民生活质量变化图 单位:元

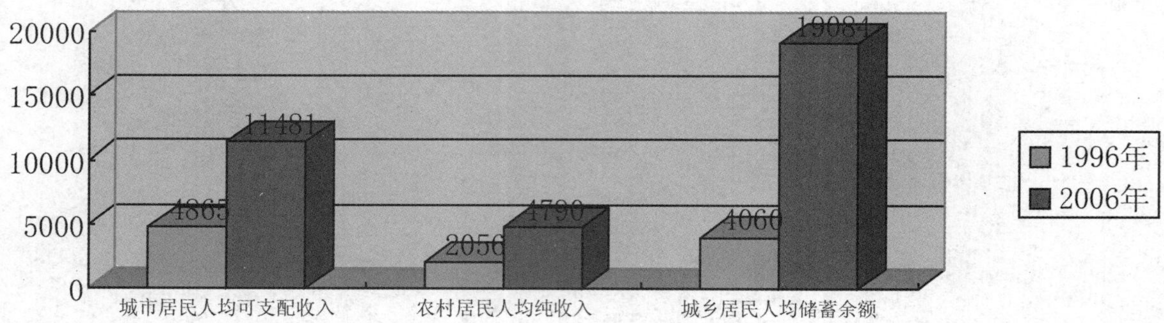

比重为 4.6:77.6:17.8,到 2006 年末,全区一、二、三次产业比重变为 1.9:78.1:20.0,工业经济的拉动明显增强。全区高新技术产业得到快速发展。2006 年,全区高新技术企业有 14 家,其中规模以上企业 12 家,占规模以上工业企业的 9%。高新技术产品 30 个,高新技术产品产值达到 25.4 亿元,占规模以上工业总产值的 13.7%,制造业完成高新技术产品产值 25 亿元,占高新技术产品产值的 98.4%。

2.技术进步卓有成效。“十五”期间,国际复合 1.8 万吨优质无碱玻璃纤维项目、重钢集团 300 万吨技改项目、小南海 70 万吨水泥技改项目、钰鑫集团无公害农用生物制品、重铸厂铁路货车车轴、车轮加工及组装工艺改造项目等一大批重点技改项目的相继开工、完成和投产,逐步提升了重点骨干企业的技术水平。国际复合已成为全国的第三大玻璃纤维生产基地。2006 年,全区实现新产品产值 33.6 亿元,是 2000 年的 1.4 倍;有中国“五百强”企业 1 家,重庆五十强工业企业 3 家,重庆民营企业五十强 3 家,中国名牌产品 3 个,重庆名牌产品 13 个,重庆市著名商标 14 个,品牌经济逐步形成。

3.非公有经济迅猛发展。2006 年,非公有制经济增加值 39 亿元。全区企业总户数 1408 户,其中非公有制企业 1380 户。2006 年,全区规模以上工业企业增加值 44.1 亿元,非公有制经济部分实现增加值 21.3 亿元,占 48%。大渡口打破重钢等国有经济一支独秀的局面,非公有制经济得到了快速发展。

(二)商贸流通业快速发展

直辖以来,区委、区政府根据商贸活区的总体方针,实施市场带动战略,以现代物流为突破口,全面建设大渡口物流园区和商业中心,推动了商贸流通服务业的快速发展。

1.国合商业企业改革全面完成。全区应改制的 17 家国合商业企业全部完成改制任务,实行企业合并 2 家,企业兼并 5 家,剥离有效资产重组新公司 7 家,股份合作制 2 家,整体公有转民营企业 1 家,在全市所有区县中率先全部完成商供粮企业改制任务。改制企业随着机制的激活效益迅速显现,硬件设施、内部管理和职工思想有了明显改观,激活了投资,盘活了资产,养活了职工,救活了企业,全都实现了扭亏为赢或基本扭亏为赢。

2.商业中心成绩斐然。商业中心规划建设的国瑞城一期、天泰金地广场、佳禾钰茂香港城、锦天商务中心、金字塔金都会等商业建筑群已经落成,形成近 40 万平方米的商业设施,步行街景观建设初具雏形。先后引进了世界 500 强的易初莲花超市、沃尔玛超市和中百山城超市、新世纪超市、重庆百货大楼、福建永辉超市、台湾优越百货、国美电器等知名商贸品牌企业,区域性商业中心的格局正在形成。成功引进一个五星级酒店、一个四星级酒店和一批重大旅游项目,钓鱼嘴半岛开发已列为重庆市重大招商项目;金鳌山开发已与重庆西亚集团达成意向性协议。2006

年,全区社会消费品零售总额达到12.7亿元。

3.现代物流发展迅猛。制定大渡口物流发展战略规划,加强传统物流的技术改造,积极推进"四三六"处、铁十七局、中储丰收坝仓库、"601"仓库、大正肉类食品有限公司等仓储企业进行技术、设施改造和市场建设,2006年原有五个重点物流企业全年实现货物成交额31265万元。引进了一批重大物流项目,其中四个项目已被列入重庆市"十一五"重点物流项目,中医药综合商务中心被列为2006年市级重点建设项目。2005年,金属材料加工配送中心、中医药综合商务中心以及迎宾大道开工建设,其他项目正在进行前期工作。物流信息化建设成效显著,龙文电子信息平台成为全市物流信息化建设典范。

4.现代服务业发展迅速。近2年来,大渡口区现代服务业发展迅速,一批知名的连锁超市、网吧、专卖店相继落户,涌现出一些上档次、上规模、综合性的高雅娱乐项目和文化娱乐场所。现代餐饮业发展尤为突出,在重庆钢花大酒店,阳明山庄酒店和玉苑食府的基础上,引进了七十二行民俗酒楼等具有较高档次的餐饮企业以及天源鸭肠王火锅、百信米线等特色餐饮企业。全区已基本形成杏花天美食广场,文体路餐饮一条街,跃进村夜啤酒一条街等特色餐饮专业街,结束了大渡口区餐饮服务业布局分散、零乱、无序、规模小的历史。特别是杏花天美食广场已经初具规模,据统计,整个景天美食广场自2004年开业至今,上交税费总额2400多万元,提供了1000个劳动就业机会,总投资金额1400万元。

(三)"质量兴区"成效显著

1997年,大渡口区委、区政府提出了"质量兴区、品牌带动"的战略,并在全区范围内开展了以提高"产品质量、服务质量、工程质量"为内容的质量兴区活动。2002年被市质监局列为重庆市质量兴区工作的唯一试点区。2005年被市质监局确定为重庆市唯一标准化试点区,2006年荣获"全国质量兴市先进市县"称号。"质量兴区"效应波及全市,全市有30多个区县就质量兴区工作来大渡口区考察学习。

1.质量意识显著增强。自2002年开展"质量兴区"试点工作以来,区政府健全机制,强化服务,采取了一系列措施推进质量兴区工作,全区上下形成了质量兴区的良好氛围。一批重点企业和优势骨干企业纷纷提出了"培育一个名牌,带动一个产业"的目标,结合实际开展"质量兴企"、"名牌立企"等活动。截止2006年,全区有3户企业跃入重庆市工业企业50强,有3户企业进入重庆市民营企业50强,有2户企业被评为重庆市十佳外商投资企业,有20户企业被重庆市工商局命名为"重合同守信用"单位;有9个企业的11个产品被评为"消费者满意产品";有18家企业被评为"消费者信得过企业";有11家个体工商户被评为"消费者信得过个体工商户";有4家房地产公司被评为"消费者满意楼盘"。新华网重庆站、重庆日报、重庆法制报、决策导报、重庆改革等16家新闻媒体单位集中2个月时间对大渡口"质量兴区"工作进行了宣传报道,报道稿件30多篇。"质量兴区"已成为大渡口区的名片和代名词。

2.质量水平大幅提高。区政府每年定期或不定期重点对区内乃至全市范围内普通存在的而且较为突出的防盗门、液化石油气、溶解乙炔气、冷扎带肋钢筋、摩配、建筑用钢管、扣件等行业产品质量问题进行集中整治,先后端掉非法生产地条钢窝点4个,没收地条钢及制品75吨,监督抽查不合格产品生产企业92家,其中省级抽查16家,区级抽查76家。几年来,全区未出现被省级以上质监部门点名的新的区域性产品质量问题;未发生因产品质量、工程质量、坑农、害农等重大质量问题和事件;未发生因锅炉、压力容器和管道、特种设备使用等环节发生问题所引发的重大质量安全事故;企业整改均达到合格要求,整改率达到100%。2003年,国家质检总局抽查了大渡口5家企业的4种产品5个批次的产品,抽查合格率为100%,高于全国平均水平。

3.名牌经济成效显著。几年来,通过质量兴区活动,已将30家企业的61个产品纳入中国名牌产品、重庆名牌产品、知名产品发展培育计划。

图 6 1996、2006 年农村经济变化图

农村经济总收入单位:亿元

农村人均可支配收入单位:元

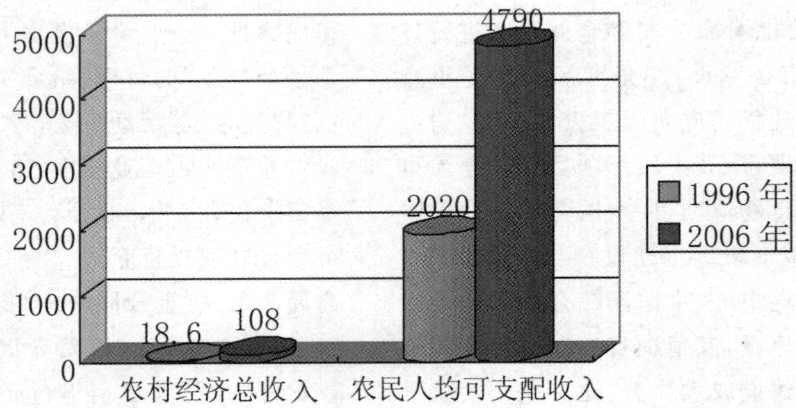

一批具有较强市场竞争力的名牌产品脱颖而出，累计获得中国名牌产品 3 个，全国免检产品 7 个，获得国家冶金产品实物质量“金杯奖”5 个，重庆市名牌产品 23 个，重庆市知名产品 4 个。重庆市著名商标企业 23 个。真正成为重庆市最具魅力和特色的质量之区、名牌聚集之区。通过质量兴区活动，有力推动了企业的标准化建设。2003 年全部消灭辖区内的无标生产。2006 年，全区标准覆盖率达 99.2%，企业标准备案累计达 562 个；主要工业产品采标数量在全市区县中处于领先地位；建立并实施绿色农产品市场准入制度，红九九食品有限公司生产的农产品火锅底料，荣获重庆市名牌农产品称号。2005 年，市质监局再一次把大渡口区作为重庆市唯一的标准化战略示范试点区，此项工作已于 2005 年 11 月全面起动。据初步统计，2006 年名牌产品实现产值达 70 亿元，占全区规模以上企业总数不到 5.9%的名牌产品生产企业，实现工业总产值占规模以上企业总量的 40%，名牌产品对经济拉动作用显著增强。

（四）农村经济健康发展

1996 年，全区农村经济总收入 18.6 亿元，农民人均可支配收入 2020 元，2006 年，实现农村经济总收入 108 亿元，农民人均纯收入 4790 元（见图 6）。直辖 10 年农村工农业总产值和农民人均可支配收入年均增速分别为 25%、9%。

1. 农业产业化建设取得重大突破。直辖之初，全区没有成规模、上档次的农业龙头企业，仅有少数从事养殖（养猪、鸡、鱼、鸭）的个体户和家庭作坊式的农产品（主要从事粉红加工和酿造）加工企业，农业企业年产值约 1800 万元。直辖 10 年来，全区农业产业化取得明显成效。根据主城发展要求，取缔了部分污染大的传统养殖和作坊加工。引进并扶持发展了一批档次高、规模大、潜力强的农业龙头企业。全区现已发展市级农业产业化企业一家，区级产业化龙头企业 8 家。扶持发展了今普食品、红九九、雪里红等一批农业品牌。2006 年全区农业龙头企业实现产值 8.8 亿元。

2.工业反哺农业迈出新步伐。近几年，大渡口区加快了农村工业化步伐，规划并启动了建桥工业园建设，通过招商，吸引了一批入园企业，为全区农村劳动力转移创造了条件。全区累计培训农村劳动力 14000 人次，向农村二、三产业转移农村劳动力 18000 人次。2006 年农民人均实现务工经商收入 3300 元，比 1996 年净增 2500 元。

3.农业生产生活条件明显改善。直辖 10 年来，大渡口区农村交通条件大为改善，区域内袁茄路的扩建和华福路通车，各镇都能基本实现半小时主城。农村 32 个村实现了村村通公路。完成

新修田间人行中大道37.52公里，累计完成农田水利基本建设项目300处，新修蓄水池250口，累计解决1.2万人饮水困难问题。农村32个村1997年成建制实现小康，农村用电“户户通电”工程全面完成。农民行路难、吃水难的困难基本得到解决。社会主义新农村建设全面展开，示范村饮改水、改厕、改厨、改环境的各项工作已经启动。完成了三峡库周绿化带建设面积399.7亩，大渡口森林公园规划工作即将完成。建成了凤阳农业综合开发示范园区和南海水保生态园区。

4.农产品质量安全工作上新台阶。大力推广良种良法，不断引进推广名、优、新蔬菜、花卉和水产品种，在全市率先进行了罗氏沼虾、青波、虎头鲨等名、优品种的示范推广。建成了专业的蔬菜质量监测中心，定期对全区农资市场上市蔬菜进行抽样检测。大力实施放心肉工程，建成西南地区最大的现代化屠宰场1个，建立了一支稳定的专业动物检疫队伍，严格实行生猪定点屠宰和出厂检疫制度，完成了无规定重大疫病区建设项目任务，杜绝了禽流感口蹄疫、狂犬病、猪链球菌等重大疫病发生，确保了全区食品安全。

(五)基础设施明显改善

1995年大渡口区因区划调整，城市建设发展空间更加广阔，大渡口区委、区政府提出了第二次创业的口号，并做出以城建带动整体发展的战略决策。自1996年编制3.65平方公里的新城建设规划以来，经过历年的大力招商引资工作，城市综合开发很快掀起热潮。到2006年，城区面积达到25.7平方公里，新城区规模基本形成。

1.道路交通建设。经过1996年、1997年新城建设的规划和运作准备，1997年10月松青路开工建设，标志着城市道路建设拉开了帷幕。之后五年相继建成了春晖路、陈庹路(陈家坪——冬瓜山加油站)。到2006年，在大渡口辖区内建成了上界高速、陈庹路、华福路等3条出区干道，建成了翠园路、翠柏路一期、柏桦街一期、新九中路一期等一批城市次、支干道。改造了长达32.95公里的袁茄路(上界高速至刘伏路口段)，辖区内路网进一步完善。2005年上半年轻轨二号线大渡口段已正式运行，2006年下半年陈庹路(西半幅)正式通车，新九中路二期、翠柏路二期、湖榕路二期、迎宾道等城市道路全面动工。2001年建成松青路主排水道，全长2.2公里，管径2.5×2.45×4。建成了陈庹路、春晖路、松青路、湖榕路、大中路3.96万平方米的人行道。2006年完成了春晖路、陈庹路排水系统建设10700米，以及水、电、气、通讯、电信、电视地下管网。2006年城区道路里程达到了144公里，人行道面积达到29万平方米。

2.配套设施建设。加强了路灯配套建设，截止2006年底，共安装路灯2370盏，总功率2365千伏安。为方便社会居民生活，2003年为社区和背街小巷安装路灯224盏。2005年又开展了消灭城市无灯区工作，为背街小巷安装路灯230盏。加强对公厕、垃圾站的全面维修或改造，2006年末大渡口实有公厕27座，垃圾站13座。

在大力推进城市建设的同时，长期不懈地狠抓城市管理，创建卫生城市，整治城市面貌，强化规划管理，拆除违章建筑，整治和治理马路市场。开展文明一条街、卫生一条街、绿化达标一条街建设工作。建立了城管、城建监察队伍，加强以法治市，依法管理工作。经过不断努力，城市的容貌得到较大的改善。

(六)园林绿化实现突破

1999年大渡口区自改革开放后第一次获得了市园林局110万元大额城市园林绿化专项拨款(也是第一次获得市级部门的大额拨款)，用以改造钢花路的行道绿化，撤除行道地槽式绿化隔离带，建成了上档次的花坛和花坛式绿化带。2003年，改造了钢花路(建设村至马王乡段和基建村至柏树堡段)的行道绿化。至此，完善了钢花路(马王乡至柏树堡段)整条街的绿化。在市政府组织的市街绿化达标检查中，钢花路被评为“最佳绿化市街”。同年，完成了松青路、春晖路、陈庹路的行道绿化，建设了松青路街心花坛、春晖路道路中心南段绿化隔离带、羊子岩公园。2000年区行政中心广场建成后，进行了高标准绿化美化。行政中心广场成为市民休闲、娱乐的最佳场

图7 2000年、2003年、2006年城市绿化变化图

(建成区绿地率、绿化覆盖率单位:%;人均公绿地面积单位:平方米)

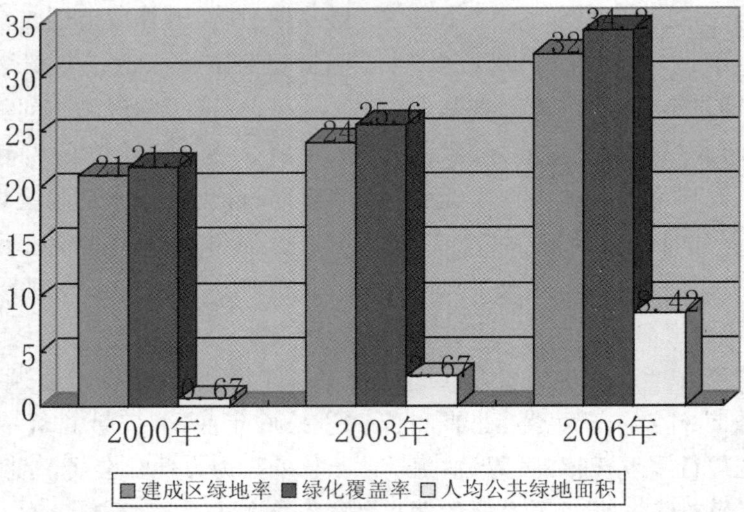

所。2000年建成区绿地率为21%,绿化覆盖率为21.8%,人均公共绿地面积仅0.67平方米。2003年建成区绿地率达到24%,绿化覆盖率达到25.6%,人均公共绿地面积达到2.67平方米。到2006年,大渡口人均公共绿地面积达到了8.42平方米,建成区绿地率达到32%,建成区绿化覆盖率34.2%(见图7)。

2004年区政府把进一步改善投资、人居环境,提升城市形象作为城市建设的重点工作来抓。成立创建市级山水园林城区领导小组,加强宣传动员。编制《大渡口区绿地系统规划》。推进公园建设,双山公园一期建设初具规模,中华美德主题公园建成8万平方米,钢城公园建成10万平方米,建成春晖游园、科而士游园、羊子岩游园等一批社区公园,启动义渡公园景观设计。加强城市景观建设,完成锦霞街一期、建桥大道、陈庹路一期生态林示范段建设以及袁茄路拓宽改造。完成华福路(大渡口段)、湖榕路、柏华路等道路景观方案设计,完成大渡口区商圈概念设计以及大渡口城市中心公园施工图设计。鱼洞大桥北引道及陈庹路、迎宾道景观设计均已完成。进一步完善锦天游园、锦霞街二期等道路景观建设。同时,雕塑建设也取得了较大成绩,2005年完成《生活如歌》、《大渡口》等两座城市雕塑制作,《腾飞》、《强音》、《流年渡口》等3座城市雕塑也正在制作中。园林"三创"工作实现突破,2004—2005年创建了金色世纪、科而士、阳光花园三个市级园林式小区和锦天佳园、园丁小区、民族职中、升光印务、茄水溪水厂等5个区级园林式小区和单位。积极组织和参与市、区各类展览,并获得优异成绩。截止到2006年底,大渡口累计成功举办盆景展12届,菊花展19届,插花展2届。强化市街整治,加强户外广告管理,美化城市容貌,近几年来共拆违建绿和裸露地绿化5万平方米。加大污水和垃圾处理力度,空气质量、水质量逐步好转。大力实施山水保护和造林工作,积极推进中梁山森林公园、猫儿山生态林建设,生态环境进一步改善。2006年获得"市级山水园林城区"称号。

(七)房地产业异军突起

大渡口区的房地产业开发始于1995年,当年完成房地产开发投资额5278万元。1997年全年完成投资额为6910万元,发展速度缓慢,对区域经济增长起的作用不明显。1998年以后,随着市场经济体制的逐步完善和发展,房地产开发企业适应市场的能力不断提高,行业整体水平迅速提升。2003年全年完成开发投资额10亿元。2004年受国家宏观调控政策的影响,房地产投资额有所回落,全年完成8.058亿元。2006年底,全区共有房地产开发企业65家(本区注册开发企业50家,外区在大渡口有项目的企业15家),

从业人员达2000余人，全年完成开发投资额18.4亿元，施工面积达244.5万平方米，竣工面积39.6万平方米。

房地产业的发展极大改善了人们的居住环境和生活条件。2006年全区城镇居民的住宅面积达到29.0平方米，比1996年增加9.9平方米。随着人均住宅面积的增加，出现了以豪俊阁、阳光花园、朵力名都、锦天佳园等为代表，功能齐备、环境幽雅、配套完善的住宅小区。房地产业的迅速发展壮大，已经成为大渡口区不可忽视的支柱产业，对经济的持续、稳定、健康发展起到了积极的推动作用。

(八)人居环境不断提升

直辖10年来，大渡口区在经济快速发展和城市化加快推进的同时，高度重视改善人居环境，以打造全市最佳人居环境为目标，采取了一系列重大举措，实现了环境更加洁净，市容更加亮丽，空气更加清新，市民满意度不断得到提升。

1.大力实施环境绿化。全面保护国有、集体森林，形成了防护林绿色屏障。保护和营造具有景观特色、生态优美的山头、山脊、斜坡、江河沿岸防护林，对长江、跳磴河防洪水位20米以下地带全面绿化。加强山际线保护，对规划区的山体实施绿化，基本消灭了荒山秃岭。对高等级公路两侧按20—30米作为禁建区进行控制；大力实施郊野公园的建设，全区三镇共完成6公顷以上绿地建设改造，初步建成了中梁山森林公园。

2.建好城市公园和社区公园。建成500亩较高品质的双山绿地公园和200亩生态环境与文化品位交相辉映的中华美德主题公园。积极推进义渡公园建设，丰富大渡口的出入口和节点景观。对大渡口城市公园在设施、植物、环境质量等方面实施了大规模改造。全面提升春晖游园、天辰游园、政府广场、园林式小区或单位的绿化品质。通过动员各街道和社区群众共同参与，全力打造社区公园。

3.重点打造城市靓点。建成陈庹路一期生态景观大道，新增城市景观绿地5万平方米以上。完成翠柏路一期道路景观工程，建成大渡口文化雕塑墙。完成锦霞街二期景观工程。完善华福路(大渡口段)道路景观建设，建成景观绿地1万平方米。以长效鲜花为主实施迎宾大道景观建设，完成春晖路、袁茄路、建桥大道景观改造工程。推进城市雕塑建设，建成2座体现时代气息，反映人文内涵的精品雕塑。

4. 彻底改变全区城市面貌。投资1200多万元，对夜间灯饰工程进行了全面规划和全新打造；统一规划，分步实施了城市主次干道景观建设工程，着力提升城市形象。加大对影响城市面貌的广告、路名牌、摊点的整治。大胆创新，在全市率先提出“环境卫生管理进社区”的口号，大力推动环卫工作向社区延伸，改善居民生活环境；为支持社会主义新农村建设，环卫管理正逐步向具备条件的农村地区延伸。

5.推进环境质量进一步提高。加强“十五小”、“新五小”关停整治，从1996年到2003年，连续开展了对“十五小”和“新五小”企业的关、停、并、转、迁工作。开展“一控双达标”工作，从1996年到2001年，每年减少燃煤67212.07吨，减少二氧化硫排放量8479.6吨，减少烟尘排放量1643吨。实施“五管齐下”净空工程和“清洁能源”工程，启动“无煤区”建设，8个镇(街道)建成“基本无煤区”。重点推进“蓝天行动”，全区空气环境质量有了明显好转。2006年空气环境质量满足Ⅱ级以上天数为239天，比例达到65.4%。严格建设项目“三同时”管理制度，从1997年到2006年，共审批项目250个，总投资870668.93万元，其中环保投资37550.13万元，占总投资的比例为4.31%，“三同时”执行率每年均为100%。

注：本文数据出自大渡口区统计局

撰稿单位：重庆市大渡口区人民政府办公室

江北区

过去10年是重庆直辖的10年，也是江北经济社会发展取得历史性成就，江北人民倍感自豪的10年。在市委、市政府的正确领导下，全区上下高举邓小平理论和“三个代表”重要思想伟大旗帜，以科学发展观统领经济社会发展全局，紧紧围绕建设“经济强区、都市新区”宏伟目标，全面实施“工业驱动、城建推动、商贸拉动”三大战略，强力推进“滨江路及内侧开发、江溉片区拆迁安置、观音桥商圈、港城工业园区、五桂路、铁山坪生态区”六件大事，成功经受住了抗击非典、天原厂抢险、江北城拆迁、特大干旱等一系列危难挑战的严峻考验，推动全区经济社会实现又好又快发展。

一、江北区经济发展主要成就

2006年地区生产总值达到151.42亿元，是直辖前1996年的3.9倍，按可比价格计算，年均增长13.1%（见图1），其中：第二产业增加值从26.02亿元增长到71.82亿元，年均增长10.8%；第三产业增加值从10.35亿元增长到77.52亿元，年均增长13.8%（见表1）。三次产业结构从直辖前的6.5:66.9:26.6调整为1.4:47.4:51.2，与1996年相比，第一产业比重降低5.1个百分点，第二产业比重降低19.5个百分点，第三产业比重提高24.6个百分点，“退二进三”的产业结构优化升级成效显著。人均GDP达到2956美元，是1996年的2.7倍。直辖10年累计完成全社会固定资产投资628.29亿元，年平均增长26.9%（各年固定资产投资见图2，下页）。地方预算内财政收入达到14.82亿元，是1996年的10倍；社会消费品零售总额突破80亿元大关，达到83.16亿元，是1996年的4.2倍，年平均增长15.5%。规模以上工业销售收入达到191亿元，接

图1 直辖10年地区生产总值与增速

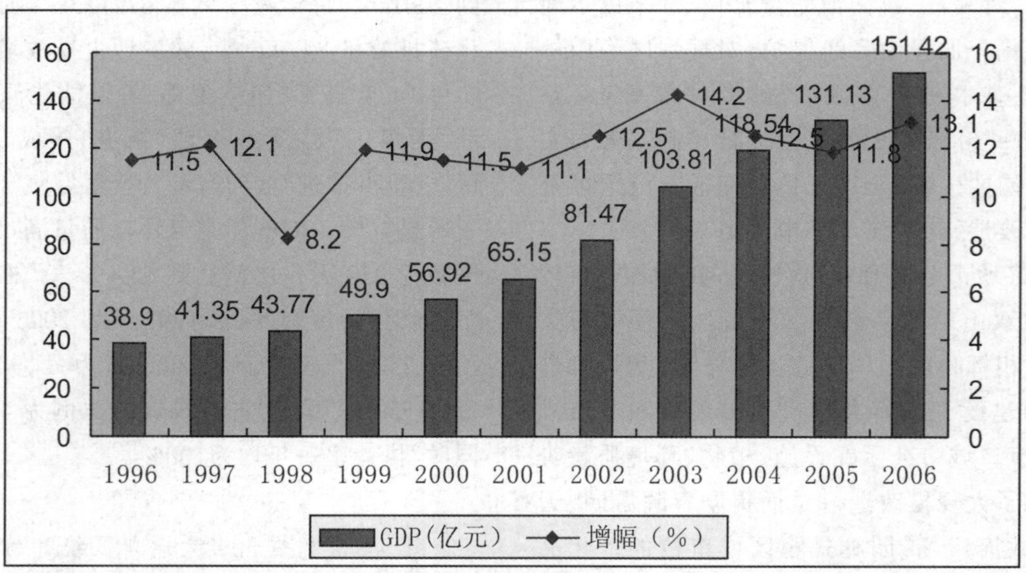

表1 直辖10年三次产业结构 单位：亿元

	1996年	1997年	1998年	1999年	2000年	2001年	2002年	2003年	2004年	2005年	2006年
第一产业增加值	2.53	2.61	2.49	2.38	2.26	2.23	2.27	2.24	2.21	2.21	2.08
第二产业增加值	26.02	22.82	23.39	27.53	31.36	35.66	46.24	62.07	66.02	68.45	71.82
第三产业增加值	10.35	15.92	17.89	19.99	23.3	27.26	32.96	39.5	50.31	60.47	77.52

图 2 直辖 10 年固定资产投资 单位:亿元

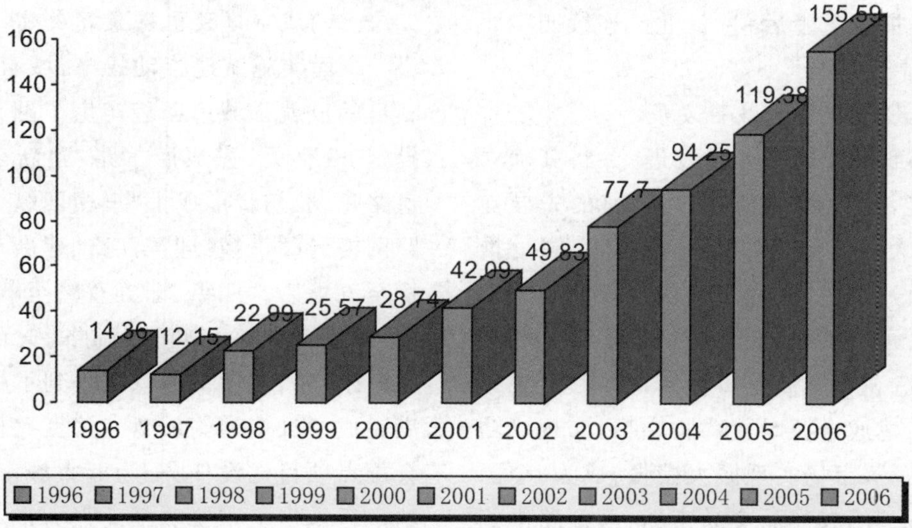

近翻番。金融机构存、贷款余额分别达到335亿元和213亿元,比1996年增长619%和247%,支持地方经济发展能力明显增强。江北经济总量、结构、效益的优化提升,标志着江北综合竞争力的显著增强。

(一)工业经济发展后劲明显增强

江北作为传统工业强区,工业是地区经济的主体和经济增长的重要力量。通过大力实施"工业驱动"战略,坚定不移地走新型工业化道路,全区工业经济实现了持续、快速、健康发展。2006年,全区工业增加值实现63.24亿元,比1996年增长169%,年均增长10.4%,占地区生产总值的比重达41.7%(见图3)。以长安为龙头的25个重点企业在调整与创新中加快发展,区域规模以上企业工业总产值196.3亿元,比2001年增长46.9%,直辖第二个五年年均增长8%。2006年,交通运输设备制造业、电子及通信设备制造业、医药制造业和化学原料及化学制品制造业等四大支柱行业完成总产值143.4亿元,比2001年增长1.3倍,年均增长5.5%,占区域规模以上工业总产值的73%。江北"工业驱动"战略核心——港城工业园区建设发展取得阶段性成果。成功整治土地5100多亩,引进海尔、中集、中石化、美国伟世通等世界知名企业53家,25个企业建成投产,海尔工业园一期初具规模。鱼嘴东部新城和复盛中小企业创业基地建设快速推进。工业园区的建设,搭建了江北工业发展新的平台,实现了由以长安为龙头的单一产业集群向以长安、海

图 3 直辖 10 年工业经济

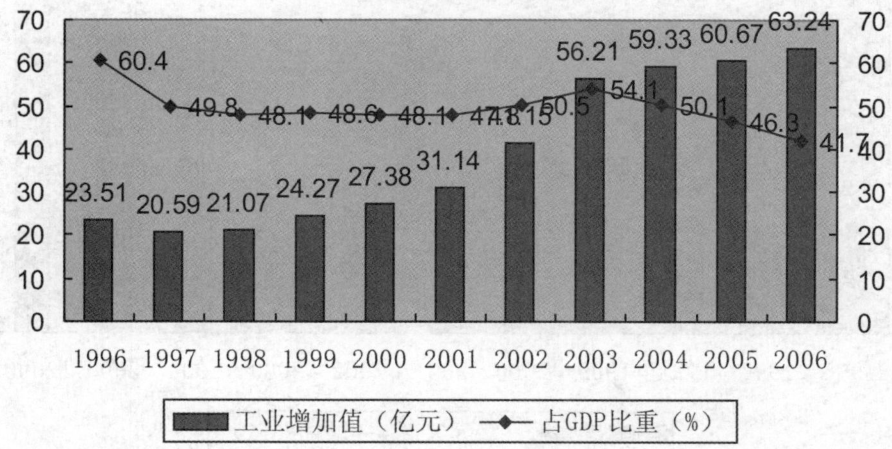

尔、中集等为龙头的多元产业集群转变，为新一轮工业经济发展积蓄了后劲。江北已连续四年评为“重庆工业十强区县”。

(二)商贸经济实现突破性发展

高度重视商贸流通产业的发展，并将其确立为加快地区经济发展和战略结构调整的先导支柱产业，通过大力实施“商贸拉动”战略，强力推进观音桥商圈开发建设，商贸经济实现突破性发展。以7.5亿元基础设施投入拉动社会投资80亿元，成功打造观音桥商业步行街，并创建“中国著名商业街”；建成金源时代购物广场，实现成功招商；观音桥农贸市场实现搬大搬强，成为“全国第二、西部第一”的农产品交易市场；滨江路内侧沿线开发加速推进，滨江经济带已初具轮廓；寸滩港一期工程建成，现代物流业快速发展。截至2006年底，引进远东、茂业、新世界等大店名店20余家，新建建玛特、东方家园等专业商品交易市场7个，培育洋河餐饮美食一条街等专业特色街7条，基本形成大商贸、大市场、大流通、大企业的发展格局。2006年，全区社会消费品零售总额实现83.2亿元，位居都市发达经济圈第4位，是1996年的4.2倍；与2005年相比，增幅达到20.1%，位居都市发达经济圈第2位。在商贸流通产业的强势拉动下，江北第三产业占GDP比重从1996年的26.6%上升到51.2%，增速位居全市第一(见图4)。

(三)城市建设取得显著成效

全面实施城建推动战略，城市建设取得令人瞩目的成就，城市面貌产生了翻天覆地的变化。投资50亿元，完成海尔路、建新东路等40多条道路建设，初步形成了“三横四纵一射线”的城市路网格局(“三横”即滨江路、建新东西路、石门大桥至五里店；“四纵”即五童路至黄花园大桥北引道、建新南北路、华新分流路、玉石路；“一射线”即海尔路)，城市交通状况得到了根本性改善。圆满完成了红旗河沟转盘、滨江路内侧等49个峰会重点项目建设任务，为亚太城市市长峰会的成功举行做出了重要贡献。强力推进观音桥、五里店、石马河、江北城、滨江路内侧等片区旧城改造和新区开发。积极实施市政配套设施建设，建成了以万丰支路、茶园人行天桥、观音桥商圈地下通道和松石路排水工程为代表的一大批市政配套工程，居民出行难问题得到有力改善。成功实现15个“四久工程”的处置盘活，正源大厦打造成全区第一家五星级酒店——金源大饭店，江田大厦打造成全市最大的零售卖场——深圳茂业百货。完成嘉化厂、天原化工厂等10个污染企业搬迁，城市饮用水源水质达标率达97%以上，空气质量满足二级以上天数比例达到73.4%，城市环境得到极大改善。新增城市建成区面积15平

图4 直辖10年社会消费品零售总额

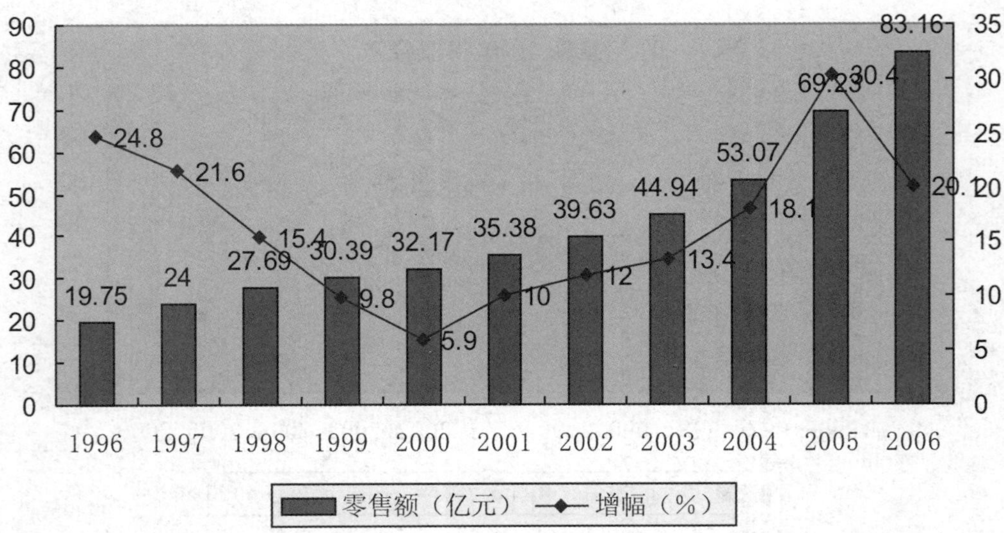

方公里，新增公共绿地200万平方米，成功创建市级山水园林城区。

(四)新农村建设开局良好

高度重视农业农村工作，不断加大对鱼复五三镇的交通、供水、农业结构调整、农业综合开发、小城镇建设等投入力度。新建、改造镇、村、社道路120多公里，基本实现“村村道路硬化、社社通车”的目标。建成鱼嘴、复盛提灌工程，日供水量达4000吨，同时在复盛、五宝部分丘陵地区兴建蓄水池23个，蓄水量达15000立方米，解决了2000余人的饮水困难问题。新修排水管网2000余米。建成农民新村10余个，总面积达到18万平方米以上，特别是五宝镇箭沱湾农民新村的建成投用，为加快发展农业观光旅游创造了条件。2006年，完成了3个示范村、12个推进村的规划编制工作，实施了鱼嘴双溪村、五宝干坝村、复盛协睦村近300幢房屋的立面风貌改造，修建了740平方米的双溪村公共服务中心和1000余平方米的村民休闲健身广场。

(五)改革开放有序推进

国有资产整体质量不断提高。自2003年以来，通过资产重组和结构调整，工业企业整体扭亏为盈，利润总额净增5.7亿元。国有企业改革主要任务已经完成，安置分流职工8493名，盘活国有资产2.2亿元，国资管理在探索中不断完善。建立重大项目“找钱—用钱—还钱”法人运行机制，在加大投入强力推进经济社会快速发展的同时，实现财政资金良性循环，政府性债务规模逐年减少。部门预算、政府采购、“收支两条线”、会计委派制度更加规范。新增私营企业4500家，个体工商户1.7万户，非公经济增加值比重提高到50%左右。粮食流通体制改革顺利推进，在全市率先取消农业税，切实减轻了农民负担。“两社两化”稳步推进，建成农村综合服务社、专业合作社31个。教科文卫及住房、社会保障制度等各项改革稳步推进。行政体制改革不断深入，公务员考核奖惩机制逐步完善。颁布实施了《江北区发展环境综合整治十项规定》，投资兴业软环境进一步优化。对外开放进一步扩大，全区“三资”企业总数达到230个，实际利用外资2.9亿美元，其中，2006年达到6012万美元，比1996年增长756.4%，年平均增长24.0%。获得国家开发银行20多亿元贷款。引进重点项目220个，总投资达到123亿元，其中，总部企业18个，新增财税收入1.8亿元。培育外贸经营企业280家，累计出口近18亿美元。对外开放和外经贸综合实力已连续5年稳居全市第一。

(六)各项社会事业全面协调发展

投资10多亿元用于社会事业基础设施建设，科技、教育、卫生、文化、体育等各项事业全面进步。全区规模以上企业技术开发经费由2002年的4.8亿元上升到2006年的10.1亿元，年均递增17.3%。高新技术产值达110亿元，占地区工业总产值的52%，比2002年上升了14.2个百分点。18中、新字水中学、女子职业中学、玉带山小学等一批新建、改扩建中小学竣工投用，各级各类教育全面发展，教育教学质量稳步提高。市中医院落户江北，市红十字会医院、区精神卫生中心等实施改造或迁建。农村初级卫生保健目标提前实现，新型农村合作医疗全面启动，市级卫生城区成果得到巩固。建立并完善了五大保险制度、社会弱势群体长效帮扶机制，城市低保“应保尽保”，农村低保稳步推进。自2003年以来，累计新增就业岗位5.1万个，帮助指导就业再就业4.3万人，城市登记失业率控制在3.5%以内。社区建设不断加强，全国社区建设示范区成果继续巩固。公共突发事件应急机制初步建立。社会治安综合治理持续深入，刑事犯罪高发势头得到有效遏制，人民群众安全感不断增强。

(七)人民生活持续改善

成功实现“温饱型”向“小康型”的转变。2006年，城市居民人均可支配收入突破万元大关，达到11632元，比2002年增长56.7%，年均增长11.9%；农民人均纯收入接近5000元，达到4728元，比1996年增长123.3%，年均增长8.4%。城镇居民在收入不断增加的同时，消费观念也发生着变化，从满足基本生活消费转向享受型生活消费，医疗保险、住房、教育、文化娱乐类消费成为新的消费热点。1.2万户城市居民搬入新居，城镇居民人均住房建筑面积达到30.5平方米。

二、江北区经济发展中的突出特点与亮点

(一)"六件大事"强力推进

举全区之力完成了江北城2平方公里拆迁安置任务，共拆除房屋175万平方米，动迁居民1.75万户8.5万人，131个企事业单位，新建金果园、山水丽都等安置小区60余万平方米。重庆科技馆、大剧院及配套基础设施建设全面启动，重庆中央商务区建设宏伟大幕已经拉开。港城工业园区完成基础设施建设，招商引资成效显著。观音桥商圈建设任务三年目标两年完成，2005年2月正式开街。海尔路于2004年提前通车，成为连接上中段地区的工业振兴路、便民利民路。北滨路及金源路等5条纵向连接路全面建成通车，基本形成骨干道路网络，内侧开发强力推进。铁山坪生态区建成25公里骨干道路及电、气、通讯设施，改造林木500亩，僧官寺一期主体完工。截至2006年底，寸滩港一期28万标箱已建成投用，金渝大道一期竣工通车。鸿恩寺公园规划编制、招商引资等各项前期工作全面启动。

(二)港城工业园区拔地而起

直辖以来，江北工业经济发展的最大亮点是成功打造出新的增长极——港城工业园区。自2003年3月正式动工建设以来，累计完成基础设施投资14.79亿元。其中：征用土地6797亩，建设园区道路15公里、社员安置小区18万平方米、园区变电站1座、电力开闭所3座，园区骨干输变电、天然气供应及供水等市政基础设施基本完善。招商引资取得突出成效，成功引进海尔、中集、美国伟世通、中石化、武汉钢铁等国内外知名企业，企业总数达到53家(市外37家，市内16家)，占地5100余亩，协议引资78亿元，预计达产年产值300亿元，解决就业达21000余人。截至2006年底，累计建成投产企业25家，完成投资25.18亿元，初步形成了以海尔、伟世通为龙头的电子电器制造业，以中集集团为龙头的物流装备制造业，以长安跨越、红岩天人为龙头的汽车及零部件制造业等三大支柱产业体系格局。2006年实现产值25亿元，入库税收6000万元，安置就业人员2100人，全区工业经济发展新平台已初步建立。

(三)观音桥商圈应运而生

通过"高起点规划、高标准建设、高水平管理、高速度发展"，先后完成了40万平方米的旧城改造工程，盘活了5幢40万平方米"烂尾楼"，建设了"地面环道、下穿隧道、地上轻轨"的现代立体交通路网，完成了"公园、广场、步行街"三位一体的20万平方米的生态景观，实施了"亲商、安商、富商"的招商引资政策，以7.5亿元基础设施投入吸引到北京世纪金源、金融街、香港新世界、台湾远东、深圳茂业、福建永辉、云南红塔等国内20余家品牌企业投资近80亿元实施30多个项目，商圈发展呈现出速度快、势头旺、后劲足的态势，逐渐成为重庆城市形象的一大亮点和商贸流通产业发展的核心集聚区。截至2006年底，拥有大型百货店6家、大型购物中心2个、大型综合超市3个、大型家居建材店4家、大型电器专业店5家、大型主题公园2个、大型餐饮店20家，经营面积5000平方米以上大型商业网点达到26家，亿元以上零售企业突破10家。2006年商圈实现社零总额58亿元，同比增长25.6%，占全区比重接近70%，拉动全区社零总额增幅由全市第4位提升到第2位。"五一"、"十一"黄金周期间，观音桥商圈销售额分别达到1.45亿元和2.01亿元，总量位居主城五大商圈第二，增幅位列第一。2006年8月，观音桥商圈成功创建西南首条"中国著名商业街"，成为名副其实的"重庆名片、城市客厅、市民乐园、消费天堂"。

(四)观农贸市场搬大搬强

2000年以来，观农贸先后进行了三次优化、整合：2000年，观音桥农贸市场与盘溪蔬菜批发市场、建新市场实现资产重组；2002年，新盘溪蔬菜批发市场建成投用，原蔬菜市场培育成水产批发市场；2005年8月，观农贸从观音桥中心地带整体搬迁至石马河盘溪地区，市场建设与发展

再次升级，成为我国西部最大农产品物流中心。截至2006年底，观农贸已形成占地350亩、经营面积33.63万平方米、实现就业12000余人，集蔬菜、水果、水产、粮油、食品干副等农产品批发市场为一体的市场集群，经营各类农产品上千种，辐射云南、贵州、四川、西藏、江西、陕西、湖南、河南、北京、广东和福建等16省市，成交额名列全国前三甲，已连续多年荣获“全国十大农产品综合批发交易市场”，蔬菜批发市场交易量占重庆市主城区和近郊80%以上。2006年，商品成交量达到18.9亿公斤、成交额达到85亿元、市场收入突破5000万元，获得全国“双百市场”称号，成为商务部首批农产品现代流通体系建设重点项目。

（五）滨江经济带蓄势待发

随着北滨路全线贯通和沿线房地产业的迅猛发展，北滨路沿线已有金源时代购物广场、君豪大饭店、方特科幻乐园、金砂水岸餐饮街、珠江太阳城餐饮街、东方港湾约克风情街等大型商业设施，总面积已突破50万平米，逐渐形成集商务、餐饮、休闲、娱乐、会展、购物、居住于一体的滨江第三产业经济带和新的经济增长点。其中，金源时代购物广场堪称“西部第一、中国第二”的“商业航母”，包括购物中心、酒店、写字楼、高档住宅等。其中购物中心40万平米，集购物、休闲、娱乐、饮食等为一体，包括百货店、超市、专业店、专卖店等多种业态。截至2006年底，已入驻居然之家，经营面积近10万平米，聚集了家具家饰和装饰材料500多个品牌、10万个品种。福建盛世珠宝服装市场也将于2007年开业。

（六）总部经济高地发展势头强劲

直辖以来，区委、区政府高度重视招商引资工作，倾力打造全市最好的投资环境，大力发展总部经济，成功引进以金源和海尔为龙头的总部企业18家。其中，金源集团在观音桥商圈核心地带投资36亿元，一举建立金源大饭店、君豪大饭店两个五星级酒店和西部最大的购物中心——金源时代购物广场，提升了观音桥商圈的档次和实力，并陆续引来红塔、美国富士康、新世纪、深圳茂业、台湾远东、香港新世界百货等国内外知名企业入驻。海尔集团落户港城工业园区，投资29亿元打造其在大陆最后一个制造基地和第二个研发中心，一举改变了港城工业园区群龙无首的局面，随即吸引了数十家配套企业落户江北，形成了电子电器制造产业集群，为振兴重庆家电制造业奠定了基础。此外，市信用联社、民生银行、兴业银行、烟草公司、中集集团等十多户知名企业集团总部也相继入驻，推动总部经济实现了良好开局。

（七）房地产行业飞速发展

2003年以来，全区强力推进观音桥、五里店、石马河、江北城、滨江路内侧五大区域开发建设，累计拆迁城市房屋380万平方米，完成房地产投资201亿元，竣工房屋面积达692万平方米，新增建成区面积15平方公里。2006年，房地产业实现增加值8.89亿元，是1996年的15.2倍，年平均增长8.1%，占地区生产总值的比重达5.9%，比1996年提高了4.4个百分点，房地产投资实现76.62亿元，占全社会固定资产投资比重达到49.2%，房地产业已成为全区经济发展新的增长点与重要支撑。从各片区发展来看，观音桥片区建成龙湖·北城天街、红鼎国际、金源大饭店及地下不夜城等大型建筑群和高档住宅小区，总面积达到126万平方米。五里店片区建成南方上格林、庆业·巴蜀城、金科丽苑等楼盘，开发面积近200万平方米。石马河片区重点建成了明瑜恒康、金果园、阳光玉带苑、山水丽都和玉祥门等5个安置小区，竣工面积达到88万平方米。江北城片区完成了2平方公里、175万平方米房屋的拆迁任务，大剧院、科技馆等重点项目建设顺利推进。滨江路内侧建成金砂水岸、东方港湾等高档楼盘，华宇北国风光、珠江太阳城、招商江湾城等多个重量级开发项目陆续启动，总投资达到80个亿，开发面积超过500万平方米。从行业实力看，区一级建筑企业数量实现了“零”的突破。全区现有建筑施工企业379家，专业涵盖房屋建筑、公路工程、市政公用、机电设备安装、通信工程施工等36个种类。其中一级企业6家，二级企业68家，三级企业235家，特种专业4家，劳务企业66家。

(八)"三色农业"大放异彩

江北坚持以加快农村经济发展为中心,围绕工业化带农业,城市化带农村,产业化带农民,大力发展生态农业和品牌农业、特色产业,努力促进农业产业化与新型工业化、流通现代化的互动融合,通过农村经济结构的调整深化和农业产业化经营的不断发展,形成一批具有较强竞争力的优势产业——三色农业,即以奶牛为主的白色产业、以水果、蔬菜为主的绿色产业和以花卉为主的彩色产业,从而不断壮大经济实力,增加就业岗位,促进农民稳步增收。截至2006年底,江北各大农业生产基地已初具规模:鱼嘴镇建成2000头的奶牛生产基地,五宝镇建成2000亩优质水果基地,国家级万亩花卉苗木标准化示范基地初见成效,复盛镇1200亩的优质蔬菜基地正在形成,30万只肉鸡养殖基地已获良好收益。

(九)都市旅游胜地逐渐形成

随着北滨路、观音桥商圈的建成,江北已逐渐形成了吃、住、行、游、购、娱要素齐全的都市旅游产业体系:"吃"有中华餐饮名街——北城天街美食乐园;"住"有金源、君豪两个五星级饭店;"行"有畅通无阻的北滨路等众多骨干道路;"游"有主城最大的开放式城市生态公园——嘉陵公园、西部首个高科技公园——方特科幻乐园,"购"有新世纪、远东、茂业、新世界等国内著名的六大主力百货和西部最大的金源时代购物广场;"娱"有西部最大地下娱乐城——金源不夜城等。经过精心策划,观音桥商圈、北滨路、金源方特科幻公园、佰富江景高尔夫球场、长安工业旅游示范园、海洋公园等特色旅游景点正式形成了一条独具特色的"活力江北一日游"都市旅游线路,并成功纳入重庆市"山水都市一日游"线路,江北的都市旅游胜地形象更加深入人心。

三、江北区未来一段时期发展构想

(一)发展目标

到2011年,主要经济指标基本实现"五个翻番":即在2006年基础上,地区生产总值力争达到300亿元(人均超过5500美元),年均递增14.9%;实现规模以上工业销售收入450亿元,年均递增18.7%;社会消费品零售总额突破160亿元,年均递增14%;地方预算内财政收入超过32亿元,年均递增16.7%;累计完成固定资产投资750亿元。社会事业全面协调发展,城市居民年人均可支配收入力争达到18000元,农村居民年人均纯收入力争达到7000元;新增就业岗位10万个,城镇登记失业率控制在3.5%以内;公共安全感满意率达90%以上;人口自然增长率控制在1‰以内。

(二)基本思路

坚持以邓小平理论和"三个代表"重要思想为指导,以科学发展观统领全局,紧紧围绕建设"创意、实力、和谐江北"的奋斗目标,大力实施产业驱动、城乡互动、文化推动"三大战略",着力抓好港城工业园区开发建设、观音桥商贸中心开发建设、江溉片区拆迁开发建设、鱼复东部新城开发建设、鸿恩寺片区开发建设、铁山坪生态区开发建设"六件大事",强力推进新农村建设、城市基础设施建设、就业再就业、困难群众法律援助和司法救助、社会保障、公共教育文化医疗卫生服务、社区建设、平安建设、环境生态建设和"执政为民、服务发展"等和谐社会建设"十大工程",努力跻身都市发达经济圈经济社会发展前列。

(三)重点任务及举措

1.大力实施"产业驱动"战略,实现经济又好又快发展。根据江北产业发展的新形势和新趋势,我们将采取一系列政策措施,力争投入15亿元财政资金扶持产业发展,重点推进工业、现代服务业、总部经济和创意产业的发展,形成优势产业并驾齐驱的新格局。

一是着力推动工业快速发展,力争再造一个"江北工业"。坚持抓好工业经济大投资、大支柱、大项目、大企业建设,切实做大产业规模,做优产品品牌,做强企业竞争力。坚持促进产业集群发展,以引进和培育产业核心企业为重点,形成产业群、延伸产业链。在继续做大交通运输设备制造业的基础上，新发展壮大电子电器、物流装备制造、新材料等支柱产业，努力形成新的优势产业。坚持用高科技和先进适用技术改造和提升传统工业，积极发展楼宇工业，逐步形成传统工业与现代工业、园区工业与楼宇工业互为补充、相互促进的新格局。坚持以增强发展后劲为主攻方向，全力打造港城工业园区和鱼复东部新城两大平台。港城工业园区要在已有基础上，继续大力发展，基本形成以电子电器、汽车及零部件制造、物流装备制造为主的三大优势产业集群，实现总产值300亿元。鱼复东部新城要按照“一年起步，五年奠基础，10年成框架，十五年基本建成”的要求，发展以车辆装配制造、机械加工、环保及新材料为支柱的产业群，实现产值100亿元。到2011年，全区实现工业增加值100亿元以上。

二是着力打造“三大中心”，努力建设现代服务业高地。壮大商贸龙头企业，做大做靓品牌商圈、特色商业街和专业市场。优化住房供应结构，规范经济适用房建设，促进房地产业持续健康发展。大力发展文化娱乐、医疗保健、运动休闲、旅游观光、汽车服务等新型生活服务业。进一步改善金融环境，加快金融保险业发展。着眼于建设现代服务业高地，着力打造“三大中心”。进一步建设观音桥商贸中心。实施观音桥商圈、观农贸市场、金源时代购物广场、北滨路内侧开发“三点一线”整体规划发展，进一步把观音桥商圈做大做强做靓，把金源时代购物广场打造成现代新型“商业航母”，把观农贸市场建成辐射力更强的现代农产品交易市场，实现年成交额150亿元以上，把滨江路内侧建成一条滨江特色经济带。精心打造江北城中央商务中心。按照2010年基本形成江北城中央商务中心雏形的目标要求，全面完成江溉片区拆迁安置，积极支持配合江北城投资开发公司推进重大项目、基础设施和功能开发建设，着力引进一批国内外知名商贸集团和总部，培育高端商贸业态，推进现代服务业发展。加速建设寸滩港现代物流中心。积极支持寸滩港二期建设，以寸滩港区、郭家沱滚装码头为依托，大力培育仓储运输、物流配送、信息咨询等产业，积极发展第三方、第四方物流，打造长江上游和西部地区江海联运的物流中心。到2011年，服务业增加值达到150亿元以上。

三是着力培育总部经济，切实提升区域发展竞争力。在培育、壮大现有总部经济的基础上，充分整合商贸商务和房地产开发优势资源，依托观音桥商圈、江北城中央商务区和滨江路内侧三大区域，着力引进一批资本雄厚、技术先进、辐射带动力强、产业关联度高的大型企业的区域性研发中心、营销总部以及现代金融、商贸、房地产、物流等区域性总部入驻。到2011年，新引进国内外总部企业50家以上，基本形成聚集和辐射效应明显的总部集群。

加快发展以研发设计、软件设计、广告策划、时尚消费、网络动漫、文化传媒等为重点的创意产业，初步形成在全市范围内有较强竞争力和影响力的创意产业群。

大力发展非公有制经济，培育中小企业集群。坚持放开搞活，降低创业门槛，让所有有志者无障碍地投身创业。积极引导有一定规模的中小企业走联营、参股、嫁接等合作之路，按照建设现代企业制度要求做大做强。

2.大力实施“城乡互动”战略，促进城乡区域协调发展。立足于增强城市聚集、辐射、带动功能和加快农村城市化进程，切实加大以城带乡、城乡统筹力度，努力促进城市快速发展和城乡、区域协调发展。

一是强化城市建设和管理，精心打造现代都市形象。坚持规划领先，强化规划控制和管理。按照“完善干道，打通节点，增大密度，完善配套”的思路，大力实施以城市道路和给排水为重点的基础设施建设，在全区基本形成方便、快捷、通畅的路网体系和功能完善的市政基础设施。加快滨江路沿线、鸿恩寺、溉澜溪等片区的开发建设，建成一批标志性、高档次精品楼盘，塑造现代都市风貌，提升城市品质。高起点、高标准、高档次规划建设鸿恩寺公园，努力建成充分体现“绿色生态、运动休闲、巴渝文化”特色的市级综合性公园。加快铁山坪生态区建设，建成具有较高知名度和美誉度的生态休闲旅游区。强化城市管理，进一步完善城市管理长效机制，创新城市管理模式，加强市容环境综合整治，不断提升城市管理水平。积极争创文明城区。到2011年，全区新增城区面积20平方公里。

二是加大城乡统筹力度，积极推进城乡协调发展。坚持“工业反哺农业、城市支持农村”，切实加大对农村基础设施建设、产业结构调整、社会事业发展的政策支持和财政投入力度。鼓励农民参与土地流转，鼓励农民专业合作经济组织向城镇拓展，鼓励农民进城务工和向城镇集中，积极推动“农村向社区转变、农民向市民转变、农业向工商业转变”。大力推进城乡规划一体化、管理一体化、产业发展一体化、公共服务一体化、社会保障一体化、基础设施建设一体化，促进城市与农村全面、协调发展。

三是坚持上中下三段互动，努力实现区域协调发展。按照“深度开发上段，加速开发中段，积极开发下段”的基本思路，着力推进上段地区“退二进三”和城市工商业向中下段地区的转移、延伸，着力推进中下段农村地区的工业化和城市化进程，不断拓展城市发展空间，基本形成三段互动、协调发展的新格局。上段地区着重优化和提升城市综合服务功能，聚集资金、技术、人才等生产要素，形成以现代服务业为重点的都市核心圈。中段地区突出发展先进制造业、现代物流业，建成以二产业为主的经济聚集区。下段地区要依托鱼复东部新城开辟二、三产业新的战略发展平台，加快二、三产业的发展，同时大力发展现代农业，加快推进社会主义新农村建设。

3.大力实施“文化推动”战略，为经济社会发展注入新动力。文化竞争力是一个地区重要的“软实力”。我们要加强先进文化建设，充分发挥先进文化强大的引领和推动作用，积极培育全区人民团结奋斗的思想基础和精神动力。

一是坚持解放思想、更新观念，努力激发创意活力。坚持从实际出发，大胆开拓创新，不断以新的视觉、新的理念、新的创意、新的举措谋求新的发展和新的突破。积极营造鼓励创新、宽容失败和谋发展、思进取的浓厚社会氛围，极大地激发全社会创新、创造、创业热情。大力培育“自强不息、开拓开放”的人文精神，始终保持“知难而进，勇于碰硬”的精神状态，破解发展难题，克服发展困难，不断取得发展的新成绩；始终保持“只争朝夕，勇于跨越”的精神状态，抓紧每一天，把握每一刻，争创新佳绩，实现新目标；始终保持“大胆开放，勇于改革”的精神状态，以开放的心态、开拓的思维、开明的政策，营造良好的政务环境，不断为发展注入新活力。

二是坚持经济社会统筹发展，全面提升社会事业发展水平。高度重视科技事业的发展，不断提高全民科学素质和企业自主创新能力，努力建设创新型城区。坚持把教育摆在优先发展的地位，统筹发展各级各类教育，努力构建终身学习体系，积极创建学习型社会。加强卫生事业，不断完善医疗设施，增强公共卫生服务能力。加强文化事业，积极培育特色文化，挖掘历史文化，提升乡土文化，打造时尚文化，努力培育文化市场，发展壮大文化产业，创建全国先进文化区。促进体育事业发展，提高市民身体素质。

三是坚持先进文化发展方向，积极推进和谐文化建设。大力弘扬以爱国主义为核心的民族精神和以改革创新为核心的时代精神，全面构建社会主义核心价值体系。立足于实践“八荣八耻”社会主义荣辱观，积极倡导爱国、敬业、诚信、友善等道德规范。大力倡导和谐理念，树立和谐意识，培育和谐精神。全面开展和谐创建活动，促进和谐文化进课堂、进社区、进企业、进机关、进家庭。通过开展群众喜闻乐见的和谐创建活动，不断增强全区人民的凝聚力、向心力、创造力，在全区形成“热爱江北、建设江北、奉献江北”的文化意识和崇尚和谐、追求和谐的社会风尚。

4.强力推进“十大工程”，努力构建和谐社会。针对影响社会和谐发展的突出矛盾和问题，我们将强力推进和谐社会建设“十大工程”，力争投入55亿元财政资金用于城乡基础设施建设和社会事业发展，着力改善民生，让全区人民都能充分享受到改革发展的成果。

一是实施新农村建设工程。按照"生产发展、生活宽裕、乡风文明、村容整洁、管理民主"的总体目标,积极发展现代农业,全面推进以"三建四改六提高"为重点的村社道路、安全饮水、农田水利等基础设施建设;增加投入,逐步解决农民"增收难、出行难、住房难、饮水难、读书难、看病难、养老难"问题;切实加大农村劳动力转移,积极推进农民市民化工作,大力培育发展特色优势产业,促进农业发展、农民增收、农村繁荣。

二是实施城市基础设施建设工程。按照"突出重点、统筹兼顾、先急后缓、强力推进"的原则,重点抓好以"三横三纵三立交一射线"为重点的基础设施建设。建成绕城高速公路江北段。新建、改扩建道路270公里,形成快捷通畅的城乡路网系统。完善城区供水、污水管网,新建、改造113公里三级排污管网和相关垃圾处理设施,为构建高品质的人居环境打下坚实的基础。

三是实施就业再就业工程。采取加快发展步伐、落实优惠政策、加强技能培训、开展创建"充分就业社区"等措施,五年内新提供10万个就业岗位,鼓励、帮助7万下岗失业人员再就业,转移农村劳动力2万人,城镇登记失业率控制在3.5%以内,基本消除"零就业家庭"和农村富余劳动力"零转移就业家庭"。

四是实施困难群众法律援助和司法救助工程。加大法律援助中心和基层法律援助工作站建设力度,积极探索建立法律援助和司法救助对接的长效机制,力争实现"应援尽援",为困难群众维护自身合法权益提供有效的司法救济。

五是实施社会保障工程。进一步巩固完善城乡最低生活保障制度,五大社会保险参缴率达95%以上,全区"五保"老人供养率达100%。实施大龄下岗职工生活费补贴、未参保城镇集体企业职工生活费补贴等"九项补贴"。大力推进廉租住房建设,全面实施棚户区和危房改造,改善特困群众居住条件。

六是实施公共教育文化医疗卫生服务工程。加大教育布局调整力度,全面推进义务教育均衡发展,大力实施"名师名校名校长工程",着力提升教育教学质量,适度扩大中职招生规模,积极发展成人教育和幼儿教育,努力建设教育强区。继续加大教育资助力度,逐步实现全区免除义务教育学杂费。实施住房货币化补贴,逐步解决全区教师住房困难问题。

围绕创建全国先进文化区,建设文化艺术活动中心,完成电视新闻信息中心、文化馆、图书馆、体育馆等文化体育基础设施建设,着力培育以江北城、滨江路、观音桥商圈为重点,集图书、文化、艺术、会展、休闲、健身、娱乐为一体的现代都市文化中心区。

加强卫生人才队伍建设,加大卫生设施建设力度,新增或改建一批社区卫生机构和村卫生室,确保城市社区卫生服务全覆盖,农村卫生室全面达到规范化标准。积极探索建立城乡新型合作医疗制度,进一步完善困难群众医疗救助体系,为群众提供安全、有效、方便、廉价的公共卫生和基本医疗服务。

七是实施社区建设工程。全面建设社区管理有序化、社区民主制度化、社区服务体系化、社区工作信息化、社区生活文明化、社区队伍专业化的新型社区。建成区级社会服务中心和4个街镇社区服务中心、5个示范型社区,20个社区公益活动场所,力争社区建设工作水平达到全市领先、全国一流。

八是实施平安建设工程。围绕实现发案少、秩序好、社会稳定、群众满意的建设目标,全面加强"严打"整治、治安防控和管理、矛盾纠纷调处、道德法制教育、组织保障建设,形成维护社会治安长效机制。万人刑事案件发案率控制在100件以内,各类矛盾纠纷调处率、公共安全感满意率均达90%以上。全面完成"五五"普法任务。杜绝重特大安全责任事故。

九是实施环境生态建设工程。创建国家园林城区和环保模范城区。围绕开展"蓝天、碧水、绿地、宁静"行动,实施一批重大生态建设及环境保护工程,环境质量明显改善。新增城市公共绿地80万平方米。城市生活污水集中处理率达85%以上,垃圾无害化处理率达90%以上,空气质量二级以上天数达 270 天以上。

十是实施执政为民、服务发展工程。坚持"情为民所系，权为民所用，利为民所谋"，着力在政府自身建设上进行一场思想理念上的除旧革新，发展环境上的综合治理，行政事务上的效能革命，努力建设法治政府、服务政府、责任政府、效能政府和廉洁政府。

发展无止境，奋斗正其时。回顾 10 年历程，我们倍感荣耀与自豪；展望未来前景，我们充满信心与决心。我们将进一步解放思想，振奋精神，团结一心，扎实工作，为圆满完成未来的目标任务，为建设"创意、实力、和谐江北"，实现江北新的跨越而努力奋斗！

注：本文数据来源于市区统计部门及有关职能部门

撰稿单位：重庆市江北区人民政府办公室

沙坪坝区

重庆直辖以来，沙坪坝区坚持以科学发展观统领经济社会发展全局，抢抓机遇，攻坚克难，迅速走出区划调整后的徘徊，及时排除"三金、三乱"的纷扰；锐意进取，突破瓶颈，开辟出西部新城发展新天地；创新发展，巧打直辖牌，引入台湾茂德芯片等系列重大项目；打造发展平台，聚集生产要素，财政收入跃居全市第一；统筹兼顾，构建和谐，实现经济社会全面快速稳固和谐发展。历史悠久、文化底蕴厚重的沙坪坝区正成为发展态势迅猛、发展后劲强劲的重庆直辖市核心竞争力重要聚集区。

一、保持经济高速增长，综合经济实力迈上新台阶

直辖以来，沙坪坝区经济实力显著增强。2004 年，沙坪坝区实现了 GDP 总量在直辖后的第一次翻番。全区 GDP 由 1996 年的 64.2 亿元提高到 2006 年的 193.0 亿元，按可比价格计算，为 1996 年的 2.9 倍，年均增长 11.1%（见图 1，下页），按常住人口计算，人均 GDP 达 22199 元。经过 10 年发展，全区产业结构发生明显变化，三次产业结构从 1996 年的 5.8:64.3:29.9 优化为 2.2:51.5:46.3（见图 2，下页）。非公有制经济比重由 1996 年的 45%提升到 70%。固定资产投资实现持续高速增长，对拉动经济增长、改善城市环境和提高人民生活水平发挥了重要作用。2006 年，全社会固定资产投资达 148.3 亿元，比 1996 年增长 11.1 倍，年均增长 28.3%（见图 3，下页）。地方预算内财政收入达 15.1 亿元，比 1997 年增长 991.8%，年均增长 30.4%，10 年净增 13.7 亿元（同口径），位列全市 40 个区县第一。全区商贸经济不断做大做强，极具文化艺术特色的中心商贸圈快速崛起。2006 年，全区社会消费品零售总额达 104.4 亿元，比 1996 年增长 3.4 倍，年均增长 16.1%（见图 4）。全区城乡居民收入水平稳步提高，人民生活得到很大改善。2006 年，城镇居民人均可支配收入达 11685 元，比 1996 年的 5472 元增长了 6213 元，年均增长 7.9%；农村居民人均纯收入达 4796 元，比 1996 年的 1929 元增长了 2867 元，年均增长 9.5%。沙坪坝区在全市经济社会发展中的地位明显提升，核心竞争力显著增强，并形成有利的竞争态势，呈现出强有力的发展后劲和美好的发展前景。

二、统筹经济协调发展，产业结构调整实现新突破

（一）工业经济发展壮大

沙坪坝区确立了"以工业发展为主体"的战

图 1 1997—2006 年沙坪坝区 GDP 总量与增幅

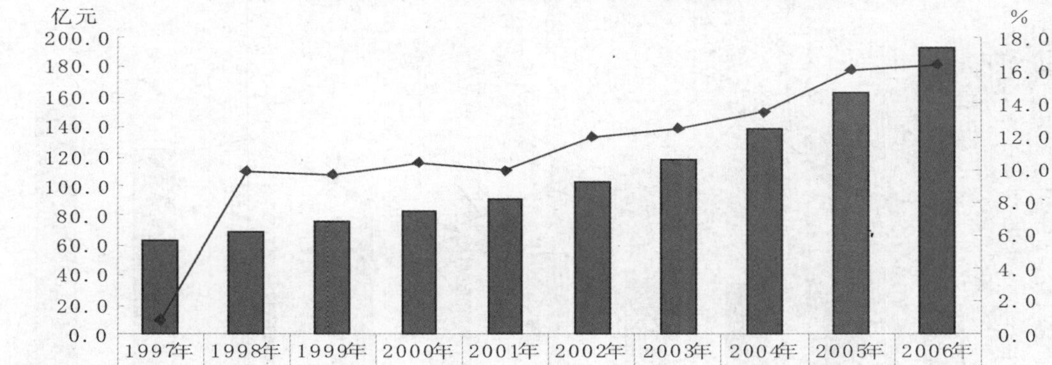

	1997年	1998年	1999年	2000年	2001年	2002年	2003年	2004年	2005年	2006年
GDP	64.2	68.6	75.2	83.3	91.3	102.9	117.2	138.9	163.2	193.0
增幅	0.9	9.9	9.7	10.4	10.0	12.0	12.5	13.5	16.1	16.5

图 2 三次产业结构调整

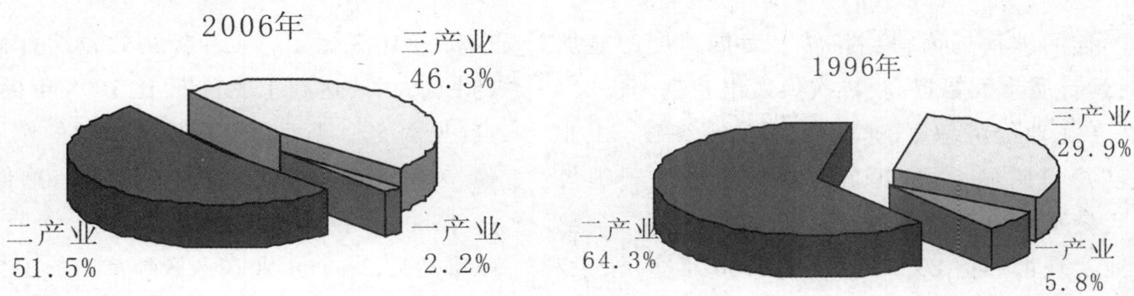

图 3 1997—2006 年沙坪坝区固定资产投资总量与增幅

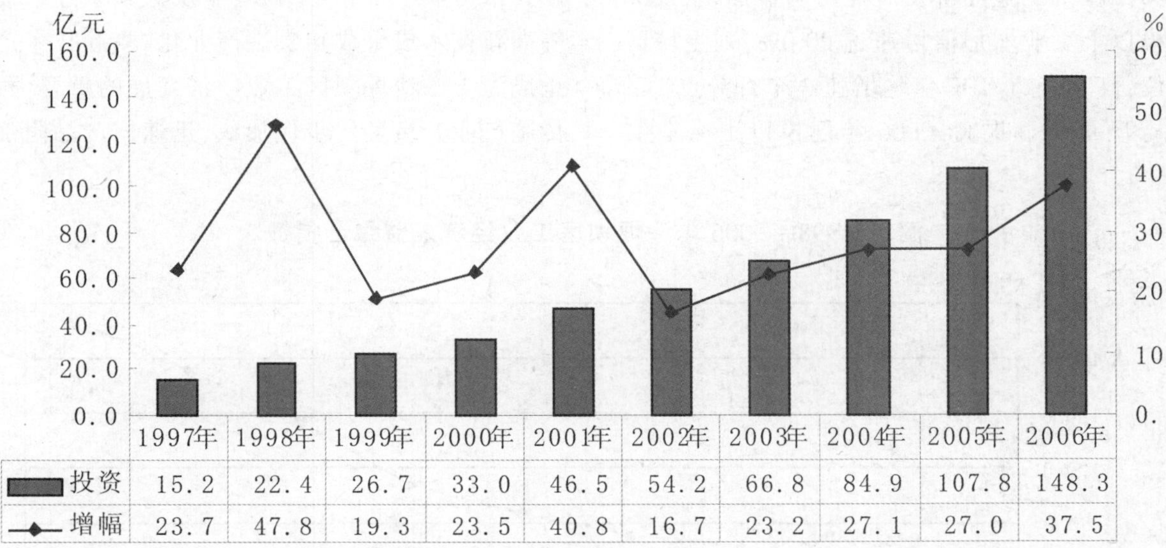

	1997年	1998年	1999年	2000年	2001年	2002年	2003年	2004年	2005年	2006年
投资	15.2	22.4	26.7	33.0	46.5	54.2	66.8	84.9	107.8	148.3
增幅	23.7	47.8	19.3	23.5	40.8	16.7	23.2	27.1	27.0	37.5

略思想，着重突出“四个增强”(加强对工业经济的领导，增强全区工业经济发展的整体合力；加快基础平台建设步伐，增强工业经济发展后劲；整治优化发展环境，增强对企业的服务水平；创新改革思路和措施，增强工业经济发展活力)，努力实现“四大突破”，全区工业经济低速徘徊、效

图 4 1997—2006 年沙坪坝区社会消费品零售总额与增幅

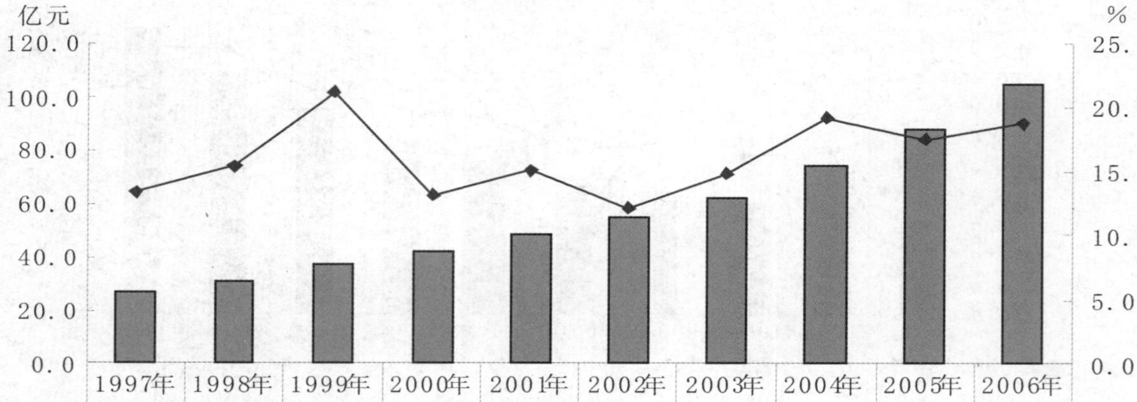

	1997年	1998年	1999年	2000年	2001年	2002年	2003年	2004年	2005年	2006年
社零	26.7	30.8	37.3	42.2	48.6	54.6	62.7	74.8	87.9	104.4
增幅	13.5	15.4	21.2	13.2	15.2	12.2	14.9	19.2	17.5	18.8

益不佳的被动局面得到扭转，发展速度明显加快，运行质量大幅提高，再次焕发出勃勃生机。

1.工业经济总量、速度、效益实现突破。工业经济总量明显增加，2006 年全区工业实现销售收入突破 300 亿元大关，达到 387.6 亿元；全部工业实现增加值 89.5 亿元，比 1996 年净增 53.7 亿元，其中规模以上企业实现增加值 66.8 亿元，比 1998 年净增 49.7 亿元，列主城区第三位；全区工业经济在全市十强区县中的排名由第九位上升到第四位。工业经济发展速度明显加快，2006 年规模以上工业增加值增速达 20.0%，列主城区第五位，高于全市 GDP 年均增速 3 个百分点。工业运行质量明显提高，2006 年规模以上企业实现利润 10.3 亿元；工业经济效益综合指数突破 150 点大关，达到 153.1 点，比 1998 年提高 108.6 点(见图 5)。工业对全区经济增长的作用明显增强，2006 年工业增加值占地区生产总值的比重达 46.3%，拉动全区经济增长 8.6 个百分点，贡献率达52.2%，工业在全区经济中的主导作用日益突出。

2.结构优化升级实现突破。高新技术产业开始崛起，台湾茂德芯片、美国惠普软件等一批高新技术产业项目相继落户，重庆大学杀蝗绿僵菌等高新技术成果成功实现产业化，高新技术产业正成为支撑沙坪坝区工业经济发展的重要力量。传统产业升级换代步伐加快，迅速向产品附加值

图 5 1998—2006 年沙坪坝区工业经济效益综合指数

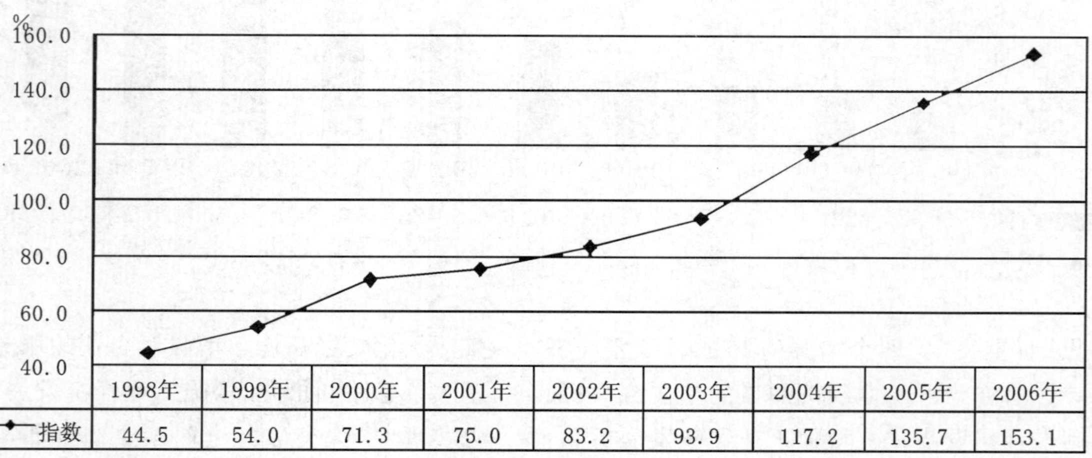

	1998年	1999年	2000年	2001年	2002年	2003年	2004年	2005年	2006年
指数	44.5	54.0	71.3	75.0	83.2	93.9	117.2	135.7	153.1

高、技术含量高的方向迈进。摩托车产业逐渐向汽车产业发展转化，渝安集团微车发动机生产线正式投产，年产量达7万台，首台微车成功下线。华洋集团与德国合作的智能化电气设备项目已开工建设。企业规模不断扩大，2006年全区销售收入超亿元的企业共45户，其中10亿元以上企业5户，分别比2000年增加32户和3户；2006年工业增加值超5000万的企业24户，比2000年增加16户。大力支持非公有制经济快速发展。2006年规模以上非公有制经济增加值56.1亿元，规模以上非公有制经济增加值比重占全区规模以上增加值的83.98%。非公有制经济已成为区域工业经济中最活跃的部分，有效促进了全区工业经济快速发展。

3.发展平台建设实现突破。大力实施"园区经济"战略，三大园区成为推动区域经济快速发展的强大引擎。井口工业园区是全市30个特色工业园区之一，采取多种方式向企业提供工业用地2500亩，建成厂房面积34.5万平方米；以2.5亿元财政性资金带动企业近12亿元投资用于园区基础设施建设，A区形态已初步显现；累计引进企业83户，其中工业年产值在亿元以上的33家，5000万元以上的30家；建成投产企业53户，2006年实现工业销售收入22亿元，增加值5.8亿元，解决就业1.06万人，园区正在形成以汽车、摩托车整车及配件制造、高低压电气设备制造为主的机电产业集群。国家级重庆大学科技园成为充分发挥沙坪坝区科教优势，促进经济与科技相融合的有机载体。不断完善校区共建的管理体制和运行机制，强化创新创业服务功能，充分利用品牌、技术、人才和政策优势，积极促进孵化项目就地产业化，截止2006年年底，累计引进企业380家，孵化毕业出园或注销117家，企业数稳定在265家(其中规模以上工业企业21家，高新技术企业39家，高新技术产品68个)，有国家级"863"、"973"、"自然科学基金"等项目十余项，拥有专利211项，版权39项，累计转化高校科研成果80余项；工业CT等项目已进入工厂化生产阶段。2006年园区实现销售收入22亿元，年均增长101%，成为重庆市高新技术产业研发和孵化的重要平台。西永微电子产业园是重庆市发展信息产业的重要载体，园区产业布局规划基本完成，8.5平方公里启动区获批土地5000余亩，征地拆迁工作已基本完成，惠普软件研发中心重庆分中心、北大方正柔性电路印制板项目、华洋集团智能化电气设备项目、水电气基础设施建设等十大项目陆续开工，建成标准厂房和研发楼10万平方米；引进北大方正PCB、太阳能电池等6个高新技术产业项目，总投资约20多亿美元。继惠普之后又引进世界500强企业之一的美国电子数据系统公司(EDS)进入软件园，以芯片制造和软件开发为主导的高新技术产业特色逐步显现。大力发展都市楼宇工业，市级都市工业园(楼宇)发展至5个，入驻企业175户，都市楼宇工业发展走在全市前列。

4.企业改革取得历史性突破。1996年末，沙坪坝区绝大多数国有企业都处于亏损状态，需改制企业职工10万余人，遗留问题多、稳定压力大，严重制约着区域经济的可持续发展。沙坪坝区确立了以国有企业改革为突破口，全面推进区域企业改革的总体思路，出台一系列政策推动企业改革。注重以人为本，实事求是，一企一策，在广泛宣传法律法规和政策的同时，积极引导帮助职工转变观念，及时协调化解各类矛盾。10年来，累计投入4.5亿元用于企业改革，为历史之最；积极为企业减债松绑，与中国华融资产重庆公司达成资产处置协议，用880万元置换17户企业1.1亿元债务，与重庆渝富公司达成债权转让协议，用8900万元解决了17户企业4.4亿元债务；累计完成339户企业改制，盘活变现存量资产18亿元，妥善安置职工8.9万人；改制面达到84.9%，老大难企业沙百集团彻底改制，区属国有企业中历史最长、职工最多、债务最重、亏损最大的重棉二厂基本实现破产。通过大量艰苦细致的工作，企业改革工作顺利推进，确保了社会稳定。

(二)统筹城乡发展成效显现

直辖10年来，沙坪坝区"三农"工作定位为现代都市农业，以统筹城乡发展试点工作为契机，不断加快城市化、工业化及农业现代化建设步伐，强力推进现代都市产业示范区建设，积极发展精品农业和生态农业，逐步减少农民、逐步演绎农村、逐步降低农业比重，实现农业高起来、农村强起来、农民富起来的目标，新农村建设取得实质进展。

1.农村经济不断壮大。以实施“三强工程”(强镇、强村、强企)为抓手，做特做强镇域块状经济。统筹规划镇域产业发展方向，明确在东部覃家岗镇着力发展第三产业，在井口镇努力打造工业园区，在联芳园区实施统征推进城市化进程；在中部歌乐山、中梁镇着眼生态旅游产业带建设；在西部虎溪镇建设重庆大学城，在西永镇发展高新科技产业，在陈家桥建设西部中心镇，在土主镇发展铁路物流产业，在青木关、凤凰镇发展劳动密集型产业，在曾家镇建设成大学城后花园，在回龙坝镇发展纺织工业。引导乡镇企业调整结构，走新型工业化道路，全区工业企业20强有8家是乡镇企业；引进了投资5000万元的三旺集团和投资3000万元的10万头生猪产业化项目，填补了全区农业产业化的空白。全区培育GDP超5亿元的镇由1个增加到6个，超亿元的村达到20个，销售收入超亿元的乡镇企业达到22个，全区镇域经济总量达到286亿元。2006年农民人均纯收入达到4796元，10年净增2867元。镇域经济的发展，不仅促进了各镇财政收入的较快增长，而且带动了农民收入的较大提高。

2.现代农业加速发展。坚持“不求做大，只求做精”的农业发展理念，把现代都市农业发展浓缩到一园(曾家现代都市农业示范园)、一带(歌乐山中梁山生态旅游产业带)、一坪（万亩寨山坪)、一廊(青木关十里名贵花卉走廊)。在全面推进现代都市农业建设的同时，狠抓曾家7平方公里的现代都市农业示范园建设。该园区引进4家龙头企业，种植名贵花卉苗木品种上百个，成为西南最大的红叶石兰基地。努力建设都市城郊型新农村，确立了“点上抓示范、面上抓便民”的工作思路，被列为全市唯一的统筹城乡发展试点区。农村基础设施逐步完善，建成农村镇、村、社公路362公里；修建石马山水库；整治19座病险水库，治理污染水库，解决歌乐山镇、中梁镇和山洞街道4万余人的饮水难问题；实施全民绿化歌乐山行动，成片绿化荒山6200亩；依法平稳关闭中梁山上百家采石场。

3.新型农民加快培育。在全市率先开展进城务工农民服务管理试点。围绕“服好务、维好权、管得住”的目标，创新理念、创新思路、创新机制，建立有效、长效、高效的工作体系，搭建了贴近农民工的服务平台，成立了进城就业农民服务中心，增配社区助农员和协勤员，推行居住证“一证”管理，打造了卓越康乐农民公寓，引导业主建设可容2000多人的怡锦苑农民公寓。沙坪坝区试点工作实现了对进城农民工管理服务的全覆盖，深得农民欢迎和市领导的充分肯定，试点经验在全市推广。与此同时，以农村青壮年为重点，以培育现代化产业工人为目标，大力实施农村劳动力转移培训“阳光工程”。10年来，通过举办短期技能培训班，培训农村实用劳动力1.5万人，实现转移农村劳动力6.8万人，农民总体素质得到提高。

(三)第三产业迅速发展

直辖10年来，沙坪坝区以服务业为主的第三产业发展突飞猛进，中心商圈、商贸副中心、特色街区、社区商业、农村商业五个层次相互依存促进的商贸构架基本形成，呈现出商贸餐饮、物流、金融、文化教育等行业亮点，展现出强劲发展态势，取得丰硕成果。第三产业增加值由1996年的18.8亿元增加到2006年的89.4亿元，增长2.7倍，年均增长幅度为14.0%。第三产业占全区GDP的比重由1996年的29.9%提高到2006年的46.3%。

1.商贸业活力奔涌。2006年，全区商贸销售总额实现294.3亿元。社会消费品零售总额从1996年末的23.5亿元增加到2006年的104.4亿元，增长了3.4倍，年均增长16.1%，2005年，社零总额的绝对值在主城九区中排名第三。区内批零贸易及餐饮业商业网点数由1996年的1317个增加到23400个,增长近17倍,年均增长2453个。全区从事商贸服务个体经营户达到21457户。批零贸易及餐饮业从业人员从1996年1.05万人增加至目前的7.7万人,增长7倍,平均每年增长7000余人。重百、新世纪、立洋百货、北京华联、王府井百货、家乐福等大型商场、超市的入驻沙坪坝,大大加强了沙坪坝区的商业氛围。批发零售贸易业增加值由1996年的5.2亿元增加到2006年的34.2亿元,增长近5.6倍,年均增长20.7%。餐饮业在直辖后得到迅速发展,引入了陶然居等一批中、高档餐饮企业,餐饮业规模和档次大大提升。商贸餐饮业销售额从1996年的3.52亿元增加到2006年的12.12亿元,增长3倍,年均增长14.72%。直辖以来,沙坪坝区商贸业焕发出巨大的生机与活力,以三峡广场为中心的中心商圈已经成熟,形成了集餐饮、娱乐、购物、休闲为一体的综合商业区。沙坪坝区已经从只有“沙百”一家大型商贸企业的商贸业不发达区域,发展成为一个商业氛围浓郁的区域商业中心,区域商业氛围和购物环境大大改善,城市商贸形象大幅提升。

2.专业市场快速发展。沙坪坝区专业市场得到大力发展,全区市场结构发生重大而深刻的变化。交易额上亿元的专业市场由“5大市场”增加至10个,占地1000多亩。专业市场交易额由1996年不足亿元,增加至2006年的109.13亿元。经营面积由几万平方米增至80多万平方米。全区形成了以建材装饰材料、木材、金属材料、家具、二手汽车等货物的批发交易为主,各种商品门类齐全,高中低档具备,辐射能力较强的市场体系,马家岩建材市场销售额占据全市建材市场的半壁江山。市场服务范围,除重点覆盖重庆及川东地区外,远销云南、贵州和湖北部分地区。

3.文化服务业深入发展。基于科教文化区的比较优势,沙坪坝区大力培育以科技教育、文化娱乐、休闲旅游为重点的服务行业。依托重庆大学、重庆师范大学等高校的教学科研力量,形成了一批符合现代市场需要的专业培训学校及网络教育等新型服务业。师生总数从1996年的8.71万人上升到20.63万人,增加了1.4倍。教育文化业实现生产总值17.3亿元,占全区服务业比重的23.6%,创税5558万元,占全区服务业税收的5.4%。旅游业呈现出“快速扩张、持续增长、健康发展”的良好态势,全区年接待游客数列全市第二。一举创建3个国家4A级旅游景区;歌乐山抗战文化传统街区初具形态;磁器口古镇游成为重庆市重要旅游品牌;梨树湾温泉城被确立为全市“十一五”期间重点打造的“五方十泉”之一。

三、培育经济增长极,西部新城建设开辟新天地

沙坪坝区立足区情实际,审时度势、果断决策,洞穿屏障、开发西部,从此进入“一区双核”强劲发展的新时期,浓墨重彩地谱写了新的历史华章。被市委、市政府确立为重庆市西永城市副中心的西部新城,必将更好地传承和弘扬沙坪坝区科教文化传统领先优势。以重庆大学城、西永微电园和重庆铁路物流园为支撑,构筑中国西部文化教育、科技产业、现代物流三大高地,为重庆市经济社会发展做出新的贡献。

(一)重庆大学城拔地而起

伴随城市化进程步伐不断加快,沙坪坝东部城区发展空间凸显窘迫。在全国高校扩招的大背景下,驻区高校几欲外迁寻找发展空间,全市有8个区县同时申办大学园区,沙坪坝区面临科教文化传统优势将被削弱的危机。沙坪坝区委、区政府沉着应对,果断提出洞穿歌乐山屏障,申办重庆大学城,开发西部新城的战略构想。市委、市政府高瞻远瞩、高屋建瓴,做出在虎溪一带规划建设重庆大学城的战略决策,倍受市民关注的大学城花落科教文化区。沙坪坝区抓住新的历史发展战略机遇期,紧紧围绕“西部一流,全国领先”的建设目标,坚持高标准、高起点规划,先行完成大学城控制性详规和西部新城城市中心区城市设计。以“重庆速度”全力推进大学城建设。历时

三年多，投入60多亿元，大学城拔地而起，清新的城市轮廓延展开来，展现出庞大恢宏的气势和富有时代气息的人文生态环境。新确定11平方公里拓展区用地，大学城规划建设面积增加到33平方公里。平稳实施征地拆迁。完成2.1万亩建设用地审批，搬迁农民5402户18907人，拆迁企业75家，在曾家镇、陈家桥镇和西永镇规划修建了3个安置区，稳妥解决农转非人员安居问题，多渠道开展就业帮扶，为大学城营造了稳定的建设环境。大力开展基础设施和配套设施建设。建成近28公里城市道路，大学城路网体系初步形成。水电气讯等基础设施和环卫、消防、商业等配套设施满足使用需求。校区建设齐头并进。15所高校确定入驻，6所高校实现招生，在校学生数已达3.5万名，其余高校将陆续动工建设。同时为一流大学城配套新建5所一流中小学。自"沙磁教育"发端以来，优质教育资源在沙坪坝区空前富集，续写了教育的辉煌篇章，沙坪坝区科教文化根基得以稳固，必将为推动经济社会全面发展提供坚强有力的人力、智力支撑。

(二)西永微电园应运而生

发展电子信息产业是加快产业结构调整、推进新型工业化的重大战略决策。重庆大学城科教集聚效应催生出的西永微电子产业园区，作为与大学城共振互动的直接载体，明确定位发展以芯片制造、软件开发和电子电器为主导的微电子产业，得到了市委、市政府的高度重视，被国家发改委确定为省级高科技工业园区，并纳入重庆市"十一五"规划、"1+4+30"工业发展计划和"1162"信息产业振兴计划。园区集设计、研发、制造、配套为一体，规划产业用地20平方公里，由芯片制造园、软件园、封装测试园、应用产品园、科技创新区和生活配套区构成。园区基础设施建设全面启动，已累计完成投资近10亿元，总长约11公里的"一横五纵"园区骨架道路基本形成，水电气讯等基础设施日臻完善。加速推进台湾贸德、惠普软件研发和北大方正高密等项目建设，2007年将有部分企业实现产出。全力推动芯片封装测试项目建设，大力引进IC设计、软件及信息服务、外包企业，吸引和带动更多上下游企业及项目入驻，尽快形成电子信息产业簇群。完成征地报批2000亩，征地拆迁3000亩。开工建设20万平方米软件园基建工程、20万平方米安置房工程、6.5公里园区道路以及消防站、变电站等配套工程。广泛引进有实力的国内外知名高新技术项目，力争引进美国AP气体公司、惠普BPO、康佳电子、IBM等企业和项目落户园区。到2010年，将建成中国西部门类最齐全、规模最大、产值达千亿元的集成电路制造研发基地和国家级软件基地。西永微电子产业园区与重庆大学城的"互动共振"效应开始显现，必将形成"重庆市未来发展核心竞争力的核心区"，成为中国西部的"硅谷"。

(三)铁路物流园趁势而上

现代物流作为一种先进的组织方式和管理技术，不仅成为当前最具竞争优势和广阔前景的新兴产业，而且对二、三产业的发展和整个城市经济的提升具有重要的推动作用。沙坪坝区成功引入铁道部规划的全国18个货运节点之一的重庆铁路集装箱中心站项目，项目建设全力推进。该站建成后年吞吐量达170万标箱，将填补中国西部无现代化铁路物流枢纽的空白。以中心站为核心，规划建设占地5平方公里的铁路物流园，总投资约30亿元，建成后将承担重庆及周边300到500公里集装箱运输的组织、编组、调配、信息管理和"一关两检"等作业，以及辐射全国的货物加工、储存、配送等功能，成为以各种物流配送为节点的现代物流平台，形成西南地区具有较强集聚辐射功能的物流枢纽。

四、城市空间有效拓展，城市建设管理呈现新气象

基础设施是城市进行政治、经济和文化等各项活动的物质基础，是区域核心竞争力的重要支撑。10年来，沙坪坝区不断加大投入，完善城市功能，为未来发展奠定了坚实基础。

(一)城市化进程加快

坚持东西联动，以东促西，拓展城市空间，完

善城市功能。规划控制力明显增强,完成西部新城总规、东部城区控规等38项规划,东部建成区控制性规划实现"全覆盖"。按照依据规划加快建设的工作理念,全面推进西部新城建设和东部旧城改造,城市建设和开发的档次进一步提高。促进城市格局优化,城市规模不断扩大,城市规划面积增加到130多平方公里;城市化水平提高,城市化率提高到76%。城市中心格局呈现变化趋势,东西部两个中心城市格局将替代单一的"三角碑中心"的传统格局,同时在道路建设的带动下,东部中心区向北、向南拓展趋势凸显,沙坪坝区作为综合性城市的功能特征更加突出。征地拆迁工作顺利推进。高度重视征地拆迁后的稳定问题,按照最优的政策给予补偿,为重点项目建设和推进城市化进程创造了条件。

(二)道路交通条件改善

东部城区道路建设快速推进,建成南开道路、站西路、三角碑正升支路、渝客隆匝道等4条道路,完成石新路、凤中路、212国道一期工程、汉渝路石门立交改造,城区道路交通运行能力进一步增强;筹资8000多万元完成凤天路、沙磁路、汉渝路等13条城市主干道沥青表面处理,路面等级明显提高。配合市政府实施高九路、滨江路牛滴段建设;组织开展天杨路(天星桥—杨公桥)、沙磁路拓宽改造和新建梨高路、小凤路(小龙坎至凤天路连接道路)、马家岩立交桥等项目建设前期工作;中部交通获得突破,渝遂高速公路大学城隧道正式通车,金北路、茅山峡公路建成。西部新城骨架道路已基本形成,实现科技大道通车,建成团歇路二期、凤回路、童歌路、五云山寨公路、新虎曾路南段和陈曾路曾家段等8条公路近60公里,完成镇水泥路95公里、社道268公里。高速公路网络体系逐步形成,先后协助完成了成渝高速、渝长高速、上界高速等路段的修建,沙坪坝区高速路里程达到60公里,现正在进行渝遂高速、绕城高速的建设,创沙区高速路建设的历史最高纪录。铁路建设步伐加快,渝怀铁路沙区段建成通车,襄渝铁路复线工程井口至上桥段开工建设,区域内火车站已达8个。

(三)城市功能完善

房地产业稳步发展,开发投资总额达154.6亿元,竣工房屋面积750万平方米,其中政府主导建设城市拆迁还建房101万平方米。实施铜罐驿提水工程和嘉陵江引水工程,西部缺水问题得以缓解。完成沙坪坝水厂改建一期工程,实现加药、冲洗、过滤程序的计算机远程控制,饮用水源水质达到国际标准,日供水能力由原来的12.7万立方米提高到20万立方米。电力超前规划建设,电力投资居主城各区之首。实施梨树湾22万伏变电站和远祖桥11万伏变电站建设,建成汉渝路11万伏变电站,主城区供电紧张矛盾得到缓解。供电稳定性提高,区域高峰负荷时期的配电事故每年以近30%的速度递减,供电可靠率提高到99.7%,电压合格率提高到99.6%。天然气供应量实现翻番,居民生活用气得到保障。清洁燃气走进千家万户,民用气用户数达到16.3万户,全区气化率达到96%以上。信息产业发展迅速,全区电信用户已达到44万户,农村实现"村村通",现代通信功能完善。整治背街小巷80余条、临街破旧房屋22万平方米,拆除违法建筑26.6万平方米。打造灯饰工程,城市夜景更加绚丽。环卫设施全面提档升级,新建大学城、童家桥、回龙坝等3座消防站。主干道清扫保洁率和一级道路机扫率均达100%。建成2座压缩式垃圾中转站。全区共有公厕96座,垃圾站22座,现有各种机动车辆73台,生活垃圾全封闭运输,垃圾处置收运系统完成改造。市容环卫综合检查排名连续三年名列全市前茅。

(四)生态建设和环境保护加强

成功创建市级山水园林城区,深入开展国家级园林城区建设。完成绿地系统总体规划,开工建设滨江公园,新建8个社区游园,实施全民绿化歌乐山行动,绿化荒山5200亩,新增城市公共绿地120.9万平方米,人均公共绿地面积达8.13平方米。扎实推进"蓝天行动",严格控制扬尘污染,依法平稳关闭上百家采石场,空气质量逐年提高,完成"蓝天行动"目标年均增幅达13.6%。

启动“碧水行动”,划定13处饮用水源保护点,推进梁滩河综合治理,完成清水溪一期治理工程。加大污水处理力度,建成二级排污管网,启动三级排污管网建设。建设井口和土主污水处理厂,将彻底解决大学城和西永微电子工业园的污水处理问题。开展土地利用总体规划修编,基本农田和矿产资源得到有效保护。

五、招商引资长足进步,经济社会发展涌现新动力

直辖10年,沙坪坝区以开放促改革、促发展,外贸出口规模不断扩大,开放环境明显改善,区域经济协作顺利推进,利用外资水平不断提高,国际经济技术合作进展喜人。对外开放成为经济和社会发展的重要力量,为沙坪坝区经济和社会全面快速稳固和谐发展奠定了良好而坚实的基础。

(一)对外贸易保持快速增长

10年来,沙坪坝区进出口总额累计达19亿美元,其中出口17亿美元,位居全市三位。2006年,外贸进出口达4.3亿美元,其中出口3.9亿美元,同比增长30.7%;民营企业出口比重达77.1%,生产企业出口比重达90%,外贸依存度达17.8%,出口依存度达16%,出口市场多元化步伐加快,与100多个国家和地区建立经贸关系。区域经济与世界经济进一步融合。

(二)利用外资水平稳步提高

银行、旅游、商贸物流、咨询等现代服务业成为沙坪坝区吸收外资重点领域。10年来,利用外资总额达2.0亿美元,其中,实际吸收外商直接投资近1亿美元,实际利用外资占同期全社会固定资产投资总额比重达0.9%;规模以上外商及港澳台投资企业工业增加值在工业增加值中所占比重达10.6%;有13个国家和地区的外商来区直接投资,6家世界500强企业相继落户,外商投资企业从业人员约3000人。大量外商机构的进入,不仅带动了国际会展、国际学校、外商生活及娱乐等配套设施不断改善,城市功能逐步提升,城市化建设步伐明显加快,而且推动了沙坪坝区产业结构调整和产品技术改造升级,加快了汽车及摩托车制造、装备制造、高新技术、资源加工等新型工业化产业的发展。

(三)对外经济交往更趋频繁

大力实施“走出去”战略,10年来,沙坪坝区国际经济技术合作遍及亚洲、非洲、欧洲和拉丁美洲10个国家和地区,累计完成境外投资2872万美元,输出劳务80人,设立境外投资企业和办事机构4个,沙坪坝区企业主动参与国际分工和全球资源配置的意识及能力日益增强。积极参与川渝黔区域合作,在渝港“9+1”和渝澳“8+1”经贸合作框架下,加强与港澳地区合作;充分发挥重庆对周边地区经济增长聚集和辐射作用,加大与东部地区和长江沿岸省市间的合作力度,国内知名企业在沙坪坝区扩大投资不断加大,有力地促进了区域经济的发展。

(四)投资发展环境明显改善

10年来,沙坪坝区出台了《沙坪坝区大力发展开放型经济的意见》、《沙坪坝区招商引资奖励暂行办法》等一系列政策措施,逐步形成了人人、事事、处处都是开放环境和“全民招商”的浓厚氛围;牢固树立招商工作“项目为先”的理念,建立重点项目储备库,提高项目成熟度,使招商引资成功率大幅提升;发展环境综合整治工程、外商生活环境改善工程和“亲商、安商、富商”工程全面实施,“渝洽会”、境外招商代理机构等投资促进平台稳步构建;外商投资“一站式”服务、外商投诉综合协调和区情发布等制度渐成体系,外经贸公共信息服务和信息化建设步伐日益加快。

六、巩固提升传统优势,各项社会事业迈出新步伐

10年来,沙坪坝区注重发挥独特的科教文化名区传统优势,切实落实“五个统筹”,积极实施科教兴区战略,始终把科技、教育、文化、卫生、体育等事业放在优先发展的基础性战略地位,实现

经济、社会与人的协调发展。社会事业以体制创新为突破口,以重点工作为龙头,以实施项目为载体,整合力量出活力,实现向管理与服务并重、事业与产业并重、区属与区域并重的三个转变,促进公益性社会事业加快发展,经营性社会事业加速产业化,社会事业对经济增长的贡献率逐年提高,区域社会事业优势得到巩固和发展。

(一)区域科技创造力不断增强

高新技术产业实力位居全市前列。10年来,沙坪坝区充分发挥科技高地的聚集作用,紧紧依托驻区高校、科研院所和重庆大学科技园,形成推动科技自主创新活力,取得了一批重大科技成果,高新技术企业销售收入占全区工业企业销售收入的60%,新产品产值率达到37.2%;加大科研投入,全社会研究开发投入占国内生产总值的比重达2%,2006年区域技术合同交易额超过41.2亿元,全区研发经费达3.9亿元,比2000年净增2.5亿元;搭建转化平台,加快科研成果转化,以工业科技、信息产业、农业科技、软科学研究等项目为载体,把科技优势转化为经济优势,科技成果转化效益突出,"矿井瓦斯综合治理示范工程配套技术研究"等100余项成果获得国家或市级奖励,共有100余项高新技术成果在本地实现产业化。

(二)区域教育趋于优质均衡发展

大力发展高等教育,全区高校从6所增加到19所。确保"三个增长",教育经费总投入达2.6亿元;建立1000万元"教师广厦基金",每年落实3个"100万"教师专项资金;新增教育经费的70%用于义务教育发展,全面偿清普九欠债,全部消除D级危房,"两免一补"全面施行办学条件得到根本改善。在西部引入QSI国际学校、一中、八中、人民小学等名校办学。实施中小学校优化布局规划,局部地区"入学难"得到缓解。成功创建第一所区属高校—教师进修学院,新创1所国家级重点职中,8所市级示范(重点)学校,完成28所薄弱学校治理任务,西部地区学校办学水平大幅提升,区域教育整体水平明显提高。

(三)文化事业谱写新篇章

市图书馆落户沙坪坝区,新建群文楼、冯玉祥旧居、重庆抗战教育博物馆等八处文化场馆。区—街镇—村(社区)文化工作网络基本形成,社区文化和特色群众文化活动持续发展。新年音乐会等文化品牌形象不断提升,文化创作精品纷呈,先后获得国家级金奖18个,连续15年保持"全国文化工作先进区"称号。文物普查取得实效,建成抗战文化旅游精品线,非物质文化遗产得到有效保护。重庆动漫基地等一批新型文化产业落户沙区,区域文化产业发展势头强劲。

(四)居民健康水平跃上新台阶

大力发展卫生事业,形成区域与区属卫生事业交融互促的良好发展态势,区域卫生总体水平和辐射能力迅速提升。战胜"非典"、输入性"二号病"等重大突发事件,积极协助推进市传染病救治中心建设,首创惠民医院,成功创建全国社区卫生服务示范区,农村初级卫生保健工作提前5年通过市级验收,区域公共卫生防控体系更加牢固。推行农村新型合作医疗改革试点。人民群众健康更有保障。成功创建全国计划生育优质服务区,全区低生育水平持续稳定,2006年人口自然增长率0.9‰,出生人口性别比为107.2,人口素质进一步提高,人口结构得到改善。全民健身运动蓬勃开展。成功举办规模大、档次高、历时久、门类齐全的沙坪坝区第一届运动会。竞技体育水平大幅提高,1996年以来参加全国、全市比赛获团体冠军87个,金牌589枚,输送出古力等一批优秀体育运动员。

七、维护群众切身利益,和谐社会建设取得新成效

以解决人民群众最关心、最直接、最现实的利益问题为重点,沙坪坝区把劳动保障事业摆在社会经济发展全局更加突出的位置,确立经济发展与扩大就业并举战略,有力地推动了就业再就业工作的开展,就业再就业取得明显成效;社会保障体系逐步完善,全面建成以基本养

老、基本医疗、工伤、失业、生育等五项社会保险为主的社会保障体系和以低保、医疗救助制度等为主要内容的社会救助体系，社会保障事业取得长足发展。10年来，沙坪坝区先后被团中央、国家劳动部和社会保障部等部委联合评为“中国青年创业行动优秀组织单位”、“全国优秀‘青少年维权岗’”等国家级荣誉；天星桥街道社区服务中心被国家民政部评为“全国先进星光老年之家”。

(一)促进就业再就业取得明显成效

10年共新增城镇就业岗位7.4万个，帮助指导6.1万人实现就业和再就业，安置“4050”人员1.2万人；发放再就业小额贷款1985.2万元。城镇登记失业率控制在4%以内。累计实现城镇新增就业8.5万人，下岗失业人员再就业3.2万人，就业困难人员再就业1.6万人，城镇登记失业率为2.38%；积极搭建就业再就业平台，积极推动城乡就业统筹发展。建成全市一流的东部城区和西部城镇劳动力市场。大力开展职业技能培训。在全市率先开展创业培训，自主创业率达61%，免费技能培训4.5万人。就业培训中心成为全市唯一由国际劳工组织授权的创业培训机构。大力实施积极灵活的就业政策，鼓励弹性就业、自谋职业和自主创业，在大龄就业困难群体和农转非人员相对集中地区广泛开展就业援助活动。基本消除城镇“零就业”家庭。对困难就业人员实施分类救助，在全市首创“1+x”就业大市场和“天天职介超市”。顺利完成下岗职工基本生活保障与失业保险并轨。连续三年获全市就业再就业考评工作一等奖，被劳动与社会保障部确定为全国城乡统筹就业工作试点城市。

(二)社会保障事业取得长足发展

全面建成以五项社会保险为主要内容的社会保障体系和工作网络。基本养老保险工作取得积极进展，发放基本养老金37.6亿元。医疗保险、工伤保险、生育保险增缴扩面工作取得重大进展，充分发挥失业保险经济杠杆作用。社会救助体系框架基本建立，城乡困难群众基本生活得到有效的保障。社会福利事业快速发展，老年人、残疾人和孤儿等特殊群体得到较好帮扶。优抚安置制度进一步完善。积极为工伤(亡)职工及遗属提供医疗救助、慈善救助和救灾救济帮助。建立完善了城乡最低生活保障制度，真正实现应保尽保，不符条件不予保的城市低保动态管理机制。对农村特困户、五保户、长期患病的城市低保户、城市“三无”人员以及特困残疾人积极实施医疗救助和大病救助。低保金累计发放3.4亿元。加强农转非人员集中居住地的基层组织建设，企业退休人员社会化管理服务工作逐步规模化、制度化、标准化。高度重视老龄化问题，城市居家养老护理援助服务试点工作走在全市前列，政府出资为城市孤寡老人聘请护理员，农村五保供养得到加强。认真落实“星光计划”，投入2674万元建成8个社区服务中心和55个社区服务站，解决98个社区居委会办公用房，达标率达到100%，增幅为全市最高；连续三年大幅提高社区专职工作者报酬，为全市最高水平；为农转非人员和西部九镇现任村四职干部办理养老保险，切实解决其后顾之忧。高度关注老龄化问题，实施敬老院和社会福利院改造工程，在全市以最高标准为百岁老人发放营养补助。连续三年保持全国双拥模范城荣誉，荣获全国民政工作先进区称号。

(三)困难群众帮扶工作成效显著

公共财政以51.6%的年均增幅加大对贫困群体的帮扶力度。仅2005年、2006年就投入1000万元实施“惠残工程”，超过建国以来对残疾人事业投入的总和，使全区7000多名残疾人在康复治疗、资助就业、技能培训、特困救助、维权服务等方面直接受益。建立和完善贫困中小学生库，确立8所进城务工农民子女定点学习，为贫困学生和农民工子女减免各种学费近800万元；不断深化法律援助网络体系建设，为1337人次提供法律援助962件；制定并实施计划生育奖励扶助政策，对计生贫困家庭进行奖励扶助；按全市最高标准对城乡百岁老人每月给予营养补助。不断规范企业工资支付行为，清理兑现建设领域拖欠工程款2.54亿元，全面完成政府投资项目清欠工作。深入开展“扶贫济困送温暖”活动，千方百计筹资解决破产企业拖欠职工的工资、福利、医疗费等问题。进城务工农民服务管理试点工作卓有成效，亲情化服务、人性化管理、社会化联动的经验在全市推广。通过实施廉租房住房补贴，适度建设经济适用房，基本解决全区城镇低收入群体安居问题。

八、公共财政效能增强，助推经济发展取得新突破

10年以来，沙坪坝区成功搭建政府融资平台，深化财政管理改革，严格规范国有资产管理，努力发挥公共财政对经济社会发展的推动作用，公共财政效能明显增强。

（一）财政管理水平进一步提高

沙坪坝区坚持“确保运转、促进发展、兼顾公平”的原则，着力深化部门预算编制、国库集中支付制度、街镇财政体制、收支“两条线”管理、政府管理机制等五项改革，建立了“见钱（财政性资金）就管、见利（国家利益）就上、见漏（资产流失）就补”的绩效财政精细化管理机制，财政管理水平进一步提高，财政资金运行更加安全有效。坚持“集中管理、分级经营、统筹协调”的原则，建立国有资产统计信息和监管平台，国资管理初见成效。抓住资产集中、优化配置、规范管理，有效盘活存量资产等四个重点环节，实现全面、及时、动态管理，全面完成清产核资工作，有效归总监控全区总值86.6亿元的国有资产，建立完善国有资产产权交易制度，充分发挥国有资产效益，国有资产管理迈上规范化、制度化、科学化轨道。强化国企财务监管，有效防止国有资产流失；加强部门资金监管和审计，发挥“安全财政、放心财政、规范财政”内控职能，确保依法理财，财政廉政建设取得显著成效。

（二）财政收支结构进一步合理

近年来，沙坪坝区财政收入继续保持高增长，2006年地方预算内财政收入达15.1亿元，财政总量实现新突破，财政收支结构进一步优化，做到了“五个确保”，即确保机关事业单位工资按时足额发放；确保社会保障各项支出；确保国企破产、改革和发展稳步推进；确保教育、科技、农业等法定支出增长；确保重点项目建设等支出，有力推动了全区经济社会全面、快速、和谐、稳固发展。全区财政支出规模逐年增加，2006年财政支出规模达到27.9亿元，比1996年增长了13.3倍。加大对基础设施建设的投入，1996年以来，累计投入40亿元支持重大项目建设；加大对社会事业发展的投入，教育经费从1996年的0.9亿元增加到2006年的5.0亿元；“科三费”投入居全市第一；对文化和体育事业的投入从1996年的166万元增加到2006年的2100万元，净增12.7倍；对卫生事业的投入10年增长了2.6倍；2006年对农业投入1.14亿元，是1996年的15倍；对公检法经费的投入10年增长5.9倍；增加社会保障投入，社会保障支出所占比重逐年递增，1996以来，市、区两级累计投入39亿元，建立和完善社会保障体系，110万余户221万人次享受到基本生活保障和基本医疗救助；发挥财政公共职能，有效提高财政管理绩效，政府公共财政保障体系基本建立。

（三）融资和抵御风险能力进一步增强

沙坪坝区积极推行政府信用融资实践，建立了以迈瑞资产经营有限公司为载体的融资平台，在风险可控范围内，获得国家开发银行政府信用等级最高的AA—评审，得到其它银行和信托投资公司的广泛认同，截至2006年12月，凭借政府信用，采取银行贷款和发放信托计划的方式，实现累计25亿元筹资额，集中全区行政事业单位房屋产权价值5亿元左右，充实搭建政府性贷款融资平台，本着“管好、用好、还好”的原则，建立政府偿债基金，举债推动重点项目建设，强化政府性投资项目管理，严把概（预）算审查关、拆迁评估关、评审关等“三关”，严格控制投资规模、投资成本、财政开支，有效增强了政府性建设资金的监管力度和使用效益。全区以经济发展和财政实力为基础、以政府信用为支撑、以偿债资金

为保障的具有风险防范能力的政府投融资体制初步建立。

九、政府自身建设不断强化，服务发展能力得到新提高

通过深化政府自身建设，逐步实现政府职能转变，提高服务发展能力得到提高，稳定大局得到进一步巩固，民主法制得到进一步健全。

（一）大力推进建设服务政府

牢固树立为创业服务，为社会服务、为人民服务的观念，发展环境不断优化。加强发展环境综合整治，加大行政审批制度改革，建成全区行政审批大厅，全区31个部门、268个行政审批项目入驻大厅，有效简化了办事程序，极大方便了群众办事。强化市场监管，严厉查处假冒产品案件，重拳打击制售假冒窝点，规范有序、公正诚信的市场环境开始形成。充分发挥民营企业维权中心和企业服务中心作用，扫清影响民营企业快速发展的障碍。坚持办好“区长公开电话”、“企业投诉电话”，完善区领导和部门领导接待日制度，畅通了政府与市民之间的沟通渠道。电子政务建设快速推进，政府门户网站开通运行，为民服务功能、与民众互动沟通功能得到了明显增强。建成电子政务外网，全区党政系统实现公文、信息电子化传输，首批24个党政部门推行无纸化办公。行政办公效率大幅提高。巩固机构改革成果，完成事业单位人事制度改革，下放部门派驻机构的管理权，增强了街镇统筹社会发展的能力。不断深化人事制度改革，不拘一格依法选拔人才和使用人才，公务员队伍建设得到加强，政府工作效率显著提高。

（二）竭力推进建设责任政府

强化安全生产责任制，建立健全安全生产黄牌警告、目标责任考核等制度，完善安全监管体系，全区安全生产秩序明显规范。制定全区突发公共事故应急综合预案，建立6000余人的应急队伍，健全社会公共安全应急机制，逐步建立社会突发公共事件应急救援体系，增强了突发公共事件预防和应急处置能力。加强对道路交通、危险化学品、消防、食品及药品等安全隐患的整治，整治安全隐患282处，杜绝重特大安全事故的发生，竭尽全力保障人民群众生命财产安全。安全生产事故件数和死亡人数逐年下降，连续三年获得市政府安全生产一等奖。启用信访接待大厅，完善信访工作责任制，健全了矛盾纠纷预防、排查、调处工作机制，妥善解决城市拆迁安置、农村土地征用、企业改制改组等热点难点问题，连续三年获得市政府稳定工作一等奖。

（三）极力推进建设法治政府

坚持依法治区，严格执行《行政许可法》，认真开展行政执法主体、依据、权责、文书和人员的清理工作，规范了各行政执法部门依法界定的执法主体、依据、权责和文书。认真落实行政首长问责、规范性文件备案审查等依法行政措施。正确处理好服务大局与严格依法履行职责的关系，防止不顾大局孤立执法、机械执法。加强行政许可和行政执法监督工作。制定了依法行政五年规划，建立了行政首长第一责任人的依法行政工作网络和机制。加大行政监察和审计监督力度，从严查处各类违法违纪案件深入开展行政效能监察，严格落实过错责任追究制度。强化廉政建设，从制度上，源头上加大反腐力度。“四五”普法成效明显。开展全市乡镇执法监管改革试点，各镇（村）均达到市级法制（自治）合格镇（村）标准。组建全区发展顾问团，邀请区人大、政协领导列席政府常务会，实施重大事项公示、行政决策听证、重大突发事件公告等制度，有效促进了政府决策民主化、科学化。认真办理人大代表建议和政协委员提案，许多建议和提案得到较好落实。强化政风廉政建设，认真开展“执政为民，服务发展”学习整改活动，发展环境进一步优化，政府与人民群众的血肉联系更加紧密。

（四）全力推进建设阳光政府

坚持权为民所用，情为民所系，利为民所谋，为群众诚心诚意办实事，尽心竭力解难事，坚持不懈做好事。推进政府决策的民主化、科学化进程，对与群众利益密切相关的重大事项，实行公

示、听证制度，在重大决策前充分听取各方意见，尊重和保护了人民群众对政府管理的知情权和参与权。贯彻落实《重庆市政务信息公开暂行办法》和《重庆市行政机关规范性文件审查登记办法》，通过区政府互联网站和其他渠道全面发布公开政务信息，在区档案馆设立已公开现行文件利用中心，落实区长公开电话制度，完善新闻发言人制度和重大突发事件公告制度。

注：1.本文大部分数据出自沙坪坝区统计局相关年份统计数据，小部分数据出自相关年份区政府部门快报数；2.地区生产值、各行业增加值的绝对数按现价计算，增长速度按可比价格计算

撰稿单位：重庆市沙坪坝区人民政府办公室

九龙坡区

重庆直辖，给重庆经济发展带来良好机遇，九龙坡区在市委、市政府的正确领导下，高举邓小平理论伟大旗帜，坚持以“三个代表”重要思想为指导，全面落实科学发展观，紧紧抓住西部大开发机遇，深入实施高新技术战略、城市化战略和都市农业战略，有力地推动了全区国民经济快速健康发展，城乡面貌发生了较大变化，人民群众生活水平明显提高。

一、十年发展的主要成就

(一)总体概况

总体上看，重庆直辖10年来，九龙坡区的国民经济呈现出稳定增长的发展态势，发展速度较快，综合实力明显增强。2006年，实现区级预算内财政收入(含高新区)120082万元，比1996年增长6.2倍，年平均增长21.8%；地区生产总值实现3152317万元(见图1)，继2003年已连续四年经济总量居全市各区县之首，比1996年增长3.1倍，按可比价计算年平均增长14.9%(其中：第一产业年均增长1.2%，第二产业年均增长15.6%，第三产业年均增长15.9%)；人均地区生产总值达到了32981元，比1996年增长2.7倍，年平均增长14.0%；在岗职工平均工资达到21025元，比1996年的6343元增加14682元，增长2.3倍，年平均增长12.7%。城市居民人均住房建筑面积由1996年的9.0平方米增加到2006年的29.0平方米，农村居民人均居住面积由1996年的28.63平方米上升到44.4平方米。

产业结构调整力度不断加大。1996年三次产

图1 地区生产总值与增长速度

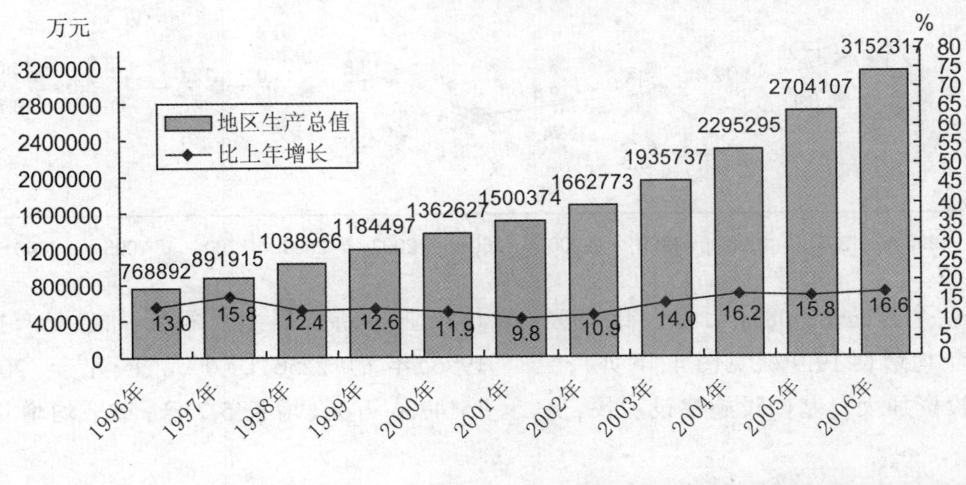

业结构为7.4:53.0:39.6，随着九龙坡工业化、城市化战略的推进，三大产业内部结构发生了变化，第一产业比重下降，第二产业仍是九龙坡的支柱产业，但随着第三产业的快速发展，比重有所下降。2006年三次产业结构为2.0:50.9:47.1，与1996年相比，第一产业比重下降5.4个百分点，第二产业比重下降2.1个百分点，第三产业比重上升7.5个百分点(见图2)。

人民生活水平不断提高。随着经济持续稳定的发展，城乡居民收入也随之增长，2006年九龙

图2 三次产业结构

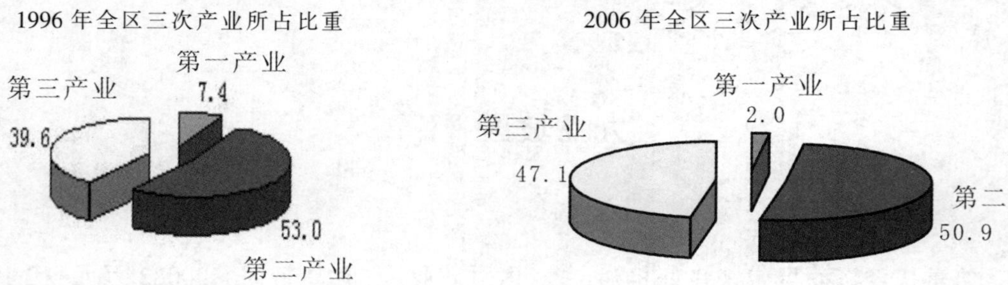

坡区城镇居民人均可支配收入11646元，比1996年的4909元增加6737元，年均增长9.0%；农村居民人均纯收入4743元，比1996年的2046元增加2697元，年均增长8.8%(见图3)。2006年城镇居民人均消费支出9378元，农村居民人均生活消费支出3829元，分别比1996年增加5830元和1646元，年均分别增长10.2%和5.8%。

城乡居民金融性资产大幅度增加。2006年城

图3 城镇居民人均可支配收入、农村居民人均纯收入与增长速度

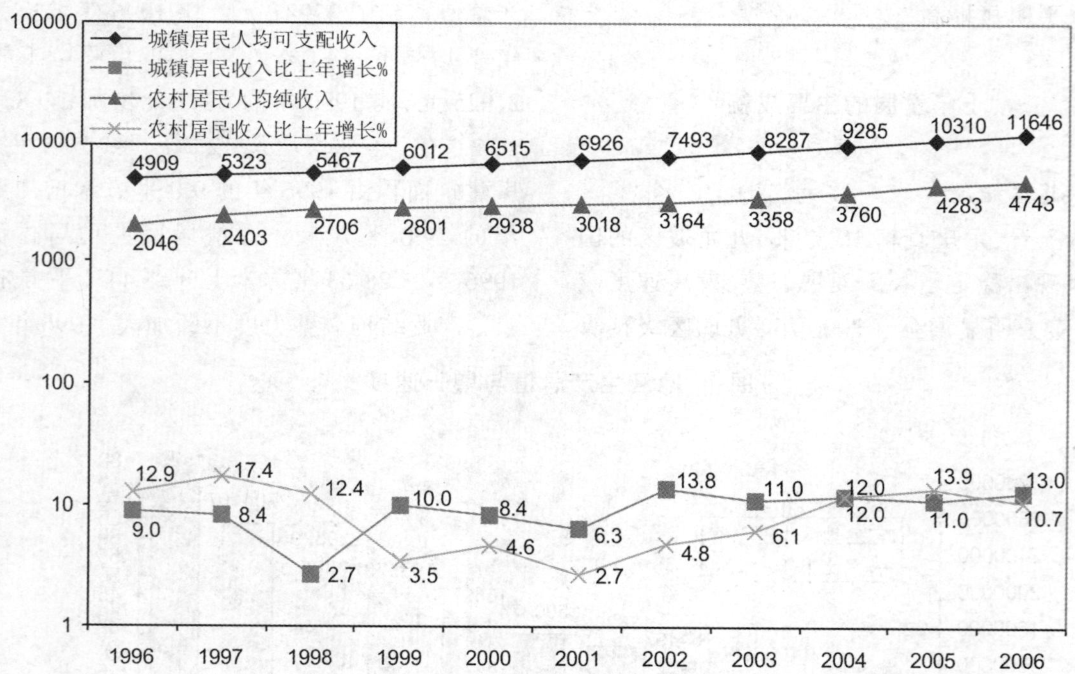

乡居民储蓄存款余额达2290821万元，比1996年增长5.2倍，年均增长19.9%(见图4，下页)。

固定资产投资加大，基础设施建设加快，房地产业不断发展。全社会固定资产投资额由1996年的225641万元上升至2006年的1514706万元，增长5.7倍，年平均增长21.0%，

图 4 城乡居民储蓄存款余额与增长速度

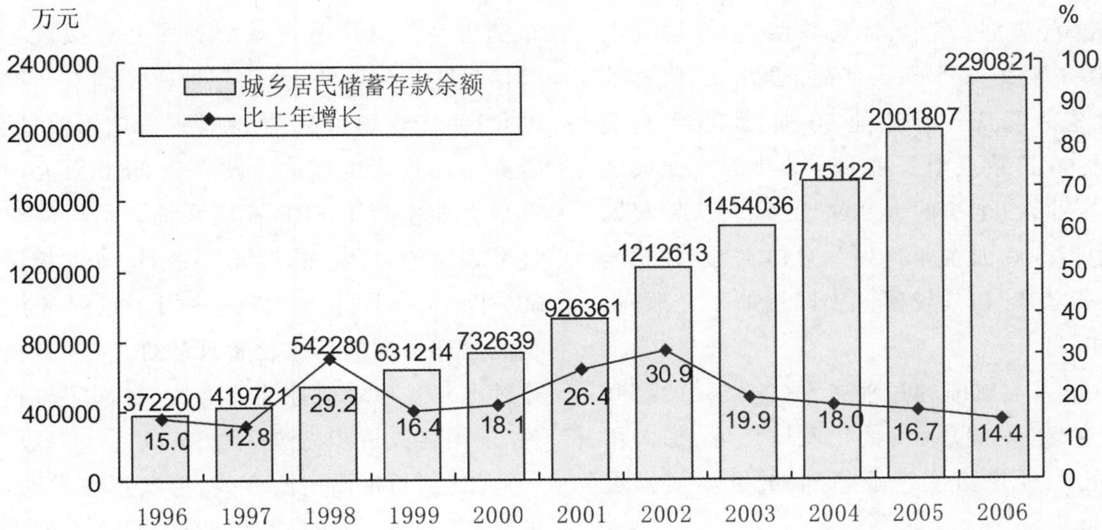

保持了较高的增长速度。房地产业迅速崛起,涌现出了珠江花园、上江城、广厦城、绿韵康城、艾佳沁园等一批名优楼盘。2006 年房地产完成投资 737747 万元,比 1996 年增长 18 倍,年均增长 34.3%。投资持续增长,规模日益扩大。

(二)工业、第三产业和农业稳步发展

1. 着眼于增强发展后劲,大力发展工业。1996 年九龙坡区地区生产总值 76.89 亿元,其中工业为 35.37 亿元,2006 年全区地区生产总值突破 300 亿元,是 1996 年的 4.1 倍,其中工业 143.0 亿元,是 1996 年的 4.0 倍。2001—2006 年工业增加值分别增长 7.0%、8.4%、12.2%、20.8%、15.9%和 22.8%,增长速度逐年加快。2006 年,全部工业增加值 1429889 万元,比 1996 年增长 3.0 倍,年均增长 15.0%(见图 5)。

几年来,九龙坡区已初步形成了以汽车、摩

图 5 全部工业增加值与增长速度

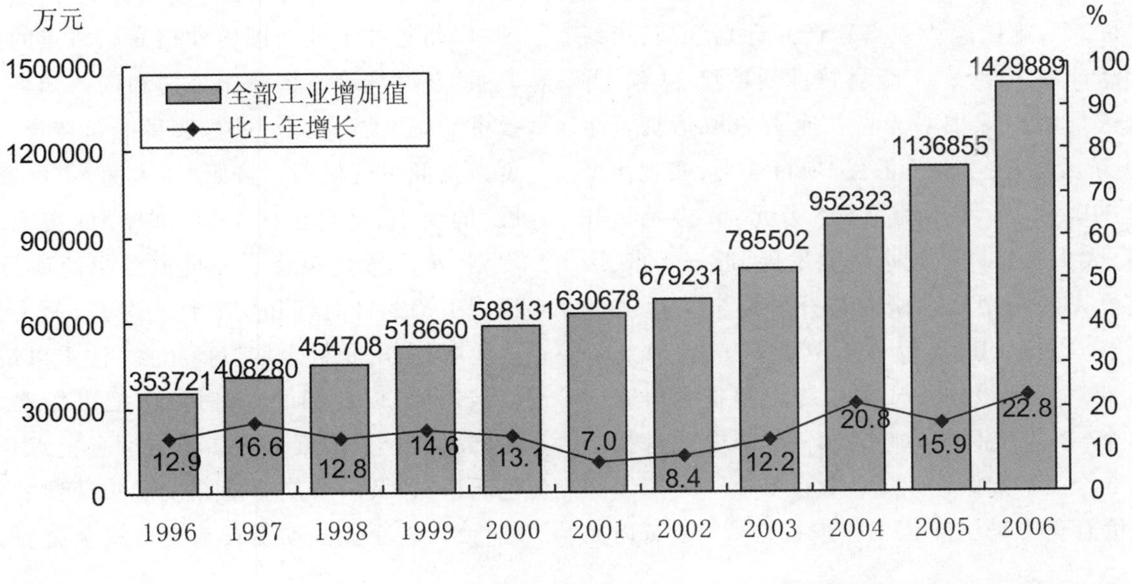

托车、铝加工、印刷包装、电气装备等为主的区域性专业化生产基地，出产隆鑫摩托、雅马哈摩托、五十铃轻型(重型)汽车、佳通轮胎、ABB输变电设备和铝材等30多个拳头产品。西南铝、隆鑫等7家企业进入重庆工业企业50强，2005年重庆市确定的66户重点增长工业企业中，九龙坡区有13户企业，占全市的近20%。隆鑫、庆铃集团已迈入中国500强企业行列。总体上看，九龙坡区“摩托车之都”初具规模，“中国铝加工之都”也雏形初显。

在取得以上成绩的过程中，九龙坡区始终坚持“科技兴区”发展思路，优化发展环境，加大招商引资力度，不断夯实产业基础，扎扎实实发展工业。

(1)构建科技创新体系，加快改造传统产业。重庆直辖后，特别是“十五”以来，九龙坡区不断加快推进科技成果转化步伐，建立科技咨询服务中心、生产力促进中心、九龙兴科技术市场等科技创新服务体系。九龙兴科技术市场被市科委命名为重庆市科技孵化体系示范孵化器。科技孵化厂房选址九龙园区C区，截至2006年，已有15家企业签订了初步投资协议，科技孵化厂房的建设工程正筹备启动。安排区级科技项目31项，并对20个往年滚动实施项目继续跟踪扶持，下拨经费150万元。新认定高新技术企业9家，30家高新技术企业复审合格，使全区年收入超过100万元的民营科技企业达到21家，居重庆市各区县首位。实施国家级重点新产品计划3项，市级新产品计划10个，市级科技计划项目24项，并通过区信用担保中心为科技企业争取信贷资金5000万元。实施“金桥工程”项目3项，实现年增产值3100万元，年增利税815万元，节约资金40万元。大力扶持高新技术企业发展，近三年来，区财政投入的应用技术研究与开发资金共达1368万元，全社会R&D投入名列重庆市首位。到2004年底，区域内建成国家级工程技术研究中心1个，市级工程技术中心4个，博士后科技工作站3个，国家级企业技术中心1个。

信息化带动工业化工作取得进展。区域内大型企业逐步把信息化与企业经营管理、运行模式的改造相结合，例如，建设集团建成并运用摩托车销售等信息化管理系统和民品虚拟数字样机等信息化研发系统，西南铝业集团建立了办公自动化、生产现场监控、物流管理等应用信息系统，隆鑫集团投入信息化建设资金2000万元使下属部份企业实现了ERP管理系统、新产品虚拟设计等系统的运用。据2006年统计，九龙坡区域内60%以上的骨干企业普遍使用了以财务核算和物流管理为主的信息化管理软件，全区科技工作连续七年被市政府评为一等奖，被国家科技部评为“全国科技进步先进区”。

(2)创新招商引资方式，夯实产业发展基础。世界制造业正加快向我国转移，将极大地带动传统工业的改造提升。为此，九龙坡抓住机遇，大力创新招商引资方式。第一，实行项目招商责任制，加强跟踪督办。各级党政“一把手”为招商引资第一责任人。区级领导挂牌联系重点在建、在谈项目，联系重点外商和外资企业，全程跟踪服务与督查。建立政府招商引资工作例会制度和通报制度，及时通报项目准备及招商情况，定期督办招商项目的落实情况。第二，创新招商引资方式，建立招商引资网络。积极发挥招商中介组织作用，在沿海重要城市和地区聘请招商员，采取项目代理、效益分成等市场化运作方式，实行委托招商、代理招商、网上招商。充分发挥区政府驻外办事处的“窗口”作用，加强与重庆驻北京、上海、深圳、广州等办事处及国内外招商联络点的经常性联系，及时准确掌握跨国公司和国内知名企业的投资动态，主动出击，进行项目推介与合作交流，创造招商引资机遇。按照“招大商，引巨资，大发展”的要求，结合全区“三大战略”的实施及产业规划，集中策划包装了一批重点招商项目，增强招商引资的针对性和实效性。第三，努力为现有企业服好务，积极争取以商招商。注重以情招商，以诚招商，以良好的人格招商，把工作着力点放在已引进企业的服务上。建立服务重点企业"绿色通道"，及时解决企业在发展中遇到的各种问题，使入驻企业主动引荐来更多的企业。例如，我们引进深国投公司后，该公司又引来了沃尔玛、时代华纳两个世界500强。

据统计，2006年，全区在建项目367个（含续建和新建），实际到位资金42.2亿元，其中新建500万项目73个，实际到位资金13.5亿元；外资项目9个，实际到位外资3018万美元，合同外资725万美元，同比增长13.6%；新引进投资总额在5000万元以上的项目19个，如徐工机械、川南减震器、上海联合制罐、蜀东冷却器、西城水务、市油脂公司食用油生产基地、环松摩托车、庆铃汽车重中型发动机、陶然居饮食文化城、大中电器、武汉中百集团控股、华岩陶瓷机电市场等。

(3)优化发展环境，降低企业运营社会化成本。环境是加快发展的第一要素，地区之间的竞争是发展环境的竞争。近年来，九龙坡区积极创新优化发展环境，形成了"洼地效应"，吸引了大量资金、技术、人才、项目。其一，加快基础设施建设，以硬措施改善硬环境。搞好重大项目储备和实施，制订了《全区2003—2007年重大项目规划》，确定了148个重点项目，涵盖道路交通、市政水利、生态环保、园区开发等重大基础设施和公益事业。2003年启动实施了14个重大项目，总投资58.2亿元。2004年又确定了12个重大项目，总投资65.07亿元。大批重点基础设施建设项目的实施，改善了全区的发展环境，加快了新型工业化进程。特别是投资8亿多元建设的华福公路将极大地带动中梁山以西地区的新型工业化进程和区域经济大发展。其二，创新服务方式，以硬手段优化软环境。2002年开展了"发展环境综合整治年"活动，2003年开展了"创建服务型政府，打造诚信九龙坡"活动，对优化软环境起到了极大作用。同时，建立区行政审批服务大厅，不断完善运行机制，切实提高办事效率和服务水平，真正做到"亲商、安商、富商"，积极为企业排忧解难。全面清理现行政策，整合政策资源，截至2004年底，共清理行政审批项目237项，其中211项已进入区行政审批服务大厅。有序推进社会信用体系建设，《重庆市九龙坡区政府信用体系建设工作方案》、《重庆市九龙坡区企业信用体系建设工作方案》相应制定出台并实施。其三，加快发展与大工业相适应的现代物流体系。加快物流业规划建设，完成《把九龙坡区建设成为重庆现代物流中心重点园区的可行性研究》，以九龙港为基地，建立重庆物流园；以庆铃、隆鑫、建设为依托，建立汽摩物流园；以西铝为依托，建立铝材物流园；以九龙港和重庆铁路南站、西站为平台，建立重庆铁港综合物流园。物流业的建设发展，将大大降低企业运营的社会化成本，极大地促进新型工业化进程。

(4)逐步建立融资担保体系。组建重庆渝隆资产经营（集团）公司，对全区重大基础设施和社会公益事业进行投资并组织实施，逐步形成了政府主导、市场运作的多元投资格局。成立中小企业信用担保中心和中小企业信用促进会，与国家开发银行等金融机构建立战略合作伙伴关系，在一定程度上缓解了中小企业贷款难的问题。在区中小企业小额贷款试点工作领导小组领导下和市开行的指导下，开展的中小企业贷款试点工作取得了较好成绩，其试点经验在新华社《经济参考报》、重庆卫视《关注重庆》节目栏中登出和播出，先后有山东、吉林、湖北、广西等地及市内19个区县到九龙坡区学习成功经验。市开行决定，在九龙坡区新增担保资金后，将合作额度从1亿元调整为2亿元，并唯一同意可以将担保资金放大比例从原来的1:5调整为1:7。截至2006年，区中小企业小额贷款专管办公室共收到52户企业的贷款申请，其中经开行审查通过的21户，同意贷款金额15300万元。

(5)增强经济持续发展的能力。名优品牌建设加快。2006年智能水表公司的"爱克能水表"和西铝集团的"西南铝铝箔"被评为中国名牌，现九龙坡区中国名牌4个。耀勇减震被认定为中国免检产品，实现了九龙坡区免检产品零的突破。

2006年重庆名牌评11户企业18个产品，新增4户企业7个产品，包括建设集团150两轮摩托车、250型、400型4轮沙滩车，劲隆集团CL110两轮摩托车、鑫源集团XY110、XY125摩托车，富川电装品富传磁电机，现重庆名牌累计

48个产品,列全市各区县第一。

2006年陶然居饮食文化有限公司的"陶然居"商标和鑫源集团的"鑫源摩托车"商标被评为中国驰名商标,截至2006年底九龙坡区中国驰名商标共5个,占全市的28%。

2006年耀勇减震的"耀勇"商标、重庆自家卤有限公司的"自家"商标,华林水泥"华锋"商标被评为重庆市著名商标,现九龙坡区重庆市著名商标累计30个,占全市的12%。

2.着眼于繁荣市场,大力发展第三产业。随着社会主义市场经济的进一步发展,有效供给能力显著增强,社会商品极大丰富,极大地满足了人民日益增长的物质文化需要。2006年,全区第三产业增加值实现1484838万元,比1996年增长3.9倍,年均增长17.3%;批发零售业完成增加值366659万元,比1996年增长2.5倍,年均增长13.4%。

市场活力不断增强。以杨家坪步行街为中心的都市商业圈已基本形成,商业网点迅速增加,购物环境和服务质量持续改善,超市、连锁店、专卖店、加盟店等新的营销方式相继涌现,成功引进和新建了重百九龙百货、立丹百货、山城超市、新世纪百货瑞成商都、重庆商社电器商场、商社建材、国美电器、苏宁电器、大中电器等大中型零售商业和九禾农资、格力电器销售、新华书店集团连锁分公司等大中型批发企业,改变了直辖前商业单一局面,带动了全区商业市场的进一步火爆,聚集了人气,增大了影响。成功培育了直港大道餐饮一条街,吸引了各地的消费者,成为颇具影响的美食中心。全区商业市场呈现出勃勃生机,全区社会消费品零售总额由1996年的338490万元增加到2006年的1270924万元,增长2.8倍,年均增长14.1%。其中:批发零售业零售额1146572万元,比1996年增长2.7倍,年均增长14.0%;住宿和餐饮业营业额110593万元,比1996年增长2.3倍,年均增长12.5%(见图6)。

九龙坡区10年来的第三产业发展,尤其是商贸业发展,具有以下突出特点:

(1)商贸流通业发展总体空间布局明晰。制订了九龙坡区"十一五"商贸发展规划,确定了"1+14"的商贸发展空间总体布局思路,即:以杨家坪步行商业区为中心,建设谢家湾、石坪桥、黄桷坪、中梁山等十四个商贸发展组团,把中梁山、西彭、白市驿三个商贸组团建设成为九龙坡次级商贸中心。同时,充分利用九龙坡区的区位、交通、资源等优势,积极培育九龙港、中梁山—华岩、西彭、白市驿、黄谦五个物流基地。

(2)多层次商贸发展新格局基本形成。经过近10年的集中打造,商贸流通业初步形成了以杨家坪步行商业区为核心,以直港美食街、九龙

图6 社会消费品零售总额与增长速度

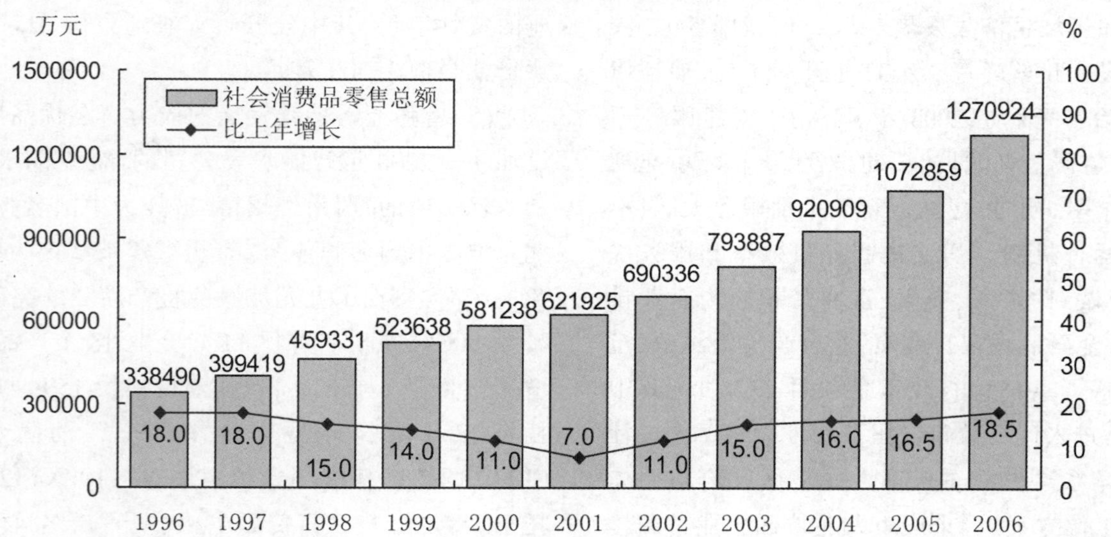

民间文化美食街、巴国城、含谷仿古一条街等特色商业街为依托,以绿云石都、隆鑫建材、新世界建材等重点市场为支撑,以新世纪、重百、国美、商社、苏宁、家乐福、沃尔玛等骨干商贸企业为骨架,以镇级商业中心、社区商业中心为网络,以连锁经营为主要经营方式,大型百货、超市、专卖店、专业店、便利店等13个业种40多个业态齐头并进、协调发展的立体商贸流通新格局。特别是杨家坪商圈,经过几年的培育,其功能不断完善,商业结构不断优化,整体形象不断提升,竞争力和影响力不断增强,成为主城商圈一颗璀璨的明珠。2005年,杨家坪商圈社零总额突破了50亿元大关。

(3)商贸经济总体规模不断扩大。近年来,全区商贸经济总体规模增长迅速。2005年,社会商品零售总额首次突破100亿元大关,达到了107亿元,与"九五"末相比翻了一番多,仅次于渝中区,连续五年位居全市第二,增速高于全市平均水平2.7个百分点,高于全区GDP增长速度0.7个百分点,高于固定资产投资增长3.2个百分点。2006年,全区社会消费品零售总额达127.09亿元,比直辖前的1996年增长2.8倍。"十五"期间,社零总额年均增长14.6%,超过原计划8个百分点,对GDP的贡献率达到11.5%。商贸增加值高于第三产业其他11个行业,全区流通就业人员达到12万人以上,占全区社会新增就业人员的50%以上。

(4)流通现代化水平提升较快。"十五"以来,以连锁经营、现代流通、电子商务为代表的各种新兴业态快速发展。到2005年底,重点连锁经营店铺达74家,连锁销售额32亿元,占社零总额比重达到了29.9%。沃尔玛、新世纪、家乐福等骨干商贸企业建立了电子商务采购平台,完善了物流配送体系。

(5)商品市场体系建设进一步完善。初步建立起以绿云石都、隆鑫钢材、新世界建材、金科机电为依托的生产资料市场群。2005年全区商业网点达9049个,面积达296万平方米,人均零售商业网点面积达0.97平方米。进一步健全杨家坪商圈的服务功能,逐步优化购物环境,不断增强辐射力和影响力,杨家坪步行街、直港大道、九龙山美食街、巴国城、西彭世纪商业中心等一批独特各具风格的专业特色街已成为城市商业的亮点。2005年,绿云石都、隆鑫钢材、杨家坪农贸市场、九龙坡区蔬菜批发市场等7家重点商品交易市场成交额达到了131.8亿元,同比增长11.4%。绿云石都被商务部评为全国重点商品交易市场,产品畅销大西南及东南亚。

(6)骨干商贸企业带动作用日益明显。遵循市场经济规律,初步形成了大公司、骨干企业主导商贸流通和商业发展的新格局。沃尔玛、家乐福、重百九龙、富安百货、立丹百货、国美电器等骨干商贸企业在聚集人气、商气、财气,保障社会商品供应,满足群众多样化需求,以及促进就业等方面发挥了较强的带头作用。知名品牌商业企业的入驻带来了商贸行业经营理念、管理方式的创新,对营造浓郁的商贸发展氛围、改善商家与消费者的关系产生了积极作用,企业经营业绩得到了整体提高。2005年,全区14家骨干商贸企业实现销售收入14亿元,同比增长48.8%。

(7)餐饮业竞争力加强,吸引范围不断扩展。2005年,餐饮业营业收入达到了10.4亿元,同比增长18%。以直港美食街、九龙民间文化美食街、巴国城等特色美食街为依托,逐步走出家门,向外拓展市场,在满足区内消费的同时吸引了渝中区、南岸区、大渡口区、沙坪坝区及周边区县消费者前来享受特色美食带来的愉悦。2005年,菜香源、黄金岛、杨馨、秦妈火锅等16家重点餐饮企业实现营业收入1.3亿元,同比增长78.3%。其中,海兰云天、怡然单店增幅分别达到了53.4%和24.8%。2006年,直港美食街已被正式命名为全市四大美食街之一,九龙民间文化美食街正积极创造条件,力争进入重庆十大美食街行业。

(8)假日经济成为助推商贸经济发展的巨大动力。随着市民消费意识的转变和消费潜力提高,以及国家一系列鼓励消费政策措施的出台,假日经济趋于成熟,对商贸经济的拉动作用更加明显。2005年春节长假七天,全区19家重点商贸企业实现销售收入4725万元，同比增长35.5%。2006年国庆黄金周期间，杨家坪商圈15家重点商业企业实现销售额7625万元，同比增长16.50%，再创造“国庆”黄金周销售历史新高。2006年春节七天，全区22家餐饮、超市、百货等重点商贸企业实现销售总额6162.18万元，同比增长30.5%，继续保持快速、健康发展。假日经济已经成为全区商贸经济发展的一个新增长点。

(9)招商引资取得突破性进展。大力实施“走出去、引进来”战略，积极营造重商、亲商的软环境，精简办事程序，坚持送“服务上门”，让商贸企业进得来、留得住。先后引进了沃尔玛、家乐福、新世纪、苏宁、大中电器等国外、市外大型知名商贸流通企业14家，武汉中百成功兼并山城超市，组建了重庆中百山城超市有限公司，实现了强强联合。此外，都市桃源商厦、盾安·九龙都、世纪门·百康年、艾佳天泰等商业项目已经进入全面招商中，西城天街等一批商业项目正在紧张建设中。经过近几年的发展，全区商业项目招商引资取得了实质性突破，初步构建了多层次、多档次、多功能的立体商贸发展网络，基本形成了区内外、市内外、国内外商贸企业共同繁荣的良好局面。

(10)商贸管理调控体系初步建立。建立骨干商贸流通企业联系制度，搭建政府与商贸企业沟通的平台，定期召开骨干商贸企业座谈会，征求企业对九龙坡区商贸发展的意见和建议，共同研究全区商贸发展的全局性问题。建立全区重点商贸流通企业办公室联席会议制度，对商贸发展中的政策、信息和经营状况进行沟通协调，便于为商贸流通企业提供优质、快速、高效的服务。另外，还健全了重点商贸企业统计制度，在五一、国庆、元旦、春节等节假日加强对全区商贸经济数据的收集和分析工作，为政府调控商贸经济运行提供第一手参考资料。

3.着眼于服务“三农”，大力发展都市农业。为了解决“三农”问题，增加农民收入，从1997年开始，九龙坡区对“都市农业”建设问题进行了理论探索与实践。2000年，区委区政府提出关于农业及农村经济结构调整的指导意见；2001年区人大通过了“九龙坡区十五计划纲要”，把加快都市农业发展、提高农业和农村经济发展的整体素质和效益列为全区农业和农村经济发展的重要任务；2001年10月，区政府提出并编制《重庆都市农村示范区规划报告》，明确了都市农业发展的基本思路，即“建设基地、培植龙头、创新体制、拓展领域”，确定都市农业蔬菜、花卉苗木、水产、水果和畜禽五大主导产业，加快农业产业结构调整，调减粮经种植面积，突出抓好区域性商品基地建设，大力推进农业产业化经济，把一批农业产业化企业逐步壮大发展为“龙头”企业。2003年，在中共重庆市九龙坡区第九届党代会的报告中正式确立都市农业发展战略。“十五”规划期间，按照统筹城乡经济社会发展的要求，把解决“三农”问题摆在重要位置，以实施都市农业建设为根本举措，以增加农民收入为中心，狠抓农业产业结构调整，狠抓农业重点项目实施，狠抓农业资源保护与开展利用，狠抓农村改革等各项工作，大力发展都市农业，着力增加农民收入。2006年全区农民人均纯收入已达到4743元，比1996年增长131.8%(见图7，下页)；2006年全区农民所得总额达到8亿元，比1996年增长1倍。

在落实中央各项扶农惠农政策措施的过程中，逐年加大对农业及农村经济结构的战略性调整。粮食播种面积由1996年的20425公顷调整到2006年的8929公顷，经济作物播种面积由1996年的1909公顷调整到2006年的391公顷，渔业养殖面积由1996年的28947公顷调整到2006年的7881公顷。2006年全区农林牧渔业完成总产值86574万元，其中：农业54579万元，林业3449万元，牧业21605万元，渔业3576万元，农林牧渔业服务业3365万元。农、林、牧、渔比重分别为63.0%、4.0%、25.0%、4.1%，与1996年比较，农业和林业呈上升趋势，农林牧渔服务业逐步兴起，高效的经济作物不断发展，优质品率和商品率进一步提高。(见图8，下页)

10年来，九龙坡区立足于区情，坚持科学发展的道路，开拓创新，与时俱进，加大农业产业结构战略性调整，切实提高农业的综合效益，促进了农业的高效快速发展，呈现出蓬勃生机。

(1)进一步调整农业产业结构。按照以项目促进结构调整的思路，启动实施10大农业重点项目，均完成目标任务。几年来，无公害蔬菜产业化基地、蔬菜科技示范园及工厂化育苗中心已建成投产；白市驿太慈蔬菜批发市场设立了无公害蔬菜检测点；花卉展示中心工程及周边绿化带建设已高标准完成，中国重庆名优农产品展销会已成功举办多次，白市驿花卉展示中心被市政府命名为重庆市农业展览中心；白市驿花卉园区内花卉苗木种植面积5798亩；果树产业区建成无公害果品基地7000亩，新建标准柑橘园300亩，种植良种柑橘苗1.3万株；休闲渔业基地已基本建成。完成都市农业区内的基础设施、道路及绿化工程、马家沟水库、含金公路(含谷—金凤)硬化绿化。

图7 重庆市直辖10年九龙坡区农民人均收入增长图

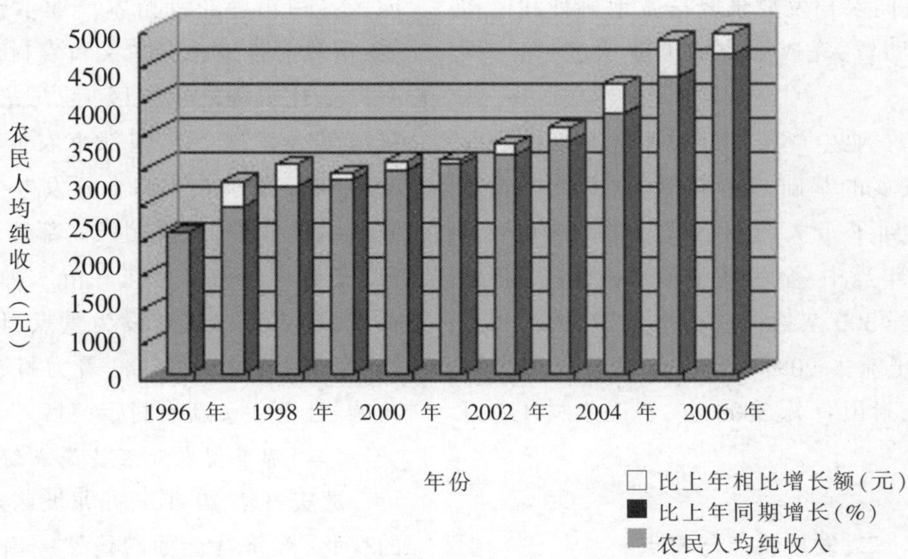

图8 农林牧渔业总产值比重

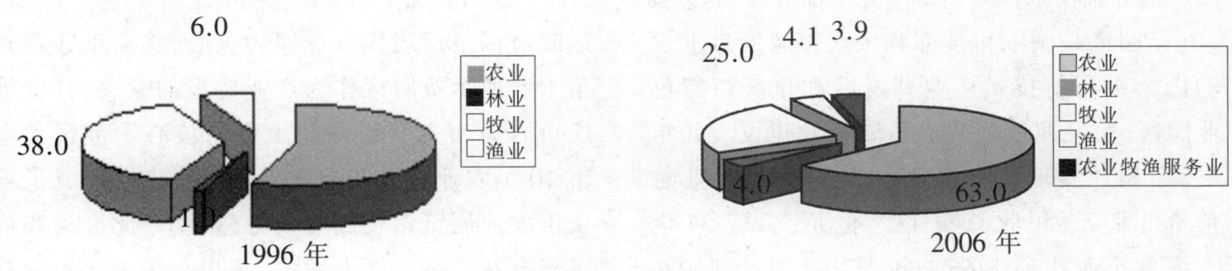

(2)不断加快生态旅游业发展步伐。都市农业充分发挥农业资源的基础作用，多方面拓展农业功能，吸纳国家、社会资金投入农业，取得了新进展。金凤国际体育休闲中心一期工程建设完成，皇田现代农业公司被定为全国农业旅游示范点，天赐温泉被评为国家3A级景区并与华岩旅游风景区一并入选重庆市10大旅游精品工程，成功举办一年一度的走马桃花观花旅游节、华岩登山节、铜罐驿采果旅游节等活动。

(3)加速农村劳动力向非农产业转移。开展了适用技术、绿色证书等各类培训，主要包括计算机、家政、汽修、园艺、餐馆、缝纫等行业，促进农业人口的转移。2006年，转移农村劳动力

12032 人,培训 5107 人。

(4)加大招商引资和农村改革力度。招商引资方面,截至 2006 年,全区已引进培育花卉苗木企业、农产品加工企业达 100 余家,其中有市级优秀花木生产基地 5 户,重点龙头企业 2 户。农村改革方面,税费改革已如期完成。2005 年起免征农业税,严格按政策落实退耕还林工程中钱、粮补助,直接向农户发放恢复撂荒地耕种和留蓄再生稻的补助费,完成第二轮土地承包,完成国有农场改革。

(5)改善农业生产条件。农业生产条件的改善,是农业发展的基础。10 年来,九龙坡区农业生产条件得到了极大改善,尤其在 2001 年至 2005 年这五年当中,全区就整治病险水库、新建微型水利工程 300 余处,改造电力提灌站 10 多处,治理水土流失 20 平方公里,完成义务植树 161.47 万株,封山育林 3000 亩,解决农村 1.3 万人饮水困难。

二、发展特点与亮点

(一)促进产业集群,大力发展特色园区

1.以高新技术产业为重点,全面建设九龙园区。九龙园区是国家科技部和重庆市政府批准设立的国家级高新技术产业开发区和重庆市特色工业园区,由九龙坡区政府负责开发建设。几年来,园区累计实现技工贸收入 743 亿元,工业总产值 328 亿元,税收总额 13.7 亿元,引资 54 亿元,入驻企业达到 1266 户,其中工业企业 276 户。从 2003—2006 年,在全市特色工业园区中九龙园区综合经济指标连续四年保持第一,实现市级园区排名“四连冠”。其中,2006 年实现技工贸收入 235 亿元,工业总产值 105 亿元,税收总额 3.6 亿元,引资 11 亿元。

2.以铝加工产业为支柱,全面建设西彭工业园区。2003 年 1 月,西彭工业园区正式成立。同年 7 月,被市政府批准为市级特色工业园区,规划控制面积 65 平方公里,是重庆市最大的市级特色工业园区。经过四年的开发建设,园区在“亚洲铝业航母”——西南铝业集团强大的产业支撑和拉动下,云集了近二十家铝加工企业。至 2006 年底,园区已实现固定资产总投资 18.48 亿元,工业总产值 58.05 亿元,工业增加值 6.95 亿元,销售收入 56.68 亿元,利润总额 1.65 亿元,应交税金 1.01 亿元。

3.以花卉产业为特色,全面建设白市驿花卉园区。白市驿花卉苗木产业示范园区是重庆市委、市政府推进社会主义新农村建设和百万亩花卉产业化工程的示范区,是九龙坡区委、区政府统筹城乡发展、实施都市农业战略的主战场。2003 年经国家农业综合开发办公室批准为现代农业示范项目。花卉园区南部片区为农科城建设区,北部片区为特色花卉苗木种植区,以重庆农科城、花卉产业城建设为重点,以花卉苗木为载体,发展绿色产业经济,着力打造成重庆都市后花园、社会主义新农村示范区。

(二)都市型农业经济亮点纷呈

重庆直辖 10 年,九龙坡区发生了翻天覆地的变化,经济社会面貌焕然一新,特色工业园区进展迅速,同时都市型农业、城郊观光农业的建设与发展,更是亮点纷呈:

1.花卉产业已上升为主导龙头产业。区委、区政府以皇田现代农业园为核心,将白市驿花卉苗木产业示范园区作为产业建设的龙头,打造重庆市百万亩花卉产业化工程的核心示范区和全市 10 个农业百万产业化工程的亮点。完成了重庆市农业展览馆及配套设施建设,以此推动和培育现有花卉企业做大做强。现以皇田现代农业有限公司为龙头的企业已先后进入产业示范区经营的有 80 余家,全区花卉苗木种植面积近 16000 亩。初步形成了以绿化苗木、盆花和盆景,以及高、中档鲜切花不同层次的种植格局,带动了全区花卉产业蓬勃发展。

2.水果产业进一步发展。以走马桃花节、铜罐金秋采果节为特色。以春满园为经营特点的水果产业组织、经营企业已发展了 33 个,由此进一步带动全区果树产业在更新换代(实施老柑橘基地改造工程)、提升品质(建立无公害果树基地)、

丰富水果种类(依托市百万吨优质柑橘产业化的工程建设)上得到了深化发展,加速了果树产业的上档升级,推动了果树产业的健康发展。

3.蔬菜产业保持传统主导产业地位。重点扶持龙头企业,充分发挥白市驿太慈农副产品批发市场的带动作用,引进了重庆市蔬菜科技示范园、重庆市蔬菜科技育苗中心等73家生产经营企业。推进九龙坡全面推进无公害农产品行动计划,扩大叶类蔬菜无公害设施栽培面积和有机蔬菜生产示范,在技术指导上继续坚持以改良品质,提升质量,发展无公害蔬菜、绿色蔬菜和有机蔬菜为核心的推广工作。推广无公害蔬菜商品化处理技术,大力推进九龙坡蔬菜产业的上档升级,使传统产业焕发活力。

4.农产品加工及流通业成为骨干产业。农产品加工业是农业与工业的有机结合的产物。近年来,九龙坡区农产品加工业稳步发展,造就了白市驿板鸭、黄花园调味品、渝泰鸡精以及三九、三耳、秋霞火锅底料等名牌产品,在全市占有较大份额。2006年,全区区级龙头企业已达20家,市级龙头企业2家,国家级龙头企业1家。

5.农业旅游资源得到综合开发。九龙坡区农村面积370平方公里,农业人口22万人,全区农业旅游资源丰富,整体景观条件较好,拥有中梁山、缙云山两山之间的平坝浅丘区,地势开阔、土壤肥沃、气候温和,森林面积16万多亩(其中退耕还林面积4.4万亩),水果种植面积5万多亩,山水景观、森林景观、田园风光和人文景观构成资源较为突出的特点。市民短途出游车程约半小时,区位优势明显,非常适宜休闲旅游。近年来,综合开发农业旅游资源,着力打造都市后花园,相继建设了天赐温泉休闲区、白鹭自然保护区、海兰云天风景区、华岩佛教文化旅游区、尖刀山森林公园,筹划建设金凤国际体育休闲中心、长海生态游乐区、白塔坪森林公园等农业生态旅游项目,形成休闲、度假、观光、体验、娱乐为一体的区域性的观光休闲农业园区,让城市居民离开城市的喧闹,返璞归真,回归自然,享受阳光空气、森林清泉、田园风光、乡土情趣,可以休闲度假、吃住娱乐,既为城市居民提供实物产品和精神产品,也为都市农业的功能、档次提升开辟了新的途径。

6.群众增收致富渠道不断拓宽。近年来,积极推行业主经营制、现代企业制、"公司+基地+农户"等经营方式,通过探索都市农业的运作和组织形式,妥善解决公司与农户的利益关系,以达到"双赢"的局面。如:三耳集团、兴林公司探索"公司+基地+农户"的经营模式,保护了农民利益和生产积极性;皇田、嘉顿等企业按工厂化组织生产,"农业工人"正成为一种新兴职业,广大农民正从都市农业发展中逐步获得了实惠。同时,探索承包土地自愿有偿流转机制,实现了土地流转集中,推进了规模化经营。农民转让土地后,又到公司工作,保障了农民按合同既当土地主人,又按劳务合同到企业打工,实现了劳动就业和土地收益双重收入致富。

7.特色观光休闲农业园迅速发展。随着经济社会的快速发展,特色观光农业园悄然兴起,成为了农业发展新的经济增长点,取得了显著的综合经济效益。近年来,九龙坡区农业园发展势头强劲,主要有以下几种类型:

(1)国家级花卉苗木产业示范区。白市驿国家级花卉苗木产业示范区是九龙坡区都市农业发展战略发展龙头和都市后花园建设核心工程。示范区规划在白市驿镇内,地处重庆都市经济圈,紧邻白市驿机场和成渝高速公路,规划面积23平方公里,预计总投资5.88亿元。示范区内自然资源丰富,气候宜人,水、电、气、路、通讯等基础设施完善,交通便利,信息快捷,产业基础雄厚。2003年10月被国家农业综合开发办公室批准为现代农业示范区。整个示范区由核心区、扩展区和辐射区组成,建设九大功能区,分别为:现代设施花卉产业科技园区、巴渝特色园林花卉展示区、都市假日花卉产业区、都市园林绿化苗木产业区、水上绿色游廊、中梁山麓水生花卉游览区、都市乡村田园花卉观光区、白鹭自然生态园林式高级度假休闲区、经果林花果观赏区。该示范区的开发建设,成为重庆百万亩花卉产业化工程的核心区。在目标定位上，重塑重庆花卉产业品牌，打造百万亩花卉产业化工程亮点，建设国家级花卉苗木示范区。2006年完成11平方公里核心区建设规划，并按国际性展览馆设计要求，基本建成占地7万平方米、建筑面积3万平方米的重庆市农业展览中心。展览中心设计先进、气势宏大、功能齐全，是人们观光旅游的标志性建筑。示范区以花卉产业为载体，依托重庆农科城和花卉产业城建设，大力发展乡村休闲旅游产业和第三产业，建成为重庆市主城区西部生态环境优美、人居环境良好、经济效益显著，集园林花卉苗木繁育孵化、生产基地、展示交易、休闲观光、信息平台五大功能为一体的，以都市园林花卉为特色的园林式绿色产业公园。

(2)观光农业园。皇田现代农业园区是拥有世界名花的农业观光旅游园区，占地500多亩。其经营者重庆皇田农业股份有限公司是一家集生产、销售、种苗繁育及观光旅游为一体的现代农业产业化的龙头企业，成为中国最大的红掌花生产基地、种苗繁育中心、花卉出口中心。公司以鲜花美景为特色，充分展示现代农业风采，观赏项目众多，主要有红掌花开正艳、漫步赏雪桃、生态园艺设施等项目，成为艺术化的都市农业公园。公司自1997年成立以来，成功接待江泽民同志及其他中央领导、市委市政府领导和大批中外客人，受到国内外人士、观光游客的高度赞扬。

(3)自然休闲度假村。海兰云天风景区位于金凤镇，拥有龙潭沟水库和白塔坪森林公园两大生态资源，龙潭湖水库水面507亩，白塔坪森林公园12000亩。白塔坪森林公园有茂密森林、白塔坪古寨、古战场遗址、八阵图、慈云寺等。该景区以康乐度假、情趣体验为主，辅之以登山探险、科学考察、生态观光和商务会议旅游。天赐温泉休闲区。该休闲区是九龙坡区原良种田场改制后，引入民间资本逐步发展起来的。占地500多亩，拥有生态园、温泉洗浴园、垂钓俱乐部等，重点开发了时尚温泉洗浴、时尚康乐健身、生态观光游憩、商务会议休闲、娱乐美食等旅游功能。正在筹建五星级园林式的金谷温泉度假酒店，打造巴渝文化特色的娱乐美食一条街。

(4)科研教育农业园。重庆蔬菜科技示范区是石桥镇兰花村安置农转非就业人员与市区农业部门共建的，也是市、区农业局一个集科研、科普、教学、示范、参观于一体的蔬菜科技示范区。该园位于含谷镇宝洪村，占地100亩，建有全电脑温控室、大棚、植物组培室、无土栽培、各式喷滴灌等生产设施，形成了风格独特的休闲娱乐花园。2000年底以来，接待国际国内领导、同行3000余人次，印度共产党、叙利亚副总理等也曾来此参观，接受大中专学生学习实习1200人次，农民参观学习4000多人次，成为具有高科技农业、观光农业、美食餐饮特色的观光农业园。

(5)白鹭自然保护区。位于白市驿镇三多桥村，成片的竹林，周边的生态山水田园，成了几万只白鹭栖息的家园。建有白鹭大庄园，现已成为城市生态观光旅游、生态游乐和青少年生态保护教育的场所。

(6)体验性生态农业园。天醉园度假村位于西彭镇石塔村，规划占地500亩，已建成100亩。种植琵琶、荔枝、梨树7000余株，渔池10余亩，是集种养殖业、观光旅游、休闲文化业为一体的农业生态园，以“绿色、健康”为主题，提供住宿、餐饮、娱乐等服务项目，游人在这里充分体验采果、垂钓、休闲、品茗等田园生活的乐趣。

(7)园林式佛教文化主题公园。华岩佛教文化旅游区位于华岩镇，由华岩水库、华岩寺、华岩风景区组成，拥有天池月色、柏林松涛、曲水流霞、疏林夜雨等八景，是主城区内集山、水、洞、林、寺庙于一体的著名园林式佛教文化旅游风景区。九龙坡区投入巨资改造扩建，挖掘历史文化内涵，营造宗教文化与现代休闲文化氛围，整合园林生态旅游资源，开展以庙会形式的传统节庆活动，成为重庆市区居民休闲游览的胜地。

三、未来五年发展目标、思路及主要措施

重庆市直辖以来，九龙坡区面临良好的发展

机遇，经济发展全面加快，取得了辉煌成就，为促进经济社会进一步持续快速发展打下了良好的基础。未来五年，九龙坡区将在已经达到的发展水平线上，不断深化和完善发展思路，促进全区经济社会发展取得新突破。

(一)指导思想

坚持以邓小平理论和“三个代表”重要思想为指导，以科学发展观统领全局，以统筹城乡发展为主线，以改革创新为动力，以提高人民生活质量为根本，以加强政府自身建设为保障，坚持科学发展、率先发展、和谐发展，深入推进高新技术、城市化和都市农业“三大战略”，加快建设全市现代制造业、现代商贸物流和都市农业示范“三大基地”，着力构建“一体发展、两翼互动、三园并举、三城共建”的发展格局，促进经济又好又快发展，推动社会全面进步，努力把九龙坡建设成为经济领先的实力之区、开拓开放的活力之区、社会进步的和谐之区和生态文明的魅力之区。

(二)发展目标

奋斗目标是：全面建成小康社会，形成基本现代化的框架。

具体目标是：地区生产总值年均增长15%，经济总量、人均GDP、规模以上工业总产值、财政收入在2006年基础上实现翻一番，分别达到600亿元、8000美元、1000亿元、20亿元以上。全社会科技投入占GDP比重达到2%以上，万元GDP综合能耗年均下降4%。万人拥有医生数达到30人以上，万人拥有文化设施达到480平方米以上，人口自然增长率控制在2.2‰以内。主城区空气质量明显改善，城市集中式饮用水源水质合格率达到100%，环境噪声符合国家标准，森林覆盖率达到24%以上，人均拥有公共绿地10平方米以上。消除城市“零就业家庭”和农村富余劳动力“零转移家庭”，城镇登记失业率控制在4.5%以内，农村富余劳动力转移年均达到1.2万人以上。城镇社会保障覆盖率达到65%以上。城市居民人均可支配收入和农村居民人均纯收入年均增长10%以上。

(三)工作举措

今后五年，九龙坡区将认真把握以下四个工作着力点：

一是在统筹城乡发展、加快城乡一体化步伐上狠下功夫，推动区域协调共进。坚持将统筹城乡发展作为工作主线，以西部新城为战略平台，以产业发展为关键，以创新体制机制为突破口，以完善基础设施为前提，按照“一年试点求突破、三年推广打基础、五年创新见成效”的要求，通过统筹城乡发展综合改革试验，逐步缩小东西部差距，逐步实现城乡空间布局、基础设施、经济发展、社会进步、行政管理、就业和社会保障等一体化的目标，在全市率先走出一条城乡一体化发展的新路子。

二是在发挥直辖效应、建设1小时经济圈的整体谋划中争取主动，抢占发展先机。市委、市政府已提出打好直辖牌、建设重庆1小时经济圈的重大战略构想。地处两山两江之间的西部新城是重庆1小时经济圈的重要组成部分。我们要站在全市发展的高度，夯实发展基础，坚持用牵动力强、事关全局的大项目，用我们良好的工作效果去争取支持，力争使西部新城成为建设1小时经济圈的战略支撑点，成为九龙坡经济社会发展的新的增长极。

三是在落实科学发展观、推进“三大战略”上坚定不移，实现经济又好又快发展。又好又快发展是全面落实科学发展观的本质要求，我们要在“好”的基础上，尽可能“快”。“三大战略”是九龙坡经济发展的根本性举措，已为实践证明符合九龙坡实际和科学发展观要求。实现全区经济又好又快发展，关键是在深入推进“三大战略”上做好文章，努力提高经济增长的质量和效益，不断增强区域竞争力和综合实力，使我们在激烈的竞争中始终立于不败之地。

四是在构建和谐社会、解决民生问题上求真务实，夯实经济发展的社会基础。按照“民主法治、公平正义、诚信友爱、充满活力、安定有序，人与自然和谐相处”的总要求，立足九龙坡实际，大力发展社会事业，着力解决人民群众最关心、最直接、最现实的问题，不断增强社会创造活力，不断增强全区人民的幸福感和自豪感，努力构建经济发展、社会进步、人民富裕、环境优美的和谐九龙坡。

今后五年，九龙坡将突出抓好以下六项重点工作：

1.深入推进三大战略，保持经济领先地位

打造全市现代制造业基地，做大做强第二产业。以两大工业园区为载体，深入推进高新技术战略，促进工业投资稳步增长和主导产业优化升级。九龙园区力争用3—5年完成二次创业，壮大汽车、摩托车等产业集群，建成全市新型工业示范区和西部一流园区。西彭工业园区依托中铝西南铝企业，发展铝材精深加工及中下游产品，培育产业集群，完善配套体系，建成"中国铝加工之都"雏形。2011年，两大工业园区工业产值完成500亿元，再造一个九龙坡工业。坚持高新技术改造提升传统产业，加快四大主导产业发展，培育3户以上经济规模上百亿元的企业航母和一批上十亿元的骨干企业群。加快都市工业园建设，发展楼宇经济。坚持质量兴区，构筑九龙坡的名牌产品和驰名商标梯队。积极扶持中小企业发展，新培育10个产值上亿元的科技型中小企业。

构筑全市现代商贸物流基地，发展壮大第三产业。以杨家坪商圈为核心，深入推进城市化战略，促进房地产业持续繁荣和现代物流业发展。完善商圈配套设施，建成南北干道等城市快速路，完善都市综合交通体系，引进3—5家国内外著名商贸企业入驻，建成2—3家四星级以上酒店。优化商业业态，发展总部经济。推进"一点七线"旧城改造，完成黄杨新城、鹤兴路、黄桷坪等片区改造，加快"退二进三"地块整体开发和新区建设步伐，促进房地产业健康发展。突出发展商贸流通服务业，打造直港大道、巴国城、九龙民间文化美食街等餐饮娱乐特色产业带。支持建材、机电等专业市场发展。加快滩子口、重庆西站、西彭等物流基地建设。建设华岩、白市驿、西彭等区域性次级商业中心和镇级商业中心。以华岩风景区、巴国城和温泉旅游点等为依托，发展都市旅游。继续办好重要节会活动，积极发展会展经济。

建设全市现代农业示范基地，做特做优第一产业。以花卉园区为龙头，深入推进都市农业战略，促进农业科技水平提高和农产品流通。积极支持重庆农科城建设，建成白市驿农产品交易中心、科技孵化中心，完成一批农业科研项目，搭建现代农业研发、繁育、生产、展示、交易平台。高标准打造花卉产业城，力争新培育1—3个国家级龙头企业，新建花卉基地1.5万亩。发展服务型都市农业，支持贝迪颐园、海兰云天等加快发展，打造一批以生态、体验、文化为特色的都市休闲品牌。

2.加强区域互动协调，推进城乡一体发展

坚持城乡统筹，构建城乡一体化的体制机制。按照"科学规划、完善设施、壮大产业、健全机制、一体发展"的思路，以建设"1小时经济圈"为契机，以白市驿、西彭、华岩等重点地区为突破口，努力打破阻碍农民变市民的城乡二元结构体制机制，在财政投入、户籍管理、土地流转、社会保障、医疗服务等方面，探索建立统筹城乡发展的政策制度，力争成为全市统筹城乡发展示范区。

坚持三城共建，构筑重庆都市核心板块。杨谢石黄都市区以完善功能、提升形象为重点，加快实施"退三进二"，强化综合配套，优化城市设计，丰富文化内涵，打造都市"核心区"。西部新城以拓展城市发展空间、加快城市化进程为重点，坚持高起点规划、高标准建设、高水平发展，构建"三纵六横"、轨道交通等城市综合交通网络，初步解决供排水问题，依托三大园区，以园拓城，以城促园，扩大城市规模，美化人居环境，成为九龙坡发展的"主战场"。华岩新城以培育区域性次级商贸中心、增强产业竞争力为重点，坚持新城建设与旧城改造并举，构建"三纵两横"道路骨架，围绕辖区大型企业发展配套产业，重视保护和开发生态旅游与佛教资源，打造主城居住新天地、创业新基地和休闲新高地，构筑东西互动的"桥头堡"。

坚持示范带动，加快社会主义新农村建设。

以市级示范村和推进村为重点，以“1211”工程为突破口，全面推进新农村建设。加强农田水利等基础设施和公共服务设施建设，实现村级骨干公路硬化率达100%，改善农村生产生活条件。引导和发展农村各类专业合作组织，鼓励农民集中居住，努力建设新型农村社区。完善土地流转机制，加快推进中小企业创业基地和农副产品加工区建设。鼓励各镇发展集约、集效、集群的特色经济和与园区主导产业配套的服务型、加工型产业，增强镇域实力，促进农村富余劳动力转移，力争农村非农产业收入占农村经济的65%。

3.深化改革扩大开放，增强区域发展活力

提高自主创新能力，建设学习型社会创新型城区。整合区内外科技资源，加快构建技术创新体系，切实增强原始创新、集成创新和引进消化吸收再创新能力。突出企业主体地位，支持其建立国家、市级技术中心和参与国际、国内标准及行业标准的制定。依托工业园区，加快科技孵化园和科技企业培育，促进科技成果转化，推动信息化带动新型工业化。发展动漫、研发设计、文化传媒、时尚消费等创意产业，集聚一批创意产业龙头企业，着力打造全市创意产业高地。培育学习创新型组织，构建终身学习教育体系。探索“育才、聚才、引才、用才”的人才工作新机制，建设人才高地。

深化管理体制改革，形成更具活力的发展机制。深化行政管理体制改革，进一步规范行政审批事项，完善行政审批服务机制，提高行政效能。巩固发展镇综合改革成果，明晰区、镇(街)两级事权和财权，建立健全农村社会化服务体系，控制并逐渐化解镇级债务。优化公共财政支出结构，更多地向公共服务和农村地区倾斜。创新投融资体制，积极化解土地资金制约。发挥中小企业担保公司作用，缓解中小企业融资难问题，加快非公有制经济发展。支持驻区国有企业改革，积极推进事业单位改革。

大力发展开放型经济，提高对外开放水平。不断创新招商引资方式，主动承接国际国内产业转移，大力引进项目、资金、技术和人才。提升外贸出口水平，培育壮大出口创汇基地，促进汽车、摩托车及零部件等传统出口产品扩大规模，支持新材料、高档花卉等产品扩大出口，逐步优化出口商品结构。不断拓展国际国内市场，鼓励产品、技术、资本和劳务“走出去”，提高经济外向度。

4.注重生态节能环保，营造优美人居环境

促进人与自然和谐，建设环保模范城区。深入实施环保“四大行动”。全面完成桃花溪流域综合整治，加快梁滩河、跳蹬河、大溪河流域综合整治。基本完成主城三级管网改造。控制农村面源污染，保护马家沟水库等饮用水源，保证群众饮水安全。严格环保执法，加强环境综合整治。建成西部新城“基本无煤区”。全面关闭中小型采碎石场，保护好中梁山绿色屏障。加大节能降耗力度，科学规划产业布局，建立分行业能耗控制指标体系，建设资源节约型社会。把好项目引进门槛，逐步淘汰落后生产方式，积极发展循环经济。加强资源综合利用，提高土地使用效益。

加强城市环境管理，打造靓丽城市形象。创新管理模式，坚持疏堵结合，健全政府主导、部门负责、社区协同、社会参与的城市管理机制。加快推进城市管理部门工作职能向中梁山以西地区延伸。加强市政基础设施建设，促进城市管理现代化。加强城市管理队伍建设，规范执法行为。继续实施背街小巷改造、增绿、城市景观灯饰等工程，美化绿化亮化城市。

5.推动社会全面进步，扎实构建和谐九龙坡

加快社会事业发展，提供优质公共服务。突出教育优先地位，巩固“双基普九”成果，全面“两免一补”等政策，优化教育资源配置，加快农村寄宿制学校建设，推进义务教育均衡发展，普及高中阶段教育，提高教育质量，促进教育公平。抓好公共卫生服务，深化卫生三有品牌建设，建成全市公共卫生和农村卫生示范区，完善公共卫生五大体系，增强抗御突发公共卫生事件的应急能力，发展社区卫生服务，完善新型农村合作医疗制度，提高全民健康素质。加强人口与计划生育工作，提高计生优质服务水平。完善基层文化服务设施，加强文物保护，鼓励和支持民营资本依

法进入文体产业领域，创建全市文化先进区。加强精神文明建设，提升全民思想道德素质，建成市级文明城区。支持工会、共青团、妇联、工商联等群团组织开展工作。加强军政军民团结，深入开展“双拥”、“共建”活动，继续做好民宗侨台、物价、老龄、档案、残联、保密和民政等工作。

切实解决民生问题，加强和改善社会管理。加强社区基础设施建设，整合社区资源，积极创建和谐社区，努力把社区建成管理有序、服务完善、文明祥和的社会生活共同体。认真落实就业再就业优惠政策，每年新增就业岗位1.8万个以上。探索推进农村基本养老保险，力争实现城镇职工五大保险全覆盖。认真做好进城务工农民的管理服务工作。加大社会救助力度，做好城市低保工作，完善农村低保制度。推进城乡特困医疗救助体系建设，逐步提高农村五保供养水平。高度关注弱势群体生产生活，全面落实“双困家庭”住房保障新标准，新建一批廉租房。高度重视安全生产，突出抓好“三强化、五推进”工作，深入开展社会治安综合治理和严打专项整治，建立健全化解社会矛盾调处机制，全力维护社会稳定。

6.加强政府自身建设，着力提高施政水平

转变政府职能，优化政务环境。以务实高效为目标，以改革创新为引领，以企业和群众满意为标准，切实转变政府职能。强化服务功能，加强效能监察，完善承诺和责任追究等制度。创新行政审批服务方式，优化流程，规范操作，实现行政审批简明化。全面推行电子政务，建设数字九龙坡。深化政务公开，建好政府门户网站，提高政府工作的透明度和公信度。

坚持依法行政，培育良好政风。认真贯彻国务院依法行政实施纲要，自觉接受区人大及其常委会的法律监督和工作监督，接受政协的民主监督，认真执行区人大及其常委会的决议，坚持重大事项向区人大常委会报告和向区政协通报制度，认真办理人大代表议案、建议和政协委员提案。强化审计监督、行政监察职能，深入贯彻实施《公务员法》，全面落实党风廉政建设各项规定，努力建设廉洁奉公、勤政为民、业务精通、作风优良的公务员队伍。

注：本文数据出自九龙坡区统计局和相关部门

撰稿单位：重庆市九龙坡区人民政府

南岸区

伴随着历史前进的步伐，新重庆迎来了她的10年华诞。10年来，重庆取得了举世瞩目的辉煌成就，发生了天翻地覆的巨大变化。重庆直辖的10年，也是南岸历史上经济发展最快、社会进步最大、人民得实惠最多的10年，在工业、农业、商贸流通、城市建设、结构调整、改革开放、社会事业等众多领域均取得了新的巨大的成就，经济综合实力明显提升，一个富有生机、充满活力的新南岸在重庆的历史画卷上浓墨重彩地画下了光辉灿烂的一页。

一、综合经济实力迈上新台阶

重庆直辖以来，南岸区抢抓重庆直辖、西部大开发、沿海产业梯度转移等重大历史性机遇，同舟共济，开拓进取，始终坚持以“主题年”的方式推进发展，通过大力实施板块经济、项目带动、工业立区、科教兴区等发展战略，努力打造“实力南岸”、“品牌南岸”、“绿色南岸”、“诚信南岸”，国民经济保持了良好的发展势头，社会事业同步推进，综合经济实力迈上新台阶，在历年的全市经济社会综合考核中，始终名列都市发达经济圈前列（见表1）。

表1 南岸区综合考核排名情况

年份	都市发达经济圈综合排名
1998年	5
1999年	3
2000年	1
2001年	1
2002年	6
2003年	1
2004年	2
2005年	2

按照“没有重点就没有突破、没有突破就没有发展”的理念，南岸区从1998年开始先后实施了基础设施建设年、工业企业解困年、个体私营经济发展年、旅游开发年、科教兴区年、山水园林城区建设年、工业园区建设年、社会事业发展建设年、城市建设年，既突出了重点，又兼顾了各方面发展，国民经济持续、快速、健康发展，多项经济指标实现历史性突破。重庆直辖以来，南岸国民经济步入新一轮经济扩张周期，经济增长总体上呈上升态势，全区生产总值（GDP）年均增长速度12%，2006年GDP突破129.8亿元，比直辖前的1996年增长2.4倍，扣除物价因素实际增长了2.13倍（见图1）。其中，第一产业实现增加值3.25亿元，年均增长-2.7%，第二产业实现增加值76.7亿元，年均增长12.7%，第三产业实现增加值50.05亿元，年均增长12%。

1. 人均地区生产总值突破2400美元。按常驻人口计算，2006年全区人均地区生产总值达到19270元，按现行汇率折算为2417美元，较1996年增长了1.76倍，标志着南岸区经济社会发展已经步入一个新的历史阶段。

2.地方预算内财政收入突破10亿元。地方预算内财政收入以年均增长27.8%的速度递增，2006年突破10亿元达到12.08亿元，相当于1996年的11.6倍。

3.全社会固定资产投资突破190亿元。直辖以来，南岸区紧紧抓住重庆直辖、西部大开发的历史机遇，加快基础设施和基础产业建设，大力培育和发展房地产业，投资规模不断扩大，投资总量连上新台阶。全社会固定资产投资以每年30%的速度递增，投资额度由1996年的14亿元增加到2006年的197.8亿元，10年累计完成固定资产投资786亿元（见图2，下页）。

4.社会消费品零售总额突破80亿元。受居

图1 1997—2006年南岸区地区生产总值增长情况 单位：万元、%

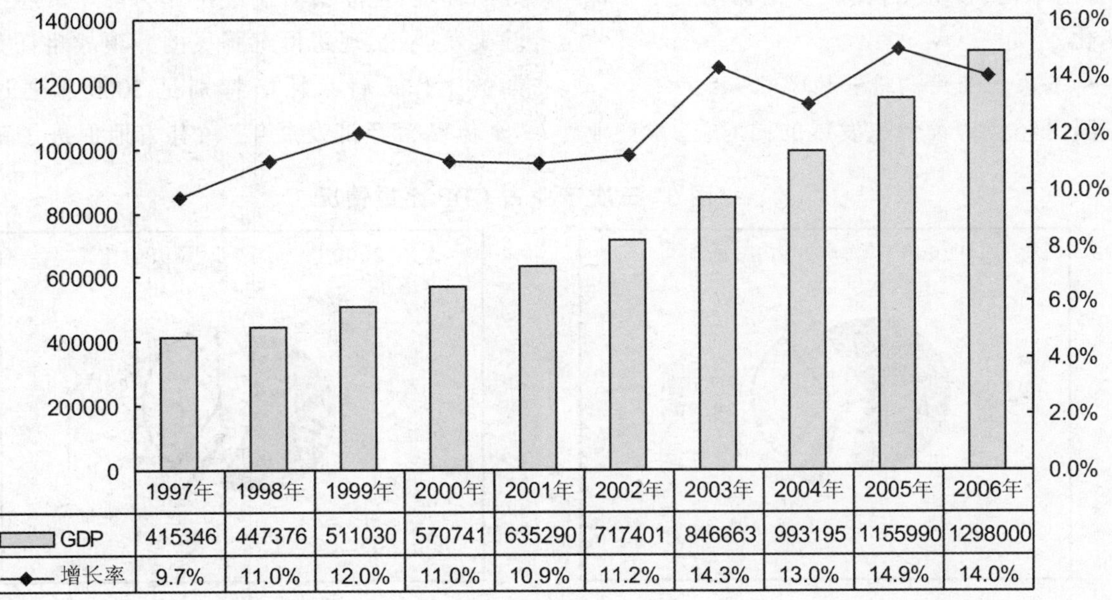

	1997年	1998年	1999年	2000年	2001年	2002年	2003年	2004年	2005年	2006年
GDP	415346	447376	511030	570741	635290	717401	846663	993195	1155990	1298000
增长率	9.7%	11.0%	12.0%	11.0%	10.9%	11.2%	14.3%	13.0%	14.9%	14.0%

图 2 1997—2006 年南岸区全社会固定资产投资增长情况

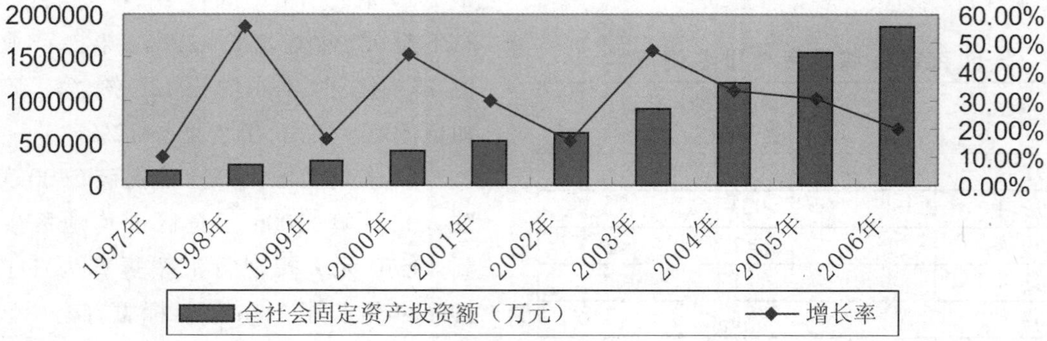

民收入增加、消费结构升级和消费环境不断改善的影响，南岸消费品市场日趋繁荣，社会消费品零售总额每年以 19%的速度递增，2006 年突破 80 亿元达到 83.1 亿元，相当于 1996 年的 5.7 倍。

5.外贸出口突破 1.9 亿美元。2006 年全区外贸出口达到 1.96 亿美元，相当于直辖之初的 4.4 倍，年均增长 18%。

6. 年均利用外资突破 5000 万美元。1997—2006 年累计利用外资达到 5.2 亿美元，年均利用外资突破 5000 万美元。

二、经济结构调整取得新进展

直辖 10 年来，在经济总量不断增加、综合实力不断提升的同时，南岸区的产业结构、就业结构、所有制结构、投资结构、城乡结构均发生了深刻的变化。

(一)三次产业结构进一步优化

在国民经济持续快速发展的同时，三次产业的比重由 1996 年 5.4:64.8:29.8 调整为 2006 年的 2.5:59:38.5(见图 3)。其中工业增加值占生产总值的比重由 1996 年 51%调整为 2006 年的 49%。第一产业增加值比重明显下降，第二产业比重下降但依然占据国民经济的主导地位，第三产业比重不断上升，目前已形成以工业为主导、三次产业协调发展的产业格局。

(二)就业结构进一步调整

适应产业结构的演化，劳动就业渠道不断拓宽，从业向多元化方向发展，就业人员结构进一步调整，三次产业就业人员结构由 1996 年的 19:49:32 调整为 2006 年的 14:46:40。

(三)所有制结构进一步调整

重庆直辖以来，南岸区对非公有制经济发展高度重视，积极为非公有制经济健康发展创造良好的环境，把非公有制经济作为南岸区经济持续健康发展、实现跨世纪腾飞的一项战略任务和长期的工作方针来抓。特别是 2000 年通过开展“个体私营经济发展年”，有力地促进了南岸区

图 3 三次产业占 GDP 比重情况

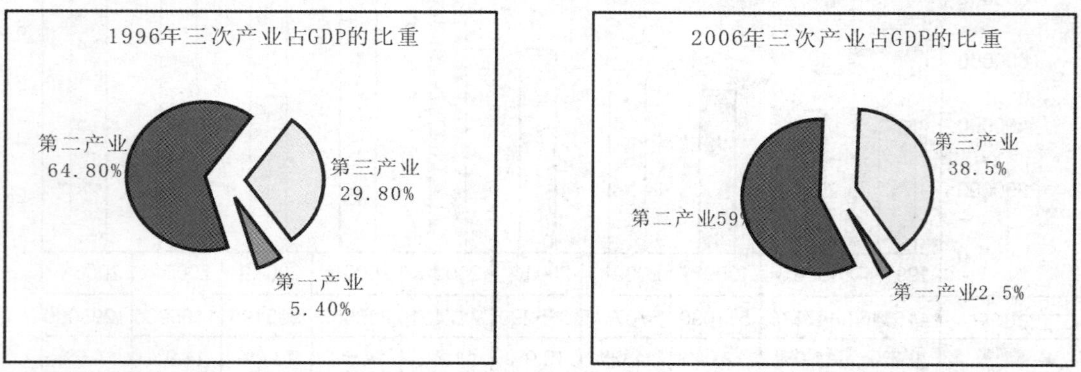

非公有制经济发展，实现了总量的扩张和质量的提高，迅速发展成为全市民营经济第一区，到2006年非公有制经济占GDP的比重达75%，已成为支撑全区经济发展最具活力的新的经济增长领域。

(四)投资结构不断改善和优化

产业结构投资不断调整，一、二、三产业投资比重由2000年的1.28:18.41:80.31调整为2005年的0.19:13.94:85.87，第三产业投资比重明显提高。投资的所有制结构不断向多元化方向发展。1997年非国有投资占全部投资的43%，到2006年调整为78.9%；利用外资水平不断提高，年均利用外资比重保持在6%以上，形成了国有、集体、个体私营、外资的多元化投入格局。

(五)城乡社会结构发生了重要变化

全区非农业人口比重由1996的65%提高到2006年的80%，城乡收入差距由1996年2.44:1缩小为2006年2.32:1，城镇化率已达到100%。

三、特色经济发展呈现新亮点

(一)都市特色农业发展走在全市前列

直辖10年来，南岸区凭借近郊优势，不断调整农业产业结构，大力发展生态高效特色农业，农业产业化进程不断推进。在产业结构上，不断弱化粮食生产，大力发展都市特色农业，重点发展了花木、奶牛、农家乐、观赏鱼和优质水果等特色产业，全区粮经占地比由1997年的7:3调整为2006年的3:7，已发展了观赏鱼养殖2150亩、生态农家乐500多家、花卉苗木和优质水果5万余亩、奶牛1500头。南岸区被命名为重庆市观赏鱼基地。

农业综合开发和农业产业化经营取得新进展。坚持"治水、改土、兴林、修路、建园"的方针，按照"统筹规划、突出重点、集中成片、规模开发"的原则，全区农业综合开发取得了长足发展。成功建成了广阳镇回龙水果基地、大佛农业观光园、紫金园、小平葡萄园、石梯子种苗基地、长生四季青农业科技观光园、太极岛农业生态观光园、峡口奶牛基地、黄桷垭龙井花卉园、西班牙大棚等一大批农业科技示范园区。截至2006年，全区农业综合开发园区达到58个，涌现出了德庄、华运、鸿宇等一批龙头企业，其中市级龙头企业4家，国家级龙头企业1家。

(二)南岸区作为重庆工业基地的地位日益突出

南岸是重庆的老工业基地，工业经济占整个国民经济的比重始终在50%以上。直辖以前，南岸工业企业个头小，产品单一，布局分散；直辖以来，南岸坚持"工业立区"的发展思路，突出了工业的支柱地位，不断调整工业结构和工业布局，加快工业企业的改革，不仅实现工业经济总量的不断扩张，而且工业的经济结构进一步优化，企业竞争力进一步提高。

工业经济总量进一步扩张。到2006年，全区工业完成总产值247亿元，是1996年的5.5倍，年均增长18.6%；实现工业增加值64亿元，是1996年的3.25倍，按可比价年均增长11.8%(见图4，下页)。其中，规模以上工业企业完成总产值225亿元，比1997年增长了3.8倍，年均增长19%；完成工业增加值58.7亿元，比1997年增长了3.34倍，年均增长17.7%。

企业效益不断提升，竞争力进一步提高。直辖以来，通过开展工业企业解困年(1999年)、个体私营经济发展年(2000年)、工业园区建设年(2004年)等主题年活动，大力实施工业技改重点项目和扶优扶强战略，极大地提高了工业经济的质量和效益。一大批骨干工业企业实施了技术改造，生产能力和产品质量进一步提高，优势及支柱产业逐步壮大，基本形成了机械加工、医药化工、轻纺、建材、高新技术等五大支柱产业，涌现出了重庆烟草、迪马汽车、隆鑫集团、美心集团、长江电工、桐君阁、爱立信通讯、拉法基水泥等知名企业，3户企业年销售收入突破10亿元，13户企业先后荣获重庆市工业50强称号，从2002年开始连续五年被评为重庆市工业10强区县，从2004年开始连续两年被评为重庆市民营经济10强区县，南岸区作为重庆工业基地的地

图4 工业总产值和工业增加值情况 单位:万元

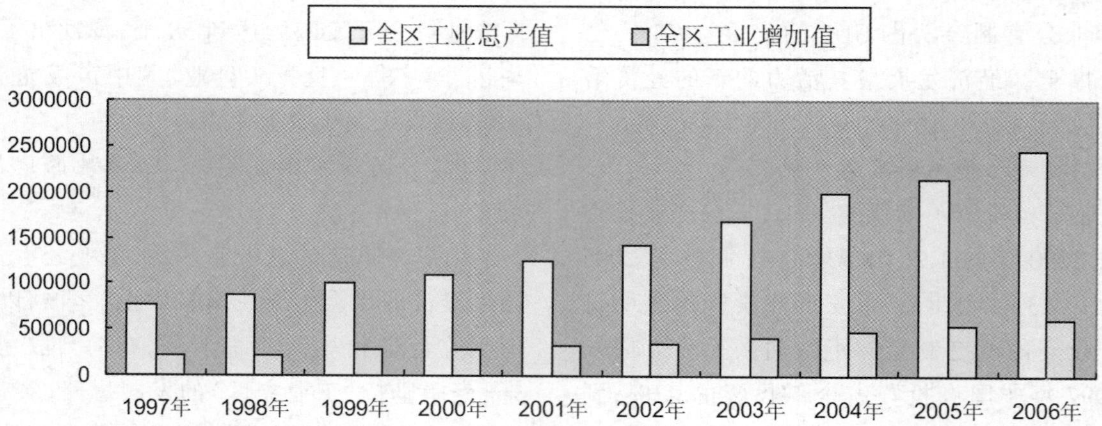

位日益突出,工业综合效益逐年攀升(见图5)。

(三)品牌南岸效应初步显现

1."吃在南岸" 品牌悄然形成。重庆直辖以来,餐饮业成为南岸三产业中发展最快的行业,到2006年,全区餐饮企业达3800多家,实现社会消费品零售总额14亿元,相当于1996年的15倍,年均增长31.4%,成功培育了南滨路餐饮一条街、黄桷垭泉水鸡一条街、鸡冠石长江鱼一条街、南城大道美食一条街等美食品牌,初步形成了"一片一路五街"的餐饮发展格局。

2."住在南岸"名副其实。得天独厚的居住环境和宽松的投资环境,使南岸房地产业迅速发展成为南岸的支柱产业,涌现出了海棠晓月、帝景名苑、融侨半岛、高山流水、学府大道69号等一大批优秀小区和精品楼盘。

3."旅游在南岸"品牌不断丰富和发展。2001年为"旅游开发年",开创了"吃有特色、住有环境、旅游有亮点"的新局面,随着旅游基础设施的不断完善,使风景名胜地、游客人数、旅游收入、旅游从业人员不断上升。对外开放的景区(点)达到16个,每年吸引国内外游客由2000年的314万人次增加到2006年的748万人次,实现旅游收入由2000年的5.1亿元增加到2006年的14.8亿元,旅游从业人员由2000年的6915人增加到2006年的10620人。

4."会展在南岸"初见成效。重庆国际会展中心于2005年建成并投入使用,区委、区政府适时提出了"会展在南岸",作为继"吃在南岸、住在南岸、旅游在南岸"之后着力打造的另一品牌。

5."品牌南岸"的打造,有力促进了商贸流通的发展。自1998年修建南坪商业旅游步行街(一期)以来,已成功新建和引进了重百南丰商场、新世纪百货江南商都、浪高百盛商场、重庆商社电器、金台百货、浪高购物中心、重庆灯饰广场、人

图5 规模以上企业综合效益指数情况

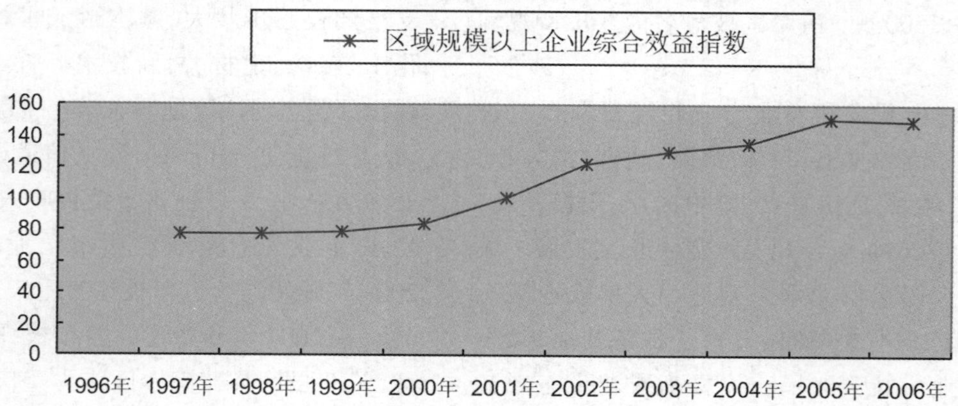

人乐、武汉中百、百安居、元旦购物中心等一大批零售商业企业；同时重庆医药公司、重庆医药工业公司、重庆医药供销公司、湖北九洲通医药有限公司等大中型批发企业先后落户南坪商圈，改变了1997年仅南坪商业大楼一枝独秀的局面，南坪作为区域性商贸中心城区的地位日益突出。全区各类商业网点由1997年的5221个增加到2005年的27000个，商业设施面积由1997年的40万平方米增加到2005年的140万平方米，社会消费品零售总额由1997年的17.6亿元增加到2006年的83.1亿元。

四、城市建设展现新面貌

重庆直辖以来，为加快城市建设步伐，南岸区积极实施"项目带动"战略，实施并建成了一大批投资项目，加速基础设施建设，新区开发与旧城改造并举，极大地改善了城市面貌，提升了城市功能。

(一)交通设施不断完善

高速公路从无到有，建成重庆一环高速南岸段，启动重庆绕城高速南岸段建设。城市主干道日趋完善，相继建成南城大道、南滨路一、二期、世纪大道、通江大道、弹广公路等，修建了江南立交、黄桷立交、南山立交等，建成了鹅公岩大桥、大佛寺大桥、广阳岛大桥，完成了石板坡长江大桥复线改造，启动实施了菜园坝长江大桥、朝天门长江大桥建设，先后改造了南山旅游公路、四黄路等，全区公路里程300公里左右，公路密度达1.13公里/平方公里，"四纵三横"的交通骨架正在形成。交通设施的完善进一步拉开了城市建设的大构架，建成区面积由1997年的20平方公里扩大到2006年的50平方公里。

(二)水、电、气、通讯设施渐成体系

全面完成主城排水工程截污干管改造，城市日供水能力达到22万立方米，基本满足区内供水需求，建成鸡冠石污水处理厂；继续改造城区低压线路网，实施了电站扩容工程，全区拥有220千伏变电站2座，110千伏变电站8座，110千伏专用变电站1座，实现了城乡用电同网同价；燃气管网建设按进度推进，成功开通第二气源，城市供气量提高到25万立方米/日，基本实现城区集镇管道通气；加快以光缆为主的通讯线路建设，实施了通信新建及扩容工程，全区实现了社社通电话、村村通电视。

(三)城市的绿化、美化、亮化水平不断提高

相继实施了"长江防护林工程"、"长江干流绿色通道工程"、"退耕还林还草工程"、"南山绿色屏障工程"，全面实施了"五管齐下"净空工程，使全区森林面积由1997年的7万亩发展到2005年的7.5万亩，森林覆盖率达到28.2%，人均公共绿地面积由1997年的7.3平方米增加到2006年的12.4平方米，城市绿化覆盖率由1997年的20%扩大到2006年的45.9%。2002年成功创建市级山水园林城区和环境保护模范区。

(四)城市社区建设全国有名

自2001年"星光计划"启动以来，南岸区大力抓好服务中心和服务站建设。到目前为止，五批"星光计划"已经全部完成，共建成54个社区服务站。通过"星光计划"的实施，社区服务普遍开展起来，社区管理逐渐加强，社区环境逐步改善，社区文化活动日渐活跃，涌现了南湖社区、真武山社区等先进典型，在全市乃至全国都有一定的影响。成功创建"全国社区卫生服务示范区"。

五、体制改革实现新突破

(一)大胆探索了行政管理体制改革

针对长期以来按街镇管理出现的资源分散、协调性差等突出问题，根据非均衡发展理论，打破行政区划限制，按照全区资源状况、区位条件、产业基础、生产力布局和发展预期，把区域范围内265平方公里划分为茶园新区、南滨路、重庆CBD南区、南坪商务圈、长江广阳岛、南山生态带、江南大学城等七大经济板块，每个板块设立一个管委会，并合理界定板块与街镇的关系。各板块发挥优势，突出特色，按照"有所为，有所不为"的思路竞相发展，收到了较好效果。南滨路于

1998年启动，通过几年的发展，成为重庆一道靓丽的风景，荣获2005年中国人居环境范例奖。刚刚建成的全国最长的江岸公园—南滨公园，被评为“重庆最美的地方”。一纵九横的沿江城区循环式交通网络，激发了江景房地产开发热潮，一个多元化、高档次大南滨经济带正逐步形成。重庆六大城市副中心之一的茶园新区是重庆30个特色工业园区之一，基础设施不断完善，现有130家企业入驻，长江电工、伊士顿、雅戈尔、美的等67家企业已投产，工业经济总量、利税、就业安置逐年上升。重庆CBD南区、南坪商务圈、江南大学城、长江广阳岛、南山生态带等其他经济板块齐头并进、协调发展基本格局已初步形成。

(二) 基本完成了国有企业改革和城镇集体企业改革

1996年，南岸区已无区属国有工业企业。1997年和1998年由市里下放给南岸区国有工业企业25户，这些企业负担重，亏损面和亏损额较大。从1998年开始，区委、区政府以“三个有利于”为标准，彻底摒弃“输血”的传统做法，确定了“死不了的就搞活、活不了的就搞死，活而壮大，死而后生”的进退原则，以产权为核心、破产为重点，多元化实施资产重组，按照分类指导的原则，采取改制、兼并、租赁、破产等四种形式进行改革。在国有企业的破产工作上，南岸区在全市率先走出了一条“边立案边走人，边举债边变现，边破产边立新”的新路子，得到了国家经贸委和市委、市政府的充分肯定，被作为“南岸经验”在全市推广。与此同时，南岸城镇集体所有企业关闭解散试点改革成功推进。直辖之初，南岸区共有城镇集体企业121户，其中工业企业104户，2001年12月南岸被确定为重庆市城镇集体企业解散关闭改革试点区，2002年正式启动城镇集体企业解散关闭改革试点。截至目前，以破产为主要形式的国有企业改革和以解散关闭为主要形式的城镇集体企业改革已基本完成。

(三)积极探索投融资体制改革

为规避政府偿债风险，积极创新投融资机制，组建了“10+1”政府业主公司，改进了城市基础设施建设的投融资体制，形成了“政府主导、市场运作、业主建设、社会参与”的多元化投融资新格局。实施了国库集中支付改革，健全转移支付制度，完善政府采购办法，积极化解政府性债务风险。实施了城市商业银行和农村信用社体制改革。为了有效规避基础设施建设负债风险，提出并实践了“四位一体三平衡”的资金融通平衡思路。所谓“四位一体”，就是在区担保中心、财政分局、风险投资公司、业主公司中形成一条相互连贯的资金链条；所谓“三平衡”，就是用综合用地的出让收益平衡工业用地的投入，用工业用地的收益平衡基础设施建设的支出，用各种税费平衡财务费用及工作经费，走出了一条以最小负债实现最快最好发展的新路子。

(四)深化财政体制改革

按照“以经营资产来经营财政，以经营财政来经营银行，以经营银行来经营南岸”的工作思路，着力变小财政为大财政，变软财政为硬财政，变吃饭型财政为建设型财政，变收支型财政为经营型财政，不断增强了资本运作、资金调控的效能。同时，利用“金税工程”建设，加强税收征管，培植好后续财源；推行国库单一帐户，强化政府采购，实行零基预算，加强资金运作，努力增加财政收入。

(五)积极探索城市基础设施建设模式改革

针对长期以来政府在公共产品提供上大包大揽，既加重了财政负担，又无法有效满足发展需求的问题，提出了“送资源、让市场、给政策、优服务”的城市基础设施建设思路，与市级各大投资集团合作，最大限度地激发了各类经济组织的投资热情，每年新上快上了一批重大基础设施建设项目，使南岸区以水、电、气、路、通信为重点的基础设施建设在较短时间取得了较大突破。

六、对外改革开放开创新局面

直辖以来，南岸区牢固树立以大开放促大发展的指导思想，积极推进外经外贸工作，已与欧美、越南、马来西亚、香港等30多个国家和地区建立了经贸往来关系，基本形成了以重庆经济技术开发区和七大经济板块为窗口的全方位、多层次、宽领域的开放格局。

(一)招商引资成效显著

重庆直辖以来，南岸的招商引资工作迈上了一个新的台阶。1998年成立招商局，2002年设立外经贸委，专门负责全区的招商引资和外经外贸工作。截至2006年，全区三资企业已经达到40余家，直辖以来年均实际利用外资5200万美元，先后成功引进印尼融侨集团、法国拉法基、香港和记黄埔、百安居、美的、雅戈尔等外资企业或合资企业。同时，南岸紧紧抓住沿海产业转移的重大历史性机遇，主动承接沿海产业转移，大力引进内资，2006年实际利用内资突破30亿元。

(二)在"引进来"的同时，南岸企业也加快"走出去"，对外贸易得到较快发展

外贸企业和外贸出口迅速增加，外贸出口由1997年的4440万美元增加到2006年的1.96亿美元，增长了3.4倍；在出口总量不断增长的同时，出口产品结构也进一步改善，形成了以机电、医药、化工为支柱的30多个出口产品序列，远销越南、泰国、印度尼西亚、美国、德国等20多个国家和地区。

七、人民生活得到新改善

直辖以来，国民经济迅速发展，全区人民生活水平得到迅速提高，人们的衣、食、住、行得到较大改善，1998年提前建成"小康区"。

(一)居民收入水平不断提高

直辖10年，城乡居民生活实现了由温饱到小康的历史性跨越。城镇居民人均可支配收入由1996年的4825元增加到2006年的11629元，10年增长了1.41倍，年均增长9.2%；农民人均纯收入由1996年的1978元增加到2006年的5004元，10年增长了1.53倍，年均增长9.7%，近六年农民人均收入始终保持全市第一。

(二)居民生活质量不断提高

收入增长的同时，居民的消费结构也发生了深刻变化，用于食品方面的支出比重明显降低，而用于住房、通讯、医疗、教育方面的支出比例上升，城镇居民家庭恩格尔系数由1997年的47%下降为2005年37.1%，农村居民家庭恩格尔系数1997年的51%下降为2005年45.4%。居民消费实现了由量向质的转变，消费更多地投向发展型和娱乐型生活资料，形成多元化消费，居民现代和享受型的耐用品增长较快(见图6)。

(三)居住环境逐步改善

城市居民人均住宅建筑面积从1997年的

图6 百户居民家庭主要耐用品拥有量

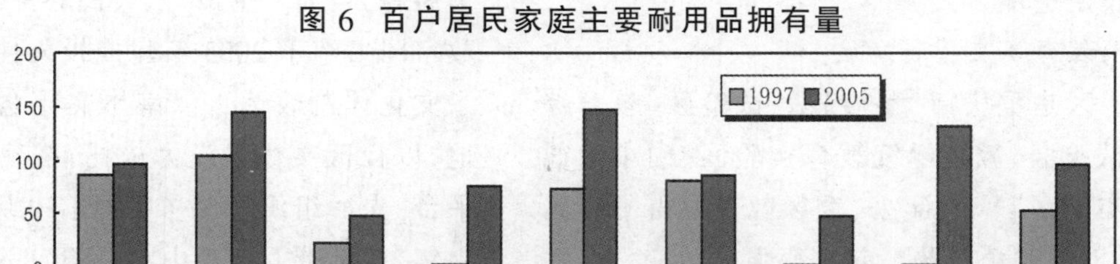

	洗衣机(台)	彩电(台)	组合音响(套)	微波炉(台)	空调(台)	淋浴热水器(台)	家用电脑(台)	移动电话(部)	住宅电话(部)
1997	86.67	103.33	23.33	2.00	73.33	80.00	3.33	3.33	53.33
2005	96.97	144.44	47.48	74.75	146.47	86.87	48.49	131.31	94.95

14.4平方米提高到2005年的25平方米，居民住宅成套率明显提高，花园式居住小区快速发展，居住环境更加优美，截至2005年底，市区居民住宅中房屋产权私有率达78%。农村居民人均住房面积由1997年的30平方米提高到42平方米，农村实现了"村村通公路，社社通电话"。

(四)就业和再就业工作取得明显成效

在全市率先推行了消除"零就业"家庭工作，使"零就业"家庭下降到1709户。开展了"充分就业社区"创建活动，大力推行"十个1000"活动、

农村劳动力转移就业工程。2005年启动实施了“24小时就业”服务承诺制。直辖以来，平均每年净增就业岗位10000余个，平均每年发放小额贷款5000余万元，历年城镇登记失业率均控制在4.5%以内。

(五)社会保障体系进一步完善

城镇职工基本养老、基本医疗、失业、工伤、生育五大保险全面启动实施，社会保障体系框架基本确立。2003年在全市率先建立了农村最低生活保障制度，并逐年提高低保标准、扩大覆盖面。2004年，南岸区建立了“三个1000万”特别救助基金，即：1000万生活救济基金，对生活特别困难的群众实行救济；1000万红十字基金，对患重大疾病无力医治的群众实行医疗救助；1000万教育扶助基金，对城市低保家庭子女实行“两免一补”(免书本费、免学杂费、补助住校费)。从2005年开始投入专项资金建立“阳光公寓”，目前已经建成阳光公寓6个，解决了4000多名进城务工人员的住宿问题。

八、社会事业取得新进步

直辖以来，按照“全面、均衡、协调、可持续”发展思路，在坚持以经济建设为中心的同时，大力发展各项社会事业，科技、教育、文化、体育、卫生取得长足进步。

(一)教育事业蓬勃发展

南岸区是重庆市“素质教育试验区、教育综合改革试验区、教师继续教育实验区、中小学德育工作实验区”。10年来，全区教育取得了突破性进展，正由教育普及区向教育强区转变。启动实施了教育十大工程，有效改善了基础教育办学条件，2000年基本消除薄弱小学，2002年基本消除薄弱初中，同时基本消除中小学危房。实施了“名校、名校长、名教师”工程，第二外国语学校和珊瑚中学先后完成了市级重点中学和示范初中的创建工作。“两基”教育进一步巩固，全区100%的适龄儿童接受了较高质量的义务教育，95%以上的初中毕业生升入高中阶段就读，率先在全市对特困家庭学生实行“两免一补”。

(二)科技事业蓬勃发展

大力实施科教兴区战略，如期完成“九五科技10亿工程”。建成了科创中心，成立了科技成果转化中心、博士后流动站，初步建立了以科技企业孵化器为载体的科技创新服务体系和以骨干企业为中心的技术创新示范体系。从1997年开始，连续8年四次荣获“全国科技进步先进区”，2004年成功创建“全国科普示范城区”。

(三)卫生事业取得新进展

医疗卫生基础设施不断完善，相继实施了区妇幼保健所搬迁、区二院门诊大楼加层背包工程、区人民医院住院部大楼和职工宿舍、五院门诊大楼、区公共卫生服务中心等工程；深化卫生事业体制改革，基本建立了区、镇、村三级卫生预防网络，全面完成了农村卫生体制的划转；特色品牌专科初见成效，康平医院成为全市第一家获ISO国际认证的综合医院，重庆第一家现代女子医院于2003年开业。2005年成功创建为全国社区卫生服务示范区。

(四)文化事业取得长足发展

直辖以来，南岸区成功走出一条“以项目带动文化产业发展，以文化产业发展支持文化事业繁荣”的文化发展之路。文化投入不断加大，硬件设施不断完善，建成了弹子石影视中心、区新华书店等，被列入全市“八大民心工程”之一的南岸数字图书馆于2003年建成投入使用。较早实施了文化体制改革，以南岸文化艺术中心为主阵地，以社区文化建设为依托，搭建起了各类文化平台，先后组织开展了“建国50周年”、“建党80周年”、“渝港万水千山总是情”等群众文化艺术活动，在市内外产生较好影响，文化产业取得长足发展，2005年成功创建全国文化先进区。

(五)体育事业不断进步

加大体育基础设施的建设，实施了“两江四岸健身长廊”，建成了江南体育中心，进一步完善农村和社区基层体育设施。竞技体育和群众体育走在了全市前列，先后荣获“全国体育先进区”、“全国田径之乡”称号。

当我们感叹于直辖10年南岸的巨大变化时，我们正用发展的眼光看待面临的条件，将禀赋条件与创造的条件融汇，为发展注入了新的持久动力，通过实施"七五三一"战略，发展七大经济板块，打造五大经济业态，突出抓好招商引资、重点项目建设、实施主题年三个重点，努力实现将南岸建成国家级文明城区这一目标。

注：本文数据出自南岸区相关部门

撰稿单位：重庆市南岸区人民政府办公室

北碚区

1997年以来，中共北碚区委、北碚区人民政府紧紧抓住重庆直辖的契机，牢牢把握西部大开发的历史机遇，认真贯彻党的十五大、十六大精神，全面落实科学发展观，团结和依靠全区人民，坚定不移地实施"工业强区，科教兴区，旅游活区、生态靓区"以及城镇化和重点项目带动的"4+2"发展战略，不断开拓进取，真抓实干，负重自强，取得了一系列令人瞩目的成就，谱写了北碚发展史上的光辉篇章。

一、直辖十年北碚综合经济实力显著增强

直辖的10年，是北碚历史上经济发展最快、社会进步最大、人民得到实惠最多的10年，工业、农业、商贸流通、城市建设、结构调整、改革开放、社会事业等众多领域均取得了巨大的成就，全区国民经济保持持续健康发展，城乡居民生活水平大幅提高，社会事业全面进步，全面建设小康步伐加快，北碚综合实力得到显著增强。

(一)国民经济持续快速增长

1997—2006年全区累计实现地区生产总值595.37亿元。2006年实现地区生产总值91.8亿元，按可比价格计算比1996年增长138.2%，年均增长10.6%。2006年人均GDP达14058元(户籍人口计算)，比1996年增加7827元，年均增长10.2%。

(二)产业结构日益优化

直辖以来，全区大力发展二、三产业，一、二、三次产业结构不断优化，由1996年的14.4:57.5:28.1调整为2006年的7.2:54.8:38。

(三)农村经济稳步向前推进

直辖以来，北碚区认真贯彻落实中央一号文件和市、区农村工作会议精神，以农业增效、农民增收为中心，以产业结构调整为重点，加快推进"三百工程"，全面落实"三补一免"政策，扩大了特色产业基地规模，提升了品种档次，产业布局更加集中连片。到2006年全区有花木6.2万亩，水果3万亩，蔬菜基地3.1万亩。花卉、水果、蔬菜、水产等已成为北碚区农业结构调整的主导产业，基本形成了静观花卉、歇马果苗、水土名优鱼、东阳西瓜、施家笋竹、金刀峡的食用菌和冬桃、三圣香料等产业带。从2002年到2006年四年间北碚区退耕还林累计达9.9万亩。2006年，全区粮食播种面积33.3万亩，比1996年减少21.49万亩；粮食总产量达7.78万吨，比1996年减少9.42万吨，年均下降7.6%。1997—2006年累计实现农业增加值50亿元，按可比价格计算，年均增长0.5%。

(四)工业生产快速发展

直辖初期，北碚区工业经济经受住了市场经济的冲击和亚洲金融危机的考验，近10年来，全区加大了国有企业改革力度，加速了企业破产重组工作。直辖以来，特别是"十五"期间，北碚区紧紧围绕"工业强区"战略，走新型工业化路子，大力提升企业自主创新能力，优化存量资产，壮大增量资产。2006年全区工业增加值达45.17亿元，按可比价格计算比1996年增长112.1%，年均增长11.2%。2006年工业经济占全区GDP的

比重达49.2%，对全区经济增长的贡献率达69.3%，工业经济依然是全区经济增长的主导力量。2006年末，全区规模以上工业企业达166家，比1998年增加78家，总产值突破百亿元大关，达到148.28亿元，年主营业务收入上亿元的企业达28个，年主营业务收入上10亿元的企业有3个。2001—2006年全区工业企业共有13个(次)被评为重庆工业50强，其中川仪总厂、华立控股在2002—2004年连续三年被评为重庆市工业50强。目前，全区已形成生物制药基地，仪器仪表基地、玻璃生产基地。直辖以来，北碚区工业经济效益跃上新台阶，2006年，全区规模以上工业企业实现利润7.97亿元，工业经济效益综合指数达161.4%，比1998年提高97.93个百分点，创历史最高水平。2005年，北碚区被评为全市十强工业区县和民营经济十强区县。

(五)固定资产投资成效显著

直辖以来，北碚区加大基础设施建设力度，完成了省道110北碚段、碚金路、碚青路等区间干道硬化改造，农村公路实现村村通达。建成了天然气第二气源，完成了农村电网改造，实现城乡同网同价。实施了一批重点投资项目，有力促进了全区经济社会的发展。2002年渝武高速公路提前竣工通车，2004年建成了缙云广场、行政中心、市九院综合住院大楼，2005年建成了文广大楼、遂渝铁路北碚段，同时，碚东大桥、嘉悦大桥、草街航电枢纽、绕城高速公路西段等一批重点工程相继动工。近10年来是北碚区固定资产投资取得巨大成就的时期，特别是"十五"期间，全区成立了六大园区管委会，拉动全区固定资产投资快速发展。1997—2006年全区累计完成固定资产投资276.28亿元，其中工业投资累计达68.85亿元，房地产开发投资累计完成64.15亿元。2006年全社会固定资产投资完成65.21亿元，是1996年的11倍，年均增长28.8%。

(六)城市建设日新月异，城市功能日趋完善

直辖以来，北碚区城市空间拓展迅速，城北新区建设初具规模，北碚新城开发如火如荼。新建的碚南大道、缙云大道，将城南城北和主城连成一片，建成区面积由1996年的9.0平方公里扩大到2006年的22.88平方公里，增加13.28平方公里。2006年北碚区城镇化率达67.2%。完成一批城市基础设施建设，北碚下半城改造全部完工，滨江大堤进一步完善，行政中心顺利搬迁，新建了同兴垃圾处理场、北碚污水处理场，全区日供水综合生产能力达15万立方米，日污水处理能力达5万立方米，垃圾无害化处理率达80%以上。

(七)生态环境显著改善，城市形象明显提升

直辖以来，北碚区实施"蓝天、碧水、绿地、宁静"行动，大力改善生态环境，强化城市环境综合整治，城市形象显著提升，2003年成功创建国家园林城区，荣获"中国人居环境范例奖"，2004年成功创建国家卫生区，2005年成功创建全国绿化模范城市、国家环境保护模范城区。2006年被联合国人居环境署授予"迪拜国际改善人居环境良好范例奖"。一批功能齐全、配套设施完善、物业管理优良的住宅小区拔地而起，城乡居民居住环境显著改善。2006年全区城市居民人均住房面积达38平方米，农村居民人均住房面积达36.7平方米，分别比1996年增加26.7平方米和15.3平方米；2006年，全区森林覆盖率达32.5%，城市建成区绿化覆盖率达到43.98%，城市人均公园绿地面积达到17.8平方米，Ⅱ级以上空气质量天数达316天，位居主城区第一位。

(八)交通通讯快速发展

直辖以来，北碚区各级加大了对交通建设的投资力度，建成了碚柳路、碚青路、仪北路，实现了农村公路村村通，2002年渝合高速公路通车并于2005年取消次票收费，改变了北碚区无高速公路的历史，缩短了北碚与主城的距离，同时遂渝铁路北碚段完工，北碚嘉陵江大桥、遂渝铁路复线、湘渝铁路、绕城高速、嘉悦大桥正处在建设中，为北碚区经济提速发展创造了良好的基础。2006年末，全区公路里程达1113.56余公里。直辖以来，北碚区新建了电信大楼、移动通信大楼，新增了网通、铁通、联通等电信机构，全区邮电通信基础设施日益完善。2006年末，全区固定

电话交换机容量达21.6万门，固定电话用户达20.18万户，移动用户37.28万户，全区电话普及率达83.7部/百人，宽带接入用户已达25000户。

(九)消费品市场繁荣活跃

直辖以来，北碚区商业网点设施建设得到加强，先后建成了北碚综合批发市场、竞发地下商场、重百北碚商场等一批有影响的商业网点，引进了山城平价超市、国美、勿忘我等一批知名商业企业，重百二店、新重百商场相继开业，提高了北碚区消费品的质量和档次，为居民消费提供了更大的空间。1997—2006年，全区累计实现社会消费品零售总额达215.97亿元，2006年实现社会消费品零售总额37亿元，比1996年增长221.7%，年均增长12.4%。

(十)对外开放成效明显

直辖以来，北碚区不断改变招商模式，完善投资软、硬环境，行政效能进一步提高，采取“走出去，引进来”方式扩大招商范围，招商引资取得明显成效。直辖以来，特别是2002年以来，全区对外开放进一步加快，累计完成出口总额2亿美元，年均增幅高于全市18个百分点，进出口总额达到3亿美元。累计引进各类招商项目936个，实际到位资金143亿元，实际利用外资4681万美元。成功引进荷兰壳牌、德国斯坦纳、中国红塔、中国国旅等国内外知名企业。华立药业、顺多利机电公司等企业向境外发展取得突破。

(十一)旅游经济蓬勃发展

直辖以来，北碚区按照“旅游活区”的发展战略，进一步加大了旅游项目建设力度和招商引资工作。新建了缙云山索道，新开发了金刀峡旅游景区，利用北碚区的温泉资源优势启动了十里温泉城开发建设，成立了温泉城管委会；利用缙云山打造白云旅游一条街。目前，全区拥有4A景区2个，3A景区1个，2A景区1个，成为全市拥有A级景区最多的区。旅游接待人次和收入大幅度增加，成功举办了第一、二、三届“重庆后花园节”、腊梅文化旅游节、缙云生态美食文化节等大型节会。2006年共接待游客472.3万人次，实现旅游收入11.84亿元。

(十二)财政收入快速增长

1997—2006年，北碚区地方预算内财政收入累计达20.98亿元。2006年，地方预算内财政收入达4.37亿元，比1996年增加3.43亿元，年均增长21.8%；2006年地方预算内财政支出为9.72亿元，比1996年增长8.24亿元，年均增长25.1%。

(十三)金融业持续发展

2006年末，北碚区金融机构各项存款余额达到129.33亿元，是1996年的5.8倍，年均增长19.3%；各项贷款余额65.1亿元，比1996年增长185.0%，年均增长11.0%。

(十四)科技事业稳步发展

直辖以来，全区财政对科技三项经费投入逐年增加，建成生产力促进中心，科技对经济社会发展的贡献率不断提高，先后通过国家可持续发展实验区、国家大学科技园区验收和全国先进文化区复查，荣获全国科技进步先进区称号。西南大学挂牌成立并进入“国家211工程”学校建设行列，家蚕基因研究走在世界前列，其成果在美国《科学》杂志上发表，“家蚕基因芯片与表达图谱诞生”被评为2006年中国十大科技新闻之首。

教育事业成绩斐然。创建了一批在全市有较大影响的各级各类窗口学校和名牌学校，积极开展重庆市示范高中创建工作全区综合教育质量保持全市先进行列，高考上线率连续七年位居全市领先水平。先后荣获全国教育“两基”工作先进区、全国高等教育自学考试工作先进区、全国幼儿教育工作先进区、全国青少年科技教育工作先进区等殊荣。

广播文化事业欣欣向荣。直辖以来，北碚区改扩建了图书馆，建成缙云山广播差转台，建成并完善广播电视音频工作站和电视非线性制作系统，全面完成主城区双向网路改造，铺设了到各镇街的光纤网络。图书馆藏书由1996年的77万册增至83万册，累计新增6万册，建立馆外图书流通网点26个。在全市率先完成了有线广播电视村村通工程，2006年，有线电视通村率达100%，通社率94%，广播电视综合覆盖率达99%。

卫生事业快速发展。直辖以来,北碚区卫生医疗基础设施建设进一步加强,公共防疫体系不断健全,重大传染病防治成效显著,有效防控了非典疫情,药品"两网"建设成效明显,市九院综合住院大楼、中医院城南分院建成投入使用,市九院成功创建"三甲"医院,区妇幼保健院成功创建"二甲"保健院。

体育事业方兴未艾。直辖以来,北碚区认真贯彻落实《全民健身计划纲要》和《体育法》,北碚体育场主体工程完工,青少年活动中心竣工,体育设施不断完善,群众体育活动蓬勃开展,全民健身意识逐渐增强,小区、广场、健身房前来健身运动的人们越来越多。

(十五)城乡居民收入显著提高

2006年,北碚区城镇居民人均可支配收入达11481元,比1996年增加7309元,年均增长10.6%;城镇居民人均生活消费支出达8674元,比1996年增加4968元,年均增长8.9%。2006年,北碚区农民人均纯收入达3813元,比1996年增加1987元,年均增长7.6%;农民人均生活消费支出为3499元,比1996年增加1901元,年均增长8.3%。

2006年,北碚区城镇经济单位在岗职工年平均工资为20654元,比1996年增加15530元,年均增长15.0%;年末城乡居民储蓄余额达92.82亿元,是1996年的5.8倍,年均增长19.2%,人均储蓄存款达14214元,比1996年增加11626元,年均增长18.6%。

(十六)社会和谐稳步推进

直辖以来,全区社会保障体系进一步建立健全,建立了养老、失业、工伤、医疗及生育保险体系,保险覆盖面逐年扩大,下岗职工和农村特困户的基本生活得到了保障。社会新型救助体系已经建立,城市低保做到了应保尽保。2002—2006年,累计发放养老保险金9.4亿元、失业保险金4768万元、城市低保金8058万元。累计新增就业人员21079人、实现再就业11913人,其中"4050"人员5332人。转移农村剩余劳动力10万人。建成征地农转城人员安置房30多万平方米,新增城镇廉租住房保障501户,保障率达到100%。2006年末全区各类社会福利院达24个,床位1339张;收养人员达1178人。各类社区建设服务设施67个。

2006年,全区从业人员为33.5万人,其中城镇从业人员12.37万人,城镇非公有制经济从业人员8.07万人。新增就业岗位8491个,帮助和指导失业人员实现就业和再就业5504人。10年来,城镇登记失业率控制在4.7%以内,2006年城镇登记失业率为2.49%。2002年以来,转移农村剩余劳动力10万人。建成征地农转城人员安置房30多万平方米,新增城镇廉租住房保障501户,保障率达到100%。

直辖以来,北碚区社会治安秩序保持良好,治安、刑事案件发案率呈逐年下降趋势,荣获重庆市"平安区县"称号。《信访条例》全面贯彻实施,群众合法权益得到有效保护。2006年,入户调查群众安全感达96%。安全生产始终处于受控状态,有效遏制了重特大安全事故和群体性事件的发生,地灾防治连续5年实现零伤亡目标。

二、北碚经济发展呈现的突出特点与亮点

(一)工业经济再上台阶

直辖以来,区委、区政府大力实施"工业强区"战略,加快推进新型工业化进程,以盘活存量为基础,引进增量为动力,提高运行质量为目标,加大工业投入和招商引资力度,积极发展工业园区和镇街特色工业基地,全区工业经济快速发展,运行质量显著提高,实现了工业经济"速度、质量、效益"协调发展,使全区工业经济迈上了一个新的发展台阶。

1.工业经济总量增加,规模扩大,对全区经济增长贡献增强。规模以上工业企业发展势头强劲,企业个数由1996年的88家发展为2006年的166家,总产值突破百亿元大关,达到148.28亿元,比1996年翻了一番多。2006年,工业经济对全区经济增长的贡献率为69.3%,拉动经济增长9.1个百分点。全区规模以上工业企业实现工

业增加值45.27亿元，比上年增长22.6%，增速居都市经济圈第4位。工业已经成为全区经济增长的主导力量。

2.工业经济效益显著改善。直辖以来，全区规模以上工业企业经济效益逐年改善，主营业务收入、利润总额逐年增加，工业经济效益综合指数不断提高，创历史最好水平。2006年全区规模以上工业企业实现主营业务收入146.26亿元，比1998年增长4倍，年均增长22.3%；利润总额在1998年亏损1.71亿元的基础上，从2001年实现扭亏增盈，以后逐年增加，到2006年末实现利润总额7.97亿元；工业经济效益综合指数也从1998年的63.47%提高到2006年的161.4%，提高97.93个百分点，创历史最好水平。

3.工业经济结构明显优化，传统产业优势进一步增强。直辖以来，北碚区大力调整产业结构和产业布局，向园区化、基地化发展，逐步形成了以同兴工业园区为龙头，7个镇街级特色工业基地为载体的新型工业化发展布局，仪器仪表、机械制造、生物制药、资源加工等产业得到长足发展。2006年，全区传统产业仪器仪表及文化办公用机械制造业、交通运输设备制造业、医药制造业、非金属矿物制品业四个行业总产值为106.82亿元，占规模以上工业企业总产值的比重达到72%。非公有制经济增加值占GDP比重达到54%。

4.工业投入不断增加，园区建设步伐加快。直辖以来，全区工业投资和技改投入累计达到68.85亿元。工业投入的不断增加，极大地改善了全区工业基础设施和工业发展环境。目前同兴工业园区在已有规模的基础上正在积极拓展园区的延伸范围，7个镇街级特色工业基地发展如火如荼，力帆汽车、银钢摩托、华立制药等重点企业的引进为"十一五"全区工业经济的快速发展奠定了坚实的基础。

(二)农业进入新阶段

直辖以来，北碚区各级认真贯彻执行党中央的各项惠农政策措施，在坚持"多予、少取、放活"的同时，立足于农业内部发展，以提高农业综合生产能力建设为手段，着力打造农业的核心竞争力。农产品供给实现了总量平衡，丰年有余；农业生产结构随市场需求的变化逐步调整和优化；农业产业化不断发展，农村非农产业保持稳定增长，农村工业化和城镇化水平不断提高，随着农村各项改革措施的不断深入，全区农村正在由传统的农业经济向现代的农村经济转变。全区农村经济快速健康发展，农村各项事业取得了长足的进步，农业和农村经济发展步入了一个新的历史阶段。

1.农业生产稳定增长。直辖以来，北碚区始终高度重视农业和农村经济的发展，加强农业的基础地位，不断深化改革和完善农村的各项方针政策，积极推进农业生产结构的战略性调整，农业产出不断增长，整体质量不断提高。2006年，农业增加值达65966万元，比1996年增长41.2%，年均递增0.5%。关系农民生计及农民增收的主要农产品产量平稳发展。2006年，全区粮食总产量达到77806吨，在大量退耕还林等结构调整的情况下比1996年下降54.8%，但2004年粮食产量的恢复性增长，使全区的粮食产量达到了总量稳定。肉类总产量达到22345吨，比1996年下降0.5%；生猪出栏量为251354头，比1996年下降18.0%；渔业快速发展，到2006年，全区水产品产量已达4850吨，比1996年增长25.2%。

主要农产品产量的不断增长，为提高全区人民的物质生活水平，改善人民生活质量奠定了坚实的基础。2006年，北碚区粮食人均占有量达到224公斤，水果、猪牛羊肉和水产品的人均占有量分别达到27公斤、64公斤、14公斤，分别比1996年减少1倍、增加58.8%、增加10.3%、增加40。

2.农业产业结构进一步优化，农业产业化进程加快。直辖至"十五"初期，受供求关系的影响，单纯农产品总量的增长已不能为农民创造更多的就业机会和收入来源，增产不增收的矛盾突显。为此，全区大力调整产业结构、品种品质结构进一步优化，积极发展花木等特色产业，极大地满足了城乡居民日益增长的多元化需求。从农、林、牧、渔业占农业总产值的比重看，农业比重不断减小，畜牧业、渔业所占比重不断上升。从各业内部看，种植业中大宗农作物调整力度较大，优质农产品发展迅速，特色花木、名特优新水果、无公害蔬菜成为农民增收的新亮点。全区优质稻面积占水稻比重为51%；完成无公害蔬菜产地认定面积6000亩；种植业生产正逐步向优势产区集中，向优质化发展。为保护生态环境，保持农业的可持续发展，直辖以来，全区启动实施了天然林资源保护工程和退还林战略性结构调整。1996年至2006年累计完成造林面积15.7万亩，其中，退耕还林造林9.9亩。森林覆盖率达到32.5%。

畜牧业生产积极适应市场需求变化，由数量增长向数量和质量并重的方向转变，优质品种普及率不断提高，养殖规模逐步扩大，畜产品结构逐步优化，实现了速度与效益同步增长。草食性牲畜发展迅速，猪肉在肉类中的比重由1996年的93%下降到2006年的79.6%。渔业生产进行了战略性的结构调整，嘉陵江名优水产品发展较快，优质高效水产养殖比重逐年加大。2006年水产品总产量达到4850吨，比1996年增长25.2%，优质水产品比重提高到15%。

全区农业产业化步伐明显加快，产业区域布局日趋合理。全区农业龙头企业达35家，其中，市级龙头企业4家，区级龙头企业31家，基本上形成了门类优势明显，产业链条不断延伸的生产加工体系，农业综合效益较大提高，龙头企业实力不断增强，有力的推动了整个农业产业的优化升级。

3.投入不断增加，生产生活条件得到改善。为改善农业基础设施和生产条件，直辖以来特别在“十五”期间北碚区加大了对农业投资的力度。2006年，财政对农村建设和农业综合开发支出达5747万元，比1996年增长5倍。各级在努力增加财政对农业的投入同时，积极探索多渠道、多形式增加农业资金的投入。直辖以来，全区投入水利资金约3亿元新修和整治各类水利工程，治理水土流失面积达170余平方公里，农村基础设施得到极大改善。2006年，全区有效灌溉面积达到15.33万亩；农业机械总动力达到19.92万千瓦(不含农用车辆)，比1996年增长19.5%；在全区119个行政村中，自来水受益村所占比重达到91.5%，汽车通达村所占比重达99%以上；农村交通、通讯、水电等公共事业的迅速发展，极大地改善了农村生产、生活条件，为农村经济的持续稳定发展奠定了坚实的基础。

4.农民收入持续增长，生活质量不断改善。2006年，农村居民人均纯收入达到3813元，比1996年增加1987元，增长91.9%，年均增长7.6%，恩格尔系数为48.4%，比1997年下降3.5个百分点。随着农村就业结构的变化，收入增长呈现多元化：一是家庭经营收入比重稳中趋降，在2006年农村居民人均纯收入中，家庭经营纯收入比重为29%，比1996年下降29.4百分点。二是农村居民工资性报酬收入成为农村居民收入增长的重要来源，2006年农村居民人均工资性收入占全年纯收入的比重为60%，比1996年上升了26.5个百分点。

5.伴随着农村居民消费结构的升级，居住质量、居住条件明显改善，居民消费档次提高，消费质量明显改善。1996—2006年，农村居民家庭年末人均住房面积由21.4方米增加到36.7平方米，比1996年增加15.3平方米，增长71.5%。2006年末农民平均每百户电视机拥有量114台、电冰箱51.5台、洗衣机45.5台，比1996年分别增长5.6%、11倍、1.4倍。电话、空调和等需求弹性系数较大的耐用消费品拥有量更是成倍增长。2006年，农民平均每百户拥有电话机48.5部、移动电话71.5部、空调21台。

6. 农业对全区经济的发展做出了重要的贡献。从产品方面看，农村在满足自身食品消费的同时，极大丰富了城市居民生活并推动了了相关服务产业的发展；从市场方面看，农村为工业品的消费市场之一。随着农业现代化步伐的加快，农业物质投入水平提高，生产资料的需求增长，同时带动了相关农用工业的发展；从要素方面看，农业为工业化提供了大量的劳动力，农业劳动力继续大量向非农产业转移,农业从业人员占全部从业人员的比重由1996年的40.3 %下降到2006年的36.1 %。到2006年累计完成农村劳动力转移72075人,为推动北碚区农民收入的持续较快增长作出了积极贡献。

(三)消费市场稳步发展

直辖以来,随着北碚区经济的较快发展,城乡居民收入水平的稳步提高,购买力逐年增强,购物环境不断改善与优化,消费品市场日益繁荣,商品供应日益丰富,居民消费活动进一步活跃,五年间北碚消费品市场保持了较快发展势头,对拉动北碚区经济增长起到了积极推动作用。

1. 消费品零售市场规模逐年扩大。直辖以来,北碚区商贸经济得到快速发展,消费品零售市场规模逐年扩大,社会消费品零售总额增长逐年加快。直辖以来,全区累计实现社会消费品零售总额215.97亿元,2006年实现社会消费品零售总额37亿元,比1996年净增25.5亿元,增长221.7%,年均增长12.4%。

2. 批发零售业较快发展,主导地位保持不变。批发零售业在北碚区的商贸经济份额中保持了主导地位,增速保持了领先地位,对北碚区社会消费品零售总额增长支撑作用尤为突出,是拉动全区社零总额增长的主要力量。直辖以来,北碚区批发零售贸易业累计实现零售额156.59亿元,占全区社零总额的72.8%。2006年北碚区批发零售贸易业实现零售额32.3亿元,占全区社零总额的87.3%,比1996年增长218.5%,年均增长12.3%。

3.限额以上企业增势强劲,规模效应增强。直辖以来,北碚区商贸企业逐步发展壮大,限额以上企业不仅单位个数增加,而且规模经营能力不断增强。2006年底全区限额以上商贸企业为63家,推动了全区商贸流通业的快速发展。直辖以来,限额以上批发零售贸易业零售额累计达49.83亿元,2006年实现零售额12.07亿元,比1996年净增10.63亿元,增长7.4倍,年平均增长22.1%,高出全区社零总额年平均增幅9.8个百分点。限额以上批发零售业已成为北碚区消费品零售市场发展的中坚力量。

4.餐饮业日益兴旺,拉动作用日益显现。直辖以来,北碚餐饮业日益兴旺,酒店和餐馆个数不断增加,规模、规格和档次均有较大提升。尤其是近年来区外知名餐饮企业在北碚区开设连锁店或加盟店,给餐饮业注入了新的活力,餐饮市场红红火火。随着社会经济交往活动的增加,生活水平的提高和生活节奏的加快,以及人们消费观念的更新,外出就餐已成时尚,单位和城市镇居民在外就餐支出明显增加。2006年,北碚区餐饮网点数达5802个,实现零售额4.38亿元,比1996年净增3.17亿元,增长261.9%,年平均增长13.7%。

(四)固定资产投资成效显著

直辖以来,北碚区固定资产投资稳步增加,实现了经济社会的持续、快速、健康发展。特别是"十五"期间,区委、区政府认真贯彻落实中央宏观调控的政策,以科学发展观为指导,聚精会神搞建设,一心一意谋发展,紧紧围绕"一团二园三城"重点工作,加大基本建设力度,成为有史以来成就最为显著的时期。

1997—2006年,全区累计完成全社会固定资产投资276.28亿元,其中房地产开发累计完成投资65.14亿元。特别是"十五"期间,北碚区固定资产投资突飞猛进,比"九五"时期增长172.7%。直辖以来北碚区固定资产投资呈现以下几个特点:

1.基础设施建设投资保持较快增长。为尽快消除北碚区基础设施建设相对滞后的不利状况,增强城市综合功能,改变城市整体面貌,全区逐年加大基础设施建设的投资力度,特别是2003年以后,基础设施建设逐年加快,投资总量逐年上台阶,交通、通讯、水利、能源、城镇等基础设施条件明显改善。2001—2006年基础设施建设投资分别为6.55亿元、4.85亿元、8.79亿元、13.11亿元、17.01亿元、20.11亿元,累计完成70.41亿元,其中水、电、气累计投资达9.59亿元,交通累计投资达32.96亿元。"十五"时期北碚区城市区域快速拓展,引进了海宇集团联合开发建设北碚新城。行政中心顺利搬迁带动了新城快速发展,缙云大道等20多公里城市主次干道建成投入使用,竣工房屋面积超过130多万平方米,嘉陵风情步行街、海宇温泉酒店、北碚汽车客运站、玉合山人防工程等项目建设进展顺利,竹海生态新城建设已现雏形。建成区面积扩大到2006年的22.28平方公里。直辖以来建成和启动了一批基础设施,新建了同兴垃圾处理场、污水处理场、启动了"六大园区"基础设施建设、渝合高速公路、遂渝铁路北碚段、碚东大桥、草街航电枢纽、绕城高速公路西段等大项目,完成了省道110北碚段、碚金路、碚青路等区间干道硬化改造,农村公路基本实现村村通达。建成天然气第二气源,完成农村电网改造,实现城乡同网同价。2006年末,全区公路里程达1113.56公里,其中高速公路里程为26.8公里。

2.民间投资异军突起,非国有投资成为投资主导力量。近年来,北碚区不断改善投资环境,加大招商引资力度,吸引各种民间主体入驻北碚区,使民间投资主体逐年壮大。2006年民间投资完成24.92亿元。随着民间投资速度加快,非国有投资份额迅速扩大,2001年首次超过国有投资。2006年,非国有投资额为30.02亿元,占全社会固定资产投资的46%。数据表明,直辖以来,特别是在"十五"期间,北碚区投资主体已经由以国有经济为主向以非国有经济为主转变。

3.二、三产业投资持续高速增长,一产业投资平稳。直辖以来特别是"十五"以来,北碚区加大了一、二产业投资领域薄弱环节的投入,使一、二产业投资呈现出高速增长态势。2006年,一产业完成投资2400万元,比上年下降24.4;第二产业完成投资243103万元,比上年增长84.7;第三产业完成投资406591万元,比上年增长16.6%。三次产业投资结构由1997年的1.4:47.7:50.9调整到2006年的0.4:37.3:62.3。

4.工业投资逐步复苏,增长迅速。直辖以来特别是"十五"期间,北碚区大力实施"工业强区"战略,加大了工业招商引资力度,引进了银钢科技、华立控股等工业企业,启动了同兴工业园区和7个镇街特色工业基地建设,加快了工业企业技改步伐,实施了大新药业股份有限公司三峡库区水污染治理及黄霉素产业化和年产40吨洛伐他汀扩建、中国四联仪器仪表集团有限公司新型通信混合集成电路技改、重庆银钢科技集团有限公司银钢科技园等大型项目。"十五"时期全区完成工业投资298936万元,比"九五"增加129165万元,增长了76.1%。在经历了"十五"初期的低迷之后,2004年开始高速增长,完成工业投资57143万元,增速达到59.3%;2005年完成130381万元,增速达到了128.2%;2006年完成237915万元,增速达到82.5%,成为投资的一大亮点。工业投资的高速增长,增添了北碚区工业发展后劲,夯实了工业发展基础,为全区经济的快速发展打下了良好的基础。

5. 房地产开发投资成为拉动全区投资增长的主要力量。直辖以来特别是"十五"时期,北碚区房地产市场十分活跃,房地产开发累计完成投资43.2亿元,占全社会固定资产投资的27.3%,是"九五"时期的4.7倍,年均增长29.5%,高于同期全社会投资增速10.1个百分点。2006年房地产开发投资完成12.01亿元,占全社会投资总量比重为18.4%。

"十五"时期是北碚区投资总量快速扩张的时期,为全区经济社会的发展作出了巨大贡献,同时也充分反映了北碚区"投资拉动型"的经济增长特点。在投资规模扩张的同时,投资结构的合理性、投资运行的稳定性等方面都有一定程度的改善,为"十一五"时期投资建设的稳步推进,为新一轮全区经济的快速发展奠定了良好的基础。

(五)城市居民家庭生活质量明显提高

直辖以来,北碚区社会稳定,经济实力不断增强,人民生活质量发生了较大的变化。全区城市居民收入增长迅速,消费支出不断增大,人民生活质量得到明显改善。

1.居民收入大幅度增长。据对北碚区城市居民家庭的调查显示,2006年北碚区城市居民人均可支配收入为 11481 元，比 1996 年增长 175.2%，年平均递增 10.6%。(1)职工工资性收入持续增长，所占比重明显提高。2006 年北碚区居民家庭收入中人均工资性收入为 9763 元，占城市居民可支配收入的比重为 85%。(2)随着经济结构的不断调整，其他类型经济发展迅速，居民就业渠道不断拓宽，居民收入渠道不断增多，呈现出以职工工资性收入为主，其它劳动收入为补充的多元化特点。根据对家庭收入来源构成的调查统计，2006 年，城市居民人均经营净收入为 942 元，占城市居民可支配收入的 8.2%。(3)居民转移性收入下降。由于九 10 年代股份制的推行，股票、债券、投资收益基金等有价证券发行量不断增加，城市居民的相关活动也相对活跃。2006 年，城市居民人均转移性收入仅为 1381 元，比上年下降 30%。

2.居民消费水平不断提高。直辖以来，特别是“十五”以后，北碚区城市居民的消费水平不断提高，消费结构也更为合理，以医疗保健、教育娱乐等为主的服务类消费已逐渐成为居民家庭消费的重要组成部分。调查显示，2006 年北碚区城市居民人均消费性支出为 8674 元，比 1996 年增长 134.1%，年平均递增 8.9%。食品支出占居民消费性支出的比重（恩格尔系数）由 1996 年的 54.9%下降到 2006 年的 35.9%。根据国际衡量生活水平的标准，北碚城市居民生活已实现了从小康向富裕型小康的转变。(1)居民食品消费支出增长缓慢，但更注重营养结构。2006 年，北碚城市居民人均食品支出 3113 元，比 1996 年增长 52.9%，年平均递增仅为 4.3%。尽管食品消费支出增长缓慢，但城市居民生活消费的结构却变化较大，已经由温饱型阶段向发展型和享受型阶段过渡。调查显示，2006 年城市居民人均粮食消费量为 59.11 公斤，比 1996 年减少 14.4 公斤，猪肉人均消费为 27.25 公斤，比 1996 年减少 0.05 公斤。居民饮食结构的改变和饮食质量的提高还表现在：各种方便食品、快成品、半成品的消费量增多，居民外出就餐次数增加，食品消费逐渐趋于社会化。(2)居民衣着支出大幅增长，着装更注重多样化和时尚化。2006 年，北碚区城市居民人均衣着消费支出为 903 元，比 1996 年增长 99.3%，年均递增 7.1%，居民的着装却较往年更注重色彩、款式和面料，更加追求时尚和潮流。(3)家庭设备用品及服务支出增长迅猛，实用享受型的家电消费尤为突出。调查显示，2006 年北碚区每百户家庭拥有洗衣机 99 台，电冰箱 101 台，空调 167 台，分别比 1996 年增加 6 台、11 台和 134 台。耐用品拥有量不仅在数量上增长迅速，而且在品种和实际价值上也发生了很大的变化，越来越显示出了不断更新换代、追逐现代化和时尚的消费能力。(4)居民家庭医疗保健支出增长较快，居民自我保健意识增强。随着生活水平的提高，居民对保健用品及服务的需求不断增加，再加之医疗制度的改革，职工个人支付的药费不断上升。2006 年，北碚区城市居民人均用于医疗保健的支出为 761 元，比 1996 年增长 606 元，年递增 17.2%。(5)交通和通讯支出增势强劲，居民的生活更加快捷、方便。“十五”期间，北碚区加快了城市建设的步伐，使城市面貌和道路交通发生了巨大的变化，城市公交和出租汽车为居民提供了更为便利的交通服务，渝合高速路开通，居民出行更为快捷。另外，私家车更是从无到有，走进寻常百姓家，成为时尚消费，在可以预见的未来几年，居民的交通费用支出将成为居民消费性支出的最大亮点。调查显示，2006 年城市居民人均交通费用支出为 975 元。由于电讯设施的不断完善和通讯费的不断下调，人际交往的更加密切，居民对通讯消费的需求也不断增加，2006 年，北碚区城市居民每百户拥有固定电话达 99 部，手机 188 部，成为居民消费的又一热点。(6)以教育消费、旅游消费为主的娱乐教育文化服务业支出增长喜人，占居民消费支出的比重也逐年加大。随着经济的持续发展和人民生活水平的提高，高科技在各个领域的迅速发展和人才市场竞争的日趋激烈，城市居民受教育的愿望也空前高涨，许多家庭在对子女的教育投资上，更是舍得花钱。调查显示，2006 年北碚区城市居民人均用于教育的消费支出为 466 元。另外，自国家实行新的休假制度以来，形成了每年国庆节、春节和“五一”3个黄金长假期，旅游消费已成为居民生活的新亮点，带动了居民用于娱乐方面的消费，2006年居民用于娱乐文化服务的支出人均为230元。(7)居民住房消费成为居民消费支出的热点，居民居住条件大为改善。随着国家住房制度改革的深化，居民收入的提高，城市居民用于购买商品房和福利房的支出也大为增加，居民住房也较以前更为宽敞、舒适、豪华。2006年，城市居民人均居住消费支出为958元，比1996年增长404.2%，年递增17.6%。

三、未来五年北碚区经济发展构想

未来五年，是北碚全面建设小康社会、努力实现跨越式发展的五年，是奋发图强、加快发展的五年。

今后五年全区经济社会发展的主要预期性目标为：地区生产总值达到160亿元以上，年均增长12%以上。地方预算内财政收入达到10亿元以上，年均增长18%以上。固定资产投资达到162亿元以上，年均增长20%以上。城市居民人均可支配收入达到17000元以上，年均增长9%以上。农民人均纯收入达到5800元以上，年均增长9.1%以上。社会消费品零售总额达到71亿元以上，年均增长14%以上。城镇化率达到75%以上。城镇登记失业率控制在4%以内。城区空气质量优良天数达到每年300天以上。主要约束性目标为：单位地区生产总值能耗降低20%。全社会化学需氧量和二氧化硫排放量分别下降16.3%和10.9%。新增城镇就业人员2万人。人口自然增长率控制在2.5‰以内。

为了实现上述目标，区政府将认真贯彻科学发展观和构建社会主义和谐社会的重大战略思想，全面落实区第十次党代会精神，致力于建设国家可持续发展示范区和重庆市全面小康社会先行区，认真实施“4+2”发展战略，紧扣又好又快发展这个主题，准确把握北碚在“1小时经济圈”中的发展定位，坚持对外融入主城核心区，对内统筹城乡发展，全力打好“直辖市主城牌”和“生态牌”，加快规划建设“一刻钟北碚”，巩固和发展生态、科教人文优势，找准经济发展的突破口，把工作着力点放在产业发展壮大上，做大做强工业经济，扩大开放，招大招强。同时，坚持以人为本，切实解决民计民生问题，把人民群众的利益维护好、发展好，努力做到科学发展、和谐发展、加快发展。

(一)进一步加快发展速度，切实增强经济实力

优化一产结构，积极构建生态高效农业体系。坚持“工业反哺农业、城市支持农村”的方针，大力发展高产、优质、高效、生态、安全农业。将发展现代农业作为新农村建设的首要任务，逐步将重庆生态农业科技产业示范区建成循环农业经济示范基地，着力打造“江东生态农业走廊”。

壮大二产规模，积极构建生态工业体系。工业兴，则北碚兴；工业强，则北碚强。把发展工业经济作为经济工作的头等大事，做大做强北碚工业。到2011年，工业经济实现翻番升位，规模以上工业企业总产值达到300亿元以上，非公有制经济增加值占GDP比重达到67%以上，力争在全市工业十强区县和民营经济十强区县的排位进一步提升。培育一大批骨干企业，作为北碚经济和财政的支撑。切实为四联集团、华立集团、天府矿业、力帆微车、顺安民爆等重点骨干企业和成长型企业提供优质服务，帮助其做大做强。北碚工业发展要符合生态环境建设和保护的要求。北碚组团主要发展仪器仪表、玻璃制造、高科技研发等特色产业；蔡家组团主要发展生物制药、机电一体化、汽车零部件、微电子、医药包装等特色产业，倾力打造“省道110生态工业经济走廊”；歇马、水土、东阳、天府等城区周边镇街重点发展机械制造、玻璃制造、建材等特色产业。加大对中小企业的帮扶力度，培育多元化市场主体。

拓展三产领域，积极构建生态旅游体系。着力培育温泉游、生态游、健身游、古镇游等特色旅游业态，不断提高北碚旅游在重庆山水都市游中的份额。积极构建现代商贸流通体系，完善商贸服务网络，基本建成集旅游休闲、餐饮娱乐、会议

培训、居家购物为一体的新城商圈。推动法律服务、咨询服务和广告业、会展业等现代服务业发展,引导扶持住房、旅游、教育、医疗等消费。大力发展开放型经济,出口总额年均增长25%以上。为把北碚建设成为重庆主城区的经济强区而努力。

(二)进一步凸显生态特色,切实优化人居环境

拓展城市规模,配套城市功能,繁荣城市经济,打造城市特色,积极构建生态城镇体系。城市建成区要坚持尊重历史、尊重自然、保护环境、保护人文,修旧如旧、古朴典雅、玲珑精致,凸显城市灵气。推进新城竹类绿化,引竹入城,打造中国竹海生态城;大手笔、高质量规划建设东阳片区及十里嘉陵江防洪护岸大堤,积极推进北碚新城建设,实现新城扩张,凸显城市大气。蔡家组团要按照国际大都市标准,发展高新技术、高端商务、高档次娱乐、高品质住宅产业,建设曼哈顿式的摩天大楼建筑群,上海世纪大道式的城市路网骨架,环境优美的滨江商务景观带,打造成为重庆的高新技术产业聚集区和总部基地,凸显城市洋气。中心镇、重点小城镇要走出一条在政府引导下,通过市场机制建设生态小城镇的路子。发展循环经济,加强生态环境建设与保护,积极争创国家生态示范区,建设资源节约型、环境友好型社会。提高城市数字化管理水平。城市生活污水无害化处理率达到80%。大气、水体质量继续保持全市领先。工业固废处置利用率大于95%。全区森林覆盖率达到35%。城市人均公园绿地达到20平方米,城市建成区绿化覆盖率达到50%。为把北碚建设成为重庆主城区的生态靓区而努力。

(三)进一步夯实科教基础,切实繁荣文化事业

深入实施科教兴区和人才立区战略,加快建立区域科技创新体系,提高自主创新能力。建成重庆科技创新、成果转化与产业化生产基地,科研和实验经费占GDP比重达到1.7%以上。逐年加大对教育的投入力度,保障农村义务教育经费。加强素质教育,大力发展职业教育,促进教育均衡发展。初中适龄人口入学率达到100%,高中普及率达到95%以上。繁荣文化事业,发展文化产业,培育和打造具有北碚特色的文化品牌。加大投入力度,新建一批公益性文化设施,加快推进竹类博物馆建设,筹建卢作孚纪念馆,保护利用好西部科学院等文化遗产和古迹。构建覆盖全社会的三级公共文化服务体系,镇街及村居文化活动室、图书室建成率达90%,全面完成农村20户以上自然村"村村通"工程。繁荣文艺创作,不断丰富群众精神文化生活。着力打造渝武高速公路北碚段的生态景观,形成"生态人文长廊"。为把北碚建设成为重庆主城区的文化大区而努力。

(四)进一步健全民主法制,切实构建和谐社会

坚持人民代表大会制度,坚持中国共产党领导的多党合作和政治协商制度。加强基层政权建设,尊重和保障人民群众的政治、经济、文化权益。加强政府自身建设,提高政府决策的民主化、法制化、科学化水平。坚持安全发展,推进民主法制和平安北碚建设。加强就业和社会保障工作,促进多种形式就业, 到2011年, 新增就业人员23000人,社会基本保险覆盖率达85%。加快发展医疗卫生事业,完善城乡公共卫生和医疗服务体系,逐步建立多层次医疗保障制度。加强村居建设,完善村居配套服务设施,提高村居干部待遇。落实构建和谐社会的各项政策措施,让全区人民都能够充分享受改革发展的成果,不断提高群众的满意率和幸福指数。为把北碚建设成为重庆主城区的和谐新区而努力。

发展无止境,奋斗正其时。直辖的10年,是北碚经济社会发生翻天覆地变化的10年, 面对未来,北碚人民意气风发,精神抖擞。我们相信,通过全区66万人民的共同努力, 国家可持续发展示范区和重庆市全面小康社会先行区的目标一定会提前实现,北碚的明天将更加美好!

注:本文数据出自统计局、北碚区2007年政府工作报告

撰稿单位:重庆市北碚区人民政府办公室

万盛区

万盛区原名南桐矿区，地处渝南黔北边界，距重庆主城区73公里，于1955年建置，是重庆市的重要能源基地，1994年被重庆市人民政府确定为市级旅游经济试验区。全区幅员面积565平方公里，总人口26.7万人，其中农业人口14.4万人，非农业人员12.3万人，辖8个镇、2个街道，城区建成面积9.37平方公里。区内矿产资源和旅游资源丰富，煤炭、白云石、石灰石、硫铁矿等10余个矿种储量大、品位高；辖区内拥有黑山谷、万盛石林2个国家“AAAA”级风景区和奥陶纪地质公园、铜鼓滩峡谷、樱花温泉、九锅箐国家森林公园等一大批独具特色的生态旅游景区。

直辖10年来，万盛人民在市委、市政府的正确领导下，以邓小平理论和“三个代表”重要思想为指导，深入贯彻党的十五大、十六大精神，树立和落实科学发展观，围绕建设重庆市的“旅游强区、工业重镇、绿色城市”和全面建设小康社会的目标，紧紧抓住国家西部大开发的重要机遇，高扬加快发展主旋律，大力实施资源型城市全面转型，努力构建和谐社会，有力地推动地区经济社会全面、协调、可持续发展。

一、国民经济实力显著增强

直辖以来，万盛区经济发展势头明显增强，增长速度明显加快。2006年，全区实现地区生产总值21亿元，比1996年增长1倍，年均增长7.4%(见表1，下页)；人均生产总值8463元，比1996年增长1.1倍，年均增长8%。农村经济总量显著增加，生产能力不断提高。2006年，全区实现农林牧渔业增加值2.9亿元，比1996年增长15.2倍；实现农村经济总收入15.8亿元，较1996年增长61.9%；农业增加值实现2.63亿元，较1996年增长13.4%；粮经比由1996年的65：35调整为45：55。工业经济快速发展，工业体系基本形成。2006年全区实现工业总产值20.5亿元，比1996年增长1倍，年均增长7.1%；实现工业增加值7.08亿元，比1996年增长92%，年均增长6.7%。固定资产投资规模迅速扩张，2006年实现固定资产投资23亿元，比1996年增长16.5倍，年均增长33.1%。交通运输、商业、金融保险、房地产和各种社会服务业等第三产业迅猛发展，2006年全区第三产业增加值总量达到9.43亿元，比1996年增长1.7倍，年均增长10.5%。财政总收入2006年突破1亿元大关，达到14800万元，比1996年增长4.29倍，年均增长15.8%；实现一般预算财政收入14228万元，比1996年增长4.16倍，年均增长15.3%(见表1，下页)。

二、经济结构调整成效显著

(一)三次产业结构协调发展，第三产业异军突起

直辖以来，万盛区在加快经济发展的同时，不断加大经济结构调整力度，国民经济整体结构得到了有效调整，产业结构进一步优化，特别是第三产业得到较快发展，新的经济发展格局初步形成。全区生产总值中第一、二、三次产业的结构比例由1996年的22.1：42.6：35.3调整为2006年的13.8：41.5：44.7，第一产业比重下降了8.3个百分点，第二产业比重下降1.1个百分点，第三产业比重上升了9.4个百分点(见图1，下页)。

(二)产业内部结构逐步优化，新兴产业不断涌现

经过10年的努力，万盛区经济结构逐步由单一的以煤为主的资源型结构发展成以优势为主、多业并举、整体发展的新格局。

1.农业和农村经济稳步发展。农业生产稳步

表 1 1996~2006 年万盛区 GDP 和预算内财政收入增长情况 单位:万元

指标 年份	GDP	比上年 增长(%)	预算内 财政收入	比上年 增长(%)
1996	104592	13.7	3450	4.99
1997	116646	13.4	4651	34.81
1998	118824	5.9	4658	0.15
1999	112751	-5.0	3516	-24.52
2000	116672	3.3	3643	3.61
2001	123190	6.6	4311	18.34
2002	129347	6.8	4299	-0.28
2003	144057	10.1	4800	11.65
2004	168987	14.9	8277	72.44
2005	189731	10.0	12324	48.89
2006	210739	9.0	14800	20.09

图 1 1996 年、2006 年三次产业结构比较

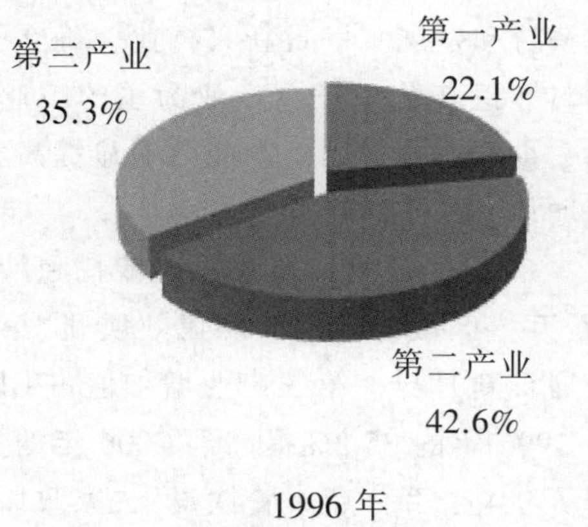

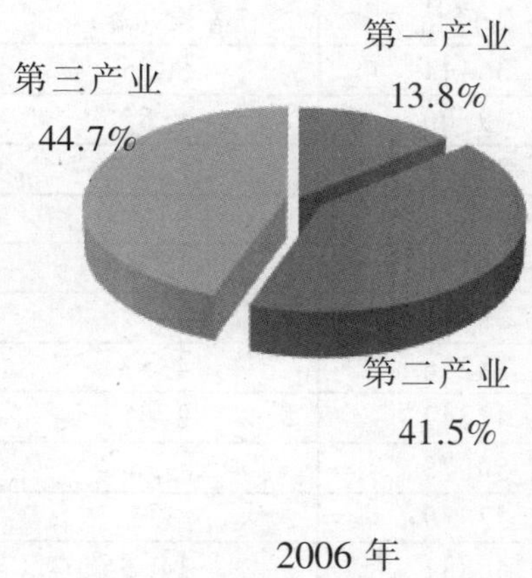

提高,种植结构明显改善。直辖 10 年来,在耕地逐年减少、自然灾害时有发生的情况下,万盛区在上级的关心、支持下,一靠科技,二靠投入,三靠合理调整种植结构,粮食生产保持了稳定。1996 年全区粮食产量为 7 万吨,除 2006 年受百年一遇特大干旱影响产量下降至 4.2 万吨外,其他年份基本稳定在 5 万吨以上。另一方面,在"稳粮、扩经、增特、创精"的农业调产思路的指导下,多种经营生产有了较大发展。万盛把茶叶、猕猴桃、方竹笋等"三大产业"和发展 10 万亩笋材两用竹、10 万头优质瘦肉型生猪、100 万只优质小家禽等"三大工程"作为万盛促进农业结构调整、加快农业产业化发展的载体予以加快推进。通过"三大产业"的逐渐壮大和"三大工程"的顺利实施,万盛农业生产逐渐向规模化、集约化方向迈进。目前,万盛茶叶基地实际采摘面积近 1 万亩,年产茶叶 630 吨(其中名茶 75 吨);猕猴桃基地近 1 万亩,年产鲜果 600 吨以上;优质笋材两用竹基地达 5 万亩(其中方竹 2 万亩),年产鲜笋 4500 吨(其中方竹笋 1500 吨);生猪年出栏量达 13 万头以上,其中优质瘦肉型生猪 10 万头左右;小家禽年出栏量 130 万只以上。与此同时,发展的 2 万亩花椒基地已多数投产,年产鲜椒 200 吨。2006 年,水果产量达到 2452 吨,比 1996 年增长 5.2 倍;肉类总产量达到 11836 吨,比 1996 年增长 8.2%;禽蛋产量为 2383 吨;蔬菜产量达到 125100 吨。

农村经济总量显著增加,非农产业发展迅

速。随着农村经济体制改革的逐步深入,万盛区农村经济逐步扭转和改变了徘徊不前、经济单一的局面,进入了快速发展的新时期。2006年,全区农村社会总产值达到9.83亿元,比1996年增长84.1%。非农产业和多种经济得到快速发展,基本形成了以农业为基础、乡镇企业为主体的农村经济新体系。2006年,在农村社会总产值中,农业总产值所占比重为48%,比1996年上升9.1个百分点(详见表2);农村工业产值占到36.7%,比1996年上升26.2个百分点;其他产值占14.3%,比1996年下降35.5个百分点。

表2 1996—2006年万盛区农业增长情况

单位:万元

指标 年份	农林牧渔 总产值	比上年 增长(%)
1996	36444	8.55
1997	39100	6.55
1998	36459	-3.13
1999	36647	0.38
2000	35170	1.36
2001	35791	5.92
2002	38246	4.53
2003	42344	2.31
2004	50073	3.6
2005	52839	-3.51
2006	46841	-11.35

2.工业经济快速增长。直辖10年来,万盛工业在发展中调整,在调整中提高,经济规模显著扩大,产业、产品结构趋向优化。

工业经济总量快速增长,经济实力大大增强。2006年,全区工业总产值达到20.5亿元,比1996年增长1倍,平均增长7.1%(见表3)。工业总量逐年扩张,工业企业不断壮大,规模以上企业达31家。煤炭产业加工转化取得历史性突破,建成了5万千瓦电厂和机焦一期工程,万盛电厂第一台机组实现发电,南桐矿业公司、福耀玻璃、天泽钻井等公司运行良好,煤电化基地建设工作启动。2006年煤电产值达10亿元,占工业总产值比重近50%。

产业结构调整优化,产品结构升级换代。直辖之初,受国家产业政策限制和煤炭行情影响,万盛区工业经济发展一度受挫,地区经济陷入了严重危机。近年来,万盛区积极调整产业结构,重点扶持和发展了一批新兴行业,确立了以能源、材料、医药化工三大产业为主的工业经济新格局。主要工业产品生产能力明显提高,产量大幅度增加。

3.三产发展日新月异。依托独特的区位优势,万盛区旅游带动战略成效明显,第三产业的发展日新月异。第三产业增加值占GDP的比重由1996年的35.3%提高到2006年的44.7%,上升了9.4个百分点。餐饮娱乐、家政服务等一批新兴行业形成规模,成为新的经济增长点。商贸流通业发展迅速,随着綦万高等级公路、旅游公路、农村公路的相继建成通车,交通运输2006年

表3 1996—2006年万盛区工业增长情况 单位:万元

指标 年份	全部工业总产值	比上年增长(%)	工业增加值	比上年增长(%)
1996	103723	13.1	37050	12.8
1997	119296	28.0	37849	4.1
1998	117023	-11.0	35646	-3.2
1999	97460	-16.0	30612	-16.0
2000	95314	-1.3	31855	4.7
2001	102786	7.8	34170	8.0
2002	102260	6.4	33945	0.6
2003	121000	13.0	40337	17.2
2004	160800	14.1	54823	28.2
2005	190367	20.4	64374	12.3
2006	205000	6.1	70758	6.2

实现货运量1290万吨，客运量达816万人次，2006年，全区实现社会消费品零售总额9.63亿元，比1996年增长2.3倍(见表4)。旅游业得到进一步发展，黑山谷、万盛石林等景区影响力逐步扩大，旅游正在由观光型向休闲度假型转变，旅游经济发展迅速，接待企业发展到近百家，2006年接待来区游客78.5万人次，实现旅游综合收入2.74亿元。金融、保险等服务行业持续发展，2006年末金融机构存款余额达27.25亿元，实现保险业务收入4222万元。

表4 1996—2006年万盛区社会消费品零售总额增长情况 单位:万元

指标 年份	社会消费品零售总额	比上年增长(%)
1996	42335	11.9
1997	46272	9.3
1998	47336	2.3
1999	45537	-3.8
2000	48406	6.3
2001	52279	8.0
2002	57820	10.6
2003	64123	10.9
2004	73485	14.6
2005	83897	14.2
2006	96328	14.8

(三)所有制结构日趋改变，民营经济发展迅速

随着市场经济体制的不断深入，经济所有制结构发生了巨大变化，非公有制发展迅速，民营经济逐渐成为经济发展的亮点，尤其是近年来，陆续涌现出了像福耀集团、万煤集团、振兴煤业等一批规模大、效益好的民营企业，2006年民营经济增加值达到9.1亿元，占GDP的比重达43%。

三、消费品市场繁荣活跃

直辖10年来，万盛区商贸市场经历了一个逐步发展壮大的过程，整个流通市场始终保持着繁荣活跃、稳定增长的良好态势。

(一)市场规模持续扩大

10年来，万盛区商品市场得到迅猛发展，数量、规模不断扩大，零售总额成倍增长(详见表4)。市场商品种类、花色繁多，彻底改变了"消费难"的状况。

(二)流通网络日趋完善

10年来，一个多层次、全方位、多种运行方式并存的流通服务网络基本形成。昌宏、野太阳、新东风、红枫等一批综合商场相继建成并投入运营，重客隆、重百、万德等各类自选超市和连锁商店、专卖店日渐兴起，建材、小商品等各类专业市场、综合市场日益增多，商业网点布局日趋合理，极大地满足了市民生活需要；青羊饭店、陶然居、汇鑫等一批服务餐饮企业的出现，进一步提升了住宿餐饮服务品位。

(三)非公经济比重剧增

随着流通体制改革的不断深化，市场经营主体日益分化，新的经济成分大量涌现，逐步形成了国有、集体、私营、个体、股份制等多种经济成分并存的格局。2006年，国有、集体经济零售额占社会消费品零售总额的比重为27.2%，个体及其他经济零售额占72.8%。

四、城乡居民生活质量提高

直辖10年来，随着经济和社会的发展，万盛城乡居民物质和文化生活也发生了巨大变化。

(一)城乡消费水平提高

2006年万盛城镇居民人均可支配收入达到7618元；农民人均纯收入达到3268元，比1996年增长79.56%(见表5，下页)。2006年城镇居民人均消费支出达到6549元；农村居民人均消费支出为3924元，消费结构明显改善，城乡恩格尔系数逐年下降，2006年为48.66%。

(二)城乡发展条件明显改善

10年来，万盛区投入大量资金，加快了对旧城改造和新区建设的力度，主城区扩大到9.37平方公里，城镇化率达66.7%；城市承载能力提高，完成了万盛大道一期工程、供水管网改造工

表5 1996—2006年万盛区城乡居民收入增长情况　　单位:元

年份＼指标	城镇居民人均可支配收入(元)	比上年增长(%)	农民人均纯收入(元)	比上年增长(%)
1996	——	——	1820	14.3
1997	——	——	2107	15.8
1998	——	——	2240	6.3
1999	——	——	2245	0.2
2000	——	——	2300	2.4
2001	——	——	2400	4.3
2002	3899	——	2524	5.2
2003	4476	14.8	2645	4.8
2004	6051	35.2	2998	13.3
2005	6905	14.1	3242	8.1
2006	7618	10.3	3268	0.8

程、主城天然气供气工程,开工建设了城市生活污水处理厂、城市垃圾处理工程;城市功能逐步完善,万盛大厦—龙凤路口中心商圈基本形成,初步建成了商业步行街,建成了子如广场,11个社区的文化休闲设施逐步建立;城市环境有新的改观,绿化覆盖率提高到33%,城区段水质达到国家Ⅲ类标准,城市人居环境积极改善。城乡居民的居住条件明显提高,城市住房紧张状况得到缓解,人均居住面积达到16.1平方米;农村住房质量大为改善,人均居住面积达到35.8平方米。

(三)精神生活日益丰富

随着经济的发展和人民生活水平的提高,精神文化消费越来越受到居民的重视。2006年末,全区有线电视用户达到5.1万户,电视覆盖率97%;移动通讯网络全区覆盖率达100%,移动电话用户近5万户;电话固定用户5.2万户,农村电话通村率提高到80%,互联网用户达1.3万户,全面消除农村"无电户"。

(四)劳动和社会保障水平逐年提高

10年来,万盛区就业总量持续增长,职工人数逐年增加。2006年底,全区共有在岗职工25415人,比1996年增加10948人,增长132.1%;在岗职工工资总额达到39536万元,比1996年增长5.9倍。

社会保障水平逐步提高。10年来,万盛区社会保障体系日益完善,基本形成了包括养老保险、失业保险、医疗保险、最低生活保障等在内的比较健全的社会保障体系网络。目前全区养老保险、医疗保险、失业保险、工伤保险、生育保险参保分别达1.23万人、4.2万人、2.5万人、1.5万人、1.5万人;城市最低生活保障实现全覆盖,2006年,有城市贫困居民25953人和农村贫困人口3758人领到了最低生活保障金和困难救助金,共计3790.69万元。建立农村大病医疗救助、在乡重点优抚对象医疗优惠等制度,同时,认真落实"两免一补"政策,受益学生达31931人次。

(五)生态环境治理步伐加快

截止到2006年,全区退耕还林8万亩,共完成造林11.3万亩,治理水土流失面积103平方公里,启动了采煤沉陷区综合治理工程,重点处置了6处重大安全隐患的地质灾害。

注:本文数据出自万盛区统计局

撰稿单位:重庆市万盛区人民政府办公室
执笔人:张跃、高立军

渝北区

渝北区位于重庆主城东北部的长江、嘉陵江三角地带，素有重庆“北大门”之称，是重庆市新兴城区，属都市发达经济圈。渝北，历史悠久，底蕴丰厚，地灵人杰，是巴渝文化的发源地，其前身是重庆市江北县。1994 年底经国务院批准，撤销江北县设立渝北区。幅员面积 1452 平方公里，辖 22 个镇、7 个街道，户籍人口 87.72 万。城区为三大板块，即两路、龙溪和北部新区，规划面积 382 平方公里，建成面积 72 平方公里，城镇化率达 61.2%，城镇人口 53.8 万。

自 1997 年重庆成立直辖市以来，在市委、市政府的正确领导下，全区上下以邓小平理论和“三个代表”重要思想为指导，解放思想、抓住机遇、扎实工作、开拓创新，全区三个文明建设取得了长足进步，呈现出经济社会全面、协调、快速、持续发展的良好势头，成为重庆最具发展活力和潜力的城区之一。10 年来，全区经济总量不断攀升，发展结构不断优化，发展级次不断提升。2006 年，地区生产总值从 10 年前的 38.39 亿元增加到 183.11 亿元，人均地区生产总值达到 20805 元(见表 1)；全社会固定资产达到 280.45 亿元(见表 1)；规模以上工业总产值达到 364.78 亿元(见图 1，下页)，汽车摩托车制造等产业初具规模，连续四年被评为重庆工业十强区县；社会消费品零售总额完成 51.27 亿元(见表 1)。连续多年主要经济指标增速居全市前列。

一、大力实施工业强区战略，推动了工业经济的高位增长，新型工业化步伐明显加快

渝北把园区作为推进新型工业化的主战场，切实解决园区用地和基础设施建设中的资金瓶颈问题，为更多企业入驻创造了条件。在继续做大汽摩产业的同时，加大了食品、服装等产业的发展力度，一批新兴工业企业相继竣工投产。加大财政支持力度，改进融资方式，充分发挥中小企业担保中心作用，及时解决了部分企业流动资金短缺等实际困难。工业发展速度加快，2006 年，规模以上工业企业比上年增加 32 家，实现产值 364.78 亿元。2006 年，渝北区规模以上工业产值的增速在主城九区中，从 2005 年同期的末位一跃而到首位。

表 1 渝北区国民经济发展情况

指标名称	计量单位	1997 年	1998 年	1999 年	2000 年	2001 年	2002 年	2003 年	2004 年	2005 年	2006 年
地区生产总值	亿元	38.39	42.99	47.99	53.4	61.31	72.11	87.4	124.09	145.32	183.11
人均地区生产总值	元	5105	5663	6286	6953	7917	9231	11102	15416	17296	20805
地方预算内财政收入	亿元	1.3	1.6	1.96	3.04	3.6	3.78	6.55	8.45	13.27	21.01
规模以上工业总产值	亿元		14.11	17.07	22.32	32.32	43.04	75.96	150.14	215.97	364.78
全社会消费品零售总额	亿元	11.8	12.88	14.09	15.35	17.18	19.5	22.68	29.8	37.65	51.27
全社会固定资产投资总额	亿元	12.04	17.54	35.22	44.8	61.51	80.94	102.03	174.74	225.2	280.45
城市居民可支配收入	元		4908	5332	5743	6491	7309	8033	9143	10189	11493
农村居民人均纯收入	元	2094	2232	2307	2404	2479	2622	2777	3168	3479	3604
城乡居民储蓄存款余额	亿元	18.51	24.53	31.56	38.56	47.54	62.73	81.76	97.54	116.28	143.99

注：本表所有指标统计范围均包含北部新区；除地区生产总值和人均地区生产总值增长速度按可比价格计算外，其余均为按现价计算；人均地区生产总值按常住人口计算。

在较快的增速中，现代制造业立下了头功。现代制造业引领新型工业化，新思维促进现代制造业的快速发展，现代制造业又成为引领渝北区新型工业化的龙头产业。

图1　规模以上工业总产值　单位：亿元

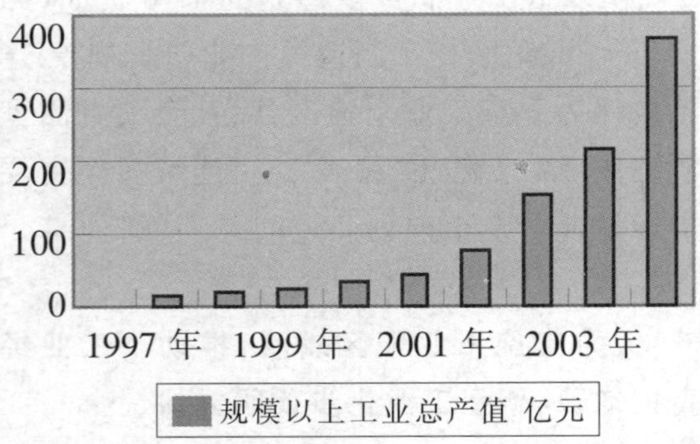

在发展现代制造业中，以新思维来促进现代工业的发展，是渝北区新型工业化中的一个显著特点。按照国际现代工业发展的思维，以园区形式打造产业集群。长安汽车工业园、银翔摩托车工业园，是渝北区利用园区为载体，全力打造以汽摩为主的现代制造业基地的成功典范。目前，在长安汽车工业园、银翔晓星摩托车工业园内，长安汽车、长安福特轿车、力帆汽车、恒通客车和银翔摩托车集团、双庆摩托车等整车生产企业以及渝江压铸、渝帆机械、红岩弹簧、元创汽车模具等一批汽车摩托车零配件配套骨干企业，使这两个工业园区集聚起了以汽车摩托车为主的现代制造业的生产能力和资源，形成强大竞争力。在重庆空港工业园内，以长安为龙头的商务轿车、以安凯重客为龙头的客车及以银翔为龙头的摩托车等"三车"研发、生产基地已初具规模。其中汽车工业尤为突出，2006年，汽车工业对渝北区地区生产总值的贡献率已达到82.1%，拉动地区生产总值增长了20.5个百分点。

渝北区的这种现代工业思维，已引领渝北区形成了汽摩产业集群。按照以园区为载体来集聚优势产业资源的发展思维，渝北区还建起了模具工业园、服装工业园等，启动了国际包装制品工业园、台商工业园、汽车电子工业园、高新纺织工业园等工业园区的建设。这些园区的建设，使电气机械及器材制造、通信设备制造等制造业的增长速度均在30%以上。

与现代制造业配套建设销售中心，使产销形成一条龙，这也是渝北区用新思维促进新型工业化中的一大举措。渝北区已建成汽车销售中心和汽博中心，规划建设的摩托车博览中心、汽摩零部件专业市场也开始启动。

以科技来促进新型工业化，加快了产业的发展，这也是渝北区用新思维来引领现代制造业中的一种尝试。在渝北区的产业集群中，已建成了国家级的长安汽车研究院、正在争创国家级的银翔摩托车研究中心。在改造传统产业中，坚持以技术创新和新产品开发来促进发展。2006年，渝北区引导工业企业投资9亿元，进行重点技术改造，通过改造后新增产值80亿元。同时，运用现代科技开发新产品，使产品成为拉动全区现代工业增长的支撑力量。

建全国最大食品加工城，已入驻企业达40多家。中国(重庆)食品工业城占地5平方公里，这个已纳入重庆市社会经济发展"十一五"规划中的国际食品工业城，将打造成全国最大的食品加工生产基地。

食品工业城由新加坡波裕廊国际工程有限公司编制总体规划、控制性详细规划和基础设施规划，规划开展食品生产、食品贸易、食品仓储物流、食品包装、食品卫生检验、食品机械研发制造等，将重点进行饮料、榨菜、粮果、调味品、水产品、速冻食品、休闲食品、乳制品、肉食品等的研发生产。

到2006年，食品工业城已完成全部的平基工程，并引进了世界500强企业之一的正大集团公司以及四川隆生公司、重庆秦妈食品公司、重庆有友食品公司、昆明航空航旅服务有限公司、贵州领先食品股份有限公司等大中型特色食品企业。目前，食品工业城正在与一批世界500强企业和国内大型食品生产企业洽谈。大型食品加工企业的引入，将提升食品工业城的高科技含量及影响力、带动力。新签下入驻协议的贵州领先食品有限公司，将投资1.8亿元在工业城建方便米饭生产线。该公司是目前国内唯一一个方便米饭行业的高新技术企业,它的进入将大大提升重庆市食品加工的水平和档次。

随着这批食品加工、农产品精细加工企业的落户和建成,食品工业城将成为全国最大的食品加工工业城,并对重庆市的农产品冷藏加工、包装制品等多项产业开发起到积极的拉动作用。

二、高度重视社会主义新农村建设,农业产业化顺利推进,农民收入持续稳步增加,农业和农村经济取得明显成效

农业产业化稳步推进,“三色农业”、“三大经济带”、“百里花卉长廊”取得新进展,2006 年,花卉总面积达到 3 万多亩,新培育市、区两级龙头企业 45 家,“两社”组织达到 105 个,近 6 万农户实行“订单农业”。扶农促农政策到位,实行农业税全免,2800 万元粮食直补资金及时兑现到农户,区财政对“三农”的投入增长 35.4%。农村富余劳动力转移力度加大,完成 8700 个农村劳动力技能培训,新转移农村劳动力 16.3 万人,劳务收入占农民人均纯收入的比重达 40%。完成了新农村建设规划编制,4 个示范村和 30 个推进村新农村建设有序推进。“一小时渝北”交通工程建设任务全面完成,219 个行政村实现了公路“村村通”,新建微型水库 4000 余个,整治病险水库 25 座、山坪塘 375 口,解决了 9 万余人饮水难和饮水安全。治理水土流失面积 224 平方公里,退耕还林 23.7 万亩,土地整治 6.8 万亩,被评为全国生态农业先进区、全国水土保持示范区。三峡移民工作完成移民投资 1.1 亿元。

以工业理念引领现代农业。重庆渝北农业科技园区建在渝北,但这个园区不只是渝北的园区,还是带动全市现代农业的科技园区。因而,这个农业科技园区是重庆市现代农业的先行者,为全市现代农业的发展起着示范推动作用。

用工业的理念来发展农业,创新了农业发展中的思维。这是该农业科技园区在全国 36 个国家级农业科技园区中创下的“重庆模式”。产业联动是工业理念的一个显著特点。渝北农业科技园在现代农业的发展中,实行生产、加工和销售产业联动的方式,形成真正的产业链条,确立了以“科技型农业、生态型农业、加工型农业和市场型农业”为中心的产业定位。这“四型”农业的联动,开始把传统农业引向现代农业的轨道。

科技型龙头企业,引领重庆市的农业向现代农业迈进。全市 11 个农业产业化百万工程中,有 7 个龙头企业都建在了该园区。如在园区内的重庆市薯类脱毒中心,通过对马铃薯等薯类种子进行脱毒,有效地解决了薯类的脱毒问题,每年可产原种及脱毒种苗 400 万粒(苗),已带动开县、云阳、巫山等 10 多个区县推广脱毒马铃薯 450 万亩,涉及农户 6.6 万户,为重庆市特别是三峡库区的马铃薯提升了品质,促进了生产,增加了农民收入,每亩平均增加产值 110.66 元。先进的科技促进农业的现代化。园区承担的国家 863 计划领先技术领域的“智能农业”科研项目和农业专家系统,已在渝北、九龙坡、涪陵等地推广应用了 9 个“农业专家大院”,建成了 34 个电脑农业示范基地和 17 个电脑农业工作站。

加工型龙头企业把农业的生产与加工进行有效融合,带动了农业产业化的发展。在农业科技园区的重庆利农一把手公司,是以油脂加工为主导产业的龙头企业,每年可加工处理 10 万吨菜籽。通过这一龙头企业,已向全市推广的“渝黄 1 号”油菜良种,使 5000 余户农家通过种植“渝黄 1 号”油菜实现增收。据称,农民种植这一良种油菜,平均每亩增加收入 130 元。华牧集团在园区建设的年屠宰加工生猪 200 万头生产线,可以带动两个县的农民养殖生猪。在园区内,像这样的龙头企业在拉动全市农业产业化发展中,已凸现出了重要的作用。

注重培养市场型农业,也是引领现代农业发展中的一种新思维。在园区内的三亚湾水产批发市场将于 2007 年 5 月前建成投入使用。皇田花卉批发市场和石盘河综合批发市场等的建设,也把农业的市场功能融入到了现代农业中。

渝北区把农业招商引资作为促进农业增效、

农民增收的重要举措，坚持以市场为导向，以效益为目标，以结构调整为主线，有针对性地开展农业招商引资。全区按照“产业化发展、特色化推进、工业化带动”的思路，大胆更新农业发展理念，由传统农业向现代农业转变，切实改进农业增长方式，又好又快发展社会经济。各级各部门加大了农业招商引资力度，加强与龙头企业、种养、殖能手(大户)的沟通、联络、衔接，增进了解，加深感情，坚持政策招商、以农招商、以地招商、以情招商、以商招商。千方百计引进业主发展生态旅游农业、特色农业，定单农业，实行风险共担，利益共享。全区农业招商引资工作扎实，成效显著，硕果累累。

据统计，两年来全区共引进农业龙头企业和种养、殖能手(大户)188家，总投资近12个亿元。涉及水果、蔬菜、中药材、奶牛、生猪、休闲生态农业以及农产品收购加工等项目，就近就地累计转移农村劳动力近3000人。其中最大一笔签单是张关镇引进的台商重庆日月云天旅游开发有限公司投资6.4个亿在老君山、大天池、天险洞三个村发展生态农业旅游景区，目前已完成总规划和详规。

天友乳业有限公司、重庆秦妈餐饮公司、毛哥食品有限公司、华牧集团等众多知名企业入驻，大力发展特色农业，实行定单生产，推进了农业结构调整，加快了农业产业化发展步伐，有力地推动了新农村建设。全区发展特色蔬菜达10多万亩，产量达15万吨；特色柑橘达3万多亩，产量达2.5万吨；特色粮油达20万亩；特色水产品0.1万亩；蚕茧年总产量达1006吨；肉兔年出栏81万只；家禽年出栏820万只，山羊年出栏6.5万头；存栏奶牛5400头，牛奶年总产量1.80万吨。

利农一把手、重庆东山源农业开发公司、小天鹅食品有限公司、毛哥食品厂、重庆永健食品公司等企业与农民签了生产定单，实行定品种、定质量生产、保护价收购。定单农业的发展惠及了农民，让农民收益有了保障，生产积极性大大提高。重庆东山源农业有限公司在王家、洛碛、大盛、麻柳等镇签订了青蒿生产定单6800多亩，为农民增加收入530.4万元；利农一把手科技有限公司黄籽油菜定单生产为农民增收98.45万元；区内龙头企业定单发展辣椒、蜜本南瓜等蔬菜1万多亩，重庆环球石化公司定单发展“豫薯王”高淀粉红苕1万多亩。定单农业已成为渝北农民增收的一个新亮点，农业龙头企业已成为新时期农业发展的生力军，成了社会主义新农村建设的重要力量。

全区建立了一批无公害农产品生产基地、培育了一批名牌农产品，现有无公害农产品基地16个，无公害农产品10个，市级以上名牌农产品15个，其中“环山春”茶荣获全国农业博览会金奖，“渝泉”牌梨橙荣获“中华名果”称号，“梅溪榨菜”、“茨竹青椒”、“毛哥炖料”在全国也有一定的知名度。渝北已成为全市最大的奶源基地，重要的无公害蔬菜基地，是全国生态农业示范区和水产生态养殖预示范区。“仙桃1号”水蜜桃获市品种审定，成为渝北区农业上第一个拥有知识产权品种，现全区种植面积达1万多亩。

三、充分发挥地缘优势，建筑业、房地产业、餐饮娱乐业、汽车销售业、现代物流业等现代服务业呈现好势头

把发展现代服务业摆在突出地位，编制了中长期发展规划，出台了一系列扶持措施和优惠政策。两路、龙溪两大中心商圈建设取得实效，连锁经营等新型业态发展较快，重庆百货、国美、易初莲花、苏宁、百安居等知名企业相继开业。成功举办龙溪美食文化节。及时认真落实中央一系列规范房地产市场的政策，准确分析和把握建筑、房地产业的发展走势，认真解决存在的困难和问题，促进了建筑和房地产业健康有序发展。竣工商品房和销售商品房面积分别比上年增长74%、68%，累计完成商品房销售1079万平方米，实现销售金额228亿元，连续四年保持全市第一。采取切实有效措施扶持航空运输业发展，航空客运突破805万人次、增长15.8%，货运突破12万

吨、增长 16%。大力发展旅游经济，认真落实区人代会议案，加大了旅游基础设施建设和景区开发的力度，2006 年完成旅游投入 3.5 亿元。统景泉世界一期工程建成，并荣获中国最佳温泉度假胜地称号，统景镇被评为全国重点镇。龙兴古镇保护和开发顺利推进，被评为中国历史文化名镇。沙坪生态园初具规模，玉峰山森林公园建设加快。全年接待游客 237 万人次、实现旅游收入 6.1 亿元，分别比上年增长 22.8%、42.9%。加强了对金融工作的协调指导，金融运行平稳，存款余额比年初增加 48 亿元、增长 28.5%，贷款余额增加 34.8 亿元、增长 31.8%。

用国际现代经营理念来提升现代服务业，这是渝北区现代服务业能够快速发展的动力。

世界 500 强带来国际经营理念。2006 年底，沃尔玛、百安居两家世界 500 强企业在渝北区的新店先后开业。至此，目前已有 7 家世界 500 强所属的服务型企业在渝北区扎下营盘。这批世界 500 强企业来到渝北，不仅提升了我们的商贸服务业的档次，更重要的是带来了国际现代服务业的经营理念。引进、运用世界 500 强企业的商业经营理念来提升现代服务业档次，是渝北区在发展现代服务业中的一种新思维。这种思维把渝北区的现代服务业推向了开放的前沿。

在现代服务业的招商引资中，渝北一开始就把眼光放在世界 500 强企业上。由于有了这一理念，渝北区调动起各方面的积极性，引进世界 500 强企业入驻渝北。到 2006 年底，沃尔玛、百安居、麦德龙、菲律宾 SM 集团等 7 家世界 500 强企业集团所属的大型商业企业先后入驻渝北。短时间内有这样多的世界 500 强企业入驻，并开张营业，这在主城各区中也是名列前茅的。

连锁经营理念提升商业网络。引进国内连锁经营名店，用连锁经营的理念来提升商业网络，这是渝北区在发展现代服务业中的又一新举措。两年前进入渝北的重庆百货集团，一开业就给渝北带来了好的连锁经营理念。开张后，其营业额就直线上升。除重百外，新世纪、国美、苏宁等全国商业连锁 50 强企业也先后被引进到渝北，给渝北带来了连锁经营的现代服务业的新业态。国内大型商业企业的落户，在给渝北带来连锁经营新理念的同时，也促进了渝北商业服务业的发展。2006 年，渝北区连锁经营实现的销售额就有 10 亿元。

多层次现代服务业格局形成。世界 500 强企业和国内大型商业连锁经营店的大量入驻，带动了渝北多层次现代服务业格局的形成。中心商圈初步形成。在渝北中心商圈内，重百渝北商场、秦妈火锅等一批名店建成开业，有效地提升了渝北中心商圈的商业气息。4 条特色街成为渝北现代服务业的亮点。龙溪加州美食街已成为重庆最火爆的美食街之一，酒吧一条街中的特色酒吧已陆续开业，滨港路美食街和水煮鱼一条街的建设正在顺利推进。现代服务业的经营理念还向城镇辐射。统景镇和兴隆镇也按城市商业服务业的经营理念和方式，打造商业步行街。茨竹镇和大湾镇也建起山区蔬菜批发市场和综合交易市场等。城市、农村相互促进的多层次现代服务业的格局已经在渝北形成。

四、城镇面貌发生巨大变化，都市风貌已经凸现，成为重庆都市风貌展示区

认真实施城镇化战略，积极加强城镇基础设施建设和旧城改造力度，市政设施日臻完备，城市管理水平进一步提高。两路、龙溪两大城区的都市氛围愈加浓厚，都市形象不断提升，一批区域中心镇的聚集辐射力不断增强，城区面积从 7 平方公里扩大到 72 平方公里，城镇人口增加了 40 多万人，城镇化率从四年前的 46.5%提高到 61.4%。以迎接亚太市长峰会为契机，把做好迎接亚太市长峰会与改善人居环境和提升对外形象相结合，与加强城市建设和管理相结合，与解决群众反映的突出问题和提高市民素质相结合，集中人力财力完成了一批市政设施项目。新建新溉路、双龙东路等 10 条城市干道 17 公里，完成空港大道、双凤路等近 20 公里的城市干道沥青混凝土罩面。观音岩隧道实现初通。新安装路灯

3400多盏，消除了城区"无灯区"，完成暗灯区改造。双龙湖公园、金港苑公园建成。完成机场迎宾大道和其他城区主干道的绿化美化工程，新增城市公共绿地22.4万平方米，人均公共绿地由四年前的9.7平方米增加到12.8平方米。实施了城区夜景灯饰改造工程，城区景观焕然一新。建立市容环境卫生长效管理机制，城区主干道实现全天候保洁。实施城区环境综合整治，取缔了城区露天夜市，加大了超载超限运输整治力度，群众反映强烈的油烟、噪声扰民，车辆非法营运、城区"三乱"等得到有效遏制。城区交通智能化管理水平提高，交通秩序明显好转。2005年，启动了"蓝天行动"，加大扬尘污染控制力度，城区空气环境质量符合Ⅱ级及以上标准的天数达到299天，占81.9%。辖区水环境质量基本保持稳定，城区声环境质量达标。通过开展全民迎峰会活动，改善了环境、惠及了百姓，外树了形象、内聚了人心。

五、切实关注民生民利，渝北人民生活质量和水平明显提高

10年来，我们努力改善人民群众的居住环境和消费环境，人均居住面积大幅提高，各类市场繁荣有序，物价总体保持稳定。努力增加人民群众的物质财富，2006年城市居民可支配收入达到11493元，农民人均纯收入达到3604元(见图2)，城乡居民储蓄存款余额达到144亿元。

图2 城乡居民收入增长情况

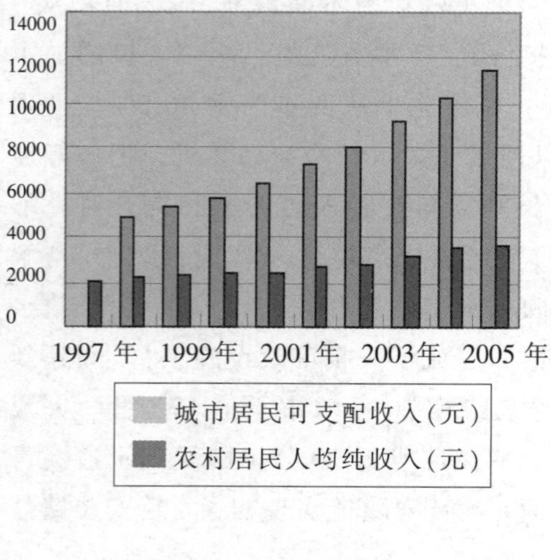

努力丰富人民群众的文体生活，建成了一大批文化体育设施，开展了多姿多彩的群众性文体活动，荣获"全国全民健身活动先进单位"和"重庆市文化市场管理先进单位"称号。

高度关注民生民利，力求群众获得更多实惠。把维护和发展群众利益放在十分重要的位置，切实加大投入，全年社会保障支出达1.3亿元，比上年增长26.6%。完善了社会保障体系，健全了镇街社会保障机构，适当提高了城镇低保和养老金标准，养老、医疗、失业、公伤、生育保险和城市低保等工作走在全市前列。切实关心农转城人员的切身利益，探索实行就业保障等方面的新措施，得到国家五部委的肯定。十大民心工程如期竣工，解决了2万多居民饮水困难，修建800多公里便民道方便了24万农民群众的出行，兑现了贫困家庭学生"两免一补"政策和计生奖励扶助政策，在部分镇街建立了残疾人扶贫基地，新建或改扩建了敬老院。建立了保障义务教育阶段贫困家庭子女入学长效机制，以及农村最低生活保障、农村特困群众大病救助、困难群众法律援助等各方面制度，城乡群众得到了更多实惠。

回顾走过的历程，我们深切地感受到，重庆直辖10年来渝北区所取得的每一项成就，都是高举邓小平理论伟大旗帜，认真贯彻落实"三个代表"重要思想和党的路线、方针、政策的结果，它凝结着历届领导班子的胆略和智慧，凝结着全区各级各部门、广大干部群众的艰辛劳动和不懈努力，凝结着各市级部门、友好区县的热忱关注和大力支持，凝结着离退休老同志、社会各界朋友的真挚爱心和无私奉献。

注：本文数据出自渝北区统计局

撰稿单位：中共重庆市渝北区委宣传部

巴南区

巴南区的前身是千年历史名邑巴县，1995 年经国务院批准撤县建区，成立巴南区。巴南区地处长江南岸、重庆都市发达经济圈，幅员面积 1827 平方公里，现辖 19 个镇、2 个街道，总人口 86 万，是重庆主城区的南大门。

一、直辖十年经济发展概况

重庆直辖以来的 10 年，是巴南区加快发展、实现富民强区、全面建设小康社会的重要时期，也是老“巴县”向新“巴南”转变的质变期。

2006 年，全区实现地区生产总值 116 亿元，比 1996 年增加 82.4 亿元，年均增长 12.2%；全社会完成固定资产投资 115.9 亿元，比 1996 年增加 105.6 亿元，年均增长 27.4%；社会消费品零售总额由 1996 年的 8.6 亿元增长到 36.9 亿元，年均增长 15.7%；区级预算内财政收入 5.79 亿元，比 1996 年增加 4.98 亿元，年均增长 21.7%；（见图 1）城镇居民人均可支配收入由 1996 年的 4965 元增加到 11460 元，增加 6495 元，年均增长 8.7%（见图 2）；农民年人均纯收入由 1996 年的 1850 元增加到 3607 元，增加 1757 元，年均增长 6.9%；第一、二、三产业比例由 1996 年的 42.3∶33.9∶23.8 调整为 2006 年的 16.0∶53.8∶30.2。

图 1 全区主要经济指标对比图

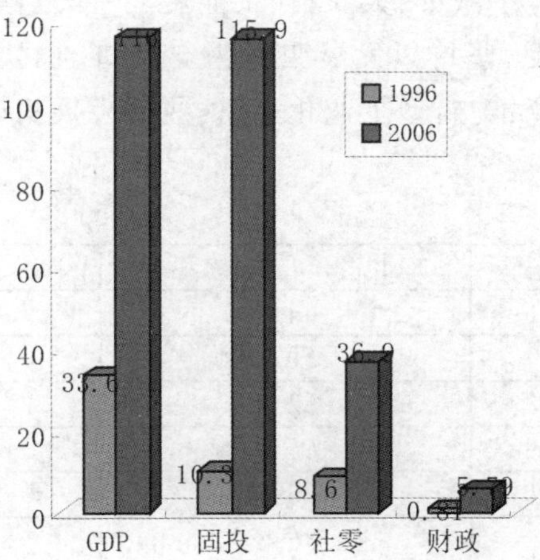

图 2 城乡居民收入增长对比表

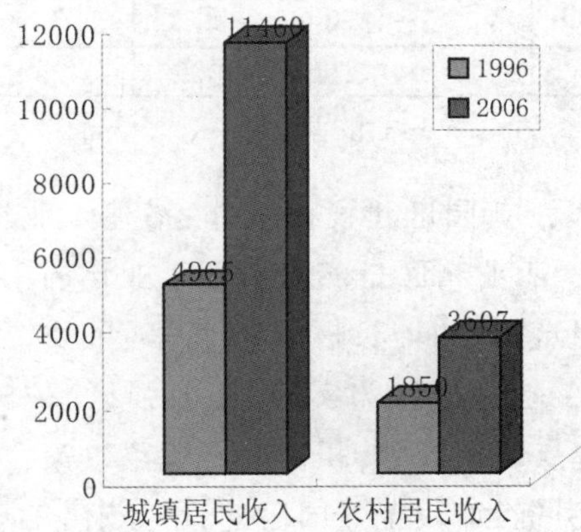

二、直辖十年经济发展成就

（一）解放思想，转变观念，确立发展新思路

建区之初，巴南具有明显的“小城区、大农村”二元结构，与重庆主城其他几区相比，经济社会发展水平较低。重庆直辖 10 年来，在市委、市政府的正确领导下，区委、区政府团结带领全区人民，高举邓小平理论伟大旗帜，认真实践“三个代表”重要思想，全面贯彻党的十五大、十六大和十六届五中、六中全会精神和市委、市政府的一系列重大决策部署，紧紧抓住重庆直辖、国家实施西部大开发战略、三峡工程建设和重庆市实施主城“退二进三”等重大历史机遇，进一步理清发展思路，确立了建设“重庆南部新兴工业大区、近郊短程特色旅游区、重要农副产品生产基地”的全区总体奋斗目标，大力实施“工业强区、农业稳区、三产活区、科教兴区”战略，解放思想，与时俱进，自强不息，开拓进取，加快改革开放和现代化建设步伐，国民经济迈上新台阶，各项社会事业

取得显著成绩，城乡人民物质文化生活水平不断提高，开创了巴南建设和发展的崭新局面，为今后的腾飞构筑了坚实的基础。

（二）实施“工业强区”战略，工业支撑作用显著提高

工业是强区之本。区委、区政府坚持从巴南区具有小城市、大农村、工业脆弱、农业落后的区情出发，坚持以发展工业为突破口，加快工业企业改革，走新型工业化道路，放手发展民营经济，紧紧围绕以园区建设为载体，结构调整为主线，企业效益为中心，发展以汽车摩托车、装备制造、医药化工、资源加工为主的四大支柱产业，促进工业经济强势发展，基本建成重庆南部新兴工业大区。2006年，工业总产值达到206亿元，比1996年增加161.8亿元，年均递增16.6%；工业经济效益综合指数由2002年的115.7%上升到164%；工业增加值由2000年的15亿元上升到52亿元，年均递增23%（见表1）。

表1 巴南区工业经济主要指标

年份	工业总产值（亿元）	比上年增长（%）	工业增加值（亿元）	比上年增长（%）
1996	44.2	32.3	——	——
1997	50.8	14.9	——	——
1998	52.4	3.1	——	——
1999	66.8	27.5	——	——
2000	76.9	15.2	15	——
2001	86.8	12.8	18.5	23.3
2002	100.1	21.7	23.8	28.9
2003	126.2	26.1	29.6	24.2
2004	149.4	18.4	33.2	12.2
2005	170.6	14.2	36.5	9.8
2006	206	21.2	52	26.4

注：数据来源于《巴南区统计年鉴》。

1.以工业园区建设为载体，搭建工业经济发展平台。工业园区是实施新型工业化的主战场，是万盛经济新的增长极。10年来，区委、区政府坚持把工业园区作为实施“工业强区”战略的载体，高起点编制规划，积极制定优惠政策，大力实施招商引资，加快工业园区建设。花溪工业园区是经市政府批准的首批16个市级特色工业园区之一，重点发展机械加工及服装轻纺等产业，目前已有建设工业（集团）公司、宗申摩托车集团、重庆麒龙服装加工基地等多家知名企业入驻园区。2006年，该园区实现工业总产值48.3亿元，占全区工业总产值的23.5%，工业增加值12.6亿元，完成全社会固定资产投资9.18亿元，实现税收1.38亿元，新产品价值15亿元。截至2006年，花溪园区累计完成全社会固定资产投资34.23亿元，实现工业总产值108亿元，工业增加值21.9亿元，税收4.11亿元，安置劳动力12900人。2004—2006年，连续三年被评为全市“先进特色工业园区”。茶园鹿角工业园区、金竹工业基地等均保持着良好的发展势头。

2. 积极推进结构调整，大力提升产业竞争力。10年来，区委、区政府坚持以结构调整为主线，努力打造强势工业。一是坚持“有进有退和有所为有所不为”的原则，以发展民营经济和规模经济为重点，积极调整所有制结构和企业组织结构，加大扶优扶强力度，集中解决国有经济比重过大、战线过长、营运效率不高的问题，培育壮大了以宗申科技、弘愿气动、吉力电装、川渝精工为代表的非公有制优势骨干企业。2003—2005年，连续三年被市政府评为全市“民营经济10强区（县）”。宗申集团、一品建司等民营企业被市政府评为“重庆市民营企业50强”。二是坚持以信息化带动工业化，大力发展新型工业，基本培育成以汽车摩托车、装备制造、医药化工、资源加工为

主的四大支柱产业。2006年，汽车、摩托车产量分别达到11.3万辆、32.8万辆，增长20.4%、47.8%；分别实现产值67.9亿元、51.7亿元，“两车”产值占全区规模以上工业企业总产值的65.5%。三是以市场为导向，积极调整产品结构，着力打造以摩托车、机床、陶瓷等为代表的一批科技含量高、附加值高和竞争力强的名优产品。“宗申”牌摩托车被评为全国驰名商标，“重机”牌数控齿轮机床、“华陶”日用陶瓷、“心相印”纸制品被评为“中国名牌”产品。

3.建立现代企业制度，全面深化企业改革。区委、区政府从产权制度改革入手，以转换企业经营机制为目标，先后出台了《关于进一步加快中小企业改革的决定》、《关于进一步加快区属国有企业改革的决定》等一系列文件，坚持企业改革改制与发展相结合，通过引资嫁接，盘活存量资产，破旧立新，实现了企业制度创新，建立了“产权明晰、权责明确、政企分开、管理科学”的现代企业制度。通过“破旧”和与优势企业的结合，产生了华鼎药业、吉力芸峰制药等新型工业企业。

4.加大支持、服务力度，加快在区中央、市属企业发展。10年来，区委、区政府牢固树立“不求所有，但求所在”的观念，大力支持在区中央、市属企业发展。建立了在区中央、市属企业发展协调服务工作机制和组织领导体系，完善了地方与企业联席会议制度，创造了企业健康发展的良好环境。积极配合企业搞好医院、学校等社会职能剥离工作，切实减轻企业社会负担，为企业排忧解难。先后接收了重庆万里蓄电池股份有限公司职工医院及医护人员和重庆毛纺厂、重庆机床厂等9所厂矿子弟校及其教职工。积极服务于企业的改革发展，支持市委、市政府对渝港钛白粉有限公司进行资产重组；帮助重庆大江集团采取兼并、资产重组等方式改制，使该厂重现活力。1999年，全区工业企业整体扭亏为盈；2006年，全区规模以上工业企业实现利润总额10.5亿元。

（三）实施“农业稳区”战略，农村经济稳步推进

10年来，区委、区政府高度重视“三农”问题，大力实施“农业稳区”战略，狠抓结构调整和农民增收两个关键环节，采取综合措施，推动农村经济稳步前进。2006年，农业总产值28.65亿元（见表2），农民年人均纯收入3607元，分别比1996年增加7.75亿元和1757元。通过税费改革，农民负担进一步减轻。

1.积极调整农业产业结构，大力推进农业产业化进程。区委、区政府根据区情将全区划分为主城和城郊两大经济发展区，实行分类指导、逐步推进，大力实施“1145”（即一园、一廊、四大产业、五大品牌）战略。重庆现代农业示范园区加快建设；百里生态农业经济长廊业主总数63家，建设规模达10496亩；四大产业发展规模进一步扩大，茶叶基地总面积达5万亩，花椒种植面积达

表2 农村经济主要指标

年份	农业总产值（亿元）	比上年增长（%）	农业增加值（亿元）	比上年增长（%）
1996	20.9	10	——	——
1997	21.9	4.8	——	——
1998	21.7	-0.9	——	——
1999	19.8	-8.8	15.1	——
2000	20.3	2.5	15.2	0.8
2001	21.4	5	15.5	1.9
2002	21.8	2.3	15.8	1.7
2003	22.6	2.1	16.4	2.7
2004	28.3	25.3	18.5	12.6
2005	30.4	7.1	19.6	6.2
2006	28.65	-5.8	18.6	-5.1

注：数据来源于《巴南区统计年鉴》。

15万亩，花卉苗木总面积达3.7万亩，新育桑苗200亩，新发展桑园2000亩；五大品牌质量和知名度进一步提高，“巴南银针”茶荣获中国国际农业博览会名牌产品称号、“樵坪牌”贡米打入超市、“东灵牌”花椒和“正州牌”猪肉进入千家万户，“石龙技工”走向全国。

2.不断加强农业基础设施建设，有效改善农业生态环境。坚持不懈地推进以农田水利建设为主的农业基础设施建设这项农业经济发展的关键性基础工程，不断改善农业生产条件。从2000年开始，通过争取国家补助、银行贷款及盘活水利存量资产等多种形式，完成了南彭、下涧口、感应洞、响水、滩子口等水库除险加固和配套工程。

3. 大力发展劳务输出，开辟农民增收新途径。牢固树立“富裕农民，必须减少农民”的观念，坚持把农村劳务输出作为转移农村剩余劳动力、增加农民收入的重要措施来抓，按照“劳务输出=资金输入”的发展思路，进一步完善了“市场—订单—培训—输出”的劳务输出模式，有序组织劳务输出，着力打造“石龙技工”劳务品牌，劳务经济取得了经济效益和社会效益双丰收。“石龙技工”现已注册为全国劳务输出的一大品牌，受到了市委、市政府领导主要的充分肯定，国家财政部农业司领导也给予了高度评价。

4.认真贯彻国家相关政策，切实减轻农民负担。严格执行中央“一项制度，八个禁止”的规定，全区农民负担低于国务院《条例》和市减负文件规定的限额。抓好农村税费改革试点工作。2001年2月，启动了农村税费改革试点工作，农民负担进一步减轻，人均负担48元，比1997年人均减负28.6元，下降37.3%。电力设施实施农网改造工程，农村居民生活综合电价下降，每年减少农民负担100万元。全面免除农村义务教育阶段学生杂费，对贫困家庭学生免费提供教科书并补助寄宿学生生活费，使农村居民的生活负担进一步降低。全面落实免征农业税、财政资金直接补贴农民等政策，使农民群众得到更多的实惠。

5.新农村建设迈开步伐，农村居民生活质量进一步提高。制定《新农村建设规划纲要》，启动了4个市级示范村、16个区级示范村和19个重点推进村的建设。2003年以来，多渠道筹集资金2.6亿多元，新建农村沼气池13500口、人行便道280公里，完成7540户农村改厕任务，完成一批村级集中式供水工程和场镇改扩建饮水项目，解决了12余万人饮水困难和饮水安全问题。实现了农村公路和有线电话村村通，基本完成农村电网改造。完成了市下达的移民工作目标任务。

（四）实施“三产活区”战略，第三产业繁荣活跃

1998年以来，区委、区政府非常重视第三产业的培育和发展。特别是近几年，区委、区政府坚持把“三产”发展提高到激活全区经济发展的战略高度，大力实施“三产活区”战略，推动全区第三产业步入了上档次、增规模、育精品、显特色、求效益的突破性发展新时期。

1.商贸流通发展迅速。不断改善商贸流通发展环境，深化商贸流通体制改革。1996年以来，先后对32家国有商业企业实施改革，实现了商业企业的整体扭亏为盈。协信巴南购物广场、华夏8街、大江广场和李家沱一城百货广场、马王坪新世纪超市等购物场所相继开业，鱼洞、李家沱城区商贸氛围更加浓厚，商圈建设初见成效。国美电器、中百超市、新世纪百货、重庆百货等多家知名商业企业入驻巴南。培育和建设了重庆家具交易市场、重庆闲置设备交易市场、西部汽车城、渝南汽车展销中心等一批专业市场。2001年开业的铠恩国际家居名都已成为重庆最大的家具交易市场，你家我佳精品家私商场、重庆西部汽车城机动车市场等相继开业，渝南大道专业市场群带动效应显著，2006年全年实现成交额50亿元，增长76.7%。餐饮业成为商贸业新的增长点。建成了鱼洞中干道餐饮一条街，先后引进秦妈火锅、菜根香、老四川等100多家餐饮企业；培育了鑫茂大酒楼、芭黎春天大酒楼等餐饮企业；“聂记东山羊”、“安平鸡”被评为“中国名菜”，聂记东山羊酒楼、安平鸡饮食文化公司、徐记球溪鲢鱼庄、园中乐大酒楼、中电大酒楼等8家餐饮店被评为“重庆餐饮名店”，云篆山庄被评为“重

庆市优秀农家乐”，园中乐大酒楼还被授予“全国绿色餐饮企业”称号。全区商贸业态调整成效显著。连锁、超市等现代商业从无到有，发展壮大。2006年全区社会消费品零售总额达36.9亿元，比1996年增加28.3亿元，年均递增15.7%(见图3)。

图3 全区社零总额增长情况 单位：亿元

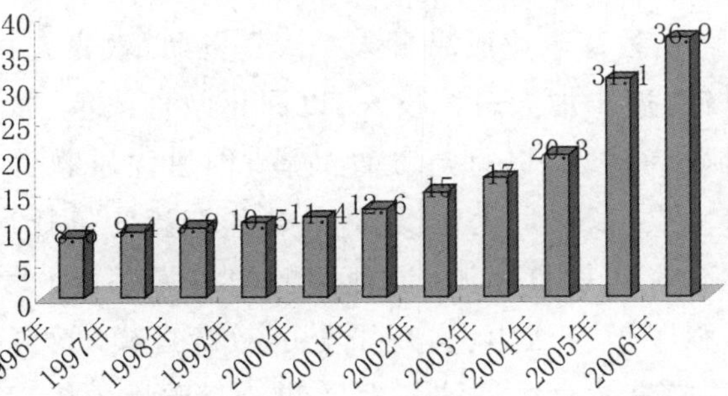

2.旅游事业蒸蒸日上。立足巴南旅游资源丰富的优势，提出把巴南建成重庆市近郊短程特色旅游区的发展目标，确立了全区“一个中心、两条环线、三大类型的特色旅游区”的旅游业总体布局；出台了发展旅游产业优惠政策，建立了旅游业发展决策机构和管理机构，推行旅游景区“一元化”管理体制；先后编制了《重庆市巴南区旅游发展规划》，完成了东泉、南泉、圣灯山等重要景区的规划，为全区旅游业的可持续发展奠定了良好基础。加强了旅游基础设施和配套设施建设，形成了旅游专线、环线、辐射线衔接配套的旅游线路网络，完善了通讯、餐饮、住宿、娱乐等一条龙服务设施。成功引进开发业主30家，投资50亿元，建成了南湖渔村、樵坪国际乡村俱乐部、阳光温泉度假村等一批重点旅游项目，阳光温泉度假村还被评为三星级酒店；高尔夫球场建设、东温泉东方国际温泉城打造等旅游项目正在快速推进。紧紧抓住重庆建设“温泉之都”的契机，成功引进圣达特美国豪生国际酒店集团等三家投资联合体整体开发南温泉景区，着力打造“重庆第一、国内领先、国际接轨”的集旅游、工业、生态居住为一体的“国际温泉城”。目前，全区已形成南温泉、东温泉、桥口坝、南湖、圣灯山、安澜白鹭公园等十个风景旅游区。2004年，桥口坝风景区被批准为国家级森林公园。2001年，巴南区荣获“中国优秀旅游城区”称号。2006年，全区共接待游客245万人次，实现旅游收入9.6亿元。

3.房地产业增长势头迅猛。房地产新开工面积和竣工面积分别由1997年14.7万平方米和4.87万平方米发展到2006年的320万平方米和262万平方米。建立了区房屋交易中心，举办了多届房地产展示交易会和房屋交易会。融汇半岛、日月山庄、江南水乡、假日滨江花园等精品楼盘的打造，推动了房地产业快速发展；新世纪、乔鹤、映江花园、河畔名居等一批优秀物业小区的创建，有效改善了市民居住环境。

4.金融、保险业健康发展。认真落实金融监管责任制，稳妥推进防范化解金融风险工作，确保了全区清理农村“三金”和城市金融“三乱”及其兑付工作顺利进行，维护了区内金融秩序。同时，积极实施有关货币政策，不断调整信贷投向，优化信贷结构，加大对区域经济的支持力度，重点加大了对区内农业、工业、建筑业、交通业、房地产业及其他第三产业发展的支持力度，充分发挥了金融在现代经济中的核心作用，促进了全区经济社会的协调发展。2006年末，全区金融机构存款余额达128.6亿元，比1996年增加115.2亿元，年均递增25.4%；贷款余额达67.5亿元，比1996年增加41.1亿元，年均递增9.8%(见图4)。积极引导保险公司转换经营模式，加快培育保险市场，拓宽保险资金运用渠道，规范保险市场秩序，创新保险品种，实现了保险业务的跨越式发展。

图4 全区存贷余额增长情况 单位：亿元

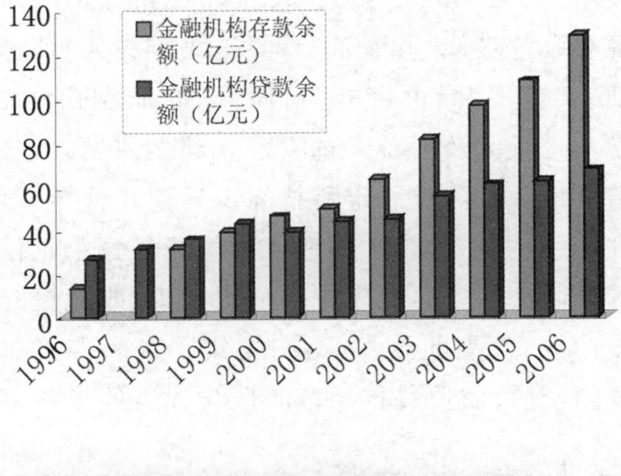

5.信息化建设发展迅猛。为适应经济社会发展需要，加大了邮电通讯设施建设力度。全区邮电通讯网络迅速扩大，形成了以光缆为主的大容量、高速度现代化通讯网络。基本实现了有线电话村村通，移动通讯也进入了普通农家。坚持以应用促发展，大力推进信息化工作，建成党政办公网络、数字电视网和公安金盾网等现代化专用网络，全区所有区级部门、镇街及部份大型厂矿均接入了党政办公网络，互联网开始连接到村。

(五)实施“科教兴区”战略，经济发展动力更加强劲

科学技术是第一生产力。实施“科教兴区”发展战略，是推动万盛实现可持续发展的一项重大决策。区委、区政府认真贯彻落实“科教兴区”战略，加强领导，完善政策，加大投入，有效地加速了科技进步，推动了教育事业蓬勃发展。并被评为为全国科技进步合格区和市科技工作、科普工作先进区。

1. 政策措施进一步配套完善。从 1998 年起成立了“巴南区科教领导小组”，研究全区科教发展的重大问题。2000 年以来，先后制定《中共重庆市巴南区委关于加快实施科教兴区战略的决定》、《重庆市巴南区科技发展“十五”计划暨 2015 年远景规划》、《巴南区人民政府关于进一步优化人才环境的实施意见》和《重庆市巴南区教育事业“十五”计划和 2010 年规划》、《关于完善万盛教育管理体制的意见》等一系列政策措施，全面有力地促进了全区科教事业的健康发展。

2.科技事业成果显著。积极实施“人才强区”战略，制定了人才引进、人才开发和优化人才环境等政策措施，开展了“青年星火带头人”评选活动，实施了“绿色证书”工程，选拔命名了一大批学术带头人及后备人选，建立起多种类人才库，造就出一批具有一定科技知识的党政领导干部、高水平的现代经营管理者和高层次的专业技术骨干队伍。大力推广先进适用技术，改造提升传统产业，发展新技术产业，构筑了以宗申工业科技园、现代农业科技示范园区为代表的形式多样的工、农业科技示范园，发展高新技术企业和重点新产品，启动了首批创建科技示范镇街(村)活动。国家一类新药血卟啉及其制剂产业化示范工程已列入市科技发展“十五”计划和 2015 年远景规划的重点发展项目，宗申集团、润康药业、华鼎制药、长江预应力等多家家企业被市评为“高新技术企业”。

3.教育事业成果喜人。认真贯彻“教育先行”方针，逐步加大教育投入，以深化教育改革、教育科研为动力，以打造教育品牌、创建优质教育为着力点，以信息化建设、对外合作交流为依托，以整合优化教育资源、治理薄弱学校为手段，大大增强了教育活力，实现了全区教育规模、教育结构、教育效益协调统一发展和教育质量的持续提高。总体上完成了基本普及九年义务教育和基本扫除青壮年文盲两大历史性任务。建立了以区为主的教育管理体制和义务教育经费保障机制，全面免除农村义务教育阶段学生杂费，对贫困家庭学生免费提供教科书并补助寄宿学生生活费，完成中小学危房改造，为各类高校累计输送人才 15843 名，引进了重庆工学院。名校建设成绩斐然。巴南职高成功创建为国家级重点职中，巴县中学、清华中学等四所学校成为重庆市首批重点学校，巴县中学并成为重庆市唯一的“空军飞行员早期培训基地”；鱼洞二校、鱼洞四校及鱼洞幼儿园成为全市示范小学和示范幼儿园；涌现出一批国家级优秀教师、市级优秀教师和学科带头人。民办高等教育逐渐兴起。先后引进和建立了重庆电大巴南分校、重庆工学院、重庆正大软件职业技术学院和重庆经贸专修学院；重庆正大软件职业技术学院已跻身全国 35 所示范软件学院行列。

(六)基础设施建设突飞猛进，城乡面貌日新月异

建区 10 年，是巴南基础设施建设投资最大、建设规模最大、建设速度最快、城乡面貌变化最大的时期。区委、区政府紧紧抓重庆直辖、西部大开发、三峡移民等重大历史机遇，大力实施城建带动战略，加大了以交通、通信、环境、市政基础

设施为重点的建设力度,加速了城镇化进程。

1.树立规划先行意识,城乡规划布局更趋合理。完成20个乡镇三轮总规修编。完成了鱼洞至土桥沿江片区控制性规划、李家沱至西流沱控制性详规、巴南新干道片区规划、龙洲湾片区规划、东温泉风景区18平方公里的规划设计,确定了巴南区在今后的城市发展方向。

2. 树立经营城市理念,城市化水平不断提升。坚持规划先行,新区开发与旧城改造相结合,城乡互动、协调发展,同步强化城市管理,大力推进城镇化进程,全区城镇基础设施日趋完善,城市化水平进一步提高。投资13亿元开发建设龙洲湾新区,建成龙海、龙洲两条景观大道;完善了马王坪正街道路配套设施,完成了李家沱街道片区、126巷区和土桥老街片区、原卫生局片区等旧城改造项目,启动了鱼洞公寓片区改造;建成了巴南人民广场、南泉广场、青少年活动中心,完成了巴县大道、七公里至炒油场等灯饰工程,大大提升了城市形象;新建了一批公厕、垃圾场、垃圾坑、供排水网等场镇环卫设施;新建成南湖、东泉水厂,改扩建了鱼洞、木洞水厂。坚持可持续发展战略,圆满完成了取缔、关停"十五小"、"新五小"企业,强化了"一控双达标"工作,巩固率达100%;"清洁能源工程"取得阶段性成果,2001年通过了市政府验收;加强了一品河、花溪河、五布河、黄溪河四条长江次级河流的污染防治;建成了鱼洞污水处理厂,东泉污水处理工程正加快推进,启动了场镇水污染防治工作。建成了滨江花园高档次休闲绿地12000平方米,云篆山森林公园绿地达11万平方米。确定并实施"一城五镇"发展战略,以龙洲湾新区、巴南新干道地区开发为龙头,以一品、界石、接龙、东泉、木洞五镇为龙身,带动全区城镇化建设,形成了主城——中心镇——一般建制镇协调发展的格局。建成区面积扩大到42.05平房公里,比2002年增加10.2平方公里,城镇化率达到66.07%,比2002年提高10.27个百分点。

3.交通建设成果辉煌。基本形成"三纵三横"公路网络,"一小时巴南"交通建设加快推进。新建巴南新干道、两桥连接道等城市干道;实施了渝南大道A段、渝道路拓宽改造工程;全面启动了渝南大道B段、C段等重点工程建设;协调并参与了渝黔、上界、渝湘高速公路建设;对境内国道210线巴南段、省道渝道路、县道南(泉)东(泉)路、一(品)陈(家)路、木(洞)丰(盛)路、竹(园)天(星寺)路等400余公里道路进行了油化、硬化,新建、改建村级公路1527公里,并新建、改建了桃花滩桥、罐子溪桥、六角桥、蓑衣坡桥、张家湾桥、姜家巷洞桥,加快了麻柳码头、鱼洞码头、鱼洞客运站建设。截止2005年,境内有乡道以上公路971公里,等级公路里程达963公里,高速公路里程达53公里;村级公路共1141公里;实现了所有镇、街和92%的行政村通公路;境内河流通航里程达93公里。

(七)改革开放不断深化,发展环境进一步改善

改革开放是经济社会发展的根本动力。区委、区政府坚持以改革促开放,以开放推动改革,消除制约生产力发展的体制机制性障碍。积极实施"走出去"、"引进来"战略,加快招商引资步伐,努力扩大外贸出口,大力加强对外交流与合作,形成了多层次、全方位、宽领域的对外开放格局。

1.大力转变政府职能。更加重视履行社会管理和公共服务职能,制定实施损害经济发展环境行为责任追究、行政执法过错追究、部门行政首长问责、规范性文件备案审查登记等制度,促进依法行政和政务公开,提高办事效能,优化发展环境。

2.深化各项改革。机构改革顺利实施。按照机构改革要求,精简了30个区级工作机构,22个乡镇机构,进一步转变了政府职能,减少了行政性审批程序,进一步调整、理顺了上下级政府及部门之间的关系。在试点的基础上,积极稳妥地推进了事业单位人事制度改革。认真落实农村第二轮土地承包责任制,完成农村税费改革,实现合同内农民零负担。深化行政审批制度改革,推行并联审批、全程无偿代理服务等制度。推进粮食流通体制、林权制度、金融体制和城镇住房

制度改革。深入推进公务员制度、事业单位人事制度和科技、教育、文化、体育、卫生体制改革。稳步实施以部门预算、收支两条线、政府采购、零户统管、会计委派及税收代征等为重点的财政改革,加大对社会公益事业的投入。深化投融资体制改革,成立重庆市渝兴资产经营有限公司、重庆市渝泰信用担保有限公司和巴南公路建设有限公司,为全区建设发展融资11亿元,为中小企业提供信用担保1.5亿元。

3.招商引资取得新成效。出台了招商引资优惠政策,明确了招商引资责任,实行"一个窗口"对外和"一站式"办公,创造了被誉为"重庆速度"的办事效率,不断改善、优化了投资环境。先后数十次组织镇街、有关部门及区内骨干企业参加市、国家对外招商活动,通过举办全国摩托车越野锦标赛(重庆站)、区招商引资洽谈会、中国重庆家具博览会等多种形式引进项目。过去四年,引进住友商社、爱立信、雅马哈、美国哈雷·戴维森、意大利比亚乔、马来西亚威佳亚、香港恒安集团、浙江康超集团、广东珠江投资公司等国内外著名企业共593个项目,实际到位区外资金107亿元,其中,引进外资项目19个,实际利用外资9459万美元。

4.对外贸易取得新突破。积极培育外贸出口主体和优势产品,努力实现出口主体和产品结构多元化。形成了以汽车摩托车、陶瓷、化工为主的一批拳头产品,100余种出口产品遍布几十个国家和地区。华陶瓷具远销欧亚,宗申摩托奔驰于东南亚和非洲各地。长安铃木跻身中国外商投资企业500强,位居第109位。在境外开办企业4家,投资达350万美元。2006年,外贸出口总额达到2.1亿美元,同比增长76.8%。

三、巴南区未来五年发展展望

(一)总体思路

坚持以邓小平理论和"三个代表"重要思想为指导,全面贯彻落实科学发展观,着力构建和谐社会,切实加强党的建设,按照"做强主城核心区、建设二环经济带、打造城郊特色镇"的发展思路,通过实施"园区带动、项目拉动、城建带动、科技驱动、改革促动"重大举措,切实实施"十六字"发展战略,努力把巴南建设成为重庆市"科学发展先进区、和谐进步模范区、党建工作示范区",加快实现富民强区、全面建设小康社会的宏伟目标。

(二)具体目标

到2011年,实现地区生产总值220亿元,年均增长14%;工业总产值510亿元,年均增长20%;全社会固定资产投资五年累计超过600亿元;社会消费品零售总额85亿元,年均增长18%;地方预算内财政收入14亿元,同口径年均增长20%;城镇居民人均可支配收入17600元,年均增长9%,农民人均纯收入5550元,年均增长9%;三次产业比例调整为8:53:39;单位地区生产总值能耗年均下降4%以上。社会保障体系进一步健全,每个城镇家庭至少有一个较稳定的就业岗位,城乡居民生活质量进一步提高;科教文卫体等各项社会事业进一步发展,民主法制建设和精神文明建设取得新进展,构建和谐巴南取得明显进步。

注:本文数据出自市巴南区统计局

撰稿单位:重庆市巴南区发展计划委员会
执笔人:熊琼、王晓亮

双桥区

一、基本概况

随着重庆建立直辖市和国家实施西部大开发,10年来,双桥区委、区政府在市委、市政府的正确领导下,按照富民强区的指导思想,走出了一条适应新型工业化、农业产业化、城镇化要求而又切合自身实际、独具特色的发展道路,社会经济发展进入了全面建设小康社会的快车道。2006年,实现地区生产总值10.04亿元,是1996年的2.4倍,进入人均地区生产总值2695美元(按8.0的汇率计算)的高速发展新阶段,全区步入了全面建设小康社会的新征程。

(一)经济实力显著增强

2006年地区生产总值达到10.04亿元,为1996年的2.4倍。通过加大招商引资力度,大力引进汽车、饲料、化纤、汽车摩托车配件等,重要工业产品对经济发展的支撑作用显著提高。企业改制全面完成,工业经济效益显著提升。全区已基本形成了以重型汽车制造、改装、零部件生产为龙头,饲料、化纤、铸锻、机电、摩配、建材为补充的工业经济体系。辖区国有及年销售收入500万元以上的工业企业实现产值42.5亿元,区属工业企业产销两旺,完成产值12.9亿元,重点骨干企业增势强劲。财政收入高速增长。2006年,地方财政收入达到8028万元,为1996年的5.59倍,年均增长18.8%,财政调控能力进一步提高。

(二)产业结构显著变化

通过大力调整一产,努力提高二产,积极发展三产,一、二、三次产业结构比重由1996年的8.7:78.7:12.6调整为2006年的2.4:71.8:25.8,在全市范围内率先进入工业化中后期发展阶段。截止2006年底,二、三产业比重达到97.6%左右。工业的整体素质和综合竞争力明显增强,企业科技水平、技术装备能力显著提高,运用国债资金,依托重大项目,支持装备改造,推动关键技术国产化,提升了现有产业的技术水平,工业内部结构、产品结构调整取得新进展,打破了建区时只有汽车工业一支独秀的局面,发展为汽车、铸锻、饲料、化纤等门类齐全的工业行业,经济抗风险能力大大增加。非公有经济快速发展,2005年非公有经济占全区GDP的比重达到33.2%,非公有经济成为促进全区经济健康发展的重要力量。民营经济迅速发展、逐步壮大,已成为区域经济的新生力量。

(三)发展动力和消费能力明显增强

双桥是投资主导型经济,投资增长对经济增长的贡献逐年提高。直辖以来,在国家扩大内需政策的驱动下,双桥投资增长进入快速扩张期,1997—2006年,累计完成全社会固定资产投资20.3亿元,年均增长20.2%。投资结构、投资主体明显优化,国有投资比例逐步缩小,社会投资力度加大,民间投资逐步增大,房地产投资快速增长,万盛经济自主发展态势较好。社会消费品零售总额由1996年的0.69亿元增加到2006年的1.92亿元,较1996年增长1.78倍,年均增长10.8%。特别是2001年以来,市民消费从百元级向千元级、万元级升级,结构高级化推进消费总量扩张。

(四)城镇化、工业化进程快速推进

2006年常住人口城镇化率达到89.5%。工业园区作为工业化的主要载体,发展势头明显加快,基础设施建设"上档提速";龙水湖景区开发快速推进,基础设施全面展开。

(五)人居环境明显改善

以重大基础设施建设和环境建设为重点,城镇化率达到89.5%。城市通讯网进一步增强,移动电话网络城乡覆盖率达到100%。车城大道、西湖路、中央大道、北环中路、青春路、滨湖路、双北

中路、双长路、双龙东路、双龙西路、双南路、双北路等主要城市骨架道路相继建成通车；省道大邮路二级改造顺利完成，通星路、双珠路、九建路、龙建路、双桥支路、天星路等主要农村公路实现硬化，新增农村公路15公里，全区交通网络体系初步形成。水、电、气基础设施进一步完善，市政、园林、绿化工作卓有成效，正在"市级山水园林城区"基础上创建国家园林城区。加大了招商引资力度，双桥工业园区、龙水湖景区已经发展成为万盛对外开放的重要窗口，成功引进化纤、饲料、青专汽车等投资上千万的产业项目，对外开放成效显著，全方位、多层次、宽领域的对外开放格局基本形成。

(六)人民生活明显改善

10年间，人民生活水平不断提高，生活质量大为改善，于1997年率先在全市成建制实现小康。2006年，在岗职工年均工资收入达到20239元，为直辖前1996年的2.49倍，年均增长9.5%；农民人均纯收入达到3743元，为直辖前1996年的1.76倍，年均增长5.8%；城乡居民储蓄存款余额由1996年的1.2亿元增加到2006年的6.9亿元，人均储蓄存款余额由1996年的3013元增长到2006年的1.5万元。居民住房条件得到改善，城镇居民人均住房面积由1996年的7.9平方米增加到32平方米，恩格尔系数逐年下降，老百姓进一步享受到经济发展带来的实惠。

二、工业经济成效显著

(一)区域经济特色明显

全区工业经济已较为发达，以汽车及零部件工业为主导，饲料、铸锻为两翼，化工、化纤、机电、建筑建材、采矿小五金等为补充的工业经济体系已基本形成。境内的重庆重型汽车集团公司(原四川汽车制造厂)是我国引进技术兴建的第一个重型汽车生产基地，以生产红岩、斯太尔两大系列的大吨位重型汽车为主，年生产整车能力已超过30000辆。该公司已连续16年赢利，连续10年获重庆市工业企业50强称号。随着重汽的快速发展，辖区内已有近100余家中小企业为其配套和进行工序加工。2006年，全区30户规模企业共实现产值42.5亿元，占全部工业总产值的88.4%。汽摩主导产业带动作用进一步增强，完成产值45亿元，汽车产业的产值和税收分别占区域经济总量和税收总额的60%，对全区经济起着巨大的支撑和带动作用。

(二)理清思路抓重点

为加快经济和社会的发展，双桥区委、区政府根据实际，进一步明确了工业发展思路，就是"一园、二重、三个环境"：

一是"举全区之力"抓好双桥工业园区的建设。双桥工业园区是依托红岩公司而建的全市30个特色工业园区之一。该园区自2003年4月动工以来，累计投入建设资金4亿余元，建成了车城大道西段、西湖大道南段、车城大桥等城市主干道工程，引进了专用汽车、标准厂房等33个工业及房地产项目入驻，协议投资总额达14.32亿元；二是突出抓好重点项目、重点企业两个带动全区经济社会发展的"龙头"。坚持"能快则快尽量快"，实施了涵盖市政设施、工业发展和社会事业等领域的项目建设，形成了"开工一批、建成一批、储备一批"的良好运作机制；坚持扶优扶强、骨干膨胀战略，重点围绕做大做强重汽配套产业，培育壮大了专用汽车公司、凯恩铸锻公司、正大饲料公司、新世纪化纤公司等一批带动区域经济发展的"小巨人"。三是着力优化经济发展的行政环境、政策环境和融资环境。坚持开展改善和优化发展环境活动，规范办事程序，简化办事手续，着力优化行政环境。积极争取和用好上级优惠政策，在各个方面为投资者提供有力支持，着力优化政策环境。引进重庆市商业银行，加强与开发银行等金融机构的合作，建立中小企业融资平台、城市基础设施建设融资平台和新农村建设融资平台，着力优化融资环境。

紧紧抓住结构调整这条主线，按照"调优一产，调强二产，调大三产"的工作思路，着力打造重型汽车、专用车、饲料和化纤四大产业基地，不断加快社会主义新农村建设步伐，努力推动与城市经济水平相配套的旅游、服务业等第三产业的发展，使全区经济结构调整取得初步成效，区域经济抗风险能力逐步增强。

1.汽车及其零部件产业。作为国家原三大重型汽车生产基地之一的双桥，是重庆“汽车名城”重要组成部分。辖区内的重庆重汽集团2006年产销14300辆，实现销售收入31亿元。据不完全统计，双桥从事汽车和与汽车相关的从业人员达10000多人，为重汽配套和工序加工的企业近100家，年生产能力超过20亿元，主要有车厢、传动轴、发动机零部件、轻型转向器、后悬挂总成、消声器、汽车座椅和悬浮式座椅等产品以及汽车零部件的工序加工等。

现重庆重汽、上汽集团、依维柯三方合资合作已正式启动。三方投资1.2亿欧元新建一个发动机厂，生产依维柯技术的重型柴油机。新公司将以现有重庆红岩汽车生产基地为依托，引进意大利依维柯重型车产品技术，预计到2008年，形成年产整车4万辆的能力。届时，红岩汽车将拥有红岩、斯太尔及依维柯三大品牌，将为重庆市成为中国第四大汽车城奠定坚实的基础。

2.饲料产业。重庆双桥正大有限公司，是泰国正大集团、重庆农垦集团、双桥饲料厂合资合作组建的一家中外合资企业。1995年兴建。11年来，重庆双桥正大有限公司累计生产销售饲料104万吨、实现销售收入24.16亿元，实缴税金800万元，实现利润7918万元。其生产经营的综合绩效始终保持在正大中国企业的前五名。正大在完善产业结构、解决就业岗位、带动农民致富等方面为地方经济建设做出了突出的贡献。公司成立以来，为当地老百姓提供工资和农民搬运费3717万元，公司也多次受到市、区党委、政府表彰，先后荣获“重庆市农业产业化龙头企业”、双桥区“优秀重点增长企业”、“利税规模企业”等光荣称号。

2005年，双桥正大公司完成了18万吨扩产增量的技术改造，2006年4月完成原12万吨的老厂改造。目前，双桥正大公司已具备年生产30万吨的能力，已成为了重庆市最大的饲料基地。

3.化纤纺织产业。辖区重庆新世纪化纤有限公司，2004年3月兴建，2005年4月，年产10000吨涤纶短纤第一条生产线正式投产，2006年2月第二条生产线正式投产。预计2006年底还将完成第三条（年产能20000吨）生产线安装，建成后的年产量可达40000吨涤纶短纤的生产能力。“化纤公司”到2010年规划达到12万吨年生产能力，年产值和销售收入约12—15亿元。该公司2006年实现销售收入14448万元。

4.专用车产业。辖区重庆重型汽车集团专用汽车有限责任公司（原重庆红岩专用汽车制造厂），于1985年建立。现已达6000辆改装重型专用汽车（自卸车）年生产能力，具有较好的发展前景。该公司连续20年盈利。1985年至2006年期间，共改装各类红岩牌重型专用汽车15321辆，实现工业总产值34.2亿元，利税总额7887万元。该公司“十一五”按照10000辆规划实施扩大产能。

重庆青专汽车制造有限公司于2005年11月入驻双桥工业园，从事专用汽车生产。注册资本2000万人民币，规划年产5000辆专用车，总投资约7000万人民币。现已征用土地216亩，现完成厂房建设，正在进行生产准备。

上述的专用车项目，已构成16000辆的年生产能力，将逐渐发展成为专用车基地。

三、农业经济取得新成绩

重庆直辖10年，是重庆农业快速发展的10年，也是双桥农业飞速发展的10年，双桥区农业农村经济取得快速、持续发展，农民收入大幅度增加，农村基础设施建设成效显著，农业产业结构调整逐步推进，农村劳动力转移实现突破，农业生产条件和农民生活水平大大提高，农村面貌发生了质的飞跃。10年来，双桥区农业向优质、高效、规模方向发展，农业发展上了一个新的台阶。在农业产业化经营、农业机械化和农村劳动力转移三大工程的支持下，到2006年，农民人均纯收入达到3743元,比1996年增长1倍多。

(一)农村经济结构调整进一步加快,农业产业化经营在曲折中发展

通过实施退耕还林、农业综合开发等项目,推进农业产业化进程,加大了农村经济结构调整,大力推进良种引进。目前,万盛粮食品种的95%、畜禽品种的50%、水产品种的40%实现了优质化。2003年,双桥区实施了无规定动物疫病区示范区建设项目和放心肉工程,推广良种畜禽,加强防检疫工作,大大降低了畜禽病死率,提高了畜牧业效益。积极推进渔业产业结构调整,组织名优水产养殖苗种供应,指导扶持水产养殖大户,指导业主制定水产养殖计划和科学的养殖生产管理。引进湘云鲫、异育银鲫、鳜鱼等优良品种实施良种规模化养殖,大大提高了渔业效益。渔业增产增收效益明显。以优惠政策和措施大力实施农业招商引资,推进农业项目业主承包。目前,全区共有面积上百亩的业主11户。业主承包制不仅使业主获了利,而且使全区农业投入大大增加,提高了土地产出率,最大限度发挥了财政资金的导向作用,较好地解决了农村剩余劳动力在农业内部转移的问题,增加了农民收入,为万盛加快农业产业化经营步伐奠定了坚实的基础。

退耕还林工程进展顺利。万盛退耕还林工程项目自2002年启动实施,累计完成退耕还林工程建设任务12000亩。以种植大户为基础组建了双桥区果品联合会,按照产业化经营模式提供产前、产中、产后服务,2005年全区的产业化经果林总面积达到6000亩。目前,全区成片造林面积达到22000亩,森林覆盖率达到40%。

(二)农村基础设施建设进一步得到加强,提高了农业综合生产能力,农业机械化快速发展

随着通星路、九建路、双珠路、龙建路、天星路、太平路、双桥支路等一批农村公路改造竣工,全区实现了村村通畅的目标。农业综合开发项目进展顺利。10年共改造中低产田(土)6000亩,新建人行便道48公里,机耕道11公里。完成中央、市级农业综合开发投资507万元,农民筹资投劳300万元。农田水利基本建设快速发展。完成了龙水湖引水应急工程,新建、维修整治山坪塘15口,完成渠道整治12公里,实施水土保持园区项目,实施了火炬水库和碇子坡水库病险整治,启动了新建大桥水库的前期准备工作。积极发动和组织群众采取"小型大规模"的方式,大搞投资少、见效快的小微型水利工程,实施农村人畜饮水工程,有效地解决农村5600人的饮水困难和2300人农村饮水安全。大力实施农村生态家园富民工程,以修建农村户用型沼气池为纽带,配套实施"三改"(即改厕、改厨、改圈),极大地改善农村生产生活条件,实现了经济生态的良性循环。到2006年,全区完成1800户生态家园富民工程项目示范户建设。

(三)农村劳动力培训转移工程实现了新的突破,成为农民增收的主渠道

双桥区以转移农村劳动力为重点,统筹城乡经济发展。建立了资源、培训、转移三大系统,实施了政府补贴。加快了农村城镇化进程,积极发展地方乡镇企业,实现农村劳动力的就地转移。大力发展农村第三产业,扩大农村剩余劳动力转换的容量,积极引导外出劳动力回乡创业。通过农业综合开发和农业产业化经营,促进农村劳动力在农业内部转移,通过发展农村的支柱产业和主导产品,带动关联产业的发展,将产业优势和产品优势转化为农民的就业机会,拓展农民的就业渠道。切实抓好农村劳动力转移培训工作,开展了沼气工、焊工等定向培训,为转移劳动力创造必备条件。到2006年,全区实现转移农村劳动力7260人,培训1840人,打工者年收入人平达到6500元。

(四)农村社会事业全面发展,农民生活水平大大提高

加强农村义务教育,全面消除了学校危房,进一步整合了农村教育资源。着力加强农村医疗卫生工作,积极稳妥地推进了新型农村合作医疗试点和农村医疗救助工作,健全和完善农村疫情监测机制,重视解决农村疫病防治工作。农民住房面积和住房质量大大提高。经过10年的努力,万盛已基本消除农村危房,绝大部分农村

住房实现了砖瓦化。加强农村文化建设,积极实施农村有线电视“户户通”工作取得明显成效,办好“农村天地”专题栏目,搞好“三下乡”活动,推进农村文化中心建设,农民接收现代知识和信息的渠道大大拓宽,守法意识大大提高。实行和扩大对农村计划生育家庭奖励扶助政策,切实搞好农村计划生育工作,实现人口与经济社会协调发展。2003年,双桥区在全市率先全面实施农村低保。

四、社会发展迈出新步伐

(一)文化体育事业日新月异

积极发展农村有线电视。到目前,万盛先后共投资800万元,已实现了全区广播电视综合覆盖率为100%,其中有线电视用户12000户,入户率达78%;区属有线电视收视频道达42个,各类影视文艺节目丰富多彩,并在全面完成村村通的基础上正在向户户通的目标推进。同时开通了广电宽带业务和数据业务专线,搭建了数字电视发展平台,并正在积极发展数字电视。传输网络质量优良,较好地保证了中央、市、区各套广播电视节目的安全播出和优质传输,新闻宣传的质量和舆论引导水平不断得到提高,有力地发挥了正确引导舆论,积极推进辖区“三个文明”建设作用。

文化体育及新闻事业日益繁荣。已形成了以区为主体,镇村、街道、社区相结合的文体网络,影剧院、文化馆、图书馆、文化站、健身活动场、足球场、篮球场、田径运动场、游泳池等门类齐全;歌舞厅、网吧、台球室、电子游戏室、音乐茶座、音像出租、印刷等文化经营场所健康发展,文化市场管理规范有序。社团文化、体育组织不断壮大,广场电影、社区文化、全民体育健身运动和各种形式的群众文化体育活动蓬勃活跃,充分展现了双桥人的现代文明。特别是围棋、龙舟、老年腰鼓、秧歌舞等曾多次在全市及国家级比赛中取得优异成绩,并占有一席之地。

(二)民政事业取得新进展

1.建立完善城乡低保等社会救助制度,维护和保障了群众的基本生活权。一是稳步推进城市低保,做到了应保尽保。1996年7月,全区全面实施城市居民最低生活保障制度以来,先后调标扩面4次,建立施行了公益性活动制度和“分类施保”制度。10年来,累计7.2万人次享受了最低生活保障金,累计发放低保金667.8万元。

二是率先建立实行农村低保制度。自2003年7月1日在重庆市率先开始实行农村居民最低生活保障制度以来,按照“公开透明、低点进入、稳步推进”的原则,全区已累计发放农村低保金33.3万元。2006年,农村低保享受人数555人,占农业总人数的2.3%。

三是探索建立城乡大病医疗救助制度。万盛分别于2005年3月1日、9月1日出台《农村大病医疗救助试行办法》和《城市困难群众医疗救助试行办法》,在渝西片区率先探索建立了农村大病医疗救助和城市大病医疗救助制度。两年来,全区共有168名城乡大病患者得到医疗救助23.1万元,较好地解决了群众的看病难。

四是探索建立农村贫困户灾民倒房、危房恢复重建制度,灾害救济和社会捐助成效显著。直辖以来,全区认真贯彻“生产自救、群众互助、辅之以国家必要救济”的灾害救助工作方针,帮助灾民恢复生产、重建家园。特别是2001年蒋家湾地质灾害发生后,全区各级高度重视,通过市民政局争取香港李嘉诚捐款50万元和地质灾害国土资源补助50万元,援助灾民重建了蒋家湾灾民新村。随后还制定了《农村贫困户灾民倒房、危房重建制度》。从2003年以来,全区重建贫困户灾民倒、危房197户809间。

经常性社会捐助工作自1998年启动,截止2006年底,全区开展大规模集中性捐助9次,共为受灾群众捐助衣物20.1万件,捐款达50.1万元。在每年的冬令、春夏荒,对缺粮群众进行口粮救助,确保了群众不受饥饿之苦。

2.农村基层民主政治建设得到整体推进,城市社区建设得到了加强。一是大力加强了以村民自治为核心内容的基层民主政治建设。严格依法民主选举,2001年起全区农村村委会换届更是史无前例地进行了“海选”。同时，加强农村民主管理、民主决策、民主监督。全区14个村均建立村民代表会议制度，制订了《村民自治章程》等村级制度。双桥区委将村务公开纳入农村党风廉政建设责任制内容进行考核，发布了《双桥区村务公开实施办法》，认真开展“村务公开民主管理示范单位”创建活动，狠抓村民议事村务决策、村务公开民主管理工作，做到了事务、政务、财务、服务“四公开”；全区71%的村修建了村级组织办公服务综合用房。特别是推行村务公开制度，村“两委会”每年年底向党员会、村民代表会报告工作，建立施行村“两委会”班子工作评议制度，把村委会工作和村干部的行为置于村民的监督之下，“给群众一个明白，还干部一个清白”，使全区农村民主管理、民主决策、民主监督达到了一个新高度。通桥镇白鹤村获得了“重庆市民主法制示范村”、“重庆市村务公开民主管理示范村”称号。

二是城市社区建设全区蓬勃开展。1999年双桥区委、区政府出台了《关于加强社区建设的意见》，2001年首次建立了各社区党支部；从2003年起通过“星光计划”项目，先后修建了全区7个社区老年服务站暨社区居委会办公房，安装了室外健身器材，配置了一套“万家社区”图书。全区各级、各单位参与社区卫生、社区学校、科普画廊、社区文体等建设，整合社区资源，指导社区开展文体教育活动和文明社区创建活动，推进社区依法治理，增强了社区服务功能，促进了社区物质、精神、政治文明建设。龙滩子街道龙滩园社区获得了“重庆市和谐社区建设工作示范社区”的称号。

3.行政区划调整更趋科学、合理，圆满完成勘界任务，为全区的各项建设打下了坚实基础。2001年，经重庆市人民政府批准，将双路镇龙星村、太平村划归龙滩子街道办事处管辖，尤其是同时还把全区14个居委会撤并为7个社区居委会，进一步加快了全区城市化进程。

2000年，在市政府及相关部门的协调下，本着对历史高度负责的态度，彻底解决了双桥区与大足县就巴岳山、龙水湖的边界纠纷问题，圆满完成了勘界任务。在勘界基础上，2004年2月首次出版公开发行了《重庆市双桥区行政区划图》，摸清了“家底”。

4.优抚安置双拥工作全面推进，支持了国防建设。认真贯彻国务院《军人抚恤优待条例》和《重庆市军人抚恤优待办法》，不断改进群众优待和国家抚恤，广泛开展一年一度“八一”、春节拥军优属活动，不仅对本区烈军属、革命伤残军人和驻区部队武警中队官兵等进行走访慰问，还由区三大班子率慰问团远赴驻大足登云、铜梁、壁山的部队和中国人民解放军第三军医大学大坪、西南、新桥医院，慰问广大官兵，并与这些部队建立了良好的关系，军民共建成绩斐然。双桥区还获得了全国拥军优属领导小组授予的《全国“爱心献功臣行动”先进区》的光荣称号。

自1998年始，全区建立了抚恤补助标准自然增长机制，优抚对象“三难”问题得到基本解决。全区伤残、复员军人和“三属”享受抚恤、定补面达100%。直辖后，民政部门共接收安置城镇退伍义务兵和转业志愿兵(士官)178人，还通过经济补助手段有35人自谋职业就业，安排农村中军地两用人才到村任职，为国防建设、全区经济发展和社会稳定作出了重要贡献。

(三)卫生事业欣欣向荣

医疗卫生机构日臻完善。到2005年底，辖区共有医疗卫生机构30个，卫生技术人员166人，其中高中级职称28人，初级职称138人，平均每千人拥有医技人员3.49人，设置病床179张，平均每千人口病床3.8张。医疗设施不断更新，就医环境日益改善。拥有500max光机、全自动生化分析仪、经颅多普勒等先进设备，能较好地为全区人民提供优质的医疗服务。

卫生防保体系健全，区、镇、村三级防保网络完善，疾病控制工作成绩斐然，传染病发病率控制在99.26 /10万，多年无重大传染病暴发流行，2003年，成功地战胜了突如其来的SARS，取得了重大的阶段性胜利。儿童免疫接种率达98%以上。妇幼保健水平不断提高，推行了妇幼保健保偿制，孕产妇、儿童系统管理率不断提高，多年无孕产妇死亡,婴儿死亡率控制在10‰以内。1998年成功创建为重庆市第一个爱婴区,辖区两所医院均被评为爱婴医院,为全市爱婴工作的推进起到了示范带头作用。

农村卫生工作成效明显，服务网络健全。2004年实现以县为单位第二轮初保达标。农村就医条件日益改善,实行了镇村卫生组织一体化管理和优惠让利式合作医疗制度。卫生监督不断强化，有效地预防和控制了食物中毒的发生,确保了群众公共卫生、食品卫生安全。爱国卫生和农村改水、改厕工作稳步推进,农村安全卫生水受益率达100%,农村自来水受益率达76.5%,卫生厕所普及率达40%,改善和提高了农民的生活质量。

(四)科技创新取得成效

1. 科技推动区域经济发展作用显著。2006年,规模以上工业企业新产品产值22亿元,占全区工业企业总产值的50%,规模以上工业企业技术开发经费达到了1.2亿元，占其产值的4%以上;1996年,双桥区尚无高新技术产业,2002年,双桥区高新技术产业增加值为15563万元,占工业增加值的比重为31.12%，年技术合同成交额114.45万元。双桥区分别于1997年、2002年获“全国科技工作先进县(市)”和“全国科技进步先进城区”称号。

2.大力实施一批科技成果转化和科技项目。从1996年以来,双桥区累计推广新技术、新产品200多项,培养多层次科技人才1万人次,全区专业技术人员由1999年的1014人发展到2006年2600人。在农业新产品领域,以良种创新为突破,主要农作物、畜禽、蔬菜、果树的良种普及率分别达到100%、85%、95%和95%；在工业新产品领域,仅1998—2002年,工业企业研制开发新产品42项(其中科技开发28项,技改14项),投入新产品开发和技改资金1400万元，新增产值5000万元,利税530万元,列入市级重点新产品计划近10项,评选区级科技先导型企业2个。从1999年至今,每年下达科技计划项目10余项。

3.科技创新绩效大幅提升。双桥区特种、专用重型汽车产品已初具国际水平，出口远销南亚、非洲各国,锡磷青铜合金的研发与应用位居国内领先,2000年荣获国家发明专利,结束了耐高温、耐磨损铜合金材料依赖进口的历史,使红岩、斯太尔等重型汽车车桥铜衬套等关键磨损部件的寿命超过10年。引进的无石棉刹车蹄片填补了西南地区高性能、低污染制动材料的空白,该产品已被列入省部级高新技术产品。新型重型汽车消声器功能优于GB1495—2002国家强制标准,进入国际先进行列。悬浮式座椅,封闭式车厢,浮型膨化系列饲料,涤纶纤维等系列化工产品,都已在西南及国内市场占有一席之地。重汽集团建立的红岩汽车市级生产企业技术中心,成为了红岩公司的技术创新的主体和区属各汽车零部件生产企业的创新核心。

4.信息化建设初具成效。2000年双桥区组织实施《重庆信息港双桥建设分规划》,到目前,已实现了社社通固定电话网络，全覆盖小灵通(PHS)无线通信、450M窄带无线通信网络和全城区覆盖宽带、有线电视网络,完成了电子政务网络建设工程和行政服务大厅信息系统，初步实现政务信息化和办公自动化，电子商务和企业信息化建设稳步推进,红岩公司、正大集团双桥分公司、红岩专用公司的ERP已全面运行，中、小型企业信息化系统ASP已在学川公司等试点运行。

5.科技投入大幅提高　。2006年，双桥区科技三项费和科学事业费分别达到82万元、23万元，比1996年分别提高513%、334%(见图1、图2,下页),加速了双桥区科技发展,使科技进步对经济发展的作用日益凸现。

(四)教育发展成果显著

1.学前教育蓬勃发展。通过鼓励扶持,幼儿教育迅速发展,在园幼儿由1996年的1428人发展到1750人,入园率由1996年的75.5%增长到91%,2006年学前一年入园率95.48%,学前三年入园率90.87%。通过建立办园水平督导评估制度,管理进一步规范,办园水平有所提高,区级示范幼儿园(一级幼儿园)1所,二级幼儿园2所,

图 1 科技三项费投入 单位:万元

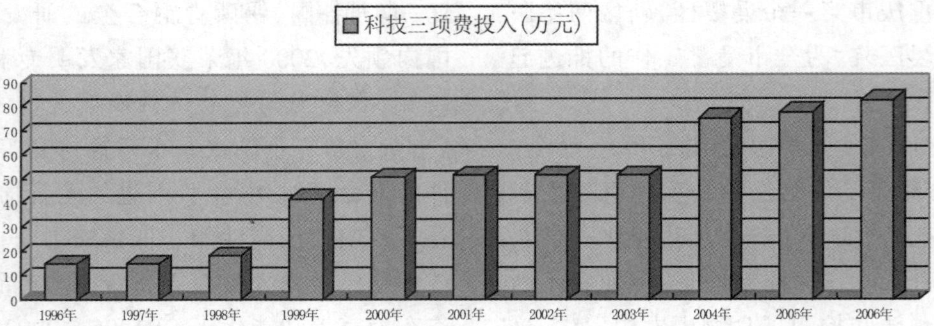

图 2 科学事业费投入 单位:万元

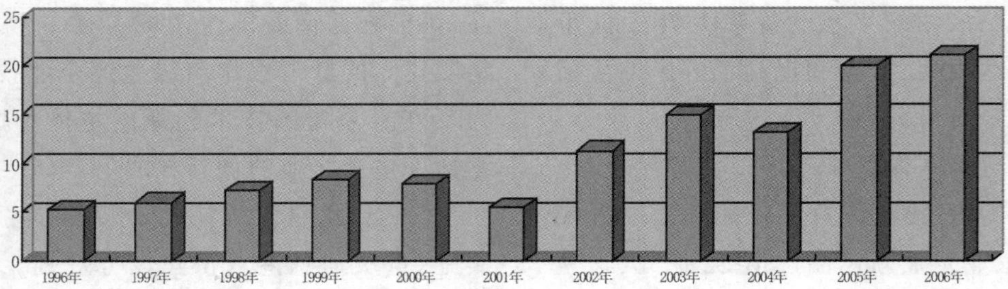

四级幼儿园 6 所。

2.“两基”成果不断巩固，教育质量不断提高。2003 年，双桥区顺利通过市政府“两基”复查验收，成为全市第二个普及义务教育先进区，并以此为基础扎实推进了素质教育，教育质量明显提高。从 1997 年秋季开始，双桥区根据《重庆市义务教育实施条例》，实行 6 周岁儿童全部就近入学，小学毕业生全部免试入初中，并依法对义务教育阶段进行管理，在全市处于领先水平。小学在校学生数与本区学龄人口数之比达到了 107%。1996 年至今全区小学入学率、巩固率一直为 100%，毕业率由 98.4%提高到 99.8%。2006 年小学整体教育已达到九龙坡区水平，与沙坪坝区接近。初中入学率一直保持在 98%左右，辍学率控制在 1.58%以内。毕业率由 1996 年的 89.3%提高到 2006 年的 95.68%，初中教育质量稳步上升，整体水平位居渝西地区第一。现已形成三所中学良性竞争的格局，特别是近四年初中教育质量大幅度提高。

3.高中教育基本实现普及。2003 年，双桥中学成功创建全市联招学校。2005 年，在全市率先实行了高中阶段免试入学制度，入学率由 1996 年的 50.9%提高到 2006 年的 92%。双桥中学高考升学率由 2000 年的 30.3%逐步提高到 2006 年的 77.7%，高出市平均 5.7 个百分点，高中教育开始步入了良性发展轨道，办学规模达到 1500 人，创下了历史最高记录。2006 年双桥中学实现创建市级重点中学的目标。

4.职成教育稳步发展。制订了新一轮职教发展规划和加快发展职业教育的实施意见，引导中等职业学校深化办学模式、教学形式和内容等方面的改革，指导红岩中等职业学校积极争创市级重点职业学校，积极做好学校就业指导、信息服务和跟踪服务工作，努力为职教毕业生提供更好的就业机会。到 2005 年，双桥区中等职业学校万人口平均在校人数达 174 人，超过了全市 120.5 人/万人的 44.3%。2006 年，为落实市委二届九次全委会精神，充分利用红岩技校的办学优势，与石柱县签订了中职联合办学协议，每年为石柱县培养 150 名汽车维修、数控机床、机械制造专业学生并负责安置就业。加大对农民文化技术培训，支持农民调整产业结构，发展种养殖业，脱贫致富奔小康。2005年，双桥区举办了近50期农民技术培训班，培训农民400人，转移农村富余劳动力400人。2006年上半年培训农民268人，转移农村富余劳动力225人。

5.不断加大投入，办学条件明显改善。直辖10年期间，多渠道筹措教育经费，累计投入3728万元，用于改善办学条件。目前，全区中小学危房改造完成，教育资源得到有效整合和优化，特别是双桥中学创建市级重点中学工程投入2300万元，修建了学生宿舍、公寓、食堂、综合教学楼，改造了运动场，办学条件显著改善。

通过学校布局调整，校点布局日趋合理。与1996年相比，2006年全区幼儿园由25所调整为9所，园均幼儿数由58人增加到146人，增长151.7%；小学由16所调整为11所，校均学生数由309人增加到378人，增长22.3%，班均人数由36.7人增加到39.3人；初中校均人数由550人增加到772人，增长40.4%，班均人数由47.1人增加到52.6人；高中阶段校均人数由264人增加到1454人，增长450.8%，班均人数由41.5人提高到53.9人。

6.教育体制全面理顺。一是顺利完成区域内国有企业中小学校的剥离工作。2002年8月重汽集团的子弟中学和子弟小学从企业剥离出来，划归区政府管理，分别更名为双桥区实验中学和双桥区实验小学。

二是义务教育管理体制全面理顺。从2006年7月起，区政府对全区义务教育学校的教师编制、干部人事、教育经费、学校布局和教育教学实行统一管理，由区教育局直接管理镇街义务教育学校，为全区教育的持续健康发展提供了有力保障。

三是办学体制改革不断推进，民办教育取得发展。全区认真贯彻《民办教育促进法》，不断优化教育发展环境，吸引社会力量投入资金1300万余元兴办了民办教育。

7. 教师队伍整体素质在不断提升。直辖以来，由于全面实施中小学教师“继续教育”工程、“双百”工程、“名师”工程，教师队伍素质得到提高。全区专任教师学历达标率与“九五”期末相比，小学由66.5%提高到100%，初中由87.5%提高到97.9%，高中由73%提高到91.9%；骨干教师队伍不断壮大，全区现已拥有市区级骨干教师11名，各级学科带头人80名。1997年至2006年获市级和国家级表彰的优秀教育工作者或优秀教师分别为11人和3人。

8.电教教仪工作成绩斐然。近年来，抓住“两基”复查的契机，有力地促进了双桥区教育技术装备和信息技术教育、现代远程教育的基础设施建设。信息技术教育发展迅速，全区计算机从1996年的零台发展到370台，在全区基本普及了信息技术教育，所有中学还投资装备了多媒体电教室，一些学校还为教师办公配备了计算机，使现代化教育迈上了一个新台阶。2003年现代远程教育网络初步建成，双桥区正式实施了现代远程教育的光盘播放系统和卫星接收系统。双桥区小学（含村小）已全面普及了教学光盘播放系统，中心校以上的小学和所有的中学普及了卫星接收系统。为使远程教育能管好、用好，双桥区还建立了一套比较完善的管理制度，并将远程教育设备运用于教学、教研中，为享受优质教育资源、提高教育教学质量做出了贡献。

五、城市发展呈现新面貌

（一）城市规划得到加强

直辖以来，双桥区建设行业紧紧抓住重庆直辖、西部大开发和建设渝西经济走廊等历史机遇，进一步理清发展思想，坚持强化规划“龙头”作用，修编了总体规划，在市政府批准的《重庆市双桥区城市总体规划》的指导下，先后完成了一批控制性规划、专业规划和修建性规划以及龙水湖风景名胜区总体规划，开展了城市节点设计，加快了城镇体系规划编制，进一步提高小城镇规划设计和风貌设计水平。通过抓规划工作为城乡建设事业奠定了加快发展的基础，城市工业、商贸、政治三大功能分区初具规模，形成以大邮公路、双龙西路、通星公路、车城大道为主线，以工业园区、通桥集镇、龙滩子地区、龙水湖巴岳山旅游度假区为重点，以商贸新城区为中心的一园、两线、一湖的城市总体格局。

(二)城镇化进程明显加快

直辖以来，新建房屋面积68万平方米，创建市级示范镇一个——双路镇，规范建设农民新村13个。建成区面积已达4.38平方公里，比直辖前的1996年扩大了1.48平方公里，城镇常住人口已达4.27万人，比1996年增加2.97万人；城镇化率达到89.5%(按常住人口计算)，比直辖前的1996年提高城镇化率36.5个百分点。

(三)城市基础设施日益完善

直辖九年来共完成城市基础设施建设投资8298万元，一批重要城市基础设施项目相继建成投入使用，形成了城区道路骨架网络，完善了城市功能，提升了城市形象。投资3679万元，完成了双龙西路改造工程、双北路改造工程、双龙西路东段改造工程、双南路、双北路人行道改造工程、双桥公园达标工程、双南路入城口景观绿化及市政建设工程、西湖大道节点景观绿化工程、车城大道市政绿化工程；投资420万元，完成了双龙西路、双南路、双北路、双北中路、西湖大道、车城大道等灯饰工程建设，新增路灯600盏；投资300余万元，实施了龙水湖补水工程和水厂技改工程，改造搬迁主水管2.8公里，自来水普及率达100%；投资415万元，完成了天然气引接工程，新建日供气量6万立方米的天然气配气站；投资3314万元，实施了59938平方米经济适用房(其中：重汽投资2771万元，建经济适用房54338平方米)、廉租房等民心工程。

(四)房地产业快速发展

直辖以后，房地产业保持快速发展的势头。10年共竣工城镇住房35万平方米，完成房地产开发投资1.22亿元，房地产开发竣工面积共24.3万平方米，其中住宅竣工面积19.9万平方米。累计销售房屋面积14.03万平方米，其中住房销售11.84万平方米，销售给私人的占95%，房地产开发呈现建销两旺的良好发展态势。直辖九年来，城镇居民人均居住面积达16.52平方米，比1996年增加4.42平方米，成套率达100%。房地产业的快速发展，为全区GDP增长提供了强大动力。

(五)城市园林绿化成绩显著

直辖以来，双桥区按照山水园林城区创建规划，积极组织开展创建市级园林城区工作，紧紧围绕改善生态环境，提高城市景观质量，塑造城市形象等工作重点，大力开展园林绿化“三创”活动，大规模地实施绿色形象工程，建成1条市级“园林市街”(双龙西路)，1个“二级达标公园”(双桥公园)，1个市级“园林式居住小区”(萃碧苑小区)，2个市级“园林式单位”(重汽集团、红岩专用厂)和27个区级园林式单位，于2003年在渝西地区率先建成市级山水园林城区，城市绿化面积达127.4公顷，比直辖前的1996年增加51.99公顷，公共绿地面积达17.25公顷，比直辖前的1996年增加11.25公顷，绿地率达32.01%，比直辖前的1996年增加2.01%，绿化覆盖率达37.04%，比直辖前的1996年增加7.04%，人均公共绿地7.67平方米，形成了以公园、游园、绿化广场、市街绿化小品、街道绿化和单位、社区绿化为主体，点、线、面相结合，城乡交融的园林绿化体系。

(六)城市管理水平明显提高

以市容环境卫生和绿化、亮化、净化、美化为重点，组织了大规模整治，深入开展市容“三创”活动，创建出了一批市级市容整洁街道、单位、小区；坚持建管并重、专业管理与综合管理有机结合，重新组建了市政监察支队，专门选拔了一批政治素质强、业务过硬、作风扎实的年轻干部充实到市政监察支队，加大了城管执法力度；开展了拆除违法建筑、整治临街房屋、整顿城市非交通占道和站车秩序、整治户外广告和建筑工地等专项整治工作，市容市貌明显改观。

(七)建筑工程质量显著提高

建立了有形建筑市场，加强了建设工程招标投标管理、质量安全管理和队伍建设。工程建设入场交易率、应招标工程招标率、应公开招标工程公开招标率、应监理工程受监率、工程质量监督覆盖率、城建档案归档率、工程验收合格率均达100%。加强了强制性技术标准的宣传和监督，全面实施了施工图审查备案制度，积极开展了建筑材料新科技产品的推广应用工程，确保了建设质量，直辖以来，累计完成建筑业总产值8.1亿元，建筑业增加值2.3亿元，未发生重大安全伤亡事故，无受市里通报批评的工地，文明施工管理上水平。

(八)经营城市取得重大突破

直辖后，为了缓解城市建设奖金投入不足的矛盾，双桥区积极探索符合市场经济规律的经营城市之路。成功地对双桥区自来水厂进行了转让，盘活了存量资产，拓展了城建资金渠道；成功实施了环卫临时用工制度改革及清扫保洁承包制，提高了工作效率，实现了社会效益、环境效益和经济效益的三统一(见表1)。

六、交通工作成绩斐然

双桥区委、区政府紧紧抓住重庆直辖和西部大开发以及贯彻中央1号文件精神等有利时机，在市委、市政府的正确领导和在市政府各部门的大力支持下，全区各级、各部门解放思想，振奋精神，立足于“经济发展，交通先行”和“能快则快，尽量快”的工作思路，不断更新观念，大胆探索创新，积极拓展筹资渠道，加快城乡交通基础设施建设步伐，实现了交通跨跃式发展。

(一)公路里程成倍增加，各项指数明显提高

1996年底，全区公路统计里程为28.515公里，其中等级公路只有13.375公里，53.1%为等外公路，最好的过境省道大邮公路也只不过三级，74.49%的公里处于无路面结构状态，全区公路密度每百平方公里仅为66.16公里。2005年

表1 直辖前后双桥区城乡建设主要指标对比表

指标类别	单位	1996年	2006年	1997-2006年	增加
城市维护建设投资	万元			8298	
建成区面积	平方公里	2.6	4.38		1.78
城镇人口	万人	1.3	4.27		2.97
转移农村剩余劳动力	人				
城镇化率	%	53.0	89.5		36.5
城市绿化面积	公顷	75.41	127.4		51.99
公共绿地面积	公顷	6	17.25		11.25
绿地率	%	30	32.01		2.01
绿化覆盖率	%	30	37.04		7.04
人均公共绿地	平方米	4	9.5		5.5
建筑业企业个数	个	11	33		22
建筑业从业人员数	人	900	4200		3300
建筑业总产值	亿元			8.1	
建筑业增加值	亿元			2.3	
房地产开发完成投资	亿元			1.22	
房地产开发竣工面积	万平方米			24.3	
房地产开发住宅竣工面积	万平方米			19.9	
商品房销售面积	万平方米			14.03	
住宅销售面积	万平方米			11.84	
商品房销售额	万元			11083.7	
住宅销售额	万元			8051.2	
城镇人均居住面积	平方米/人	12.01	33		20.99
竣工农房面积	万平方米				
农村人均居住面积	平方米/人				

表 2 直辖 10 年公路建设情况比较表

	1996 年	2005 年	2006 年
公路里程	28.515	79.144	91.144
一级公路			
二级公路		11.303	11.303
三级公路	7.275	26.527	26.527
四级公路	6.1	31.727	37.727
等外公路	15.14（53.1%）	9.587（12.11%）	15.587（17.1%）
高级路面		26.241	26.241
次高级路面	7.275	29.59	32.59
无路面	21.24（74.49%）	23.313（29.46%）	26.313（35.5%）
公路密度	66.16 公里/百平方公里 6.79 公里/万人	183.63 公里/百平方公里 17.09 公里/万人	211 公里/每百平方公里 19.4 公里/万人

图表说明：直辖 10 年，双桥区的公路建设得到了跨越式的发展。公路总里程从 28.5155 公里增加到 79.144 公里，公路密度从每百平方公里 66.16 公里增加到 183.63 公里；等外公路从 53.1%降低到 12.11%，无路面公路从 74.49%降低到 29.46%。

底，全区公路统计里程为 79.144 公里，等级公路里程达 69.557 公里，占公路总里程的 87.89%，其中 11.303 公里为二级公路，高级、次高级路面结构里程达 55.831 公里，为总里程的 70.54%，2006 年底，全区公路统计里程为 91.144 公里，等级公路里程达 75.557 公里，占公路总里程的 83%，其中 11.303 公里为二级公路，高级、次高级路面结构里程达 58.831 公里，公路密度每百平方公里达到 211 公里，万人拥有公路 19.4 公里，名列全市前茅，达到东部发达地区水平（见表 2）。

（二）农村公路建设快速推进，实现村村通油路的目标

把改善农村基础设施建设作为解决“三农”问题的突破口。投资 1000 多万元，先后对通星路、双珠路和双长路、建龙路、天星路、太平路、双桥支路等 7 条公路共 20 多公里进行了改造。使以上公路路面结构全部油化或水泥化，公路等级达到四级以上公路标准，实现了村村通油路（或水泥路），在实现村村通油路（或水泥路）目标的同时达到了村村通客车。

七、旅游发展势头强劲

将旅游业作为第三产业的龙头，加大旅游工作力度。通过 10 年的努力，双桥旅游工作对区域经济发展的带动作用日益增强，产业基础初见规模，产出水平有所提高，呈现出了强劲的发展势头。

（一）旅游基础设施和旅游资源开发项目建设

1.旅游业的基础设施投入逐年加大，旅游基础设施建设步伐加快。目前，已经建成的项目有：占地面积约 75 亩的双桥龙水湖滨湖公园和码头；龙水湖景区的水、电、气、交通、通讯设施；850 米长的污水收集干管一期工程；面积为 85 平方米的三星级旅游厕所；面积 1000 余平方米的生态停车场；约 900 米长的迎宾大道以及迎宾大道环境绿化整治工程；2 公里长的龙水湖景区滨湖公路。经过 10 年的建设，我区旅游业基础设施的建设已经共计投入约 3000 万元，为龙水湖景区旅游资源的开发奠定了坚实的基础。

2. 旅游资源项目的开发取得了新发展，一是引资 4270 万元的双湖酒店已于 2002 年建成投入使用；二是引资 1000 余万元建设的私立华茵学校已于 2003 年建成投入使用；三是即将开工建设的龙水湖景区天赐温泉、老年公寓等项目。

（二）旅游规划的编制和修编

1.1998 年，委托重庆大学城规学院根据当时的实际情况编制完成了《龙水湖生态观光农业旅游风景区总体规划》和《龙水湖生态观光农业旅

游风景区控制性详细规划》。

2. 由于1998规划的编制有一定的局限,已经不能适应当前旅游发展的形势。2004年,委托中国科学院地理研究所编制完成了《龙水湖片区旅游概念性规划》。经过相关部门的领导和专家的反复论证、修改,该规划以旅游市场为向导,以旅游资源为基础,合理开发、分期实施、稳步推进为指导思想,对龙水湖景区约4平方公里提出了科学的旅游发展理念,为我们健康、有序地开发龙水湖提供了新思路。

3.2004年8月,委托重庆大学城市规划设计院根据《龙水湖片区旅游概念性规划》编制了《龙水湖景区控制性详细规划和城市设计》,为把龙水湖景区打造成为AAAA旅游风景区创造了良好条件。

(三)加大宣传力度,突出抓好招商引资

组织参加了三峡国际旅游节,通过布置展台、制作资料等充分准备,积极宣传和推销龙水湖旅游资源及产品;还组织参加了双桥区首届房交会,利用房交会,积极推销龙水湖旅游+房产的概念;积极响应市旅游局的号召,组织旅游企业参加昆明旅游交易会、西北地区博览会等展会活动。利用国庆节黄金周制作了电视宣传片,在重庆电视台生活、公共、移动频道滚动播出;承办全国围棋甲级联赛重庆主场赛等形式,进一步提升了龙水湖旅游的知名度。

充分利用"龙水湖"网站,将我区旅游招商项目、政策、景区介绍、旅游动态等信息在网站上公布。委托专业咨询机构撰写了包括女儿湾休闲度假区、汽车文化公园、旅游集镇、烂尾楼整治、排污管网、滨湖公路等旅游招商项目的可行性研究报告或项目建议书,建立了我区旅游招商项目库,并对外进行了网上发布。同时,邀请了市内外旅游业界的精英、专家学者对龙水湖景区进行考察、调研。通过邀请川渝专家召开专家论证座谈会、到外地考察、请旅游学院的教授授课等形式逐步理清了龙水湖景区的开发思路,明确了龙水湖景区的整体规划思路,形成了较为成熟的开发理念并对重庆市旅游资源、客源市场开拓、旅游产品开发等进行了科学分析。

八、社会保障日益健全

千方百计开发就业岗位、大力实施就业再就业工程,全面推进农村剩余劳动力开发转移,市场竞争就业机制和城乡一体化就业机制基本形成,城乡劳动力资源配置日趋合理、优化。城镇失业人员得到有效安置,国有企业富余职工得到妥善分流安置,农村剩余劳动力开发转移工作平稳有序进行,各类就业再就业培训不断加强,劳动者素质有了显著提高,各项就业再就业优惠政策进一步健全完善,并得到充分贯彻落实,城镇登记失业率多年控制在3.2%以下,连续多年保持了全市较低水平,受到市政府的表彰奖励。

"两个确保"工作成效明显。配合辖区国有企业兼并、破产、下岗分流、减员增效等改制工作,认真贯彻落实了国有企业下岗职工基本生活保障制度。通过多渠道筹集资金,积极扩大社会保险覆盖面,确保了辖区进中心的下岗职工基本生活费和企业离退休人员养老金100%发放。

劳动关系保持和谐稳定。劳动合同制全面施行,以劳动合同制度为核心的新型劳动关系调整制度基本建立,辖区各类企业普遍实行了劳动合同制度,实现了劳动关系由行政管理向依法管理的转变。劳动合同管理工作得到加强,集体合同制度、三方协商机制逐步推行。劳动争议仲裁制度进一步深化,劳动争议仲裁三方机制得到进一步完善,各类劳动争议案件得到及时妥善处理。

劳动者权益得到充分保障。劳动保障监察工作日趋规范化、法制化,监察监控预警机制逐步建立健全,各类违反劳动保障法律法规政策和侵害广大劳动者合法权益的违法违纪行为得到及时有效处理,特别是针对拖欠农民工工资问题,我们在全市较早施行民工工资保障金制度,成效明显,充分保障了广大劳动者合法权益得到,维护了全区社会稳定大局。

直辖前,双桥区只建立了养老保险制度和失业保险制度,且处于探索阶段,覆盖范围小。直辖

10年来，双桥区社会保险制度发展迅速，医疗、工伤、生育等保险制度相继建立，社会保险覆盖范围不断扩大，基金保障能力不断增强，有力保障了职工在退休、失业、患病、因工伤残、患职业病和生育时的基本权益，维护了全区改革发展稳定大局，有效发挥了有效发挥了社会“安全网”和经济“减震器”的作用。

企业职工基本养老保险制度不断深化。1986年10月，双桥区企业职工养老保险制度率先在全民所有制工人和国有企业职工中施行，近20年来，特别是直辖10年来，随着社会主义市场经济的建立和逐步完善，双桥区企业职工基本养老保险制度不断深化，保险覆盖面不断扩大，养老保险基金不断壮大，社会保障功能日益增强，养老保险已成为广大离退休职工养老、防老不可缺少的重要保障。截至2005年底，辖区企业职工基本养老保险参保人数达到了8570人，退休职工达到3700余人，当基金征收达到2920万元，基金征缴率达到100%，基本养老金支出达到2638万元，基金发放率100%，退休人员养老金发放社会化率达到100%，退休人员社区管理率达到65%。

失业保险制度逐步完善。与养老保险制度同步施行的失业保险制度，历经近10年来的发展，已基本形成全方位、一体化、多层次、广覆盖的统筹保障体系，失业保险制度也从社会救济型保障逐步转变为就业机制型保障，失业职工较好地享受到了失业救济、再就业培训、生产自救、自谋职业等多方面的保障服务。2005年底，辖区失业保险参保人数达到6289人，参保单位达到79户。

城镇职工基本医疗保险制度稳步推进。2001年，我区开始施行城镇职工基本医疗保险制度，经过4年多的发展完善，基本形成了用人单位和职工共同缴费，医、患、保三方制约的基本医疗保险体系。医疗保险制度的推行，消除了不同性质单位的医疗待遇差别，减轻了困难企业职工的大病医疗负担，使参保职工生病能够得到及时医治，有力地维护了广大参保职工切身利益，维护了社会的公平、公正原则。2005年底，辖区基本医疗保险参保人数达到1.1万余人。

工伤保险制度发展迅速。工伤保险制度于2004年7月启动，起步晚，但发展迅速，目前双桥区工伤保险已成为最早涵盖众多社会弱势群体的险种，广泛覆盖了煤矿、采矿、建筑等高危行业人群。有效保障了广大劳动者尤其是处于弱势地位的农民工因工受伤时及时获得医疗救治和经济补偿。2005年底，辖区工伤保险参保人数达到8450人，实现了96%以上的覆盖率；

生育保险顺利启动。2005年底顺利启动生育保险制度，实现参保人数4180余人。

注：本文数据出自双桥区发计委

撰稿单位：重庆市双桥区人民政府办公室

长寿区

一、长寿区情简介

长寿区距重庆主城60余公里，幅员面积1423.62平方公里，辖2个街道、16个镇，总人口88.04万。长寿古属巴国枳邑，于唐武德2年(公元619年)正式置县，名“乐温”，公元1363年改置长寿县。2001年12月25日，经国务院批准，长寿撤县设区，2002年4月9日正式挂牌。长寿区位优势明显，地处重庆都市1小时经济圈，是重庆主城通往三峡库区的重要节点，境内渝长、长梁（梁平）、长涪（涪陵）高速公路和渝怀铁路汇集，临近江北国际航空港，有长江黄金水道及良好的深水岸线,现代交通网络体系基本形成。长寿自然资源丰富,有一江二湖三河十三溪(一江指长江,二湖指长寿湖、大洪湖,三河指龙溪河、桃花溪河、御临河,十三溪指长寿境内十三条小溪);矿产资源储量大,有天然气、煤、盐卤等20多种可开发的矿产资源。长寿工业基础较好,是全国最大的天然气化工基地,境内天然气储量达3700亿立方米,天然气年净化能力82亿立方米,为发展天然气化工提供了条件。境内有工业企业706家,其中有川维厂、扬子江乙酰等中央、市属企业,集中了国内规模最大的天然气化工装置,天然气化工产品总量居国内市场第一位。长寿旅游资源独具特色,有可供开发利用的景点15处,其中长寿湖是西南地区最大的人工湖,库容10亿立方米,面积64平方公里,岛屿200多个,风光秀丽、水产丰饶,极具开发潜力。长寿农副产品资源丰富,长寿夏橙、沙田柚品质优良,禽蛋、淡水鱼产量在重庆市居绝对优势地位。

二、重庆直辖以来长寿区经济社会发展情况

(一)国民经济快速增长,综合实力显著增强

1.经济总量大幅度增加。1996—2006年,长寿区生产总值年均增长11%(详见图1)。2006年实现地区生产总值100亿元,是1996年的2.8倍,按常住人口计算的人均地区生产总值达到1718美元,是1996的3倍。第一、二、三产业增加值2006年达到14亿元、54.2亿元和31.8亿元,分别比1996年增加40.6%、222.3%和274.5%。工农业总产值2006年达到154.25亿元,是1996年的3.1倍。全区综合经济实力迈上了新台阶。2003年、2004年、2005年连续三年在全市区县经济社会综合评比考核中获得一等奖,2005年经济社会发展综合状况在三峡库区生态经济区19个区县中列第一位。

2.结构调整取得成效。10年来,实施一系列带有战略性的结构调整举措,坚持巩固和加强第一产业,提高和改造第二产业,积极发展第三产业,三次产业结构趋向协调,由1996年的28.2:47.7:24.5,调整为2006年的14:54.2:31.8。所有制结构发生转变,非公有制经济迅速崛起,增加值2005年已达到44%。

3.固定资产投资规模不断扩大。重庆直辖以来,长寿区紧紧抓住重庆直辖、西部大开发及撤县设区的历史机遇,加快基础设施和基础产业建设,大力发展工业,积极培育房地产业,投资规模不断扩大,投资总量连上新台阶。全社会固定资产投资以每年18.9%的速度递增(详见图2,下页),投资额度由1996年的10.62亿元增加到2006年的59.97亿元,10年累计完成固定资产投资257.21亿元。

(二)农业经济稳步发展,工业经济较快增长

1.农业生产稳定发展。直辖以来,长寿区不断调整农业产业结构,大力发展生态高效特色农业,农业产业化进程不断推进。紧紧围绕打造都

图1 1997—2006地区生产总值增长速度

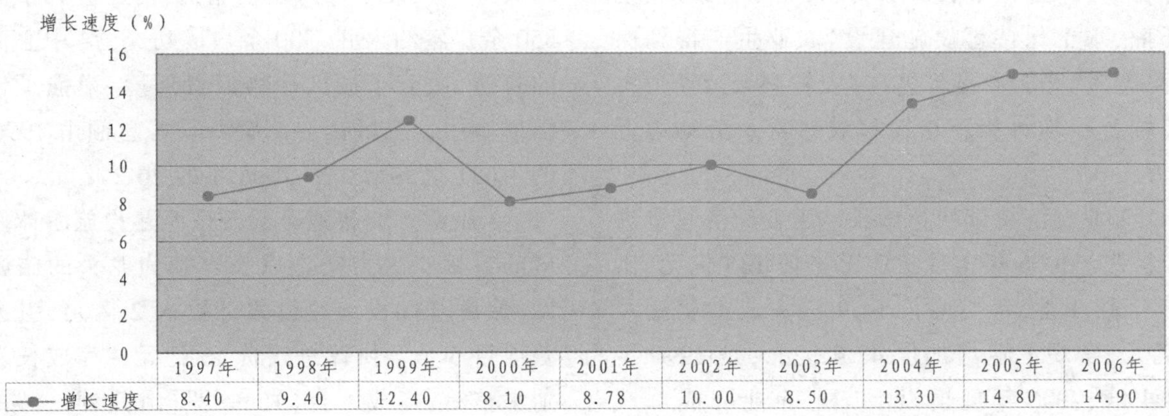

图 2 1997—2006 固定资产投资增长速度

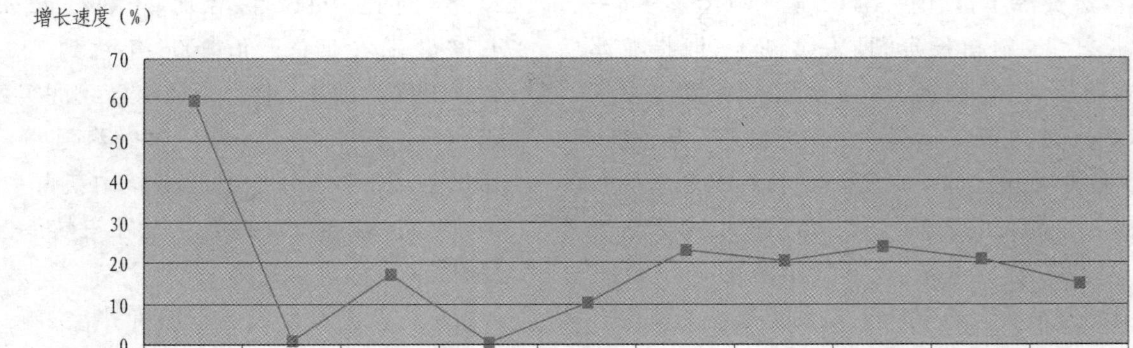

	1997年	1998年	1999年	2000年	2001年	2002年	2003年	2004年	2005年	2006年
增长速度	59.79	0.77	17.02	0.4	10.4	23.08	20.33	24.03	21.08	14.94

市农业基地的目标和“11356”(以增加农民收入为一个中心,以稳定粮食生产为一个基础,做强柑橘、畜牧、水产三大支柱产业,培植蔬菜、蚕桑、花卉、中药材、干果五大优势产业,推进生态环境、基础设施、经济强镇、劳动力转移、社会扶贫、农村信息化六大工程)发展思路,大力发展特色农业,形成了柑橘、豫薯王、水产、禽蛋养殖、奶牛、蔬菜、中药材、花椒八大农业生产基地,实现了粮食增产、农民增收。粮食产量稳步提高,2006年粮食产量达27.79万吨。农业产业化进程加快。累计发展澳门恒河、环球石化、冬润果蔬等农业龙头企业57家,其中国家级1家、市级5家。笼养蛋鸡、生猪生产规模得到巩固和提高。建成柑橘基地19万亩、水产基地11.4万亩、“豫薯王”种源基地30万亩。创建了长寿沙田柚、夏橙、天府牌榨菜等6个部、市级名牌农产品,长寿湖渔业产品获国家绿色食品认证。农村基础设施建设力度加大。强化了农田水利、农业综合开发、生态环境、水土保持等设施建设,农业生产得到保障,防灾、抗灾能力逐步提高。农村剩余劳动力大量转移,平均每年新增转移农村富余劳动力近1.5万人。

2.工业经济持续快速增长。工业经济总量进一步扩张。2006年实现工业总产值135亿元,比1996年翻3番,年均增长14.9%;完成工业投入32亿元;实现工业增加值42.5亿元,是1996年的3.4倍,2006年规模以上工业企业完成总产值89.2亿元;完成工业增加值46.45亿元;实现工业利润12.16亿元。工业发展质量明显提高。工业经济效益综合指数2006年达到216.8%,名列全市第一。企业效益不断提升。通过大力实施存量企业技改重点项目和扶优扶强战略,极大地提高了工业经济的质量和效益。一大批骨干工业企业实施了技术改造,生产能力和产品质量进一步提高,保持了扩张式发展态势,基本形成了以综合化工、材料工业、装备制造业为主的支柱产业,长寿作为重庆工业高地的地位日益突出。

(三)商贸旅游蓬勃发展,财税金融运行平稳

1.市场规模逐年扩大。10年来,全区交易市场得到进一步发展,形成遍布城乡的市场网络和批发、零售销售为主的市场流通格局。倾力打造了中心商圈,建成和培育了协信购物广场,已成功引进重百商场、新世纪百货、大中电器、中天装饰城等一大批零售商业企业,目前已有大小商户350余户签约入驻,300余户成功经营。中心商圈的打造,改善了城区购物消费环境,增强了带动辐射作用。全区社会消费品零售总额由1996年的10.31亿元增加到2006年的26.2亿元。

2.旅游产业快速升温。按照建设旅游休闲胜地的目标,大力实施以长寿湖为龙头的旅游开发,旅游基础设施建设累计投入2亿元,引进旅游项目5个,协议总投资15亿元,完成长寿湖湖水整治,建成了合(兴)—罗(山)旅游公路、游

客接待中心、迎宾大道、湖滨公园、南大门广场等基础设施，长寿湖景区面貌焕然一新，区内外游客纷至沓来，年均接待游客50余万人次，被列为重庆市“十一五”四大精品旅游项目。此外，龙山寨、楠木院森林公园、城市景观、天台寺等旅游精品景点得到进一步开发，初步形成“一个旅游龙头、一条旅游带、三大旅游组团”的旅游产业格局。

3.财税金融运行情况良好。财政实力不断增强。10年来，地方预算内财政收入以年均增长19.6%的速度递增，2006年达到6.2亿元，相当于1996年的6倍。金融稳健运行。2006年全区金融机构各项存款可达108亿元，比1996年增长3.56倍；金融机构各项贷款余额40亿元，增长57.1%。

（四）城乡居民生活水平不断提高，人民生活总体达到小康

1.城乡居民收入水平持续提高。重庆直辖以来，长寿区城乡居民生活总体达到小康水平。城镇居民人均可支配收入2006年可达到10000元；农民人均纯收入由1996年的1729元增加到2006年的3470元，年均增长7.2%。居民储蓄存款大幅度增加。城乡居民储蓄余额达80亿元，比1996年增长了3.66倍。

2.居民生活质量明显改善。城镇居民恩格尔系数2006年已达到45.3%，农村居民恩格尔系数已达到49.7%。居民消费结构日益优化，逐步向追求享受型和发展型的小康生活转变，从“吃、穿、用”消费转向了“住、行、游”消费，汽车、旅游、医疗保健、文化娱乐等已成为消费的新热点。

3.城乡居民居住条件大为改善。建设城镇经济适用房25万平方米，解决了3000户城乡居民的居住问题。城镇居民和农村居民家庭人均住房面积分别由1996年的11平方米、22平方米增加到2006年的31平方米、39.18平方米。城市居民住宅成套率明显提高，花园式居住小区快速发展，居住环境更加优美。农村基础设施不断完善，实现了村村通公路、通电话。

（五）基础设施不断完善，城市化进程明显加快

1.交通网络日臻完善。重庆直辖10年，长寿实现了高速公路和铁路从无到有的突破，渝长、长梁、长涪三条高速公路相继建成通车，渝怀铁路长寿段和川维铁路专用线投入使用，重庆主城港朱家坝作业区启动建设，长寿人民期盼已久的长寿长江公路大桥实现开工。实现了村村通公路和“1小时长寿”建设目标。

2.水电气通讯设施长足发展。全面完成城区污水管网改造，城市日供水能力达到2.1万立方米，基本满足区内供水需求。完成城区和农村电网改造，全区拥有220千伏变电站2座，110千伏变电站7座，实现了城乡用电同网同价，送变电能力不断增强。城市日供气量7万立方米，实现城区和部分集镇管道通气。综合通信能力显著增强，实现了社社通电话，移动电话用户超过15万户，互联网宽带用户突破2万户。

3.城乡建设较快发展。完成了长寿区城市总体规划修编和长寿区城镇体系规划编制，开发了桃花新城、中心商圈、化工园区、晏家工业园区、黄桷湾二期等工程，启动了河街旧城改造，以中心镇建设为重点的小城镇建设步伐加快。10年来，全区城乡共计开工房屋建筑面积1752万平方米、竣工房屋面积1593万平方米。2006年长寿城镇化率将达44.5%。城市建成区面积达27平方公里，小城镇建成区面积达16平方公里，分别比1996年末增长11.6平方公里和5.7平方公里。

4.城市管理水平逐步提高。理顺了城市管理体制，成立了市政园林管理局，城市管理综合协调能力得到加强。加大了城市管理力度，严格落实门前三包责任制、市容保洁责任制，城市秩序得到明显改善，城市面貌明显改观。开展了城市绿化、亮化、净化、美化工作，2003年以来新建灯饰工程项目27个，新建和改造城市道路46.4公里，种植绿化、行道树4.2万株，新增城市绿地45.6万平方米。

5. 移民工作平稳推进。坚持开发性移民方针，针对长寿地处三、四期水位结合部和过渡期

及门类齐全、点多线长、情况复杂的特殊性，探索出了高水位区县加快移民搬迁安置的路子，促进了地方经济发展。截止2006年底，累计完成项目投资3.3亿元；农村移民生产安置4419人；生活安置1723人；还建受淹房屋4.6万平方米。城集镇搬迁销号6163人，迁建受淹房屋12.49万平方米，完成通讯线路、广播电视线路和输变电线路复建，道路、桥梁、淹口码头和水电站等专业设施复建有序推进。全面完成区属21户淹没企业补偿销号。对口支援累计到位资金8.7亿元，引进合作项目60个，输出移民劳务1600人，安置移民493人。移民工作监管跃上一个新台阶，2005年经国务院三峡移民稽察组稽察，受到充分肯定和高度评价。

（六）各项改革不断深化，对外开放水平不断提高

1.各项改革稳步推进。企业改革不断深化。产权制度改革不断深入，完成了西山煤矿产权转让工作，组建了中小企业信用担保体系，重棉七厂、粮食加工厂、瓷厂等6户三峡库区淹没企业破产关闭工作取得实质性进展，燃料公司等部分改革企业遗留问题得到解决。行政机关机构改革、事业单位人事制度改革、乡镇行政区划及村（居）规模调整全面完成。金融体制、住房制度改革深入推进，农村税费改革，财政资金直补农民、农村合作医疗等改革有序进行。

2.投融资体制逐步完善。在投融资改革领域解放思想，更新观念，按现代企业制度的要求，增值和壮大投融资主体，组成一些公司，搭建发展平台，创新投融资管理机制，加强银企合作，采取银行贷款，股份制合资等方式吸引外资和民间资金，拓宽融资渠道，2003年共融资18亿元，2004年融资11亿元，实际到位8.44亿元，2005年建设性投资主体资产规模达30亿元，建立了宏昌、晏家信用担保公司，推动了重大项目和重点企业建设的快速发展。

3.发展环境不断好转。建立健全党风廉政建设责任制，积极开展万人评议政府部门活动。严格执行重大项目招投标制度、国有投资项目会审制度和政府集中采购制度，建立完善干部监管制度。大力推进体制机制改革，加大纠风和行政执法监察工作力度，深化从源头上预防和治理腐败工作，把政府职能部门置于全社会的监督之中，切实转变了机关工作作风，提高了办事效率和服务质量。10年来，区纪检监察机关共受理群众来信来访8740余件，为800余名党员干部澄清了问题，查办各类违纪违法案件305件，查处违纪违法人员344名，为国家和集体挽回经济损失1150万元。

4.非公有制经济发展迅速。直辖以来，长寿区积极营造良好环境，制定优惠政策，支持私营企业群体发展，非公有制经济发展迅速，社会贡献额越来越大。2006年全区非公有制经济完成工业总产值44.3亿元，比1996年增长786%；非公有制经济上缴税金2.63亿元，比1996年增长776%。全区非公有制企业已达16308户，其中：私营企业951家，从业人员92120人，个体工商户15357户，从业人员为44218人，非公有制经济实现增加值占全区生产总值的35%。

5.对外开放进一步扩大。利用外资结构更加合理，投资环境不断改善。10年间招商引资项目达668个，协议引资586亿元，实际到位165亿元。其中有5家世界500强企业，14家跨国公司，有9家企业投资规模超过10亿元。相继成功引进英国BP公司、日本三菱瓦斯、香港建滔、国际复合、重钢集团、云天化、四川和邦等国内外知名企业入驻长寿，开放型经济的工业集中度和生产要素聚集度明显提高。第三产业、现代农业等逐渐成为外商投资热点。高新技术和高附加值产品出口比重提高，10年间外贸出口总额超过3亿美元。

（七）可持续发展水平提高，生态环境质量不断改善

1.人口发展进入良性循环。人口的生产与发展形势不断向好，人口总量保持低速增长，全区人口总数由1996年的87.7万人增加到2006年的88万人。计划生育成绩显著，人口出生率由1996年的14.9‰，下降为2005年的9.52‰，死

亡率由6.8‰下降为4.23‰，自然增长率由8.13‰下降为5.3‰。

2.环境保护力度加大。直辖以来，长寿区在狠抓工业发展的同时，坚持实施可持续发展战略，围绕改善环境质量目标，强化环境监督管理，环境质量并未随经济的快速发展而恶化，实现了环境保护与经济社会协调发展。强化工业污染防治，完成了6个重点工业废水治理项目，年削减废水排放量813万吨。加强了水环境治理，斥资3000多万元拆除了长寿湖养殖网栏，长江长寿段及三条主要次级河流水环境质量保持稳定，城区饮用水源水质达标率100%。坚持推进"净空工程"，空气质量逐年改善。从2003年以来，城市环境综合整治定量考核，连续三年在全市排名升位，党政一把手环保定绩考核连续两年获一等奖，全市环保系统目标考核连续获一等奖。

3. 生态质量不断改善。10年期间共投入3.78亿元，加强了生态建设。完成退耕还林、荒山育林26.63万亩，新增城市绿地65.6万平方米。治理水土流失面积349.66平方公里，完成土地开发整理10.55万亩。建成了城市污水处理厂和垃圾处理场，启动了危废物处置场建设并进展顺利。全区森林面积由1996年的25.4万亩发展到2006年的43.6万亩，森林覆盖率达到20.46%，人均公共绿地面积由1996年的3.01平方米增加到2006年的6.65平方米，城市绿化覆盖率由1996年的28.1%扩大到2006年的44.5%。

(八)精神文明建设成效显著，各项社会事业全面协调发展

1.城乡文明程度逐步提高。随着经济社会的迅猛发展和综合实力的提高，全区社会主义精神文明建设也呈现积极健康向上的良好态势。扎实开展群众性精神文明活动，制定了《市民文明守则》、《市民基本道德规范》，重点在城乡居民中推广文明礼貌用语、开展遵守交通规则、维护公共秩序、爱护市容环境教育实践活动，市民的社会公德意识不断提高。启动了国家级文明城区创建工作，"人人都是投资环境，人人代表长寿形象"已成为广大市民的共同理念，"诚信长寿"、"文明长寿"的品牌逐步树立，有力推动了和谐长寿的构建。

2.就业和社会保障机制逐步完善。"劳动者自主择业、市场调节就业、政府促进就业"的市场导向就业机制初步形成。直辖以来，指导和帮助4.5万名下岗失业人员实现了就业和再就业，农村劳务输出累计73.80万人次，城镇登记失业率一直控制在4.5%以内。城镇社会保障体系基本形成。建立起了以基本养老、基本医疗、失业、工伤、生育保险和社会救助为主的社会保障体系。全面实施了农村救灾、五保供养、特困户救助、残疾人分类救助、农村医疗救助制度。各项社会保险覆盖范围逐步扩大，城镇社会保障标准逐年提高，人民群众基本生活得到有效保障。

3.科技事业成果丰硕。积极实施"科技兴区"战略，狠抓科技成果的转化，科技进步对经济贡献率为41%，累计下达实施科技成果项目582项，申请专利130个，其中15个项目在国家科技部立项。一批高新技术骨干企业集群初步形成，对全区经济发展的支撑和拉动作用日益显现，建立了对有突出贡献的科技人才和企业实行奖励的政策，全社会尊重科学、尊重知识、尊重人才的氛围日益浓厚。

4.教育事业明显加强。大力实施"教育强区"战略，全区教育取得了突破性进展。全面完成危改工程，全区拆除了中小学D级危房12.6万平方米，新建校舍23.8万平方米。全面实施了现代远程教育，成功引进全国知名的重庆市行知职业技术学校，长寿中学顺利搬迁，启动了职教中心和实验二小桃花分校建设。"两基"教育进一步巩固，"普九"人口覆盖率达100%，青壮年非文盲率99.8%。教育总体水平提高，70.6%以上的初中毕业生升入高中阶段就读，高考上线人数累计达20690人。

5.文体事业日益繁荣。直辖以来，长寿区不断加大对文体的投入，硬件设施不断完善，启动了区体育中心和区青少年活动中心建设。每年举

办大型文体活动10—15次，开展各类中小型文化活动350次以上。建立文体社团20个，在文学、音乐、书法等领域创作了大量作品，共有2000余件文艺作品在各类报刊杂志、广播电视等媒体发表，200余件作品在各类演出和比赛中获奖。实施了《全民健身计划纲要》和《奥运争光计划》，体育人口达35%，中小学生体质达标率97.8%，人均体育面积0.67平方米，竞技体育在首届市运会上总分居全市第7位。培育文体市场，有文化体育活动场所和文化体育经营单位600余家，从业人员1800余人，年产值达1.5亿元。建成功能完善，设施齐全的现代化广播电视中心，全区广播电视综合人口覆盖率达到99.5%，有线电视入户率达到48%。

6.公共卫生事业快速发展。直辖以来，长寿区医疗卫生基础设施不断完善，2006年全区医疗卫生单位固定资产总值达12174万元，比1996年增长255%，建成了区医院住院大楼和区疾控中心。全面推行镇村卫生服务管理一体化，2005年顺利通过了重庆市首批农村初保实施纲要审评，进一步健全和完善了区、镇、村三级预防、保健、医疗网络，建立了较为完善的公共卫生服务体系。始终坚持"预防为主的方针"，建立并完善了突发公共卫生事件应急处置机制。2006年顺利启动新型农村合作医疗试点工程，参合率达66.35%。

三、长寿区经济发展中呈现的亮点与特点

直辖以来特别是"十五"时期，是新世纪长寿发展极不平凡的五年，也是长寿区经济发展亮点呈现的五年。五年来，全区人民认真贯彻落实科学发展观，解放思想，与时俱进，开拓创新，加快建设"三地一中心"(重庆工业高地、都市农业基地、休闲旅游胜地、渝东物流中心)，改革开放和现代化建设打开了新局面，精神文明和政治文明建设取得了新成就，顺利完成了"十五"计划确定的主要任务，实现了长寿经济社会发展"三步走"战略的第一步目标。

(一)经济结构调整加快，综合实力迈上新台阶

1.经济总量大幅度增加。"十五"期间，区生产总值年均增长11%，比"九五"时期快3.5个百分点。2005年实现地区生产总值87亿元，按常住人口计算的人均区生产总值达到1446美元，比2000年增长103%。地方预算内财政收入4.8亿元，收入总量相当于"九五"末的2.8倍。全区综合经济实力迈上了新台阶，三年打基础的目标基本实现，2003年和2004年在全市区县经济社会综合评比考核中获得一等奖。

2. 经济活力进一步增强。产业结构调整加快，第一产业比重从"九五"末的20.1%下降到"十五"末的17%，第二产业比重从47%提高到51%；所有制结构发生转变，非公有制经济迅速崛起，实现增加值比重从"九五"末的28%提升到"十五"末的42%；工业发展质量明显提高，工业经济效益综合指数从"九五"末的98.3%提高到"十五"末的249.4%，名列全市第一。2005年工业总产值突破100亿元大关，达到105.9亿元，年均增长21.1%。骨干企业继续保持扩张式发展态势，化工、建材、机械等产业的支撑作用增强；高新技术产业发展迅猛，科技对经济贡献率进一步提高；服务业活力增强。以中心商圈和特色专业街、专业市场为主的服务业加快发展，以长寿湖为龙头的旅游开发建设快速推进，信息、保险、房地产、现代物流等产业发展势头良好，已初步形成了产业支撑、城建带动、旅游拉动的三产发展新格局。改善金融运行质量，不良贷款率从"九五"末的40.3%下降到"十五"末的13.9%，促进了地方经济健康发展。

3.经济竞争力明显提高。"十五"期间投资继续保持高速增长，全社会固定资产投入172亿元，比"九五"增长1倍，其中2005年工业企业投入24.1亿元，比上年增长64.2%。工业园区开发建设步伐加快。化工园区、晏家园区投入13.8亿元，整治"七通一平"土地1.3万亩，在完善配套设施、提升园区竞争力方面成效显著。签约入驻企业96户，协议投资超过320亿元，在建企业32户，建成投产企业28户，实现产值11.5亿元。

产业聚集效应明显增强,园区成为经济发展的重要增长极。

4.城乡面貌变化巨大。基础设施建设突飞猛进。渝长、长涪和长梁三条高速公路建成通车,渝怀铁路长寿段和川维铁路专用线投入使用,重庆主城港朱家坝作业区建设进展顺利,长寿人民期盼已久的长寿长江公路大桥实现开工。新建、改造街镇公路及农村公路415公里,实现了村村通公路。综合通信能力显著增强。移动电话用户超过15万户,互联网宽带用户突破2万户。城市面貌焕然一新。中心商圈建设进展顺利。桃花新城构架初步形成,景观大道、景观通廊、市政广场建设基本完工,行政中心、公安指挥中心完成主体工程,长寿中学、体育中心、桃花溪综合整治等一批重点工程相继开工。河街旧城改造和滨江路加快建设。城区和农村电网改造全面完成,实现了城乡用电同网同价,送变电能力不断增强。市政公用设施日益完善。校骑路建设顺利推进,完成城区油路铺设6.3公里,城市交通网络骨架基本形成。城市管理水平不断提高。小城镇及农民新村建设取得新成效。城镇化率达到43.7%,比"九五"提高10.3个百分点。长寿正成为一座富有朝气、人气旺盛、彰显魅力的新城。

(二)狠抓发展薄弱环节,统筹经济社会发展取得新成绩

1.农业农村经济焕发生机。按照"11356"发展思路,大力推进农业产业结构调整,实现了粮食增产、农民增收。粮食产量稳步提高,2005年粮食产量达38.8万吨。农业产业化进程加快。发展农业龙头企业54家,其中国家级1家、市级3家。笼养蛋鸡、生猪生产规模得到巩固和提高。建成柑橘基地18万亩、水产基地11.7万亩、"豫薯王"种源基地2万亩。创建了长寿沙田柚、夏橙、天府牌榨菜等6个部、市级名牌农产品,长寿湖渔业产品获国家绿色食品认证。农村基础设施建设力度加大。强化了农田水利、农业综合开发、生态环境、水土保持等设施建设,农业生产得到保障,防灾、抗灾能力逐步提高。农村剩余劳动力大量转移,平均每年新增转移农村富余劳动力近1万人。

2.移民工作平稳推进。实现移民投资2.4亿元,农村移民生产安置4353人,城乡移民搬迁7633人,还建房屋15.4万平方米。争取移民包干外"个案"、水环境、地灾治理等资金9000多万元。搬迁销号4户企业,引进对口支援资金7.9亿元。新建了扇沱场镇,复建了一批基础设施,移民小区和移民新村安置条件得到较大改善。

3.社会事业取得长足进步。教育水平总体提高。拆除中小学D级危房12.4万平方米,新建校舍23.8万平方米。"两基"成果得到巩固,高考上线人数1.3万人,比"九五"增长3.5倍。青少年活动中心开工建设,群众性文体活动蓬勃开展。广播电视宽带网覆盖城乡,广电事业快速发展。《今日长寿》办刊质量进一步提高。大力开展人才引进工作,引进急需紧缺人才452人。深入开展食品药品放心工程,建成了区医院住院大楼和疾控中心,公共卫生体系建设得到加强。严密防控"非典"疫情和高致病性禽流感,做到了全区清净无疫。实施了计划生育家庭奖励扶助政策,人口与计划生育工作得到加强。

4.生态环境质量不断改善。"十五"期间共投入5.6亿元,加强了环境保护与生态建设。完成退耕还林、荒山育林27.8万亩,新增城市绿地40万平方米。治理水土流失面积160.4平方公里,完成土地开发整理3.4万亩。建成了城市污水处理厂和垃圾处理场,危废物处置场建设进展顺利。完成了6个重点工业废水治理项目,年削减废水排放量813万吨。斥资3000多万元拆除了长寿湖养殖网栏,水环境质量保持稳定。坚持推进"净空工程",空气质量有所改善。

(三)各项改革不断深化,开放型经济实现新突破

1.各项改革稳步推进。国有企业股份制改革不断深化。完成了安定纸厂等企业破产关闭和西山煤矿产权转让工作,重棉七厂、粮食加工厂、瓷厂等6户三峡库区淹没企业破产关闭工作取得实质性进展。部分改制企业遗留问题逐步得到解决。行政机关机构改革、事业单位人事制度

改革、乡镇行政区划及村(居)规模调整全面完成,金融体制、住房制度改革深入推进,农村税费改革、财政资金直补农民、农村合作医疗等改革有序进行。

2.投融资体制逐步完善。规范了政府投资行为,建立了国有重点项目会审制度。加强与金融机构的合作,搭建了投融资发展平台,化工园区开发建设公司、晏家园区建设发展公司、基础设施开发公司、长寿湖生态旅业开发公司四大建设性投资主体的资产规模达30亿元,建立了宏昌、晏家信用担保公司,推动了长寿重大项目和重点企业建设的快速发展。

3.对外开放进一步扩大。利用外资结构更加合理,投资环境不断改善。五年间招商引资项目达621个,协议引资329亿元,实际到位130亿元,比"九五"增长271.4%,其中有4家世界500强企业、17家跨国公司,有9家企业投资规模超过10亿元。英国BP公司、日本三菱瓦斯、香港建滔、国际复合、重钢集团、云天化、四川和邦等国内外知名企业相继入驻长寿,开放型经济的工业集中度和生产要素聚集度明显提高。第三产业、现代农业等逐渐成为外商投资热点。高新技术和高附加值产品出口比重提高,"十五"期间外贸出口总额超过2亿美元,比"九五"增长50%。

(四)关注民生办好实事,构建和谐社会呈现新气象

1.社会保障机制逐步完善。就业总量稳步增长。"十五"期间指导和帮助2.8万名下岗失业人员实现了就业和再就业。基本建立起了以养老、失业、医疗、工伤、生育保险和社会救助为主要内容的社会保障体系。全面实施了城市居民最低生活保障、农村救灾、五保供养、特困户救助、流散精神病人分类救助、农村医疗救助制度。持续推进一系列实事工程,解决了一批关系群众切身利益的实际问题。

2.城乡居民生活水平明显提高。城乡居民收入持续增长。2006年城镇居民人均可支配收入达10042元,农村居民人均纯收入达到3480元,居民消费结构日益优化,汽车、旅游、医疗保健、文化娱乐等成为消费新热点。城乡居民居住条件大为改善。建设城镇廉租房和经济适用房59.4万平方米,解决了7700户城乡居民的居住问题。城镇居民和农村居民家庭人均住房面积分别由"九五"末的16平方米、37.7平方米增加到"十五"末的32平方米、39.2平方米。居民储蓄存款大幅度增加。城乡居民储蓄余额达69.5亿元,比2000年增长了近1倍。

3."平安长寿"建设稳步推进。切实加强社会治安综合治理,严密构筑社会治安防控体系。始终坚持"严打"方针不动摇,依法严厉打击严重刑事犯罪、邪教组织、毒品犯罪和经济、网络等领域的犯罪,社会治安状况日趋良好。强化安全监管,加大安全生产投入,深入开展安全生产专项整治,安全生产形势有所好转。认真受理群众来信来访,妥善处理和积极化解社会矛盾,有效维护了社会政治稳定。

四、"十一五"时期长寿区经济发展构想

(一)发展目标

1.综合经济实力不断增强。区生产总值"十一五"期间年均增长13%,2010年达到160亿元以上,人均区生产总值达到2200美元以上,超过全市、全国平均水平。地方财政收入达到10亿元以上,在2005年基础上翻一番。

2.资源综合利用效率明显提高。单位地区生产总值能源消耗比"十五"末降低20%以上;生态环境质量明显改善,水质稳定在国家地表水Ⅲ类标准,森林覆盖率达到30%。

3.科技创新能力显著增强。大中型企业信息技术利用率达到50%以上,工业新产品产值率达20%以上,形成一批拥有自主知识产权和知名品牌、国际国内市场竞争力较强的优势企业。

4.基础设施建设进一步完善。全社会固定资产投资增长率保持在10%左右。基本建成以公路、铁路、水运为主骨架的综合交通运输体系,城市、园区和信息基础设施建设瓶颈制约得到有效

缓解，能源水利供给保障程度大幅提高。

5.形成更具活力更加开放的体制机制。基本实现法治政府、责任政府和服务型政府建设目标。基本完成国有经济战略性调整和改组，建立比较完善的现代企业制度。非公有制经济增加值比重提高到60%。开放型经济达到新水平，外贸出口总额年均增长10%以上，累计利用外资1.6亿美元。

6.城乡区域发展逐步趋于协调。城镇化水平2010年达到54%以上。统筹城市经济和农村经济协调发展，形成区域协调互动、相融共进的发展新格局。建设山水园林生态城市，建设文明富裕田园新农村。

7.构建和谐长寿取得新进步。2010年城镇居民人均可支配收入达到15000元，农村居民人均纯收入达到4500元。五年新增城镇就业人数2万人以上，城镇登记失业率控制在3.5%以内。年均人口自然增长率控制在3‰以内。基本普及高中阶段教育。城乡公共卫生和基本医疗服务体系、社会保障体系比较健全。社会信用、社会文明程度和民主法制建设取得新进展，社会治安和安全生产状况进一步好转。

（二）主要任务

1.加快推进新型工业化，打造重庆工业高地。坚持实施“工业强区”战略，加快两大园区发展，提速街镇工业，形成“园区+街镇工业小区”发展格局，在2005年基础上“再造2个长寿工业”，到2010年实现工业总产值300亿元，工业增加值100亿元，年均增长分别达到23.4%和24.8%，经济效益综合指数达到200%以上。化工园区建成全国具有影响力的综合性化工基地，晏家园区规模、效益保持全市工业园区前5位。

一是集约发展园区工业经济。全面推进四大产业集群。加强与周边区县的区域合作，构建渝东工业连绵带。做强化学工业，建设长江上游最大的综合性化工园区，形成具有核心竞争力的支柱产业；培育壮大材料产业，加快发展合成材料、金属材料和新型建材；做大装备制造工业，形成一批集团式生产企业；着力发展农副产品加工业，形成一批工业带农业的重点企业。着力构筑八大产业基地。依托川维、扬子江乙酰等天然气化工生产技术，延伸天然气化工产品链条，壮大天然气化工生产基地；以长化、四川和邦为依托，利用丰富的盐卤资源和氯碱化工技术，建设全国性的氯碱化工基地；充分利用四川乙烯后续加工项目落户园区的战略机遇，争取聚碳酸酯、甲苯二异氰酸酯等一批石化大项目落户园区，建设石化产业基地；加快香港建滔、日本三菱瓦斯与化医集团合资的甲醇项目和环球石化甘薯深加工制乙醇项目建设，发展醇基燃料，建设规模型新能源产品基地；以重钢集团为依托，建成西部精品钢材加工基地；以浙江环松为依托，建成渝东机械加工基地；以国际复合为依托，建成亚洲最大的玻璃纤维生产及深加工基地；利用化工园区固体终端产品，建成新型材料生产基地。积极发展“10亿企业群”。支持企业快速做大做强，形成1家销售收入上50亿元的企业、3家上30亿元的企业、3家上20亿元的企业。

二是不断促进街镇工业发展。加大城镇工业对农业产业化发展的支持力度，充分发挥街镇资源优势，以“一轴三片”布局街镇工业小区，重点抓好云台、葛兰、渡舟、新市、双龙等镇的工业发展。大力发展农副产品、饲料、盐业加工和机械制造等特色产业，积极引导街镇原料加工企业和园区配套企业，实现资源高效转化和多层增值。到2010年，实现街镇工业总产值65亿元，增加值18亿元，培育10个年销售收入上亿元的街镇工业企业，创建1—2个年工业销售收入上10亿元的街镇。

三是大力发展非公有制经济。进一步放宽市场准入，落实公平待遇，支持社会资本进入基础设施、公用事业和法律明禁外的行业和领域。积极支持中小企业发展。鼓励支持非公有制企业科技创新，扶持一批有市场前景、有发展潜力的非公有制企业做大做强，提高非公有制经济市场竞争力。

2.坚持统筹城乡发展，打造都市农业基地。建设“生产发展、生活宽裕、乡风文明、村容整洁、管理民主”的社会主义新农村，是“十一五”解决“三农”问题的战略性任务。我们要走出一条符合长寿区情的以工促农、以城带乡，农村经济与社会协调发展，农村文明与基层政权建设相互促进的新路子，努力打造都市农业基地。

一是加快农业产业结构调整步伐。依托澳门恒和、环球石化、冬润果蔬、港龙制药、金地集团、重庆荣达、程文公司等农业龙头企业，做强水产、蛋鸡两大品牌产业，壮大甘薯、果蔬、柑橘、奶牛、生猪五大优势产业，引进培育一批农业产业化龙头企业，大力发展标准农业、品牌农业、生态农业，稳步推进农业产业化。“十一五”期间，建设12万亩水产养殖基地、500万只良种蛋鸡基地、30万亩能源甘薯基地、25万亩柑橘产业基地、8万亩优质蔬菜产业基地、30万头优质瘦肉猪基地。以“两社两化”为重点，全方位搞活农产品流通，切实加强农产品市场建设，扩展农产品“绿色通道”，提高农民进入市场的组织化程度。

二是切实加强农业基础设施建设。增加投入，全面做好农田水利基本建设，启动防洪保安体系、农田灌溉保障体系、农村饮水安全体系建设。加强农业气象预报监测服务，适时开展人工增雨防雹工作。完成范家桥水库建设，启动龙门桥水库工程。加快推进村道、沼气、农村无害化卫生厕所和农村网络村村通等基础设施建设，切实改善农民生产生活条件。

三是加快推进城镇化进程。按照统筹城乡发展和区域发展的要求，进一步明确街镇发展功能定位，切实加强城镇风貌建设，不断增强小城镇要素吸纳、社会服务和经济辐射功能。依托百镇工程，统筹规划，整合资源，着力构建以主城区为中心，中心镇为节点，一般建制镇为支撑的城镇化战略体系。长寿湖镇以旅游业为重点、葛兰镇以工商业为重点、云台镇以加工业为重点加快发展，带动一般建制镇建设，提高长寿城镇化水平。

四是加快社会主义新农村建设。落实支农、促农、惠农政策措施，努力增加农民收入。加快农村剩余劳动力转移培训力度，力争每年新增转移劳动力1万人。建设相对集中的农民新村，构筑街镇新型社区。建立农村村级干部奖惩机制，努力增加村级集体收入，基本消灭“空壳村”，确保农村基层政权稳定。强化政府对农村的公共服务。加强基本农田保护，规范土地流转，防止基本农田撂荒。建立健全“三农”投入稳定增长机制，提高财政对“三农”投入的比重。进一步扩大公共财政覆盖农村的范围。基本解决农村“两基”欠账和中小学危房改造欠账。对农村义务教育阶段学生全部免收学杂费。继续实施农村计划生育家庭奖励扶助制度和“少生快富”工程，从严控制人口增长。

五是全面完成三峡移民搬迁安置任务。坚持“创造条件，不等不靠，争取主动，加快搬迁”的思路，按照“确保重点工程，加快在建项目，统筹资金使用，实现整体推进”的目标，强化水库管理，搞好后期扶持，确保2007年全面完成移民迁建任务，2008年实施库底清理，迎接市、国家验收。

3.加快发展旅游产业，打造旅游休闲胜地。一是快速推进长寿湖开发。以完善景区功能、改善景区形象为目标，高标准完成景区道路、供水、供气、排污、垃圾处理等配套设施及长寿湖场镇改造，大力实施长寿湖东西两岸及湖心岛屿绿化，提高景区品质。高起点谋划、储备和建设一批旅游地产、高档酒店、企业会所、体育运动、温泉度假、游艇俱乐部和高新技术研发等重大项目，引进一批实力雄厚的企业投资开发长寿湖，着力构筑西岸以度假为主、东岸以会务为主、北岸以研发为主、中心区域以观光为主的四大产业集群，全面形成以旅游为吸引，以基础为先导，以项目为龙头，以生态环境为保证的旅游开发格局。到2010年，成为重庆市山水花园居所，初具重庆市著名旅游风景区规模与形象。二是统筹旅游产业协调发展。做好启动西山日月云天、云集温泉度假村、江南龙山寨等重大旅游项目建设的前期工作。深入发掘“长寿”旅游文化内涵，大力开发独具特色的旅游产品，将旅游与地方民俗风情、历史人文景观、都市生态农业、现代工业园区等要素有机串点成线，以线带面，打造面向重庆主城消费群的都市休闲度假旅游精品。推出长寿旅游一日游、二日游旅游热线，与周边区县联姻，共建渝长武（武隆）度假区和渝长梁（梁平）观光链。到2010年，全区年接待游客突破100万人次。三是努力建设山水园林生态城市。积极打造城市经典景观。加快桃花新城建设，逐步启动建设清明上河园、三洞沟地质公园、三倒拐历史文化街，加快西岩观、牛心山、云峰寺及晏家园区沿溪公园建设。推动城市见缝插绿、拆危建绿、拆墙透绿、成片绿化工作，加强城市广场、步行街区、街道小区特色配置，塑造个性鲜明的城市景观。进一步提升城市建设档次。以行政中心、长寿中学、体育中心等公共项目为基础，带动桃花新城政治、文化、商贸、人居等标志性精品工程建设。加快河街旧城改造，建设靓丽滨江路，塑造沿江门户景观。启动江南新区开发。加强电力设施建设。新建220千伏变电站1座，110千伏变电站11座。切实加强城市管理，塑造文明城市良好形象。到2010年，主城建成区面积达到36平方公里，城区居住人口达到30万人，城镇人均住房面积达到35平方米，城市人均公共绿地面积达到6平方米。以凤城、晏家、渡舟、江南为组团的现代区域性中心城市格局基本形成。

4.不断改善物流基础条件，打造区域物流中心。一是加快物流设施建设。以实现"一小时长寿"为目标，进一步完善综合交通运输体系。争取启动重庆三环高速公路长寿段建设。建设桃花至长寿湖、渝巴路南（岸）涪（陵）段长寿支线公路和长寿长江公路大桥。新改扩建农村公路500公里，全面提升公路网络通达能力。依托渝怀铁路，加快园区铁路专用线建设。积极争取轻轨3号规划线延伸至长寿。加快重庆主城港朱家坝作业区、冯家湾化工码头建设，实现年吞吐能力300万吨以上。到2010年，基本建成长江上游重要交通枢纽。二是大力发展流通产业。构建全区商贸流通"135"新格局。以中心商圈、桃花新城建设为核心，不断增强主城商贸聚集辐射功能，打造主城商贸圈；以长洪路、长垫路、长狮路为纽带，建设一批中小商业集群，打造带动农村市场的三条商贸带；以葛兰、云台、长寿湖、洪湖、双龙为重点，打造五大商贸街。加快推进专业市场建设。以两大园区为依托，在晏家建设化工、机械产品交易市场；以葛兰、渡舟、长寿湖为中心，建设禽蛋、水产品交易市场；以主城为支撑，建设日用品、建材批发、汽车交易市场，构建全区三大物资集散中心，形成以产业发展布局为基础的物流配送基地。大力发展租赁、会展、电子商务等现代服务业，培育房地产、旅游、汽车、保健等消费热点，促进商贸流通上档升级。三是搞好物流配套服务。着力构建物流信息体系。充分利用现代信息手段，建立物流公共信息系统，到2010年，初步建成以政府管理网、法人采购网和物流服务交易网为主的物流电子商务体系。大力发展第三方物流。引导生产企业将物流职能从生产经营中剥离出来，组建大型物流企业集团，促进物流向专业化、规模化发展。按生产、销售和消费环节布局建设一批专业货运场站，完善仓储、配载及流通加工等综合服务功能，初步建立现代物流市场体系。

5.突出发展循环经济，建设资源节约型和环境友好型社会。一是大力发展循环经济。着力转变经济增长方式，实现经济可持续健康发展。以化工园区和晏家园区为示范，采取先进的清洁生产工艺，完善产业间多级生态链接，创建循环经济示范园区；优化配置农业资源，采用现代技术提升农业，建设生态农业示范区；保持好自然资源和生物的多样性，合理进行旅游开发，建设生态旅游景区。开展共生伴生资源利用和再生资源回收利用，完善资源再生产业和环保产业、固体废弃物减量化资源化再循环、污水集中处理循环利用系统，建设污染源监控和循环经济技术中心。到2010年固体废弃物综合利用率达90%以上，水重复利用率大幅提高，废水排放达标率达到92%以上。全面开展节约型单位创建活动，增强全社会节约意识，促进长寿环境质量和经济效益的同步提高。二是切实保护生态环境。实施碧水、蓝天、绿地、宁静四大环境保护与生态建设行动,美化人居环境。碧水行动,在“十一五”新建21座污水处理厂(站),开展御临河、桃花溪、龙溪河等次级河流综合整治。继续巩固和扩大饮用水源保护,加强三峡水库周边的环境保护;蓝天行动,重点控制和治理燃煤二氧化硫和扬尘污染,综合防治机动车尾气污染;绿地行动,继续实施水土保持、退耕还林工程,建设好黄草山、明月山、菩提山等天然林和公益林保护工程;宁静行动,加强城市各种噪声污染、光污染和视觉污染治理,让市民在舒适宁静的环境中工作、生活。三是科学合理利用各种资源。加强水资源管理,维护水资源的安全和生态平衡。节约化利用土地,加强建设用地总量控制,保持耕地总量动态平衡。实施三、四期地灾治理项目,完善地质灾害预警预报系统。严禁矿产资源破坏性开采和过量开采,促进资源合理利用和节约利用。

6.创造良好发展环境,加快推进和谐长寿构建步伐。一是着力推进诚信长寿建设。转变政府职能,全面推进依法行政,健全科学民主决策机制和监督机制,加强行政监察和审计工作,建设高效廉洁政府。合理调整财政支出结构,切实保障公共服务领域的需求和发展。探索各类融资方式,建立和完善新型投融资体制。不断提高对内对外开放水平。充分利用国际、国内两个市场,努力扩大出口。优化投资环境,创新招商引资方式,突出化工园区、晏家园区组合招商、产业链招商,增强吸纳国内外资源的能力。二是加快社会事业发展步伐。加快科技成果的推广应用,努力提高区域自主创新能力。进一步落实教育优先发展战略地位。推进城乡中小学标准化、教育信息化建设,努力创建国家级示范高中1所、市级示范中小学9所。大力发展职业教育,创建1所国家级示范职业学校。积极发展成人教育和高等教育,进一步完善教育体系。积极培育和引进高层次人才,建立健全人才长效激励机制。积极发展文体广电事业,不断丰富群众文化生活。全面实施新型农村合作医疗制度,健全食品药品监管网络,普及公共卫生和基本医疗服务,提高人民群众健康水平。三是进一步健全社会保障体系。千方百计扩大就业。实施积极的就业政策,加强职业教育与技能培训,开拓劳务市场,建立区、街镇、社区三级就业服务网络,搭建就业服务平台,做好城镇新增劳动力就业和农村富余劳动力转移工作。扩大城镇职工养老、医疗、失业、工伤、生育保险覆盖面,发展社会福利、社会救济、优抚安置和社会互助等事业,不断建立完善新型城乡社会保障和救助体系。四是全力维护社会和谐稳定。认真开展“创建平安街镇、建设平安长寿”活动,全面加强社会治安综合治理,依法严厉打击各类违法犯罪活动。建立健全自然灾害、事故灾害、重大疫情、社会安全预警机制,加强安全生产监管,坚决杜绝重特大安全事故发生。大力实施法律援助,积极开展人民调解工作。完善社会稳定预警、矛盾纠纷排查调处、应急处置和责任追究四大机制,积极化解和逐步减少不稳定因素,努力营造稳定和谐的社会环境。

注:本文数据出自长寿区统计局

撰稿单位:重庆市长寿区人民政府办公室
执笔人:周建超、熊浩

江津区

江津，位于重庆市西南，三峡库尾，是聂荣臻元帅的故乡和陈独秀的客居地，是一个古老而又年轻的地方，建县已有1500多年历史，1992年撤县设市，2006年撤市设区。全区呈丘陵兼低山地貌，系大娄山余脉，地势南高北低，高差1530.2米。全区幅员3200平方公里，辖23个镇、3个街道办事处、1个风景名胜区管委会，总人口146万人，其中农业人口108万人。

重庆直辖的10年，是江津历史上发展速度最快、投入最多的10年，是综合经济实力明显增强、城乡面貌发生巨大变化的10年，是人民生活极大改善、社会全面进步的10年。2006年，全区实现地区生产总值148.94亿元，实现社会消费品零售总额50.05亿元，地方财政预算收入实现8.1亿元，农民人均纯收入3691元，城镇居民人均可支配收入达到10458元，分别比1996年增长1.7、2.3、5.8、1.0、1.5倍。10年全社会固定资产投资累计完成373.41亿元。

10年来，江津历届党委、政府不断解放思想、深化改革、扩大开放，促进了江津经济社会的快速发展，一些工作走在了全国或重庆市前列，被评为全国计划生育工作先进单位，全国百个明星县(市)、残疾人工作先进市、第二批全国武术之乡、全国儿童工作先进市、全国科技工作先进县(市)、全国农村中医工作先进县(市)、全国亿万农民健康促进行动示范县(市)、全国文物保护工作先进县(市)，社会治安综合治理、统计、林业、公安、“四五”普法、关心下一代、农村市场“双建工程”、基本农田保护、地质灾害防治等工作成为全国先进。1991年、2000年、2003年连续获得全国双拥模范城(县)荣誉称号。重庆市唯一的全国创建文明村镇先进县(市)，连续四年进入重庆经济社会发展先进区县(市)和重庆工业10强区县(市)。2002年8月在中国“西部县域经济基本竞争力100强”评比中，名列第4位，竞争力等级为“A”级，在重庆市入围县(市)中排名第一。在第三届中国县域经济竞争力评比中，江津名列第98位，是中国西部地区入选的三个县(市)之一，也是重庆唯一跻身百强的县(市)。

一、工业经济发展迅猛，工业主导型经济格局基本形成

随着社会主义市场经济体制的建立和完善，全区工业经济以提高效益为中心，以扭亏增盈为重点，以产权制度为核心的企业改革全面展开，圆满完成372户国有、集体企业改制任务。2002年，在重庆市区(市)县中率先出台《关于加快工业强市的决定》，大力实施工业强区战略，坚持走新型工业化道路，抓存量、促增量，基本形成装备制造、建筑建材、能源、化工、食品等产业集群，连续四年跻身重庆工业十强区县行列，工业经济取得历史性突破。

截止2006年底，全区共有工业企业1813家，其中大型企业3家，中型企业16家。境内中央和重庆市属以上企业10家，固定资产原值88.85亿元。2006年完成工业总产值163.99亿元，完成工业增加值55.39亿元，实现利税14.07亿元，利润8.45亿元，工业对GDP增长贡献率达到63.1%，比1996年提高34.5个百分点。规模以上企业达110家，比1996年增加50家；完成新产品产值37亿元；工业产值超亿元企业达24家，比1996年增加21家。10年来，全区工业技改累计投入达133亿元，开发出国家级新产品11个，开发重庆市级新产品206个，新增国家级技术中心1家，省级技术中心5家，连续四年获得“重庆市技术创新先进集体”称号。工业经济运行良好，效益综合指数达到170点。珞璜电厂三期工程顺利

实施，蜀南气矿脱硫项目、华能石粉厂扩建工程等一批重点项目建成投产。先后有重庆潍柴、珞璜电厂、重庆齿轮箱公司、江津酒厂、腾辉地维、江津增压器、四维瓷业等企业进入重庆工业五十强。

工业园区建设成效明显，基础设施不断完善，招商引资力度加大，圆满承办2003年重庆特色工业园区招商项目对接会，签订投资协议6项，合同引资10.6亿元。截至2006年，一园三区共入驻企业109家、已投产56家，累计引资达到52.2亿元，当年实现工业总产值23亿元。玖龙纸业高档包装纸、金龙集团龙煜精密铜管、中国建材集团泰山纸面石膏板、潍柴大功率柴油发动机、赛迪川润冶金设备、三峡油漆、万里电池等一批具有重要带动作用的项目先后入驻，园区正逐步成为江津经济快速发展新的增长极。

10年来，培育了一批经营实力和综合效益水平在重庆地区同行业中处于领先水平的骨干企业，重庆齿轮箱公司、江津增压器厂、腾辉地维水泥、四维瓷业、天伦地毯、展扬化工等10户企业分别位居全国同行业前列，金四维系列卫瓷、威尔顿地毯、径流增压器等11种重点产品被评为国家级新产品、国家重点技术创新产品及高新技术产品，"威尚"牌制服、"几江"牌白酒、"四面山"牌尿素、"天伦"牌簇绒地毯、"玫瑰"牌米花糖等10多个产品被评为或保持重庆市名牌产品称号。

二、农业结构调整深入推进，三农工作成效显著

重庆直辖以来，江津克服1998年特大洪灾、2001年旱灾、2006年百年不遇旱灾等困难，创新工作思路和运作机制，以工业思维谋划农业，将企业机制引入农业，深入推进农业产业结构调整，农村经济呈现可喜变化，农民增收致富步伐加快，农村居民生产生活条件日益改善。2006年，实现农业增加值28.35亿元，比1996年增长23.7%。

近几年来，江津围绕重庆市"三百工程"，大力推进农村经济结构战略性调整，农业经济增速处于重庆领先水平。农业总产值、粮食、肉类、淡水产品、水果产量跨入全国百强县（市）行业，1997年生猪出栏120万头，居全国产肉大县（市）第三位。深化农村改革，1998年完成了土地二轮承包工作，稳定土地承包权，制定了土地使用权流转管理办法。2001年，灌溉因种值的优质稻、柑橘、南方早熟梨而被农业部列为示范县和标准化示范基地，代表中西部地区唯一的县（市）在全国农业结构调整经验交流会上介绍经验。目前，已建成优质粮油基地80万亩、花椒基地50万亩，成为全国最大的花（青）椒基地，江津花椒获得国家地理标志产品保护，花椒深加工项目被列入国家"863"计划。建成西南地区最大的热带鱼繁育推广基地，重庆市最大的PIC瘦肉型猪繁育推广基地；金银花、青果、苎麻等特色产业初具规模。鲜食晚熟柑橘、金银花、"九叶青"花椒三个农产品基地被列入"第五批国家农业标准示范区项目"。优质柑橘项目被列入国家"948"计划，生猪被列为国家无规定动物疫病示范区和重庆市出口创汇基地。引进培育农业企业720家，建立专业协会和"两社两化"组织213个，聚集社会资金6亿多元投入农业结构调整和农业综合开发，流转土地使用权23万亩。企业机制引入农业生产经营的经验，被作为"江津农业发展模式"在重庆推广。

全区有66个农产品注册了商标，20个产品获省部级"名优品牌"称号，"福音"牌富硒大米等6个产品获得国家"绿色食品"A级认证，"渝津"牌锦橙获"中华名果"称号。农产品对外贸易有新突破，恒河果品、远洋花生、五举酱菜等7个产品，远销10多个国家和地区。2001年，农业部副部长刘坚在视察重庆市工作后称赞：从江津农业看到了丘陵地区农业结构调整和农民增收的希望。

从2005年起全部取消农业税及其附加，每年为每个农民减负100多元，对种粮农民综合直补1.46亿元。劳务开发屡创佳绩。构建农村劳务开发"五大"体系，推进"阳光工程"和"百劳工程"，培育"江津建工"、"富侨保健"等劳务品牌，

累计转移农村劳动力33.6万人,2006年劳务总收入16.8亿元。投资1273.5万元实施77.056万公顷土地整理,增加有效耕地面积1185.06公顷,改善了农业生产条件。加强农村水利基础设施建设,整治病险水库29座,恢复改善灌溉面积7.5万亩,解决农村饮水困难3.24万人。实施退耕还林1.41万亩,森林覆盖率达36%。农业机械总动力23.7万千瓦,被农业部确定为重庆市唯一的机械化插秧技术推广项目区。扶贫工作取得新进展,特困村由57个减少到29个,农村绝对贫困人口脱贫1.4万人,全面消除岩洞窝棚户,实施贫困农民易地搬迁173户。新农村建设起步良好,“三清十治五提倡”工作受到重庆市肯定。全区上下众志成城,和衷共济,战胜百年不遇特大旱灾,“五个确保”目标全面实现。

移民安稳致富工程顺利实施,全面完成重庆下达的安置任务,移民后期扶持和稳定工作成效显著。江津移民工作自1993年开展以来,累计投入各种移民资金1.66亿元,累计安置外迁移民8184人,内安移民1178人。实施“依法安置、以情暖人、科技致富、政策激励”四项工程,确保了外迁移民在江津区“安得稳、能逐步致富和长治久安”,受到了时任中共中央政治局常委、全国人大常委会委员长李鹏,国务院副总理吴邦国等党和国家领导人的充分肯定。

三、基础设施逐步完善,发展后劲不断增强

全区公路交通建设突飞猛进,总投资32.04亿元。1997年,第一个以县级政府引资修建的长江公路大桥竣工通车。1998年,出台了《关于进一步加快公路建设完善公路网络的决定》,制定了发展规划,明确了建设任务,采取优惠政策,提供优质服务,改善投资环境,开始了以6条主骨架公路改造为重点的交通建设。2001年,基本实现了村村通公路。2003年,腾辉地维猫儿峡长江大桥胜利合龙。2005年,重庆绕城高速公路、渝泸高速公路江(津)合(江)段全面动工建设。至2006年底,全区公路通车里程4200公里,其中高等级公路527公里,被交通部确定为全国农村公路建设示范县(市)。建成农村公路1000公里,公路等级和通达深度全面提升,形成“一纵一横两循环”公路网络格局,实现“90分钟江津”目标。

江津铁路、水运交通方便。成渝、川黔铁路纵横交汇境内135公里,设有15个车站。“黄金水道”长江自西向东横贯127公里,有5个国家级内河深水良港,年吞吐能力可达1000万吨,江津港区被交通部确定为重庆四大枢纽港之一,长江水道实现夜航。2005年,由深圳东阳光公司投资修建的重庆港江津五举沱作业区动工建设;完成兰家沱、猫儿沱港扩建工程,改造了朱扬、石门、油溪等港口设施,新建了年货物中转量为50万吨的滩盘港,全区沿江各港口、码头年货物吞吐量达到291.2万吨。全区逐步形成了公路、铁路、航运大循环的交通网络。

1998年,江津被列入全国第三批农村初级电气化重点县(市),2000年全市实现了农村初级电气化,镇村通电率100%。实施西部农网改造工程2.2万户、户户通电工程2200户,建成110千伏变电站5座,动工建设龙井220千伏变电站。2002年5月,一期农网改造工程高质量通过重庆市组织的验收。截至2006年底,全区已建成小水电站73处,年均发电量1.67万亿千瓦时。西南地区最大的火电基地华能珞璜电厂三期工程已建成投产。

现代化立体信息传输网络建设进一步完善。1997年,完成了以万门数字程控电话为主的通信网络建设,电讯并入重庆大网,实现国际直拨;1998年,全面完成乡镇光缆架设,实现了村村通电话;2001年,基本实现了社社通电话。2006年,固定电话用户总数达到22.8万户,普及率达15.6%,手机用户达到31.3万户,电信宽带用户达到1.8万户,宽带数据通信网络已拓展到农村。

四、城镇化进程加快,大城市构架已具雏形

2006年底,全区城镇化率达到48.6%,城镇

建成区面积扩展到70.4平方公里。其中,主城建成区面积26.3平方公里,比1996年增加19.4平方公里,主城区人口达到27.3万人。2006年实现建筑业产值32.69亿元,比1996年增长150.7%。

10年来,完成旧城改造28.7万多平方米。1996年开始修建几江滨江路西段防洪堤,至2006年已基本完成几江西部城区建设和改造。2003年,启动了全长1.28公里的德感防洪堤一期工程建设,至2004年底,已基本完成主体工程。2002年,采取"以地代堤"方式,运用土地开发权吸引四川广汉长润集团建设几江东段5.06公里的防洪堤综合整治工程,至2006年底,东部新城建设取得突破性进展,琅山新区初具规模,防洪大堤、景观大道、滨江大道等顺利完工。10年来,先后建成南干道和南引道景观工程、津西路、汽车客运中心、区人民医院综合楼和感染病区、老干部活动中心、疾病预防控制中心、车管所、区青少年文化艺术中心、生殖健康中心、双宝垃圾处理场、污水处理厂、消防中心等一批城市基础设施和城市功能项目,完成几江自来水厂扩建和过江供水工程,供水能力由3万吨提高到8万吨,完成主城环城北路、南干道等道路改造,基本形成了"一环"、"三纵"、"五横"的主城道路网络,城市功能日趋完善。聂帅陈列馆、体育馆、人民广场、部队营房置换工程、大小什字片区改造主体工程、环城西路改造工程、烈士陵园二期工程、体育场主体工程、江津书城、电信枢纽大楼、广电中心等重点工程相断建成,市内高楼林立,街边绿树成荫,宽阔、整洁的水泥路纵横交错。

城市总体规划不断完善。2003年6月,中共重庆市委二届三次全委会和江津市委十一届三次全委会,确立了江津建设"100万城镇人口、50万城市人口现代化山水园林大城市"的宏伟目标。江津坚持"城市优先",确立"五年搭建框架、10年初具规模、十五年基本建成"的大城市建设奋斗目标,聘请中国三大规划设计院之一的深圳城规院,对城市总体规划进行了修编,完成23个城镇规划修编、18个城镇风貌设计和30个城镇片区建设性详规等重点规划项目。新设立规划局、市政委、城市建设开发投资有限公司,对城市建设、规划和管理体制进行了调整,以适应从建设中等城市向建设大城市的定位转变,更好地服务城市建设和发展。

目前,已基本形成城镇体系框架。白沙、油溪、李市等小城市、中心镇和重点镇发展取得初步成效。几江城区已建成津西花园、紫荆花园、水木年华等较高档次的住宅小区,"恒大金碧天下"项目于2006年正式动工建设。城市管理长效机制初步建立,成功创建重庆市山水园林城市。圆满举办全国"百城市长年会",提高了江津在全国的知名度。2001年,江津城区滨江大道被重庆市命名为"最佳园林市街",被长江水利委员会称为长江沿岸第一路。市域城镇体系规划通过重庆市批准,初步建成了以几江、德感为中心,以白沙、珞璜等7个城镇为支撑的四级层次城镇化网络框架。实施中国和加拿大两国政府联合开展的"中国城市综合发展项目江津示范项目",积极探索建立公众参与城市发展的策略和机制,城镇规划、建设和管理得以加强,连续10年荣获重庆市卫生城市称号,成功创建重庆市山水园林城市。

五、商贸流通辐射能力明显增强,区域性商贸中心逐步形成

大力培育主城区商贸物资辐射中心商场,初步形成大市场、大流通、多渠道、少环节的流通新格局。到2006年底,全区共建成城乡集贸市场56个,商业网点2万多个,从业人员达到14.7万人。城乡集市贸易成交额19.97亿元,比1996年增长1.6倍。客运、货运量分别达到3145万人和1009万吨,分别是1996年的4.3倍和13.6倍。

目前,主城区商贸物流中心商场、时代购物广场、城南综合市场、滨江路美食文化一条街等已初具规模。1998年,按照大商贸的思路,撤销了市财政办、市商业局,新组建了市商贸委。2003年以来,重百、国美电器、名豪、重客隆超市等知名商家相继入驻江津,改变了江津商贸的小散局面,带动了江津城区商业经营素质和经营水平的提高。山奇商贸城、奎星商业广场、白沙农副产品批发市场相继建成投入使用，一批综合性、专业性的农、工、副食品批发市场正在形成。城区斑竹巷小食品批发市场、城南综合市场和三条专业特色街年商贸物资流通量已占到市区总量的70%以上，石蟆、珞璜、杜市、柏林等镇的边贸市场已具雏形，李市、油溪镇的柑桔市场，先锋镇的花椒市场，蔡家镇的辣椒市场，双福镇的白酒市场等专业批发市场和物资集散地独具特色。商贸业态调整初见成效，二级商圈、物流配送、连锁经营和总代理、总经销方式迅速发展，出现了白沙利华商贸公司、太平洋运输公司、兰家沱港埠公司等一批营业收入上亿元的物流企业。全区的专卖、特色、精品店和各类超市达140余家。组织参加第五届中国美食节，获“中国名菜名点”称号10个，成功举办江津市首届商贸流通名店名品评选活动。医药、盐业、烟草、农资等商品实现全行业连锁。到2006年底，主城商贸中心区基本形成，“万村千乡双建工程”有序实施，小城镇组合式连锁网络初步形成。嘉川物流入驻江津。富侨、东方、太港已发展成为全国性大型连锁保健服务公司，年输出本区就业人员2万人，着手创建“足道之乡”。

邮电通讯业长足发展，2006年业务总量达4.7亿元，比1996年增长10.4倍。商贸经济逐渐成为江津经济发展的重要支撑，江津正朝着渝西区域性商贸中心城市的目标迈进。

六、旅游产业初具规模，逐步成为新的经济增长点

近10年来，开发出四面山、骆崃山、碑槽山、黑石山——滚子坪、临峰山五大旅游风景区和聂帅陈列馆、天下第一长联、石门大佛等20余处人文景观。全区改造旅游干道111公里和景区内旅游公路127公里；开通了程控电话和无线接入网；建立了卫星地面接收站和微波大联网；新建三星级旅游涉外宾馆、二星级宾馆；建成了较为完善的供水、供电、医疗、商贸、娱乐等设施。全区已形成集吃、住、行、游、购、娱为一体，日接待能力达2万人的旅游配套服务体系。2006年全区旅游综合收入2.4亿元，比1996年增长6.1倍，旅游业逐步成为江津的一大支柱产业。近10年来，全区累计接待中外游客739.58万人次，旅游收入12.86亿元。其中，四面山累计接待128.78万人次，旅游收入5.5亿元。

以四面山为主的旅游点实现了历史性的跨越。1994年1月，四面山被国务院批准为国家重点风景名胜区；1998年被评为重庆市十佳景区；2000年被重庆市评为最佳景区；2003年，四面山景区综合整治得到建设部好评，骆崃山被评为国家AA级景点。2004年，成功举办重庆首届四面山旅游节，创建中国优秀旅游城市获得圆满成功，四面山风景区被纳入重庆市十大旅游精品工程之一。2005年，与重庆新华(书店)集团合作开发四面山旅游资源。同时，以聂荣臻元帅陈列馆为代表的“红色旅游”项目被纳入国家100条红色旅游线路，陈独秀旧居正式对外开放；中山镇被评为中国历史文化名镇，古镇旅游日渐升温。2006年，四面山跨入国家AAAA级景区行列。江津区倡导的“渝川黔生态旅游金三角”发展战略，得到重庆市和国家旅游局的重视，被列为西部大开发的重点项目和国家《西部旅游投资规划》，为提升江津旅游在重庆乃至全国的地位奠定了坚实基础。

七、对外开放水平不断提高，民营经济发展迅速

江津具有良好的发展环境。1993年，江津设立了省级经济技术开发区，规划面积9平方公里。10年来，江津对外开放取得重大进展，先后与日本都城市、黑龙江省同江市结成了友好城市，与上海松江区建立了紧密的协作关系，与新加坡政府部门和工商组织建立了广泛的联系；与日、韩两国贸易投资促进机构建立合作关系；与阿塞拜疆共和国成功实现政府互访，并同该国苏姆盖特市签订友好合作协议，双方企业进行了对

接，江津电力、建筑等方面的企业，正在策划到阿塞拜疆的投资发展项目，参与国际经济竞争。参加"7.25重庆全球采购会"，"2003·澳大利亚亚太城市市长峰会"，"重庆与香港、澳门建立更紧密经贸合作关系(CEPA)论坛会"，实现与澳门企业界友好互访，推进双福"澳门西部工业园"建立工作；组织海外博士团访问江津，构建江津区企业与国际科技界合作平台。

对外招商引资工作得到有力加强。完善投资优惠政策和招商引资办法，进一步抓好招商引资平台建设，设立政府驻上海、深圳办事处，实行上门招商。1997年，引进马来西亚南发集团投资2890万美元的江津长江公路大桥建成通车；1998年至今，江津区吸引了美国、日本、澳大利亚、新加坡、香港、澳门、台湾等国家和地区等，区外资金318.75亿元。在境外投资项目中，巴哈马腾辉第二工业有限公司与重庆地维水泥有限公司实现强强联合，打造中国西部水泥"航母"，进一步确立了腾辉集团为中国西部规模最大、技术最先进、实力最强的水泥集团地位；四维公司与世界卫浴巨头杜拉维特公司合资建成高档卫生洁具生产线；世界500强拉法基公司珞璜建材厂实施增资扩产；增压器公司与世界500强ABB实现强强联合；澳门恒河集团在江津区投资建立10万亩晚熟优质柑橘基地，将国际上优良的品种、先进的种植技术、庞大的售销网络带到了江津，使江津区传统的柑橘产业生产和销售市场发生了质的飞跃；香港光景包装、香港金朝阳公司等一批大型企业落户江津。已向日本、新加坡、中东等国家和地区外派劳务600多人。2006年，全区有外贸进出口权的企业34家，全区外贸进出口总额4651万美元，其中，外贸出口3870万美元。

民营经济快速发展。全面落实促进民营经济发展的各项政策措施，努力营造"重商"、"亲商"、"安商"、"扶商"的社会氛围，鼓励、支持和引导民营经济加快发展。连续四年进入重庆市民营经济十强区县，获得"重庆市发展乡镇企业一等奖"。禾丰化工、博达集团等4家企业先后进入重庆市民营企业五十强，江津酒厂稳健扩张，成为全国最大的小曲清香型白酒生产基地。2006年，全区民营经济实现增加值87亿元，占地区生产总值的比重为59.6%，税收达5.5亿元，是1996年的1.8倍，从业人员达23.2万人，比1996年增长85.6%，民营经济已成为促进江津区经济增长、增加社会就业的重要力量。

八、经济实力显著提升，促进社会事业全面进步

坚持和落实科学发展观，努力促进社会和经济协调发展。重庆直辖10年来，江津区各项社会事业取得了全面进步。跨入全国科技进步先进县(市)行列，科技富民强区专项行动成效显著，技术创新和应用步伐加快，开发出国家级重点新产品7项，重庆市级重点新产品56项，高新技术企业达13家，拥有各类专利203件。

教育事业蓬勃发展。重庆直辖以来，江津区坚持实施科教兴市(区)战略，加快发展教育事业。全区现有各级各类学校764所，其中：幼儿园202所，特殊教育学校7所，小学492所(其中完全小学92所，村小400所)，普通中学56所(其中完全中学10所，初级中学36所，九年一贯制学校10所)，中等职业学校7所。现有重庆市级示范幼儿园、示范小学、示范初中各1所，重庆市级重点普通高中3所，国家级重点职高2所。"两基"通过重庆市评估验收和复查，全面消除、改造中小学危房，完成农村中小学现代远程教育试点项目建设。从2006年春季开始实施农村义务教育"一免一补"政策。2006年，全区初中和小学正常适龄人口入学率分别达98.6%和99.8%，残疾儿童入学率达89%；初升高比例达85.3%，基本普及高中阶段教育；10年累计向全国普通高校输送学生26254人。教育科研水平进一步提高，职业教育快速发展，重庆市江南职业学校成功创建国家级重点，重庆市工商学校被评为全国职教先进单位。高等教育开始起步，成功引进重庆电子职业技术学院。

文体事业健康发展。区体育馆、区文艺中心、区青少年活动中心等文体设施相继建成。被评为全国武术之乡，并于2001年12月成功举办第三批全国武术之乡传统武术交流会。各种文化活动深入开展，群众精神文化生活日益丰富。1998年以来坚持开展的“四下乡”、“滨江之夏”周末文化广场活动、“三项基本国策”巡演、农村电影放映等群众文化活动，形成了蜚声巴渝的四大群众文化品牌，其中“滨江之夏”被评为“全国特色广场文化活动”。“滨江之夏”周末文化广场活动、农村电影放映活动受到中央领导的高度评价和多家中央媒体的关注。2001年4月3日和7月27日，中央电视台“焦点访谈”分别以“山村来了电影队”和“十里长堤，十里风景”为题进行了报道，《人民日报》、新华社、中宣部《宣传工作》等也进行了报道。1999年，江津被中央文明委评为重庆市唯一的全国创建文明村镇工作先进市。广播电视覆盖率率达99%。

卫生事业全面发展。全区共有医疗机构737家，其中：区直属医疗单位6家、卫生院28家，厂矿职工医院、民营医院10家，个体诊所、村卫生室693家。有国家二级甲等综合医院、国家二级甲等中医院各1所。医疗救治能力明显增强，疾病防控体系、妇幼保健体系更加完善，公共卫生监督力度不断加大，成功抗御非典、禽流感等重大疫病。建成14所重庆市规范镇卫生院，新型农村合作医疗试点工作成为全国的先进典型，2006年农民参合率达71.39%。

人民生活明显改善。坚持以人为本，为民谋利，千方百计提高人民生活水平。2006年恩格尔系数为37.5%。社会保障体系不断健全，养老、失业、医疗、工伤、生育五大保险参保人数达36万人。城镇最低生活保障制度不断完善，享受城镇低保人口达3.5万人；建立城乡困难群众医疗救助制度和农村最低生活保障制度，启动村居(社区)干部养老保险，解决1.4万名村居(社区)干部生活补贴。

在“十一五”期间，将高举邓小平理论和“三个代表”重要思想伟大旗帜，以科学发展观统揽经济社会发展全局，围绕建设区域性中心大城市的奋斗目标，努力建设交通便捷、经济繁荣、文化兴盛、管理民主、人民宽裕、城乡和谐的新江津，基本形成拱卫重庆主城、辐射川南黔北的区域性中心大城市框架。

注：本文数据出自江津区统计局、区发改委、区交通局、区经委、区商贸委、区农办

撰稿单位：重庆市江津区人民政府

合川区

合川位于四川盆地东部，重庆市西北，华蓥山南段西北麓，地理座标在东经105°58′37″至106°40′37″、北纬29°51′02″至30°22′24″之间。东西宽69公里，南北长58公里，距重庆市主城区58公里。东北连四川省华蓥市，东南邻北碚区，西界铜梁县、潼南县，北接四川省武胜县、岳池县，幅员2356.21平方公里。属嘉陵江水系，嘉陵江、渠江、涪江三江汇流境内，江河总长1990公里，水域面积76.45平方公里，每年地表水流量730亿立方米，可利用发电的水力资源为65万千瓦。合川物产丰富，风光秀丽，历来被誉为“三江明珠”。现辖27个镇、3个街道办事处、1个工业园区，共529个村、59个居民委员会，2005年末总人口150.6万人。2005年末，全市城镇建成区面积达到52.22平方公里，其中主城区28.48平方公里。

合川在巴人入川前曾是濮人的主要聚集地，曾为古巴国别都，是巴文化发祥地之一。公元前314年，合川始设垫江县；西魏恭帝三年(556年)改为合州；民国二年(1913年)，改合州为合川县；1992年8月，改设合川市；2006年10月，升格为重庆市合川区。

合川人杰地灵，资源丰富。现已探明的有煤、

盐、锶矿、铁矿、石灰石、铝土矿、天然气等26种矿产资源，其中可供开采的煤炭储量3.7亿吨，远景储量11亿吨；石灰石储量约55亿吨；盐储量160亿吨；锶矿储量100万吨；铁矿储量约6800万吨；铝土矿储量约7500万吨；天然气储量20亿立方米。旅游资源独具特色，旅游景点主要有钓鱼城古战场遗址、二佛寺摩岩造像、龙多山道教圣地、双龙湖及水波洞等自然风景区。交通便利，不但有三江航运的便利，更有渝武高速公路、遂渝快速铁路、襄渝铁路穿境而过，历来是重庆通往川北、陕西、甘肃等地的交通枢纽和经济走廊，是"合(川)广(安)南(充)遂(宁)经济圈"的重要节点。市内镇街油路工程基本完成，农村公路路况进一步改善，通达深度进一步提高。是国家确定的商品粮、瘦肉型猪、白山羊、茧丝绸、柑桔生产基地；初步形成了食品、建材、轻纺、医药、能源、机械等工业优势行业。地方特产主要有合川桃片、合川肉片等。

1997年6月18日，重庆直辖市正式挂牌成立。乘直辖的东风，合川的经济社会发展翻开了崭新的篇章，10年来硕果累累，显示出巨大的变化。

一、国民经济快速增长

重庆直辖10年来，合川的国民经济得到全面发展，农业产业结构不断优化，工业效益不断提升，固定资产投资增势强劲，商贸市场繁荣昌盛。尤其在2006年，合川发生了百年不遇的特大旱灾，全区受灾人口达881465人，有44.602人、61.71万头牲畜发生临时饮用水困难，死亡牲畜272817头（只）。农作物严重受灾，旱灾面积136.22万亩，绝收面积24.3万亩。灾害造成直接经济损失4.65亿元，其中农业损失4.57亿元。但合川人民在各级党委、政府的领导下，把灾害带来的损失降到了最低点。全年地区生产总值达到142.2亿元，比1996年增长332.48%。其中，农业19亿元，比1996年增长65.22%，占地区生产总值的13.36%；工业84.7亿元，比1996年增长759.03%，占地区生产总值的59.56%；建筑业17.6亿元，比1996年增长434.95%，占地区生产总值的12.77%；农业在地区生产总值中的比重逐步降低。

2006年，合川地方预算内财政收入为7.1亿元，比1996年的1.11亿元增长539.64%；地方预算内财政支出为12.65亿元，比1996年的1.69亿元增长648.52%。固定资产投资总额88.5亿元，比1996年的5.34亿元增长1557.3%。年末金融机构各项存款余额达到133.4亿元，比1996年的26.43亿元增长404.73%；金融机构各项贷款余额达71.5亿元，比1996年的19.17增长272.98%。2006年，合川证券市场正常运行，全区开户总户数7656户，全年证券交易总量达到13.98亿元。城乡居民储蓄余额达112.4亿元，比1996年的19.47亿元增长477.3%；城镇居民人均可支配收入9139元，比1996年的2810元增长225.23%；城镇居民人均消费性支出5986元，比1996年的1719增长248.23%；农村居民人均纯收入3595元，比1996年的1929元增长86.37%(见表1)。

二、产业结构不断优化

1996年，合川的第一产业完成增加值7.99亿元；第二产业完成增加值11.03亿元；第三产业完成增加值13.86亿元。三次产业的构成比例为24.3∶33.5∶42.2，产业结构为三、二、一型，

表1 直辖前后国民经济增长变化表

	地区生产总值（亿元）	地方预算内财政收入（亿元）	地方预算内财政支出（亿元）	城乡居民储蓄余额（亿元）	城镇居民人均可支配收入（元）	城镇居民人均消费支出（元）	农村居民人均纯收入（元）
1996年	32.88	1.11	1.69	19.47	2810	1719	1929
2006年	142.2	7.1	12.65	112.4	9139	5986	3595

但第一产业占有较大比重。到2006年,合川的第一产业完成增加值23.5亿元,增长194.12%;第二产业完成增加值60.0亿元,增长443.97%;第三产业完成增加值58.73亿元,增长23.52%。三次产业的构成比例为16.53:42.12:58.65,产业结构为三、二、一型,产业结构日趋合理。

(一)农业

直辖以来,合川认真贯彻执行中央关于减轻农民负担的各项政策,积极推进生态家园富民工程建设,探索生态家园富民工程公司化、物业化管理模式,推动农民生活质量不断提高。全区紧紧抓住农业增效、农民增收、农村发展的目标,建立了优质瘦肉型生猪、优质柑橘、优质枇杷、优质粮油、名优水产、蔬菜等重点名优特色产业基地,加快了农村产业结构调整步伐。积极培育、扶持农业龙头企业,以龙头企业为依托,加快农业科技成果的转换,到2006年,全区拥有国家级龙头企业3家,重庆市级4家,合川区级19家,推进了农业产业化进程,农业结构不断优化,农村经济增长开始由量向质逐步转化。粮食作物的品种得到优化,经济类作物稳步增长,水果、肉类生产增长,到2006年分别达到2.4万吨、10.4万吨;比1996年的2.03万吨、7.5万吨增长18.23%、38.67%;蔬菜产业化进程加快,到2006后合川共建立无公害蔬菜生产基地9个,全区蔬菜总产量达66.5万吨;大力发展水产养殖业,到2006年,水产品产量达到1.75万吨。

1996年,合川共植树造林1020公顷,零星植树2200万株,新育苗面积1100亩。到2005年,合川已全面完成退耕还林工程。2006年,全区完成退耕还林面积467公顷,完成林木育苗面积67公顷。开展全民义务植树活动,全年累计植树370万株。认真组织实施天然林资源保护工程,全区森林覆盖率达到27.2%。

(二)工业和建筑业

重庆直辖以来,合川大力实施大产业培育发展战略,抓住重点项目,培育支柱产业,把能源、建材、机械加工、食品、制药等支柱产业作为重点,努力提高工业经济的整体实力。2006年,全区完成规模工业总产值35亿元,比1996年的7.16亿元增长388.83%。其中,轻工业实现总产值17.1亿元,比1996年的4.36亿元增长292.2%;重工业实现总产值17.9亿元,比1996年的2.8亿元增长539.29%。

直辖以来,合川规模以上工业企业生产形势良好,主要产品产量稳定增长。原煤产量达到53.14万吨,比1996年的53.6万吨下降0.86%;玻璃制品4.15万吨;原盐12.75万吨,比1996年的5.26万吨增长142.4%;水泥229.58万吨,比1996年的42.16万吨增长444.55%;生丝1033吨,比1996年的479吨增长115.66%(见表2)。

建筑企业平稳发展,2006年,全区有资质等级建筑企业103户,其中:资质等级三级以上的施工总承包建筑企业61户,专业承包建筑企业28户,劳务分包建筑企业14户。累计竣工房屋面积58.3万平方米;累计销售商品房面积(含期房)86.8万平方米。

(三)服务业

直辖以来,合川的交通运输市场稳步发展,运输市场管理进一步规范,2006年共完成客运量1842万人次,比1996年的953.14万人次增长93.26%,其中公路1749万人次。货运量1037万吨,比1996年的56.21万吨增长1744.87%;其中公路895万吨。客运周转量80200万人公里,比1996年的37079万人公里增长116.29%;其中公路79329万人公里。货物周转量100238万吨公里,比1996年的28617万吨公里增长250.27%;其中公路63464万吨公里。

表2 直辖前后要工农业产品产量变化情况

	原煤(万吨)	原盐(万吨)	水泥(万吨)	生丝(吨)	玻璃制品(万吨)	发电量(万千瓦小时)	啤酒(万吨)
1996年	53.6	5.26	42.16	479	1.5	17779	1.28
2006年	53.14	12.75	229.58	1033	4.15		

直辖10年,合川的邮电通信事业快速发展。2006年共完成邮政业务总量5197万元,比1996年的847万元增长513.58%;电信业务收入3亿元,比1996年的3403万元增长781.58%。全区本地电话用户累计达到22.6万部,比1996年的24207部增长833.61%;移动电话用户累计达到33.7万部,比1996年的314户增长1072.25%。在2005年,已通电话的村就达到524个,实现了村村通电话目标。

10年来,合川以优化旅游产业结构,打造精品游品牌为中心,着力打造钓鱼城——涞滩古镇精品游,"精品游"整体推进迅速。呈现出"快速、健康、充实"的整体运行态势。2006年共接待游客72.1万人次,实现旅游综合收入9496万元,而1996年的旅游业还未形成产业规模。

从1996年以来,合川的消费品零售市场保持了稳定增长的势头,呈现出淡季不淡、城乡共同发展的良好态势。到2006年,全市完成社会消费品零售总额46亿元,比1996年的15.85亿元增长190.22%;有效地拉动经济逐步的增长。其中,餐饮业的发展,保持着良好的势头,2006年实现零售总额6.7比1996年的1.78亿元增长276.4%。

重庆直辖以来,合川的非公有制经济得到快速发展。在1996年,合川的国有经济、集体经济居于主导地位,私营经济、个体经济居于次要地位。到2004年,合川非公有制企业实现税收3亿元,占合川国、地两税的77.3%。到2005年底,全市个体工商户达20132户,注册资金2.2亿元,从业人员2.7万人;非公有制经济企业总数达到2240户,注册资本35亿元,从业人员84460人;工业企业集团发展到11家,规模以上工业企业93家,限额以上商贸流通企业19家,二级以上建筑企业和房地产开发企业23家。其中:全市规模以上非公有制工业企业达86户,完成产值25.6亿元;实现税金1.4亿元,户均注册资本达2600万元。合川非公有制经济在地区生产总值中的比重越来越大,在2005年的GDP比重达到54.5%。

2006年,合川工业跻身重庆工业进步区县行列。工业总产值提高到84.7亿元;规模工业企业发展到91个;工业经济效益综合指数达到151%。能源型、优势资源型和一般加工工业快速发展,电力装机容量达到72.5万千瓦,盐井沥鼻峡煤田建成投产后,合川的煤炭年产能力将达到220万吨;水泥年产能力将提高到400万吨,清平玻璃、太和丝绸、土场机械制造等特色工业加快发展,博腾制药、天嘉实业等一批成长性强的项目建成投产。商贸旅游加快发展,城乡市场进一步繁荣,培育扶持了金九时代广场、瑞山西路餐饮特色街等一批商业旺区,引进了重百、苏宁、国美等大型商贸企业,合州市场及建材、旧货等专业市场辐射力增强;围绕国家实施的"万村千乡双建工程",进一步活跃农村市场。

三、基础设施日益完善

交通制约着合川经济的发展,从1998年开始,合川把交通建设作为经济发展的重中之重,提出"举全市之力,聚各方之财,大办交通"的口号,制定了"南下、北上、西进、东出"的十字型主骨架格局,"一纵(渝合高速公路、212国道),四横(铜梁—合川、合川—武胜、仪陇—北碚合川段、盐井—三汇)、八条干线、十八条山区公路网络"。

1999年省道"仪陇—北碚"改建竣工通车,全长29.4公里,全线为水泥混凝土路面。2001年4月,国道212线"合川—合隆"段改建竣工通车,全长44.6公里,路基宽13.2米,路面宽12米,全线为水泥混凝土路面;8月,"合川—铜梁"改建竣工通车,全长32.4公里,路基宽13.2米,路面宽12米,全线为水泥混凝土路面;12月,国道212线"合川—北碚"改建竣工通车,全线为水泥混凝土路面。2002年7月,"盐井—三汇"段公路改建竣工通车,全长33.5公里,路基宽8.5米,路面宽7米,全线为沥青贯入式路面。2005年合川至武胜的"合川—肖家"段全线改建竣工通车,全长45.7公里,路基宽13.2米,路面宽12米,全线为水泥混凝土路面。

与此同时，高速公路的建设也加快了步伐，1995年5月，渝（重庆）合（川）高速公路开工，2002年6月全线竣工通车，起于渝北区余家湾，止于合川涪江二桥，全长58.8公里，总投资32亿元。其中，合川段20.8公里，投资10亿元。2003年1月合武高速公路开工，合武高速公路是渝武高渝公路中的合川至武胜段，起于合川南津街上什字高速公路立交桥，止于武胜县街子镇川渝交界处，全长33.8公里。2005年12月竣工通车，总投资约15.3亿元。

公路的修建，加速了桥梁的建设。1998年位于云门镇的嘉陵江云门大桥竣工；2001年联结合川城区与钓鱼城风景区的合阳嘉陵江大桥竣工；2002年在盐井镇横跨嘉陵江的渝合高速公路专用桥沙溪庙大桥竣工；2005年在合川城区横跨涪江的渝武高速公路专用桥涪江三桥竣工。

2006年，合川交通建设全面加强，全年累计完成交通投资61亿元，2006年，完成通达工程计划32条139.3公里，通畅工程28条85.7公里，全区公路总里程已达3232公里（见表3），基本实现“1小时合川”目标。其中：高速公路在境内54.8公里；国道46.44公里；省道64.11公里；全区通客车的镇街达100%。镇街道路硬化率达100%。

重庆直辖10年来，合川不但公路建设发生巨大变化，铁路建设也取得巨大进展。遂渝快速铁路的建设，结束了合川主城区不通铁路的历史。遂渝铁路从遂宁经潼南、合川、北碚至重庆，设计等级为一级，时速200公里，为成渝快速通道。遂渝铁路全长127.6公里，总投资49亿元。在合川境内经过太和、渭沱、铜溪、盐井等镇和南津街街道办事处，共49.5公里。在合川境内还有全线最长的金竹林隧道和穿井坝、临渡两座特大桥，有合川、太和2个车站。2003年2月正式动工，2004年10竣工。2005年5月，遂渝快速铁路进行了200公里提速综合试验并获得圆满成功，2006年遂渝快速铁路全线通车，5月正式投入营运，10月开始在合川站上下旅客。遂渝快速铁路合川站属国家二级火车站，占地470多亩，分客运站和货运站两个站台，是遂渝快速铁路线上面积最大的中间站。客运站可供1500多人同时上下火车，货运站年周转货运量可达到30万吨以上，日均可装卸达20个火车皮。

直辖以来，合川的信息通讯工程建设日新月异。1995年合川的数字程控电话本地网工程竣工，实现了电话交换程控化传输数字和国际国内长话直拨。1996年合川的电话装机容量达到24207部；1998年，农村通信能力增强，全年农话交换机扩容12288线，农话交换机总容量达到30720线。到2006年，全区本地电话用户累计达到22.6万部。无线寻呼和移动电话迅猛发展，1996年合川有无线寻呼6109户，移动电话314户。1998年10月无线寻呼从电信剥离出去，成立中国电信国信无线寻呼总公司，年末，合川有126、127、128、129、199、898、981、986寻呼台，用户达到13427户。与此同时，移动通信也得到较快发展，当年新建GSM基站14个，全市达到17个；新增信道316个，全市信道达到350个；移动电话用户达到3430户。2002年3月，中国联通合川分公司成立；9月重庆移动通信有限责任公司合川分公司成立。到2005年底，寻呼用户已基本消失；2006年移动电话用户累计达到33.7万部。

2001年，合川市政府投资100多万元，建成了“合川港资源中心”对外宣传网站，配备了专职工作人员，添置了硬件设备设施，与新华网、华龙网、中新网进行了链接。2004年，合川市政府再

表3 直辖前后交通情况 单位：公里

	公路通车里程	其中：			铁路通车里程	其中：
		柏油路	水泥路	高速公路		快速铁路
1996年	1486	98.24			32.974	
2006年	3232	33.5	176.38	92.6	82.474	49.5

投资100多万元，党委、政府分别建立党政网和电子政务外，全区政务网接入点达123个。

四、大城市建设日新月异

重庆直辖以前，合川城市建设步伐缓慢，城市面积约6平方公里。直辖以后，合川被定位为重庆北部区域中心城市，以建设大城市的速度，建设步伐加快，城市面貌日新月异。

1998初，合川提出创建重庆卫生城市的目标，投入3400万元加强城市基础设施建设，完成了城市道路、下水道、公厕、垃圾处理场（站）建设及合州市场、塔耳门绿化广场、城北综合市场等工程建设；投资11.6亿元，对合阳城部分城区进行旧城改造，拆除旧房12.45万平方米，拆迁居民2019户；完成1340米的路灯改造。

2000年，久长路步行街交付使用，全长578米，总面积1.56万平方米，总投资1000万元。同时，瑞山西路的建设工程建设完工，全长600米，宽60米，总面积约2.1万平方米，总投资7000万元。

2001年，合川规划委员会成立，加强了对城乡建设的规划管理，以"一心、两翼、三极、四区"（即：以合川城区为中心，以三汇、太和、钱塘3个小城市为重要经济增长极，带动东南西北4个特色经济区和东西两翼城镇群协调发展）的布局，以大城市（由1个中心城区和4个外围组团构成）、小城市、中心镇、小城镇的结构，规划合川的城镇建设体系。当年投入19.15亿元用于城乡建设，其中：投资2.995亿元加强城市基础设施建设，完成了北环路、江亭路等10条道路的新建和改建，总面积达9.9万平方米；投资2.25亿元进行城市建设；投资1.47亿元进行小城镇建设；投资3.67亿元加强乡村建设；全年城乡共完成房屋建筑面积256万平方米，新增城镇建成面积3.1平方公里（其中城区1.5平方公里，小城镇1.6平方公里）。

2002年，合川的房地产开发取得新进展，总投资19.64亿元，南屏开发区完成房屋建设23.5万平方米，城北新区完成房屋建设11.35万平方米，瑞山西路片区完成房屋建设17.75万平方米，三星锦城、金鹿花园、名人丽都、大众花园等一批环境优美、设施完善的开发小区相继形成规模，提高了合川城市形象。滨江大厦、世纪金马广场、三江明珠广场、卢作孚广场、刘文学广场、陶行知广场相继建成。与此同时，钓鱼城旅游公路、涪江滨江公园建成交付使用。合川城区面积扩大1.2平方公里，达到22.8平方公里，人口达到24.96万人；建制镇20.31平方公里，人口28.94万人。至此，合川的城镇化率达到35.69%。

2003年，《合川市城市总体规划（修编）大纲（2003—2020）》编制完成。投入7.21亿元加强城镇基础设施建设，其中主城区投入6.01亿元，完成了城市道路及公共设施建设。房地产开发投资7.05亿元，主城区竣工面积达到107.52万平方米。合川体育馆、嘉陵江滨江公园、城北嘉陵江上段堤防主体工程等相继建成。城镇建成面积达到45.87平方公里，城镇人口达到56.15万人。其中主城区建成面积扩大到24.58平方公里，人口达到27.15万人。合川的城镇化率达到38.6%。

2004年，合川城镇建成区面积达到49.02平方公里，其中主城区26.38平方公里，建制镇22.64平方公里，城镇化率达到44.0%。城市面貌明显改善，城市绿化、景观建设及环境保护力度不断加大，空气质量总体达到二级标准，城市饮用水源水质达标率100%，涪江、渠江、嘉陵江水环境质量总体达到Ⅲ类水质标准。城市区域环境噪声平均值55.8分贝，交通干线噪声平均值67.2分贝，达到国家声环境质量标准。城市生活污水处理率达到80%。工业污染得到有效控制，工业废水排放达标率为96.0%，工业烟尘排放达标率为98.24%，工业粉尘排放达标率为93.51%，工业二氧化硫排放达标率为61.43%。绿地率32.8%，绿化覆盖率38.2%、人均公共绿地面积8.1平方米，被重庆市人民政府正式命名为重庆市级山水园林城市。

2005年，大城市建设整体推进，东城半岛6平方公里控规编制，土地利用总体规划修编，双槐、龙市等6个场镇总体规划修编和城南、城北16平方公里控规编制全面完成。房地产开发速度提升,全年共完成房地产投资6.7亿元,新建房屋84万平方米,新改建城市道路2.2万平方米。假日大道片区开发、白鹿山片区开发等项目前期准备工作基本就绪。滨江堤防二期及内侧开发、嘉陵江滨江公园等项目如期开工。嘉陵江上段堤防主体工程等一批市政公用设施建成投入使用,城市功能日趋完善。城南滨江文化艺术长廊、嘉陵江上段堤防主体工程相继完工。城镇建成区面积达到52.22平方公里,其中主城区28.48平方公里,城镇化率达到45.7%。

2006年,合川的大城市建设战略稳步推进。规划建设力度加大,编制了"十一五"总体规划、专项规划及一批城镇建设发展规划,完成了城南、城北片区控制性详规,假日大道片区、滨江堤防二期及内侧和火车站片区开发全面动工,白鹿山片区开发准备就绪,新建商品房388.5万平方米,主城建成区面积扩大到30.5平方公里,中等城市规模基本形成。城市功能进一步完善,新建了城区第二水厂、城区堤防、滨江公园等一批市政公用设施,建成市政地理信息和市政"110"联动系统,成功创建重庆市级山水园林城市。

五、优势产业和支柱产业逐渐形成

重庆直辖以来,合川始终坚持大项目带动战略,坚持推进重点项目和抓支柱产业并举,以此选准工作方向,确立工作重点。始终把做大做强工业经济作为抓工业企业工作的主旋律,从扩大总量、抓重点项目、培育支柱产业入手,找准工作主攻方向,各镇街、园区坚持发展是第一要务的思想,在坚持做大工业经济"蛋糕"的同时,把能源、建材、制药、机械加工等支柱产业作为重点,抓骨干、抓技改、抓储备、抓基地,努力提高工业经济的整体实力。到2006年,合川工业企业达到1176家,中小企业达到2305家。其中,重点项目建设累计完成投资116亿元。双槐电厂一期工程、富金坝航电枢纽和天富煤矸石发电厂建成发电,遂渝快速铁路和武合高速公路建成通车,拉瑞150万吨、金九100万吨干法旋窑水泥生产线竣工投产,草街航电枢纽、沥鼻峡煤田、钓鱼城—涞滩古镇精品游工程、东城旅游度假区、北城商贸区、滨江堤防二期工程及内侧开发、农业产业化顺利推进。大项目带动的优势产业及主城和华蓥山片区两个经济增长极初步形成。

(一)能源

嘉陵江、渠江、涪江三江汇流合川境内,可利用发电的水力资源为65万千瓦。因此,水能成为合川独特的自然资源。

2003年11月投资7.6亿元动工兴建富金坝航电枢纽。富金坝航电枢纽位于太和镇富金村涪江富金坝,是涪江航运(重庆段)自下而上梯级渠化开发的第三级,距涪江河口水路约60公里。涪江船闸及主厂房在富金村,大坝在富金村与对岸长流村之间,按5级通航标准建设,航道及船闸等级为V级,渠化航道30公里,使涪江重庆境内双江以下全部渠化为五级航道,涪江流域以及整个川北、川中、渝西地区通江达海的通道由此变得畅通。富金坝航电枢纽总装机容量6万千瓦,由3台灯泡式贯流发电机组构成,每台机组2万千瓦,年平均发电量2.554亿千瓦时,于2006年8月开始发电。富金坝航电枢纽设计水头为10米,大坝长370米,最大坝高22.77米。拦河闸坝为3级建筑物,可抵御50年一遇的洪水。

2004年12月投资53.39亿元开工草街航电枢纽建设。草街航电枢纽总装机容量50万千瓦,以航运为主,兼顾发电,并具有拦沙减淤、改善灌溉条件等效益的水资源综合利用工程,位于草街镇境内嘉陵江干流虬门滩,是嘉陵江干流渠化17级规划方案中自下而上开发的第二级,也是嘉陵江上规模最大的航电枢纽。建成三级船闸,实现一坝锁三江,渠化嘉陵江70公里、渠江88公里、涪江22公里,共180公里。建成后,将使原始航道变成相对静止的水库状态,从而达到改善航道和增加发电量等效果,1000吨巨轮也可以从重庆直航合川。草街航电枢纽共有4台机组,单机容量12.5万千瓦,2009年8月首台机组投产后,每隔3个月再投产发电一台机组,到2010年5月,实现4台机组全部发电,每年将为重庆市提供近20亿千瓦时的电量。

在大力兴建水电的同时,重庆双槐火电厂的兴建也提上了议事日程。重庆双槐火电厂位于双槐镇双槐村,地处华蓥山南麓北段,是重庆、合川两级政府确立的重工程项目,是重庆市的能源基地项目之一,总规模为240万千瓦,分两期工程建设。2004年4月28日,第一期工程正式开工,工程概算投资28.35亿元,建设规模为60万千瓦,由2台各30万千瓦机组组成。第二期工程为180万千瓦,由3台各60万千瓦的机组构成。第一期工程1号机组于2006年8月开始发电,2号机组于10月开始发电。

合川不仅有丰富的水能资源,还有丰富的矿藏资源。如煤炭,可供开采的储量达3.7亿吨,远景储量达11亿吨。沥鼻峡隐伏煤田盐井矿区就是合川重要的煤矿之一,该矿区南北走向长约14公里,东西宽平均约2公里,矿区面积约27平方公里,储量约1.8亿吨。规划建设盐井一矿、盐井二矿两对55万吨/年,总设计能力为每年110万吨,预计增产能力可达到180万吨/年,总投资12.2亿元。其中一矿服务期限为61年,二矿服务期限为46年。盐井一矿于2005年12月开工,2009年投产;盐井二矿将于2010年投产。

(二)建材

合川建材资源极为丰富,水泥、石灰、矸砖、河沙、石子是周边区县及重庆建筑工业的重要原料。其中水泥更远销重庆市内外,1996年达到42.16万吨;1998年,合川水泥总厂、鑫威舜水泥有限责任公司、华蓥山建材建筑总公司、渝南水泥厂、三江水泥厂等5家水泥生产企业的年生产设计能力达到92万吨;1999年,合川水泥行业协会成立,当年合川水泥总产量首次突破100万吨,达到127.4万吨;2000年,腾辉特种水泥有限公司2条年产70万吨旋窑水泥生产线投入使用,华蓥山建材建筑总公司年产70万吨旋窑水泥生产线先后建成,合川水泥总产量达到175.3万吨;2005年水泥生产达到224.12万吨,整个建材业的国民总产值占合川整个工业企事业国民生产总值的16.3%,成为合川名符其实的支柱产业。

其中,位于草街镇境内渝(重庆)武(武胜)高速公路盐井站口的重庆腾辉特种水泥有限公司(CHONGQING T.H CEMENT CO.LTD),是由香港瑞安集团、罗保集团、远东水泥有限公司共同组成“巴哈马腾辉第二工业公司”与重庆第二水泥厂合资组建成立的中外合资企业。使用的立窑生产线,广泛采用了计算机控制,工业闭路电视监控等新技术;使用的旋窑生产线,采用了先进的多通道燃烧器以及煤粉计量器,年产水泥达100万吨。

位于三汇镇三汇坝火车站旁的重庆市富丰水泥集团有限公司,是一家以水泥生产为主,集建筑安装、房地产开发等多元化经营于一体的民营企业。包括水泥厂、火力发电厂、混凝土搅拌站、房地产开发公司、建筑安装公司等10个企业,总资产达5亿元。其中水泥生产以旋窑为主,年产水泥170万吨。

位于合川市盐井镇工业园区的重庆金九水泥有限公司,成立于2003年9月,注册资金7160万元。重庆金九水泥有限公司2500天/吨水泥生产线是以中国水泥发展中心为技术依托组建的大型现代化水泥生产企业。2006年底竣工,2007年1月正式投入生产。并于2007年初拟建一条5000天/吨水泥生产线,界时将形成年熟料生产能力300万吨,优质高标号水泥400万吨,所有生产线均采用DCS集散型计算机控制,中央控制室,生产过程全部实现自动化,工艺装备水平代表了国内本世纪初的先进水平。2007年,金九可生产水泥103.2万吨,可实现销售收入2亿元,实现利税约7000万元。

(三)制药

合川的制药业起步较早,但形成规模却在重庆直辖以后,特别是1997年成立的重庆希尔安药业有限公司、2000年成立的重庆国泰康宁制药有限责任公司成为合川制药业的主体。到

2005年，合川制药业的国民生产总值在整个工业企业国民生产总值中，达到5.2%，成为合川新兴的支柱产业。

1997年3月，重庆希尔安药业有限公司成立，位于合川市南津街街道办事处希尔安大道，是以中成药生产为主的综合性制药企业。2006年，其生产的产品达到160多个，覆盖泌尿、妇科、心血管、神经、骨科、风湿、肿瘤等系统，中其"希尔安大败毒"、"复方枣仁胶囊"、"国光壮骨麝香止痛膏"等产品最畅销，公司年营业额达1亿元以上。

2000年12月，重庆国泰康宁制药有限责任公司挂牌成立，位于南津街街道办事处望江楼，主要生产片剂、胶囊剂、颗粒剂、散剂、糖浆剂、合剂、小容量注射剂、原料药(硫酸软骨素、氨肽素、胰酶、枸橼酸铁铵、胃蛋白酶、胃膜素、弹性酶、胆红素)等。

六、对外经济和招商引资取得显著成果

为适应重庆直辖以后大开放、大发展的新形式，1998年成立合川招商局，当年引进广东江门市南城开发公司等20余家企业来合投资，协议资金达到22亿元，实际到位资金达到1.8亿元。1999年协议资金11.7亿元，实际到位资金达到3.4亿元；实际履约项目达到45个，履约资金10.8亿元。2000年协议资金13.2亿元，实际到位资金达到5.3亿元；实际履约项目达到45个，履约资金11.2亿元。

2001年，合川的对外贸易取得突破性进展，自营出口值达到798.66万美元，比上年增长92.4%；完成出口供货值15085.44万元人民币，比上年增长88.7%。招商引资协议资金34.5亿元，履约资金12.66亿元，实际到位资金达到7.52亿元。

2002年，自营出口值达到874.47万美元，完成出口供货值19806万元人民币。招商引资履约资金19亿元，实际到位资金达到8.9亿元。

2003年，合川的对外贸易取得新成果，拥有外贸自营出口权的企业达到21户，对外贸易总额达到2.69亿元人民币；其中，自营出口值达到679万美元；完成出口供货值2.1亿元人民币。招商引资新签项目223个，协议资金44.16亿元，协议投资1亿元以上的项目13个；履约项目205个，实际到位资金达到8.48亿元；续到位资金5.78亿元。

2004年，拥有外贸自营出口权的企业达到28户，对外贸易总额1325万美元；其中，自营出口值达到822万美元；完成出口供货值1.96亿元人民币。招商引资新签项目160个，协议资金21.5亿元，协议投资1亿元以上的项目4个；实际到位资金达到10.6亿元；实际利用外资608万美元。

2005年，积极培育新的优势出口企业，突破了长期以来自营出口渠道单一化瓶颈。拥有外贸自营出口权企业达31户，实现自营出口额1889万美元；进出口总额达到1978万美元。招商引资取得新进展。全年新签投资项目25个，协议投资6.62亿元人民币，实际到位资金1.02亿元人民币。续扩建项目44个，总投资16.53亿元，到位资金6.41亿元。

2006年，对外贸易稳步增长，拥有外贸自营出口权企业达33户，实现自营出口额1681万美元；进出口总额达到1828万美元。招商引资新签投资项目50个，协议投资11.8亿元人民币，实际到位资金8.3亿元人民币，实际利用外资379万美元。

七、未来展望

2007年，合川将实施年产20万吨聚氯乙烯和30万吨联碱项目，积极推进富丰100万吨干法生产线、金九水泥二期和盐化公司16万吨真空制盐节能技改暨5万吨多品种盐工程项目；城镇建成区面积扩大3平方公里，城镇人口增加3万人，新建城镇房屋建设100万平方米；大力开展招商引资，力争年内引进项目40个、到位资金10亿元。实现工业总产值超过100亿、规模工业

产值达到50亿的“超百过半”战略目标。

到2010年，合川经济社会发展再上新台阶。一是国民经济增速高于全国、重庆平均水平；地区生产总值达到300亿元；固定资产投资累计达到600亿元以上；社会消费品零售总额达到80.5亿元；地方预算内财政收入达到13.2亿元；城镇居民人均可支配收入和农村居民人均纯收入分别达到13612元和5140元以上。二是区域性中心城市和大城市建设形成新框架，形成重庆北部区域性中心城市的架构，构建起基础设施体系、产业体系、市域城镇体系、公共服务体系组成的区域性中心城市架构，建成重庆北部能源基地、建材基地、区域交通枢纽、区域商贸中心、区域物流中心、区域农副产品生产加工中心、区域金融服务中心。2010年城镇化率达到51.6%，全区城镇建成区面积达到70.5平方公里、城镇人口达到77.4万人。其中，主城区建成面积38.4平方公里，入驻人口41万人。

重庆10年直辖，合川经济巨变。未来，合川会更美好！

注：本文数据出自合川区2006年统计公报

撰稿单位：中共重庆市合川区委党史地方志办公室

执笔人：杨成术

永川区

永川因“附城三河汇碧、形如篆文“永”字而得名，唐大历11年(公元776年)置县，距今已经1200多年。曾是江津专区、永川行政公署所在地，1992年5月撤县建市，2006年10月经国务院批准建区，是重庆市规划建设的现代大城市和区域中心城市。全市幅员1576平方公里，辖19个镇、3个街道办事处、44个社区居委会、211个行政村，总人口107.6万人。永川位于长江上游北岸，东临三峡库区，西靠四川腹地，处于重庆、成都两个特大城市之间，成渝铁路、成渝公路、成渝高速公路横贯东西，黄金水道长江南流而下，历为重庆西部交通枢纽和人流、物流、信息流和资金流集散中心。境内物产资源丰富，煤、铁、天然气、石英砂储量巨大，是全国三大镓矿富集地之一，是全国商品粮、商品猪、桔柑、楠竹、蚕丝生产基地。

重庆直辖以来，永川区委、区政府及百万永川人民抢抓西部大开发和重庆直辖等历史性机遇，奋力开拓创新，努力攻坚克难，深入实施“一三五”发展战略，紧紧围绕建设现代大城市和区域中心城市战略目标，着力推进“大城市、强产业、新营运”三大战略纲要，深入实施“基础固市、工业强市、流通旺市、城市升级、城市经营”五大战略工程，实现了经济社会持续、快速、健康发展，综合经济实力显著增强，基础设施日臻完善，城市建设日新月异，社会事业全面进步，人民生活水平明显提高，进入永川发展速度最快、运行质量最好的黄金时期。永川大地发生了翻天覆地的变化，取得了令人瞩目的成就，实现了从中等城市向现代大城市目标定位的跨越，正加速崛起成为渝西地区的区域性中心城市和中国西部的新兴名城。

一、综合实力显著增强

永川区地区生产总值以平均每年12.9%的速度增长，地方预算内财政收入以21.5%的速度增长，社会消费品零售总额以13.9%的速度增长，全社会固定资产投入以23.8%的速度增长。在国家统计局2005年全国县域经济社会综合发展指数考核结果中,名列全国第334位;被中国城市经济学会评为全国最具投资潜力中小城市50强。重庆直辖的10年,是永川经济发展速度最快的10年,是永川经济活力迸发的10年。

(一)经济总量迅速攀升

2006年,全区地区生产总值完成126.2亿元,在全重庆市40个区县中排在第11位,比上年增长13%,是1996年的3.96倍(见图1);按常住人口计算,人均生产总值达1735美元,是1996年3.4倍。

图1 1997—2006年GDP总量及增幅

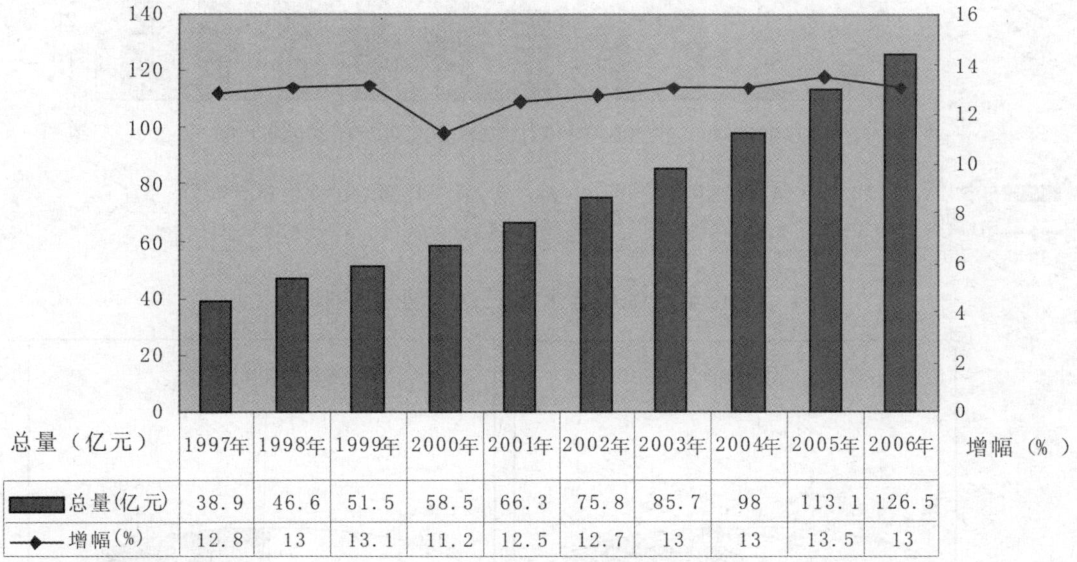

	1997年	1998年	1999年	2000年	2001年	2002年	2003年	2004年	2005年	2006年
总量(亿元)	38.9	46.6	51.5	58.5	66.3	75.8	85.7	98	113.1	126.5
增幅(%)	12.8	13	13.1	11.2	12.5	12.7	13	13	13.5	13

(二)财政实力显著增长

2006年,全区地方预算内财政收入达到6.38亿元,比上年增长54.95%,是1996年的7.29倍;(见图2)其中工商税收完成2.62亿元,增长30.7%。财政收入占地区生产总值比重由1996年的2.8%提高到2006年的5.0%。

图2 1996—2006年财政收入情况 单位:万元

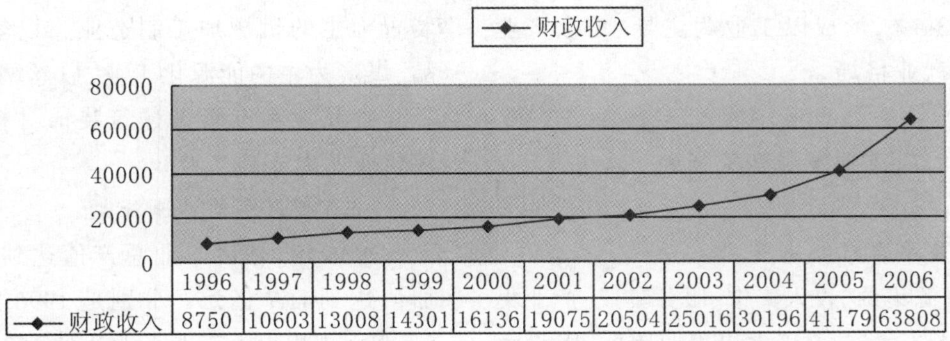

	1996	1997	1998	1999	2000	2001	2002	2003	2004	2005	2006
财政收入	8750	10603	13008	14301	16136	19075	20504	25016	30196	41179	63808

(三)固定资产投资持续高速增长

2006年,全区全社会固定资产投入完成87.4亿元,是1996年的11.21倍(见图3,下页)。10年累计完成固定资产投资419亿元。

(四)经济结构不断优化

三次产业的比重由1996年39:30:31调整为2006年的14:41:45(见图4,下页)。工业增加值占地区生产总值的比重由1996年23.2%提高到

图 3 1997—2006 年固定资产投资总额及增幅

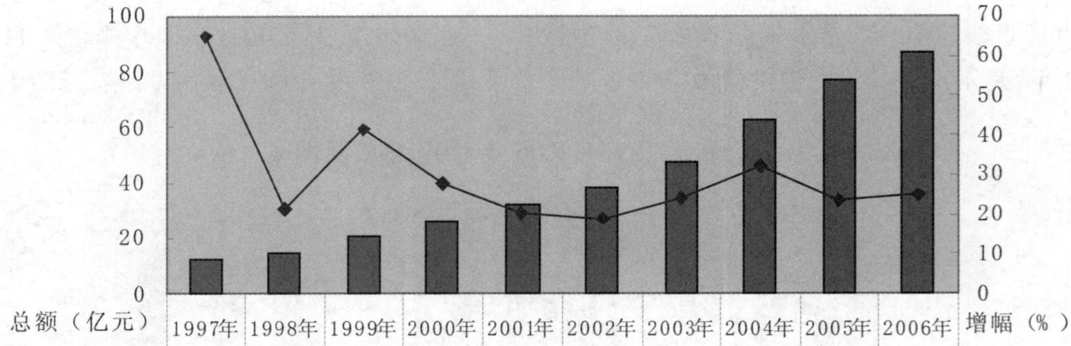

	1997年	1998年	1999年	2000年	2001年	2002年	2003年	2004年	2005年	2006年
总量(亿元)	12.14	14.73	20.81	26.59	32.07	38.24	47.38	62.63	77.47	87.4
增幅(%)	65.1	21.3	41.3	27.8	20.6	19.2	23.9	32.2	23.7	25

图 4 1996 年、2006 年永川三次产业结构比较

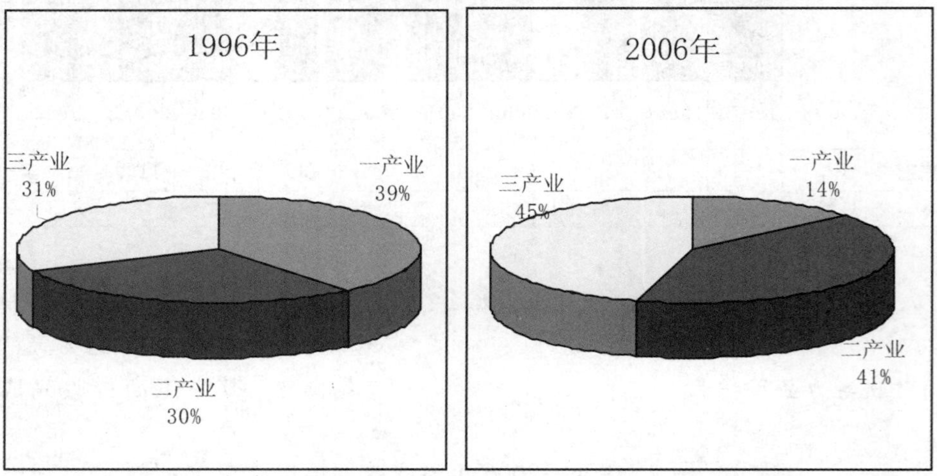

2006 年的 33.5%，形成以工业为主导、三次产业协调发展的产业格局。

二、工业发展势头强劲

（一）发展平台日益完善

按照“资源集约、投入集中、服务集成、产业集聚”的总体思路，设立重庆永川工业园区，下设大安、中山、临江、港口四大工业组团，为大项目落户、大产业集聚创造良好条件。加快都市工业和创业平台建设，重庆市级都市工业园 2 个、小企业创业基地 4 个，形成了工业发展平台的梯次结构。

（二）产业特色更加突出

形成了以汽摩零部件、船舶配件、石油井口装置为主的机械加工制造业，以氢氰酸系列产品、煤炭为主的能源化工业，以丝绸、食品为主的轻纺食品业和以新型建筑装饰材料为主的冶金建材业四大支柱产业。

（三）产业总量迅速壮大

2006 年，辖区工业总产值达到 151 亿元，增加值达到41.7 亿元，分别是 1996 年的 4.4 倍和 5.6 倍。规模以上工业企业达到 152 户，年均增加 12 户，实现产值 65 亿元、增加值 23.4 亿元，分别比 1996 年增长 10 倍和 12 倍(见图 5，下页)。全区产值上亿元企业达到 12 户，上 5000 万元的 22 户。

（四）运行质量显著提升

着力提高企业自主研发能力，增强企业自主

图 5 1996—2006 年规模以上企业总产值、增加值情况 单位:亿元

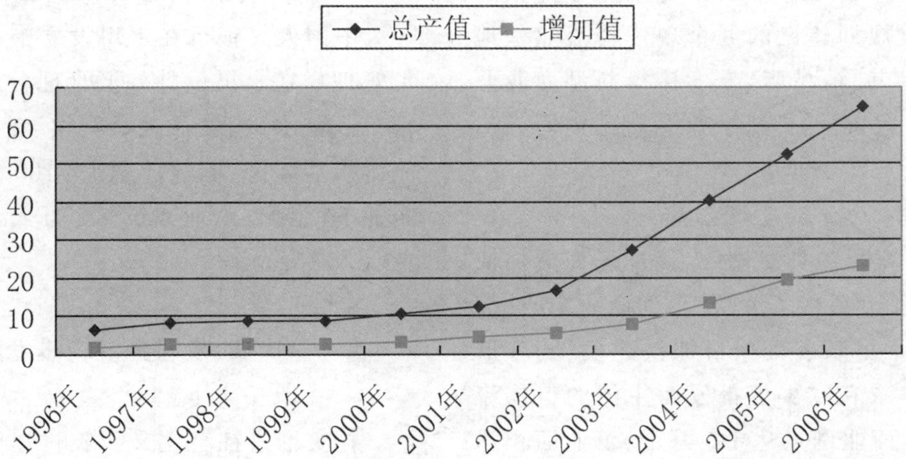

创新能力。重庆市级高新技术企业达到 12 户,高新技术产业产值达到 30 亿元。重庆市级重点新产品达到 15 个、重庆市级高新技术产品 47 个、重庆知名产品 5 个、重庆名牌产品 9 个。51 户企业通过 QS 认证、85 户企业通过 ISO9000 质量体系认证。工业经济效益综合指数达到 173.5%,高

图 6 1996—2006 年规模以上工业企业效益综合指数情况 单位:%

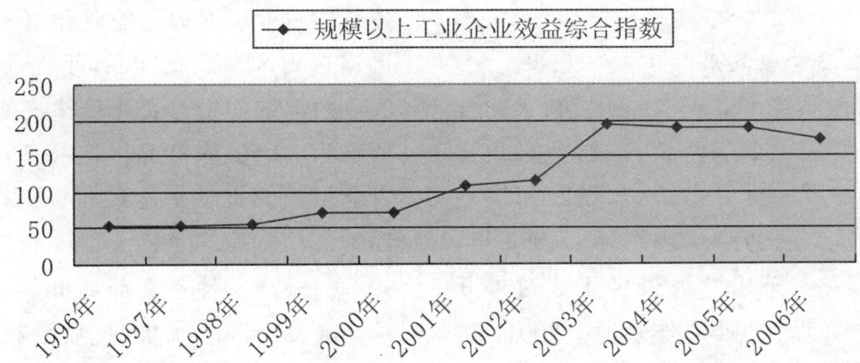

出 1996 年 120 个百分点,年均提高 12 个百分点(见图 6);工业经济对国民经济增长的贡献率达到51.7%,高出 1996 年 27 个百分点。

三、第三产业优势明显

强力推进"流通旺市"工程,商贸设施不断完善,流通规模不断扩大,业态发展不断丰富,吸纳辐射能力不断增强,基本建成了区域性商贸物流中心。2006 年,全区社会消费品零售总额实现 50.5 亿元,比 1996 年增长了 2.7 倍;商品销售总额实现 103 亿元,比 1996 年增长了 4.2 倍;对外辐射交易额达 46.5 亿元,比 1996 年增长了 11.4 倍;商贸业从业人员达 12 万人,比 1996 年增长了 1.4 倍。自 2002 年以来,全区社会消费品零售总额、商品销售总额、对外辐射交易额、人均消费额四项指标连续 5 年位居渝西第一。拥有渝西最大的商贸流通企业、商品零售企业、农产品交易市场、家电批发市场、购物广场、超市、家具市场和档次最高宾馆等 8 个"渝西之最"。 独具的人气与活力、流通旺市战略的实施,日益彰显永川商贸流通产业发展的蓬勃生气和巨大前景。

(一)现代物流业快速发展

深圳泛华、重庆和旺等现代物流企业先后入

驻,重庆永川现代物流园区加快建设,虚拟空港,公水、公铁多式联运,第三方物流业务开始起步,是重庆市规划建设的8个现代物流业基地之一。连锁超市、精品店、专卖店等新型商业业态迅猛发展。2006年,新型业态商品销售额达13.2亿元。

(二)商品市场体系日趋完善

渝西广场商圈初具规模,人民广场商圈加快建设,专业批发市场繁荣活跃,华创商业中心、俊豪商业中心、十里棠香等项目加快建设,初步形成市场网络体系和以零售批发为主体的市场流通格局。全区商业网点达1.6万个,营业面积达94万平方米;建成各类市场139个,面积达75.5万平方米;年销售额上亿元的企业和市场12个,千万元以上的26个。其中,农副产品市场被商务部确定为全国"重点支持100家大型农产品批发市场",重百永川商场、名豪百货公司被商务部确定为全国首批达标百货店。全区商品市场交易额达40.3亿元。

(三)旅游经济蓬勃发展

充分挖掘旅游资源和茶竹文化内涵,大力实施旅游精品工程,强化市场营销,旅游业呈现出快速扩张、健康发展的良好态势,旅游经济实现了从无到有、由弱变强的跨越式发展。1999年,国家级森林公园——茶山竹海景区正式对外开放,成为电影《十面埋伏》唯一外景地。2001年,国内规模最大、动物数量最多的野生动物主题园区,国家4A级旅游区——重庆野生动物世界开园。黄瓜山百里果乡、永川秀芽茶叶科技观光基地先后成功创建全国农业旅游示范点,卫星湖旅游区创建国家3A级景区,建成来龙湖生态园区,"中华梨村"、"香海温泉"等一批旅游大项目启动建设。旅游节庆活动亮点纷呈。先后举办了中国重庆永川国际茶文化旅游节、百里果乡赏花节、采果节、金秋文化旅游节、新丝路杯模特大赛(重庆赛区)、中国茶山竹海形象大使赛等旅游节庆活动,会展经济达5亿元,永川旅游的知名度和美誉度不断提升。2006年接待游客达224万人次,实现旅游直接收入2.83亿元,分别比1996年增长12.3倍、8.4倍。

(四)金融、保险、通讯等现代服务业快速发展

中国人民银行在永川设立中心支行,国家外汇管理局在永川设立外汇管理分局,重庆市商业银行入驻永川。全区拥有宾馆、饭店129家,星级旅游饭店4家,餐饮业网点2100多个,知名餐饮企业50余家,从业人员2.2万人,餐饮业实现营业收入8亿元。

四、农村经济稳步发展

扎实推进社会主义新农村建设,加大招商引资兴农、产业融合强农、基础建设促农、提高素质富农、社会事业惠农工作力度,全区农业和农村经济蓬勃发展。2006年,全区农业总产值实现32.4亿元,是1996年的3.73倍;农业增加值达17.49亿元,比1996年的12.26亿元增长5.23亿元,增42.7%;在农村经济总收入中,工业、商业、建筑建材业、交通运输业和服务业等非农产业的比重达到81%,比1996年提高了17个百分点;农业内部结构中,农业和林牧副渔的收入结构比调整为50:50;农产品优质品率达到70%;科技对农业增长的贡献率达到63%;农产品商品率达到73%。

(一)产业特色更加突出

蚕桑、茶叶、水果、优质粮和生猪成为全区的农业主导产业,基地规模逐年拓展升级,形成了以主导产业为骨干,其它特色种养业为补充的发展格局。累计实施农业结构调整近30万亩,基本建成商品粮基地60万亩,常年保持优质粮面积25万亩以上,粮食总产稳定在50万吨左右;蚕桑基地面积扩大到5万亩,蚕茧产量达96万余公斤,比1996年增加23万公斤;建成了以黄瓜山百里优质水果长廊为主的水果基地16.5万亩,年产水果达10万吨,比1996年增长7.8万吨;茶叶基地拓展到3.8万亩,年产茶叶1144吨,比1996年增加413吨;发展蔬菜基地6万亩,复种面积达18万亩,年产蔬菜达43万吨;建成一批生猪养殖示范小区和水禽养殖基地,生猪

出栏突破100万头，比1996年增加30万头，小家禽出栏突破2000万只。

(二)产业水平显著提升

在重庆区县中率先组建农业龙头企业协会，先后引进和培育华牧集团、美德集团、金凤丝绸、华恩农业、西南禽苗集散中心等农业产业化龙头企业，累计投资上5亿元，全区龙头企业发展到52户，其中国家级龙头企业3户，重庆市级龙头企业4户，永川市级龙头企业45家；大力培育发展农村专业合作组织和农村经纪人队伍，创新"两委+两社"工作模式，有力促进了工、农副产品的双向流通，各类专业市场达到25个，农村"两社"186个(其中综合服务社97个、专业合作社89个)，农村经纪人300名，专业大户10000名；强化龙头企业、基地、农户之间的利益联结，规范发展订单农业，龙头企业等产业化组织带动农户11.6万户，订单带动8.6万户，订单总额达2.2亿元；大力推进农业标准化，建成重庆(永川)农产品质量安全检测中心，检测范围覆盖荣昌、璧山、江津等9县(市)，先后认定无公害农产品生产基地15个、面积4.1万余亩，认证无公害农产品10个、绿色食品8个、有机食品8个，认证认定总量位居重庆区县第一，被农业部确定为全国四个"农产品质量安全绿色行动暨信息服务综合试点县市"之一；先后创建了永川梨、华恩牌梨、大红炮梨、凤龙橘橙、永川秀芽、云升萌芽、来苏香肠等知名品牌，"凤宇"、"龙羽"、"龙醇"等丝绸商标在印度等国家注册，产品远销国内大中城市和东南亚地区。

(三)劳务经济发展壮大

始终坚持把劳动力作为第一资源，把劳务经济作为第一经济，把劳务输出作为农村第一产业，紧紧抓住建设重庆职业教育基地契机，打造缝纫、家政、机械、采煤、建筑、计算机、服装加工、电工、缫丝工等"永川技工"品牌，在广东、福建、上海、北京、新疆等地建设劳务输出承接基地，大力培育劳务中介和经纪人，扩大市外劳务输出规模。截至2006年底，全区累计转移农村劳动力24.13万人，转移就业率50.7%，劳务经济收入达18.28亿元，务工已成为农民增收主渠道。

五、城市建设日新月异

大思路带来大手笔，大运作保证大投入，大投入带动大开发，创新管理带来大效果。过去10年，是永川城市建设发展最快最好的时期。

(一)现代大城市初步形成

先后改造肖家冲、青城路、环南路、西外老街、南大街、东外街等15条主干道；新建望城北路、官井路、中环北路、中山支路、汇龙大道、学府大道、红河大道、人民大道、一环路等10余条城市主次干道，城区"两环、六横、六纵"道路骨架网络基本形成。城市道路建成面积达到108.8万平方米，比1996年增加41.1平方米，人均道路面积达到3.3平方米。基本建成5.8平方公里城市新区，文化艺术中心、中央公园相继落成，体育中心、棠城公园加快建设，城区面积由16平方公里拓展31.6平方公里，城区人口由15.71万人增加到32.9万人，城镇化率由24.92%提高到51%。

(二)基础设施日臻完善

加快供水、供电、供气等基础设施改造和建设。投资2.3亿元实施松溉长江饮水工程，投资1.7亿元建设孙家口水库，新建改造城市供水管网400公里、排水管网190公里，分别比10年前增加160公里和70公里；建成城西天然气储配站，天然气管道总长达到620公里，比10年前增加250公里；建成110千伏胜利变电站、220KV茶店变电站，城市承载功能显著增强。全区拥有公交线路15条，运营车辆6100台，出租车330台，运营里程为91250公里/辆，年客运量达3928.9万人次，每万人拥有公交车辆从10年前的78台增加到现在的146台。先后建成永铜路、五朱路、永峰路、永师路、永泸路、永津路、永荣路和渝隆路，全区公路总里程达到2684.13公里，初步形成了"一环十射"的快捷畅通交通格局。

(三)人居环境显著改善

强化城市建筑形态和风貌设计控制，充分利用永川现有的城市格局和山水自然景观，努力营造自然、生态的视觉走廊和公共空间，着力塑造独特的浅丘山地建筑文化；发掘和延续历史文化内涵，发挥茶竹共生自然资源优势，实施“引茶入城、引竹入街”，努力营造“茶竹在城中、城在茶竹中”的景观风貌。建成新区中轴线景观工程、人民广场、中央公园、棠城公园等一大批标志性城市特色大型景观区和渝西广场、火车站广场、新时代广场等近8个特色广场。按照“山青、水碧、天蓝、城绿”的生态城市目标，积极实施城区河道综合整治工程和污水处理场建设工程，大力实施城区绿化工程，新增城区绿化面积828万平方米，城区绿化总面积达到912.8万平方米，绿化覆盖率达到38.2%，建成区绿地率达到32.6%，人均公共绿地面积达到14.3平方米；新建居住区和单位庭院绿化绿地率达35%，改建项目绿地率达到30%，初步显现山环水绕、绿树成荫、空气清新、四季有花、风光优美的生态城市风貌，成功创建重庆市级山水园林城市。

六、对内对外开放不断扩大

(一)非公经济加快发展

认真落实非公有制经济发展扶持政策，努力营造有利于非公有制经济发展的良好环境。2006年，全区非公有制经济增加值达到76.3亿元，比1996年增加55亿元，增长6.8倍，增加值占地区生产总值的比重由1996年的35%提高到60.5%，5户非公有制企业跻身“重庆民营企业50强”。2004年以来，连年被评为“重庆民营经济十强区县”。

(二)招商引资成效显著

坚持把招商引资作为经济工作的生命线，紧紧抓住发达地区资本和产业梯度转移的机遇，立足产业基础和资源优势，大力实施“引进来”战略，采取设立驻外联络处、组建百人招商团、以商招商、委托招商、中介招商等方式，拓宽视野，创新方式，加大力度，招商引资取得历史性突破。10年累计引进项目1035个，其中上亿元项目45个，实际到位资金97.2亿元(详见图7)，年均到位10.3亿元，年均递增27.8%。世界500强企业法国拉法基、总投资50亿元的理文造纸、投资15亿元的火电三期项目、投资1.2亿元的年产10万吨啤酒项目、GOOGOL大型电喷柴油发动机等一批大项目落户。外资利用从无到有，从少到多，累计合同利用外资9427.9万美元，实际到位1766.7万美元。

图7 1996—2006年招商引资实际到位资金情况 单位:亿元

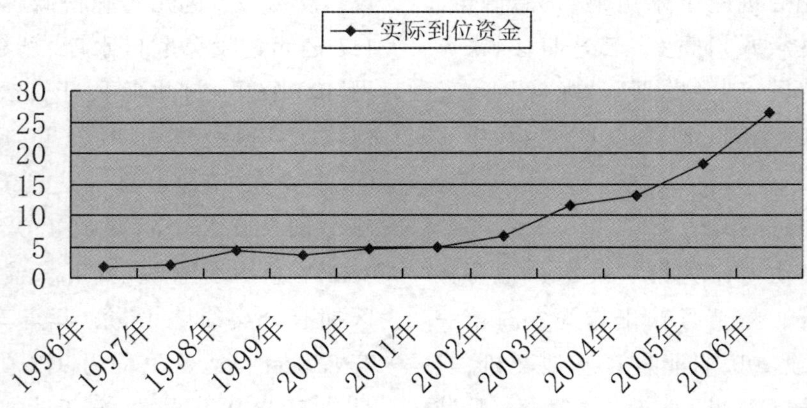

(三)对外贸易创新高

大力实施“走出去”战略，实现对外贸易零的突破，不断提高外贸出口层次，扩大外贸出口成果。对外出口呈现出口产品、出口主体、出口市场多元化，形成了以丝绸、化工产品为主体，机械、食品、茶叶等系列产品为辅的产品出口格局。10年累计自营出口11209.7万美元。

(四)对外交流广泛开展

与广东省吴川市、贵州省安顺市、吉林省九台市建立友好城市关系。加大外派劳务输出力度,累计输出723人次。积极争取援助项目,澳大利亚政府援助农村人畜饮用水项目已通过验收并正式投入使用,韩国三星中国公司援助建设紫荆小学项目已经开工建设。加强境外友好交流,与韩国永川市、葡萄牙托列斯维德拉斯市就结成友好城市事宜进行深入交流。

七、职业教育异军突起

坚持"城市以职业教育为特色,职业教育以城市为依托,校区建设与城市发展融为一体"的"城校互动"的职教发展方向,充分利用丰富的职业教育资源,大力发展职业教育,着力打造"学技能来永川、选人才来永川、办职教来永川"职教品牌。2004年9月,重庆市委、市政府决定在永川建设重庆职业教育基地。重庆职教基地建成区面积达5平方公里,职业院校达30所,教职工6000余人,在校生达10万人,是1996年的10倍,85%以上的学生来自永川市外。开设专业90多个,职教院校毕业生就业率一直稳定在98%左右。2006年,职业教育拉动全市GDP增长约5亿元,拉动消费约4亿元,直接或间接提供就业岗位1.6万个。中共中央政治局常委、国务院总理温家宝,教育部、财政部、劳动保障部、农业部等国家部委主要领导,重庆市领导先后来永视察职业教育发展情况,并对永川"城校互动"的职教发展模式给予充分肯定。"城校互动"被国家教育部称誉为全国第四种职教发展模式。永川市委、市政府荣获"全国职业教育先进单位"称号。

八、人民生活显著改善

(一)居民收入显著增长

从1996年到2006年,城镇居民人均可支配收入达到由4000元增加到10100元,增长了1.53倍;农村居民人均纯收入由1975元增加到3727元,增长0.88倍;2006年,全区城乡居民储蓄余额达111.4亿元,贷款余额达42.2亿元,分别为1996年的6.99倍和2.4倍。

(二)生活质量不断提高

2006年,城镇居民人均生活消费支出7423元,比1996年增长1.6倍;农村居民人均生活消费支出2765元,比1996年增长85%,居民的消费结构也发生了深刻变化,用于食品方面的支出比重明显降低,而用于住房、通讯、医疗、教育方面的支出比例上升,城镇居民家庭恩格尔系数和农村居民家庭恩格尔系数分别由1996年的52%、66.8%下降为36.9%、52.9%。

(三)居住条件极大改善

农村居民人均住房面积达到37.5平方米,城镇居民人均住房面积达到27平方米,居民住宅成套率明显提高,花园式居住小区快速发展,居住环境更加优美。农村实现了"村村通公路和通电话"。

(四)社会保障水平不断提高

扩大养老、医疗、失业、工伤、生育保险覆盖面,参保人数达到24.5万人,全面推行企业退休人员社会化管理,完善了城市低保、农村五保、灾害救助、农村特困救助、医疗救助、法律援助、教育救助、住房救助等一系列社会救助制度,率先在渝西地区实施农村最低生活保障制度,社会救助能力和水平不断提高。

九、未来发展的总体构想

10年拼搏谋崛起,10年奋斗写辉煌。永川已经站在了新的历史起点。今后五年,是全面落实科学发展观、构建社会主义和谐社会的重要时期,是全面建设小康社会的关键时期,也是永川加快发展的黄金时期。撤市设区掀开了永川历史新的篇章,赋予了我们更宽广的视野和更重大的责任;重庆"一小时经济圈"战略的实施,为永川带来了前所未有的发展机遇;重庆市委、市政府对区域性中心城市扶持力度的加大，更为我们注入了强劲的发展动力。在新的历史时期，永川的未来充满希望、充满生机、大有作为。

发展总体思路：突出“渝西经济文化中心、重庆‘一小时经济圈’增长极、成渝城市群战略支点”三大功能定位；打造“重庆轻工城、商贸物流城、职业教育城、休闲旅游城”四大区域特色；培育“创新永川、开放永川、财富永川、秀美永川、和谐永川”五大城市形象。到建区五周年，建成渝西经济文化中心；到建区十周年，形成重庆“一小时经济圈”的增长极和区域性中心城市；到建区十五周年，城区面积达到80平方公里，人口达到80万人，全面建成大开放、多功能、强辐射、高效益的成渝城市群战略支点和中国西部新兴名城。

未来五年，全区经济社会发展的主要目标是：到2011年，地区生产总值突破300亿元，年均增长16%。财政收入突破35亿元，年均增长40 %。全社会固定资产投资累计完成800亿元。社会消费品零售总额突破126亿元，年均增长20%。城镇居民可支配收入年均增长10%，农民人均纯收入年均增长8%。城镇登记失业率、人口自然增长率分别控制在3%、3.5‰以内。城区面积达到48平方公里，城区人口达到47万人。

全区将以全面融入重庆“1小时经济圈”为抓手，超前思考，主动出击，瞄准“一小时经济圈”整体战略，纵深推进体制机制对接，建立完善良性互动的新机制；纵深推进基础设施对接，加快形成承接产业转移的新平台；纵深推进产业对接，全力打造产业快速成长的新高地；纵深推进城市功能对接，努力构建带动区域发展的新格局。

永川区委、区政府和百万永川人民将以更加创新的思想行为，更加务实的工作作风，跳出永川学习渝西，扩大开放联合渝西，做强产业壮大渝西，做大城市服务渝西，繁荣文化助推渝西，增强实力带动渝西，锐意进取，奋力拼搏，不断奏响加快发展的新乐章，勇于创造无愧时代的新业绩，力争早日建成渝西经济文化中心和现代大城市，在渝西经济走廊上率先建成全面小康社会。

注：本文数据出自永川区统计局及相关部门

撰稿单位：重庆市永川区人民政府办公室

南川区

一、综合经济实力大幅跃升

2006年，完成地区生产总值达69.5亿元，比1996年(下同)增加45.25亿元，年均增长10.6%(按可比价计算)。累计实现全社会固定资产投资182.84亿元，年均增长23.4%。2006年，完成地方财政收入2.54亿元，增长1.8倍。人民生活质量稳步提高，2006年城镇职工平均工资达14037元，增加9160元，年均增长11.2%。农村居民人均纯收入3166元，增加1584元，年均增长7.2%。城乡居民储蓄存款达到36.17亿元，增加28.30亿元。三次产业比重从1996年的32.5:45.3:22.2调整为2006年的19.2:49.5:31.3，产业结构更趋合理(见图1—图3，下页；图4)。

二、农村经济实力增强

坚持把“三农”工作放在重要位置，以农民增收为核心，以粮食安全为前提，以结构调整为主线，以三大工程为抓手，促进农业增效、粮食增产、农民增收。

(一)农村经济实力明显增强

2006年，实现农业增加值13.4亿元，增长70%，年均递增3.8%；现价农业总产值达到20亿元，增长71.6%。全区主要农产品总产量和人均占有量均大幅度增加，实现了总量平衡、丰年

图 1 地区生产总值

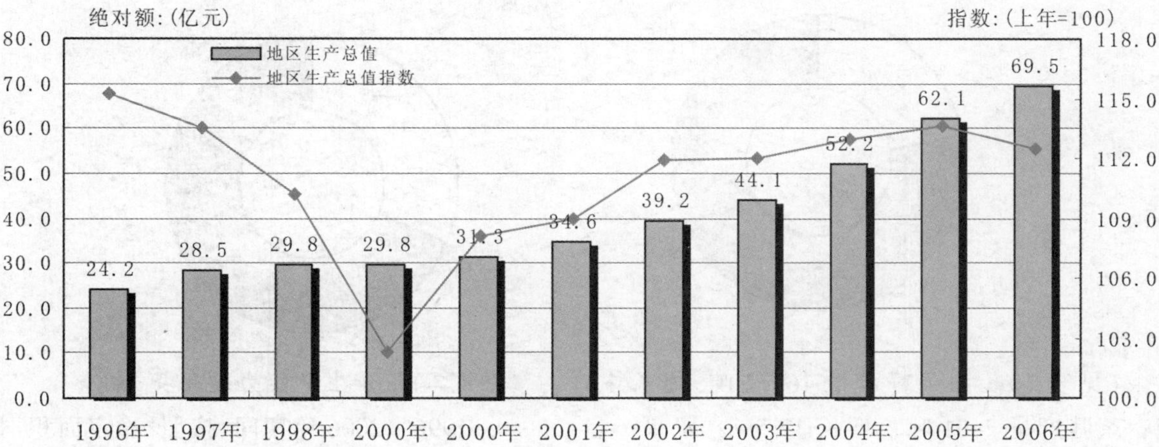

图 2 财政收入 单位:亿元

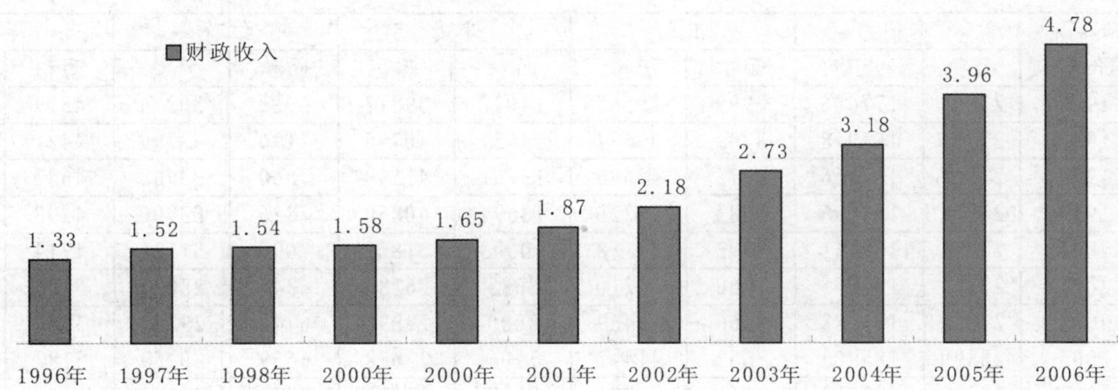

图 3 城乡居民收入 单位:元

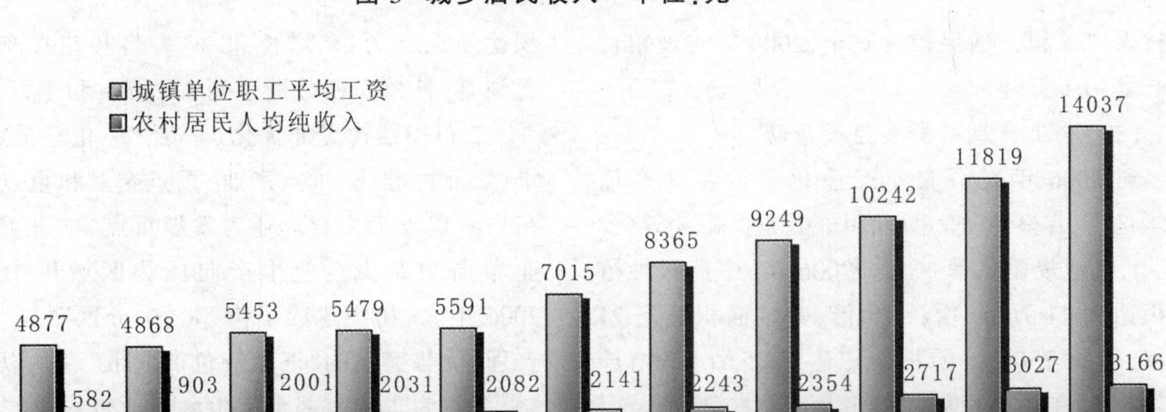

图 4 国民经济三次产业比重

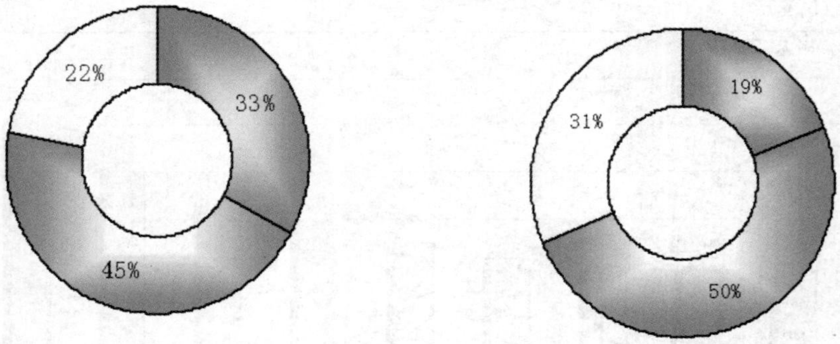

有余(见表 1)。油菜籽产量 16077 吨,增长 1.7 倍;茶叶产量 2401 吨,增长 17.5%;水果产量 39012 吨,增长 1.5 倍;生猪出栏 70 万头,增长 37.0%。

(二)粮食生产能力逐年提升

1996—2006 年期间,按照"稳定面积、提高单产、调优品质、增加总产,确保粮食稳定增产"的工作思路,全力实施科技兴粮战略,大力推行科技进村入户工程,确保粮食安全,2006 年实现粮食总产量30.1 万吨。

表 1 1996—2006 年粮食生产情况一览表　　单位:公顷、吨

品种/年份	水稻		玉米		小麦		红苕		洋芋	
	面积	产量	面积	产量	面积	产量	面积	产量	面积	产量
1996	27864	177606	7999	39563	14042	39812	6923	30274	4319	12534
1997	27806	187978	8205	43632	14051	40745	7196	33799	4421	13275
1998	27664	177156	9972	43596	13761	41599	7860	33968	4623	16620
1999	27536	187785	8583	42220	13694	40850	7826	33900	4393	12906
2000	27342	188761	8092	44158	10603	31809	7096	31121	4914	14302
2001	27112	180635	7960	36210	8685	26186	6845	28037	5135	15328
2002	27061	175288	8066	39469	8080	24890	6745	29262	5251	15437
2003	26899	185805	7632	41442	7906	23078	6659	30459	5182	16217
2004	27399	192752	8365	46802	7637	23539	7860	36835	5681	18662
2005	27407	198379	8370	47518	7259	23068	8242	38572	6755	20955
2006	27464	165130	8407	43622	7101	22794	6771	29647	7688	23561

(三)农业产业化发展势头强劲

到 2006 年底,农业产业化建设实现产值 13.4 亿元,在整个农业总产值中的比重提高到 67 %。

1.基地规模迅速扩大。2006 年,中药材种植面积达到 11 万亩,增长 13 倍;笋竹面积达到 21 万亩,增长 75%;优质稻面积达到 25 万亩,增长 4 倍;茶叶在地面积稳定在 5 万亩左右,低产茶园改造面积达 2.8 万亩;生猪出栏 70 万头,增长 37.0%;油菜种植面积达到 10 万亩,增长 5%;苎麻在地面积达到 3.2 万亩,增长 68%;蚕桑在地面积达到 3.25 万亩,增长 80%;香料和花卉产业从无到有,种植面积分别达到 3.4 万亩和 1 万亩。

2.布局结构更加优化。按照"一化三重点"要求(农业标准化、重点产业、重点企业和重点区域布局),以五大主导产业为发展重点,推进重点产业布局和龙头企业生产向优势区域集中。到 2006 年底,初步建成了南、北、中分区明显、布局合理、优势突出的"三大特色产业带"。即:以中药材、笋竹为主的南部金佛山区产业带;以生猪、油料、香料、蚕桑、蔬菜为主的中部产业带;以优质稻、茶叶、苎麻为主的北部大观园产业带。

3.龙头企业队伍不断壮大。到 2006 年底,农

业产业化龙头企业达到28家,其中重庆市级龙头企业3家,龙头企业总数比1996年增长了3倍。2005年底,主要龙头企业实现销售收入4.3亿元,带动农户2.54万户,全区“公司+基地+农户”、“市场+基地+农户”的产业化格局已初步形成。

4、品牌优势逐步显现。成功注册“南川米”产地证明商标,拥有“金佛山”等各类农产品主要品牌18个,获无公害农产品产地认定13个,获无公害农产品认证13个,获绿色食品认证10个,获重庆市名牌农产品认证3个(其中中国名牌农产品认证1个),茶叶、笋竹、玉簪花等农产品销售国外,2006年出口贸易总额达500万美元以上,南川农产品在周边市场的知名度和占有率大幅度提高。

(四)农村劳务经济效果显著

自2004年实施“百万农村劳动力转移工程”以来,实行培训补贴、输出奖励、费用减免、维权服务、返乡创业等“五大政策”,建立了完备的农村劳动力资源、培训和输出“三大系统”,创新了“4+X”维权(即以工会、司法、劳动保障、农业行政等四个部门为主体,其他机关、单位紧密配合的社会化维权联动机制)、代理家长、“四无”(无资金、无知识、无技术、无年龄优势)农民增收等转移培训新机制,务工收入成为农民增收致富的重要途径。到2006年底,实现转移培训1.2万人,新增转移农村劳动力2.22万人;在外务工人数已达15.82万人,务工收入超过6亿元。

(五)农村各项改革深入推进

一是农村税费改革取得突破性进展,农村普遍实施“一免三补”(免征农业税、对种粮农民进行直补、粮种补贴、农机具购置补贴)惠农政策,农村村级“一事一议”制度基本建立并得到逐步规范完善。二是在稳定家庭承包关系的基础上,坚持依法、自愿、有偿的原则,积极推进农村土地使用权合理流转。加大耕地特别是基本农田保护和撂荒地复耕力度。改革土地征用制度,实行最严格的耕地保护。三是以“两社两化”为重点,深化农村合作经济体制改革,积极培育农村新型合作经济组织,共发展农村专业合作社155个,综合服务社145个,入社农户3.22万户。四是推进农村流通体制改革,进一步提高粮食购销市场化程度,开通了鲜活农产品“绿色通道”。

(六)扶贫开发成效明显

直辖10年来,农村绝对贫困人口下降到1.54万人,相对贫困人口减少到4.1万人,实施移民搬迁659户2464人,贫困地区教育、文化、卫生、通讯事业得到极大发展。加快产业扶贫,集中连片开发培育支柱产业,在贫困地区建立了一批种植、养殖基地,极大地推动了贫困地区农业产业化进程。

三、工业经济提速增效

10年来,南川工业发展发生了翻天覆地的变化,既有量的增长,又有质的飞跃。

(一)工业经济总量逐年扩大

2006年,实现工业总产值71.9亿元,增长1.6倍;全区工业增加值达到28亿元,增长1.8倍;工业增加值占南川区地区生产总值的比重达到40.3%,工业对全区经济的推动作用进一步增强。2005年,规模以上企业在重庆市40个区县(市)区县属工业综合排位中列第13位、渝西经济走廊第3位;规模以上企业增幅跃居重庆市第5位,并跃居渝西经济走廊第一位。2003年和2004年连续两年被评为“重庆市工业进步区县(市)”。博赛集团进入“重庆市工业企业五十强”(列16位)、中国民营企业500强、重庆市出口创汇前15强;双赢集团进入“重庆市工业企业五十强”(列44位)、中国化工500强、中国化肥50强。

(二)工业经济运行质量不断提高

2006年,工业企业实现利税6.94亿元,增长7.7倍;工业税收占全区财政收入的比重超过60%。2006年,规模以上工业企业经济效益综合指数达到210%,提高了117个百分点,创历史最好水平。

(三)工业投资成效显著

直辖以来,工业投资从1996年的0.67亿元,增加到2006年的15.5亿元,工业投资占全区固定资产投资的比重从1996年的15.1%提高到2006年的42.4%。特别是2000年以来,工业投资快速增长,年均增长幅度达27.0%。博赛集团氧化铝一、二期工程,爱溪电力公司装机5万千瓦火电机组,大溪河水力发电公司装机4.8万千瓦水力发电机组,水江发电公司3万千瓦煤矸石资源综合利用发电机组,双赢集团磷铵"12改20"、等多个项目投产,工业投资效果系数、工业资本生产率均较1996年大幅提高。

(四)产业布局趋于合理

直辖以来,特别是实施"工业强市"战略以来,南川坚持依托资源优势,发展和壮大矿产品加工、化学工业、农副产品加工业三大产业,产业结构得到进一步优化。2006年,三大产业工业经济总量占全区的比重超过70%,骨干支撑作用进一步凸显。与此同时,一批新兴工业在引进中不断崛起,传统工业在改造中得以提升。2006年铝原矿年开采能力达到30万吨,氧化铝产量达到15万吨,实现产值8亿元,利税1亿元,成为拉动工业经济快速增长的新兴力量。

(五)工业集中度进一步提高

2006年,规模以上工业企业达到54户,增加23户;销售收入超5000万元的企业9户,增加5户,其中销售收入超亿元的企业7户,增加4户;销售收入超10亿元的企业1户,改写了无销售收入超10亿元企业的历史。2006年,工业十强企业实现工业总产值38.6亿元、工业增加值10.3亿元、工业利税5.6亿元,分别占规模以上企业的82.9%、88.0%和84.0%。

(六)工业技术创新力度进一步加大

2006年,工业企业实现新产品产值15.37亿元,规模以上企业新产品产值率突破25%。与此同时,冶金级氧化铝、高级耐火材料棕刚玉、磷酸二铵等新产品生产增势强劲,发展势头良好,为产品创新发挥了积极的作用,有效带动了传统产业的升级换代。2005年,双赢集团"磷酸一铵"、"磷酸二铵"获得了2005年度重庆名牌产品称号,获国家免检产品称号,结束了南川工业历史上无国家免检产品的历史。

与此同时,重庆市南川工业园区已于2006年1月经重庆市特色工业园区规划建设领导小组批准设立。截至2006年底,园区建设前期工作有序推进。

四、第三产业繁荣活跃

(一)商贸流通快速增长

2006年,实现社会消费品零售总额22.7亿元,增加15.6亿元,年均增长12.3%。实现商业服务业增加值5.46亿元,年均增长11.1%。商业从业人员达到15900人,增加8100人。餐饮业、住宿业、其他服务业从业人员达到18000人,增加7500人

(二)城乡市场体系日趋完善

以城区为中心,中心镇为辐射点,一般集镇为纽带,社区商业和村社"农家店"为基础的4个层面商品市场体系基本形成。2006年,商业网点达到10500个,净增3580个。商业设施面积达703000平方米。其中:市场面积110550平方米,商业网点营业面积258820平方米,人均拥有商业营业面积0.44平方米,增加0.22平方米。全区已建成各类市场52个,净增18个。新建了河图、木凉、太平、福寿、冷水关乡、峰岩、民主、铁村、石墙、神童、水江等13个乡镇农贸市场,新增市场面积45000平方米,新建了大有边贸综合市场、金山镇山货市场、东城工业品批发市场和东方市场,改造南平、大观、北街农贸市场等11500平方米。

(三)新型商业业态发展迅速

食杂店、便利店、专业店、专卖店、超市等新型商业业态发展迅速。2006年,连锁经营网点达到160家,净增125家;专卖店90家,净增70家;专业店120家,净增80家;超市10家;配送中心4个;连锁经营销售额达到2.2亿元。

(四)消费环境和结构发生较大变化

商品品种齐全,货源充足,购物条件明显改善,以重客隆超市、风之彩超市、商社电器、银杉火锅、南川宾馆等为代表的零售、餐饮、宾馆服务明显上档升级、质量提高。家电、手机、装饰材料、

化妆品、休闲食品、儿童玩具等商品销售额占社零总额比重明显上升,家电、手机、装饰材料销售额占社零总额比重分别上升了4%、3%、4%。

(五)旅游经济欣欣向荣

围绕生态旅游、科普科考、佛文化特色,严格按规划、策划进行控制性开发。按照"广泛接触、择优选择、跟踪督促、注重实效"的原则,引进重庆交旅集团公司投资10亿元整体开发金佛山,金佛山旅游整体开发迈出关键一步。办好冰雪节、杜鹃花会等特色旅游活动,2006年,年接待游客52.5万人次,实现旅游综合收入1.1亿元,接待游客人数及综合收入较1996年均有较大幅度增长。

五、城乡面貌发生巨大变化

10年来,南川大力推进城镇化进程,全面加强城市规划管理,着力完善基础设施,城市功能日益完善,房地产开发势头强劲,城市面貌焕然一新。城镇化率提高了近20个百分点,达41.4%。

(一)城乡规划逐步完善

调整了城市总规,补充编制了各类专业规划,完善了旧城改造规划,完成了新城区5平方公里的城市设计。初步形成了"一心多轴式"城乡布局模式,即以城区为中心,以水江、南平、大观3个重庆市级中心镇为三极,以兴隆、三泉、大有等7个南川区级中心镇为发展重点,形成"十"字型城乡空间布局形态,完善了合理的城乡体系空间结构,提高了城乡发展的质量。完成了5个建制镇的总规修编;完成了5个小城镇部分区域的风貌设计;完成了28个农民新村的规划编制,城乡发展的协调性得到增强,小城镇建设水平得到了有力的保障。

(二)城市功能日益完善

按照"经营城市"的理念,多渠道聚集城市基础设施建设资金10多亿元,贯通了二环路,新建了钟楼南街、东风路、南园路、北环路、半溪河河滨路和三环路,形成了四横三纵的城市主干道交通网络。凤嘴江滨河路整治工程已经启动,体育馆工程已经开工,渝南大道前期工作已经完成。新建了关堰桥、南门桥、国税桥,改建了水泥桥、南大桥、西门桥。建成了鼓楼坝广场、渚堰塘广场,完成了花山公园建设工程,新增绿地面积220万平方米,城市绿地率和绿化覆盖率提高到6.5%和8%。城市污水处理厂和垃圾处理场已投入使用。全面改造城市供水管网,城市日供水能力达到6万吨,供水范围扩大到13平方公里,城区供水普及率100%。建成城市变电站2个,城市供电能力全面提高,城市电气化率达到100%。建成了宽带网络,数字化城市开始启动。

(三)房地产开发强力推进

以宽松的环境、优惠的政策和有优势的项目大举招商引资,强力推进房地产开发。城区拆迁旧房70万平方米以上,改造了小南街片区、中心商业街片区、西街片区、天之娇、世纪广场等30个片区,完成房地产开发面积150余万平方米。启动了半山景苑、香格里拉、御景江山等大型楼盘的开发建设。截止2006年底,城市建成区面积达到13平方公里,集聚城镇人口13万人,分别比1996年净增8平方公里和8万人。

(四)小城镇建设生机勃勃

建立小城镇建设奖惩机制,加大小城镇建设投入力度,小城镇基础设施共投入3.4亿元以上,尽力完善了小城镇供水、供电、通信、道路、绿化等设施,小城镇综合功能得到增强。小城镇人口达到11.9万人,小城镇建成区面积达到11.3平方公里。开发银行贷款项目中的水江污水处理工程、供水厂改扩建工程、南陵大道管网及道路建设工程已经完成,水江、南平、大观、鸣玉、神童等初步实现了绿化、美化、亮化,小城镇形象大幅提升。小城镇住宅建设每年完成15万平方米以上,农村住房建设面积每年新增40万平方米以上,极大地改善了村镇人居环境。

六、基础设施建设突飞猛进

10年间,投资70.9亿元,竣工重点基础设施项目113个。渝湘高速水界路南川段完成了土建工程量的90%；改造二级公路160公里；改造通乡公路142公里，交通"瓶颈"问题得到缓解。投资15.5亿元，建成了鱼跳水电站、爱溪5万千瓦燃煤发电厂、天然气入南工程等14个重点工程，装机容量达20万千瓦，改造城市电网32.15公里；改造农网44270公里，能源制约得到改善。投资3.2亿元，完成了肖家沟水利工程、长治水保工程、农村人畜饮水工程、龙凤灌区水利骨干项目等15个重点工程，推进了金佛山水库工程前期工作；建成各类水利设施4252处，治理土地14.11万亩，修建了大小人饮工程1798处。投资1.9亿元，相继完成了金佛山北坡索道、金佛山北坡上山公路、山顶公路、药池坝游客接待中心等接待设施和景点设施。投资2.6亿元，完成了广播电视综合信息网、电信网络建设、电信扩容改造等工程，互联网通达乡镇；移动通讯网络实现全覆盖，新增用户11万户，增长了225倍；新增电话交换机容量23.6万门，增长了8倍，实现了村村通电话。

七、招商引资工作成效显著

找准优势，利用丰富资源进行招商引资；利用处于渝南黔北的地理条件，深入开展横向经济联合与协作，加强对川、渝、黔地区的信息交流。坚持"走出去、请进来"，通过开展"全民招商"活动，组织参加了重庆"渝洽会"、厦门"厦洽会"及其它招商活动。10年来，协议引进项目451个，协议投资额170亿元，成功引进的项目429个，实际到位资金44.72亿元。其中：工业项目196个(外资项目1个)，农业项目86个，城市建设(包括房地产开发)项目80个，旅游项目9个，交通项目7个，其他项目51个。尤其是引进了中国铝业公司投资近50亿元建设80万吨氧化铝项目，项目建成后，将把南川工业推上一个新台阶。

八、社会事业全面进步

文化、体育、计划生育、广播电视工作荣获国家先进。城乡教育全面发展，高考上线人数增长9倍；累计改造中小学危旧房改造项目173个，拆除D级危房8.4万平方米，新建维修校舍21万平方米。人力资源开发成效较大，累计引进各类人才3251名。卫生事业加快发展，基本形成卫生监督、疾病控制、传染病救治体系和突发公共卫生事件预警应急机制；医疗设施和医疗队伍建设加快，累计新增医院病床166张，新型农村合作医疗试点工作迈出坚实步伐。大力实施再就业工程，10年累计指导帮助10346名下岗失业职工实现再就业。五大保险和最低生活保障制度不断完善，"三条保障线"得到落实。各类社会事业协调发展，为促进经济社会全面发展奠定了良好基础。

九、未来发展构想

2006年10月，国务院批准南川撤市设区，揭开了南川发展的崭新篇章。2006年9月，汪洋书记在南川考察调研时，从中央设立重庆直辖市和重庆市打"直辖牌"推动科学发展的战略高度，给南川提出了"打造渝南黔北地区经济高地和区域性中心城市"的奋斗目标。2006年1月，王鸿举市长在南川考察调研时指出："要志存高远，把南川建设成为符合科学发展观要求的、独具特色的、充满生机活力的、在渝西经济走廊具有示范作用的一个中等城市，进而发展成为一个真正意义上的、不是写在纸上的区域性中心城市。"这为南川未来发展和今后工作指明了方向。

打造渝南黔北地区经济高地和区域性中心城市的发展定位是："产业基地、中等城市、宜居环境、旅游胜地"。发展路子是：实干兴区，实业兴区，实力兴区。发展布局是：形成"中部城镇经济带、南部金佛山生态旅游区、北部生态农业园"三大类区。发展支撑是：建设重庆市重要的铝工业基地、煤化工基地、建材基地、纺织基地、特色农产品基地等5大基地；构筑能源交通通讯水利保障体系、城镇体系、商贸流通体系、金融融通体系、教育卫生文化体系等5大体系；实施项目支撑、开放带动、创新推动、环境优化、人才开发5大战略。

未来5年,南川区将按照“基础设施上档升级、产业发展重大突破、城镇体系基本形成、体制机制显现活力、人才开发取得实效”的总体要求,迈出打造“渝南黔北地区经济高地和区域性中心城市”的坚实步伐。发展速度力争高于全市平均水平,力争达到“1小时经济圈”平均水平,财政收入、固定资产投资、工业总产值力争在2006年的基础上翻一番,实现经济总量和人均水平升级升位。到2011年,地区生产总值年均增长13%以上,突破130亿元;地方财政收入年均增长15%以上,突破5亿元。单位地区生产总值能耗每年下降4%。

未来5年的主要任务是:一是突出工业主导地位,发挥资源优势,发展特色工业,提升工业经济实力,基本建成重庆市铝工业基地、煤化工基地、建材基地、纺织基地。二是大力发展现代农业,务实推进新农村建设,促进农业稳定发展、农民持续增收、农村更加和谐,基本建成重庆特色农产品基地。三是着力培育生态旅游业,努力发展现代服务业,迈出打造旅游胜地的坚实步伐;初步建成商贸流通体系,初步形成渝南黔北的商贸中心和物资集散地;基本建成金融融通体系。四是加快建设基础设施,努力构筑发展平台。强力推进新城建设,有序推进旧城改造,积极推进小城镇发展,着力构建城镇体系;加快交通保障体系、能源通讯体系建设。五是更加注重社会事业发展,促进社会事业全面进步,力争形成渝南黔北基础教育高地的基本框架,基本建成渝南黔北地区医疗卫生中心,基本形成“满足本地、辐射周边、形成特色、良性循环”的区域社会事业发展格局。六是始终坚持以人为本,坚持把改善民生、生态环保、平安建设摆在突出位置,努力构建和谐南川。七是强力实施项目支撑、开放带动、创新推动、环境优化、人才开发战略,努力强化发展保障,促进经济社会又好又快发展。

注:本文数据出自南川区统计局

撰稿单位:重庆市南川区人民政府办公室

綦江县

重庆直辖10年来,綦江县在党中央、国务院和市委、市政府的领导下,历届县委、县政府把经济社会发展和提高人民群众生活水平作为根本任务,团结和带领全县各级各部门和广大干部群众,高举邓小平理论和“三个代表”重要思想伟大旗帜,贯彻落实科学发展观,加快推进工业化、城镇化和农业产业化进程,解放思想,与时俱进,开拓进取,全县经济持续快速协调健康发展,人民安居乐业,各项事业欣欣向荣。

一、经济发展突飞猛进

10年来,綦江县始终坚持以经济建设为中心,以结构调整为主线,初步建立了以能源、机械、冶金、建筑建材、纺织、农产品加工为支柱产业的工业体系,以优质辣椒、优质蔬菜、优质木瓜和畜牧业为主要特色的农业体系,以商贸流通业、房地产业、旅游业为主的第三产业体系;构建起了“以县城为中心,辐射带动綦万、渝湛高速公路沿线城镇发展”的“一极二廊”生产力布局;三次产业比重由直辖初的50.7:25.9:23.4调整为17.9:43:39.1,全县经济快速发展。2006年,地区生产总值达87.3亿元,年均增长10.3%,是1996年的3.2倍;财政总收入达6.6元,年均增长10.6%,是1996年的2.8倍;固定资产投资达32.9亿元,年均增长20.5%,是1996年的6.5倍;社会消费品零售总额达27.9亿元,年均增长9.5%,是1996年的2.5倍。经济的快速发展,使人民生活水平有了较大提高，重庆直辖以来的10年,是綦江县人民群众得到实惠最多、物质生活水平提高最快的时期。2006年,全县农村居民人均纯收入达3419元，是1996年的1.9倍;城镇职工年平均工资达17124元，是1996年的3.2倍(见图1)。

图1 直辖10来綦江县主要经济指标

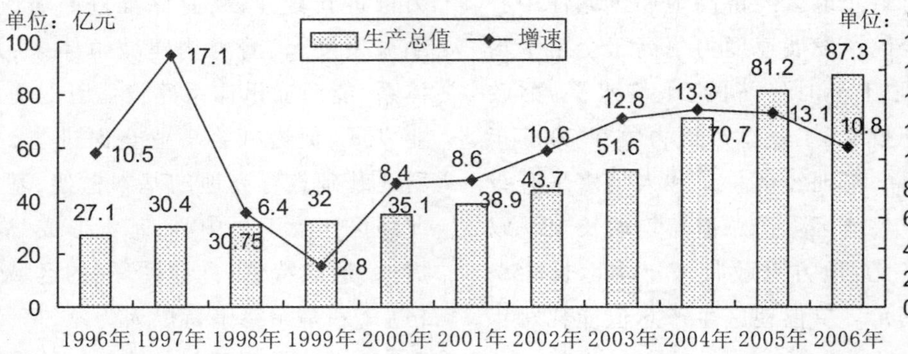

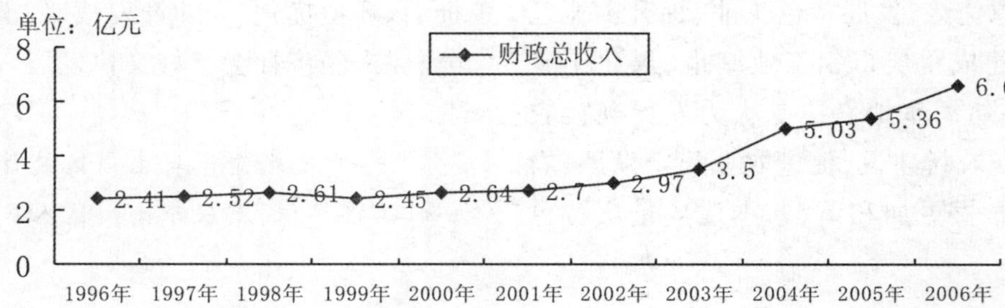

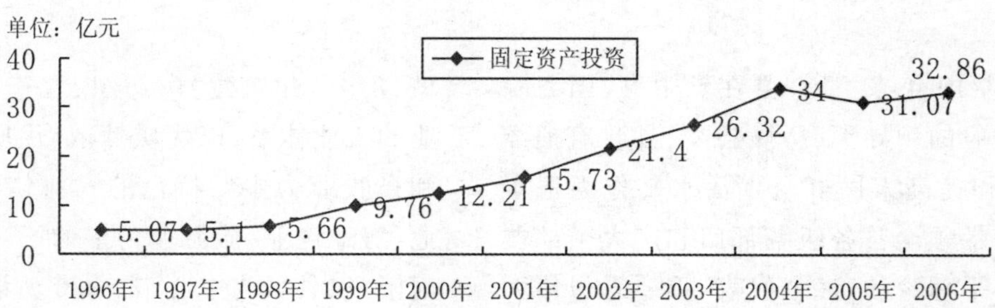

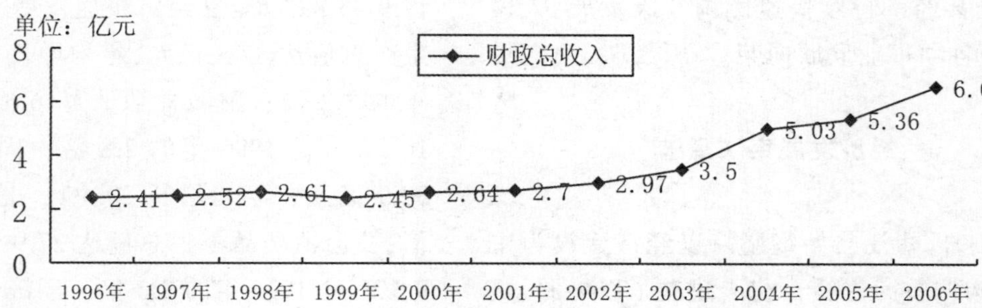

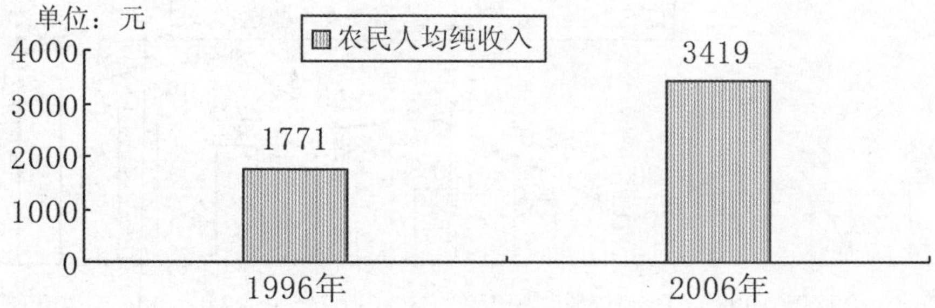

（一）工业经济迅猛发展

10年来，坚持以资源为依托，以政策为导向，大力实施"工业强县"战略，坚持走新型工业化道路，转变工业经济增长方式，着力培育支柱产业和打造产业集群，全县工业经济快速发展。

产业结构不断优化。初步形成能源、机械、冶金、建筑建材、纺织、农产品加工六大支柱产业，以松藻煤电公司为代表的能源产业，以綦江齿轮传动有限公司为代表的机械加工业，以重庆四钢钢业股份有限公司为代表的冶金工业，以重庆科华水泥有限公司为代表的建筑建材业蓬勃发展；以川江针纺有限公司为代表的纺织业，以重庆美乐迪天然食品有限公司、重庆市郑胖子农产品有限公司、重庆金星股份有限公司为代表的农产品加工业增势强劲。工业布局更加合理。以綦江工业园区为主体的南部能源工业区、北部机械冶金工业区和东部建材纺织工业区逐步形成，产业集群效应日益显现。工业经济增长方式不断转变。技改投入力度不断加大，累计投资35亿元，实施72个工业技改项目，增强了发展后劲；自主创新能力不断增强，获得了"铅熔炼回转炉"、"全密闭高质量铅丹生产设备及工艺"、"铜包铁复合粉"等一批国家专利，创重庆名牌、重庆市知名品牌7个、知名商标5个，特别是綦齿传动有限公司通过自主研发，形成了具有自主知识产权的产品体系，占据行业高端，跻身中国100家"最佳汽车零部件供应商"、中国机械500强、中国制造业100强，增强了企业核心竞争力；循环经济稳步推进，重庆科化水泥有限公司、松藻煤电公司等企业逐步走上资源循环利用的发展道路。工业园区建设如火如荼，首期启动的1.7平方公里平基工程基本完成，相关配套基础设施正稳步推进。全县工业经济快速发展，工业总产值年均增长9.4%，2006年达到84.3亿元，是1996年的2.6倍；工业增加值年均增长12.9%，2006年达到31.2亿元，是1996年的4.9倍；工业经济效益指数大幅度提高，2006年达到110.5%，工业经济已经成为綦江经济发展的重要支撑（见图2）。

图2 直辖10年来綦江工业经济主要指标

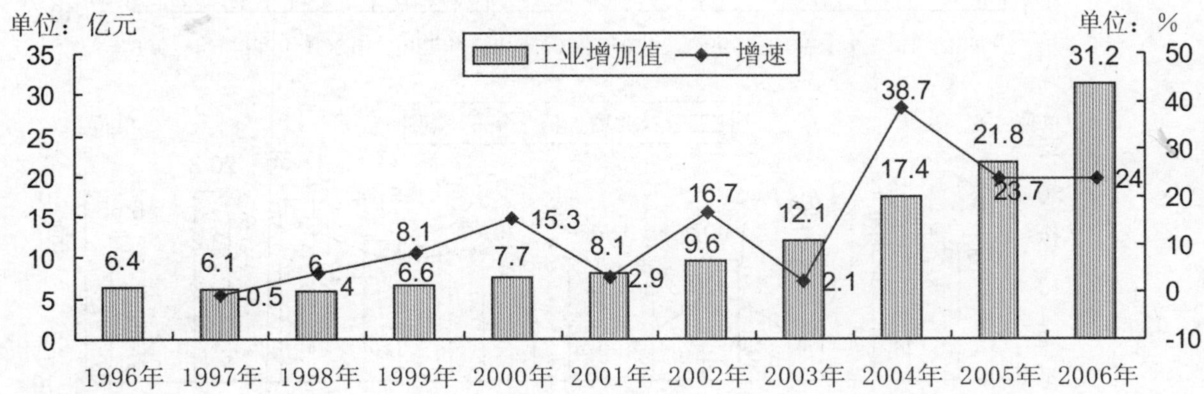

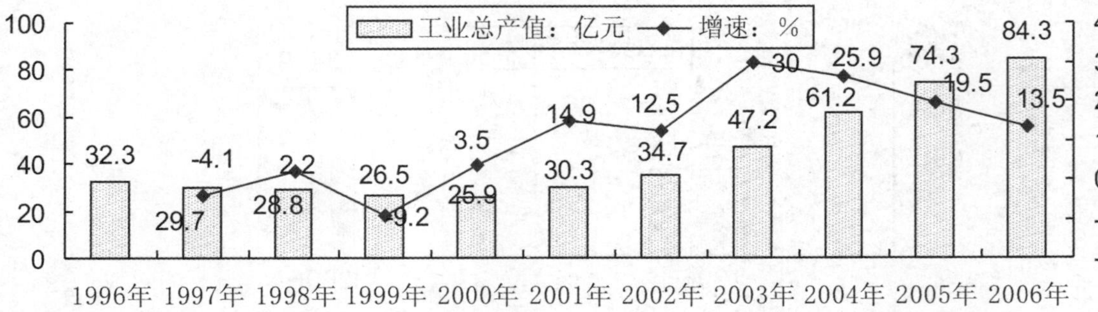

（二）农村经济生机盎然

10年来，綦江县围绕农民增收和农业增效两大目标，用发展工业的理念谋划农业发展，以建设产业基地、发展龙头企业、转移农村富余劳动力为重点，大力推进农业产业化经营，加快建设社会主义新农村。随着农业基础设施建设的不断加强，农业结构调整的不断加快，农业技术推广力度的不断加大，特别是近四年来，我县按照“公司+基地+农户”的产业化发展模式，抓基地，抓公司，农业产业化有了长足发展。

农业综合开发扎实推进，凤凰山万亩梨园、通惠高效农业园、永丰河农业综合开发区和太公山农业综合开发区等农业园区基本建成，开发效益日益提高。基地规模不断扩大，10万亩优质辣椒、10万亩优质蔬菜和5万亩优质木瓜三大特色产业初具规模。龙头企业不断壮大，已发展市级龙头企业5家，县级龙头企业67家，农村合作经济组织102家，形成了较强的带动力。农村劳动力转移步伐加快，农民从事二、三产业的比重逐年增加，累计转移农村富余劳动力19万人，劳务收入占农民人均纯收入的比例超过50%。农业和农村经济迈入持续健康发展的快车道，全县农业总产值年均增长1.2%，2006年达到22.8亿元，是1996年的1.4倍（见图3）；农业增加值年均增长1%，2005年达到15.7亿元，是1996年的1.1倍。

图3 直辖10年来綦江县农业经济主要指标

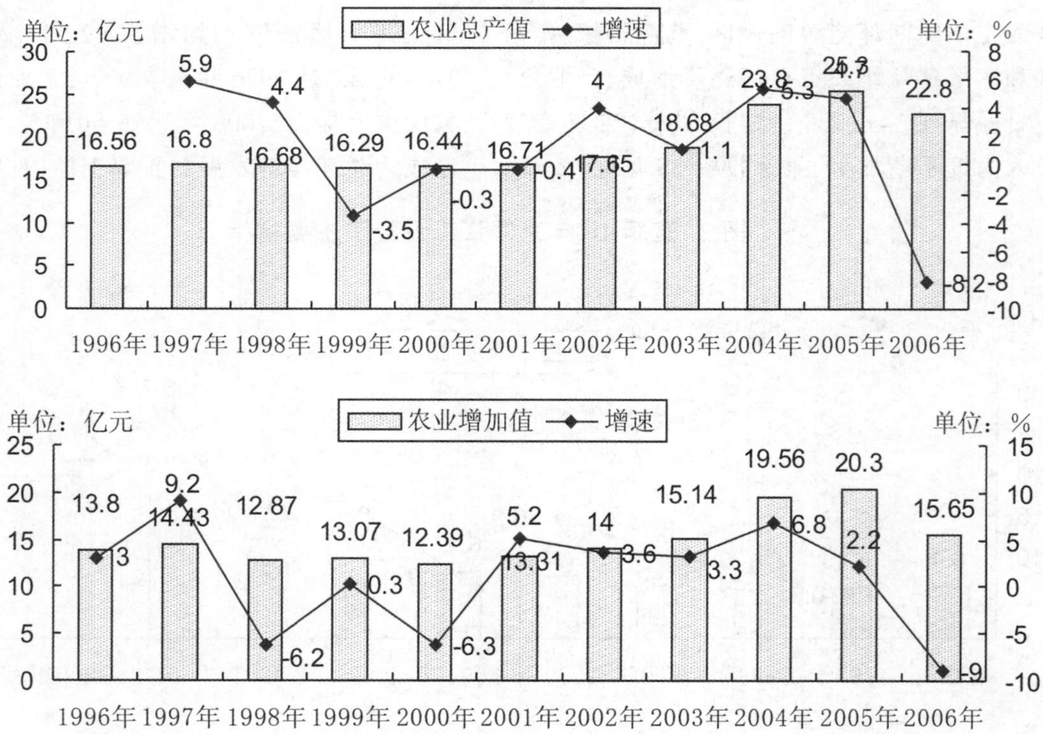

（三）第三产业方兴未艾

10年来，綦江县充分发挥区位、交通优势，着眼于激活消费，以市场建设为重点，改善提升商贸流通业；以景区开发为重点，加快发展旅游业；以居民住宅为重点，积极发展房地产业，第三产业发展日趋活跃。

全面完成河东市场"农改超"，相继建成下北街市场、孟家院市场、东溪农产品集散中心、三江德龙市场等一批市场，即将建成渝南综合批发市场，"万村千乡"双建工程已完成镇级店19家、村级店65家，新发展重客隆为代表的超市、专卖店、连锁店等新型业态219家，以巨龙广场、长松世纪广场两大区域为主体的县城核心商圈雏形初显，以县城商贸区为中心的城镇商贸组团初步形成，城乡流通网络不断完善，流通活力日趋活跃；旅游业从无到有，"綦江—古剑山—长田林海—男根圣地—清溪河—版画院—綦江国家地质公园"和"东溪古镇—丁山湖"两条旅游线的开发加快推进，旅游基础设施不断完善；房地产业健康发展，1997年以来累计完成房地产开发318万平方米（见图4）。

图4 直辖10年来綦江县第三产业主要指标

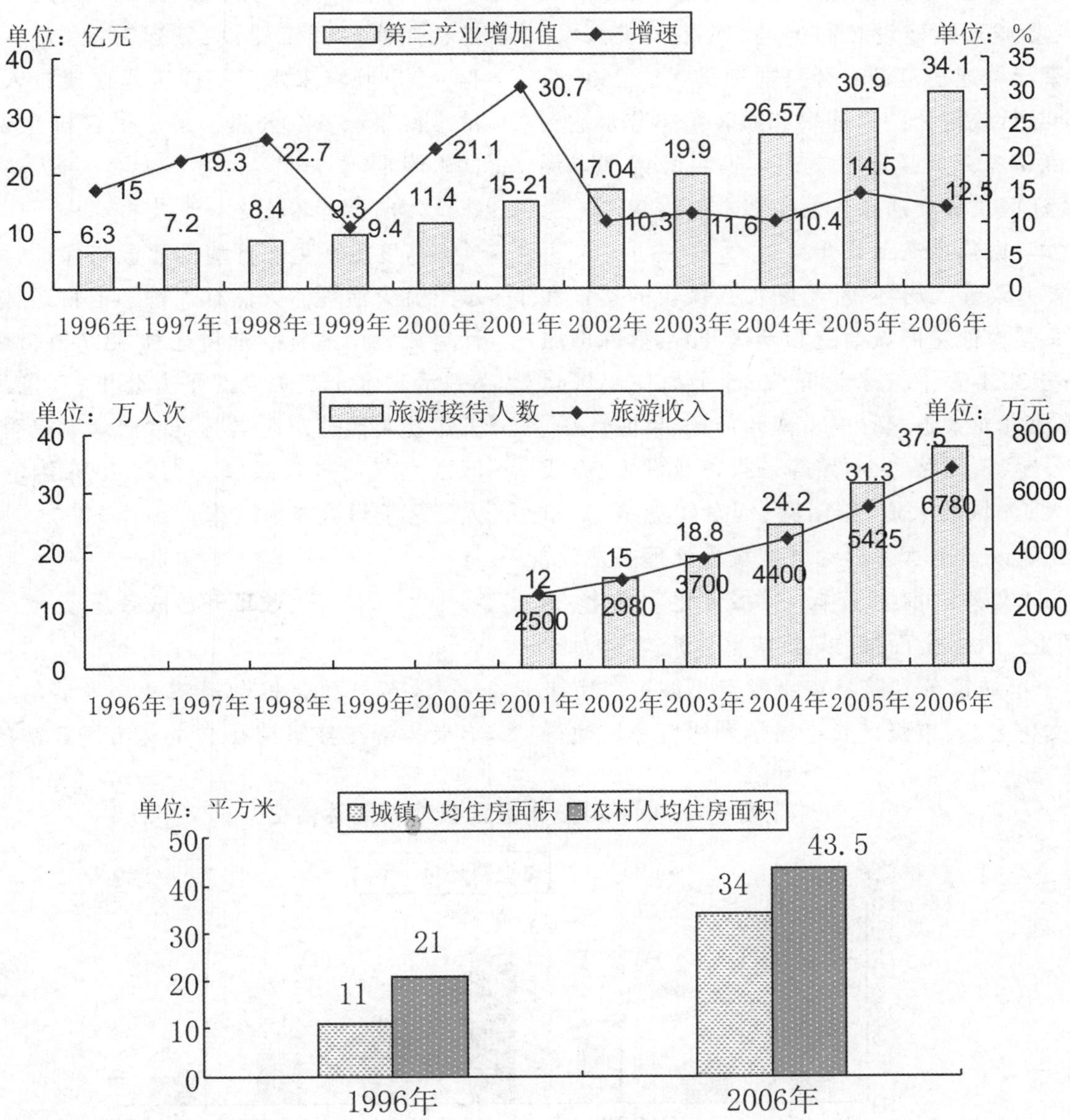

二、城乡面貌明显改观

10年来，綦江县根据发展的需要，着眼于提高综合承载能力，着眼于改善生产生活条件，全面推进城乡建设，城乡面貌发生了巨大变化。

(一)交通建设成效显著

綦江县高度重视交通这一经济发展的大动脉，集中力量完善交通运输网络，大力实施“一小时綦江”畅通工程，推进县镇公路建设；大力实施“村村通”工程，推进乡村公路建设；大力实施县城交通畅通工程，建设快速的城市交通网络。现在，綦江二级汽车站投入运行，渝湛、綦万两条高速公路綦江段建成通车；新修和改造了公路926公里，县城环线建设顺利推进，16个镇进入“一小时綦江”通达范围，公路通车里程达2505公里，全县行政村公路通达率和通客车率分别达到95%和69%，全县道路交通运输主骨架基本形成，綦江区位和交通条件发生根本性改变。

(二)城镇建设上档升位

着力改善人居环境，不断加强城镇的建设和管理。强力推进旧城改造和新区开发，拆除旧城危旧房38.1万平方米，完成15个商住小区建设；建成九龙大道、新虹桥、南州广场、巨龙广场、洪桥公园、陵园路、大石路等一批市政设施，完成电力大道、城北大道、城南路、河东转盘路、龙角路等拓宽改造工程，启动县城垃圾处理场建设，完成污水处理厂前期工作，县城硬化、绿化、亮化、美化、净化全面加强，县城整体形象全面提升；5个小城镇分别跻身市级重点小城镇、市级历史文化名镇、市级商贸小城镇和边贸小城镇行列；新增城镇面积4.5平方公里，其中县城拓展3.1平方公里。

(三)能源通讯建设全面提速

气网建设不断推进，县城和部分小城镇居民用上天然气，覆盖面不断扩大，新建农村沼气池6750口；总投资11.4亿元装机容量30万千瓦的安稳火电厂、总投资2200万元的羊蹄洞水电站建成并网发电，农网改造全面完成，城网改造顺利推进；程控电话网、移动电话网不断扩容，移动信号实现无缝隙覆盖，电话普及率达到50部/每百人，其固定电话用户数从1996年的1.33万户增加到2006年的17.68万户；移动电话用户数从1996年的24户增加到2006年的30.01万户。鱼栏咀水库开工建设，新建一批“五小”微水工程，6000吨自来水厂扩建工程建成投入使用，整治维修渠道640公里，解决了农村5.82万人畜饮水困难。

(四)生态环境进一步改善

高度重视生态环境的建设与保护，大力实施水土流失治理、天然林保护和退耕还林工程，累计完成荒山造林、退耕还林33.7万亩（详见图5)，治理水土流失245平方公里；环境污染治理工作扎实推进，通惠河流域治理取得明显成效，城区空气质量二级以上天数2006年达301天，人居环境得到极大改善。

三、改革开放成效显著

改革开放是推动经济社会发展的动力。10年来，綦江县坚持社会主义市场经济的改革取

图5 2000—2006年綦江县退耕还林情况

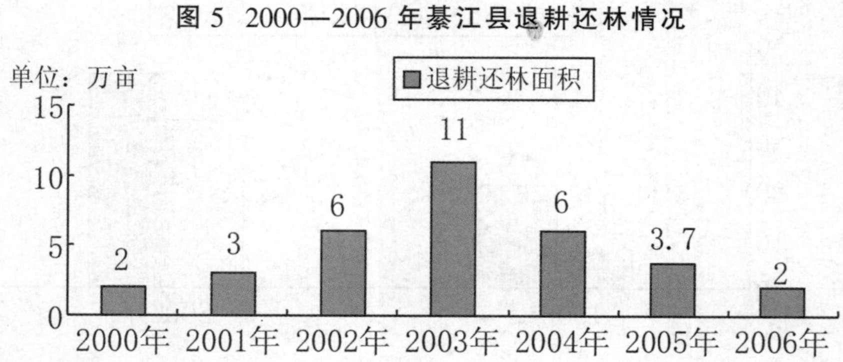

向，认真贯彻落实党中央、国务院和市委、市政府关于改革的各项方针政策，稳步推进各项改革；坚持"引进来、走出去"相结合，充分发挥交通、区位和资源优势，不断完善全方位、多层次、宽领域的开放格局，对外交流与合作规模不断扩大。

（一）农村综合改革不断完善

全面免征农业税及其附加，完成农村土地二轮承包，推进农村土地使用权流转和适度规模经营，进一步健全农村综合服务体系，村、社数量分别调减171个和3214个，在农村大力推行火化殡葬制度。

（二）行政管理体制改革不断深化

撤并乡镇14个、县级部门13个，精简工作人员561人，完成水务管理体制、国土房屋管理体制和以县为主的义务教育管理体制改革，文化管理体制、财政管理体制改革取得阶段性成果，行政效能不断提高。

（三）事业单位改革逐步深化

坚持政事分开，实行定编、定员、定岗，不断精简机构，妥善安置分流人员，全面推行全员聘任制，实施绩效工资制度，事业单位管理体制进一步完善。

（四）企业改革扎实推进

以产权制度为核心，在企业转制的基础上，指导62户企业实施产权重组；完成65户县属国有、集体企业解体、关闭、注销及破产终结，化解县属国有企业不良债务2亿多元；整合国有资产，组建了国有资产经营公司，成立了富源担保公司，促进了企业的改革发展。

（五）对外开放水平不断提高

大力开展招商引资工作，组建招商工作机构，规范招商优惠政策，引进178家外来企业，实际利用县外资金31.4亿元，实际利用外资5513万美元；大力支持外经外贸发展，一批优质产品远销国外，累计出口创汇7441万美元(详见图6)。

图6 直辖10年来綦江县外贸主要指标

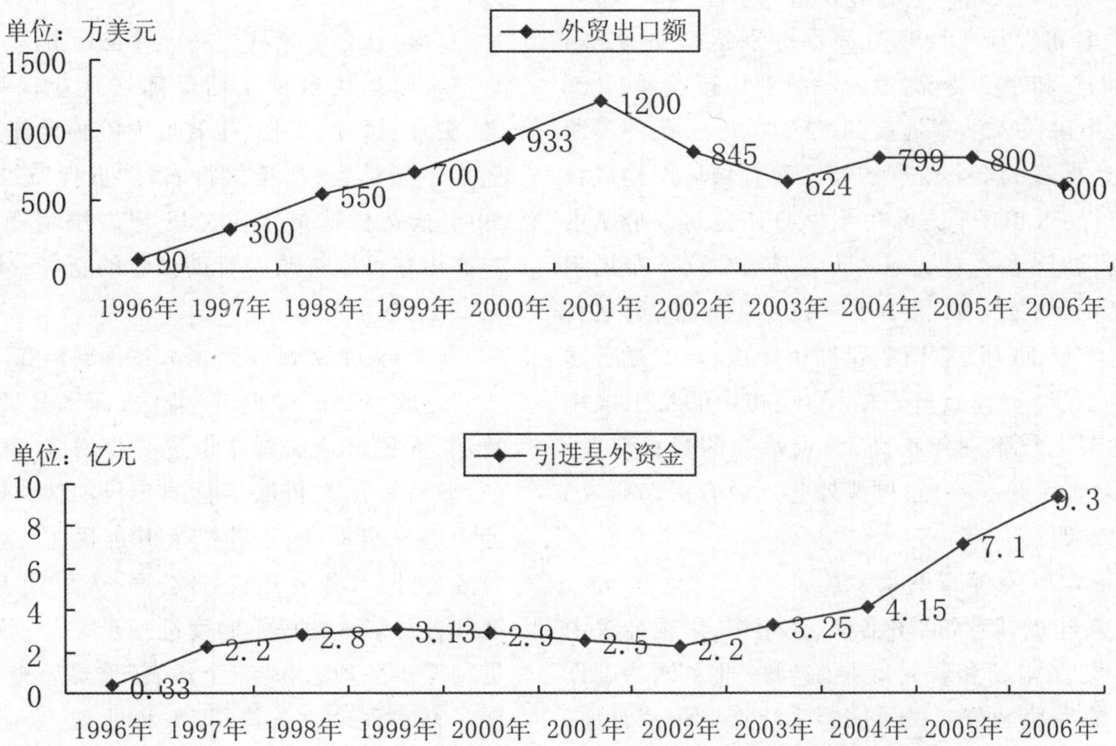

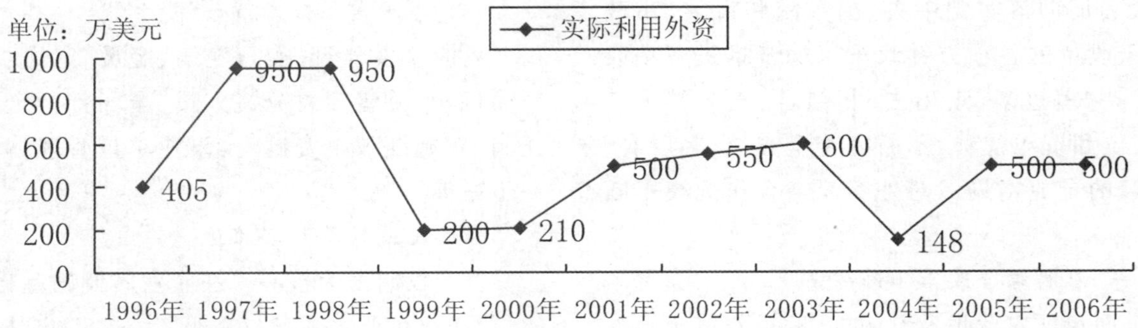

四、社会事业全面进步

坚持以人为本，着眼于促进人的全面发展，统筹兼顾，积极推动社会进步，各项社会事业长足发展，社会保持和谐稳定。

(一)科教兴县步伐加快

不断加大科技投入，推广了一批农业技术项目，实施了一批工业技改项目，研发出一批新产品，成功创建"全国科普示范县"，科技对经济的贡献率逐年上升。加快发展教育事业，"两基"水平不断提高，2006年适龄儿童入学率、初中阶段入学率和青壮年脱盲巩固率分别达到99.92%、111.41%和99.9%，高中阶段教育快速发展，2006年高中阶段入学率提高到72.4%；办学条件不断改善，覆盖114个校点的綦江教育城域网建成投入运行，8.8万平方米中小学D级危房改造基本完成，新建各类校舍8.3万平方米；教育布局不断优化，共撤并农村中小学校点166个，组建九年制学校13所，撤销职业高中1所，新组建普通高中1所；教育质量不断提升，初中联招上线率和高考上线率逐年提高，负责承办的教育部"十五"调研课题——《农村课外艺术教育活动研究》成功结题。

(二)文体事业加快发展

新建成体育馆、图书馆、文化馆、影视会议中心、綦江剧场和农民版画院等一批文体基础设施，农民版画公司跻身国家文化产业示范基地，刘家乐班列入全市非物质文化遗产保护项目，綦江农民版画多次赴外展出，实施了有线电视光纤化改造并实现县镇联网，有线电视从1996年的3.5万户发展到2006年的15.8万户，电视覆盖率达到96.5%，广播"村村通"顺利推进。

(三)卫生计生事业健康发展

建成县疾控中心、县人民医院综合大楼和县中医院新城区分院，完成6个镇卫生院改扩建工程；成功经受"非典"考验，突发公共卫生事件应对能力不断提高；医疗救治、疾病防控、预防保健体系不断完善；实施农村计划生育奖励扶助政策，稳定了低生育水平，人口自然增长率逐年下降，2006年人口自然增长率控制在1.97‰以内。

(四)社会保障机制更加健全

城镇居民最低生活保障实现应保尽保，养老、失业、医疗、工伤、生育五大险种全部启动，覆盖面不断扩大；严格执行农村"五保"政策，推进59个扶贫村扶贫工作，218户岩洞窝棚户和93户高山移民搬进政府资助修建的新居，减少贫困人口2.97万人。

(五)民主法制和党建工作得到加强

完成"三五"、"四五"普法，深入开展"五五"普法，人民群众法制意识进一步增强；认真贯彻《行政许可法》，依法治县的步伐加快，依法行政能力进一步提高；不断扩大基层民主，大力推行村务公开、政务公开、厂务公开，人民代表大会制度和各种形式的民主制度进一步完善。认真学习贯彻邓小平理论和"三个代表"重要思想，深入开展了基本理论、"三讲"等教育活动，全面实施保持共产党员先进性教育活动，切实加强党的基层组织建设，发展壮大党员队伍，推进党风廉政建设和反腐败斗争。

(六)社会保持和谐稳定

深入开展群众性精神文明创建活动,认真实施《公民道德建设实施纲要》,公民道德素质不断提高。努力建设“平安綦江”,安全监管体系不断健全,各项安全生产专项整治深入开展,安全生产形势持续稳定好转,2005年成功创建重庆市安全生产示范县;认真贯彻《信访条例》,积极处置集访事件,加强社会治安综合治理,严厉打击“法轮功”邪教组织及各类刑事犯罪活动,社会秩序保持稳定。

五、綦江未来前程似锦

随着西部大开发战略的深入推进,綦江的发展面临着前所未有的机遇,呈现出更加美好的前景。当前,綦江将紧紧把握宝贵的战略机遇期,充分发挥交通、资源、区位三大优势,立足于科学发展,着眼于建设社会主义新农村,大力实施工业强县战略,突出工业化、城镇化、农业产业化三大重点,抓住经济总量扩张、产业结构调整、基础设施建设、和谐社会构建四大关键,加快工业强县和经济大县建设步伐,努力把綦江建设成为重庆市重要的能源产业基地、中国西部齿轮城、渝黔经济传接带、生态休闲旅游区、集约高效农业区,着力构建富裕、文明、和谐、秀美的新綦江。

以打造能源产业基地为抓手,发展壮大支柱产业。充分发挥煤炭、水能、电力资源优势,推动松藻煤电公司大型煤田建设和煤层气综合开发利用,建成2×15万千瓦安稳煤矸石电厂工程、藻渡河2×6300千瓦竹米口水利水电工程、农村小水电代能源工程,促成中峰抽水蓄能电站尽快开工建设,支持电网建设。到“十一五”期末,县境内原煤生产能力提高到1000万吨,发电装机总容量达到100万千瓦,初步建成重庆市重要的能源产业基地,把能源产业发展为最重要的支柱产业。

以打造中国西部齿轮城为抓手,努力建设工业强县。以綦江齿轮传动有限公司及其他现有骨干汽配企业为依托,以重庆綦江工业园区为载体,以重型汽车配件为重点,切实加快机械加工业发展。积极支持綦江齿轮传动公司建设10万台重型汽车变速箱生产线;完成长风齿轮公司、车辆配件厂迁址扩建项目、汽车半轴厂技改扩产项目和一批汽车配件生产线改造项目;鼓励和引导个体私营汽配工业企业向园区集聚,增强企业自主创新能力,逐步做大生产规模,形成锻造、齿轮加工、变速箱总成、汽车半轴相互配套的产业集群,做强中国西部齿轮城,以此优化工业经济布局,带动冶金、建材、纺织、农产品加工等重点产业发展。到“十一五”期末,全县工业总产值达到170亿元,年均增长18%;工业增加值达到51亿元,年均增长18%;工业经济效益综合指数达到140%。

以打造集约高效农业区为抓手,建设社会主义新农村。大力发展城郊型现代农业,以服务主城为方向,因地制宜发展农业产业化特色项目,完成10万亩优质辣椒、10万亩优质蔬菜、5万亩野木瓜等项目建设,培育壮大龙头企业和农村合作经济组织,促进农业生产规模化、集约化。加强农村基础设施建设,全面完成通镇油路工程,实现村村通客车;加快农村水利设施建设,解决13万农村人口的饮水安全问题;推进“生态家园”富民工程,建成1.5万口小型生态沼气池,逐步改善农村生产生活条件。大力发展劳务经济,整合各类教育培训资源,强化农村劳动力技能培训,完善城乡统一的劳务市场,转移农村富余劳动力总人数达到20万人以上,农村劳务收入年均增幅保持在10%以上。加大扶贫开发力度,完成1000户异地扶贫搬迁,解决5000户贫困人口的温饱问题。“十一五”期末,农业总产值达到29亿元,年均增长3%。

以打造渝黔经济传接带为抓手,加快发展第三产业。紧紧抓住渝湛高速公路全线贯通契机,全方位承传主城辐射,全方位加强与贵州毗邻地区的交流与合作,切实加快第三产业发展,着力构建渝黔经济传接带。加快实施“万村千乡”双建工程,按照县城商贸区、小城镇商贸区和农村集镇商贸区三个发展层次,加快现代商贸物流体系建设。着力打造古剑山—清溪河、东溪古镇—丁山湖两大旅游精品线,做靓綦江农民版画这张重庆旅游“文化名片”,打造重点面向重庆主城居民的生态休闲旅游区。促进住宅地产与商业地产、高中低端地产协调发展,优化发展房地产业。加快发展邮电通讯、金融保险、交通运输等现代服务业,规范发展咨询、法律、审计、会计、策划、行业协会等中介服务业,促进第三产业大发展。“十一五”期末,全县社会消费品零售总额达到43亿元,年均增长12%以上;新建商品房300万平方米,房地产销售收入完成30亿元以上。

以打造卫生城市、文明城市、环保城区为抓手,建设文明秀美新綦江。加快推进新区建设步伐,基本完成旧城改造任务,到“十一五”期末,力争县城面积拓展3平方公里,总面积达到15平方公里,县城常住人口超过15万人;加强市级重点小城镇和高速公路出口镇建设,推进建制镇、主要场镇和农民新村发展,着力提升场镇形象;建成县城污水处理厂、垃圾处理场等一批市政基础设施,完善城镇功能,综合治理脏、乱、差和噪声、扬尘、空气污染;加强生态建设和环境保护,努力改善人居环境,大力发展循环经济,促进人口、资源、环境协调发展,努力建设文明秀美的新綦江。

以打造和谐綦江为抓手,统筹经济社会协调发展。继续实施“科教兴县”战略,加强科技推广和应用,逐步提高科技对经济增长的贡献率;优先发展教育事业,全面推进素质教育,促进义务教育与非义务教育协调发展。实施“人才强县”战略,力争“十一五”时期,人才队伍年均增长4%以上,期末达到3.5万人。加快公共卫生服务体系建设,普及公共卫生和基本医疗服务。大力发展文化产业,建成国家级的文化先进县。高度重视就业再就业,加大下岗失业人员再就业指导力度,“十一五”时期,力争全县新增就业2万人;切实加强社会保障工作,努力扩大城镇养老、医疗、失业、工伤、生育保险覆盖面,进一步完善城镇居民最低生活保障制度,逐步实行农民最低生活保障制度,建立灾害救助体系。切实加强安全稳定工作,建立公共安全保障网络和平台,推进社会治安综合治理,加强信访稳定工作,努力构建“平安綦江”、“和谐綦江”。

重庆直辖10年,是綦江人民艰苦创业、加快发展的10年,是綦江发展史上流光溢彩、铸造辉煌的10年。长风破浪正当时,直挂云帆济沧海。綦江人民将高扬发展的旗帜,坚持科学发展,和谐发展,以更加扎实的工作、更加辉煌的业绩创造更加灿烂的明天。

注:本文数据出自綦江县统计公报、《重庆统计年鉴》

撰稿单位:重庆市綦江县人民政府办公室

潼南县

重庆直辖以来,在国家实施西部大开发、采取积极的财政政策和稳健的货币政策的影响下,在重庆市委、市政府的正确领导下,通过全县人民10年的艰苦努力,潼南经济建设取得显著了成绩。

一、经济社会全面发展

直辖10年间,潼南经济社会得到新的发展。潼南人民紧紧抓住重庆直辖的历史机遇,坚持以经济建设为中心,以加快发展为主题,以结构调整为主线,开拓创新,负重奋进,锐意进取,有效克服能源、资金短缺、重大疫情和自然灾害等不利因素,圆满完成“九五”和“十五”计划各项目标任务,“十一五”规划实现了良好开局。全县发展呈现出经济实力明显提高、交通网络四通八达、城乡面貌焕然一新、人民生活水平蒸蒸日上的良好局面。

直辖10年间，潼南综合实力得到了新的突破。2006年,全县实现地区内生产总值63.55亿元,是1996年的3.55倍,年均增长12%(速度按可比价),人均GDP达到10000元。10年间,产业结构不断优化。三次产业结构发生两次变化,由1996年的“一二三”结构转变为2000年“三一二”结构,到2006年转变为“三二一”的结构(见图1)。地方财力不断增强,2006年实现地方预算内财政收入16851万元,10年间增加1个亿以上,年均增长12.6%。

直辖10年间，潼南各个领域得到了新的提升。农村经济快速发展,农业产业化进程不断加快,“无公害蔬菜”逐步成为潼南的一大品牌;工业经济发展开始提速,工业园区载体功能不断增强,亿元级企业打造取得重大突破;新型商业业态不断涌现,商业网点不断增多,城乡市场日渐活跃;基础设施建设快速推进,以“一小时潼南”和“两高”为主的交通建设取得重大突破,区位优势凸显;城市建设步伐加快,再造一个“潼南县城”顺利实现;招商引资成效显著,入驻潼南企业不断增多，为潼南经济发展注入了新的活力;城乡居民收入不断增加,消费观念逐渐改变,消费档次不断提升;教育、文化体育、卫生、广播电视、民政优抚、社会保障、社会救助等社会事业得到进一步发展,国土、环保、人口三大基本国策得到进一步贯彻落实,社会主义精神文明建设和民主法制建设进一步加强,人民群众的整体素质和文明程度得到进一步提高。

图1 2006年三次产业结构

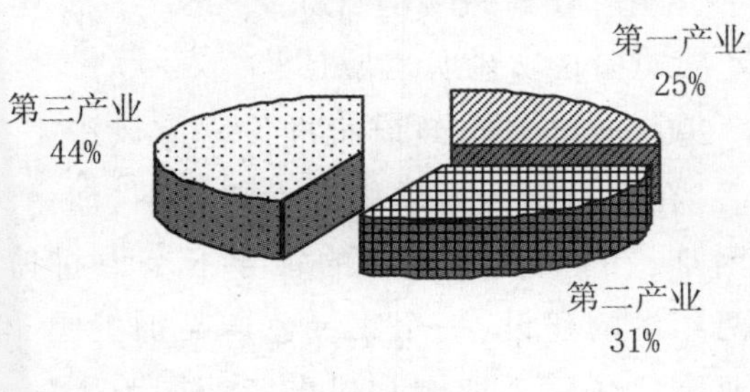

二、农村经济快速发展

直辖10年间，潼南县认真贯彻落实中央和市里各项支农惠农政策，坚持统筹城乡发展,以粮食增产、农民增收为目标,狠抓农村经济结构调整和农业综合生产能力建设,推动了全县农业和农村经济的快速发展。

(一)农业生产形势喜人

10年间,中央和市里相继出台了一系列扶持农业生产的政策,特别是免征农业税、鼓励粮食生产等政策措施的贯彻落实，极大地调动了农民的生产积极性,农业生产呈现出良好的势头。2006年,全县实现农业增加值16.16亿元,是1996年10.9亿元的1.6倍。农村经济结构不断调整。粮食总产常年维持在40—45万吨的水平;被列为重庆市油菜种植示范县,油料产量和面积不断扩大,由1996年的1.17万吨增长到2006年3.0万吨,年均增长10.0%;生猪出栏数常年维持在67万头以上,瘦肉型猪数量明显提高;小家禽、小家畜数量也有不同程度的增长。蔬菜生产保持快速增长,蔬菜产量达到36.9万吨，蔬菜播种面积达13807公顷,是1996年的2倍多。粮经结构比例由1996年的80:20调整为2006年的67.25:32.75。

(二)产业化经营成效显著

一是农业产业化项目和基地快速发展。蔬菜、笋竹、粮油、畜牧、蚕业、鲜切花等7个农业产业化经营项目建设顺利,与之配套的基地建设稳步推进。到2006年底,蔬菜产业化工程种植面积达到20万余亩，已成为西南地区最大的无公害蔬菜生产基地,2001年评为全国无公害蔬菜生产示范县,萝卜、辣椒、冬瓜、番茄、黄瓜等6个产品荣获国家首批无公害农产品认证;利用生态建设和国家退耕还林政策实施的10万亩笋竹产业化工程栽种达8万亩,产生了良好的经济效益和社会效益;50万亩优质粮产业化工程种植面积达到58万亩;20万亩黄籽油菜产业化工程种植面积达到18.3万亩，成为重庆市油菜种植示范基地;20万头优质肉猪产业化开发项目稳步推进,优质肉猪达到12万头,其中“洋三元”瘦肉型猪达到6万头；优质蚕茧产业化项目全面实施,蚕桑生产呈恢复性增长,2006年产茧达到35万公斤。永安现代农业示范区核心区建成并投入使用。二是龙头企业有序发展。10年间,全县上规模的农业产业化龙头企业数量不断增多,达到20余个,其中市级龙头企业4个,市级重点企业2个,县级龙头企业6个。康河食品公司、潼南茶叶公司、炫吉中绸公司、葆青蔬果公司被市产业化领导小组评为重庆市农业产业化市级龙头企业;三鑫林业和康翠绿色龙头企业被评为市级重点企业。康河食品公司达到年屠宰100万头生猪的生产能力,对生猪产业的发展起到了巨大的推动作用。三是农业产业化合作组织发展较快。相继成立了源隆生猪专业合作社、桂林蔬菜专业合作社、花岩果业专业合作社、朱家笋竹专业合作社、农机股份合作社、东升茶叶专业合作社等,积极推动了潼南农村经济的发展。

(三)农业基础设施全面加强

10年间,一批重点水利工程建设进展顺利,新建、改造和整治了"五一"灌区、青岩子电灌站、红岩嘴电灌站、崇龛水库、花岩老君岩水库电灌站、梓潼三块石电灌站、崇龛龙桥沟水库唐家岩电灌站;新建微型水利工程1630处,新增蓄水能力38.7万立方米,新增有效灌面6.5万亩,恢复改善灌面10.2万亩,有效解决了人畜饮水困难。全县农村公路建设快速推进,"一小时潼南"工程全面建设,在全市率先实现了乡镇到县城所在地公路的全部硬化,极大地缩短了各镇乡到县城的行车时间;农村"村村通公路"工程稳步推进,农村"行路难"的问题到较好解决。

(四)农民收入稳步增加

由于大力调整农业经济结构,全面落实中央的惠农政策,农民增收的渠道畅通、途径增多。2006年,农民人均纯收入实现3199元,比1996年增加1714元,年均增长8.0%。特别是2004年和2005年,农民人均纯收入的增长速度保持两位数的增长,2004年首次超过城镇居民收入的增长速度。

三、工业经济起步发展

10年以来,潼南县大力实施"工业强县"战略,全县工业经济开始起步发展,逐步走上了一条具有自身特色,又具可持续发展的快车道,工业开始成为潼南县域经济发展的主导力量。

(一)经济总量快速提升

据统计,2006年全县工业总产值43.1亿元,年均增长12%。规模以上工业企业发展速度与效益同步提高。2006年全县规模以上工业企业已发展到30家,实现工业销售收入12.59亿元,工业综合经济效益指数达到148.4%,在全市名列前茅。2006年底,发电量15336万千瓦时,比1996年增加768万千瓦时;化肥(实物量)26.09万吨,是1996年的2倍多;白酒产量3675吨,是1996年的3倍多;机制纸及纸板10.19万吨,是1996年的10倍多。

(二)工业发展渐成体系

10年来,潼南努力实施"5510"工程,逐步形成了全县工业发展的产业体系。一是建筑建材、化学工业、食品加工业、制造业和纸业及纸制品五大产业不断发展壮大,成为支撑和带动全县工业经济增长的骨干力量,尤其是纸及纸制品以年均30%以上的速度增长,初步形成了绿色食品生产加工、纸业生产、机械制造业三大产业集群。二是氮肥、电熔砖、机制纸及纸板、汽摩农机配件、无公害干鲜系列蔬菜五大产品品牌知名度不断扩大,质量不断提高。三是电力公司、万利来化工、新华化工厂、简氏纸业、康河食品、盈裕丝绸等规模以上工业企业发展加快,到2006年底,培育发展了4户亿元级企业,经济效益综合指数迅速提升,由2000年的75%提高到139%,大大超过了"十五"计划80%的目标。

(三)园区功能明显增强

2003年7月市政府批准设立凉风垭工业园区后,在建设资金短缺等因素制约下,潼南人不惧困难,在县委、县政府的领导下奋力拼博,经过两年多的建设,一个集绿色产品加工园、化工纸业园、化医工业园和机电工业园为主的特色工业园区框架已经形成,建成区面积达到2.5平方公里,入驻企业15家,园区的载体功能明显增强。

（四）招商引资势头喜人

直辖以来，潼南县大力实施“走出去，请进来”的招商引资战略，发展环境得到改善，初步形成“人人招商”格局，形成“人人、时时、事事、处处都是投资环境”的良好氛围。10年间，全县招商引资工作取得突破性进展，到潼南投资落户的企业不断增多，成功承接了产业梯度转移的投资9400万元的新华化工厂现已建成投产，投资5.5亿元的民丰化工已在园区内开工建设，以及仁人可、葆青蔬果、中药饮片、炫吉中绸、红旗钢圈厂等一批企业也先后落户潼南，为潼南县工业经济的发展注入了新的活力。

四、基础设施不断夯实

直辖以来，潼南县紧紧抓住国家西部大开发、实施积极的财政和货币政策和重庆市直辖的三大历史机遇，固定资产投资得到较大幅度的提升，基础设施建设突飞猛进；投资对经济增长的拉动作用明显增强，成为全县经济增长的主要动力。10年间，固定资产投资额总量达到127.5亿元，年均增长24.0%。

（一）交通网络基本形成

交通基础设施发生了翻天覆地的变化，全县交通将逐步形成“三纵一横一补”的格局（“三纵”为渝遂高速公路、渝遂快速铁路、国道319线、省道205线，“一横”为南干道王兴公路，“一补”为水路运输及富金坝航电枢纽工程），形成了四通八达的交通网络。潼南交通建设正在发生前所未有的历史性巨变，区位优势彰显，潼南正在从区位劣势向区位优势转变，正在从重庆的远郊县向近郊县转变，正在从重庆西北部最边远的地区向一小时左右通达成渝两地的中心地带转变。公路方面，总里程达到2113公里，国道“319”、省道“205”线穿境而过；“一小时潼南”工程和连接大足的中塘公路、连接合川的王兴公路等主要出境通道全面建成；“村道畅通工程”2004年正式启动，计划用3—5年的时间，基本完成全县乡镇到村公路和出境公路的新建、改建，实现村村通客车；渝遂高速公路潼南段（至重庆总里程97公里）正加紧建设，2007年将建成通车。水路方面，涪、琼两江纵贯县境194公里，水运航程102公里；富金坝航电枢纽工程（至重庆总里程186.7公里）建成后，300吨级船舶可直抵潼南。铁路方面，总里程达到28公里，设计时速200公里的渝遂快速铁路潼南段（至重庆总里程96公里）已经全面建成，已正式通车。

（二）能源和信息建设全面加强

10年间，潼南县能源建设得到较大开发和利用，信息产业飞速发展，电信、移动、联通和铁通发展逐渐成熟。

能源建设。电力方面，投资1.95亿元的农村电网改造，于2004年已全部完成，实现县电网与国家联网，达到了城乡同网同价的目标；城市电网改造顺利启动，投资1.2亿元的220千伏变电站建设已经完成。到2006年，潼南县电力年均发电量达到1.74亿千瓦小时。拥有110千伏变电站1座，主变容量51.5兆伏安；自有35千伏变电站10座（其中有两座按110千伏规划，35千伏实施），主变16台容量共计49.95兆伏安；35千伏用户变电站3座，主变6台容量12.16兆伏安；10千伏配变容量约220兆伏安；110千伏线路2条92.5公里，35千伏线路20条178.885公里。天然气方面，遂宁磨溪至潼南的天然气长输管线复线工程建成投入营运，新增日输30万立方米天然气的能力，20个镇乡开通民用天然气，压缩天然气（CNG）充气站竣工投入使用。

信息基础建设。到2006年底，潼南县程控电话交换机容量达到13.97万门，数据网已覆盖全区所有乡镇，基础数据网总端口500多个，多媒体网络端口达到3000个；全县固定电话用户达到10.42万户，固定电话普及率达到11.3%，其中主城区固定电话用户普及率已达到33%；基础数据用户达到200多户；互联网用户约5000户；移动和联通信号覆盖率基本达到100%，移动电话用户达到12.1万户。1999年9月实现所有镇乡光纤电视联网，全县80%的自然村建成了光纤同轴混合网络，光纤电视用户达到52000多户；数字电视已经进入普通家庭，已发展用户5000户。

(三)生态环境明显改观

1999年，潼南县被列为全国生态环境建设重点县。通过生态环境建设项目的实施，全县共栽植各种树苗及经果林1750万株，实施植树造林、退耕还林(草)5407公顷，坡耕地改造613公顷，封山育林治理1184公顷，综合治理水土流失面积达75平方公里。重点抓了“四线五园一场一池”的建设，四线：一是潼——双风景绿化线，重点是尚昆陵园周围环境的绿化、美化；二是潼——柏经济线，续建银杏绿化通道，三是潼南至东升观光绿化线；四是三块石渠河风景绿化线。五园：一是东升高标准千亩茶园；二是桂林千亩桃园；三是古溪千亩桑园；四是柏梓名优特新水果苗木示范园；五是龙形矮子桥水果示范园。一场：梓潼镇丰产果园退耕还草示范场。一池：在双江、太安、梓潼、龙形推广实施的节能环保沼气池。生态环境建设项目的实施，极大地改善了潼南的生态环境。

五、城镇建设步伐加快

10年间，潼南县举全县之力加快推进城镇建设，潼南城镇城区面积不断扩大，城镇人口不断增多，城市功能不断完善，城镇面貌得到了明显改观。

(一)城镇规模明显扩大

10年间，县城东下北移战略得到实施，“一江两岸三大片”建设有序推进，县城区面积扩大到13平方公里，初步实现“五年再造一个潼城”的目标；2006年全县城镇化率达到29.3%。完成新一轮城市总规修编，城市规划区面积达到128平方公里，城市建设规划实现全覆盖。

(二)城镇功能日益完善

一是城市快速路网骨架初步形成，完成了东安大道、潼建路等城市道路。二是城镇供水保障能力明显增强，县城二水厂顺利竣工并投入使用，城市供水管网改扩建工程推进顺利。三是治污能力实现了历史性突破，县城垃圾处理场、污水处理厂工程正在进行建设。四是人居环境明显改善，完成城镇住宅建设700多万平方米，人均住宅面积达到29.8平方米，城镇人居环境得到了极大改善。

(三)新城新区初具规模

1997年，潼南县委、县政府果断决策，大力实施县城“东下北移”战略。目前，江北新城已建成7横12纵道路骨架网络，硬化道路22.9公里，竣工房屋170万平方米，完成投资13.2亿元，入驻人口近3万人，新城10平方公里城市道路框架基本形成，中心区5平方公里城市建设基本完善，用五年的时间再造了一个县城，从真正意义上实现了从城镇到城市的跨越，彻底改变潼南过去“其实一条街”的状况。凉风垭新区已形成2平方公里工业园区，入驻企业15家。

(四)小城镇建设步伐加快

全县乡镇道路硬化率达100%，用水普及率达95%以上；绿化美化有明显进步，人均公共绿地面积3.2平方米，比1996年增长23%，建成区绿化覆盖率达20%；小城镇规范的住宅小区从无到有，品质逐步提高；建成一批卫生院、学校、敬老院等社会公益设施，极大地方便了城镇居民的生产生活，增强了小城镇的聚集力和吸引力。

六、商贸流通业发展迅速

直辖10年来，潼南县商贸流通得到快速发展，流通规模进一步扩大、流通现代化水平快速提高、经济效益持续向好，为商贸流通产业的结构优化和产业提升奠定了良好基础。

(一)商贸流通规模不断扩大

2006年，全县社会消费品零售总额实现20.4亿元，年均增长13.4%；其中批发零售贸易业实现16.98亿元，餐饮业实现零售总额2.95亿元，年均分别增长15%和15.5%；全县商业增加值实现6.54亿元，占全县GDP的9.3%，商业增加值远高于第三产业其他8个门类，成为第三产业九大门类中总量最大，对全县GDP贡献率最高，拉动力最强的行业。到2006年,全县商业网点个数达到8000多个,商业营业面积达到70多万平米,商业从业人员4.4万人,占第三产业从业人员60 %,成为城乡居民就业和再就业的重要领域。

(二)流通现代化水平不断提高

流通现代化步伐加快,新型商业业态不断呈现,连锁经营、物流配送、电子商务等新型业态逐渐兴起;超市、专业店、专卖店等现代化经营方式快速发展;时点销售系统、综合信息管理系统、电子订货系统、电子支付系统等电子商务系统已逐步运用;丽雅购物超市、聚宝源日杂公司、和平药房、祥合农资等大型连锁企业向镇乡延伸。2006年,全县已发展连锁经营企业12家,建立起农资、药品、食盐、烟花爆竹、日用副食品五大连锁经营网点1300多个,连锁经营销售额实现10864万元,比上年增长54%,占社会消费品零售总额比重达到6%。

(三)商品市场体系逐步完善

10年间,全县商业设施建设总投资达到9亿元,全县商业设施营业面积达到70多万平方米,商业网点数达到8000多个,千人拥有商业网点数7个、商业营业面积760平方米。市场网络建设呈现"多层次、多类别、多特色"的格局。新城新区商业营业面积达到20多万平方米,江北新城建材一条街已初具规模,精品一条街商业设施已基本形成,城市中心商圈的服务功能进一步健全,购物环境逐步优化;潼双路餐饮休闲一条街、滨江路服装与小商品一条街、竹林湾特色餐饮一条街等独具特色、风格各异的专业特色街成为城市商业的亮点。"镇乡建连锁超市,村社建便民商店"的农村市场"双建工程"顺利推进,2005年,改建镇乡、村社农家店130多个,新型农村市场流通网络逐步建立;商品交易市场功能不断完善,聚合辐射功能不断增强。县亿元以上商品交易市场实现成交额12549万元,两个重点市场实现成交额7548万元。

(四)农村消费市场日渐活跃

由于农村消费环境进一步改善,农民人均收入的提高,消费不断升级,电话、手机、彩电、冰箱、空调、电脑等高档消费品逐渐进入农民家庭;会展经济有力地促进了消费,成功举办了"潼南县商贸洽谈暨迎春商品展销会"、"潼南县首届美食文化节",多次组织参加了重庆市名优新商品展销会以及其它一些商品展销会,增强了城乡居民的购买欲望,刺激了消费。

(五)旅游资源得到初步开发

10年间,潼南的旅游资源得到了初步开发。双江镇成为首批中国历史文化名镇,形成了"革命传统教育与历史建筑艺术、石刻艺术与宗教文化、现代农业与生态观光"三大特色旅游,初步与大足、合川形成了成渝西旅游环线。

七、人民生活水平不断提高

10年间,潼南城乡居民的收入大大增加,人民的生活质量不断提高。一是职工工资收入大幅增长。2006年末,全县职工年均工资13820元,年均增长13.3 %(见图2)。二是居民收入不断增加。2006年,农民人均纯收入3199元,年均增长8%(见图2);农民人均生活费用支出1910元,食品支出占生活消费支出为56.4%,恩格尔系数比1996年下降近3个百分点,人们由吃饱向吃好、由温饱消费向教育、住房、网络、旅游、汽车消费转移,生活观念和消费观念发生了质的变化。城镇居民人均可支配收入8834元,年均增长11.8%,城镇居民人均生活费用支出7137元,食品支出占生活费用支出的比重为39.5%,比1996年下降0.6个百分点。三是城乡居民的存款余额

图2 1996年、2006年潼南县在岗职工和农民收入变化情况

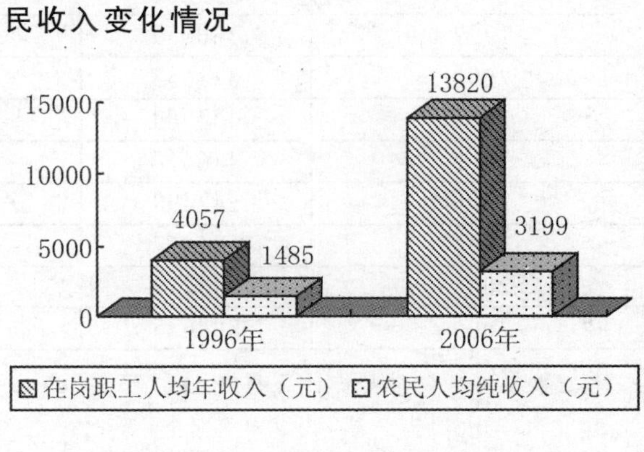

达到42.56亿元，比1996年的5.5亿元增长了6.7倍。四是城镇居民住房面积人均25.63平方米,农村29.80平方米。

10年间，全县社会保障机制得到进一步增强,社会保险覆盖面不断扩大,职工基本医疗保险制度逐步完善。2006年,参加基本养老保险人数19876人,企业失业保险人员19765人,医疗参保人数22667人;养老保险金、失业保险金按时足额发放，全县城镇登记失业率控制在4.0%以内。灾后重建工作有序开展,10年共拨付专项资金110万元，救济灾民24230户,77153人,恢复重建住房2675间,帮助21户村民永久迁建房屋，对全县12657人的特困群体实施了全面救助,确保低保资金按月兑现,累计发放低保资金855万余元，启动了25个特困村扶贫开发项目建设,10年来全县共有36000人脱贫,2006年末农村贫困人口比1996年下降10%，社会弱势群体的基本生活得到有力保障。

注:本文数据出自《潼南县统计年鉴·1996》、《潼南国民经济和社会发展统计公报·2006》

撰稿单位:重庆市潼南县人民政府办公室

铜梁县

重庆直辖以来,全面贯彻“三个代表”重要思想,树立和落实科学发展观,按照“农业稳县、工业强县、三产富县、科教兴县”的指导思想,以经济建设为中心,以改革开放促发展,加快产业结构调整,着力培植新的经济增长点,团结奋进,开拓创新,铸就了辉煌业绩。国民经济健康、快速增长,综合经济实力明显增强,三大产业协调发展,社会事业欣欣向荣,城乡面貌日新月异,人民生活水平显著提高。

一、国民经济实现快速增长,三次产业结构日趋优化

直辖以来,全县国民经济保持了较快的增长速度,经济总量不断扩大,地区生产总值基本上实现了两次翻番。1996年地区生产总值为25.1亿元,2001年达到43.3亿元，实现第一个翻番,2006年达到80.9亿元(老口径),比2001年又翻了近一番,年均增长11.2%(见表1;表2、图1,下页)。

表1 直辖以来铜梁经济发展总量 单位:万元

年份＼指标	GDP	第一产业	第二产业	第三产业
1996	251280	103039	73425	74816
1997	300373	93065	109119	98189
1998	325201	95298	119413	110490
1999	360159	95613	138125	126421
2000	373653	98874	140889	133890
2001	432903	101015	160328	171560
2002	486414	104378	192991	189045
2003	542498	108622	228724	205152
2004	624067	129332	269457	225278
2005	723279	138215	328658	256406
2006	808635	129784	386830	292021

注:本表数据出自铜梁县统计局和农业局,下同。

表 2 直辖以来铜梁经济发展速度—比上年增长 单位:%

年份 \ 指标	GDP	第一产业	第二产业	第三产业
1997	15.4	0.6	31.5	13.6
1998	12.3	1.4	10.5	25.9
1999	10.8	0.6	13.8	12.9
2000	10.5	1.5	14.7	10.8
2001	11.7	1.5	15.8	14
2002	12.4	3.4	17.5	12.1
2003	12.8	4.1	17.5	12.4
2004	13.6	6.6	17.4	12.8
2005	13.7	4.1	18.7	12.7
2006	11.5	-6.1	17.7	13.5
十年平均增长	11.2	2.1	16.3	13.2

图 1 1996—2006 年 GDP 及增长比例

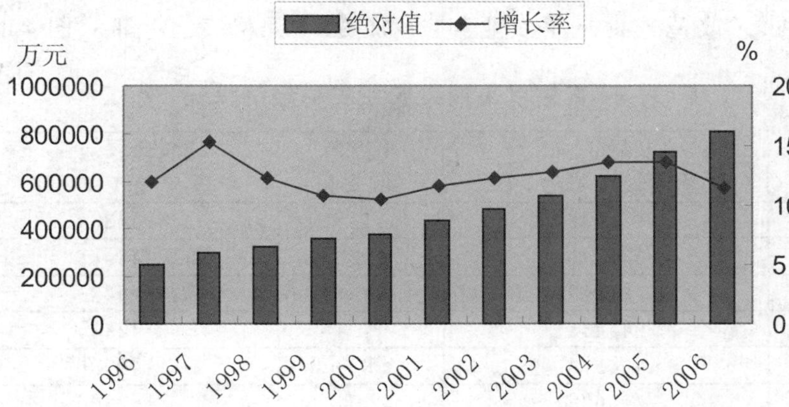

三次产业结构不断优化。三次产业比重由1996 年的 41.0:29:30 发展为 2006 年的 16:48:36(见图 2)。第一产业比重持续降低。2006 年,第一产业增加值 13.0 亿元,占生产总值的 16.1%,与1996 年相比,下降 24.9 个百分点。第二产业比重稳步上升。2006 年,第二产业增加值 38.7 亿元,占 47.8%,比 1996 年上升 18.6 个百分点。第三产业拉大与第一产业的差距,奋力追赶第二产业。2006 年第三产业增加值 29.2 亿元,占 36.1%,比1996 年上升 6.3 个百分点。

图 2 1996 年、2006 年三次产业结构比较图

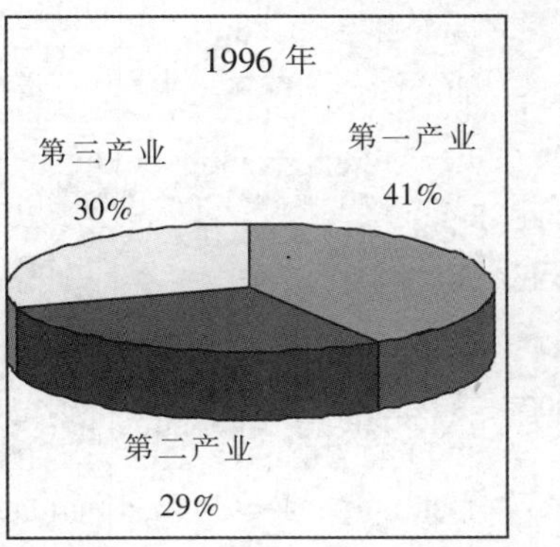

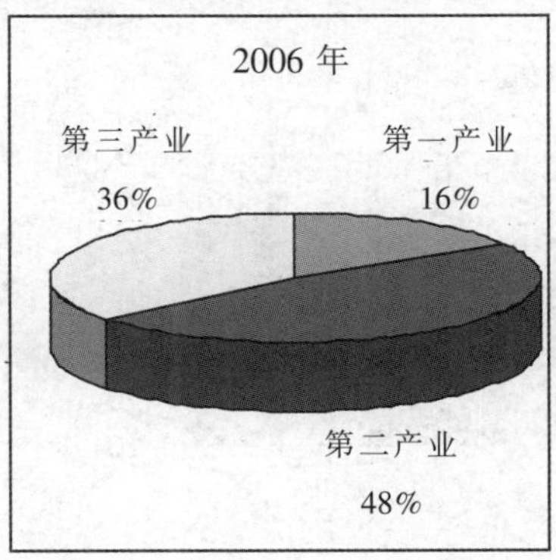

二、农业在结构调整中稳步发展，产业化进程不断推进

直辖以来，铜梁县以全面建设小康社会为统揽，按照统筹城乡经济发展的总体要求，紧紧围绕“农业增效、农民增收、农村发展”的工作思路，加快农业产业化、市场化进程，农业在结构调整中稳步发展。以提高农业综合生产能力为基础，以优化农业产业结构为重点，以促进农民增收为目标。通过培育“三大产业”（“2000万羽水禽工程、20万亩优质茧工程、20万亩林纸一体化工程”）、实施“三百工程”（农业产业化百万工程、百强镇工程、百万农村劳动力转移工程）、落实“三项改革”（农业服务体系改革、农村财务委托代理制改革、“两社两化”改革），促进了农业和农村经济持续、快速、健康发展。农业农村经济由产品数量型向产品质量效益型转变；农业农村发展由解决温饱为主向适应小康生活的要求转变，全面贯彻执行了中央“两减免、三补贴”政策，结束了铜梁2000多年来的种田纳税的历史，率先在全市推进农村税费改革试点，并唯一在全市实施了农民建房零税费政策等，推进了全县农业基础设施建设和农业产业结构的重大调整，农村面貌发生了明显变化。农村经济总量明显增加，农民收入大幅增长。2006年全县农村经济总收入达到72.7亿元，比1996年的47.4亿元增长53.4%；农业增加值实现12.8亿元，比1996年的10.3亿元增长24.3%；农民人均纯收入达到3715元，比1996年的1664元增加2051元（见表3、图3、图4）。

表3 直辖以来铜梁农业农村经济情况

指标 年份	农村经济总收入（万元）	比上年增长%	农林牧渔业总产值（万元）	比上年增长%
1996	474448	31.5	157884	2.6
1997	523776	10.4	148688	-5.8
1998	481219	-8.1	145481	-2.2
1999	445438	-7.4	142886	-1.8
2000	408574	-8.3	149980	5.0
2001	416639	2.0	152890	1.9
2002	532805	27.9	158650	3.8
2003	567891	6.6	171895	8.3
2004	645678	13.7	209611	21.9
2005	690615	7.0	228182	8.9
2006	726535	5.2	204218	---
十年平均增长	3.9		2.4	

注：2006年农林牧渔业总产值为新口径。

图3 1996—2006年农村经济总收入及增长率

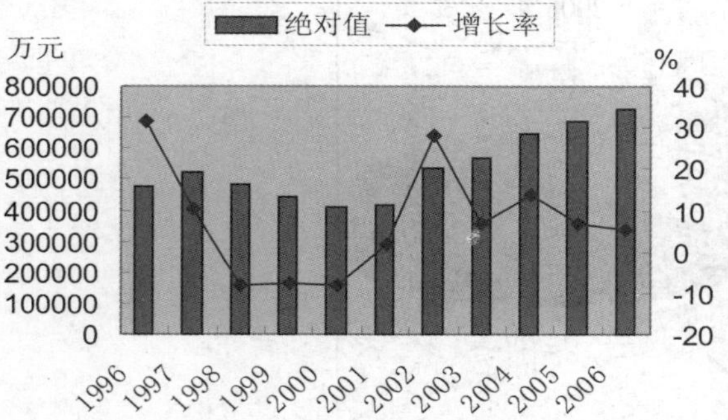

图4 1996—2006年农林牧渔业总产值及增长率

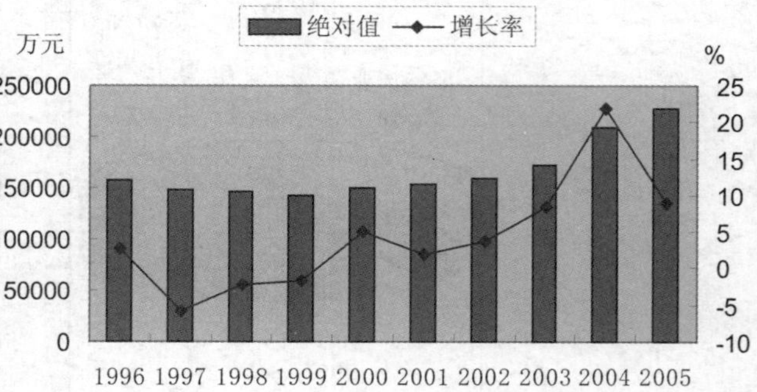

三、工业经济高速发展,实力不断增强

直辖 10 年,铜梁县工业从小到大,从弱到强,工业总量不断扩张,经济实力进一步增强。2006 年,工业总产值 97.5 亿元,是 1996 年 21.0 亿元的 4.6 倍,年均增长 14.8%,工业增加值 32.6 亿元,是 1996 年 2.6 亿元的 12.5 倍,年均增长 25.8%。规模以上企业达到 101 家,比 1996 年 16 家增加 85 家,规模以上企业实现总产值 34.7 亿元,比 1996 年增加 27.2 亿元,年均增长 14.9%,完成工业增加值 11.3 亿元,比 1996 年增加 9 亿元,年均增长 16.7%(见表 4、图 5、图 6)。

表 4 直辖以来铜梁工业经济基本情况

指标 年份	工业总产值(万元)	比上年增长%	利税(万元)	比上年增长%	工业增加值	比上年增长%
1996	210128	7.7	3163	---	25967	68
1997	221293	2.8	2802	-11.4	25316	-2.5
1998	181216	---	4913	---	65868	---
1999	220783	21.8	6796	38.3	79042	20.0
2000	253097	14.6	6817	0.3	85800	8.5
2001	304073	20.1	11038	61.9	104145	21.4
2002	408720	34.4	15614	41.5	135981	30.6
2003	482215	18.0	16758	7.3	170704	25.5
2004	619138	28.4	20676	23.4	210507	23.3
2005	799075	29.1	24497	18.5	267348	27.0
2006	974898	22.0	20349	-16.9	325930	21.9
十年平均增长	25.8		18.4		25.9	

注:1996 年、1997 年工业总产值、工业增加值为县属工业部分,不含乡镇工业和私营企业;利税为规模以上企业。

图 5 1998—2006 年工业总产值及增长率

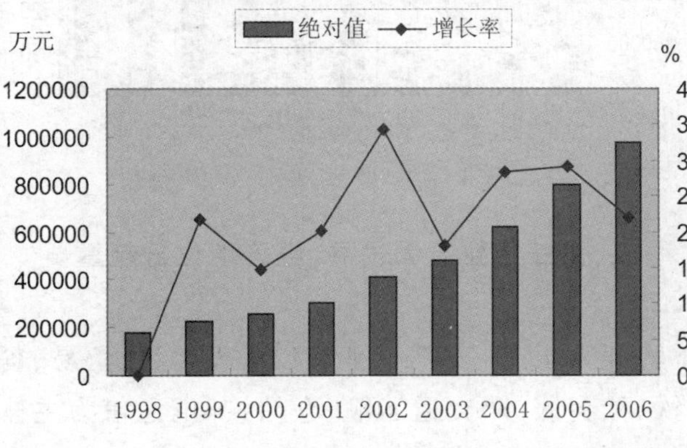

图 6 1998—2006 年工业增加值及增长率

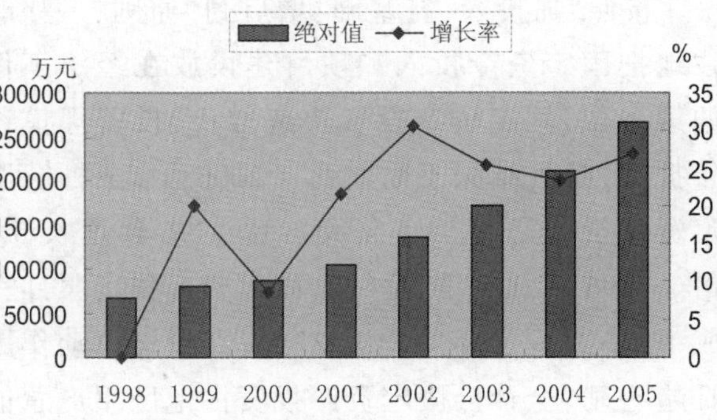

工业园区从无到有,至 2006 年底,落户园区的工业企业达 125 家,协议引资 40.92 亿元,实际到位资金 20 多亿元,建成投产项目 56 个,在建项目 59 个;全部项目建成投产后年产值可达 70 亿元,年利税 10 亿元,能提供就业岗位 3 万个以上。已初步形成了锶盐化工、纺织服装、冶金机械、制革制鞋、建筑建材、医药、造纸、羽绒、缫丝、织绸、农产品加工等为主的工业格局。以红蝶锶业公司为代表的锶盐系列产品,已形成 10 万吨生产能力,占全国产量的 50%,世界产量的 25%,产品远销日本、韩国、西欧等地;纺织行业发展迅速,已形成 10 万锭纺纱能力,织布已形成 8 亿米生产能力。其中,华凌纺织公司生产的弹力纱填补了市内空白;以金禾纸业、龙章纸业为代表的造纸工业已形成年产 30 万吨纸生产能力,产品包括中高档文化用纸、包装纸、生活用纸及各种箱板纸,已成为重庆市的造纸工业基地;冶金制造业以奥博铝材、意奥铝材、拓源华冠为

代表，特别是拓源华冠实业有限公司生产的专业铝用炭素产品，已占领西南地区80%的市场，并逐步占领国内其它市场，已成为西南地区生产该产品的龙头企业；以红蜻蜓、红草帽为代表的制鞋业，已形成年产皮鞋2000万双的生产能力，使铜梁建设中国西部鞋业基地成为现实；以红宇机械厂、涪江机械厂为代表的机械制造业，已成为长安系列汽车零部件的生产制造基地；以和平药业、赛维药业、百乐维药业为代表的制药企业建成投产，医药工业在铜梁从无到有，从弱到强，已成为重庆市药业生产基地之一；以诺斯旺公司、怡天羽绒公司为代表的羽绒及羽绒制品生产，已形成东有萧山(浙江)，西有铜梁的全国羽绒加工生产基地；以金江水泥公司(年产300万吨干法水泥)为龙头的建材工业，使铜梁建材业迈上了新的台阶；以铜龙挂面为主的农产品加工业，为重庆市城乡居民提供了丰富食品来源，“铜龙牌”挂面多次被评为市名牌产品，全国著名商标。

四、固定资产投资快速增长，招商引资成绩斐然

按照“抓投入、打基础、增后劲”原则，一如既往地把固定资产投入和项目建设放在经济工作的第一位，固定资产投资快速增长，投资规模逐年扩大，投资结构不断优化。2006年，全社会固定资产投资完成33.5亿元，比1996年增长5.7倍。1996—2005年，全社会固定资产投资累计完成164.6亿元，年均增速22.5%。投资拉动作用日趋明显。全社会固定资产投资占地区生产总值的比重由1996年的20.0%上升到2005年的52.7%(见表5、图7)。

改革开放不断加强，招商引资成绩显著。坚持“大改革、大开放、大发展”的方针，努力扩大对内对外开放，加大招商引资力度，积极承接市内“退二进三”企业和东南沿海地区产业梯度转移企业。10年来，共引进企业212家，协议引资70亿元，实际利用县外资金56亿元。其中，外商直接投资4.5万美元。

表5 直辖以来铜梁固定资产投资基本情况

指标 年份	全社会固定资产投资（万元）	比上年增长%
1996	50295	11.2
1997	67085	33.3
1998	78202	16.57
1999	100966	29.11
2000	115932	14.8
2001	123294	6.3
2002	189167	53.4
2003	237023	25.3
2004	302748	27.7
2005	381295	25.9
2006	335181	----
十年平均增长	22.5	

注：2006年数据为新口径，无法计算增长比例。

图7 1996—2005年固定资产投资绝对值及增长率

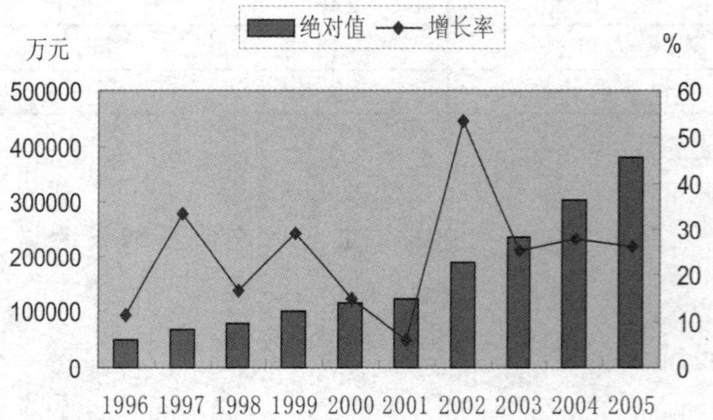

五、第三产业蓬勃发展，经济地位日趋重要

直辖以来，第三产业在以批发零售、贸易、餐饮、社会服务、交通运输、仓储、邮电通信为主体行业继续发展的基础上，金融、保险、房地产、现代物流、中介服务、信息咨询等一批新兴行业相继崛起，形成了多种行业竞相发展的良好格局。2005年，第三产业实现增加值25.6亿元，年均递增13.1%。第三产业的快速发展，优化了经济结构，缓解了就业压力，增加了地方财力，培育了新的经济增长点。

(一)商贸流通兴旺发达

坚持发展“大商贸、大流通、大市场”战略，初

步建成多渠道、少环节、开放式的商品市场服务体系，基本形成了配置市场化、主体多元化、业态多样化的商贸流通新格局。城乡商贸流通形成网络，县城中心商圈初具规模，中心乡镇商贸发展迅速，农村“双建工程”(超市和便民店)稳步推进，新型服务行业蓬勃兴起。社会消费品零售总额从1996年的7.9978亿元上升到2006年的25.4亿元，年平均增长31%。餐饮营业额从1.4367亿元上升到4.2亿元，年平均增长29%。

(二)邮政通讯快速发展

邮政事业坚持独立经营、自闯市场，经过10年的建设与发展，服务能力不断增强，服务水平明显提高，服务方式不断创新，实现了历史性的跨越。直辖时，全县邮政网点奇缺，县城巴川镇仅有一个邮政营业网点，现已建成5个布局合理、装修规范的邮政服务网点，全县共建成53个功能齐全、遍布城乡的经营服务网点；邮路4条，汽车邮路里程511公里/天，农村投递路线总长度为1616公里/天。全县53个邮政储蓄网点均实现了全国联网、投递快速、通存通兑。

移动通讯直辖时开始起步，98年分营，经过近八年的艰苦奋斗，取得了飞速的发展。铜梁移动公司坚持以“创无限通信世界，做信息社会栋梁”为己任，通讯质量进一步提高，基站建设成绩显著，截止2006年基站数已达到113个，基本上实现了移动通讯全面覆盖；用户已由1998年分营时的七千余户发展到2006年的十万余户。

电信业至2006年底，全县电话装机总容量已经达到16万门，是1996年装机容量17738门的9.02倍，实装电话用户数13万户，是1996年11062户的11.75倍，电话普及率由1996年的8.5%提高到18%。全县城乡电话网实现全覆盖。从1996年开始建设数据通信网，当年12月开通了DDN、分组交换网、IP网3种接入方式。通过163信息网提供用户窄带拨号上网。1998年12月利用重庆市互联网节点正式开通因特网，2000年建成开通了ISDN网。2001年12月建成了铜梁本地数据通信网络，新增IP网端口95个，IP网拨号服务器端口60个，IP网络路由器专线折合64 K端口35个，数字数据网本地网业务端口20个。正式开通了电信宽带接入业务—ADSL网络快车，互联星空等全新的、更快、更高速率的宽带接入方式，并广泛应用于人们学习、工作、生活以及远程教学、视频点播、网络游戏、异地办公、电子商务、VOD服务、信息管理、实时金融、远程医疗、电视电话会议等各个领域之中。

(三)旅游业从无到有，不断发展

旅游业坚持科学发展及和谐共荣的理念，不断理顺体制、创新手段、加大投入、策划包装、宣传促销，打造出一批独具铜梁特色，具有一定规模档次的旅游精品项目，确立了以“龙乡·龙韵”为内涵，以铜梁独具特色的龙文化和优美的自然生态为载体，以休闲度假、古镇观光为旅游开发项目，明确构建中华龙温泉旅游度假区、县城铜梁文化旅游区和安居古镇民俗文化旅游区三大旅游精品区和特色旅游商品生产基地的发展目标。

铜梁历史悠久，源远流长，具有积淀浓厚的铜梁文化。两万五千年风流云散，星星点点长埋泥土中的陈迹，于公元1975年从西郭水库建设工地中挖出，陈列在铜梁博物馆里，这些用天然石刃磨制的不规划的复刃、钝刃石具，代表了新的区域性文化，被中国科学院命名为“铜梁文化”。从此证明了长江流域也是中华民族的发源地，这一发现填补了四川第四红地层的研究空白，追寻到了巴蜀文化的上源。

深入挖掘铜梁悠久绵长的龙文化。她有神圣的威仪，舞起来气势恢弘，超越了现实与幻想的鸿沟，飞过了茫茫的孤烟大漠，飞离了帝王的金殿银宫，飞出了一代代的神话传说，像波涛起伏的九曲黄河，像盘桓蜿蜒的万里长城，真可谓九州方圆千龙舞，独领风骚铜梁龙。铜梁舞龙队参加龙舞竞技比赛，十获国内冠军，两夺国际金牌。两度在天安门广场起舞，为共和国35周年华诞和50周年庆典祝福，被国家体育总局冠名为“国家舞龙队”和“中华第一龙”。

铜梁具有浓郁的龙灯艺术文化氛围。收集整理了县民间文化，加强县史的研究，并相继推出《龙乡铜梁》、《龙乡的诱惑》两部弘扬铜梁文化书籍。邀请县内外媒体拍摄《刘雪庵》、《铜梁龙灯》、《铜梁旅游专题片》等文化旅游宣传片。成功举办了"中国铜梁龙灯艺术节"、"中华龙温泉旅游节"。加强招商引资工作,加大旅游项目宣传推广力度,10 年间签订县内外协议投资 18 亿元,实际投资 5 亿元。尤其是成功引进了重庆锦天置业(集团)有限公司(浙江商会)投入 13 亿元开发"中华龙文化暨玄天湖生态旅游综合开发项目"。1998 年,巴岳山被重庆市评为市级风景名胜区。2005 年,巴岳山—西温泉风景区被市政府评为"重庆市十大精品旅游项目","大足—铜梁—合川"线被市政府评为"重庆市八大黄金旅游线路"。2006 年接待县内外游客人数达 33 万人,旅游收入达 9000 万元,较 1996 年年均增长 17%和 16%,超过市平均增长水平。旅游业的快速发展为铜梁新增了约 1 万个工作岗位,带来了较好的经济效益及社会效益。

六、财政实力显著增强,金融业快速发展

国民经济的快速增长为财税增收打下了坚实的基础。2006 年,地方预算内财政收入完成 5.54 亿元,是 1996 年 1.2183 亿元的 4.55 倍,年均增长 16.35%。金融服务进一步改善,信贷结构不断优化,存贷款规模逐年扩大。1996 年各项存款余额 16.39 亿元,贷款余额 15.31 亿元,2006 年底,全县金融机构各项存款 75.47 亿元,贷款 32.23 亿元,分别是 1996 年的 4.6 倍和 2.11 倍。财政收入的增加和金融业的快速发展为全县城乡建设和国民经济的可持续发展提供了强有力的支持。

七、城乡居民收入快速增长,生活水平进一步提高

经济的全面发展,促进了城乡居民收入快速增长。2006 年城镇居民可支配收入达到了 10180 元,是 1996 年 4040 元的 2.52 倍,年均增长 8.8%。农民人均纯收入达到 3715 元,是 1996 年 1664 元的 1.4 倍,年均增长 3.1%。随着收入的增长,城乡居民储蓄存款大幅增加,到 2006 年已达到 65.82 亿元,是 1996 年 14.06 亿元的 4.68 倍。

居民消费结构不断优化,消费水平明显提高。农村居民人均生活消费支出由 1996 年的 1439.7 元增加到 2006 年的 2866.3 元,增长了 99.1%;城镇居民人均消费支出由 1996 年的 3512 元增加到 2006 年的 7622 元,增长了 117.0%。消费结构不断优化,基本改变了以吃穿等生存资料为主的单一格局,发展为住、用、行和文化娱乐等享受与发展方面的消费支出全面提高。农村居民恩格尔系数由 1996 年的 58.3%下降到 2006 年的 49.7%,下降 8.6 个百分点;城镇居民恩格尔系数由 1996 年的 48.5%下降到 2006 年的 37.1%,下降 11.4 个百分点(见图 8,下页)。

八、城乡面貌日新月异,城市功能日臻完善

10 年来,抢抓战略机遇,加快以交通、市政、水利、能源、生态环境等为重点的基础设施建设。1996——2006 年全县累计完成固定资产投资 198.1 亿元,投资建设了县城西环路、白龙大道、金龙大道、污水处理厂、生活垃圾填埋场、巴川河、淮远河综合整治工程;改造了国道 319 线铜梁段、铜永公路、铜合公路、铜大公路等出境干线公路,实施了渝遂高速公路铜梁段工程,加快了农村公路建设步伐,10 年共投入公路建设资金 11.1 亿元,建成公路通车里程 2752 公里,客运里程 882 公里,98.6%的村和 82.4%的社通公路,实现了公路建设"三年变样,五年变畅"和乡镇到县城"50 分钟铜梁"的奋斗目标;建设了铜梁体育场、金龙体育馆、明月广场、玄天湖中型水库等一大批基础设施项目,为铜梁经济的发展奠定了基础,积蓄了能量,增强了发展后劲。

随着城市道路、园林绿化、交通运输、邮电通讯等基础设施的建设和投资力度不断加大,县容县貌得到极大改善,城市功能整体提升,城区面积由 96 年的 4 平方公里扩大到现在的 13 平方公里,城区街道由不足 30 条发展到 100 余条,街道面积由不足 10 万平方米扩大到现在的 120 余

图8 城乡居民恩格尔系数比较图 单位:%

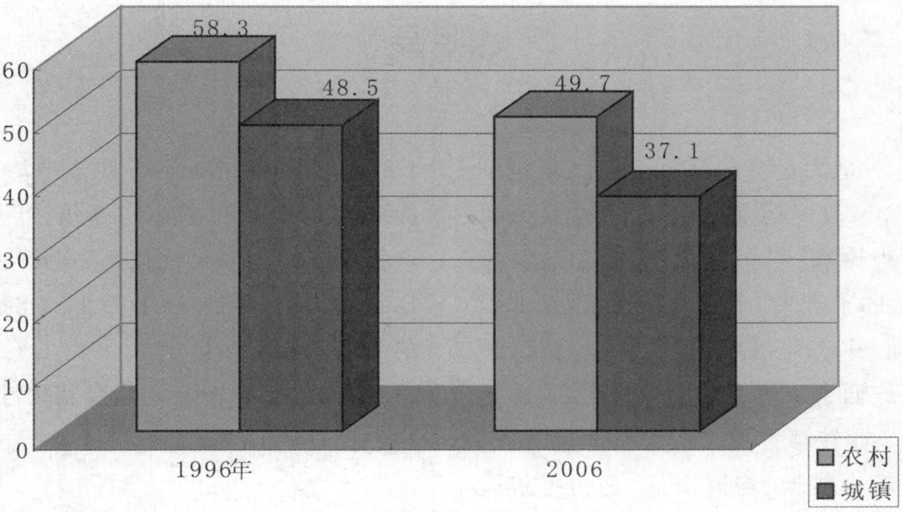

万平方米。2001年获中国人居环境范例奖,2003年创建为市级山水园林城市,2005年创建为市级卫生城市,2006年被命名为国家级园林县城。

九、社会事业全面推进,经济社会协调发展

直辖以来,积极实施科教兴县战略,不断增加教育投入,继续巩固基础教育,大力发展职业教育,全面实施素质教育,教育事业不断向前推进。2006年底,全县共有各级建制学校107所,在校学生124807人(县外学生8154人),公办教职工5993人。小学入学率达到100%,初中入学率达到100%。教育质量逐年攀升,先后三次培养出全市(省)理科状元。教育品牌初步形成,铜梁中学成为全国现代教育技术实验学校、全国电化教育实验研究学校、重庆市重点中学,高考连续25年获得丰收;铜梁一中2005年成功建成重庆市重点中学;巴川中学连续六年获重庆市中招联考第一名;实验一小跻身全国现代教育技术实验学校和重庆市示范小学行列,一个集小学、初中和高中教育于一体的品牌学校群初步形成,8000余名县外学生常年求学于铜梁,基础教育正逐渐成为知名品牌,有力地推动了铜梁经济社会的发展。

1996年以来,加快了社会保障体系建设步伐,使全县社会保险制度改革取得突破性进展,以养老、失业、工伤、医疗、生育保险为支柱的五大社会保险制度已经建立。截止2006年12月底,全县参加社会保险的单位达1835户次,参保人员共92440人次,其中企业职工基本养老保险参保单位561户,参保人员21957人;机关事业养老保险参保单位70户,参保人员2426人;失业保险参保单位497户,参保人员18903人;医疗保险参保单位287户,参保人员20801人;工伤保险参保单位330户,参保人员18134人;生育保险参保单位90户,参保人员10219人。

卫生事业长足发展,医疗条件明显改善,加强了疾病预防控制、突发公共卫生事件医疗救治体系建设,健全卫生应急处置机制,提高了公共卫生保障能力。积极推进新型农村合作医疗试点扩面,目前全县参合人数达到51.23万人,加强乡镇卫生院、社区、村卫生室建设,增强了卫生整体服务功能。2006年,全县拥有各类卫生机构40个,业务用房面积达到128158平方米,卫生机构床位1346万张,卫生技术人员1581人。卫生防疫、保健体系健全,人民的健康水平显著提高。

注:本文数据出自铜梁县计委、统计局、农业局、卫生局、电信公司、移动公司、邮政局、旅游局

撰稿单位:重庆市铜梁县发展计划委员会

执笔人:李永强、周子华、罗世练、王 静

大足县

直辖10年，是大足县经济社会突飞猛进的10年。在市委、市政府的坚强领导下，全县人民坚持以邓小平理论和"三个代表"重要思想为指导，深入贯彻党的十五大、十六大精神，围绕建设"国际旅游胜地、生态经济城市"的总体目标，紧紧抓住中央实施西部大开发、重庆直辖、东部地区和重庆主城产业转移等重大历史机遇，团结一心，开拓进取，奋力拼搏，与时俱进，努力推进全县改革开放和现代化建设，国民经济发展取得了巨大成就。

一、经济总量大幅扩张，速度效益同步提升

按照当好直辖市"窗口"和"门户"的要求，全县始终坚持"发展、创新、富民、和谐"主题，紧紧把握"一条主线"(打基础、提速度、促和谐)、全力推进"两大突破"(工业和旅游)、加速打造"四大品牌"(旅游、五金、锶盐、生态)、着力提升"三项建设"(社会主义新农村、生态县、政务环境)的思路，在迎接挑战中抢抓新机遇，在扬长避短中增创新优势，在相互竞争中实现新跨越，经济社会发展跃上了新台阶。10年来，地区生产总值由23.5亿元提高到73.3亿元，增长3.1倍，年均递增11.4%。其中：第一产业增加值由10.4亿元提高到14.1亿元，增长1.4倍，年均递增2.3%；第二产业增加值由6.6亿元提高到32.7亿元，增长5倍，年均递增16.9%；第三产业增加值由6.5亿元提高到26.5亿元，增长4.1倍，年均递增13.1%。全县工业总产值由22.2亿元增加到92.3亿元，增长4.2倍，年均递增15.3%。全社会固定资产投资由4.5亿元提高到29.5亿元，增长6.6倍，年均递增20.8%。县内财政收入由1.5亿元增加到3.2亿元，增长2.1倍，年均递增8.1%。农民人均纯收入由1928元提高到3529元，增长1.8倍，年均递增6.2%。职工平均工资由3970元提高到13919元，增长3.5倍，年均递增13.4%。全县经济结构明显优化，三次产业占国民经济的比重由1996年的35.1:33.1:31.8调整为2006年的19.3:44.6:36.1，实现了由"一二三"到"二三一"结构的跨越转变。综合实力在中国西部百强县中提升到67位。

二、经济结构不断优化，发展后劲支撑有力

(一)农业农村经济持续健康发展

以优质粮油、枇杷、笋竹、冬菜调味品、瘦肉型猪等五大重点产业为主导的农业产业化加速发展。建立各类优质农产品基地45万亩，培育龙头企业32个，组建专业合作组织256个，大足米、冬菜、枇杷、黄金梨、西瓜、黑山羊等已成为市内享有盛誉的知名品牌，出现了笛女酒业、宝顶蕴芥有限公司、特种水产繁育中心等40余个龙头企业，大足养蜂专业合作社创建为全国最大的养蜂专业合作社。粮油生产实现了稳量提质，优质粮油品种得到加快引进推广，成功示范推广赣皖籼、K优926等优质稻和优质油绿豆等新品种，粮食单产多年保持全市第一，被评为全国粮食生产先进县和农机工作先进县。畜禽品种改良步伐加快，新荣昌I系和洋三元合格仔母猪推广率达100%，年出栏生猪58.4万头、家禽566万只。稻田养鱼成为重庆农业"三绝"之一，推广特种水产养殖2.2万亩，年水产品产量达732万公斤。全县蔬菜产量达320000吨，无公害蔬菜、精细蔬菜基地扩大，蚕桑生产实现较大增长。其余主要农产品产量大幅提升，水果、肉类、禽蛋产量分别由4210吨、53033吨、7300吨提高到35000吨、75000吨、13000吨，分别增长8.3倍、1.4倍、1.8倍。积极鼓励农村剩余劳动力从事

二、三产业，生态旅游观光农业发展迅猛，农村非农产业收入比重大幅提高，非农产业比重达到35%以上。

(二)工业经济显著提升

坚持工业强县发展战略不动摇，致力“企业集中、产业集聚、资源集约”，加速推进新型工业化，大力推进园区建设，促进全县工业上档升级，支撑全县经济发展。

1.五金之都日益崛起。实施“五金振兴工程”，产业升级换代明显加快，生产规模进一步扩大，金忠、永红等一批骨干企业实力增强，机电、汽摩配件、建材五金等产业持续发展。五金业、废旧金属年交易额分别达到15亿元和20亿元，成为中国西部最大的五金生产销售基地，被国家日用五金生产力促进中心命名为“中国西部五金之都”。

2.锶盐基地再谱新篇。形成年产天青石矿30万吨、碳酸锶10万吨的生产能力，成为世界最大的锶盐生产基地之一。

3.园区建设提速。基础设施日趋完善，企业入驻率、投资强度和产出强度等不断提高，长恒线缆、长安永升、腾达包装、焱林钢模板、江苏旋力等新兴骨干企业加快成长，初步形成以汽摩配件、五金铸造为主体的产业集群，年产值突破16亿元。

4.内引外联取得明显成效。大力改善发展环境，积极开展组团招商、蹲点招商、全民招商，成功引进新加坡胜科、江苏旋力、重庆交旅、重庆广电等一批大集团，外来投资占全社会固定资产投资35%以上，外来企业缴纳税收已达到全县总额的30%，外来企业已成为推动大足工业发展的生力军。

5.产业结构进一步优化。整顿关停了一批污染重、效益差、安全系数低的小煤矿、小炼钢、小造纸企业，工业发展初步走上了新型工业化道路。10年来，全县规模以上工业企业实现由无到有，达到92户，2006年规模以上工业年产值达到23.9亿元，年利税达到3.3亿元，工业增加值达到27.2亿元，在县域经济的比重达到37.1%，比直辖前提高10个百分点。

(三)第三产业快速发展

1.市场建设步伐加快。龙水五金旅游城、西部金属交易城、龙水综合交易市场等八大区域性重点市场顺利建成，邮亭国家粮库扩建工程顺利进行。认真清理整顿粮食、烟草、农资和化学危险品等重要商品市场，积极开展打击制售假冒伪劣商品违法犯罪联合行动，维护了正常的市场秩序。社会消费品零售总额由6.5亿元提高到22.9亿元，增长3.5倍，年均递增13.4%。

2.商贸经济发展势头良好。积极组团参加全国、全市性商品会展和举办县内展销会，商贸流通不断活跃。宝顶牌冬菜荣获重庆市著名商标。大足步行街、大足商城全面建成投入使用，大足商贸中心建设顺利推进，城区商贸设施日臻完善，商业经营环境大为改善，商贸业态日益优化，大型超市、专卖店、连锁店、餐饮店和家政等新型业态快速发展，商贸流通现代化水平显著提高。引进了新百佳超市、新世纪、重客隆等一批大型连锁企业，2006年，全县连锁商业门店总数达到145个，完成连锁经营总额2.47亿元。龙水、邮亭等中心城镇商圈建设取得明显成效，现代商贸布局更趋合理，城乡居民消费环境显著改善。个体私营经济快速发展，全县个私经济总户数达到16203个，个体私营经济对财政的贡献率达31.5%。

3.财税、金融稳步增长。大力培植税源，强化税收征管，2006年全县辖区内财政总收入和地方财政收入分别达到5亿元、3.2亿元，同比增加36.9%、51.6%；全县财政支出达到75.5亿元，同比增长40.8%。金融保险业取得较好成绩，全县金融机构各项存、贷款余额分别达到47.6亿元、17.1亿元，同比增长12.4%、5.4%，其中居民储蓄余额38.6亿元，同比增长12.3%，金融对地方经济发展的支持力度明显加强。

三、特色经济势头强劲，产业优势更加凸显

(一)依托独特旅游资源主打“旅游牌”，旅游业快速发展

依托得天独厚旅游资源优势，坚持“背靠大集团、规划大手笔、开发大气魄、促销大力度”的思路，坚持“在保护中开发，在开发中保护”的原

则,从发展规划、基础设施、产品开发、软环境打造、宣传促销、资源保护等多方面入手,全面实施旅游带动战略。成功引进国内多家大型企业集团来足开发旅游项目,与重庆广电集团(总台)合作,投资40亿元在龙水湖建设中国西部规模最大、档次最高的影视文化产业园;昆明驰川贸易有限公司投资2亿元兴建的五星级酒店正在加紧建设中;重庆宏声、重庆茂田等一批企业也纷纷加入大足县旅游综合设施建设。加速旅游基础设施改善,龙水湖、南山景区公路改造和宝顶停车场扩建工程竣工投入使用;开通旅游专线班车和重庆至北京的"大足石刻号"旅客列车,推出"一日游"、"二日游"参观线路;成功举办第二届大足石刻艺术节和大足石刻国际学术研讨会暨大足石刻首次科学考察60周年纪念会。

10年来,大足石刻成功列入世界文化遗产名录,大足石刻景区被评为国家5A级风景区,玉龙山森林公园、龙水湖风景区成功创建为国家级森林公园、全市唯一的国家级水利风景区,大足被评为中国优秀旅游城市。初步形成以大足石刻为核心,集山、水、园、林为一体,自然景观与人文景观交相辉映的旅游产品体系。2006年,全县接待海内外游客134.1万人次,实现旅游总收入达到6亿元,旅游已成为大足的一张亮丽名片。

(二)依托传统产业优势主打"五金牌",五金产业逐步壮大

龙水五金历史悠久,总量较大,是大足不可多得的传统产业,也是大足培育发展新型工业的重要基础。近年来,大足把改造提升五金产业摆在突出位置来抓,出台了《关于加快五金产业发展的意见》,新建改造了一批有利于五金产业发展的基础设施,举办了五金博览会,新建了五金产业园,加强了与科研单位的合作,配合五金企业引进了一批先进的生产工艺和设备,促进了五金产业的升级换代,使"老、大、粗、黑"的传统五金逐步向"精、特、新、优"的现代五金转变,金忠、永红等一批骨干企业实力增强,机电、汽摩配件和建材五金等产业持续发展。

五金旅游城、西部金属交易市场、渝西建材市场等一批骨干市场相继建成投入使用,五金产业对大足工业的发展发挥着越来越重要的带动作用,以五金产业为依托的龙水工业园区现已入驻企业150户,已投产126户,年产值已突破18.5亿元大关,年实现税金9000多万元。

(三)依托特色矿产资源主打"锶盐牌",锶盐产业优势显著

县域初步探明的天青石、磷锶矿储量为600多万吨,平均品位70%以上,属超大型高品位矿床,被誉为"亚洲锶都"。为合理开发、有效利用,我们坚持"两个延伸"、"两个保护",努力促进锶盐产业持续发展。

"两个延伸":一是向找矿探矿延伸。加大勘探力度,为长远开发创造条件。二是向下游产品开发延伸。不单纯在做大总量上做文章,紧紧依靠技术创新,走产品深加工道路,延长产业链,提高附加值。在稳定碳酸锶产量的情况下,先后开发出硝酸锶、氯化锶、氢氧化锶等新产品,并引进重庆元和精细化工有限公司,对碳酸锶进行深加工。"两个保护":一是保护资源。坚持不再扩大开采规模,在稳定开采量的基础上,尽可能延续资源利用时间,用最好的技术让锶得到充分利用。二是保护环境。建立了必要的环保设施,在开发生产过程中把好环保关、严控污染源,并关闭了4家小锶盐企业,较好地保护了环境。大足已成为全球最大的锶盐生产基地,锶盐产业年产值近5亿元,年利税1.5亿元,成为县域经济的重要支撑。

(四)依托综合基础优势主打"生态农业牌",生态效益持续提高

大足是传统农业大县,具有良好的生态条件和农业基础,是全国生态农业试点县、科教兴农及可持续发展综合示范县、节水农业示范县。为打造生态品牌,1996年以来,坚持生态建设与经济发展相结合,与构建和谐环境相结合,采取向上争取、招商引资、社会筹集、财政投入等多种渠道,共投入资金12.5亿元,重点推进生态农业、生态工业、生态人居、生态旅游建设"四大工程",

先后实施了53个生态环境项目,取得了社会、经济、生态三大效益同步提高的良好效果,被评为全市唯一的国家级生态示范区。在抓好生态基础上,坚持农业资源和旅游资源有机结合,重点依托大邮路沿线发展生态观光农业,已建成集生态观光、餐饮娱乐、品种展示、科技推广于一体的生态农业观光园23个、农家乐60余家,年接待游客70余万人,带动沿线5万农民增收致富,生态农业成为加快全县农业发展的助推器。被评为全国生态农业建设先进县。

四、基础设施日臻完善,城乡面貌日新月异

(一)交通基础设施力度空前

交通建设力度空前,实施"125"交通工程,主出境大邮路、大石路、大安路、大荣路、城宝路、中塘路改造工程顺利完成,全县公路总里程达2322.8公里,南下北上、东进西出的大交通格局初步形成。行政村通畅率达71%、通达率达91%,通客车村达212个,通客车率达87.6%。有线电话实现村村通,移动通信覆盖率达到99%,移动通信用户达到117894户,普及率达30.8%。2006年,邮电通信事业总收入达到1.9亿元。实施了农村低压电网改造和农村"户户通电"工程,农网改造面积近100%,实施了龙水110千伏、邮亭120千伏变电站和中敖、三驱、珠溪等35千伏变电站建设,城乡用电状况得到明显改善。

(二)农业基础设施建设取得新成效

农业综合开发、濑溪河大灌区二期工程、病险水库整治、退耕还林等一批重点项目顺利实施,全县农业综合机械化率达28.1%,森林覆盖率达29.2%。全县共新建维修各类水利工程15236处,整治病险水库销号18座,治理水土流失32万亩,人畜饮水工程顺利推进,龙水湖、化龙水库水保工程顺利实施,玉滩水库扩建工程前期工作全面完成,全国节水增产重点县项目通过市级验收。完成中低产田土改造17.2万亩,龙岗至城南段农业综合开发示范片、以工代赈退耕还林已通过市级验收。天然林保护、绿色通道等重点建设项目初见成效。加强气象现代化建设,抗灾救灾能力显著增强。

(三)城镇规划、建设和管理进一步加强

县域体系规划抓紧进行,先后完成《县城组团城市发展规划》和17个乡镇规划设计,宝顶镇获重庆市小城镇风貌设计一等奖。小城镇快速发展,县城东城新区开发正式启动并取得重大进展,龙水镇被评为全国小城镇建设示范镇和全国发展改革试点镇。旧城改造步伐明显加快,全县城镇建成区面积达到27.2平方公里,集聚城镇人口23.6万人,城镇化率达到30.9%。市政配套设施建设同步推进,北环二路全面建成投入使用,绕城高等级公路加紧建设,在全市郊区县中率先对城区主次干道进行沥青路面改造,在渝西地区建成第一个规范化的人防工程,濑溪河县城段综合整治基本完成,龙水段整治顺利推进,县城3万吨污水处理厂、城市垃圾卫生填埋场等重大工程建设圆满完成,城镇人均道路面积提高到7.5平方米,人居环境显著改善。

大足商城、宏声文化广场、县城和龙水商业步行街、西部金属交易城等项目如期建成投入使用,城市商业氛围更加浓厚。一大批县外房地产开发公司相继进驻大足,环境设施较好、规模较大的居住小区成为房地产开发的主流,新东方花园、宏声花园、中天名居、润泰花园、大足商贸中心一期等项目建成投入使用,香榭雅筑、五星华府、龙宇丽景、翠堤华府、龙都花园大型居住社区项目顺利实施,城镇人均住宅面积达到27.6平方米。城镇管理水平进一步提高,以"门前四包"为核心的城市管理长效机制初步建立,"市容三创"、"园林三创"、"渝州杯"等活动深入开展,城镇环境卫生明显好转,绿化、美化、亮化水平不断提高,城区园林绿地面积达到12364.6公顷,建成区绿地率、绿化覆盖率分别达到44.7%和41.2%,人均公共绿地达16.4平方米。市容观光县创建成功,大足城区顺利通过国家卫生县城检查验收,被评为全国城市环境综合整治优秀县城、市级山水园林城市。

房政管理和农房建设成效明显,推行城镇、

乡村房屋所有权证的统一登记发放,房政管理进一步规范,10 年累计农房建设面积达 450 万余平方米,乡村城市化步伐不断加快,被建设部确定为全国40 个乡村城市化试点县之一。

五、改革开放稳步推进,经济活力显著增强

(一)农村改革不断深化

多形式放活农村土地使用权,农业运行机制和经营方式不断创新。农村税费改革快速推进,农业税全面取消,农村土地使用权有序流转,村级财务"双代管"全面落实,农村集体资金和农业项目管理明显加强,农民负担明显减轻。农口部门改革力度加大,一批农业企事业单位和科技人员走向农村创办、领办农业科技示范基地。

(二)企业改革取得新突破

采取整体出售、资产重组、资产置换等多种形式,在不增加财政负担的情况下,加快人员分流步伐,工商企业改革顺利推进。县天然气公司股份制改造顺利完成,粮食、电力、供销企业改革成效明显,跃进煤矿、西山冶炼厂、玉龙煤矿、大足宾馆等一批企业整体出售,盘活了国有资产;大足锁厂、东方机械厂、长江电机厂等企业顺利实现资产重组,供销社开放办社改革进展顺利。

(三)综合配套改革全面推进

投融资体制改革步伐加快,在全市率先完成信用社统一法人改革,土地招标、拍卖、挂牌出让等制度全面推行,与市八大建设性投资公司项目合作成效显著,重大项目投资趋向多元化。乡镇行政区划和村级建制调整圆满完成,县级机关机构改革圆满完成,事业单位机构改革稳步推进。推进行政审批制度改革,深入开展"效率革命",政府职能明显转变。人事制度改革稳步推进,公开选拔、公开招考等用人制度逐步推行,部分行政机关中层干部实行了"竞岗"制,人事工作透明度明显增强,竞争机制初步形成。全面推行行政事业单位零基综合预算和零户统管制度、会计委派制度,实施政府采购制度,财政资金监管力度明显加大。推行城镇职工基本医疗保险制度改革,全面落实城镇居民"三条保障线",社会保障不断健全。住房货币化分配制度全面实施,住房公积金制度进一步完善。

(四)对外开放势头强劲

紧紧抓住西部大开发、重庆直辖、东部地区和主城产业梯度转移等重大历史机遇,大力整治发展环境,实施了"政务环境建设年",制定出台了一系列优惠政策,提高综合服务质量,对外开放和招商引资取得新进展。近 10 年共引进各类具有一定规模的投资项目 264 个,外贸出口交货值达到 1.3 亿元。全民创业热情进一步激发,民营经济逐步壮大,全县个私经济达到 16203 户,非公有制经济已占全县经济的半壁河山。

注:本文数据出自大足县统计局编制的历年《大足领导干部手册》

撰稿单位:重庆市大足县人民政府办公室

附表：

1996—2006 年大足县主要经济指标表

项目	单位	1996 年	2006 年	增长%	平均增长%
土地面积	平方公里	1399	1399	基本持平	基本持平
耕地面积	公顷	44277	42488	-4.0	-0.4
年末人口	人	907557	931705	2.7	0.3
县内财政收入	万元	14867	32341	117.5	8.1
地区生产总值	万元	235092	732597	193.9	11.4
第一产业	万元	104314	141285	25.9	2.3
第二产业	万元	65633	326801	375.1	16.9
第三产业	万元	65145	264511	243.8	13.1
人均地区生产总值	元/人	3014	9627	201.5	11.7
工业总产值	万元	222382	923000	315.1	15.3
农业总产值	万元	155479	217820	40.1	3.4
粮食总产量	吨	478582	317665	-33.6	-4.0
社会消费品零售总额	万元	64905	229167	253.1	13.4
社会固定资产投资	万元	44672	295045	560.5	20.8
农民人均纯收入	元	1928	3529	83.0	6.2
职工平均工资	元	3970	13919	250.6	13.4

荣昌县

荣昌是重庆“西大门”，是“中国重庆畜牧科技城”所在地。全县幅员 1079 平方公里，辖 20 个镇，总人口 82 万。境内自然资源丰富，地势平坦，成渝高速公路、成渝铁路、成渝公路横贯县境，距重庆市主城区 92 公里，距成都市主城区 246 公里，交通便捷。在川渝经济合作中，荣昌具有东西对接、双向开发的区位优势。重庆直辖 10 年来，荣昌的经济取得突飞猛进的发展，如今已成为了名符其实的“渝西明珠”！

2006 年，荣昌县生产总值达 66.1 亿元，比 1997 年增长 39.5 亿元(见图 1)，县级财政收入达到 3.32 亿元，比 1997 年增加 2.6 亿元。

图 1 1997-2006 年荣昌县生产总值增长情况

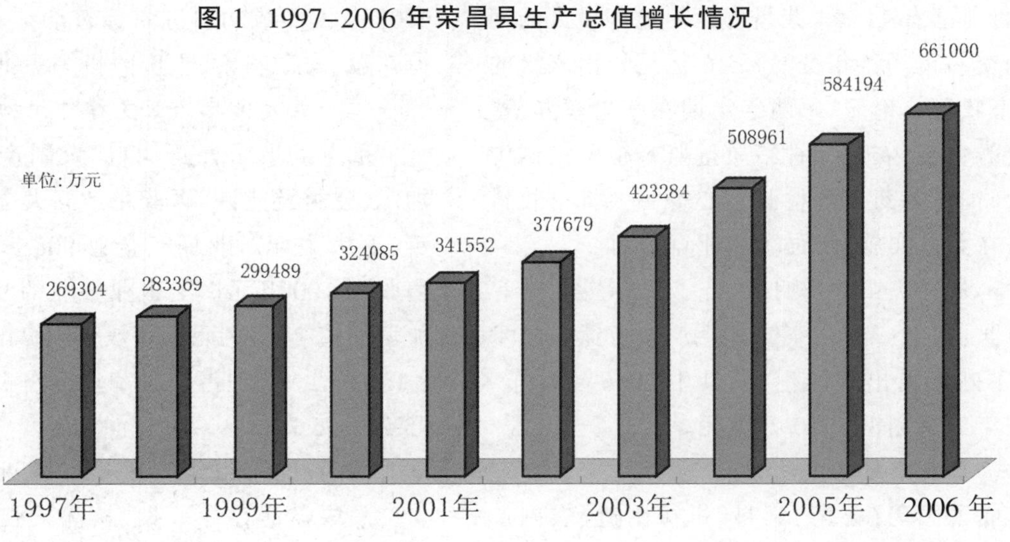

图 2 1997—2006 年荣昌县全社会固定资产投资增长情况

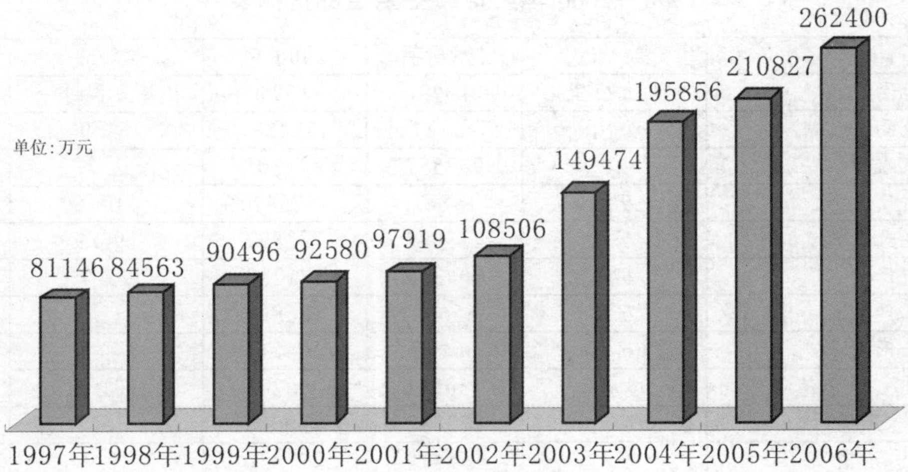

2006 年，全社会固定资产投资达 26.24 亿元，比 1997 年增加 18 亿元，增长 2.2 倍（见图 2）。社会消费品零售总额 21.93 亿元，对外贸易出口总额 3343 万美元，农民人均纯收入 3488 元。

一、优势突出，基础扎实

（一）畜牧资源科技人才是荣昌的最大优势和特色

“荣昌猪”是世界八大、中国三大优良地方猪种之一。县境内有专门从事畜牧科研和教学的重庆市畜牧科学院、西南大学荣昌校区（原四川畜牧兽医学院），县内有中高级畜牧科研人才 500 余人。荣昌是西部地区拥有 GMP 兽药企业最多的县，目前已有 11 家。荣昌有西南地区最大的饲料兽药交易市场，年交易额 16 亿元。国家级的“中国畜牧科技论坛”每两年定期在荣昌举办，畜牧科技孵化楼、农业部种猪质量监督检验测试中心、西部饲料兽药市场检测中心等一大批畜牧科技项目在荣昌实施，增强了产业竞争力。

（二）传统产业特色明显

陶器、折扇、夏布、茶叶等生产企业通过技术改造，不断焕发出新的生机，其中 2006 年夏布、红碎茶年出口创汇 1700 万美元。

（三）工业基础扎实

形成了医药（兽药）饲料、机械制造、农副产品加工、能源建材、轻纺化工五大主导产业，其产值占全部工业总产值的 90%以上。

（四）农业特色明显

培育了上规模的生猪、麻竹、茶叶、蚕桑四大主导产业，其产值占全部农业总产值的 80%以上。

二、兴办企业，工业经济发展势头良好

（一）工业园区成为县域经济的重要增长极

1996 年以来，全县招商引资项目 900 多个，其中生产性项目 600 多个，协议投资约 100 亿元，实际到位资金 35.3 亿元。入驻工业园区的企业 56 家，已投产 41 家，在建 15 家，从业人员 6200 余人。成功引进农标普瑞纳、华西希望、上海铭源、安徽华泰、重庆力帆等一批知名企业。

（二）五大主导产业支撑作用初步显现

重点发展了兽药饲料、农副产品加工、机械加工、建材及能源、医药化工五大主导产业。2006 年，五大主导产业拥有企业 908 家，占全县年销售收入 100 万元以上工业企业的 90.2%，实现工业增加值 24.1 亿元，完成产值 74.8 亿元、利税 8.15 亿元，分别占全县工业经济总量的 96.5%、95.2%、96.7%。

（三）现有企业“三个一批”成效突出

采取盘活存量一批、扶优扶强一批、技术改

造一批等措施，现有企业不断发展壮大。2006年，全县工业总产值78.6亿元，工业增加值25.52亿元，工业经济效益指数达到157.6%。县内销售产值上亿元的工业企业10家，入库税金上千万元的工业企业4家。投入资金9.3亿元，实施技改项目147个。新产品开发105个，创市级名牌产品6个、市级著名商标8个。国有及规模以上工业企业达92家，比1996年净增75家；实现总产值38.7亿元，比1996年增长近10倍。

(四)民营经济发展有了新起色

通过简化手续、降低门槛、优化环境和建立中小企业担保公司等措施，鼓励和支持民营企业发展。全县民营企业工商注册登记1.3万户，从业人员12.9万人，实现企业增加值29.6亿元，其中：民营工业企业实现产值69.7亿元，占全县工业总产值的88.6%。

三、抓特色，经济效益日益凸显

(一)农业产业化特色更加明显

一是粮食生产稳定增长，确保了粮食安全。全县粮食生产常年稳定在30万吨以上，保障了粮食安全。二是结构调整步伐加快，农业特色更加鲜明。形成了以猪、竹、茶、桑为主导的特色农业，以无公害蔬菜、养蜂、禽蛋、名贵花木、水稻制种、中药材为优势产业的农业产业化发展格局。一、二、三产业比由1997年的45:32:23调整为2006年的22:43:35(见图3)。

图3 荣昌县1997年和2006年三次产业占GDP比重情况

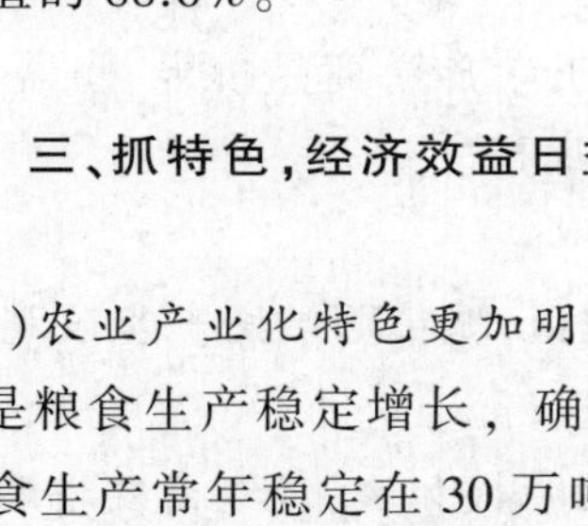

1997年

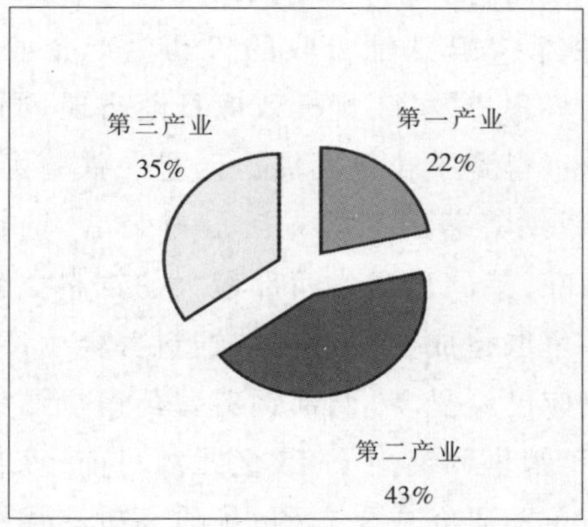

2006年

三是龙头企业获得新发展，产业化经营加速推进。龙头企业从业人数12554人，年销售收入6.3亿元，实现利税3850万元，带动农民14.5万户、增收6525万元。全县专业合作社已达104个、综合服务社115个，入社入股的农户达到28690户，入股资金达到4148.413万元。四是农民负担大幅度减轻，增收效果明显。全面落实了税费减免及全面免征农业税及附加政策、退耕还林、农机具、农村计划生育家庭补贴和再生稻、复耕撂荒地直补等政策，农民负担得到大幅度减轻，农民收入持续增长。2006年虽遭受了百年一遇的特大旱灾，但全县农民人均所得仍比2005年增长4%，达到3488元。五是强化培训和输出工作，农村劳动力转移成绩突出。以启动实施“百劳工程”为契机，大力实施农业部阳光工程，建立了农村劳动力转移培训的网络体系和农村劳动力资源信息系统。累计培训农村劳动力16581人，转移农村劳动力14591人。六是加大农业基础设施投入，农村生产生活条件改善。高升桥水库建成投入使用。完成水库除险加固18座，改造中低产田(土)4.82万亩，农村电排提灌站技改共完成190台(8292.5千瓦)。七是新农村建设稳步实施，千百工程进展顺利。确定了3个市级示范村和26个市级推进村，并在示范村进行了产业培育、农房改造和教学设施改善等基础设施建设。

(二)畜牧科技城建设获得新成就

一是畜牧科技城建设内容不断充实，品牌效

益逐步提高。畜牧科技城园区内现已形成了9家通过兽药GMP认证验收的兽药生产企业集群，规模优势逐步发挥，规模效应日渐凸现。同时，饲料工业也得到了长足发展，巨星、铁骑力士、普华、普锐纳等著名品牌先后落户荣昌，饲料加工产销两旺，荣昌已成为西部最大的饲料兽药生产基地并争取建成全国最大的饲料兽药生产基地，品牌效应已经显现，西部饲料兽药市场已经投入使用，年销售额突破了15亿元。目前，该县动物饲料与兽药研究成果丰硕，优质高效猪用添加剂研究获得国家科技进步二等奖，重庆市畜牧科学研究院与中国农业大学联合进行的“猪体细胞克隆技术研究”进展顺利，中国猪博物馆项目已向上申报，国家发改委批准建立的畜牧业信息平台已建设完成，农业部批准的种猪质量监测检验中心建设已经完成，畜牧科技城科技孵化中心已开工建设，国家农业部已批准中国畜牧科技论坛每两年定点在荣昌召开，4位工程院院士已受聘为中国畜牧科技城的顾问。二是畜科论坛暨贸洽会取得丰硕成果。畜牧科技论坛是全市在区县唯一以市政府名义主办的活动，也是荣昌县南川历史上承办的最高规格、最大影响力的活动。两届畜科论坛吸引了全国40多所院所的100多名畜牧博士、80多名专家、4名中国工程院院士和200多名企业家汇聚荣昌。论坛活动期间，全县贸易成交额突破2.5亿元，其中畜牧新项目、新技术、新产品展销总额突破1.5亿元，工业商品展销达3000万元，畜牧科技产业化开发取得了丰硕的成果。两届论坛活动的成功举办，为畜牧科技城品牌的打造、知名度的提升，奠定了坚实的基础。

(三)商贸旅游业获得新发展

一是市场建设和发展加快。全县初步形成了城乡贯通的区域商品交易市场体系，西部饲料兽药市场跻身重庆专业市场二十强。二是商业业态不断向纵深发展。有各类连锁店近200家，年营业额达1.4亿元。文化娱乐、体育健身、教育培训等产业和物业管理等社区服务业得到较大发展。会计咨询、法律咨询和科技咨询等中介服务业进一步规范。三是县城中心商圈打造和培育有了新起色。昌元城区已初步形成中型购物商场和众多的连锁、超市为主体，集休闲、娱乐、餐饮为一体的商业圈。海棠广场、滨河美食文化长廊的商业氛围日益浓厚。

(四)对外经济贸易不断扩大

红碎茶、夏布、冻猪肉、丝绸和高锰酸钾出口得到迅猛发展。1996—2006年，全县外贸出口13506万美元，2006年达到3343万美元，年均增长43.7%，高于全市平均增速。对外经济合作取得新突破。2003年以来新设外资企业4家，2006年成立了荣昌县对外劳务合作服务中心，全年外派劳务达100人。

(五)旅游业成为新亮点

以“一城一都一镇一湖”为突破口，整合全县旅游、文化文博、民风民俗等资源，全力打造“魅力荣昌一日游”线路。路孔古镇、安富陶博馆、荣隆麻雀岩湖等景区已具雏形，接待水平不断提高，游客逐年上升。旅游商品折扇、陶器、牛角等推陈出新，名气远扬。

四、扩城镇，城镇面貌进一步改观

(一)城镇化步伐加快，城市面貌增添色彩

大力实施“北拓、东扩”的城市发展战略，1996年以来，旧城改造拆迁房屋面积约80万平方米，新建房屋面积约160万平方米，大大改善了城镇居民的住房环境和生活质量。新区拓展城区面积约2.5平方公里（不含重庆荣昌工业园区），竣工房屋建筑面积约40万平方米，以档次较高的住宅为主，并逐步建设完善城市市政基础设施。

(二)城市功能日趋完善，城市形象逐步提升

一是市政基础设施更加完善。投入7000多万元，大力实施“三化”工程，完成了城区道路21万多平方米的“泥改油”工程，实施了海棠大道、昌州大道、宝城路等主次干道的建设，加强城市公用照明设施管理，消灭了“无灯区”，新增了交通、环卫及便民设施，城市污水处理场和生活垃圾处理场工程建设进展顺利。二是“三创”工作成

效明显。全面加强城市基础设施建设，完善配套功能，开展城区环境卫生综合大整治，严厉查处“十乱”行为，对城区90万平方米的市政道路实行不间断清扫保洁。全面开展除“四害”和健康教育工作，大力开展以“做文明市民、树文明新风、建美好家园”为主题的文明活动。市级山水园林城市、市级卫生县城和市级文明先进县城的创建工作已顺利通过验收。

(三)小城镇建设稳步推进，城镇特色逐步显现

小城镇建设按照“一线五点”、“北拓东扩”的城市发展战略稳步推进。10年来，全县新增房屋建筑面积为350万平方米，除昌元镇外其余19个建制镇新增城镇面积4平方多公里。新增城镇人口5.1万人，城镇化带动农村劳动力转移4.5万人，城镇化率由1996年的18.1%提高为31.5%。小城镇配套设施更加完善，实施了15个农民新村建设。

五、夯基础，经济发展环境不断改善

(一)水利工程管理体制和水务体制改革顺利实施，水利设施建设取得成效

水利工程实行了分级管理制度，确保水利工程充分发挥效益和安全运行。深化水务体制改革，形成了“一龙管水，团结治水”的可喜局面。加快了水利基础设施建设步伐，建设濑溪河灌区荣昌片区工程、农村人饮安全工程、病险水库整治工程、雨水集蓄工程、农村电力提灌站技改工程等，治理水土流失面积65.57平方公里，实施红层找水工程，打机井3175口，解决了3万农村人口饮水困难。水利工程抗御旱灾的能力得到增强，为造成水土流失现象得到遏制，生态环境得到改善，水土保持工程的生态效益日益凸显。

(二)交通建设取得新成绩

2006年，全县公路建设总投资21928万元，完成镇村公路泥改油21条173.5公里；新改建桥梁6座165延米；完成了安富、荣隆等4个汽车站的建设，成功转让3条收费公路经营权，实施了大内路、荣泸路、荣吴路的整治；完成了渝隆路13公里大修整治和收费公路病害整治；县道硬化路面达219.215公里，乡道硬化路面84.869公里。农村公路建设实现由通达向通畅的转变，“三纵五横”骨架公路基本完成，农村客运网络初步建立。投资450万元，对濑溪河荣昌段航道6个主要滩口进行整治，保证了水上航运的安全。

(三)电力、燃气设施建设进一步加强

通过合理的规划设计，优化了现有网络，截止2006年底共计投入资金3750余万元，城乡供电可靠率分别为99.689%和99.469%。根据全县经济发展规划和城市建设规划为断扩大供气区域，拓展延伸新区燃气管网8120米、改造更新燃气设施调压箱130台，整改维修阀井28处，更换维修吹扫桩5762根，确保燃气供应质量。基本完成昌元城区主管网隐患整治工程，现已沟通使用，有效地提高了供气质量。

(四)信息基础设施建设步伐加快

信息基础设施建设的规模和水平不断提高，覆盖面日益扩大，政府上网、企业上网、家庭上网和农村信息化都稳步推进。通过实施党政网工程、校校通工程、公安视频监控网工程以及金融、税务、医疗等信息网络的推广应用，提高了工作效率，扩大了服务面，基本实现了内部办公电子化和公众服务网络化，极大的促进了荣昌县南川社会公共领域信息化建设。

六、干实事，树立勤政优政良好形象

10年来，全县投入约15亿元先后实施了青少年活动中心、绿园广场、海棠公园、海棠广场建设。实施了广场路、宝城路、外东尾街、外西尾街、工业品市场和学院路等旧城改造项目。新建荣昌初级中学，全面排除中小学D级危房61518平方米。全部办结被重庆市列为全市民心工程的“两证”遗留问题。全力实施污水处理厂，垃圾处理场建设，加强高升桥水库周边环境治理，确保其水质达到国家三级饮用水标准。大力实施公路道路“三纵五横”项目和“镇镇通”、“村村通”以及“泥

改油"工程，全县209个村通公路，其中191个村通客车，126个村通油路，公路建设实现了由通达到通畅的转变。加大力度实施农村水利基础设施建设，提高农业抗旱能力和生产力水平；实施农村"生态家园"富民工程和通院石板路工程，投入资金2915.5万元新建农村户用沼气池9705口，全县沼气池累计达到2.596万口；新修通院石板路1125公里；实施红层找水工程，解决农村群众的饮水困难问题；城镇职工全面实施工伤保险和医疗保险。投资6000万元实施疾控中心建设和县人民医院新住院部大楼建；全面推行农村新型合作医疗，提高农村居民的健康水平，2006年全县参合农民已愈50万人，农户"因病致贫、因病返贫"的问题得到了初步有效的解决。开通昌元城区数字电视，规划并实施职中校体育场建设及县城体育馆工程。积极开展"三创"活动，打造"天蓝、地绿、政通、人和"的人居环境，"城中有园、园中有城"的城市景观初步形成。

七、保平安，城乡经济社会统筹协调发展

（一）认真实施行政许可法，依法行政意识得到加强

以"强基础，推清理，建制度，强监管"为工作重点，全面深入贯彻《行政许可法》。对行政许可项目、实施依据、实施机关和附带收费进行了全面清理，深化行政审批制度改革。共取消了涉及10余个单位的审批项目63项、收费项目5项，简化办事程序20项，取消申报材料40项，压缩办事时限计75个工作日。并建立了一系列实施《行政许可法》的配套制度。通过实施《行政许可法》，建立完善行政执法责任制，全县上下依法行政的意识得到了加强。

（二）落实责任制，加强了安全和信访工作

认真落实安全生产责任制，大力开展安全生产专项整治，有效杜绝了重特大事故发生，安全生产状况持续稳定好转。坚持落实了信访稳定工作领导小组联席会议制度，领导干部阅批群众来信和公开接待群众来访制度，领导包案和责任追究制度，信访听证会制度和律师参与涉法涉诉信访工作制度。

（三）狠抓社会治安综合治理工作，维护社会稳定

以"创建平安村镇，建设平安荣昌"活动为载体，着力加强社会治安防控体系建设。依法严厉打击各类违法犯罪，加大对突出治安问题和重点地区整治，坚持不懈开展扫黄打非活动，扫除社会丑恶现象，社会治安逐步好转。严密防范和严厉打击邪教组织活动，确保了荣昌县南川的社会政治稳定。

八、促和谐，各项社会事业稳步推进

（一）科教文卫事业发展加快

一是科技工作得到加强。建立了符合市场经济规律、措施完善、运行有效的科技体制及运行机制；形成了尊重劳动、尊重知识、尊重人才、尊重创造的良好社会风尚；不断增加科技投入，加速科技人才的培养，提高科技成果的转化率，促进经济与社会的协调发展。二是教育事业全面发展。教育教学质量明显提高，实施了"校校通"工程，信息基础设施建设步伐加快，"两基"工作不断巩固，全县所有中小学上收，农村义务教育"以县为主"的管理体制全面落实。联招录取成绩由1996年的全市36位上升为2006年的17位。共投入资金5025.8万元，排除中小学危房88531平方米，新建、改建、扩建校舍85778平方米。三是文化体育事业欣欣向荣。建设了县文化馆、图书馆流通大楼、乡镇示范文化中心，完成了体育中心规划方案、场地平整工作，体育馆即将进入主体工程建设。组织开展了文艺演出、电影下乡、"体育三下乡"、篮球比赛、龙舟赛、钓鱼比赛等文体活动，活跃了城乡人民文化体育生活。加强了文物保护维修工作和民族民间文化保护工作，陶器、夏布已列为国家级保护项目，折扇被列为市级保护项目。群众体育和竞技体育有了长足的进步。四是卫生事业蓬勃发展。公共卫生服务体系建设取得重大进展，成功抵御了"非典"、人感染

高致病性禽流感、人—猪链球菌病等重特大传染病疫情,肺结核、霍乱、艾滋病等重点防治传染病得到有效控制,无重特大传染病疫情和突发公共卫生事件发生,实现了基本消除碘缺乏病的阶段目标。卫生经济总量首次突破1亿元。医疗服务环境明显改善,医疗服务质量和水平显著提高。新型农村合作医疗有序开展,共向参合群众提供医疗费用补偿1250余万元,有效解决了农村群众“因病致贫、因病返贫”的问题。

(二)国策落实效果明显

一是坚持不懈抓好人口与计划生育工作。开展了国家“婚育新风进万家活动”,实施了重庆市“避孕方法知情选择”项目,重点抓好了农村计划生育家庭奖励扶助和违法生育的清理追收工作。稳定了低生育水平,提高了出生人口素质,出生人口性别比已趋于正常。荣昌县南川被授予全国计生协100名先进县和婚育新风进万家活动先进县等称号。二是加强了生态和环境保护工作。切实抓好环保和噪音防治知识的普及与宣传教育工作,严查各类环境违法行为。完成了饮用水源调查,制定了饮用水源整治实施方案,开展了大气环境、濑溪河水环境、昌元镇饮用水源的质量监测和污染源的监督监测工作,强化了污染治理。实施天然林保护、封山育林和退耕还林工程,全县累计完成退耕还林面积18.7万亩,治理水流失面积83.59平方公里,基本取缔了风箱养鱼和肥水养鱼。三是进一步强化了土地管理工作,全县重点项目建设用地得到有效保障。加强耕地管理,实现了全县“耕地占补平衡”,确保了全县47921.63万公顷基本农田面积不减少。

(三)社会保障体系不断完善

一是养老保险得到落实。2006年底参保人数达到51000人,扩面对象的重点是非公有制企业、城镇个体工商户(含农村户口)和城镇户口的灵活就业人员。二是医保工作不断加强。2006年底参保人数已达到40200人,基本医疗保险制度改革得到顺利推进。三是工伤保险全面推进。2006年底参保人数已达到26000人。四是生育保险稳健实施。2006年底参保人数达到4828人。生育保险稳健实施,保护了企业女职工的合法权益。五是失业保险逐步推进。县失业保险参保人数达到10200人,逐步实现了企业下岗职工基本生活保障制度向失业保险制度“并轨”,下岗失业人员培训力度逐年加大。六是低保工作成效明显。实行分类施保,常年救助城镇贫困人口1.46万人,2次提标,共发放低保金5306万元。五保供养实现了由农民互助共济向财政直补保障为主的转变,下拨资金450万元改建敬老院和新建五保家园60个,解决1386个五保老人入住。健全农村特困户救助制度,建立健全自然灾害救助应急体系,确保受灾群众的基本生活。七是就业和再就业跃上新台阶。1996年以来,累计新增城镇就业16890人,指导就业17503人,指导帮助大龄就业困难对象(“4050”人员)实现再就业1345人;再就业培训1568人,就业训练及农村劳动力培训3460人;发放小额贷款1260万元;城镇登记失业率控制在3.82%。八是社会救助有了新突破。以居家为基础、社区为依托、机构为补充的社会福利发展格局初步形成,大力改善了老年人、残疾人、孤儿生活福利服务。成立慈善会,着力引导和支持慈善事业发展,累计接受社会捐款300多万元;筹集福利彩票公益金145万元,资助社会公益事业。九是弱势群体得到关爱。成立了县救助管理站,实现了从强制收容遣送向自愿受助、主动救助、无偿救助的重大转变。全县五保户、特困户及重点优抚对象参加新型农村合作医疗每人每年10元由政府支付,五保户住院治疗费用全额报销,实施大病救助,特困户和重点优抚对象在正常报销的基础上报销30%。教育救助制度建设取得重要进展,倒房户建设和临时救助也做了大量工作。注重各项救助制度之间的配套衔接,财政救助资金预算逐年增加,基本建立城乡社会救助体系框架,促进了社会公平和全体人民共享改革发展成果。

(四)精神文明建设取得新成果

一是加强思想道德的宣传力度。突出抓了《公民道德建设实施纲要》的宣传教育和贯彻落实工作,开展各种类型的宣传活动,组建了“荣昌县精神文明志愿者队伍”。以创建重庆市文明县城先进县为契机，深入开展“八荣八耻”为主要内容的思想道德建设系列活动，有效提高了广大干部群众的思想道德意识。二是组织开展的文化、科技、卫生、法律“四下乡”活动。共出动各类志愿者服务人员3200多人(次)，开展各种宣传、咨询活动1260余场次，发放各种宣传资料1256400多份，各种科技书33500多册，便民服务卡7580多张。三是深入开展各类文明单位创建活动。全县成功创建全国精神文明建设先进单位1个、全国文明村1个；创建重庆市级文明单位标兵4个、市级最佳文明单位6个、市级文明单位24个、市级文明镇5个、市级文明社区4个、市级文明村2个；创县级最佳文明单位53个、文明单位56个、文明镇3个、文明村1个、文明社区6个。

九、树形象，政府自身建设不断加强

从建立健全制度着手，不断规范政府自身的行政行为，提高行政能力和管理水平，努力建设公正透明、勤政务实、廉洁高效的现代法治政府。完善了重大决策程序规定和政府议事规则，加强对集体决策重大事项的监督，严格责任追究，使行政权力得到了进一步规范，干群关系进一步融洽，树立了政府公正、廉洁、高效的良好形象。

廉政建设深入开展，行政效能有所提高。1996年以来，纪委、监察部门查处案件308起，查出违法违纪金额206万元，挽回经济损失847.8万元，纠正退还违纪违法金额206万元，避免经济损失2186.8万元，先后在全县77个部门开展民主评议政风行风工作，对188项重点问题进行整改，办结群众来信、来访1104件次，纠正和解决热点、难点问题530个，清退不合理收费74.2万元，处理违法违纪违规人员99人，追究违纪领导干部26人(处级干部9名，科级干部17名)，组织处理科级干部4人。党风廉政建设“一票否决”了11个部门和镇；对新担任领导干部的103人次进行了廉政谈话和任前谈话；累计考核领导干部1442人次。

督查工作力度加大，确保了政令畅通。各级各部门全面按照县委、县政府的工作思路和工作重点，结合自身工作实际，狠抓工作落实，加大了督查、督办的力度，对有令不行、有禁不止的人和事，进行了严肃查处，切实纠正了损害群众利益的部门和行业不正之风。同时强化了行政监察工作，形成了执法监察、效能监察、廉政监察的综合效益。

民兵预备役工作取得新成绩，征兵工作顺利完成。人事、民族、宗教、侨台工作取得新成绩。档案、修志、保密、统计、气象、防灾救灾工作取得新进展。工运、妇女儿童、青少年、老龄、民政优抚、残疾人事业顺利开展并取得成效。

十、引投资，园区已经成为县域经济的重要增长极

荣昌工业园区是重庆市首批十六个特色工业园区之一。经过十多年的建设，园区实现了与主城区“无缝”对接。1996年以来，园区基础设施建设总投入达2.2亿元；引进工业企业47家，已投产企业27家，在建企业20家；累计实现工业产值30.32亿元，实现税收1.84亿元。2006年园区产值达13.5亿元，上缴税金将达7000万元；固定资产投资强度为8.07亿元/平方公里，从业人员约6200人。

荣昌县招商引资管理体制先进，服务体系完善。世界500强企业美国嘉吉公司、中国500强企业铁骑力士集团、新希望集团、普华集团等一批国内外知名企业纷至沓来。1996年来，已完成两平方公里的开发，正在积极拓展，再扩展2平方公里。成立了园区招商引资服务中心，实行全程跟踪服务。对重点企业实行了挂牌保护、县领导联系企业、警企联系卡等制度。

十一、目标明确，重点突出

展望“十一五”，荣昌确立了“跨越发展、提速升位”的发展目标，通过实施“强兴工业、壮优特

色、统筹城乡、构建和谐”的发展战略，努力把荣昌建成“中国畜牧生产科研重地、重庆特色农副产品生产加工创汇基地、渝西川东结合部经济发展高地”。将实施“五大工程”：一是实施工业“增量提质”工程。继续突出抓好五大主导产业发展，打造兽药饲料加工、机械加工、农副产品加工三大基地。着力建设荣昌工业园区，承接和聚集产业。努力搭建融资平台，扩大融资能力。大力发展民营经济，增强县域经济活力。打造“开放荣昌、诚信荣昌、效能荣昌、文明荣昌、生态荣昌、和谐荣昌”，优化服务环境，提高招商引资实效。力争到2010年，全县工业增加值实现60亿元以上，规模以上工业企业突破200家，销售收入1亿元以上企业突破20个、5亿元以上企业突破5个、10亿元以上企业突破3个。二是实施农业“惠农富民”工程。发挥畜牧资源科技人才优势，加快推进“中国畜牧科技城”建设，进一步提升档次，扩大影响。在做强产业上下工夫，在培植特色上求突破，在做响品牌上求效益，促进农民增效和农民增收。落实各项惠农政策，搞好新农村建设。到2010年，建成生猪、麻竹、茶叶、蚕桑、蔬菜、花木、蜜蜂、禽蛋、水稻制种、中药材10大基地，主导特色产业产值实现30亿元以上，培育市级以上特色品牌10个。三是实施城镇“拓城扩镇”工程。按照“一城一线五镇”合理布局城镇体系，实现城乡经济良性互动。按照“北拓、东扩、西进”思路扩大城区体量。按照“增高、增绿、提质”要求加强城市规划管理。2006年完成城区柔性路面改造，提高绿化水平，搞好灯饰工程，创建“重庆市卫生城镇、山水园林城镇、文明县城”。到2010年，县城建成区面积扩展到18平方公里，全县城镇化率达56%。四是实施商贸“活商兴贸”工程。打造县城商贸心，培育滨河美食文化长廊，建设边贸特色市场，发展外经外贸。到2010年，社会消费品零售总额实现40亿元以上。五是实施社会事业“谐民安邦”工程。以致力民富为根本，做到关注民生，推进民主，化解民忧，维护民安，促进民乐。

荣昌，充满着生机与活力，蕴含着希望和机遇。荣昌，是创业者施展抱负、展现才华的舞台，是投资者壮大资本、博弈财富的平台。我们相信，在市委、市政府的坚强领导下，通过我们共同努力，荣昌一定能够成为渝西川东结合部经济发展高地。渝西明珠将绽放出绚丽的光芒！

注：本文数据出自《荣昌县人民政府二〇〇六年度政府工作报告》及荣昌县统计局

撰稿单位：重庆市荣昌县人民政府办公室
执笔人：刘奠生

璧山县

1997年6月18日，八届全国人大五次会议通过议案，把重庆推上直辖市的历史舞台。10年来，璧山人民在县委、县政府的正确领导下，把握历史机遇，聚精会神搞建设、一心一意谋发展，使全县经济社会发生了显著变化，取得了丰硕成果。

一、基本概况

璧山位于重庆西部近郊，全县面积915平方公里，辖2个街道、10个镇、1个乡，34个社区居委会，151个村，1197个社，总人口61万人。2020年城镇规划区面积51.16平方公里，规划城镇人口52.66万人，已建成区面积22.36平方公里，城镇常住人口17.6万人。

10年来，璧山充分利用良好的交通区位优势，大力实施城郊型经济发展战略和工业强县战略，按照建设三大基地（优质农副产品生产加工基地、工业品生产配套基地、生态旅游休闲度假基地)、推进三个集中(土地向规模经营和种养殖大户集中、工业向园区集中、农村人口向城镇集中)、强化三大基础(道路交通、信息网络、生态环境)、加强三大建设(党的建设、精神文明建设、民主法制建设)的思路推动全县工作,取得了较好成效。璧山,已被中国轻工业联合会、中国皮革协会命名为中国西部鞋都,县城已创建为国家级卫生县城。全县人均财政收入、职工年均工资、农民人均纯收入、人均GDP、人均存款、人均用电量等指标名列重庆各县前茅。在全市经济发展综合目标考核中,从2003年起连续3年列渝西地区前两位。

二、主要成就

(一)国民经济持续发展,全县经济实力显著增强

经济总量、人均生产总值实现双翻番。2003年,璧山完成了直辖后的第一次GDP总量翻番,全县GDP由直辖前1996年的205162万元,提高到2003年的467517万元;2006年,全县GDP进一步提高到758016万元,为1996年的3.69倍;人均生产总值(GDP)跃上新台阶(见表1、表2)。按年均户籍人口计算,璧山2006年人均GDP将达到12335元,比1996年的3453元增长了2.57倍,年均增长13.6%。

表1 直辖10年来璧山县经济总量基本情况 单位:万元

年份	1996	1997	1998	1999	2000	2001	2002	2003	2004	2005	2006
GDP	205162	230216	264748	280347	301171	347987	405617	467517	569843	661046	758016
第一产业增加值	69686	66605	60583	56208	55434	55988	58507	61962	71731	77381	75912
第二产业增加值	93197	106033	131706	143538	156689	181325	215095	254002	314265	374983	448526
第三产业增加值	42279	57578	72459	80601	89048	110674	132015	151553	183847	208682	233578
人均GDP	3453	3870	4447	4699	5007	5731	6658	7670	9332	10804	12335

注:数据来源于璧山县统计局。

表2 直辖10年来璧山县经济发展速度基本情况 单位:%

年份	1996	1997	1998	1999	2000	2001	2002	2003	2004	2005	2006
GDP	118.4	118.5	115.4	108.5	110.5	111.6	112.5	113.2	113.8	113.8	114.5
第一产业增加值	94.1	95.4	99.3	97.0	102.9	101.9	103.2	104.2	106.0	106.1	98.5
第二产业增加值	140.7	139.8	120.1	111.8	112.7	115.5	115.5	116.6	115.3	116.5	119.0
第三产业增加值	105.6	108.9	116.1	107.0	108.4	110.7	112.3	111.7	114.6	112.0	112.3
人均GDP	118.1	122.6	115.3	108.3	108.0	112.2	113.5	114.3	114.6	113.9	114.5

注:数据来源于璧山县统计局。

经济效益进一步提高,财政收入大幅增长。直辖以来,随着璧山经济的持续快速发展,经济运行质量的提高,财政收入快速增长。2006年,全县辖区内财政总收入达到86957万元,是1996年的7.24倍,10年年均增长21.9%;2006年,全县地方预算内财政收入54089万元,是1996年的7.32倍,年均增长22%,辖区内财政总收入和地方预算内财政收入均在1996年基础上实现了双翻番(见表3)。财力的增强为璧山县经济发展提供了有力保障,政府宏观调控能力进一步增强。

表3 直辖10年来璧山县财政收支基本情况 单位:万元、%

年份	1996	1997	1998	1999	2000	2001	2002	2003	2004	2005	2006
财政总收入	12006	14530	17036	19016	23008	25991	29065	40753	52032	66573	86957
比上年增长	13.4	21.0	17.2	11.6	11.2	13.0	11.8	40.2	27.7	27.9	30.6
地方预算内收入	7485	8985	12005	12695	13469	14985	14713	21635	30459	40754	54809
比上年增长	25.9	20.0	33.6	5.7	6.2	11.3	-1.8	47.0	40.8	33.8	34.5

注:数据来源于璧山县统计局。

(二)产业结构调整取得重大进展,非公有制经济发展迅速

经过直辖10年的发展,全县产业结构调整取得重大进展。三次产业比由1996年的34:45:21调整到2006年的10:59:31(见图1)。与直辖期初产业结构相比,2006年第一产业下降24个百分点,第二产业和第三产业所占比重分别上升了14和10个百分点。产业结构由二一三转变为二三一,基本形成按市场需求配置产业结构的格局。非公经济成长迅速,占据了璧山经济半壁以上江山。2006年非公有制经济增加值占全县GDP的比重达到64.6%以上,比2004年的62.0%提高2.6个百分点,已成为璧山县县域经济的主体。

图1 1996年与2006年璧山县三次产业结构比较

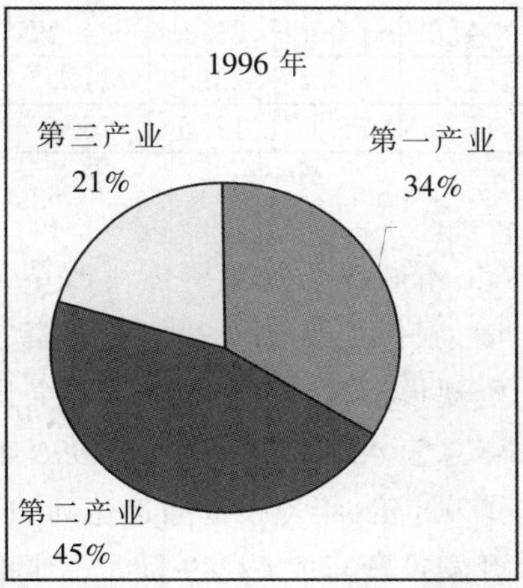

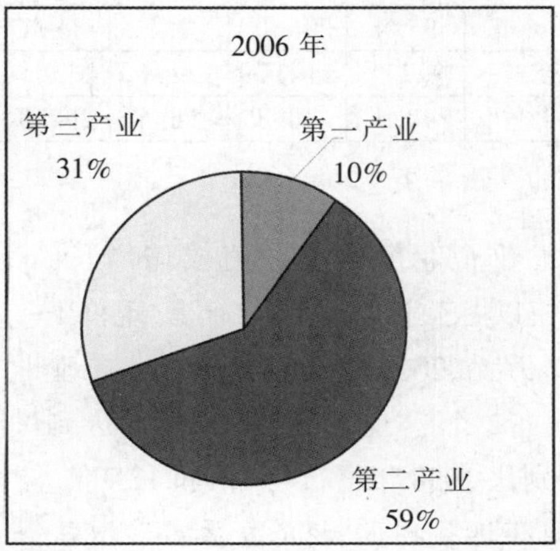

(三)农业基础地位得到加强,农村经济全面发展

直辖以来,璧山认真落实国家农村经济发展政策,以农业增效、农民增收、农村发展为中心,狠抓农业内部结构调整,积极引导农民走市场化道路,农业和农村经济全面健康发展。

2006年实现农林牧渔业现价总产值达到12.2亿元,比1996年增长17.1%,10年年均增长1.6%(见表4);农业产业化结构进一步优化,四大主导产业加快发展,总产值将达到7.6亿元(见表4),占农林牧渔业总产值的61.8%以上,比2000年的29.5%提高了32.4个百分点,粮猪产值占总产值的比重下降到30%,比2000年的49.6%下降20.1个百分点;农村全面小康实现程度大幅度提高。2006年璧山县农村全面小康实现程度达到32.3%,比2004年的20.9%提高11.4个百分点。

表4 直辖10年来璧山县农业农村经济主要指标 单位:万元、%

年份	1996	1997	1998	1999	2000	2001	2002	2003	2004	2005	2006
农林牧渔总产值	104582	101264	93715	85657	86004	85239	92940	98568	118165	126404	122434
比上年增长	12.5	-3.2	-7.5	-8.6	0.4	-0.9	9.0	6.1	19.9	7.0	-3.1
四大主导产业产业值					25244	34174	41186	49128	59346	70896	75612

注:数据来源于璧山县统计局。

(四)工业强县成效显著,三大产业支撑作用进一步增强

直辖以来,县委、县政府大力贯彻实施"工业强县"战略,积极推进新型工业化建设,使璧山县工业生产全面发展,取得了骄人的业绩。

工业经济总量实现翻番,在全县国民经济中的支柱地位不断加强。2006年全县将完成全部

工业总产值155亿元，比1996年20.7亿元增加6.48倍，年均增长22.3%，实现工业增加值41亿元，比1996年的8.54增加3.8倍，工业增加值占全县GDP的比重也从1996年的41.7%提高到了54.1%，10年提高12.4个百分点，对全县国民经济的支撑作用进一步增强(见表5)；三大支柱产业发展步伐加快，带动作用进一步增强。2006年三大支柱产业完成工业总产值109.9亿，比1997年增长了6.1倍，上交税金2.4亿元，比1997年增长5.9倍。三大产业集中度显著提高，占全县工业总产值的比重由1997年的55.2%快速提高到2006年70.9%。

表5 直辖10年来璧山县工业经济主要指标　　单位:万元

年份	1996	1997	1998	1999	2000	2001	2002	2003	2004	2005	2006
工业总产值	207476	278939	379314	415633	493552	565617	673288	851743	1062151	1282548	1550000
比上年增长%	-4.5	34.4	36.0	9.6	18.7	14.6	19.0	26.5	24.7	20.8	20.9
工业增加值	85471	92117	114170	122760	135650	156676	186667	222082	227292	332316	410197
比上年增长%	41.7	40.4	20.3	10.5	14.0	15.8	15.6	17.0	15.6	16.9	19.3

注:数据来源于璧山县统计局。

规模以上工业企业个数、产值成倍增长。1998年全县规模以上工业企业仅有30个，现价工业总产值62147万元，2006年全县规模以上工业企业个数达到172个，现价工业总产值达到865572万元，分别比1998年增长4.7倍和12.9倍。

(五)投资规模迅猛扩张，经济发展后劲增强

直辖以来，璧山县认真贯彻中央宏观调控政策，不断深化投融资体制改革，大力优化投资环境，狠抓项目建设和招商引资，全县固定资产投资规模迅猛扩张。2006年，全县完成固定资产投资总额406773万元，比1996年37669万元增长了9.8倍，年均投资增速达到26.9%。其中房地产开发投资完成64289万元，比1996年的7183万元增长7.95倍，年均增速达到24.5%(见表6)。

表6 直辖10年来璧山县固定资产投资情况　　单位:万元

年份	1996	1997	1998	1999	2000	2001	2002	2003	2004	2005	2006
全社会固定资产投资	37669	57313	74334	75311	94403	111526	138579	181970	263858	329186	406773
比上年增长%	29.4	52.1	29.7	1.3	25.4	18.1	24.3	31.3	45.0	24.8	25.7
其中：房地产投资	7183	10433	18533	16258	12791	12570	15535	26802	49922	44688	64289
比上年增长%	-9.7	45.2	77.6	-12.3	-21.3	-1.7	23.6	72.5	86.3	-10.5	43.9

注:数据来源于璧山县统计局。

(六)商贸中心建设成效显著，消费需求进一步升级

直辖以来，随着经济的发展，璧山县商贸流通领域快速发展，取得了前所未有的辉煌与繁荣。商业步行街、各类交易市场等商贸设施相继建成和完善，全县形成了以璧城商贸镇为核心，青杠、丁家、大路等重点商贸镇为支撑，八塘、正兴、大兴、河边等镇为骨干的商贸大流通格局，随着重百、名豪等一批国内知名商业企业、连锁店、超市、餐饮名店纷纷抢滩入驻璧山，有力地带动了璧山县批发和零售业快速发展。直辖以来，璧山消费结构升级明显加快，消费市场热点迭现，居民消费热点转向以住宅、汽车、通信、教育、休闲娱乐等领域，带动了相关产业的发展。2006年，璧山县全社会消费品零售总额实现245849万元，比1996年的75925万元增长2.23倍，10年年均增长12.4%(见表7，下页)。

(七)城乡居民收入快速增加，生活水平进一步提高

直辖以来，随着璧山经济持续快速健康发展，城市居民收入快速增长，生活质量继续提高。2006年全县城镇居民人均可支配收入达到

表 7 直辖 10 年来璧山县消费市场基本情况　　单位:万元

年份	1996	1997	1998	1999	2000	2001	2002	2003	2004	2005	2006
全社会消费品零售总额	75925	88073	102957	111194	120423	131863	146500	160125	184944	212881	245849
比上年增长%	16.2	16.0	16.9	8.0	8.3	9.5	11.1	9.3	15.5	15.1	15.5

注:数据来源于璧山县统计局。

10910 元，为2000 年的 1.9 倍，比 2000 年增长 86.3%(见表 8、图 2)。城市居民高档耐用消费品拥有量不断增加,2006 年每百户城市居民拥有彩色电视机 169 台,洗衣机 97 台,电冰箱 95 台,空调器 162 台,家用电脑 44 台,普通电话 110 部,移动电话 174 部。

直辖以来,围绕农业增产、农民增收、农村稳定的工作目标,璧山县出台了一系列支农政策和措施，使全县农村居民生活消费水平稳步提高。2006 年，全县农民人均纯收入达到 3752 元,比 1996 年的 1916 元增长了 95.8%,10 年年均增长 6.95%(见表 8,图 2)。随着收入的增加,农村生活环境的逐步改善,特别是农村电网改造,农村居民高档耐用消费品拥有量不断增加。到 2006 年末,农民每百户拥有彩色电视机 101 台,电冰箱 22 台，洗衣机 30 台，空调机 11 台，影碟机 50

表 8 直辖 10 年来璧山县城乡居民收入基本情况　　单位:元

年份	1996	1997	1998	1999	2000	2001	2002	2003	2004	2005	2006
城镇居民人均可支配收入			6157	6599	5857	6670	7223	7836	8544	9870	10910
比上年增长%				7.2	-11.2	13.9	8.3	8.5	9.0	15.5	10.5
农民人均纯收入	1916	2189	2393	2501	2478	2560	2707	2875	3285	3682	3752
比上年增长%	23.1	14.2	9.3	4.5	-0.9	3.3	5.7	6.2	14.3	12.1	1.9

图 2 直辖以来璧山县城乡居民收入情况　　单位:元

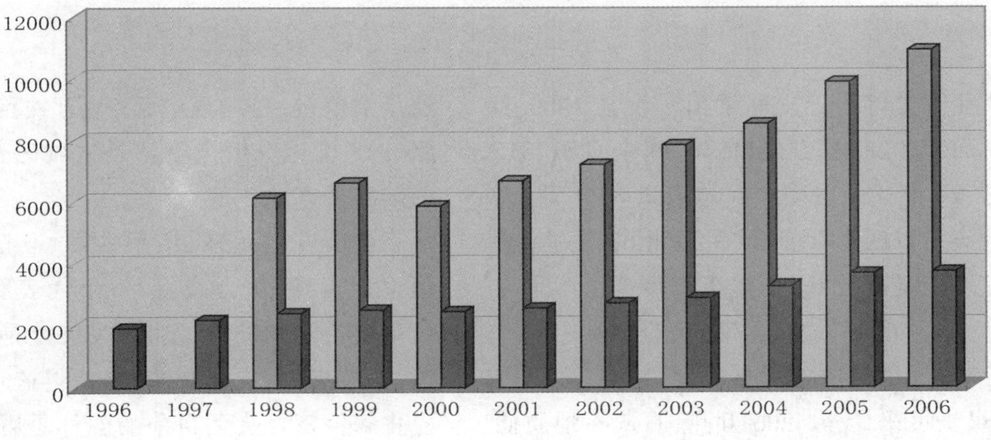

注:数据来源于璧山县统计局。

台,分别比 2002 年增长 44.3%、1.8 倍、67%、5.5 倍、25%。

(八)全面构建和谐社会,社会事业全面进步

直辖以来,县委、县政府认真贯彻“三个代表”重要思想,努力构建社会主义和谐社会,加强社会主义物质文明、精神文明和政治文明建设,在全面实现璧山小康社会,推进璧山社会的全面进步方面,取得了显著的成就。

全面提高人口素质,教育事业迅速发展。全县现有各类学校 133 所，其中公办普通高中 3 所、职业高中 1 所。在园幼儿 14961 人,在校中小学生 74497 人。全县 3-6 岁幼儿入园率达 85%,

儿童学前一年入学率达95%，学龄儿童入学率、初等教育完成率、毕业率均达到99.99%，初级中等教育完成率为96.7%，毕业率为99.32%。高中阶段教育每年均以35%-40%的比例扩大招生规模，普通高中在校生人数由1997年2481人增至2006年的8499人，每10万人中普通高中在校学生人数超过全市平均水平。形成了幼、职、特、成教育和基础教育、普通高中教育相互促进、协调发展的新格局。

加快推进社会主义先进文化建设，卫生事业进一步发展。文化事业取得新发展。几年来，一批文艺创作者创作并参演的作品获市级以上奖励67个。舞蹈《山娃闹春》、《金龙舞春》分获中残联、中国儿童文学研究会主办演出的金奖和银奖，创作演唱的歌曲《石板桥黄桷树》荣获首届重庆市群众文艺展演三等奖；摄影作品《送别人间》等获全国影展铜奖，摄影作品《助学金》、《男女都一样》在重庆市人口与计划生育宣传活动中获得二等奖；璧山县编导的歌舞《三峡新校我们的家》获得全国中学生文艺调演一等奖。医疗卫生事业稳步发展，农村卫生保健工作得到加强，农村新型合作医疗稳步推进：2006年参加新型农村合作医疗的农民达327900人，占全县农业人口的69.47%，超额完成了市下达60%的任务指标。全县实际到位统筹基金1311.6万元，到位率为88.89%。

积极推进城镇化战略，全县城镇化水平不断提高。随着城镇人口持续增加，璧山的城镇化进程加快发展。2006年全县城镇人口达到17.6万人，城镇化率达到34.3%，比2000年的20.4%提高13.9个百分点，农村交通、通讯和商贸流通业发展迅速，城乡融合度不断提高。

注：本文数据出自于璧山县统计局

撰稿单位：重庆市璧山县统计局

执笔人：徐安绪

梁平县

梁平县历史悠久，史称梁山，设县1400多年。幅员面积1890平方公里，辖33个乡镇、315个行政村、24个社区居委会，总人口89.4万人。县城距重庆主城区180公里，距万州67公里。梁平"三农"工作基础较好，是重庆市粮食生产重点县，有"柚乡"、"粮仓"、"鸭乡"之美誉。县内矿产资源较为丰富，已探明的天然气储量500亿立方米以上，煤炭可采储量4200万吨，石灰石地质储量10亿吨，石膏矿储量2.8亿吨。境内有"西南佛教祖庭"双桂堂、东山国家森林公园和市级风景名胜区百里竹海等旅游资源。梁平文化积淀厚重，传统的梁平灯戏、梁平竹帘、梁平年画被誉为"梁平三绝"，梁平灯戏、梁平木版年画和梁平癞子锣鼓被列入全国首批非物质文化遗产保护名录。全县基本实现了户户通电、村村通公路、村村通广播电视、村村通电话。达万铁路、渝万高速公路、318国道纵横全境，是主城区连接三峡库区的陆路要塞。

重庆直辖以来，梁平县委、县政府以邓小平理论为指导，努力践行"三个代表"重要思想，全面落实科学发展观，坚持"发展才是硬道理"不动摇，解放思想，更新观念，与时俱进，抢抓机遇，努力化解经济社会运行中的各种矛盾和问题，采取一系列适合梁平县情的战略举措，加快发展经济和社会事业，取得了显著成就。2006年，全县实现地区生产总值52.39亿元，比1997年的19.25亿元增加33.14亿元，增长172.2%，年均递增12.3%；常住人口人均地区生产总值达到7354元，比1997年的2222元增加5132元，增长230.9%。实现地方财政收入22996万元，比1997

年的6599万元增加16397万元，增长248.5%，年均递增14.88%。社会消费品零售总额实现185682万元，比1997年的64852万元增加120830万元，增长186.3%，年均递增12.4%。完成固定资产投资241187万元，比1997年的35590万元增加205597万元，增长577.68%(见表1)。三次产业比重由1997年的35.9:33.0:31.1调整为22.7:46.7:30.6，产业结构更趋优化。重庆直辖以来，梁平县先后获得“全国人口计划生育优质服务先进县”、“全国农村初级卫生保健项目先进县”、“全国造林绿化先进县”、“中国名柚之乡”、“中国名特优经果林之乡”、“全国第一次经济普查先进县”、“重庆市卫生县城”、“重庆市双拥模范县”、“重庆市文化先进县”和“重庆市科技工作先进县”等称号。

表1 梁平县1997—2006年主要经济指标一览表　单位:万元

指标 / 年份	地区生产总值	地方财政收入	社会消费品零售总额	固定资产投资
1997	192497	6599	64852	35590
1998	206339	8049	70042	39847
1999	219110	8353	75506	45065
2000	235848	10040	81546	112140
2001	262879	12283	90215	160902
2002	316249	13359	101131	195519
2003	354950	15984	106774	238780
2004	426140	16397	141093	213718
2005	488426	17463	161444	232800
2006	523987	22996	185682	241187

一、农业农村经济稳步发展

重庆直辖以来，梁平县针对农业大县的实际情况，坚持统筹城乡发展，制定了“跳出农业抓农业、走出农村建农村、减少农民富农民”的总体思路，大力推进社会主义新农村建设，加快培育支柱产业、增加农民收入、增强农业活力、改善农村生产生活条件，推进农业农村经济步入了持续、健康发展的轨道。2006年，农业总产值实现18.43亿元，全县农业增加值实现11.91亿元。粮食产量实现恢复性增长，达到32.61万吨，年均产量达到35.62万吨（见表2）。肉类总产量6.1万吨，禽蛋总产量6306吨，水果总产量4.9万吨，比1997年分别增长22.3%、28.7%、232.7%；粮食、肉类、禽蛋人均占有量分别达到365公斤、68公斤、7.0公斤，比1997年分别增长11.2%、17.2%、22.8%。出栏水禽696.7万只，比1997年增长3.8%，出栏生猪49.03万头，出栏山羊5.83万只，比1997年增长27.3%。梁平柚种植面积达到10.8万亩、540万株，年产量达到3.6万吨，比1997年的1.12万吨增长221.4%。农产品生产总量、质量、效益同步快速提升，粮食作物“双杂”良种覆盖率达到100%，比1997年提高30个百分点；优质品种推广率达到70%，比1997年提高20个百分点；畜禽良种覆盖面达到80%比1997年提高16个百分点。农产品商品率达到48.5%，农产品优质率达到55%，分别比1997年提高22%和36%。农林牧渔结构由1997年的62:2:34:2调整为2006年的57:1:37:5。全面落实了各项支农惠农政策，全免农业税收及附加，兑现农民种粮“直补”，减轻农民负担，促进了农民持续增收。

表2 1997—2006年粮食产量情况　单位:万吨

1997	1998	1999	2000	2001	2002	2003	2004	2005	2006
36.64	35.65	37.11	37.13	32.67	34.83	34.83	37.05	37.7	32.61

(一)龙头企业不断发展,农业产业化经营进程加快

坚持依托龙头企业、专业合作经济组织发展基地和订单农业,大力推行公司(协会、中介组织)+基地+农户的现代农业经营模式,努力推进"两社两化",多层次提高农业附加值,有效地畅通了农产品进入市场的渠道。到2006年,全县市级、县级农业产业化龙头企业共有22家,其中规模以上企业11家,年销售收入3.5亿元左右,年利税达2500余万元,年利润1400余万元,带动全县12万户农户发展种养业。依托龙头企业,成功培育了"蟠龙大米"、"梁平柚"、"张鸭子"等14个优质农产品品牌。全县共组建专业合作社(联合社)、综合服务社共152个,为连接企业和农民搭起了桥梁;发展各类专业合作组织和协会24个,吸收社员6000多户;发展经营猪、牛、羊和鸡、鸭、鹅的农村经纪人近8000人。

(二)农业生态保护和林业开发取得新进展

1997年以来,全县开展测土配方施肥60万亩,建成生态观光农业"一带一片"1万亩,发展"猪—沼—果"、稻田生态养殖等农业生态技术模式2万亩。推广农田免耕保护性栽培技术10万亩。顺利启动农业标准化生产,制定了梁平柚标准化生产技术和标准化商品技术;建立生态养殖小区3个。大力实施生态家园富民工程,建成农村沼气池5500口。累计实施退耕还林40万亩,落实天然林资源管护69.8万亩,完成封山育林18.6万亩,四旁植树1543万株,义务植树适龄公民尽责率达90%以上。完成水土流失治理160平方公里。全县森林防火、森林病虫害防治、野生动植物保护、林业科技推广以及森林资源监测等体系不断完善。森林面积由直辖前的56.4万亩增加到69.8万亩,增长24%;森林蓄积由146.4万立方米增加到208.8万立方米,增长43%;森林覆盖率由19.8%增加到29.8%,提高10个百分点,年均提高1个百分点。

(三)农业综合开发成效显现

梁平县充分利用被列为重庆市粮油生产重点建设县、市农业机械化重点示范县建设机遇,以一马平川的100平方公里的梁平坝子为主战场,集中力量打造10万亩优质粮食生产核心区,取得显著成效。1997年以来,农业综合开发累计完成投资9290.4万元(其中中央资金4090万元,市级资金2432万元,县级配套824万元,群众自筹1674.4万元),改造中低产田14.11万亩,衬砌排灌渠道426.9公里,建机耕道82.13公里,修建耕作道10.2公里,修便民道105.6公里,平整改良土壤3.5万亩。现已建成核心区6.6万亩,规划辐射控制区15万亩,核心区规划建设杂交水稻制种基地1万亩,辐射区2万亩。项目区新增灌溉面积2.6万亩,改善灌溉面积5万亩,新增除涝面积5.4万亩,改善除涝面积4.4万亩。项目区新增粮油3703.7万公斤,新增产值7729.8万元,人均年增收307元。项目区初步建成一片耕地田园化、灌溉水利化、耕作机械化、种植标准化、经营产业化、农户专业化的现代优质粮油基地建设示范片,实现粮增产、钱增收,提高农业综合生产能力的"两增、六化、一提高"目标。

(四)扶贫开发和"三百工程"取得成效

扶贫开发项目区共引进优质山羊1215只,新建集中供水池6处2150立方米,解决了3256人的饮水困难;新建、改建、扩建村级公路489公里,新修公路桥6座,解决了8.75万人的行路难;救助失学儿童980名;改造村小学校2所,解决了2500名小学生上学难,项目区群众人均增收300元以上,5.28万人实现了脱贫。梁平县列入市"百万工程"的产业有黄籽油菜、优质稻、优质瘦肉型生猪3项,列为市"百镇工程"的有屏锦、袁驿两镇,也是市"百劳工程"项目县。到2006年,全县累计推广黄籽油菜38.3万亩,发展优质稻78.2万亩,推广优质瘦肉型生猪81.5万头。2003年以来,梁平县屏锦、袁驿两镇累计投入1.04亿元(市级投入650万元),其中屏锦镇投入5400万元(市级投入380万元),袁驿镇投入5000万元(市级投入270万元)。屏锦镇在全市百强镇排名由2003年的第35位下降为第51位,袁驿镇由2003年的第77位上升到第50位。通过建设,屏锦镇培育了以苎麻、造纸、石膏、化

工为主导产业的工业体系，袁驿镇建立了围绕煤炭资源的产业链，培育壮大袁驿豆制品公司等农副产品加工企业，第三产业得到很大发展，增强了辐射带动作用。2006年，屏锦镇实现GDP30820万元，城镇居民人均可支配收入达8638元，财政收入增长12%；袁驿镇实现GDP17480万元，工业总产值达3.15亿元，社零消费品总额达到9600余万元，财政收入增长20%。"百劳工程"取得成效。2003年以来，梁平县利用劳动力市场网络，充分发挥13家职业培训机构作用，在外出务工集中地深圳建立办事处，累计实现农村劳动力转移5.85万人，其中培训3.3万人。通过"百万农村劳动力转移就业工程"、"阳光工程"的实施，全县农村劳动力转移就业达到22.6万人（其中在国外务工人员421人），比1997年增加转移就业人员10万人，农村三次产业从业人员比例由1997年的76:5:19调整为2006年的52:28:20。

（五）社会主义新农村示范试点建设进展顺利

2006年以来，梁平县根据市里实施"千百工程"的要求，结合实际，确定了2个市级示范村（梁山镇八角村、屏锦镇万年村），25个市级推进村，6个县级试点村。在认真调查研究，科学分析论证，广泛征求意见的基础上，制定了全县新农村建设实施意见，提出了新农村建设的总体目标，明确了以"三建""四改""五提高"为主要任务，逐步实现"四有、三通、三化"的宏伟蓝图。据统计，全县新农村建设共投入资金1287万元。其中，市级投入186万元，县级投入120万元，镇乡政府投入200万，农民自筹676万元，社会帮扶105万元。到2006年底，梁山镇八角村硬化3条4公里长组干道和32条6公里的入院便民道，改建村办公室、小学、卫生室、小商品及农资超市。规划落实沼气池172口。无偿拆除违规建房16户，拆除危房4户，完成旧房立面改造62户。改造景观沟1公里，修建人行道绿化带1公里、休闲凉亭3个和古牌坊1个，建成花卉苗圃100亩，培育农家乐2个。完成了晒谷广场康居点场地的平整工作。屏锦镇万年村新建改造排水沟14条6.7公里，硬化水泥路4公里、泥结路3公里、人行便道9公里和生产便道1.4公里。建成2条2.4公里道路，铺建人行道15000平方米，安装路灯128盏，种植行道树375株，绿化花台2500平方米。完成第7居民点首批39户农户建房，建筑面积1.35万平方米。建成沼气池86口。总投资50万新建了休闲广场，完成村阵地建设主体工程。到2006年底，全县25个推进村共硬化、新修农村公路95.7公里，推广农机162台，新建、整治水利设施416处，修建村级公共服务中心25个，修建村五保家园7个，新修人行便道95.2公里，新修集中供水点34个，解决自来水用户3457户，旧房改造1468户，"一池三改"900户，改建院坝面积60795平方米，整治排污沟渠27457米，垃圾堆放处理点31处。新农村移动信息化工程建设成效显著，实施了包括移动农网工程、农村公话工程和互联网信息发布工程在内的新农村建设移动信息化工程，初步解决了科技兴农信息入户建设"最后一公里"的问题。工程自2006年7月1日启动以来，移动农网工程用户涉及县、乡镇、村、组干部、龙头企业、种养大户、运销大户和普通农户等共1.7万余名，发送涉农信息400余条；在"千百工程"示范村、推进村安装移动公用电话380余部；新农村网站上传资料1600余篇，浏览量达到1.5万人次。

（六）移民安置任务超额完成

2000年以来，梁平县共安置三峡工程库区农村移民1251户5607人，超额完成市计划移民安置任务407人。实施移民后期扶持项目2个，总投资109万元硬化水泥公路4.3公里，解决了4个村、34户、173名移民和8500余当地村民行路难问题，改善了移民生产、生活环境。农村移民家庭"零转移就业"和城镇移民家庭"零就业"问题得到有效解决。积极引导、支持移民加强了移民信访制度建设，有序、妥善处理移民来信来访，移民来信来访数量大幅度下降，至今无一人上市进京上访，县内也没有发生移民群体性上访，实现了移民稳定工作零信访的佳绩。全县所有安置移民均实现了移民"迁得出、稳得住、逐步能致富"

的目标。

二、实施工业强县战略成效显著

直辖以来，梁平县坚持走新型工业化道路，坚定不移地实施“工业兴县、工业强县”发展战略，以项目建设为支撑，发挥工业园区聚集效应，壮大骨干企业（产业），放手发展民营经济，加快推动优势产业、重点行业整合和工业结构优化升级，努力提高工业经济运行质量，初步建立起了门类比较齐全的地方工业体系，形成了食品、轻纺、建材、化工等支柱产业。

（一）工业经济总量不断壮大

2006年，全县实现工业总产值48.47亿元，较1997年的13.75亿元，增长252.5%（见表3）；工业增加值达到21.5亿元，较1997年的5.65亿元，增长280.5%；规模以上工业企业户数由2000年的18户增加到64户，增加46户（见表4）。工业经济增长质量明显提高，2006年，规模以上工业企业经济效益综合指数达118.8%，比2000年提高98.5个百分点。

表3 1997—2006年工业总产值情况　单位：亿元

1997	1998	1999	2000	2001	2002	2003	2004	2005	2006
13.75	14.27	14.98	16.63	18.63	22.01	25.14	27.85	41.68	48.47

表4 2000—2006年规模以上工业企业发展情况　单位：户

2000年	2001年	2002年	2003年	2004年	2005年	2006年
18	19	19	27	22	60	64

（二）工业经济结构明显改善

在继续巩固提高传统产业基础上，合理调整生产力和资源布局，使产业集中度进一步提高，初步建立起了食品及农副产品加工、轻纺、建材、化工、烟花爆竹等支柱产业体系，涌现出一批以重啤梁平分公司、邵新煤化、泰山电缆、开元化工、雪莱纺织、宝乐食品、蜀达饲料、袁驿豆制品、天友豆制品等为代表的64户规模以上重点骨干企业。成功培育了“双桂啤酒”、“张鸭子”、“山桂香肠”、“袁驿豆干”、“弈虹豆筋”等30多种等具有地方特色和影响力的产品、品牌。产业结构更趋合理，工业经济在国民经济总量的比重由1997年的29.3%上升到41.0%，工业已成为推动全县经济增长的主要动力。

（三）多种所有制经济互为补充、协调发展格局初步形成

从2000年起，梁平县按照建立现代企业制度的要求，坚持彻底改制、不留后患的原则，研究制定了企业改制方案和相关配套政策，通过资产重组、破产、改制、引资嫁接等多种方式的改革，积极推进国有企业产权制度改革，加大所有制结构调整力度。狠抓了资产变现关键环节，发动机关事业单位在职职工借资支持企业改革，妥善安置了企业职工，理顺了企业产权关系和劳动用工关系，对全县498户国有、集体企业进行了彻底改制，盘活企业存量资产3.68亿元，企业活力明显增强，工业总产值、工业增加值每年保持两位数增长。通过企业改制，全县工业经济的行业结构、经营方式发生了重大变化，在国有、集体产值比重不断下降的同时，各种混合所有制经济在工业总量中的比例不断上升，全县非公有制经济呈现新活力，民营经济占地区生产总值的比重达到52%，对经济增长的贡献率达到41%。

（四）园区建设取得重大进展

自2002年启动工业园区建设以来，梁平县按照“长远规划、分期建设、滚动发展”的原则，紧紧围绕加快基础设施、配套设施建设的要求，坚持“全县工作围绕工业转，工业发展围绕园区转”的思路，全面启动了双桂工业园区建设，基本完成首期1.38平方公里基础设施建设，园区共征收储备土地1353亩，建成主次干道3条3.47公

里和回居点2个，建成标准厂房1.05万平方米，启动区基本达到“七通一平”。出台了《双桂工业园区鼓励投资若干政策》和《双桂工业园区招商项目指南》等政策措施，加强了园区招商引资工作。目前园区合同引进企业23个，投资总额6.53亿元，设计年产值22亿元，其中外资企业1户，中外合资企业2户；投资额在1亿元以上的企业2户，投资额在5000万元以上的企业2户。2006年园区实现总产值1.86亿元。工业园区已成为梁平县工业的主要支撑力量和新的经济增长点。

三、基础设施建设全面提速

直辖以来，是梁平基础设施建设速度最快、成就最显著的时期。集中力量实施了县城改造，加大对农业、工业、交通、通讯等基础设施建设的投资力度，缓解了基础设施对经济发展的“瓶颈”制约，使之成为拉动经济增长的主要动力。2006年，全社会固定资产投资达241187万元，比1997年增长577.7%，1997—2006年全社会固定资产投资总额达到151.55亿元。

(一)大手笔绘就城建新华章

梁平城市建设在近10年从零星开发到统一开发、再到集团开发，建设规模从单体到沿街一条线、再到成片全方位建设，从封闭型到运用市场法则、走向开放开发，实现了跨越式、扩张型的历史性跨越。从2001年开始，梁平县强化了经营城市的理念，放开了勘察设计、房地产开发和建筑三大市场，出台了土地征用、市政设施建设、拆迁安置补偿、税费征收、户籍管理等方面的优惠政策，对旧城实行片区集中彻底改造。先后有27家房地产开发企业投资县城改造，签订了39个房地产开发项目。目前，完成成片开发项目29个，累计拆迁危旧房屋53.4万平方米，保持了无一例强拆，政府未安排一平方米过渡周转房的零纪录，创造了“三天建一层楼”、“拆迁户一年回居”、“50天建成南正街景观大道”的梁平速度，竣工房屋面积158万平方米，相当于再造了一座县城。县城建成区面积达到7.3平方公里，城市格局基本形成，城市功能日趋完善，城市面貌发生了翻天覆地的变化。先后建成人民广场、政府绿化广场、西池广场、体育馆广场，城市雕塑壁画出现在街头、广场。40余处住宅小区靓丽温馨，3形成建材、摩托车、小商品、蔬菜、柚类等批零专业市场，新世纪百货、扬子江三星级酒店等一大批餐饮、服装、药品等知名品牌相继入驻梁平，建成了县城中心商贸圈，连锁经营得到长足发展，形成了一个格调高雅、功能齐备、人居环境优美的精品城市。按照城市建设建设与管理并重的指导思想，梁平在大规模旧城改造尚未结束时，就把城镇管理工作提上重要议事日程。从2003年开始，坚持全民动员、全民参与，大力实施城区“硬化、亮化、绿化、净化、美化”工程，对城区市容市貌、交通秩序、市场秩序、环卫秩序、治安秩序、环境保护、公共场所卫生秩序进行了有效整治。2004年9月，县城创卫顺利通过了专家组的验收，被市政府命名为“重庆市卫生县城”。创卫成功后，设立了综合行政执法局，建立了长效管理机制，落实了城市长效管理的各项举措。2005年6月，顺利通过卫生县城复查验收。同时，乡镇城镇化建设步伐相应加快，屏锦镇等市县级中心镇、百强镇、边贸镇经济蓬勃发展，成为县城的卫星镇和重要补充。2006年，全县城镇化率达到28.6%，比2000年的11.56%提高17.04个百分点，年均提高2.84个百分点。

(二)公路建设高歌猛进

重庆直辖以来，梁平县开始实施“交通带动发展战略”，到2000年，共改造国道318线、省道渝巫路160公里，改造一级支干线17公里；改造县、乡公路共计232公里，新修乡村联网路1700余公里，100%完成场镇道路硬化，结束了场镇道路“路烂、人怨、车难行”的历史。2001年开始实施“乡乡镇镇通水泥(油)路”工程，先后硬(油)化了云(龙)复(平)路等15条(段)公路，共计132公里。到2005年9月底，县城到所有乡镇政府所在地都通上了水泥(油)路，顺利地实现了“一小时梁平”目标。2002年，梁平县加大了对国省道病害砼路面的整治力度，到2006年底，共投资1.25

亿元，对国道318线、省道渝巫路、县道袁驿至碧山、明达至仁贤岔路口、柏家至紫照路段进行了整治，确保了全县公路的畅通。2003年，梁平县紧紧抓住中央车购税资金投资农村公路建设机遇，掀起了农村公路建设的热潮。以“村村通水泥(油)路”为着力点，采取“以奖代补”、免费提供技术支持等形式，鼓励各乡镇硬化通村公路。目前，全县共有119个行政村硬化村级公路400.73公里，建设总投资5380余万元。截止到2006年底，县境内高速公路从无到有，渝万高速公路贯穿全境，达60公里；达万铁路建成通车，过境铁路达到35.5公里，填补了高速公路和铁路空白，有效改善了梁平县的交通状况。县境内有国道109公里，省道68公里，县道383公里，乡道331公里，专用公路101公里，村道2243公里，公路总里程3234公里。其中一级公路8.21公里、二级公路53.458公里，三级公路90公里，四级公路718.424公里。公路里程按国土面积计算(不含村道)达52.38公里/百平方公里，本上形成了以渝万高速公路、达万铁路为主线，国省道公路为骨架，县道公路为辐射，乡村公路为补充的较为完善的公路交通网络。

(三)道路运输日新月异

直辖以来，全县共建成投入使用等级客运站23个，基本形成了以县城为中心，乡镇客运站场为依托的点线相连、辐射到村的道路运输基础设施网络，促进了道路客运市场的兴旺发达。2006年，全县营业车辆拥有量达4202辆，全县共开通客运班线93条，营运里程1.3万公里，延伸到8个省、自治区、直辖市。基本形成了以高速客运、干线客运和农村客运相匹配，高中普通型客车相配套，中长短班线衔接的多功能、多方式的道路客运市场格局。2006年，全县共完成客运量954万人，客运周转量2.977亿人公里，分别是1997年的1.6倍和1.8倍；共完成货运量412万吨，货运周转量3.183亿吨公里，分别是1997年的1.71倍和1.75倍。

(四)水利农机事业谱写新篇章

重庆直辖以来，梁平县水利建设累计完成固定资产2.1亿元，相当于1949—1996年全县水利固定资产投资的总量；投入资金7750万元，根治销号病险水库20座，恢复蓄水量1850万立方米；新建、改造、整治各类水利工程2056处，全面建成了竹丰水库，开工建设了蓼叶水库；新增骨干防洪堤防25公里，河道险工险段防洪能力显著提高。全县饮用自来水的人数翻了两番，从1997年的9.5万人增加达到38万人；全县灌溉保证率从1997年的29%提高到43%，提高了19个百分点；水资源保证率从1997年的18%提高到42%，提高了24个百分点；水利化程度从1997年的33%提高到43%，提高了10个百分点。梁平县是重庆市和国家农业机械化综合示范县。梁平县通过大力发展农业机械化，整合农机资源，促进农民增收，农机总动力达到16万千瓦，全县农业综合机械化水平达到20.2%。2006年机耕20万亩，机收达到20.2万亩，为群众节约收割成本2000多万元，相当于为全县农民人均增收25元。10年来，梁平县水利农机部门获得了水利部全国水利行业文明单位，全国节水增产先进集体，全国水政监察规范化建设先进集体，重庆市文明单位，重庆市诚信文明单位，重庆市水利建设先进集体，重庆市水利目标考核一等奖，重庆市农机化目标考核一等奖、重庆市社会治安综合治理先进单位等215项奖励。

四、招商引资成绩斐然

重庆直辖以来，梁平县坚持解放思想、更新观念，在全县掀起了“爱惜、尊重、保护投资者”的宣传热潮，摒弃了“只爱凤凰不栽树，只爱引资不服务”的狭隘思路，树立了“让人赚钱的地方就是投资环境最好的地方”、“人人都是投资环境，事事关系投资形象”的观念。成立了招商引资办公室和行政审批服务中心，制定出了符合梁平实际的一系列投资优惠政策，实行了项目审批的“一条龙服务”、“一站式办公”。加强环境综合整治，规范行政执法，严厉查处“乱收费、乱罚款”行为，努力打造“亲商、安商、富商”的投资环境。组织、策划了科技含量相对较高、能带动县域经济发展的招商项目40项。重庆直辖以来，梁平县围绕“工业兴县、工业强县”奋斗目标，积极开展各项招商引资活动，全县共引进项目384个，项目合同总投资219275.03万元。其中，工业项目177个，合同投资49718万元，实际到位资金37051万元，实现税金6732.79万元，解决就业9959人次；旅游项目12个，合同投资4130.8万元；农业项目51个，合同投资7008.38万元；房地产开发项目22个，合同投资114622.1万元；社会事业和其他项目122个，合同投资43795.75万元。

五、商贸旅游经济日趋活跃

重庆直辖以来，梁平县大力实施“大市场、大流通、大商贸”战略，改革商贸流通体制，改造传统商业，构建适合现代商业发展的物流体系，商贸领域呈现购销两旺，物价基本稳定的发展态势。商贸基础设施进一步完善，初步建成了名豪商贸区、祥和商贸区、三峡风步行街、综合交易市场、时代综合集贸市场、南正街美食休闲街等商业中心和次中心。新世纪百货及一大批餐饮、服装、药品等大型连锁零售企业相继入住。2006年，梁平县已拥有新世纪百货等50余家超市和名豪酒店等5家星级、准星级酒店。

(一)商贸经济长足发展

商贸小城镇和边界市场加快发展。屏锦市级商贸小城镇和虎城县级边界市场达到规划标准，袁驿、云龙、福禄等市县级商贸小城镇和新盛市级边界市场按规划正加紧建设。推行定点屠宰，规范屠宰秩序，打击私屠滥宰，加强屠宰行政执法，净化肉品市场等工作，保障了老百姓吃上“放心肉”，山桂食品公司机械化屠宰企业达二级标准，粤丰、万平等三级定点屠场和袁驿、碧山、合兴等四级定点屠宰场通过验收并投入生产。培育五大专业市场，繁荣县城区商贸经济，名豪商贸区、重庆新世纪百货超市、名豪商贸区餐饮业、三峡风精品专业批发市场、毕家巷美食休闲市场、祥和餐饮夜市、双桂小商品专业批发市场等人气旺盛聚集，辐射效应拓展，显现出核心商圈的魅力。推进商贸流通现代化建设，全面调整商业业态，县城餐饮药品连锁企业发展较快，餐饮消费档次提高。构建了农村二级商、特许经销商等新型营销网络，逐步实现了县城区向农村延伸的连锁经营战略。大力发展电子商务，网上采购比例不断提高。开展多种形式的商贸促销活动和“名店、名品下乡”活动，拓展消费空间，满足人民需求。初步构建了维修、照相、餐饮、理发、文化娱乐等功能健全的生活服务网络。

(二)旅游产业发展态势良好

重庆直辖以来，梁平旅游业从小到大，成功实现了从艰难起步到快速发展的重要转变，发展条件、产业规模和发展格局都发生了根本性变化，呈现了良好的发展态势。发展速度明显加快，产业格局基本形成。2001—2006年全县各旅游景区(点)共接待游客227.2万人次(详见图1)，实现旅游收入25636万元，接待游客量和旅游总收入分别年均增长12.8%和22.3%(见图2，下页)。

图1 2001—2006年旅游接待人(次)数比较 单位:万人次

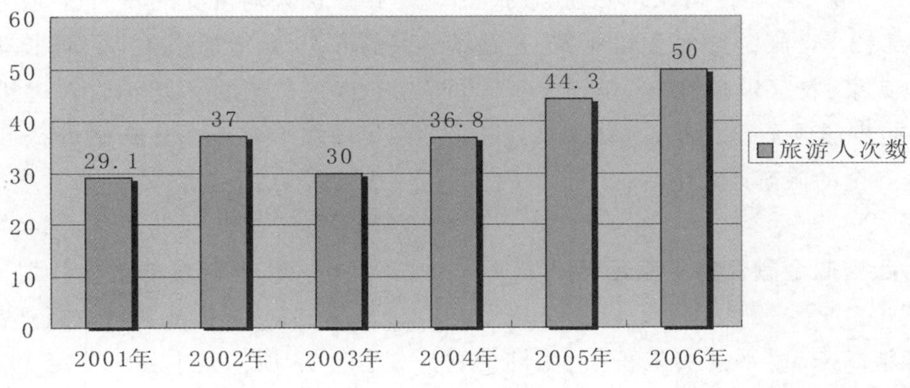

图 2 2001—2006 年旅游收入情况比较　　单位:万元

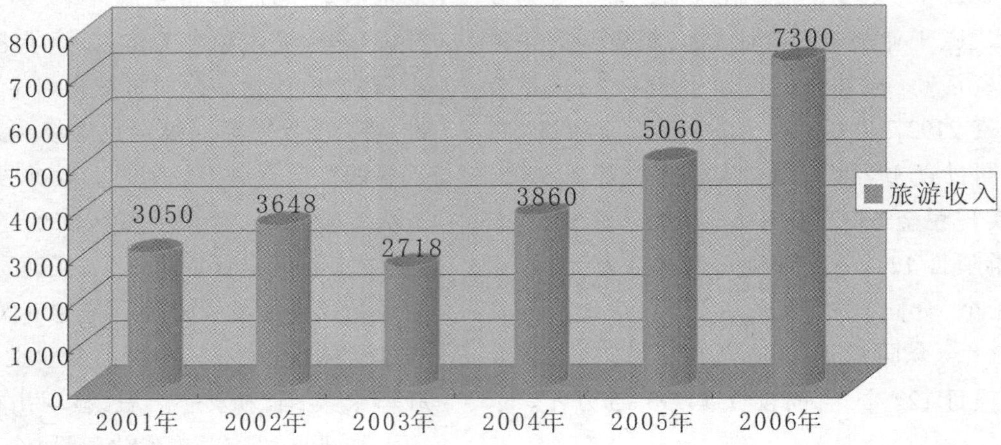

直辖以来,编制完成《梁平县双桂旅游区修建性详细规划》,旅游基础设施建设步伐加快,全县共投入旅游基础设施建设资金约 2.7 亿元,建成双桂游客接待中心、名豪大酒店、双桂湖度假村、蟠龙山庄等旅游服务接待设施;建成颐园果庄、桂香山庄、青垭生态农业观光园等农业旅游产品;加快了双桂堂、东山国家森林公园、百里竹海等主要景区(点)基础设施建设;加快旅游交通建设,渝万高速公路、达万铁路贯通梁平全境,扩宽县城至双桂堂、云龙至双桂堂公路 22 公里,硬化百里竹海、蟠龙洞等景区公路近 40 公里。旅游市场开发成绩显著,主要旅游景点被重庆市旅游局列入全市旅游线路向国内外广泛推介,双桂堂被市政府确定为十大旅游精品——"长江三峡"高峡平湖中的重点建设项目之一;成功举办两届"重庆·梁平双桂旅游文化节",建成梁平旅游信息网,编印《梁平旅游》画册,极大的提升了梁平旅游知名度和影响力。目前全县有 A 级景区 1 个、星级宾馆 5 家,各类住宿床位 2000 余张,旅行社(门市部)3 家,旅游开发公司 4 家,旅游商品定点单位 7 家,农家乐逾 30 家,旅游从业人员 3000 余人,初步形成了行、游、住、食、购、娱等产业要素配套齐全的旅游产业格局。

六、财政金融保持平稳运行

重庆直辖以来,梁平县实施积极、稳健的财政政策,健全财政职能,深化财政改革,加强财政管理,努力增收节支,在经济持续增长的基础上,财政收入保持了较高的增长速度,财政支出结构得到进一步优化,实现了财政收支平衡,取得了显著的成绩(见表 5,下页)。

整合金融市场,金融运营与经济发展的融合度进一步增强,金融部门在支持地方经济中,获得了自身的发展和壮大。2006 年,全县金融机构各项存、贷款余额分别达到 64.69 亿元和 15.43 亿元,比 1997 年的 10.26 亿元和 10.24 亿元分别增加 54.43 亿元和 5.19 亿元,分别增长 530.5% 和 50.7%,年均分别递增 22.7%和 4.66%。

七、城乡居民生活日益改善

直辖以来,梁平县坚持以人为本和"权为民所用、利为民所谋"的指导思想,统筹发展社会事业,推进了城乡居民收入稳定增长。2006 年,城镇居民人均可支配收入达到 9689 元,比 2003 年的 6758 元增加 2931 元,增长 43.37%,年均递增 12.76%。农民人均纯收入达到 2920 元,比 1997 年增加 1198 元,增长 69.6%,年均递增 6.0%(见表 6、表 7,下页)。

重庆直辖以来,全县共实施各类科技计划 255 项,其中科技部星火计划 4 项,市级 17 项,县级 234 项;获市级科技新产品 3 个;科技成果鉴定 33 项,其中县级鉴定 19 项,市级鉴定 14

表 5 梁平县 1997—2006 年地方财政收支表 单位:万元

年度	地方本级财政收入			地方财政支出		
	一般预算	基金	合计	一般预算	基金	合计
1997	6232	367	6599	11242	215	11457
1998	7598	451	8049	13354	567	13921
1999	7922	431	8353	16225	580	16805
2000	9309	731	10040	19051	838	19889
2001	11547	736	12283	22680	547	23227
2002	13164	195	13359	32956	324	33280
2003	15456	528	15984	35846	584	36430
2004	15521	876	16397	40584	1084	41668
2005	16159	1304	17643	50378	2341	52719
2006	21077	1919	22996	64701	3008	67789
合计	130094	7653	160923	316348	10946	327374

表 6 1997—2006 年农民人均纯收入情况 单位:元

1997	1998	1999	2000	2001	2002	2003	2004	2005	2006
1722	1762	1804	1849	1906	2010	2135	2521	2813	2920

表 7 2002—2006 年城镇居民人均可支配收入情况 单位:元

2003 年	2004 年	2005 年	2006 年
6758	7661	8739	9689

项;评出科技进步奖 27 项。全县整体科技水平有了显著提升,对促进了梁平县农业、工业、交通和社会事业的发展起到了重要作用。“两基”成果进一步巩固。高中教育跨越发展,建成了梁平一中,红旗中学创建为“重庆市重点中学”,梁平中学创建为“重庆市示范高中,全县高中阶段入学率达到 61.8%。职业教育较快发展,职业学校由 3 所发展到 7 所,职业教育中心创建为国家级重点中职学校。社会力量办学蓬勃发展。全县校舍建筑面积净增 46.07 万平方米,改造中小学危房 8.2 万平方米。农村中小学校现代远程教育工程覆盖率达 100%。文化体育广播事业取得明显进步。先后获得全国体育先进县后、重庆市文化先进县称号。文化馆设施日趋完善,县文化馆(影剧院)、图书馆相继建成并投入使用,以人民广场龙头的多个县城文化休闲娱乐广场相继建成,乡镇文体广电站和村级文化活动室建筑面积达到 6000 余平方米,县体育馆主体工程竣工,有线与无线、城镇与农村广播电视覆盖网络已基本形成,实现了所有乡镇和 268 个村通有线电视,启动了有线电视数字化工程。群众性传统文化活动得到长足发展。《柚乡秋韵》等广场文化活动蓬勃开展。全县广播电视覆盖率达到 95%以上,有线电视节目收视频道由 2000 年的套发展到 31 套,用户达 9.5 万户。卫生事业发展取得显著成就。梁平卫生工作连续五年被评为全市目标管理先进,先后被市委、市政府表彰为先进基层党组织、非典防治先进集体,被卫生部、联合国儿童基金会评为全国农村初级卫生保健项目先进县,被国家妇儿工委、卫生部和财政部联合表彰为降消项目先进集体,全县农村初保工作提前 5 年达标。环保工作取得丰硕成果。环境质量不断改善,2003 年以来,空气质量稳定达到国家二级标准,噪声达标区覆盖率达到 69.7%,饮用水源水质达标率为 96.4%。污染治理成效显著,完成了 36 家工业企业“一控双达标”治理任务,实施了 29 家工业企业污染治理项目,全县工业化学需氧量由 1997 的年 11818 吨下降到 2006 年的 4600 吨,全县工业废气排放量由 1997 年的 32 亿立方米下降到 2006 年的 12 亿立方米,县城污水处理厂、垃圾

处理场开工建设。环保突出问题不断得到解决，2001-2002年整治关闭石灰窑群及土石灰窑200余个；完成了县城推广清洁能源工作；大力整治造纸行业水污染，关闭小纸厂19家，整治废纸造纸企业14家。环境监管水平不断提高，建设项目"环评"、"三同时" 执行率达100%，10年实施行政处罚近100件，共处理环境纠纷投诉450余件。积极指导、帮助下岗职工就业和再就业，多渠道、多形式安置国企改制职工，直辖以来全县城镇登记失业率控制在4.5%以内。社会保障和商业保险体系初步建立，公共安全应急体系基本形成，社会稳定得到保证。

回顾直辖成就，展望未来梁平。平安梁平、富裕梁平、文明梁平、和谐梁平，既是重庆直辖以来梁平县取得的阶段性成就，也是梁平人民站在新的起点上孜孜追求的新的奋斗目标！

注：本文数据出自1.《2000年梁平统计年鉴》梁平县统计局编；2.《2001—2006年梁平统计年鉴》梁平县统计局编；3.《梁平县统计局2006年国民经济和社会发展统计公报》梁平县统计局2007年2月编。

撰稿单位：重庆市梁平县人民政府办公室

执笔人：黄家云

城口县

重庆直辖以来，城口县委、县政府带领23万勤劳淳朴的老区人民，传承"红军精神"，挺立时代潮头，抢抓机遇，埋头苦干，加快发展。全县上下按照市委、市政府"五年打基础，10年大变样，努力赶上全市平均发展水平"的工作要求，以建设生态经济强县为总体目标，狠抓基础设施建设，扎实推进"三农"工作，着力培育支柱产业，努力推进社会事业发展，全县经济社会获得了较快较好的发展，山区面貌发生了翻天覆地的变化。

一、城口县概况

城口地处大巴山腹地，重庆市最北端。东面和北面分别与陕西镇平、平利、岚皋、紫阳县接壤，南与本市巫溪、开县交界，西与四川万源市和宣汉县相连。全县面积3292.4平方公里，境内最高海拔2686米，最低海拔481米。辖24个镇乡，188个行政村、9个居委会、6个社区，人口23.55万人，其中农业人口20.74万人。耕地面积35万亩，其中水田2.3万亩(为2006年统计数据)，素有"九山半水半分田"之说，是国家扶贫工作的重点县。

城口位于秦岭以南、长江以北的南北气候分界线上，气候温和，雨量充沛，物种丰富。县境内有各类植物3800余种，国家重点保护植物197种。2003年6月，经国务院批准城口成立了大巴山自然保护区。城口林业资源十分丰富，茶叶、核桃、中药材等农副土特产品久负盛名。城口茶叶富锌富硒，"鸡鸣寺院茶"清代即为贡品，2002年获得国家农业部颁发的绿色食品证书；核桃、板栗常年产量分别在100万公斤以上，2001年城口被国家林业局命名为"中国核桃之乡"；各类中药材达500余种，盛产杜仲、天麻、黄连、党参等，是重庆市重要的中药材主产县，野生蕈菌资源独一无二，现有食用菌、药用菌、食药兼用菌达到60余种，其中珍稀食用、食药兼用菌16种，珍稀药用菌5种，是中国蕈菌种质资源保存最好的地区之一。县境内有天然林285.9万亩、各类草场133万亩，是重庆市重要的草食牲畜基地县。城口旅游资源富集，县境内多奇山异水、珍禽异兽，原始生态保持良好，自然风光秀丽，同时城口是土地革命时期川陕革命根据地的重要组成部分，红色文化积淀深厚，加之山区民风淳朴，旅游开发的条件得天独厚。城口水力资源丰富，全县有大小河流779条，其中集雨面积超过100平方公里有

13条次级河流，100平方公里以下的小河51条，水能理论藏量为53.8万千瓦，可开发量为38.8万千瓦，到2004年仅开发2.7万千瓦，只占可开发量的7.1%，开发潜力很大，为发展以水电为主的能源产业提供了保障。

城口主要矿产有锰、钡、煤、大理石、古生物化石等20多种，其中查明的锰矿保有资源储量为2213万吨，是全国五大重点矿区之一，查明的钡矿保有资源储量为6470万吨以上，名列亚洲之首，属全国特大型矿区。煤炭地质调查总储量为10亿吨，花岗石储量达1亿立方米，石灰岩储量达5亿吨，石膏矿储量为3000万吨以上，瓦板岩储量为1000万立方米。丰富的矿产资源储备为城口融入全市实施"有效利用锰矿、锶矿和钡矿资源，建设国内重要的锰业和锶盐、钡盐生产出口基地"的产业政策，大力发展矿业经济奠定了坚实的基础。

城口是重庆市唯一成建制建立苏维埃政权的革命老区县。1933年红四方面军挥师城口，1934年9月建立中共城口县委和苏维埃政权，老一辈无产阶级革命家李先念、徐向前、王维舟等曾在这里战斗过。当年有3000余名城口儿女参加红军和游击队，500多人参加了举世闻名的长征。

二、直辖十年以来，城口县紧扣发展主题，深入丰富和完善了经济社会发展思路

城口始终把发展作为第一要务，紧紧围绕县域经济发展的中心工作，不断丰富和完善发展思路。2003年，第十四届人民代表大会第一次会议根据城口发展实际和资源禀赋，提出了"三步走、翻三番"，全面推进小康建设，富民兴县，加快建设生态经济强县的经济社会发展总体思路。在这个思路的指导下，着力构建电矿产业、绿色无公害产业、生态旅游三大主导产业。随后在推进全县经济社会向前发展中，又根据全县的实际情况，把水电产业增补为支撑县域经济发的又一主导产业，从而县域经济发展的四大支柱产业得到了补充和完善。在贯彻落实原市委书记黄镇东到城口视察调研时提出"五年打基础，10年大变样"的指示精神，对建设生态经济强县的基础性工作进行了细化，编制完成了《生态经济强县发展规划》，从而初步建立起了生态经济强县建设的框架体系。2004年，在县十届三次、四次全委会上，提出了工作重心适度向城镇经济转移，要求全县上下牢固树立一年四季抓工业、关键时候抓农业的工作思路，大力发展以工业经济为主体的城镇经济，以工业化带动农业产业化和城镇化，努力实现三化互动，走工业富县的小康建设路子，并在资源开发利用上坚持由地下资源向地面资源和由不可再生资源向可再生资源进行转变。2005年，城口认真把握处在秦巴地区和全市的发展定位，在十届五次全委会，提出了建设渝东北地区生态经济高地的目标，明确了"十一五"时期是城口"爬坡上坎，转轨变型"的关键时期，提出了要进一步打牢发展基础，壮大特色产业，构建生态高地，实现城口经济社会更快更好地发展，努力赶上全市平均发展水平的奋斗目标。2006年，城口县委、县政府又提出在产业发展上，实施"递进式"开发战略，坚持内建外引的发展思路优先发展壮大能源产业，调优扶强电矿产业，走"绿色+特色"的产业发展路子，快速发展农副产品加工业，坚持开发与保护并重的原则，积极培育特色旅游业。为认真落实市委二届九次全会精神和汪洋书记在城口调研时的重要讲话，在9月份召开的县十届六次全委会上，对大力发展劳务经济进行了专题研究，决定把发展劳务经济作为农民增收的重要产业进行培育。这些发展思路的不断丰富和完善，确保了县域经济社会发展更具科学性、前瞻性和实效性。

三、重庆直辖十年以来，城口县紧抓历史机遇，县域经济发展取得长足进步

（一）综合经济实力大幅跃升，经济增长实现"七个翻番"，县域经济发展迈上新的台阶

直辖10年，城口经济实现了七个翻番。2006年县内生产总值突破11亿元大关，达到11.1亿

元，比1996年的3.46亿元增长221.3%，年均递增12.4%（见表1、图1），比全市快2.2个百分点，经济总量翻一番，由直辖前的全市倒数第一位上升到倒数第二位；人均生产总值由1996年的1593元提高到4741元（按户籍人口计算），人均净增3148元，比直辖前翻一番；工业总值达到8.1亿元，年均递增17.3%，比1996年翻两番；全社会固定资产投资达到11.4亿元，比1996年的0.67亿元翻四番，年均递增32.8%，比全市快20.2个百分点；社会消费品零售总额达到3.35亿元，年均递增10.5%，比直辖前翻一番；人均财政收入由1996年的108元提高到2006年的640元（见图2，下页），净增532元，比1996年翻两番；人均储蓄存款达到3486元，比1996年翻三番，年均递增24.6%，比全国和全市分别高9.3和5.2个百分点。

同时，农民人均纯收入达到2075元，比1996年的1145元增长81.2%，年均递增6.1%；城镇居民可支配收入达到2096元。各项发展指标均超额完成"十五"计划，提前两年实现了建设生态经济强县"三步走"第一步的奋斗目标。

农业产业化进程加快，畜禽养殖、林特产业、

表1 直辖以来城口经济发展情况　单位：万元

指标 年份	GDP	第一产业	第二产业	第三产业	人均GDP(元)
1996	34552	17558	7063	9931	108
1997	38975	18352	8457	12166	126
1998	40847	18771	8194	13882	142
1999	44723	19258	9284	16181	155
2000	48063	18989	10741	18333	157
2001	53893	18576	12715	22602	165
2002	60191	19637	14010	26544	205
2003	68446	20518	18751	29177	276
2004	88586	23493	33059	32034	530
2005	101141	25112	40612	35417	597
2006	111007	26552	43723	40723	640

图1 1996-2006年城口县GDP　单位：万元

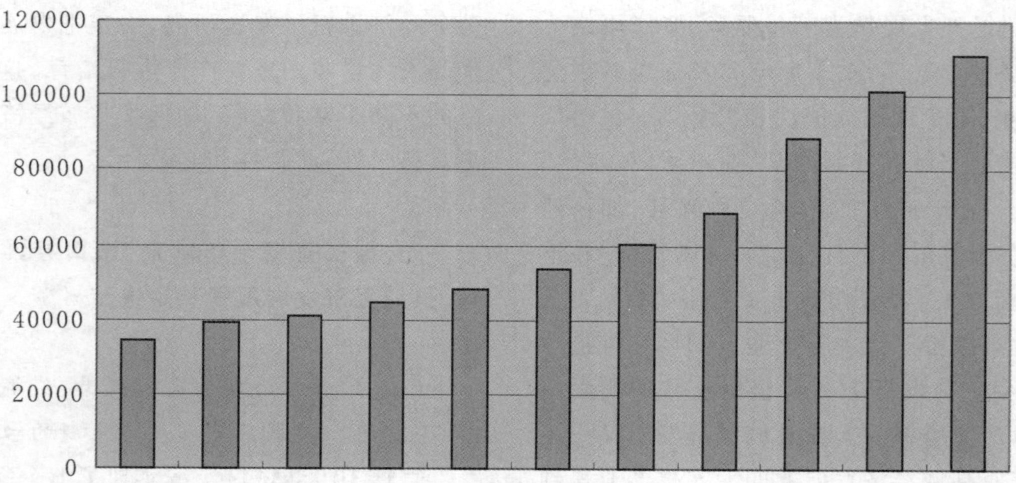

图 2 直辖 10 年城口人均 GDP、人均财力情况　　单位:元

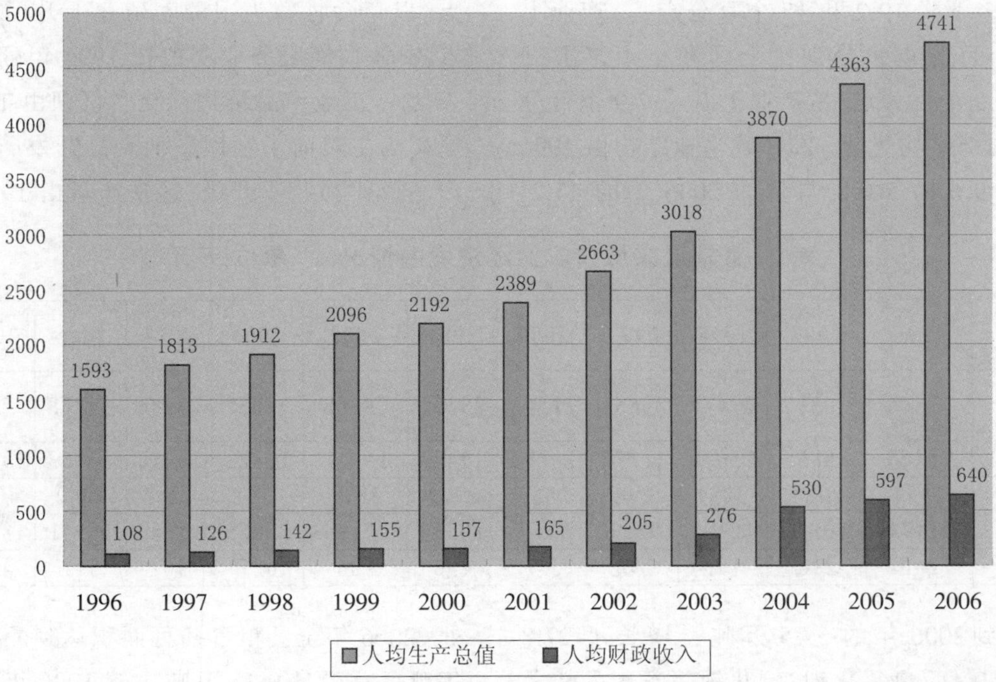

中药材和特色种植业获得长足发展。工业规模及产业升级取得实质性进展,全县规模以上工业企业达到 18 户,工业成为县域经济的重要支撑。商贸流通总量稳定增长,金融、保险、运输、房地产等行业迅速发展。“稳农、强工、促三产”的经济工作思路得到有效贯彻。

(二)经济结构调整显现成效,经济结构发生巨大变化,县域经济进入良性健康发展轨道

立足资源禀赋,城口县不断调整发展思路,将资源开发与培育主导产业有机结合起来,实施“递进式”开发战略,优先发展壮大能源产业,调优扶强矿产加工业,走“绿色+特色”的路子大力发展农副产品加工业,坚持开发与保护并重积极培育旅游产业,同时把发展劳务经济作为农民增收的重要抓手,促使资源开发逐步从无序走向有序,产业发展逐步从脆弱走向稳健。

直辖以来,是城口经济结构战略性调整的关键时期,实现了六大优化。经济结构由 1996 年的 50.8:20.4:28.8 调整为 2006 年的 23.9:39.4:36.7,顺利实现了由“一三二”向“二三一”的转轨(见图 3)。

图 3 1996、2006 年城口县三次产业结构比较

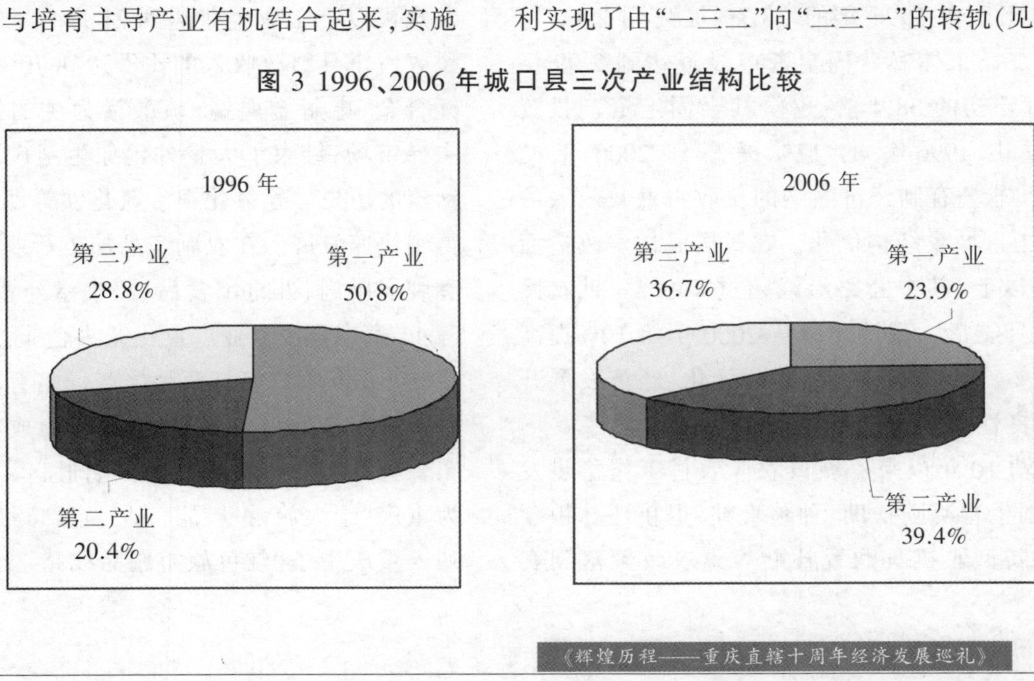

10年来,一产业下降了26.9个百分点,分别比全国和全市多下降19.2和15个百分点;二产业上升了19个百分点,分别比全国和全市多上升17.8和16.9个百分点,三产业上升了7.9个百分点。农业内部结构优化。农林牧渔业结构由1996年的51.8:9.6:37.5:0.8调整为2006年的45.2:9.7:43.0:1.1,传统的种植业下降了6.6个百分点,以草食牲畜为主的养殖业上升了6.6个百分点,农林牧渔服务业产值比1996年翻两番(详见表2)。工业产品结构优化。锰钡由1996年的卖原矿为主转向了锰钡系列产品开发,初步实现了产品换代和产业升级,锰铁产量由1996年的0.2万吨增加到2006年的5.75万吨,增长了27.8倍,电解金属锰、氢氧化钡、氯化钡等新产品从无到有,农牧土特产品加工业初具规模,"赵孝春牌"老腊肉、"山神漆器"、"鸡鸣寺院茶"等已成为知名产品和绿色产品,规模以上工业企业达到18个,其中年产值超亿元的企业2个。第三产业结构优化。2006年金融保险业、房地产业、其他服务业增加值分别占三产业的比重为8.4%、8.1%和44.9%,分别比1996年上升1.3、5.3和8.2个百分点,强力支撑了三产业的快速发展。所有制结构优化。最为活跃的非公有制经济占经济总量的比重由1996年的38.7%提高到2006年的54.1%,个体私营固定资产投资达到2.99亿元,是直辖初的38.4倍,占全社会固定资产投资的比重由1996年的17%提高到2006年的26.3%,非公有制经济缴纳的税收占财政收入的70%以上。城乡结构优化。农村居民住房改造面达30%以上,其中公路沿线超过70%,一批农民新村已具雏形,城镇化率从2000年的10%提高到17.5%。县域经济结构不断优化,经济发展开始步入良性循环。

表2 直辖以来城口农业经济发展情况　　单位:万元

年份 指标	1996	1997	1998	1999	2000	2001	2002	2003	2004	2005	2006	年均增长%
农业总产值	29806	30315	29470	30651	29545	29225	30708	32057	37286	39868	42155	3.7
农　业	15438	16865	15631	17172	16788	15453	15011	13822	16416	17863	19045	0.6
林　业	2864	2984	3359	3209	2833	2772	3897	4108	4237	4042	4074	3.5
牧　业	11174	10106	10158	9857	9567	10544	11294	13055	15683	16941	18132	6.7
渔　业	240	216	193	194	357	456	506	621	502	571	454	8.6

直辖10年以来,城口农业农村工作稳步发展。计划生育奖励扶助、种粮直补、退耕还林粮食折现、新型农机具购置补贴等惠农政策落到实处。2006年全县粮食播种面积达到49.4万亩,全年粮食总产量9.11万吨,较1996年的10.65万吨略有下降。强力推进农业产业化经营,生猪存栏达到21.1万头,山羊存栏达到14.2万只,土鸡饲养量达到71.9万羽,各类经济作物在地面积达到16.1万亩,建立蔬菜基地4200亩。大力实施农村劳动力转移就业工程,加快发展劳务经济,培训农村劳动力3023人,全县外出务工农民达到5.2万人,其中县内转移1.2万人。工业经济迅速上档升位。2006全年实现工业增加值2.86亿元,较1996年的1.1亿元增长160%;全县国有及规模以上工业企业达到21户,工业所创造的税收占全县财政收入的比重达到70%以上。以硅锰合金、电解金属锰、硫酸锰为主的锰系列产品主导市场,结束了大量外销原生锰矿、焙烧矿、富锰渣的历史,氢氧化钡、氯化钡等钡化工产品也得到快速发展。在农副产品加工行业培育了赵孝春牌老腊肉、九重山食品、宸曦堂药业、山神漆器等11家市县级农业产业化龙头企业,直接或间接带动1.5万农户参与商品生产。培育旅游产业的基础性工作取得较好成效,九重山成功申报为国家森林公园和市级自然风景名胜区,黄安坝被列为重庆"十大旅游精品工程","城口红色之旅"被列入重庆十条"红色旅游精品线路"之一。

(三)狠抓交通、能源、市政、通讯等基础设施建设,基础设施建设日新月异,逐步打破经济社会发展“瓶颈”制约

交通建设上,“东进、西出、南下、北上”的“十”字型公路主骨架已正在形成。东进,城(口)巫(溪)路已开工建设;西出,新城(口)万(源)路全面畅通;南下,城(口)开(县)路“8 小时重庆”工程已于 2004 年贯通并投入使用;北上,城(口)岚(皋)路建设全面推进,一期工程已完成 70%的工程量;此外,左岚至后裕、岚天至北屏、岔溪口至巴山等一批重点乡级公路改扩建工程和路面硬化工程陆续完成,到 2006 年全县通车里程达到 1319 公里,四级以上水泥路达到 181.3 公里,比 1997 年的 14 公里增加了 167.3 公里。能源方面,坚持内建外引的发展思路,狠抓电源点建设。内建方面,新建和扩容电站 7 座,新增水电装机 18 万千瓦,全县装机总量达到 25 万千瓦。外引方面,2005 年 112 月 1 日动工兴建的巴山水电站是城口历史上单项投资最大的水电重点工程,是全县 23 万人民梦寐以求的经济发展翻身工程,电站水库调节库容 1.43 亿 m^3,装机 14 万千瓦,建成后多年平均发电量 4.498 亿千瓦时,可向重庆电网提供调峰电能,对解决渝东北供区的电能供应、改善电能质量有着积极的意义。同时,可很好地满足全县电力负荷增长的需要并带动地方工业的发展,为城口县的脱贫致富提供基础条件,对保持和改善生态环境、促进县域社会经济可持续发展具有重要作用。左岚电站、土桥子电站及黄安坝梯级开发等一批外引电源点建设顺利开工实施建设。启动三期农网改造,实施了城开 220 千伏输变电工程,农村用电入户率达到 98.3%。汽油、柴油、液化石油气供应网点有序扩面,城区压缩天然气项目顺利推进。市政方面,围绕建设“山水园林小城市”的目标,完成了县城建设总体规划、控制性详规和部分镇乡的集镇建设规划,县城建成区面积达到 2.21 平方公里,全县城镇化率达到 17.5%;直辖以来新建了南大街、东大街、北大街、大南门隧道和任河二桥,加宽改造了任河大桥,贯通了城市环线,县城主体格局已基本形成,城市功能逐步增强,城市面貌发生了较大变化。县城防洪堤、城区供水工程开工建设,垃圾处理场投入使用,污水处理厂即将开工建设。通讯方面,全县基本实现无线通讯全覆盖,电话通村率达到 95%以上,有线电视入户率达到 26%,电子政务网络覆盖全县部门和乡镇,党政机关基本实现办公自动化。

(四)强力推进农村基础设施建设,认真实施扶贫开发,扶贫攻坚取得重要成果

自 1994 年起,国家实施“八七扶贫攻坚计划”和城口实施“七一〇扶贫攻坚计划”以来,全县人民紧紧围绕脱贫发展这个中心,立足优势,突出开发,调整结构,在非常艰苦和困难的条件下,苦干实干,不等不靠,在 2001 年实现了全县成建制整体越温达标的目标。特别是自 2002 年开始,在市委、市政府的领导下,在市扶贫办的指导下,县委、政府因地制宜、实事求是制定了《城口县扶贫开发规划(2002—2006 年)》,拉开了新一轮扶贫开发的序幕。提出了“抢抓西部大开发的历史机遇,坚持以扶贫开发统揽全县农业农村工作全局,坚持扶贫开发工作党政‘一把手’负责制,以优势资源为依托,以深化改革为手段,以特困村建设为主战场,以低收入人口为主攻对象,把增加农民收入作为开展扶贫工作的主调”的扶贫开发思路。狠抓基础设施建设、基础产业发展和人的基本素质提高,使城口县新一轮扶贫开发工作取得了巨大的成效,迈出了实质性的步伐,翻开了城口县扶贫工作新的篇章。

贫困人口大幅减少,农民收入快速增长,地方财力显著增强。从 1996 到 2006 年底,上级投入财政扶贫资金累计达 12529.6 万元。农村建卡贫困人口从 66100 万人减少到 13972 人。农民人均纯收入由 1145 元增加到 2075 元。地方财政收入从 2334 万元增加到 8278 万元。

农村基础设施和群众生产生活条件得到明显改善。基本解决了行路难和运输难问题。1996 年底,当时全县还有两个乡 298 个未通公路和机耕道,分别占乡(镇)总数的 5%和村总数的

80.5%，大部分农民出行是走羊肠小道，运输物资全靠肩挑背磨。到2006年底，全县100%的乡(镇)通公路，部分乡(镇)已通水泥硬化路，80%的村通简易公路。基本解决了饮水困难问题。直辖前，全县的人畜饮水困难基本没有得到解决，一半以上的农村人口是靠天吃水，饮水非常困难并且极不安全。截至2006年底，全县已经解决7万多人的饮水困难，用上了自来水。全面解决了用电难问题。1996年底，全县未通电的村有60个，占当时村总数的16%，2006年底，全县已经实现户户通电，农村用电问题得到彻底解决。彻底消除岩洞窝棚户，居住难问题大大缓解。1996年，全县有岩洞、窝棚户1092户，直辖10年，实施高山移民3680户，其中政府补助资金搬迁的1297户，群众自发搬迁的2383户，彻底消灭了岩洞窝棚户。

以培育龙头企业为抓手，带动农民增收，产业化扶贫取得新成效。始终坚持开发式扶贫方针，以扶贫促开发、以开发促发展，坚持以市场为导向，立足资源优势，大力发展畜牧业、林特产业、中药材和农副土特产品加工四大特色产业。一批成长良好、经济效益高、辐射带动能力强的龙头企业初具规模，有力地促进了农民增收，加快了县域经济发展的步伐。

农村教育、卫生等社会事业全面发展。直辖前，由于有的农民居住太偏远或因家庭经济困难，导致适龄儿童失学率高达15%。直辖后，由于加大了对教育的投入，特别是自2001年以来安排专项扶贫资金用于救助失学儿童，救助人数达5000多人次。2005年，在社会各方的努力下，累计投入资金近亿元，顺利通过了市政府"两基普实"验收，小学生入学率达到了100%。1996年，全县没有一个村有卫生室，大部分镇乡的卫生室设备落后，医务人员素质普遍较低，农村缺医少药、看病难问题突出。直辖10年，新建了20个镇乡的计划生育服务室，新建和改建镇乡卫生院14个，更新了部分镇乡卫生院的医疗设备，村级卫生室也已经逐步建立。极大地缓解了农民群众就医难的问题。

(五)统筹经济社会协调发展，狠抓精神文明建设，推动经济社会和谐发展

城口在加快经济发展的同时，坚持统筹兼顾、协调发展，致力于激发热情，凝聚人心，为经济发展营造了良好的氛围。一是社会事业不断进步。大力实施"科教兴县"战略和"教育移民"工程，整合教育资源，扩大城区教育规模，顺利推进了教育人事制度改革、"两免一补"和"一费制"工作。新建改建了中小学校舍近10万平方米，建成农村寄宿制学校15所，排除中小学危房18000余平方米，教育教学条件明显改善，全县中小学在校学生增加5000余人，教师素质和教育质量普遍提高。整合壮大城区卫生医疗机构，新建和改建了14个镇乡卫生院，更新了一批镇乡卫生院的医疗设备，卫生基础设施明显改善。完成了县疾控中心、县医院传染病科、县妇幼保健院建设，应急机制进一步完善，全县医疗条件得到较大改善。完成了宣传文化中心、青少年宫、图书馆、老年公寓等文化基础设施建设，镇乡文化广播站和广播电视通乡网络建设得到进一步加强。大力发掘城口老区文化和红军文化，建成了巴山星火陈列馆和红军历史文物陈列馆。积极开展送文化、送卫生、送科技、送法律下乡活动，创作出众多群众喜闻乐见的有城口特色的地方性文艺，人民群众不断增长的精神文化需要日益得到满足。深入开展科技运用和实用技术推广，引导企业进行技术改造，提高科技长入经济的份额。二是宣传思想政治工作有效开展。县委县政府不断探索新方法，增强思想政治工作的针对性和实效性。坚持不懈地在全县深入进行党的基本理论、基本路线、基本纲领、基本经验教育；深入进行爱国主义、集体主义、社会主义教育和法制教育，引导人们树立正确的世界观、人生观、价值观，把全县广大群众的思想统一到加快发展上来。坚持以人为本做好群众的思想政治工作，善于运用说服教育、示范引导和提供服务等手段，把思想政治工作同经济工作和其他实际工作结合起来，把解决思想问题同解决实际问题结合起来。修齐镇开展的"五走五思"

活动以及高燕乡推出的“细、亮、透”的农村思想政治工作方法，有力地促进了农业农村工作的开展。三是认真开展解放思想大讨论活动，积极培育“自强不息、开拓开放”的人文精神。县委县政府坚持把培育人文精神作为加快发展的“内动力”和“软实力”，在全县范围内积极开展解放思想大讨论活动，教育引导广大干部群众克服小富即安、小进则满的自满思想，树立知难而进、勇于争先的意识；克服等、靠、要的依赖思想，树立自力更生、艰苦奋斗的意识；克服忌贤妒能、自我封闭的小农经济思想，树立遵纪守法、开拓开放、奋发进取意识。四是广泛开展群众性精神文明创建活动，加强公民思想道德建设。认真贯彻《公民道德建设实施纲要》，深入开展“健身健心强素质，诚信文明奔小康”系列活动，全面加强社会公德、职业道德和家庭美德建设。狠抓通渝文明走廊建设，广泛开展以讲文明树新风为主要内容，以创建文明卫生城市、文明村镇、文明行业为载体的群众性精神文明创建活动，全社会文明程度得到提高。通过狠抓精神文明建设，全县形成了人人思发展、谋发展、支持发展的浓厚氛围。

(六)深入推进改革开放，创新体制和机制，市场经济良性运行

自城口直管以来，始终坚持以改革为动力，推动市场经济的健康发展，经济生活的各个领域由此发生了深刻变化。国有企业改革快速推进，先后完成了锰粉厂、林产品公司等一批国有集体企业的改制工作，粮食流通体制改革推进顺利。大力实施投融资体制改革，建立了土地一级市场，电力系统完成厂网分离并成功组建了供电公司和巴渝水利水电公司，整合从华融、长城公司收购的资产成立了鼎兴城市建设开发公司，农村信用社以统一县级法人、增量配股为核心的改革初见成效。为了破解困扰县域经济发展的融资难题，大力实施投融资体制改革，以经营城区土地和政府信贷合作为重点，先后组建了鼎兴开发公司、鹏欣投资公司和鑫融担保公司，通过“经营城市”和“资本运作”，有力地撬动了金融资本和社会资金投入经济建设。深化行政管理体制改革，对部分行政事业单位的审批职能和权限进行调整，组建了行政审批服务中心、政府采购中心和招投标中心；深入推进乡镇综合改革，启动了安全监管乡镇委托执法和农业综合服务体系改革工作。推行财政管理体制改革，进一步深化预算外资金管理，实行部门预算，财政改革向纵深推进，实行了“收支两条线”、乡镇财务“零户”统管、部门预算等新的财政财务管理模式；建立并完善了第四轮乡镇财政管理体制，合理调整县乡两级利益分配关系，加大对困难乡镇的转移支付，以前所未有的力度加大对乡镇政权建设的投入，乡镇人均财力达到2.6万元，采取以奖代补的方式鼓励消化历史债务，有力增强了乡镇自身发展的能力。成功实施了镇乡及村的行政区划调整工作，乡镇总数由40个调整为24个，行政村从371个调整为188个。

10年来，城口县按照“跳出城口看城口，走出城口发展城口”的思路，牢固树立大开放促大发展的理念，坚持以开放促开发、开发促发展，大力实施开放带动战略，努力扩大对内对外开放。在加强法制型、服务型和诚信政府建设，积极营造公开、公平、公正的统一透明开放的政务环境的同时，大力实施“走出去”战略，加强了与周边地区、发达地区的交流与合作，充分利用好县内、县外两种资源、两个市场，实现了区域间优势互补，增添了加快发展的动力。10年间，实际利用外来资本近4亿元，成功引进了杜洋化工、五洲锰业、万统野生食品、博赛房地产开发公司等企业来城口投资兴业，促成了一批本地企业的产业升级，5户企业获得进出口经营权，累计实现出口近1000万美元。同时，加强区域经济的合作和交流，密切了同周边县市的联系，成功举办了“红军挥师城口70周年纪念活动”和“第46届川陕鄂渝护林联防会议”，分别与岚皋、宣汉、万源等县市在基础设施建设、旅游资源开发、产业布局等领域达成了合作协议，有力推动了全县经济社会的持续快速发展。

(七)加强生态和环保治理，优化发展环境，

推动经济社会实现可持续发展

城口县委、县政府按照建设渝东北生态经济高地和打造直辖市边际线的发展思路，不断创新体制机制，推动经济社会逐步实现可持续发展。全力实施以政务环境、矿山秩序、交通运输秩序、企业周边环境及重点工程建设、城市管理秩序、环境污染为主的六大整治重点的发展环境综合整治，并建立起长效管理机制，努力消除影响社会不稳定的各种因素，营造和谐的发展环境。通过充分发挥市场配置资源的基础性作用，对锰矿资源进行了重新配置，规范了矿产资源管理；加大对非法采矿的打击整治力度，对矿山进行了全面清理，制定出台了《加强矿业管理的决定》、《关于严禁领导干部和国家公职人员开发经营矿山的若干暂行规定》、《加强矿山管理的通知》等规范性文件、逐步探索建立符合科学发展观和建立节约型社会要求的矿产资源管理长效机制。全面启动市级文明卫生城市创建活动，切实加大环境保护力度，狠抓环境污染治理，落实一系列环境整治措施，加大超限超载治理整顿，全面开展工矿企业环境污染整治，关闭了一批规模小的冶炼企业，鼓励企业实现规模重组，完善环保设施，大力推进城区压缩天然气和农村沼气建设，城区和农村能源结构，进一步改善遏制了矿冶行业的烟粉尘和固体废弃物污染，推进城市“净、绿、亮、美”工程，人居环境得到改善。

按照“严格保护、积极发展、科学经营、持续利用”的原则，坚持整体提升与局部治理并举，生态保护与产业发展并重，进一步优化结构，全县大力实施了退耕还林、天然林保护、农业综合开发、水土保持和生态工程建设。1996年以来累计完成退耕还林24.2万亩、荒山造林53万亩、天然林保护286万亩，完成水土流失治理面积316.4平方公里，生态修复410平方公里，成功申报了国家级大巴山自然保护区和九重山国家森林公园，全县森林覆盖率已由1997年的41.5%上升达到52%。积极推行集约和节约用地，累计完成土地整治12000亩。坚持以市场为导向，以效益为核心，走“公司+基地+农户”，贸工林一体化，产加销一条龙，集约化、规模化经营的新路子，进一步加强林业产业的开发力度和林业龙头企业的培植力度，在林业产业的发展上形成了以森林资源培育为基础，以精加工为带动，以科技进步为支撑的林业产业新格局，培育了大批林业龙头企业和拳头产品。10年来，林业累计实现产值超过3.55亿元，为建设生态经济强县，实现可持续发展奠定了坚实的基础。

（八）积聚财力，着眼民生，社会保障能力不断增强

完善以社会保障、就业为主的公共服务体系建设。在县级财力十分紧张的情况下，多方调度资金，建立了农村贫困人口大病统筹和医疗救助制度，改病后救助为病前救助，对一般常见病给予定额救助，降低了救助门槛，改变了“救助范围较窄、救助方式单一”的救助模式。部份农村贫困人口看病难问题得到有效缓解，到2006年12月，全县已救助184人，发放医疗救助金43.5万元，最高的救助3000元。坚持以人为本，切实保障困难群体的基本生活，城镇职工医疗保险、社会养老保险、工伤保险、生育保险、失业保险等社会保障工程全面启动，初步建立了“五大”社会保险制度。认真落实各项优抚政策，逐步提高优待和定补标准。进一步建立和完善了重点优抚对象抚恤补助标准自然增长机制，确保他们的生活达到或超过当地平均生活水平。到2006年底，老复员军人的生活补助标准已经达到人月平275元，最高的达355元。带病回乡退伍军人定补人月平达96元，“三属”定期抚恤人均479元，农村义务兵家属优待金户平达到1900元。广泛开辟就业和再就业渠道，直辖10年来来累计新增城镇就业岗位5000多个，城镇登记失业率控制在4‰以内。狠抓了城乡低收入困难群众社会救助体系建设，帮助困难群众解决子女入学、看病就医等具体问题。10年来，在市上的大力支持下，全县新建和维修了24个镇乡的敬老院，实现了乡镇敬老院全覆盖，投入资金200万元规划新建了农村五保家园15个，2006年底全部竣工验收，全县2752五保老人实现了

老有所养。到2006年12月全县享受城市低保的困难群众累计达到1700户3000人次，发放低保金30万元，享受对象占全县非农业人口的10.8%，基本实现了应保尽保。认真做好了抗灾、救灾、减灾工作和安全生产工作。按照全县《灾害应急救助预案》运行机制，规范紧急救助行为，提高紧急救助能力，迅速、有序、高效地对受灾群众实施紧急救助，最大限度地减少人民群众的生命和财产损失，维护社会稳定，10年累计投入救灾救济资金达到3000余万元，有力保障了灾后重建和特困人群的生产生活。建立健全了安全生产监督体系、安全生产救援体系和重大突发事件预警应急机制和处理预案，有效地维护了人民群众的利益。全县上下团结一心，成功抗御了突如其来的“非典”，有效防控了高致病性禽流感疫情，战胜了洪灾、旱灾等自然灾害，切实保障了社会稳定和人民群众生命财产安全。加强社会治安综合治理，严厉打击各类违法犯罪活动，社会治安状况明显改变。努力搞好安全生产，深入开展各项安全生产专项整治活动，安全基础设施逐步完善，交通、矿山等安全事故多发领域的安全形势得到好转。

注：本文数据出自城口县2006年统计公报和统计分析

执笔人：彭疆、田军

丰都县

重庆直辖10年来，在党中央和国务院的亲切关怀下，在市委、市政府的正确领导下，在中央和重庆市一系列优惠政策的扶持下，丰都县委、县政府带领全县人民高举邓小平理论和“三个代表”重要思想伟大旗帜，认真贯彻落实科学发展观，围绕“12345”总体工作思路，坚持“推进发展不动摇、促进开放不停步、狠抓移民不松劲、确保稳定不松懈”的工作要求，牢牢把握发展机遇，沉着应对各种挑战，取得了令人瞩目的成就：2006年全县实现生产总值39.9亿元，比1996年增长171.5%，年均增长10.5%；三次产业比由1996年末的41.4:27.0:31.6变为25.1:32.3:42.6；全社会固定资产投资总额实现27.64亿元，10年累计投入151.69亿元，是建国以来到1996年总投资的18倍，年均增长17.1%；全县社会消费品零售总额实现15.4亿元，年均递增10.4%；地方财政收入实现16631万元，年均增长6.9%；城镇化率达到25.5%；城镇登记失业率控制在4.5%以内。教育、文化、卫生、体育、广播电视等社会事业稳步快速发展。

一、移民搬迁基本完成，安稳致富起步良好

丰都县是三峡库区移民大县，也是重庆库区唯一跨江搬迁县城的县，移民任务十分繁重。直辖10年，丰都县委、县政府始终以移民为先、以移民为重，把移民工作摆在全县各项工作的重中之重，不断推动移民工作向前发展，塑造了以“流血流汗不流泪、掉皮掉肉不掉队”为特质的丰都移民精神。通过认真贯彻开发性移民方针和“两个调整”政策，理顺领导体制，完善工作机制，建立六级责任网络，丰都县不仅全面扭转了一度落后全市进度23个百分点的滞后局面，而且后来居上，二期移民顺利通过了中央和重庆市验收，三、四期移民基本完成搬迁安置任务。在积极开展移民迁建的同时，还抓住移民后期扶持机遇，大力实施移民安稳致富工程，促进移民“搬得出、稳得住、逐步能致富”。

在党中央、国务院制定的《三峡库区经济发展规划》和一系列优惠政策扶持下，丰都县移民工作成效显著。10年来，国家移民补偿净态投资

19.5856亿元,加上各项扶持资金、对口支援资金和社会资金投入,全县累计完成移民投资29.11亿元。大规模的移民资金投入极大地改善了丰都的城市面貌,一座规划科学、布局合理的移民新城拔地而起,不仅改善了丰都的发展环境,也带动了丰都经济社会发展的步伐。十年来,全县共搬迁人口82530人(含占地移民7667人),复建房屋面积251.24万平方米,90家工矿企业全部搬迁结束。共复建公路78.01公里,完成外迁农村移民安置1930人,培训移民5589人,输出务工移民5000人。移民搬迁工作圆满完成。

通过移民搬迁,老百姓的居住条件得到了极大的改善,移民从低矮潮湿的土墙房屋住进公路沿线宽敞明亮的砖瓦房,从十几平方米至几十平方米的房屋住进了100平方米至150平方米的楼房。随着大规模的移民搬迁,大量外来资金的投入,大量外来企业和人员的进入,激发了人们的发展意识和竞争意识,锻炼提高了大批干部的才能,凝聚了以"流血流汗不流泪,掉皮掉肉不掉队"为特质的丰都移民精神,为丰都经济社会全面、协调、可持续发展奠定了坚实基础。

二、交通建设突飞猛进,基础设施全面改善

丰都位于重庆三峡库区腹心,交通等基础设施相对落后。为打破交通等基础瓶颈,10年来,全县坚持以交通建设为突破口,切实加强基础设施建设。以"六路一港"为重点,扎实开展"交通年"活动,干线公路等级全面提高,港口码头建设接近尾声,乡镇公路四通八达,"一小时周边区县"、"两小时丰都"基本变为现实。至2006年底,全县公路总里程达到3778公里,其中等级路731公里,公路硬化、油化里程达到545公里;全面完成了20座码头、30个泊位的港口码头复建任务。

一系列重大交通项目的建设打通了丰都的出境通道,缩短了丰都与主城区及邻近区县的时空距离。十年间,共完成丰(都)垫(江)公路硬化改造59公里,丰(都)武(隆)公路硬化改造66公里,丰(都)忠(县)公路硬化改造38公里,丰(都)石(柱)公路硬化改造42公里,丰(都)涪(陵)硬化改造20公里、丰(都)涪(陵)北线硬化改造8.2公里,完成迎宾大道4.5公里改造建设。丰都到主城区的时间由过去的3.5个小时缩短为现在的1.5个小时,到邻近区县的时间也缩短了一半以上。随着铁路、高速公路的开工建设,丰都正逐渐成为三峡库区腹地的交通枢纽和中心。

与此同时,丰都还大力实施通乡公路、村道"通达工程"和村道"通畅工程"建设,完成县境内武平至太平公路、南江至都督公路、马良至厢坝、老鸹阡至南天湖、龙河至江池、南江至栗子、高家镇至龙孔、社坛至大堡、三建至武平、高镇至建国、许明至董家、梯子河至青龙、代家凼至保合、龙河至茶元等公路硬化改造315公里,竣工整治大小桥梁11座.全县31个乡镇全部通硬化、油化公路,实现了乡乡通硬化路,到重庆主城2.5小时,到毗邻县城1小时的目标,极大地方便了农民运输农业生产资料、农副产品和出行,减轻了农民体力劳动,促进了农村经济的发展。到目前为止,全县有公路交通运输行业专业客运公司4家,货运公司3家,共有营运车辆2232台,其中客车406台,货车1738台,出租车88台;水运企业共有运力164艘、载重81253吨、功率27605.26千瓦,其中货运企业发展到10户、59艘、功率13482千瓦,载重60380吨。

在交通建设突飞猛进的同时,水利、电力、能源、通信、市政等基础设施建设也扎实推进。10年间,丰都县建成了历史上第一座中型水利工程弹子台水库,建成了装机6万千瓦的鱼剑口电站,新县城污水处理厂、垃圾处理场建成投入运行,县城南北两岸防护大堤、双鹰河电站等重点项目建设进展顺利,农村电网改造一、二期工程顺利完成,西部农网完善工程和城网工程积极推进。程控电话得到较大发展,移动通信实现无缝式覆盖,标准化体育场建设完成,广播电视光纤网络建设取得重大进展,全县基础设施建设迈上了新台阶。

三、农村经济稳步发展，农民收入显著增加

作为一个农业大县，丰都县大力推动农业经济发展，加快农业产业化进程，取得明显成效。10年来，县委、县政府对农业农村经济发展实行因地制宜，分类指导，确立了城郊型经济圈、沿路型经济带、山区型经济区的发展模式、大力发展畜牧、蚕桑、果菜、烤烟四大骨干产业和青蒿、苎麻骨干产品，大力推进农业经济结构战略性调整，农业基础条件实现较大改观，农村经济取得长足发展，农业综合生产能力得到提升。2006年，全县农业总产值达到15.93亿元，比1996年增加7.20亿元，年均增长3.8%；农业增加值实现100321万元，比1996年增长34.9%，年均增长3.0%；粮食播种面积稳定在135万亩左右，粮食产量稳定在30万吨左右，保持了人均占有粮食400公斤水平；农民人均纯收入实现2479元，比1996年增加1223元；农业科技在农业和农村经济中的贡献率由35%上升到45%，农产品商品率由40%上升到48%。农业结构趋于优化，畜牧、蚕桑、果菜、烤烟四大农业骨干产业基本形成，青蒿、苎麻等特色产业快速发展。

在农村经济总量发展的同时，结构调整力度加大，比例不断优化。2006年，全县农业内部农、林、牧、渔结构比由1996年末的47.5:2.4:48.4:1.7调整为43.8:3.7:48.5:2.7；畜牧业提升0.1个百分点，种植业下降3.7个百分点；农民收入中非农产业收入的比重由1996年的20.0%上升到25.0%；直接从事农牧业人员降至24.49万人；农村外出务工人员由不足10万人增加到15万人，劳务收入由不到4亿元上升到6.58亿元，占农民总收入的45%以上；农业产业化龙头企业由不足10家发展到2006年底的25家。三和实业、三明油脂、光明食品等3家已成为重庆市级龙头企业。县烟草公司、丝绸公司、大方飞跃、新城粮食储备库等一大批涉农企业每年都争取或自筹100万元以上资金发展各类优质基地，使丰都县农产品经深加工后逐渐走出了国门，不仅远销亚洲，还打入了北美和非洲等地。同时，龙头企业与农民结合，实行订单生产，将企业和农民连接为共同体的农村专业合作社、综合服务社也得到了较快的发展。现已发展到86个，入社农户近9000户。农村两社两化的发展，增强了服务功能，改变了由政府包揽的技术推广、物资供应、市场销售等工作。农村经济的经营方式正在发生着深刻的变化。

四、工业经济规模壮大，兴工强县初见成效

2003年，在大规模移民工作结实后，丰都县委、县政府及时转变工作重点，提出大力实施“兴工强县”的战略构想。通过加大工业投入，加快工业结构调整力度，努力壮大工业经济规模，提升工业经济运行质量，取得了初步成效。

10年间，丰都县工业总投资累计达到32亿元，大力实施工业项目，海特实业、兴业林产、极力服饰、万兴绢纺、邱家榨菜、三合食品、光明食品、明富食品、阜康食品、仙鹤制衣、天堂依寿衣等一大批技改项目相继竣工投产，尾气净化器、三元催化剂、榨菜肉酱、新型陶瓷玛赛克、复方双氢青蒿素等新产品成功开发并投放市场，取得了良好经济效益。与此同时，努力盘活存量资产，加快工业结构调整力度，共实施企业破产关闭72家，先后嫁接重组了联信纺织、歌德陶瓷、佛莱明哥陶瓷、名都纺织、新亚织绸、大方飞越、河记船务、树荣化工、皇嘉丝绸、YC—216项目等一批技术实力强劲、产品优势突出、发展后劲有力的企业，为全县工业经济注入了强大活力。

扎实有效的工作促进了丰都工业的快速、健康发展。到2006年，全县工业总产值达到16.74亿元，是1996年的412.5%，年均增幅达到15.2%；工业增加值达到6.4亿元，是1996年的350.7%，年均增幅达到13.4%；规模以上工业企业户数达28户，规模以上企业工业总产值、增加值、销售收入分别达到10.2亿元、4.3亿元、8.1亿元。全县工业企业汇总性盈利6000万元，实现税金5000万元，其中规模以上工业企业预计可实现利税4964万元，经济效益综合指数预计达

到118.2%。

在工业经济发展壮大的同时，丰都工业园区和10个亿元乡镇工业也不断发展壮大。重庆丰都工业园区自2003年成立以来，基础设施建设和项目招商工作稳步推进，目前已完成5.26平方公里的地质灾害评估、矿产压覆评估、环境影响评价、控制性详细规划、地质勘查、初步设计和施工设计等前期工作，与国家开发银行重庆市分行基本达成园区基础设施建设信贷支持意向，相关前期工作开展有序。几年来，园区招商引资成效显著，共引进项目7个，项目总投资13.5亿元，特别是2006年新引进年产9.5万吨竹浆项目，极大地带动了园区基础设施建设和产业发展。到2006年底，园区入驻工业企业9家，工业总产值、增加值、实现税金、出口创汇分别达到25110万元、10088万元、498万元、5264万元。高家镇食品工业组团、社坛木制品加工工业组团、镇江化工工业组团、丁庄仓储工业组团等四大组团建设稳步推进，入园企业稳步发展。10个工业亿元镇呈现出强劲发展势头，2006年实现工业总产值6.6亿元、增加值2.1亿元、销售收入5.7亿元、利税0.5亿元，分别占全县工业总量的40%、36.2%、46.7%、45.5%。

五、特色旅游格局形成，旅游经济加快发展

10年来，丰都县委、县政府把旅游业确立为国民经济的“支柱产业”，加快实施“兴旅富县”战略，出台了加快旅游经济发展的若干意见，制定了系列相关的配套政策，促进了旅游经济的快速发展。

加快新景区开发和旧景区升级改造，取得显著成效。雪玉洞新景区一次性开发成功对外开放，被誉为“中国六大最美洞穴之一”，并于2005年被评为国家4A级旅景区；名山景区加快提档升级改造，1998年获“重庆市十佳景区”称号，2000年获“重庆市最佳景区”称号，2001年获国家首批4A级旅游区称号；佛建生态农业示范园区2005年争创为全国农业旅游示范点。2002年3月，丰都县城创建为“全国优秀旅游城区”。目前，全县有四星级酒店2家，三星级酒店2家，按二星级标准建设和营运的酒店3家。一批特色浓郁、质量上乘的饭店、餐馆和农家乐蓬勃兴起，城市净化、美化、亮化工程相继得以实施，丰都旅游环境和形象得到明显改善，已经成为三峡库区接待条件最好的旅游目的地之一。

随着旅游条件的逐渐改善，国内游客快速增长，国外游客稳步增加，出境旅游从无到有，旅游产业得以不断发展壮大。10年累计接待游客1100万人次，年均接待游客110万人次，年均旅游收入2亿元。现有旅行社3家(国际社1家、国内社2家)，专职导游人员200余人，涉及12个语种。目前，全县基本形成了北岸民俗文化观光区、龙河流域自然风情旅游区、新县城旅游综合服务区三大旅游景区，旅游行业直接从业人员3000人，带动间接就业人员近1万人。

六、流通网络基本健全，商业贸易日趋活跃

10年来，丰都县商贸流通得到全面发展，移民搬迁后新县城的商业氛围逐渐浓厚，繁荣活跃的市场流通体系正在形成，内外贸易已奠定快速发展的基础，市场主体日渐增多，流通规模总量成倍增长，市场网络体系日益健全，规划体系日趋完善，流通现代化步伐明显加快，外经外贸保持快速增长势头。

加快完善商业设施，先后完成宏声商业广场、装饰城、高镇鑫圆、名山镇启发、朝华小商品、福海汽配、重百等7个商品市场，完成滨江东路、平都商场、天大市场、民达市场等7个农贸综合市场，完成长生路家电、横向步行街服饰、体育场小吃夜市、农行建材、黄金坡小吃夜市、长生路娱乐一条街、高镇滨江路小吃、新城娱乐、商业路百货、太平坝药材、湛普石燕农贸、滨江东路摩托车，体育场美食一条街13个专业街市，做好了社坛综合市场、三元果品市场、北岸城区综合市场、工业园区物品中心等项目的可研调研及高镇鑫源市场的综合营运、河北步行街的建设。全县基

本形成了以县城购物中心、配送中心、连锁中心、综合及专业商品交易市场、专业特色街为辐射源——中心小集镇为中转站——各超市、配送连锁点、专营专卖店、便民便利店为零售网点的统一开放,繁荣活跃的县域流通网络体系,商品短缺状况基本结束。

随着商业基础设施的逐渐完善,龙头企业日渐增多。一是利用粮食"两库"资金、场地、网络的优势和供销合作经济组织专业合作联合社的组织优势,组建了农业生产资料供应龙头企业两个,通过建立农业生产资料供应网络,逐步解决农业生产成本的过高问题,充分保障农民的生产利益。二是依托粮食购销企业和食品企业,联合全县农村专业合作社和农村个体运销大户,对本县的农副土特产品,逐步打造品牌,分购联销扩大销量,实现了集中将产品统一销售,充分使分散的货源,分散的资金,分散的品种,通过聚合提升,初步实现丰都产品卖向全国的构想。

经过10年的发展,全县商业网点已达10500个,营业面积达到98万平方米。2006年全县社会消费品零售总额实现15.2亿元,比1996年增长168.1%,年均增长10.4%;外贸进出口企业从1996年的1家发展到21家,2006年出口总值达1200万美元。金融保险业健康发展,金融机构存款余额50.5亿元,年均增长15.8%,贷款余额22.3亿元,年均增长5.7%。非公经济健康发展,全县个体工商户累计达8708户,全县私营企业累计636家,对全县经济发展起着不可估量的作用。

七、固定资产投资强劲,改革开放成果丰硕

10年来,伴随移民搬迁的集中投入和基础设施的快速推进,全县固定资产投资加快,累计完成151.69亿元,是建国以来到直辖前投资总和的18倍,年均增长17.1%,成为拉动全县经济增长的主导力量。

在大规模移民迁建的拉动下,固定资产投资十分强劲。全面完成了县城及高家镇的整体搬迁建设,重点加大了县乡村公路、农业基础设施、城市基础设施、库区污水垃圾、电力能源、工业企业、地质灾害、生态环境、旅游基础设施的投入。投资5000万元的海特工业园区建设完成;投资4亿元、装机6万千瓦鱼剑口电站竣工投入使用,县城及高家镇垃圾、污水处理厂、朝华文化公园、新县城体育场、二期地质灾害整治、弹子台水库、一二期农网改造、城网改造、"六路一港"、雪玉洞景区建设以及青蒿素萃取技改、年产3万吨榨菜综合食品生产线、友岚食品、极力服饰等一大批重点工程竣工投入生产和使用。两山库岸综合整治工程、新县城护岸工程、迎宾大道、丰垫路、双鹰河电站、南天湖开发、华岭食品、富宏食品等一批重点项目正在加紧施工。渝利铁路、高速公路、长江二桥、南北两岸护岸延伸线、蒋家沟水库、三峡库区中部丰都灌区、抽水蓄能电站、雨水集蓄工程等一大批重点项目前期工作加快推进。这些项目的推进为全县未来发展奠定了坚实基础。

10年来,始终坚持以改革促发展,以创新增活力,积极稳妥地推进了县乡机构改革、农村税费改革、投资体制改革、财政体制改革、国有企业改革等重大改革。与此同时,切实加大对外开放力度,着力整治投资的软硬环境,先后出台了一系列招商引资的优惠政策和激励政策,陆续在上海、江苏、广东、浙江、云南、湖南、河北等地广泛开展招商活动,广邀各方客商来丰考察投资。同时,大胆探索新的合作方式,通过资源租赁、土地换项目、收购、经营权转让等方式开展合作交流,招商引资取得了显著成效,北京中恒讯视、重庆宏声集团、朝华科技、鼎泰集团、重庆智愚、开投司、高投司、大方飞越、极力服饰、世洋电力、侯氏集团、小天鹅集团、五斗米、华岭食品、四川高维等一批外来企业纷纷落户丰都。重庆鼎泰集团投资建设的鱼剑口电站竣工投产,重庆智愚公司投资开发的雪玉洞旅游项目正式对游客开放,大方飞越、极力服饰建成投产,重庆高投司投资修建的丰垫路、丰武路已基本完工,为丰都经济社会发展提供了新的平台。尤其是2006年引进的投

资10亿元的竹浆项目和投资1.2亿元的紫光化工项目顺利开工,为全县经济社会发展注入了巨大活力。

八、坚持以人为本,人民生活水平提高

10年来,丰都县坚持以"三个代表"重要思想为指导,全面落实科学发展观,着力发展社会事业、提高群众生活水平,社会总体保持了和谐稳定。丰都县一贯重视人才,坚持科教兴县、人才强县,加速了科技成果的引进、转化、吸收、应用以及人才的培养,培养了一大批适应地方经济发展的适用型、永久型人才。积极推行素质教育,"两基"工作顺利通过复查验收,教育质量明显提高,高考上线率一直高于全市平均水平。10年来,累计改造学校D类危房10万平方米、新建校舍(含移民迁建)32万平方米。

在科技教育全面进步的同时,文化、卫生、体育、人口和计划生育工作稳步推进。县影视中心和宏声艺术宫相继建成投入使用,光纤电视入村率达70%以上,先后荣获全国文物保护先进县和重庆市文化先进县称号。随着信息产业的加快发展,丰都县建起了丰都县政府公众信息网、丰都信息港和鬼城丰都网站,加快推进了全县电子政务建设。全县突发公共卫生事件应急处理机制初步建立,60%的村卫生站达甲级标准。群众体育蓬勃发展,新县城体育场、游泳场等运动场馆和全民健身场所建设完工。继续保持低生育水平,人口自然增长率均控制在5‰以下。

10年来,丰都县坚持以人为本,努力维护群众根本利益。努力发展产业、扩大就业,建立起"就业找市场、岗位靠竞争、失业有保障、再就业有服务"的新型就业机制。10年共输出农村富余劳动力100余万人次,保持常年在外务工10万人以上。建立起了养老、失业、工伤、医疗(大病统筹)、生育保险体系,民政救助、社区建设、残疾人事业、妇女儿童保护、老龄事业、物价管理、审计监督、食品药品监督、技术质量监督、人民防空、村(厂)务公开、宗教、民主法制等项工作也取得了较好成绩。

注:本文数据出自丰都县统计局

撰稿单位:重庆市丰都县人民政府办公室

垫江县

一、基本县情

垫江县位于重庆市域中部,面积1518平方公里,辖14镇11乡,总人口90万,其中农业人口77万。农业生产条件较好。地势平坦、可耕地多、土地肥沃、气候温和、雨量充沛、物产丰富,素有"巴国粮仓"、"丹皮之乡"等美称,是全国商品粮基地县、种子建设示范县、瘦肉型生猪基地县、无规定动物疫病区项目示范县和全市优质粮食基地建设重点县、优质肉猪出口创汇项目基地县,名优特产"垫江白柚"多次获全国金奖,绿色食品藠头、酱瓜倍受消费者青睐。天然气资源丰富。卧龙河气田、大天池气田年输气能力20多亿m^3;重庆鼎发实业公司是全国唯一集钻井、采输、净化、加工为一体的县级天然气综合开发企业。发展天然气工业条件优越。旅游资源极富特色,2万亩牡丹花西部少有,油菜花和白柚花、东印茶海颇具规模,金谷集团温泉城已钻井出水,即将进入整体开发阶段,构成了具有垫江地域特色的田园观光旅游资源。交通区位优势逐步凸显。2003年底渝万高速公路竣工通车,垫江进入了重庆大都市区内,区位条件得到根本改善。2007年沪蓉高速公路垫江段通车后,与渝万高速公路纵横贯穿全境,垫江将成为重庆市域中部重要的

陆上交通枢纽。随着重庆到万州的城际铁路起动建设,垫江区位优势将更为明显。

二、成就综述

重庆直辖10年以来,在市委、市政府的正确领导下,垫江县紧紧抓住重庆直辖、国家实施积极财政政策、西部大开发战略和高速路建设通车等重大历史机遇,坚持以邓小平理论和“三个代表”重要思想为指导,全面贯彻落实科学发展观,自强不息,开拓进取,加快推进建设渝东经济强县、富民升位、全面建设小康社会进程,国民经济和社会发展取得了显著成绩。全县已总体跨进基本小康门槛,开始踏上全面建设小康社会的新征程。2006年全县地区生产总值迅猛增长,达到54.12亿元,比1996年的15.65亿元增长345.8%;地方财政收入突飞猛进,完成2.8232万元,比1996年地方财政收入0.74亿增长381.5%。人民生活水平显著提高,全县城镇居民人均可支配收入达9852元,成功跨越基本小康,奔向全面小康,比1996年的4823元增长204.3%;农民人均纯收入达3099元,比1996年的1250元增长247.9%。全县经济发展呈现速度、效益同步增长的良好势头,经济社会发展主要指标在三峡库区生态经济区名列前茅,2000年至2004年连续5年获得市政府区县经济社会发展综合考评一等奖,2002年至2005年连续四届跻身于西部百强县。

(一)成就巡礼之经济结构

经济结构更加优化,发展动力更加强劲。产业结构调整成效显著,逐步改善了以典型的农业经济为主体的产业结构体系,三产比重由1996年的42.9:35.3:21.8调整为2006年的21.1:51.1:27.8,二、三产业特别是工业占国民经济的比重大幅上升。

1.工业经济实力不断增强。2006年全县完成工业增加值15.3亿元,规模以上工业产值完成25.2亿元,销售收入24.72亿元,工业产品销售率为98%。全县销售收入上亿元的企业达8户,其中3亿元以上的企业达到2户,2亿元以上的企业达到3户。全县乡镇企业总产值完成57.52亿元,其中乡镇工业总产值完成35.43亿元,销售产值为34.25亿元,产销率为96.67%。产销衔接较好,做到了货畅其流。“十五”期末,全县工业增加值和规模以上工业总产值分别比“九五”时期增长2倍和2.4倍。全县工业增加值占地区生产总值的41.2%,工业经济对全县经济增长的贡献率达到了67%,工业经济已成为县域经济增长的主要动力。形成了鼎发实业、坤泰轮毂、富源化工、天圣制药、供电公司等一批产值达到3亿元左右的重点企业群。非公有制经济发展平稳,年纳税5万元以上的“小巨人”企业达到367个。全县工业经济综合效益指数达到163%,位居全市前列。新型工业化开始起步,天然气精细化工和轻型加工两大产业深入推进,形成了合成氨、硝铵、硝酸钠、吗啉、焦亚硫酸钠、成品医药等优势化工产品系列,正在积极培育二硫化碳、二甲基亚砜、二甲醚、L—乳酸等精细化工产品产业链,缫丝织绸、玻棉建陶、烟花爆竹、摩托车配件、印刷包装等轻型加工业不断发展壮大,高速度高质量建成了全国规模最大、年产400万套的摩托车轮毂企业。垫江工业园区建设卓有成效,引进企业或项目10余个,引进资金2.5亿元,成功实现了园区工业从无到有的重大突破,逐步形成了渝东地区特色鲜明的发展格局。

突出亮点:区域特色鲜明的现代工业体系初步形成

始终坚持把发展天然气精细化工产业作为“强县”工程,把发展轻型加工产业作为“富民”工程,把发展农产品加工业作为“促农增收”工程,区域特色鲜明的现代工业体系初步形成。一是大力发展天然气精细化工产业。进一步理清垫江天然气精细化工发展三条基本思路:即以合成氨为基础原料的硝盐系列,尽快形成以硝酸铵、硝酸钾、硝酸钠、吗啉、碳酸二甲酯、碳酸二乙酯、聚碳酸等下游产品为代表的产业链条;以硫磺、二硫化碳为基础原料的硫化工系列,尽快形成二甲基亚砜、橡胶助剂、保险粉等下游产品为代表的产业链条；在更大范围内配置资源，充分利用长寿、涪陵、万州等全市三大化工基地的基础原料，结合市场需求发展精细化工产业，力求错位发展。同时，加快构建天然气精细化工产业发展的技术平台，坚定不移增加天然气资源总量，优化天然气使用结构，抓好重点天然气精细化工项目建设，不断培育垫江天然气精细化工产业新的增长点。二是大力发展轻型加工产业。主动承接主城区产业梯度转移，围绕汽摩轮毂、发动机缸体、精密铸件等汽车摩托车配套产业，努力建设全国有影响的铝合金汽摩零部件加工基地。大力发展印刷包装、服装制鞋、蝍丝织绸、陶瓷玻璃、保温材料等轻工行业，形成特色鲜明、就业机会众多的产业格局。加快垫江工业园区建设，抓紧搞好园区用地规划、储备工作，加快园区融资步伐，打造全县轻型加工业发展平台。三是大力发展农产品加工产业。从农业区划定位、品种细分定位、加工水平定位等方面综合平衡，继续把优质粮食、生猪、蚕桑等作为垫江农产品加工的主导产业，依托蔬菜、果品、中药材等品种开创垫江农产品加工的优势产业，努力把垫江建设成为重庆主城特大城市和万州、涪陵两个大城市农副产品市场的供给基地，形成与传统农业大县、农业生产能力相匹配的农产品加工体系。力争5年内新培育市级龙头企业2个以上；优质粮食加工能力由现在的年加工6万吨增加到年加工8—10万吨；分割肉、藠头等农产品外贸出口年增长幅度保持在10%以上。

2.农业农村经济健康平稳发展。全县有耕地面积约60万亩。县内地势平坦，气候温和，雨量充沛，优质特色农副产品资源丰富，是国家商品粮基地县、瘦肉型生猪基地县、种子基地建设示范县、长江中上游优质水果基地县、重庆市优质出口猪肉项目县。从1996至2006年，农业总产值增长了7倍，达到19亿元。粮食产量稳中有增，建成了一批优质粮油生产基地和优质肉猪、肉羊、肉兔、土鸡生产基地。生猪良种覆盖率达到75%，畜牧产值累计达38.06亿元；蚕茧产量累计达1081.3万公斤，年人均创收29.1元；完成7600亩白柚高换和4000亩夏橙示范园建设，榨菜、蘑菇、藠头、蜜本南瓜、丹皮等区域特色产业规模日益壮大。共培育市级龙头企业3个，县级龙头企业11个。农村基础设施和生态环境建设进一步加强，农业综合生产能力不断提高，农村面貌显著改善。2004年在全市率先开通了第一辆农村客运班车，到2006年底共硬化农村公路240公里。完成跳石病险水库整治等各类水利工程项目1.9万余处，新增有效灌面9800亩，治理水土流失面积159.9平方公里，改造中低产田8.18万亩，完成退耕还林11.6万亩。全县机耕面积达84.6万亩，机收面积达15万亩，农业机械化率达12.2%，农机化水平列全市前茅。农民增收渠道不断拓宽，劳务经济快速发展。建立县级职业技能培训基地11个，常年外出务工人员逾20万人，农民务工年收入超过10亿元。移民安置进展顺利，超额完成了市委、市政府下达的移民安置任务。

突出亮点：(1)建筑劳务输出方兴未艾。垫江县早在上世纪80年代就被原四川省确定为“建筑劳务基地县”，并获得“建筑业对外开拓先进县”的光荣称号，2002年全市“建设系统对外承包工程和建筑劳务合作工作会议”也在垫江县召开。自上世纪80年代以来，垫江县一直是劳务输出大县，目前全县常年有20万民工外出到成都、昆明、十堰、新疆、广东等地从事建筑、商贸、餐饮等务工，部分人员还走出国门，到东南亚、西亚、俄罗斯、非洲等地闯天下，劳务总收入每年都超过10亿元。外出从事建筑业的农民工占劳务输出总量的50%，达11万人，劳务收入超过7亿元，其中成建制输出2万余人，这些成建制输出的劳务人员年收入超过2亿元。

(2)农业产业化龙头企业发展态势喜人。在优质粮食生产和畜牧产业发展进程中，垫江县坚持走生产规模化、标准化、优质化、无公害化和产业化的路子，积极探索公司+基地+农户的产业化经营模式，增大对农业产业化龙头企业的扶持力度，宽松环境，出台政策，逐步发展壮大农业产业化龙头企业，初步形成了龙头企业发展带动基地建设,促进农户增收的发展雏形。目前,县内共有各类农产品加工企业100余家,其中国家级龙头企业1家、市级龙头企业3家、县级龙头企业10家,销售收入过亿元的企业1家,销售收入千万元以上的企业3家。在优质粮食生产加工方面,全县扶持引导嘉乐米业、高峰米业、坪山粮油公司、仙鹤米业等5家粮食加工企业,建立无公害水稻基地25万亩、优质玉米生产基地15万亩,涉及种粮农民10万户,加工企业与基地农民签订生产订单,无公害优质水稻和玉米订单收购超过市场价格5%—8%。粮食加工企业加工能力已超10万吨。在生猪生产加工方面,现有生猪加工企业4家,年加工能力达到100万头以上,销售收入6亿元。其中,市级龙头企业蓝星实业有限公司2005年顺利入列全市"双十工程",实现销售收入4.35亿元,生产加工分割猪肉5万余吨,其产品出口香港、澳门、俄罗斯等地,创汇达2000余万美元。

(3)移民帮扶活动扎实推进。每户移民至少落实1名帮扶人员,对困难移民家庭落实至少2名帮扶人员;各安置乡镇对帮扶人员登记造册,进行动态管理:对帮扶不到位的,即解除帮扶关系,并进行批评教育;对帮扶效果明显的,给予表彰和奖励。加强移民职业技能培训,实现富民劳动力有效转移。对移民实施缝纫、计算机、美容美发、餐饮服务等技能培训,受训移民达1800人次;已转移移民富余劳动力966人,其中:县内转移270人,县外转移696人。统筹协调移民安置地区发展,把移民安置工作与实施好本乡镇的"十一五"规划、建设社会主义新农村、构建社会主义和谐社会结合起来。认真实施移民后期扶持项目。共实施上级批准后扶项目22个,其中:基础设施项目15个、农业项目6个、技能培训项目1个。项目总投资382万元,其中国家后期扶持资金补助165万元,目前各项目全部竣工并发挥效益。通过后期扶持项目的实施,培养了一大批移民种养业大户,移民的生产经营得到较大提高,致富进程进一步加快。研究制订促进移民生产致富的政策,就移民从事种植、养殖、务工、经商、办企业、子女入学、产业化经营等方面制定了一系列优惠政策,促进移民就业和生产发展,争取在五年内,农村移民人均年收入达到和超过全县农民人均年收入水平;80%的农村移民富余劳动力实现转移就业;移民子女初中毕业生升入高中阶段教育的比例达到85%以上。

(4)新农村建设积极推进。把社会主义新农村建设纳入了全县"十一五"规划的重要内容加以体现和实施。规划要求:要紧紧围绕"生产发展、生活宽裕、乡风文明、村容整洁、管理民主"的要求,优先搞好新农村建设的规划,加强农村道路、农村沼气、农村电网、农田水利、广电通信等基础设施建设,积极探索新农村建设的模式和经验,建设一批居住相对集中、功能设施配套的农民居民新村。建立健全"三农"投入稳定增长机制,扩大公共财政覆盖农村的范围,加快发展农村教育、卫生、文化等社会事业,加快建设农村公共服务和社会保障体系,加快推进农村综合改革,加快构建适应新农村建设的组织结构体系,努力建设富裕文明、和谐安康的社会主义新农村。通过认真遴选,县内沙坪镇毕桥村、白家乡合兴村纳入市级示范村建设。同时还确定了桂溪镇西湖村等25个推进村(各乡镇1个村),一并启动规划建设,作为新农村建设的试点,逐步探索符合实际的好路子,达到典型示范、以点带面的效果。按规定比例配套新农村建设的示范村、推进村建设资金,并安排130万元专项资金用于全县新农村建设的规划、调查等前期工作。

3.第三产业优化升级。10年来全县商贸流通蓬勃发展,物价平稳,大商贸、大流通格局基本形成。相继建成了渝东建材综合市场、渝东商业城、西欧花园商业步行街,各类专业市场购销两旺,辐射能力不断增强;引入了重庆百货、新世纪百货等一批市内外知名的连锁商场和主力名店,连锁、超市、配送等现代业态日渐活跃。培植了新华酒店等4户星级酒店,连续7年成功举办牡丹节,太平牡丹景区荣膺AA级旅游景区和全国首批农业旅游示范点。2006全县社零总额达到20.73亿元,"十五"期间年均增长14.6%,比

1996年的10.15亿元增长204.2%，比1996年翻了一番。外贸出口业务不断扩大，已有14家企业取得自营出口经营资格。交通运输、邮政通信、金融保险等产业持续升温，步入快速发展的轨道。外贸出口业务稳定发展，餐饮、娱乐等消费繁荣兴旺，房地产、中介、家政、咨询、邮政通讯等消费持续升温。

突出亮点：休闲观光旅游迅猛发展。

垫江旅游资源以地文景观、水域风光、生态景观等自然风光为主，以古迹建筑等人文景观为辅。自然资源主要表现在“花、泉、山、水、农、果”这六个方面，尤以“花”与“泉”最具魅力。牡丹花富贵大方、艳而不娇，每逢花开时节，漫山遍野，翻红卷绿，蔚为壮观，堪称中国西部一绝。油菜花辽阔万亩，竞相开放，放眼望去，满眼金黄，蜂蝶相戏，花香人醉，给人一种强烈的震撼。白柚花、李子花，白里泛绿，清香四溢，漫步林中，自有超凡脱俗的感觉。“泉”以卧龙盐浴、明月温泉为代表，其资源的独特性，市场的广阔度使之成为打造休闲旅游，挖掘洗浴文化的绝妙素材。“山”主要有明月山市级风景名胜区、宝鼎山市级森林公园。明月山市级风景名胜区景观奇特、山峦叠嶂、森林茂密、有悬崖绝壁、奇松怪石、深涧飞瀑、奇花异草、珍稀植物、竹海茶园，集险、奇、野性、神秘于一体。宝鼎山市级森林公园群山争雄、连峰绝壁、林木苍翠、风光幽邃、其天堂氛围突出，与丰都鬼城地狱文化遥相呼应，是渝东北地区的朝觐胜地。“水”以白家、包家湖岛之乡生态旅游区、普顺迎凤湖度假村为代表。湖岛之乡位于长寿湖的尾端，湖面蜿蜒曲折多变，湖光山色，波光粼粼，鱼跃鸟飞、野鸭成群；湖内群岛交错、相互映衬，岛上柑橘成林，植被丰茂，空气清新，仿若世外桃源。迎凤湖度假村景色怡人、环境优美，湖中半岛果园成片，珍贵鸟禽常年栖息于此。垫江现有国内旅行社2家，旅行社代理点3家；三星级旅游饭店3家，四星级旅游饭店2家；旅游度假村5家，旅游农家乐42家；旅游商品生产企业5家，旅游开发企业3家。直接从事旅游业人员1362人，带动产业就业人员近6000人。目前已初步建成的旅游区有：全国首批农业旅游示范点、国家2A级景区——重庆市垫江牡丹生态旅游区；国家“渝黄一号”油菜制种基地——油菜花大观园；湖岛之乡——白家长寿湖滨生态观光旅游区；湖光山色——迎凤湖度假区。正在开发的有：明月山温泉旅游区、茶山花海休闲区、黄沙白柚生态园、五洞李子花生态园、宝鼎山十八仙景。尚待开发的有：卧龙盐浴度假区、明月山原始森林旅游区、分州古城遗址等。近年来休闲观光旅游迅猛发展，已连续成功举办了7届牡丹节、4届油菜花节，第8届牡丹节即将举办，提高了垫江的知名度和美誉度，刺激了消费，扩大了内需，促进了招商。2006年，接待国内外游客60.7万人次，旅游收入7453万元。

(二)成就巡礼之基础设施建设

基础设施建设取得突破，发展平台更加坚实。1996—2006年，全社会固定资产投资累计超过100亿元，2006年达到23亿元，比1996年增长678%。交通建设再上台阶，2000年就率先在全市实现了乡乡镇镇通水泥路。县境内公路总里程达到4497公里，其中等级公路693公里，高速公路44.2公里，省道103公里，县乡村道已硬(油)化337公里。公路密度为45公里/100平方公里，高于全市38.1公里/100平方公里的水平，渝宜(昌)高速路的开通和垫恩高速路的开工建设，凸显了陆上交通枢纽地位。城镇建设日新月异，县城规模扩大2倍多达到10.9平方公里，城镇化率达38.3%，比1996年的18.6%翻了一番。相继建成了迎宾大道、桂东大道、桂西大道、凤山西路等城市骨架道路，竣工了玉河水厂技改及城市供水工程、污水处理厂、休闲广场等一批市政基础设施项目，开发了豪门花苑、西欧花园、桂溪名苑、佳华雅苑、鼎峰小区等重点新区和旧城改造项目。综合整治后的桂溪河面貌焕然一新，两岸环境优美。一座人气旺盛、充满活力、生机勃勃的中等城市框架已具雏形。“两万农民进城镇”顺利推进，城镇化和城市管理工作成效明显，获得市委、市政府表彰。能源、水利、通讯建设发展迅猛。完成桂南110千伏变电站技改，开工兴建220千伏变电站,农村电网改造面达到40%,实现城乡同网同价。新建1座CNG加气站,完成天然气三期脱硫技改。移动电话用户达12万户,光纤电视用户达8万户,互联网用户超过10000户,电信、移动、联通、网通、铁通竞相发展。

突出亮点:城镇化工作突飞猛进。垫江县近年来紧紧抓住城镇化"龙头",突出经济社会发展的重点,突破经济社会发展的难点,以实施"每年2万农民进城镇"工程为切入点,多层次、全方位推进城镇化进程,城镇化工作突飞猛进。树立经营城市的理念,引入市场机制,加快城市土地、道路、水、电、气和其他公共设施资源的市场化进程,精心运作交通开发公司、土地经营公司、国资经营公司、利民排水公司、便民环卫公司、文化产业发展公司,增强政府融资能力,通过上争、内聚、外引,聚集了10多亿元基础设施建设资金,成功打破制约资金的"瓶颈"问题。目前全县城镇人口达35万人,城镇化率达38.3%,县城规模接近11平方公里,常住人口近15万人。城镇化工作获得市委、市政府的充分肯定和高度评价,城镇化工作经验以市委办公厅《工作交流》形式印发全市,2005全市城镇化工作现场会议也在垫江县成功召开,2004年、2005年、2006年垫江县城镇化工作还连续三年获市政府考核一等奖。

(三)成就巡礼之改革开放

改革开放深入推进,发展活力明显增强。行政管理体制改革取得成效,县乡机构、事业单位、村组建制等改革先后完成。出台了人才引进的有关优惠政策,全面清退了乡镇临时人员。深化行政审批制度改革,组建了县行政服务中心,行政审批项目大大精简,进一步降低了行政成本,提高了行政效率。财税改革稳步推进,实施了国库集中支付、非税收入收支两条线等规范化管理,推进了乡镇零户统管、政府采购等财政管理体制改革,清理并加大"普九"等政府性债务偿还力度,财政支出结构不断优化,公共财政框架逐步建立。投融资体制改革进程加快,建立了渝垫国资经营公司等融资平台,实现了银企合作多元化。国企改革不断深化,完成了69户国有企业的产权制度改革,富源、鼎发、供电、八四等重点企业通过资本整合,产权结构进一步优化,发展活力日益增强。积极稳妥解决了原绸厂、东山煤矿、龙华研砖厂、龙华水泥厂等国企改革遗留问题。粮食、商贸流通体制改革稳步推进。完善了农村第二轮土地承包关系,农村税费改革全面深化。社会事业改革步伐加快,殡葬、教育、文化、卫生等各项改革顺利实施。对外开放进一步扩大,招商引资取得重大突破。重庆坤泰轮毂、上海百金、青岛啤酒、重庆新华集团、浙江德华等一批颇具实力的企业成功落户垫江。从1996年至2006年累计引进县外资金达26亿元,为全县经济社会发展注入了活力。

突出亮点:政府信用工作扎实推进。努力加强政府信用建设,扎实推进政府信用工作。与国家开发银行重庆市分行签订开发性金融合作协议,获得2.8亿元基础设施建设贷款授信和1亿元中小企业贷款授信,已到位1650万。成功组建中小企业担保公司,注册资本达5000万,其规模在全市区县少有,为加快基础设施建设和支持中小企业发展提供了有力保障。

(四)成就巡礼之社会事业

社会事业全面进步,发展态势健康协调。"十五"期间共引进推广科技成果287项,科技对全县经济增长的贡献率达到42%。教育改革和发展成绩显著,"两基"成果巩固提高,教育质量稳步提升。县职教中心成功创建国家级中等职业学校,垫江中学、县委新党校、教师进修校、众旺职中建设卓有成效,职业教育、特殊教育、民办教育齐头并进,协调发展。中小学危房改造到2006年累计完成中小学危房改造13.2万平方米,解决127所农村学校师生饮水困难。卫生事业健康发展,公共卫生体系建设不断完善,服务能力明显增强,农村三级卫生网络日益健全。县中医院晋级为二等甲级医院,"非典"等重大传染病防治取得显著成效,人民群众的健康水平明显提高。人口、资源、环境三大基本国策全面落实,"少生优生优育"政策导向不断强化,累计发放计生奖扶资金130余万元;水资源、矿产资源得到有效保护、合理利用,土地整理开发深入推进,基本实现耕地占补平衡;环境保护取得成效,生态环境质量明显改善。体育场、职教中心、新华书店、青少年活动中心、残疾人康复中心、儿童收养中心等一批重点社会事业项目先后建成,并逐步发挥作用。文体广电事业蓬勃发展,初步建成了辐射各乡镇和广大农村的有线电视网络,群众性精神文明创建活动深入开展,县城桂溪镇荣获"全国群众体育先进单位"称号,澄溪镇荣获全国创建文明村镇工作先进村镇称号。

突出亮点:群众文体事业蓬勃发展

筹资4800万建成了占地72亩、容纳2.4万余人的大型体育场,并免费向群众开放。精心组织并成功举办了七届垫江牡丹节、2004年"嘉陵杯"全国越野摩托车锦标赛(重庆垫江站)年度总决赛、2006全国汽车短道拉力锦标赛、2006年重庆首届赏花季开幕式和重庆市"散打王"擂台争霸赛等大型活动。桂溪镇被国家体育总局评为全国2001—2004年度全国群众体育先进单位,县青少年体育俱乐部被命名为国家级青少年体育俱乐部,县文广新局获2005年度全市"全民健身周"优秀组织奖。

(五)成就巡礼之发展环境

依法治县稳步推进,发展环境不断改善。"建设平安乡镇、创建平安垫江"卓有成效,法制宣传、法律服务、人民调解工作得到加强,"三五""四五"普法教育扎实推进。《行政许可法》全面实施,反腐倡廉、纠风治乱深入推进,"经济110"作用得以发挥,依法行政、文明执法、热情服务的氛围日益浓厚,发展环境进一步趋好。社会治安综合治理成效明显,垫江监狱、基层派出所、司法所等政权建设项目进度加快。依法严厉打击和惩处各类刑事犯罪活动及黑恶势力,人民群众的安全感日益增强。编制完成了全县突发公共事件应急综合预案,安全生产基层基础工作不断强化,各类公共突发事件得到妥善处置,遏制了重特大事故的发生。"三金"、"三乱"、征地拆迁安置补偿和下岗失业职工再就业等热点、难点问题得到了较好的处理,信访维稳工作连续五年荣获市委、市政府考评一等奖。创卫工作圆满通过市上验收,获得"重庆市市级卫生城市"荣誉称号。

(六)成就巡礼之成果共享

人民生活水平明显改善,发展成果惠及千家万户。全县人民总体生活水平基本实现小康目标,城乡群众充分享受到改革发展所带来的实惠。2006年城乡居民储蓄存款余额达48.1亿元,比1996年的9.28亿元增长518.3%。城乡居民生活水平不断提高,居住条件、生活环境和消费结构明显改善,住房、汽车、教育等大宗消费迅速起步,旅游、文化、健身、休闲、娱乐等健康消费快速提升。社会保障和救助体系日益健全,以城镇职工养老保险、医疗保险、失业保险和城市低保、农村特困救助等为主要内容的社会保障体系初步建立。

直辖10年来,县乡政府职能进一步转变,公共服务、社会管理职能进一步加强,服务型政府建设迈出坚实步伐,各项工作都取得新的进步。经济责任审计、工商、侨务等工作受到国家部委表彰,民政、统计、人事、质监、食药监、物价、烟草、盐务、外事、消防、气象、防灾救灾、妇女儿童、老年人、残疾人、无线电、民兵预备役、民族宗教、台湾事务、档案史志等工作都取得新的进步。

三、垫江县"十一五"发展展望

(一)总体要求

"十一五"期间垫江县经济社会发展的总体要求是:始终坚持以邓小平理论和"三个代表"重要思想为指导,用科学发展观统领经济社会发展全局。认真贯彻"五个统筹"、"五个坚持",转变发展观念、创新发展模式、提高发展质量,切实把经济社会发展转入全面协调可持续发展轨道。始终坚持深化改革,进一步扩大开放,坚定不移地实施新型工业化、农村城镇化、农业产业化战略。突出抓好社会主义新农村建设、工业经济发展、重大基础设施建设、商贸流通业发展等重点工作。始终坚持以人为本,大力加强经济社会薄弱环节建设。建设资源节约型、环境友好型社会,正确处理好经济发展与社会进步、城镇与乡村、人与自然、人与社会、改革发展与稳定的关系，努力构建和谐垫江，加快推进建设渝东经济强县、富民升位、全面建设小康社会进程。

（二）总体目标

“十一五”时期垫江经济社会发展的总体目标是：国民经济持续快速协调健康发展和社会全面进步，初步建成渝东经济强县，为实现富民升位打下坚实基础；全面建设小康社会取得重要阶段性进展。

（三）具体目标

1.县域经济综合竞争力不断增强。地区生产总值年均增长12%，2010年人均GDP按常住人口计算达到1400美元。地方财政收入年均增长12%。工业增加值年均增长20%以上，农业增加值年均增长4%以上，社会主义新农村建设迈出实质性步伐。

2.资源节约型、环境友好型社会建设取得明显成效。空气质量达到国家二级标准，城市地表水环境质量、声环境质量按功能区划达标。农村自来水供水人口达到42万人，农村集中式饮用水水源地水质达标率达到96%以上。森林覆盖率达到26 %以上，生态环境质量显著改善。

3.基础设施建设取得突破性进展。全社会固定资产投资年均增长15%以上，一批关系全局、事关长远的重大基础设施项目基本建成，能源、水利、通讯供给保障能力大幅度提高。

4.商贸流通等第三产业发展跃上新台阶。社会消费品零售总额年均增长13%。加快建设渝东重要的物资集散地和商贸中心。

5.统筹城乡协调发展取得实质性进展。2010年城镇化水平达到48%。中等城市、小城市、中心镇、一般建制镇的网络式城镇化体系初步构建。加快形成县域三大经济板块良性互动、统筹协调的发展格局。

6.改革开放取得重大突破。基本实现法治政府、责任政府和服务型政府建设目标。国有经济活力不断增强，非公有制经济进一步发展壮大。对外开放水平明显提高，开放型经济深入推进，招商引资五年累计到位资金超过20亿元。

7.构建和谐垫江取得新的进步。2010年，城镇居民人均可支配收入达到13500元，农民人均纯收入达到4500元，中等收入者比重逐年提高。城镇登记失业率控制在4%以内，五年累计实现就业2.5万人。科技教育显著进步，人均受教育年限达到8.9年，城乡公共卫生、基本医疗服务体系和社会保障体系较为健全，年均人口自然增长率控制在5‰以内，民主法制建设、精神文明建设和社会治安、安全生产、信访工作取得新的进展。

（四）六大任务

围绕“十一五”发展目标，垫江县加快实施六大重点任务，促进全县经济社会又快又好发展。

1.加快统筹城乡发展。努力建设社会主义新农村。紧紧围绕“生产发展、生活宽裕、乡风文明、村容整洁、管理民主”的目标要求，搞好新农村建设规划，加强农村道路、农村沼气、农村电网、农田水利、广电通信等基础设施建设，探索新农村建设模式，建设一批相对集中、功能设施配套的农村居民新村。建立健全“三农”投入稳定增长机制，扩大公共财政覆盖农村的范围，加快发展农村教育文化、医疗卫生等社会事业，加快建设农村公共服务和社会保障体系，加快推进农村综合改革，加快构建适应新农村建设的组织结构体系，努力建设富裕文明、和谐安康的社会主义新农村。

推进农村城镇化进程。继续实施“两万农民进城镇”工程，引导农民向非农产业转移，从政策、环境、体制上营造有利于农民进城镇的长效机制。大力发展农村二、三产业，积极寻求农村城镇化的产业支撑，营造资源要素向优势区域相对集中的长效机制。大力实施城镇带动战略，以澄溪镇、高安镇为重点，以中心镇、重点镇建设为促进，强化对周边集镇的辐射带动，营造城镇化发展优势互补的长效机制。

2.加快构建优势产业。坚定不移地推进工业强县。坚持走新型工业化道路，优化产业布局，加快结构调整，高效利用资源，减少环境污染，注重质量效益,切实转变经济增长方式。集中力量发展天然气精细化工和特色轻型加工工业,突出抓好垫江工业园区建设,基本形成区域特色鲜明的现代工业体系,形成一批年销售收入达5亿元乃至10亿元的大型企业,五年内实现规模以上工业企业产值再翻一番,力争突破50亿元大关,为"工业反哺农业、城市支持农村"奠定坚实基础。着力提升企业核心竞争力,重点围绕市场开拓、新产品开发、新技术应用和资本经营等方面开展工作,力求在精细化工、轻型加工两大产业中有企业和产品在国内同行业居主导地位。

打造渝东商贸流通中心。进一步扩大内需,拉动消费。围绕县域商贸体系和县城商贸格局,以县城商贸流通发展为重点,在迎宾大道、桂东大道沿线布局生产资料市场,建好一批专业市场,推进一批站场建设;围绕构建核心商圈引进商业大店、名店,培育特色商业街和骨干商贸企业,发展现代物流业,构建休闲购物、酒店餐饮、健身娱乐、商务办公等现代商贸流通业态。加快发展生态度假、休闲观光旅游。突出品质、环境、文化等城市内涵和人文景观,引导房地产业健康发展。

进一步优化产业发展布局。总体上以县城核心区为龙头,以渝宜高速路、垫恩高速路等交通干线沿线经济潜力区为依托,带动东南高台地区等经济腹地发展,形成"核心区、潜力区、经济腹地"三大经济板块协调互动发展。

3.加快完善基础设施体系。加强交通、信息网络建设。不断健全交通体系,完善交通网络,以交通主骨架、枢纽节点和农村交通建设为重点,积极争取、尽快动建垫武(隆)高速路、长垫梁铁路,初步形成陆上交通枢纽格局。加强信息网络建设,加快广播电视数字化、网络化步伐,积极推进固定电话网、移动通讯网、宽带互联网升级改造。

2002年4月完工的渝巫路南段澄溪至城南天马桥改造工程,项目总投资830万元。设计为路基宽14米,路面宽12米。

2004年底完工的渝巫路桂南大道改造工程,设计为路基宽40米,路面宽24米,双向六车道,项目总投资2200万元。

2001年初完工的渝巫路县城过境段改造工程,设计为路基宽40米,行车道宽16米双向四车道,两边绿化带各3米,项目总投资8200万元。

2003年底竣工通车的渝万高速公路垫江连接段—垫江迎宾大道,路基宽80米,设计为双向八车道行车道宽32米,中央绿化带宽15米。工程总投资1.15亿元。

2003年底竣工的渝巫路北段县城至新民段,路基宽14米,路面宽12米,工程总投资1100万元。即将竣工的垫道路垫江段改造工程,项目总投资5100万元,路基宽度14米,路面宽度12米,是垫江县通往丰都县的便捷快速通道。

2004年开始实施的农村公路"村村通畅工程",有效地解决了群众出行难的现实问题,体现了交通服务"三农"的宗旨。全县共硬化村级公路200公里,实现70个行政村通畅,占全县的25%。

加强能源和重大水利工程建设。加快城乡电网改造等电力基础设施建设,提高供电质量。稳步提高天然气生产和净化能力,努力扩大原生气气源总量。重点抓好双河水库病险整治、"三库联网"工程实施,力争龙溪河流域综合整治、盐井溪水库上马新建,基本解决农村饮水困难和饮水安全问题。

加强市政基础设施建设。强化城镇规划、建设和管理,重点搞好县城、中心镇的骨干路网、公共交通、园林绿化、环境设施等项目建设,建成一批城市景观、标志性建筑。

4.加快推进改革开放。加大改革攻坚力度。按照中央和市委、市政府的安排部署,整体推进行政管理体制改革,构建适应经济社会发展要求的行政管理运行机制。深入推进国有企业改革,促进现代企业制度的建立。继续推进财政管理体制改革,建立健全公共财政体系,积极推进投融资体制、社会各项事业改革,加快建设现代市场体系,建立高效、公正、快捷的经济社会运行机制和发展格局。

努力扩大开放。坚持对外开放与对内开放并举，注重发挥“以商招商”优势，重点突出“招大招强”，加大招商引资力度，提高招商引资水平。加强与重庆、成都等重点区域的联系、合作，力争在引进符合垫江产业发展方向、资源环境匹配、市场潜力和质量效益较高的重大项目上取得重大突破。

5.加快建设资源节约型和环境友好型社会。努力建设节约型社会。大力发展循环经济，综合运用经济、法律、行政等手段，积极营造节约文化、环境文化氛围，倡导健康文明节约的消费模式，全面开展节约型企业、节约型机关、节约型单位创建活动，逐步形成节约发展、清洁发展、安全发展和可持续发展的经济社会发展体系。

加强生态环境建设和保护。注重发挥垫江生态环境良好的优势，保护子孙后代赖以生存的自然空间。强化对县域水资源、土地、矿产、森林和旅游资源开发的生态保护，逐步提高资源对经济社会发展的保障能力。巩固退耕还林工程建设成果，力争在天然林保护、农田林网、荒山造林、四旁植树等方面取得实实在在的成效。严格控制污染产业发展，合理布局工业项目，坚持工业污染防治“三同时”制度，加大对已有污染源的整治。强化城市环境保护，重点治理城市扬尘、烟气、噪等污染，结合城市绿化、美化、亮化等措施，努力把垫江县城打造成为重庆最适宜人居的城市之一。

6. 加快构建和谐垫江。大力实施“科教兴垫”、“人才强县”战略。建立健全科技创新的扶持和激励机制，鼓励企业创新技术，开发产品，创立品牌，加强与科研院所的协作联系，引导形成产、学、研相结合的创新模式。加大实用型科技成果的推广普及和应用力度，提高科技对经济社会发展的贡献率。优先发展教育事业，以改善农村教育教学条件为重点，切实抓好义务教育，加快发展职业教育和普及高中阶段教育，积极发展学前教育、成人教育，全面提高办学质量和水平，构建充满生机活力的现代教育体系，基本实现“渝东教育强县”目标。加强人才工作，创新人才培养、吸引和使用三大机制，努力建设一支素质优良、充满活力、适应发展的人才队伍，重点培养和造就一大批企业经营管理人才、专业技术人才、农村实用型人才，缓解人才资源的瓶颈约束。

加强社会保障和公共服务体系建设。强化政府促进就业的公共服务职能，抓好就业再就业工作。认真搞好扶贫救济、社会弱势群体帮扶、特殊人群点对点扶助等工作。强化公共安全保障体系，切实抓好安全生产，加强信访工作，全力维护社会稳定。加强公共卫生服务体系建设，整顿和规范医疗、药品秩序，突出解决“看病难、看病贵”的问题，提高全民健康素质。加强人口和计划生育工作，严格落实“十一五”人口和计划生育发展规划，促进人的全面发展。加强文化事业建设，大力宏扬社会主义先进文化。以现代文化诚信、宽容、博爱、协作、开放等积极要素，取代传统农耕文化中狭隘、封闭、自私、保守等消极要素；积极创造条件，筹建开放式公园、文化馆、民俗博物馆等文化设施，充分利用体育场、青少年活动中心、村级活动室等活动阵地，形成全民健身、全民参与健康文化娱乐活动的良好氛围。

注：本文数据出自2007年垫江县政府工作报告、垫江县统计局2006年12月统计月报

撰稿单位：重庆市垫江县人民政府办公室

附表：

垫江县直辖之初与直辖10周年主要经济指标对比

指标＼年度	1996年	2005年	2006年	比1996年增幅(%)
地区生产总值(亿)	15.65	50.92	54.12	345.8
其中:一产	6.72	10.74	11.4	169.6
二产	5.52	25.28	27.66	501.1
三产	3.41	14.9	15.07	441.9
人均GDP(按常住人口算)	1832	7003	7630	316.5
地方财政收入(亿)	0.74	2.23	2.82	381.1
社会消费品零售总额(亿)	10.15	18.03	20.73	204.2
固定资产投资(亿)	3.41	22.69	23.12	678
在岗职工平均工资(元)	4059	13638	16223	399.7
城镇居民人均可支配收入(元)	4823	8997	9852	204.2
农民人均纯收入(元)	1250	2989	3099	247.9
城乡居民储蓄存款余额(亿)	9.28	40.9	48.1	518.3
年末金融机构存款余额(亿)	7.58	48.55	57.09	753.2
城镇化率(%)	18.6%	36.3%	38.3%	205.9
建成区面积(平方公里)	4.5	10	10.9	242.2
邮政储蓄余额(亿)	0.93	6.45	8	760.2
固定电话(万户)	1.11	14.71	16	1341.4
农村居民人均住房面积(平方米)	29	38.7	39.5	36.2
城镇居民人均住房面积(平方米)	24.3	37.5	39.8	63.8

武隆县

公元1997年6月18日,年轻的直辖市在掌声和期望中诞生。10年后,当年在喜庆声中出生的年轻直辖市,已骨硬筋壮,正以日新月异的速度高歌猛进,经济上台阶、社会更和谐、移民任务基本完成、库区产业腾跃发展,一个长江上游经济中心雏形基本建成。直辖是一股强劲的东风,新重庆人于东风中凭风借力、扶摇直上、屡创佳绩。作为新重庆人中一员的武隆人,紧抓机遇,借直辖东风扬帆起航,在改革的深水港中破浪前行,一个三峡库区经济强县雏形已露端倪。

10年只是弹指一挥,而40万武隆人民所创造的"武隆奇迹"却是新直辖市的一抹亮色,是新重庆人自强不息、开拓进取的见证,是巴人奋发图强、坚忍不拔的精神传承。今天,让我们把目光聚焦于武隆的经济和社会发展,一起重温直辖10年来,武隆县宏观和微观增长的故事,细细品尝其中的每一个关键细节。

武隆县地处渝东南乌江下游,距重庆主城直线距离近100公里,东接彭水,西界南川、涪陵,北连丰都,南临贵州道真,幅员面积2901平方公里,辖26个乡镇186个村,总人口40万人。由于地处大娄山与武陵山褶皱地带的喀斯特地区,地形以山地为主。仙女山横亘南北,最高海拔2033米,最低海拔160米。河流有乌江横贯东西,乌江支流成树枝状展布,河流总长374公里。属亚热带季风性湿润气候,立体气候十分明显。年平均气温17.4℃,降水量1094.4毫米,日照1121小时。辖区内矿产资源丰富,现已探明的矿藏资源有煤、铁、铝土等20余种。

直辖后武隆县交通状况有了飞跃式的发展，国道319线、乌江黄金水道、渝怀铁路、渝湘高速公路横贯全境，经济涵盖区域得到扩展，辐射能力得到加强，已成为渝东南地区的交通枢纽和物资集散地。

一、“九五”乘风扬帆

忆过去，往事历历不堪回首；看今朝，新事件件有口皆碑。而今的武隆，旅游与能源快速发展，公路与铁路并驾齐驱。芙蓉洞绝景世所罕见；仙女山草原举世无双；芙蓉江风光旖旎迷人；白马山森林赛过版纳风光。巨大成绩的取得，源于10年前那凭借直辖东风的新一轮扬帆起航。经过“九五”计划，特别是从1997到2000年，四年的励精图治，注定将以不凡的姿态深深镌刻于武隆史卷之上。

1996年是“九五”计划的第一年，也是直辖前的一年，那是一个什么样的景象呢？让我们通过一系列数据（见表1），回到那并不遥远的过去，了解直辖前武隆县“家底”。

由表1可知，1996年的武隆县经济总量小，为典型的以农业为主的三次产业结构；地方财政收入低，人民人均收入少，消费能力差；旅游事业才处于起步阶段。

而4年后，也就是“九五”计划执行完成后，武隆县发生了巨大的变化(见表2，下页)。可以这么说“九五”是武隆县国民经济总量和质量快速增长和提高的5年，是社会事业全面协调发展的5年，是全县人民上下一心、克服困难、开拓进取的5年。5年来，武隆县委、县政府在市委、市政府的领导下，以党的十五大精神为指导，发扬“敢想敢干、实干快干”的武隆精神，组织和带领全县人民抓住机遇，奋力拼搏，开创了武隆县经济建设和社会发展的新局面。“九五”后，各项计划指标基本完成，综合实力上台阶的宏观目标也胜利达到，国民经济和社会事业取得了新的成就。

(一)重点工作取得突破性进展

“九五”以来，武隆县县政府始终坚持集中力量、突出重点的工作方法，通过广大干部群众的艰苦努力、顽强拼搏，全县经济建设和社会事业在八个方面取得了突破性的发展。

1.扶贫开发实现突破。“九五”期间，全县累计投入各类扶贫开发资金1.5亿元，其中财政性扶贫资金7690万元，信贷扶贫资金7625万元。1998年，通过上级检查，全县提前一年实现了整体越温达标目标。1994年建卡的2.2万户贫困户中，有1.96万户达标建卡贫困户人均纯收入达到629元，人平粮食达到460公斤，达标率为

表1 1996年全县主要指标情况

指 标	单位	绝对值
一、地区生产总值	亿元	8.49
#第一产业	亿元	4.11
第二产业	亿元	2.14
#工业	亿元	1.63
第三产业	亿元	2.24
二、三次产业结构比	%	48.4:25.2:26.4
三、地方财政收入	亿元	1.01
四、全社会固定资产投资	亿元	1.57
五、社会消费品零售总额	亿元	4.48
六、农村居民人均纯收入	元	1215
七、接待游客	万人次	11
国内旅游收入	万元	500
八、总人口	万人	39

注：数据来源于《武隆县统计年鉴》，下同。

表 2 2000 年武隆县国民经济和社会发展主要指标

指　　标	单位	1996 年	2000 年
一、地区生产总值	亿元	8.49	13.98
#第一产业	亿元	4.11	4.89
第二产业	亿元	2.14	3.88
#工业	亿元	1.63	3.67
第三产业	亿元	2.24	5.21
二、三次产业结构比		48.4:25.2:26.4	35.0:27.8:37.2
三、地方财政收入	亿元	1.01	1.03
四、全社会固定资产投资	亿元	1.57	6.71
五、社会消费品零售总额	亿元	4.48	5.88
六、农村居民人均纯收入	元	1215	1584
七、接待游客	万人次	11	37.8
国内旅游收入	万元	500	1605
八、总人口	万人	39	40

94%,这标志着全县绝大多数农村人口实现了温饱,摆脱了绝对贫困,进入了建设小康的新阶段。整体越温达标是武隆县经济发展历程中的一座里程碑。

2.能源建设实现突破。1999 年 1 月江口水电站破土动工，实现了全县人民多年的夙愿。到 2000 年底止,江口水电站实现了大江截流,大坝混凝土已开始浇筑、地下厂房开挖、芙蓉江大桥实现了合龙,累计完成投资 4.58 亿元。其中 2000 年完成 3.38 亿元。到 2002 年底第一台机组投入运行。中心庙水利工程累计完成投资 8825 万元,坝高达到 45 米,配套电站全面开工建设。同时,狠抓了农村电网改造和电力体制改革，对 24 个乡镇的农村电网进行了改造，完成投资 4210 万元。2000 年末,全县水电装机容量达到 6.4 万千瓦,其中"九五"期间新增 1.03 万千瓦,建成 220 千伏线路 75 公里,110 千伏线路 38.9 公里,35 千伏线路 103 公里。武隆电力供应紧张、西余东缺的格局已经得到彻底改变。

3.交通通信建设实现突破。交通通信建设是武隆县"九五"期间的重头戏。交通上,新建了武仙路、江黄路,改造了巷白路、巷江路,打通了东西干道,提高了公路等级,增强了武隆县的区位优势,4 条重点公路累计完成投资达 2.9 亿元。2000 年末，全县公路通车里程达到 2676 公里，实现了 100%的乡、90%的村通公路。通信上,完成了全县乡镇光缆传输改造,实现了 023 大网并网运行,移动通信、无线寻呼覆盖全县绝大部分地区。2000 年末,全县电话用户达到 2.5 万户,电话普及率达到每百人 5.24 部，移动通信用户达到 7523 户,无线寻呼用户达到 6500 多户,全县已建成 12 个电话乡和 78 个电话村,已通电话村达到 199 个,占全县村总数的 46.6%。邮电业务总量 4626 万元,比"八五"末增长 9.3 倍,比上年增长 40.6%。武隆县交通通信落后的面貌得到了根本性的改变。

4.城镇建设实现突破。2000 年末,武隆县城建成区达到 3 平方公里,比"八五"末增加 1.3 平方公里,县城常驻人口达到 4 万人,增加 1.3 万人。江北新区已经形成规模,完成了山王庙和江北西段下渡口滑坡治理、县城自来水厂 3 万吨技改工程,先后兴建了人民广场、世纪广场,县城功能更加完善,环境更加美化。同时,鸭江、平桥、长坝、白马、羊角、江口、桐梓等集镇建设也取得了明显成效。

5.旅游开发实现突破。"九五"以来,武隆县旅游业发展突飞猛进，无论是景区开发规模、档次,还是接待能力和拉动效应都是前所未有。一是旅游资源开发规模不断壮大。继芙蓉洞之后,先后开发了仙女山、天生三桥等景区,其中仙女山开发"九五"期间累计投入资金达2亿元。二是旅游直接收入大幅增长。2000年,全县接待游客37.8万人次,直接收入1605万元,分别比"八五"末增长1.5倍和2.2倍,比上年分别增长34.1%和44.9%。三是旅游形象得到提升。通过提高开发水平、提升档次,武隆县旅游业已经在重庆市乃至全国具有了一定的知名度,具有了较强的品牌效应。旅游业的大发展,拉动了全县的旅馆、餐饮、运输、娱乐业等第三产业的快速发展,对于促进和扩大武隆县对外开放产生了巨大的作用。

6.企业改革实现突破。"九五"期间,特别是1999和2000年,武隆县国有企业经历了一次较大规模的改革、改组。全县53户国有企业中有49户实施了产权制度改革,改革面达到92.5%,其中出售3户,实行公司制改造22户,破产20户,兼并1户,剥离重组3户,盘活资产存量2034万元。非公有制经济已经成为武隆县国民经济的重要力量,2000年全县个体户为5980户,私营企业达到79户,上交税金1700万元,在商贸流通领域已经呈现出以个体私营经济为主导的格局。

7.对外开放实现突破。一是对外开放领域不断扩大,涉及农业、旅游业、交通业、餐饮服务、房地产业等各个领域。二是对外开放实效日益明显。2000年,全县招商引资到位资金1.38亿元(不含江口电站),比上年增长1.26倍,更为重要的是,引进了重庆电力、华邦、新华、长松等一些具有较强实力的大公司(集团)到武隆发展,武隆县对外开放打开了新局面,进入了一个新的阶段。

8."两基"、"普实"实现突破。"九五"期间,武隆县累计投入教育经费达9670万元,是"八五"累计投入的4倍,迁建学校5所,新建2所,改扩建186所,建成希望学校19所,办学条件明显改善。1998年,"两基"、"普实"工作顺利通过了国家验收,为武隆县教育事业的发展打下了坚实的基础新的台阶。

(二)国民经济持续快速健康发展

1.经济总量持续快速增长。2000年,国内生产总值完成14亿元(见图1),比"八五"末增长95.9%,年均递增14.2%。其中第一产业比"八五"末增长34.5%,年均递增6.1%;第二产业比"八五"末增长1.4倍,年均递增19.4%;第三产业比"八五"末增长1.3倍,年均递增18.5%。一二三产业增加值在国内生产总值中的比重由"八五"末的45.1:27.6:27.3调整为2000年的35.0:27.8:37.2(见图2、图3、图4,下页)。

图1 1996—2000年地区生产总值及增速

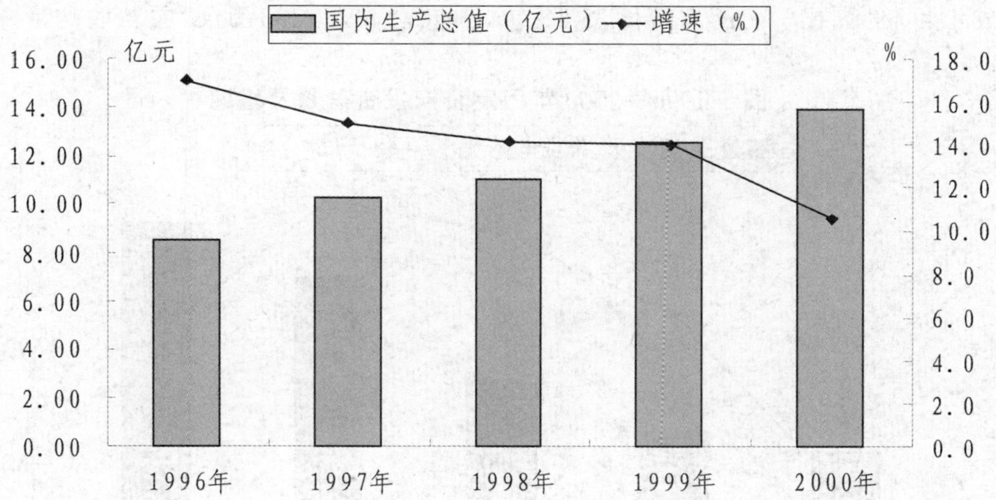

图 2 三次产业发展状况

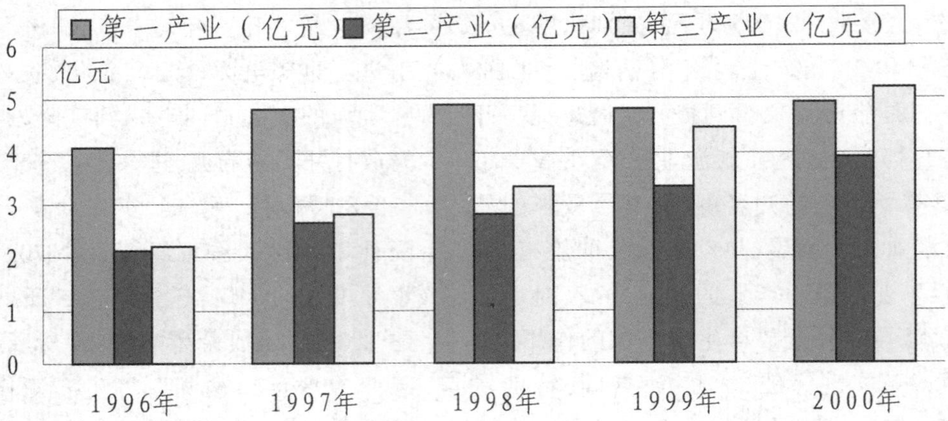

图 3 2000 年三次产业结构状况

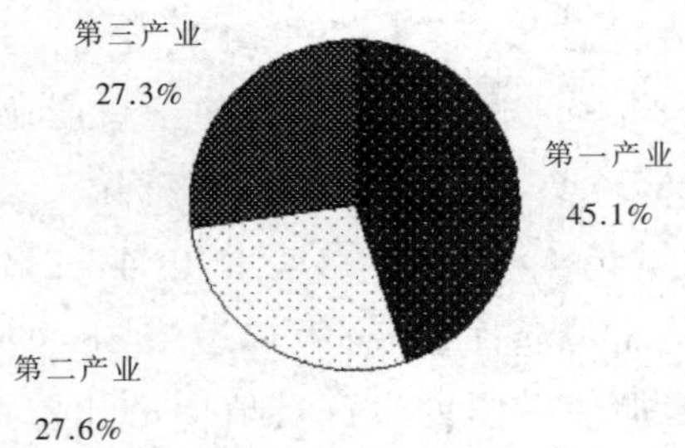

图 4 1995 年和 2000 年三次产业结构比较

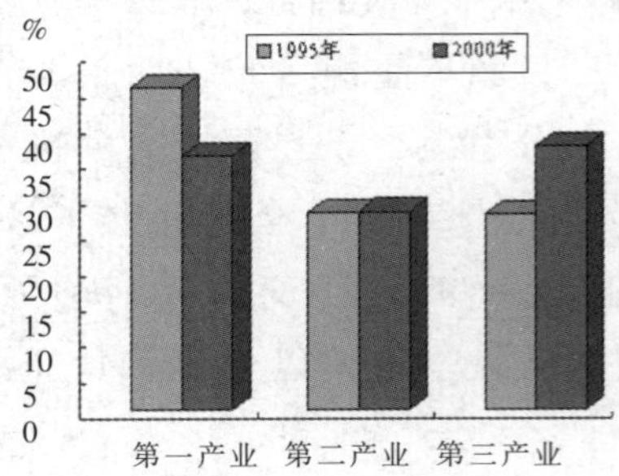

2.固定资产投入大幅度增加。五年累计完成投资 19.49 亿元，比"八五"时期增长 1.3 倍，其中 2000 年完成 6.7 亿元，比上年增长 22.4%(见图 5)。

3.农业和农村经济稳步发展。2000 年，农业总产值完成 4.49 亿元，比"八五"末增长 35.8%，年均递增 6.3%；粮食总产量 17.08 万吨，比"八五"末增长 24.4%，年均递增 4.5%，比上年增长 0.4%。以烤烟、蚕桑、苎麻、畜牧业为主的多经生产得到了较快发展。2000 年，烤烟收购量为 7850 吨，总收入 5130 万元，蚕茧收购量 313 吨，总收

图 5 1996—2000 年固定资产投资总量及增速

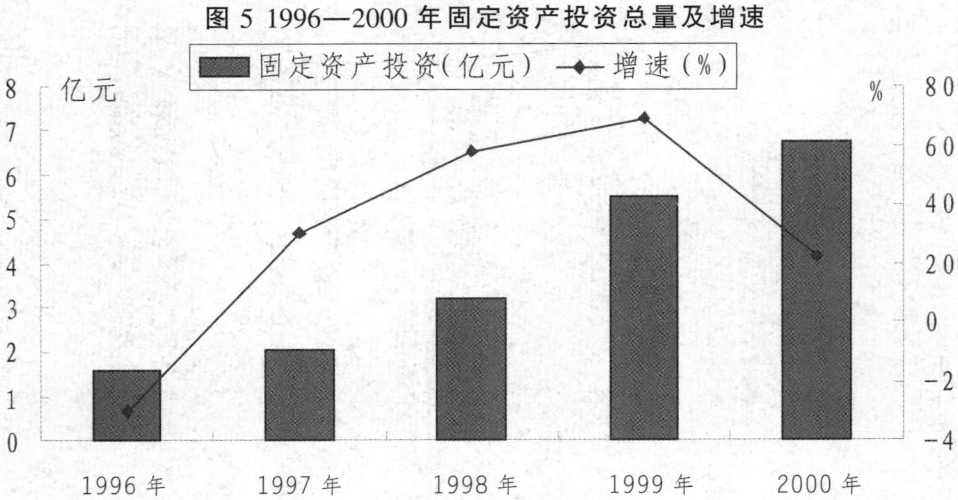

入359万元，苎麻产量1617吨，总收入1260万元。乡镇企业总产值完成3.34亿元，比上年增长3.6%。五年累计治理水土流失面积228平方公里，成片造林13万亩，退耕还林还草10万亩，新增有效灌面4万亩，改造中低产田土8.1万亩，解决了11.4万人的饮水困难。累计完成三峡工程移民投资5200万元。

4.工业经济在改革调整中取得新进步。2000年全县工业总产值完成3.67亿元，比上年增长17.3%，实现了扭亏增盈。全县工业经济效益指数达到53.2%，工业品产销率达到87%。

5.财税金融稳健运行。2000年，全县完成财政收入10327万元，比"八五"末增长92 .3%，比上年增长0.7%，其中地方财政收入完成7832万元，比"八五"末增长97%，比上年增长4.1%。全社会各项存款余额达8.47亿元，比"八五"末增长3.6倍，比年初增长13%，各项贷款余额11.49亿元，比"八五"末增长1.5倍，比年初下降9%。

6.人民生活水平明显提高。2000年末，城镇居民可支配收入达到5300元，比"八五"末增加2200元，比上年增长1%；农民人均收入达到1584元，比"八五"末增加822元，比上年增加34元，增长2.2%。城乡居民储蓄存款余额56752万元，比"八五"末增长1.3倍，比年初增长22%。

(三)社会事业协调发展

"九五"期间武隆县在保持经济快速发展的同时，社会事业也得到了全面协调发展。

坚持实施了"科教兴县"战略。"九五"期间，狠抓了实用技术培训和推广，累计有8项科技成果获市县科技进步奖。教育事业得到长足发展。基础教育、成人教育、职业教育、幼儿教育取得了较大进步。2000年末全县在校学生达4.82万人，学龄儿童入学率达到99.5%。

文化、卫生、广播、体育等社会事业协调发展。城乡人民文化生活日益丰富，"九五"期间新建村文化站25个，群众性文化活动蓬勃开展。认真实施了卫VIII项目，累计完成了22个乡镇卫生院的改造，新建了47个农村甲级合作医疗站。广播电视事业得到快速发展，全面完成了广播电视"村村通"工程和县城和8个乡镇的电视宽带传输工程，全县广播电视覆盖率达到91%，新建了广播电视中心。新闻宣传工作取得了好成绩。大力发展了体育事业，新建了游泳池、网球场，规划启动了县城体育中心建设，竞技体育成绩显著，群众性体育运动广泛开展。加强了生态环境保护，"一控双达标"工作达到了上级要求。认真落实了计划生育"三结合"措施，2000年计生率为96.86%。切实加强了社会保障，认真实施了再就业工程。顺利开展了第五次全国人口普查，完成了现场登记工作。档案、气象、老龄、民宗、外侨、县志、对台等工作也取得了新的进步。

二、"十五"乘风破浪

"十五"是武隆县继往开来、承前启后的关键五年，改革开放驶入风高浪急的深水区，既面临更多的机遇，也面临着更大的风险。回望"十五"，从2001年到2005年，每一年都是那么意味深长。

2001年是"十五"计划奠基式年，也是我国社会主义现代化建设第三步战略目标的起步年，同时还是国家西部大开发项目全面启动的第一年。

2002年是重庆直辖后又一个五年的开始。十六大在这一年胜利召开，勾画了全面建设小康社会的宏伟蓝图。

2003年是全面贯彻落实十六大精神的第一年，是新一届政府的开局之年。这一年"非典"和特大自然灾害被众志成城的武隆人民所克服。

2004年重庆市委交办给武隆4件大事(抓好以交通为重点的基础设施建设；大力发展以矿电为主的工业；加强农业农村工作，促进农民脱贫致富；抓好旅游业的发展)，武隆的发展目标更明确。这一年武隆迎来重庆直辖以来发展最快最好的一年。

2005年是"十五"计划的最后一年，也是衔接"十一五"规划关键的一年。武隆的发展迈上了一个新的起点(见表3，下页)。

表 3 2005 年武隆县国民经济和社会发展主要指标

指标	单位	预期目标	实际完成	
		绝对值	绝对值	增长%
一、地区生产总值	亿元	29.52	29.88	13.7
#第一产业	亿元	6.85	6.90	5.6
第二产业	亿元	12.67	12.75	21.1
#工业	亿元	7.00	7.04	21.0
第三产业	亿元	10.00	10.23	11.2
二、地方财政收入	亿元	1.28	1.56	28.3
三、全社会固定资产投资	亿元	26.0	26.0	21.5
四、城镇居民人均可支配收入	元	8650	8650	10.6
五、农村居民人均纯收入	元	2373	2389	8.4
六、接待游客	万人次	110	110	27.0
国内旅游收入	亿元	1.10	1.12	35.0
七、社会消费品零售总额	亿元	10.60	10.61	15.2
八、招商引资项目协议（签订/动工）	个	80/50	90/56	
招商引资项目到位投资	亿元	3	4.8	
九、城镇登记失业率	%	<4.5	4.2	
十、新增城镇就业岗位	人	1500	1500	
十一、城镇化率	%	25.6	25.6	

“十五”起步于新世纪元年，全市在经过四年的盘整和积聚后，进入了高速发展阶段。既是黄金发展期，也是矛盾凸显期，是贯穿于整个“十五”期间的主要特征。西部大开发、重庆直辖、三峡移民，三大政策犹如三股强风，使重庆和武隆于社会主义市场经济浪潮中破浪前行，乘政策之风，像风一样的进步、发展。

“十五”的五年，是武隆县综合实力提升最快、城乡面貌变化最大、人民群众得利最多的五年。五年来，武隆县各项事业在市委、市政府和县委、县政府的正确领导下，在县人大及其常委会的依法监督和县政协的民主监督下，以邓小平理论、“三个代表”重要思想为指导，全面贯彻科学发展观，紧紧依靠全县人民，大力弘扬“敢想敢干、实干快干”的武隆精神，与时俱进，开拓创新，全面完成“十五”计划确定的各项任务。

（一）国民经济再上台阶

1.综合经济实力显著增强。2005 年，武隆县地区生产总值完成 29.88 亿元，是 2000 年的 2.14 倍（见图 6，下页），按常住人口计算，人均地区生产总值达到 1068 美元，是 2000 年的 2.23 倍，分别居三峡库区和全市第 4 位和第 23 位；三次产业比重由 2000 年的 35.0:27.8:37.2 调整为 23.1:42.7:34.2（见图 7、图 8，下页）。

2.固定资产投入力度加强。五年累计完成全社会固定资产投资 90.1 亿元，是“九五”期间的 4.7 倍，武隆基础设施建设更加完善（见图 9，下页）。

3.农业农村经济快速发展。十五末全县实现农业增加值 6.9 亿元，是 2000 年的 1.4 倍。农业生产条件不断改善。五年累计投入建设资金 11.3 亿元，改造中低产田土 5.85 万亩，新增各类水利工程 3500 处，治理水土流失面积 130.67 平方公里，解决了 3 万人、15 万头牲畜的饮水困难。农业产业化经营扎实推进。2005 年，全县出栏生猪 70 万头，无公害蔬菜面积达 5 万亩，中药材在地面积达到 7.62 万亩，烤烟生产创下了 1998 年以来的最好纪录，其他产业稳步发展。成功探索了“公司+基地+农户”等多种经营模式，全县龙头企业达到 15 户，其中市级 5 户。累计转移农村劳动力 1.5 万人。扶贫开发取得显著成效。完成了仙女山片区的扶贫综合开发，启动了白马山和芙

图 6 2000—2005 年地区生产总值及增速

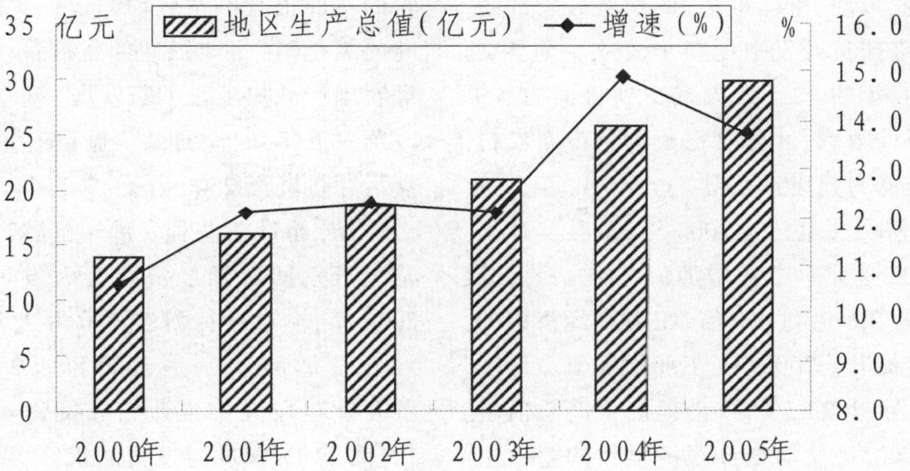

图 7 2005 年三次产业结构状况

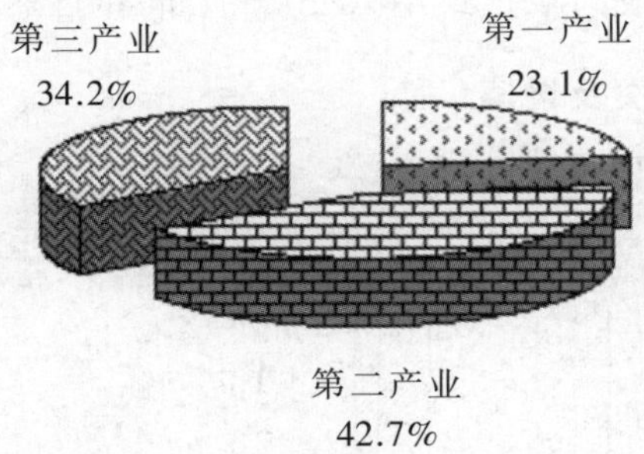

图 8 2000 年和 2005 年三次产业结构比较

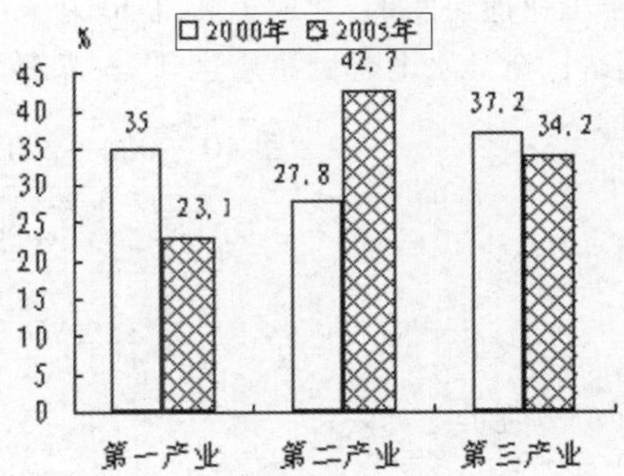

图 9 2000—2005 年固定资产投资总量及增速

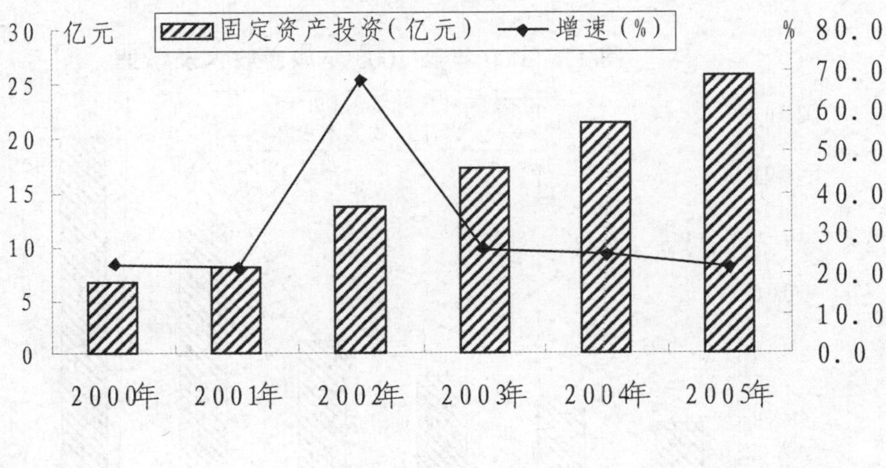

蓉湖片区的扶贫开发,成功探索出了“成片治理、综合开发、产业带动、整体推进”的扶贫开发武隆模式,整村推进扶贫开发取得初步成效。全县贫困人口由2000年的12.5万人减少到目前的6.9万人。通过积极争取,武隆县已成为全市新农村农业综合生产能力建设试点县。

4.工业经济突飞猛进。2005年,全县实现工业总产值15.02亿元、工业增加值7.04亿元,分别是2000年的3.6倍和4.6倍。工业在经济中的主导地位日益提升。2005年,工业增加值占地区生产总值的比重达23.5%,拉动地区生产总值增长3.6个百分点,是拉动全县经济增长的第一主导产业。工业经济效益日益凸显。2005年,工业企业入库税金1.28亿元,是2000年的7.7倍;综合效益指数达到147.1%,比2000年提高70.8个百分点。骨干工业加快发展。建成了装机30万千瓦的江口电站,全县水电装机总量达到45万千瓦,基本建成了全市水电能源大县,装机60万千瓦的乌江银盘电站启动建设。建成了年产15万吨的氧化铝厂一期工程。豆制品、竹笋、饲料加工等农副产品加工业不断发展。基本完成国有企业改革。五年来,全县共实施国有企业改革12户,盘活存量资产2500万元。

5.旅游产业蓬勃发展。旅游产业的蓬勃发展是十五期间武隆经济社会大发展的一大亮点。2005年,全县接待游客110万人次,国内旅游收入1.12亿元,分别是2000年的2.9倍和7倍,旅游开发建设五年累计完成投资4.5亿元(见图10、图11)。深度打造精品景区,重点开发打造了仙女山、芙蓉江、天坑三硚、龙水峡地缝、芙蓉湖景区,创建了芙蓉江国家重点风景名胜区、芙蓉洞和天坑三硚国家4A级旅游区、中国优秀旅游城区以及国家地质公园,芙蓉洞、天坑三硚和箐口天坑被国家正式纳入2006年世界自然遗产申

图10 2000—2005年旅游人次及增速

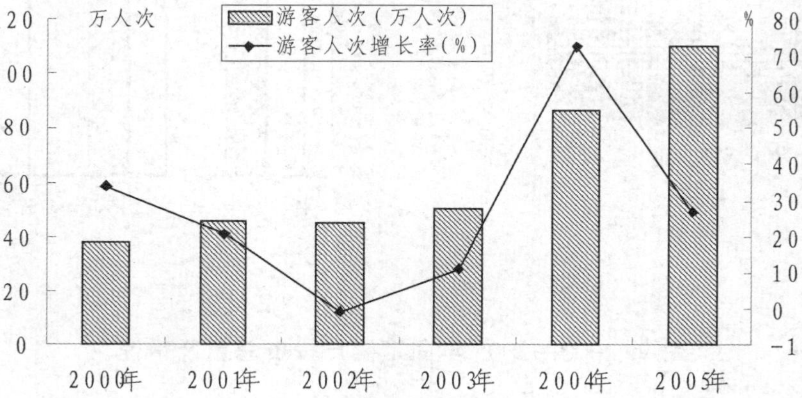

图11 2000年至2005年旅游收入及增速

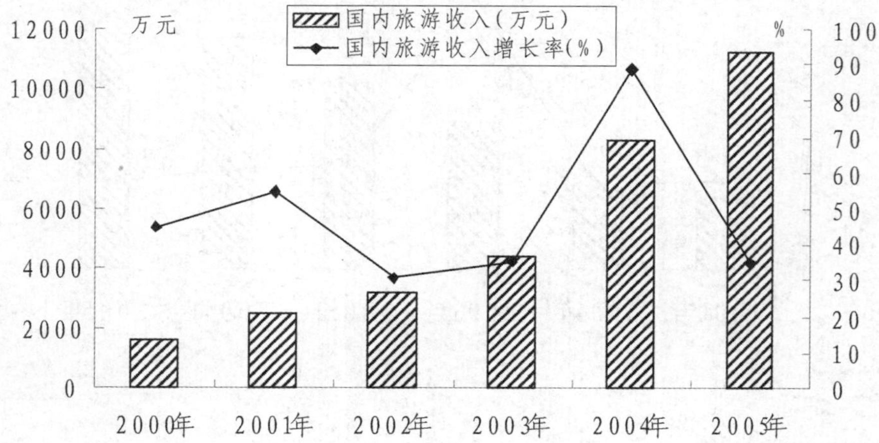

报名录。不断完善接待设施,全县达到四星级标准的酒店2个、三星级2个、二星级2个,五星级标准的仙女山假日酒店即将建成投入使用。改革了经营管理体制,创新旅游营销机制,实现了旅游资源所有权、经营权和管理权“三权分离”,建立了“财政支持、企业筹资、协会实施”的理事会营销模式,走上了“打捆营销、整体宣传”的良性发展之路。5年来,全县累计直接投入宣传促销经费达1941万元。四是坚持以节兴旅,打造旅游品牌,成功举办了三届国际山地户外挑战赛和林海雪原旅游节等旅游节庆活动,成功创建了中国户外运动基地和“芙蓉仙女·梦幻武隆”旅游形象品牌,武隆旅游知名度日渐提升。

6.财税金融稳步发展。2005年地方财政收入达到1.56亿元,按同口径计算,是2000年的2.6倍,人均地方财政收入分别居三峡库区和全市第4位和第18位(图12)。

全社会各项存贷款余额分别达21.2亿元和17.6亿元, 分别是2000年的2.5倍和1.5倍;城镇居民人均可支配收入达到8650元,是2000年的1.4倍。

图12 2000—2005年财政收入支出及增速

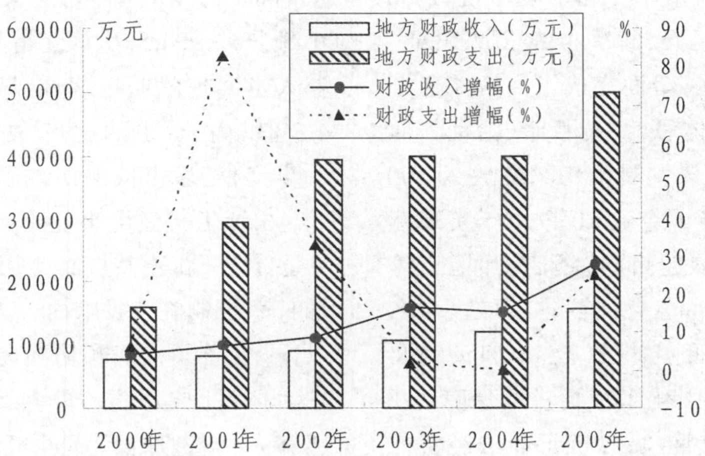

7.人民收入水平明显提高。农村居民人均纯收入达到2389元, 是2000年的1.5倍 (见图13)。2004年,县域经济实力列全国第848位,比2000年提升153位。

随着城乡居民收入的增加,武隆县域内商贸流通业日趋繁荣活跃。2005年,实现社会消费品零售总额10.61亿元,是2000年的1.8倍(见图14,下页)。强力实施了“商贸活县”战略。制定出台激励政策,加大投资建设力度,着力打造了三

图13 2000—2005年城乡居民收入及增速

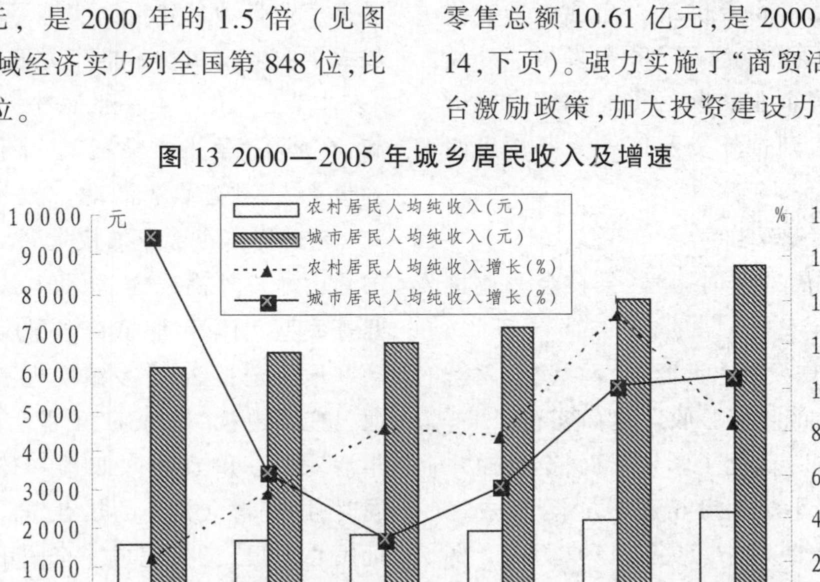

图 14 2000—2005 年社会消费品零售总额及增速

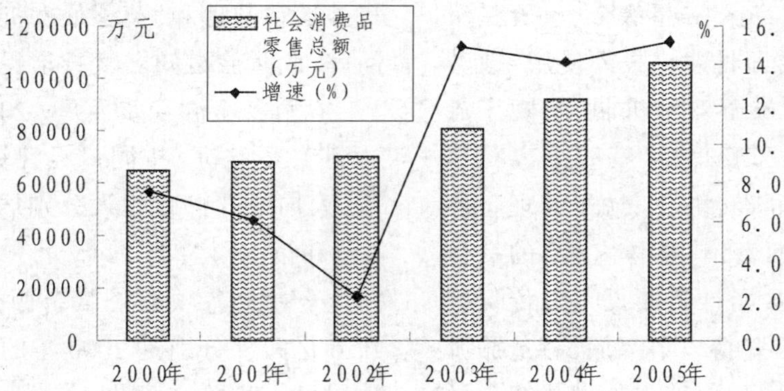

大商贸区、四条特色街和四个综合市场，新增营业面积 8 万平方米，新培植个体私营业主 1880 个，累计实现税收 1.7 亿元，解决 1.98 万人就业。加快发展了流通服务业。全面完成了商贸流通企业改革。积极开展了个体私营“千百十”活动和商贸“十强”系列活动，培育发展了年销售收入 500 万元以上的商贸流通骨干企业 10 户，年实现营业收入 2.6 亿元；新发展超市、连锁店、加盟店等新型业态352 家。开展特色餐饮创建、评选、命名活动，羊角豆干、江口鱼、土坎苕粉、羊肉汤锅及武隆蔬菜享誉市内外。强化了市场供给保障。开展了市场经营秩序专项整顿，打击了非法经营行为。加强了食品药品、危化物品以及生产生活物资监管，加大商品购销力度，保障了全县工农业生产和人民群众生活物资供给，全县市场物价基本平稳，经营秩序比较规范。积极发展了外经外贸。新发展外贸企业 7 家，实现外贸直接出口、引进外资企业、到位外资及境外劳务输出四个零突破。

(二)社会事业全面进步

在经济飞速发展的同时，武隆县社会事业也取得了巨大的进步。

1.教育事业优先发展。武隆县“两基”巩固提高和武中创重通过市政府验收。全面实行了“一费制”和“两免一补”。优化了学校布局，全县撤并校点 93 个。改造中小学危房 6 万平方米。建成寄宿制学校 10 所。消减“普九”欠债 1507 万元。高考上线率由 2000 年的 54.3%上升到 2005 年的 71.2%。

2.就业再就业工程得到强化。就业是社会稳定的根本，十五期间，全县累计发放就业再就业小额贷款 904.5 万元，指导帮助 6227 名下岗失业人员实现就业再就业，城镇登记失业率控制在 4.5%以内，养老、医疗、失业等社会保障体系进一步完善，城市低保实现了应保尽保。

3.计生与卫生事业不断发展。建成生殖健康中心 1 个，新建基层计生服务站 19 个。人口自然增长率控制在 7‰以内，人口性别比控制在 115 以内。完善了疾病预防控制、医疗救治、卫生监督三大体系，成功防治非典型肺炎、高致病性禽流感和人-猪链球菌。通过积极争取，武隆县已成为新型农村合作医疗试点县。

4.科技人才工作取得突破。启动了三峡库区星火产业带项目建设，实施了科技特派员制度，加大了农业实用技术推广力度。成功举办了首届“人才节”，出台了一批宽松人才环境的政策措施，开展了“争光贡献奖”、“十佳人才”、“学术技术带头人”评选表彰活动。

5.文化体育事业加快发展。成功举办了三届国际山地户外挑战赛、两届县运动会和三届龙舟赛等大型文体活动，武隆县被命名为中国户外运动基地。全县 26 个乡镇实现了光纤电视“乡乡通”，广播电视“村村通”工程全面实施。建成青少年活动中心和 184 个“四位一体”村民活动阵地。同时，围绕群众关心的热点、难点问题，实施了一批民心工程。全面完成了全国第一次经济普查工作。民政、档案、物价以及人民武装、青年、妇女、民族宗教等工作全面发展。

6.社会政治持续稳定。强化了社会治安综合治理,开展了严打整治专项斗争,严密防控打击“法轮功”等邪教组织的非法活动,大力开展禁毒人民战争,创建“平安武隆”取得显著成效,社会治安始终保持“两降三无”。认真贯彻实施了《信访条例》,进一步完善领导接待日制度,加强矛盾纠纷排查调处,建立信访稳定工作长效机制,依法处理各类信访问题,努力化解了各类矛盾。严格落实安全生产一票否决制、引咎辞职制,实施信息暗访员制度,深入开展专项整治,确保了国家和人民群众的生命财产安全。大力加强“四·五”普法,强化人民调解和法律援助工作,健全“1112”安置帮教网络体系,切实提高了全民的法律意识,有力维护了弱势群体的合法权益。

(三)基础设施快速推进

经济社会要发展,需要一个强有力的支撑平台,因此我们必须不断完善的基础设施。“十五”期间武隆县加大了基础设施的建设力度。一是交通建设重点突破,渝怀铁路建成通车,全面改造了国道319线武隆段,垫道路武隆北段和武务路加快建设,完成了“2小时武隆”交通工程建设,全面启动了渝沙高速公路武隆段建设和全国农村公路建设试点工作,所有乡镇和93%的村实现了通公路目标。二是通信供电网络进一步完善。全县拥有固定电话用户7.9万户、移动电话用户7万户、国际互联网用户3500户,县境内移动通信实现了全覆盖,光缆传输和数字通信开通到了所有乡镇。全面完成农电体制改革,农村电网改造面达到71.6%,东西电网成功联网并联入国网,基本实现了同网同价。三是生态环境建设进一步加强。完成地质灾害治理项目9个。建成县城污水垃圾处理设施,仙女山和芙蓉江景区全面推行了生活污水生化处理,白马、羊角污水垃圾处理项目稳步推进。编制完成了大溪河流域综合整治规划。实施退耕还林和天保工程,累计造林35.14万亩。大力实施生态家园富民工程,5年新建沼气池8334口,累计达到8969口。

通过几届政府的努力,武隆县城乡面貌日新月异。全县城镇人口达到8.83万人,城镇化水平达到25.6%,比2000年提高8.4个百分点。一是城市规划不断完善。编制完成了城市总体规划、城镇体系规划和重点城镇发展规划,开展了城市形象设计和重点区域规划控制,编制了全县地质灾害防治规划和城市消防规划。二是城乡建设不断加强。建成了世纪广场、人民大礼堂、舒家河大桥、峡门口大桥、石鼻子大桥、过江管桥和人行天桥,完成了县城主街道路面改造,城市天然气成功点火。房地产业从零起步,五年累计开工和建成了商住小区12个,建筑面积26.7万平方米。沿江环境综合整治工程稳步推进。实施了四期灯饰工程和景观改造。完成了仙女山镇、石桥乡等新街建设和白马镇六方坪移民新区建设。三是城镇管理不断强化。加强了市政执法监察、环境卫生综合整治、城市园林绿化和市政设施建设维护,实施了垃圾无害化处理和城市污水生化处理,人居环境极大改善。四是顺利完成分期移民任务。5年来,全县累计完成移民生产安置356人、生活安置370人,完成集镇搬迁1070人,迁建调整工矿企业15家,实施库区产业发展基金项目9个、移民后期扶持基金项目2个。加强了对口支援工作,与江西、云南两省签订合作项目12个,到位资金965万元。启动了乌江武隆银盘电站移民过渡搬迁工作。妥善处理了江口电站移民的生产生活问题。

(四)改革开放纵深推进

改革开放难免会遇到各种各样的问题,解决这些问题的最好方法,就是通过不断完善和创新制度,将改革向纵深推进,在改革开放中解决改革中产生的问题。武隆县在改革开放上采取了一系列的深化措施。一是深化财政体制改革。实施了部门预算试点、会计集中核算、国库集中支付、非税收入收缴管理制度和零户统管改革,完善了县乡财政管理体制,开展了农村税费改革,全部免征农业税及附加。加强了国有资产管理。全面推行了政府采购。二是深化行政体制改革。完成了乡镇建制调整和村组规模调整,村社干部待遇大幅度提高。完成了文化体制改革。启动了水务一体化改革。坚持了公务员凡进必考制度,全面推行事业单位人员聘用合同制。三是深化投融资体制改革。成立了县政府金融办,组建了县投资公司、中小企业信用担保中心和农业贷款担保中心,成功争取到了国家开发银行和农业发展银行对政府的综合授信,成功创建了“农村合作金融信用县”,在全市组建了首家农村合作银行。四是深化发展环境整治,招商引资取得显著成效。外来企业累计到位投资47.7亿元,特别是大唐国际、高投司、高发司、鼎泰拓源、华邦制药、长松国际以及香港宏美达等大公司、大集团纷纷入驻武隆,为武隆经济社会发展注入了强劲活力。

(五)政府不断强化自身建设。

经济社会的发展离不开一个开明、开放、高效的行政系统,也离不开一群有眼光、有魄力、肯干事、肯付出的干部,因此加强政府自身建设实际已与一个地区的经济社会发展联为一体。武隆县政府在强化自身建设上采取了以下措施:一是认真执行县人大及其常委会决议、决定,自觉接受人大、政协和社会监督。5年来,办理人大代表议案、政协委员提案满意率均达100%。二是认真贯彻执行《全面推进依法行政实施纲要》,不断加强依法行政制度建设,加快推进了行政审批制度改革。三是制定完善了政府工作规则,建立了行政首长问责、行政决策听证、政务信息公开、规范性文件审查以及人民建议征集、政务工作评议等制度。四是开展了发展环境综合整治,加强了学习型政府建设,强化了干部职工的学习、教育和培养,全县广大干部职工心齐、气顺、风正、劲足,这是加速武隆跨越式发展弥足珍贵的精神财富。五是更加注重履行社会管理和公共服务职能,建立健全了突发公共事件应急处置机制,努力克服了“5.1”滑坡的负面影响,成功抗御“6.25”特大自然灾害的袭击,政府面对突发公共事件的应急处置能力大大提高。五是强化行政监察、审计和经济监督,廉政建设和反腐败工作取得新成效。

经过全县人民“十五”期间的众志成城、同舟共济,武隆已经站在一个新的起点上。回顾过去,武隆经济社会的发展主要得益于始终坚持5个方面的原则:一是必须弘扬“敢想敢干、实干快干”的武隆精神,组织发动全县人民一心一意谋发展,摒心静气抓发展,奋发有为求发展。二是必须按照“农业稳县、工业富县、旅游强县、商贸活县、科教兴县、依法治县”的战略思路,全面加强四个文明建设,保持经济社会协调健康发展。三是必须坚持走资源立县、特色兴武的发展路子,加快推进资源优势向经济优势的转变进程,增强经济发展后劲。四是必须坚持突出重点,充分发挥投资拉动和项目建设带动作用,保持投资的强势增长,促进经济既快又好发展。五是必须坚持深化改革,扩大开放,调整优化所有制和产业结构,改造升级传统产业,转变经济增长方式,提高综合经济实力和核心竞争力。

三、直辖十年扬鞭策马绘蓝图

时间进入2006年,这一年“十一五”规划奠基起步,直辖进入第九个年头。做好直辖第九年的“考卷”,不但是为直辖十周年献礼,也是为“十一五”规划的实施打下良好的基础。而经过两个五年计划的励精图治后,2006年的武隆策马扬鞭蓄势而发,向直辖十周年交出了一份漂亮的“答卷”(见表4,下页),武隆的发展进入一个新阶段。

(一)发展环境更加良好

“十五”期间的五年里,在国家、重庆市各项政策的支持下,在县政府、县委的正确领导下,在40万人民的共同努力下,武隆县的发展环境得到了巨大的改善。西部大开发战略重点转入基础设施和产业发展并重的新阶段,为武隆县经济和社会加快发展带来了新机遇;国家建立三峡库区产业发展基金和移民后期扶持基金,为武隆县培育支柱产业,解决产业空虚问题提供了巨大帮扶;市委主要领导定点联系武隆,为武隆县发展增添了更大的发展动力;“十五”全县经济总量明显增大,质量不断提高,自主增长活力显著增强,为“十一五”加速发展奠定了新平台;“十五”全县大力发展外向型经济,创造良好软硬环境,加强

表 4 2006 年国民经济和社会发展完成情况

指　　标	单位	2005 年		2006 年	
		绝对值	增长%	绝对值	增长%
一、地区生产总值	亿元	29.88	13.7	33.55	12.2
#第一产业	亿元	6.90	5.6	6.46	-5.4
第二产业	亿元	12.75	21.1	15.05	17.5
#工业	亿元	7.04	21.0	7.61	7.9
第三产业	亿元	10.23	11.2	12.04	17.6
二、地方财政收入	亿元	1.56	28.3	1.81	16.0
三、全社会固定资产投资	亿元	26	21.5	35.16	26.3
四、城镇居民人均可支配收入	元	8650	10.6	9630	11.3
五、农村居民人均纯收入	元	2389	8.4	2457	2.0
六、接待游客	万人次	110	27.0	130.5	18.6
国内旅游收入	亿元	1.12	35.0	1.31	17.0
七、社会消费品零售总额	亿元	10.61	15.2	11.87	11.9
八、外贸出口	万美元	150		303	
九、招商引资项目协议（签订/动工）	个	90/56		104/62	
招商引资项目到位投资	亿元	4.8		6.1	
十、城镇登记失业率	%	4.2		4.1	
十一、新增城镇就业岗位	个	1500		1525	
十二、城镇化率提高	%	25.6		27.0	

招商引资,外企外资逐步涌入,为“十一五”发展注入了新活力;渝怀铁路建成通车,渝湘高速公路开工建设,垫道路、武务路和乡村路网建设加快推进,“两小时武隆”通达目标基本实现,铁路、公路、水运有机结合的综合交通网络基本形成,极大地改善了全县发展的区位优势,全县承接大城市辐射能力与集聚经济发展市场要素能力显著增强;江口电站与氧化铝厂竣工投产,乌江武隆银盘电站等项目陆续启动和农业产业化加快推进,武隆积蓄了加速发展的巨大潜力;“芙蓉仙女·梦幻武隆”旅游形象品牌的成功打造,极大地提升了的知名度;长期的改革发展,全县人民获较大实惠,思想观念发生明显变化,思改革、求发展、图振兴的愿望更加强烈,为武隆下一阶段的发展提供了强大的精神动力;广大干部思想求实、作风务实、工作扎实,全县社会安定、政令畅通、政企融洽、政通人和的良好局面凝聚了加快发展的强大合力,必将推动全县经济社会在更高层次上加速发展。

(二)发展目标更加明确

“十一五”是武隆县进一步“打牢基础、搭建平台、突破瓶颈、增强后劲”的关键时期,确定发展的指导思想和目标至关重要。武隆县根据党中央、国务院、市委、市府各项方针政策,结合本县县情,为武隆“十一五”的发展描绘出了既激动人心而又切实可行的蓝图。

1.指导思想:坚持以邓小平理论和“三个代表”重要思想为指导,全面贯彻落实科学发展观,按照“五个统筹”和“六个必须”的要求,大力实施“农业稳县、工业富县、旅游强县、商贸活县、科教兴县、依法治县”战略,加快推进以“宽裕武隆、文化武隆、生态武隆、活力武隆、平安武隆”为中心内容的和谐武隆建设,不断开创全县经济建设、政治建设、文化建设、社会建设的新局面,为建成三峡库区经济强县、早日建成全市经济强县和实现全面建设小康社会的目标打牢坚实基础。

2.总体战略目标:“十一五”期间基本实现武隆县“三步走”战略的第二步目标。一是基本完成市委交办的“四件大事”;二是建成全国生态旅游名县、全市能源大县和三峡库区经济强县;三是全面建设小康社会取得重大进展,加快构建人民生活富裕、生态良好、文化丰富、社会和谐、充满生机活力的新武隆。

3.经济发展目标：到2010年，按2005年价格计算的生产总值达到60亿元，比2005年翻一番，年均增长15%；按2005年常驻人口计算，人均生产总值达到17400元，年均增长15%；地方财政收入达到3.2亿元，年均增长15.4%；社会消费品零售总额达到21.3亿元，年均增长15%；旅游人数达到252万人次，年均增长18%，国内旅游收入达到2.56亿元，年均增长18%；全社会固定资产投资五年总规模达到180亿元。

4. 人本发展目标：到2010年人均国内生产总值、城镇居民人均可支配收入、农村居民人均纯收入进一步提高，人民生活环境明显改善。城镇居民人均可支配收入达到13000元，年均增长8.5%，农村居民人均纯收入达到3700元，年均增长9.1%。

(三)发展动力更加强劲

直辖九周年之际，市委二届九次全委会审议通过了《中共重庆市委关于加快库区产业发展着力解决移民就业促进库区繁荣稳定的决定》。《决定》提出了加快库区产业发展、着力解决移民就业的奋斗目标、指导原则、主要任务和政策措施，符合重庆的实际，反映了全市人民特别是库区人民的心愿，是指导当前和今后一个时期全市及库区经济社会发展的纲领性文件。位于库尾的武隆县既感觉到了自身责任重大，也面临着重大政策倾斜的巨大机遇。二届九次全委会后，全县各部门立即展开了深入学习会议精神的活动，并根据会议相关内容，开始调整和制定相应的政策，以使武隆县发展更能跟上市委、市政府的发展思路。

另一方面，武隆县委、县政府深深明白，良好的精神面貌是经济发展的强大推动力。于是在2006年，以“敢想敢干，实干快干”著称的武隆人，将弘扬重庆精神的活动如火如荼地展开。“自强不息，开拓开放”成为每一个武隆人对自身的要求，并化为一种行动、一种精神，践行于武隆的各项工作之中。在这种精神的鼓舞下，武隆人民众志成城地战胜了百年不遇的旱魔，群策群力地推动着新农村建设高歌猛进，团结一心地通过了世界自然遗产国际专家组的考察，并在大旱后成功地举办了全国最大的国际山地越野赛。

随着10月份渝怀铁路客货运全线的正式开通，武隆在2006年迈进了更加高速的发展轨道。逐渐完善的基础设施和产业布局，超一流的精神状态和工作劲头，犹如两条巨腿支撑起武隆县经济社会全面协调发展的重担，以飞马般的速度向前奔驰。“最先脱贫、率先致富”，“知识武隆、创新武隆、生态武隆、和谐武隆”也已成为新一届政府的目标，40万武隆人民正向着更加幸福美好的生活迈进。武隆的明天一定会更好！

注：本文数据出自《武隆县统计年鉴》

撰稿单位：重庆市武隆县人民政府

附表1

1996年与2006年武隆县国民经济主要数据对照表

指　标	单位	1996年	2006年	2006/1996(倍)	年均增长%
一、地区生产总值	亿元	8.49	33.55	3.95	14.73
#第一产业	亿元	4.11	6.46	1.57	4.63
第二产业	亿元	2.14	15.05	7.03	21.54
#工业	亿元	1.63	7.61	4.67	16.66
第三产业	亿元	2.24	12.04	5.38	18.31
二、三次产业结构比		48.4:25.2:26.4	19.2:44.9:35.9		
三、地方财政收入	亿元	1.01	1.81	1.79	6.01
四、全社会固定资产投资	亿元	1.57	35.16	22.39	36.46
五、社会消费品零售总额	亿元	4.48	11.12	2.48	9.52
六、农村居民人均纯收入	元	1215	2457	2.02	7.30
七、接待游客	万人次	11	130.5	11.86	28.06
国内旅游收入	亿元	0.5	1.31	2.62	10.11

附表 2

“十一五”期间武隆县经济社会发展主要目标

指标名称	2005 年	2010 年	年均增长（%）	指标属性
地区生产总值(2005 年价，亿元)	29.88	60	15.0	预期性
人均地区生产总值（元，常住人口）	8661	17400	15.0	预期性
非农产业增加值比重（%）	76.9	83.8		预期性
非农产业就业比重（%）	40	50		预期性
研究与开发支出占地区生产总值比重（%）		1.5		
全社会固定资产投资（累计，亿元）	82.3	180		预期性
地方财政收入（亿元）	1.56	3.2	15.0	预期性
人均地方财政收入（元）	452.2	927.5	15.4	预期性
社会消费品零售总额（亿元）	10.6	21.4	15.1	预期性
人口自然增长率（‰）	<7	<5		约束性
城镇化率（%）	25.6	33		预期性
城镇登记失业率（%）	4.5	<4.5		预期性
森林覆盖率（%）	33.6	42.0		预期性
万元地区生产总值能源消耗降低（%，5 年累计）		20		约束性
工业固体废物综合利用率（%）	80	80		约束性
主要污染物排放量				
其中：万元工业增加值 SO2 排放量（千克）	54.0	20.8		约束性
万元工业增加值 COD 排放量（千克）	11.5	3.6		约束性
城市污水垃圾处理率				
其中：城市污水集中处理率（%）	90	97		约束性
城市生活垃圾无害化处理率（%）	95	98		约束性
县城环境空气质量满足 II 级天数（天）	310	347		约束性
人均受教育年限（年）		8.7		约束性
儿童“四苗”接种率（%）		98		约束性
孕产妇死亡率（1/10 万）		<64		预期性
城镇新增就业（人，5 年累计）	1500	7500		预期性
转移农村劳动力（人，5 年累计）		15000		预期性
城乡居民收入				
其中：城镇居民人均可支配收入（元）	8650	13000	8.5	预期性
农村居民人均纯收入（元）	2389	3700	9.1	预期性
城镇社会保障参加人数				
其中：城镇职工基本养老保险参加人数（人）	22513	30037	6	约束性
城镇基本医疗保险参加人数（人）	11508	23147	15	预期性
农村新型合作医疗参合率（%）		80		约束性
接待游客（万人次）	110	252	18.0	预期性
国内旅游收入（亿元）	1.12	2.56	18.0	预期性

忠县

一、忠县概况

忠县位于重庆市中部,地处三峡库区腹心地带,是三峡移民搬迁重点县。全县幅员面积2184平方公里,境内呈"三山两槽"地形,系深丘浅丘夹山脉地貌,海拔117米至1680平方米,属亚热带东南季风区山地气候。辖22个镇、6个乡、330个村、33个居民委员会。以汉族人口为主,少数民族人口以土家族居多。2005年末总人口96.63万人,人口自然增长率2.49‰。

1.区位优越。县城距重庆主城区180公里。长江横贯县境88公里,水运设施完备;境内三条省道交汇,公路四通八达,2007年将建成通车的沪蓉高速公路垫(江)恩(施)段穿越县境66公里,成为重庆市进入华中、华东、华南最便捷的通道。

2.历史悠久。忠县有2300年的建县史,是巴文化的主要发祥地之一。周朝为巴国地,秦属巴郡,汉置临江县,西魏设临州,唐贞观八年为纪念州人巴曼子"刎首留城"壮举,唐太宗赐临州为忠州,民国二年改设忠县。忠州亦为历史文化名城,被白居易、黄庭坚誉为"巫峡中心郡"、"三峡名郡"。境内有堪称"中华一绝"的汉阙5座,有被专家誉为"中国活的地下二十四史"之称的井沟文化遗址。

3.山川秀丽。忠县山川秀美,旅游资源丰富。境内有被称为"世界八大奇异建筑之一"的国家4A级旅游景区石宝寨(三峡水库全面蓄水后将成为世界上最大的盆景),有世界一流、亚洲第一的"中国柑橘城",有"三峡第一岛"皇华城,有纪念白居易而建的白公祠,有绝代珍奇"丁房阙"、"无名阙",有省级森林公园天池山。风景秀美的翠屏山有曾为"忠州别驾"的唐代贤相陆贽之墓,近年发掘的干井镇中坝遗址被专家誉为"中国活的二十四史"。

4.物华天宝。全县现已探明的矿产资源达18种,其中天然气储量500亿立方米,年产气5亿立方米;岩盐储量4亿吨,盐层厚度达60米以上,石灰石储量44亿立方米(氧化钙含量56%)。是国家级商品粮、瘦肉型猪、杂交水稻制种和重庆市优质柑桔、蚕桑、大豆、榨菜、苎麻等生产基地县。忠州豆腐乳、丝绸、鲜橙汁和水轮机畅销海内外。

5.人杰地灵。战国时守土将军巴蔓子、汉末严颜、三国时甘宁、明代巾帼英雄秦良玉等忠臣良将,使忠县人"忠义"特征享誉华夏;唐代白居易、陆贽、李吉甫、刘晏四贤曾为官忠州;李白、杜甫、苏轼、黄庭坚、陆游等文人墨客亦曾驻足忠州;蜚声海内外的近代著名植物学家方文培、作家马识途和罗广斌、影视名星陶红、国家男排主教练周建安出生于忠州。

6.移民重县。三峡工程建成后,忠县库岸线为496.81公里,库容面积102.04平方公里。淹没涉及12个乡镇、129个行政村(乡村建制调整前口径),淹没土地54362亩,直接淹没人口55446人。至移民搬迁完毕年,规划搬迁建房人口76898人。按投资包干政策,国家核定补偿忠县移民静态资金21.062亿元。在重庆市22个移民区县中,忠县淹没实物综合指标居第7位,耕地淹没指标居第2位。

二、忠县发展

(一)国民经济快速增长

重庆直辖以来,忠县狠抓发展第一要务,经济社会持续快速发展。2006年,忠县地区生产总值突破50亿元,实现50.51亿元,比上年增长13.0%,是2002年的1.6倍,是1997年的2.45倍,连续5年保持两位数快速增长(见图1,下页),增速排名在三峡库区生态经济区中由2002年的18位上

图 1 1997—2006 年忠县地区生产总值情况 单位:万元

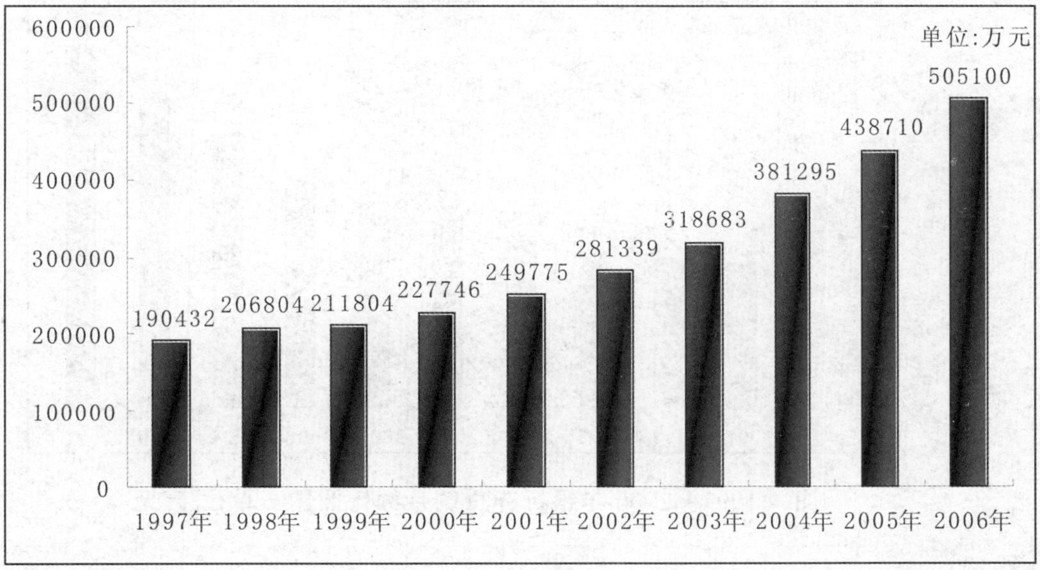

升至 6 位。

人均地区生产总值突破 800 美元,达到 6692 元,比 2002 年净增 2952 元。固定资产投资完成 30 亿元,占"十五"期的 33.25%,比上年增长 18.6%,是 2002 年的 2.3 倍,是 1997 年的 8.7 倍(见图 2),拉动县域经济增长 2.0 个百分点。

社会消费品零售总额实现 18.59 亿元,占"十五"期的 29.5%,比上年增长 15.3%,是 2002 年的 1.7 倍,是 1997 年的 2.6 倍(见图 3,下页)。全县财政一般预算收入突破 2 亿元,完成 2.47 亿元,占"十五"期间的 34.3%,比上年增长 32.2%,是 2002 年的 1.6 倍。直辖以来,累计清偿政府债务 5.77 亿元。

金融机构存款余额突破 70 亿元,达到 78.5 亿元,比上年增长 21.1%,是 1997 年的 4.8 倍;贷款余额达 19.53 亿元,比上年增长 3.8%,是 1997 年的 1.5 倍(见图 4,下页)。

(二)产业培育初显成效

重庆直辖 10 年来,忠县抢抓机遇,加快发展,坚持不懈地培育特色产业,全县经济结构渐趋合理。三次产业结构比重由 1997 年的 42.6:22.0:35.4 调整为 2006 年的 24.9:32.8:41.3(见图 5,下页)。

1.特色农业稳步推进。农业产业结构内部调整成效明显,柑橘、畜禽、中药材、蚕桑、优质粮油

图 2 1997—2006 年固定资产投资情况 单位:万元

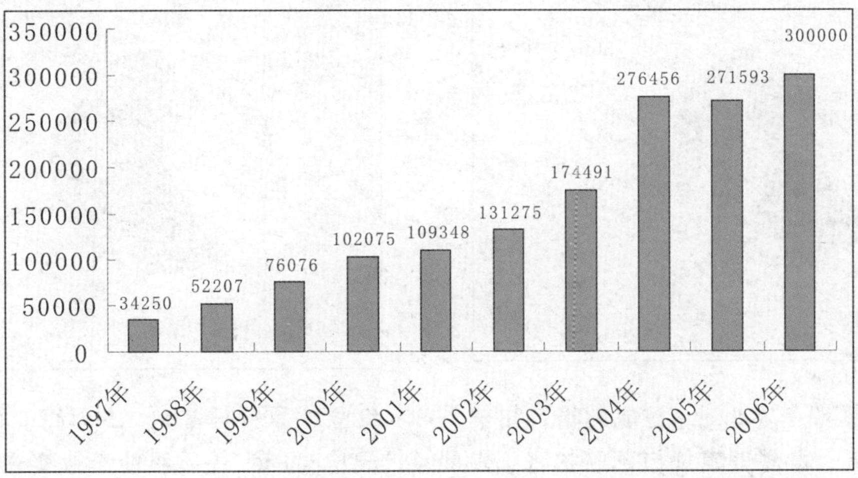

图 3 1997—2006 年社会消费品零售总额统计图　　单位:万元

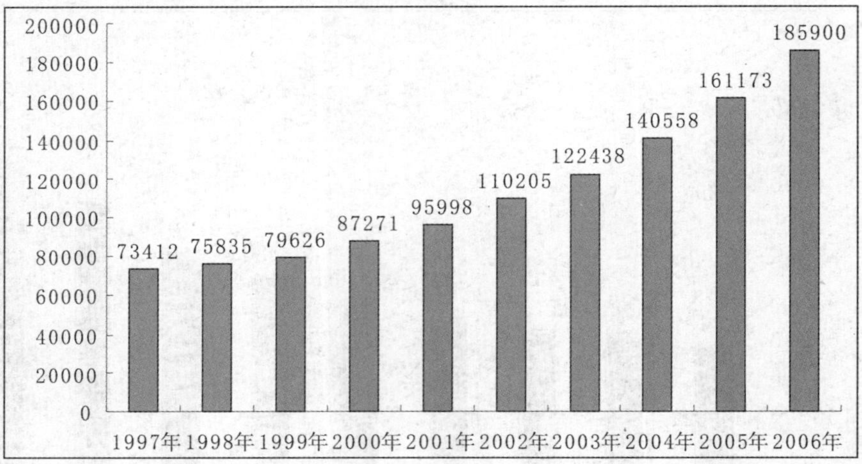

图 4 1997—2006 年银行存贷款余额比照图　　单位:万元

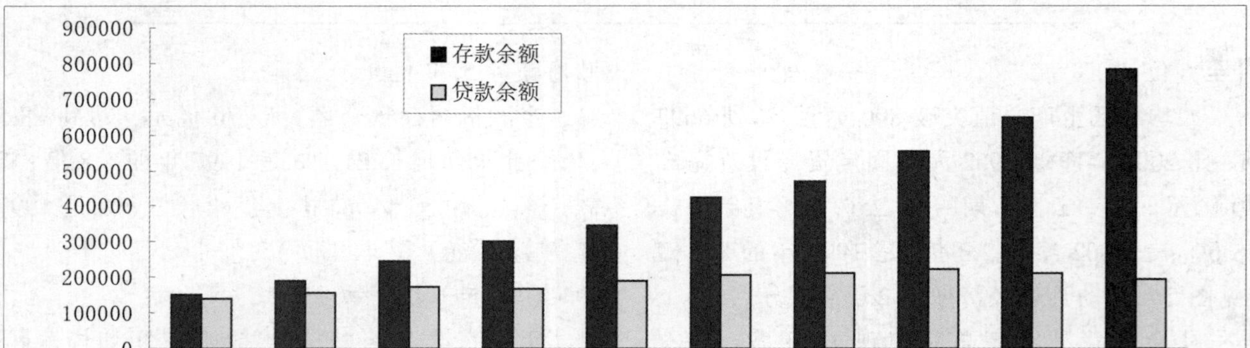

	1997年	1998年	1999年	2000年	2001年	2002年	2003年	2004年	2005年	2006年
存款余额	153577	191774	243580	299802	346533	422867	470366	555165	648431	785000
贷款余额	137439	155613	174951	165402	187374	208984	214139	222755	214449	195300

图 5 三次产业占 GDP 比重情况

1997 年忠县三次产业结构占 GDP 比重

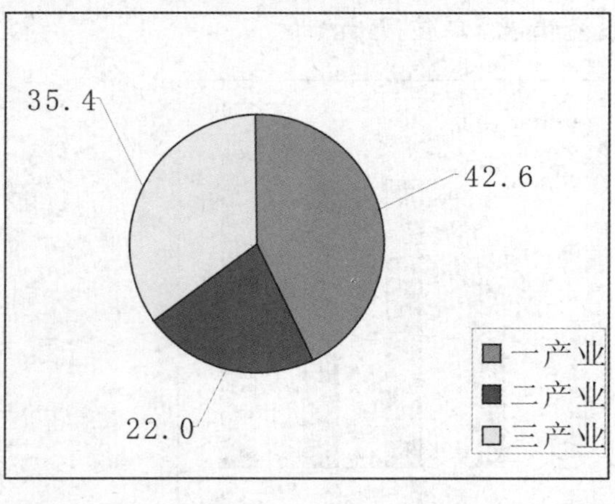

2006 年忠县三次产业结构占 GDP 比重

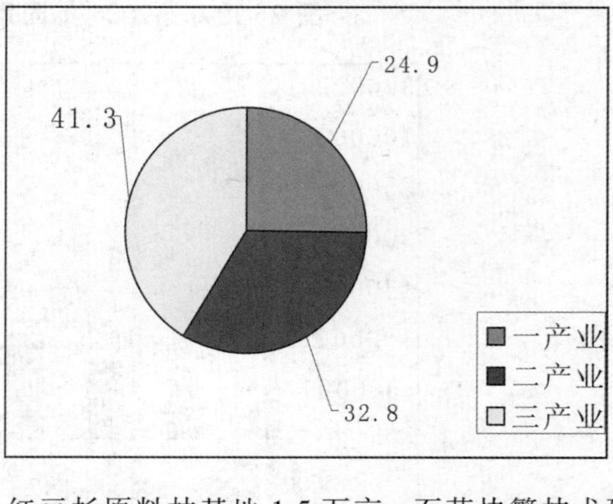

五大特色产业框架基本形成。建成施格兰柑橘基地果园 9.1 万亩。畜禽养殖规模不断扩张。发展红豆杉原料林基地 1.5 万亩。石蒜快繁技术研发成功。蚕桑、优质粮油产业实现恢复性发展。新农村建设启动。2006年,因受特大旱灾影响,农业增加值实现12.57亿元,比上年下降3.0%,是2002年的1.1倍,实现劳务收入13亿元。

支柱工业逐渐形成。深入实施“工业强县”战略,工业经济发展加快。农副产品加工、机械制造、能源化工、生物制药、建筑建材五大产业加快发展,成为全县工业经济的支柱,三峡建设集团首期5万吨橙汁加工生产线建成投产,天然气净化厂投产达效,神溪船业建成万吨级船坞,云河实业“两机两车”产业体系初步形成,重点企业支撑作用日趋明显(见表1)。水坪工业园区建设稳步推进,纳入市级特色工业园区管理,园区建设初显形象。2006年,实现工业增加值9.34亿元,比上年增长49.4%,是1997年的4.6倍(见图6)。

表1 规模以上工业企业经济效益指数比照表(1999-2005) 单位:%

指　标	1999年	2000年	2001年	2002年	2003年	2004年	2005年
经济效益综合指数	30.76	58.99	50.9	55.7	85.9	68.7	62
总资产贡献率	3.01	6.4	5.5	5.3	3.8	4.4	2.6
资本保值增值率	116.5	99.24	94.4	103.8	318	90.8	93.4
资产负债率	74.16	81.71	86.3	83.2	58.6	57.9	53.4
流动资产周转率(次)	1.51	1.91	2.1	1.8	2.2	1.8	1.6
成本费用利润率	-7.6	-2.42	-4.4	-3.2	-5.1	-2.3	-3.4
全员劳动生产率(元/人)	5550	7763	10218	14351	14856	23256	28563
产品销售率	90.48	102.29	98.91	96.1	97.8	102.1	92.4

图6 1997—2006年忠县工业总产值及工业增加值比照图 单位:万元

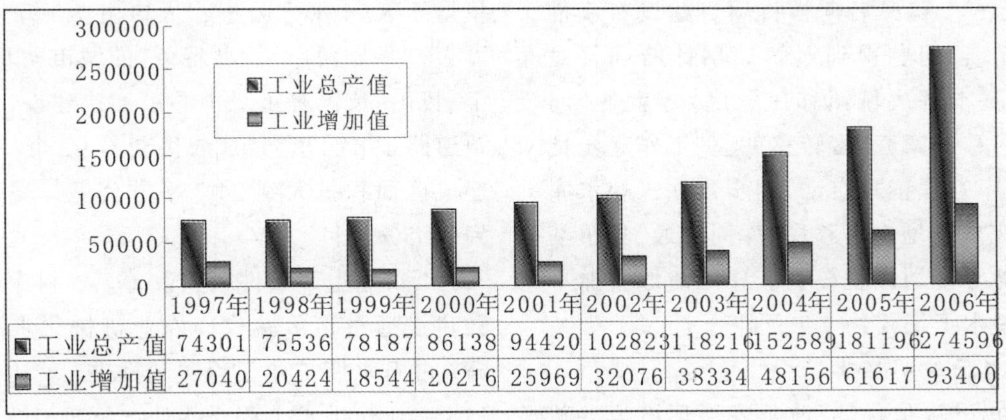

2.第三产业蓬勃发展。以旅游、商贸、服务为重点的第三产业加快发展。完成甘井沟风景名胜区、巴国城等旅游专项规划编制,石宝寨文物保护工程全面开工建设,“中国柑橘城”荣获国家旅游局命名的“全国农业旅游示范点”称号。2006年实现旅游收入2326万元,是2002年的3.2倍,是1997年的3.8倍。商业网点建设成效明显,新型流通业态逐步形成。超市、连锁店、加盟店遍布城乡,物流配送、网络购物、电子销售不断发展。重庆百货、巨琪药业等商贸企业相继落户忠县。房地产、教育、汽车、保险等成为新的消费热点。2006年,第三产业实现增加值20.89亿元,比上年增长14.4%,是2002年1.6倍,是1997年的2.8倍(见图7,下页)。

(三)移民工作卓有成效

坚持移民内安与外迁同步、移民搬迁与安稳致富并举,移民工作走在全市前列。

1.移民搬迁快速推进。二期移民通过国家终验,受到国家三建委表彰。三期移民通过国家验收,四期移民开局良好。累计生活安置移民75998人,搬迁企业101户,复建房屋232.7万平方米。完成移民投资19.88亿元,占包干总投资

图 7 1997—2006 年第三产业增加值对照图　单位:万元

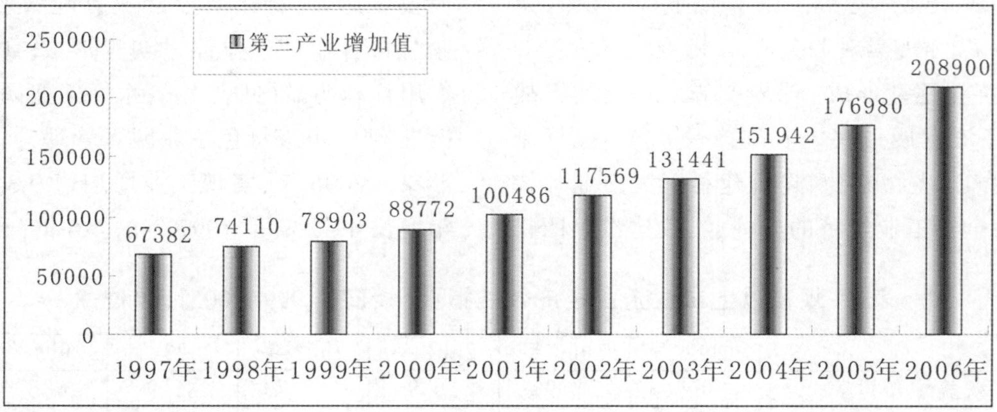

的 94.4%。2006 年共完成移民投资 1.22 亿元,建房安置农村、县城、集镇移民 3700 人,生产安置农村移民 3000 人;复建各类房屋 9.5 万平方米;结构调整企业 1 户,各项年度目标圆满完成。

2.移民后期扶持稳步实施。争取三峡库区产业发展基金和移民后扶资金 1.5 亿元,柑橘产业化、生猪产业化等 13 个库区产业发展基金项目顺利实施,116 个移民后期扶持项目建设有序推进,移民“五难”问题得到缓解。累计培训移民 6360 人次,基本解决城镇移民家庭“零就业”问题,解决农村移民家庭“零转移就业”工作起步良好。三峡水库管理正式启动,初步建立三峡水库管理机制。完成新增农村移民、库周交通、集镇基础设施、孤岛等规划调整核查。库区清漂常抓不懈,累计清理水上漂浮物 2.7 万吨。

(四)城乡面貌明显改观

坚持以提升区位优势、改善发展环境为突破口,全县基础设施建设快速推进。

1.交通建设成效凸显。全面完成 7 路 9 码头 18 桥交通移民复建。垫(江)恩(施)高速公路忠县段建设顺利推进,忠(县)垫(江)公路大修改造全面完成,一期农村公路改造基本完成。忠县长江公路二桥建设进展顺利。

2.能源通信快速发展。农村电网改造二期工程全面结束,完善西部农村电网改造正在实施。忠(县)武(汉)输气管道工程竣工输气,天然气净化厂建成投产。广播电视和程控电话实现“村村通”,移动通讯网络全覆盖。全面开通乡镇加密电视。实现县乡政务电子办公和邮政电子汇兑。乡镇可视电话会议系统建成投用。

3.城镇形象日益提升。县域城镇体系规划和忠县城市总体规划通过市级审批。建成红星广场、华怡广场、东坡梯道、体育馆等城市公益性设施。直辖以来,共拆除危旧房屋 75 万平方米,新增建筑面积 235.8 万平方米。县城由 3.1 平方公里增至 8.94 平方公里,人口由 7.3 万人增至 13 万人。“一城两岸、桥岛特色”的城市初具雏形。石宝、拔山、汝溪等市级中心镇加快建设,新增城集镇道路 198 公里,建成农民新村 92 个。全县城镇建成区面积扩大到 24.7 平方公里,城镇化率达到 24.5%。

4.农业生产条件较大改善。农村水电电气化县建设通过市级验收。农业机械化水平不断提高。白石水库扩建工程顺利推进。整治病险水库 15 座,新建供水工程 234 处。整理开发土地 869 公顷,新增耕地 258 公顷。

5.生态环境有效保护。完成退耕还林 43.3 万亩,治理水土流失 160.3 平方公里,森林覆盖率达到 28.6%。整治突出环保问题取得实效。建成石宝、乌杨等 7 个城镇首批水环境保护项目,县城生活垃圾处置场、污水处理厂运行质量位居库区前列。全面完成 9 个二期地质灾害治理项目并通过国家终验,三期地质灾害治理项目有序推进并能按期完成。

(五)社会事业蓬勃发展

直辖以来,累计实施重点科技项目 160 项,推广新技术127项。"两基"成果巩固提高,新建校舍17.4万平方米,排除D级危房6万平方米。认真落实中小学"两免一补"政策,素质教育全面实施,教育质量全市领先。拔山中学创建为重庆市重点高中,职教中心迁建顺利启动。以"激情忠州广场"为代表的群众文体活动蓬勃开展。县文化馆迁入新馆。重点文物得到保护,忠州博物馆即将开工。老年体育、竞技体育取得明显成绩。改扩建医疗卫生机构31个,公共卫生体系基本建立,医疗服务能力不断增强。成功创建全国农村中医工作先进县。新型农村合作医疗参合率达72.6%,参合农民累计获得4400万元医疗费用补偿,农民"就医难"问题有所缓解。落实计生奖励优待政策,低生育水平得到巩固,出生人口素质有所提高,人口自然增长率控制在2.49‰。民政、审计、统计、物价、兵役、人防、爱国卫生、保密、宗教、对台、侨务、外事等工作不断加强,老龄、农机、气象、档案、地方志、慈善、残疾人等事业实现新发展。深入贯彻落实《公民道德建设实施纲要》,爱国主义、集体主义、社会主义教育和群众性精神文明创建活动广泛开展;扎实开展"保持共产党员先进性"教育活动,"八荣八耻"社会主义荣辱观深入人心;大力弘扬"忠勇诚信、勤学实干、自强不息、开拓开放"新时期忠县人文精神,涌现出了刘邦闹、李淑娥、黄永明、李和芳等一批在全国、全市具有较大影响力的先进典型,全民奋发向上的精神风貌基本形成。

(六)招商引资硕果累累

实施全民招商、激活资本,社会投资拉动效应增强。建立健全"诚信招商、服务安商、政策富商"机制,"兑现比承诺更重要"的招商引资经验在全市推广。1997年以来,正签招商项目671个,合同引资99.68亿元,实际利用县外资金24.38亿元。1997年以来,先后引进南方同正、中国重汽、广东安华、浙江金龙控股、东方工模具、美国博富文等著名企业入驻忠县。大力激活民间资本。1997年以来共完成民间投资44.98亿元,占同期全社会固定资产投资总额的47.6%。神溪船业、巨琪制药、天运生物乙醇、中博新城等项目快速推进。

忠县招商引资具有四大主要特点:一是规模项目比例大。截至目前,忠县实际引资超过500万元的项目共174个,占项目总数的25.93%,其中:投资1000万—5000万元的项目77个、投资5000万元—1亿元的项目24个、投资上1亿元的项目12个。此外,协议引资500万元以上的项目有35个。二是工业项目引进多。在671个正签产业项目中,工业项目占243个,其中投资1000万元以上的工业项目共45个,如燃料乙醇、东方模具技改扩能、锚机生产、万吨级船坞、真空冻干食品、巨琪生物制药、竹纤维加工、农副产品精加工等项目。三是项目行业分布广。在671个正签项目中,一产业项目92个,二产业项目212个,三产业项目138个,房地产业项目72个,捐赠项目157个。四是招商引资后劲足。目前忠县在谈项目45个,其中意向性投资超过1000万元的项目26个,上亿元的项目有12个,投资者普遍看好库区的政策优势和忠县的特色资源优势及良好的投资环境。

(七)对口支援不断加强

重庆直辖前,党中央、国务院确定山东省、沈阳市重点对口支援忠县移民工作。2006年7月,市委、市政府确定大渡口区集团(该集团由大渡口区牵头,共包含21个成员单位)对口支援忠县。据初步统计,截至2006年底,忠县先后共实施对口支援协作项目100多个(含经济合作项目、支持类项目、公益援助项目),到位各级各类支援资金9亿多元,其中:经济合作项目及支持类项目资金8亿多元,接受国家有关部委、对口支援省市无偿捐助资金7000多万元。对口支援项目安置移民1500多人,其中企业职工500多人;援建希望学校14所,到位资金310万元;山东省接收安置忠县籍大中专学生1104人;干部交流和人才培训达700多人;山东、湖北、湖南、重庆江津市、合川市等省市共计接收安置忠县农村外迁移民18000多人。大渡口区集团也在项目合作、劳务合作、干部交流、无偿援助等方面给予了忠县大力支持。

(八)改革开放纵深推进

1.各类改革不断深化。深入推进企业改革，累计实现企业改制62户，企业改制面达86.1%，盘活存量资产3.65亿元。云河实业、天地药业等改制企业活力倍增。完成电力体制改革。全面免征农业税。部门预算和非税收入管理得到实施。政府采购实现管采分离。国家公务员管理制度和事业单位人事制度改革稳妥推进。投融资改革取得新突破，市高投司收购"三路一桥"经营权，与国家开发银行达成融资协议。

2.对外开放成效明显。深入推进各项改革，完成企业改制72户，盘活存量资产3.7亿元。完成乡镇、村社行政区划调整。全面免征农业税。部门预算、非税收入管理、政府采购成效明显。国家公务员管理和事业单位人事制度改革稳妥推进。投融资体制改革取得实质性进展。积极鼓励全民创业，从政策、资金、服务等方面扶持民营经济发展，云河集团、清溪丝绸、神溪船业等一批民营企业成为县域经济亮点。2006年，民营经济实现总产值63.5亿元，入库税金1.5亿元，分别是2002年的2.97倍和4.29倍。到2006年底，全县累计发展民营企业415个，民营经济占全县地区生产总值的比重由2002年的34.8%上升到50.8%。开放型经济起步良好，忠县率先成为库区开放型经济综合试验县。取得外贸自营出口权的企业由1997年的0家增加到16家，丝绸、水轮机、碳黑等16个产品出口东南亚。2006年，实现外贸直接出口创汇240美元，比上年增长20.0%，是2002年6倍。加强与山东、沈阳等省市及大渡口区集团对口支援合作，4年共接受对口支援无偿援助资金1772万元，实施经济合作投资在1000万元以上的项目5个。

(九)人民生活水平显著提高

直辖以来，投入各类社会保障资金5.78亿元，社会保障能力明显增强。投入各类救灾救济资金7130万元，灾民和弱势群体得到及时有效救助。就业与再就业工作成效明显，转移8600名农村富余劳动力，城镇登记失业率控制在4.3%以内。累计投入扶贫资金4.67亿元，2.86万名农村贫困人口实现越温达标，基本消除岩洞"窝棚户"。真心为民办实事，启动并完成了各年度"十大民心工程"。2006年，城镇居民可支配收入实现8893元，比2002年净增2166元，增幅达32.2%；比1997年净增5210元，增幅达141.5%(见图8)。农村居民人均纯收入2810元，大旱之年仍增长8.0%，比2002年净增988元，增幅达54.2%；比1997年净增1305元，增幅达86.7%(见图9，下页)。城镇人均居住面积由1997年20平方米增加至26平方米。城乡居民各项储蓄存款突破60亿元，达到61.72亿元，是2002年1.9倍，是1997年的5.05倍。

图8 1997—2006年忠县城镇居民可支配收入比照图　　单位:元

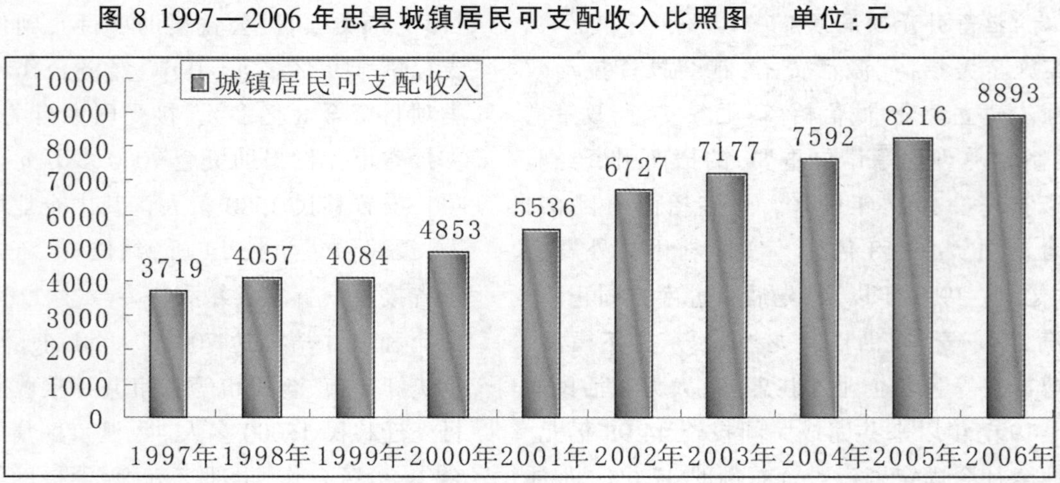

图 9 1997—2006 年忠县农村居民纯收入比照图　　单位:元

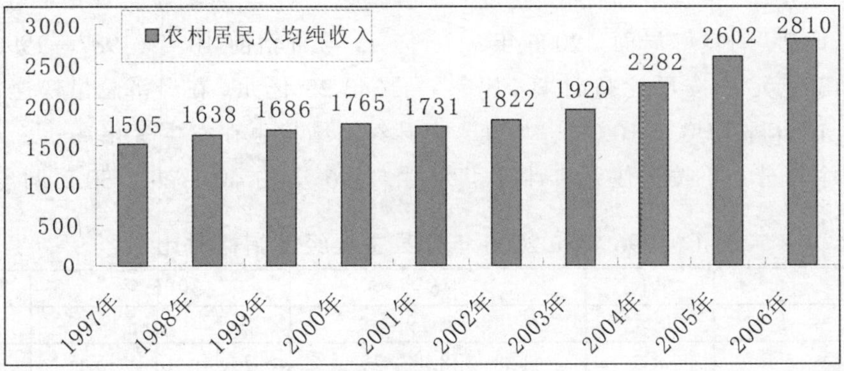

三、忠县未来

过去的 10 年,是忠县经济快速发展、综合实力显著增强的 10 年,也是社会全面进步、人民得到实惠最多的 10 年。过去的 10 年,我们遇到的困难超乎预料,付出的努力非同寻常,取得的成绩弥足珍贵。回顾过去,我们激情满怀;面对未来,我们意气风发。未来 5 年,是忠县经济社会加快发展的重要战略机遇期。西部大开发深入推进,重庆直辖优势更加明显,库区发展倍受关注,政策扶持和对口帮扶力度更大。经过近年来的探索实践,发展思路更加明晰,目标更加明确,经济社会已步入又好又快的发展轨道。全县上下思变图进的热情更加高涨,发展环境更加宽松,"洼地"效应更加凸显,为实现忠县新一轮腾飞奠定了坚实基础。我们一定要牢牢把握发展机遇,解放思想,求真务实,乘势而上,加快发展。

未来 5 年,忠县将坚持以邓小平理论、"三个代表"重要思想为指导,全面落实科学发展观,狠抓发展第一要务,按照"又好又快,能快则快,壮大总量,提高质量"和"提速升位,富民强县"的总体要求,以培育产业优化结构为主线,以全民创业增大总量为重点,以招商引资借力发展为手段,以重点项目投资拉动为载体,以社会和谐实现小康为目标,深入实施"工业强县、对外开放、和谐发展"战略,加快推进农业产业化、新型工业化、城乡一体化进程,努力实现物质文明、政治文明和精神文明的有机统一,促进全县经济社会又好又快发展。

注:本文数据出自忠县县统计局

撰稿单位:重庆市忠县人民政府办公室

开　县

重庆直辖 10 年来,开县县委、县政府团结和带领全县人民,克服 2004 年"12·23"特大井喷事故和 2005 年"3·25"井漏带来的不利影响,战胜 2004 年"9·4"特大洪灾、2006 年百年一遇特大旱灾的袭击和困难,自强不息,攻坚克难,开拓创新,奋力拼搏,不断加快经济建设步伐,统筹推进各项事业,国民经济快速发展,综合经济实力显著增强,人民生活明显改善,社会事业全面进步。

一、经济发展速度加快,综合实力显著增强

直辖以来,开县县委、县政府坚持以邓小平理论和"三个代表"重要思想为指导,全面贯彻落实科学发展观,始终以发展为第一要务,采取切

实有效措施，强力推进开县经济发展，全县经济发展呈现出“总量快速扩张、结构不断优化、速度逐年加快、环境不断改善”的良好局面。2006年，开县生产总值75.13亿元，按可比价计算，比1996年增长1.6倍，10年平均增长10.0%，增速比1996年提高1.3个百分点。按常住人口计算，人均生产总值6492元，比1996年净增4292元。直辖以来，全县累计实现地区生产总值475.09亿元，与直辖前10年（1987—1996年）相比增加了343.25亿元。在经济总量快速扩张的同时，开县经济结构也在发生变化，一、二、三产业的比重由1996年的40.1:29.7:30.2调整为2006年的24.4:40.1:35.5，三次产业的次序由1996年的“一三二”变为2006年的“二三一”（见表1、图1）。

表1 1996年和2006年开县主要经济指标对比

指标	单位	1996年	2006年	年均增长率（%）
GDP总量	亿元	27.79	75.13	10.0
三次产业结构		41.8: 28.8: 29.4	24.4: 40.1: 35.5	
人均GDP（户籍人口）	元	1918	4816	10.4
固定资产投资额	亿元	8.12	49.77	19.7
社会消费品零售总额	亿元	12.33	32.84	11.5
地方预算内财政收入	亿元	1.00	3.02	8.1
农民人均纯收入	元	1481	2607	6.2

注：数据来源于《开县统计年鉴》及相关部门报表，下同。

图1 2006年与1996年三次产业结构比较

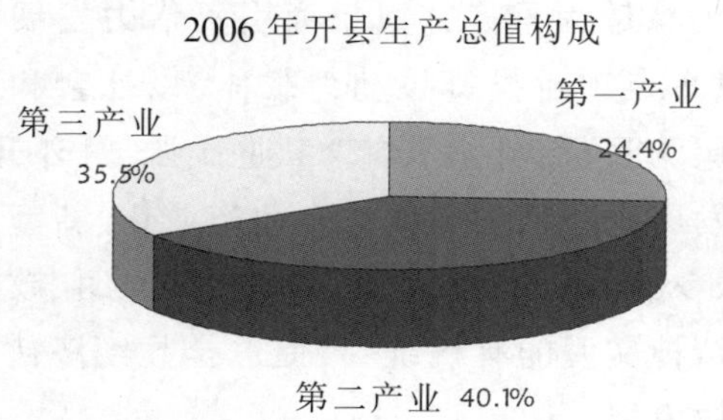

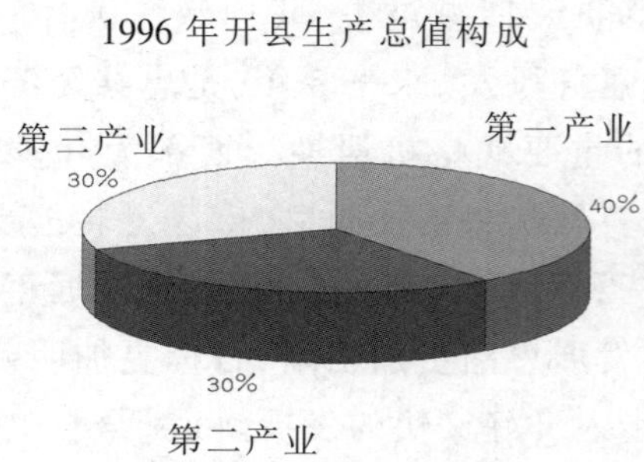

2002年以来，围绕中等城市建设目标，开县县委、县政府抢抓机遇、加快发展，经济发展逐渐步入高速增长期，生产总值开始实现两位数增长。2002年，全县实现地区生产总值46.15亿元，环比增长10.2%，增幅比2001年提高2.4个百分点；2003年实现地区生产总值52.72亿元，环比增长12.6%，比2002年提高2.4个百分点；2004年实现地区生产总值60.01亿元，环比增长12.1%；2005年地区生产总值达到69.46亿元，环比增长创10年新高达到13.7%，比上年提高1.6个百分点；2006年地区生产总值75.13亿元，环比增幅达12.5%（见表2、图2，下页）。

二、农业基础地位得到巩固，农村综合实力逐年增强

开县把解决“三农”问题作为重中之重，全面调整农村产业结构，抓龙头、建基地、创品牌，推动了农村经济持续稳定发展，促进了农民收入和生活水平的同步提高。2006年，全县第一产业增加值达到18.36亿元，比1996年增长28.0%，10年平均增长2.5%。

（一）农业结构逐渐优化

农业总产值中，养殖业的比重逐年提高，种植业的比重逐年下降。2006年全县畜牧业产值

图 2 直辖 10 年开县生产总值增长速度

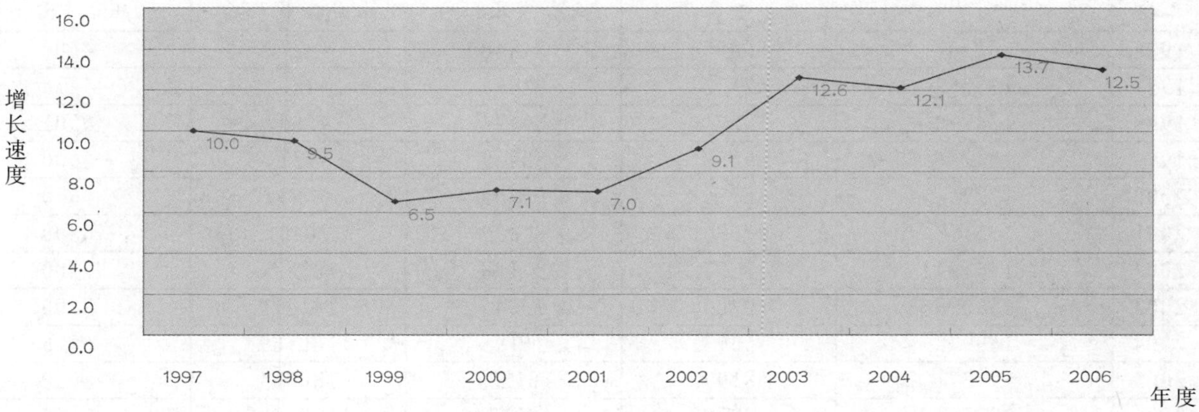

表 2 直辖 10 年来开县生产总值 单位:亿元

年份	1997	1998	1999	2000	2001	2002	2003	2004	2005	2006
生产总值	32.36	34.73	36.21	38.43	41.64	46.15	52.72	61.02	69.46	75.13
第一产业	13.53	13.89	13.42	13.27	13.62	14.67	15.61	17.00	19.44	18.36
第二产业	9.50	10.59	11.61	12.81	14.11	16.05	19.34	23.36	26.06	30.14
第三产业	9.33	10.25	11.18	12.35	13.91	15.43	17.77	20.66	23.96	26.63

占农业总产值的比重达到 47.6%,比 1996 年提高 8.9 个百分点;而种植业比重则下降到 49.4%,比 1996 年下降了 2.7 个百分点。粮经作物比例日渐合理。全县粮食作物与经济作物播种面积之比由 1996 年的 89.5:10.5 调整为 2006 年的 74.7:25.3。畜牧业由偏重数量增长向数量和质量并重转变。肉类中猪肉的比重由 1996 年的 86.5%下降到 2006 年 77.7%,牛、羊肉的比重分别由 1996 年的 1.5%、3.0%上升到 2006 年的 3.2%和 5.3%。2006 年出栏生猪 112.14 万头, 比 1996 年减少 0.6%;出栏牛 2.96 万头,比 1996 年增长 1.43 倍;出栏羊 44.96 万只,比 1996 年增长 93.3%;出栏家禽 963.48 万只,比 1996 年增 89.3%。

(二)支柱特色产业不断壮大

2006 年,粮油、肉食、柑桔三大支柱产业产值分别达到 8.12 亿元、11.43 亿元、1.42 亿元,占农业总产值的比重为 28.7%、40.5%、5.0%。粮食、油料、园林水果、肉食总产量分别达到 49.8 万吨、2.28 万吨、14.34 万吨、10.18 万吨, 分别比 1996 年下降 11.8%、31.8%、186.8%、20.0%。魔芋、中药材、绿色蔬菜、茶叶等特色产业进一步培育壮大。禽蛋、蔬菜、水产品产量分别达到 1.71 万吨、26.8 万吨、0.71 万吨, 分别比 1996 年增长 14.8%、89.5%、54.3%(见表 3,下页)。

(三)主要农产品基地建设初具规模,农业产业化进程加快

建立了汉丰、铁桥等 6 个规范化的生猪生产基地。2006 年家禽规模养殖户达 536 户,生猪、牛和山羊养殖的规模户分别达到 2094 户、271 户和 1037 户。建成优质水果基地 30 万亩、优质蔬菜基地 10 万亩、药材基地 10 万亩、高山优质水稻基地 20 万亩。相继创立了"九龙山"大米、"冠宝"柚、"翠香"梨、"渝开"锦橙等一批优质农产品品牌。

(四)农村二三产业发展迅速,农村劳动力有序转移

农村二三产业发展迅速,吸纳劳动力能力增强。全县从事二、三产业的农村劳动力主要涉及建筑、餐饮、运输、制造、服务等行业。2006 年,全年累计转移农村劳动力 44.15 万人,新增转移农村劳动力 1.16 万人;培训农村劳动力 2.11 万人,其中农村劳动力技能培训 1.54 万人, 转移就业 1.35 万人。全年全县外出务工收入达到 17.2 亿元,占农民人均纯收入的 51%。劳务收入已成为

表3 直辖10年开县主要农产品产量

年份	农业增加值(万元)	粮食产量(吨)	肉类产量(吨)	水果产量(吨)	水产品产量(吨)
1996	111362	564556	84840	49276	4600
1997	135258	575368	91492	44808	5476
1998	138890	595910	87124	43862	6501
1999	134234	590391	88439	47371	6600
2000	132716	567363	89803	51634	6670
2001	136172	570361	84839	70403	6800
2002	146734	583373	87198	103871	7200
2003	156090	592248	93845	141210	7300
2004	169978	556931	96195	160169	6716
2005	194371	581993	101327	180064	8060
2006	183562	498209	101874	143430	7060

开县农民纯收入的主要来源，劳务产业已成为农村经济发展的一个支柱产业，劳务人员已成为新农村建设的一支重要生力军。随着劳务经济由小变大，以及劳务品牌职校、在外劳务品牌基地的创建，开县打造出了一批批品牌务工者，如今，“广东服装，上海拆房，北京餐饮，新疆农场”这四块响当当的劳务品牌称雄劳务市场，并叫响全国，使开县劳务输出走向由“苦力型”向“技能型”、“数量型”向“质量型”转变，劳务产业也逐渐由“打工潮”向“创业潮”突围。开县已注册了“金开家政”劳务商标，正在培育的还有“开州厨师”、“金开家政”、“开县砖工”等特色劳务品牌。

(五)农业科技推广与特色农业园区初见成效

农业科技应用成果显著，农产品优质率提高。共推广“奥玉”新品种12万亩，引进推广优质高产花生2万亩，推广优质高粱栽培技术面积7000亩。2006年科技对农业经济的贡献率达45%，居重庆市先进水平。优质品种应用范围进一步扩大，2006年水稻优质品率达50%，水果优质品率达55%，蔬菜优质品率达40%，水产品优质品率达20%，生猪瘦肉率达到57%。

特色农业园区初见成效，园区农民收入提高。长沙现代农业园区、竹溪农业科技园区、关坪扶贫开发园区建设已现雏形。开县长沙农业园区位于长沙镇一心、古迹、家湾、狮寨、长沙5个村和陈家园艺场，面积1万亩，可常年提供优质柑桔2125万公斤。园区基础设施功能配套，体系完备，交通方便，已初步建成了柑桔品种资源保存及展示基地、现代柑桔优良品种繁育基地、现代柑桔生产技术示范园、柑桔采后商品化处理区、橘海观光游览区、金果园休闲度假区、生态环保型农民新村、果品交易区八大功能区，园区保存了100余个柑橘品种资源，包括引进的耐湿脐橙、华红脐橙、红肉脐橙、梦脐、Sammer field 、Pige橘柚、HB柚、纽荷尔、清家、奥林达夏橙、德尔塔夏橙、蜜耐夏橙、康贝尔夏橙等柑桔新品种。引进了3吨/小时的柑桔采后商品化处理生产线5条，采用清洗、整理、分级、美化处理、包装等现代采后处理技术进行加工。百橘生态文化长廊将“橘海”、“花岛”、“绿岛”等景观结合在一起，构成独具特色的生态景观游赏系统和以开县陈家园艺场500亩柑桔园为核心，集采果、品果、百橘品鉴、柑桔科技普及教育、金果歌舞会、休闲度假为一体的生态观光旅游区。2006年，优质柑橘商品化处理率达到70%，深加工率达到30%，园区绿化率达到90%以上，园区农民人均纯收入达到3500元以上。

开县竹溪生态农业科技示范园区依托国家科技部、中国科学院和重庆市重点科技项目建设。核心试验园区面积3000亩，示范推广区15000亩，园区内流转耕地2500亩，引进业主21户，组建农业龙头公司企业4家，辐射14个村，106个社，8960余户，40000余人，园区年产值850余万元，带动园区群众人均增收200元。园区建成了新品种蔬菜展示精品园，先后引进杂交优质西瓜、优质辣椒、西红柿、南瓜、冬瓜、茄子等蔬菜优质品种20个；重点开展了大棚设施蔬菜栽培、西瓜和辣椒育秧栽培技术试验。初步获得了杂交稻氮、磷、钾肥的施肥规律和最优施肥方案。开展了农户庭院一果一草一畜禽(一沼气)生态模式试验。建立名特优新林果品种资源圃，引进金魁和武植5号猕猴桃2个品种以及树莓、优质葡萄品种5个，建立猕猴桃、树莓种植示范园和优质葡萄种植园。引进推广日本油桃、白花桃、冬桃、北京蜜桃、丰水梨、翠冠梨、黄金梨、水晶梨、爱宕梨、秋红梨、大五星枇杷、梨枣、双季板栗等名特优新品种。开展黄山药、盾叶薯蓣 、金银花、连翘、麦冬、美国库拉索芦荟和苦丁茶等高价值药材和保健食品种植试验。建立300亩坡耕地综合整治与农林复合系统综合试验区，进行银合欢、皇竹草、黄花等植物篱技术试验，推广皇竹草、鲁梅克斯、菊苣、一年生黑麦草等优质牧草，技术扶持发展南疆黄羊、波尔杂交羊、肉牛等生态型圈养、半圈养专业户50户。引进了香樟、猴樟、天竺桂、火力楠、木荷、大叶竹柏、台湾相思、银合欢、山毛豆、大翼豆、药用麦冬共11个以常绿阔叶乔木为主和落叶小乔木、灌木、草本、藤本为辅的多性状植物种，坡地生态经济型植被群落建造试验面积70亩。

关坪扶贫开发园区位于开县西北部，幅员66.7平方公里，辖4个村，2057户，7187人。园区所辖村都是市级特困村，有建卡贫困户835户，占总户数的41%。贫困人口2606人，占总人口的36%。重庆直辖以来，园区建设从基础成网、产业覆盖、人口素质提高入手，经济社会科学、全面、和谐发展，人与自然和谐相处，贫困群众收入大幅提高，生产生活环境根本改善，行路难、吃水难、住房难、看病难、读书难、通信难、增收难等难题得到妥善解决，园区已发展以猪、牛、羊为主的养殖小区4个，年出栏山羊5000只、牛2000条、猪5000头；在种植业中，建成2000亩魔芋基地，3000亩反季节高山无公害蔬菜基地，5000亩中药材基地，2000亩干果基地，园区内人均收入超过1800元，比建设前增进100%，贫困山区正逐步走上新农村建设之路。

(六)农村合作经济组织快速发展，农业服务体系不断完善

依托供销社、农村服务体系，建立专业合作社、综合服务社等农村合作经济组织166个；按照第一次优惠让利、第二次流通和加工环节返利、第三次农业生产项目增收、第四次年终利润分红等途径，入社农户户平均增收260元以上，实现利税15万元。同时，“两社”组织带动了蔬菜、柑桔、魔芋、药材、草食性畜等产业的规模化布局、集约化经营，为市级农业产业化龙头企业提供了原材料基地。按照“一事一议”，推行“八步工作法”，加大“山、水、田、林、路”整治，努力提高农业综合生产能力和抵御自然灾害能力，直辖10年来，建成各类水利工程1.5万处，新增和改善灌面13.8万亩，17.4万人的饮水困难得到解决；治理水土流失面积170平方公里，改造低产田土7万亩。农业机械总动力达到38.95万千瓦，比1996年增长1.26倍；农村机耕面积1.4万公顷，比1996年增长2.5倍。行政村通自来水、通公路、通电话率达到79.5%、99.1%、97.7%。农村生产、生活条件有力改善。

(七)劳务经济壮大盘强，农民收入稳步增加

2006年全县乡镇企业增加值达到15.23亿元，比1996年增长1.97倍；实现利税2.66亿元，比1996年增长2.97倍。农业产业化龙头企业达到26家，产值7.2亿元。其中，星星建材厂、钱江肉联厂成为国家级龙头企业，市级龙头企业增加到4家，产业化龙头企业对农业和农村经济的发展带动力增强。农村市场活跃，商业态势多样化，连锁超市、专卖店大量进入农村市场，极大地方便了农民购物，刺激了农民消费。农村劳动力转移加快，劳务经济进一步发展壮大。劳务经济已成为县域经济发展的五大产业之一，促进了农村劳动力的大量转移。2006年，全县转移农村劳动力44.15万人，实现劳务收入17.2亿元，“十五”期间，全县累计实现劳务收入76.2亿元，成为全国劳务经济大县。

三、工业经济快速发展，支撑能力显著增强

重庆直辖以来，开县大力实施“工业强县”战略，着力推进新型工业化，围绕能源、建工建材、绿色食品加工、天然气化工四大支柱产业，扶优扶强骨干龙头企业，工业经济在县域经济中的主导地位日益凸显，推动了县域经济结构的换代升级。全县三次产业的发展次序由1996年末的“一三二”调整为“二三一”，向工业强县的目标迈出了一大步。

（一）工业经济总量快速壮大

直辖以来累计实现工业总产值339.27亿元，比直辖前10年多268.55亿元，累计实现工业增加值119.02亿元，比直辖前10年多92.29亿元。2006年全县实现工业总产值65.09亿元，比1996年翻了一番多，平均每年递增16.9%（见图3）。其中，规模以上工业企业实现工业总产值24.17亿元，比1996年增长2.88倍，平均每年递增16.3%；全县实现工业增加值23.17亿元，比1996年增长2.6倍，平均每年递增15.2%，其中，规模以上工业实现工业增加值7.98亿元，比1996年增长3.4倍，平均递增17.9%；工业主要产品产量大幅提高，2006年全县发电量达到38.87亿千瓦小时，煤炭产量298万吨，水泥81.17万吨，陶质砖875.6万平方米，胶鞋1076.4万双，分别比1996年增长3.6倍、97.4%、95.2%、3.8倍和2.3倍。

（二）工业经济效益显著提高

2006年末全县规模以上工业企业33户。工业经济效益综合指数达到169.3 %，比1996年提高140.6个百分点，平均每年提高14.1个百分点。全县规模以上工业企业实现主营业务收入24.72亿元，比1996年增长4.9倍，平均递增19.4%；亏损面12.1%，比1996年下降32.6个百分点。从2000年以来，全县规模以上工业企业实现了整体扭亏为盈，结束了多年亏损的历史。

（三）工业拉动作用明显增强

2006年全县工业实现增加值23.17亿元，对开县生产总值的贡献率达66.6%，比上年提高26.5个百分点，比1996年提高31.6个百分点。其贡献率比第一产业高74.4个百分点，比第三产业高36.7个百分点，成为拉动全县经济快速增长的核心动力。

（四）工业经济结构不断优化

随着新型工业化的不断推进，“十五”期全县工业企业规模构成、行业和产品等结构进一步优化，一批企业迅速发展壮大，支撑起开县工业经济一片蓝天。

1.重点企业规模扩大。“十五”期全县企业的平均产出规模明显扩大。星星套装门、钱江食品等一批龙头企业快速扩张。2006年规模以上工业企业户均产值7326万元，是1996年的7.2

图3 直辖10年开县工业总产值和工业增加值

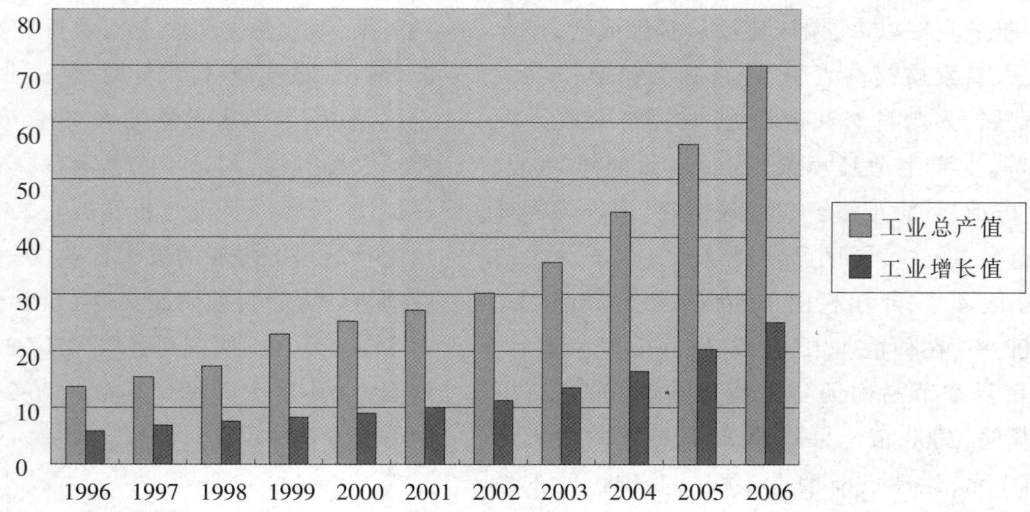

倍。重点工业企业不仅规模扩大，而且支撑作用明显。13户县级领导联系的重点工业企业户均产值0.85亿元以上，比全县规模以上工业企业户均产值高出36.2%。全县实现产值超亿元企业7个，超5000万元企业5个，超1000万元企业14个。而1996年产值超5000万元的企业只有1个，超1000万元的企业只有12个。中型企业从无到有，到2006年已有7个。

2.支柱行业增势强劲。开县工业经济立足煤炭、天然气、矿石等各种资源优势，经过多年发展，能源、建材、食品加工、天然气开发利用四大支柱产业已成为工业经济的主要支柱。2006年，能源、建材、食品加工三大支柱产业继续稳定增长，能源产业实现总产值31.32亿元，同比增长31.2%，增加值13.28亿元，同比增长30.62%；建材产业实现总产值18.25亿元，同比增长34.57%，增加值5.34亿元，同比增长25.76%；食品产业实现总产值13.12亿元，同比增长36.34%，增加值3.83亿元，同比增长39.8%；天然气开发利用作为开县工业经济的新兴产业，天然气净化工业项目液化天然气(LNG)项目、天然气发电项目等等都取得了积极进展。

3.产品结构不断优化。加快产品结构调整步伐，不断开发新产品，增加产品科技含量，提高产品市场竞争力已成"十五"期全县工业企业的共识。如星星建材有限责任公司不断开发新产品，研制出的麦秸杆装饰套装门、欧式模压门被评为重庆市名牌产品，产品销往全国各地，并出口东南亚和东欧8个国家，2006年实现主营业务收入1.64亿元，比1996年增长14.2倍，平均递增35.3%；佛山新美陶瓷有限公司开发的"雷克"、"威斯雷克"、"ADK"墙地砖不仅畅销全国各地，还出口到意大利、澳大利亚、巴基斯坦、印度、韩国等10多国家，2006年出口创汇187万美元，生产墙地砖579.7万平方米，主营业务收入达0.7亿元；钱江食品有限公司生产的冻肉常年出口，2006年主营业务收入达2.52亿元，出口创汇156万美元；生丝、茶叶和水竹凉席等产品深受国内外消费者的青睐。

4.民营经济发展壮大。到2006年末，除水、电、气等少数企业外，民营企业户数占中小企业户数比重达到98.88%，总产值和增加值分别占中小企业总产值和增加值的98.32%和98.11%。同时，民营经济成为解决就业的主渠道，是财政收入的主要来源。2006年末，民营经济从业人员已达10.41万人，上交税金2.09亿元。一个适应市场经济发展需要的以非公有制经济为主体的县域经济格局已基本形成。

(五) 开县工业园区成为开县经济发展的新亮点和重要增长极

开县工业园区是2003年经市政府批准建设的市级特色工业园区，经过3年时间建设，已成为开县经济社会发展的新亮点和重要增长极，成为推进开县工业新型化的一个重要平台和载体。园区分为A、B区，采取"一次规划，总体设计，分期实施，滚动建设"的方针，按照"以工为主、工商互补、功能分区、市场开放、统一管理"的原则，吸引了大量县内外企业向园区聚集。到2006年，工业园区A区已正式入驻企业7家，勇华鞋业已完成改扩建1200万双胶鞋生产线项目，已正式投产，年可生产鞋类品种1200万双、再生胶2500吨，实现产值1.5亿元，德凯覆铜板公司基础设施建设已基本完成，2006年底可试产。星星套装门、宁宇门业正处于紧张的招工备产阶段。百盛玻璃钢、民华塑料厂、新美陶瓷等正在进行厂房建设及设备安装调试。B区位于赵家镇，功能分区为农副产品、食品加工为主的轻工产业区，其远景规划为10平方公里。到2006年征地面积2046亩，总投资3.86亿元，逐步建成投入产出密度大、产业集群特色鲜明的产业新区。

四、投资力度逐年加大，拉动作用明显增强

围绕打造生态中等城市目标，紧紧抓住西部大开发和三峡移民搬迁、重庆直辖等重大历史机遇，努力改善投资环境，狠抓项目建设和招商引资，千方百计加大投资力度。10年来，开县固定

图 4 直辖 10 年开县投资情况

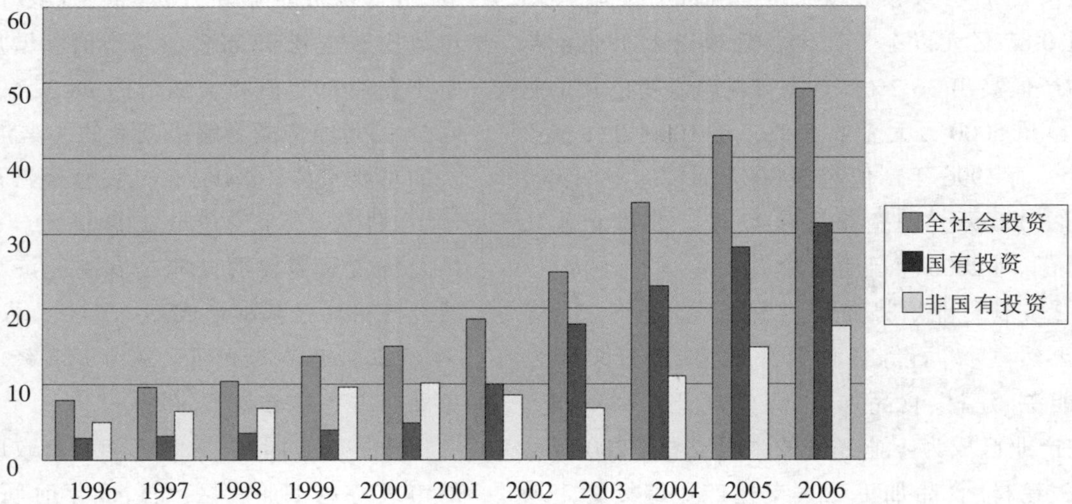

资产投资总量强势增长，结构发生明显变化，有力地促进了全县经济持续快速增长，城乡面貌焕然一新。

(一)投资总量强势增长，拉动作用明显增强

10 年来全社会固定资产投资累计完成 226.66 亿元（见图 4），比直辖前 10 年(1987—1996 年）累计投资高出 199.24 亿元，增长 7.24 倍，年均递增 19.7%；比直辖前 20 年(1977—1996 年）累计投资总额还多 198.05 亿元，增长 6.91 倍。其中：基建与改造投资完成 145.17 亿元，房地产开发投资完成 12.39 亿元，其他投资完成 69.09 亿元，分别比直辖前 10 年累计增长 6.75 倍、12.77 倍和 6.96 倍，年均递增分别达到 21.8%、46.9%和 13.1%。2006 年全县固定资产投资效果系数、固定资产投资率、固定资产投资贡献率分别达到了 22.1%、60.9%、71.8%，分别比上年下降 2.3 个百分点、上升 5.3 和 14.8 个百分点，分别比重庆直辖的 1996 年下降 43.5 个百分点、上升 34.8、36.5 个百分点。

(二)投资主体多元化，结构发生明显变化

1. 国有投资总量扩大，非国有投资长足发展。10 年来，全县国有经济累计完成投资 128.77 亿元，比重庆直辖的前 10 年累计完成投资总额增加 113.60 亿元，增长 7.49 倍，年均递增 26.0%；国有投资比重从 1997 年至 2001 年的 37%左右，攀升到 2002 至 2006 年的 70%左右，占据全社会投资大半壁江山。全县非国有经济累计完成投资 97.12 亿元，比重庆直辖前 10 年累计完成投资总额增长 6.94 倍，年均递增 13.5%，占全社会投资的比重由 2003 年的 27.68%逐年上升到 2006 年的 37.11%(见表 4，下页)。

2.三次产业投资持续增长，结构逐步改善。第一产业 10 年累计完成投资 17.20 亿元，年均递增 24.6%，分别比第二、第三产业高出 4.2 和 6.7 个百分点。第二产业累计完成投资 108.30 亿元，年均递增 20.4%；其中工业投资得到长足发展，2006 年工业投资完成 13.62 亿元，比上年增长 22.6%，比 1996 年增长 5.8 倍，10 年平均递增 21.1%。第三产业投资大幅增长，累计完成投资 101.16 亿元，年均递增 17.9%。一、二、三产业投资比重由重庆直辖前的 1996 年的 8.0:45.3:46.7 调整到 2006 年的 12.0:46.2:41.8。

3.建设与改造投资加强，规模日益大型化。2006 年全县建设与改造投资达到 44.47 万元，比上年增长 25.5%，比 1996 年增长 8.79 倍，10 年平均递增 25.6%；占全社会完成投资总额的 89.35%，比 1996 年提高 33.1 个百分点。全县计划总投资在 4000 万元以上的建设项目（不含房地产投资)达 26 个，比上年增加 10 个；完成投资 23.50 亿元，比上年增长 17.7%。

表 4 直辖 10 年开县投资完成情况

年份	固定资产投资（亿元）			比重（%）		
	全社会投资	国有投资	非国有投资	全社会投资	国有投资	非国有投资
1997	7.91	2.95	4.96	100	37.29	62.71
1998	9.65	3.20	6.45	100	33.16	66.84
1999	10.42	3.53	6.89	100	33.88	66.12
2000	13.65	4.02	9.63	100	29.45	70.55
2001	15.00	4.87	10.13	100	32.47	67.53
2002	18.61	10.02	8.59	100	53.84	46.16
2003	24.75	17.90	6.85	100	72.32	27.68
2004	34.01	22.94	11.07	100	67.75	32.25
2005	42.90	28.04	14.86	100	65.36	34.64
2006	49.77	31.30	18.47	100	62.89	37.11
合计	226.66	128.77	97.89	100	56.67	43.33

(三)基建投入力度加大，经济发展环境改善

以交通、通讯、能源、水利等基础设施建设为重点，全县经济发展硬环境明显改善，瓶颈制约有效缓解。

1.农林水利投资稳步增长，青山碧水蓝天再现。10 年来，全县完成各类水利投资 6.13 亿元，到 2006 年末，全市最大的水利工程、计划总投资 9.39 亿元的鲤鱼塘水库已累计完成 2.5 亿元，建成投产使用的水利工程 1.5 万处，治理水土流失面积 170.07 平方公里，改造低产田 7 万亩。实现退耕还林还草 33.31 万亩，全县森林覆盖率达 35.0%，造林 150 万亩，全县生态环境进一步改善。

2. 电力投资快速增长，城乡输变电能力提高。全县能源工业累计完成投资 46.41 亿元，年均递增 40.3%，其中，电力建设累计完成投资 26.86 亿元，年均递增 43.5%，2005 年 11 月白鹤电力公司二期工程 2×30 万千瓦机组先后建成投入使用。农村电网改造完成投资 1.1 亿元。到 2006 年末，全县变电站达 20 座，总容量达 202.2 兆伏安。建有 110 千伏线路 4 条，35 千伏线路 28 条，输电线路长度（含 10 千伏及以下线路）达到 15373 公里。居民人均用电量达 84 千瓦时，比 1996 年增长 3.5 倍。大规模的电力投资使开县输变电能力得到大幅度提高，缓解了电力不足对经济发展的“瓶颈”制约。

3.交通建设快速推进，“一线六射”交通骨架形成。直辖 10 年来，是开县交通历史上发展最快的 10 年，特别是万开高速路、开云路、开城路等工程的实施，使开县交通建设进入了投资额巨大、建设规模空前的新阶段。2006 年全县硬（油）化公路达到 471 公里，比“九五”末期增长 221 公里，增长 88.4%；乡镇公路水泥（油）路率达到 84%；全县第一条高速公路万开高速公路建设进展顺利，于 2006 年底建成通车。实施“百村千公里”工程，新建公路 1486 公里，全县 95%的行政村通公路，通车里程达到 8442 公里。

4.邮电通信高速增长，信息化程度提高。全县邮电通信建设累计完成投资 6.35 亿元，年均递增高达 48.6%，大大超过同期其他行业固定资产投资增速。到 2006 年全县电话交换机容量达 26.1 万门，拥有移动通信用户 26.2 万户；互联网达到 1.6 万户。

五、移民攻坚扎实推进，新城建设提质提速

开县县委、县政府始终坚持移民为先为重，坚持城迁与农安同时抓、搬迁安置与安稳致富同步走，大力实施移民攻坚，“倒计时”推进移民作业，提出了“五年任务、三年攻坚”目标，全方位推进移民搬迁安置。截至 2006 年底，已累计完成移民投资 48.26 亿元，占计划 51.41 亿元的 94%；累

计搬迁各类人口151803人，复建各类房屋403万平方米。

(一)内安外迁加快推进，安稳致富工作有序开展

坚持以农为主、以土为本、非农安置为辅，内安外迁同时抓，加快推进农村移民搬迁安置。以修建库周路为前提，以调整落实宅基地为基础，以调整承包地为根本，以整社销号为目标，加快推进农业安置；加大外迁安置力度，有序推进集镇迁建。截至2006年底，累计生产安置农村移民59915人；搬迁安置农村移民62046人(其中外迁安置农村移民29947人)；复建房屋137.02万平方米。镇安、渠口集镇搬迁基本完成，赵家、厚坝、丰乐、镇东4个集镇迁建加速推进，已累计搬迁集镇人口8787人，复建房屋16.77万平方米。156米清库全面完成。启动实施三峡库区产业发展基金项目和移民后扶项目51个，全面破解城镇移民零就业和农村移民零转移就业问题，库区整体稳定和谐。

(二)新城建设提速提质，库区一流县城轮廓初显

按照“三加快一配套一加强”的工作思路，加快推进新城建设，中吉片区功能基本完善，安康片区建设全面展开，平桥片区场平全速推进，新城总体轮廓基本形成。加快学校、医院、市场等建设，城市功能逐步配套完善；加强城市管理，大力整治交通和市场、环卫、市容市貌秩序，人居环境逐步优化。高度重视困难群体搬迁，加快纯居民住房、国有淹没破产企业职工住房和廉租住房建设，加大旧城房屋拆除力度。截至2006年底，新城建设共完成场平土石2093.5立方、拆迁农房45.34万平方米、硬化道路20.933公里、敷设管网79公里，实现了五通一平；房建开工面积278.18万平方米、复建房屋竣工面积累计223.95万平方米，搬迁人口80970人，入驻新城单位81个。

(三)工矿企业搬迁加快实施，专业设施复建基本完成

坚持以结构调整为主线，按照“两年完成、一年扫尾”的要求，积极推进工矿企业搬迁调整；按照“夯实发展基础，改善投资环境”的思路，以道路、通讯等设施建设为重点，有力推进专业设施复建。截至2006年底，已累计完成淹没工矿企业结构调整134户，复建生活用房25.26万平方米，分别占总任务的100%；已累计复建公路98.1公里，输电线路279杆公里，邮电通信292杆公里，广播电视线路586.1杆公里。

六、市场体系日趋完善 商贸流通活力增强

重庆直辖以来，开县深入推进商贸活县战略，以国有商贸企业改革、建设大市场、发展大商贸、搞活大流通为突破口，积极发展新型商贸业态，打造区域性商贸中心，有力地推动了城乡消费市场的繁荣与活跃，全县消费市场呈现“八大”亮点，基本形成了现代商贸流通新格局。

(一)国有商贸企业改革全面完成

采取改搬结合、破产重组、改制重组等多种形式，全面完成51户国有商贸企业改革，盘活变现资产2亿余元，安置职工3815人，吸收职工和社会资本4468万元，实现了商贸行业国有资本和国有职工身份双退出，形成了以个体私营等非公有制经济为主体的行业格局。

(二)社会消费品零售总额跃上新台阶

10年来，全县累计实现社会消费品零售总额204.83亿元，比直辖前10年（1987年至1996年）高1.16倍。2006年全县社会消费品零售总额达到32.84亿元，比2005年增长15.5%，是直辖前1996年的2.65倍，直辖10年年平均增长10.2%(见图5，下页)。商贸餐饮服务业已成为第三产业门类中总量最大、贡献率最高、能力最强的行业。

(三)城乡消费市场协调发展共繁荣

县委、县政府大力推进城镇化建设，打造区域商贸中心，有效地推进了城乡市场的繁荣和活跃。一是城市消费跨跃发展。城市人口的快速增加，推动了消费市场的繁荣。2006年实现县上消费品零售额13.21亿元，比2005年增长18.2%，

图 5 直辖 10 年开县社会消费品零售总额

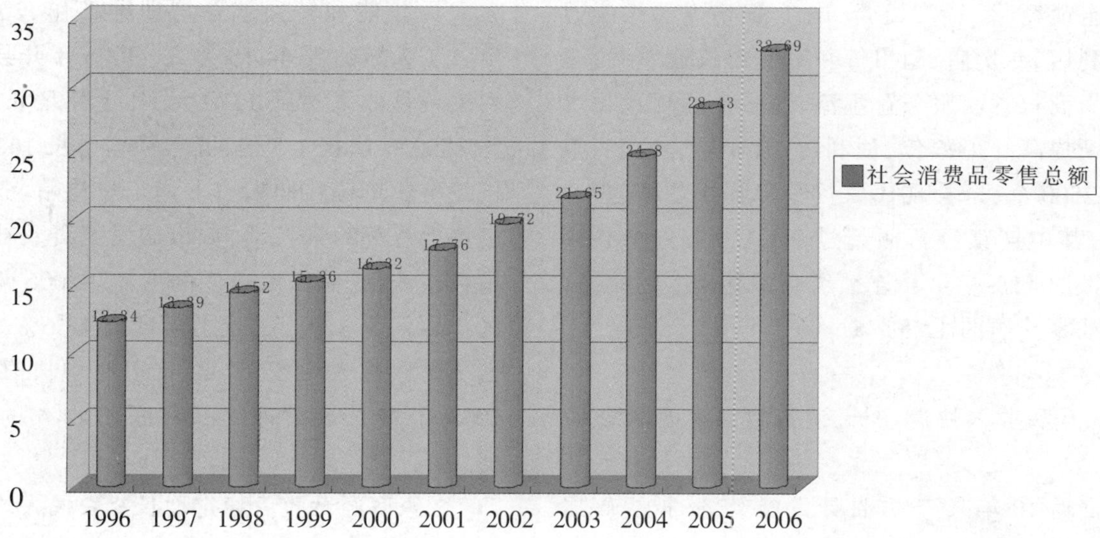

是 1996 年的 2.84 倍，直辖 10 年平均递增 11%；二是县以下消费市场活跃。随着国家一系列惠农政策的贯彻落实，农民收入较快增长，消费能力逐步提高，推动了农村消费市场的活跃。2006 年实现县以下消费品零售额 19.63 亿元，比 2005 年增长 13.8%，是 1996 年 2.53 倍，年均增长 9.7%。仅比县消费品零售额增长幅度低 1.5 个百分点。

（四）限额以上贸易企业数量成倍增长

随着投资及经营环境的不断改善，一些外地大型商品零售企业入驻开县，本地零售企业也延伸经营触角，加快商业布点步伐，使限额以上贸易企业在市场竞争中取得长足发展，规模化、集团化程度提高。开县限额以上批发零售企业已从 1996 年的 5 家发展到 2006 年的 16 家，是 1996 年的 3.2 倍。2006 年实现限额以上企业消费品零售总额 1.99 亿元，是 1996 年的 3.16 倍，其中销售收入超 1000 万元的达到 28 户，超 3000 万元的商贸企业 8 户。

（五）餐饮市场持续走高

2006 年，全县实现餐饮业零售额 4.56 亿元，比 2005 年增长 22.2%，是 1996 年 3.66 倍，年均递增 16.7%，比社会消费品零售总额年均递增速度高 5.7 个百分点，增幅持续高居消费领域各行业榜首。

（六）个体私营经济已成为消费市场的支柱

2006 年，全县实现个体私营经济社会消费品零售额在 28.4 亿元，比 2005 年增长 15.9 %，是 1996 年的 3.92 倍，年均递增 14.6% ；占全县社会消费品零售总额的比重从 1996 年的 58.7%提高到 2006 年的 86.9%，增加了 28.2 个百分点。

（七）市场体系日益完善

全县商贸餐饮服务业业户突破 1.6 万户，比 1996 年增长 1 倍。2006 年末，全县商贸服务设施总面积 120 万平方米，比 1996 年增长 1.6 倍，年均增长 11.3%；已形成的 77 个室内商品交易市场面积 34.3 万平方米，比 1996 年增长 2.2 倍，年均增长 13.8%；成交额达 11 亿元，比 1996 年增长 2.1 倍，年均增长 13.9%。建成亿元市场 2 个，其中工业品市场销售额超过 2.5 亿元，成为全市十大重点省际边贸市场之一。直辖以来，全县共改、扩、新建城乡商品交易市场 54 个共 36.2 万平方米，建成 41 个 23 万平方米，其中 2005 年建设和启动城乡商品交易市场 23 个 18.6 万平方米，建成 10 个市场 5.5 万平方米，基本消除建制镇室内市场空白。新城核心区集中规划建设占地 1000 亩、商业面积 60 多万平方米的核心商圈，香港城、大时代、新世纪等项目已开工建设 40 余万平方米，将成为库区规模最大、档次最高的核心商圈。

(八)现代商贸快速发展

连锁经营、特许经营、电子商务等现代流通和便利店、专卖店、超市等新兴业态快速发展,逐步成为商贸餐饮服务业主流,商贸流通现代化水平不断提高。2006年,便利店、专业店、专卖店等突破2500个,全县现代商贸经营服务总额达4.3亿元,其中连锁经营额超过3.1亿元,占全县社零总额的11%。全县连锁经营额达4.1亿元,占全县社零总额的12.5%。

七、居民收入快速增长,消费能力明显增强

直辖10年来,千方百计发展经济,把提高居民收入、改善居民生活质量作为着力点,努力实现了居民收入与生活水平同步提高。

(一)城乡居民收入快速增长,多元化格局基本形成

2006年农民人均纯收入达到2607元,比1996年净增1328元,平均每年增长133元,年均增幅7.4%。中央连续出台两个"1号文件"后,两年增速都超过10%。2004年农民人均纯收入达到2186元,比2003年净增335元,增长18.1%,创造了直辖以来农民人均纯收入年度最高增幅(见图6)。2006年城市居民人均可支配收入达8251元,比上年增长12.2%。

1.工资性收入成为居民收入的主要来源。把劳务经济作为县域经济发展的五大产业之一,加大农民技能和转岗就业培训等工作,2006年外出务工人数达到44.15万人。2006年开县农民人均工资性收入达到1270元,比上年增长22.0%,比2000年增长1.5倍,五年平均增长16.2%。受机关事业单位在职人员上调工作津贴、务工人员工价上涨等因素拉动,城市居民工资及补贴收入增长较快,仍是家庭收入的主体。2006年城市居民户均就业1.59人,比上年增长13.6%。居民家庭工薪收入人均5565元,比上年增长19.6%,比2003年增长39.7%,占家庭总收入的比重为65.3%。

2.家庭经营收入稳定增长。农民人均家庭经营性纯收入由2000年的864元增加到2006年的1125元,五年平均增长7.7%。随着鼓励和促进民营企业、个体私营经济发展的一系列优惠政策的全面实施,促进了城市居民家庭经营收入的快速增长。2006年城市居民家庭经营净收入1178元,比上年增长27.6%,比2003年增长1.1倍,占城市居民可支配收入的比重达14.2%,比2003年上升了5.4个百分点。

3.减负增收的政策凸现成效。"2001年取消了农民的"三提五统",2004年降低农业税率,2005年全部免征农业税,降低了农业生产成本,促进了农民收入的增加。农民人均税费支出已从2000年的45元降到2005年的0元。2004年以

图6 直辖10年开县农民人均纯收入及消费支出

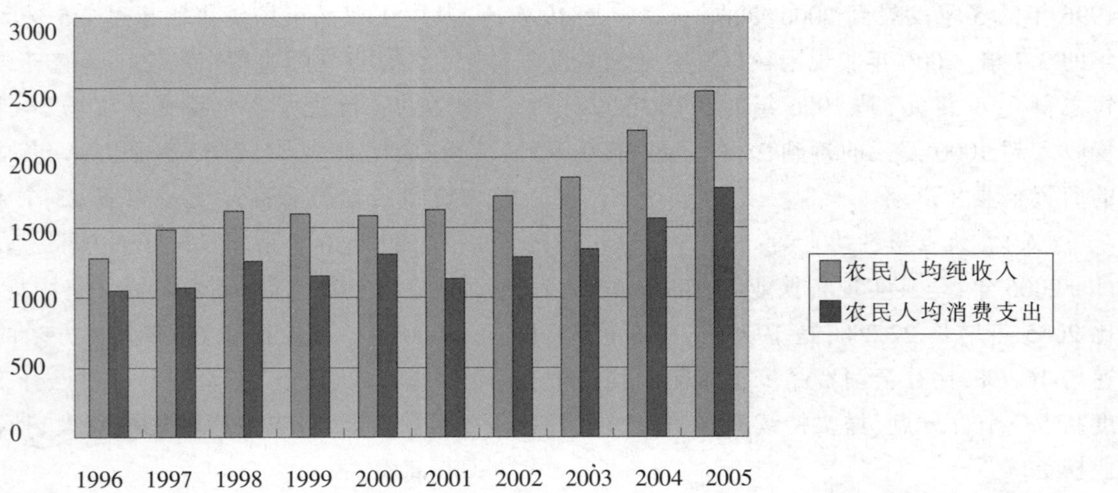

来,实施"两免一补"政策,共减免学杂费等2532万元。

4.直补政策让农民获得更多实惠。以政策性收入为主要内容的转移性收入增长成为农民增收的又一推动力。2006年农民人均转移性收入273元,比2000年净增52元,5年平均增长3.6%。

5.收入货币化程度提高。2006年农民人均现金纯收入占全年纯收入的比重达到74.8%,比2000年提高17.5个百分点。

(二)居民生活环境改善,生活质量明显提高

2006年农民人均生活消费支出1878元,比1996年增加779元,年均增长5.5%(见图6)。2005年,城镇居民人均消费支出6470元,比2003年增长1927元,年均增长12.5%。

1.恩格尔系数逐年下降。2006年,农村居民人均用于食品消费支出为944元,占生活消费的比重(即恩格尔系数)为50.2%,比1996年下降11.3个百分点。

2.衣着消费档次逐步提高。2006年农民人均衣着消费支出90元,占生活消费比重为4.8%,比1996年净增28元,年均增长3.8%。城镇居民购买服装、鞋类的档次和数量均不断提高,高收入家庭购买高档品牌服装增多。2006年城市居民人均衣着消费支出856元,比上年增长9.6%。其中,用于购买服装的支出658元,比2003年增长28.0%;用于购买鞋类的支出为174元,比2003年增长59.6%。

3.居住环境较大改善。2006年农民人均居住消费支出为241元,占生活消费比重为11.8%,比1996年增加55元,年均增长3.4%。人均住户面积达到了39.4平方米,比1996年增长76.7%,年均增长5.9%。平坝地区、城镇附近的农民家庭住房及内部装饰向着宽敞明亮的现代化生活居室发展。2006年城镇居民人均住房消费903元,比上年增长42.4%,比2003年增长1.04倍,平均每年递增26.8%。城镇居民人均住房使用面积已达24.2平方米。

4.家庭耐用消费品成倍增加。2006年开县农民人均用于家庭设备用品服务支出83元,比1996年增加28元,增长52.8%。农村平均每百户住户拥有彩色电视机79台,比1996年增长4.8倍;固定电话机59.7部,比1996年增长7.4倍;移动电话从无到有达到56部;洗衣机从无到有达到18台。电脑、彩电、消毒柜、排油烟机、饮水机等高中档耐用消费品进入普通百姓家。到2006年末,百户城市居民彩电118台、空调126台、固定电话96部、移动电话124部。每百户居民已拥有消毒柜28台,排油烟机40台,饮水机48台,电脑24台,分别比上年增长16.7%、持平、33.3%、9.1%。拥有电脑户90%以上开通了英特网。

5.文化教育娱乐消费升级。2006年农民人均文化教育娱乐消费支出181元,占生活消费比重为9.6%,比2000年增长28.4%。农村居民电视机普及率达到80%。农民人均学杂费支出118元,比2000年下降16元,下降11.9%。2006年城市居民人均教育文化娱乐服务支出718元,比2003年增长75.1%,年均递增20.5%。其中教育支出比2003年增长86.3%,年均递增22.5%。

6.医疗保健逐步引起居民重视。农村"小病拖,大病挨,重病才往医院抬"的现象有所改观。2006年农民人均医疗保健费用支出达到185元,占生活消费比重为9.9%,比1996年增5.97倍。2006年城镇居民人均医疗保健支出为443元,比2003年增长73.4%,年均增长20.1%。

八、财政收入快速增长,金融规模迅速扩大

直辖以来,县委、县政府采取有效措施,大力培育重点产业,促进了财政收入的快速增长,金融运行环境不断改善。

(一)财政收入快速增长

2006年全县实现地方财政收入3.02亿元,比1996年增长2.0倍,年均增长11.7%。直辖以来累计实现地方财政收入17.67亿元,比直辖前10年净增12.03亿元。

(二)金融总量持续扩张

2006年末,全县金融机构各项存款余额110.25亿元,比1996年末增长7.5倍,年平均增长23.9%。其中企业存款15.81亿元,比1996年增长5.9倍,年均增长21.4%;储蓄存款余额81.49亿元,比1996年增长6.9倍,年均增长22.9%。2006年末各项贷款余额19.91亿元,比1996增长41.4%,年平均增长3.5%。其中短期贷款17.40亿元,比1996年增长64.6%,年均增长5.1%。

(三)信贷结构调整逐步到位

2006年末工业贷款1.68亿元,占比11.9%,比1996年上升4.2个百分点;商业贷款1.78亿元元,占比8.9%,比1996年下降16个百分点;农业贷款11.77亿元,占比59.1%,比1996年提高32.5个百分点;私营个体贷款0.99亿元,占比5.0%,比1996年提高3.0个百分点。

九、对外开放力度加大,招商引资成效明显

开县以招商引资为重点,着力营造"大开放、大招商、大发展"的浓厚氛围。通过招商引资,共引进市外国内项目363个,其中1000万元以上的工业项目15个,100万元以上的工业项目7个,总投资达到25亿元,直接吸纳本地就业人口15113人,约占全县城镇从业人员的4%,为缓解开县就业压力和安置移民起到了十分重要的作用。对外贸易快速增长,外贸进出口总额累计实现4646万美元,年均增长14.3%。先后与·20多个省市建立了良好的经贸合作关系,出口商品结构不断调整和优化,粮油、肉食、柑桔等农产品成为开县主要出口产品,大多数外商投资企业在开县都获得了良好的经济效益。

十、对开县未来的展望

(一)全面完成移民、扶贫攻坚任务

完成国家下达的移民投资、搬迁安置、功能复建任务,确保三峡水库175米按期蓄水,努力实现"搬得出,安得稳,逐步能致富"的移民开发目标。基本解决7.1万绝对贫困人口的温饱,稳定提高17万相对贫困人口的脱贫致富,贫困发生率控制在3%以下;贫困村农民人均纯收入达到1950元。贫困地区交通、教育、广播电视、卫生、人畜饮水、基本农田、基层组织建设达到市级建设标准。

(二)建成渝东北商贸中心基本框架、生态型中等城市

到2010年,建成面积30平方公里、常住人口25万的"山水园林风格、滨湖城市风貌、帅乡文化品位"的生态型中等城市;全县常住人口城镇化率达到40%,平均增长8.0%,城镇功能配套,设施健全,环境优美,人居舒适,富有特色。建成一批生态示范、人居环境模范社区,努力创建国家级、市级文明卫生城市。商贸流通载体趋于完善,流通体系逐步健全,消费能力增强,建成渝东北商贸中心基本框架。

(三)社会主义新农村建设取得阶段成果

到2010年,全县农业增加值达到24.0亿元,粮食产量稳定在59万吨;农村机械化水平达到16%,信息服务网络覆盖(到村)率达到90%以上;农民人均受教育年限达到7.4年,2010年农村新型合作医疗基本覆盖农村居民,农村养老保险覆盖率逐步提高;恩格尔系数下降到40%以下;农民饮用安全卫生水普及率达到73%,农村面源污染治理率达到14.3%;农村小康实现程度达到38%。

(四)新型工业化发展迈出新步伐

到2010年,全县工业经济总量达到123亿元,工业增加值达到40亿元,重点产业增加值占工业增加值80%以上。高新技术产品产值占工业总产值的20%以上。全员劳动生产率达到4万元/(人·年);工业经济效益综合指标达到120以上。

(五)跨入重庆经济强县行列

预期开县生产总值平均增长速度为12.3%,到2010年达到135亿元,人均地方生产总值突破1000美元。三次产业结构比调整为18:46:36。固定资产投资平均增长16%,2010年达到90亿元,投资总量达到300亿元。社会消费品零售总

额达到52亿元,平均增长12.9%。地方财政收入平均增长15.2%,到2010年达到4.8亿元。城镇居民人均可支配收入平均增长9.5%,到2010年达到11600元,农村居民人均纯收入平均增长10%,到2010年达到3960元。

(六)资源节约型和环境友好型社会建设取得新突破

到2010年,循环经济占工业经济总量的35%,综合利用率达到90%;工业废水排放达标率、废气处理率和固体废物综合利用率进一步提升。生态环境全面好转,水土流失面控制在50%以内,森林覆盖率达到40%,空气良好达到320天/年,流域水质达到II类标准。

(七)社会发展与社会和谐取得明显进步

高质量、高水平普及九年制义务教育,基本普及高中阶段教育,人均受教育年限达到8年。就业岗位持续增加,城镇登记失业率控制在5%以内,社会保障体系更加完善健全。人口出生率控制在10.0‰以内。城乡居民生活质量普遍提高,物价水平保持基本稳定,居住、交通、教育、文化、卫生和环境等方面的条件有较大改善,人均期望寿命达到72.5年。民主法制建设和精神文明建设取得新进展,社会治安和安全生产状况明显好转。构建和谐社会取得新进步。

注:本文数据出自开县统计年鉴和县级部门

执笔人:胡天辉 刘衍文

云阳县

云阳位于重庆市东北部的三峡库区腹心,地处万州、云阳、开县、奉节4个连片百万人口大县(区)的中心,是三峡库区生态经济区沿江经济走廊承东启西、南引北联的重要枢纽,西距重庆主城区约300公里,东距湖北宜昌约260公里,相距万州五桥飞机场、万州火车站约40公里,正在修建的沪蓉高速公路横贯境内73公里,长江穿越县境68公里,彭溪河、汤溪河、长滩河、磨刀溪四条支流纵横切割,三峡成库后的地理概貌为“一江四河六大块”。全县幅员面积3649平方公里,辖43个乡镇,人口129万。县情特点是:人口大县—是重庆市8个人口超过百万的区县(市)之一;移民大县—兴建三峡工程,全县须动迁16万人,综合实物淹没指标占整个库区的1/8。是国定贫困县、国家扶贫开发工作重点县。

重庆直辖以来,县委、县政府坚持以发展为第一要务、以创新为第一动力、以环境为第一要素,以招商为第一手段,坚持以科学发展观为指导,坚持“全面、协调、可持续”和“能快则快尽量快”的原则,紧紧围绕移民、扶贫、发展、稳定“四大任务”,抢抓移民迁建、西部大开发、对口支援、地灾治理和生态环境建设等机遇,推进移民迁建、企业改革、基础设施建设、农业产业化“四大高峰”,实施城镇化、农业产业化、新型工业化、以交通为主的基础设施建设、以旅游和服务业为主的第三产业“五大战略”,打造诚信云阳、文明云阳、开放云阳、平安云阳,全县经济社会发展呈现出可喜的势头:GDP由1996年的16.73亿元增加到2006年的46.68亿元,年均递增9.9%(见图1,下页);其中,农业总产值增长31.3%,年均递增2.8%;工业总产值增长141.1%,年均递增9.2%;三次产业结构比由54.2:27.3:18.5调整到31.3:31.5:37.2。2006年社会消费品零售总额达到35.24亿元,是1996年的3倍。2006年固定资产投资35.24亿元,年均增长190%。2006年全口径财政收入2.574亿元,年均增长9.9%。

图1 1996—2006年云阳县GDP增长情况　　单位:亿元

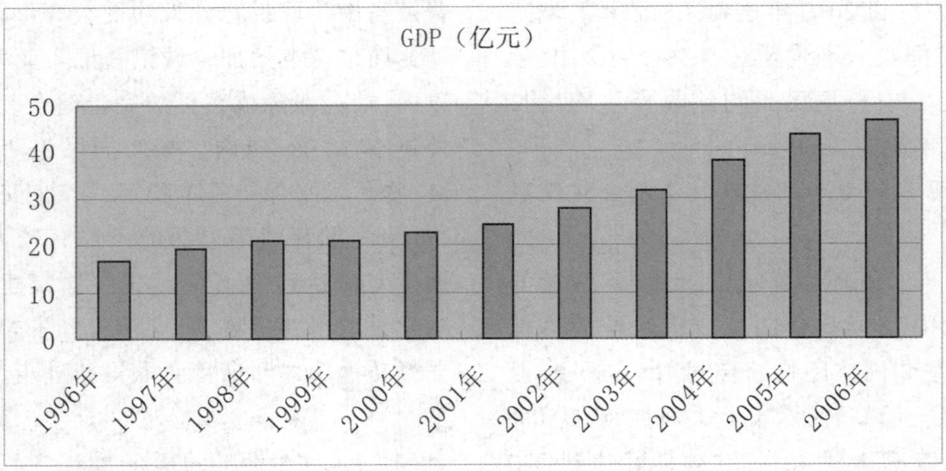

一、十年移民　风雨兼程

直辖10年，是云阳移民工作决战决胜的10年。作为库区第一移民大县，全县淹没面积近124平方公里，动迁人口16万，综合实物淹没指标占重庆市的八分之一。面对历史的选择，百万云阳人民义无反顾地踏上了破解三峡移民这道“世界级难题”的漫漫征程。

(一)为先为重，以超常的力度推进移民工作

始终把移民工作摆在全县工作的首位，确保移民工程无障碍。县“四大家”领导班子精诚团结、和衷共济，坚持科学决策、民主决策，根据不同时期、不同任务，制定了有前瞻性的工作思路和切实可行的工作措施。特别是1999年5月国务院三峡移民工作会议召开后，全县26名县级领导、28个县属帮迁部门的人员分别进驻联系点，掀起二期清库的百日战役。县委、县政府主要领导和分管领导身先士卒，率先垂范，亲自督战移民搬迁安置和清库工作，从来没有休息过星期天和节假日，长年奋战在移民任务最艰巨、工作难度最大、移民矛盾最突出的工作前沿。全县2000多名党员干部夜以继日地奋战在清库一线，以超常的力度和超常的速度，使全县的移民搬迁安置和清库工作快速、平稳推进。

(二)整体推进，移民任务圆满完成

1.移民安置圆满完成。完成外迁安置4.37万人，超过重庆库区外迁任务的四分之一，其中集中外迁安置3.93万人，安置涉及5个省市23个县市、308个乡镇。外迁移民对接、建房、搬迁等工作年年走在库区前列，实现了“一个不伤、一个不掉、一个不亡和安全事故为零”的目标。累计完成移民投资59.35亿元，迁移15.76万人(其中三线5.04万人)，补偿复建各类房屋444.57万平方米，复建特大型桥梁6座、一般大桥27座、道路195千米、35千伏变电站5座。二、三期移民工作顺利通过国家验收，五个单项(农村移民安置、县城迁建、集镇迁建、工矿企业迁建、专业设施复建)全部名列库区第一，赢得“库区移民看云阳”的普遍赞誉。

2.库区产业基金项目稳步实施。全县获批三峡库区产业基金项目共17个，项目总投资7亿元，累计下达基金4202万元。其中投产项目2个，总投资5433万元，使用产业基金402万元，到2006年底实现销售收入1899万元，实现利税148.4万元，新增就业岗位293个，其中安置移民87人。

3.库周绿化带建设进展顺利。云阳县被团中央、国务院三峡办等五部委确定为三峡库区唯一的水库周边绿化带示范区，2005年4月成功举行三峡库区水库周边绿化暨美化新三峡启动仪式。累计完成库周绿化造林3.2万亩，其中示范区Ⅰ段分2004年冬、2005年秋、2006年春3个批次采取招标方式完成造林绿化6100亩，示范

区Ⅱ段已招投标实施重点段造林绿化3600亩，高标准、高质量完成纪念园造林300亩。

4.移民后期扶持成效显著。累计实施移民后期扶持项目161个，受益移民达2万人，完成移民就业和劳务输出5459人，新增城镇移民就业2859人，444户移民家庭“零就业”问题已全部解决。三峡水库管理工作全面启动，在库区率先设立了三峡水库综合管理机构，建立联席会议制度，水质监测、巡库执法等日常管理全面开展，156米水位蓄水后，饮用水源地水质无明显变化，未出现异常滑坡、地震等地质灾害现象。强化依法移民，规范信访程序，妥善处理企业改制、高阳“依法后靠、依法外迁”人员问题和委派移民会计问题等问题，没有出现危及全局的大规模上访事件，库区移民基本保持稳定。

(三)严格管理，移民工程整体质量良好

1.加强移民资金管理。牢固树立“双包干”和“移民资金是高压线”的思想，坚持“统一计划、分级管理、责权结合、专款专用”的原则，制定了移民资金管理责任制，实行一支笔审签，严把移民资金的使用和拨付关。建立移民监管网络，始终把移民资金放在监管工作的突出位置，定期组织专项审计和监督检查，确保了移民资金的安全有效运行。

2.加强移民工程质量安全管理。建立行业主管部门、主管地区行政领导责任制、参建单位工程质量领导责任制、项目法人责任制、质量终身责任制。在施工建设中，严格实行招投标制、合同制、监理制和竣工验收制，规范建筑市场的管理。着力抓好地质灾害的治理工作，对建成的移民工程项目认真排查隐患，确保移民安全入住。

3.加强移民档案管理，坚持移民档案收集整理与移民搬迁建设同步，坚持分级负责、分级管理，狠抓移民档案管理升级达标和声像资料的留取，确保了移民档案完整、安全。

(四)与时俱进，积极探索有云阳特色的移民工作路子

坚持解放思想，实事求是，与时俱进，创造性地开展工作，努力探索适合云阳县情的移民工作路子。云阳是重庆库区第一个集中外迁安置试点县，4.32万人的外迁安置成为库区之最，为库区外迁工作探索了成功经验；县“四大家”及县直机关的组合搬迁，节约了土地和资金，成为重庆库区组合搬迁的典范；纯居民联户自建和“强势带弱势”的办法，有效解决了城镇居民搬迁的难题，确保了二线贫困居民的按时搬迁，纯居民搬迁工作走在库区前列；“依据移民政策，严格四证，区别对待，合理补助”的工作思路，有效解决了居民门面还房的问题，维护了社会稳定。

二、以农为本 惠泽百姓

紧紧围绕“稳粮增收调结构，脱贫致富奔小康”的农村经济发展战略，加快生态经济强县和农村小康社会建设，农业和农村经济取得丰硕成果。

(一)农村综合经济实力显著增强

直辖10年来，云阳农业和农村经济经受住禽流感等重大动物疫病及各种自然灾害的严峻考验，农、林、牧、渔业及乡镇企业全面发展，粮食、肉类、果品、蔬菜、油料等农产品产量大幅增长。1996年，全县实现农业总产值14.03亿元，粮食总产量44.23万吨，乡镇企业总产值达到1.69亿元，1998年全县实现整体越温达标。2006年，全县实现农业总产值22.66亿元，农业增加值14.62亿元，分别是1996年的1.53倍和1.57倍；畜牧业总产值达10.5亿元，乡镇企业总产值2.25亿元，粮食总产量40.48万吨，农民人均纯收入2337元(见表1，下页)。

(二)农业农村经济结构进一步优化

围绕“135”结构调整战略和“两区六带”建设，全面加大农业产业结构调整力度，农业区域布局更加明晰，农村产业结构实现优化升级。

1999年初，县委县政府提出“135”农业农村经济结构调整战略。即明确“一个定位”：把全县农业发展目标定位为生态高效农业；狠抓“三大工程”：以水利为重点的农田水利基本建设工程，以产业化扶贫为重点的扶贫工程，以退耕还林还

表1 1996—2006年云阳农村综合经济指标一览表　单位:万元、吨、元

项目 年份	农　业 总产值	农　业 增加值	乡镇企业 总产值	畜牧业 总产值	粮　食 总产量	农民人均 纯收入
1996	140337	90621	16915	53713	442359	1243
1997	152225	97289	191481	61401	448658	1445
1998	157266	100808	65051	64711	467500	1574
1999	147240	93076	82787	59842	469838	1482
2000	150878	95682	100214	64753	467583	1495
2001	150865	95850	118167	66699	439060	1446
2002	156978	99949	135321	68748	449644	1553
2003	163411	104174	148126	72410	423466	1684
2004	199404	126589	166880	96901	438818	1974
2005	210827	137364	195250	100383	443796	2223
2006	226600	146200	225000	105000	404800	2337

草为重点的生态环境建设工程;突出“五大支柱产业”:完成生猪品改100万头,以山羊、奶牛为主的草食牲畜发展到100万只,以笋材两用竹和中药材为主的生态经济林发展到100万亩,以枇杷、脐橙为主的优质水果发展到10万吨,蚕茧发展到10万担。在“135”战略基础上,县委县政府于2003年提出了“两区六带”规划。“两区”即四十八槽综合扶贫开发示范区和七曜山生态旅游扶贫开发区。“六带”即长江流域和磨刀溪流域优质柑桔产业带,汤溪河流域优质油料产业带,澎溪河流域生态旅游高效农业带,院庄、凤鸣、宝坪、水磨、南溪、长洪、青山等乡镇蚕桑产业带,高山草食牲畜、干果、药材产业带,城郊农业综合开发带。到2006年底,全县生猪出栏88.46万头、存栏84.01万头,山羊和牛出栏58.42万只、存栏45.01万只,退耕还林108.73万亩,建立速丰林、能源林种苗基地2035亩,水果产量6.88万吨,蚕茧882.9吨。

(三)农业产业化经营步伐加快

按照“谁有本事谁牵头,谁当龙头扶持谁”的思路,引导培育扶持农业产业化龙头企业,私营业主、个体老板积极参与农产品基地建设及加工、贮存、保鲜、运销业,加快农业产业化进程。2003年,北京汇源集团、万州博汇农业发展有限公司等投资建设黄石柑橘园区134公顷,云阳江口植物油厂、云阳江南炼油厂等企业成为黄籽油菜开发业主。光德纺织有限公司、三峡云海药业、发贸公司被重庆市农业产业化办公室批准为农业产业化百万工程龙头企业。到2006年,全县农业产业化龙头企业达26家,农民专业合作经济组织71个,农产品行业协会2个。荣获国家林业局“油桐之乡”称号;县科扶牧业有限公司引进培育的“洋三元”良种猪获国家农业部无公害种猪和商品猪产地认证。“巴阳峡”牌纽荷尔脐橙、“金三峡”牌黑白山羊、云阳“相思茶”、“鹭鸯”牌优质大米、“重友”牌系列饮品等产品获得市级名牌农产品称号,中韵牧业、相思茶叶等5家企业成功通过重庆市无公害农产品产地认证。龙头企业带动发展了柑橘1600公顷、茶叶267公顷、蚕桑4000公顷、油菜2400公顷、中药材667公顷、蔬菜500公顷。

(四)农业基础设施建设稳步推进

坚持山、水、林、田、路综合治理,农田水利基本建设取得显著成效,农业基础设施日趋完善,连续多年被重庆市评为一等奖。1996年,全县没有中型以上水库,仅有小(一)型水库14座、小(二)型水库127座。直辖后,新建了中型水库1座——咸池水库,小(一)型水库1座,小(二)型水库5座,由山湾塘扩建成小(二)型水库1座。到2006年底,全县共有水库149座,其中中型水库1座,小(一)型水库15座,小(二)型水库133座,山平塘7443口,总蓄水量达到9060万立方

米,有效灌面15733.34公顷。梅峰水利工程建设和小江大灌区项目、小水电代燃料项目、农村小水电脱贫解困工程和新县城堤防工程的项目规划、可研、立项等前期工作顺利推进。实施水保项目33个,治理小流域9条,治理水土流失561.73平方公里。兴建人饮工程1488处,建成和改造场镇供水站62座,解决了8.4万人、8.8万头牲畜的饮水困难。全县有62个场镇及农村村社的17.96万人饮上了清洁卫生的自来水。

直辖10年,云阳林业飞速发展。1996年,全县森林资源覆盖率仅18.9%。2000年,云阳开始实施退耕还林工程,2004年被国家确定为三峡水库周边绿化带建设示范区。经过努力,到2006年,全县累计实施退耕还林工程108.73万亩,完成库周绿化工程11.1万亩,实施天然林保护工程129万亩,林业用地增加到268万亩,森林资源达到169万亩,森林覆盖率上升到30.99%,10年时间提高了12个百分点,跃升为重庆市第6大森林资源县,多次夺得重庆市造林工作“绿化杯”。2005年4月,全国“美化新三峡,保护母亲河”誓师大会暨三峡水库周边绿化带示范区建设启动仪式在云阳成功举行。

(五)扶贫开发成绩喜人

云阳是全国592个国家级贫困县之一。1994年,全县有特困乡镇15个、特困村200个,特困户49762户、绝对贫困人口349863人,分别占当年农户总数和总人口的15.6%、32.5%。直辖后,坚持“连片开发、综合治理、产业带动、整体推进”的思路,大力实施开发式扶贫,贫困地区的生产生活条件逐步改善,贫困农民的生活水平不断提高。到1998年,稳定了35万贫困人口的温饱问题,解决了215个村的交通困难和1304户的居住困难,扫除文盲6万余人,贫困户年人均收入超过500元、人均占有粮食400公斤以上,全县实现成建制越温达标。1999—2005年,全县巩固、解决了贫困户温饱17万余人,新修、整治乡村公路2294.5公里,解决和改造贫困户住房1632户,启动整村推进特困村建设174个,完成易地扶贫新村建设4个,实用技术培训10.4万人次,贫困户年人均收入突破千元大关。2000年9月,全市扶贫开发现场会在云阳举办,2005年11月15日—16日,全国整村推进扶贫开发经验交流现场会在云阳召开。1998—2000年,云阳连续3年获市扶贫工作一等奖,2002—2004年,云阳连续3年获市扶贫工作特等奖。到2006年底,贫困户年人均收入超过1700元,全县绝对贫困人口下降到3.53万人,比直辖前减少31万余人。

三、工业奋起 浴火重生

10年来,全县上下坚持科学发展观,团结一心,迎难而上,知难而进,锐意进取,负重前行,工业经济发展成绩斐然。2006年,全县完成工业总产值19.0亿元、增加值8.08亿元,均同比增长22%以上,22户规模以上工业企业完成主营业务收入5.48亿元、增加值1.85亿元,同比增长分别为37%、23%,规模以上工业企业应交增值税金达3082万元。

(一)企业改革如凤凰涅槃

强力推进以产权制度改革为核心的企业改革。经过10年的克难攻坚,全县142户国有、集体企业的改革任务基本完成,建立了以多元化投资为主体的现代企业运行机制,民营经济成为全县工业经济发展的主体。

(二)企业移民搬迁与结构调整

大力实施企业移民搬迁和结构调整,企业的所有制结构、产业产品结构发生了深刻变化。全县181家淹没工矿企业,实施迁建57家,破产关闭124家,已补偿终结销号180家,占99%,100%通过二、三期移民终验。通过移民搬迁,淘汰26个污染重、亏损大的企业,壮大了药品、食醋、服装、绢丝、曲轴、化工等一批骨干产业。

(三)全力维护企业和职工的合法权益

始终把帮助企业解决改革和发展中的问题和困难放在首位,妥善处理改革、发展、稳定的关系,解决了企业的遗留问题。据统计,全县企业职工与原企业终止劳动合同关系的共2万余人，其中与改制后新企业重新签订劳动合同的4000多人。

(四)工业经济发展思路进一步理清

坚持走“工业强县”之路，立足现有资源优势和产业基础，建立“部门围绕园区转、园区围绕项目转”的工作机制，利用特色矿产资源、特色农副产品资源、标准厂房及新城闲置房产资源，着力打造新材料产业、特色农副产品加工业、机械轻纺为主的轻工业。结合工业发展的优势条件、机遇和资源特色，制定全县工业经济发展“十一五”规划。

(五)工业园区建设加快

特色工业园区建设步伐加快，入园企业累计达16户(投产7户，在建4户，签约5户)；累计合同引进资金435400万元，累计完成各项投资33300万元；实现工业产值10930万元，税收720万元，安置就业人员1200人，成为重庆市30个特色工业园区之一。

(六)强力推进重点工业项目

通过强力推进重点工业项目，工业经济呈现出新的亮点。总装机容量2.5万千瓦、工程总投资1.54亿元、年发电量7600万千瓦时的门坎滩水电站已开工建设。重庆市锦艺硅材料开发有限公司，计划在5年内累计投资28.6亿元，在云阳开发建设年产20万吨高纯超细硅微粉、5000吨球型硅微粉、2000吨多晶硅生产线，全部建成后可实现年销售收入20.2亿元。太湖绢麻纺织有限公司将把苏州本部的10080纺绽绢纺能力和8800绪自动缫丝能力全部转移到云阳，全部运行后，可实现年销售收入2.74亿元、利税4000万元，新增就业岗位1879个。超亿服装公司已完成扩产技改，年生产能力已达50万套(件)。重庆旭恒橡胶制品有限公司年产900万条摩托车轮胎项目总投资4300万元，于2006年12月20日正式破土动工建设。重庆万能木业有限公司年产10万立方米中密度纤维板项目总投资13850万元，于2006年12月29日破土动工建设，可望在2007年内建成投入试生产。一口鲜实业有限公司建设的年产2.5万吨特色牛羊肉制品项目累计完成投资2960万元，可望2007年初建成投入试生产。重庆冠军化工有限公司建设的电子陶瓷级高纯碳酸钡技改项目于2006年10月建成，产品已正式投放市场。

四、商贸流通 蒸蒸日上

2006年全县社会消费品零售总额达到20亿元以上，同比增长15%以上，副食品工业实现销售收入3000万元，外贸出口达到60万美元。全县流通业就业人员达到3万人，占全社会的15%左右，在非农行业中居第一位，“十五”期间年均新增1500人，占全社会新增就业人员的50%以上，商贸流通税收已占全县税收总收入的30%以上。截至2006年，全县商业设施面积达60万平方米以上，比“九五”期末增加30余万平方米，翻了一番以上。全县已形成以县城为中心，以重点中心镇为骨架，以边贸乡镇为窗口，以一般乡镇为基础的市场网络体系。尤其是以新县城商贸中心建设为主的市场体系建设发展迅猛。新县城商业门面达1万余个，营业设施面积达40万平方米，新世纪百货、重百等知名商贸企业相继入驻，云江大道检察院至云阳中学地段“休闲购物美食一条街”已基本形成。以腾龙商贸、银河家电等为龙头的私营企业迅速崛起，成为新城商贸流通业的主力军。按照社会主义新农村建设要求，积极推进“双建工程”建设并取得显著的成绩，县腾龙商贸有限公司被纳入全市7户“双建工程”连锁试点企业之一。

五、改善环境 搭建平台

狠抓以交通为主的基础设施建设，发展环境进一步改善。

(一)畅通乡镇，构建方便快捷交通运输体系

10年间，全县先后三次掀起交通建设高潮。1996年，确立“打通出口，改造骨架，畅通乡镇，完善网络”的交通发展思路，集中力量抓公路建设。1997年11月，云(阳)江(口)公路云阳镇至水市段改造工程完工，结束了云阳无路面硬化公

路的历史。此后,陆续开工建设云江路水市至江口段改造工程、云(阳)万(州)路、双(江)白(水滩)路等工程。到2000年末,全县公路里程达到4000千米。2001—2003年,实施交通建设“三大年”计划(即2001年为攻坚年,2002年为决战年,2003年为决胜年),云阳公路建设进入快速发展阶段。先后建成双(江)故(陵)路、故(陵)峰(云峰)路、长江大桥,改建渝巴(东)路、渝巫路江口至沙市段等,移民复建乌洋溪大桥、新津口大桥、小江大桥等大桥。2003年初,县委、县政府提出“打通出口、改造骨架、提高质量、形成网络、水陆并举、全面发展”的交通建设思路,确定“四横三纵两循环一中心”的公路建设目标,构建以新县城为中心的交通网络。先后开工建设云开(县)路、云利(川)路、关(市)莲(花)路,启动“两小时云阳”通乡公路改造工程,开工建设渝宜(昌)高速公路云阳段、万开高速公路云阳段,掀起云阳公路建设的第三次高潮。至2006年底,全县公路总里程达到6488千米,以县城为中心、江口为次中心、各集镇为结点的公路交通网络初步形成。

(二)推动电源和电网建设,搭建经济发展能源平台

截止2006年底,全县电力装机突破5万千瓦。装机容量3750千瓦、投资2500万元的华能电站竣工投产。装机2.5万千瓦、投资1.6亿元的门坎滩电站和装机容量1万千瓦、投资8000万元的沙市水电站建设顺利。水利部小水电脱贫解困试点县项目,投资640万元、装机1000千瓦的南溪富云脱贫解困电站已于2005年7月开工建设,预计2007年底完工。全县重点水能资源开发项目装机12万千瓦、静态总投资10.8亿元的盖下坝电站完成前期工作,将于2007年开工建设。先后完成电气化县电网建设、“农村电网”改造、西部农网改造和“户户通电”工程,完成投资3.6亿元。

(三)提高资源利用率,让人民群众用上清洁能源

截至2006年,已开发天然气井2座,配产能力9.5万立方,正在钻探天然气井1座,配产能力4—5万立方。列入计划待建储气站一座,储气量1.5万立方。建成输气管线3条,云(阳)万(州)管线55公里(直径159毫米),云(阳)—奉(节)—巫(山)管线120公里(直径133毫米),黄石—新县城管线14公里(直径108毫米)。发展民用气25000余万户,工业用气5户,工业日用气量5.1万立方。建成投产加气站1座,日加气1.5万立方。

同时,借移民搬迁机遇,狠抓港口、码头、车站复建,实施“加密电视村村通”和“广播电视村村通”等工程,电力、通讯、广播电视、供水、供气等基础设施条件大为改观;推进城镇化和旅游服务设施建设,投资硬环境得到较大改善。

六、城镇建设　日新月异

云阳抓住移民迁建这一千载难逢的历史机遇,坚持可持续发展和有序推进原则,大力实施城镇化战略,城镇面貌日新月异。到2006年,全县城镇建成区面积23.27平方公里,城镇人口36.7万人,城镇化率上升到28.81%。

(一)移民新城璀璨夺目

云阳新县城位于县境西北部长江北岸双江镇,南临长江、西依小江,三面环水,由原云阳镇、双江镇、云安镇组合搬迁而成,规划移民迁建用地5.52平方公里,迁移人口7万人,城市规划用地15.5平方公里,是三峡库区移民人口最多、迁建规模最大、搬迁距离最远的移民县城。

始终坚持科学规划,量力而行,优化方案,分步实施,建管并重,积极有序组织新县城建设,1993年3月,新县城第一条道路大雁路破土动工,1995年开始大规模建设。

1999年9月28日,县委、县人大、县政府、县政协及61家县直机关搬迁到新县城办公,成为三峡重庆库区第一个搬迁的县城。2000年5月以来,在城市建设上,我们更加注重整体规划和单体风貌设计,突出山脊线、水际线、城市轮廓线,使城市格调与山水和谐相融;坚持“道路硬化、街道绿化、空气净化、灯饰亮化、城市美化”和

"天上无明线、地上无裸土、楼道无灰桶、江边无污水、单位无围墙、全城无烟囱"的要求。实施畅通、绿化、配套"三大工程"和滨江公园、两江广场、体育场、龙脊岭文化旅游长廊、长江大桥等新县城建设的"五篇大文章"。至2003年底,基本完成县城及云安、双江两镇整体搬迁,新县城建成区面积达8.5平方公里,入住居民13万人。

十多年来,云阳新县城建设累计完成投资40多亿元。建成道路48公里,硬化道路38.7公里,安装道路路灯42公里,先后建成双江大桥和云阳长江大桥,建成天然气站1座,水厂2座,输变电站3座,安装固定电话、小灵通34000门,加密电视网能传输全国各地33套节目。250余个单位及2500余户居民建房400多万平方米。建成1.6万平方米的群益广场、2.7万平方米杏家湾广场、2.5万平方米的两江广场、2万平方米的民德广场,种植行道树15000余株,绿化覆盖率达37.2%,人均公共绿地面积6.8平方米。完成排水管道62公里,建成日处理3万吨的污水处理厂、日处理150吨的垃圾处理场。随着学校、医院、金融、商贸企业相继迁入,已建成新世纪百货、重百云阳休闲购物广场等10多个各类大型商场,一个功能齐全、环境优美、交通方便、经济繁荣的现代化移民新城基本建成,云阳新县城先后被命名为中国优秀旅游城区、市级山水园林城市、市级市级卫生县城,赢得了"重庆移民看云阳"的美誉。吴邦国、温家宝、贾庆林、曾庆红、李铁映、曾培炎、回良玉、贺国强、李鹏、乔石、尉建行、何鲁丽、邹家华、杨汝岱等党和国家领导人,三峡建委及重庆市的各级领导先后到云阳新县城视察、指导工作。全国各地先后有1000多批次、3万余人次到云阳新县城参观考察。

2003年召开的中共云阳县第十一次党代会确定了新县城建设"三步走"的战略目标:第一步,用2至3年的时间,完成小县城向小城市的过渡,基本建成"山水园林城市"。第二步,用3至5年时间,争创人居环境奖,期间不断强化功能小区和城市景观、绿化建设,特别注重建筑风格和人居环境,倡导卫生、环保、文明的现代城市新生活。第三步,用5至10年时间,逐步把新县城建成国际性旅游城市,成为名副其实的中国移民新城,城市整体实力显现,县城城区人口突破25万。按照这一发展思路,2005年5月,中科院、建设部山地城镇与区域环境研究中心、重庆大学城市规划与设计研究院共同编制了云阳新县城总体规划,新的规划区面积为137.87平方公里,涉及双江镇、人和镇、盘石镇、九龙乡的37个村,规划到2020年,人口30万,用地23.15平方公里;远期规划人口50万,用地50平方公里。

(二)小城镇建设蓬勃发展

按照"分类指导、科学规划、功能配套、培育产业、强化管理"的原则,以完善城镇基础设施为重点,狠抓城镇功能配套和风貌建设,着力壮大镇域经济,农村小城镇焕发出新的活力。先后完成全县42个乡镇的城镇规划编制工作,完成江口、凤鸣、沙市等镇的中心区风貌设计,其中沙市中心区风貌设计还获得重庆市2003年城市规划设计三等奖。江口、盘龙两镇被列入市"百镇工程"。完成毛坝乡白水、巴阳镇巴阳、永利、凤鸣镇鱼龙等15个农民新村的规划设计和建设工作。2003年起,云阳各乡镇积极开展市场运作,加大招商引资力度,促进小城镇开发建设和产业培育。2003、2004年,组团参加重庆市小城镇招商引资洽谈会,共签约项目40个,签约金额5.5亿元,矿产加工、食品加工、服装制造等一大批企业纷纷入驻,城镇经济不断壮大。10年来,共启动小城镇建设56个,新建各类房屋面积345.44万平方米,改扩建房屋14.45万平方米,新修供水站3个、防洪堤1公里,新增镇区道路15公里,桥梁3座。到2006年,全县小城镇建成区面积达到13.36平方公里,人口19.07万,江口、盘龙、南溪、高阳等镇已成为除新县城外的区域重镇,发挥出越来越大的辐射带动作用。

(三)狠抓城市建设管理

主要是严把"四个关口":一是严把选址关。要求城市建设项目选址必须符合《城市规划法》、《重庆市规划管理条例》的规定。严格按照总体规划,控制性详细规划或修建性详细规划的要求进行选址。二是严把设计审批关。大型的或特别重要的项目,实行“三结合决策一支笔”审批。即先由专家科学决策,再由部门民主决策,后由规委会集体审定决策。一般性项目的设计方案在相关部门做好基础工作后,经建委组织会审、分管副县长审查后,由县长一支笔审批。三是严把批后管理关。严格监督开工的每个建设项目的全过程,做到不走样,不违章。四是严把竣工验收关。每个工程竣工时,必须对照设计方案,对其主体建筑,小区道路硬化、环境绿化、排水排污管网等配套工程一并进行全面验收。同时,在城市管理过程中,坚持以城市规划为先导,通过抓城市创建活动,打好移民牌,体现规划特色,凸现规划效果。通过以上措施,防止了规划与实施脱节,确保了规划的严肃性和权威性。

七、科学理财,服务发展

(一)财政改革与发展

1996年以来,全县移民迁建、交通建设等基建投资增大,经济社会快速发展,为适应经济社会发展新形势,不断推进财政管理改革,加强财税征收管理,促进了财政收入持续增收,财政管理步入良性发展的轨道,财源建设得到长足发展。

1.财政收入稳步增长。1996—2006年,全县全口径财政收入实现177684万元,年均增长9.9%,略高于GDP增长0.11个百分点,其中2006年实现全口径财政收入25741万元,比1996年全口径财政收入10012万元增长1.57倍;地方财政收入实现120529万元,年均增长6.13%,其中2006年实现地方财政收入14413万元,比1996年地方财政收入7952万元增长81.3%。人均可用财力实现107225万元,年均增长15.59%。

2. 基本实现收支平衡。财政支出重点实现“保工资、保运转、保重点、保稳定、促发展”的目标。1996—2006全县财政支出总量45亿元,年均增长21.80%,比财政收入增长快36.67个百分点。在支出中:生产性支出114002万元,占比重为25.30%;各项行政事业性经费支出267305万元,占比重为59.32%;社会保障支出49107万元,占比重为10.9%。1996年末,累计财政赤字4137万元,2006年末财政累计赤字9687万元(2006年当年消化2343万元)。财政累计赤字“十五”期间消化4013万元,2003年至2006年四年实现财政收支平衡。

3.全面深化财政管理改革。(1)实行乡镇财政统发职工工资制度。2001年,在全市率先实行乡镇财政统发职工工资制度,彻底遏制了欠发职工工资特别是乡镇职工(包括教师)工资不能按时足额发放的现象,该办法在全市普遍推广。(2)综合财政预算改革。于2003年开始实施综合财政预算改革,将各部门、乡镇预算内、外收入全部纳入单位综合预算,其支出差口再由县财政预算内安排。全面取消县属单位银行账户,成立云阳县行政事业单位资金服务部。通过改革,从制度上解决了长期以来预算内外“两张皮”、单位之间苦乐不均、财政管理失控的状况,有效增强了政府调控能力。(3)调整完善了乡镇财政管理体制。县对乡镇实行“划分税种,收支挂钩,定额补助(上解),节余留用”的预算管理体制。将农业税、农业特产税、耕地占用税、契税、其他收入全部作为乡镇财政预算内的收入,乡镇工商税收全部上划为县级收入,工商税收计划由县政府直接下达给税务部门。将乡镇财政主要承担的本地区行政机关运转及经济社会发展所需支出纳入基数,建立科学合理的乡镇转移支付制度,促进乡镇财政的良好运行。该办法被市财政局作为典型在全市范围内进行推广。

(二)金融发展取得新突破

截至2006年末,全县金融机构存款余额为71.9亿元,较10年前的8.2亿元,增加63.7亿元,年递增率77.6%;贷款余额17.5亿元,较10年前的9.6亿元,增长7.9亿元,年递增率8.3%。全县人均手持银行卡0.63张。强化“窗口指导”作用,大力扶持“三农”经济,推动移民迁建进程,扶持企业做大盘强,助推库区再就业工程,金融业对地方经济发展作出了较大贡献。

八、劳动保障 安县稳民

坚持巩固两个确保，积极推进社会保障体系建设，努力维护劳动者合法权益，劳动保障各项工作取得新进展。

（一）积极实施再就业工程，大力促进下岗失业人员再就业

按照以发展促就业，靠项目增岗位的工作思路，紧紧围绕实施“五大战略”，在产业富民、工业强县、城镇化建设、旅游产业开发、个体私营经济发展、鼓励灵活就业、公益性岗位开发和发展劳务输出等方面大力开发就业岗位，积极实施再就业工程，建立起了富有地方特色的积极的就业体系。10年来，全县新增城镇就业人员1.2万人，下岗失业人员再就业6520人，安置“4050”人员再就业1834人。城镇登记失业率控制在5.0%以内。通过开展再就业政策实效行动，为下岗失业人员落实养老保险补贴327.34万元，失业保险补贴20.33万元、岗位补贴69.6万元，共为1596户下岗失业人员发放小额担保贷款3281.5万元，直接解决了近4000人的就业和再就业问题。

职业技能鉴定工作经过10年探索，逐步建立起以劳动力市场为导向，以提高职业能力为核心，以城镇新生劳动力、下岗失业人员、农村转移劳动力和在岗职工为培训对象，以就业前培训、在职培训和再就业培训为主要培训类型，涵盖初级、中级、高级、技师及高级技师职业资格等级的全方位、多层次职业培训体系。1998年以来，共进行职业技能鉴定12657人，其中经鉴定取得职业资格证书10011人。培训鉴定后有8600余人通过各种途径实现了就业和再就业。

劳动力市场建设取得重大突破，就业服务体系进一步健全，劳动者自主择业、市场调节就业、政府促进就业的机制基本形成。10年来，劳动力市场组织现场招聘会132场，介绍就业6458人次，办理求职登记13783人次；共向广东、上海、北京、江苏、重庆等省市输出务工劳动力259万人次，劳务年收入人均4000余元。

（二）社会保险覆盖范围逐步扩大，扩面征缴成效明显

社会保险制度实现了由制度创立到制度完善的转变。建立以社会保险稽核为龙头，以劳动保障监察为动力，以扩面征缴为目标的工作机制，社会保险覆盖面稳步扩大，养老保险覆盖范围由原国有企业逐步向私营企业、个体工商户以及灵活就业人员延伸。社会保险征缴机制进一步完善，社会保险基金征缴额明显上升，基金总量逐步加大，为确保发放和落实社会保险待遇提供了可靠的资金来源。

截至2006年底，全县基本养老保险、失业保险、工伤保险、生育保险、医疗保险参保人数分别达到24492人、11475人、15502人、8801人、25620人。1996—2006年，共征收养老保险金31201万元、失业保险金3384.84万元、工伤保险金801.55万元、生育保险金333.22万元、医疗保险金4800.04万元，发放基本养老保险待遇32254万元、失业保险待遇3284.08万元、工伤保险待遇898.2万元、生育保险待遇259.05万元、医疗保险待遇1748.02万元。

全县企业退休人员全部实现了社会化管理，其中，纳入社区管理服务率达100%，实现了企业退休人员从“企业人”向“社会人”的转变。劳动保障法制建设效果明显，职工合法权益得到保护。1996—2006年，共立案处理劳动争议案件1065件，涉及当事人1642人。共查处各类劳动保障违法案件623件，追缴社会保险费600余万元，清欠农民工工资1200余万元，清退童工54人，较好地维护了职工的合法权益。

九、社会事业全面发展

直辖10周年，弹指一挥间，云阳在经济得到了快速、持续、健康发展的同时，社会事业得到全面发展。

（一）百年大计教育先行

1997年以来，全县大打两基巩固提高攻坚

战，在基础较差、条件简陋、历史欠账多等不利情况下，上下一心，克难制胜，使校容校貌焕然一新，基础条件显著改善，普及程度大幅上升，1997年，全县适龄人口小学入学率96.91%，初中入学率47.37%，到2006年，小学入学率98%，初中入学率80.31%。2006年，学校占地面积317.38万平方米，是1997的1.9倍；校舍建筑面积139.47万平方米，是1996年的1.87倍。计算机、校园网等现代教育设施从无到有。2006年，各校拥有计算机9302台，建立校园网的学校达100所。图书藏量由1997年的497899册增至2006年的1679425册。2003年，云阳"两基"工作得到了重庆市政府验收团和国家教育督导团的高度评价，2006年顺利通过市两基巩固复查验收。2007年将迎接国家验收。

云阳县是三峡库区学校搬迁任务最重的县，共计搬迁学校92所、教育管理事业单位9个，动迁学生57964人，到2006年，全县已有50所学校、7个教育管理和事业单位完成了搬迁任务，近5万名移民子女进入新校学习。一所所校园环境优美、校舍造型新颖、设备设施齐全的新学校已成为一道亮丽的风景线。

全县以政府办学为主体，社会各届共同参与，公民办学校共同发展的办学格局基本形成。特别是成功引来浙江温州新纪元教育发展有限公司投资1.25亿元，将具有60多年历史的云安中学改制成为外国语实验学校。

素质教育全面推进，教育质量逐年攀高。小学、初中教学质量稳步提升，高中教学质量10年十大步，1996年全县高考首批上线224人，上线率25.3%，2006年上线3763人，上线率达85.8%（见表2），稳居渝东片区前茅。

表2 1997-2006年云阳县普通高校录取情况表

年度	报考人数	上线人数	上线率
1997	877	359	40.9
1998	1034	453	43.8
1999	1138	545	47.9
2000	1425	793	55.6
2001	1772	1233	69.6
2002	2132	1961	92
2003	2332	1961	84.1
2004	3187	2568	80.6
2005	3861	2961	76.7
2006	4386	3763	85.8

（二）百花齐放文艺繁荣

立足于服务经济发展大局，牢牢把握正确的舆论导向，文化广播电视事业呈现出欣欣向荣的局面。

1.文物发掘保护工作走在库区前列。张飞庙迁建工程于2002年10月启动，2003年7月完工投入使用，实现了搬旧如旧、原样搬迁的目标。2004年张飞庙被评为长江三峡国家级重点风景名胜区之一，2005年底顺利通过了国家4A级景区验收；"十一处"地面文物迁建工程于2001年11月正式启动，截至2006年底，已完成夏黄氏节孝牌坊、龙脊石题刻复制、帝主宫、东岳庙、南城门、文昌宫的复建工程及六冈石题刻、牛尾石岩画、长滩石碑亭等9项工程。选址于滨江公园的陕西箭楼、维新学堂迁建工程也正着力规划实施。地下文物发掘保护工作，至2006年底，共进行40余处田野考古项目，出土珍贵文物上千件，一般文物上万件。在发掘的7处遗址中，李家坝遗址被评为"全国十大考古新发现"，大地坪遗址等5处被评为"重庆库区重要考古发现"。

2.文化基础设施不断完善。投资280万元建成总建筑面积达4120平方米的县宣传文化活动中心，投资450万元建成建筑面积4700平方米的广电中心办公楼。1998年以来，先后完成双江等22个乡镇广电站的淹没复建和高阳等6个乡镇广电站的新建任务，兴建巴阳、凤鸣、水磨等11个乡镇文化站。

3. 文艺创作日渐繁荣。文艺创作以县域文化、盐文化、移民文化、三国文化为主线，共创作各类艺术作品3500余件（幅、首）。重庆云阳三峡移民文化节作为重庆三峡国际旅游节的重要项目，已连续成功举办了四届，演出文艺节目500余个，现场观众人数达40余万人，初步打造成为云阳特色的文化品牌。

4.文化产业蓬勃发展。增加各类文化娱乐经营单位近400家,行业年产值达3000余万元。广播电视网络发展迅速,截至2006年底,共投入资金6800余万元,架设城区广电光纤主干线115公里、支干线400公里,县乡光纤干线604.5公里,全县各乡镇实现广播电视光纤干线大联网,有线电视用户达到了10万户以上,"村村通"广播电视用户达2万余户。

(三)旅游事业快速发展

坚持规划先行,着力构建四级旅游规划体系,形成了"一心两翼"旅游发展格局。

一是精心策划了张飞庙提档升级、三峡移民博物园、龙缸国家地质公园等30余个总投资约20亿元的重点旅游景区发展项目。

二是初步完成龙缸国家地质公园、张飞庙、磐石城、龙窟峡、彭氏宗祠等重点景区的道路、码头建设,投入近亿元完成文昌宫、帝主宫、东岳庙等十二处地面文物的搬迁以及磐石城的修复、龙窟峡、龙脊岭、岐山草场等重点景区的初步开发。

三是加强旅游标准化建设,2004年张飞庙被评为长江三峡国家级重点风景名胜区,2005年底顺利通过国家4A级景区验收,2005年成功申报为龙缸国家地质公园。

四是旅游配套设施日臻完善。旅游星级饭店从无到有,已发展到三星级一家、二星级三家,组建了旅游交通公司,启动了新县城"一日游",2006年接待海内外游客606833人次,比1996年同期增长281.3%,旅游总收入6173.43万元,比1996年同期增长309.7%,旅游业呈现出持续、快速健康发展的良好局面。

(四)卫生发展泽惠万家

10年来,卫生事业获得快速发展。医疗卫生服务体系建设进一步加强,县乡村卫生服务网络基本形成,建立完善了县疾病预防控制中心、县卫生监督所、传染病专科和艾滋病防治初筛实验室。卫生基础设施进一步改善,投入1200万元,新建了19所乡镇卫生院房屋32597平方米,改扩建26所乡镇(中心)卫生院房屋14538平方米,创建规范化乡镇卫生院13所,县医院和县中医院相继创建二级乙等医院,县中医院成功创建国家二级甲等中医院,凤鸣等4所中心卫生院创建成一级甲等医院,故陵等5所中心卫生院和凤桥等2所乡镇卫生院创建成一级乙等医院,卫生设施固定资产达到1.9亿元,较"九五"前期翻两番,"看病难、看病贵"问题得到有效缓解。初步建立起突发公共卫生事件应急救援体系,规范"120"救助网络,急救治疗院前抢救成功率达100%。严重危害人民健康和生命安全的疾病得到有效控制,传染病发病率下降到140.7/10万,现代结核病控制战略人口覆盖率达到了95%,基本消灭碘缺乏病、丝虫病、麻风病,霍乱、非典、禽流感等重大疾病防治实现"零"目标。妇幼卫生工作卓有成效,孕产妇死亡率降到54.4/10万,婴儿死亡率下降到6.1%,消灭了新生儿破伤风。居民人均寿命达到了72.56岁,健康水平进一步提高

(五)人口环境显著改善

人口与计划生育工作形成了依法行政、优质服务、利益导向等综合治理人口问题的长效机制,为全县经济建设和社会发展提供了良好的人口环境。政策生育率由1997年的87.1%稳步上升到2006年的88.71%,出生率由16.16‰下降到7.72‰,死亡率由7.38‰下降到4.76‰,自然增长率由8.78‰下降到2.96‰,实现了高出生、高增长到低出生、低死亡、低增长的转变(见表3,下页)。2005年县人口计生委被中宣部、国家人口计生委等十部委联合表彰为2001—2005年度全国婚育新进万家活动先进集体。2006年,云阳县被评为2001—2005年度全市婚育新风进万家活动先进区县。2006年10月,云阳县被国家人口计生委、财政部评为全国农村部分计划生育家庭奖励扶助制度和"少生快富"工程试点工作先进区县。

(六)科技、体育注入新动力

坚持"科技创新"理念,以科技项目为载体,推广实用技术,服务产业发展,促进经济增长。共承担国家级科技移民专项2个,市级科技项目19个,建立了全市第一个汽摩曲轴技术创新中心。2006年,云阳县三坝小学学生李翔发明的

表 3 直辖 10 年云阳县人口计生工作主要指标

年度	出生率（‰）	死亡率（‰）	自增率（‰）	政策生育率（%）
1997	16.16	7.38	8.78	87.10
1998	16.64	6.33	10.31	82.59
1999	18.17	6.41	11.76	81.11
2000	16.69	6.49	10.20	81.45
2001	11.57	5.75	5.82	89.82
2002	11.91	5.79	6.12	90.40
2003	10.73	5.48	5.25	90.66
2004	8.86	4.79	4.07	90.87
2005	7.72	4.76	2.96	88.57
2006	8.99	3.99	5.00	91.26

“卧床小便器” 荣获重庆市科技进步市长奖和全国青少年科技创新奖两项大奖。2005 年，建成渝东规模最大的体育场，县体育局被国家体育总局评为“全民健身周先进单位”。云阳籍运动员获得 2003 年重庆市第一届运动会举重金牌 2 枚、银牌 3 枚，4 项破重庆市青少年举重记录。

注：本文数据出自云阳县政府相关部门提供

撰稿单位：重庆市云阳县人民政府

奉节县

一、奉节县经济发展综述

重庆直辖 10 年来，在国家和重庆市的大力扶持下，奉节县大力实施“农业稳县、工业强县、交通兴县、旅游富县、商贸活县”的发展战略，取得了显著的成绩，全县经济总量不断跨上新台阶，经济结构不断趋向合理，经济发展后劲不断增强。

1996—2000 年的第九个五年计划期间，国内生产总值年均增长 9%，地方财政收入年均增长 14.1%，固定资产投资累计达到了 39.36 亿元，农民人均纯收入年均增长 9.5%，社会消费品零售总额年均增长 11.9%。

2001—2005 年的“十五”计划期间，国内生产总值年均增长 10.8%，地方财政收入年均增长 12.4%，固定资产投资累计达到了 115 亿元，农民人均纯收入年均增长 9.1%，城镇居民人均可支配收入年均增长 8.7%。

2006 年，全县实现国内生产总值 50.9 亿元，社会固定资产投资完成 33.1 亿元，地方预算内财政收入 1.7 亿元，社会消费品零售总额 15.1 亿元。

二、农村经济

（一）农业

重庆直辖 10 年来，党中央和重庆市出台了以“多予、少取、放活”为主题的一系列支农惠农政策，极大地调动了农民的生产积极性。全县以提高农业综合生产能力和农业增效、农民增收为目标，依靠科技进步，深化结构调整，突出粮食生产基础地位，积极培育脐橙、畜牧和劳务经济三大产业，促进了农业和农村经济的全面、协调和可持续发展。

1.农业生产快速增长。(1)粮食生产保持稳定增长。2006年在遭受了百年不遇的特大干旱的情况下,粮食总产量仍达到41.08万吨,比1996年增加3.71万吨,增长9.93%,粮食播面151.52万亩,比1996年减少15.47万亩,减9.2%。

(2)粮经作物结构日趋合理。2006年经济作物播面22.57万亩,比1996年增加2.82万亩,增长15.26%。其中油菜播面12.75万亩,产量1.68万吨,蔬菜播面18.98万亩,产量18.09万吨,分别比1996年增长49.4%、176%、64.6%、105.8%;水果增产尤为突出,达到16.08万吨,其中脐橙产量14.32万吨,分别比1996年增长274%、334%。同时发展晚熟脐橙2万亩。

(3)农业品牌不断创新。直辖以来,奉节脐橙、茶叶、蔬菜、中药材、肉兔、腊肉等产品获得了国家、重庆市名牌农产品、优质农产品、消费者欢迎农产品等称号,并在北京、香港、重庆、广州等博览会、展示会上获得金奖、优胜奖。近年来奉节县的农业品牌有新奉士脐橙、奉园72-1脐橙;香山贡茶、夔州真茗、尖锋绿芽茶叶;汀来牌泡菜咸菜系列产品;绿心牌中药材、夔党牌党参;土家人香腊肉;保益美兔肉;“红晶米”优质米系列品牌等。特别是“奉节脐橙”曾多次获得殊荣。1999年草堂牌“91脐橙”、“新奉士”脐橙均被中国国际农业博览会认定为“名牌产品”,2000—2001年“奉皇节度牌”脐橙被认定为“重庆名果”、“重庆名牌产品”、中国国际农业博览会“名牌产品”,“奉节鲜”脐橙品牌首次参加第二届重庆名牌农产品展示展销会,并获农业部柑桔苗木质量监督检验测试中心颁发的优质果品证书。

2. 农村经济总收入达到39亿元大关。2006年农村经济总收入39.24亿元,比1996年增加20.77亿元,增长113%。其中第一产业收入21.44亿元,第二产业收入11.19亿元,第三产业收入6.61亿元,分别比1996年增长86%、123%、85%。农民人均纯收入2308元,比1996年的828元增加1480元,增长178.74%。

3.农村商品率进一步提高。农村出售农产品收入12.66亿元,比1996年增长87.8%。其中出售种植业产品收入4.68亿元,出售牧业产品收入2.67亿元,分别比1996年增加2.44亿元、1.08亿元,增长72.83%、80.2%;蚕茧产量1357吨,比1996年增加687吨,增长102.5%。农民商品出售量相对增加,商品率相应提高。

4. 农业产业化经营步伐加快。重庆直辖以来,奉节县农业产业化经营步伐明显加快,全县农村经济结构、农业生产结构明显优化,区域经济特色日渐凸显,各具特色、各有侧重的县域经济格局。

(1)骨干产业迅速发展。在农业结构的战略调整中,逐步走出了以脐橙、畜牧业为骨干产业,烟叶、蚕桑、中药材、魔芋等区域特色为辅的农村经济格局。2006年全县脐橙面积达到17.3万亩以上,年产14万吨的规模,并形成了以72-1中熟脐橙为主,早熟、晚熟脐橙为辅的格局,其中产品畅销国内外大中城市,是低山种植区农户致富的重要骨干项目。以生猪为主的畜牧业是农民收入的一大主要项目,年出栏生猪73万头;山羊30万只;羊市、公平等乡镇的肉兔、长毛兔,年出栏34万只;长安、龙桥等乡镇的肉牛年出栏5万头以上。近两年来,烟叶、蚕桑在一些地方出现较好的发展势头,涌现出了一批专业乡、专业村、专业社,是当地农户致富的当家品种。

(2)龙头企业异军突起。在农业产业化进程中,农业产业化龙头企业从无到有,纷纷成长壮大,服务领域从脐橙、魔芋逐步扩展到蚕桑、中药材、花椒、肉兔、长毛兔、山羊、生猪、水稻、蔬菜、酿造、粮食加工等行业。有从事产前、产中、产后服务的服务型龙头企业,也有从事加工,以加工带基地的龙头企业等。截至2006年底,已涌现出各类型龙头企业和农业经营大户150多家,其中市、县级命名的龙头企业22家,固定资产达14198万元,年营业额达36358万元。通过“公司+基地+农户”、“公司+协会+农户”、“公司+农户”等模式,与10多万农户建立了产、销、加联系。不仅吸引了县内有识之士积极参与农业产业化经营,还吸引了恒河果业、汇源集团、祥飞茧丝绸等外来企业。

(3)农民组织化程度不断提高。在建立健全社会化服务服务体系的同时,按照"政府搭台,农民唱戏"的基本思路,发展脐橙、畜牧、养殖、蚕桑、药材、蔬菜、大米等专业合作社或协会147个,其中,专业合作社38个,协会109个;创建1个部级试点单位和5个市级试点单位,发展会员1.89万人,劳动大户5.29万户,年均产农产品1.85万吨,会员人均纯收入年增加365元,为推动农业产业化进程发挥了积极的作用。

(二)畜牧业

全县畜牧业生产坚持提高生猪品质,突出羊兔发展,增加禽牛数量的畜牧业工作思路,以市场为导向、科技为动力、项目为载体,狠抓养殖示范小区和专业养殖大户建设,积极推进牧业结构调整,促进了畜牧业的快速发展。

1.畜产品产量持续增长。2006年,全县出栏生猪73.07万头,山羊35万只,家禽250万只,肉兔45万只,畜牧业产值7.71亿元,分别比1996年增长了15.9%、243%、99.4%、21.4倍和107%。畜牧业产值占农业总产值的比重达到40.8%,畜牧业人均收入685元,已成为农民增收的重要途径和国民经济新的增长点。

2.畜禽良种繁育推广体系基本形成。全县共引进推广国内外优质畜禽良种79150头(只),建立起1个年供种能力300只的重庆市市级波尔山羊原种场,2个良种猪扩繁场,2个种兔场和75个生猪、10个山羊标准化人工授精站,良种覆盖率分别达到85%、55%、70%、90%。基本形成以良种场为中心,配种站为网络,广大养殖户为纽带的畜禽良种繁育推广体系。波尔羊原种场与澳大利亚专家合作开展山羊胚胎移殖,开创了重庆市畜牧生物工程高新技术应用的先河。

3. 规模化生产逐渐显现。全县发展5000只以上的鸡场20户,1000只以上的兔场12户,300头以上的猪场29户,50头以上的牛场4户,100只以上的羊场70户。

4.产业化生产开始起步。畜牧产业化龙头企业从无到有,并逐渐壮大,全县已发展龙头企业8家,其中市级龙头企业1家,龙头企业与农户的利益联结机制日趋完善,辐射带动能力不断提高,已成为畜牧业结构调整的重要带动力量。

(三)渔业

1.养殖面积扩大,结构趋于合理。2006年底,奉节水产养殖面积13705亩,比1996年增加养殖水面3680亩,增长36%,在养殖水面中,除水库面积未增加外,流水养殖、池塘精养均有较大增长。

2.水产品产量增长,名优鱼比例增大。2006年全县水产品产量2895吨,其中捕捞量与1996年基本持平,养殖产量比1996年增加1893吨,增加206%,名优水产品产量实现"零"的突破,达到40吨。

3.地方品种开发有新突破,特色渔业基地初步形成。成功开发了鲟鱼、洋鱼、黄颡鱼、叉尾鮰等地方名优品种,逐步形成了一批各具特色的养殖基地。

4. 库区养殖规模扩大,水产品质量逐步提升。直辖10年来,奉节已建设成九盘河名优冷水鱼流水养殖基地4000平方米,无公害养殖基地6000亩,水产品质量稳步提高。

5.休闲渔业发展较快,产业结构逐步完善。以休闲垂钓渔业为代表的第三产业发展较快,饲料、渔药、网具等流通服务业发展迅速,截止20051年底第三产业产值956万元,比1996年增加715万元,增加297%。

(四)劳务经济

县委、县政府高度重视劳动力转移工作,始终把劳动力培训和转移作为第一要务,把劳务经济作为第一经济。1996年,奉节县农业总人口88.9万人,劳动力45.7万人,劳务输出9.5万人,劳务经济总收入1.102亿元,务工者人均收入862元,农民人均纯收入828元,农民人均劳务收入124元,占人均纯收入的15%。2006年,全县劳务输出已达到19.39万人,劳务经济总收入5.77亿元,务工者人均收入2975元,农民人均劳务收入639元,占农民人均纯收入2308元的27.68%。与1996年相比,劳务输出增加9.89

万人，增长104.1%，劳务经济收入增加4.67亿元，增长420%，务工者人均收入增加2113元人，增长245.12%。

三、工业经济

10年来，奉节始终坚持“工业强县”的发展战略，坚持围绕资源办产业、围绕产业办工业，深化改革，调整结构，资源工业的优势更加明显，规模效益更加突出，主要产品、产量在县内外市场逐步扩大，实现了工业经济快速、稳定的发展。工业总产值由1996年的6.45亿元，增长到2006年的26.94亿元，增长了3倍；工业增加值由1996年的3.1亿元，增长到2006年的13.72亿元，增长了3倍；工业固定资产投资由1996年的3432万元，增长到2006年的45916万元，增长了12倍；从业人员由1996年的1.5万人，增加到2006年的7.5万人，增长了4倍。2006年煤炭产业发展势头良好，运行质量逐步提高，年产量稳定在300万吨左右，年综合效益达到10亿元，税费收入7800万元，吸纳了近10万人就业。电力工业健康发展，电源、电网建设规模不断壮大，实现了与国家电网联网运行，年售电量达2.6亿千瓦时，上交税费1200万元。水泥16.69万吨，自来水359万吨，天然气366.4万立方米。

(一)整合煤炭企业

严格按照“扶优限劣、扶大限小”的原则，关闭了2000多个小煤窑，将146个合法矿有效地整合成了44个，培育出了十大煤炭生产经营骨干企业，煤炭的产量、产值、利税均以两位数增长。

(二)培育农副产品加工业

通过自我筹资、国家扶持，已培育了一批利用本县优势的金马药业、养殖优势的荣兴兔业、脐橙优势的恒河果业、蔬菜野菜优势的汀来公司。其中汀来泡菜先后获得“中国国际农业博览会名牌产品”、“中国国际食品博览会金奖”、“重庆市名牌农产品”等多项荣誉称号，已出口美国、日本等多个国家，实现了我国外资外贸零的突破。

(三)盘大水泥企业

按照关小做大的原则，引资和嫁接改造了白帝和天宝水泥厂，其中天宝水泥厂10改30万吨/年水泥生产线技改已完工，水泥产品的质量和效益连续五年保持了50%的增长速度。

(四)改造化学工业

按照国家统一政策，分别对污染大、亏损严重的氮肥厂、磷肥厂实施了关破，通过引进具有实力的外来企业延长水电、石膏和煤炭产业链，附加值高、环保配套的电石厂已建成并产品试生产，黄磷项目正在进行前期工作。

(五)策划实施一批工业项目

结合本县自身资源优势，按照工业发展“两步走”战略，以能源和农副产品加工项目为重点，策划了66个“十一五”重点工业项目，总投资70亿元。其中冒丰工业园区、茅草坝水利水电工程等项目已进入建设实施阶段，重庆华电奉节电厂已获国家核准，梅溪河流域水电开发、油橄榄产业化项目、富硒玉米加工、100万吨干法水泥生产线技改等一批重点项目将陆续开工建设。

四、商贸流通

直辖以来，奉节大力实施“商贸活县”发展战略，确立了发展大商贸、促进大流通、建设大市场的发展思路，积极推进商贸流通业的改革和发展，区域商贸聚集辐射功能日渐增强，传统商业向现代商业迈进步伐加快，流通产业对全县经济发展的贡献日益显著，渝陕鄂边区商贸中心和边贸物资集散中心的格局正在逐步形成。

(一)商贸流通对全县经济发展贡献显著

商贸增长进一步发挥了县域经济驱动力和稳定器的作用，以流通业为主体的第三产业在全县GDP中的比重以每年1个百分点的速度递增。社会消费品零售总额稳步增长，2006年全县社会消费品零售总额突破15亿元大关，比1996年增长3.2倍，年递增10%以上，其增幅居库县区前列。在第三产业各门类中，商贸餐饮业增加值居首位，商贸餐饮业从业人员达9.6万人，比1996年增加6.3万人，商贸流通成为社会就业的有力支撑，商贸流通业对推动全县经济结构的战略性调整和保持社会稳定发挥了重要作用。

(二)城市商贸形象发生显著变化

随着西部大开发、库区移民迁建及新县城建设，直辖10年奉节商贸设施建设实现根本性突破，一批现代化商场、市场先后建成开业，成为城乡市场传递辐射的枢纽。10年来，先后投资10多亿元，建成或基本建成规模市场13个，建筑面积10.6万平方米，到2006年底，商业营业面积达到65万平方米，比1996年增长2.8倍，全县商品交易市场达到57个。启动规划建设中央商贸区，按期完成人民广场商业步行街工程，成为全县商圈打造的一个亮点。培育完善了县城汽车机电交易、装饰材料、小商品批发、餐饮夜市等4条商业特色街。加快发展社区商业、镇乡商业和边贸市场，小型超市、便利店已进驻各个社区；10个中心镇销售服务额达22176万元，比10年前翻了两番。全县初步形成以主城商贸为核心，集镇商贸中心为支点，城镇商业为基础的城乡贯通的流通市场网络。

(三)新型商业业态迅猛发展

奉节县流通业经营规模不断扩大，新的流通方式和新型流通业态发展迅速，基本形成奉节商业由单一传统的经营模式发展为连锁超市、专卖店、便利店、总代理、总经销等多业态并存的格局。截至2006年底，全县商品代理、连锁、配送商家343户，比10年前增长近3倍，10年来延伸配送批发网点54个，县上重点培育发展农副产品龙头企业10个，各类营销组织190个，从业人员近五万人，发展专业贩运大户30户。商贸各企业向修理业、清理业、旧货业、配送业、租赁业及连锁超市业等新型服务业方向发展，提高了奉节商贸功能及社会服务的规模化、连锁化、方便化水平。商贸流通业已进入结构升级、机制创新、资源整合、产业集聚的新阶段。

(四)市场规范程度提高

10年来不断整顿和规范市场流通秩序，强化特种商品管理，先后开展了加油站、化危品、生猪定点屠宰等方面的专项整治，组织开展了"市场招商推介"、"节假日促销"、"春秋季商品展销会"等活动，成功举办了两届美食节和首届啤酒节，提升了奉节县商贸业的形象。

五、移民搬迁及后期扶持

三峡水库正常蓄水位175米20年一遇的回水淹没涉及奉节县境内长江干流和草堂河、梅溪河、朱衣河及大溪河等四条较大的支流，按新建制淹没涉及县城和10个乡镇(管委会)。按长江委1991年底实物指标调查情况，全县受淹幅员面积44.28平方公里，淹没耕园地4.2万亩；受淹人口7.91万人，其中农业人口3.65万人；淹没房屋290.4万平方米；受淹涉及工矿企业114家；县城单位229个。

(一)移民搬迁安置完成情况

1997年9月奉节县一期移民工作顺利通过国家验收。2002年底，奉节县二期移民任务和库底清理任务全部完成，于2003年4月顺利通过国家验收。2006年3月底，奉节县三期移民任务和库底清理任务全部完成，于2006年8月顺利通过国家验收。

在移民安置过程中，奉节县把农村移民外迁安置作为移民安置的重要渠道。几年来，共完成政府组织外迁23507人，迁往浙江、福建、江西、湖北4省和重庆市内的垫江县、永川市。此外还动员移民分散自主外迁5654人，极大地缓解了奉节安置容量不足的矛盾，为缓解四期安置容量压力奠定了基础。

1. 农村移民安置。规划生活安置59293人，复建房屋99.4万平方米，生产安置54485人；已完成移民生活安置56706人，复建房屋112.8万平方米，生产安置55911人。

2.县城迁建。规划搬迁单位229个、县城移民64140人，复建房屋132.63万平方米；已完成单位搬迁229个，搬迁移民59441人，复建房屋164.78万平方米。

3.集镇迁建。规划整体搬迁10座集镇,迁建单位166个,单位人口1499人,复建房屋11.19万平方米,搬迁居民623人,复建房屋2.11万平方米;已整体搬迁9座集镇,搬迁单位165个,搬迁移民1497人,搬迁居民623人,复建房屋2.11万平方米。

4. 工矿企业迁建。规划搬迁工矿企业114户,搬迁户口在厂职工4943人;已完成14户企业迁建,100户企业关破,复建职工住房19.5万平方米,搬迁职工4943人。

5.专业项目复建。规划复建公路50.41公里、桥梁13座2118.5米,港口码头22个泊位,复建电站5座,复建输变电线路104.9杆公里,复建通信线路161杆公里,复建广播电视线路235杆公里。已完成复建公路56.48公里、港口码头22个泊位、桥梁11座1647.7米,5座水电站补偿销号,复建输变电线路195.39杆公里,复建通信线路187.65杆公里,复建广播电视线路298杆公里。

(二)移民后期扶持情况

在大打移民攻坚总体战,基本完成了移民搬迁安置任务后,移民工作已逐步转入后期扶持阶段。

1. 移民后期扶持和产业发展基金项目。2004—2005年,国家相关部委审批下达奉节后期扶持和产业发展基金项目129个,下达扶持资金6661万元,其中后期扶持项目115个,基金2155万元;产业发展基金项目14个,基金4183万元。主要涉及种植业、中药材基地、农村市场体系建设、畜牧业、交通、人畜饮水、农田建设改善土质、小额贷款贴息等项目。

2.移民培训和特困移民救助。2004年以来,全县共举办各种移民技能培训班64期,培训移民9262人。通过移民培训,提高移民外出务工、就业的能力,或通过所学到的专业技能,结合当地实际从事种植养殖业,有效地缓解了库区的就业压力,为移民提高收入和发展致富奠定了坚实基础。为缓解移民的眼前困难,维护库区移民稳定,及时开展了特困移民救助工作,发放救助资金309.594万元。

3.优势产业项目。2004年度在朱衣镇(原万胜乡)的清水、魏家、帽峰3个村11个社规划建设2000亩移民高标准柑橘示范园,顺利通过了重庆市初验和三建委终验。2005年度我们又在白帝镇、草堂镇、白帝城管委会、安坪乡、永乐镇等5个乡镇(管委会)实施2000亩柑橘果园,已通过市级验收。示范园的建成,可以有效促进当地农村经济的发展,实现移民增收致富。

六、基础设施建设

(一)交通建设

重庆直辖以来,奉节县确立了"交通兴县"的发展战略,大力推进交通建设步伐,先后启动"53712"和"612345"两大交通工程,为新农村建设打下了坚实的基础,取得可喜成绩。

2006年,奉节县公路建设里程已达7474公里,新增里程5411公里,是1996年的3.52倍;路面硬化或油化606公里,新增里程586公里,是1996年30.3倍;建设大中小型桥梁52座,改造危桥10余座,完成渡口改造23个;建成等级客运站6个,其中二级站1个、三级站4个、四级站3个、简易站2个,年公路客运量达540万人、周转量达15667万人公里。新建客货码头53个,其中:1000吨级客运泊位2个、3000吨级客运泊位1个、1000吨级件杂泊位1个、1000吨级散货泊位1个,年客运吞吐能力达261.1万人次、货运吞吐能达力227.97万吨。

夔门长江大桥建成通车后,奉节已形成以长江黄金水道为依托;东西走向有渝巴路,南北走向有巫恩路,通往各中心场镇干道都是硬化或油化路,纵横交错,南北沟通的水陆交通骨架网络。渝宜高速公路正式开工,奉溪高速公路即将开工,巫恩路、农村公路改造正在进行,安(康)常(德)铁路已立项,旅游机场正在进行前期准备工作。新一轮交通建设高潮正在夔州大地蓬勃兴起,水陆空立体交通网络正在逐步形成。

交通基础设施的不断改善,有效地促进了水

陆交通运输企业的健康发展。截至2006年底,全县有机动车辆16125辆、有客船19艘、有货船151艘。有公路客运企业6家,拥有营运客车827辆,固定资产为4571万元;个体客运经营户334户,个体货运经营户2011户。有水上运输企业13家,其中长江干线省际客、货运输企业11家,县境内水路旅客运输企业2家。实现客运量达602.93万人/年,年周转量14711万人公里;货运量达236.97万吨/年,年货运周转量675127万吨公里。

(二)农田水利

重庆直辖以来,奉节县抢抓西部大开发的历史机遇,整体推进奉节基本农田水利建设,取得了显著的成绩。1996年至2006年全县共新建、改扩建各类水利工程18554处,新增蓄水303万立方米,新增和改善灌面11.35万亩,新增农村供水受益人口8.79万人,加固和疏峻河道103.68公里,新、改建场镇供水工程18处,新修山平塘31口,新建微型水池13041口,病险水库除险加固10座。

1.重点水利工程。青莲溪水利工程是奉节县第一座中型水利工程,水库大坝为砼双曲拱坝,高95米,为重庆市第一高坝,水库库容为2040万立方米。该水库于2003年6月已正式供水新县城,结束了奉节县城居民饮用长江水的历史。2006年7月,青莲溪水库大坝砼浇顺利封顶。

2.水利建设。直辖以来,累计动工各类水利工程18554处,完成18554处,投劳42870万个,完成土石方量1132万立方米;全县新增蓄水303万立方米,新增和改善灌面14.05万亩,新增农村供水受益人口8.79万人,共完成人饮解困工程2408处。先后建成了铁佛和梅子晚熟脐橙节水灌溉基地,为全县的产业结构调整起到了很好的示范作用。

3.水土保持。完成治理水土流失面积525.77平方公里,保护面积1250公顷,完成坡改梯4009公顷,水保林16153公顷,经果林7414.3公顷,种草3154130公顷;封禁治理15727公顷,小型水利水保工程174.12万方。

4.水利改革。大力推动小型水利设施产权改革,完成拍卖小(二)型以下水利工程781处,承包和租赁水利工程2130处,盘活水利存量资产167万元,整治工程1820处,增加蓄水12万立方米。

5.基本农田建设和保护。抓住西部大开发、库周绿化带建设和生态环境建设的机遇,加大基本农田建设和保护力度,实行最严格的耕地保护制度。全县土地总面积614.76万亩,其中耕地122万亩,占土地总面积的20%,水田28万亩。

(三)能源及电力设施

直辖以来,奉节在能源建设上取得了显著的成绩,顺利通过全国第二批农村水电初级电气化县建设达标验收,解决了2.1万无电人口的用电问题,全县城乡实现同网同价。

1.能源建设情况。全县现有装机总容量5.89万千瓦,其中:水电3.19万千瓦,火电2.7万千瓦,年平均发电量2.82亿千瓦时。积极培植能源项目,引进中国华电在奉节落户,建设4×30万千瓦的大型火电站,现已完成前期工作并上报到国家发展改革委待项目核准后即可建设实施。茅草坝水利水电工程已完成所有开工文件的批复,现已进入移民迁建实施阶段,总装机容量8.55万千瓦。梅溪河流域三级水电开发总装机容量14.6万千瓦,总投资10.03亿元,拟开发兴建9座、技改3座水电站。

2.供配电网络。一期农网改造工程完成后,奉节县基本形成了以110千伏电网为纽带,35千伏电网为骨架,10千伏配电网为主体的电网格局。奉节县现有110千伏变电站3座,主变3台,容量为81500千伏安,35千伏变电站15座,主变15台,容量52650千伏安,110千伏输电线路90公里,35千伏输电线路450公里,10千伏线路4042.38公里,0.4千伏及以下线路15125公里,供电网络趋于完善。

(四)邮电通信

10年来,奉节县努力推进信息大通道建设步伐,邮电通讯事业取得重大成就。1996年,完成邮电业务总量1375万元,全县程控交换机为13114

部,用户装机8701户,无线寻呼3335户,移动电话417户。经过剥离等资产重组改革,奉节通信事业得到长足的发展,已呈现电信、移动、联通、网通等竞相发展的良好局面。到2005年,全县程控电话交换机总容量达18万门;移动电话基站331座,光纤直放站25座;光缆线路2186皮长公里,电信数据业务出口带宽2个GE;网通宽带业务网中继电路达到400兆比特,IP网中继电路带宽400兆比特;拥有固定电话用户10万户、无线市话(小灵通)用户3.8万户、移动电话用户29.6万户。完成邮电通信业务总收入14038万元,是1996年的10.2倍。

(五)城市化建设

经过十多年的建设发展,城镇网络体系逐渐形成,城镇规模逐步扩大,城镇化水平逐年提高。截至2006年底,全县共有城镇人口25.8万人,城镇化率25.75%,比1996年提高195%。

1. 新县城建设。因三峡工程的兴建,具有2300年历史的旧县城全淹全迁。由于地质情况差,可用地建设难度大,奉节新县城选址历时13年,三易其址,于1996年8月才最终确定在旧县城西面的三马山,形成了东西长20余公里的带状组团结构。奉节新县城搬迁已基本完成。根据新县城建设布局,共划分宝塔坪、金盆、茶店、白马、三马山、头道河、王家坪、南岸8个小区。建设区面积7平方公里,共修建城市道路78公里,建设大中型桥梁14座,投资60多亿元。房屋建筑面积约580万平方米,人均居住房屋面积超过25平方米。新县城共有9个社区居委会,城区人口13万多。人居环境明显改善,园林绿地达到209公顷,建成区绿化覆盖面积203公顷,建成区绿化覆盖率为29%。奉节新县城先后被评为全国优秀旅游城市、重庆市卫生县城,新县城夔州路被评为重庆市市容整洁一条街和重庆市园林式街,拥有市级园林式单位6个,县级园林式单位20多个。

2.小城镇建设。全县30个乡镇中,建制镇16个(含永安镇)。吐祥镇被列为部级试点小城镇,吐祥、兴隆、竹园等3个镇列为重庆市重点培育和发展中心镇(特色镇),吐祥、兴隆、竹园、公平、甲高等5个镇列为市级试点小城镇。城镇建成区面积25.01平方公里,比1997年增长308%,其中小城镇建成区面积17.59平方公里,比1997年增长260%。城镇房屋建筑面积775万平方米,比1997年增长335%。

七、旅游业

1998年,奉节县委县府提出了“旅游富县”的发展战略,努力把旅游业培养成为全县的支柱产业,加大旅游基础设施建设,改善旅游业发展环境,取得了令人瞩目的辉煌成就。2003年12月,成功创建成“全国优秀旅游城区”。

(一)旅游经济快速增长

2006年全县实现旅游综合收入达到2.28亿元,比1996年增长5.4倍,是1990年的183.2倍。占国内生产总值的比重也从1998年的1.33%上升到了2006年的4.48%(见表1,下页)。近10年来,全县旅游经济呈现快速稳定增长的势头,旅游业总体实力明显增强。

(二)旅游基础设施建设不断加强

重庆直辖以来,加快了景区和配套设施的建设步伐,景区基础设施和生态环境建设逐步完善,实现了景区建设的大跨越。古城墙、永安宫、大小南门等文物复建工程全面完成,诗城博物馆、旅游码头正式投入营运。硬化了通往景区的交通干道200多公里;增设了程控电话47000门,基本实现移动电话全覆盖。新建或改建了夔门大酒店、夔府大酒店、凤凰大酒店、太和大酒店、诗城宾馆、玉龙宾馆等100余家宾馆、饭店、招待所,接待床位达到了8000余个。

(三)旅游品牌和形象不断提高

利用新闻媒体进行大力宣传,积极促销,抓住机会内引外联,积极争取组织大型活动,扩大奉节旅游知名度。白帝城·瞿塘峡景区先后被评为国家首批4A级旅游区、重庆市平安旅游景区、重庆市十佳景区、最佳景区、卫生景区等荣誉称号。天坑地缝景区被国务院评为国家重点风景

表 1 重庆直辖 10 年来奉节县旅游接待情况 单位:万元、万人

年份	旅游综合收入	全县国内生产总值	旅游收入占生产总值比重(%)	接待人数	海外游客	国内游客	门票收入
1996	3551.79	135058	2.62	35.00	1.78	33.22	
1997	4645.00	147503	3.15	42.00	4.71	37.29	1000
1998	2632.20	197191	1.33	35.59	2.29	33.30	420.24
1999	3009.58	204943	1.47	40.44	2.24	38.20	429.91
2000	6046.30	221375	2.73	47.08	3.58	43.50	697.17
2001	7150.00	242848	2.94	55.00	3.26	51.74	828.90
2002	16003.40	273766	5.84	129.17	7.91	121.26	2985.98
2003	15891.20	302000	5.26	90.84	1.23	89.61	1541.44
2004	19088.50	339000	5.63	99.49	1.19	98.30	1851.37
2005	14717.17	453000	3.25	74.51	0.86	73.65	1082.58
2006	22788.01	508594	4.48	117.14	1.14	116.00	2017.50

注:数据出自奉节县旅游局统计报表。

名胜区。

八、财政金融

到 2006 年末，财政收入达到 1.7 亿元,比 1996 年增长 150%；财政支出达到 11.2 亿元,比 1996 年增增长 7.8 倍。金融机构各项存款余额 35.03 亿元，比 1996 年增加 29.22 亿元，增长 502.67%,其中:储蓄存款余额 24.38 亿元,增加 21.24 亿元，增长 678.06%；各项贷款余额 16.7 亿元,增加 10.4 亿元,增长 165.36%。

九、改革开放

(一)企业改革

1.工矿企业改革。按照“三个一批”的原则，大胆的实施了工业结构调整。对全县 35 户国有企业,关破 28 户,引进外来企业兼并联合 2 户，股份制改造 3 户,改制面达到 94.3%;对 39 户集体企业关破 34 户,兼并联合 3 户,股份制改造 1 户,改制面达到 97.4%;对 40 户乡村企业关破 38 户,通过改造组合搬迁 2 户,改制面达到 100%。国有、集体经济的比重由 1996 年的 89.1%下降到 2006 年的 14.3%,基本实现了县委、县政府确立的企业改革与结构调整目标。

2.商贸流通企业改革。10 年来,通过对外开放和投资主体多元化，盘活存量资产，增强了商贸企业的整体实力，通过大力加强现代企业制度，转变企业经营机制，加快了商贸企业的发展步伐。新世纪、华泰、洋洋、义乌小商品城等一批知名商业企业入驻奉节，重庆海成集团、心连心百货、荆州市天禄商贸有限公司等相继来奉投资经营，推动奉节商贸流通企业的改组改造、资源整合迈向更高的层次。流通企业改革克难攻坚，在稳定中求发展，县属商贸企业已有 8 家完成改制,安置职工 2794 人。对暂时无法进入改制程序的企业实施大龄人员分流安置，分流安置职工 326 人。

(二)其他改革

稳步推进乡镇村建制调整、县级机构改革、事业单位改革、财政管理体制改革和行政审批制度改革,行政效率明显提高,行政运行成本大大降低。深化农村税费改革,减轻农民负担 2150 万元;大力实施农村承包土地流转和小型水利设施产权制度改革,市场在农业生产要素配置中的基础作用得到充分发挥。不断深化市场经济体制改革,市场经济秩序更加规范。

(三)开放型经济

重庆直辖以来，奉节不断加强基础设施建设,努力改善内外部环境,开放型经济逐步建立。据初步统计,到 2006 年底,全县引进外来企业达到 80 余户,协议投资额达 70 余亿元,实际利用外资 200 万美元。

（四）对口支援

移民搬迁以来，辽宁省政府与奉节县政府签署了4期对口支援工作规划，落实无偿支援奉节县物资及现金12140万元，在奉节县援助建设了"辽宁大道"、"辽宁大市场"、"辽宁小学"、"辽宁实验大楼"、"奉节中学图书综合楼"、"奉节移民培训中心"等一批重点对口支援工程，帮助奉节30多个部门单位完成了移民迁建。

十、生态环境建设

直辖以来，奉节大力推进长江绿化、退耕还林、库周绿化、天然林保护和农村生态家园建设，加强水环境治理、矿山生态环境保护和畜禽养殖污染防治等工作，生态环境得到了极大地改善。现有林业用地402万亩，森林面积195万亩，活立林蓄积735万立方米，森林覆盖率达到了33.5%。先后获得"全国营造林先进县"、"全国封山育林先进县"、"全国经济林产业示范县"、"重庆市绿化先进县"等光荣称号。

（一）生态建设

10年来，共完成退耕还林工程任务86.73万亩，共栽植各类苗木8597万株，人工播种马尾松9300公斤。完成库周绿化带建设工程建设任务6.7万亩。绿化渝巴路、奉恩路187公里，栽植各类树木15万余株。完成城周绿化3000亩，建设绿地面积12.6万平方米。完成长江干流绿化6万亩。累计完成天保工程公益林建设67.3万亩。实施天然林保护工程258万亩，完成站点建设98个。全民义务植树3200万株(10年累计)。建立了脐橙、蚕桑、干果、木本油料四大产业基地，并已形成一定规模。大力开发森林旅游资源，建市级森林公园一个。建成奉节县地质遗迹型天坑地缝岩溶系统市级自然保护区、天鹅湖县级自然保护区，总面积443平方公里，占幅员面积的11.2%。建设农村沼气池8000口，治理水土流失面积450平方公里。

（二）环境保护

大气环境质量得到改善.城区环境空气质量达到二级或优于二级的天数达到95%以上，建成烟尘控制区7平方公里，大中型餐饮业已使用清洁能源。

水污染防治工作取得突破性进展。建成城市污水处理厂及其污水收集管网设施，日处理4.5万吨；建成奉节县城市生活垃圾处理厂，日处理垃圾300吨；城区生活污水处理率达75%，生活垃圾无害化处理率达95%。完成奉节二、三期蓄水库底固体废弃物清理工作和库区水质监测任务，共清理固体废物131万吨，获得监测数据120492个。建成库区第一个水域清漂码头，添置了自动清漂船和清漂监督船，共打捞水域漂浮物25967吨。境内长江干流水质保持在Ⅱ–Ⅲ类标准，饮用水源水质达Ⅱ类标准。完善了《长江上游三峡库区水污染防治项目规划》修编工作。城区噪声污染得到有效控制。建成噪声达标区5.95平方公里，交通噪声和区域环境噪声逐年下降.切实改善生态环境，大力实施"生态家园"建设，加强矿山环境污染治理。

十一、扶贫开发

10年来，共投入财政扶贫资金8050万元、以工代赈资金4890万元、信贷扶贫资金8563万元，筹集社会扶贫资金5600万元，极大地改变了奉节山区贫困状况，促进了全县经济社会持续、快速、健康发展。新修、整治乡村道路3714公里，新增通公路村119个；新修水利工程、1075处，累计新增有效灌蓄水量187万立方米，累计解决了63.2万人、55.6万头牲畜的饮水难问题；基本完成贫困乡村的农网改造，实现城乡同网同价；大力实施村村通电话、电视工程；完成岩洞、窝棚户改造和高山易地移民搬迁1253户，3659人。建立了香月、欧营、石乳峰三大扶贫示范园区，以示范园区带动产业发展；以荣兴兔业、红土米业、汀来泡菜、金山农业、恒河果业等为代表的一批龙头企业实行公司加基地连农户的经营模式，带动了相关产业的发展，增大了扶贫效益，贫困群众增产增收产业链条进一步延伸。改扩建学校

28所,完成中小学危房改造6.26万平方米,解决了近3万名学生读书难问题;修建乡镇卫生院、村卫生室37所,解决了近30万农村人口的就医难问题;完成地方性氟中毒改灶9289户,使2.5万人摆脱了地方性氟中毒的危害。培训乡村干部31期,15700人次;开展实用技术和劳务技能培训40期,30000人次,其中:有15500名贫困农民掌握了一两门实用技术,组织了5300名贫困农民外出务工。贫困村人均纯收入达到1437元,人均占有粮食431公斤,分别比1996年增长103.3%、41.3%。

十二、非公有制经济

1997年,中共奉节县委、县人民政府提出“构筑以非公制经济为主体的县域经济格局”的战略思想,全县非公有制经济迅猛发展。10年来,非公有制经济无论从数量上、质量上、贡献上都奠定了在奉节经济社会“主力军”的地位,发生了翻天覆地的变化。

截至2006年底,全县个体私营企业10682户(其中个体工商户10019户,私营企业663户),从业人员21113人,注册资本金134921万元,分别比1996年增长9.23%、40.92%、757.98%,特别是私营企业增长最快,分别比1996年增长7.98倍、8.7倍、13.32倍。

2005年非公有制经济实现国民生产总值19.83亿元,比1996年增长68.3倍;实现税收1.16亿元,比1996年增长6.54倍;实现全社会商品零售总额12.94亿元,比1996年增长5.49倍;非公有制经济安置下岗职工累计达6389人,解决劳务用工33710人;非公有制经济在抗灾救灾、扶贫济困、捐资助学、光彩事业方面累计捐资1127万元,救助贫困学生2726人次。

十三、社会事业

(一)科技

10年来,颁布了《中共奉节县委关于加快实施科教兴夔战略的决定》,并制定一批科技配套政策。增加了科技的投入,保证了科技计划项目实施。共组织实施各级科技重点计划项目176个,完成结题147个。其中,承担科技部项目8个,完成结题4个。承担重庆市科技计划项目12个,完成结题11个。获市级科技进步三等奖2项。协助科技成果转让1项。协助申报国家专利25项,获国家专利授权19项。协助专利转让意向2项。

狠抓科技成果转化,农业科技成果推广应用成效显著。粮经栽培技术。先后引进推广了美国茉莉香、农香16、临澳1号、登海11、渝黄1号水稻、玉米和油菜等品种;引进推广了朋娜、纽荷尔、梦脐、华红、长红、佛罗斯特、福本等脐橙和红宝石石榴、大五星枇杷、中华桃、巨丰冬桃、樱桃、核桃、龙泉一号杂交梨等水果新品种;引进萨能羊、南江黄羊、南非波尔羊、英美系约克、长白、杜洛克种猪、德系珍珠长毛兔、伊普吕兔等畜禽品种繁殖与推广。

(二)教育

近年来,奉节县以“建立渝东北边区教育中心和三峡库区教育强县”为总目标,按照“优先发展、科研兴教、教研兴县”三大战略,负重发展、奋勇创先取得了良好的成绩。

1.“两基”成果巩固工程。奉节稳步加强硬件投入,不断完善配套设施,累计排除危房16.20万平方米,新增校园占地面积639.3亩,新增校舍面积30.6万平方米。稳步加强入学控流和成人扫盲教育等工作,“四率”指标均达国家规定标准,2001年被评为全国“两基”先进县,2004年通过市政府复检验收,2007年接受国家复检验收。

2.移民迁校工程。大力实施“移校带移民”战略,结合移民迁校调整学校布局,将搬迁前的50所学校整合成38所,学校占地面积增加到928.5亩,(是搬迁前的2.92倍),移民学校占地面积增加到26.6万平方米(是搬迁前的1.68倍)。

3.教育品牌创建工程。成功创建400多亩规模为90个班的奉中新校,立项创建占地200多亩规模为90个班的县职教中心,引进重庆八中、巴蜀中学,创建了八中分校、巴蜀渝东中学,永安中学创建重庆市重点中学顺利通过市级专家组检查验收。引进县外优秀人才,培养县级骨干教师555名、学科带头人55名、教育教学专家5名。全面开展素质教育,2005年,荣获重庆市少年篮球赛第一名,辽宁小学、奉师附小分获重庆市少年儿童鼓号队暨管弦乐队比赛第一、二名。

(三)文化

直辖以来,奉节县文化和新闻出版业取得了良好的成绩,先后成立了5家民营文化礼仪服务公司和1支民乐队。"诗城博物馆"、"夔州民间艺术博物馆"和"瞿塘关"博物馆相继建成,也在今年五一前正式对外开放。全面完成三峡库区文物保护工作任务。直辖以来,奉节全面完成5处寺庙、1座桥梁、3处栈道、1处古水池和1处锁江铁柱等地面文物搬迁保护工作,是重庆库区第一个全面完成地面文物搬迁工作的区县。同时,地下文物考古工作取得丰硕成果。1996年以来,奉节地下文物抢救工作共发掘超过10万平方米,考古勘探100万平方米。出土各类文物1万余件,其中珍贵文物60余件,具有重要研究价值的文物2000余件。发现距今14万年的"奉节人"遗址、距今1万年的鱼复浦旧石器时代遗址、老关庙新石器时代遗址、上关战国墓群、宝塔坪唐代土洞墓群等重要遗址,填补了多项三峡地区考古的空白。白帝城被国务院公布为全国重点文物保护单位。白帝城博物馆被国家文化部、人事部命名为"全国文化工作先进单位"。2006年发现的"大唐国夫人墓记"碑了结了自宋至今关于赤甲、白盐二山古今指谓的一桩历史公案,引起了学术界极大关注。

(四)卫生

2006年,全县共有公立医疗卫生机构39个,村卫生室365个,私立医院4家,个体诊所134家,卫生资源总量日益增长,与2000年相比,房屋总量扩大到129763平方米,增长110%,业务用房扩大到97164平方米平方米,增长150%;实有病床1308张,增长120%,同时紧紧围绕创建全国中医工作先进县的目标,中医编制床位达到180张,比2000年增长260%。广大农民群众就医环境将得到根本改善,城乡卫生事业发展有了更加坚实的基础。2006年组织发动53.3万人参加新型农村合作医疗,达到农业人口的60.12%,圆满完成了市上对新增新型农村合作医疗试点县提出的目标任务。

(五)计划生育

奉节始终坚持计划生育基本国策不动摇,进一步加大领导力度,认真贯彻执行《人口与计划生育法》等法律法规,切实解决基层人口计生工作中的热点难点问题,严格实施"一票否决"制度,人口数量得到有效控制,人口质量明显提高,低生育水平得到稳定。全县计划生育工作2001年全面实现了"三为主",2003受到市委、市政府的通报表彰。1997年至2006年全县共出生130531人,年均出生率12.98‰;年均自然增长率6.76‰;平均合法生育率85.76%。10年比计划少出生2.5万人,为社会经济发展作出了积极贡献。

(六)体育

直辖以来,奉节县体育事业达到了长足的发展,2001年被国家体育总局正式命名为"全国武术之乡"、全国群众体育先进单位、全国全民健身活动宣传先进单位。2003获重庆市抗非典群众体育活动先进单位、2004年获重庆市全民健身周活动优秀组织奖、2005年获重庆市全国体育场普查工作二等奖。竞技体育成绩显著,共获国家级金牌97枚(含一等奖),银牌2枚,铜牌3枚;获市级金牌65枚,银牌36枚,铜牌39枚。培养和输送了国家二级以上等级运动员56人,世界举重冠军张勇,四川省田径队队员、国家级健将田小霞,四川省水球队员、国家一级运动员叶翔,重庆三体校举重队员孙飞霞、宋迎春、朱江华,辽宁省田径队邬小琴,珠海市体校摔跤运动员吴玲,皮划艇运动员李红等。

(七)社会保障

初步形成了以"两个确保"、三条保障线和五项社会保险制度(即职工基本养老保险、失业保险、医疗保险、工伤保险、生育保险)为主体的社会保障体系基本框架。截至2005年,纳入社会保险的职工共达12.2万人,其中养老保险3.7万人(其中:机关事业单位职工1.2万人,退休职工0.4万人)、失业保险2.8万人、医疗保险2.7万人、工伤保险2.1万人、生育保险0.9万人。各项社会保险制度的建立,有效的保障职工在退休、失业、患病、生育、负伤、因工伤残或者患职业病时的基本权益,维护了改革发展稳定大局,发挥了市场经济的"减震器"、社会公平的"调节器"和现代社会的"安全网"的作用。

(八)广播电视

成立了县广播电视台,自办10个专题栏目,设有9个广播电视中心网络站。拥有广播电视光干线1000杆公里,比1996年的28杆公里增加了972杆公里,网络总长1.6万多公里。全县现有有线电视用户7.5万余户,比1996年的0.8万户增加了6.7万户。全县397个50户以上自然村实现村村通广播电视,广播电视通乡镇率达100%,通村率达57%,综合覆盖率达98%。全县以广电网络为依托,建起了一个功能齐全的"奉节信息港",截至2006年底,已有26个乡镇开通视频会议系统,各机关、企事业单位共107个点已开通党政网,开通了113个农村党员远程教育网点,开通了农村76个合管网点。

十四、人民生活水平

随着经济社会的全面发展,城乡居民收入逐步增加,消费结构有了明显改善,生活质量和生活水平日益提高,全县人民生活正迈入小康。2005年,城镇居民人均住宅使用面积达到28平方米,农民人均住房面积27.5平方米,城镇居民可支配收入达到5564元,农民人均纯收入达到2107元,在岗职工年平均工资达到12189元,分别比1996年增长1倍、1倍、82%、73%、2.5倍。随着收入的大幅度增长,城乡居民的消费结构发生了显著变化,生活更加丰富多彩。

注:本文数据来自奉节县统计局及相关部门

撰稿单位:重庆市奉节县人民政府

执笔人:刘光华

巫山县

巫山县抢抓重庆市直辖大机遇,坚持以邓小平理论和"三个代表"重要思想为指导,牢固树立科学发展观,大力实施"特色产业富县",以三峡大移民和西部大开发统揽经济社会发展全局,县域经济得到快速健康发展。

一、综合经济

2006年实现地区生产总值22.66亿元,是1996年2.6倍,年均增长10.0%(见表1,下页);三次产业结构比由1996年的51.2:17.1:31.7调整为2006年的32.1:19.8:48.1(见图1,下页),分别实现7.28亿元、4.49亿元、10.89亿元,比1996年增长0.6倍、2.0倍和2.9倍;完成固定资产投资18.01亿元,比1996年净增14.54亿元,年均增长17.9%;社会消费品零售总额9.36亿元,比1996年的3.45亿元增长5.91亿元,年均增长10.5%;地方预算内财政收入1.14亿元,比1996年增长0.71亿元,年均增长10.2%;城镇居民可支配收入8672元、农民人均纯收入2145元,分别比1996年增长1006元、5304元,年均分别增长9.8%和6.5%(见表1,下页);城镇化率达到22.6%,年均提高1.6个百分点。城镇登记失业率、人口自然增长率分别控制在4.3%和5‰以内。

表 1 直辖 10 年巫山县经济发展主要指标一览表

指标 / 年份	GDP (亿元)	一产业 (亿元)	二产业 (亿元)	三产业 (亿元)	社消费品零售总额 (亿元)	固定资产投资 (亿元)	地方财政收入 (亿元)	农民人均纯收入 (元)	城镇居民可支配收入(元)
1996	8.76	4.48	1.50	2.78	3.45	3.47	0.43	1139	3368
1997	9.86	4.59	1.77	3.50	3.98	3.79	0.47	1344	3698
1998	10.31	4.59	1.90	3.82	4.16	4.85	0.54	1415	4061
1999	10.77	4.46	2.10	4.21	4.36	5.51	0.47	1224	4256
2000	11.33	4.56	2.22	4.55	4.63	7.00	0.53	1261	4588
2001	12.80	4.68	2.71	5.41	5.02	8.81	0.58	1322	5186
2002	14.30	4.95	2.24	6.11	5.78	12.54	0.89	1453	5960
2003	16.27	5.35	3.75	7.17	6.33	15.28	0.92	1585	6526
2004	17.91	5.85	3.81	8.25	7.21	10.47	0.86	1834	7380
2005	19.77	6.33	4.46	8.98	8.18	13.53	0.91	2031	8016
2006	22.66	7.28	4.49	10.89	9.36	18.01	1.14	2145	8672

注：数据来源于巫山县统计局。

图 1 1996—2006 年巫山县三次产业结构比较图

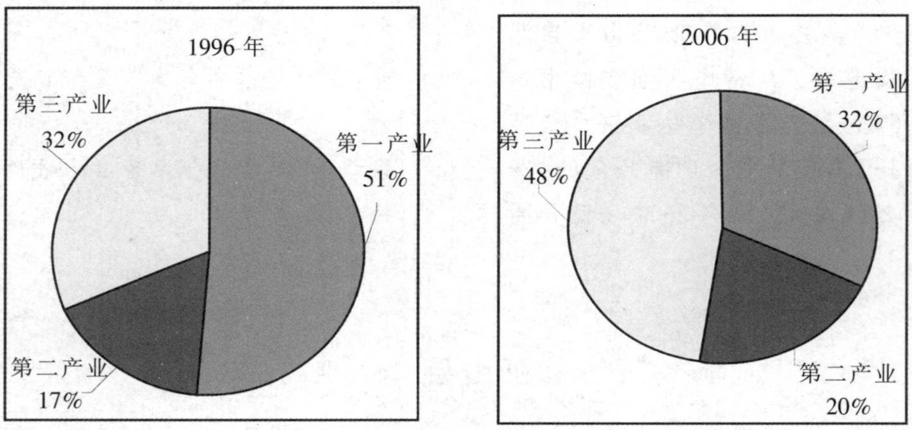

二、三峡移民

(一)移民工作顺利推进

三峡工程淹没巫山县总幅员面积 49.3 平方公里，涉及 1 座县城，12 座集镇，49 家工矿企业，17 个乡镇 88 个村 350 个村民小组，淹没总人口 56055 人，土地33201.3 亩，各类房屋面积 224.7 万平方米。如期完成了一、二、三期移民搬迁安置任务，实现三峡工程 156 米按期蓄水。截至 2006 年底，累计完成各类移民资金 34.78 亿元，搬迁城乡移民 81633 人，复建房屋 237.1 万平方米，完成移民生产安置 50175 人，复建专项道路 48.5 公里，大桥 3 座，集镇码头 5 个，县城北门客运等 3 个码头已完成总工程量的 95%，输电线 314 公里，通信线路 232.5 公里，广电光纤 130 杆公里。移民工作已完成实际总任务量的 90%以上。

(二)拉动县域经济蓬勃发展

重庆直辖以来，全县移民迁建投资达 31.24 亿元，成为县城建设第一资金来源，这些资金的投入促进了旅游、农牧业、建筑建材、餐饮、商贸服务等产业的蓬勃发展，移民拉动经济增长 57 个百分点，促进了财政收入稳步增长。

(三)城镇旧貌换新颜

巫山旧县城占地 0.8 平方公里，常住人口

3.4万人，城区街道狭窄，拥挤不堪，主街道最宽处9米，基础设施十分落后，房屋陈旧破损。三峡移民建成新县城，占地3.79平方公里，常住人口7万多人，建房260万平方米，人均住房面积30平方米，水、电、路、气等城市工业功能设施配套完善，新县城商贸流通繁荣。移民乡镇也发生了翻天巨变，大昌、培石、南陵、曲尺、大溪等12座集镇，从一个房屋低矮破旧、交通落后、通讯不畅的小集镇，建设成为房屋错落有序，街道宽敞整洁，基础设施完善的新兴移民集镇，成为全县小城镇建设的亮点。

(四)人居环境极大改善

全县移民投资建设"三民"安置复建统建房147幢5139套42.47万平方米，移民迁建城镇居民户均面积达80平方米，城市绿化用地达40%，"增绿工程"成效显著，人均公共绿地达到7.1平方米。污水处理厂和垃圾处理场建成使用。

三、农业农村经济

(一)农业农村经济稳步发展

2006年农林牧渔业总产值达到11.39亿元，年均增长4%；粮食产量达到4.1亿斤。产优质烟叶21万担、烟农收入过亿元；产茧2940担，蚕农收入272万元；出栏生猪50.5万头、牛5540头、山羊23.3万只，连续29年保持无重大动物疫情；新建优质烤烟、柑橘、蚕桑、魔芋、茶叶、中药材、蔬菜七大基地；建成无公害优质生猪、肉山羊基地，松子、板栗、核桃通过有机食品认证；累计完成退耕还林31万亩、荒山造林57万亩、天然林保护192万亩、库周生态搬迁1200人，启动实施福田镇凉水示范村等28个新农村建设，完成两坪乡仙桥村等20个康居示范村建设规划。

(二)农业内部结构进一步优化

1996年农业总产值42277万元，林业总产值3700万元，牧业总产值22269万元，渔业总产值274万元。2006年农业总产值57401万元，林业总产值9794万元，牧业总产值45670万元，渔业总产值1025万元。农业内部结构得到了优化，农业、林业、牧业、渔业产值比由1996年的61.7:5.4:32.5:0.4调整为2006年的50.4:8.6:40.1:0.9(见表2)。

(三)农业科技得到加强

农业机械总动力由1996年的7.9万千瓦增至2006年的20万千瓦，增长了1.5倍，农业机械化综合水平由0.3%增至7.5%。微型耕耘机推广由11台增加到520台，机耕面积由0.6万亩增至9.1万亩，增加了14.2倍。10年来共培养农业中专毕业生302人，系统培训种类农村实用技术人才4493名，是直辖前10年培训量的2倍。其他各种现场农业培训1000余次，4万余人，是直

表2 巫山农业内部结构变化一览表　单位:万元

年份＼指标	农林牧渔产值	农业	林业	牧业	渔业	农:林:牧:渔
1996	68520	42277	3700	22269	274	61.7:5.4:32.5:0.4
1997	70365	41515	4081	24417	352	59.0:5.8:34.7:0.5
1998	71577	41372	2935	26841	429	57.8:4.1:37.5:0.6
1999	68714	38068	2061	28104	481	55.4:3.0:40.9:0.7
2000	70072	37979	2803	28729	561	54.2:4.0:41.0:0.8
2001	72443	38829	2608	30426	580	53.6:3.6:42.0:0.8
2002	78044	40895	3824	32701	624	52.4:4.9:41.9:0.8
2003	86836	42810	7207	36037	782	49.3:8.3:41.5:0.9
2004	98507	48761	8176	40486	787	49.5:8.3:41.4:0.8
2005	115604	57224	9479	47976	925	49.5:8.2:41.5:0.8
2006	113890	57401	9794	45670	1025	50.4:8.6:40.1:0.9

注：数据来源于巫山县统计局。

辖前10年培训的3倍。完成“一池三改”近1万口。1996年,全县沼气池1500口,2006年全县各类能使用沼气池12000口,增长了7倍。

(四)劳务经济较快增长

2006年,全县劳动力转移总量达14.3万人,比1996年增长310.9%,实现非农收入8.5亿元。其中劳务输出11万人,实现务工收入6.6亿元。完成移民及农村富余劳动力分户建卡立档,盘清移民“双零家庭”情况,395个移民户就业两个“零目标”基本实现,移民劳务输出5272人。建成劳务信息发布中心、劳动力市场人才交流中心和库区首个“远程招工可视系统”。整合培训资源,职教中心初步通过国家级重点职业学校验收,劳动技能培训基地基本建成;实施广东扶贫助学等十种劳动力职业技能培训模式,培训劳动力2.1万人次,其中培训移民5592人。突出发展巫山特色劳务,建工、缝纫、刺绣等品牌打造已具雏形。建立北碚、广东劳务输出固定渠道,有序输出2.5万人。农民人均纯收入快速增长。1996年人均纯收入为1139.4元,2006年2145元,增长了88.3%。农民增收主要依靠一产业增收转变为依靠二、三产业为主,由依靠就地增收到外向务工增收为主转变。

(五)水利建设较大发展

一是人畜饮水工程。坚持“突出重点,以点带面,全面推进”的指导思想,相继完成新县城朝阳洞、二廊庙供水工程和大昌、双龙、曲尺、南陵、培石等移民场镇以及龙井、月池、抱龙、两坪、大山、福田、龙溪、骡坪、笃坪、楚阳、当阳、官渡中学片区、竹贤等32处场镇或片区集中供水工程建设,完成投资4327万元,解决了15.4万人、10.5万头牲畜的饮水问题。二是电源点建设。完成小石峡水电站建设,总装机6400千瓦,总投资约5300万元;完成抱龙电站建设,总装机1000千瓦,总投资750万元;完成神女峰电站建设,总装机400千瓦,总投资76万元。均已建成投入运行。三是水库整治。“八一”水库整治工程完成引水隧洞2210米,库内整治49806立方米等工程内容,完成总投资898万元;三关水库完成输水堰、引洪堰及中干渠整治,完成投资90万元;双凤水库完成水库大坝上游护坡、下游坝体填筑、新修溢洪道等,完成投资50万元;完成钱家水库病险及放水设施、三关水库放水设施和官渡雷坪河堤整治,总投资91万元。四是水土保持。“长治”工程全面完成并通过验收,累计完成治理面积146平方公里,总投资4163.35万元,通过了创建“长治”工程样板县和水土保持生态环境监督管理重点县的验收,进入了全国100个、长江流域33个水土保持生态环境建设示范县之列。七星水保综合治理工程作为第12届国际水保大会的参观点,受到了大会中外专家的充分肯定;完成福田椿树湾小流域综合治理17平方公里,其中坡改梯6930亩,水土保持林12400亩,经济果木林9200亩,种草17600亩,封禁治理30900亩,保土耕作4800亩,完成投资100万元;完成赵钱沟小流域水土流失综合治理面积33平方公里,完成坡改梯295亩,引水排堰2955米,机耕道1387米,蓄水池3口,水保林1068亩,田间路8061米,完成投资320万元;水土保持骡坪项目区,争取到位国家补助资金496万元,现已完成水土流失综合治理面积68.00平方公里,重点完成了竹贤坡改梯280亩,骡坪、楚阳栽植经果林4000亩,骡坪排灌沟渠630米。实施完成大示范区建设39.50平方公里,生态修复建设19.20平方公里。五是河堤整治。完成福田河堤左岸主堤整治工程1725米,硝洞沟支堤425米,完成投资356万元;完成竹林河堤整治工程1000米,完成投资40万元。六是水环境项目。新城污水处理厂主体工程全面完成,累计完成投资8800万元;大昌污水处理厂完成投资1456万元,工程已竣工投入运行。

四、工业经济

(一)工业经济大幅攀升

2006年底,全县实现工业总产值54036万元,比1996年的28012万元增长了26024万元,实现工业增加值19945万元,比1996年增长

38.51%,占全县GDP的8.8%。主要产品中的原煤从1996年的70.1万吨，增长到2006年的175.2万吨,增长149.93%,发电量从1996年的6984万千瓦时增长到2006年的10352万千瓦时,增长48.22%。经济效益综合指数从1996年的64%增长到2006年的71.5%，增长11.72%，1996年至2006年，工业固定资产投资累计完成12.89亿元。

(二)煤炭产业成为支柱产业

2006年原煤产量是1996年70万吨的3倍，达到175万吨。实行煤炭税费“一票制”,征收税费6530万元。

(三)淹没工矿企业结构调整成效明显

到2002年全面完成30户企业的破关任务，安置职工5765人,兑现资金7533.67万元,占应兑现资金的100%。已申报核销银行及资产公司债务14826.53万元。2003年巫山县实施关闭的工矿企业12户,安置职工1680人。2004年巫山县完成了53户企业破关计划的申报工作，15户纳入国家计划,6户纳入市计划。启动17户企业的改革破产、关闭工作,安置职工3101人,申报呆坏帐核销1.9亿元,其中已打包核销工商银行债务1.1亿元。2005年巫山县共完成24户企业破产关闭工作，安置职工4327人。2006年实施企业破产、关闭、改制17户,安置人员1661人。

(四)工业企业产业调整取得实效

以国家已出台产业政策为依据,结合巫山特色产业发展实际,提出各乡镇鼓励发展、限制发展、禁止发展的产业指导意见,强化产业政策导向作用,引导企业资金投向,避免低水平投资和重复建设。1996—2006年,强化采掘业、制造业及电、煤、水生产和供应业的投资,累计完成投资12.89亿元。在项目审批、核准和备案上严格把关,大力支持库区鼓励类产业的发展,严格控制发展能耗高、污染重产业,继续开展淘汰落后生产能力、工艺和产品的工作。城区三家水泥厂联合技改搬迁于2005年启动；巫山县煤电有限公司,投资180万元对田家及福田煤矿的安全监测系统等设备进行更新，并对矿井主巷道进行改造,使其符合安全生产要求。丁家湾煤矿等十余煤矿按照产能和安全标准设计进行了技改,增加产煤能力30万吨,涌现出了倒流水煤矿、田家煤炭工业供销公司等成倍增能的典型，

五、基础设施建设突飞猛进

(一)交通

交通基础设施建设成就显著。1997年来,利用移民迁建的机遇和移民补偿资金,争取多方投入，高起点规划建设以县城为中心的交通网络，全县公路通车里程达2633公里。其中，完成了“八小时重庆”巫山段(渝巴路龙王淌至新城)建设任务；渝宜高速公路巫山段正式开工建设;渝宜高速公路巫山段建设加快;“三小时巫山”工程如期实现,完成县城至骡坪、官渡、大庙、福田、大昌公路和大昌至平河旅游公路路面的硬（油）化,。巫渣路、两巫路、大九路等出境干道进展顺利；建成以长江公路大桥为标志的手爬岩大桥、涧漕沟大桥等公路桥50余座,龙门旅游码头、北门客运码头、西坪货运码头完成主体工程。

(二)电力电网

1996年以来,建成装机2×630千瓦的八字沟电站、装机2×2000千瓦的当阳电站和装机2×3200千瓦小石峡电站，完成了三溪火电厂2×6000千瓦火电机组技改项目，装机4800千瓦下庄电站完成了基础设施建设,千丈岩水库电站正在开发建设中。农网改造一二期工程共新建于改造35千伏变电站3座,新建与改造35千伏线路47公里、10千伏线路982公里,完成了243个村及场镇的电网改造，完成一户一表安装57935户,城区电网改造一期和农网改造一二期均全面通过市级验收。彻底解决边远地区无电户用电问题的“户户通电工程”亦于2006年顺利完成。

(三)通讯

程控电话已开通至乡村,基本实现“村村通话”,全县单机电话基本普及。移动、联通等移动电话网络覆盖全县。县城与26个乡镇的视频会议系统建成投入使用,GSM和CDMA网络逐步

覆盖,全县通讯条件得到有效改善,通讯能力得到有效提升。

(四)市政设施

以城市道路、供水、供电、供气和生活污水垃圾处理为重点的市政设施建设步伐加快。2万吨新城供水厂建成投入使用,完成了日处理能力2万吨/日新城污水处理厂及管网、填埋库容130万吨的县城垃圾处理场、0.2万吨/日大昌污水处理厂及管网以及县城天然气管道输配工程。20030平方米市政广场建成投入使用,二期工程(移民广场)、大昌镇垃圾处理场正加紧建设。新县城先通过中国优秀旅游城市、全国卫生县城、国家生态示范区验收,有效促进了农村人口向城镇定居和农村劳动力向二、三产业的转移,2006年城镇化率达到22.6%。

(五)生态建设

突出退耕还林、天然林保护、农田水利基础设施等建设。完成退耕还林81.87万亩,库周绿化建设11.28万亩,天然林保护38.83万亩,森林覆盖率提高到31.5%。完成生态环境综合治理完成92.66平方公里,农业综合开发治理工程完成4.42万亩,官渡河流域农业综合开发、庙宇坝土地整治等农田基础设施改造项目,大大提高了土地产出率,水土保持作用显著加强,很大程度地改善了农业生产条件。

六、旅游经济

(一)旅游支撑性地位得到巩固

成功举办重庆第二届森林旅游节及每年一届巫山神女旅游文化节;小三峡—小小三峡成功创建国家5A级旅游景区,获得中国旅游名县、中国优秀旅游城区和市级生态环境保护示范景区称号;神女溪景区正式对外开放;小三峡提档升级、神女巫山大型山水实景演出等项目取得阶段性成果。10年来累计接待游客800余万人次,旅游直接收入累计突破10亿元,创社会综合经济效益32亿元,旅游从业人员达3000余人。旅游支撑性产业地位得到巩固,占全县国民经济的44%。

(二)旅游带动县域经济

带动移民搬迁安置,为移民提供就业岗位2550个。带动特色观光农业,培育了云雾茶业、春秋公司等12家观光企业。带动交通运输业,年实现水路客运137万人次,公路客运370万人次。带动商贸流通业,发展"农家乐"53处、名小吃125家,一批名店落户巫山。带动对口支援,引进对口支援资金3.8亿元,招商引资4.1亿元。

(三)旅游开发有序推进

直辖以来,巫山加大规划投入,依法治旅,引导旅游产业规范发展,完成了巫山县旅游发展总体规划、巫山县小三峡、小小三峡景区保护建设规划、巫山城周旅游开发建设规划等,明确了以北部小三峡、东部巫峡、南部龙骨坡景区为重点的旅游开发思路。

(四)旅游服务不断增强

巫山县有国际旅行社1家,国内旅行社20家,星级宾馆5家,小三峡大型豪华游船16艘,小三峡双机游船120艘、环保游船40艘,旅游接待车100余辆,景区游客最佳接待达2万人次/天。新建旅游购物商店138家,码头、景区旅游经营摊点350余家,旅游重点饭店28家,旅客娱乐中心8家。开工建设县城、大昌旅游接待中心,开辟了码头旅游品专卖市场,实施了旅游码头区封闭运行。丰富旅游内容,启动大昌旅游码头、游客中心建设,启动小三峡古栈道复建、小小三峡乌蓬船、小三峡旅游趸船等项目,开了神女溪、梨子坪森林公园,巫峡十二峰基础设施、县城旅游片区、文峰观旅游片区开发等重点项目进入积极论证中。

七、重大项目与对外开放

(一)通过实施产业扶持项目,促进了县域特色产业架构初步形成

随着交通、电力、通讯、农业基础设施的改善,加之近年来国家对三峡库区产业的扶持,各产业均有了较快发展。农业上紧紧围绕"烟、畜、

桑、林、特”五大重点，建立了烤烟7万亩、畜牧养殖小区13个、密植桑园7万亩、魔芋8000亩、茶叶7500亩、中药材20000亩的种植、养殖基地。随着茶叶、魔芋精粉、中药饮片、淀粉食品等加工厂的陆续开工建设，加上营销网络逐步完善，农业产业化格局即将形成。工业上加强以煤炭、电力资源为主的开发利用，取得了较大突破，已成为全县的一大支柱产业。旅游上通过积极应对库区蓄水后旅游面临的挑战，实施景区提档升级项目，通过旅游基础设施的改善，建成大昌至平河标美路23km，县城至手爬岩山重二级路旅游专线46km，加大营销力度，旅游经济实现了恢复性增长。

（二）通过实施搬迁综合整治项目，生态环境建设根本好转

一期、二期地质灾害防治工程全面通过国家验收；三期地质灾害防治川东淀粉厂、望碑沟滑坡已竣工，二郎庙滑坡、平湖路直管房、高塘观、风管局、燕子坪137段、红石梁119、桂花移民新村129库岸、龙水移民新村125、洋河居民点133、134、青龙居民点131库岸正加紧实施，江东嘴库岸121段、128段已批准监测预警方案，122段已批准搬迁避让方案；完成三期高切坡治理应急项目3个。

（三）重大前期建设项目进展顺利

旅游支线机场已委托设计单位完成部分前期工作。龙雾坝抽水蓄能电站已委托华东水电勘测设计研究院完成该项目地的主要前期工作。桃花铁矿已探明储量将达1亿吨以上，有铁、煤、硅化矿三种矿种，现已进入勘探阶段。风力发电项目已委托北京华信电力事业总公司在当阳葱坪、笃坪凉风垭分别建立了测风塔进行风能资源观测。2×50MW垃圾焚烧发电项目已完成资源调查工作，委托中介机构编制项目预可研，正在编制项目核准申请报告。

（四）项目规划和引资取得重大突破

成功引进市水投集团开发巫山县后溪河流域水能资源，已签订合作开发协议；新城水源点金鸡沟水库项目确定由兴峡公司作业主，初步确定库容350万方，总投资6000万元；渝北东灌区项目，已通过水利部长江水利委员会评审，第一期可研已通过国家水利部批复，国家计委正在进行审查；千丈岩水库电站项目，已完成规划评审、征地、可研和初设等前期工作，即将开工建设；完成了病险水库整治总体规划，三关水库、水磨水库整治通过重庆市水利局审查批准送呈长江委评审，三关水库总投资532万元，水磨水库总投资600万元。辽原水库整治通过市水利局、长江委审查并作为重点小（一）型水库送呈水利部待审定，总投资560万元；完成了放马大堰灌区农业综合开发水利骨干工程规划，该项目总投资2286.81万元，其中国家投入762.27万元；编制完成创建国家级水土保持生态环境建设示范区实施方案、骡坪水土保持综合治理实施方案、重庆市保护母亲河小流域综合治理工程水井湾流域可行性研究报告及红石梁小流域综合治理实施方案；完成了官渡河堤、福田河堤、楚阳河堤、庙宇消水洞等应急度汛工程的规划并上报，其中庙宇消水洞已列入水毁修复项目上报水利部；编制完成农村水电“脱贫解困”工程规划、观音岩水电站的立项报告及相应材料。招商引资取得新突破，引进重煤集团、交旅集团、航发司、三峡风天然气公司等企业入驻巫山；四年累计争取招商项目17个，到位资金7.5亿元。对口支援成效明显，搭建北碚区集团对口支援工作平台，签订经济合作项目5个，培训各类专业技术人员511名，援建移民村级活动室10个，启动北碚·巫山·广东工业园区建设前期工作；成功举办对口支援十周年庆典，争取到广东省、三峡总公司、珠海市和重庆宣传帮扶集团、北碚区集团对口支援资金8590万元。

八、社会事业

（一）社会事业不断进步

教育事业稳步发展。拥有各类学校322所，普通中学17所，小学300所；专职教师4019人；在校学生102434人，学龄儿童入学率99.9%；

2006年高考上线率达92.6%,位居市前列。职业教育取得长足进步,建成了63060平方米的成人职业教育中心;"两校"科技楼、图书楼也相继启动,教育基础设施得到较大改善;巫山师范、电大分校、教师进修校、大昌"四校"、双龙小学等一批学校的移校搬迁顺利完成。医疗卫生网络体系逐步健全。县人民医院传染病区竣工,医疗中心住院大楼启动建设;全县有31个卫生机构,专业卫生技术人员747人,新型农村合作医疗试点稳步推进,参合率达71.7%。建立并完善以独生子女奖励扶助政策为主要内容的利益导向机制,"婚育新风进万家"活动获国家先进。成功抗击"非典"、高致病性禽流感等重大疫病,地氟病防治改灶降氟10188户。文化活动丰富多彩。申报了非物质文化遗产龙骨坡抬工号子和邓家踩堂戏,民间艺术表演皮影戏也逐步恢复和发展。成功举办"高峡出平湖,相聚新巫山"大型演唱会、"多谢四方众乡亲——巫山行"大型文艺晚会、全县第一届运动会、农村特色文艺汇演等大型文化体育活动,建成7个乡镇文化站,配套40个村级文化活动室体育设施。固定电话、移动电话用户分别达到8.1万户和13万户,互联网用户达到6834户。有线电视覆盖率达到88%、入户率22%,375个50户以上的自然村实现"村村通"。妇女、儿童、工商联、老龄工作进一步加强;"五保"老人待遇全面落实,建成农村"五保"家园15个,创建合格社区4个并通过市级验收;外事、对台、侨务、宗教等工作迈出新步伐。

(二)社会稳定和谐

落实再就业优惠政策,累计兑现社保补贴和岗位补贴508万元,减免税费1850万元,发放小额贷款400万元;落实城区职工住房公积金补贴500万元;五大社会保险参保人数稳步增长,实现保险费收入15542万元;"两个确保"得到进一步巩固,纳入城镇"低保"35684人次,发放"低保"金3308万元。实施"个十百千万工程"(即,动员全社会一个关爱工程,关爱下岗失业人员的就业再就业,打造培育十个明星企业,每年帮扶百名困难下岗失业人员,培育千名小老板,带动万人再就业。)和"一帮一"活动,安置各类下岗失业人员1.4万人,扶持1586名"4050"人员实现再就业。全力维护劳动者权益,完成建筑领域清欠工作,为民工追薪5180万元。深化平安巫山创建活动,获全国"平安家庭"先进区县称号;坚持打防结合、标本兼治,妥善处置群体性事件,突出社会治安综合治理,社会治安防控能力进一步提高;深入开展严打整治专项斗争,刑事案件发案率下降13.2%;"禁种铲毒"实现"零"目标;防邪工作经验在全国推广。依法规范信访秩序,进一步完善信访网络、层级排查调处机制,实现"三降一升"(即,信访总件次下降、总人次下降、越级进京上访人次下降;"一升"是指息访率上升)目标。推行党管安全体制,健全乡镇安全监管机构,落实"三级三层四卡"(即,在安全生产工作中建立完善县级、乡镇、村社与企业三层负责制。"三级"指将安全目标责任落实到分管领导、中层干部和职工人头;落实到村、社、居委会头上;落实到企业、矿井、车辆、船只等业主。四卡指实行一车一卡、一船一卡、一矿一卡、一隐患一卡的安全生产管理制度。)管理责任,"113"安全生产示范县建设扎实推进,"安保互动"工程全面启动,交通、煤矿、消防等15个重点行业安全专项整治成效显著,人民群众生命财产安全得到有效维护。

注:本文数据出自巫山县统计局

撰稿单位:重庆市巫山县人民政府办公室
执笔人:黄承权、陈宗杰

巫溪县

位于重庆市东北边陲渝陕鄂三省市交界处的巫溪县,境内山大坡陡,自然灾害频繁,生产要素缺乏,道路交通通而不畅,但同时却拥有着丰富的旅游和水能资源、矿产资源以及以中药材为主的生物资源。重庆直辖以来,巫溪县委、县政府审时度势,立足实际,大力实施"超常规运作,突破性建设,跨越式发展"的"追赶战略",加速"三全开放"(全面开放,全民开放,全方位开放),念山水经,唱绿色戏,打特色牌,走生态路,逐步解决严重制约全县经济社会发展的交通、能源、通信等"瓶颈",大力发展教育、文化、卫生等社会事业,经济社会得到了长足发展。开创并巩固了社会和谐进步、政治安定团结、人民安居乐业的新局面。

重庆直辖的10年,是巫溪县攻坚克难、夯基立柱、阔步奋进的10年,也是巫溪县自改革开放以来经济和社会发展速度最快、投资强度最大、人民群众得实惠最多的10年。2006年,全县生产总值达到16亿元,年均增长10.5%。全社会固定资产投资完成12亿元,年均增长32.9%。财政总收入1.04亿元,首次突破亿元大关;其中地方财政收入5598万元,同口径年均增长19.3%。社会消费品零售总额6.65亿元,年均增长12.4%;城镇居民人均可支配收入、农民人均纯收入分别达到7202元、2029元,年均分别增长10.1%、10.3%;金融机构存款余额突破20亿元,达到21.3亿元,比1996年末增加19.8亿元;城乡居民储蓄余额14.7亿元,比1996年末增加10.4亿元。

一、基础设施建设跨越式发展,城镇面貌日新月异

基础设施建设是城市建设的重点。10年来,县委、县政府不断完善城市功能,提出集"文化品位、山水园林、建筑特色"于一体的县城扩容目标,打通了南门公路隧洞、改造了文化广场和南门人行隧洞、新建了防洪河堤、长途汽车站 ,初步建成了6座景观桥 。对城区主要道路及临街建筑进行硬化、绿化、亮化和美化,铺设了人行道地面砖,新植了行道树。新老城区呈现出道路畅通、灯光华丽、绿化新颖、景观雅致、街道靓丽的喜人景象。

为大开山门,巫溪县全面加速交通建设。全县干线公路通车总里程由963公里增加到1099公里,硬(油)化公路285公里,实现了乡乡通公路、91%的行政村通简易公路。全县人民翘首期盼的奉溪高速公路胜利实现进场道路开工;巫十路(巫溪至十堰)、巫神路(巫溪至神龙架)一期工程、红池坝旅游公路建成通车;完成了渝巫路、巫恩路"安保工程"和巫溪大桥危改工程;农村公路建设快速推进,开工建设双塘路和12个村的通达工程;建成长途汽车站和连接新老城区的公路隧洞,极大地缓解了城市的交通压力。

到2006年底,全县城镇建成区面积达到14.75平方公里,城镇化率达到20.6%、年均增长2个百分点以上。县城扩容成效明显,建成区和在建区面积达到4.7平方公里;赵家坝、马镇坝两大县城扩容片区完成投资4.96亿元,完成各类房屋建筑总面积42.6万平方米。功能定位准确,配套政策到位,基础设施完善,主导产业明晰,特色经济突出的城镇发展新格局雏形初成。

二、工业经济总量扩大,运行质量提高

走工业强县之路,加速推进新型工业化进程,是县委、县政府确定的发展思路。工业经济在推动巫溪县经济加速进步、促进小城镇建设、解决就业难题等方面都具有无可替代的作用。10年来,通过上项目、抓技改、创品牌,巫溪县工业经济的结构、速度、质量和效益均有明显变化。

2006年,全县规模以上企业12家,总产值2.02亿元。快而有序地推进水能资源开发,新开工电站32座,总装机由3.7万千瓦增加到11.1万千瓦,年发电量由1.4亿度提高到2.8亿度,电力实现了由短缺到保障有余的历史性跨越;架设了巫溪至奉节220千伏输变电线路,基本保证了电力的输出;煤炭产量稳中有升,2006年"一票制"收入突破1000万元。农产品加工业快速发展,市、县级农业产业化龙头企业发展到26家,比2002年增加19家,其中4家获市级龙头企业称号;2家企业获得国际质量体系认证,5家企业获得QS认证;9个产品通过国家"有机食品"认证,8个产品通过国家"绿色食品"认证,7个产品获得GMP认证,1个产品命名为重庆市名牌农产品。同时,建材、丝绸、食品加工等传统产业稳步发展。同时,积极发展第三产业,活跃城乡经济。县城综合农贸市场、桥南街农特产品交易市场、渝陕鄂边贸城等竣工投入营运,一批乡镇农贸市场先后建成;金融保险、社区服务、房地产等现代服务业发展态势良好,三产增加值年均增长13.2%。

三、农业产业化稳步推进,特色产业发展迅速

巫溪县是一个农业大县,农业人口46.7万人,占总人口的89%。"求木之长者,必先固其本。"多年来,巫溪县强攻农业产业化这一推进农业和农村经济结构战略性调整、发展农村经济、增加农民收入的突破口。积极调整布局,做大规模;创新机制,扶持龙头;选好品种,创造品牌;搭好平台,搞好流通。农业产业化经营步伐加快,新的经济增长亮点频闪。

(一)大力调整农业产业结构

县委、县政府在资金、人力、物力等方面重点扶持"中药材、草食牲畜、蚕桑、绿色食品、烟叶"等五大重点产业。通过综合规划、分步落实责任等工作措施,进一步壮大这些产业规模。据统计,2006年底,全县农业产业化重点产业基地种植面积已达49万亩,占全县农作物总播种面积的41.8%,涉及农户9.5万户32.5万人,实现总产值6.2亿元,人均收入达到903元;产业化基地建设投资额达到0.65亿元。

(二)农产品质量体系建设步伐加快

围绕五大主导产业和其它特色产业,通过科研院所的技术扶持和生产设备的更新改造,隆望丝绸公司、美多公司的产品通过了ISO9001:2000国际质量体系认证,辰龙制药公司、红池药业有限责任公司获得了生产经营许可证,红池腊鲜、美多、聚峰、点金等4家企业获得国家食品生产经营许可证,其产品得到重百超市、重庆盘溪农贸市场等大市场认可和亲睐,产品订单不断;红池腊鲜公司的"巴山豚"系列腌腊制品获重庆名牌农产品;美多公司的"绿宁牌"糯玉米、优质淀粉等8个产品获国家绿色食品认证,红池生态集团公司有9个农产品被国家农业部认证为有机农产品。万统公司、索坤公司的产品也将获得全国工业产品生产许可证,全县还创立了无公害马铃薯产地、生猪生态养殖小区和一批无公害蔬菜基地。继美多公司的糯玉米系列产品、红池腊鲜公司的"巴山豚"系列腌腊制品分获重庆市第三届、第四届农展会最佳农产品奖后,在2006重庆·中国西部农产品交易会上,巫溪展团的产品格外抢眼,深受消费者喜爱,聚峰食品公司的"饭心"牌萝卜干系列、虹宇农贸公司的"香可儿"瓜子、宏兴公司的甜酸藠头获最受消费者欢迎农产品奖。

(三)重点龙头企业规模逐步壮大,带动作用增强

全县现有农业产业化龙头企业25家,其中市级龙头企业4家,百万工程重点龙头企业4家,县级龙头企业17家。龙头企业从事的主导产业涉及丝绸、畜牧、中药材、林产品、绿色食品等特色产业,不同程度辐射到30个乡镇80%的农户。万统公司、红池腊鲜公司、渝星建材公司、文鑫农牧公司、点金食品公司等龙头企业积极投入巫溪县第一个全市新农村示范村——三宝村建设,到该村建立特色产业基地,有力推进新农村建设。全县农业产业化龙头企业固定资产总值达到了1.63亿元,企业职工人数达到850人,其中

科技人员数达135人。2006年全县龙头企业实现营业总收入7500万元,实现利润520万元,实际缴纳税金365万元,年累计吸纳农村劳动力就业2760人,同比新增350人;增加农民收入5850万元。

四、生态环境不断改善,旅游产业框架初成

旅游是朝阳产业,也是就业工程、富民工程、富县工程,这已成为广泛共识。巫溪县更是一个有着丰富而独特旅游资源的好地方,这是自然与历史的厚爱与馈赠。巫溪县结合本地实际,提出发展“生态旅游”的构想。

发展生态旅游必须改善环境,为此,巫溪县从自然环境、社会环境和服务环境着手,不断优化旅游环境,全面提高景区环境质量和品位。大力推进天然林保护、退耕还林、库周绿化、水土保持等一批重点生态工程,已完成退耕还林34.3万亩,森林覆盖率达到42.5%;治理水土流失面积150平方公里,改造中低产田2.1万亩;大力推进生态家园富民工程,新建沼气池7050口;建成县城污水处理厂、垃圾处理场。同时,加大对从业人员的培训力度,不断提高服务质量和服务水平。

巫溪县始终坚持“稳近拓远,固老培新”的旅游市场促销战略,全力塑造“三峡生态明珠,巫巴文化故乡”的主题形象,唱响“灵山灵水灵巫文化,原生原态原始风情”主题口号,着力强化“崭新三峡,原态巫溪”旅游目的地概念和影响,稳固传统市场、拓展现实市场、挖掘潜在市场。一是在中央电视台、重庆电视台以及市县报纸、杂志上进行宣介,并制作了“三峡生态明珠,巫文化故乡”旅游画册和“巫溪之旅”宣传光盘,扩大巫溪县旅游在全国市场的知名度;二是抓好大型节会的旅游氛围营造和本土宣传工作,不失时机地向各地客商宣介巫溪旅游产品,取得了良好效果。并且成功地将“第三届巫文化旅游节”申报纳入了重庆三峡国际旅游节系列活动。三是参加全国、华中、重庆旅交会,在武汉、宜昌、重庆、安康、西安召开新闻推介会,进一步扩大了巫溪旅游的知名度。

巫溪县现有国内旅行社3家,旅游星级饭店3座,国内旅游定点游船18艘,国家级景区1个(红池坝国家森林公园)、省(市)级景区4个(重庆市历史文化名镇——宁厂古镇,阴条岭市级自然保护区、灵巫洞AA级旅游区、市级重点文物保护单位——荆竹坝岩棺群)、县级景区10个,从业人员近500人。开辟了“原始神秘巫溪游”10条县外旅游专线和4条县内旅游专线,现有旅游商品生产企业3家,旅游推荐宾馆、餐厅、购物点、参观点及医疗保健单位18家。基本形成了食、住、行、游、娱、购六要素相配套的综合产业体系和多元化、多层次的综合接待体系。

2006年“五一”黄金周,全县共计组接游客4320人次,比上年同期增长39.1%;实现门票收入13.51万元、旅游综合收入130万元,两项指标与去年同期相比分别增长42.7%、38.6%。

五、社会事业全面发展,人民生活质量提高

作为一个国家级贫困县,改善群众的物质文化生活是一项艰巨而光荣的任务。10年来,巫溪县委县政府通过加大投入,加强基础设施建设,大力发展社会事业,全县人民物质文化生活水平日益提高。

“百年大计、教育为本”。10年来,巫溪县全面贯彻教育改革政策,认真落实教育“一费制”和“两免一补”,群众累计受惠3283万元。通过全力推进“两基”攻坚,进一步改善办学条件。教育质量进一步提高,高考成绩连创新高。基础教育、职业教育和成人教育协调发展,巫溪中学、职教中心成功创市级重点学校。2006年底,全县共有中学21所、中心小学73所,教职工4300余人。

全县医疗卫生事业发展较快,不断造福人民。基本建立了城镇职工医疗保险制度,扩大了新型农村合作医疗的覆盖面;医政、妇幼、卫生监督、血液管理、爱国卫生等各项工作进一步发展。初步建立了疾病预防控制和医疗救治体系,防止

了严重传染病的扩散和蔓延。公共卫生工作得到加强,卫生基础设施明显改善,成功实施了卫Ⅷ项目/卫Ⅷ支持性项目,新型农村合作医疗试点工作覆盖全部乡镇,参合农民增加到37万,农民参合率达到81.6%;疾病预防控制有效开展,取得了抗旱防病及防治"非典"、禽流感等重大疫病工作的胜利;建立了农村、城镇特困人口医疗救助制度,因病致贫、因病返贫的现象得到缓解。同时认真落实农村部分计划生育家庭奖励扶助政策,出生人口素质明显提高,低生育水平得到巩固。

同时,社会保障功能逐步完善,"两个确保"进一步落实,五大社会保险制度逐步健全;干部职工住房公积金制度基本建立;社会救助工作取得实效,建设乡镇敬老院30所、"村级五保家园"25所、老年活动中心10个,对100户农村残疾人危房进行了改造。

科技、文化、卫生"三下乡"活动深入开展,群众性文体活动丰富多彩。近10年来,常年举办全县职工篮球联赛、老年运动会及太极拳比赛等。

新闻广播电视事业发展迅猛,行政村和50户以上自然盲村广播电视"村村通"工程建设全面完成。广播电视人口覆盖率逐年提高,就连偏远乡镇也纷纷建立了电视差转站。宣传科学理论,传播先进文化、弘扬社会正气,塑造美好心灵,为社会团结稳定服务,极大地丰富和发展了群众文化生活。同时,通讯事业也不断进步,电话普及率达到30.9%,提前实现乡乡通移动电话目标。为了拓宽对外沟通和交流渠道,建成了政府门户网站,实现党政信息网乡乡通,提高了行政效率。

此外,社会主义精神文明创建活动结下丰硕成果,多年来,巫溪县结合实际,开展了文明社区、文明单位、文明村镇、文明学校、诚信企业等各具特色的系列创评活动。市民素质得到了明显提高,先后涌现了"中华孝子"吴显才、"乡村名医"郑子全等先进典型。

未来10年,对巫溪来说是一个必须紧紧抓住并且大有作为的重要战略机遇期。巫溪县提出了未来五年的主要奋斗目标:力争实现"三个翻番":地区生产总值年均增长12%以上,2011年力争达到30亿元;地方财政收入年均增长15%,2011年达到1.1亿元;全社会固定资产投资年均增长25%,未来五年累计达到100亿元以上。实现"三个提升":农民人均纯收入年均增长10%以上,2011年达到3268元;城镇居民家庭人均可支配收入年均增长10%,2011年达到11600元;城镇化人口达到15.8万人,城镇化率达到30%。要实现这个奋斗目标,任重道远,但巫溪人民满怀信心,在县委、县政府的领导下,按照"三个代表"重要思想的要求,正以强烈的忧患意识、赶超意识、竞争意识和创新意识,搏击长空,激流勇进,努力实现新的跨越。

注:本文数据出自巫溪县统计局、2006年巫溪县统计公报

撰稿单位:重庆市巫溪县人民政府办公室

石柱土家族自治县

石柱土家族自治县位于重庆市东部、长江南岸,是全市唯一集少数民族自治县、三峡库区淹没县、国家扶贫工作重点县于一体的特殊县份。全县幅员面积3012平方公里,地形以山地为主,最高海拔1934米,最低海拔139米,立体气候明显。全县辖32个乡镇,总人口近52万人,其中农业人口43.8万人,以土家族为主的少数民族人口占总人口的72%。

重庆直辖以来,我们在全市明晰的思路指引下,在重庆大发展的有利格局下,以"紧跟部署,创新工作,加快发展"为总体要求,紧紧围绕全市办好"四件大事"、加快富民兴渝、全面建设小康

社会、建设长江上游经济中心的目标和建设三大经济发展区的部署，立足实际，坚持少走弯路、少留遗憾，多打基础、积蓄后劲，在走稳的基础上走好，在走好的基础上走快，充分结合县情，确立了石柱近中期的"六三一强"思路，即：依托特色资源，发展特色产业，形成特色经济（三特）；调整优化第一产业，培育壮大第二产业，大力发展第三产业（三产）；着重培育特色种养业、特色资源加工业和特色旅游业三大优势产业（三优）；立体开发绿色经济产品，探索创新绿色经济品牌，不断提高绿色经济效益（三绿）；着力夯实基础设施、投资环境和人口素质三大基础工程（三基）；加快推进产业化、工业化、城镇化进程（三化），全面突出、发挥和提升石柱的特色优势，努力把石柱建设成为三峡库区绿色生态经济强县（一强），为加快富民兴县、全面建设小康社会奠定坚实的基础。在"六三一强"思路的指引下，全县经济社会发展步入了历史上最快最好的时期，胜利实现了全县"三步走"发展战略的第一步目标，开创了建设三峡库区绿色生态经济强县、全面实现小康社会宏伟目标的新局面。

一、直辖十年，是石柱经济实力明显增强的十年

直辖以来，始终坚持以经济建设为中心，逐步克服了烟厂关闭带来的阵痛，全力加快特色种养业、特色资源加工业、特色旅游业三大产业的发展，逐步走出了县域经济发展的低迷期和转型期，综合经济实力明显增强，经济结构不断调优，"特色为本，绿色为体"的县域经济框架初步形成。

（一）经济综合实力明显增强

1. 经济总量与发展速度明显加快。直辖以来，全县国民经济发展主要指标呈两位数增长，2006年底与1996年相比，地区生产总值由13.4亿元达到29.02亿元，年均增长9.5%；全社会固定资产投资累计达到100.1亿元，年均增长35.5%；社会消费品零售总额由3.45亿元到12.11亿元，年均增长13.4%；辖区内财政收入由8670万元达到2.13亿元，是1996年末的2.5倍，年均增长9.4%；城镇居民可支配收入由2866元达到8609元，年均增长11.6%；农民人均纯收入由1090元达到2457元，年均增长8.5%。其中，2005年全县经济发展速度在全市三峡库区排列第五位，经济社会综合考评获全市一等奖。

2.三次产业结构进一步优化。直辖10年来，县域经济的第一产业下降了16.2个百分点，第二产业提高了2.2个百分点，第三产业提高14个百分点，即三次产业结构比由1996年的44.8:30.5:24.7调整为2006年的28.6:32.7:38.7；工业对财政的贡献率日益提高，2006年规模以上企业实现税收8615万元（见图1—图8）。

图1 地区生产总值

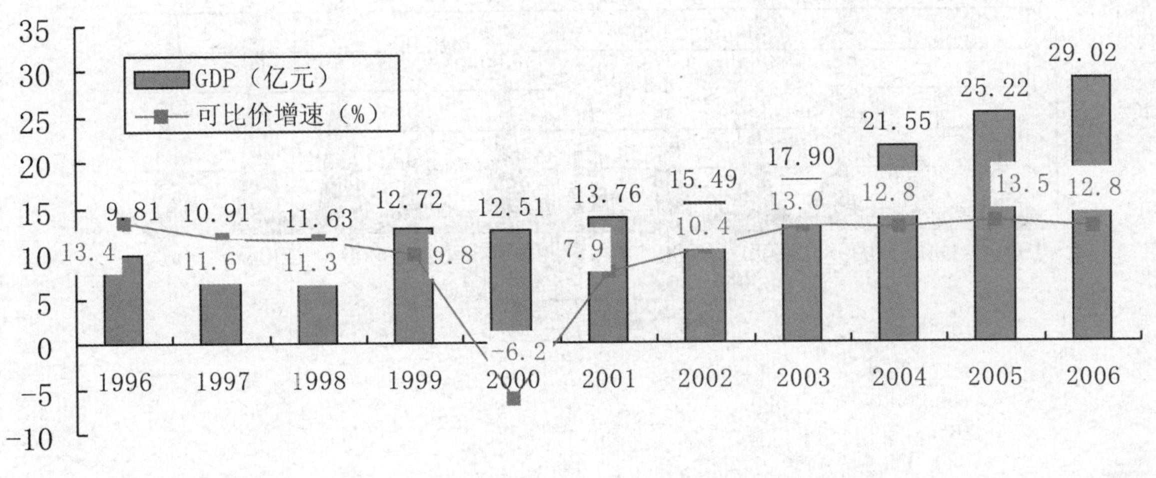

图 2 人均地区生产总值 单位:元

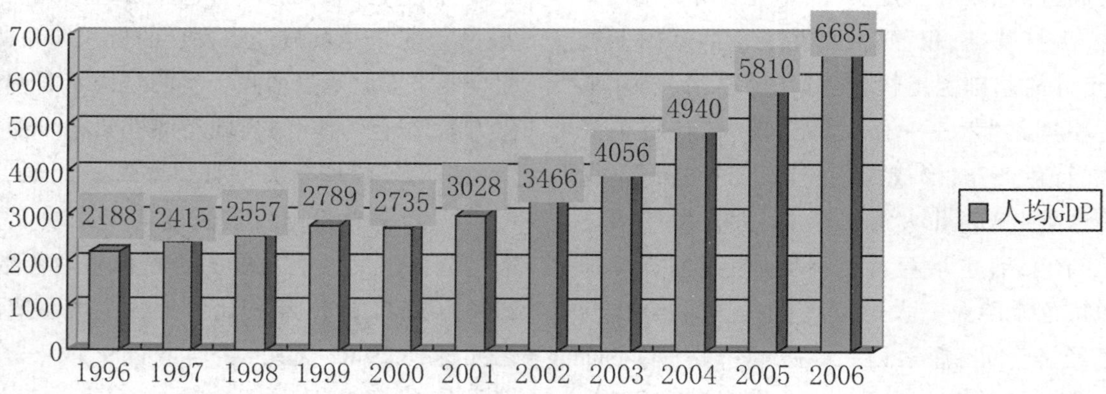

图 3 全社会固定资产投资 单位:亿元

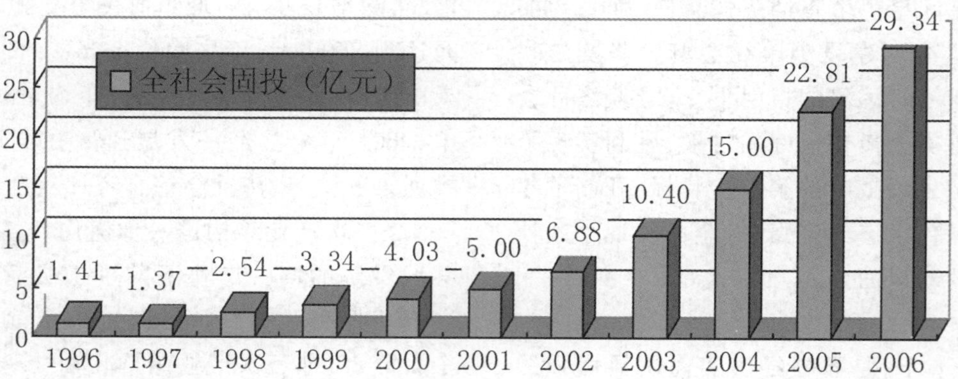

图 4 社会消费品零售总额 单位:亿元

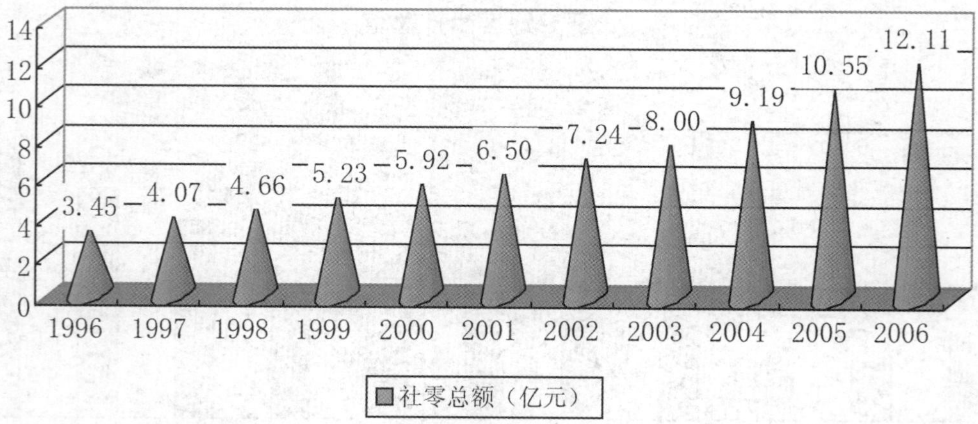

图 5 财政收入　单位:万元

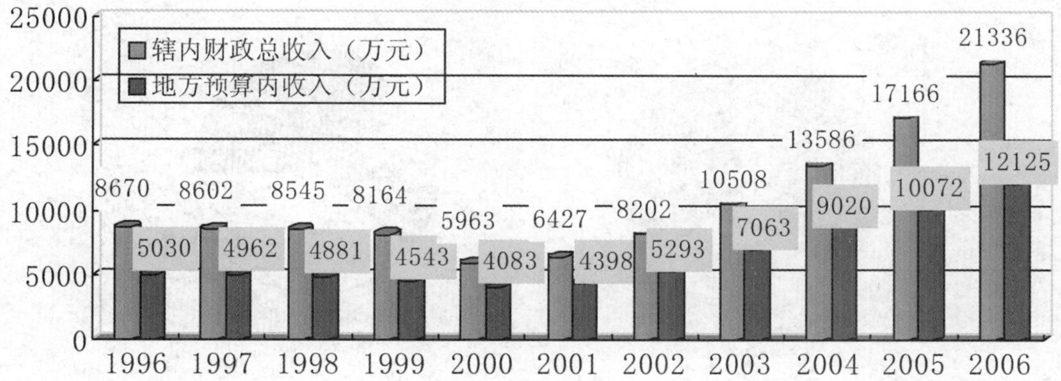

图 6 农民人均纯收入　单位:元

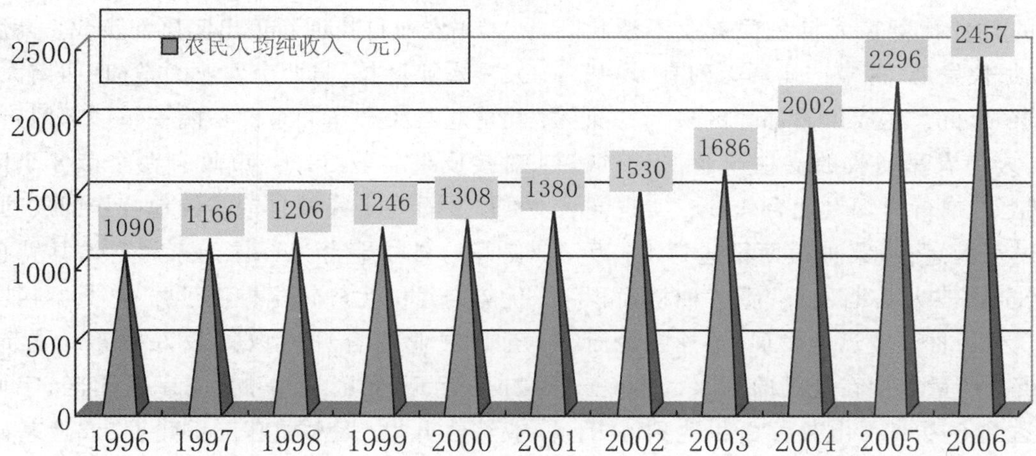

图 7 城镇居民人均可支配收入　单位:元

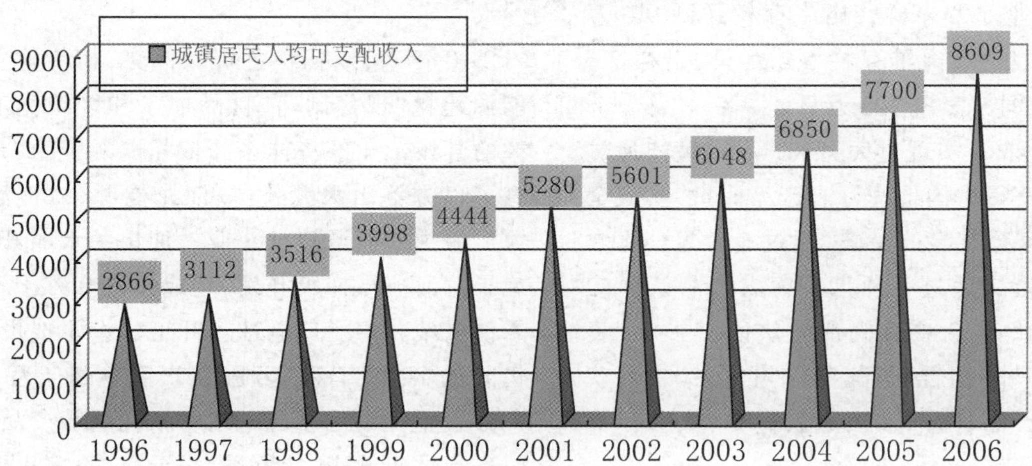

表 8 地区生产总值三次产业结构占比

1996 年　　　　2006 年

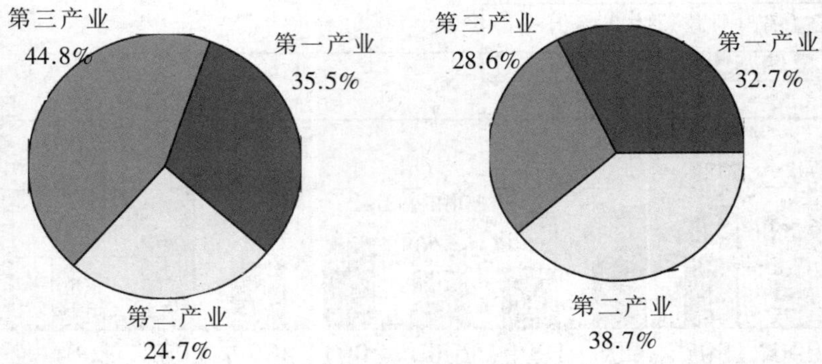

(二)为农业产业化发展夯实了坚实的基础

1."菜、药、畜"三大绿特产业基地规模迅猛发展。在稳定粮食生产的基础上,我们进一步加快了农业产业化发展,以黄连为主的中药材,以长毛兔为主的草食牲畜三大特色种养业不断壮大。蔬菜产业加快发展,辣椒产业从无到有,现基地规模达到 16 万亩,建成川渝鄂地区最大的辣椒生产基地,成为农民增收的支柱产业;年产烟叶 10 万担以上,推行烤烟专业合作社,实现党政、企业、农民三满意;莼菜种植面积达到 1.1 万亩,规模位居全国三大基地之首;魔芋种植面积达到 3 万亩。中药材产业迅速发展,黄连在地面积达到 5 万亩,产量保持在全国的 60%以上,三木药材面积达到 6 万亩,山茱萸面积达到 6 万亩。畜牧业巩固发展,长毛兔圈存量稳定在 250 万只左右,保持了全国"长毛兔第一大县"地位;2006 年蜂产业 5 万多群,肉牛存栏达到 9.6 万头、出栏 3.9 万头,肉羊存栏 5.2 万只、出栏 2.6 万只,年平均饲养家禽 302 万只。

2.标准化农业实现重大突破。石柱黄连通过 GAP 认证并获得中国地理标志产品保护,实现全市中药材国家标准零的突破。通过 8 个无公害农产品基地认定,通过 8 项无公害农产品认证、2 项绿色食品认证、3 项有机食品认证,"神农"黄连、"山之纯"和"福吉利"莼菜、"川龙王"白酒获市级名牌农产品称号,被国家表彰为"农业标准化工作先进县"。

3.农产品销售逐步实现市场化。积极探索了"市场+龙头企业+专业合作组织+基地+农户"的产业化发展模式,致力发展农村能人、大户经济,组建各类专业合作经济组织 311 个,畅通了农产品走向市场的渠道,农业组织化程度明显提高。

4.农业科技创新迈出实质性步伐。高度重视发展农业科技,与西南农业大学(现西南大学)成功建立县校合作关系,"一院一镇一部门"产学研对接成果显著,市委、市政府在全市 8 个区县中推广了石柱土家族自治县校地合作的成功经验,良好的科技平台为石柱土家族自治县特色资源优势向经济优势转化提供了强有力的科技支撑。五是农业综合开发取得较好效果。累计投入 2177 万元,实施了龙沙生态示范园区、宇城坝农业综合开发,烟水配套工程建设,农业基础设施得到较好改善。

(三) 依托资源优势的特色加工业格局基本形成

10 年来,依托特色资源优势,初步建立起以能源建材、现代制药、食品加工和轻纺化工为支撑的县域工业经济体系。依托能源资源,重点培育了以方斗山水泥公司、江龙能源公司、渝烽水泥厂为主的能源建材企业,加快了水电开发,实施了龙河流域梯级开发,建成装机 9 万千瓦的藤子沟电站和牛栏口电站,开工建设了拟投资 3.4 亿元的"泽渝工程"万胜坝水利枢纽工程,装机 1.26 万千瓦的毛滩河电站。依托绿特产品资源,引进了重庆德庄、怡留香、小天鹅、香水火锅等企业,培育发展了一批辣椒、莼菜加工企业;重点培育提升了宏达猪鬃，年产猪鬃1.8万担，制刷81万打，建成了全市最大的猪鬃加工基地。依托中药材资源，重点培育了东田药业、中药材公司、瑞通生化公司。依托轻化资源，技改提升了祥飞丝织、福桑公司、四方化工，成功引进西安方舟落户石柱，新建了德意西纳米涂料厂，推进了纺织城、鞋城项目，实现了重啤石柱公司独资经营。坚持集约发展，完成了石柱工业园区的报批，“1(石柱县工业园区)+3(六塘有色金属加工区、万朝矿业加工区、西沱临港工业区)”工业园区基本启动。经过10年的发展，全县工业总产值由1996年的6.29亿元达到20.01亿元，年均增长12.3%；增加值由2.75亿元增加到6.67亿元，年均增长9.3%；入库税金由4440万元达到10492万元(见图9)；规模企业达到34户，新增“超亿破千”企业6户，新增产值过千万元的企业16户，民营企业达到843户。

(四)以特色旅游业为主的第三产业迅速发展

1.特色旅游业实现突破性发展。10年来，依托旅游资源优势，以“一园(黄水国家森林公园)、一场(千野草场)、一街(西沱历史文化风情街)、一人(历史文化名人秦良玉)”为主体框架的特色旅游业从零起步，由小到大，由弱到强，吃、住、行、游、购、娱六大旅游要素逐步完善。坚持规划先行，先后编制《全县旅游发展总体规划》和各种子规划。坚持成熟一个开发一个，投入资金3亿多元，初步完善了千野草场、毕兹卡绿宫、大风堡原始森林、银杏堂、灵山佛、油草河等景区景点的基础设施。坚持外宣与招商并重，进一步加大了石柱对外宣传力度，积极参加市内外各种大型旅游推介会，西沱古镇成功申报并被评为全中国十大历史文化名镇之一，千野草场和大风堡原始森林分别评为全市“最美的草地”和“最美的森林”，引进重庆浦辉房地产开发公司打造万胜坝太阳湖景区，正式签约10亿元；引进重庆由甲房地产开发公司开发月亮湖景区，正式签约5亿元。10年来，累计接待县内外游客近300万人次，创旅游收入5亿多元，带动相关产业收入14亿多元，促进第三产业的快速发展。

图9 工业产值及增加值(当年价) 单位：亿元

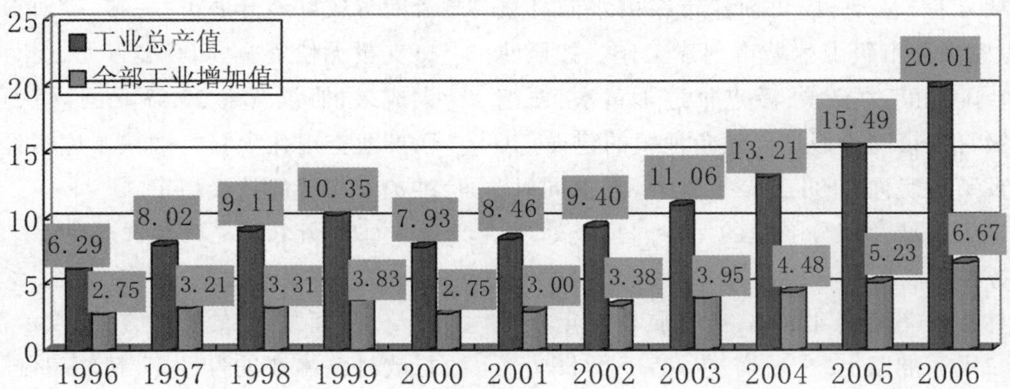

2. 通讯服务业得到迅猛发展。与1996年相比，座机电话由5115户增加到539387门，移动电话由3000户增加到8.15万户。县内主干道基本实现网络全覆盖，农村基本实现“村村通”。

3. 金融业保持健康发展。有效防范金融风险，健全金融机构内控制度，建立了政府、企业、银行之间信息互通和良性互动机制，各金融机构不良资产率由1999年的47.28%下降到2006年的14.18%。

二、直辖十年，是石柱县基础设施实现突破性发展的十年

10年来，着力突破基础设施的“瓶颈制约”，加大建设、交通、移民、新农村建设工作力度，基

础设施滞后状况逐步改观。

(一)人居环境明显改善

坚持城乡统筹发展,按照“做特做精”的要求,大力实施县城旧城改造和建设,累计拆除旧房70万余平方米,新建房屋118万平方米,扩大建成区面积1平方公里,新增城市绿地面积113平方公顷,新增城镇人口7.6万人,城镇化率提高11.7个百分点。先后建成了玉带河公园、滨河公园、休闲广场、旗山广场、良玉广场、商贸广场六大城市客厅和阳雀巷商贸步行街;实施了县城主干道铺油“三线”下地、防洪蓄水景观工程等民心工程,县城配套设施逐步完善。深入开展“爱卫保洁文明工程”活动,成功创建市级山水园林城市,正积极推进市级卫生城市创建工作。按照建设“特色小集镇”的要求,重点推进了黄水、西沱两个市级百强镇与市级试点镇鱼池镇的建设。10年新增乡镇建房面积80万余平方米。与此同时,认真实施了县城及部分乡镇的污水、垃圾处理、清洁能源推广,退耕还林还草等生态环保工程。全县森林覆盖率达到42.6%,空气质量常年稳定在国家二级标准以上。

(二)交通条件明显改观

按照“改造干道、提高等级、畅通出口、联网建设”的思路,以年均改造35公里、硬(油)化50公里干道公路、新改扩建667公里乡村公路的速度大力推进了交通建设,形成了城乡贯通、出口畅通的交通新格局。着力打通县际出口路,累计投入资金4.6亿元,新建等级公路231公里,硬(油)化路面342公里,先后改建了石柱至忠县、万州、彭水、丰都和湖北利川五大县际出口公路。开工建设了一条高速公路,积极配合全力推进了垫利高速公路石柱段的建设,西南最长的公路隧道方斗山隧道工程顺利竣工,积极推进了沿江、万黔、丰石高速公路和黔石公路改造工程前期工作。建成了西沱万吨级长航客运码头和货运码头。大力实施了农村公路通达工程和村村通扶贫公路工程,新(改)建农村公路667公里,村道路517公里,农村公路通畅通达能力逐步提高,全县交通状况明显改善。

(三)农网改造深入推进

累计投资1.66亿元,完成32个乡镇电网改造,受益群众8.5万人,有效解决了农村用电难、用电贵问题。

(四)移民任务圆满完成

提前完成了三峡移民二期、三期搬迁任务,如期通过国家终验,顺利启动十期移民。累计完成移民投资6366万元,农村移民生产安置5851人,生活安置9587人,集镇搬迁建房9.55万平方米,较好地实现了“搬得出、稳得住”的目标,并将工作重心顺利转移到帮助移民打牢“逐步能致富”的基础上来。按照“三个一批”的工作要求,与云南省较好地开展了“一帮一”对口支援,争取对口支援无偿资金5200多万元,招商引资取得重大成果,协议资金55.53亿元。认真实施三峡库区产业空虚化项目,加快了库区经济发展步伐,维护了库区的社会稳定。

(五)新农村建设顺利起步

按照“生产发展、生活宽裕、乡风文明、村容整洁、管理民主”的工作方针,以示范村、推进村、行政村整体推进为目标,精心编制了村级新农村建设规划,实行了驻村指导员派驻工作机制。切实加大对新农村建设的投入力度,打捆各项支农专项资金1.077亿元,按照“渠道不变、统一规划、分别投入、共同建设”的工作机制,加快了农村基础设施建设,有效推动了全县示范村和推进村的建设。

三、直辖十年,是石柱土家族自治县改革开放不断推向深入的十年

10年来,坚持“三个有利于”标准,积极实施改革推动和外向带动战略,各项改革进一步深化,对外开放进一步扩大。

1.探索出了农村民主管理的新路子。大歇双坝村坚持“组织引领、会社互动”的原则,以专业协会为载体,建立健全并完善了“一事一议、一议一制、一制一会、一会一事”的民主管理经验,农民理事真正实现了自我管理、自我教育、自

我服务、自我发展。目前，双坝经验正在全县逐步推广。

2.总结出了农业农村生产经营新机制。大户经济、能人经济成为农村经济发展的新看点，全县已稳定发展各种农业大户690户，带动并辐射了各乡、村、组经济发展。

3.改革完善了财政管理体制。实施了“乡财乡用县监管”、“村财村用乡镇代理”和县乡两级财政管理体制改革，出台了化解乡镇债务的办法，保证了乡镇正常运转，调动了乡镇发展经济的积极性。

4.完成了农村税费改革任务。取消农业税，退耕还林粮食补助、退耕还林现金补助、种粮综合补助、小麦补助、农村计划生育家庭奖励扶助、旱灾后畜禽保种引种补助等直补政策直接惠民，累计直补农民1.28亿元。

5.促进了政府向服务职能的转变。完善了畜牧兽医、乡镇卫生院、乡镇林业站、林场等公共服务职能转变改革，其人员经费全部纳入财政预算。政府向公共领域投资逐年增加，10年累计投入23.6亿元。

6. 提高了对外开放实效。通过畅通绿色通道，优化政务服务环境，陆续引进了市交旅集团(原高投公司)、市高发公司、市水投公司、市建投公司、市渝能公司、重啤公司、涪化集团、湖南振兴、壹将科技、重庆由甲等集团与公司纷纷介入石柱发展。一批大企业、大项目、大投资，为县域经济的发展增添了活力，全县外经外贸由1996年从零起步，2006年取得自营出口权企业3户，出口额达1700万美元。积极参加市内外各种大型节会，成功举办两次全市辣椒产品推介会，多次参加三峡库区对口支援洽谈会、各种旅游促销会。《太阳之歌·魅力石柱》在渝州大舞台首场演出成功。与此同时，重点培育了部分事关全县发展长远的重大后续项目，策划了拟投资10亿元，装机10万千瓦的风力发电，快速推进了拟投资500亿元、装机400万千瓦的石柱核电项目前期工作；拟投资28.5亿元、装机2×30万千瓦的火电站项目2007年有望开工建设，未来五年将完成全社会固定资产投资250亿元。

四、直辖十年，是和谐石柱建设成功起步的十年

10年来，坚持经济与社会协调发展，各项社会事业同步推进，社会保障不断加强，社会和谐程度进一步提高。

1.扶贫工作广泛开展。整村扶贫顺利推进，实施了149个特困村的基础设施改造和产业重点扶持，有效解决了农村13.6万人的人畜饮水难问题，解决11.2万人行路难问题，全县绝对贫困人口由10.26万人下降到1.99万人。

2. 社会保障得以加强。全面实施了城镇低保，全县享受低保人数6635户、1.6万余人，享受低保总额2900多万元，基本做到应保尽保；全面实施机关事业单位职工医保、企业医保，参保人数1.8万人；建立了农村特困大病医疗求助制度；强力推进了就业和再就业工程，累计增加就业岗位1.15万个，失业人员实现就业和再就业1.37万人，城镇登记失业率达到6.12%，控制在7%以内。基本建立以养老、失业、医疗、工伤、生育保险和社会救助为主要内容的社会保障体系。

3.教育事业不断发展。“两基”不断巩固提高，“普九”复查通过验收，农村义务教育普及率达到99.89%，全县人均受教育年限达到7.1年。新改(扩)建中小学校舍17.22万平方米，排除中小学危房8.53万平方米，全面消除了D级危房。投资1.25亿元，完成石柱中学扩建一期工程，入校学生4800人，确保正常教学。

4.卫生事业取得明显进步。建立健全了突发公共卫生事件应急处置机制，完善了医疗救治、预防保健、卫生监督三大体系，有效应对了非典、禽流感等重大突发公共卫生事件。“新农合”试点顺利启动，参合农民达到32万人，参合率达到82.77%以上；建立了农村特困大病医疗救助制度，农民看病难、看病贵得到初步缓解。

5.稳定了低生育水平，落实农村计划生育奖

励扶助政策，积极开展计划生育优质服务，大力实施“关爱女孩活动”，促进优生优育，改善人口结构，提高了人口素质。

6. 科技文化事业同步推进。建立了与西南农大的校地合作关系，基本形成了产、学、研一体化的科研成果转化体系。建设了一批公益文化基础设施，举办全县运动会和老龄运动会，开展“玉带河之夜”等活动，丰富了群众文体生活。完成了广播电视节目“村村通”工程，提高了农民生活质量。

7.有序开展劳务输出。建立6所县级劳务输出定点培训学校，完善农村劳动力资源信息系统，设立了4处劳务协议输出点，全县在外务工人员10万人左右，创收10亿元以上。

五、过去的十年，是执政能力明显提高的十年

10年来，在努力加快经济社会发展的同时，按照“立党为公、执政为民”的要求，坚持“执政为民、服务发展”，执政能力进一步提高。

1.应对复杂局面的能力明显增强。成功举办了二十周年县庆，妥善处置了“9·25”特大道路交通安全事故，成功抗御了非典疫情，有效防控了高致病性禽流感，一举战胜了“7·5”洪灾等各种频发的自然灾害和突发事件。

2.保障安全生产的能力明显增强。全面开展了安全生产“双基三专”安全试点，新配备135名安监员、安全协管员和煤矿特派员，建立了煤矿瓦斯GPRS监控系统和长途客运GPS定位系统，对全县安全生产重点领域、高危行业监控手段日益专业化、科学化。进一步强化社会治安综合治理，严厉打击了各种违法犯罪行为，人民群众的生命财产安全得到进一步保障。

3.拒腐防变的能力明显增强。严格执行了党风廉政建设责任制，始终做到立党为公、执政为民、服务发展，始终坚持群众利益无小事，把人民群众的利益放到各项工作的第一位。严格加强对经济职能部门的行政监察和审计监督，有力促进了反腐倡廉工作向纵深发展。

4.民主决策的能力明显增强。广泛推进村民自治建设，实行村务公开、政务公开。对群众切身利益的事情实行一事一议、一事一制、一事一策和行政听证决策制度，推行行政执法责任制、决策失误责任追究制，增强了行政透明度。

注：本文数据出自石柱县统计局

撰稿单位：重庆市石柱土家族自治县人民政府办公室、重庆市石柱土家族自治县统计局

秀山土家族苗族自治县

重庆直辖以来，秀山县在重庆市委、重庆市人民政府的正确领导和市级部门的大力支持下，围绕建设“渝鄂湘黔武陵山区少数民族地区经济高地”的目标，发扬“务实树形象，苦干求发展”的精神。根据秀山独特的区位优势、逐步改善的交通条件、丰富的自然资源，深入分析县情，制定了“立足农业稳县、突破工业强县、狠抓三产富县、着眼开放活县、致力科教兴县、强化依法治县”的发展战略，明确了“优质农业打基础、矿电联产立支柱、建设城镇树形象、边贸旅游添后劲”的发展思路，提出了建设以“三地一市”为内涵的渝鄂湘黔武陵山区少数民族地区经济高地的奋斗目标。即：建成以锰业为主的特色资源矿产品加工出口基地、以商贸物流为主的物资集散地、以“民俗风情、花灯文化”为主的旅游集散地和城区面积20平方公里、城区人口20万人的中等城市。通过抢

抓重庆直辖的历史机遇,经济社会得到了长足发展。秀山县2002年被评为全国县域经济竞争力提升最快的百县(市)之一;2004年增幅列全市第三位,总量列三峡库区生态经济区第八位,并在市政府经济社会发展综合考核中被评为二等奖;2005年经济社会发展状况综合考核在三峡库区生态经济区名列前茅。

一、直辖十年是秀山经济发展的提速期,全县经济发展已经站在新的起点上

直辖10年,是秀山经济发展速度最快的时期之一(见附表)。2006年,全县生产总值达296370万元,比1996年增长159.2%,年均增长10%;工业总产值达286060万元,比1996年增长324.3%,年均增长15.5%;农业总产值达113564万元,比1996年增长45.6%,年均增长3.8%;财政收入达29761万元,比1996年增长383.8%,年均增长17.1%;社会消费品零售总额达132511万元,比1996年增长132.7%,年均增长12.8%(详见图1);固定资产投资达115946万元,比1996年增长669%,年均增长22.6%。到2006年,经济结构发生了"五个较大变化":一是产业结构发生变化,三次产业比重由1996年的41.0:27.4:31.6调整为24.1:39.7:36.2(见图2);二是所有制结构发生变化,非公有制经济比重由1996年的16.2%提高到60.89%;三是投资主体结构发生变化,国有、集体、私人投资的比例由1996年的60.8:23.3:15.9调整为73.9:0.1:26.0;四是消费结构发生变化,农村居民恩格尔系数由1996年的77.3%下降到51.4%;五是城乡结构发生变化,城镇化率由1996年的10.5%提高到20.4%。

图1 1996—2006年社会消费品零售总额增速情况 单位:%

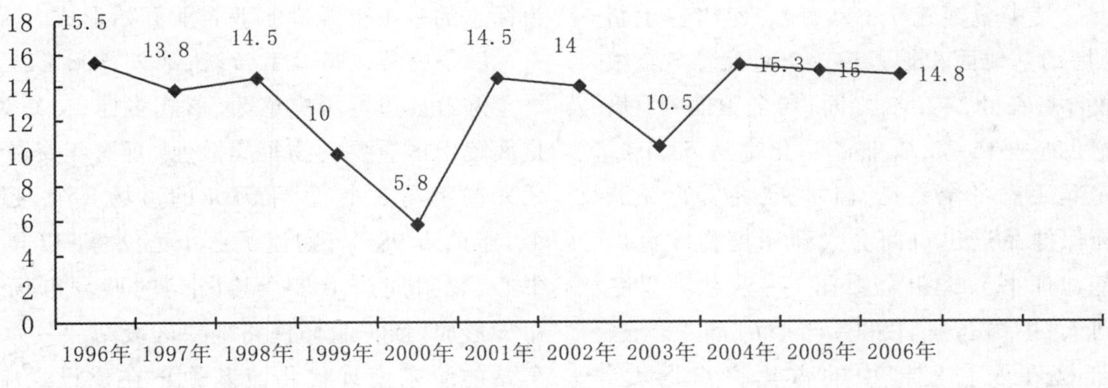

图2 2006年三次产业结构图

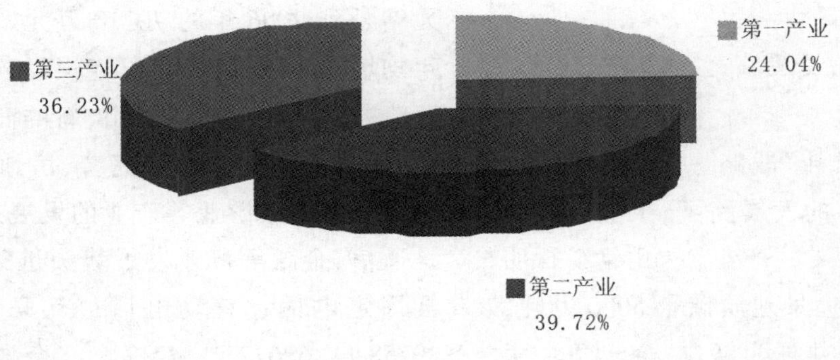

二、直辖十年是秀山经济结构的转型期，产业结构调整取得实质性进展

（一）农业农村经济稳中有升，第一产业向产业化转型

10 年来，秀山县农业规模化、专业化、现代化进程进一步加快，优质粮油、中药材、畜禽等重点产业逐步壮大。一是总量保持稳步增长，粮经比例趋向优化。农业总产值 2006 年实现 113564 万元，比 1996 年增长 132.7%，年均增长 3.8%，粮经比例从 1996 年的 70.9:29.1 调整为 2006 年的 51.6:48.4；二是农业产业化建设初具规模。秀山是全国粮食生产先进县、南方水稻全程机械化示范县，重庆市重要的粮食生产基地。草食牲畜、黄籽油菜、中药材、优质瘦肉型商品猪等 4 个项目纳入了全市“十个百万工程”建设规划。到 2006 年底，建成商品基地 61.28 万亩，其中优质粮油基地 20.5 万亩（其中优质水稻 10 万亩、黄籽油菜 6 万亩、良种大豆 4.5 万亩），中药材基地 15.6 万亩（其中金银花 7.3 万亩）。年出栏生猪 51 万头，烤烟基地面积 2 万亩。灰毡毛忍冬金银花绿源酸含量在 6.2-7.5%之间，居全国前列。培育农业龙头企业15 家，农业商品化率达 53.5%。2005 年灰毡毛忍冬金银花、白术、天冬等产品获中国医药保健品进出口商会《药用植物绿色出口生产基地证书》，秀山金银花——灰毡毛忍冬首次被列入《中国药典》[2005 年版(1 部)]。三是非农经济在农村经济中的占比逐步增大。2006 年实现乡镇企业总产值97060 万元，是 1996 年的 2.9 倍。农村小城镇建设全面推进，富余劳动力得到有效转移，累计转移农村富余劳动力 13.5 万人。

（二）工业支柱产业发展壮大，第二产业向多元化转型

着力实施“工业强县”战略，坚定不移地走“电矿结合、资源开发”的发展路子，工业经济发展迅速。一是培育壮大支柱产业。秀山锰矿探明地质储量 2400 万吨，远景地质储量 5000 万吨，与湖南花垣、贵州松桃并称为锰业“金三角”；汞金属量为万吨级特大矿床。经过多年的努力，电矿业、建材业和能源工业突飞猛进。到 2006 年底，全县有各类锰业企业 153 户，年采矿能力 160 万吨、硅锰合金生产能力 6.8 万吨、电解金属锰生产能力 21.4 万吨；汞生产能力 100 吨/年；水泥生产能力 80 万吨/年。成为全球最大的电解锰生产基地、重要的汞业基地和武陵山区建材大县。电力骨干电网基本形成，年供电量从 6100 万千瓦时提高到 2006 年的 136958 万千瓦时，增长了 21.5 倍。二是提升经济运行质量。2006 年工业总产值实现 286060 万元，比 1996 年增长 324.3%，年均增长 15.5%，工业经济对财政贡献率达 33.9%。基本实现了速度与效益同步。三是不断优化发展体制。市人大常委会审议通过了《秀山土家族苗族自治县锰矿资源管理条例》，锰矿资源管理走上法制化轨道。开展了锰矿开采、加工企业的污染整治行动，锰污染整治通过国家环保验收。以武陵，天雄等年产 3 万吨电解金属锰公司和三磊公司年产 30 万吨干法水泥生产线为标志的一批上规模工业企业开始形成。

（三）商贸流通日益活跃，第三产业蓬勃发展

秀山县边贸历史悠久、形式多样、交易频繁，是武陵山区重要的物资集散地。现有年交易额上亿元的市场 3 个、上千万元的市场 8 个，超市 4 个，连锁店 98 个，物流配送中心 2 家，以县城为中心，辐射周边十多个县(市)的城乡市场体系初步形成。依托渝怀铁路唯一区段站——秀山火车站的渝东南现代物流基地正在建设之中，近年来，秀山县第三产业呈现快速发展的态势。一是农村消费水平出现持续增长的良好势头，县以下社会消费品零售总额由 1996 年的 23331 万元增长到 2006 年的 70210 万元，增长 200.9%，年均增长 11.6%；二是以连锁经营为主的现代经营流通骨干企业入驻秀山，新的商业业态开始形成；三是城市功能逐步完善，房地产、物流配送、中介服务和旅游业等产业的发展进一步加快；四是通信、金融等产业发展势头迅猛。2006 年，全县固定电话、移动电话、互联网用户分别达 39758 户、62672 户、4217 户，金融保持存贷双增

的良好态势。第三产业增加值达107382万元，在经济总量中的占比达36.2%，比1996年增加18.5个百分点。

三、直辖十年是秀山改革开放的突破期，经济行政体制重大改革顺利推进

10年来，秀山经历并顺利完成了一系列繁重的改革任务。一是完成了行政区划调整和县乡机构改革。撤销了原县辖区8个，原乡镇48个撤并为32个，县政府部门由43个合并为30个，分流机关人员1049人。二是国有企业改革取得较大成效。共改制国有、集体企业99户，改革面达91.7%。通过承债式零资产转让、破产拍卖、买断使用权、分期支付租赁金等方式盘活了国有企业资产和土地存量。积极引导、鼓励社会资本参与国企改革，推动非公有制经济的快速发展，非公有制经济已涵盖了一、二、三产业的各个领域，深入到经济社会生活的各个层面，在国民经济中的占比达43.1%。三是改革促进了招商引资快速增长。先后组团参加国内外各类重大招商贸易活动20余次，天雄、武陵、三润等较大规模的企业相继落户秀山。到2006年，全县外来投资项目累计达456个，实际利用县外资金累计达308872万元。私营企业发展到479户，注册资本7.8亿元，个体工商户发展到1.17万户，注册资本2.4亿元，非公有制经济占经济总量的比重达到56%。金融机构剥离了大量不良贷款。四是外贸出口实现历史性突破。拥有自营出口权的企业发展到8户，外贸直接出口2003年实现"零"的突破，2006年达2027万美元。2005年成功加入湘桂黔渝经济技术协作区组织，与湘桂黔渝毗邻地区和武陵山区其他区市县的经济技术交流与合作日益增强。

四、直辖十年是秀山基础设施建设的飞跃期，经济社会发展基础进一步夯实

一是交通和电力建设跨步前进。10年累计完成交通建设投资41000万元，每百平方公里国土面积占有公路里程提高到99.91公里。相继完成了省道304线改造、渝怀铁路秀山段、"八小时重庆"秀山段、国道326线改造等重大交通项目建设并投入使用，渝怀铁路重庆至秀山段顺利开通客运和货运，渝湘高速公路顺利开工，"重庆—铜仁—秀山"旅游航线开通；"通畅工程"、"通达工程"和扶贫路、经济路工程逐步推进，累计建成220kV输变电站2座、110KV输变电站9座、35kV输变电站8座。年供电能力由8000万千瓦提高到200000万千瓦，石堤水电站工程进展顺利，完成投资4.3亿元。二是城市建设全面提速。完成了20平方公里的县城总体规划和控制性详规，完成了县域城镇体系规划，启动并实施了"城镇建设启动年"、"城镇建设攻坚年"和"城镇建设续战年"工作。10年来，城镇建设累计完成投资121002万元，开工建设项目191个，竣工项目136个，完成城镇房屋建筑面积157.78万平方米，城区面积由3.5平方公里扩大到7.9平方公里。城区人口由4万人增至8万人；基本完成了东大街一、二、三期工程，花灯广场一期工程、站前大道、渝东南边贸综合批发市场等；商贸中心、明珠商业城、电影院综合楼、农林片区等现代楼盘拔地而起，城区管线管网改造基本完成。三是信息产业基础设施建设有力推进。以光缆为主的大容量、高速率的现代化通信网络初步建成，全县32个乡镇、90%的村开通了程控电话，移动通信网络覆盖率达95%以上，计算机网络快速发展，信息基础设施建设在渝湘黔鄂边区处于领先地位。四是农村基础设施建设取得较大进展。乡村公路建设速度加快，全县已建成乡村级公路457条、1799公里，公路通村率达82%；完成了农村电网改造一期工程、启动了二期工程；水利设施建设进一步完善，累计完成水利建设投资30800万元，全县水利化程度达40.36%；生态环境综合整治全面铺开，相继实施了土地整治、天然林保护工程和退耕还林工程等生态环境治理项目。许家坳自来水厂投入使用，隘口水库开工建设，梅江河流域大灌区续建配套与节水改造工程和一批中小型病险水库整治工程顺利推进。累计投入生态环境建设、环保设施建设和国土资源整治等方面的资金 37605 万元。共实施荒山造林 22.5 万亩，退耕地造林 12.98 万亩，森林覆盖率达 30.03%。治理水土流失面积 60.5 平方公里。开发利用土地 1854.6 亩，整理新增耕地 4034.4 亩。

五、直辖十年是秀山农民收入的稳步增长期，城乡居民生活水平不断提高

坚持以人为本，促进农民收入稳步增长，人民生活日益改善。直辖以来，连续实施了社会保障、乡镇卫生院改造、城乡通讯网络建设、农村电网改造、农村人畜饮水及供水安全、退耕还林及沼气建设等“民心工程”项目，解决了一大批群众关心的热点、难点问题。自 2005 年起，全部免征农业税及其附加，大大减轻了农民负担。2006 年城镇居民人均可支配收入达 8692 元，增长 120.6%，年均增长 8.2%；农村居民人均纯收入达 2127 元，增长 124.6%，年均增长 8.4%(见图 3)。10 年累计指导和帮助城镇失业人员、下岗失业人员实现就业和再就业 9077 人，城镇登记失业率控制在 4.5%以内。参加基本养老保险、基本医疗保险、失业保险、工伤保险的人数分别达到 0.8 万人、1.5 万人、0.8 万人、0.8 万人。建成社区社会保障工作机构 8 个。累计救助特困户 5 万户，发放城镇居民低保金 3300 万元。改造贫困户危房和新建贫困户房屋 395 户、1230 间。绝对贫困人口减少到 3.71 万人。建立了农村大病医疗救助体系，共救助了 309 人。城镇人均住房面积增加到 28.68 平方米，农村居民人均砖混结构住房面积增加到 9.45 平方米。

图 3　1996 年和 2006 年城乡居民收入情况　　单位：元

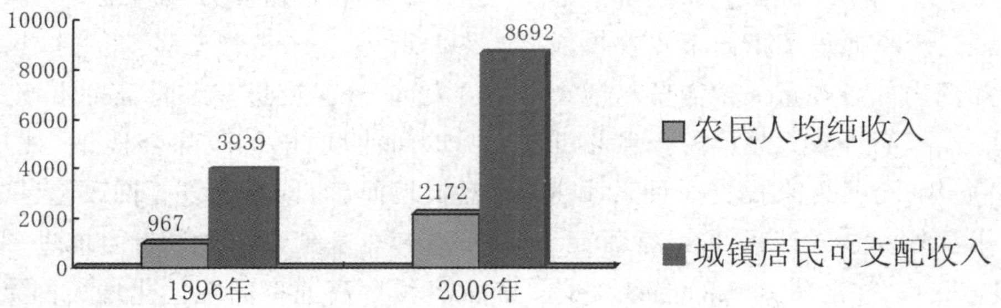

六、直辖十年是秀山经济社会的协调发展期，和谐秀山建设取得丰硕成果

直辖 10 年是秀山社会事业快速发展的 10 年。“科教兴县”战略取得较大进展，累计实施科技项目 140 个，推广应用科技成果 170 项，获专利 6 项。“枯萎灵”的研制开发，填补了我国长期以来无络氨锌铜粉剂的空白，被科技部列为重点农业科技转化项目。新建教学及辅助用房 31 万平方米，改造中小学危房 13 万平方米，顺利通过教育“两基”评估验收。职教中心申报市级重点职业学校通过专家组评审。推行义务教育“一费制”，小学适龄儿童入学率由 91.9%提高到 99.63%，17 周岁初级中等义务教育完成率由 44.8%提高到 92.08%。累计改扩建医疗卫生机构 28 个、建筑面积 2.1 万平方米，完成投资 920 万元。世行卫Ⅷ项目、疾控中心、中心血库和梅江、龙池等一批乡镇卫生院改扩建工程相继竣工并投入使用，县医院扩建工程顺利推进，卫生监督、疾病控制体系逐步健全，人均期望寿命达 70.5 岁。成功举办了自治县成立 20 周年庆典。恢复重建了传灯寺。《秀山县志》、《秀山民族志》如期出版。初步建立了人口和计划生育利益导向机制，人口自然增长率控制在 4.4‰。大力弘扬花灯文化，2002 年成功举办了“5·21”大型文艺晚会，

2005年成功举办了“中国锰业发展论坛”、“中国花灯·秀山论坛”和“保护环境、美化家园”大型演唱会。文艺创作成果丰硕，累计获国家“五个一工程奖”2个、“群星奖”2个、“蒲公英奖”1个、重庆市“五个一工程奖”3个、重庆市“群星奖”6个、重庆市文学艺术奖2个。竞技体育快速发展，向国家、省市级运动队累计输送体育人才70余人，培养了杨淑君、龚华2位世界冠军。在各级各类运动会中，秀山籍运动员共获奖牌301枚，其中金牌85枚、银牌76枚、铜牌140枚。

直辖10年是秀山政府公共服务保障能力不断增强的10年。为加快公共服务型政府建设，建立了行政首长问责、行政决策听证、政务信息公开和规范性文件审查制度。完善了重大决策专家咨询、社会公示和听证、人民建议征集制度，建立了政务信息发布、社情民意反映、政务工作评议、决策失误责任追究制度。公共财政体系初步建立，确保了全县职工基本工资及时足额发放，确保了社会保障经费足额拨付，确保了全县政权运转的资金基本需求，确保了重点项目和重点支出的基本需要，确保了救灾资金和突发事件所需资金的及时到位。建立健全突发公共事件应急处理机制，妥善处置了2003年“9·10”特大透水事故和2004年“1·7”特大交通事故、“5·13”岩崩泥石流事件。推行信访工作县长接待日制度，及时有效地化解了各类热点、难点问题；安全生产防范有力，有效遏制了各类安全事故的发生，保证了人民群众的生命财产安全；强化社会治安综合治理，深入开展“严打”整治斗争，严厉打击了各类违法犯罪分子，“平安秀山”建设稳步推进，社会秩序保持稳定。

直辖10年是秀山城乡文明建设同步推进的10年。全面实施“依法治县”战略，“三五”普法取得显著成效，“四五”普法顺利开展，五五普法全面启动。推进依法行政，不断强化机关作风建设，行政审批制度改革取得阶段性成果。坚持不懈地开展审计监督和行政监察，推行了政务公开、厂务公开和村务公开。着力培育“诚信开放、实干创新”的人文精神，开展了形式多样的群众性精神文明创建活动。

注：本文数据出自1、1996年至2007年《秀山土家族苗族自治县政府工作报告》；2、1996年至2007年《秀山土家族苗族自治县国民经济和社会发展统计公报》，主编单位：秀山自治县统计局

执笔人：黄永高、刘炼

附表：

2006年与1996年国民经济和社会发展指标对比情况表

指　标	单位	1996年绝对值	2006年绝对值	1996年至2006年年均增长
生产总值	万元	105223	296370	10.0
工农业总产值	万元	145439	399624	10.6
其中：农业总产值	万元	78020	113564	3.8
工业总产值	万元	67419	286060	15.5
全社会固定资产投资	万元	15077	115946	22.6
全口径财政收入	万元	6151	29761	17.1
其中：地方财政收入	万元	3707	16826	16.3
社会消费品零售总额	万元	39824	132511	12.8
人口自然增长率	‰	10.58	4.39	—
城市居民人均可支配收入	元	3939	8692	8.2
农村居民人均纯收入	元	967	2172	8.4

酉阳土家族苗族自治县

一、基本概况及县情

酉阳土家族苗族自治县位于渝、鄂、湘、黔四省市边区结合部，全县幅员面积5173平方公里，辖39个乡镇，278个村（社区），总人口77.5万人，是全市幅员面积最大、少数民族人口最多的山区农业大县；是赵世炎、刘仁、赵世兰、赵君陶、王剑虹等革命先烈和革命女杰成长的摇篮；是任弼时、贺龙、关向应、王震、肖克等老一辈无产阶级革命家浴血奋战过的红色老区；是文化部命名的“中国土家摆手舞之乡”和市政府命名的“重庆市民歌之乡”，民族文化底蕴深厚；是全国红色旅游经典景区和重庆市确定的十大旅游精品线路之一，旅游资源富集。

自1997年重庆直辖以来，酉阳作为新兴直辖市的40个区县之一，在直辖效应的推动下，在市委、市政府的领导下，全县人民锐意进取，团结奋斗，实现了政治稳定、人心安定，县域经济总量和运行质量不断提高，各项社会事业协调发展。

二、直辖十年来经济发展取得的主要成就

重庆直辖以来，酉阳自治县抢抓重庆直辖、西部大开发、主城及发达地区产业转移等重大历史机遇，聚精会神搞建设，一心一意谋发展，经济社会发展迈上了一个新的台阶。

(一)经济总量较快增长

10年来，全县地区生产总值年均增幅达9.4%，2006年GDP达到22.2亿元，比直辖前的1996年增长1.5倍。其中，第一产业实现增加值8.76亿元，年均增长5.1%；第二产业实现增加值4.99亿元，年均增长12.9%；第三产业实现增加值8.45亿元，年均增长13.0%。财政收入1.89亿元，其中地方财政收入首次跃上亿元新台阶，达到1.23亿元。城镇居民人均可支配收入由1996年3488元增加到2006年7080元，农民人均纯收入由1996年907元增加到2006年2031元，城乡居民储蓄余额由2.42亿元增加到20.22亿元，年均增长23.7%。社会消费品零售总额每年以13.8%的速度递增，2006年达到12.97亿元，较1996年增长2.6倍。累计完成全社会固定资产投资88.5亿元，占建国以来投资总额的90.1%(见表1，下页)。

(二)产业结构调整力度加大

10年来，全县经济支柱不断壮大，产业结构逐步优化，特别是二三产业较快发展，为全县经济结构调整提供了有力保障和支撑。三次产业结构由1997年的57.7:15.3:27.0调整2006年为39.4:22.5:38.1(见图1，下页)。以工业、建筑业为主的二产业是这一时期的亮点，所占比重由1997年15.3%提高到2006年的22.5%，第三产业也呈较快增长趋势，年均增速达13%。同时，产业内部结构不断优化，一是经济作物、畜牧业等市场需求比较大的农牧产品生产发展相对较快，青蒿、烤烟、生姜、魔芋等优势特色农产品、劳动密集型农产品的比重逐步提高，农业区域化、优质化和专业化更加明显；二是工业经济结构调整有力，内部结构不断优化，特别是矿冶、制药、电力等工业支柱逐步壮大，2006年，三大产业支柱所占比重分别达24.0%、13.2%、8.2%；三是随着居民收入不断增加和消费水平不断提高，手机、电脑、家电、住房、汽车等高档消费品逐步进入居民消费范围。

1.农业农村经济保持持续良好态势。全县常年粮食产量保持在35万吨左右，2004年达到36.03万吨，创直辖以来最好水平，被农业部表彰为粮食生产标兵县。粮油价格在波动中逐步上升，维持良好的供求平衡关系。农民收入较快增

表 1 直辖以来县域经济主要指标情况

年 份	地区生产总值(亿元)	工业总产值(亿元)	固定资产投资(亿元)	社会消费品零售(亿元)	财政收入(万元	外贸出口总额(万美元	城镇居民人均可支配收入(元)	农民人均纯收入(元)
1996 年	8.5	2.81	2.33	3.56	7021	0	3489	907
1997 年	10.4	3.31	2.84	4.43	8188	0	3750	1099
1998 年	11.5	5.99	3.25	5.03	8268	0	4312	1169
1999 年	12.3	6.56	3.35	5.59	6566	0	4851	1254
2000 年	12.4	3.29	4.29	6.4	5488	114	5248	1298
2001 年	13.5	3.3	9.48	7.2	6619	4109	5800	1358
2002 年	14.6	3.84	12.19	8.13	7837	4023	6100	1403
2003 年	16.2	4.74	12.81	8.82	9208	8104	6380	1510
2004 年	18.4	6.39	10.19	10.09	11213	13199	6630	1745
2005 年	20.1	6.74	13.44	11.4	14586	14531	6830	1889
2006 年	22.2	7.08	17.52	12.97	18912	17492	7080	2031

图 1 1997、2006 年三次产业结构比较

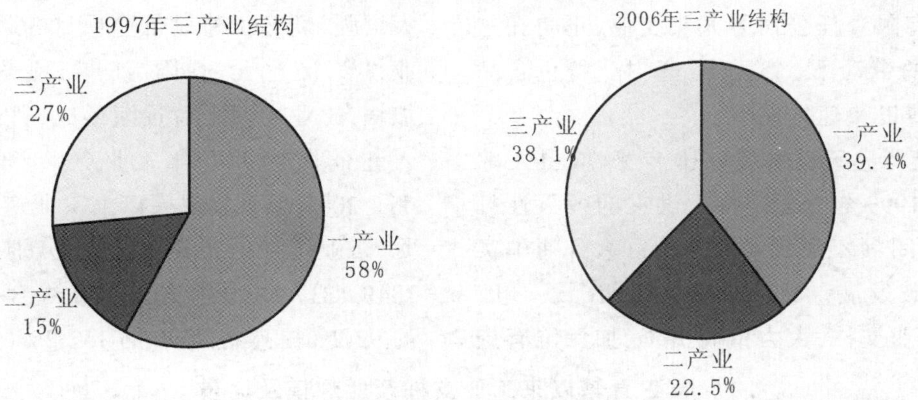

长,10 年来,年均增速达 8.4%,2006 年农民人均纯收入达 2031 元。受农产品需求增长的刺激,农民家庭经营中第一产业收入保持稳定增长态势,年均增速达 5.0%。同时,在全国经济持续高速增长和城镇居民工资水平提高等积极因素影响下,农民工资性收入高速增长,年均增速达 10.6%。受农民收入增长较快、农村消费市场价格相对稳定和农村社会环境稳定等积极因素影响,农村消费市场保持持续旺盛增长态势,2006 年农村社会消费零售额达 79969 万元,年均增速达 13.2%。在国家支农惠农等积极因素作用下,农业结构调整进一步深化,农林牧渔业持续增长,2006 年全县农林牧渔业总产值达 14.6 亿元,较 1997 年增长 35.3%。

2.农业产业化步伐加快。10 年来,全县着力培植龙头企业,加快结构调整,强力推进农业产业化,初步建成药、畜、烟、林、特色农产品等支柱产业。一是基地建设成效明显。目前,全县中药材种植乡镇达 36 个,种植面积突破 25 万亩,特别是青蒿已成为全县继烤烟之后又一农业支柱产业,2006 年种植面积突破 15 万亩。退耕还林、林产化工、种苗花卉、优质笋竹等林产基地建设稳步推进,10 年累计退耕还林 56.72 万亩,建成工业原料林基地 50 万亩,2003 年曾获得"国家天然林工程建设先进县"桂冠。烤烟产业稳步发展,成为全县农业产业中市场化程度最高、种植技术最成熟、促农增收效果最明显的骨干产业,常年种植面积达 10 万亩。畜牧业发展质量提高,已建成畜禽标准化养殖小区 11 个,培育各类养殖大户近 5000 户。甘蓝型黄籽油菜、优质蔬菜、魔芋、生姜、苦荞等农特产品建设渐成规模,基地面积达 20 万亩。二是主导产业种植模式日趋合理。随着农业产业化进程加快，农业现代化、标准化逐渐成为农业产业化的基本要求，“公司+农户”、“协会+农户”、“公司+协会+农户”、“公司+基地+农户”等模式不但巩固了基地建设，也加快了种植技术推广、更新，提高了种植产量和质量。酉阳青蒿 GAP 和白术 GAP 分别通过国家和市级认证，“酉阳青蒿”地理标志产品保护已获国家批准，丁家湾山羊基地荣获重庆市唯一无公害山羊产地认证，麻旺麻鸭、酉州黑山羊获市级土方畜禽品种资源认证。三是龙头企业带动能力增强。10 年来，全县将龙头企业建设作为农业产业化的主要措施，着力打造了重庆华立武陵山制药有限公司、重庆深川农产品有限责任公司、林纸一体化项目、兰蕙园植物香料有限公司(香桂)、重庆天一魔芋有限责任公司等龙头企业，正是在这些龙头企业的带动下，全县药、畜、林、特色食品等支柱产业得以快速发展。

3.工业经济突破性发展。10 年来，全县工业经济在遭受 1999 年“6.28”特大洪灾的毁灭性打击、卷烟厂关闭等宏观政策调控的巨大阵痛中实现恢复性突破发展。重点围绕“药、冶、纸、电、特”等五大产业支柱，大力招商引资，加快国有企业改革进程，初步建立了新的工业经济体系。原武陵卷烟厂、武陵山制药厂等国有工业支柱被替代，重庆天雄锰业有限公司、重庆华立武陵山制药有限公司、诸夏化工有限责任公司等民营企业成为新的工业支柱。2006 年，以重庆华立武陵山制药有限公司为龙头的制药工业实现工业产值 9333 万元，占全部工业产值的 13.2%；以重庆天雄锰业有限公司、酉阳天吉锰业有限公司、华西非金属制品有限公司等为支柱的矿冶工业实现工业产值 17018 万元，占全部工业产值的 24.0%；以酉阳供电公司、龙潭工业区变电有限公司、220KV 变电站等为支撑的电力工业实现工业产值 5788 万元，占全部工业产值的 8.2%。10 年间，全县工业投资大幅增加，工业发展后劲大大增强，新开工建设工业项目 36 个，累计完成工业投资 16 亿元。酉阳-江丰工业规划区建设进程加快，工业发展平台逐渐形成，目前，规划区内已入驻企业 19 户，年工业产能产值达 10 亿元以上。2006 年全县规模以上工业产值实现 3.74 亿元，工业增加值实现 2 亿元，分别比 1996 年增长 184%、317%，工业经济效益综合指数由 1996 年的 92.2%提高到 2006 的 152.2%(见表 2)。

表 2 直辖以来工业支柱产业规模及比重

1996年			2006年		
支柱产业	工业产值（万元）	比重(%)	支柱产业	工业产值（万元）	比重(%)
卷烟	5003	17.8	制药	9333	13.2
制药	1200	4.3	矿冶	17018	24.0
电力	2000	7.1	电力	5788	8.2
食品	800	2.8	食品	1500	2.1
机械	500	1.8	机械	1200	1.7
建材	1500	5.3	化工	3000	4.2
			建材	2500	3.5

4.商贸流通产业日趋活跃。随着全县居民收入增加、消费结构升级和消费环境不断改善，消费市场日趋繁荣，电子商务、连锁经营、物流配送等现代商贸流通业发展迅速，超市、连锁专卖店达 120 余户(见表 3，下页)。旅游产业从无到有，从弱到强，逐渐成为全县新兴支柱产业，2006 年接待游客 21.6 万人次，旅游收入达 8600 万元。“乌江百里画廊”成为全市四大旅游精品之一；赵世炎故居和南腰界革命根据地旧址被列为国家、市级文物保护单位和全国爱国主义教育基地，赵世炎故居纳入全国“100 个红色旅游经典”景区；龙潭古镇被评为中国历史文化名镇，龚滩、后溪古镇成为全市首批市级历史文化名镇；重庆-乌江画廊-张家界和龚滩古镇、乌江画廊、桃花源、龙潭古镇“一线四点”的旅游线路和旅游格局逐步开发形成。

表 3 直辖以来县域消费市场与旅游收入情况

年 份	社会消费品零售额(万元)	超市连锁专卖(户)	旅游收入(万元)
1996	3.56	–	–
1997	4.43	–	–
1998	5.03	–	400
1999	5.59	–	480
2000	6.4	20	600
2001	7.2	26	800
2002	8.13	30	2300
2003	8.82	50	5270
2004	10.09	83	6380
2005	11.4	105	8432
2006	12.97	120	8600

5.财政收入快速增长。10 年来,全县财政收入快速增长,2006 年达到 1.89 亿元, 较 1996 年净增11891 万元,增长 1.7 倍(见图 2),地方财政收入首次跃上亿元新台阶,达到 1.24 亿元。城乡居民储蓄余额由 2.42 亿元增加到 20.22 亿元,年均增长 23.7%。

图 2 直辖以来财政收入 单位:万元

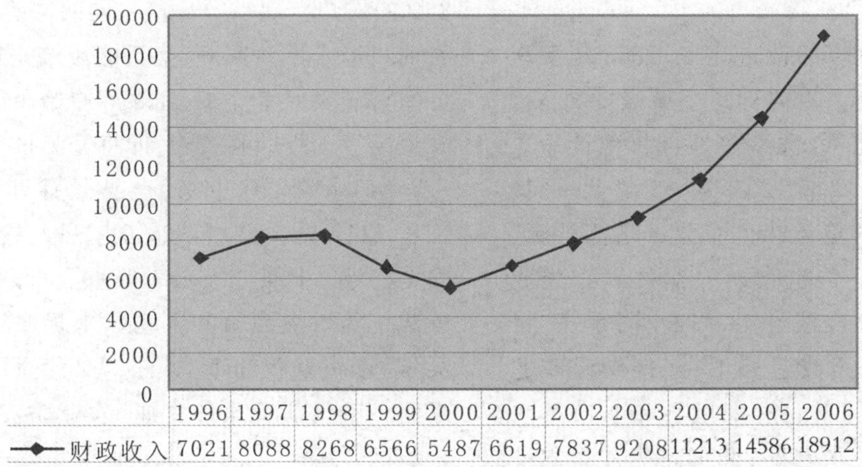

财政体制改革取得实效,部门预算改革和乡镇财政管理体制改革有序推进,公共财政框架基本形成。投融资体制改革取得积极进展,组建县城投集团、水利实业公司、翔宇国资公司和中小企业贷款担保中心, 搭建了政府性投融资平台。新的政府性筹融资途径得以开辟,地方信用体系不断健全,与国家开发银行重庆市分行、市农发行之间的金融合作取得良好开局,2006 年成功签订贷款协议 2.54 亿元,到位资金 8400 万元。

(三)投资保持了强劲增势,重点基础设施明显改善

10 年来, 全县加快基础设施和基础产业建设,加大旧城改造力度,大力培育和发展房地产业,投资规模不断扩大,投资总量连上新台阶。投资拉动成为县域经济发展的主要动力之一。

1.投资拉动效应巨大。全社会固定资产投资额由 1997 年的 3.31 亿元增长到 2006 年的 17.52 亿元,累计投资 89.36 亿元(见图 3,下页)。10 年间,交通、水电、工业等重点建设项目累计完成投资 47 亿元,全县基础设施较大改善,城乡面貌发生深刻变化,产业经济结构实现较快调整,工商经济发展基础进一步夯实。教育、卫生、文化等社会事业投资较快增长,累计投资 5.65 亿元,有效保证了全县居民的入学、就医等基本生活需要。

图 3 直辖以来固定资产投资情况 单位:亿元

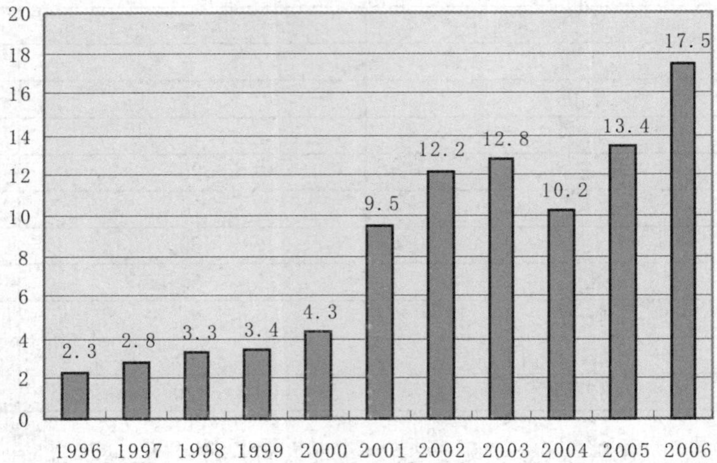

2.基础设施快速改善。经过10年的不懈努力,酉阳基础设施大为改观,与主城区的时空距离大大拉近,切实加快了融入全市、全国大环境的步伐。

(1)交通:国道319线改造完工,2003年实现了“八小时重庆”目标。以前到达主城区要2天2夜,现在朝发夕至,水果、蔬菜等地方特色产品可以让城里人尝鲜,主城市民在“五一”、“十一”甚至周末都可以实地游览体味桃花源、乌江画廊、龚滩古镇、龙潭古镇等旅游景点;渝怀铁路建成投运,渝湘高速公路全线开工,“四小时重庆”目标即将实现;酉龚公路改造完工,连接湖南省龙山县、贵州省沿河县、湖北省来凤县和本市彭水县的渤桂路、铜李路、酉牡路、龚彭路等4条出境干道基本实现“两贯通、两初通”,全县综合交通网络体系正在加快形成。

(2)通信:广电光纤“一张网”和“村村通”工程建设全面完成,乡镇远程视频信息系统和党政办公信息网开通运行。90年代“手摇式”电话一去不复返,目前,固定电话和移动电话几乎覆盖全县所有行政村,移动电话用户累计达到9.38万户,固定电话入户率达到31.59%,互联网已延伸到所有乡镇及部分村组,“千里眼、顺风耳”式现代通讯工具对广大农村经济社会发展带来翻天覆地的变化。

(3)能源:大河口电站、梯子洞电站、渤海220KV变电站、五育110KV变电站、农村电网改造、“户户通电”工程等重点项目顺利实施,全县供电网络不断优化,生产生活用电质量不断提高,约35%的农户实现“一户一表、同网同价”。瓶装液化石油气进入城乡家庭,生活能源结构得以改善,部分农村已改变了烧柴、烧煤等原始用能模式。县城管道燃气工程顺利实施,即将完工投用。

(4)水利:10年来,全县累计建成各类水利工程2119处,新增解决9.8万人饮水难和饮水安全问题。小坝二级水库等重点水利项目的顺利建成,为农业灌溉和人畜饮水提供了有力保障。县城、李溪防洪工程竣工,从此摆脱了百年水患威胁。整治病险水库7座,农业防灾抗灾能力逐步增强。

(四)城镇化迈出坚实步伐,人居环境较大改善

直辖以来,随着全县经济快速发展和居民收入不断增加,全县城乡建设有力推进,城乡人居环境较大改善。

1.城镇化进程加快。10年来,全县先后启动旧城改造项目24个,完成投资5.6亿元,农民建房累计投入5.16亿元,全县城镇化率已由1996年的7.8%,提高到2006年的17.6%。为了加快城镇化步伐,全县加大城镇建设的“引、扩、改、转”工作力度,加速基础设施建设,坚持新区开发与旧城改造并举,极大地改善了城市面貌,完善了城市功能。过去破旧、肮脏、拥挤、街市混用的

县城真正变成了一座靓丽的山水园林小城，城南大道、步行街等令人赏心悦目，电力大厦、西州花园、旺家苑、桃源金水岸等座座高楼拔地而起、鳞次栉比。2000年，县政府根据市民意愿，建起了可供近1000名市民休憩的桃花源广场，让酉阳居民圆了"广场梦"，如今的桃花源广场已成为全县人民举行盛大集会和活动的重要场所，成为酉阳旅游景点之一。城北新区、滨河路改建、县城污水处理厂、垃圾处理场等项目实施，将促进酉阳城镇建设更快发展。同时龙潭工业孵化区、麻旺兴清大道等乡镇建设项目顺利实施，龚滩古镇整体搬迁及乌江彭水水电站、石堤水电站酉阳库区和酉酬水电站、金家坝水电站等库区移民迁建，将极大地推动酉阳城镇化建设。

2. 居民生活质量不断提高。直辖10年，全县人民生活水平不断提高，2000年，顺利实现整体脱贫目标。西州商业城、西州花园、静月山庄、宜人小区、桃花源小区等成为县城居民新的居住点，龙潭工业孵化区等乡镇房地产项目顺利实施，极大地推进了城镇居民人居环境改善。城镇居民人均住宅建筑面积从1996年的18.6平方米提高到2006年的26.3平方米，居民住宅成套率明显提高，花园式居住小区快速发展，居住环境更加优美，农村居民人均住房面积由1996年的14.6平方米提高到2006年的17.3平方米。居民收入增长的同时，消费结构也发生了深刻变化，实现了由量向质的转变，消费更多地投向发展型和娱乐型生活资料，形成多元化消费，居民现代和享受型的耐用品消费增长较快。饮食方面支出比重明显降低，住房、通讯、医疗、教育方面的支出比例较快上升，农村居民家庭恩格尔系数由1996年的59.6%下降为2006年50.7%。全县逐步建立了社会保障体系，城镇职工基本养老、基本医疗、失业、工伤、生育五大保险全面启动实施，社会保障体系框架基本确立。1999年，建立了城镇居民最低生活保障制度，并逐步提高标准、扩大覆盖面；2007年，农村居民最低生活保障制度正式建立，并全面推行。

（五）着力构建和谐社会，各项社会事业协调发展

10年来，全县社会事业和经济建设协调推进，千方百计增加投入，各项社会事业迈上了新的台阶。一是发挥区域优势和民族特色，民族文化建设长足进步，民族文化活动异彩纷呈。1999年，土家摆手舞荣获全国第七届少数民族运动会铜牌奖，《燧之舞》节目获第十届全国"群星优秀奖"，实现了酉阳建国50年来文化创作表演国家级奖项零的突破；2001年成功举办了武陵山区民族文艺汇演暨土家摆手舞大赛，2003年分别被授予"中国民间艺术之乡（摆手舞）"和"重庆市民歌之乡"称号，极大地提升了酉阳知名度；土家健身摆手舞荣获全国全民健身项目一等奖。二是科教卫生蓬勃发展。电脑农业逐步推广，农业信息网络初具雏形，县级党政部门实现办公自动化，全县第一个GAPP信息化便民网站在龙潭建成。2005年"两基""普实"顺利通过市政府达标验收，基本普及了九年义务教育，累计排除中小学危房34.08万平方米，新建校舍30.6万平方米。优质高中建设成效明显，酉一中、酉二中先后成功创建市级重点中学，全县高考综合指标位居渝东南前列。职成教育迈出实质性步伐，酉阳民族师范学校和县职教中心整合，并与重庆五一高级技工学校联合办学，加大技能培训。卫生工作基础加强，农村基层三级卫生网络逐步健全，突发公共卫生事件应急处置机制进一步完善，31个乡镇卫生院改扩建工程、县疾控中心、县人民医院传染病专科等一批卫生重点基础设施陆续动工和相继建成。

三、经济发展中的突出特点与亮点

（一）直辖直管出高效，行政机构改革带来新机遇

直辖10年，是酉阳把握机遇、快速发展的10年。重庆直辖、区县直管，大大减少了管理层次和中间环节，特别是对酉阳这一偏僻的山区穷县来讲，"天高皇帝远"已成为历史。以前，汇报工作都

要经过地级转报省市部门,或到千里之外的成都向省级部门“越级报告”,现在则直接与市级部门联系,市委、市政府的指示精神和要求直接传达到县级。回眸10年,直辖效应带来的一次次巨变依然历历在目。1997年、2003年,国道319线连续两次改造,酉阳与主城区的公路通行能力大大提升;1998年,全市通信区号统一为023,既树立了对外形象,又提高了通信水平;2000年,市县中间的地级机构撤销,市县工作联系更直接,行政管理体制更加规范;2001年,县乡行政机构改革,精简县级部门28个,撤销12个区工委,将原81个乡镇合并为39个,大大降低了行政管理成本,提高了行政效能。

(二)民营经济快速发展,逐步成为县域经济支柱和增长点

1996年,全县民营经济总产值为1.7亿元,占全县经济总量的7%,个体私营业主是当时的民营经济主体,散、小、弱是当时民营经济的主要现状。2006年全县民营经济总产值达20.8亿元,占全县经济总量的32%,较1996年提高了25个百分点。特别是通过国有企业改制和招商引资等渠道,规模较大、发展潜力较大的民营经济主体不断增加,2002年改制重组的重庆华立武陵山制药有限公司成为全国青蒿素生产能力最大的企业,2004年建成投产的重庆天雄锰业有限公司成为全县首家合资企业,重庆天一魔芋有限责任公司、金鑫化工有限责任公司、翔龙建材有限责任公司等成为本地民营业主成功创业的典范。

(三)对外开放力度加大,外向型经济建设成效明显

随着交通、通讯、水电等基础设施不断完善,全县改革开放力度不断加大,外向型经济较好起步,快速发展。一是对外招商引资领域进一步拓展,区域进一步扩大,对外开放成效明显,10年累计签约招商项目238个,协议引资93.9亿元,到位资金17.9亿元。二是外贸出口快速增长,2000年实现外贸出口零突破,2006年外贸出口1.75亿美元,重庆汉斯·安海酉阳出口公司位居全市出口十强企业第三位。自营出口企业扩大到7家。

(四)社会投资快速增长,投资拉动巨大

10年来,全县社会投资快速增长,对经济社会发展拉动巨大。一是投资领域不断扩宽,基础设施、城镇建设、工业发展等是投资重点领域,教育、卫生、农业等领域投资也不断增长。二是投资规模不断增大,1996年全县社会投资总额为2.33亿元,2006年全县社会投资额达17.52亿元,是1996年的7.5倍。三是投资结构不断优化,政府性投资比重逐步降低,社会投资比重不断提高,1996年全县政府性投资比重为82%,2006年为35%,较1996年下降47了百分点。四是投资拉动巨大,社会投资成为全县经济社会快速发展的重要促进因素,改善了全县基础设施硬环境,加快了全县商贸流通,增强了工业发展后劲,完善了社会事业。

(五)经济社会发展影响力不断增强,对外形象逐步提升

10年来,全县经济社会发展速度加快,经济运行质量也不断提高,对外影响力不断增强。一是药、畜、烟、林等农业产业建设成效明显,工业纸浆杨树基地、酉阳青蒿、麻旺麻鸭、酉州黑山羊、丁家湾山羊等品牌在全市及全国都具影响力。二是赵世炎故居、南腰界革命根据地旧址被列为国家、市级文物保护单位和全国爱国主义教育基地,其中赵世炎故居纳入全国“100个红色旅游经典”景区;龙潭古镇被评为中国历史文化名镇,龚滩、后溪古镇成为全市首批市级历史文化名镇;乌江画廊、桃花源等已成为全市经典景区。三是土家摆手舞得到较好宏扬,并荣获全国第七届少数民族运动会铜牌奖;《燧之舞》节目获第十届全国“群星优秀奖”;2003年分别被授予“中国民间艺术之乡(摆手舞)”和“重庆市民歌之乡”称号,极大地提升了酉阳知名度;土家健身摆手舞荣获全国全民健身项目一等奖。

(六)农村剩余劳动力较好转移,农民劳务收入不断增加

外出务工收入成为全县农民收入增长的主要因素。1997年全县外出务工人数为11万人,劳务收入3.4亿元,2006年全县外出务工人数达17

万人，劳务收入达5.6亿元，分别比1996年增长55%、65%。有组织、成批次地输出劳务逐步成为全县劳务收入稳定增长的积极因素，政府培训、定向输出劳务量快速提高，社会中介服务逐步规范，2006年全县农村人口就业培训4950人次。

四、酉阳未来经济社会发展蓝图勾画

未来10年至2020年，将是酉阳经济社会更好更快发展的机遇期，全县经济社会综合实力将再上新台阶。预计2020年，全县地区生产总值将达120亿元，年均增长12%以上；财政收入将达12亿元，城镇化率将提高到40%，城镇居民人均可支配收入和农民人均纯收入将分别提高到15000元、8500元。

(一)基础设施将更加完善

一是按照“两中心、三干线、四通道”的交通架构，渝怀铁路二线工程、“两小时酉阳”、“通畅工程”等项目顺利实施，基本形成以渝怀铁路、渝湘高速为骨架、出境干道为纽带、乡村道路为脉络、河道航运为补充、车站码头为节点的内畅外联综合交通网络。二是构建以塘、库、堰为主体的农业灌溉体系，完善以集镇集中供水为主体、农村人畜饮水为补充的供水网络。三是完成酉水河、甘龙河、细沙河及后河等河流的水电资源开发，完成全县电网改造，提高供电质量，实现全县同网同价。四是推进数字化、网络化、智能化的通讯设施建设，宽带通信网、数字电视网、新一代互联网、电子政务等将极大地改善城乡生产生活条件。

(二)工业化进程将不断加快

县域资源优势将得到充分发挥，资源加工型和劳动密集型产业将得到较好发展，在烟、畜、药、林等传统农业产业基地不断强化的基础上，现代制药业、林产品加工业、食品工业、电矿业、旅游业等将支撑并引领经济起飞。一是以打造“世界青蒿之都”为主攻方向，加快以青蒿素、中药饮片、生物制药、保健美容品等为主的现代医药工业发展。二是依托杨树工业原料林和丰富的松竹资源，加快林浆纸、纸制品、中密纤维板、家具工业、林业化工、林竹工艺、天然香料提纯、野生动植物繁驯加工、林果加工、森林食品加工等现代林业工业发展。三是以畜产品、生姜、魔芋、苦荞为原料，加大农特产品生产、加工、保鲜、包装、贮运、营销等各个环节技术创新和技术改造，促进特色食品工业的规范化、集约化、现代化发展。四是加快酉酬、金家坝电站两大主体电源点建设和输配电网络建设和改造，引导锰、锌、汞、钙等县域矿产资源有序开采和精深加工，切实走好电矿结合之路，培育壮大电矿业。

(三)社会主义新农村建设将全面推进

一是加大农村公路、水利、通信、广播、电视、电网和环境保护等基础设施投入，逐步改善农村生产生活条件。二是推进农业产业化，促进农村经济繁荣，增加农民收入。三是坚持产业化扶贫和贫困劳动力培训转移并重，切实实施“整村推进”的扶贫计划、产业扶持等长效扶贫开发措施。四是农村文化教育事业、农村公共卫生和基本医疗服务体系等将不断完善。

(四)强力推进城镇化进程

一是按照“政治文化中心、民族生态特色、山水园林城市、优美人居环境”的总体定位和“一圈、两轴、三片”的功能布局，突出县城发展。二是充分利用渝怀铁路、渝湘高速公路、319国道和渤桂公路的交通优势，抢抓机遇建设泔溪—麻旺—龙潭—江丰“经济中心”。三是依托林浆项目和龚滩集镇整体搬迁，抓好纸厂煤炭专用码头、仓储区、生活服务区、工业园区建设，推进旅游景区建设，提升龚滩历史文化名镇和百里乌江画廊两大旅游品牌，加快建设龚滩-两罾为主体的西南林纸重镇。四是狠抓丁市畜牧业、黑水中药材及李溪、大溪、兴隆边贸等特色产业集镇城镇建设。

(五)商贸服务业将日趋繁荣

一是以发展“一圈一中心”为目标，以完善三级市场体系建设为载体，推动县城商贸中心发展，把钟多、龙潭、麻旺建成县域经济的商贸物流的核心区。二是普及推广大众化的信息服务，大力实施光纤电视“村村通”，广泛开展电子商务，缩小城乡之间、乡镇之间的信息化差距，加快推动全县经济、社会、生活的网络化、数字化发展进程。三是建立健全社会化服务组织,积极扶持养老、托老、陪护、卫生保洁等家政服务业和社区物业发展。四是以节约资源、绿色环保为导向,体现山水园林城市特色,围绕旧城改造和新区开发,促进房地产市场协调、健康发展。

回首直辖10年,全县经济建设成效显著,展望未来,酉阳已经站在新的历史起点,全县人民信心十足、干劲倍增,将进一步打好"直辖"王牌,进一步优化发展环境,推进改革开放,夯实发展基础,进一步扩大经济总量,提高人民生活水平,加快全县小康社会建设进程,全面推进社会主义新农村建设。

注:本文数据出自酉阳县统计局、县计委、县经贸委、县中小企业局、县农业局、县劳保局、县旅游局、县建委、县财政局、县水利局等单位

撰稿单位:重庆市酉阳土家族苗族自治县人民政府办公室

执笔人:唐佰球

彭水苗族土家族自治县

彭水自治县位于重庆东南部,地处长江一级支流乌江的下游。全县幅员面积3903平方公里,其中常用耕地4.8万公顷,辖39个乡镇、300个村(居)委、1969个村(居)民小组。县城位于乌江、郁江交汇处,距重庆市主城区260公里。2006年末,全县户籍人口64万人。

彭水自汉初建县,历经2000多年历史,曾创造了唐宋时期的经济繁荣和清末"彭水财富,甲于酉属"的辉煌。彭水是重庆市7个革命老区县之一,在革命战争年代,老一辈无产阶级革命家刘伯承、邓小平、贺龙、关向应等曾在这里生活过、战斗过,留下了光荣的革命传统和宝贵的精神财富。彭水是少数民族聚居地之一,1984年经国务院批准成立彭水苗族土家族自治县,有苗、土家等11个少数民族,以苗族、土家族为主的少数民族人口达35万人,占全县总人口的59.63%,占全市少数民族人口的17.5%,是重庆市唯一以苗族、土家族为主的少数民族自治县。在历史的长河中,苗、汉、土家等各民族聚居繁衍,相互学习,彼此交融,孕育了巴渝最古老的"黔中文化"。彭水水能资源富集,是重庆市唯一的"水利能源基地县";矿产资源丰富,煤、石英砂、石膏、石灰石等矿产资源储量大、品位高;旅游资源独特,"乌江画廊"为重庆四大旅游精品工程之一;农副产品资源充足,是全国烤烟基地标准化示范县和重庆市100万草食牲畜基地县、重庆市森林资源大县;区位优势明显,是东部经济西进和西部经济东出的重要通道,渝、鄂、湘、黔边区水陆交通枢纽和物资集散地。

重庆直辖以来,彭水作为少数民族自治县、扶贫开发工作重点县,在市委、市人民政府的正确领导和市级各部门的大力支持下,紧紧抓住西部大开发、重庆直辖、加快少数民族地区发展等历史机遇,坚持用科学发展观统领经济社会发展全局,按照"建设'三一一'工程(积极开发农业、水利、矿产、旅游优势资源,建成重庆绿色农业基地、能矿联营基地、生态旅游休闲基地;加快交通建设步伐,建成渝东南黔东北水陆联运的交通枢纽;充分发挥地缘和运输便捷、价廉的优势,大力发展商贸流通和服务业,建成以大宗、长线货物为主的商贸流通中心),实施六大战略(投资拉动、工业立县、城镇化、旅游活县、可持续发展、科教兴县战略)"的发展思路,充分发挥优势,齐心协力谋发展,沉心静气干工作,扎扎实实打基础,各项工作呈现出加快推进的良好态势,全面完成了"十五"计划和建设小康社

会第一步战略目标，经济社会各个领域发展取得明显的成就，一个充满生机与活力的民族地区生态经济强县正在形成。

一、经济发展步伐加快，综合实力快速提升

全县地区生产总值由1996年的9.95亿元增加到2006年的30.5亿元，年均增长9.5%（见图1）；社会消费品零售总额由3.7亿元增加到13.9亿元，年均增长14.2%；辖区内财政收入由1.39亿元增加到2.56亿元，年均增长9.6%，其中地方财政收入由0.73亿元增加到1.76亿元，年均增长10.3%（见图2）。经济结构进一步优化，三次产业比重由38:30:32调整为27:33:40（见图3）；非公有制经济比重由20%提高到48.8%；城镇化率提高11个百分点。

图1 1996—2006年彭水县地区生产总值及增长率

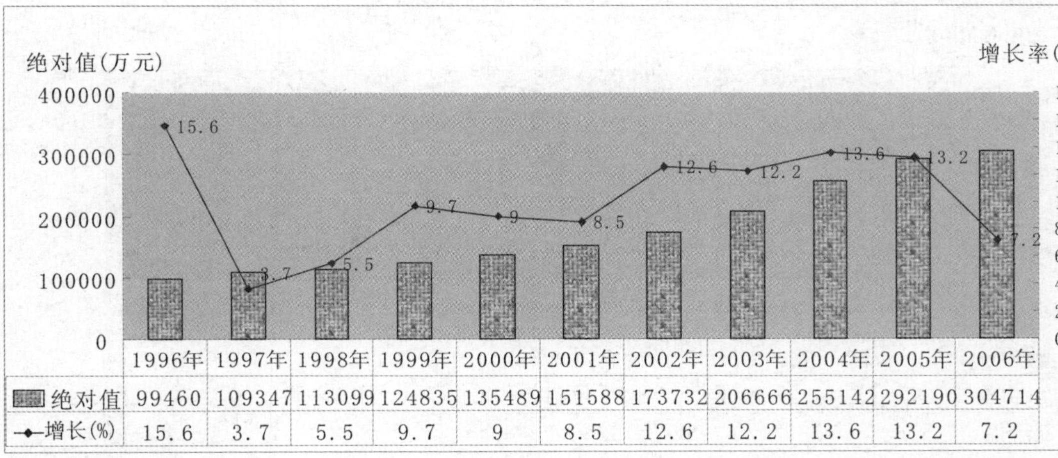

图2 1996—2006年彭水县财政收入变化

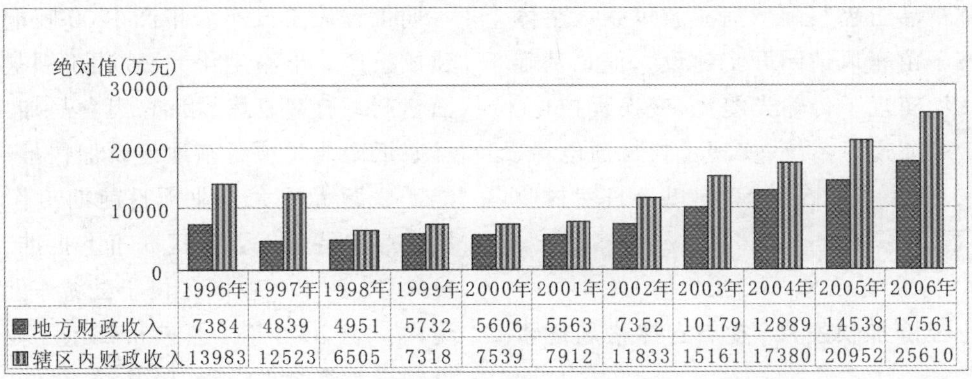

图3 三次产业结构变化

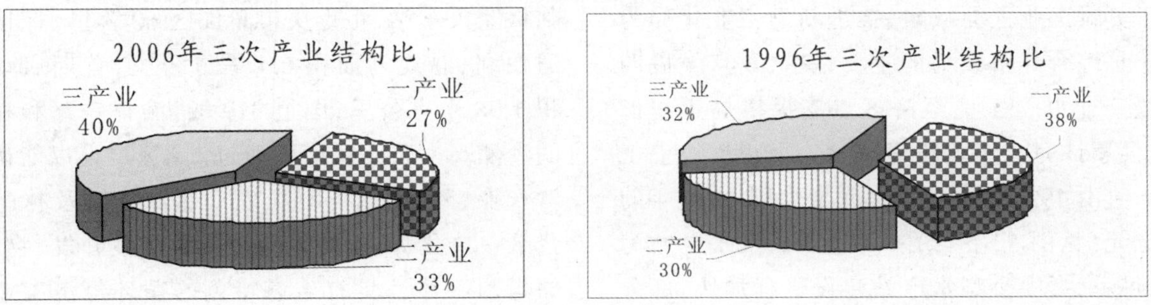

二、基础设施建设加快，城乡面貌明显改善

大力实施投资拉动和项目带动战略，加快基础设施建设步伐，不断夯实加快发展的“硬环境”。直辖以来，全县固定资产投资由1996年的1.76亿元增加到2006年的50.8亿元，累计完成投资184亿元，年均增长40%（见图4）；渝东南黔东北水陆联运交通枢纽构架基本形成，渝怀铁路投入运行，渝湘高速公路彭水段全面动工，彭水港区规划完成，省县际干线公路建设加快，乡镇通畅工程和行政村通达工程建设提速。城市形象逐步改善，新区开发和旧城改造稳步推进，两江河堤加快建设，美化绿化亮化工程按规划实施，规划执法和市容环境卫生管理得到加强，县城脏乱差现象得到有效治理。城乡供电网络不断完善，实现了初级电气化县达标和与国家大电网联网运行，农网改造率达到71%，消除了农村无电户。旅游开发取得实质性进展，乌江画廊列入重庆“四大旅游精品工程”，阿依河旅游风景区主体工程完工，鞍子苗寨风情园开工建设。信息基础设施不断升级，实现了传输光缆化、交换程控化，建成了移动、联通通讯系统，实现了村村通电话、乡乡能上网，解决了405个50户以上自然村收看电视难问题。

图4 1996—2006年彭水县固定资产投资变化图

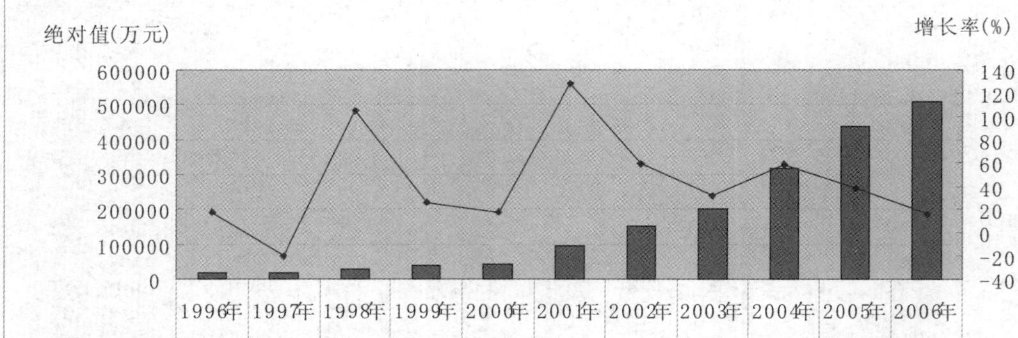

	1996年	1997年	1998年	1999年	2000年	2001年	2002年	2003年	2004年	2005年	2006年
绝对值(万元)	17569	13956	28584	35904	42127	96031	152747	201091	317846	439130	507652
增长%	17.8	-20.6	104.8	25.6	17.3	128	59.1	31.6	58.1	38.2	15.6

三、工业经济加快发展，多点支撑格局逐步形成

把实施工业立县战略、推进新型工业化作为增强全县综合经济实力的重要举措，重点发展四大工业产业群，工业经济多点支撑格局逐步形成，全县累计完成工业投资91亿元，规模以上工业总产值由1996年的1.9亿元增加到2006年的3.73亿元（见图5，下页）。以乌江彭水水电站为代表的一批大中小型水电站建设进程加快，部分已建成投产。煤矿整合工作稳步实施。日产2500吨新型干法水泥熟料生产线、年产6万吨硫酸钡一期工程竣工投产。年产1200吨桐油精炼项目建成投产。申渝生化、长陵化工钡盐一期工程全面达产。打叶复烤、粮油、肉食品加工能力提升。林浆纸产业化项目基地建设加快推进，天然气、能矿联营等重大工业项目前期工作取得积极进展。彭水特色工业园区获市上批准，实现工业企业入驻。彭水工业园区位于县城东北方向保家镇境内，于2006年1月获市特色工业园区规划建设领导小组批准设立，距县城18公里。园区背靠319国道，面临郁江，西起保家220kV变电站，东临保家火车站，距重庆市黔江区60公里。园区交通便利，总规划面积6.4平方公里，首期启动面积1.98平方公里，国道319线、渝怀铁路和在建的渝湘高速公路穿园区而过。园区建设以能矿联营产业、新型建材产业、农产品深加工及林（竹）浆纸一体化为主，是集现代工业科技开发、物流、储运为一体，具有生态特色的循环经济工业园

图 5 1996—2006 年彭水县县工业总产值和工业增加值情况图

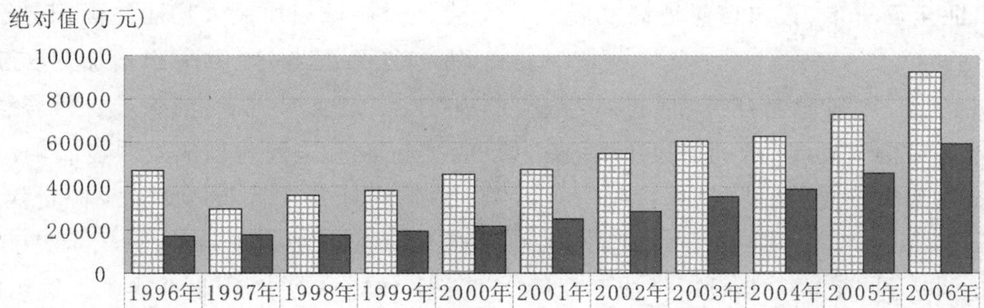

	1996年	1997年	1998年	1999年	2000年	2001年	2002年	2003年	2004年	2005年	2006年
工业总产值	47503	29715	35738	38338	45777	47695	55402	60493	63278	73838	92873
工业增加值	17381	17774	17916	19383	21779	24838	28425	35278	38851	46310	59918

区。2006 年5 月,重庆市双庆硫酸钡股份有限公司建设年产 6 万吨硫酸钡项目生产线及配套工程进入园区并开始建设。

四、新农村建设扎实推进,农业农村经济稳步发展

彭水自治县始终把“三农”问题作为彭水全局性和战略性的问题来抓,坚持“统筹城乡”的方略和“多予、少取、放活”的方针,以农业增效农民增收为核心,以提高农业综合生产能力为重点,完善和落实各项支农、惠农政策,促进农业增效、农民增收,加快推进社会主义新农村建设。农业主导产业加快发展,产业化经营模式初步建立,建成了全国烤烟基地标准化示范县和重庆市草食牲畜基地县、森林资源大县。农村劳动力资源开发得到加强,2006 年统筹财政资金 420 余万元,资助农村贫困、城市低保、残疾人等九类家庭子女共 1640 名就读中等职业学校;输出农村劳动力 12.7 万人,实现劳务收入 6.4 亿元。促农政策惠及农民,全部免除农业税,结束了农民缴粮纳税的历史;落实义务教育“两免一补”,减免农村义务教育阶段学生 11 万人各类费用 3000 万元;兑现退耕还林、撂荒地复耕、农村部分计划生育家庭奖励扶助等直补资金 7900 万元。推进扶贫开发工作,实现了成建制越温达标,绝对贫困人口减少到 7 万人。农村生产生活条件明显改善,公路通村率 65.3%,广播电视综合覆盖率 98.3%,累计解决 7.5 万人饮水难问题,完成中低产田土改造 6 万亩,新建沼气池 1 万口。以实施“123 工程”为重点,靛水、石龙等示范村建设有序推进,26 个村级社会公共服务中心建成投入使用,新农村建设开局良好。

五、各项改革进展顺利,对外开放迈出新步伐

坚持不断深化各项改革,积极扩大对外开放,不断增强经济社会发展活力。农村综合改革加快推进,行政区划调整顺利实施,完成了农村税费、农业服务体系和林权制度改革阶段性任务。国有企业、城镇集体企业、供销集体企业改革基本完成。深化了部门预算、会计委派、政府采购等一系列财政管理体制改革,“乡财乡用县监管”的财政运行机制初步建立,兑现历年欠发职工工资,14 个乡镇偿清了社会性债务。推进金融监管体制改革,各金融机构发展壮大、效益提升,存贷款余额由 1996 年的 3.1 亿元、5.6 亿元增加到 2006 年的 23.2 亿元、33.9 亿元,不良贷款率由 45%下降到 7%。组建江汇国有资产经营公司,获农业发展银行、国家开发银行授信 4.5 亿元,开展土地整治与储备,融资能力不断增强。人事、教育、卫生、粮食、文化体制改革以及城镇医疗制度改革稳步实施。深化行政审批制度改革,建立行政服务中心和发展环境投诉中心,整治发展环境,推进诚信彭水建设。对外开放迈出新步伐,累计实际利用县外资金 89 亿元,实现了外贸直接

出口和境外劳务输出“零”的突破。

六、社会事业全面进步，人与自然协调发展

注重统筹协调，加强薄弱环节，促进社会全面进步和人与自然协调发展。顺利通过了“两基”“普实”达标验收和市政府“两基”复查验收，彭水中学建成重庆市重点中学，初中毕业生升入高中阶段学校的比例达到66.3%。开展送科技下乡活动，加大了科技的普及和推广力度。积极开展人才和智力引进，累计引进大学本科以上毕业生和西部人才计划大学生志愿者400余人。公共卫生体系逐步完善，建成市级示范中医院、二甲保健院，启动乡镇卫生院标准化建设，儿童免费“五苗”接种率超过95%，成功抗击了非典、禽流感等重大传染病。组建黔中民族文化研究学会，鞍子民歌列入市级民族民间文化重点保护工程，《娇阿依》荣获第三届全国少数民族文艺会演表演金奖。基层群众文化体育活动日趋活跃，首届娇阿依民族文化艺术周成功举办，文化体育获国家级奖40余项。加强人口和计划生育综合治理，关爱女孩行动试点经验被全国总结推广，出生人口性别比有所改善，2006年人口自然增长率5.3‰。整顿和规范矿产资源开发，严格土地管理。生态环保“四大行动”扎实推进，环境监察大队和监测站通过标准化建设验收，环境保护与生态建设得到加强。深入实施天然林保护和退耕还林工程，生态彭水建设初见成效。

七、人民生活水平逐步提高，和谐社会建设取得新进展

坚持将关注和改善民生作为各级党委政府工作的出发点和落脚点，努力让全县人民从改革和发展中得到更多实惠。全县城乡居民收入持续增长，农村居民人均纯收入由1996年的1092元增加到2006年的2232元；城镇居民可支配收入增加到7357元；城乡居民人均储蓄存款由357元增加到2475元。城乡居民住房条件进一步改善，农村、城镇居民人均居住面积分别由1996年的22.7平方米、12平方米增加到2006年的31.1平方米、28.2平方米，消除了农村岩洞窝棚户。食品药品放心工程建设成效明显。就业再就业得到加强，累计发放就业再就业小额贷款2700万元，指导和帮助城镇下岗失业人员7300人、“4050”人员1850人实现就业再就业，城镇登记失业率控制在5%以内。基本建立了以养老、失业、医疗、工伤、生育保险和社会救助为主要内容的社会保障体系，城市低保、农村“五保”、义务兵家属、特困救助等补助标准提高，新型农村合作医疗试点扩面达到1.5万人。乌江彭水水电站移民搬迁安置、专业项目复建、文物保护等工作有序推进，移民后期扶持规划编制完成。认真贯彻《公民道德实施纲要》，人民群众的道德水平和文明素质得到提高。积极创建平安彭水，安全生产状况持续好转，信访工作进一步加强，全县社会政治稳定。

回顾过去，彭水经历10年的艰难跋涉已跃上新的发展平台。展望未来，我们又面临着历史发展的新一轮机遇。彭水各族人民正按照县第十二次党代会提出的“打基础、抓调整、寻突破、求发展、上台阶”的战略部署，坚持以解放思想、转变观念为先导，坚持以科学发展观统揽全局，坚持以和谐平安凝聚人心，力求“稳”、“好”、“快”的最佳结合，使彭水在新的历史起点上实现更好更快地发展，让人民群众在新一轮发展中得到更多的实惠。

注：本文数据出自2007年2月6日在县第十五届人民代表大会第一次会议上通过的《政府工作报告》中的数据

撰稿单位：重庆市彭水苗族土家族自治县人民政府办公室

第四编

开发区和特色园区建设

开发区和特色园区建设概述

建设特色工业园区是加速推进我市城镇化、工业化进程，推动工业经济跨越式发展，尽快把我市建成长江上游经济中心的重大举措，也是我市实施“大城市带动大农村”战略、加快产业结构调整、扩大城镇就业渠道和农村劳动力向非农产业有序转移、促进对外开放和招商引资、培育新的经济增长点的重要载体。

在加快建设三大经济区的过程中，进一步扩大对外开放，充分发挥北部新区和两个国家级开发区在区域经济和产业结构调整中的龙头作用，以良好的发展环境和集聚效应促进区县（自治县、市）特色工业园区发展，构筑布局合理、相互促进、各显优势、梯次型的经济发展格局，迅速将资源优势转化为经济增长优势，抢占先机，加快发展，早日把我市建成长江上游经济中心。

一、特色工业园区综述

（一）园区建设的必要性和紧迫性

我市承担着老工业基地改造，城镇化建设和三峡库区移民三大重担，工业园区的建设和发展起到了至关重要的作用，主要表现在以下方面：

一是我国六大老工业基地之一，抗战及大三线建设时期遗留下来的布局不合理的大量内迁企业急需进行生产力布局的大调整。近几年，将有338户大中型企业要从主城区“退城进园”。尤其是列入国家重点搬迁的29户重大污染及安全隐患企业急需迁入新的工业园区。

二是我市辖40个区县（市），是一个省级行政区的构架，有近3200万人。其中，城镇人口仅有1000多万，占36%，低于全国平均水平。按照中央对重庆关于加快推进工业化、城镇化进程的要求，我市将每年面临几十万农村人口进城就业的巨大压力。建立工业园区对促进全市产业结构调整，加快传统产业换代升级，解决好“三农”问题，从根本上带动农民致富，具有现实的示范、带动作用。

三是三峡工程关系全局，虽有全国各地的对口支援，但库区缺乏产业支撑，100万移民的就业形势比较严峻。为顺利实现三峡移民“迁得出、稳得住、逐渐能致富”的目标，扩大移民就业，增加移民收入，广泛吸纳各地的技术和资金，发展库区经济，还有10余个库区的区县急需建立工业园区。

四是重庆地处我国的战略大后方，有33家军工企业，承担着大量军品和战备物资的生产。由于国际形势，尤其是台海形势的需要，现有很多军工企业急需进入新的工业园区进行迁建扩能。同时，我市近期引进了投资额约700亿元的石化项目和投资额分别在10亿美元以上的芯片生产、芯片封装等高科技项目以及一大批配套企业，急需进入新的工业园区。这些项目的引进，对于我市“再造两个重庆工业”，进而“建设成为长江上游的经济中心”至关重要。

（二）园区建设的基本原则

1.坚持园区建设与城镇规划相结合的原则

每个区县（自治县、市）可规划建设一至二个特色工业园区。园区建设要着眼长远，统一规划，并纳入城镇总体规划，与所在地区城镇化、亿元强镇规划相结合，并制定分步实施规划和近期建设计划。条件成熟一个报批一个，由小到大逐步发展。

2.坚持市场导向和体制创新的原则

特色工业园区布局要以市场需求为前提，开发建设必须实行市场化运作，按照市场规则办事，创新园区的管理体制和运行机制，做到“政企分开、政事分开、政资分开”，发挥园区的示范样板作用。

3.坚持突出特色、因地制宜的原则

建设特色工业园区要根据本地区资源优势和地理条件。因地制宜,形成产业特色,靠特色和优势提高竞争力。园区必须突出发展二、三产业,以工业为主,推进工业化进程;有条件的地方可以建立高科技园区,突出发展高新技术产业和外向型产业。园区建设要与当地的专业市场紧密结合,相互促进。

4.坚持优化和节约用地、保护生态环境的原则

特色工业园区原则上要从已有一定基础的工业园区中优选,提高土地利用率。正确处理好加快发展与保护生态环境的关系,严格把好园区企业准入关,不能以浪费资源、牺牲环境为代价谋求暂时发展。

5.坚持合理布局、有序发展的原则

建设特色工业园区要树立全市一盘棋思想,服从大局、突出重点、有序发展。区域经济发展和园区布局要与三大经济区建设总体规划协调一致,与全市工业结构调整的总体思路、发展方向和发展目标相衔接,有进有退,有所为有所不为,避免产业趋同和重复建设。

(三)园区布局符合经济社会发展规划、土地利用总体规划、城市总体规划、城市环境保护规划和生产力布局规划

重庆市的特色工业园区都是由各区县(市)政府依据各地人大审议通过的经济社会发展规划而设立和建设的,符合各地中长期经济社会发展战略。规划范围符合经依法批准的土地利用总体规划,且均编制了地块控制性详细规划,并已报经城市规划主管部门批复同意;在区县政府所在地附近的开发区均符合该区域的城市环境保护规划,其他开发区均编制了由市环保局批准的环境影响报告书。在产业布局方面,均符合《重庆市工业生产力布局调整规划》和《重庆市特色工业园区产业布局指导意见》。

(四)园区加强了集约和节约用地,良田保护较好,土地利用率高

重庆市幅员面积 8.2 万平方公里,总的地貌属于深丘,开发区的土地绝大多数都是在“四荒”地(荒沟、荒坡、荒滩、荒山)的条件下,通过开山辟岭打造出来的“人造平坝地”。虽然我们的开发成本大大高于平原地区,但对现有良田起到了最大限度的保护,土地利用率高,开发区占用基本农田明显少于其它省市,良田保护较好。

(五)工业园区建设概况

1.都市发达经济圈的工业园区

都市发达经济圈的特色工业园区重点发展技术密集型、资金密集型产业和都市楼宇工业,适当发展劳动密集型产业。在一环高速公路内,加快发展以信息工程、生物工程、环保工程为重点的高新技术产业;发展家电、服装、食品、包装和工艺品生产等都市型产业。在一、二环线之间重点布局带动作用强污染小的大工业项目。以北部新区、空港园区为核心,形成汽车摩托车及零部件生产基地,软件研发基地,高新技术产业基地;以西永园区为核心,形成微电子及相关产业制造基地;以西彭园区为核心,形成铝加工基地;以九龙、花溪、井口、同兴等园区为核心,形成摩托车,内燃机,高低压配电器生产基地;以港城、茶园园区为核心形成家用电器及通讯产品,数控机床,通用机械制造基地;以两路,花溪(麟龙)园区为核心,形成服装加工基地。

在一环线内原则上不新建“烟囱”工业,一、二环之间不能新建产生大量固体废弃物和水、气污染较重的工业。化学反应型化工企业在 3—5 年全部搬迁出都市发达经济圈,其他有噪声、烟尘、废水污染的工业企业要逐步实现搬迁。企业搬迁过程中要按照新型工业化要求,与技术改造、技术进步紧密结合,实施清洁生产工艺,要做到经济发展与环境保护、节能降耗并重。

2.渝西经济走廊的工业园区

渝西经济走廊的特色工业园区建立与都市发达经济圈大工业配套的加工体系,实现经济从粗放型向集约型转变。以江津、璧山、双桥、永川、合川等县(市)为主要增长极,成渝高速、渝合(加入渝湛、渝遂)高速公路为轴线,形成工业密集带和产业连绵区,因地制宜发展“配套型”产业,承

接都市发达经济圈产业转移的企业。打造“中国西部鞋都”、“中国西部重型装备基地”(增加“中国西部齿轮城”)、“兽药基地”、“林浆纸基地”。

3.三峡库区生态经济区园区规划布局

三峡库区生态经济区的特色工业园区着力抓好资源型工业和劳动密集型工业,充分发挥资源优势,发展加工型产业和大宗物资运输的产业,广泛吸纳各地的技术和资金,发展库区经济,扩大移民就业,增加移民收入。要以万州、涪陵、黔江、长寿等区为重要增长极,长江水道、渝万高速、渝怀铁路为轴线,突出抓好具有相对优势的资源加工转化型产业、劳动密集型产业。打造天然气、石油化工、精细化工和盐资源化工、中药材生产和加工、纺织服装为主的产业带。

二、园区建设情况及取得的成效

(一)西永微电子工业园区建设情况

重庆市委、市政府高度重视我市信息产业等高新技术产业的发展,已将电子信息列入全市三大先导产业之一。微电子业作为一个完整的产业集群和电子信息产业的核心,将在我市实施新型工业化战略和创建创新型社会进程中发挥重要的示范和带动作用。为积极引进国内外一批电子信息产业的重大项目,迅速形成我市电子信息产业的产业规模,市委、市政府于2005年8月22日批准设立了“重庆西永微电子工业园”(以下简称“微电园”),以此作为我市“十一五”期间电子信息产业发展的重要载体之一。并以市委、市政府提出的全市新型工业化“5444”发展战略和电子信息产业“1162”的工作思路为指导,以尽快形成微电子相关产业集群为目标,力争把微电园建设成为我市新型工业化战略的“推进器”和电子信息产业发展的“新平台”。

微电园西侧紧临重庆大学城,集聚了在渝十余所高校的大学城是重庆市人才富集的文教科技区,可为微电园的产业发展提供高素质的人才、智力和技术支撑;北侧与铁路物流中心相接,该中心将依托全国铁路集装箱重庆结点站,建设具有国际先进水平的综合物流园区,可为微电园在交通运输和物流配送等方面提供有利条件。

1.园区定位

微电园以集成电路产业和软件产业为发展重点,同时设置各门类的电子信息产业生产区,建成后将成为我国西部地区门类最齐全、规模最宏伟的电子信息产业基地和国家软件产业基地。微电园推行“循环经济”的生产模式,将园区产业链变成绿色产业链,保证了园区的可持续发展。微电园紧靠大学城和物流中心,为园区发展提供了人力、智力、技术资源的强大支撑和方便快捷的物流保障,可使微电园迅速发展成为人才富集、服务高效的国际社区。

2.园区主要经济指标

目前,微电园已有8寸晶圆生产线、惠普全球软件服务中心、北大方正等高科技项目等6家企业入驻,合同投资总额达119.6亿元(其中2006年投资21.7亿元)。随着2006年上半年“一横五纵”园区道路和渝遂高速公路等基础设施的建成,将更有利于整合道路周边地块,加大招商力度,推动入驻企业的建设投资进程。预计到2010年(“十一五”期间),入驻企业总投资将达到540亿元,实现工业总产值680亿元;到2015年园区全面建成之时,将达到入驻企业总投资800亿元,实现工业总产值1060亿元。

3.已开工建设项目情况

(1)北大方正集团FPC项目。北大方正集团已将重庆作为重要的产业转移基地,计划首期投资16亿元在重庆西永微电子工业园设立方正工业园,主要从事柔性印制电路板(FPC)、柔性铜箔基板(FCCL)材料、球型栅格阵列(BGA)芯片封装及基板材料等规模化生产制造。本次启动建设的FPC项目由刚注册成立的中港合资重庆方正高密技术电子公司负责实施,项目投资7.2亿元,年产能70万M^2,年产值10.7亿元人民币,计划2007年一季度投入正式运行。

(2)惠普(重庆)软件产业基地。惠普(HP)重庆软件与服务产业基地位于总占地面积2200亩的重庆西永微电子工业园软件产业园内,占地面积约200亩,项目总投资3亿元,规划建筑面积13万㎡。本次启动建设的基地一期工程投资0.8亿元,计划于2006年底完成4万㎡的软件研发楼建设,满足惠普全球软件服务中心(GDCC)重庆分中心的入驻需要。该基地将以GDCC为依托,重点发展软件与服务外包产业,形成20亿元/年的产业规模,从业人员达到8000人。

(3)华洋集团智能化电气设备产业基地。为加快实施自主化工业与电力自动化系统及相关关键电器零部件产业化,华洋集团注资5000万元在重庆西永微电子工业园设立重庆亿科电器股份有限公司,主要从事智能化成套低压电气设备、设备标准、核心电器元件的开发、规模化制造及物流输出。项目总投资5.6亿元,产值15亿元,今年年底建成,明年上半年达产。

(二)重庆(长寿)化工园区建设情况

重庆(长寿)化工园区于2001年12月25日经市政府批准设立,2002年4月25日挂牌成立,规划控制面积31.3平方公里,其中建成区6平方公里,发展区25.3平方公里。园区规划为天然气化工片区、石油化工片区、精细化工片区及乙烯加工片区,是长寿区打造"重庆工业高地"的重要载体;是集天然气化工、氯碱化工、石油化工、生物化工和乙烯下游加工产业于一体的综合性化工园区;是市委、市政府在国家实施西部大开发进程中,把资源优势转化为产业优势,调整工业产业结构,切实解决库区产业空虚的重要举措。园区自成立以来,历经四年的开发建设,已初见成效,呈现持续、快速、健康发展的良好态势。

1.园区发展优势

(1)丰富的资源保障。自然资源品种多、储量大,重庆及周边地区已探明天然气储量3700亿立方米,拥有盐卤资源14亿吨;电力资源丰富,长寿境内总变电能力为200万千伏安。

(2)便捷的交通条件。园区距重庆江北国际机场50公里;重庆—上海、重庆—福州的高速公路在园区交汇;渝怀铁路横贯园区,建有化学危险品铁路专用线;园区拥有22个泊位的深水港码头,年吞吐能力达1000万吨,万吨级船队常年可从园区直达长江下游各地。

(3)产业基础雄厚:长寿区是全国重要的天然气化工基地,拥有先进天然气制乙炔、醋酸乙烯、聚乙烯醇、氯丁橡胶及光气生产装置,产业基础雄厚。拥有充足的人力资源保障,园区现有化工技术工人3万余人,高中级专业及管理人才1万余名,化工技术力量雄厚。拥有成熟的配套服务,园区实行水、电、蒸汽、天然气、工业气体等公用工程统一供给,工业污水、废物等污染物集中处理,统一为入园企业提供配套服务。

2.园区发展宗旨

园区在开发建设中严格坚持科学发展观,走新型工业化道路,大力实施循环经济,按照"一次科学规划、分步适时实施"的原则,坚持"产品项目一体化、公用工程一体化、环境保护一体化、物流配送一体化、管理服务一体化"等五个"一体化"理念,采取项目集约、专业集成、投资集中、统一治理和统一排放的"一体化"建设和管理模式,使可持续发展观和循环经济理论贯穿于园区规划建设中,把园区建设成为一个生产与生态平衡、发展与环境和谐的工业园区。

3.园区建设现状

(1)基础设施建设快速推进,公用工程平台逐步完善。截止目前,化工园区累计完成自建项目投资达11亿元;累计完成公路主干道及企业间道路建设16公里;先期开发区域配套的水、电、气(汽)等公用工程平台已逐步完善。园区已全面完成先期开发区域约6平方公里的建设任务,园区内土地平场整治基本完成,内部骨干道路网络基本形成,基础设施及公用工程平台逐步完善。

(2)招商引资持续增长。化工园区充分利用园区资源优势、产业优势、人才技术优势、区位优势和政策优势,针对不同企业和不同发展项目,实施专案招商、多渠道招商,引资工作获得重大进展。到目前为止,正式签约入园的企业有29家,协议投资超过250亿元。其中包括跨国公司8家,投资20亿元以上的企业4家,投资10-20亿元的企业3家。

(3)入园企业建设进展顺利。目前,已经正式签约的入园企业中除6家新签约企业外,其余企业已全面开工建设。预计2006年底将有10余家企业建成投产。

4.园区发展目标

园区充分利用本区域丰富的天然气资源及盐卤资源,做大做强基础化工,做精做深精细化工,预计至2010年实现销售收入300亿元,2015年实现销售收入500亿元,2020年实现销售收入800亿元。通过10年到15年的建设,使园区成为一个布局合理、结构优化、可持续发展的现代化工业园区,国内一流、长江上游最大的综合性化工基地、国家新能源基地和国家级循环经济示范园区,逐步打造重庆工业的增长极。

(三)特色工业园区建设情况

1.园区的设立

2002年9月2日,市委、市政府为推进我市城镇化、工业化进程,推动工业经济跨越式发展,市委、市政府发布了《关于加快建设特色工业园区的意见》(渝委发[2002]28号),成立了特色工业园区规划建设领导小组及办公室。我市在坚持"园区建设与城镇规划相结合、市场导向和体制创新;突出特色、因地制宜;优化和节约用地、促进生态环境;合理布局,有序发展"原则的前提下,市政府批准设立了30个特色工业园区。

2.园区"启步年"情况

2003年是园区建设启步年,市经委广泛宣传建立园区的必要性和紧迫性,并指导区县的园区规划建设,指导帮助区县完善建园前期以及后续的相关工作;同时,与有关部门共同提出设立园区的报批方案及程序,进行初审,分三批提交市政府批准设立了30个园区,正好三个经济区各10个,启动和拓展面积63.5平方公里,并全面启动园区建设的各项前期工作,为重庆工业快速发展创建了基础平台。

当年园区征地累计37平方公里,投资完成50亿元,入驻企业891户,产值144亿元,税收7.4亿元,吸收劳动力9万人。

3.园区"建设年"情况

(1)园区经济高速增长,实现了超常规发展。2004年,我市特色工业园区完成基础设施建设投入71.9亿元(累计120.8亿元),同比增长47%;入驻企业624户(总计入驻企业1515户),同比增加70%,外资、中外合资和市外企业增加,达到134户(累计255户),同比增长11%;入驻企业预计投资总额678亿元,预计将实现工业产值近2000亿元;在建企业662户,投产企业710户;企业完成投资176.4亿元(累计248.2亿元),同比增长146%;投产企业实现产值320亿元,同比增长122%;实现工业增加值81亿元;实现税收10.9亿元,同比增长48%;累计安置劳动力14.8万人;完成了市政府确定的特色工业园区2004年工作目标。

2004年评出了九龙(九龙坡区)、茶园(南岸区)、空港(渝北区)、晏家(长寿区)、金龙(铜梁县)、李渡(涪陵区)、花溪(巴南区)、璧城(璧山县)、建桥(大渡口区)、德感(江津市)等10个"重庆市先进特色工业园区"。

进步快的分别是井口(沙坪坝区)、龙水(大足县)、朝阳(垫江县)、西彭(九龙坡区)、板桥(荣昌县)等5个园区。

特色工业园区自2002年底成立以来,经济发展保持了高速增长。园区2003年工业产值143.6亿元,2004年工业产值320亿元,工业产值翻了一番;2005年工作目标为工业产值560亿元,将在2003年的基础上实现翻两番,保持连年翻番的可喜局面。

(2)招商引资成效明显,园区已成一方投资热土。2004年园区招商引资624项。入驻园区的企业累计1515户,96%为规模以上企业。其中,投资额在10亿元的有15户,5-10亿元的12户,1—5亿元的110户,1000万元以上的500户。先后有中石油、长安汽车、安凯汽车、TCL、雅戈尔、奥康、红蜻蜓、国通管业、美国宇德、美的等一大批国内外知名大企业入驻特色工业园区。

(3)入园企业的投资强度、产出强度和容积率大幅度提高。园区平均投资强度达11.5亿元/km^2,产出强度预计可达37亿元/ km^2,建设密度逐步加大，容积率已在0.6以上，预计2005年可达0.8以上，总体上达到或超过国土资源部的要求。

(4)入园企业开工与投产率上升，园区规模形象初步形成。2004年在建企业662户，投产企业累计710户，园区规模形象已初步形成。其中，茶园园区(南岸区)的“美的工业园”、“迪马汽车”等30多个项目相继开工建设。空港园区（渝北区)的“长安工业园”仅一年就迅速建成投产。晏家园区(长寿区)的重钢“冷轧薄板”项目从交地给企业到投产，只用了8个月时间，被市领导誉为“重庆的深圳速度”。

(5)园区产业集聚收到实效，部分园区的特色日渐鲜明。入驻园区的企业基本形成了以汽车摩托车及零部件制造、家电和IT业、装备制造、天然气和盐化工、冶金、建材、服装制鞋等为主导的七大特色产业。其中“中国西部鞋都”、“中国西部服装加工基地”、“长安工业园”、“宗申工业园”等工业园已产生了明显的集聚效应；“中国西部铝都”、“美的重庆工业园”、药业、小五金、建材等产业特色已比较鲜明。

特色工业园区投资环境进一步改善，综合、快捷的服务平台基本形成。

4.园区“招商年”情况

按照市委二届五次全委会的《中共重庆市委关于加快推进新型工业化的决定》，围绕“5444”总体思路，实施“135”计划。即明确一个主题年：将2005年作为“园区建设招商年”；突出三个重点：招商引资要突出“招大、招强、招外企”；抓好五项工作：规范项目用地管理；优化园区产业布局，提高产业集中度；提高入园企业开工建设率和投产率；整合园区资源，探索园区建设发展新模式；完善园区考核评价体系。以此夯实基础，实现园区的可持续发展。

(1)工作目标完成情况。2005年园区累计入驻企业1833户，实现工业总产值530亿元，工业增加值143亿元，税收23亿元，安置劳动力21万人；分别完成计划的102%、115%、115%、105%，分别比上年增长21%、65.9%、61.3%、42.8%。

(2)园区建设特点。①招商引资成绩显著。2005年是“园区建设招商年”，我们确定了招商任务分解目标，并以此作为今年园区考核的主要指标。各园区在“招大、招强、招外企”上下功夫，引进项目318个（累计1833个）；合同投资额452.8亿元(累计1347.6亿元)。园区的发展已成为各区县工业发展的高点。例如：江北区的海尔、中集集团；九龙坡区的宜宾普什集团、浙江盾安精工集团、徐工集团，中铝集团，天泰铝业公司；璧山县的南方公司；长寿区的清华紫光公司、国际复合公司；江津市的维柴、ABB公司；万州区的山东如意等企业将成为这些区县工业经济发展新的增长极。截止2005年底，入驻园区的中外500强企业、中外知名企业和重庆工业50强等重点企业已达106户，计划投资额467亿元，预计产值1562亿元。②项目用地保持了一定的增长。在我市土地供应指标十分紧缺的情况下，市园区办积极做好相关协调工作，各区县(市)努力争取土地指标，工业项目用地仍保持了一定的增长。2005年新征工业用地1933公顷（比去年增加了9.6%），累计工业项目征地5680公顷。其中，主城区园区新征工业用地1412公顷，渝西地区园区新征工业用地367公顷，三峡库区园区新征工业用地161公顷。为2010年“再造一个重庆工业”，提供了重要的发展载体。③入驻企业投产率有较大的提升。2005年园区投产企业累计达981户。其中，新竣工投产271户，占投产企业总数27.6%；在建企业475户。建成厂房面积618万平方米，累计1447万平方米。标准厂房完成34万平方米，累计53万平方米。其中，茶园园区15万平方米，花溪园区6.5万平方米，龙水园区6.5万平方米，金龙园区6.2万平方米，占总数的65%。④建设投资力度进一步加大。2005年园区完成企业固定资产投资和基础设施投资145.8亿元（累计532.4亿元），其中，基础设施投资55.8亿元，比去年增长38.4%；近三年的园区项目投资为363亿元，园区建设有力地促进了工业项目和投资的落实。⑤各项经济指标全面攀升。2005年，园区入驻企业的工业总产值、增加值、销售收入、利润、税金等指标都有大幅增长。在短短的三年里,30个园区经济实力迅速壮大。其中,工业总产值、工业增加值两大指标已分别占全市规模以上工业企业的23.5%和23%。

(3)园区建设环境进一步完善。在园区建设中,我们注重抓基础设施等"硬环境"建设和抓服务平台等"软环境"建设,取得了较好的效果。①注重对园区建设的政策支持。在深入调研的基础上,与市财政局联合下发了《关于特色工业园区市级税收返还问题的通知》(渝财预[2005]137号)。对经市政府批准的特色工业园区入驻工业企业实现的增值税、营业税、企业所得税(不含中央下划企业所得税)的市级部分,按超基数50%返还给相关区县(市),用于园区基础建设,促进园区的发展。市政府办公厅印发了《重庆市特色工业园区关于加快标准厂房建设的意见》,鼓励开发商参与标准厂房建设。②整合土地存量资源,拓展园区发展空间。我们积极推进了茶园园区(南岸区)与相邻鹿角工业园区(巴南区)的整合与拓展,试行"两区一园",联合开发,共谋发展;利用816厂现有的数千亩存量土地,为打造"百亿建峰"化工园编制了规划,制定了启动方案,做了大量的前期工作;指导南岸区积极利用重庆船厂的存量土地和现有的水、电、气、路等基础设施筹建"东港工业园区"。努力拓展园区的发展空间,培育新的增长极。③建立和完善园区服务支撑体系。开展了组建工业园区信用担保公司的工作。现已在九龙、茶园、空港等16个园区建立了工业园区信用担保有限责任公司。其注册资本金已达4.05亿元,累计为80户企业提供了81笔信用担保,信用担保额6.2亿元,未发生一笔代偿;以重庆市技术成果产业化服务中心为龙头,成立了九龙、茶园等10个"工业园区技术成果产业化服务中心"。这10个服务中心于2005年9月30日挂牌,并做到了机构、人员、设备"三落实"。九龙、空港、金龙等6个服务中心已迅速启动,开展了技术服务工作;组建了"重庆市工业园区经济促进会",并建立了"工业房产咨询服务中心"、"招商服务中心"。将园区的情况纳入了信息服务管理,积极为园区招商引资和标准厂房建设做好前期工作;积极促成园区与金融机构的合作。各园区信用担保公司已与开行、建行、农行、商行、信用联社等金融机构开展了业务。其中,市商业银行对园区的支持力度最大。

同时,对我市准备设立园区和拓展区的石柱、忠县、秀山、彭水、綦江、巫山、南川等七县(市)和花溪、九龙、龙水、晏家等园区进行了实地调研,指导这些区县(市)完成了设立园区和园区拓展的各种资料准备,并组织市园区办成员单位进行了初审,报市领导同意以上区县开展园区建设的前期工作。

5.园区"建设形象年"情况

2006年园区建设的工作重点是"1357"。即明确1个主题:2006年为"园区建设形象年";坚持3条原则:"布局集中、用地集约、产业集聚";实现5个一批:招商引资一批大项目,入驻一批知名企业,投产一批在建项目,建成一批标准厂房,为一批企业提供技术服务;采取7项措施:进一步优化产业布局,促进园区升级,拓展园区空间,加快标准厂房建设,推进园区物流建设,实行分类指导,夯实工作基础。以此打造园区的整体形象,促进其全面、健康、可持续发展,为2007年的"园区建设成果年"奠定基础。

(1)工作目标完成情况。2006年,园区入驻企业累计2395户,比2005年增加562户;实现工业销售产值810亿元,增长52.8%,占全市规模以上工业总产值的25.2%;完成工业增加值242亿元,增长69.2%,占全市规模以上工业增加值的27.2%;完成固定资产投资260亿元,占全市工业固定资产投资额的35.3%;实现税收37亿元,安置劳动力27万人,分别比上年增长45.8%和28.6%。

(2)园区建设的特点。①对全市经济增长的支撑作用进一步增强。2006年全市工业增加值增量的近1/2来自于特色园区,全市地区生产总值(GDP)增量的近1/4来自于特色园区,园区工业已经成为全市经济增长的重要支柱。②产业特色进一步显现。经过几年来的产业引导,大部分园区都逐渐明确了1至2个重点发展的主导产业，紧紧围绕龙头企业吸引培育上下游产业链，产业特色初步显现。如空港、九龙、双桥、井口、同兴、花溪等园区的汽车摩托车及零部件产业，西彭园区的铝冶炼及加工产业，璧山、铜梁园区的制鞋产业，长寿化工园、万州园区、涪陵园区的大化工产业等。③土地集约利用效果进一步提高。在国家严控土地的宏观环境下，各园区提高了项目入驻标准，加大了项目投产达产的扶持力度，同时挖掘潜力，盘活存量，提高容积率，增大基础投入，土地利用效果得到较大提高。2006年，主城园区的平均产出强度达到了45亿元/平方公里。④标准厂房建设进一步推广。2006年，园区标准厂房开工150万平方米，累计建成超过100万平方米。如茶园的科技孵化楼二期，同兴的盈田工谷项目等都已开工在建，建桥的楼宇工业园和璧山的企业港项目也已顺利签约。2006年标准厂房建设较好的园区是茶园、井口、花溪、同兴、铜梁、大足、璧山、港城、晏家、空港。⑤园区服务体系进一步健全。目前全市园区中已有19个建立了担保公司，10个建立了技术成果产业化服务中心，25个实行了全程代办服务，部分园区还建立了博士后科研工作站、劳动力就业培训中心和园区综合配套服务社区等机构。园区不仅在企业的入驻、办件、建设、生产等环节建立了较完善的服务体系，还从融资担保、技术服务、就业培训及职工生活等方面给予企业有力支持，综合服务能力有了较大的提高。担保中心运行较好的园区是：茶园、空港、晏家、建桥、李渡、大足、同兴、花溪、永川、璧山。

(3)园区管理工作。①规范园区建设管理，完成开发区审核工作。根据全国各类开发区审核工作会议和国家发改委、国土资源部、建设部的要求，联合市国土、建设、规划等部门，对我市不同区域的各类开发区进行了清理和初步审核。我市经国家有关部委审核公示开发区共计34个，其中特色工业园区30个。②整合土地存量资源，拓展园区发展空间。根据市领导在渝西地区考察调研工作时的讲话精神，按照工业园区拓展的基本条件，积极指导和推进了永川、璧山、江津、两路等园区拓展前期工作的开展；为盘活建峰化工厂土地存量与生产要素资源，促进大化工产业基地的形成，在国家政策允许范围内，批准设立了重庆白涛化工园区。③扶持渝西及库区经济，打造产业发展平台。为推动渝西及库区部分区县启动工业园区建设，2006年初，批准了南川、綦江、石柱、忠县、秀山、彭水、巫山等七个区县开展工业园区设立的前期工作。一年来，綦江等园区的基础设施建设迅速展开，招商引资也进展顺利。④组织园区企业招工，缓解库区就业压力。为贯彻市领导关于组织我市部分企业赴库区招工，缓解移民就业压力的指示，会同市劳动保障局、市移民局于2006年6月组织了铜梁、璧山、井口、西彭、晏家等园区的23户大中型企业，准备了1891个工作岗位，分别与万州区和云阳县等区县共同举办了"库区移民现场招聘会"。⑤贯彻土地新政策，加强用地监管和调控。根据国务院《关于加强土地调控有关问题的通知》要求，与国土部门一道共同调查分析了园区在土地利用方面存在的问题，提出了加强土地监管、完善用地制度、提高利用效益的具体措施，确保园区集约用地。⑥建立园区招商中心，加强园区学习交流。建立了"工业园区招商服务中心"，将园区的情况纳入了中心招商信息网络，积极为园区招商引资，效果明显；建立和开展了工业房地产信息服务，衔接工业房地产供需关系；成立了"重庆市园区经济研究咨询中心"，分别和重庆大学、工商大学共同开展了园区经济的调研工作；创办并出版了四期《重庆工业园区》内刊，为园区提供了学习、交流、宣传的平台。

三、特色工业园区建设发展存在的主要问题

(一)土地利用效果与先进地区比有较大差距

我市工业园区起步晚，总体规模较小，发展层次较低，土地利用效果与沿海地区比有较大差距。园区平均产出规模不到40亿元/平方公里，而沿海发达地区开发区平均单位土地产出水平

已达60亿元/平方公里。

(二)基础环境建设仍不能满足企业入住要求

除少数先进园区外，大部分园区的水、电、气、路等硬件基础设施建设还较落后，为入住企业服务的软环境还较差，部分区县还没有形成全面为园区建设服务的氛围。

(三)产业特色不够突出

部分园区虽然有较明确产业定位，但在招商引资中往往来者不拒，企业布局又不合理，使园区内各种类型企业混合，产业特色无法体现。到目前，主导产业产出占60%以上的园区不到10个，与国家提出的产业集聚要求还有较大差距。

(四)开发机构自我发展能力较弱

我市园区开发机构大多没有主营收入，政府投入少，土地收益低，而园区土地征用成本高，基础设施投入大，因此园区开发机构大多负债较重，融资渠道单一，自身发展能力较弱。而沿海地区如昆山等将工业园区与城市发展相结合，城市发展的收益可以补偿工业园区发展的投入。

(五)扶持政策需进一步落实完善

我市出台的扶持政策极大地促进了园区的发展，由于国家宏观政策调整，园区现有政策需进一步完善。在政策落实中还存在着较多问题，如一些部门办事效率低下、额外设置条件、兑现落实打折等，一些区县也没有把市政府的返还优惠用于园区。

四、下一步特色工业园区建设管理的基本思路

(一)把“布局集中、用地集约、产业集聚”作为开发区建设的基本方针，走新型工业化道路

我市要深入贯彻落实党的十六大、十六届三中全会精神和《国务院关于深化改革严格土地管理的决定》，按照科学发展观的根本要求，加快推进我市新型工业化。以“布局集中、用地集约、产业集聚”为基本方针，加强管理，整合开发区资源，规范开发区发展，把开发区建设成为我市“再造两个重庆工业”的战略平台，进而为实现“把重庆建设成为长江上游的经济中心”的战略任务奠定基础。

(二)加大生产力调整力度，进一步优化产业布局

按照《重庆市工业生产力布局调整规划》和《重庆市特色工业园区产业布局指导意见》作好产业发展规划，优化产业布局。一方面，要重点培育汽车摩托车及零部件制造、机械装备制造、资源加工、高新技术等四大产业集群；建设“中国西部化工基地”、“中国西部电子城”、“中国西部铝都”、“美的工业园”、“中国西部鞋都”等八大产业基地。另一方面，要利用长江黄金水道，逐步形成“9港10园”的沿江经济带。也就是利用沿江9个区县(市)的港口，发挥沿江10个工业园区的集聚效应，发展临港工业区，利用黄金水道的优势逐步形成沿江产业带。同时，要依托江北机场建立电子、服装等特色产业区。这不仅可打造承接国际产业调整和我国东部产业梯次转移的重要平台，而且能解决三峡库区缺乏产业支撑这个事关全国大局的经济难题。

(三)实行最严格的土地管理制度，强化集约和节约用地

要增强政府的调控能力，发挥市场配置土地资源的基础性作用。全面建立土地收购储备制度，推行政府优先购买权制度；全面落实经营性用地一律到土地有形市场以招标、拍卖、挂牌等公开方式供地制度；严格规范协议出让土地，做到集体决定地价，且不得低于市政府规定的最低保护价，结果向社会公开。

认真执行国家规定《禁止供地项目目录》、《限制供地项目目录》和《划拨用地目录》。要严格按投资强度、产出强度、容积率等五项指标实行项目供地。其中，主城区的园区投资强度要达到15亿元/平方公里，渝西经济走廊的园区达到12亿元/平方公里，三峡库区的园区达到10亿元/平方公里；主城区的园区产出强度要达到60亿元/平方公里，渝西经济走廊的园区达到40亿元/平方公里，三峡库区的园区达到30亿元/平方公里；容积率要逐步达到1-1.2，进一步加强和规范用地管理。对各类开发区、工业集中区从单位

面积土地投资额、利税额等方面进行土地集约情况综合评估。加强政策研究，制定鼓励集约利用土地的政策措施。对土地利用集约度高的，给予规费优惠、扩展用地优先安排等政策倾斜；集约化程度不高的，不得扩大用地规模。

(四)坚持“三集中一调整”，进一步提高产业集聚

继续推进工业项目向开发区集中，乡镇企业向工业园区集中，农民住宅向城市城镇集中，调整优化城市用地结构。实施“招大招强招外企”战略，提高园区入驻企业的质量，要用招商引资的丰硕成果来推进园区上档升级。要积极组团到海外去招商，引进“龙头”项目，形成产业链，带动一方经济发展。对特色鲜明、产业集中度高的园区将在土地供应、基础设施建设等方面给予倾斜性支持；对于园区之外布点的工业项目，原则上不予供地，引导工业项目向园区集中。对于世界500强、中国500强及投入产出比例高的“龙头”企业的投资项目，市里将在土地供应、能源保证、综合服务等方面给予相应的政策支持，做大我市经济总量。以此实现“再造两个重庆工业”的战略目标，为“建设长江上游的经济中心”奠定基础。

(五)创新管理，整合园区资源，拓展发展空间

对于我市相邻的一些区县(市)要突破行政区划的限制，进行“几区一园”的试点，实行联合招商、联合开发、共谋发展。这样可以充分利用现有的基础设施，节约大量的土地。同时，要利用大型企业，军工企业现有的存量土地和水、电、气、路等基础设施发展园区。

(六)实施“招大招强招外企”战略，各园区从招商理念、工作方式、人员素质到基础工作等方面都要有较大的转变和提高

要积极组团到沿海、到海外去招商；要采取小分队“点对点”招商，设立驻外地招商工作办事处，委托代理等多种形式招商，尽力拓宽招商领域。突出“招大招强招外企”这个重点，对招商引资项目要有选择，引进“龙头”项目，形成产业链，带动一方经济发展。

对于世界500强、中国500强、市外企业及投入产出比例高的“龙头”企业的投资项目，市里将在土地供应、能源保证、综合服务、工作考核等方面给予相应的政策支持，做大我市经济总量。

要及时补充更新园区项目库，每个园区当年要报3-5个重大项目的策划方案；做好招商项目的储备、包装等前期工作，特别重视市外企业产业转移与我市产业结构调整的结合，大力提升招商引资工作的质量。

(七)抓好入驻项目的开工建设和投产达产，增强园区实力

要通过整合资源，挖掘潜力，调动各方面积极性，加快项目建设进度。市园区办将进行专项检查。对于没有开工的项目要督促其按时开工，对在建企业要确保尽快建成投产。

(八)加强园区软环境建设，打造一流的园区服务平台

要为园区和入驻企业兑现各项承诺，落实各项政策，尤其要认真落实《关于优化特色工业园区建设审批程序提高工作效率的试行意见》，优化园区发展环境，以优良的软硬环境、快捷高效的政策服务支持进驻园区企业的发展。

将优先扶持10个先进园区及部分园区建立园区信用担保公司，然后在面上推开。有条件的园区还应筹建工业投资公司，开展标准厂房出租、代建厂房等业务，解决部分中小企业投资不足的问题。建立园区投融资体系，增强投融资能力，为突破园区建设的资金瓶颈创造条件。

建立和完善园区技术服务体系、研发服务体系等服务平台，整合园区的服务功能，建立为园区提供综合服务的机构。

加强园区的统计工作，完善经济运行质量分析、宣传等基础工作。特别强调加强统计工作，现在一些园区的统计工作不适应要求，没有体现专业化和专职化，报表负责人签字也欠认真，报表未反映真实情况且有不断修改的现象。统计作为经济运行的基础工作，应该是园区业绩的真实反映，是各级领导决策、考核、评比的依据，各园区应高度重视，克服情况不明、反映不清、决策不准

的问题。今年重点考核园区“招大招强招外企”的工作和项目的投入强度、产出强度、容积率,引导园区将工作重点转到这方面来。还要按照循环经济的要求搞好环境保护,加强园区内工业用水循环利用和废水废渣处理,提高资源综合利用率。

注重园区建设的理论研究,用科学的理论、先进的经验指导园区建设的实践。我们将发挥工业园区经济协会的作用,积极开展各项专题调研活动,组织园区外出考察和交流学习,力争出一批有指导意义的研究成果。

注:本文数据出自:1、关于加快建设特色工业园区的意见;2、重庆市特色工业园区2003年工作意见;3、重庆市特色工业园区2004年工作意见;4、重庆市特色工业园区2005年工作意见;5、重庆市特色工业园区2006年工作意见;6、重庆市特色工业园区产业布局指导意见

撰稿单位:重庆市经济委员会

执笔人:罗颖

重庆北部新区

1997年,重庆直辖,成为中国最年轻的直辖市。2001年,重庆北部新区挂牌成立,成为重庆最年轻的区域。在新重庆飞速发展的这10年里,北部新区从诞生,到起步,再到开发建设高速发展,已初步形成了20多平方公里的城市功能区。汽车、高新技术、出口加工、物流商贸等产业在北部新区从无到有逐渐兴起,现已初具规模。

开发建设北部新区,是重庆市委、市政府面向新世纪,为加快推进富民兴渝、努力建成长江上游经济中心、全面建设小康社会而做出的重大战略举措。2001年4月25日,北部新区成立时便已明确了将建成“重庆21世纪的新城区,以高新技术产业为基础的现代产业基地、都市发达经济圈核心增长极和都市风貌展示区”。到2010年,北部新区(含经开区、高新区)将实现工业总产值1500亿元,“再造一个重庆工业”。

一、北部新区诞生的过程就是重庆开发开放快速发展的探索过程

以政策特区的形式在重庆北部进行的尝试,最早始于上世纪90年代。当时,重庆借鉴巴西玛瑙斯市实行内陆沿江开放快速发展等国际经验,借鉴我国沿海特别是上海浦东新区快速发展的新经验,提出在重庆实行内陆沿江开放试点、设立开发开放试验区的建议,并在南岸区设立了重庆经济技术开发区,在江北区设立了台商投资开发区作为经开区的北区(冉家坝一带)。虽然由于种种原因,中国西部第一个台商投资开发区无疾而终,但这给重庆主城区向北拓展,加快北部地区开发开放提供了现实经验。

21世纪90年代早些时候,原全国政协主席李瑞环视察重庆,提出重庆主城区发展“北移东下”的建议,得到全市上下拥护。重庆代管万县、涪陵、黔江后,便在北部地区设立了76平方公里的北部新城,再次进行了有益而艰难的探索。

而北部新城的开发建设并不顺利。21世纪开端,重庆市委、市政府认真总结近10年几经起伏艰难探索的经验教训,作了一个战略性调整,将原来的北部新城改为了现在的北部新区。一字之差,却从三个方面发生了转变:以城市建设为重点变成了以产业发展为重点;从协调渝北区、江北区进行管理变成了北部新区独立运作;从旧城改造变成了白纸做画,新城建设。

市长王鸿举说,“再造一个重庆工业”是北部新区义不容辞的责任。“再造一个重庆工业”对于建设长江上游经济中心的意义不言而喻。有专家评论说,北部新区建设的成败对于重庆实现长江

上游经济中心的目标至关重要。

从 2000 年 12 月 18 日，重庆市批准设立北部新区，到 2001 年 4 月 25 日，北部新区正式挂牌成立，北部新区的规划面积也几经调整。北部新区原定规划面积为 129.3 平方公里，2003 年调整为 136.6 平方公里。在新纳入规划的 7.3 平方公里面积中，寸滩港区就占去了 6 平方公里，此外还有新溉路以北部分用地 1.3 平方公里。北部新区建设用地 91.73 平方公里，规划人口 65 万。

2006 年 5 月 31 日，国家发展改革委发布 2006 年第 37 号公告，公告了第六批达到审核要求的 134 家省级开发区，其中重庆有北部新区工业园区。北部新区工业园区位于北部新区内，面积 20.7 平方公里，为北部新区规划的工业用地。

二、基础设施建设持续推进，"金系列"主干道成为重庆市的"快捷畅通"工程，固定资产投资增长迅速

北部新区北靠国际空港，南临重庆中央商务区，西依嘉陵江，东接长江黄金水道，是重庆中心城区难得的大片地势相对平缓的浅丘开阔地带，可谓连接重庆与周边的枢纽。拥有中国西部唯一的水运、航空、公路、铁路立体交通运输网络，具有通达四川、贵州、陕西、湖北、湖南等地最便利的交通优势。

2002 年 11 月 18 日，纵贯北部新区，宽 54 米的城市一级干道"金开大道"正式通车，这是"金系列"7 条主干道贯通的首条道路。而在重庆市政府 2006 年 12 月月度新闻发布会上，7 条以"金"字开头的主干道，"开山通海兴渝州"成为了迎接重庆直辖 10 周年的"快捷畅通"工程。截至 2006 年底，总长 100 公里的"金系列"七条道路累计建成 37.5 公里，完成总长的 1/3，其中金开、金渝两条大道已形成一纵一横十字交通骨架。

除此之外，重庆北站综合交通枢纽，根据规划建成后将成为国内一流、西南最大的火车站，并承担起重庆北上旅客的中转。目前整个候车大厅的总面积达 16121 平方米，最多能同时接纳 5000 人候车。2006 年 1 月，重庆北站迎来了第一辆货运列车；10 月 22 日，重庆北站开通客运。2006 年 2 月，重庆北站配套项目，投资近 2 亿元的龙头寺汽车站破土动工。该项目占地 140 亩，建成后将是重庆市最大的汽车站，可满足 400 台公交车运行。

作为北部新区通江达海的枢纽性工程，寸滩港一期工程于 2006 年 1 月建成并正式投入运行。一期工程占地 800 亩，建成了 3000 吨级的集装箱泊位 2 个，年吞吐能力 28 万标准箱；建成了 3000 吨级的汽车滚装泊位 1 个，年吞吐能力达 15 万辆。

重庆江北国际机场将建成我国重要的大型门户枢纽机场之一，达到年旅客吞吐量 2000 万人次、货邮吞吐量 100 万吨、飞机起降 30 万架次以上。到 2009 年，江北国际机场将成为西南地区唯一的双跑道机场，将实现更大的航空枢纽作用。

伴随着道路交通等基础设施建设的推进，到 2006 年，成立 6 年来，北部新区固定资产投资总额从 2001 年的 11 亿元猛增到 2006 年的 165.8 亿元，增长了 15 倍，年平均增幅达到 72%。2001~2006 年累计，北部新区固定资产投资总额已达到 535.8 亿元，其中基础设施建设投资 254 亿元。

三、产业发展稳定增长，已经形成了汽车工业、高新技术产业及出口加工等具有突出特色的产业发展板块

开发建设 6 年来，北部新区的"上档提速"，经济始终保持着较高速度增长。2006 年，北部新区生产总值(GDP)达到 87 亿元，比 2001 年增长了 10.2 倍，成立 6 年来，年均增长幅度达到 62%(见图 1，下页)。

同期，北部新区的入库税金总额从 2001 年的 0.83 亿元迅速增长到 2006 年的 35 亿元，增长了 41 倍，年均增长率达 111.3%(见图 2，下页)。经济发展质量稳定、快速提升。

成立 6 年来，北部新区工业总产值从 2001 年的 7.3 亿元迅速飙升到 2006 年的 292 亿元，

图 1 北部新区 2001—2006 年 GDP 增长趋势图

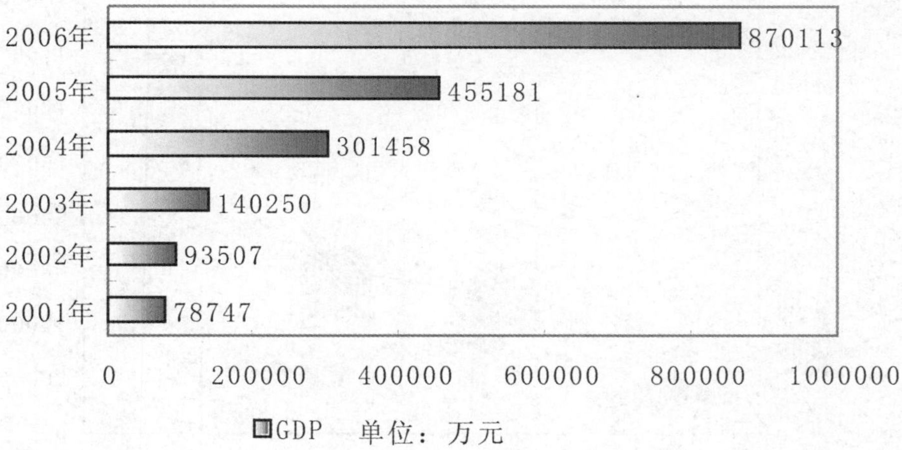

图 2 北部新区 2001—2006 年入库税金增长趋势图

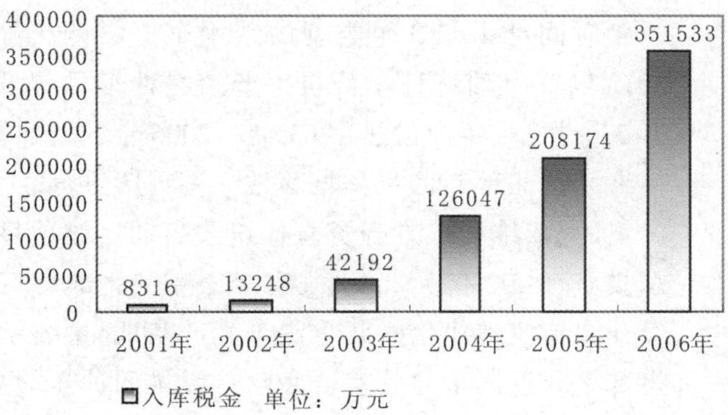

图 3 北部新区历年招商引资项目开工投产状态分布图

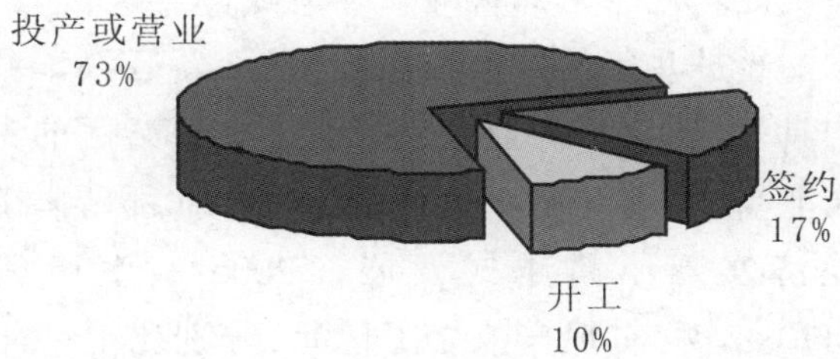

图 4 北部新区历年招商引资项目合同投资总额来源结构图

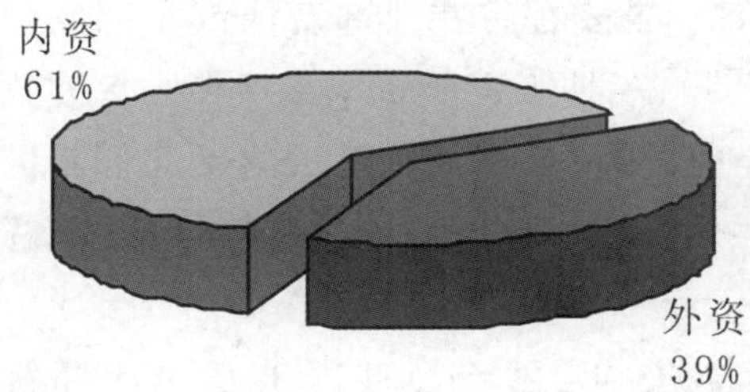

增长了 39 倍，年均增幅达 109%。年产值在 1000 万元以上的工业企业也从 2001 年的 4 个猛增到 2006 年的 59 个。

数据显示，到 2006 年底，北部新区登记注册工商企业已达 1534 个，注册资金总额达到了 184 亿元。

截至 2006 年底，北部新区招商部门历年累计引进项目达到 686 个，合同投资额 598 亿元，目前已投产或营业项目共 500 个，开工项目 68 个，开工投产率达到 83%(见图 3)。在这些引进项目中：第一产业项目 27 个，第二产业项目 278 个，第三产业项目 381 个；外资项目 114 个，内资项目 572 个(见图 4)。自 2002 年以来，北部新区累计实际利用外资达到 4.4 亿美元。

包括福特汽车、可口可乐；爱立信、伟世通等在内的世界 500 强企业，以及福耀玻璃、中南铝、信威通信等为代表的国内知名品牌，为北部新区经济的高速发展提供了推动力。而这些项目全部投产、达产，将创造工业产值 800 亿元。北部新区已逐渐形成了汽车工业、高新技术产业及出口加工等具有突出特色的产业发展板块。

图 5 长安福特马自达轿车产值产量增长图

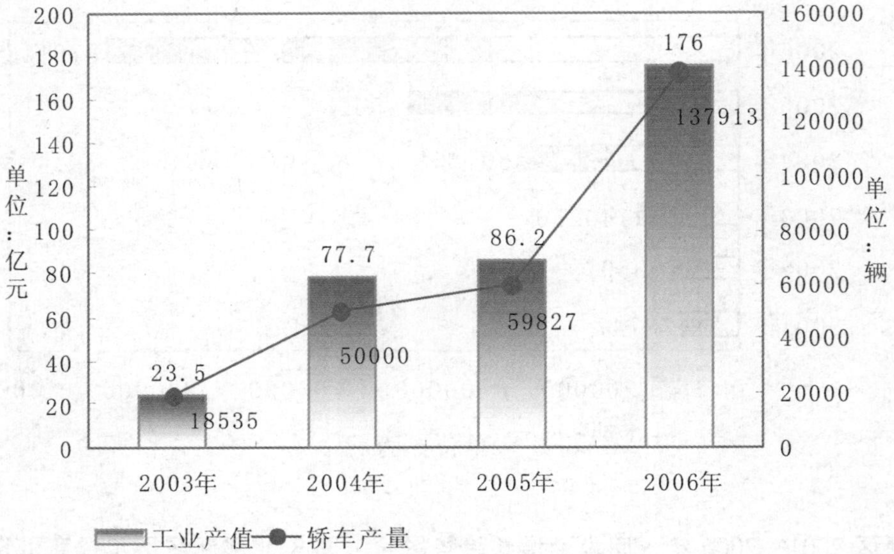

(一)汽车产业成为北部新区的支柱产业

经过几年的建设和发展,北部新区汽车城已初具规模,汽车产业也已成为了北部新区的支柱产业。2006 年,汽车产业强力助推北部新区工业经济实现了跨越式发展。2006 年生产整车 147088 辆,实现产值 181 亿元,分别比上一年增长 2.43 倍和 1.08 倍。整车产量的大幅攀升带动零部件行业快速增长,北部新区汽车及其零部件产值占全部工业总产值的 76%。

和北部新区挂牌成立同一天,2001 年 4 月 25 日,长安福特在北部新区汽车工业园正式奠基建设,一期工程年轿车生产能力 5 万辆。经过 6 年的发展,长安福特已成为了北部新区汽车产业的龙头。2006 年,长安福特马自达增资 67615 万美元。

2006 年,随着马自达 3、沃尔沃等新车型的推出,长安福特马自达汽车有限公司生产的中高档轿车达到 5 个类型,产销增势强劲,全年累计生产轿车 137913 辆,比上年增长 1.31 倍,比 2003—2005 年三年产量的总和还多 1 万辆。实现汽车销量超过 13 万辆,同比增长 1.2 倍(见图 5)。

民营造车企业力帆汽车,自 2006 年 2 月份投产,实现 19 个国家同步上市以来,也取得了不俗的成绩。自主创新、并购海外企业,力帆汽车用一年时间已出产 3 个类型的乘用车,累计产量 7912 辆。凯瑞特种车公司生产的特种车目前也有 3 个类型,年产量达 1263 辆。2006 年,重汽项目终于在北部新区汽车城落地——重庆重汽、上汽集团、依维柯三方合资合作正式启动。该项目总投资 18.92 亿元,占地 684 亩,将在北部新区经开园新建现代化的载重汽车生产基地,主要承担重型载重汽车驾驶室、底盘、纵梁的冲压、焊接、涂装及总装测试等生产工序。预计到 2008 年,将形成整车 4 万辆的产量。

长安福特、力帆汽车、凯瑞特种车、重型汽车,延锋伟世通、江森自控、邦迪、福耀玻璃、超力高科……一座以此为主体的汽车和零部件生产研发基地正在形成。一期 3 平方公里的建设已经完成,二期项目正在从基础设施和招商项目两个方面加紧推进。截至 2006 年底,北部新区汽车城已有汽车整车生产企业 4 个,汽车零部件生产企业 65 家,汽车物流企业 2 家,汽车交易市场 3 个。2006 年,北部新区汽车城实现汽车整车及零部件产值 221 亿元,其中整车产值完成 181 亿元,零部件产值完成 40 亿元。

(二)高新技术产业基地正在形成

在北部新区中轴线上有条绿带,即照母山。而在山脚下,建立了中国西部第一个生态科技商务区——北部新区 EBD。

EBD 里的主要建筑,是以太阳系七大行星命名的 7 栋科技孵化大楼,构成了“星系列”百万方高新技术楼宇工业项目,实现了集约用地理念与高新技术产业的有效结合,具有“占地少、污染低、产值高”的特点。

2004 年 2 月 18 日,“星系列” 的第一幢大楼——海王星科技孵化大厦竣工, 而一年后的 10 月 13 日,第五届亚太城市市长峰会在这里举行了第二次市长圆桌会,通过了《重庆宣言》。向国际社会展示了重庆市、重庆北部新区发展、进步的新形象。北部新区的快速发展,也被中外来宾和重庆市民誉为重庆城市建设“最大的惊奇”!

除此之外, 在 EBD 还有北部新区的三大高新技术产业基地:

以中兴通讯西南研发生产基地、金算盘软件、信威通信、禾兴江源、神州龙芯、西南信息产业园等为代表的 IT 产业基地。以四联仪表、耐德工业、前卫仪表、宇通系统、伟岸测器、海王仪器、东电通信、应用技术工程研究院等为代表的智能化仪器仪表产业基地。以华邦制药、药友制药、庆余堂制药、药监所、海扶超声生产研发基地、安科医疗器械等为代表的新医药及生物医学工程基地。

对北部新区高科技产业的未来,这里将建成 3~4 个国家级的工程研发中心和产业基地;培育 3~4 个支柱型的特色产业和 20 家年产值 10 亿元以上的高技术企业,引进 20~30 个国内外知名企业的研发中心, 研发经费占 GDP 的比重达到 6%以上,成为长江上游科技创新基地。

(三)出口加工产业发展快速

在北部新区,拥有着重庆市唯一的出口加工区。重庆出口加工区是经国务院批准设立的全国首批 17 个出口加工区之一,于 2002 年 8 月正式封关运行。规划面积 2.8 平方公里,首期封关运行面积为 0.4 平方公里。到 2006 年,已有利时德汽车部件、贝特尔实业、风琴针业、合通生物、润际合金、贝斯特金属、吉西西实业、渝汇制衣等 8 家企业正式投产。

除了引进多家企业外,由重庆市陆上货运交易中心自主开发的重庆市陆上货运交易信息系统在出口加工区建成。通过该系统能够快捷地发布和查询各类货源信息和运力信息,高效地实现货运交易。利用陆上货运交易信息系统,货运关联人只需通过登陆网站快捷地发布和查询各类货源信息和运力信息,就可迅速地实现交易。

2007 年 1 月 18 日,经国务院批准,重庆出口加工区和江苏昆山、上海松江等 6 地,被批准开展出口加工区拓展保税物流等功能试点。即出口加工区将在原有的单一保税加工制造功能上增加两方面的功能,一是保税物流功能,二是研发、检测、维修功能,而出口加工区的入区企业的经营范围相应扩大。

重庆出口加工区叠加保税物流功能后,将成为重庆市及中国西南地区唯一的保税物流区域,可加速重庆的产业升级,提高生产型服务业的比重;可依靠引进的现代物流企业,建立起完整的现代物流体系,支持企业“零库存生产模式”,从而在出口加工区形成从设计、研发、采购供应、加工制造乃至售后服务的完整产业配套;不但完善了重庆的口岸功能,而且巩固和扩大了重庆作为西部地区进出口贸易的物流中心的地位和作用。

(四)物流产业发展迅猛

北部新区二、三产业的迅猛发展,带来的是对物流配套需求的不断增长。重庆市陆上货运交易中心在北部新区的正式营运,将进一步提高重庆市道路货运业的市场化、信息化水平,有利于加快重庆市交通行业功能性要素市场的形成和促进北部新区物流业的发展。

北部新区物流产业基地的悄然兴起,也逐渐聚集了国内外众多大型物流企业, 香港招商物流、中集物流、美国普洛斯公司等纷纷携资入驻。2006 年 2 月,全球最大的物流设施提供商———美国普洛斯与北部新区经开园签署协议,普洛斯将以不低于 6000 万美元的总投资, 在重庆北部新区建设普洛斯重庆物流园。这也是重庆首个外资投建的物流园。

国内外知名企业的陆续入驻,随之而来的是

大量国内外高级管理人才。另外，物流业需要大批“最后一公里”配送服务，货运交易市场也需要大量物业、餐饮、住宿、汽修等服务人员，北部新区同样可以为这一行业提供充足的劳动力资源。

北部新区独特的区位特点为物流业的发展提供了先天优势，目前一个以金山——寸滩物流园区为核心，以汽车工业园、黄茅坪工业园、平场工业园为子中心的物流产业发展框架已经在北部新区初步形成。在5至10年之后，这里将崛起一个以第三方、第四方现代物流企业为重点，结构合理、设施配套、技术先进、运转高效的现代物流基地，并逐步发展成为辐射西南及部分西北地区的特大型、综合化、跨区域、国际化物流中心。

按重庆市的规划发展策略，也将逐步在北部新区建立重庆保税物流园区，构筑保税区、河港、空港、铁路站、保税物流园区联动发展的新框架。

(五)人流在北部新区聚集，促使相关产业迅速发展

北部新区的规划理念是“以人为本，可持续发展”，“未来的北部新区，是城在花园中，花园在城中。”在北部新区，工业区、生活区、商业区会是一个整体，看工业时有花园，看都市时有生产力，这和德国的“鲁尔区”颇为相似。

经过6年的发展，北部新区的城市建设已初具成效。重庆高端人群、高新技术人员逐渐在北部新区聚集。重庆市民“宁要渝中一张床，不要江北一间房”的购房观念也发生了巨大转变，这与北部新区的规划理念有着千丝万缕的联系。

截至2006年中期，北部新区地产项目占地总和已超过1万亩。在北部新区尤其是金开大道、金渝大道沿线，汇集了来自国内外最著名的品牌楼盘。在这些楼盘项目中，不乏上千亩的“大体量”规划。其将中国人所崇尚的山、水、园、林的风格与西方设计理念结合，在一个大社区环境中统筹规划。融合了别墅、花园洋房、底密度小高层(高层)商务公寓等不同的楼盘特色。

以重庆财富中心为例，这一75万平方米超级综合性建筑群将成为中国西南第一个涉外商务中心，涵盖了办公、居住、商务活动、会议展览、餐饮购物、娱乐休闲等城市功能，各种物业之间实现充分的资源共享，无论是工作、生活还是休闲，在15分钟高效城市圈中能一并完成，体验24小时国际都市生活魅力。

国际知名设计师参与设计规划的重点楼盘项目，更是体现出北部新区房地产不同凡响的“大手笔”。蓝湖郡所体现出来的西班牙风格、水晶郦城所呈现的日式特色，财富中心所展示的北欧新理性主义等等，为北部新区增色不少。金科·中华坊融入徽派设计元素的中式建筑更是让参加第五届亚太城市市长峰会的市长们赞叹不已。

体育中心、恒温游泳池、壁球馆、网球场、羽毛球场、健身房、SPA，配套幼儿园、小学、中学等教育设施，更有大型休闲商业街、大型超市等生活配套设施，北部新区各楼盘自身打造的配套设施正在逐步完善。蓝湖郡体育中心2005年承接了毕加索真迹展，2006年举办了文艺复兴珍品画展；为水晶郦城配套的龙湖动步公园也已成为了周围居民休闲健身的绝佳去处；为金山片区几大楼盘整体配套的金山广场项目也已完成了大部分基建工程；奥林匹克花园与北大附中的合作项目已经开课。政府的规划使周边的配套更具有了统筹效应，“大配套”的新型社区概念正逐步在北部新区实现。

除了传统意义上以个人住房消费为目标群的房地产开发外，以北部新区“星系列”为代表的集约型新兴工业用地开发、以西部建材城为代表的“建材总部基地”的打造，为北部新区的房地产投资扩展了外延，注入了新的活力。

(六)北部新区第二产业的高速发展及人流的聚集，为商贸产业的发展奠定了基础

北部新区的商贸虽然发展历史不如汽车、物流一样悠久，却是出手不凡。

占地800亩，建筑面积85万平方米；有批发卖场、精品商场、超市、沿街门市、网上交易等所有业态，集物流配送、星级导购、专业商品质量检测中心、国家住宅装饰展示示范基地等配套系统，还有餐饮娱乐设施，西部建材城正在引导新的商贸流通理念。

2006年3月,重庆第一家原版北美别墅商业街在保利国际高尔夫花园正式开工。数栋独立集合型北美别墅将建成本地特色及异国风情的特色酒吧、西餐厅、特色餐饮、美容院、高尔夫用品店等。这是一条集购物、餐饮、文化、娱乐为一体具有国际水平的综合性时尚休闲区。而除了商业街,保利国际高尔夫花园三大商业服务中心之一的别墅业主商业服务中心也相继开工,多功能影视中心、康体运动健身中心、大型社区服务中心、餐饮中心等及少量豪华客房,辅以专业化管理及星级服务,集休闲、度假、减压、养生、健康、美丽、社交于一身,使保利国际高尔夫花园不只是安居的城堡,更是一座私人度假胜地。

在未来5年里,依托原有和在建的交通、商贸、物流基础,在北部新区再建财富中心、金山广场、金海商务区、礼嘉商务中心等5个区域性的商贸商务中心。尽快完成寸滩港、龙头寺铁路枢纽、十里空港城的建设,整合原有的交通、物流、商贸资源,真正把重庆建设成为我国长江上游、西部一流的现代商贸、物流、交通的中心。

四、北部新区各产业快速发展的同时,依然不放松绿色GDP的打造

(一)嘉陵江沿江景观带的设计规划成为北部新区发展绿色GDP的亮点

20世纪20年代,嘉陵江水面船运兴盛,沿江一带自发形成热闹的河街:船户、搬运力夫、滑竿夫、小商贩、乞丐游民等云集岸边,形成棚户区。江边市场应运而生,有旅栈、饭馆、茶馆、酒馆、米店、面店、杂货店、药店、裁缝铺等。可以说,这就是最早的沿江经济。

北部新区规划的嘉陵江沿江景观带也将是北部新区经济发展及都市风貌展示中最浓墨重彩的一笔,将是未来北部新区在自然景观和建筑设计上最熠熠夺目的亮点,将是生态之滨、活力之滨、诗意之滨的综合体现。嘉陵江沿江景观带长16.5公里,宽100~600米,总占地1030公顷。

北部新区对嘉陵江景观带的设计做得非常慎重。委托德国佩西公司进行的设计,花费了660万元人民币,历时一年零八个月。期间,进行了反复踏勘,召开了各类征求意见会、论证会30余次,评审方案形成后,邀请了中国工程院院士、中国城市规划设计研究院原院长邹德慈,美国伊利诺斯大学城规学院教授张庭伟等8位国内外著名专家评审;随后,又相继提交市政府常务会、市规划会全体会议审议。

如此认真的对待一个规划,无非是想把嘉陵江沿江景观带打造成为重庆乃至中国西部最适合生活与工作的区域之一。河流、绿带、城市相互交融,集高质量居住、极富吸引力的户外运动、多变的自然景观和丰富的文化活动为一体,展现出唐代大诗人杜甫所描绘的嘉陵美景:"嘉陵江色何所似,石黛碧玉相因依。正怜日破浪花出,更多春从沙际归。"

在这个沿江景观带里,聚合着四大片区,包括金海商业区、盛地风情居住区、白云商务居住区、太阳坝高级住宅区。

嘉陵江沿江景观带的城市设计方案突出了金海路的景观及休闲功能,强调对自然岸线和水体资源的保护,护岸工程建设遵循河床自然演变的规律,并提出了"以人为本"、"生态优先"、"畅通安全"的设计原则。在交通组织上,过境交通功能将依托已建成的渝合高速公路,而主要的城市区间交通流量将由金海路以东的金通路承担,沿线17处联系道路可以保证金海路与金通路之间的交通转换。

沿着江边向岸上走,便是滨江休闲大道、绿化隔离带,之后,是不足40米宽的商业带。创意经济、总部经济等类型的绿色企业将被引入。而北部新区会对商业带建筑外观进行统一规划设计,开发商不得自行改动。

(二)把绿化深入城市管理

6年时间,北部新区在园林绿化方面投入数亿元。建成区绿化覆盖面积超过1100公顷,绿化覆盖率达到40%;住宅小区的平均绿化覆盖率更是高达51.3%。建成区垃圾粪便无害化处理率达100%。

按照西部首部《绿色生态小区技术规程》中多项硬性标准（包括住宅小区的规划与设计、生态绿化环境、能源系统、空气环境、声环境、水环境、建筑材料应用等方面）的评测，2005 年 10 月，龙湖·蓝湖郡顺利通过绿色生态小区预评审，成为重庆首个通过“绿色生态住宅”预评审的别墅项目。

北部新区强调“绿色宜居”，处处彰显人、城、自然和谐共存的理念。总规提出了构筑山水园林城区的目标，并确定了人均公共绿地面积高于 15 平方米，绿化覆盖率高于 45%的生态硬指标。绿地系统总体布局，形成了以华蓥山余脉为骨架绿轴、嘉陵江沿江景观带为外部屏障绿带、11 条干道网络为绿廊、4 个市级公园为支撑、28 个区级公园为基础、若干小型公园为节点的点线面相结合绿地生态体系。城市设计注重生态质量。如嘉陵江沿江景观带城市设计中，绿化覆盖率达到 50%以上，将河岸、绿带与城市景观密切结合，打造重庆乃至西部最生态化、休闲化、最适合生活和工作的区域。在光电园中心区城市设计中，规划 12.7 万平方米的法国风格的百林公园，作为高科技人员休憩的地方。

2004 年 8 月，北部新区出台了《重庆北部新区景观控制导则（试行）》（简称《景观导则 60 条》）和《重庆北部新区城市管理暂行规定》（简称《城市管理 60 条》），将总规、控规、修建性详规包括城市设计中的一系列要求进一步深化、细化，对城市细部作了严格规定。这两个“60 条”从地形、水体、建筑、道路、绿化、雕塑、围栏、信息标志、夜间景观等方面做出了细致入微的规定，细到哪些地方不能设广告、不能设置人行天桥、建筑色调、路牌颜色，规定擦鞋场所置于室内、公共厕所不单独外设（宾馆、酒店、商场等厕所对外开放）、城市小品统一外观、禁设实体围档、硬质围栏必须透空等等。这两个“60 条”在全国尚属首例，受到国内外专家的高度评价，并被市领导批示“审批北部新区各类规划要以此为依据”。

注重细节的理念恰恰体现了北部新区的城市建设风格。比如在滨江路的建设上，北部新区主张人与水的亲近，让滨江路进一步丰富人的亲水空间。沿街建筑群体要求形成活泼有变化的天际线、协调而丰富的街道立面。规划甚至细到建筑的颜色和材料。生活区和临江建筑选择偏暖性色调，工业区选择偏冷色调，商业区颜色可更自由，外饰面可选择亮色，增加商业氛围。建筑物外立面禁止使用低档次的涂料、瓷砖等装饰材料和工艺。

五、工业旅游逐渐成为重庆都市旅游新亮点

2005 年底，第五届亚太城市市长峰会结束后，北部新区尝试性地组织开展了“北部新区·魅力绽放”一日游活动，邀请市民免费搭乘专车前往参观亚太市长峰会活动场所，北部新区汽车城、重庆汽博中心、出口加工区等产业区，以及金开大道、金渝大道沿线景观等。活动持续 3 天，受到广大市民的广泛关注和追捧。

2006 年，北部新区在去年举办“一日游”活动的基础上，结合对外宣传工作，精心设计、推出“魅力北部新区游”活动，于 2006 年 4 月 25 日，北部新区挂牌成立五周年暨 2006 年市政府北部新区开发建设会召开的当天，举行了“魅力北部新区游”首游仪式。在活动举办和旅游线路设计中，紧跟新区开发建设和产业发展节奏，逐步丰富旅游内容。旅游参观点包含了产业、生态、人居等各个方面，特别增加了园区内产业布局情况、产业发展现状等内容，让参观者走进长安福特、可口可乐等制造企业的生产车间，让他们了解这些世界 500 强企业的发展历史，以及福特汽车、可口可乐饮料等产品的生产工艺和生产流程，增强参观者对新区产业发展的认识和理解。

参观者对旅游活动和参观内容表现出强烈的兴趣。从 4 月 25 日重庆市内有关媒体发布报名电话开始，两天时间，预留的两部热线电话共接到市民电话报名 1000 多人，团体 22 个。仅 25 日当天的报名人数即近 700 人，远远大于预期。原定 5 月 24 日结束的活动也延期至 6 月 2 日结束。在此期间，“魅力北部新区游”活动共接待游客近 2000 人。

2007年,北部新区将按照服务开发建设的要求,结合新区招商引资和产业发展,加大宣传力度,将北部新区产业旅游活动进一步包装提升为一种区域推广形式,逐渐打造出一条都市产业旅游精品线路,推动北部新区产业旅游及重庆市都市旅游工作再上新台阶。

六、由于北部新区开发前为一片农地,城市化进程也成为北部新区经济发展中必须面对的一个问题

北部新区的发展,实际上,也是重庆北部这片土地的城市化之路。在2001~2006年这6年里,农田村舍逐渐被现代国际都市风貌的楼宇、工厂、花园、商业设施所替代。

城市道路及公共设施维护、公共场所保洁、物业管理、城市绿化养护等,经过培训的农转非人员,由政府推荐到北部新区的各楼盘做物业服务,聘用到绿化部门做道路绿化,以及引进“巧大嫂”(鞋垫)公司方便农转非人员就业。北部新区还组织农转非人员进行“以农就业”。

因考虑到农转非人员不习惯交纳物业管理费,北部新区政府对住进安置房小区的农转非人员有了人性化的管理,即安置房小区底层商铺就由街道和镇政府统一管理,对外租赁,每个月收上来的租金用作小区的物业管理费。

七、北部新区集团对口支援万州,带动库区经济发展

北部新区的经济建设和发展不仅是重庆市经济建设的强大推动力,同时,在对口支援万州,带动库区经济发展的过程中,依旧发挥着巨大的作用。

据统计,北部新区集团(北部新区、经开区、高新区等单位组成)为万州区援建标准厂房33200平方米,引进规模以上项目5个,解决万州移民就业1720人(含重庆双星服饰有限公司494人);选派了6名干部到万州区挂职锻炼,接收万州区挂职干部4人;为万州区培训管理、技术人员680余人;捐助资金259万元;援建村级社会公共服务中心10个;为万州区办实事42件。

经开区、高新区作为集团对口支援工作的主力军,根据多年开发建设的经验,主动提出为万州工业园区援建标准厂房,为万州招商引资创造条件,同时解决移民在家门口就业的问题。经开区、高新区首期投资2000万元,援建27600平方米标准厂房,自2006年8月动工以来,工程建设进展顺利。同时,高新区还投资400万元为万州科技工业园区援建5600平方米标准厂房。目前,惠州雷士、重庆金秋医疗器械有限公司已签约入驻标准厂房,重庆药友制药有限公司等企业正在洽谈入驻事宜。首期标准厂房建成后将引入协议资金9.69亿元,可实现工业产值12亿元,可安置移民6380名。

经开区成功将中国企业500强、拥有中国驰名品牌的双星集团所属重庆双星工贸有限责任公司引进万州区,在万州工业园区注册了重庆双星服饰有限责任公司,主要生产和销售棉纺织品,该项目总投资3亿元人民币,年产值2.5亿元,可安置移民1300人。一期工程已于2006年10月1日正式投入生产,提供就业岗位500个,已解决移民就业400余人。高新区将重庆神州龙芯科技公司引进万州,投资510万元在万州建设农村信息化工程。重庆中汽西南汽车有限公司在万州投资5000万元设立了重庆万通汽车销售服务有限公司。重庆市长江农工商控股(集团)有限公司和下属天友乳业股份有限公司在万州周家坝街道建立了奶源基地,并正在采取措施做大做强;重庆盐业总公司将在万州区发展涉盐产业。

于2006年10月28日在万州举办了万州区与北部新区(经开区、高新区)对口支援集团劳务对接现场招聘会,45家企业参加了现场招聘会,提供就业岗位1880个,有672人现场与招聘单位签订用工协议。经开区城建校、五一技术等5所职业技术学校定向招收万州移民子女54人。高新区组织辖区9家企业赴万州招聘残疾人,有113人与招聘单位签订了用工协议。据不完全统

计,目前集团共解决万州移民就业1782人(万州区统计人数为2100人,双方正在进一步核实)。其中:高新区425人,经开区279人,中国移动通信集团重庆有限公司277人,重庆太白酒厂211人,重庆中汽西南汽车有限公司55人,经开区为万州引进的重庆双星服饰有限公司494人,还有部分成员单位也尽力解决了一些移民务工就业。

注:本文数据出自重庆北部新区统计考评局

撰稿单位:重庆北部新区统计考评局

重庆经济技术开发区

13年前,党中央、国务院把进一步扩大对外开放的目光投向有着巨大潜力的长江流域时,重庆把握住了这次千载难逢的历史机遇,经国务院批准,重庆经开区于1993年4月成为中国西部第一个国家级经济技术开发区。自成立以来的13年间,特别是重庆直辖以来,重庆经开区在中央、重庆市委市政府的正确领导下,坚持以邓小平理论和“三个代表”重要思想为指导,坚持以科学发展观统领经济社会发展全局,按照“三为主两致力一促进”的办区方针,通过精心营造投资环境,大胆创新管理体制,全力搞好招商引资,着力培植经济增长点,全区经济社会事业快速发展,综合实力不断增强,取得了显著的成就。重庆经开区已成为一个以开放型经济为主体、功能完善、环境优美的现代化新城区和长江上游乃至中国西部最具经济活力的地区之一,国家级开发区的示范、辐射和带动作用日益明显。

这是一处蓬勃待发的热土。直辖短短10年,昔日的农田菜地、荒野渔村崛起了一座座经济发达、环境优美、生机盎然的现代化工业园区。现代高新技术产业基地、都市发达经济圈的核心增长极、都市风貌展示区三大核心定位使重庆经开区2010年“再造一个重庆工业”的宏伟目标不断创造性地发展。直辖以来,10年奋斗史,10年风雨路,重庆经开区走过的不凡历程,将成为全国各个开发区的经典范本。

重庆经开区既不沿边,又不靠海,靠什么来招商引资、吸引投资者,使昔日的农地荒坡变成如今欣欣向荣的现代化工业新城区,并成功构建起重庆市对外开放的窗口和外向型经济的基地,成为重庆市乃至中国西部地区最具经济活力和投资价值的地区之一呢?面对西部开发区与东部开发区相比,在地理位置、硬件设施、经济实力、管理水平等方面都处于弱势的严峻形势,经开区党工委书记、管委会主任唐文峰果断地说:“作为一个特定的经济区域,要打破传统的计划经济模式,合理配置资源,优化投资环境,发展生产力,实现跨越式发展,就必须创新思路,全力打造一流的投资环境”。投资环境是开发区发展的永恒主题,是保持区域优势、提升综合竞争力的核心所在。只有“栽好梧桐树”才能“引得凤凰来”。13年来,重庆经开区人善于找准比较优势,敢于开拓创新,勇于抢抓机遇,尤其是抢抓重庆直辖、中央西部大开发战略以及2001年重庆建设北部新区,将重庆出口加工区、重庆经开区置换区、拓展区设于北部新区鸳鸯镇、礼嘉镇的重大历史机遇,聚精会神搞建设,一心一意谋发展,全力打造一流的投资环境,不断提升区域综合竞争力。

一、经开区经济建设成就辉煌

直辖10年,重庆最大的变化无疑发生在城市的北部。过去横亘在渝北和江北老城区之间的广袤农田,在短短5年的时间内,摇身一变,已经成为重庆最受瞩目的新兴城市区。这里是山城重庆少有的一片平坦土地。这里少有弯路,多是平坦，用田字型路网分隔的城市布局，方正而清爽，与老城区的促狭截然不同。我们把这颗璀璨的新星叫做重庆经济技术开发区。

（一）主要经济指标快速、稳健增长

重庆经济技术开发区于1993年经国务院批准设立，是我国西部地区最早设立的国家级经济技术开发区。在经开区北区的强力拉动下，全区累计实现总收入2059亿元，地区生产总值532亿元，工业总产值1448亿元，进出口总额37亿美元，财政收入84亿元，入库税金145亿元。全社会固定资产投资累计完成507亿元，其中基础设施投资已达297亿元（见图1—图7）。

图1 地方生产总值（亿元）

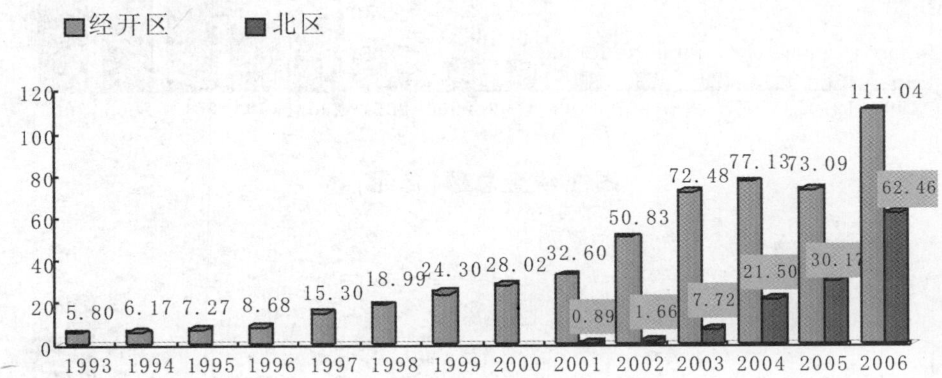

图2 进出口总额（万美元）

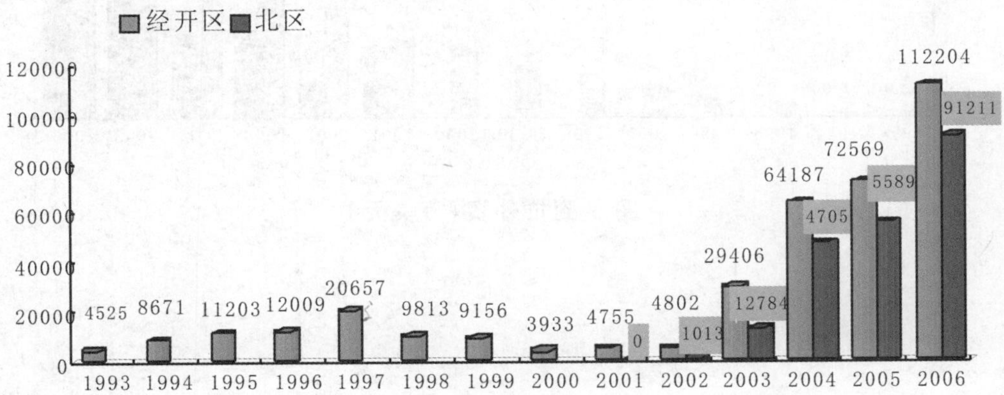

图3 地方财政收入（亿元）

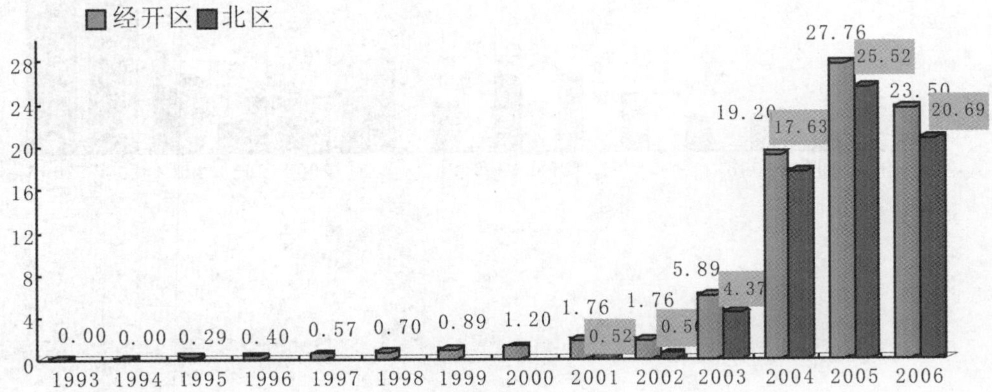

图 4 全社会固定资产投资总额(亿元)

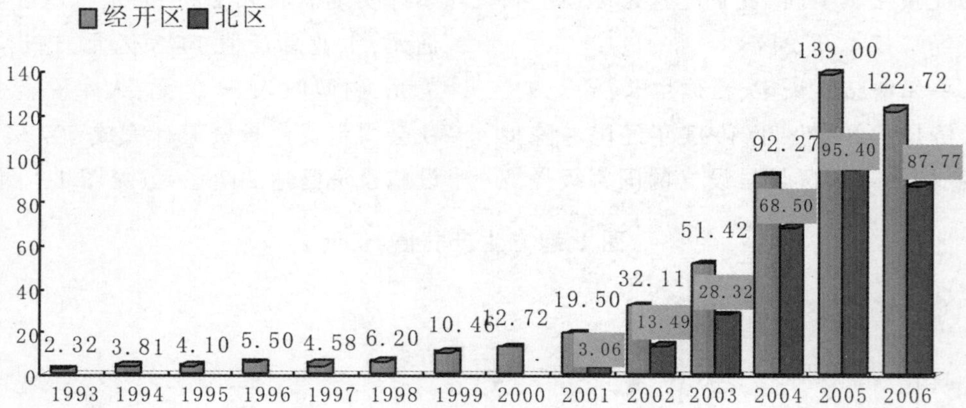

图 5 税金总额(亿元)

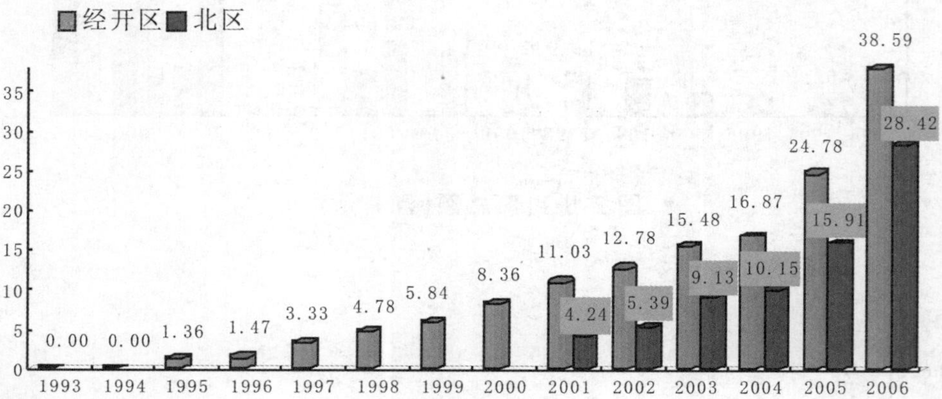

图 6 到位外资(万美元)

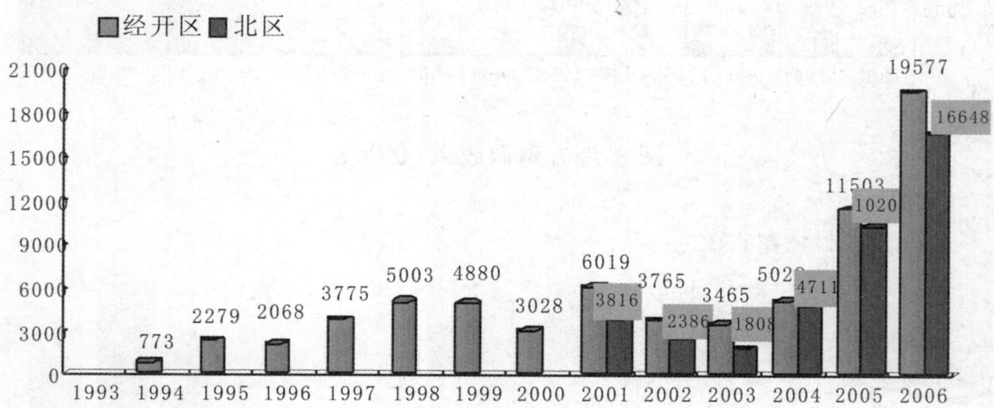

图 7 外商投资企业合同投资总额(万美元)

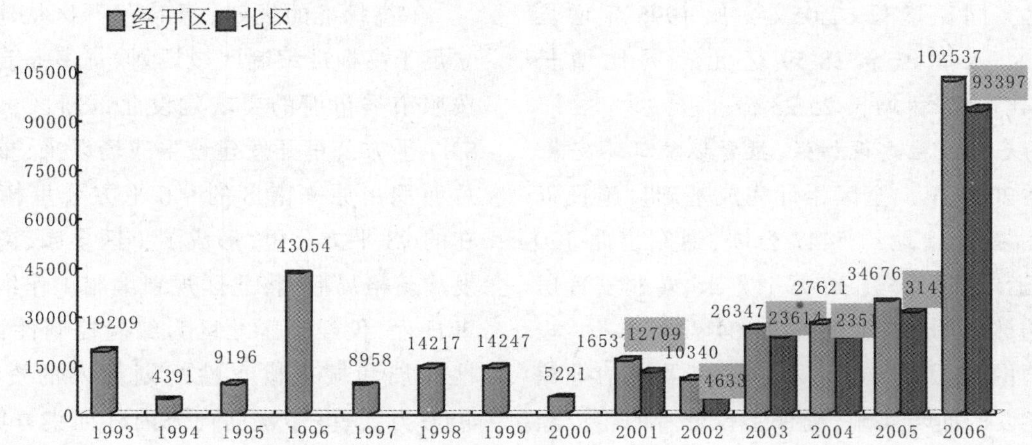

14 年来，经开区主要经济指标以平均超过 25%的速度增长。其中,地区生产总值、工业总产值、进出口总额、地方财政收入、入库税金、全社会固定资产投资的平均增速分别达到 29.03%、34.64%、25.04%、50.42%、38.64%、36.42%(见表 1)。

(二)招商引资成效显著,综合实力不断增强

1.招商引资:截止到 2006 年底,经开区共引进 22 个国家和地区的投资者，包括世界 500 强和国际知名企业在内的外资企业 447 家,合同投资总额 35.25 亿美元。兴办内资企业 4152 家,合同投资总额 268.78 亿元。2006 年,经开区招商引资工作再次刷新了历史记录,三资企业合同投资总额 102537 万美元,同比增长 195.70%,其中合同外资 19841 万美元,同比增长 38.77%;三资企业实际到位资金 29262 万美元，同比增长 122.85%，实到外资 19577 万美元，同比增长 70.19%。

2.综合排位:在“十五”之前,重庆经开区在 32 家国家级经济技术开发区综合实力排名中处在 25 位以后,近年来,经开区的综合排位在 54 个国家级开发区中，一直排在 12 到 15 位之间，始终领跑西部各开发区。

3.综合实力与直辖之初比较:直辖以来,经开区站在新的起跑线上,突飞猛进。2006 年实现总收入 496 亿元,同比增长 55.73%,比 1996 年增长 13.33 倍;地区生产总值 111 亿元,同比增

表 1 经开区 2006 年与 1996 年主要经济指标对比表

指标	单位	1996年	2006年	2006年比1996年增长（倍）	1996—2006年平均增长速度(%)
地区生产总值	亿元	8.68	111.04	11.79	29.03
#工业增加值	亿元	4.65	80.21	16.25	32.95
工业总产值（现价	亿元	18.42	360.71	18.58	34.64
工业销售收入	亿元	17.1	359.25	20	35.59
利润总额	亿元	1.1	30.52	26.68	39.39
税金总额	亿元	1.47	38.59	25.23	38.64
地方财政收入	亿元	0.4	23.5	58.29	50.42
进出口总额	亿美元	1.2	11.22	8.34	25.04
#出口总额	亿美元	0.46	1.76	2.86	14.46
外商投资企业合同投资总额	亿美元	4.31	10.25	1.38	9.07
外商投资企业实际到位资金	亿美元	0.81	2.93	2.62	13.72
新注册内资企业注册资本	亿元	1.02	7.43	6.26	21.93
全社会固定资产投资额	亿元	5.5	122.72	21.33	36.42
#基础设施投资	亿元	1.2	35.46	28.55	40.3

注:数据来源于重庆经开区历年统计资料。

长51.93%,比1996年增长11.79倍;工业总产值361亿元,同比增长67.05%,比1996年增长18.58倍;入库税金38.59亿元,同比增长70.58%,比1996年增长25.23倍。

(三)基础设施建设加强,投资环境日臻完善

截至2006年,全区累计完成基础设施投资141亿元,新征土地约5447公顷,通车道路120公里,竣工标准厂房近30万平方米、转非安置房92万平方米,建成绿地面积约104万平方米。竣工综合管网73万平方米,水、电、气及通信等综合管网建设的同步实施,确保了投资者的生产经营需要。

经开区南区9.6平方公里全部开发完毕,北区83.7平方公里的礼嘉、黄茅坪、翠云、鸳鸯、金山5个组团中,已基本完成鸳鸯组团、金山组团的城市基础设施建设。

区域功能性项目的建设工作进展顺利,汽博中心一期、西部建材城一期、龙湖南湖郡体育公园、保利高尔夫北球场、金山国际商务中心一期已经基本建成;国际学校一期工程预计今年完成,国际医院、儿童医院正按计划推进。

2001年,开发区成功得到ISO14000国际环境管理体系认证,成为西部国家级经济技术开发区和重庆市行政管理机构中,首家通过ISO14000国际环境管理体系认证的地区;管委会不断优化投资软环境,精简机构,形成了"小机构,大服务"的工作格局,投资环境日臻完善。

二、经开区建设与发展的特点亮点

(一)创新思路,快速打造一流投资环境

思路决定出路。重庆经开区勇于制度创新,克服基础设施建设资金的"瓶颈"制约,努力探索国债资金、社会投资和利用外资三者有机结合的途径,改变传统的投资方式,采用BT等方式进行开发建设,缓解资金压力,创造性地走出了一条良性的投融资开发建设新路子,全面提速和加大了经开区南区"七通一平"、北区"九通一平"硬环境建设步伐,按照"三高一大"工作思路着力打造一流投资环境。

1.高标准的规划。重庆经开区从建区之初就立足于高标准编制区域规划。尤其是自2001年,按照市委市府的要求建设北部新区,进入北区83.7平方公里开发建设主战场以来,重庆经开区总面积由原来南区的9.6平方公里拓展到了现在的93平方公里,形成了一区多园、南北呼应的发展新格局后,将北区规划编制工作纳入重要议事日程,仅经开区北区为编制控制性详规、修建性详规和城市概念性规划投入的资金就超过4000万元,并多次面向海内外征集方案,博采众家之长,旨在高起点打造园区。

2.高质量的管理。建立了完善招投标制度等一系列机制,强化对建设单位资历、资信和整个建设过程的管理,建设指挥部成员由"督办"改为"靠前指挥",并在全市率先推出新举措:凡进入北部园区的工程,必须签订廉政合同,从源头上杜绝"暗箱"操作。

3. 高效能的建设。重庆经开区从2001年进入北区以来,按照"一年起好步,三年打基础,五年见成效,10年交答卷"的工作步骤,迅速拉开了北部园区大规模开发建设的序幕。短短的一年多时间里就整治土地1.6万亩,超过南区10年的总和。金开大道竣工了,长安福特项目投产了,出口加工区于2002年8月经海关总署等国家八部委联合验收合格正式封关运行。

4. 大手笔的投入。重庆经开区在已于2000年开发完毕的南区累计投入近15亿元,建成道路40.36公里、综合管网配套56.03公里,建设标准厂房10万平方米,供水、供电、供气能力和程控电话容量分别达到26.4万吨/日、28万KVA、76万立方米/日和27.3万门,形成了信息产业工业区、丹桂工业区、回龙工业区、综合贸易区及南湖、罗厂湾多个生活片区。自2001年进入占北部新区65%开发面积的北区以来,尤其是"十五"期间,全社会固定资产投资完成334亿元,其中基础设施98亿元,分别比"九五"期间投资增加295亿元和92亿元,增长7.47倍和14.68倍。新征土地约3843公顷,建成城市道路58公里,竣

工标准厂房近20万平方米、转非安置房46.8万平方米,建成绿地面积约84万平方米。水、电、气和通信等综合管网建设的同步实施,确保了投资者的需求。南区9.6平方公里全面开发完毕,北区83.7平方公里的礼嘉、黄茅坪、翠云、鸳鸯、金山5个组团中,已基本完成鸳鸯组团、金山组团的城市基础设施建设。重庆出口加工区首期成功封关运行,十里汽车城一期工程圆满完成,同时,金山国际商务中心、现代物流园区也正在建设中。2001年,重庆经开区还成功获得ISO14000国际环境管理体系认证,成为西部国家级经济技术开发区和重庆市行政管理机构中,首家通过ISO14000国际环境管理体系认证的地区,投资环境日臻完善。

(二)创新方法,招商引资成效显著

重庆经开区及时把握国际资本流动和国际产业结构转移的新趋势,加强对国内外产业布局和投资形势的分析研究,主动适应经济全球化的趋势,创新思路,探索新路子新方法,充分利用国家级经济技术开发区、出口加工区的优惠政策、体制优势及名牌效应,内外并举,抓大选小,致力于吸引投资规模大、科技含量高、产业链长的龙头项目,采取境外招商、产业招商、中介招商、职务招商等多种招商方式和全面贯彻"亲商、富商、安商"的招商服务理念,引进了一大批先进技术企业落户。截至2006年底,区内已引进外资企业447家,投资总额35.25亿美元,单个项目投资规模平均达到789多万美元,投资1000万美元以上的大项目有65个。共兴办内资企业4000多家,投资总额268.78亿元人民币。高新技术占全区工业经济的78%以上,已成为全区经济发展的支柱。目前,经开区形成了汽车摩托车、电子信息、生物医药、精细化工及新材料、绿色食品、服装制造、现代物流业等七大产业集群,这些项目建成投产后可实现工业产值700亿元。在引进的项目和兴办的企业中,既有福特、可口可乐、爱立信、本田、BP、罗兰、伟世通、麦德龙、江森、伟世通、和记黄埔、香港查氏、雅马拓等世界500强和国际知名企业在内的国际知名企业,也有力帆、隆鑫、福耀玻璃、中汽西南、龙湖、保利、联想置业、奥林匹克等国内知名企业。自1998年以来,重庆开发区已连续多年吸引外资名列重庆市榜首。尤其是自2001年进入北部园区以来的短短4年间,以福特、力帆为首的一批汽车零部件配套企业和销售商入驻的"十里汽车城"已经发展成为重庆重要的轿车生产基地。目前,重庆经开区已成为中外投资者来渝考察、投资的首选之地,成为全市现代工业和外资企业最为密集的地区。

(三)主要经济指标实现五年大跨越

"九五"期间,重庆经开区实现总收入、地区生产总值、工业总产值、入库税金和地方财政收入等主要经济指标分别为364亿元、95亿元、244亿元、23.78亿元、3.77亿元,而"十五"期间则分别高达1112亿元、306亿元、814亿元、81亿元和56亿元。

"十五"期间,全区社会固定资产投资完成334亿元,其中基础设施98亿元,分别比"九五"期间投资增加295亿元和92亿元,增长8.47倍和15.68倍(见表2,下页)。

(四)创新体制,提升区域整体竞争力

作为改革开放的新生事物和重庆对外开放与国际接轨的前沿阵地,重庆经开区始终坚持不懈地创新体制,推进"小机构、大服务""精简、统一、高效",并符合外向型经济和国际惯例的"服务型政府"建设。通过进行两次大刀阔斧的机构改革,将党工委、管委会原有的21个工作部门按职能归并为10个部门,机关工作人员由250名精简到80多名,改变干部任命及劳动用工方式,实行聘任制、雇员制和竞争上岗,对直属国有企业进行股份合作制改造,精简了机构,激励了人才的竞争;通过实行一个窗口对外、一站式办公、一条龙服务,提高了工作效率;通过建立首问负责首接首办的承诺服务制、区内企业巡访和重点企业联系的主动服务制、变按职责服务为保姆式按需服务的延伸服务制以及"企业无事不插手、企业有事不撒手"的周到服务制,体现了"投资者是上帝"的服务宗旨,真正形成了"小机构,大服务"的格局。同时,重庆经开区始终不遗余力地抓

表2 重庆经济技术开发区主要经济指标“十五”与“九五”时期比较表

指标	单位	“十五”与”九五”时期比较		
		九五期累计A	十五期累计B	B/A(倍)
总收入	亿元	364.21	1111.69	3.05
地区生产总值	亿元	95.3	306.13	3.21
工业总产值(现价)	亿元	244.49	814.3	3.33
工业增加值	亿元	68.33	245.33	3.59
税金总额	亿元	23.78	80.94	3.4
地方财政收入	亿元	3.77	56.38	14.96
全社会固定资产投资额	亿元	39.46	334.29	8.47
#基础设施投资	亿元	6.28	98.46	15.68
进出口总额	万美元	55568	175719	3.16
#出口总额	万美元	16314	27871	1.71
三资企业到位资金	万美元	33508	39669	1.18
开发区引进企业个数	个	1112	2437	2.19
#引进外资企业个数	个	112	131	1.17

注:数据来源于重庆经开区历年统计资料。

好党的建设,以党纪、政纪教育来提高干部职工的思想觉悟;以改革公务用车制度,促进增收节支,加强了廉政建设;以各种规章制度、法制建设规范和完善了综合发展环境;以人为本,全面树立和落实科学发展观,认真做好促进农转非安置和就业工作,维护和确保了社会稳定以及辖区经济社会协调发展,切实做到了投资环境“硬件更硬、软件更灵”。目前,重庆经开区已建立起一套完善的服务体系、健全的法律体系、简便快捷的办事程序和一支具备丰富开发经验、精干高效廉洁的干部队伍,区域整体竞争力不断提升,并日益成为重庆市乃至西部地区基础设施环境最好、政策环境最适宜、投资者反映最佳的区域之一。

重庆经开区,不仅延续着南区的美誉,更散发着北区全新的魅力。我们拭目以待,魅力四射的重庆经开区,将会开启又一个崭新重庆,在领跑重庆经济的答卷上写下满意的答案。

回首征程,辉煌属于过去,放眼未来,重庆经开区“十一五”蓝图已经绘就,将进入全面落实科学发展观和全面建设小康社会的历史新阶段,这将是经开区实现新的腾飞的里程碑。站在一个新的历史起点,经开区将继续与时俱进,开拓创新,齐心协力,抢抓机遇,实现新一轮飞跃发展——到2010年,实现地区生产总值240亿元、工业总产值800亿元、入库税金60亿元;区内实现就业岗位20万个、单位GDP能耗比“十五”期间下降25%、走新型工业化道路、打造节约型社会,圆满完成市委、市政府确定的“2010年北部新区再造一个重庆工业”的奋斗目标,努力建成中国西部投资环境的示范区、资金技术密集的工业投资区、跨国公司的国际配套生产基地和现代信息物流港、高新技术的现代产业基地、都市发达圈的核心增长极、都市风貌展示区,在重庆市乃至中国西部地区率先构建和谐社会。

注:本文数据出自经开区管委会

撰稿单位:重庆市经济技术开发区管委会

重庆高新技术产业开发区

一、重庆国家级高新技术产业开发区概述

重庆高新技术产业开发区成立于1991年3月，是全国53个国家级高新区之一。规划面积23平方公里，现实际管辖70平方公里，人口约30万人。

重庆高新区由石桥铺高科技开发园、二郎科技新城和北部新区高新园三部分组成：

石桥铺高科技开发园于1993年启动，以培育、孵化科技创新和技术开发型企业为主，大力发展公司总部、现代金融和综合服务业，重庆规模最大的电脑通信产品市场、机电产品市场、汽车摩托车市场和会展中心蓬勃发展，专业孵化器聚集，形成了较为完善的创新服务体系。已经全面建成。

二郎科技新城于1999年启动，以改造提升传统产业为主，重点发展机电一体化产业，产业布局基本完成，初步形成了以重庆格力、世纪精信、中国普天(含存储卡项目)、宗申机车、重庆宝钢、三信电子等为代表的现代产业制造基地，将于直辖十周年之际全面建成。

北部新区高新园于2001年启动,作为生态科技商务区的示范区，重点发展电子信息、仪器仪表、生物制药、软件创意等四大产业，加强引进国内外知名品牌企业，成为产业、生态和谐发展的都市风貌展示区。园区内5大产业初具规模，形成了以中兴通讯西南研发生产基地、金算盘软件、信威通信、禾兴江源微硬盘、神州龙芯等为代表的电子信息产业基地；以四联仪表、耐德工业、前卫仪表、宇通系统、伟岸测器、海王仪器、东电通信等为代表的智能化仪器仪表产业基地；以华邦制药、药友制药、庆余堂制药、药监所、海扶超声生产研发基地、安科医疗器械等为代表的新医药及生物医学工程基地；以金蝶、金算盘、享格、正大、视美、享宏、宏信为代表的软件创意产业基地。

高新区党工委和管委会作为市委、市政府的派出机构，组织和领导高新区的建设。在1997年重庆直辖前，高新区管委会主要负责高新区的开发建设，不管理社会事务。1997年重庆直辖后，为增强高新区管委会推动开发建设的实力，市委、市政府于1998年授权高新区对区内的党政事务、社会事务、开发建设进行全面统管；受九龙坡区委托代管渝州路街道、石桥铺街道；受北部新区委托代管人和街道、天宫殿街道、大竹林镇，

管委会现编制56人，按照“小政府、大社会，小机构、大服务”的服务型政府建设原则，内设一办十四局。工商、国税、地税、国土、环保、技监、规划、公安等市直部门在高新区设立分支机构。高新区管委会和市级有关部门共同发起成立了渝高科技股份(集团)有限公司、渝兴公司。公司董事会接受管委会领导，按照现代企业制度运作，开展基础设施建设。

重庆直辖的10年，是高新区经济社会迅猛发展的10年。高新区始终坚持“有限目标、艰苦创业、滚动开发、注重效益”的开发建设指导方针，经济发展效益良好，主要经济指标年均增长达20%。高新区工业增加值占全市的10%。营业总收入从1996年的36.27亿元增加到2006年的460亿元，年均增长29%。工业总产值从30.82亿元增加到391亿元，年均增长29%。尤其是50平方公里的北部新区高新园，短短4年，就在荒野上矗立起一座集科技、产业、金融、生态、时尚为一体的新城。重庆高新区2005年被评为全国先进高新区。

二、重庆高新区已形成“六个特色”

(一)产业基地形成规模

已形成“五个主导产业”(电子信息、新医药器械、智能化仪器仪表、软件创意、先进制造)。区内企业有12000家，其中，科技企业4000家。

电子信息、智能化仪器仪表、新医药器械、软件创意、先进制造等主导产业继续扮演拉动经济增长的主动力。其中,刚刚起步的智能化仪器仪表产业已实现10亿元产值,集聚20家仪器仪表企业的实力,使高新区成为名符其实的重庆仪器仪表产业基地,并为成功申报国家级仪器仪表产业基地奠定了坚实基础;软件创意产业已集聚了以金蝶、金算盘、享格、正大为代表的软件设计企业,以视美、享宏、宏信为代表的动漫设计企业,以神州龙芯、禾兴江源、信科为代表的IC设计企业,集中了全市产值过亿元的十大软件企业,全区通过"双软认证"的企业100家,产值已超过20亿元,使高新区成为名符其实的重庆软件创意产业高地,并在2006年被科技部批准为"国家火炬计划软件基地"。

(二)自主创新持续活跃

实施"火炬计划"250项,其中,国家级"火炬计划"157项,实现科技成果转化上千项。区内企业获得国家发明专利100项。"海扶超声聚焦刀"荣获国家技术发明二等奖(一等奖空缺),创造了大型医疗设备出口发达国家的先例;信威"SCDMA无线用户环路系统"荣获国家科技进步一等奖,2006年产值20亿元。

高新技术产值占全市的19%,已集聚了全市40%的高新技术企业和80%的IT产值。高新技术企业产值已占全区工业总产值的67%。

(三)非公经济担当主力

高新区民营经济(不含国有、集体、三资经济成分)的注册资本总额已达160亿元,占注册资本金的72.5%。在地区生产总值中所占比重近6成,占高新区营业总收入的67.3%,占工业产值的72.5%,占全社会投资的比重60.6%,上交的税收占全部税收的58.2%。

自主创新,民营科技企业也充当主力。高新区的4000多家中小科技企业中,绝大多数是由科技人员自主创办的民营科技企业。比如,集聚高新区的20家智能化仪器仪表企业,就有6家是民营企业;代表重庆科技水平的海扶公司、信威公司,是民营企业;新兴的创意产业中,和中央电视合作的享宏动漫,以及金算盘公司、宏信公司、瑞笛恩公司、博恩公司等重庆软件业的领军企业,也都是民营企业。

这说明,民营企业早就不是初期那种小打小闹的局面,民营企业做高科技,早已是现实,更是未来发展的方向,是高新区科技创新的动力,是高新区培育的重中之重。

(四)生态环境全面体现

在全国率先提出EBD概念——建设生态科技商务区。

把产业作为城市的支撑,把生态作为城市的品质。城市有了产业支撑,就充满活力和后劲;产业有了城市完善的配套,就有了优良的发展环境。

生态园林建设规划合理,调研制作了主城区首个"水资源保护和利用规划",已形成了"一座山、一条江、四条河、十二座水库、六个公园"为核心的生态景观,建成区绿化覆盖率为21%。绿化建设投入四年增长四倍,2006年投入2020万元。

集约使用土地发展楼宇工业,以"星"系列(金、木、火、水、土、海王星、天王星)科技大厦为代表的科技孵化器总面积已近150万平方米。

高档住宅小区构成高品质居住环境,以中华坊、水晶郦城、棕榈泉国际花园等为代表的生态住宅小区成为重庆都市新地标。

市政基础设施高水准,在主城区第一个消除了空中网线,并在2006年被建设部批准为"数字化城市管理试点区",已通过了市政府验收,成为重庆首个实现数字化城市管理的地区。

高新区已成为人才聚集、创业活跃、产业兴盛、环境优美、和谐稳定、人气兴旺的都市风貌展示区。

(五)经济功能辐射全市

墙内开花发芽,墙外枝干壮大。高新区的科技企业成长起来后,根据发展需要,辐射到区外投资并带动周边地区经济社会发展,是高新区推动全市经济发展的重要形式,体现出高新区对重庆经济发展的整体贡献。

力帆、宗申依靠高新区20万元资本扶持和

担保融资，从小型民营企业发展成为大型企业集团后，将生产基地转移到周边地区，推动重庆成为全国的摩托车产业基地。华邦公司壮大后，高新区主动推荐其向国家级贫困县武隆县的旅游业投资近2亿元，投资8000万元在合川市建设制药项目。为贯彻市委发展库区经济的重大决策，高新区2006年支援2000万元帮助万州区建设1.8万㎡标准厂房，就地解决3000多库区群众就业。

(六)政府工作精简高效

1.建立起精简高效的运作机制。在机构设置上不搞一一对应，节约行政管理成本。管委会仅有60个公务员，财政供养人口(含教师、环卫、公安等)不到2900人，服务70平方公里上1.2万家企业和30万人口，服务比例为1:460，77.6%财力用在基础建设、扶持创业的刀刃上，保证了“三分吃饭、七分建设”。

2.设立直接服务企业发展的专业机构。创新服务中心作为处级事业机构，直接向中小企业提供资金扶持、产权交易、项目申报、人才培训、优惠政策落实等综合服务。

3.实施统一的财政管理。高新区管委会将各部门和直属事业单位财权归总到财政局。所有办公开支、人员福利，由管委会财政局统一支付、调配、监管，消除“部门利益”，有效遏制了“权力寻租”。

4.政府工作争创一流。为深入开展“执政为民，服务发展”教育整改活动，高新区在辖区机关事业单位中开展“创文明单位”活动，要求创新工作方法，创造先进经验，把高新区的经验和方法推广出去，成为本系统的管理标准，体现出了高新区的工作质量、效率和水平，并成为全市或本系统的文明单位，一批窗口单位还要努力成为全国文明单位。公安分局是全国文明单位，300名民警中就涌现出了一个一级英模和一个全国劳模；地税分局是全国文明单位；高新区管委会机关也是市级文明单位。“创文明单位”活动，提升了服务意识，杜绝了损害投资环境的事，纪检部门从没有收到过一起反映机关干部“吃拿卡要”的投诉。

5.积极参与孵化。依法行政、透明高效、热情服务，只是对政府部门的基本要求。立足本职，参与科技企业孵化，扶持企业做大做强，是对政府部门的更高要求。工商分局积极实施“商标培育工程”，在全市率先试行网上年检“绿色通道”，为企业节约费用800多万元；质监分局积极帮助信威“SCDMA”、海扶“超声聚焦刀”技术申报国家标准；环保部门帮助企业建设环境设施。

三、重庆高新区加强自主创新，推动产业集聚发展的“六项措施”

(一)错位发展，培育自主产权

重庆高新区具备西部大开发的“天时”，市委市政府全力再造一个重庆工业的“人和”，但缺乏沿海的“地利”，与其他高新区相比，信息量有限、物流成本高是招商引资的弱势。重庆高新区以错位发展战略，扬长避短，把吸引科技人才携科研项目到高新区创办企业作为着力点和突破点，走一条自主创新之路。留学生创业园已引进海外专业人才70名，专家公寓已入住20多位国内外知名专家，高新区230家经科技部门认定的高新技术企业，全部由高学历、专家型、归国人员创办(留学人员创办企业46家)，企业博士后工作站2家。在高新区重点培育、全力支持下，王智彪教授开发的海扶“超声聚焦刀”创造了中国高端医疗设备出口发达国家的先例，留美博士陈卫创办的信威通信年产值近20亿元。

(二)集聚产业，扩大经济规模

把经济运行高速度作为经济运行高质量的基础，以规模促进效益。一是按照“一区多园”思路，建设5个特色专业园区、4个专门产业基地；二是盯准国际国内产业发展趋势，集中力量抓好4个产业：抓先进制造业，以庆铃汽车、格力空调为代表，产值已达200亿元；抓电子信息产业，以中兴通讯、金算盘软件、信威通信、禾兴江源、神州龙芯等为代表，产值达42亿元，47家IT企业产值30亿元占全市80%，13万平方米商业卖场的石桥铺数码街年出货量近100亿元；抓新医药及生物医学工程产业，以华邦、药友、庆余堂、赛诺、海扶、安科等为代表，产值达35亿元；抓智能化仪器仪表产业，以霍尼韦尔、四联、耐德、前卫、宇通、伟岸、海王等为代表，产值5亿元，产能20亿元。

(三)抓住龙头，做强企业集团

企业是市场竞争的主体，没有强势竞争力的企业就没有强势竞争力的产业。重庆高新区把培育、扶持、引进具有国际竞争力的大型企业集团，作为招商引资、产业孵化的重点、难点，作为促成优势产业集群的切入点、突破点。目前，已培育出年销售收入过亿元的科技企业和科技服务企业65家。并以企业集团为中心，形成辐射，带动整个区域产业竞争力的提升。年销售收入30亿元的智能化仪器仪表龙头企业——四联集团，被引入到高新区后，耐德工业、前卫仪表、宇通系统等20家智化仪器仪表企业也先后入驻，在高新区逐步形成了重庆的智能化仪器仪表工业园。重庆机电产品出口的主力军——力帆集团、宗申集团，在高新区发展起来后，向全市辐射，成为销售收入50亿元的企业集团，有力推动了重庆成为全国重要的摩托车产业基地。

(四)完善体系，打造创新平台

企业是自主创新的主体，科研人员是自主创新的中坚，政府则是科技创新的引导者、服务者。中小企业初创期，普遍缺乏资金、管理和行业信息，针对这三个需求，高新区着力帮助企业和科研人员打造“6个创新平台”：

1.投融资平台。形成中外投资公司、上市公司、非公经济参与科技风险投资的机制。重庆高新区发起设立“五个创业基金”(信贷担保基金、产业发展基金、股权式风险投资、重庆市重大高新技术产业创业投资基金、信用促进会)，先后为300家企业及项目提供科研、成果产业化资金和信贷担保10亿元。例如，1993年，两位化学博士凭借重庆高新区131万元的资本投入，白手起家创办了重庆华邦制药公司。重庆高新区又垫资1700万元为其修建厂房，并继续给予直接投资和大额度贷款担保，一度占有公司52%的股份。随后逐年退出，减少到16.2%，股权却从131万元增值到1亿多元，分红回报也近2000万元。而今的华邦公司，已成为每年为重庆高新区上税5000多万元的上市企业，连续3年入围重庆工业企业50强。

2.成果孵化平台。加强产学研合作，促进科技成果转化。重庆高新区针对区内缺少大专院校的缺憾，以地方与大学联建方式，吸引重庆大学、邮电大学、工商大学等在高新区设立分支职业教育机构，与正大软件集团合办了“软件学院”，设立了“校企合作科技攻关项目资助计划”。培育企业急需的电子信息、软件工程、工商管理等人才。

3.公共技术平台。将政府投资新建的公共技术中心和行业技术中心集中在高新区。我们投资1000万元建成了“多肽中试实验生产中心”，开建了集成电路设计中心、动漫设计中心，市政府重点建设的“应用技术工程研究院”、“计量质量检测研究院”、“电力工程研究院”和“药品检测所”等都设在高新区。

4.企业研发平台。加大财政性支持，扶持重点企业设立研发中心，并打造成国家级技术中心，形成行业技术标准。“十一五”期间，重庆高新区每年财政投入2个亿扶持企业建设10个以上研发中心，并将“海扶超声技术中心”打造成国家级研发中心。

5.创新服务平台。15人的高新区创新服务中心，服务着4000家中小科技企业，担负着整合社会资源、健全投融资体系、推动产权交易、开展人才交流与培训、促进成果转化、培养科技企业家，构建创新、创业环境的重任。做好产权交易、项目支持、成果转化等服务工作。仅“十五”期间就无偿投入1600多万元为近百家企业培训数千名管理人员。

6.科技中介服务平台。培育一批协助科技企业发展的科技评估、技术标准、技术监督、技术经纪、技术转移、法律咨询、知识产权代理等专业机构及专业市场。

(六)创新服务，优化创业要素

政策、资金，是创业的基本要素，管理、市场更是创业的原动力。企业要成为日行千里的骏马,企业家首先要成为高高飞翔的雄鹰。

针对科技企业家不熟悉管理、不了解市场的问题,重庆高新区把孵化企业家作为孵化企业的重要途径。上百次请来教授、经济部门负责人讲解经济形势,与微软、英国领事馆等国外大型企业和机构合作,就国际贸易准则、企业战略等内容培训企业高层数千人,组织企业家到格力、海尔等知名企业参观学习,帮助企业建立管理体系和企业文化。左宗申、张松山、王智彪、陈卫等知名企业家连同他们的自主产权产品和企业集团一并成长壮大起来。

(七)和谐发展,建设生态新城

产业是高新区的灵魂,生态是高新区的品质。重庆高新区坚持经济与社会、人、自然的全面、协调、可持续的科学发展观,将产业基地与科技新城同建,以"生态城市"突围"工业城市"。

坚持集约使用土地,高标准建设城市,大手笔构建基础设施,建设环保、生态的人居环境,发展第三产业和专业市场,提升城市管理水平,注重社会事业的全面发展。尤其重视实施"造血式"征地开发:农转非还建房在重庆同类建筑中品质最好;规划市场,提供更多就业岗位;对农转非人员免费职业培训;免除农转非子女入学费用。

四、科学的产业引导政策,是重庆高新区高新技术产业飞速发展的重要动力

政府的产业定位和政策引导,是发展环境的构成基础,并指导创新体系建设和政府服务。它直接决定高新区的集聚战略方向、产业基地特点,直至孵化什么样的项目,引进什么样的企业,规划什么样的建设,出台什么样的政策。

重庆高新区产业政策的四个引导方向:

1.依据不同发展阶段实施产业引导。重庆高新区建设之初,针对工业基础薄弱,抓住新兴摩托车产业发展先进制造业。将两个小企业培育成年产值百亿元、有1000多项技术专利、有国家级技术中心的力帆集团、宗申集团,为高新区奠定了工业基础。随着高新区现代工业的升级,这两个集团已把占地面积巨大的生产基地转移到周边地区,把研发中心和总部基地留在了高新区。这既体现出高新区的科技集聚,又体现高新区的产业辐射。

2.立足城市产业特点实施产业引导。重庆是全国三大仪器仪表传统基地之一,发展新型数字化、智能化仪器仪表产业,基础雄厚。高新区引入了重庆四联仪器仪表集团,建设了四联仪表工业园,引进了世界500强的霍尼韦尔公司。并以此为切入点,集聚了耐得、前卫仪表等20家企业,推动三家民营公司组建了"中智联集团"。力争在"十一五"建成国家级智能化仪器仪表基地。

3.把先进项目作为突破点实施产业引导。重庆高新区把荣获国家科技进步一等奖的信威"SCDMA"作为培育电子信息产业的突破点。在该公司几乎陷入绝境的困难时期,我们看准其潜力,及时给予了6000万元的担保贷款,协助公司开拓市场。而今的信威公司,已拥有40多项核心专利,2006年产值超过20亿元,排名重庆工业企业第26位。依托信威的成功,高新区引进了禾兴江源、神州龙芯、中兴通讯等大批企业,建设了重庆电信、移动、网通的总部基地。

把荣获国家技术发明二等奖的海扶"超声聚焦刀"作为培育新医药器械产业的突破点。海扶超声医疗国家工程研究中心于2006年10月份投入使用,并引进了赛诺、安科、科迪、西山等医疗器械生产企业,培育了全国首批8家中小科技企业板块上市企业的华邦制药,引进了连续8年被评为重庆工业50强的药友制药,以及前沿生物、科美生物、和润生物、庆余堂制药等大批企业。新医药器械产业已占了工业总产值的11%。

4.把前瞻产业作为增长点实施产业引导。创意产业是一项集资金、技术、智慧于一体的绿色产业。仅动漫产业,全国91%的市场被日韩美等国占领,广电总局已设定了28万分钟的国产动画片播放目标,有800亿巨大市场。谁能捷足先登,谁就将分到"蛋糕"的大部。

重庆高新区已把创意产业作为“第五大支柱产业”予以扶持：

一是优先发展动漫业、国家级软件园、IC设计业；二是制定了投融资、场地、技术、人才引进及培养等多领域的特殊扶持政策和措施，努力打造成国家级创意产业基地；三是，开始建设以发展动漫、软件、设计、策划、文艺等新兴行业为主的嘉陵江滨江生态创意产业园区；四是实施联合发展战略，与教育、宣传、广电、少儿等工作部门密切配合，以政府投入、定向制作、定向采购等多种方式，扶持动漫企业。

在政府产业引导下，重庆高新区电子信息产业、智能化仪器仪表、新医药器械、先进制造业等四大支柱产业对工业增长的贡献率已达到99%，有5家企业进入重庆工业50强，另有5家50强企业与高新区紧密关联。新兴的软件创意产业也初显成效，金算盘公司、宏信公司、瑞笛恩公司、博恩公司已发展成重庆软件业的领军企业。

五、重庆北部新区高新园的大规模开发建设，是重庆高新区乃至重庆经济社会长足发展的加速器

2001年4月25日，重庆北部新区挂牌成立，下设两个开发园区——高新园和经开园。同年，高新区管委会组建了重庆渝高新兴科技发展有限公司，接手北部新区高新园的开发建设任务。2002年1月28日，北部新区委托高新区全面管理人和镇、大竹林镇，由高新区履行人和镇和大竹林镇的党务、行政、经济、社会等方面综合管理职能。高新园幅员面积约50平方公里，东西长12公里，南北宽6公里，东邻鸳鸯镇，南临主城核心区渝中半岛，西临嘉陵江，北连礼嘉镇。常住人口约5万人。

北部新区高新园在高新区管委会的领导下，在北部新区管委会的统筹协调下，在各级职能部门的支持下，按照市委、市政府提出的“能快则快尽量快、举全市之力”推动高新园开发建设上档提速、加快发展，全面贯彻发展开放型经济、实施西部大开发、做大经济总量、提升经济结构、推进城镇化、建设全面小康示范区的重大战略决策。以高起点、高标准、高质量建设西部一流开发区为目标，努力把北部新区高新园建设成为生态科技商务区(EBD)、现代都市风貌展示区、现代科技产业基地、对外开放重要窗口。抓紧抓好三个阶段开发建设任务，分阶段推进总体目标。

五年来，北部新区高新园在园区参建单位的共同努力下，开发建设工作取得了一个又一个成绩，一个个重大工程项目不断推出，一栋栋高楼、一座座厂房如雨后春笋接连不断拔地而起，一条条大道、一片片小区正勾画出山城最美丽风景。时至今日，园区开发建设第一个阶段任务已顺利完成，二阶段开发建设已在如火如荼的推进当中。园区规划顺利完成，征地拆迁进入最后冲刺阶段，基础设施建设快速推进，招商引资促进产业基地加快形成，重庆EBD展现高新园独特魅力，园区开发建设呈现出一片繁荣兴盛的局面。

(一)快速、稳定地开展大规模征地拆迁

北部新区高新园幅员面积4834.43公顷，规划建设用地面积3921.07公顷，占幅员面积的81.11%；市政公用、生态林地、水域等非城市建设用地913.36公顷，占幅员面积的18.89%。

北部新区设立后至2005年12月底，使用国有土地1595.7687公顷。5年间共供应划拨土地总计46宗，供应总面积1082.0863公顷。5年间共出让土地74宗，出让总面积513.6606公顷。

北部新区成立以来，高新园共完成征地34855.58275亩，涉及两街一镇13个村114社。拟在2006年内完成高新园全部未征土地1100.2514公顷。

到目前为止，高新园安置辖区内农转非人员共计22317人。北部新区成立以后，共计19948人实现农转非，安置农转非人员19816人。先后对70个社，6429户，14094人进行了住房安置，共安置住房6289套。

目前已建成的农转非安置小区有人和花园(人和康居小区一、二、三、四期工程)、水竹苑(竹

林康居小区一期工程)、天宫殿康居小区一期工程,总建筑面积约54万平方米。正在建设的农转非安置小区有人和康居五期和六期工程、天宫殿康居二期工程、竹林康居小区二期和三期工程,总建筑面积约110万平方米,预计在2007年建成并投入使用。新建安置小区独特的造型、优美的外观和环境改变人们过去对还建房的看法,并赢得了农转非居民的积极认同。

(二)高水平开展城市规划

1993年2月,重庆高新技术产业开发区规划管理办公室成立。2005年1月11日,重庆市规划局高新技术产业开发区分局成立。《重庆北部新区总体规划》(渝府〔2001〕77号)于2001年11月5日获得批准。在此基础上,《重庆北部新区高新园市政设施规划》、《重庆北部新区高新园绿地系统规划》、《重庆北部新区高新园居住区公共服务设施规划》等一批规划在2005年10月以前陆续出台。这些规划为保证园区开发建设项目符合北部新区导向提供了有力的法规保障。

为保证将高新园建设成充满经济活力、人居环境优良、富有文化特色的现代都市风貌区,提高规划建筑方案设计质量。根据《建设项目规划建筑方案设计审查管理办法》,引入专家参与设计审查,通过优惠规划执照许可费,鼓励建设单位引进市外、国外的设计单位参与设计,引进新的理念、新的思路,丰富城市景观,保证高新园的高起点、高标准、高水平的规划得以顺利实现。如:龙湖水晶郦城规划设计方案和龙湖动步体育公园由日本久米株式会社设计。棕榈泉国际花园概念性规划设计方案由澳大利亚柏涛(墨尔本)建筑设计公司(Peddle Thorp Melbourne <ASIA>)和香港雅卓信国际有限公司(Attraction International Ltd.)分别进行建筑设计和园林景观设计。光电产业园中心区和金开大道高新园段城市设计由法国FAI国际建筑与规划设计公司设计。重庆财富中心由德国AXIS国际设计师联合体完成方案设计。西南信息产业园由日本板昌建筑设计研究所完成项目规划设计。东原中央·美地由英国阿克金斯(顾问)建筑设计事务所和贝尔高林香港有限公司分别完成概念规划设计和园林景观设计。这些高水平的设计对实现高新园高品质的人居环境起到了重要的促进作用。

同时,人和实验学校、星光大厦获得了重庆建筑界最高奖——巴渝杯;金星科技孵化中心、木星科技孵化中心、水星科技发展中心、火星仪器仪表产业大厦被评为优质结构工程和市级安全文明施工工地。

(三)高水平的基础设施建设。

北部新区高新园基础设施建设分成8个重点项目实施,分别是金开大道、金山大道、金通大道、金海大道、金州大道、人和组团、大竹林组团、龙头寺江北客运站片区,计划总投资约140亿元。到2005年末,已累计完成投资64.5亿元,预计在2006年,北部新区高新园将新增基础设施建设投资30亿元。

北部新区高新园道路总长311公里,其中高速公路23公里。目前已建成城市道路92.8公里,其中社会单位建成19.5公里。"三横六纵"骨干路网已基本形成,金开大道、黄山大道、泰山大道及洪湖路将人和街道、天宫殿街道和大竹林镇联成一片,东湖路、民安大道、210国道、云杉路、星光大道、金通大道将高新园同外区紧紧相连。

累计建成主排水工程12.3公里,提高了当地的排水防洪等级。建成水、电、气等各类公用管网约220公里,园区给水、供电、供气能力逐步提高。建成道路路灯、绿化等附属工程30公里,方便了市民的夜间出行,丰富了高新园的城市道路景观,高新园中心区灯饰工程已成为重庆城市精品灯饰工程亮点。累计建成10KV电力开闭所10座,旧电力线路改迁工程有力地支持了重点项目的建设,确保了高新园中心区企业用电。动步公园、百林公园、古木峰公园、月亮弯公园及照母山植物园览星塔、渝风亭、祈和坛相继建成并投入使用,高新园体育中心也已建成并投入使用。重庆江北客运站建成后,是西南地区最大的铁路枢纽。预计在2006年10月完工并交付使用。

(四)大力发展核心产业

1.全力开展招商引资。先后投入150万元对高新园的投资环境进行整体宣传。邀请专业设计公司对北部新区高新园进行了宣传策划，全面推介重庆EBD，突出高新技术产业与优美、完善的工作环境及生活环境的有机融合，打造园区整体形象，并同时利用杂志等渠道扩大宣传面，进一步提高高新园的知名度。重点宣传信威通信、禾兴江源（微硬盘）、安科医疗器械等重点企业，协助企业叫响品牌，促进做大做强，实现跨跃发展。

高新园引进各类项目314个，其中，签约项目144个，开工项目33个，投产或营业项目137个。引进项目合同投资总额约206.7亿元。

2.产业基地基本形成。北部新区高新园着力打造本区高新园集中建设电子信息、新医疗器械、智能化仪器仪表等三个产业基地。目前三大产业基地初具规模，形成以中兴通讯西南研发生产基地、金算盘软件、信威通信、禾兴江源、神州龙芯、西南信息产业园等为代表的IT产业基地；以四联仪表、耐德工业、前卫仪表、宇通系统、伟岸测器、海王仪器、东电通信、应用技术工程研究院等为代表的智能化仪器仪表产业基地；以华邦制药、药友制药、庆余堂制药、药监所、海扶超声生产研发基地、安科医疗器械等为代表的新医药及生物医学工程基地。同时，促进区校合作，完善创新体系；加强后续服务，促进项目发展。

3.楼宇工业蓬勃发展。高新园形成了以“星系列孵化器”为主的150万m^2的科技孵化中心，入驻项目280个，总投资约21亿元，预计总产值97亿元。其中，海王星科技大厦入驻软件、电子、通讯、仪器仪表等领域的科技企业77家，出租面积为9.7万m^2，年产值约为50亿元；金星科技孵化中心已全部出售完毕，入住企业20多家。目前，海王星科技大厦、火星科技孵化中心正在全力打造重庆市重点科技孵化器。

4.着力培育重大产业化项目。先后吸引了禾兴江源、深圳安科、北京神州龙芯等一批拥有自主知识产权的高科技企业前来高新区创业发展。其中，重庆禾兴江源科技发展有限公司主要从事数码娱乐产品（微硬盘）的生产和销售；深圳安科高技术股份有限公司主要从事高档医疗电子设备的开发、生产和经营，是国内知名的医疗设备制造商，该项目作为北部新区高新园医疗器械产业基地的龙头企业已正式入住；北京神州龙芯公司与高新区共同出资1500万元成立重庆龙芯集成电路设计有限公司，着力打造基于龙芯核心技术的应用方案、产品和系统工程。

（五）建设西部一流的生态科技商务区——EBD

重庆EBD即重庆科技生态商务区，由高新区管委会率先提出。EBD系英文Ecology Business District的缩写，意为兼顾人本与环境，以现代产业、商务为主导的生态科技新城。北部新区高新园约50平方公里土地全部被规划为重庆EBD的开发建设区域，由北部新区人和组团和大竹林组团构成。区内规划布局了未来新重庆的中央商务区，使领馆区、居住新区以及交通、通信枢纽。

重庆EBD经过五年的开发建设，其核心区域——高新园中心区、水晶郦城片区、重庆财富中心已建成并投入使用。随着重庆移动通信中心枢纽投入使用，重庆移动总部、重庆电信总部先后落户高新园，位于龙头寺片区的重庆江北客运站也即将落成。一大批知名房地产楼盘及成片农转非康居小区接连不断面世，各类公园、绿地、植物园连绵不断。一批重点工程相继建成，逐步树立起了重庆EBD的崭新形象，其南端的星光大厦“北部之门”已成为重庆EBD逐渐走向成熟、走向全国、走向世界的凯旋之门，迎接世界宾朋的欢迎之门，表达新型政府的理念和态度之门。

1.高新园中心区。高新园中心区主要由“星”系列建筑、总部基地、一个植物园、一个公园、一座体育中心、两条大道组成。

（1）“星”系列建筑及总部大厦。高新园中心星系列建筑相继建成后，将构成总建筑面积100万平方米的楼宇工业群，可以满足1000家以上科技型中小企业办公生产需要，将会形成400亿元的产能。目前，金星、木星、水星、火星、海王星、移动总部六座大厦建筑面积约66万平方米已建成并投入使用，天王星商务大厦15万平方米

2006年年底竣工,土星、太阳座两座大厦进入前期工作阶段。2005年第五届亚太城市市长峰会分会场就设在海王星科技大厦生态大厅,第二次圆桌会议以及《重庆宣言》新闻发布会在此召开。总部基地的第一座大厦重庆移动通信公司办公大楼已正式启用,通管局、能源、金算盘总部大厦等已相继开工。紧邻高新园中心区西侧的高新园中心区拓展区100万平方米的产业楼群项目进入实施阶段。

(2)绿地及景观工程。照母山植物园主景区、百林公园、古木峰公园、动步公园、月亮弯公园、人和水库明景观工程、民俗文化村渠、黄山大道和星光大道沿均已建成并投入使用。百林公园方尖碑因参加“峰会”的各国市长在此合影而名扬中外,古木峰公园“友谊林”为重庆EBD增添了一笔浓墨重彩。民俗文化村显示出重庆EBD科技产业与民俗文化同步发展。

(3)体育设施。高新园体育中心位于中心区东侧,配有标准足球场、篮球场、乒乓球场、室内和室外网球场、健身中心等完善的体育运动设施。目前已建成并投入使用。

(4)两条主干道。黄山大道、星光大道呈十字交叉将高新园中心东西南北联成一片,每座大厦四周的道路均与这两条大道相通,构成高新中心区便捷的交通系统。

2.涉外商务区。正在建设的重庆财富中心,总建筑面积达73万平方米,集商务办公、涉外酒店、购物中心、博士创业园、公寓及休闲娱乐配套于一体,建成后将成为重庆EBD涉外商务区的龙头。东侧的使领馆建设区的场地已做平整。

3.高品质生态居民区。高新园成立以来,房屋建设总规模约837万平方米,竣工规模为367万平方米。其中,产业项目规模为138万平方米,竣工规模为65万平方米。商业房地产项目建设规模为230万平方米,竣工规模为170万平方米;其他项目(含还建房、楼宇工业、学校、各单位办公用房等)规模为469万平方米,竣工规模为132万平方米。

吸引了华宇、龙湖、金科、香江国际、棕榈泉、和记黄埔、香港置地、奥林匹克、渝兴、渝高、华夏建工等20多家一、二级重庆市知名房地产开发商前来投资。财富中心、棕榈泉、中华坊、水晶郦城、枫林秀水、天湖美镇、比华利豪园、中央美地、协信TOWN城、保利香槟花园、北城中央、天籁城、美社等成为重庆市民竞相投资购买的紧俏楼盘,这些楼盘为重庆市房地产的发展注入了新的活力,提高了重庆市房地产整体水平,成为能代表重庆市对外叫得响、拿得出的房地产名片。其中,中华坊、水晶郦城在2005年亚太城市市长峰会期间代表重庆市供国际友人参观考察,并受到热烈的好评。

六、重庆高新区“十一五”期间提升自主创新能力的“六个打算”

(一)立足已有基础,重在做大做强

做大做强具有核心竞争力的自主创新项目。支持信威通讯“SCDMA”、禾兴江源“微硬盘”、海扶“超声聚焦刀”、前沿科技“艾滋病疫苗”、深圳安科“核磁共振”等为代表的高科技项目加快发展。

做大做强具有市场竞争力的企业集团。以格力空调、信威通信、禾兴江源、重庆啤酒、渝江压铸等优势企业为重点,使其产值达到50亿元,争取上百亿元。

(二)聚集创新要素,打造6个平台

1.公共技术平台。以“重庆应用技术工程研究院”、“重庆市计量质量检测研究院”、“重庆电力工程研究院”和“重庆药品检测所”为重点,汇聚一批公共技术中心和行业技术中心。

2.企业研发平台。计划每年财政投入1亿元资金,扶持有影响力的企业设立10个以上研发中心,并力争打造成国家级研发中心(如国家海扶超声医学技术工程中心),形成行业技术标准。

3.成果孵化平台。继续加强楼宇工业建设,形成250万平方米孵化基地。加强产学研合作,吸引高等院校在高新区设立分支教学、培训、科研机构,积极推进面向高新区企业的“重庆市高校科技转移中心"、"重庆市高校科技发展研究中心",设立"校企合作科技攻关项目资助计划",促进科技成果转化。

4.创业投融资平台。形成中外投资公司、上市公司、非公经济参与科技风险投资的机制。

5.创新服务平台。发挥创新服务中心的主要作用,创新服务、扶持企业的模式,更好地推动企业发展

6.科技中介服务平台。培育一批科技评估、技术标准、技术监督、技术经纪、技术转移、融资辅助、政策辅导、法律咨询、知识产权代理等专业机构。

(三)提升产业集聚,建好5个产业园区

人和西EBD核心高技术产业园区。发展总部经济区和涉外商务区。

嘉陵江滨江生态创意产业园区。沿嘉陵江滨江带大力发展软件、动漫、设计、策划、文艺等新兴行业,建设时尚生活生态区。

天宫殿综合服务与信息物流园区。以重庆火车北站为中心,发展交通运输、商贸流通、信息服务、商业服务等产业。

二郎新型工业化园区。以留学回国人员创业园为载体,吸引和聚集人才,发展创新型科技企业、科技服务业。

石桥铺孵化基地和数码科技商圈。打造西部乃至全国独具影响、实力雄厚的数码产品经营服务集散地。

(四)突出产业特色,形成5大产业集群

1.以信息设备、数字软件、光电子、集成电路和电子商务为主要内容的电子信息产业,产值目标300亿元;

2.以新医药、新医疗器械、生物医学工程为主要内容的新医药产业,产值目标70亿元;

3.以模块化、集成化、数控化产品为主要内容的智能化仪器仪表产业,产值目标80亿元;

4.以信息家电、汽车摩托车配套机电产品为主要内容的先进制造业,产值目标200亿元;

5.以新材料、新能源和创意为主要内容的新兴技术、新兴行业,产值目标50亿元。

(五)汇聚智力资源,整合项目人才

在优惠政策基础上,用市场运作方式,整合项目与人才,以项目招纳人才,以人才引进项目。

强化企业主体地位。以产业项目为纽带,与高校、科研院所、海外留学人员团队建立互利合作关系,通过项目合作、创办企业等硬性方式,咨询、兼职、短长期聘用等柔性方式,引进国内外高层次人才和智力。

推进人才载体建设。建设高水平的公共技术平台、企业研发中心、博士后科研工作站、开放实验室以及留学回国人员创业园等基础设施,吸引专家学者、学科带头人、留学回国人员到高新区创新创业。

(六)拓展发展空间,增强经济实力

在区域经济总量增强基础上,拓展两个空间:一是辐射空间,鼓励高新区内有影响的企业集团将分支产业向外辐射,到周边地区、库区投资,拓宽企业的发展渠道,促进全市经济结构调整和优化;二是地域空间,积极争取高新区扩区,增大政策的覆盖面和产业发展空间。2007年,高新区拓展区将提前开工建设70万平方米。

"十一五"期间,主要经济指标力争年均增长超过20%。到2010年,实现营业总收入900亿元,工业总产值800亿元,入库税金53亿元,区域一般预算收入55亿元,区级一般预算收入15亿元。出口创汇五年累计达到9亿美元;实际利用外资累计达到4.5亿美元。

努力打造长江上游创新基地,建设西部一流生态科技商务区。

注:本文数据出自高新区管委会

撰稿单位:重庆市高新技术产业开发区管委会

重庆(长寿)化工园区

一、基本概况

重庆(长寿)化工园区于2001年12月25日经重庆市人民政府批准,2002年4月25日挂牌成立,规划控制面积31.3平方公里,其中建成区6平方公里,发展区25.3平方公里。市政府于2003年6月2日召开第8次常务会议,决定将重庆(长寿)化工园区按市属区建的模式交由长寿区建设,2003年8月筹备启动,11月正式动工建设。园区规划为天然气化工片区、石油化工片区、精细化工片区及乙烯加工片区,是长寿区打造"重庆工业高地"的重要载体;是集天然气化工、氯碱化工、石油化工、生物化工和乙烯下游加工产业于一体的综合性化工园区;是市委、市政府在国家实施西部大开发进程中,把资源优势转化为产业优势,调整工业产业结构,切实解决库区产业空虚的重要举措。园区自成立以来,历经三年的开发建设,已初见成效,呈现持续、快速、健康发展的良好态势。

同时,重庆市委、市政府为快速推动化工园区发展,先后成立重庆(长寿)化工园区建设指导小组和重庆市石化产业发展工作小组,由市政府领导挂帅,指导化工园区开发建设。并组建了重庆(长寿)化工园区管委会、重庆化工园区开发建设有限责任公司,负责园区的开发建设、招商引资。

(一)园区发展优势

一是丰富的资源保障。自然资源品种多、储量大,长寿区内及周边地区现已探明的天然气储量达3700亿立方米,远景储量可达数万亿立方米,约占全国储量的15%,年净化输出天然气82亿立方米,约占全国陆上天然气供气总量的30%;盐卤资源丰富,拥有盐卤资源14亿吨;园区内供水充足,日供水能力达50万吨;电力充沛,变电能力达200万千伏安。

二是便捷的交通条件。化工园区距主城区52公里,重庆江北机场60公里,渝长、长涪、长梁三条高速公路在此交汇,并设有两个高速公路立交出口,与贯穿化工园区的国道319线、省道渝巫路连接,构成方便快捷的公路网络;渝怀铁路横贯园区,并建有长寿火车站、四川维尼纶厂化工专用车站、规划的化工园区专用车站及化学危险品铁路专用线;园区拥有22个泊位的深水港码头,年吞吐能力达1000万吨,万吨级船队常年可从园区直达长江下游各地。

三是雄厚的产业基础。长寿是全国的天然气化工基地,拥有先进天然气制乙炔、醋酸乙烯、聚乙烯醇、氯丁橡胶及光气生产装置,产业基础雄厚,特别是四川维尼纶厂、扬子江乙酰化工公司已成为国内最大的天然气化工企业,技术力量雄厚。

四是充足的人力资源保障。园区现有化工技术工人3万余人,高中级专业及管理人才1万余名,化工技术力量雄厚。五是成熟的配套服务,园区实行水、电、蒸汽、天然气、工业气体等公用工程统一供给,工业污水、废物等污染物集中处理,统一为入园企业提供配套服务。

(二)园区发展理念

园区在开发建设中严格坚持科学发展观,走新型工业化道路,大力实施循环经济,按照"一次科学规划、分步适时实施"的原则,坚持"产品项目一体化、公用工程一体化、环境保护一体化、物流配送一体化、管理服务一体化"等五个"一体化"理念,采取项目集约、专业集成、投资集中、统一治理和统一排放的"一体化"建设和管理模式,使可持续发展观和循环经济理论贯穿于园区规划建设中,把园区建设成为一个生产与生态平衡、发展与环境和谐的工业园区。

(三)园区发展现状

一是基础设施建设快速推进。目前,园区已累计完成基础设施和公用工程建设投入近20亿元(自建项目完成投资11.5亿元),园区已全面完成先期开发区域约6平方公里的建设任务,园区内土地平场整治基本完成,内部骨干道路网络基本形成,基础设施及公用工程配套服务逐步成熟。

二是招商引资持续增长。目前园区正式签约入园的企业已达33家,协议投资超过250亿元。园区累计出让土地5457亩,投资强度达260万元/亩,入园企业累计到位资金32亿元。

三是入园企业建设进展顺利。园区2006年5月前正式签约的入园企业全面开工建设,其中环球石化、博腾科技、长扬热能等7家企业已建成,德馨香料、长明物流码头等4家企业基本建成,即将投运。入园企业已累计完成固定资产投资达32.1亿元。2006年园区企业共计实现产值46亿元,其中新建企业实现产值4.14亿元。

四是循环经济事业稳步发展。园区始终坚持循环经济发展战略,确保园区的可持续发展。

(四)园区发展目标

园区充分利用本区域丰富的天然气资源及盐卤资源,做大做强基础化工,做精做深精细化工,预计至2010年实现销售收入300亿元,2015年实现销售收入500亿元,2020年实现销售收入800亿—1200亿元。通过10年到15年的建设,使园区成为一个布局合理、结构优化、可持续发展的现代化工业园区,国内一流、长江上游最大的综合性化工基地、国家新能源基地、国家级循环经济示范园区和国家级园区。

二、发展成就

(一)全面推行"五个一体化"理念

早在建园之初,化工园区就提出了"一体化"的理念,在先期编制的产业发展规划基础上,结合园区资源优势和现有企业的产品优势,邀请包括中国工程院院士在内的专家"会诊"化工园区发展项目,指导园区规划工作。并按照"一次科学规划、分步适时实施"的原则,对园区发展及布局制定了科学的、可持续发展的统一规划。不论是基础设施建设、招商引资,还是对入园企业的管理,都坚持贯彻"一体化"思路,按照规划的公用工程、产业项目、环境保护、物流配送、管理服务"五个一体化"理念进行实施。

1.公用工程一体化。在实施公用工程"一体化"时,为合理利用能源,降低能耗,园区规划"供水、供电、供热、供气(汽)"一体化,构筑公用工程"岛",对园区内公用工程实施统一规划、集中建设、统一管理、统一供应,以高效率、低成本向企业提供可靠的生活用水、工业用水、废水处理、热电联供、天然气及工业气体等项服务,形成公用工程集中供给中心,实现低成本集约化管理。为了准确布局,园区深入入园企业,广泛调查了企业水、电、气(汽)的需求量和时间计划,在企业生产前完成配套设施的规划和建设。在规划布局给排水,天然气和蒸汽管线铺设方案时,公司员工,包括总经理与设计人员一道多次翻山越岭,徒步穿行在田间和山岭,寻找最合理、经济的路线,直至最终方案确定。

2. 产业项目一体化。对于产业项目"一体化",化工园区委托国内多家知名咨询公司和规划院编制了《化工园区产业发展规划》,将园区规划为四个区:天然气化工片区、石油化工片区、精细化工片区、乙烯及下游产品加工片区。重点发展天然气化工、石油化工、氯碱化工、精细化工、新材料和新能源六大产业,47个重点项目。据此理念,园区严格按照产业发展规划实施项目招商,使入园企业建设项目符合园区的产业规划,实现产品项目的统一管理。将园区丰富的资源优势转变为经济优势,形成"上、中、下游"产品互动的产业布局。将基础化工做大做强,将精细化工做精做深,形成企业间原材料互供的共生关系,以最少的资源,获得最大的产出,排出最少的污染,达到资源利用最大化、产出效益最大化和污染排放最小化的最终目标,切实将基础化工做大做强，将精细化工做精做深。让投资商有的放矢，最大限度地整合资源，形成集约效应。

3.环境保护一体化。环境保护"一体化"是化工园区保证可持续发展的重要支撑。针对化工企业污染多的状况，化工园区坚持环境保护"一体化"，把入园企业的污水、废弃物实行统一集中治理。为了最大限度地降低化工园区对三峡库区水质和周边环境的影响，在化工园区成立之初，园区编制完成了《重庆(长寿)化工园区环境影响评价报告》，并邀请国家环保总局对该报告进行了反复详细的论证和修改。同时，园区采取先进的清洁生产工艺和环境无害化工技术相结合、政府环境监控与企业自我管理相结合的方式，对园区企业的生产、生活废弃物和污水进行集中治理，并实行统一管理和监测，形成一体化清洁生产环境，使园区成为一个生产与生态平衡、发展与环境和谐的现代化化工园区。

4.物流配送一体化和管理服务一体化。这两个"一体化"是园区为企业提供后勤保障的关键。在建之时，园区就着力构筑公用工程平台，积极引进了专业储运公司、物资装备公司、专用输送管网和专业产品交易市场，建立水路、铁路、公路、公用管廊等较完备的运输网络，使水、陆、空立体交通网络覆盖整个园区，为入园企业提供安全、快捷、经济的物流配送服务。同时，园区实行"封闭式管理，开放式经营"的运行体制，采用"一站式审批，一条龙服务"的办事运转程序，为入园企业全程代办建设项目行政审批手续，积极为企业入园建设扫清障碍，使入园企业能够早日建成投产。

(二)科学规划、合理布局

搞好建设，规划先行。化工园区坚持以"五个一体化"理念为指导，实现园区专业集成、投资集中、效益集约的可持续发展观，高标准规划园区发展蓝图。

1.产品项目规划情况。化工园区根据产业发展规划，确定了以天然气化工、石油化工、氯碱化工、生物化工四大产业为龙头，发展天然气制甲醇系列、乙炔系列、乙烯系列、丙烯系列、新材料及精细化工系列、氯碱系列等六大产品系列。同时，规划了1000万吨/年炼油、100万吨/年乙烯的炼化一体化项目，下游配套建设40万吨/年聚乙烯、10万吨/年苯乙烯、40万吨/年聚丙烯、8万吨/年丙烯酸酯等项目，形成化工园区完备的产业链，实现园区产业的耦合共生，协调发展。

2.公用工程配套设施规划情况。化工园区内规划建设了2座220KV和4座110KV变电站，为入园企业提供稳定的电力保障；规划实施了园区供水体系，通过近期依托中石化集团四川维尼纶厂的现有供水设施和后期依托园区自建的冯家湾给水厂保障园区入园企业生产、生活用水；规划建设了化工园区天然气配气站，其供气能力达33亿立方米/年，保障入园企业天然气用气需求；规划建设了2×1300吨/小时燃煤锅炉、一台25兆瓦发电机组(一期)和1×220吨/小时燃煤锅炉、一台25兆瓦发电机组(二期)的热电联产项目，其初期供蒸汽能力为200吨/小时的热电中心，为企业提供稳定、安全的供热保障；规划建设了一套化工园区空分装置，其工业气体供应能力达氧气20000Nm^3/h、液氧500 Nm^3/h、氮气20000 Nm^3/h、液氮250 Nm^3/h、液氩650 Nm^3/h。

3.环境保护设施规划情况。化工园区内规划布局了250吨/日生活垃圾处理场、270吨/日化学危险废弃物处理场、2000吨/小时生活污水处理场及一期1500吨/小时、二期3200吨/小时工业污水处理场；同时，在港区建设化学危险品船舶洗舱基地，洗舱污水送至污水处理场处理，实现船舶洗船舱废水污染物零排放。

4.物流配送系统规划情况。化工园区规划建立了园区较完备的物流配送系统——化工园区整体物流项目，在园区内形成完善的水路、铁路、公路、公用管廊等物流配送体系，为入园企业提供安全、快捷、经济的物流配送服务。

(三)大力发展循环经济

化工园区针对化工企业相对集中的特点，坚持以科学发展观为指导，以企业准入标准为突破口,创新理念,构筑循环经济发展新模式。

1.实施"1234"发展方针。为切实做好循环经济工作,化工园区聘请中国咨询公司编制了《重庆(长寿)化工园区循环经济工作方案》,为园区发展循环经济绘制蓝图和出谋划策,成为园区建设国家级循环经济示范工业园的行动指南。并按照"1234"的工作方法,即围绕一个目标,实现两种转变,通过三个核心体系的建设,实现四个方面的提升,快速推动园区可持续发展。

(1)一个目标。以可持续发展战略为核心,坚持循环经济发展规划,在保持经济持续快速增长的同时,极大降低资源消耗和极大减少污染物排放,实现将重庆(长寿)化工园区建设成为国家"循环经济示范园区"的中心目标。

(2)两种转变。一是将以往单个项目独立发展模式转变为项目之前相互关联的产业链发展模式;二是将以往传统粗放型经济发展模式转变为资源节约型、环境友好型绿色经济增长模式。

(3)三个核心体系建设。重庆(长寿)化工园区循环经济建设以三个核心体系为重点:一是构建循环经济产业体系构架,重点发展天然气化工、氯碱化工、石油化工、生物化工四大产业及其深加工产品;二是构建基础设施的建设体系,重点为大气污染控制、固体废弃物处理处置、废水综合治理和资源化利用系统;三是构建发展循环经济的保障体系建设,着力加强组织机构、制度建设,加大科技投入,以科学及时作为发展循环经济的支撑和推动力。

(4)四个提升。一是提升化工园区的经济竞争力。通过发展模式的转变,提高资源和能源的利用效率,减少对生态环境的影响和破坏,实现化工园区经济增长质量的提高。二是提升化工园区的环境和基础设施能力。加强生态环境的保护与建设,引导天然气、水等自然资源的合理开发与利用。三是提升科技发展能力。加快建立以企业为主体的技术创新体制和运行机制,建立优势产业的共性技术开发体系。四是提升管理能力。依托政府的行政管理建设,强化化工园区政策落实力度,逐步形成园区可持续发展的外围环境。

2.采取统一治理、统一排放的管理模式。化工园区采取统一治理和统一排放的管理模式,以减少企业污染物的排放总量和对环境的影响,使园区达到生产与生态平衡,经济与环境协调发展。园区建设公用工程岛和动力中心,实现集约化管理,以高效率、低成本集中向用户提供可靠的工业气体、蒸汽和电能,实现区域层面的物质与能量集成,达到烟尘和粉尘等污染物的统一治理和统一排放。同时园区充分依托长寿区现有的环保处置设施以及园区拟建的环保处置设施,对园区产生的生活和生产垃圾及污水进行集中处理,对危废品进行焚烧、固化、填埋处理。充分提高了园区污染物的处理率和处理达标率,为园区的协调发展奠定了坚实的基础。同时,化工园区以"减量化、再利用、资源化"为原则,促进入园企业协调发展,提高资源的利用率。园区建成区最大的天然气化工企业——四川维尼纶厂根据市场情况,利用自己的生产技术,计划在一期投资55亿元新建一套以天然气为原料10万吨/年乙炔、30万吨/年醋酸乙烯和80万吨/年甲醇系列的生产装置。届时可消化毗邻的扬子江乙酰化工公司的17万吨/年醋酸,新增加40亿元的销售收入。从天然气→乙炔、乙炔→醋酸乙烯、乙炔尾气→甲醇、醋酸副产氢气→合成氨 磷氨是一条完整的产品链,实现了"资源—产品—废弃物—再生资源"的反馈式循环过程,将天然气资源的利用率和经济效益发挥到最大值,并且实现了区域资源的优化组合和配置。

3. 高度重视入园企业废物和副产品的资源化。化工园区高度重视入园企业废物和副产品的综合利用,全力推动园区内企业之间形成工业代谢和原材料互供、副产品资源共享的原料产品内循环共生关系,逐步实现废物和副产品的资源化。重庆映天辉氯碱化工有限公司20万吨/年烧碱项目产生的氯气可为重庆天玄化工有有限责任公司1.2万吨/年氯甲烷项目和力宏化工有限公司5万吨/年氯乙酸项目提供原料,烧碱可为重庆华伦化工有限公司1.6万吨/年羧甲基纤维素钠项目提供原料;公用工程岛热电联产装置排放的12万吨/年煤渣可为重庆润江水泥厂提供生产水泥的原料,生产出来的水泥比用石灰石的综合性能提高20%;工业污水经处理后的中水用于绿化、洗地、设备清洗,并将中水经深度处理为工业水、锅炉水和循环冷却水,既减少了原水取水量,降低了取水成本,又减少了废水的排放量,充分实现了水资源的循环利用。同时,园区内企业自身也遵循循环经济发展理念,大力实施循环经济发展战略。如:重庆环球石化有限公司充分利用重庆地区丰富的可再生的甘薯为原料发展60万吨/年(一期10万吨/年)酒精项目,可为当地农民增加近亿元的经济收入,有着良好的经济效益和社会效益。重庆环球石化有限公司针对国内甘薯发酵生产酒精存在一定环境保护问题,引进了先进的生产技术和污水处理技术,采用循环经济模式,重视残渣、废水的综合利用,使残渣无害化排放,废水排放仅为国内现有生产工艺的50%以下。

4.搭建发展循环经济技术服务平台。为搭建发展循环经济技术服务平台,化工园区引进了清华大学、厦门大学、西南化工研究院、重庆化工化工研究院等著名“大、专、院、校”和科研单位,建立园区循环经济技术工程中心,成为园区发展循环经济、生态工业技术研发和应用基地,用高、新技术解决企业发循环经济遇到的实际问题,帮助企业作好清洁生产、废弃物综合利用和环境保护工作,确保园区发展循环经济工作的持续发展。

(四)园区开发建设快速推进

1.园区规划逐步完善。化工园区按照“五个一体化”理念,坚持近期实施规划和远期发展规划相结合的原则,以规划为先导,逐步完善园区规划工作,指导园区开发建设。在《重庆(长寿)化工园区产业发展和园区控制性规划》和天然气化工产业规划的基础上,相继编制完成了乙烯下游加工区、氯碱化工、精细化工等3大产业发展规划,并完成了化工园区盐卤资源开采及配送系统规划和化工园区循环经济工作方案;完成了管网管廊、仓储集散中心、中间罐区及储运系统、乙烯下游加工区基础设施及公用工程可研报告等基础设施项目规划;编制完成了乙烯下游加工片区、50万吨/年醋酸项目、多晶硅项目、化工园区码头罐区等区域土地利用规划。

2.征地拆迁快速推进。化工园区征地拆迁工作难度大、矛盾多、时间紧、要求高、任务重。自园区启动建设以来,始终严格按照构建和谐社会的要求,坚持“让利于民,不与民争利”和“切实维护被征地农民合法权益”的原则,通过构筑园区与国土、公安、司法、当地政府的“五位一体”的征地拆迁工作机制,精心组织,依法征拆,细心安抚,稳步推进园区征迁安置工作,形成了园区统筹、区国土资源局政策把关、街道办事处具体实施、各方相互支持配合的良好工作格局。三年多来,先后组织完成了化工园区南区及北区一、二期土地整治项目,化中路、化北路、南北连接道等基础设施项目,园区消防特勤站、中环水务工业污水处理厂和供水厂、长航集团长明码头、港务集团化工码头等公用工程项目,乙烯下游项目、“百亿川维”及60万吨/年甘薯深加工等工业产业项目的征地外业调绘、勘界、做件和报件工作,累计向市地房局和市政府报送项目征地报件17个,累计实施项目征地约10407亩,为园区基础设施及公用工程建设的快速推进奠定了坚实的基础。

3.基础设施和公用工程配套能力逐步成熟。为快速提升园区形象,促进企业发展,园区狠抓自建项目建设,推行项目经理责任制,严格实施目标管理,夯实入园企业发展平台。通过三年多时间建设,化工园区基础设施,公用工程项目建设以基本完善,园区公用工程配套能力逐步成熟。园区累计完成基础设施和公用工程建设投入近20亿元(自建项目完成投资11.5亿元),完成化中路、化北路、南北连接道等公路主干道及先期开发区域内企业间道路建设近20公里,内部骨干道路网络基本形成,完成土地整治平场6237亩,先期开发区域配套的水、电、蒸汽等公用工程平台已逐步完善。其中,园区首期供水、污水处理工程已竣工投产,4万吨/年污水处理项目即将建成投用;热电中心及管网管廊一期工程全部完工,二期管网管廊工程已完成规划设计,即将启动招标工作;一期绿化工程全面完成;消防特勤站建设基本完工,已全面完成项目建设及内部装修工作;中间罐区项目正式启动,完成了项目初步设计及方案评审工作;园区配气站进展顺利,已全面完成设计、确定站前站后管道建设方案等前期工作,待项目确定后立即启动项目建设;园区港区码头建设顺利,长明物流码头即将建成投运,化工码头将于2007年11月前建成投运;三观110KV变电站建设已进入扫尾阶段,力争2007年初正式投用。

4.招商引资成效喜人。三年多来,化工园区充分利用园区资源优势、产业优势、人才技术优势、区位优势和政策优势,针对不同企业和不同发展项目,实施专业招商、产业链招商,多渠道开展招商工作,招商引资获得重大进展。园区始终坚持以产业链招商为主线,以专家招商为措施,充分发挥产业招商、专业招商、技术招商的优势,注重招大、招强、招龙头、招品牌,不断延伸产业链,提高资源利用效率。截至目前,园区累计正式签约入驻企业已达33家,合同引资250亿元,其中包括跨国公司8家,投资20亿元以上的企业4家,投资10—20亿元的企业3家,投资强度达260万元/亩。基本构建了园区天然气化工、氯碱化工、生物化工、精细化工及新材料等四大产业骨架。同时,乙烯下游产品项目招商工作得到扎实推进,多次与跨国公司进行了广泛的交流,确定了以巴斯夫、拜尔、亨斯曼等跨国公司为目标的重点跟踪企业群,为乙烯下游产业在化工园区快速发展奠定了基础。并狠抓了入园企业用地清理工作,充分整合了园区土地资源,确保了化工园区的和谐发展。

5.入园企业建设成效初显。化工园区的开园三年,是基础设施快速推进,入园企业快速建设的三年。为促进入园企业的快速发展,化工园区积极推行"一站式,保姆式"服务,按照"项目经理负责制+定点联系"的服务思路,积极为入园企业出谋划策、排忧解难,快速推进入园企业建设。2006年5月前正式签约的入园企业已全面开工建设,其中环球石化、博腾科技、长扬热能等7家企业已建成;德馨香料、康乐制药等4家企业已完成基本建成,即将投运;百亿川维项目正在抓紧进行项目征地及长周期设备采购工作;香港建滔项目设备安装进展顺利,即将建成;云天化项目正在进行厂区道路及办公楼建设工作,其设备采购工作全面展开。入园企业经济运行情况良好,园区入园企业累计完成固定资产投资达32.1亿元,其中2006年完成投资20.1亿元,实现产值46亿元,新建企业实现产值4.14亿元,园区产业集聚效应初步显现。

6.循环经济事业稳步发展。目前,化工园区创建国家级循环经济示范园区申报材料已上报国家发改委待批。同时园区企业环球石化、长扬热能、云天化、映天辉、德馨香料5家企业已确定成为首批化工园区循环经济试点单位,其中环球石化、云天化2家企业已推荐创建国家循环经济试点单位。香港建滔、中环水务、易维环保、创绿公司4家企业已被纳入化工园区第二批实施循环经济试点计划,现已启动企业循环经济工作方案编制工作。

(五)环境保护工作初见成效

化工园区位于三峡库区上游,环境保护工作世人属目。园区立足化工企业环境风险较高的实际,着眼三峡库区生态环境安全的大局,针对园区化工企业相对集中,环境保护工作任务特别繁重的特点,从多方面努力防范环境风险,积极促进园区区域经济社会与环境协调发展。

1.建立健全环境保护工作体系。化工园区按照发展循环经济的建设理念,从规划到实施高度重视环境保护工作,实行园区、企业环境质量行政领导负责制,明确职责分工、落实责任,切实将环保安全工作落到实处。园区和企业均成立专门的环境保护机构,配备专业的环保工作人员,狠抓落实,特别是将环境影响评价纳入工作考核之中,确保环境保护工作取得实效。园区和企业两级均加强HSE体系建设,积极开展ISO14000环境管理体系认证培训，狠抓入园企业环境影响评价制度、“三同时”制度的落实。

2.建立两级污水处理制度。化工园区实行雨水、工业污水和生活污水分流模式，采取“环保一体化”建设管理模式，确保污水的有效治理。由于化工行业不同企业排放的污水污染物种类、浓度千差万别，特征污染物多，园区实行两级污水处理制度，企业对污水进行预处理，特征污染物达一级、常规污染因子达三级后进入污水管网统一收集，排入园区污水处理厂集中处理，达一级标准后统一排入长江，确保污水排放总量和浓度的有效控制。由于入园企业建设速度迅速，而化工园区的中环保水务有限公司污水处理厂将在今年低或明年初建成投运。为解决先期投入试生产企业的污水处理，化工园区特别依托四川维尼纶厂承担目前企业的污水处理任务，与四川维尼纶厂的合作协议已经签订，投入约1500万元资金的化工园区到四川维尼纶厂污水管网建设完毕，企业污水处理工作正稳步进行。

3.高门槛引进，高标准管理，推行环保、安全一票否决。化工园区结合国家产业政策和环境保护及安全生产法律法规，制定“入园企业准入许可标准”，采用专家评审和实地调查的工作方式，对入园企业及项目开展初步审查，充分论证项目污染排放和处理方式，凡是环保、安全不达要求或不符合园区发展方向的项目，即使是再大的投资也不能进入园区。三年来，园区在招商引资工作中严格执行“入园企业准入许可标准”，拒绝了5家存在环境保护治理问题的企业落户园区，总投资金额达20余亿元。在企业布局中，化工园区坚持科学布局入园企业，将产品关联、原料互供的企业及项目布局在同一区域，减少原料及产品的运输距离，降低运输泄漏污染发生的可能性，切实降低环境风险。在加强入园企业管理方面，化工园区认真贯彻落实《中华人民共和国环境影响评价法》、《建设项目环境保护管理条例》等相关环保法律法规，狠抓入园企业建设“三同时”制度的落实，确保园区各类建设项目环评、安全“三同时”执行率均达100%，切实保障了园区的可持续发展。目前，园区环球石化、福安药业、天玄化工、凯林制药、长扬热能、博腾科技、长航集团、易玮环保、德馨香料、香港建滔、康乐制药、等20家企业及项目开展了环境影响评价，其中17家获得了市环保局的批准。

4.建立园区环境安全应急救援体系。化工园区根据化工行业的特殊性，开展了《重庆(长寿)化工园区事故灾难应急救援预案》的编制工作，适时开展应急演练，提高园区应急处置能力；同时化工园区为入园企业提供跟踪服务，提醒和指导企业及时办理环境保护“三同时”手续，并配合市、区环保局开展对入园企业的“三废”处理及排放进行监督和管理，特别对企业污水排放实施24小时线监测跟踪，确保园区环境保护工作落到实处，全力构筑完善园区安全、环保监测，预警和事故处置联动系统，提高园区环境监测水平和应急处理的反应速度；在企业环境安全应急救援体系建设方面，严格要求企业制定各类事故应急救援预案，开展重特大环境污染和生态破坏事故的假设、分析和风险评估工作，定期组织专项演习，切实提高化工园区应急救援能力。

化工园区在稳步推进化工产业发展的同时，将坚持循环经济发展的理念，加强环境保护工作，以实现园区经济发展和环境保护同步为目标，走资源节约型，环境友好型的经济发展之路。

三、未来构想

(一)指导思想

以邓小平理论、“三个代表”重要思想和党的十六界六中全会精神为指导，树立贯彻科学发展观，全力构建社会主义和谐社会。继续围绕“三地一中心”的战略目标，坚持“一体化”发展理念和循环经济发展战略，以市场为导向、效益为中心、企业为主体，因地制宜、因时制宜，提高经济增长的质量和效益，努力实现速度与结构、质量、效益相统一，经济发展与人口、资源、环境相协调，将区域资源优势转变为区域经济优势，实现化工园区经济和社会持续、快速、协调发展。

(二)主要目标

在国家化学工业产业政策和重庆市化学工业总体发展战略的指导下，通过以市场为导向、效益为中心、企业为主体，充分利用化工园区拥有的天然气、盐卤和四川80万吨乙烯项目下游加工原料等资源优势，以天然气化工、石油化工、氯碱化工及生物化工为发展主线，实施天然气化工、石油化工、氯碱化工及生物化工相耦合项目，加快建设市场前景好、技术含量、经济效益突出的精细化工和新材料项目，在明确追求化工园区产品规模和经济效益最大化的同时，保证化工园区产业结构趋向合理和完善。通过不懈努力，逐步把化工园区打造成为重庆化学工业重要组成部分，奠定化工工业在重庆经济"四大支柱产业"的重要地位。

(三)发展思路

化工园区按照"15343"发展思路，抢抓机遇，提升园区核心竞争力，加快园区建设步伐，为构筑重庆工业高地做出积极贡献。

1.继续坚持"一体化"发展理念。以可持续发展战略为核心，继续坚持"一体化"发展理念，走新型工业化与循环经济两路并进的发展路子，保持园区经济持续快速增长的良好势头，提升园区核心竞争力，为化工园区上档进位奠定基础。

2.发展"五大"龙头产业项目。以中国石化四川维尼纶厂天然气化工项目为龙头，延伸产业链，做大园区天然气化工产业项目，同时带动香港建滔化工集团75万吨/年甲醇系列项目、化医集团与日本三菱瓦斯85万吨/年甲醇项目加快建设，尽快达产；以四川和邦天然气化工深加工项目和重庆映天辉氯碱化工有限公司20万吨/年烧碱项目为重点，做大园区氯碱化工产业；以国际大型化工公司为招商重点，扎实推进乙烯下游项目招商工作，形成以巴斯夫、拜耳、亨斯曼等国际知名公司为龙头的MDI、TDI项目产业和以拜耳、GE、DOW等国际跨国集团为龙头的PC项目产业；以云南云天化股份有限公司6万吨/年聚甲醛及深加工项目、三峡英力化工技术有限公司天然气制甘氨酸项目、重庆博腾科技有限公司双呋喃内酯等高级医药中间体及原料药生产项目为龙头，做大做强精细化工、新材料产业；以重庆环球石化有限公司60万吨/年酒精项目为龙头，做大园区生物质化工产业。

3.强化"三个"着力点建设。强化园区基础设施及公用工程建设，一方面以重庆中环保水务有限责任公司24万吨/日给水厂及4万吨/日污水处理厂项目、重庆长扬热能有限公司园区热电联产项目、原料天然气配气站建设项目、川维铁路专用线改扩建项目、重庆长江轮船公司长明码头项目及重庆港务(集团)有限公司园区港区项目(3000吨级液体码头泊位)、三观110千伏变电站等项目为重点，完善园区的供水及污水处理、蒸汽集供、天然气供应、铁路运输、水上运输及电力供应平台；另一方面以乙烯下游产品加工片区开发建设、百亿川维项目建设、管廊及管网、园区骨干道路等重大基础设施项目建设为载体，夯实园区产业项目的快速健康发展平台。强化项目招商，继续坚持以"招大、招强、招外企"为目标，以园区产业发展规划和入园企业产品耦合项目为重心，以乙烯下游加工项目为突破口，创新招商模式，逐步完善产品链，促成亨斯曼、巴斯夫、拜尔、德固赛等跨国公司早日落户园区。强化入园企业建设，以五大龙头产业项目建设为重点，切实加强服务，敦促项目建设，营造快速建设环境，确保项目早日建成投产。

4.实施"四个"创新的发展措施。创新机制，抓落实，促进发展，为确保各项建设任务的圆满完成，在工作中创新绩效考核机制，完善《化工园区目标考核办法》，细化工作目标，层层分解落实，责任到人，控制到点，实施节点管理，充分调动员工的工作积极性和主观能动性，提升园区内部管理效能和服务水平，适应新形势、新任务的发展要求；创新理念，抓运营，增强后劲，随着投产企业的增多，公用工程的协调供给将成为入园企业发展的工作核心，在充分发挥"一体化"发展理念的指导作用的同时，将切实加大对入园企业公用工程的统筹协调力度，创新公用工程配送理念，加大对公用工程建设的投入力度，采取集供调配，科学管理等措施，满足企业生产对公用工程需求，增强入园企业发展后劲，确保企业尽快发展壮大；创新服务，抓管理，提速建设，创新对入园企业的服务模式，从以往的为企业办件服务的单纯服务模式，转变到管理服务模式，即：一方面督促入园企业抓紧项目建设，尽快建成达产；另一方面进一步加大对入园企业安全、环保“三同时”制度的监管力度，督促入园企业建立健全安全、环保机构，配备专职工作人员及相关设施，完善应急预案，加强应急能力建设；第三方面加大入园企业建设监管力度，强化“文明施工”管理，营造园区良好建设环境；创新政策，抓招商，营造氛围，随着西部开发、库区建设步伐的加快，要充分利用国家给予的优惠政策，特别是市委、市政府为重庆三峡库区产业发展争取的新的优惠政策，增强园区招商后劲，切实用好用活区政府给予园区的《财税扶持政策》、《行政事业性收费优惠政策》、《用地政策》、《库区产业扶持基金》、《库区优惠用电指标》等一系列优惠政策，大胆园区创新投资政策，让投资商在对政策比较优势中选中长寿，营造化工园区良好的招商氛围，提升化工园区核心竞争力，开创园区招商工作新局面。

5.初步实现“三个”目标。力争“十一五”末，化工园区建设呈现全面、持续、健康发展的良好局面，初步实现把化工园区建设成为一个布局合理、结构优良、设施配套、科技密集、环境优美的长江上游最大的综合性化工基地、新能源产品基地和国家级循环经济示范园区的发展目标，真正把园区建设成为全区、乃至全市工业经济新的增长极。

（四）工作重点

一是以天然气资源发展甲醇、醋酸等龙头项目，以四川80乙烯万吨/年项目原料发展下游加工产品，以岩盐发展烧碱和纯碱等基础化工项目，形成天然气化工、石油化工和氯碱化工产业格局。将天然气化工、石油化工和氯碱化工耦合，加快发展精细化工和新材料项目。同时依托天然气制甲醇和甘薯制乙醇项目，大力发展新能源产业。

二是加快基础设施和公用工程项目建设，进一步提高园区公用工程配套能力，为入园企业快速建设、正常运营提供坚实的保障。重点完成四川80万吨乙烯项目下游加工基地的土地征迁、平场整治及公用工程配套设施的建设工作，逐步建设化工园区道路及配套绿化和排水工程，形成环状消防通道和便利的运输网络。

三是构筑完善化工园区110、119、120联动报警救援系统、人防报警系统及人防报警系统。

四是在园区建立技术工程研发中心，组建国家天然气工程实验室、清洁能源工程实验室，为园区可持续发展提供技术保障。

五是通过发展循环经济可使园区及企业提高资源利用率，推行清洁生产，废弃物零排放或最小量排放，使化工园区环境保护得到加强和落实，提升园区核心竞争力，使化工园区循环经济迈向一个新的台阶。

（五）保障措施

一是政策支持。进一步加强与市、区两级的协调工作，减少企业入园审批环节，加强服务，提高行政审批效率，严把环境保护、安全生产和建设质量三个关口，为园区的健康、快速发展营造良好的发展氛围。

二是“三资一金”的保障。积极协调各级相关职能部门，切实保障化工园区“天然气资源、土地资源、盐卤资源”及“资金”供应，同时逐步构建化工园区与中石油和中石化天然气资源供需合作机制，构建园区与国土部门土地资源保障机制，构建园区与市发改委的盐卤资源联合开发机制，构建园区与石化工作小组的资金保障机制，为化工园区“十一五”规划的顺利实施搭建快速发展的保障平台。同时积极配合和支持企业融资行为，发挥“中小企业担保中心”和商业银行金融作用，建设化工园区金融信用和市场环境，为企业建设提供贷款服务，建立技术创新基金和技术创新风险投资基金，促进和推动企业技术创新，为高、新技术项目提供专项资金扶持。

三是技术保障。成立园区技术工程研发中

心，搭建技术创新平台，建立浓厚的技术创新氛围和环境，注意利用市场机制来促进技术创新，为化工园区发展提供技术支撑，从而推动化工园区企业技术创新快速发展。

四是营造和谐稳定的发展环境。化工园区占地31.3平方公里，拆迁人口24574人，其大部份为农业人口，征地拆迁安置工作任务十分繁重，社会稳定责任大。十一五期间，坚持做好拆迁农民的安抚工作，帮扶弱势群体，落实好拆迁安置政策，加快拆迁安置房的建设，确保拆迁农户"搬得出、住得下、稳得住"。

五是坚持以招商为龙头。加强园区招商队伍建设，进一步创新招商模式，实施园区"招大、招强、招外企"的招商战略，引进一批具有国际水准的生产技术及装置，提高化工园区装置规模和产品技术含量及市场竞争力，可保证化工园区在长江上游处于最大的经济规模和最先进的技术水平。

六是发展循环经济、落实环境保护。坚持园区发展循环经济和清洁生产的"一体化"建设理念及管理模式，对化工园区的污染物统一收集、统一处理、统一达标、统一排放；把污染物作为资源利用，以及再利用，使污染物零排放或最小量排放，切实作好园区发展循环经济和环境保护工作，在确保长江水质安全的同时，推动园区创建成为国家级循环经济示范工业园。

七是高度重视安全生产。本着"安全第一、预防为主"和"预防为主、防消结合"的原则，严格遵循国家和地方的各项安全、防火规范及规章制度，编制和演练相应化学危险品预案，以提高化工园区预防火灾、安全事故和抢险救灾的能力，建立各种重大事故的应急处理机制，保障化工园区内各生产装置和人身财产安全。同时，建立和完善园区110、119、120联动报警救援系统及人防报警系统及人防报警系统，监督和促进企业在设计和生产中采取防毒、防火、防爆、防污染、防泄漏措施及设施，确保企业安全生产的贯彻落实。

注：本文数据出自长寿化工园区管委会办公室

撰稿人：周建超、熊浩

西永微电子产业园区

一、园区概况

重庆西永微电子产业园区（以下简称西永园区）是重庆市政府为优化和提升全市产业结构，发展高新技术产业而规划建设的电子信息产业专业化园区，是重庆市"十一五"期间发展电子信息产业"1162"战略（即到2010年，重点依托西永园区以及重庆市高新技术开发区两大平台，在集成电路、软件及信息服务、新型电子元器件及汽车电子、通信产品、智能化仪器仪表及数字医疗、信息家电等6大产业投入100亿美元，实现1000亿元人民币以上产出）的重要平台。

西永园区于2005年8月正式设立，规划面积30平方公里，其中产业区20平方公里，配套服务区（西部新城的城市中心区）10平方公里。整个园区由软件园、芯片制造园、封装测试与材料园、应用产品园以及科技创新区、配套服务区等"四园两区"组成，西永园区产业以集成电路产业和软件及信息服务产业为主导，着力打造集设计、研发、制造、封装测试、应用以及配套于一体的集成电路产业和软件与信息服务产业集群。到2010年，西永园区计划完成50亿美元的产业投入，形成500亿元人民币以上产值，建成中国西部门类最齐全、规模最大的集成电路制造研发基地和国家级软件和服务外包基地，成为中国“西部硅谷”。

二、园区的五大优势

（一）持续的人力资源保证

与重庆西永微电子产业园区相邻的重庆大学城拥有15所大学，涉及50多个专业学科。到2010年就读学生将达15万人。目前园区已与北京新东方集团、智联人才机构、重庆市相关高校共建人才培养基地和重庆市IT人才服务信息平台，可以为企业订单式培养各类技术、管理人才。

（二）园区产业集群优势

西永园区规划在3—5年内打造中国西部门类最齐全、规模最大的集成电路制造研发基地和国家软件和服务外包产业基地，因此，西永园区充分考虑了产业集群的需求和特点，在基础设施、配套设施、产业环境等方面均按照专业园区的要求进行规划。

（三）低廉的投资成本

西永园区的人力资源成本、商务成本、能源成本、土地和居住等成本将低于东部沿海地区。

（四）优良的园区配套环境

1.通讯信息。园区通讯网络由中国电信、重庆移动、重庆联通、中国网通、有线网络共同建设，出入口带宽超过10G（最高可扩容到400G）。中国电信将在园区建立完善的光纤通信网络、互联网数据中心和交换中心，采用电信软交换技术构架园区先进的交换平台。

2.供电。园区规划建设2座220KV变电站，8座110KV变电站。

3.供气、供水。规划供水规模40—60万吨/天，污水处理能力达40—60万吨/天。园区目前已具备6万方/天的供气能力。

4.配套设施。西永微电子产业园区建设坚持规划建设一体化、基础设施一体化和配套服务一体化，不断完善和增强园区基础配套能力和综合服务能力，打造一流的创业环境和人居环境。因考虑到从事高科技工作的人员对生活环境的较高要求，园区规划保留了总面积达600公顷的绿化区域，生活区将紧靠着寨山坪自然生态风景区，两条河流由南向北蜿蜒曲折流经园区，形成融山、水、城一体的生活环境。

在物流配送上，园区交通畅达、功能完备，距西部最大的铁路物流中心仅1.8公里，该中心依托全国铁路集装箱重庆中心站，可形成具有国际先进水平的综合物流区，为入驻企业生产物资运输和物流配送提供保障。园区到江北机场、龙头寺火车站、寸滩深水港等交通枢纽均有城市快速干道相连，车程仅30分钟。此外，园内还规划有轻轨1号线、7号线，以及24条公交线路，渝遂、外环高速公路、中环快速路、襄渝铁路由南向北纵贯园区。

园区毗邻的重庆大学城规划建设高水平中、小学校共7座，2006年将有两所重庆市重点中学、一所重点小学和一所国际学校开课，可为入驻园区的企业职工子女就学提供优质基础教育保障。另外，重庆医科大学附属医院、西南医院也将建设三甲医院，为园区提供医疗服务。园区北面将规划建设城市中心区，为园区提供现代化的城市商业、居住、文化、娱乐等综合性服务。

（五）优惠政策

入驻企业除享有国家、重庆直辖市对高新技术及“三资”企业以及西部大开发优惠政策外，还享有国家级高新技术开发区、重庆特色工业园区优惠政策。凡符合园区产业发展规划、科技含量高、投资规模大、产业聚集效应好的入园项目，园区还将在土地、财税、标准厂房和研发楼租用以及风险投入等方面实施个案优惠政策。

三、建设以来的主要成就

按照市委、市政府提出的我市发展高新技术产业的“1162”战略和园区制定的打造中国西部“硅谷”的战略目标，西永微电子产业园区抢抓机遇，务实创新，以实施园区基础设施建设为重点，大力开展招商工作，积极推进入园企业开工建设，园区设立顺利通过了国家核准并公告，园区招商优惠政策和税收返还优惠政策已经出台，基础设施建设全面启动。自2005年建设以来，园区已完成投资10亿元，新征土地7216亩，“一横五纵”共11公里园区骨架道路基本建成通车，园区基础设施建设初具形态。引进国内外高新技术企业9家，其中，台湾茂德8英寸芯片项目已正式获得台湾当局批准，项目进入实质性建设阶段，惠普一期研发楼工程已竣工，将于2007年4月28日正式入驻开始工作。园区开工建设研发楼、标准厂房、SOHO楼、综合楼等12.6万平方米，园区综合楼和一期标准厂房等工程主体已顺利完工，各项工作正快速有序地向前推进，较好地完成了市委、市政府下达的目标任务。

（一）基础设施建设全面启动，园区面貌发生明显变化

1.园区规划基本完成。为确保园区建设的科学性和产业布局的规范性，园区紧紧抓住规划这一龙头，先后编制完成了园区20.3平方公里的产业规划；编制完成并经市政府审批通过了园区R、M、W、L标准分区共26.1平方公里的控制性详细规划；编制完成了园区软件园108.3公顷的概念性规划和软件园一期57.4公顷的修建性详细规划；完成了园区综合管网规划设计，为科学合理地建设园区勾画了蓝图。

2.征地拆迁有序推进。园区8.5平方公里启动区已获批土地7216亩，其余土地涉及园区基本农田调规，已争取到市、区国土局支持，同意纳入重庆市土地利用总体规划的修编范围。同时，涉及6个村、32个社和动迁2951人的启动区拆迁工作已基本完成，保证了基础设施建设和入驻企业的用地需要。此外，园区R、W、M标准分区共10.1平方公里土地已于今年10月经市政府批准，纳入公司作为控制性储备用地，并已办理完成相关手续。

3.基础设施建设全面启动。“一横五纵”总长约11公里的园区骨架道路的主体工程建设基本完成，2006年底已大部分实现通车。软件园1500亩平场工程和北大方正项目平场工程已经完成；5万平方米的一号标准厂房、6000平方米的综合服务楼（公司办公楼）、4万平方米的软件研发楼和3万平方米的SOHO楼已开工建设，其中，一号标准厂房、综合服务楼已于2006年底完工，软件研发楼和SOHO楼将于2007年二季度完工；4.6万平方米西永安置房一期工程已于2006年12月底动工。

4.配套设施逐步到位。编制完成了西永组团专项排水规划和启动区排水规划，协助市水务集团完成了园区一期供水工程，包括建成高位调节池、供水加压站各一座，埋设主供水管道30公里，实现日供水能力3万吨；埋设二级污水管网18公里；编制完成了启动区电力电网规划，白鹤村220KV变电站土建、安装工程已完工；协助市凯源燃气集团完成了园区供气规划，建成了一座日供气50万立方米的天然气门站，并随园区道路建设完成了主输气管网的建设；联合电信、网通、移动、联通、有线传输等五家通信网络运营商对园区通讯建设进行了统一规划，共同投资建设了骨干管网，不仅节约了管网走廊，而且方便了入园企业进行自主选择；启动了西永消防站的前期建设工作。

（二）招商平台初步建立，招商引资收到明显成效

按照市委、市政府要求，园区根据园区特点和优势，理清了招商思路，确立了“突出IT产业特色，快速打造企业集群”的招商原则，研究制定了一系列招商政策、制度和措施，启动了园区宣传工作。目前，市政府关于园区招商引资的优惠政策已经出台和实施，园区招商平台初步建立，已接待、跟踪洽谈项目共50余个，并以良好的投资环境和迅猛的发展态势吸引了茂德科技8吋集成电路项目、北大方正西部IT产业基地、台湾矽统科技公司等9个国内外重大项目落户，总投资规模达100亿元人民币，其中茂德科技8吋集成电路项目被列为重庆市2007年工业“一号工程”。另外，世界500强企业HP也已入驻，在园区建设的HP全球软件（重庆）服务中心办公楼已经竣工；IBM已与重庆市政府签订了协议，将与西永微电子园区在信息服务业务、人力资源培

养等方面开展广泛合作。此外,许多国际国内的知名企业也正在与园区洽谈入驻事宜,园区的发展前景清晰可见。

(三)入驻企业启动建设,产业项目得到明显推进

在多个入驻企业同时开工建设、时间紧迫、任务繁重的情况下,园区积极协助各企业,及时协调计委、国土、规划、建委、消防、环保、供水、供电、供气等部门和单位,开通绿色通道,争取特事特办,以帮助企业尽快完善相关手续,尽快实施建设。目前,已形成入园项目建设与园区建设齐头并进的良好局面。

1.茂德8英寸集成电路项目:1500平方米的临时现场办公用房已竣工投入使用,项目主厂房和动力厂房已在2006年底正式动工建设。

2.北大方正FPC项目:完成一期项目规划选址、立项审批、土地出让、施工图设计与审核;跟踪完成一期土地回填、平场及施工用水准备;完成二期项目规划选址、立项审批及土地租用办理。

3.惠普重庆分中心项目:惠普软件研发楼主体工程已完工;重庆易询科技开发公司已招聘工程师300名,正加紧为惠普GDCC开展培训和研发工作。

4.重庆华洋智能化电力电器项目:已完成项目设计、平基、涵洞建设和施工场地道路建设。

5.煤科院重庆分院煤矿安全产业基地项目:已完成征地工作并交付企业开展平场;正在加紧实施厂房建设的前期工作。

截至到2006年底,入园企业总计完成投资近2.14亿元。

注:本文数据出自西永微电子产业园区

撰稿单位:重庆市西永微电子产业园区

万州盐气化工园区

万州盐气化工园区于2003年6月经重庆市政府批准成立,是重庆市规划的三大化工基地之一,规划面积10平方公里,启动面积4平方公里。自2003年建园以来,园区认真贯彻执行党的十六届四中、五中、六中全会精神,认真贯彻和全面落实科学发展观,着力加快基础设施建设,大力招商引资,实行一体化开发建设。园区总体规划投入358亿元、产出370亿元,其中:盐化工投资63亿元,天然气化工投资120亿元,硅产业投资162亿元,其他项目投资13亿元。到2010年累计完成投资100亿元,工业总产值力争达到100亿元以上,安置15000人就业。目前已累计完成投资16亿元,其中基础设施投资2亿元,产业项目投资14亿元。招商引资初见成效,成功引进六个招商项目,协议总投资138.2亿元,已到位资金6.4亿元。2006年实现工业总产值3亿元,税收3500万元。一个以盐气化工为主导的特色工业园区正在三峡库区崛起。

万州盐气化工园区规划和建设实行资源开发、基础设施建设、能源利用、生态环保和管理服务“五个一体化”:

一是资源开发一体化。立足利用万州丰富的岩盐(储量2800亿吨)和天然气(储量2000亿立方米)资源,重点发展盐化工和天然气化工两大产业,形成产业链。盐化工以“两碱一氯”为龙头,生产食盐、低盐重质纯碱、离子膜烧碱、PVC、氯酸钠等主导产品;天然气化工以甲醇为龙头,发展下游产品,并注重产品链的延伸与深加工,将盐气资源优势转化为经济优势。盐化工重点发展200万吨真空制盐、120万吨联碱、5万吨氯酸

钠、60万吨离子膜烧碱、60万吨聚氯乙烯。

天然气化工近期重点发展60万吨甲醇，中远期达到171万吨甲醇、25万吨甲醛、30万吨醋酸/醋酐、10万吨碳酸二甲酯、10万吨聚碳酸酯、10万吨甲醇蛋白、30万吨MTP丙烯、30万吨聚丙烯等项目。规划总投资480亿元，工业总产值达到500亿元。拟通过10到15年的努力，建设形成科技含量高、经济效益和社会效益好、资源配置合理、充分体现循环经济和生态工业理念、具有持续发展能力、环境友好的盐气化工基地。

二是基础设施建设一体化。园区基础设施建设以政府投资为主体，依托万州盐气化工项目建设有限公司进行开发建设。园区内的道路、码头、通讯等基础设施统一规划建设。日供水10万吨的江北水厂已投入运行，远期达到20万吨，园区已征用土地5440亩，基本完成了3平方公里的开发建设，已新建道路2.4公里，化工大道主干道已贯通并与万渝、万宜高速公路连接，桐子园货运码头(年吞吐量250万吨)和关刀溃化危码头各项前期工作已基本完成；园区规划了铁路专用线，正在编制可研。园区基础设施正在不断配套完善。

三是能源利用一体化。园区供电、供热、供气等公用设施统筹规划，综合开发利用。园区已建成6万千瓦热电联产中心，计划扩建为12万千瓦，集中供热、供汽。由中石油公司投资的忠县—万州输气管道工程全长70公里，年输天然气20亿立方，已基本建成。园区统一规划了配气站、变电站和供电、供气公用管网，满足入园企业生产需要。

四是生态环保一体化。园区坚持环境保护与项目建设同步规划、同步实施。园区环境影响评价报告已经重庆市环保局审查批复。对不符合国家产业政策及环保规定的项目坚决不予以入园建设，入园企业必须按照清洁生产原则，采用新技术、新工艺、新设备、实行清洁生产。园区规划了3万吨/日的污水处理厂以及污水排放系统，集中处理生产、生活废水。一期工程日处理污水6000吨的项目即将开工建设。对固体废弃物实行综合利用。并制定了突发性环境污染事故应急预案，及时控制、消除企业环境污染和生态破坏事故的危害，保障公众生命和国家、公民的财产安全，保护库区水环境。

五是管理服务一体化。为了加强对盐气化工园区开发建设的组织领导，万州区政府专门成立了发展盐气化工产业领导小组，由区长任组长，并下设办公室，具体组织实施园区的开发建设和招商引资项目的协调服务。组织编制完成了园区发展规划和控制性详细规划。园区产业项目通过招商引资，实行投资主体多元化。园区提供全面、快捷、优质的"一站式"服务，营造良好的投资环境，使入园区企业投资建设和生产经营高效运作。

通过实施一体化开发建设，积极招商引资，园区已建成投产一批盐化工项目，引进了一批重大项目。

已建成投产项目有重庆索特盐化股份公司年产100万吨真空制盐、6万千瓦热电联产和1万吨氯酸钠项目，总投资8.2亿元，年销售收入7.8亿元。索特盐化公司是重庆市工业50强企业，其制盐装置是亚洲最大的真空制盐装置。重庆三阳化工公司3万吨/年离子膜烧碱和1万吨氯乙酸项目，主体设备从意大利引进，总投资1.6亿元。年销售收入1.3亿元。

目前，园区已引进宜化60万吨联碱、宜化30万吨氯碱项目、泰跃120万吨甲醇、大全6000吨多晶硅、华伦3万吨纤维素醚、佳力欣精细化工颜料等六组项目。其中，联碱和纤维素醚项目已动工建设，其余项目正在抓紧开展前期工作。

一是宜化联碱项目。湖北宜化集团是中国石化行业最具影响力十大代表企业之一，总资产65亿元。现已发展成煤化工、磷化工、盐化工三足鼎立的大型企业集团，下辖16家子公司，其中1家上市公司，3家中外合资公司，产品涵盖化肥、化工、热电、矿山开发四大领域30多个品种，销售收入达100亿元。

宜化集团出资1.08亿元收购北京泰跃集团在索特盐化公司的股权。在此基础上，再投资1

亿元左右对索特盐化现有盐电装置进一步改造；投资12亿元建设年产60万吨联碱项目投产后年销售收入15亿元，利税3亿元，可提供1000个就业岗位。目前，到位资金3亿元，注册成立了重庆宜化化工有限公司，60万吨联碱工程已于2006年10月1日开工建设，计划2007年10月竣工投产。

二是宜化氯碱项目。1月19日，万州区人民政府与湖北宜化集团正式签订氯碱项目投资合作协议。该项目总投资25亿元，建设规模为新建25万吨离子膜烧碱、30万吨聚氯乙烯、50万吨电石，项目预计投产后可实现年销售收入25亿元，利税5亿元，安置就业2000人。项目前期准备工作正有序推进，力争年底开工。

三是泰跃甲醇项目。北京泰跃集团公司是大型综合性企业集团，主要从事房地产开发、教育、通讯、资源开发、化工等投资、生产与经营。净资产20亿元以上，控股企业20家，控制资产总额100亿元以上。

泰跃集团在万州投资20亿元，建设120万吨/年甲醇项目，主要生产设备和工艺从国外引进。项目建成后，可实现销售收入22亿元，直接安置和带动相关行业安置1500余人就业。一期工程建设60万吨/年甲醇，投资14.6亿元，目前已完成征地拆迁、场平工程、工程初设和技术设备引进的技术谈判工作。项目环评国家环评中心已评审通过，国家环保总局正在审查，计划2007年上半年开工建设。

四是大全多晶硅项目。江苏大全集团是一家以电气产业为主的国家大型一类企业集团。是全国规模最大电缆桥架制造企业、国家重点高新技术企业、国家863计划成果产业化基地、中国机械工业100强、中国民营企业500强和中国电气工业10强企业。2006年销售收入43亿元，利税6.2亿元。

大全集团在万州投资44亿元，引进世界领先技术和设备，建设6000吨/年多晶硅和100兆太阳能电池和电池组件，2010年前完成一期3000吨/年多晶硅，2012年完成二期3000吨/年多晶硅。全部项目建成投产后，可实现年销售收入50亿元，直接安置5000人就业。一期工程新建1500吨/年多晶硅，投资9.8亿元。大全新材料公司已注册，到位资金7000万元，项目用地已完成征地拆迁，场平工程加快进行，一期工程计划2007年5月开工建设。

五是纤维素醚项目。重庆华伦精细化工有限公司在万州建设年产3万吨纤维素醚生产基地，总投资2.7亿元，项目分三期完成，一期工程年产6000吨，投资5000万元，已于2006年6月开工建设，计划2007年3月建成投产。一期工程建成投产后，年产值1亿元，利税2500万元，可安置移民300人。项目全部建成投产后，年产值可达7.65亿元，利税可达1.7亿元，可安置移民约1000人。

六是精细化工颜料项目。重庆佳力欣颜料公司精细化工颜料项目已签定投资协议，总投资5000万元，年产化工颜料4000吨。土地出让金已到位160万元，项目正在开展公司注册、环评和项目备案工作。

注：本文数据出自万州盐气化工园办公室提供

撰稿单位：重庆市万州区人民政府研究室

正阳工业园区

正阳工业园区位于黔江新城正阳组团内，是2003年经市政府批准建立的渝东南首家市级特色工业园区，规划面积4.15平方公里。园区和新城采取“政府引导，市场运作，业主开发，封闭运行”的开发建设方针，开发建设三年来，园区在探索中前进，在困难中发展，围绕规划、基础设施建设、招商引资和产业培育、国土环保管理、自身建设、企业服务等方面开展工作，取得了初步成效。目前已完成启动区1.32平方公里主骨架道路建设，具备了企业入驻条件目标，已有3家入园企业投产。

一、规划先行，突出特色。始终坚持既注重城市现代建筑风格，同时又体现民族特色

三年先后完成了工业园区详规、新城道路及排水规划控制、物流基础专项规划、站前片区城市设计规划和新城农村居民居住区布局规划。目前正在编制新城区控规、火车站站前片区控规、新城生态敏感区专项规划。对项目的规划设计审批做到依法、主动、及时。抓好规划执法监督工作，对影响新城和工业园区规划的违法建筑进行了及时查处。

二、夯实基础，打造平台

以水、电、路和公共设施建设为主，三年累计完成投资5.5亿元。日供水能力3.8万吨的正阳水厂于2005年1月向园区供水。黔洲供电公司和乌电集团分别在园区建立了110KV变电站。道路基础设施建设三年累计完成投资2.7亿元，建成了站前大道、南北干道一期、石油路、货场连接路、泰星环路5条道路，全长6公里；正在建设总长8公里的南北大道二期、纬八路、纬三路、经四路4条道路、2.5万平方米的站前广场以及安置120户的白家河、苏家坝两个安置区。2006年底前园区内一环线主骨架已形成。同时对南北干道一期和石油路两旁土地进行平整，已平整土地800亩，为企业入驻提供了条件。作为新城基础设施建设重点项目的世行贷款项目正阳大道工程，全长12.87公里，宽36米，总投资4亿多元。经过近4年的前期准备，各方面工作进展顺利，目前正在进行施设和5个安置区建设以及征地拆迁，2007年一季度开工建设。

三、全力招商，培育产业

三年来，园区和新城累计入园项目21个，计划投资7.19亿元，设计产出17.67亿元，利税3.3亿元。其中工业项目15个，已开工12个项目完成投资2.4亿元；已投产15吨青蒿素一期、万吨粉丝一期、6万吨工业硅一期3个项目，今冬明春将有10万吨复合肥、玻璃制品、万吨泡菜、4万吨粮油加工等4个项目投产。非工业项目6个，完成投资近4000万元，占投资计划的60%。入园工业项目涉及电矿及建材、制药、食品、机加工及轻纺等产业。2006年园区企业实现产值6000万元，投产的3家企业生产的产品分别实现了直接和间接出口。目前正在谈判的主要项目有4个，预计总投资3.7亿元。重大前期工作项目5个，预计总投资22亿元。正阳物流基地规划面积1.3平方公里，目前物流基地专项规划已编制完成，正在审定中，物流基地专线铁路正在作前期工作。已经入驻了三个物流项目，即10万吨石油中转、5万立方米石油液气储备站和5万吨农资配送中心。

四、加强管理，和谐发展

通过三年的探索实践，园区和新城逐步理顺

了管理体制，明确了开发建设目标任务。管委会规范完善了园区资金使用、人事管理、工程建设、招投标等领域各项管理制度。三年累计征地4000多亩，拆迁房屋150户。切实抓好社会稳定和安全生产工作，加强园区法制宣传和矛盾纠纷排查调处力度，严格控制施工管理，积极做好火车站片区综合管理，确保了园区各项建设顺利推进。

五、瞄准目标，再创佳绩

立足到2011年园区企业产值达到80—100亿元，4.15平方公里具备企业入驻条件，园区开发建设水平进入重庆30个特色园区前15位的目标，强化园区基础设施，立足本地资源找准比较优势，确定产业发展方向，大力发展有资源、有市场、有效益的产业，形成园区特色经济促进资源优势向产业优势和经济优势转化，依靠科技进步、体制机制创新和劳动力素质的不断提高，实现园区经济的可持续发展。重点推进舟白职教园区、正阳工业园区冯家拓展区和专业建材园区，依托园区培育产业集群，构建循环产业链，努力把园区培育成为全区经济新的增长极。引导骨干工业项目、引进外资企业和国内名优企业入驻园区，培育形成以绿色食品加工、现代制药、物流配送、矿产资源加工、高新技术产业等专业分工明显、协作配套紧密、规模效应显著的产业集群。

注：本文数据出自正阳工业园区管委会

撰稿单位：重庆市黔江区人民政府办公室

执笔人：徐恭位、涂奎

李渡工业园区

该园区位于涪陵区李渡镇、义和镇及龙桥镇，2003年3月经市特色工业园区规划建设领导小组批准设立，规划建设面积31平方公里(含龙桥片10平方公里)。

李渡工业园区采取“规划一片，开发一片，应用一片”的滚动发展模式，截止2006年末累计入驻项目达到31个。启动北区2平方公里基础设施建设基本完成，工业平台初具规模。园区聚集了日加工大豆3000吨的外商独资企业重庆新涪食品公司，在全国酱(腌)菜行业独占鳌头的涪陵榨菜集团公司，杭州娃哈哈集团涪陵食品公司乳酸饮料生产线，总装机容量11万千瓦的涪陵水电投资集团龙桥发电厂，以及年产50亿只丁基橡胶药用瓶塞的重庆三海兰陵公司等知名企业，2006年实现工业产值总额达到18亿元。近几年来通过大力招商引资，园区先后引进落户投资4000万元生产包装材料的诚信包装材料公司(浙江投资商)，投资1.5亿元生产大、中口径PE双壁波纹管的国通新型建材公司(安徽投资商)，投资8000万元生产微型电子元器件的明康公司(美国投资商)，投资5000万元生产汽车摩托车座椅调角器的三特华夏精冲技术公司(重庆投资商)，投资8000万元生产税控机的金税科技公司(广东投资商)，投资2.5亿元生产变压器的亚东亚变压器公司(重庆投资商)，投资2.4亿元生产方便食品的威特嘉公司(马来西亚投资商)，投资3000万元生产加工饲料的东方希望集团涪陵公司(上海投资商)，投资3亿元生产LED封装、支架的LED项目(广东投资商)，投资1亿元研发生产精密电机的仓兴达科技公司(广东投资商)，投资1.5亿元年产啤酒10万吨的重啤涪陵公司(重庆投资商)，投资3000万元生产医药的葵花药业公司(黑龙江投资商)，投资1.6亿元的华兰生物工程(苏州)公司血液制品生产线(江苏投资商)，蓬威公司投资20亿元的60万吨精对苯二甲酸项目等14户企业或项目，其中诚信包装材料公司、国通新型建材公司、明康公司、亚东亚变压器公司的一期工程陆续投产,2006年共实现产值3.87亿元,创利税3200万元。14个新入园企业或项目全部建成达产后,将实现年工业产值80亿元以上,新增利税5亿元,安置劳动力就业1.5万人。2007年1月,李渡工业园区获重庆市李渡电子信息产业园授牌。

未来一个时期,李渡工业园区将以发展汽车摩托车、电子信息、装备制造业为重点,大力引导集聚电子科技工业、劳动密集型产业和税源型企业落户发展,并着眼于扩增浙江省对口支援涪陵的产业效应,借资引智聚力一体化推进浙江工业园的发展。与此同时,充分利用龙桥片区铁路、码头、电厂聚集的优势,依托年产60万吨精对苯二甲酸项目的龙头带动,深入拓展石化大产业链,并积极瞄准国内外知名企业引入一批、衔接一批、策划一批产业项目,力争每年建成项目20个、洽谈推进项目20个,到2011年形成工业产能200亿元的规模。

注:本文数据出自于李渡工业园区管委会办公室

撰稿单位:重庆市李渡工业园区管委会办公室

白涛化工园区

该园区位于涪陵区白涛镇,2006年12月经市特色工业园区规划建设领导小组批准设立,启动区为重庆建峰化工总厂现有建设用地6平方公里,今后根据项目发展需求再向外拓展15平方公里。

白涛化工园区作为全市规划建设的大化工产业基地,其产业专业化特征在全市所有工业园区中最为显著,发展基础条件具备。园区距渝怀铁路白涛货站仅3公里之遥,国道319线穿园而过,侧畔千里乌江,货物水陆运输和工业用水的优势得天独厚。重庆工业50强之一、化医控股(集团)公司骨干企业的建峰化工总厂近几年来发展步履矫健,2006年实现总产值达到14.2亿元,销售收入10.9亿元,利润1.2亿元,军工背景的技术、人才、项目吸纳实力雄厚,资源聚合及产业延伸独具优势。

白涛化工园区项目建设如火如荼。建峰化工总厂在原有年产30万吨合成氨配套52万吨尿素装置基础上,投资5.8亿元的年产6万吨三聚氰胺项目一期于2005年7月启动建设,投资28.1亿元的45万吨合成氨配套80万吨尿素装置也于当年9月投入建设,两个项目将分别在2007年上半年和2008年建成投产。此外,重庆天原化工公司投资9.9亿元、年产8万吨氯碱项目于2005年10月启动建设,预计2007年底竣工达产;化医大塚公司投资5.6亿元、年产2万吨水合肼;2万吨发泡剂项目于2006年5月启动建设,将于2007年内竣工。以上4个项目总投资逾50亿元,在2008年底前相继竣工投产后,年可增加销售收入超过30亿元,届时园区将形成全国一流的优质化肥和氯碱化工生产基地、全世界最大的水合肼·发泡剂制造基地的产业格局。

白涛化工园区前景广阔。今后一个时期,在园区21平方公里的土地上,将依托重庆化医控股(集团)公司,实行市区共同打造,按照产业项目、公用工程、环境保护、物流配送、综合服务五个一体化,以建峰化工总厂、天原化工公司、化医大塚公司为纽带,充分盘活土地存量与生产要素资源,在确保顺利建成已开工大项目的同时,强力推进产业链招商,积极引进国际性知名大集团和大企业入园发展,朝着大化肥、氯碱及其下游延伸的聚氰胺、晶硅产品等精细化工基地的目标坚实迈进,力争到2011年达到工业总产能100亿元的规模。

注:本文数据出自白涛化工园区管委会办公室

撰稿单位:重庆市白涛化工园区管委会办公室

建桥工业园

一、基本情况

建桥工业园是重庆市政府2002年批准设立的首批市级特色工业园区，位于重庆市主城区核心组团的大渡口区，地处西部的交通枢纽和长江上游经济区产业链的中心地带，规划面积10平方公里。园区内各项配套设施完善：上界高速公路、陈庹快速干道、华福大道、210国道横贯园区，内有独立的能源供应系统和大容量、高速率的现代化通信网络。距重庆国际机场30分钟车程。园区重点发展先进制造业、食品加工、生物制药、新材料技术、电子信息技术、精密仪器等产业。

二、发展理念

思路决定出路，自2003年正式启动以来，建桥工业园秉承“多极生长、渐进发展、有机生态、物以类聚、分区布局、追求质量”的发展理念，按照“构建新体制、培植新产业、建设新城区”的发展思路和“高水平是财富、低水平是包袱、将就是最大的浪费”的基本原则，高起点规划，高标准建设，高水平管理，通过“投资主体多元化、项目建设业主化、建设资金社会化、动作机制市场化”的新体制运作，走新型工业化道路，依靠科技发展循环经济，追求绿色GDP，以资源的减量化、再利用、再循环为目标，将生态环境与经济发展联结成一个互为因果的有机整体。重视环境建设，在保证功能的同时，将工程建设与景观建设相结合，紧扣山水园林城区建设主题，围绕建设“生态型园区”的发展战略，“科学规划、分类汇聚”，建设精品工业园，其形态、设施、管理、机制、环境、土地产出率均能体现先进水平。入园企业产品从设计、制造、包装、运输到三废处理全过程对环境负面影响极小，资源利用率高。同时，建桥工业园突出大项目，突出产业链，积极推进“产业集聚”，倾力打造“商务成本的盆地、政府服务的高地、投资收益的福地”，力争实现最大的经济和社会发展效益。

建桥工业园始终坚持以“企业是上帝、项目是生命、管理是服务”为宗旨，推行“小机构、大服务”，努力使园区成为对外开放的窗口区、招商引资的承载区、经济发展的带动区、体制创新和科技创新的实验区、城市发展的新城区。

为实现上述目标，园区重点从优惠政策、建设服务、招商原则、产出贡献等方面进行控制：

优惠政策。建桥工业园结合项目的投资强度和预期产值、税收等因素制定了15万元/亩以内的不同等次的土地价格。入园企业享受国家西部大开发、高新技术企业、高新技术产品、外贸出口等有关优惠政策。涉及市级行政、建设规费按渝委文〔2002〕28号文有关规定执行。

建设服务。涉及区级行政、建设规费按大渡口委文〔2003〕49号文有关规定执行。园区实行封闭式运行，并为企业全程代办项目行政审批、建设手续；入园企业享受建桥工业园及区有关部门、单位提供的政策、信息、融资等各项服务。

招商原则。通过对园区发展的可行性分析，建桥工业园确定了“招大引强”的招商原则和“园区选择企业”的招商模式，严格准入制度，科学策划招商活动，切实增强招商活力。

产出贡献。坚持主动招商，继续理性招商，重视招商质量：凡年产值不足600万元/亩、年税收贡献不足15万元/亩，单个项目投资不足1亿元的企业一律禁止单独供地。

三、成效初显

通过几年的努力，建桥工业园各项工作取得

了阶段性成果，得到了有关市领导和市级部门的充分肯定，已在2003年、2004年、2005年、2006年连续四年被评为市级先进工业园区。

招商引资成效初显。通过拓宽招商思路、创新招商方式，坚持“低成本、高门槛”、“招大引强”的原则，建桥工业园招商工作已初见成效。国际复合、重型铸锻厂、宗申汽车发动机、中成化油器、嘉利灯具、军辉生物、数码模车身模具、DSI数码系统、单轨交通工程、钰鑫集团、嘉威啤酒、亚原生物、今普食品食品、精通工业、精通力阳、永通信息、野马旋工程机械、秋田齿轮、朝阳气体、佳辰生物、缔昂科技、华伦医疗、太仓科技、渝川燃气、三木华瑞、三木嘉益、利德工业、重庆钢研所、屯茂机械、九九工业、新尚包装、标件工业等32家科技含量较高的企业(项目)先后入驻园区，协议引资过100亿元，全部达产后，年产值将超过300亿元，实现再造一个大渡口工业的目标。

基础设施逐步完善。通过集约利用资源，逐步完善园区道路交通体系和能源供应，健全给排系统，充分满足工业项目投资需要。2003年以来，建桥工业园已累计依法征地6212亩，拆除农房13.7万平方米，安置农转城人员4895人。累计向企业出让土地3333.2亩，建成35.3万平方米生产用房，道路基础设施用地423.5亩，形成道路全长6.7公里的基本路网。现A区基础设施基本建成，A区道路管网及市政设施已基本完善，水、电、气、闭路、通讯和排污系统等网络已全面建成，电力复线也已建成，农民进城务工新村建设已正式启动，现已投入超过1.5亿元用于各项基础设施建设。B、C区基础设施建设正如火如荼般全力推进。

规模经济效应凸显。建桥工业园地处都市发达经济圈，通过遵循走新型工业化道路，发展循环经济，促进优质生产要素向园区集中，推进园区上档升级；围绕先进制造业基地、医药食品基地、新材料产业园、泛珠三角产业园、韩国工业园、楼宇工业园等，加速产业集聚。建桥工业园现已有中国名牌1个，重庆名牌1个。截止2006年底，园区内已建成投产企业15户，累计完成投资56.87亿元(其中：政府基础设施投入1.9亿元)，入园企业已累计实现产值74亿元，工业增加值26亿元，利润6亿元，上缴税费6.24亿元。入园企业2006年全年产值比2003年增长361.5%，税收比2003年增长975.3%，规模经济效应凸显。

注：本文数据出自大渡口区统计局

撰稿单位：重庆市大渡口区人民政府办公室

港城工业园

按照市委二届五次全委会提出“推进传统工业和大工业‘退城进园’，实现产业改造升级”的要求，江北区区委、区政府提出了实行“工业驱动”战略，通过充分发挥该区工业园——港城工业园区独特的区位优势，结合我市产业组团的集聚效应，全力打造江北区工业经济新的增长极。在区委、区政府“三年初具规模、五年基本建成”的战略部署下，港城工业园区实现了园区基础设施建设基本完善；招商引资取得重大突破，特色产业群体初步显现，产业聚集度明显增强；服务企业意识和管理水平不断提升，全区工业经济发展新平台初步建立。

一、基本概况

重庆市港城工业园区是市政府2002年12月30日批准设立的首批特色工业园区。2006年1月园区被国家发改委、国土资源部和建设部审核通过为省级开发区。园区位于江北区唐家沱和寸滩街道境内，总占地11平方公里，范围包括“五里坪区"(A区)、"寸滩港区"(B区)、"太平冲区"(C区)和"拓展区"(D区),因B片区纳入金山组团统一规划,园区实际开发面积为8平方公里,其中:工业用地为5个多平方公里。港城工业园区是重庆市唯一具有深水港(70万标准箱、滚装汽车30万辆)和铁路货运编组站的特色工业园区。

(一)园区组织机构严密

至2006年底,港城工业园区机构搭建如下:一是设立了重庆市港城工业园区管理委员会,代表区委、区政府对园区开发建设实施管理,管委会主任、副主任分别由区委副书记何贵和区委常委、区政府党组成员田中强担任;二是设立了重庆港城工业园区管委会办公室(以下简称园区办公室),并作为区政府建设管理园区的正处级派出机构,为全额拨款的事业单位。园区办公室在园区管理委员会直接领导下,作为政府的派出机构,行使区一级的经济管理权限,建立一级财政管理体制,负责管理园区的行政事务;园区办公室组织机构设置为一是内设机构,办公室内设5个科级部门。二是开发建设实体——重庆市港城工业园区建设有限公司,该公司为国有独资企业,接受园区办公室管理。三是派驻机构,区规划办、国土分局、建管站、环境保护办、工商所、国税所、地税所、公安派出所。港城园区严密、完备的组织机构,区委、区政府赋予的区级管理权限为园区建设的快速、高效、顺利推进提供了坚实保证。

(二)基础设施建设基本完善

港城工业园区自2003年3月正式动工建设以来,截至2006年底累计完成投资14.79亿元;共获得用地指标6903.42亩,征用土地6796.46亩;共平整土地4850多亩,新建园区道路10条计15公里,2000名农转非人员已迁入新居,8万平方米社员安置小区全面投入使用,10万平方米社员安置小区正动工建设。园区内道路、水、电、气等市政基础设施基本完善,一座现代化的工业新城已经初步显现。

(三)招商引资取得重大突破

港城工业园区招商引资工作取得重大突破,按照"招大招强"的招商要求,园区引进了世界级企业—海尔集团、中集集团,国内知名企业—武钢集团、中石化、登康等,成功解决了"群龙无首"的问题。按照"投产一批、开工一批、储备一批"的思路,园区已累计引进企业53家,其中:市外企业37家,市内企业16家。项目占地5100余亩,协议引资78亿元,预计达产年产值300亿元,解决就业21000余人。

(四)产业特色初步显现

随着海尔集团、中集集团、美国伟世通、中石化、武汉钢铁等国内外知名企业落户,港城工业园区已初步形成了以海尔、伟世通为龙头的电子电器制造业;以中集集团为龙头,依托寸滩港的物流及物流装备制造业;以长安跨越、红岩天人为龙头的汽车及零部件制造业等三大支柱体系格局。园区特色产业群体逐步显现。

(五)企业建设如火如荼

至2006年底,园区累计建成投产企业25家,在建企业14家,入园企业累计完成投资25.18亿元。2006年园区实现年产值25亿元,入库税金0.6亿元,实现就业5500人,全年完成固定资产投资18.8亿元,累计完成投资39.97亿元(其中园区投入14.79亿元,入园企业投入25.18亿元)。园区经济已逐步进入快速发展轨道。

(六)重庆海尔工业园区蓄势待发

重庆海尔工业园总占地约1600亩,总投资约30亿元人民币,建筑总面积约100万平方米,建成后将是海尔集团在中国西部集"研发、制造、营销、物流服务"四大功能中心为一体的综合性创造基地。主要生产中央空调、家用空调、电视机、冰箱、热水器、洗衣机、厨房用家电等海尔主流电器产品,产品辐射整个中国西部及亚洲、东南亚地区,项目2008年全部建成投产,预计年产值有望突破200亿元。一期工程已于今年全面动工建设,建筑总面积约50万平方米。产品包括中央空调、家用空调、电视机、热水器、洗衣机等5大系列。设计年产中央空调40万台、家用空调200万台、电视机200万台、热水器210万台、洗衣机200万台。至2006年底,项目建设进展快速,5大产品的厂房及其配套设施已完成主体结构，热水器、洗衣机及家用空调等产品已于年底下线。二期工程将于2007年2月陆续开工建设，主要包括冰箱、厨房用家电及家电核心零部件等产品的厂房及其配套设施和海尔重庆研发中心的建设，建筑总面积约50万平方米。重庆海尔工业园的建成投产，将填补重庆家电产业空白，推动重庆产业结构调整，增强重庆工业经济实力，拉动重庆出口经济增长，促进就业和再就业，对重庆经济和社会发展必将产生重大影响。

二、主要做法与基本经验

作为港城工业园“工业驱动”战略的核心——重庆港城工业园区建设已取得阶段性胜利。回顾港城工业园区建设的四年，我们在区委、区政府的坚强领导下，在市级各部门特别是市经委的大力支持下，面对“无资金、无土地、基础设施差、起步晚和招商难”等园区建设五大难关，不等不靠、锐意进取，千方百计力求在“早”、“抢”、“快”、“省”、“稳”字上做文章，创造性地开展工作。

（一）理清思路，运用政策，切实解决园区建设资金问题

资金是园区建设的首位要素，为解决资金困难，港城工业园区通过多种方式筹集各类建设资金。一是针对园区建设的特点，通过认真论证，确立了把解决中长期建设资金难题作为园区建设的突破口，积极利用政策杠杆、主动出击争取国家政策性银行支持，先后筹措到位国家开发银行和商业银行中长期建设资金，从根本上解决了园区建设中长期资金需求。二是充分利用市区对园区的各种优惠政策，积极组织园区各项财政收入，落实园区各种税费结转结算，争取各种政策返还。三是对入园企业加大土地款回收力度，对企业税收进行了摸底、测算，建立各种税费台帐，并及时与相关职能部门办理结算。四是积极推行项目BT方式，寻找投融资建设方。

（二）早作安排，精心组织，加快解决园区用地步伐

土地是园区建设的必备要素。港城工业园区针对国家土地征用控制严、程序多、周期长的客观实际情况，千方百计想办法、添措施在“早”字上下工夫，一是在征地报件手续上早安排、多批次，切实做好各项征地报件前期准备和项目包装工作，为力争多征地打下坚实基础；二是切实加强与市级部门的联系，积极争取市委、市政府和市级部门的支持，努力抢征地。为此，港城工业园区在没有一寸土地的情况下，共获得用地指标6903.42亩，征用土地6796.46亩，为快速推进园区建设创造了条件。

（三）合理布局，加强管理，全力推进基础设施建设步伐

基础设施是工业园区建设的平台。港城工业园区针对我园区建设“起步晚”和“基础设施差”的实际，积极在“快”字和“省”字上下工夫，一是充分利用市场机制，采取“市场换投资”的办法，通过市场确定供水、供气、通讯等管网建设投资主体，改变了园区建设由园区公司一家大包大揽的状况，既推进了园区市政管网建设速度，又节省了园区投资；二是合理规划、科学调整，为园区节约建设投资。港城工业园区结合港城工业园的总体区域规划，针对A、C、D三个片区进行了局部规划调整。通过改变用地性质、进行绿地置换等手段提高了土地利用价值，为园区的长远发展打下了基础。三是把好设计审核，保证工程质量，降低建设成本，缩短建设周期。港城工业园区在保证工程质量安全的前提下，对一些设计的处理形式进行了合理的优化，根据地质情况对个别性价比极差的建设项目进行了调整或置换，从而降低了工程造价，为园区节约了资金。四是加强造价管理，有效控制项目建设成本。通过与委托的咨询公司共同对施工全过程实行监督管理，逐步建立完善施工过程中的设计变更审批制度等方式，有效地控制了成本，防范了财务风险。

（四）全面出击，紧盯龙头，全力抓好招商引资工作

招商，是园区建设成败的关键。为多招商、招好商，港城工业园区针对港城工业园土地资源稀缺的实际状况，在深入比较分析园区区位、资源、

土地整治成本等诸多因素优劣状况的基础上，坚持“发挥土地使用效益，克服急功近利”的招商思想，按照“三高、三上”（高起点、高标准、高效能，上档次、上规模、上水平）的要求，确立了把“西部有市场、可配套能力强、土地等资源耗费少、产出高”的项目作为园区招商的重点。为此，港城工业园区采取了走出去、请进来的方式，先后组团到中国经济发达的珠三角、长三角、环渤海湾以及韩国举行招商活动，切实推进招“优势企业”的步伐。二是坚持“留住本地企业，保存量”的思路，通过择优选取，选择了部分无污染、前景好的区内拆迁企业，如国内知名企业登康公司、世界级企业美国伟世通等入驻园区。三是通过引进总部企业，以总部经济化带动区域发展，做强园区经济。如国家一类新药渝友制药和中国石化重庆分公司总部等项目。四是采取紧盯龙头，上下联动，全面出击的方式，下大力气抓好国际、国内大型企业的引进工作。在引进海尔、中集等“龙头”项目的招商引资中，我们主要是通过积极加紧与市经委、市外经委等市级部门联系的机会，获取“龙头企业”信息，一旦获取信息立即紧盯，主动出击，而一旦获得联系立即上下联动，全面出击。例如在海尔工业园的引进工作中，港城工业园区积极做好了前期信息收集工作，在此基础上，江北区成立了由区委书记史大平、区长王元楷为组长，园区、外经委、规划、建委、国土等部门为成员的海尔工业园招商项目组，举全区之力、尽全区之所能地加大引资力度，同时紧密加强与市经委等市级部门的联系，积极争取市领导和市级部门的大力支持。招商项目组前后五次前往青岛海尔，通过搜集和制作大量文字、图片和音像资料，宣传重庆市、港城工业园区的政策优势、区位优势、比较优势并最终经过市、区不懈的努力和艰苦的磋商谈判，海尔集团才成功落户港城。

（五）创新思路、强化服务，促进入驻企业尽快投产见效

为确保已签约企业加快工程建设速度、促进早日投产，早见效益，港城工业园区积极创新工作思路，主动开展全方位、全天候招商服务，切实解决了一部分入驻企业建设和服务审批中的困难和问题，确保了一大批企业能尽快实现开工建设。一是建立项目全程跟踪服务制度。每个项目园区指派专人负责指导办理施工报建手续，积极为企业推荐优秀设计、勘察等中介机构，并会同相关部门及时解决企业在开工建设和报建手续中的问题；二是建立项目集中会审制度。在区相关职能部门支持配合下，园区成立了项目审查小组，及时加强入驻企业及其设计单位与规划、环保、消防等行政审批部门之间的联系，充分听取他们的意见，力争使企业设计方案在各个部门的审查中顺利通过，少走弯路；三是建立项目先行预办制度。如园区会同勘测部门在规划未发放正式的《放线通知书》前，为保证企业能尽快入场施工，提前为企业发放“预选址红线”。四是建立项目提前介入制度。如区建委为支持企业加快建设，在建设手续尚未完全办结的情况下，质检和安检提前介入工程，确保入园企业工程的质量和安全。五是建立“清退”制度，通过强化《用地协议书》的法律约束力，港城工业园区清退出场了善瑞汽车零部件等3家“久划不建”的企业；并与台湾永联起重机等5家企业签订了补充协议，在补充协议中约定企业开工建设时间和年底必须确保完成的工程量，保证了入园企业能以良好的发展态势尽快为园区创造经济效益。

三、未来一段时期发展构想

（一）发展目标

按照“三年初具规模、五年基本建成”的要求，以打造重庆一流的特色工业园区为目标，进一步完善基础设施，强化招商引资，着力引进大型知名企业，环保企业，实现园区可持续发展；要进一步拓展发展空间，在基本建成现有A、C、D区开发建设规划目标的同时，加快寸滩港区开发建设，向东启动望江工业园的开发建设，向西启动黑石子垃圾处理厂片区、寸滩国道319以北地区的建设，使港城工业园区与北部新区、鱼嘴开发区连为一体，构成重庆市新型工业产业发展经

济带。到2010年底,初步形成以电子电器、汽车及零部件制造以及物流装备制造业为主的三大产业集群,实现总产值300亿元,年创税收实现10亿元,解决就业3万人,为港城工业园建设创意、实力、和谐江北奠定坚实基础。

(二)主要任务

1. 以科学规划为指导,做好规划编制及调整。园区坚持"高标准、高质量、高规格"的规划设计理念,形成完整科学的规划体系,积极着手编制319国道以北具有前瞻性的区域规划;积极做好原油脂公司120亩工业用地转为开发用地的规划调整工作;积极着手海尔西侧绿地及巴渝文化公园调增1500亩工业用地的规划调整,科学合理布局工业及配套设施功能。

2.以基础设施建设为先,为项目建设创造有利条件。园区基础设施建设是出形象,加快项目建设的关键,随着园区从"建设年"到"发展年"角色的快速转变,园区必须继续紧抓基础建设不放松,坚持高标准、高质量地推进园区市政设施建设,为园内入驻企业完善市政配套能力,搭建发展壮大的基础。2007年整个园区计划开建道路3条,总长4.2公里,其中完成道路建设2条;完成A片区部分及D片区全部场平工程,交付企业进场建设;新建开闭所3个,改造1个;完成A片区二期安置房建设并交付使用;推动唐家沱片区污水干管一期工程建设开工。以上项目计划投入资金2亿元,基本展现现代化工业园区轮廓。

3.以国家政策为依据,积极稳妥抓好征地拆迁。完成园区涉及中集、海尔、柏树湾油库等项目共计2406.16亩土地的征地拆迁工作;完成A区五里坪片区上坪、庆坪村两村18个合作社,C区太平冲片区太平冲村2个合作社共计约706套拆迁安置房屋的分配工作。坚持以稳定为前提,严格政策,积极妥善处理各种矛盾,力争尽快将土地交付企业开工建设。

4.深化招商工作,推动产业集群发展。一是园区自身招商工作。坚持因地制宜地发挥比较优势,突出区位优势和配套能力,推进招商引资工作。一是打区位优势牌,充分展示园区水路、公路、铁路、航空等得天独厚的区位交通优势;二是打老工业基地优势牌,充分展示园区自身及港城工业园成熟的工业配套能力;三是打人才、人力资源优势牌,突出人力资源成本比较优势;四是坚持"提高土地使用效益,克服急功近利"的招商思想,"紧盯龙头、抓大引强"的招商战略,结合园区工业发展情况,引进和培育产业集群核心企业。

二是企业招商工作。充分发挥园区现有产业引导和辐射带动功能,重点推进产业链招商工作,推进园区产业逐步向纵深发展。通过突出海尔、武钢等龙头的带动作用,利用园区已初步形成的电子电器、汽车及零部件制造、物流装备制造业三大支柱产业体系,吸引关联企业入驻园内标准厂房,发展产业链。

5.以企业建设为重点,全力抓好入驻企业建设。企业建设是园区建设的支撑。园区要下大力气重点抓好入园企业的建设工作。我们的目标计划是,截止2007年年底,实现建成投产的企业有:A片区润际远东二期、飞豹二期、平伟二期、海尔一期、阿波罗、永腾、建新印务、通盛;C片区中石化渝辉、港鸿、排气检测中心、溯联;D片区登康、天星、林云纸业、龙华印务、汇浦、金雅迪、树王。实现主体完工的企业有:A片区金海、茂源、东田、海尔二期完成厂房主体85%;C片区藏金阁二期、兆隆标准厂房建设;D片区长安电器、永固。仅实现开工建设的企业有:A片区银联、中瀚、中集、乾鑫;D片区劲豪油脂、物资回收。

6.强化经济运行管理,提高园区综合经济效益。随着园区下一步发展的需要,强化经济运行管理职能的要求已经逐渐强烈,为促进园区经济上档提速,做大做强园区企业,一是园区落实专门部门,负责投产企业经济运行中有关问题的指导与管理,全力抓好经济运行的调度工作。二是加强企业生产运行中情况的沟通,帮助企业解决生产中的问题。三是全力做好水、电、气等生产经营过程中的服务,满足企业生产需求。四是规范入园企业的计划统计、会计核算、节能降耗、环保排污等管理,提高综合经济效益。五是加强企业安全管理,落实安全生产责任,杜绝重、特大事故的发生。

7.打造四大平台,增强园区发展后劲。一是完善园区融资平台。我们将努力畅通园区融资渠道,积极推进园区及园区入驻企业与商业银行等金融机构的战略性合作,帮助入园企业利用好区信用担保公司融资渠道,加快入园企业项目建设;进一步完善和规范企业融资担保程序,加大资金监管力度,最大限度地降低担保风险。开展BT方式等多种融资建设模式,积极筹融园区建设资金。二是建设生活服务平台。以打造"和谐园区"为理念,加快餐饮、休闲、娱乐、会务、运动、卫生等综合配套服务设施,切实解决园区企业生产生活需要。三是建设市政服务平台。加强市政设施及公用工程的建设和管理,逐步完善市政配套功能。四是建设信息服务平台。以园区网站、监控系统为平台,以骨干企业综合信息网为重点,链接整合,探索实现园区整体网络化、智能化、规范化、安全化管理,促进园区信息化建设。坚持实施园区品牌战略,积极搞好对外形象宣传。

8.提供高效优质服务,倾力打造良好发展环境。我们要紧紧围绕提高行政水平和服务质量这一目的,以提升环境竞争力为主线,以推进行政效能建设为着重点,按照"执政为民、服务发展"的要求,为企业的建设发展营造良好的环境。一是园区在继续为入驻企业提供"全程跟踪服务"等制度的基础上,进一步加强与规划、建委、市政、消防、环保、园林等部门的配合,倾力打造优良服务环境,为企业早日建成投产创造积极条件。二是提升园区服务意识和科学管理水平,引导和支持企业技术创新、科技创新、管理创新。三是进一步转变机关作风,牢记"两个务必",树立"公仆"意识,加强廉政建设,勤政为民,时刻关心职工群众的疾苦。

9.坚持强化内部管理,进一步增强园区凝聚力。"管理出效率,管理出成绩"。一是继续完善园区内部管理制度建设,严格履行分工明确,责任落实,团结协作的部门岗位职责,健全管理规范、行之有效的制度体系,增强团队意识,形成向上合力,为园区开发建设提供强有力的组织基础。二是坚持目标责任制管理,以考核为保证。实行严格的目标制管理,做到"千斤重担大家挑,人人头上有指标",努力克服"人手少、头序多、任务重"等不利因素,把年初目标管理与个人年度考核相结合,做到人人有压力,个个有动力的奋发有为的良好精神状态,从而为开发建设提供强有力的精神动力。

港城工业园区建设虽然取得了阶段性成果,但建设任务仍然十分艰巨,与其他十强兄弟区县园区比较还存在较大差距。我们将以此为动力,在市委、市政府的坚强领导下,在市经委和市园区办的关心支持下,进一步完善园区基础设施,努力拓展发展空间,强化园区内部管理,促进海尔等重点项目建设提速,再鼓干劲,争取将港城工业园区打造成为重庆一流的特色工业园区,成为重庆新型化工业的主战场!

注:本文数据出自港城管委会办公室

撰稿单位:重庆港城工业园区管委会办公室

观音桥商圈

2002年9月,江北区委、区政府立足江北区情,以建设"重庆北部商贸中心"为目标,把观音桥商圈建设确定为"六件大事"之一和建设"经济强区、都市新区"的重要载体和主要抓手。通过"高起点规划、高标准建设、高速度发展",在短短3年的时间里,观音桥商圈建设完成了规划设计、拆迁改造、道路建设、景观建设、招商引资、商贸发展的艰巨任务。观音桥商圈形成了一个基础设施配套、步行系统完善、交通网络畅达、生态环境优美、人性化体现充分,集公园、广场、步行街三位一体的生态商圈、精品商圈和文化商圈,已成为重庆城市形象的一大亮点和商贸流通产业发展的核心集聚区,展示重庆新兴直辖市形象的“窗口”和亮点。商圈规划面积5.08平方公里,核心区域0.65平方公里,步行街总长近3000米,拥有城市景观公共面积20万平方米,是重庆目前规划最优、规模最大、交通最畅、景观最靓、业态最齐、商气最旺的商圈,在重庆乃至西部享有较高的知名度和美誉度。

一、坚持“高品味打造、精细化建设、规范化管理、优质化服务”四大理念,开拓创新,努力打造西部第一的魅力金街

观音桥商圈建设创造了六大奇迹:一是实施了重庆主城区最大规模的六次爆破拆房,完成了40万平方米的旧城改造工程;二是实施“地面环道+下穿隧道+地下轻轨”的现代立体交通路网;三是实施了复合功能的“公园+广场+步行街”三位一体的近20万平方米的生态景观;四是实施了“亲商、安商、富商”的招商引资政策,观音桥商圈成为“20家知名企业+投资70亿元资金+建设29个项目”的投资热土;五是实施了“城建带动”战略,盘活了“正源大厦、嘉陵大厦、巴国大厦、江田大厦、现代商业城”等5幢40万平方米的“烂尾楼”;六是实施了“商贸拉动”战略,观音桥商圈成为“建成100万平方米商业面积+实现全区三分之二社零总额”的重庆核心商贸中心。

2005年11月,中国城市商业网点建设管理联合会、中国步行商业街工作委员会专家参观考察了观音桥商圈,对观音桥商圈给予了高度赞赏。一致认为,全国200多条商业街中,观音桥商圈具有“规划、定位、观念、管理、品牌、业态、效益、生态”八大领先优势。2006年8月,观音桥商业街被中国步行商业街工作委员会评为“中国著名商业街”。成为西南首条著名商业街。2006年11月,被中宣部、商务部等八部门联合评选为全国“百城万店无假货”活动示范街。

在观音桥商圈建设中,江北区委、区政府始终坚持以科学发展观统领全局,以“高品位打造、精细化建设、规范化管理、优质化服务”为理念,力求体现生态化、人文化、个性化。在具体工作中做到“四个坚持”。

首先,坚持高起点规划,为打造“精品商圈”奠定基石。规划是商圈建设的龙头,我们将商圈城市规划与商业规划、房屋建设与商业招商、城市景观与商业购物有机结合起来。完成《观音桥商圈综合整治规划方案》、《观音桥商圈Ⅰ区(西部地区)功能定位和业态布局》、《观音桥商圈道路交通规划方案》和《嘉陵公园总体规划方案》四个重要规划方案,构筑了观音桥商圈建设的总体框架。在交通组织上,实施“地面环行+地下直行+地下轻轨”的现代立体交通方案,配套建设完善的“四横四纵”的城市主干线道路网络、充足的停车泊位,四通八达的公交线路、人行天桥、自动扶梯,形成能够满足未来15年交通需求的现代立体交通系统。商圈分为商业购物金融区、市场贸易区、餐饮服务居住区、休闲娱乐文化区等四大功能分区,形成相辅相成,互融互补、各具特色的功能布局,力求以靓丽的景观聚人气、畅达的交通增商气、齐全的业态招财气。

其次,坚持科学民主决策,精心打造最具特色的生态景观。观音桥商圈建设之初,我们就委托专业设计单位制作了《江北商业中心综合整治规划》、《江北商业中心步行街交通规划》和《嘉陵公园总体规划》,请市规划局、市园林局、市规划委员会城市发展专家咨询委员会对三个规划进行了反复论证。2003年4月,我们将景观规划方案向全市市民公开展示三天,由群众投票选择,广泛征集市民意见,99.7%的市民同意改造嘉陵公园和观音桥商圈。我们还通过多种方式征求人大代表、政协委员、市民代表、民主党派意见。经区委第九届八次全委会议审议,最后将观音桥商圈定位为“重庆名片、城市客厅、市民乐园、消费天堂”。我们提出打造生态商圈、人文商圈的理念,高标准建成主城商圈中唯一的城市生态公园。由嘉陵公园、观音桥广场、观音桥步行街(一、二、三期)几大部分组成的城市景观空间近20万平方米，有1500余株大型乔木，7000平方米水体面积，40%的绿化覆盖率，以及人性化的直饮水机、可供2000人同时休息的座椅，成为市民休闲娱乐的胜地。为商家与顾客创造了安全、方便、舒畅、优美的购物环境，成为生态与商业完美结合的典范。

第三，坚持高强度整合，努力实现政府引导与市场运作的有机结合。在商圈建设过程中，我们坚持以政府引导为主，同时积极采用市场运作方式，巧借外力，以商招商，以凤引凤。在招商引资过程中，我们引导企业先定位、后招商，再量身定做。政府以7.5亿元的基础设施建设投入，吸引到北京世纪金源、香港红塔集团、台湾远东、北京金融街等20家知名企业投资近80亿元，实施30个项目，使观音桥商圈成为品牌聚集地。土地出让价由原来不到200万元/亩，升至1200万元/亩，缔造了地价两年增加5倍的商业奇迹。在短短的一年时间里，迅速解决了观音桥搁置多年的“烂尾楼”，不仅节省了大量的拆迁成本，还抢占了商机，成为重庆市“烂尾楼”处置的成功典范。正源大厦已被改建成为重庆第一座超五星级金源大饭店，嘉陵大厦已改建成为风格独特的现代写字楼，江田君悦国际广场已改建成为西南地区面积最大、经营种类最丰富的综合性百货商场，观音桥商圈城市景观和整体形象得到了快速提升。我们建立健全“找钱—用钱—还钱”的法人运行机制。政府以土地出让金和税收偿还债务，2003年观音桥商圈核心区实现新增税收6250万元，2004年新增7450万元，2005年新增8864万元，预计到2007年底可全额偿还建设债务。企业也通过商圈的人气、商气聚集财气，最终实现政府、市场、企业资源的有机整合和高效配置，形成政府、企业的双赢局面。

第四，坚持高效率统筹，切实加强对商圈建设管理的组织领导。为加强商圈建设及管理，区委、区政府于2003年初成立商圈建设办公室，由区政府常务副区长任主任，从全区范围内抽调精干力量，列入政府办事机构，负责对观音桥商圈的规划、拆迁、招商引资和建设。步行街开街后，区委、区政府决定成立商圈管理办公室，全面履行区政府授权或区级行政职能部门委托的行政职能，实行管理体制创新。坚持例会制度，由区委、区政府领导定期或不定期主持召开观音桥商圈工作例会或专题会，区级相关部门参加，研究和解决商圈建设、管理及商贸发展过程中的重大事项，力度大，效率高，提高了商圈的建设及管理水平。同时，商圈办按照“快速高效，不重不漏，不增加企业负担”的原则，全面履行城市管理、商贸发展、协调服务等综合管理职能，实行一个窗口对外，“一站式”办公，职能全面，统筹有力，服务广泛，效率更高。如占道挖掘、广告设置、宣传活动等行政审批，只需1—5天时间办结，极大提高了行政效率。

二、不断创新管理内涵，竭尽全力为商圈企业搭建一流发展平台，实现商贸经济跨越式发展

我们强力推进“商贸拉动”战略，着重在加强商圈高效运营、规范管理、优质服务上不断创新管理内涵，推出了一系列全市首创的管理举措：一是出台《观音桥商贸中心2006—2010年业态调整指导意见》，加强和改善政府宏观调控，科学合理地引导企业准确定位，错位经营，逐步形成功能齐全、布局合理、彰显个性的商圈业态结构；二是建立大型商业网点准入听证制度，为优化商业网点布局，避免恶性竞争，保护经营者合法权益提供可靠保障；三是建立江北商圈政府部门联手服务特事特办制度，由区商圈办牵头，会同25个区级职能部门提出48项特事特办事项，为商圈内50家重点企业简化办事程序，承诺办事时限，减免各项费用，以此营造商贸发展的优良环境；四是出台《观音桥商圈商业零售企业大型场内促销活动备案管理规定》，建立高效的信息沟通协调服务机制，为保障安全有序的社会环境和消费秩序，构建和谐商圈创造了有力条件；五是出台《观音桥商圈商业及商业地产纠纷应对处置预案》，优化市场秩序管理，确保观音桥商圈的繁荣稳定；六是设立商圈业态调整专项资金，与《业

态调整指导意见》相配套，着力提升流通现代化水平，加快商贸流通产业发展；七是开展江北区诚信经营优质服务星级企业创建工作，树立“诚信经营、优质服务”的商圈企业形象；八是建立《商圈预警》专刊，为企业提供市场信息导向服务，成为商圈有效的“防火墙”。

四年来，我们通过推进硬件建设，拓展服务功能、提升文化品味、强化特色魅力、改善消费环境、塑造整体形象，观音桥商圈发生了翻天覆地的变化。目前，观音桥商圈已拥有大型百货店6家、大型购物中心3个、大型综合超市3个、大型家居建材店4家、大型电器专业店5家，经营面积5000平方米以上大型商业网点26家，155个国际知名品牌，1700多个国内知名品牌亮相各大商场商圈内。同时，我们成功策划组织开展各黄金周“欢乐消费节”活动，2006年“十一”黄金周，观音桥商圈揽金2.01亿元，销售额紧逼解放碑，以103%的增幅名列主城第一。2006年，观音桥商圈实现社零总额58.03亿元，同比增长25.61%，占全区社零总额比重近70%，成为拉动江北商贸经济快速增长的“火车头”和“引擎”。

三、牢固确立“做大规模、做强实力、做优服务、做佳业态、做精品牌”五大目标，向创建“中国一流精品商圈”奋勇前行

“十一五”是江北区建设经济强区和都市新区，实现发展新跨越的关键时期。观音桥商圈的发展将以邓小平理论和“三个代表”重要思想为指导，全面落实科学发展观，按照区委、区政府提出的“十一五”奋斗目标和工作思路，坚定不移地实施“商贸拉动”战略，以打造中国著名商业街为契机，牢固树立“立圈之本是商贸，商贸发展靠服务”的思想，进一步开拓创新，快速构建观音桥商贸中心，力争在“十一五”期间实现五大跨越：一是规模更大。“十一五”期间商圈社会消费品零售总额力争年均增长20%，到2010年突破100亿元；二是效益更好。进一步加大招商引资力度，拓展创新招商模式，加快引进总部经济，培育3至5家年销售10亿元以上的绩优企业；三是业态更优。加大力度引入IT、书城等品牌专业卖场入驻商圈；四是服务更好，进一步优化服务环境，建立高效优质的服务平台，保持一流的城市管理水平，为广大商家提供良好的经营发展平台；五是品牌更响，超前研究中国商业街的发展方向，在更高起点勾勒观音桥商圈的发展蓝图，突出时尚、生态、人文气息。我们坚信，过去的观音桥是江北的观音桥，现在的观音桥是重庆的观音桥、西部的观音桥，未来的观音桥是中国的观音桥、世界的观音桥。为此，我们将负重自强，积极进取，奋发向上，为将观音桥商圈打造成为具有国际先进水平和中国鲜明特色的品牌商圈而不懈努力！

注：本文数据出自江北区观音桥商圈管理办公室

撰稿单位：重庆市江北区观音桥商圈管理办公室

重庆大学科技园

以研究型大学或大学群体为依托，建立从事技术创新和企业孵化并实现产业化活动的大学科技园，是加快高新技术产业发展、重点突破产业链上游的重要工作举措。截至2006年12月，经科技部、教育部认定的国家大学科技园已达62家。作为沙坪坝区唯一一家国家级园区，重庆大学国家大学科技园（以下简称科技园）于2001年5月经科技部、教育部批准，采取“校区共建，开放办园、市场运作”的建设模式，由重庆大学与沙坪坝区人民政府联合共建，以重庆大学为主要依托，整合区域内周边的第三军医大学、后勤工程学院、重庆通信学院、煤科院重庆研究院等高校和科研院所资源，实行开放式办园，封闭式管理。

秉承“思想自由，兼容并包”的人文襟怀，科技园努力发挥科技资源整合、产业孵化平台作用，努力扶持、孵化中小企业，促进科技成果转化，成为沙区高新技术产业、中高级人才的积聚地，成为沙坪坝区乃至重庆市高新技术产业发展最活跃的项目源和创新源、高新技术企业的主要孵化基地、培养创新创业人才的摇篮之一。2003年在科技部、教育部对全国43家国家级大学科技园的评估中取得综合排名第13位的好成绩。2003年——2006年科技园累计实现销售收入573309万元，年均增长77%；实现增加值166243万元，年均增长86%；入库税收32673万元，年均增长127%；引进区外资金40750万元。企业获得国家和市级项目资金资助40365万元；通过科技园市级优惠政策返还区财政资金10980万元；通过科技园国家级平台，直接从财政部获得基础设施贷款贴息2000余万元。

一、励精图治，打造重庆市高新技术研发孵化主要平台

作为首批22个国家级大学科技园之一，科技园定位为长江上游高新技术的创新源、高科技企业的孵化器、创新创业人才成长的摇篮、西部大开发中科技与经济有机结合的示范窗口。

科技园始终将促进高科技企业孵化和科技成果转化作为工作的重中之重。该园创建初期基本上处于一穷二白的状态，起步晚、条件差，没有现成的经验可借鉴；基础设施欠账多，资金投入难度大，地处沙坪坝老城区，环境改造难度大，建设成本高。再加上体制不顺、经营手段薄弱、规划落实难等客观因素，严重影响到科技园的发展。2002年底，科技园企业仅150家，高新技术企业、软件企业、高新技术产品和软件产品数量少，科技含量不高，规模企业屈指可数。

面对困难，科技园一班人结合自身实际，积极挖掘自身潜力，采取内推外引、多管齐下的方式，寻找工作突破口。2002年底，科技园在探索中明确了“三个面向”的工作方针调动各方积极性。面向全市高校和科研院所开放，鼓励专家、学者和在校师生在科技园创业；面向境内外人才开放，海纳百川，汇聚英贤，争取四面八方的科技人才特别是海外留学生带项目回国创业；面向企业开放，发挥企业市场开拓的优势和资金实力优势，走“市场化、企业化”运作的发展道路。

科技园寓管理于服务，以开放促发展，通过抓好重点工程来改善基础设施，整合周边资源，建立了各类高、中、低档优势互补的孵化楼9幢，共13.18万平方米；通过优化发展环境引进充实一批、包装推介一批、提升巩固一批上档次、上规模、科技含量高、成长性好的企业。2003年，科技园新增企业58户，有双高企业23户，占全区的75%；高新技术产品41个，占全区的40%；全区双软企业7户、软件产品11个都在科技园。到2006年底，科技园共引进企业380家，孵化毕业出园或注销117家，企业数稳定在265户（其中规模以上企业21户，高新技术企业39家，高新技术产品68个，软件企业17家，软件产品29个），有国家级“863”、“973”、“自然科学基金”等项目10余项，拥有专利211项，版权39项，累计转化高校科研成果80余项，成为全市最主要的高新技术孵化器之一。杀蝗绿僵菌生物农药（重大生物公司）、高度公路智能型汽车行驶主动安全预警系统化（重庆安驰科技有限公司）、长余辉发光材料（重庆聚华科技有限公司）、ZBS焦炭改性剂（重庆子宗科技有限公司）、通信电子技术综合开发系统（重庆通信学院）等项目和产品成功实现成果转化。

二、精益求精，全心全意为企业服务

企业是科技园存在的核心，只有周到、全面的服务才能保证企业“进得来、留得住、长得大、走得稳”。区委书记翁杰明、代区长张敏要求全区

上下牢固树立服务意识，积极为企业提供优质、高效、无偿的服务，创建沙区名牌企业、树立名牌产品，竭力为企业解决实际问题。科技园共建双方——沙区人民政府和重庆大学分别设立常设机构合署办公，始终把企业服务放在重要位置，提高服务质量和服务水平。2003年，科技园提出以“一切为了企业，为了企业的一切”作为工作出发点，做到入园企业无小事、重点企业“保姆”式服务。2004年又成功打造了相对独立的纳税服务平台体系，国税组率先实现一窗式服务，地税组在全市率先试点实行网上纳税申报；首次采用工商执照集中年检制，建立重点企业跟踪服务制度，提倡为企业“零距离”、“定人、定企业、定时间”服务。2005年提出“五个一”（即“一张笑脸相迎、一杯热茶请喝、一把椅子请坐、一副热心肠相待、一句好话相送”）的服务标准，开展会计规范达标活动，逐户上门为企业提供财政专项资金使用辅导。2006年建立企业服务督办制度，组织数十次专项安全检查，多层面召开征求意见座谈会，受到企业和共建单位的好评。入园企业唐玛传媒在2006年8—9月间，因外界干扰不能正常营业，科技园了解情况后，主动向区委、区政府汇报争取各方支持，协调解决了有关问题，受到企业领导和员工的一致好评。一位重点企业负责人无比感慨地说，“企业成立这么多年，只有在科技园才是热情接待、定期联系、上门服务，想的就是怎么样方便企业，在这里真正体会到了家的温暖。”

同时，科技园以企业最关心的政策、资金、项目安排作为服务的重点举措抓好落实。2002—2005年共从优惠政策市级返还资金中，按规定落实1315万元安排到338户次科技企业；2003年来共支付215万元扶持有产业化发展潜力或正在产业化的高新技术项目37个，以科技园名义向国家、市区部门推荐申报项目241项，为企业争取到国家、市级资金6915万元。

科技园坚持以两项工作作为重点，为企业提供最方便、周到、快捷的人性化服务。一是建立“优质、高效、无偿”行政服务平台，在全国同级同类大学科技园区具有比较优势。以重庆大学科技园办公室和沙坪坝区科技园办公室为核心，为企业提供全面的入园咨询、政策法规咨询、扶持资金申报等服务，财政、国税、地税、工商等部门分别在科技园设立工作组和联络员，建立科技园综合服务大厅，直接为企业提供“一窗式”快捷服务。2006年5月13日，市委书记、市人大常委会主任汪洋，市委常委、常务副市长黄奇帆，市委常委、秘书长范照兵等市领导视察了科技园，汪洋书记充分肯定“一窗式”服务方便了企业。二是探索建立“诚信、自愿、有偿”的中介服务平台，实现企业需求与社会资源的良性互动。2004年获得市科委批准，组建了“重庆市大学科技园生产力促进中心”。目前，科技园已与20多家中介机构建立联系，培育扶持多家重点服务机构，正在探索建立中介企业服务中心，面向科技园企业和社会提供综合性的中介服务。仅2006年，科技园就通过中介服务组织项目申报52项次，提供融资服务、咨询、辅导及代理服务107项次，成果转化6项，人才培训3000人次，中介服务效果初显。

三、突出亮点，大力发展总部经济和创意产业

园区要发展，必须有亮点。作为重庆市三个国家级园区之一，科技园经过几年发展，取得了一定成绩：高新技术企业孵化走上正轨，园区特色服务模式基本成型，聚集效应和辐射效应初步形成。但由于初期缺乏整体规划，对入园企业的条件，特别是企业规模、技术状况、生产经营状况等未进行明确限制，企业发展良莠不齐，有的企业与高新技术完全搭不上边，有的企业经营状况严重不良，使科技园的整体形象和实力受到较大影响。如何结合区域经济发展实际，突出科技园特色，巩固和扩大科技园发展成果成为摆在科技园一班人面前的一道难题。

总部经济是将总部驻扎在特定区域，生产场地配置在其他区域的一种经济形态，上个世纪90年代初出现于我国。随着中国加入WTO，越来越多的跨国公司、有巨大发展潜力的公司总部入

驻各大城市,总部经济的税收贡献效应、产业乘数效应、劳动就业效应、消费带动效应、社会资本效应日益凸现。如何发挥大学科技园资源整合和产业发展平台作用,利用大学科技园的聚集效应,形成区域经济新的增长极点?科技园提出了“不求全部拥有,但求总部入园”的观点,多渠道多模式引进产业化、成长性好、上规模的企业,使企业总部落户沙坪坝区后健康成长,为区域社会经济发展服务。先后引进了惠普重庆研发中心(世界500强第24位,全球IT业首位)、北大青鸟、渝能建设集团、嘉特光电、光华化工等高新技术产业入驻科技园。渝能建设集团公司、渝能送变电公司、金石电力等从事电力设计施工的企业共10户,初步形成电力建设产业集群,产生了良好的经济效益和社会效益。

都市楼宇经济作为总部经济的重要体现形式,早在2004年就被提上了科技园的重要议事日程。2005年科技园打造的三陵大厦(后更名为辰龙大厦)被批准为区级都市工业楼宇,立海、欣阳两幢区级都市工业楼宇经过外部包装、完善配套设施后晋升为市级都市工业楼宇。参加2006重庆首届都市工业园(楼宇)招商洽谈会期间,科技园都市工业楼宇引进企业6家,使用面积2047平方米,总投资3300万元,解决就业255人。2006年,三家都市工业楼宇入驻企业稳定在68家,收入25000万元,利税总额2000万元,从业人员达2500人。

创意产业作为一种富有生命力的新兴业态正深刻影响世界经济未来的发展。市委书记汪洋在视察沙坪坝区时明确要求,沙坪坝区要充分利用和发挥科教文卫资源优势,成为提升重庆整体竞争力的先锋和尖兵。作为沙坪坝区发展高新技术产业最重要最活跃的平台之一,科技园提出了“争当沙坪坝区高新技术产业发展的先锋和尖兵,成为全区科技资源转化及整合平台”的目标定位,提出利用欣阳广场1—6楼共4万平方米的闲置商场打造沙区首个创意产业基地的建议,并获得了区委、区政府的大力支持。9月26日,科技园在欣阳广场一楼大厅举行了欣阳创意广场启动新闻说明会,标志着经过2个多月紧张筹备的欣阳创意广场正式拉开了启动建设、对外招商的序幕,成为沙坪坝区创意产业五大项目之一。重庆电视台、重庆日报、重庆晚报、重庆商报、重庆晨报等12家新闻媒体对说明会进行了报道。目前,欣阳创意广场整体改建已完成了70%,2部直行电梯已安装完毕并投入运行,1、5楼共计9000平方米的改建基本完成,其他楼层的公共空间的改建已完成60%;已入驻企业5家,使用面积约4000平方米,另有数十家创意企业正在洽谈。

四、蓄势待发,斩荆棘创新求突破

经过几年的发展,科技园实现了从概念到具体操作的突破,孵化数据、经济指标保持高速增长。2003—2005年,科技园增加值年均增长100%;总收入年均增长82%,入库税收年均增长140%。科技园一斑人居安思危,清醒地认识到经济高速增长的背后“孵化楼无规模、缺形象,内部体制不顺,缺乏市场化对接手段,企业流失呈上升趋势”等隐忧。与国内其他同批次大学科技园横向比较,在基础条件、观念意识、体制机制、发展后劲等方面的差距仍然存在,虽有13.18万平方米孵化楼但硬件设施仍显滞后,参与科技园建设的各方积极性发挥不够,这些都成为影响科技园深化发展的拦路虎。“逆水行舟,不进则退”,科技园人意识到,只有创新才能发展,只有突破才能自救。2006年3月,沙坪坝区科技园办召开专题会议,明确把科技园的创新发展研究列为2006年的工作重点之一,倾尽全力探索科技园新一轮发展之路。

知己知彼,方能百战百胜。2006年5月,科技园正式启动企业调研工作。专门成立了企业调研工作领导小组,多次召开专题会议进行安排部署和宣传动员,对工作任务进行了分片包干,领导带头深入企业,逐户调查访问,全面摸清了科技园企业发展概况及发展走势,形成了3万余字的《重庆大学科技园企业现状调研报告》,达到了清仓盘库的目的,也为开展下一步的研究工作奠定了坚实的基础。

在了解自身现状的基础上，科技园专门成立了创新发展研究课题组，并邀请重庆大学经济管理、人力资源管理等方面的专家成立专家组，深入分析现状，寻找科技园的发展出路。2006年7月—8月，由沙区科技园办牵头，会同区委办、区政府办有关负责人组成调研小组，分两批对东部、西部及南方地区具有一定特点和代表性的7个国家级大学科技园（武汉大学科技园、深圳虚拟大学科技园、厦门大学科技园、南京大学——鼓楼高校科技园、浙江大学科技园、复旦大学科技园、北京大学科技园）和5个创业服务中心（武汉东湖新技术创业中心、厦门高新技术创业中心、成都高新区技术创新服务中心、上海杨浦高新技术创业服务中心、上海交大科技园“慧谷”创业中心）进行了考察调研，发现了差距，找到了症结，并形成了《区科技园办运营管理创新研究报告》。

区委、区政府高度重视科技园的发展，区委九届八次全委（扩大）会议上审议通过的《关于建立以产业为导向的创新机制，提升区域竞争力的决定》中明确指出，“充分发挥国家级重庆大学科技园的科技资源整合、产业孵化平台作用，培育更多具有自主知识产权的高新技术产品。”《沙坪坝区“十一五”高新技术产业发展专项规划》把科技园作为“三园一基地”建设的重要组成部分，并使科技园的服务功能及聚集辐射能力进一步强化，高新技术产业孵化成效更加突出。2006年8月28日，区委副书记胡大世、区委常委、区政府常务副区长杨昌学召集区政府办、发计委、科委、财政、经委、微电园、井口园区办等部门负责人专题研究遏制科技园企业流失的问题及解决措施。杨昌学常务副区长要求科技园把服务和平台作为工作重点，研究形象建设、配套设施、体制机制创新等问题，提出具体措施，让企业留在沙区，发展在沙区。区委区政府的明确要求给科技园的创新发展研究注入了强心剂。

在相关各方的大力支持下，科技园开始了创新发展的深层次研究。为广泛集中民智，科技园提出了“全员参与，全体动员”的号召。在开展企业普查、创新课题研究等专项分析和对国内部分大学科技园考察的基础上，2006年底形成了《区科技园办“十一五”创新发展工作方案（审议稿）》及《科技园建设点及运行机制方案》、《科技园支撑体系及管理规程规划》等相关附件。针对突破硬件建设、完善软件环境和理顺体制等相关问题，科技园提出了解决措施，目前正在积极争取和推动中。

“路漫漫其修远兮”。站在沙坪坝区高新技术发展的前台，科技园因地制宜，抢抓机遇，务实探索，开拓创新，必将为沙区高新技术产业发展和繁荣地方经济作出新的更大的贡献。

注：本文数据出自重大科技园管理办公室

撰稿单位：重庆市沙坪坝区建设重庆大学科技园领导小组办公室

执笔人：朱羽

附图1 重庆大学科技园孵化企业构成图

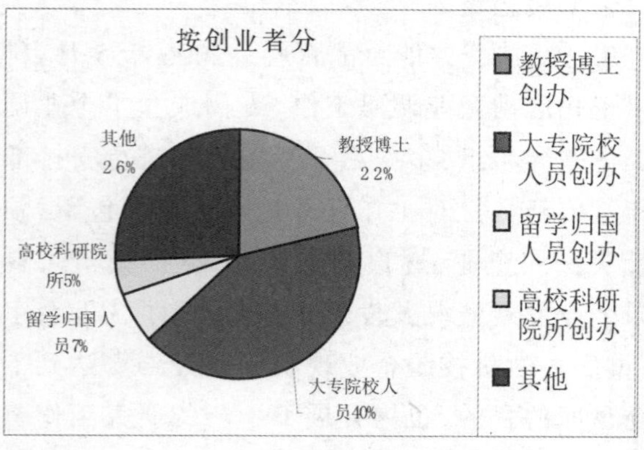

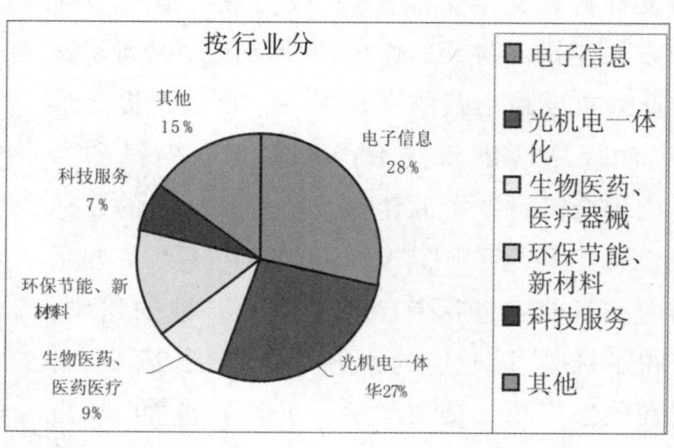

附图 2 重庆大学科技园 2003—2006 年入库税金走势图

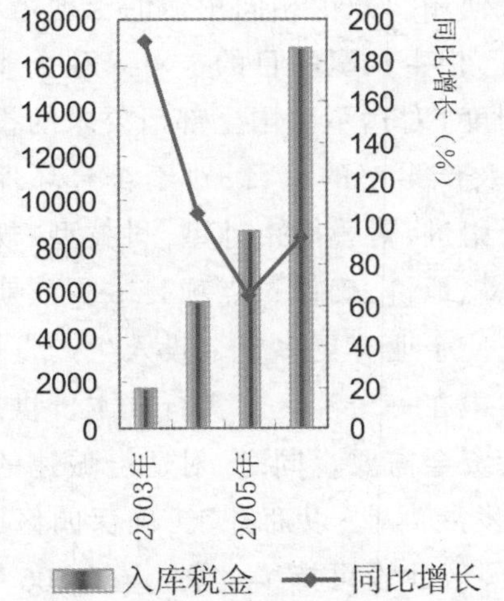

附图 3 重庆大学科技园 2003—2006 年增加值走势图

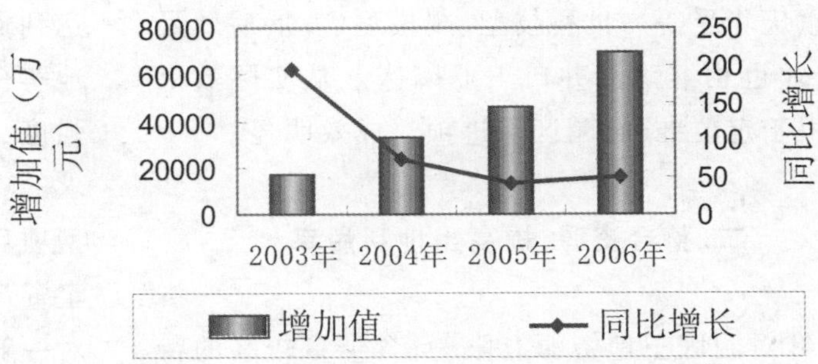

井口工业园区

2002 年 12 月，市政府将重庆市井口工业园区确定为市级特色工业园区,并由沙坪坝区政府负责开发建设。园区位于重庆市都市经济发达圈内的沙坪坝区东北部,西靠歌乐山,东临嘉陵江,路网密布,交通便利,区位优势明显。园区总体规划目标是建成现代化产业为支撑,城市现代化为标志,以发展机电产业为主,辅之以生物技术、新材料科技产业,运用高新技术改造、提升传统产业,在“十一五”期内,将园区打造成年创产值200 亿元、增加值 40 亿元、利税 15 亿元,安置就业 3 万人的现代化机电产业园。2003 年 1 月以来,在市经委、市园区办的有力指导下,园区依照“总体规划、分步实施、滚动开发、效益优先”的原则,按照加快推进新型工业化,高标准、高质量建设的总体要求,克服诸多困难,负重自强,自加压力,创造性开展工作,在集约开发土地、打造产业集群方面狠下功夫,完善投资环境,实现产业聚集。至 2006 年 12 月,园区规划面积达 5.5 平方公里,A 区建设初具规模，园区基础设施初步完善,企业入驻条件基本成熟,重点项目有序推进,对外吸引力显著提高。

一、立足实际,科学定位

2003 年 1 月，井口工业园区破土动工。区委、区政府确定了加快推进新型工业化,高标准、高质量建设井口工业园区的总体要求,专门成立了园区管委会,落实两位区委常委亲自抓园区建设工作。园区建设始终注重产业定位和规划布局,坚持都市型机电产业园区的发展方向,并根据重庆市城市总规划和产业布局、沙坪坝区产业发展规划，在现有的工业及其布局的基础上,将产业定位为着重发展汽车摩托车整车、装备制造业、生物制药高科技三大产业。

根据市政府、区委、区政府关于井口工业园区重点发展机电产业的总体要求,有针对性地开展招商引资工作,重点引进外来型、规模型、科技含量高的企业,努力提升园区发展的科技水平及规模总量。采取企业自购土地建厂、先租后买、BT 模式等招商形式，先后成功引进了渝安东风微车及微车发动机、国家863产业——重大生物高科绿僵菌灭蝗技术等重点项目。中国嘉陵集团、嘉鹏摩托车制造总公司、华洋电器、重庆水泵、重庆华孚等一批科技型、规模型、发展后劲足的企业也相继落户井口工业园区。从实际效果看,由于定位准确,园区引进项目成效明显。

二、整合资源,提高土地利用率

针对园区土地资源有限,且含金量较高的特点,园区立足整合土地资源,激活民间资本,集约开发土地的理念,以土地利用总体规划为龙头,以产业规划为前提,提高土地利用率。

立足于充分挖掘井口工业园区位于主城区、处于重庆市都市经济发达圈的地理、交通、人文、信息资源丰富的优势及土地含金量高的潜质,积极整合园区控规范围内土地资源,采取征、租、借三种方式,累计取得5000余亩土地建设开发权,为园区做大做强奠定了坚实基础。经市政府、市规划局批准,井口工业园区A、B区控制性规划用地总面积达6平方公里。控规范围内,既有重庆特殊钢公司闲置的抵押国有土地,又有未征用的农用地;既有井口镇乡镇企业用地,又有企业闲置空地。为有效整合土地资源,实现园区片区开发,一方面,积极申报新征园区工业用地;另一方面,与有相关使用权的单位协商,将其闲置的土地纳入园区共同开发,由园区统一建设基础设施,实现连片整体开发,既节约了园区前期征地开发成本,减少了前期大量资金投入,又在短时间内开发利用了大片土地。2003年以来,园区经市政府批准,成功租用重庆特殊钢公司土地1200余亩;借用凯西来公司土地近100亩;调整市水务集团规划用地500余亩;经国土部门批准,取得3150余亩土地征地批文,基本满足了园区入驻企业项目用地需求。

在土地供给方面,园区严格准入条件。针对园区三大产业定位,同类企业功能和设施具有同质性的特点,园区在规划和安排企业用地时,实行产业相对集中布局。同时,园区利用入驻企业的规划产能和现有市场的差异性,通过修建标准厂房、协调企业转租闲置厂房或设备等方式,促进资源的最大使用,减少相同用途的土地需求,达到资源共享,相生共赢的目的。对入驻企业供地实行准入制度。对达不到国土部门要求的投资强度、容积率及产出率的项目,对不符合环保要求的项目不予引进;对境内市外型、科技型、规模型项目实行优惠地价,确保重点项目减少前期固定资产投入,使企业有更多资金投入生产发展;对一般项目集中在一个片区,实行成本价供地,确保园区建设资金需要。同时,对适合城建的部分地块,用于发展商业,以商补工,确保园区二、三产业联动,园区建设可持续发展。至2006年,汽车、摩托车整车及零部件制造项目用地达2300余亩,输变电设备、电器等装备制造业项目占地1500余亩,高科技生物制药项目用地达300余亩,累计利用土地4000余亩。

三、强化管理,以地融资

为及时解决园区建设发展中的困难和问题。区级领导多次率区国土局、规划局、财政局、环保局、建委等相关职能部门负责人到园区现场办公。为解决启动资金短缺的困难,加大井口工业园区基础设施投入,完善环境,地尽其用。园区采取政府引导、企业参与、多元化投入的方针,坚持财政性资金作为启动及滚动投入,适时引入建筑企业建设资金投入,带动入驻企业项目建设资金投入。积极探索新型融资渠道,搭建工业房地产融资框架,引进工程BT、土地按揭等方式资金近5000万元,从兴业、招商银行融资5000万元,同时,成功引进深圳新华信托投资公司发行井口工业园区基础设施建设信托产品1个亿。至2006年12月,园区A区固定资产投入累计达12亿元。其中,基础设施建设投入4亿元,入驻企业投入8亿元。以地融资为基础设施建设提供了资金保障,确保了园区建设滚动发展。加强对入园企业用地的监管。对不按合同付款和开工的企业采取果断措施,限期收回土地并再转让给其它急需用地的企业，通过此项措施，园区收回了300余亩土地，盘活资金近5000万元。2006年12月，园区A区已征地范围内32户企业土地手续已与国土部门签订正式土地出让合同。

四、夯基筑巢，喜见成效

经过四年的艰苦奋斗，园区完成A区启动区土地平整2500余亩，基本完成了A区“七通一平”基础设施建设。分别建成A区启动区17户企业厂房面积10.5万平方米；并入区30户企业厂房面积24.4万平方米。园区A区形态建设初具规模，并入区建设进展顺利，园区正式签约引进企业84户，入驻企业呈现以下四个特点：一是外来企业规模大。84户企业中，境内市外8户，市内区外22户，本区54户，外来企业预计销售收入可达100亿元。二是机电类企业多。中国嘉陵等机电类企业51户，机电类企业预计年销售收入可达100亿元，生物制药类2户、材料类13户、其余类18户。三是科技含量较高。高新技术企业9户。其中，东风微车及微车发动机项目的成功引进，填补了井口工业园区自主造车的空白，为构建重庆汽车城增添了又一支生力军；中国嘉陵集团的成功引进，为中国摩托第一品牌再创辉煌奠定了基础；重大生物高科绿僵菌灭蝗为国家863结题项目，华洋电器、重庆水泵、重庆华孚、雁山集团、浙江凡尔顿等企业的电器、潜水泵、粉末齿轮制造技术、柴油发动机均为国内、国际领先水平。四是发展后劲足。84户入驻企业中，年工业产值50亿元以上2户，年工业产值5亿元以上企业6户、亿元以上企业25户、5000万元以上企业22户、1000万元以上企业29户。

园区入驻企业相继建成投产，园区发展捷报频传。2006年8月13日，渝安集团井口生产基地首台微车发动机下线。2006年12月27日，年产摩托车30万辆、发动机45万台、通机10万台的嘉鹏工业园在井口工业园区落成投产。截止2006年12月，随着渝安集团、旺成公司、中容石化机械制造有限公司，嘉鹏摩托车制造总公司为龙头的53户入驻企业建成投产，井口工业园区实现工业销售收入30亿元，增加值7.5亿元，上交税金9878万元，安置劳动力1.06万人，成为沙坪坝工业经济新的增长点。园区呈现出强劲的发展势头。

注：1.征地数据出自：渝府地〔2003〕1293号、〔2004〕1339号、〔2004〕1364号、〔2006〕637号、〔2006〕2105号；2.规划数据出自：渝府〔2002〕41号、〔2005〕268号；3.园区企业户数及经济指标数据出自：井口工业园区统计月报表（2006年12月）

撰稿单位：重庆市井口工业园区管理委员会办公室

九龙工业园区

九龙园区是国家科技部和重庆市政府批准设立的国家级高新技术产业开发区和重庆市特色工业园区。几年来，园区累计实现技工贸收入743亿元，工业总产值328亿元，税收总额13.7亿元，引资54亿元，入驻企业达到1266户，其中工业企业276户。从2003—2006年，在全市特色工业园区中九龙园区综合经济指标连续四年保持第一，实现市级园区排名“四连冠”。其中，2006年实现技工贸收入235亿元，工业总产值105亿元，税收总额3.6亿元，引资11亿元。

一、建立和创新投融资体系，为基础设施建设提供资金保障

充分发挥项目融资作用，推进基础设施建

设。在园区建设资金有限的情况下，通过包装基础设施项目，以项目招商，以项目引资，扩大融资规模，延长资金链条。同时，积极协调市级投资公司加大基础设施投入，为完善通道、水、电、气、通讯等管网提供了资金保障。一方面，以工程引资，积极运作 BT 模式实施道路工程建设；另一方面，以项目融资，通过与北京富林伯格投资公司合作，为基础设施融资 2 亿元。

优化规划和盘活存量资产，增大资金利用效能。按照经营城市的理念，完成两次规划修编，进行土地资产重组、整合，变划拨、租赁为出让，变不可用地为可用地，使园区土地增值近 3 亿元。其中，通过优化调整规划、优化施工方案、优化整治地块，为园区节约、创造资金 2 亿元，创造了建设巴国城等经典范例。

创新融资手段，拓展引资渠道。重点发挥民间资金积极性和创造性，引导民间投资园区公建项目。通过科学运作，设计优质的公益项目产品，吸引社会资金投资建设红狮公园、标准化体育场等公益性项目建设，既完善了园区配套产业，又为园区节约投资 1.3 亿元。

二、推进城市化进程，实现城市化与工业化相结合

加快拆迁新建，扩大城市化规模。几年来，园区完成征地拆迁 1.7 万亩，转非人员达 1.4 万人。同时，大力实施安居工程，截至 2006 年，园区建成农转非住宅小区 38.2 万平方米，安置农转非人员 1.2 万人。其中 2005 年顺利完成我市最大规模一次性农转非住房安置——建筑面积 13 万平方米的半山齐团小区住房安置工作，安置转非社员 1286 户，近 4000 人。

加强配套建设，协调二三产业发展。在引进建设工业项目的同时，进一步完善发展环境，建设学校、医院等配套设施，大力发展房地产业。A、B 区三产用地 2716.2 亩，工业用地 4338.65 亩，二三产用地比约为 3:5。截至 2006 年，“以工业化推进城市化，以城市化促进工业化”成效显现，重点推进“12345”工程，即一个品牌商住（金科绿韵康城）、两个重点医院（九龙坡区三院、区疾控中心）、三个绿化公园（巴国城生态公园、高新公园、半山公园）、四个特色院校（重庆电大、国际外国语学校、重庆舞蹈学校、巴蜀中学），五个销售市场（绿云石都石材市场、钢材市场、隆鑫钢材市场、新世界建材市场、金科机电市场）。

三、加大项目建设，促进产业发展

项目是园区发展的生命。九龙园区立足发展特色产业，狠抓项目建设，“在谈的项目抓签约，签约的项目抓启动，启动的项目抓投产，投产的项目抓发展”，形成了完备的产业发展体系。

强化招商引资，项目入驻如鸟归巢。九龙园区按照“招大、招强、招外、招高”的思路，通过以地招商、以项目招商、以工程招商等方式，坚持抓大选小、优中选优，累计引资 54 亿元，新引进优势项目 200 余个，成为经济增长的发动机。园区招商中历经千辛万苦，走遍千山万水，说尽千言万语，以不懈的努力和完善的服务，开创了项目落户如百鸟归巢的良好局面。在建设国际外国语学校过程中，园区用 165 天建成 6.2 万平方米的学校并投入使用，被马来西亚投资商誉为“你们每天是 25 小时施工”。在引进徐工过程中，九龙园区创新以商招商的方式，通过引进天成集团引进徐工项目，对投资商实行“跟班服务”、“超前服务”，有疑问立即协商，有困难立即解决，被投资商誉为“五星级的服务”。目前，园区引进落户及合资、合作的世界 500 强企业有沃尔玛、雅马哈、五十铃、宝马等 4 户，世界知名企业有椿中岛、佳速、光阳等 3 户，国内 500 强有建设集团、隆鑫集团、五粮液普什集团、徐工集团、建工集团等 5 户，重庆 50 强有赛力盟、重庆啤酒、腾辉水泥等 3 户企业，有力推进了全区经济发展。

注重项目培育，主导产业发展壮大。九龙园区建立起科技孵化中心、标准厂房、产业基地三级项目孵化器，为各类型企业提供发展平台，促进项目在园区生根发芽，成长壮大。经过多年培

育，九龙园区已形成汽车、摩托车、精密机械、印刷包装、建材销售加工五大主导产业，在全市工业经济中占有重要地位，进一步壮大了我市支柱产业。重庆摩托前10强中园区企业建设雅马哈摩托、隆鑫摩托、劲隆摩托占据3席，园区新华印刷厂、九发包装、《重庆时报》印务基地集聚效应明显，已成长为全市最大的印刷基地之一。绿云石都、隆鑫钢材、新世界建材组成全市最大的石材、钢材销售加工产业群，其中绿云石都在短短4年间，交易额进入全市重点商品交易市场前三名。随着徐工、北奔的入驻，园区重型汽车产业特色更加突出，将与北部新区形成"一轻一重"的产业布局。

四、创新和谐关系，努力营造和谐发展环境

几年来，九龙园区坚持"情为民所系、权为民所用、利为民所谋"，把群众利益放在首位，在稳定基础上抓发展，在发展过程中保稳定，创建了与转非群众情同鱼水的紧密关系。在完成征地1.7万亩的情况下，园区坚持依法征地、依情拆迁，正确维护群众合法利益，确保了没有一起大规模群众性事件发生。园区建设达到国家标准的农转非花园小区38.2万平方米，建成绿韵康城等名盘50万平方米，在建云湖天都、巴国公馆等名盘73万平方米。在安置过程中，园区坚持原则，注重做好政策解释，尊重群众感情，维护群众利益，依情依法开展工作。如在双龙苑安置过程中，适逢一个高龄转非群众去世，在区领导带下园区干部前去叩头吊唁慰问，拉近了与群众距离。园区在双龙苑小区了解到一幼龄儿童患白血病，立即组织进行捐助，得到群众的衷心拥护。园区新建绿化面积40万平方米，建成公园2个，在建公园1个，形成了良好的生态环境。

五、半山齐团农转非小区

积极指导培训就业，维护发展群众利益。九龙园区重点开展转非群众职业培训，投资300多万元，与当地镇合作开展职业培训，累计培训300多人，指导1500多人实现就业，让群众真正"安居乐业"。为鼓励转非人员参加学习和就业，建立起培训就业保障机制，为参训人员学习、就业等方面设置了相应奖励。同时，园区建立新入驻企业用工机制，在入驻协议中明确约定企业新聘员工必须聘用30%的本地人员及转非人员，促进浙江盾安、《重庆时报》社等企业聘用当地转非人员200余名。

注：本文数据出自九龙工业园区管委会办公室

撰稿单位：重庆市九龙工业园区管委会办公室

白市驿花卉园区

白市驿花卉苗木产业示范园区是重庆市委、市政府推进社会主义新农村建设和百万亩花卉产业化工程的示范区，是九龙坡区委、区政府统筹城乡发展、实施都市农业战略的主战场。2003年经国家农业综合开发办公室批准为现代农业示范项目。花卉园区南部片区为农科城建设区，北部片区为特色花卉苗木种植区，以重庆农科城、花卉产业城建设为重点，以花卉苗木为载体，发展绿色产业经济，着力打造成重庆都市后花园、社会主义新农村示范区。

1.建设一批重点设施项目。2003年启动建设以来，投入资金近3亿元，建成一批重点项目和基础设施。按照国际展馆标准设计建设的花卉展示中心，占地7万平方米，建筑面积3万平方米，是风格现代、设施一流、功能完善的重庆地区标志性现代展馆，重庆市政府于2004年10月命名为重庆市农业展览中心。新建长8.1公里的花卉大道，5.1公里环道公路，1.8公里的排洪渠，铺

设输水、自来水、排污和天然气管线，架设供电专线，景观绿化面积11万平方米，初步搭建起园区产业发展良好环境。

2.培植园区新型产业群。花卉园区成为重庆最大的集花木生产、休闲度假、观光旅游、餐饮娱乐于一体的现代都市农业园区，种植有安祖花、蝴蝶兰、一品红、凤仙特色花卉和各种草花，园林苗木、艳色乔木300余种，园艺盆景千姿百态，到2006年，花木种植面积达5798亩，花木销售额15216万元，园林工程产值突破5000万元，旅游人数突破20万人次，旅游创收1100万元。培植了皇田、天子、芳草等一批花木龙头企业，引进了德馨香料、陶然居、贝迪、重庆康联等20余户较大业主落户园区，2006年建成营运渝风情园、陶然居生态农业园、贝迪生态农业园、莉之园等项目，着力发展企业化农业，构建多元投入机制，把高效的生态农业与现代休闲、度假、观光、餐饮、娱乐业融为一体，创新了园区新型产业发展途径。

3.打造一流重庆农科城。由于花卉园区的快速发展、基础设施的不断完善，市政府决定重庆市农业科学院选址花卉园区。农科院占地2100余亩，总投资约6亿元，集农业科技研发、试验示范、教育培训、加工物流为一体，建成"省级一流、全国先进"的农科院和重庆现代农业示范区。农科院科研实验大楼于2006年9月28日奠基建设，将建设700亩的试验示范基地、600亩的物流加工区。

4.扩大都市后花园影响力。着力营造自然、生态、闲适的人文环境，建成展览中心6万平方米的环道景观绿化工程，6.8公里长的白彭路景观大道，形成沿白彭路、白金路、白走路和花卉大道的花卉苗木种植带。硬件基础的不断夯实，为举办大型活动提供了必要条件。2004年成功举办重庆市第七届都市旅游节暨都市后花园之旅，2005—2007年连续成功举办中国重庆名优农产品展销会，2006年9月又成功举办重庆市第三届花博会，旅游经济、会展经济发展势头强劲，扩大了九龙坡"都市后花园"的影响力。

注：本文数据出自白市驿花卉苗木示范园区管委会办公室

撰稿单位：重庆市白市驿花卉苗木示范园区管委会办公室

西彭工业园区

2003年1月，西彭工业园区正式成立。同年7月，被市政府批准为市级特色工业园区，规划控制面积65平方公里，是重庆市最大的市级特色工业园区。经过四年的开发建设，园区在"亚洲铝业航母"——西南铝业集团强大的产业支撑和拉动下，云集了近二十家铝加工企业。至2006年底，园区已实现固定资产总投资18.48亿元，工业总产值58.05亿元，工业增加值6.95亿元，销售收入56.68亿元，利润总额1.65亿元，应交税金1.01亿元。

2006年，市委、市政府领导汪洋、王鸿举、童小平等先后视察西彭园区，对打造"中国铝加工之都"给予了充分的肯定和广泛关注，提出了整合资源，凝聚力量，"部市联建"的构想。2006年3月11日，市政府和中国铝业公司在北京钓鱼台国宾馆签订了联合建设中国铝加工之都的框架性协议，计划用8—10年时间，把重庆建成国内装备技术水平一流、产能规模最大、产业链更加完善、产业高度集中、服务配套齐全、具有国际竞争力的"中国铝加工之都"，并制定了"2512"发展目标，即：到2015年，铝综合产能达到200万吨，铝工业总产值突破500亿元，增加值100亿元，税收20亿元。

一、基础设施日益完善

在四年的开发建设中，园区共投入建设资金

62801万元,实施道路建设14条,总长度12.96公里。实施水电气及电信等综合管网76669.3米,其中排污管道36863米,天然气管道8980米,给水管道22549.3米,电信电缆8280米。实施土地平整1725.12亩,平基挖方826230立方米,平基填方30916立方米。征用永安、桥凼、双岗村9个社土地2805.8亩,农转非人员2288人,发放征地补偿及人员安置费2.6万元。修建两期总建筑面积66834.59平方米的农转非安置房693套,安置农转非人员383户1133人。投入建设资金1200余万元,建成园区实验小学,为农转非及入驻企业职工子女入学提供了条件,确保了社会稳定和园区建设稳步发展。

目前,观江路、通江路、滨江路及工业二路、工业四路正在紧张建设,此批基础设施将启动园区“北拓南进”战略,全面拉开拓展区一期及沿江开发建设。

2003年12月31日建成通车园区南北景观大道;2004年9月1日交付使用园区实验小学。

二、招商引资成效明显

四年来,园区成功引进投资近40亿元的中铝西南铝热连轧、冷连轧两个龙头企业,以及联合制罐、上海申强、天泰铝业、西铝庆丰、顺威万希、捷和铝业、银浩铝业、西铝美万家、耀勇减震、汽车消声器、普天科技、粮食储运、正合印务、铭言科技、现代石油、敏诚钢构、天瑞化工、港腾科技、西城水务、川南减震、鼎发铝业、拓璞金属、上海申强、金鹿电动车等33家,引资金额64.49亿元,预计年产值可达216.15亿元。

三、项目建设进展顺利

在四年的开发建设中,园区建立完善了“一站式”服务体系,不断强化“发展是园区的首任,项目是园区的生命,服务是园区的天职”意识,提高服务能力和服务水平。目前,园区已有7家企业10个项目相继投产,4个项目即将建成投产,9个项目正在建设当中,6个项目正在办理建设前期手续,4个项目正在办理入驻手续。

2006年6月28日,中铝西南铝热连轧项目投产剪彩;2006年4月20日,中铝西南铝冷连轧项目开工。

四、“中国铝加工之都”雏形初现

不断加强与中国有色金属协会、北京安泰科信息公司等相关机构的联系,促成“2005年中国交通用铝国际研讨会”在渝召开,对园区起到了极大的宣传作用。同时,建立厂、镇、园联系机制,经常互通信息、共谋发展,取得了很好的效果。区政协2005年完成了铝都建设的对策及建议调研,并积极呼吁市政府加大对铝产业的扶持。

注:本文数据出自西彭工业园区管委会办公室

撰稿单位:重庆市西彭工业园区管委会办公室

茶园新区

茶园新区成立于2000年12月28日,成立之初,其发展目标仅定位于建一个14.28平方公里的南坪的拓展区。六年来,在市委、市政府和市级部门的关心支持下,南岸区委、区政府不断调整工作思路,使茶园新区从小到大,已成为重庆市新确立的城市副中心之一。按照最新的概念性规划,茶园新区规划面积120平方公里,可建设用地74平方公里,建成和拟建的渝黔高速公路、二环路、江南大道通过真武山隧道、南山隧道、慈母山隧道将茶园与南坪、渝中区和江北区连接,使茶园新区与机场、火车站、码头的距离大大缩短。区委、区政府已将茶园作为南岸区未来的政治、经济、文化中心加以发展，打造一座以新型工业、现代物流、国际会展、都市旅游为主导产业的、具有辐射带动效应的融自然、经济、人文生态于一体的新的城市副中心。

新区范围共布局了三个工业园区，即茶园工业园、长江工业园、东港工业园，分别是 8 平方公里、10 平方公里、7 平方公里，共 25 平方公里（占规划建设面积约三分之一）。目前茶园工业园的招商已经完成，共引进企业 102 家，2006 年，工业园区投产企业达到 61 户，实现工业总产值 81.06 亿元，实现财政收入 1.1 亿元，完成全社会固定资产投资 41 亿元，招商引资合同金额 107.1 亿元，新增就业岗位 6015 个。经过几年努力，以机电控股集团、国虹数码为代表，机电园和科技园逐步成熟，特别是高科技这一块已经取得突破性进展。国虹数码、恒基伟业、矽谷电子等一批科技企业已进入新区。两年左右茶园工业园可以完全建成，十一五期间实现产值将超过 200 亿元。长江工业园已引进企业四十多家，德国工业城的招商也已取得实质性进展，东港工业园已启动，三个园区计划用 8 到 10 年的时间来建设，建成后的产能将达到 800 亿元以上。基础设施快速推进，道路、水、电、气、通讯与工业和城市推进同步，特别是三纵三横的道路骨架计划用三年时间形成；城市功能配套方面，目前已引进了医院、学校和市场体育设施、文化设施，公共交通也已进入，房地产项目已相继启动，按照新区的发展规划“十一五”末新区的城市形态初步形成。城市副中心功能开始真正产生作用，南岸区的经济社会发展也将步入一个更加良性的时期。

茶园新区经过六年多的建设，从无到有、从小到大、从弱到强，主要做好了以下五个方面的工作：

一、领导重视，措施有力

南岸区茶园特色工业园区自创办以来，区委、区政府高度重视特色园区的建设、招商引资和投产企业的服务工作，先后有 4 位副区级领导担任管委会主任，主持园区工作，同时先后成立了茶园工业园区管委会、长江工业园区管委会、东港工业园区管委会负责园区的建设、招商引资等日常工作。区级各部门密切配合，区经委、区科委、区统计局等部门选派业务过硬干部配合做好茶园工业园区投产企业的服务工作，从夯实园区统计基础工作入手，在园区经济运行、重点项目申报、优惠政策落实、企业产品配套链等方面，零距离与企业接触，为企业办实事，解决企业的困难和问题。

二、树立城市化与工业化互动理念，全面推进新区建设

茶园新区是南岸区扩大城市规划、实现中国中西部先进区战略的重要组成部分，规划面积 74 平方公里，城市人口 50 万，包括了长生、迎龙、广阳、峡口四镇的主要地区，将建成一座环境优美、生态良好，现代化的山水园林城区。从园区启动至今，我们始终坚持城市化与工业化的互动观，并用良性的互动观指导园区建设。

（一）以工业启动新区，用二产业支撑城市

六年前，茶园新城区是南山山脉以东的一个农业地区，交通条件极差，经济和文化相对落后。城镇人口不足 1 万人，农村人口比重超过了 90%。但抓住了重庆直辖、渝黔高速公路建设的契机大胆规划建设茶园新城区，并把工业园区建设作为新区建设的切入点。茶园新区范围内规划布局了 3 个工业园区——工业园区一期、机电工业园、科技园区，现已经全面启动，茶园工业园区一期基本完成招商用地规模 4 平方公里，入驻企业 102 家，就业人数超过 3 万人。工业的兴起推动了城市的发展，并为城市化提供了有力的产业支持。

（二）以城市化促进工业化、用三产业为工业化服务

工业化是城市的重要支点，城市化进程的加快有助于工业化的推进。园区在大力推进工业化进程的同时，高度重视城市各要素的培育和城市

体系的建立,例如在引入工业企业的同时,大量引入金融、证券机构,兴办教育、城市卫生医疗设施,筹划商业、餐饮、娱乐业的引入,并建设商务度假酒店,通过城市化建设有效地为工业化解除了后顾之忧,也使工业找到归宿点、落脚点。由于城市化与工业化互动理念的坚持,茶园新区一直在良性的整体推进之中,营造出了能安居乐业的良好环境,成为市内外投资者广泛关注的地区。

三、高起点编制发展规划、高标准建设基础设施

茶园新区是南岸区开辟的一个全新的区域,园区始终坚持以先进性的发展规划为龙头,以高标准的基础设施为前提,成功完成了各类规划和不断建设高标准的基础设施。

(一)坚持新区发展规划的先进性

几年来,茶园新区A标准分区先后投入资金近2000万元,邀请法国、英国、新加坡、香港、以及北京、上海、广州、重庆等国家、地区和城市的知名设计、咨询机构参与新区规划编制工作,先后完成了74平方公里概念性总体规划、40多平方公里的控制性详细规划、土地利用总体规划,开展了新区城市形象设计和35公里长的河道整治及景观建设设计。在规划编制中,普遍引进国际先进理念并广泛采用了招标、邀标方式筛选优秀方案。在传统意义的城市规划工作中,我们更加注意产业布局的合理性,将25平方公里的工业用地布局在三个位置,这正是规划编制中通过产业发展研究的结果。目前,茶园新区的城市及产业发展规划体系已初步建立,并已有效地指导新区的建设。

(二)坚持基础设施的高标准和超前性

茶园新区的基础设施建设有三个方面的特点:一是骨架道路先行;二是管网建设与道路建设同步推进,且全部下地;三是水、电、气、通讯、排污、宽带整体建设,并坚持建成一片规范一片的原则。从2000年底起,用三年时间建成了一条长5公里、宽44米的世纪大道,建成了10多公里的16米到32米的不同等级的支干道路,建成一座自来水厂、一座110KV变电站、一座3万门的电信交换局,引入D219供气系统,基础设施投入超过20亿元,全面满足工业园区A区的需要。2005年建成长6公里、宽度80米,双向8车道的通江大道,将茶园特色工业园区A区、B区、C区紧紧地联系在一起,兴建支干道路5公里,建成日供水10万吨的迎龙湖水厂,即将启动新区第一座污水处理厂,并筹备兴建500KV变电站。茶园新区在加大基础设施建设力度的同时注重城市景观建设,茶园特色工业园区已完成细化的城市设计,并在此基础上开展城市景观建设。

四、设立先进的管理模式,营造最佳的投资环境

良好的发展理念、先进的发展规划、超前的基础设施远远不够,还需有先进的管理模式、完善的服务体系。

(一)设置高效运转的新区管理机构

2000年底,南岸茶园特色工业园区管委会正式挂牌,编制20人,由一位副区长担任管委会主任,设四部两室,负责规划、建设、土地、招商和财政、行政事务。六年来,茶园新区一直坚持高效运作模式,充分发挥每个工作人员积极性、创造性,实现了高负荷但又是高效率的运转目标。

(二)建立完善服务体系,营造最佳投资环境

在抓硬环境建设的同时,更加注重软环境的营造。一是建立一站式服务大厅,工商、税务、计划、规划、建设、环保、房管、土地、质监、水、电、气、通讯等职能部门相继进入大厅工作,并实行“一岗受理、首问负责、时效控制、急事急办、责任追究”制。二是建立科技孵化中心、企业服务中心、中小企业担保中心和博士后工作站。园区已投入6000万元建成了全国一流的孵化器;中小企业担保中心已为入驻企业提供大量担保资金;在设立一站式服务大厅的同时,与区经委联合组建了企业服务部,为企业免费代办入驻后的建设手续,负责投产企业的经济运行工作,为企业争

取政策,凡属企业可以享受的优惠政策均让企业享受。三是组织召开定期和不定期的银企座谈会、项目推介会和科技、法律、经济专家咨询会。四是投入巨资引进医院、学校、银行、商务等设施及机构,目前正积极筹备工业园区单工公寓社区,以期切实减轻企业负担。

五、用活政策,突破瓶颈

(一)用好用活土地政策,充分发挥土地效能

通过土地置换、指标购置等方式,用好用活土地政策。到目前为止,尚未出现因土地供给而影响企业引入和工程建设的情况。在土地供给上,严格执行公示程序,有效避免违规操作;在土地运作上,注意研究土地的级差地租,使政府的土地出让金收益最大化,为政府性基础设施建设提供资金保障。

(二)多渠道融资,打通资金瓶颈

通过土地、信用、项目、发行建设债券、争取国债资金、世界银行贷款和外国政府资金等多渠道、多方式融资,有效解决了园区资金问题,已经形成借钱、用钱、还钱的良性机制。

(三)大力开展招商引资工作

招商引资是推进园区建设的重要手段。茶园特色工业园区采取了出门招商、请人招商、网上招商和中介招商,特别注重企业招商,通过对已入驻企业的良好服务形成企业招商,这种方式已在茶园新区形成越来越明显的招商效果。到目前为止,茶园特色工业园区A区、B区、C区已引入生产企业140多家。

在市委、市政府的正确领导下,在各级各部门的鼎力支持下,茶园特色工业园区一定会被建设成为布局合理、环境优美、交通快捷、经济发达、文化昌明、社会稳定的现代化山水园林新区。

注:本文数据出自茶园新区管委会办公室

撰稿单位:重庆市茶园新区管委会

同兴工业园区

重庆市同兴工业园区是市政府于2002年12月批准成立的首批16个市级特色工业园区之一,也是北碚区委、区政府确立的“一团两园三城”六大重点工作之一。园区规划面积为5.27平方公里(近期将拓展到16平方公里),分为A、B、C、拓展区四个区。其中A区1.5平方公里主要是以生物制药、医药包装为主;B、C区紧靠212国道和渝合(合川)高速公路,规划面积为3.77平方公里,以高压输配电装备制造、机械制造为主,着力建设重庆西南输配电产业制造基地和浙江产业园等特色“园中园”;拓展区近期规划10平方公里,以光机电仪研发制造为主,先期启动3500亩。同兴工业园区将逐步建设成为空间分布合理、产业多元发展、特色鲜明的高科技产业集聚的新型循环工业示范区。

一、园区区位优势明显,交通十分便捷

园区距重庆市主城渝中区12公里,江北机场20公里,重庆港20公里,北碚城区12公里。园区东临嘉陵江黄金水道,西靠秀丽的中梁山脉。园区内渝合高速公路、212国道与在建的遂渝高速铁路、重庆中环线、外环线、轻轨6号线相互衔接,即将建设童家溪水运码头和遂渝铁路货运站,已形成了公路、铁路、水路、航空的立体交通网络。园区与重庆11个组团之一的蔡家组团紧紧相依,是重庆组团建设和北上战略重要的产业支撑之地,是理想的投资热土。

二、园区基础设施完善,水电气供应充足

园区基础设施日渐完善。园区年供水能力达

1800万吨以上，童家水厂、蔡家水厂与规划的40万吨井口水厂可为园区发展提供有力的供水保障。园区紧靠220千伏安玉皇观变电站，年供电能力达2500万千伏安以上；DN300燃气主管沿国道212线穿过园区，近期年供气能力达3600万立方米，远期可达10000万立方米。移动通讯、有线电视、宽带网络、邮政服务已覆盖园区全部范围，能够充分满足园区现状及未来的发展需要。园区内除212国道和渝合高速公路等对外交通干道外，已配套完善了约5公里的内部道路和雨水、污水管网系统；随着园区的发展，内部道路及管网系统将进一步完善。

三、园区科技支撑雄厚，技术人才齐备

园区与重庆大学、西南政法大学、西南大学、重庆仪表材料研究所、重庆工业自动化仪表研究所、重庆国际企业孵化器北碚孵化园等相邻。附近有各类科研机构67个，高等院校4所，部属研究所3所，职业学校数十所，中央、市属大中型企业几十个，各类研究人员近万人。可为入驻企业提供有力的技术、人才支撑。

四、园区配套设施俱全，人居环境舒适

有中安翡翠湖、华新国际水天花园等高中档别墅群和花园小区。有国际标准的36洞山地高尔夫球场、五星级酒店和温泉度假村等高档娱乐设施，可满足企业的生活娱乐需要。作为全市的特色工业园区，同兴工业园区正在着力打造两个基地、一个标准化厂房，即“北碚机电仪研发制造基地”、“西南输配电产业制造基地”、“盈田·同兴工谷”，以强强结合的招商模式，良好的产业定位吸引了不少的投资企业的目光。

五、园区发展环境宽松，配套服务优质

园区服务坚持以企业满意为宗旨，着力建设优质服务型园区，构筑开放型经济服务通道，为入驻企业包办国土、城建、规划、工商、税务等相关手续，努力营造“亲商、富商、聚商”的良好氛围，为了确保园区快速建设，积极拓宽融资渠道，除与开发银行重庆市分行衔接外，还与信用联社等金融机构联系，采用BT、BOT模式建设、缓付建设资金等方式，千方百计筹措建设资金，基本保证了滚动发展。一是实行向开发银行重庆市分行和缙云资产公司定期汇报、定期衔接制度。2005年已到位贷款资金1.885亿元；二是及时办理了市、区两级返还的相关税费802万元；三是适时启动了园区信用担保公司，为企业提供融资担保平台，其中，2005年为3家企业办理信用担保贷款500万元，有力缓解了园区的资金压力；2006年开行贷款资金到位3500万元，办理园区和企业市、区两级返还税费4149万元。

六、大胆创新重点突破，征地拆迁平稳进行

四年来，园区认真树立、落实科学发展观，坚持“以人为本”思想，切实维护群众合法权益，解放思想，勇于创新，征地工作稳定快速推进，先后完成土地征用4100亩，完成光机电仪研发制造基地土地利用总体规划局部修改的专家评审工作。为了确保农民失地不失家、失地不失志、失地不失业，园区与当地镇政府联合举办了失地农民再就业培训班，全力实施百万元失地农民再就业培训工程，已开办培训班四期，培训人数300人次以上，通过管委会向企业推荐就业近400人次。同时，园区管委会加快还建房、经济适用房建设步伐，A区一期1.7万平方米还建房已经建成分房，C区5万平方米经济适用房主体工程完工，正在进行内外装饰，预计2007年5月分房，A区4400平方米二期经济适用房、B区4万平方米一期经济适用房正在进行招投标工作，不久可开工建设。园区的亲情政策，有力保证了征地拆迁工作的顺利开展，几年来没有引发一起群众集访群访事件。

七、加快步伐攻坚克难，规划建设快速推进

园区实行倒排工作计划制度，加快规划调整、基础设施建设的步伐。一是加快土地平整进度。在园区用地高差大、整治难的先天“缺陷”下，2003年以来，累计完成土石方工程569万立方米，整治土地近3332亩。二是加快配套设施建设。四年来，园区共计完成道路建设3020米，道路绿化3020米，各类管网约20公里，修建开闭所2座，燃气调压站1座。三是加快入驻企业建设进度。截至2006年底，A区企业已经布局完毕，其中，华立医药、浙瑞汽车、力帆飞泉、钱龙医药包装、鑫灿机械、南泰配件已经正式投产；B区“盈田·同兴工谷”一期1万平方米标准厂房竣工，格林电池、华川油建建成投产。

八、明确标准严格把关，招商引资成效明显

园区始终坚持“招大、招强、招龙头、招外企”的招商理念，对拟进驻园区的企业逐个进行筛选，严格把握入园关，对不符合入驻规定的项目坚决不引进。四年来，园区通过会展招商、委托招商、网上招商、上门招商等多种形式，积极拓宽招商渠道，充分利用各种招商资源，取得了较好的招商业绩。以良好的服务态度，优质的服务水平，赢得了众多企业落户园区。2006年底，园区累计入驻企业48家，投产企业23家，在建企业25家，企业达产后可实现产值150亿元。

九、建章立制增强合力，队伍素质不断提升

园区以加强执政能力教育活动为载体，以建立健全内部管理机制为保障，凝心聚力、开拓创新，着力建设一支“敢打硬仗，能打硬仗，善打硬仗，团结一致，奋发向上”，符合新时期发展要求的干部队伍。通过组织保持共产党员先进性教育、“执政为民服务发展”学习整改活动、行政效能建设，进一步强化了团队的服务意识，提高了服务水平，增强了团队凝聚力，也增强了全体干部职工的责任感、使命感和紧迫感，团队的整体素质和战斗力得到明显提高。

注：本文数据出自同兴工业园区管委会

撰稿单位：重庆市北碚区人民政府办公室

渝北国家农业科技园区

一、园区的基本情况

（一）园区建立背景及范围

1997年，重庆市直辖后不久，为推进全市农业产业结构的调整、加快现代农业的建设，市人民政府批准成立了重庆现代农业开发区。2001年，国家科技部等六部委在全国范围内批准设立21个首批国家农业科技园区，重庆现代农业开发区便是其中之一。随即重庆现代农业开发区改名为重庆渝北国家农业科技园区。至目前，该园区是西南地区唯一的国家级农业科技园区。

按照国家科技部《国家农业科技园区指南》，园区的总体规划面积为38727公顷，包括核心A、B区1427余公顷、示范区3300余公顷和辐射区34000公顷。其中，园区核心A区位于重庆市渝北区回兴街道境内，由果园片区、果塘片区和石盘河片区三部分组成，面积达12Km²。

（二）园区的交通及区位条件

园区核心A区地处重庆主城都市发达经济圈内。南接重庆市经济技术开发区，北邻重庆市空港工业园区，距重庆江北国际机场4公里，离长江寸滩深水港码头6公里，临近龙头寺铁路枢纽站。与212、319国道、渝黔、渝邻高速路相连的210国道、市中环快速干道纵贯园区境内。

二、园区取得的开发建设主要成就

园区创建近10年来，特别是从2003年起，园区确立了科技农业、加工农业、市场农业和生态农业，即“四型农业”的发展定位后，其开发建设事业取得了令人瞩目的成就。

(一)基础设施建设成效显著

建园以来，累计投入资金约10亿元，用于各种基础设施、市政设施的建设。其间，新增道路近30公里，新增绿化面积50余万平米，新铺设各类市政管网达80余公里，架设桥梁3座等。实现了水、电、气、路、通讯、排污、雨水等七通。一个充满了现代气息、勃发着发展生机、宜于生活与生产、和谐而文明的新型城区已经崛起于巴渝大地之上。

(二)产业集聚效应显现

建园以来，累计引进各类企(事)业项目近130家，其中涉农项目近100家。初步形成了以良种奶牛业、精品花卉业、名贵种苗业、生物药业、农产品加工业、农产品物流、农业生态业、农业科研等为龙头的现代农业产业化群落。

园区引进的百事可乐(重庆)公司、重庆天友乳业公司、华牧肉业科技园、利农一把手科技有限公司、重庆秦妈餐饮文化公司、领先集团方便米饭加工项目等近100家农产品加工企业，最大限度地吸纳和有效利用了本土丰富的农产品资源，增加农产品的附加值，带动区域内农业生产的集约化发展。

(三)园区经济实力增强

到2006年底，园区企业的生产总值已达到近40亿元，实现年利税2亿元。园区已经成为区域经济发展的一个重要增长极。

园区着力打造的“中国重庆(国际)食品工业城”，于2006年4月获得了中国食品工业协会的授牌。该项目被纳入到了重庆市经济社会发展“十一五”规划之中。中国重庆(国际)食品工业城将依托园区已建立的农产品基地优势，将食品制造业与农业、服务业紧密结合，为做大做强重庆食品工业奠定基础，逐步构建科学、完整、绿色、安全的食品生产产业链。

落户于园区的重庆三亚湾水产市场、富悦农产品综合市场等将农产品、农业生产资料、农用装备、农业科技信息的市场交易集合于一体，使园区成为农业产业各要素物资流、信息流和资金流的聚集地。

园区的核心B区建设有面积达600多公顷的“万亩花卉生态园”，生态农业的示范也在这里积极推进。乡村文明、亲善自然、绿色环保、资源循环利用的新型农业生产模式，已经在此显露雏形。

(四)科技兴园初见成效

几年来，园区相继完成了国家“863计划”智能化农业信息技术领域的第一、二、三轮项目的实施，受到了国家科技部的肯定和嘉许。园区建立了重庆智能农业信息网，完善了36个示范基地和17个电脑农业工作站，覆盖面包括主城周边和三峡库区部分区县，为农民增收、农业增效提供了科技支持。自主研发的生猪、油菜、黄瓜、奶牛、马铃薯、辣椒等9个农业专家系统，获得了国家知识产权局颁发的计算机软件著作权证书。园区还多次荣获重庆市人民政府授予的科技进步奖项。

三、今后的发展思路

在科学发展观的引领之下，园区将于“十一五”期间，坚持以新型工业化为支撑，以发展高新技术农业为基础，大力发展食品加工业和第三产业，突出以新型工业化带动农业现代化的特色，注重开发建设的质量和效率，兼顾社会、经济和环境的关系，实现园区的和谐发展。

(一)进一步优化和完善园区的投资发展环境

牢固树立“服务一流”的思想，继续实行公开服务承诺制、园区首问负责制等，努力将园区打造成为投资环境最佳、具有强大投资吸引力、经济技术人才汇聚之地。

(二)进一步强化招商引资的力度

树立全新的招商引资理念，采取多形式、多

途径招商引资。要提高招商引资门槛,择优选大,全力引进经实地考证确属科技含量高、经济实力强、发展前景好、示范辐射带动作用大,在国内外享有盛誉的项目,依托、培育一大批强势企业,不断增强农业科技园区的综合经济实力。紧紧围绕重庆十个百万产业化工程,引进水果保鲜深加工、蔬菜保鲜深加工、肉制品加工、调味品、薯类深加工、乳制品、地方特色食品加工等方面的龙头企业。引进4至6家跨国食品制造企业或国内知名食品企业。力争到"十一五"末期实现园区企业年生产总值100亿元,利税30亿元的目标。

(三)进一步抓好各项基础设施建设

使建成区的基础、市政(公益)设施配套,为入驻企业、市民生活创造功能更加完备的生产、生活硬环境。切实搞好拓展新区的水、电、气、路、通讯、排污等基础设施的规划建设,确保发展的需要。

(四)进一步强化科技兴园工作

按照"依托核心区,建好示范区,发展辐射区,带动全市现代农业大发展"的思路,创建农科园区"三区"联动大格局。千方百计地争取国家或市、区科技项目,以实施科研项目为载体来组装核心区,壮大核心区的科技实力。以"专家大院"、"园区(公司)+基地+农户"的农技推广模式,加快农业信息化建设,推动传统产业的升级换代。积极探索农业资源的循环利用途径,实现生产、产出多元化,延伸农业产业链,提高农业资源的附加值,保护生态环境,打造循环经济模式,使重庆农业高新技术研发通过上述途径,实现有核心区展示示范,示范区带动发展,辐射区提质增收的最佳效益。

在开发建设的事业中,在科技创新的道路上,重庆渝北国家农业科技园区一定会大有可为,也一定能大有所为!

注:本文数据出自渝北国家农业科技园区管委会办公室

撰稿单位:渝北国家农业科技园区管委会办公室

空港工业园区

重庆空港工业园区是市政府首批批准的市级特色工业园区之一,是渝北区建设长江上游空港强区的重要载体。自2002年1月动工建设以来,园区以推动地区发展为历史使命,以建设渝北新型工业展示区、北部空港生态新城区为发展目标,全面遵循"科技先导、环境至上、突出重点、持续发展"的战略思想,始终坚持走新型工业化的发展道路,推动工业化和城市化互动协调发展,取得了令人瞩目的成就。目前,园区一期13.45平方公里区域产业布局基本完成,11平方公里实现整体推进,7平方公里片区初步建设成型,一座洋溢迷人魅力和激荡澎湃活力的新型工业展示区、生态宜居新城区已初具形象和规模。

一、园区概况

空港园区地处重庆主城都市发达经济圈内,以渝北区双凤桥为起点,东邻江北国际机场,西靠210国道,南接渝北主城,北达多宝湖,总体规划54平方公里。园区距重庆江北机场仅1公里,距长江上游最大的寸滩深水港13公里,距西南地区最大的龙头寺客货编组站11公里;渝邻、渝涪、渝黔、渝合等高速公路通达四方,市轻轨三号线连接南北、市绕城高速路横贯东西,空港园区已成为集水、陆、空以及轨道交通于一体的枢纽中心。得天独厚的区位优势、迅捷发达的交通网络以及由机场汇集的人流、物流、信息流,为园区开放开发和经济腾飞提供了广阔平台和强大动力。

二、建设发展成就

作为市级特色工业园区的示范园区，空港园区紧紧围绕主导产业目标，加强基础及配套建设，优化投资发展环境，加快产业集聚，加速经济发展，已成为渝北推进新型工业化的主战场，已成为推动地区经济社会发展的重要增长极。在市经委组织的综合绩效考核中，空港园区连续五年位居全市特色工业园区前三甲。

（一）基础建设快速完善，资源承载力全面增强

至2006年底，园区已累计投入建设资金12亿元左右，完成土地整治800多公顷，建成空港大道等主次干道30多公里，铺设各类市政管网近100公里，实施城市绿化20万平方米；日处理污水3万吨的污水处理厂、日供气20万立方米的配气站、11万伏变电站、空港文化休闲广场、青少年活动中心等基础及配套设施已全面建成投入使用；溜马山公园、高堡湖公园、空港实验小学、渝北中学、职业技术学院等一批项目建设梯次推进。

（二）招商引资成果丰硕，产业集聚效应凸显

截至2006年底，园区已签约引进各类项目170个。其中，骨干工业项目134个，计划总投资255亿元，设计年产值650亿元，可实现利税40亿元以上；资源配套项目36个，计划总投资近40亿元。随着项目的规模化集聚和产业链条的延伸壮大，园区形成了“一区多园三产业”的发展格局。其中，交通运输设备加工制造与研发项目已形成集群，汇集了长安汽车、恒通客车、中韩合资银翔摩托车、包头北方奔驰、德国联合汽车电子、台湾元创技研、长安汽车工程研究院等汽摩整车及零部件生产、研发项目90余个，整体形成了以长安为龙头的商务轿车、以银翔为龙头的摩托车和以恒通客车为龙头的客车等“三车”研发、生产基地。与此同时，装备制造、电子信息、综合物流等产业发展也迸发旺盛活力。

（三）项目建设高效推进，工业经济强势增长

园区紧扣“优化环境、强化服务、消化成果”的工作主线，大力推进入驻项目建设，全力加速经济发展，为推动地区经济快速增长做出了积极贡献。在青麓雅园、龙凤花苑等一批高尚住宅小区建成入市的同时，园区内80余个工业项目已先后开工建设，长安CM8、CV6和CV11三款新车陆续下线面市，银翔系列新型摩托车畅销国内外，浙江旺林汽车配件、索奇汽车零部件、鸽牌电线电缆等近50个项目也已全面建成投产，恒通客车、双庆机电等30余个项目掀起了建设的新高潮。高效的项目建设，驱动着园区经济的强势增长。2006年，园区完成工业总产值54.5亿元，实现工业增加值10.5亿元，上缴工业税金3.2亿元，分别是2003年完成量的3.7倍、2.4倍和2.5倍，年均分别增长67.8%、34.8%和36.5%。

（四）投融资合作加深，资金保障强劲有力

按照“投资主体多元化、资金来源多渠道化和经营方式多样化”的工作思路，园区积极推进资本运作，全方位、宽领域开展投融资合作，为开发建设提供了强有力的资金支持。一是与多家金融机构建立了长期稳定的战略合作伙伴关系，并搭建了信用担保投融资平台，形成了“园区+企业+银行”的融资信贷体系；二是探索和实践BT模式，与北京市政集团公司合作，引资4500多万元用于空港大道建设；三是积极实行基础设施项目市场化运作方式，实现了水、电、气和通讯等设施建设投资主体和经营管理主体的转移。

三、未来发展构想

回顾过去，空港园区一路高歌猛进，实现了开发建设的持续、快速、健康发展。展望前程，空港工业园区豪情激越、壮志凌云，铺开了“建设高层次的工业城、打造高档次的生态城”的宏伟蓝图。“十一五”时期，是空港园区建设发展的加速期，是整体形象的提升期，是开发效益的凸显期。站在新的起点上，空港园区肩负着时代重任和历史使命，奏响了加快推动开发建设又好又快发展的最强音，开启了实现长远目标的新征程。遵循建设发展“更高定位、更快速度、更好绩效”的新

要求，空港园区将紧紧围绕发展战略目标，以产业发展、招商引资、基础建设等领域为重点，谋新思路、出大手笔、做大文章，全力推动开发建设迈上新的台阶。

(一)精确定位产业发展目标

充分发挥园区独特的区位交通优势，有效利用优良的自然环境资源，结合江北国际机场"南客北货"的格局以及市政府"空港物流园"的规划，通盘考虑54平方公里规划范围内的主导产业发展方向，倾力打造空港特色品牌。一是依托现有产业基础，继续做大做强交通运输设备研发与制造业；二是着力培育和发展国际空港型现代物流业；三是以国际最新理念引进和培育高附加值、高时效性的高科技产业。

(二)大力促进招商引资策略转变

紧扣主导产业发展目标，坚持高标准选商与主动精确定向招商相结合，瞄准有投资意向的世界500强、国内200强企业和海外上市公司，采取有效的小分队招商、以商招商、激励招商、网络招商等方法，着力引进富有强大带动力和辐射效应龙头项目，并以其牵动配套项目形成产业集群和产业链。

(三)积极推行基础设施建设新模式

积极探索和实践DBT模式，快速高效推进基础设施建设，加快形成由纵向的空港大道、空灵大道和横向的天宝大道、天成大道构成的"井"字型主骨架路网，加大纵深推进力度，形成大开发、大发展的崭新格局。

重庆空港工业园区日趋完善的设施、设备，日渐兴盛的人气、商气，日益彰显气势、态势，已然昭示着美好的发展前景——至"十一五"期末，一座集中展示渝北乃至全市新型工业成果和现代都市风貌的新城区必将昂首崛起在重庆之北！

注：本文数据出自重庆空港工业园区管理委员会

撰稿单位：重庆空港工业园区管理委员会

花溪工业园区

一、园区基本概况与主要成就

重庆市花溪工业园区是2002年12月30日经市政府批准成立的首批16个市级特色工业园区之一，总规划占地面积20平方公里。

(一)区位优势明显

园区位于重庆市巴南区花溪镇，属重庆"1小时经济圈"核心区范围，地理条件优越，拓展空间良好。处于李家沱长江大桥与马桑溪长江大桥之间，内环高速公路贯穿其间。园区距市中心12公里，重庆火车站11公里、朝天门码头13公里、江北国际机场30公里，九龙港口5公里。

(二)基础设施完备

园区建立以来，按照"规划高起点、设计高标准、建设高质量、运作高效能"的原则，强力推进园区基础设施建设，大力改善投资环境，着力提高承载力和吸引力。截止目前，园区基础设施建设已累计投入3.42亿元，组织实施了道路、管网、绿化、电力等项目建设，完成园区平基4000余亩，道路建设12公里，铺设各类管网7.228万米，建成10KV电力开闭所一座，污水处理站1座，绿化设施及灯饰工程全部完工，基本实现了路、水、电、气、通讯等七通。

(三)政策灵活优惠

入驻园区企业享受重庆市特色工业园区优惠政策，还可享受国家西部大开发政策、三峡移民政策、外商投资优惠政策、高新技术企业优惠政策及国家、重庆市和巴南区的相关优惠政策。

(四)服务环境优越

园区一贯奉行“多予、少取、放活、服务”的方针,遵循“以城相待、恪守信誉”的宗旨,热忱为入驻园区的企业提供优质的服务。入驻企业办理建设手续由园区提供“全程无偿代理服务”。同时,园区始终坚持既招商、引商,又亲商,安商,更扶商、富商,使投资者真正感受到政治上有荣誉感、经营上有获利感、生活上有舒适感、办事上有轻松感、感情上有亲近感、人身财产上有安全感。

(五)发展势头强劲

园区凭借着完善配套的基础设施,独具特色的开发优势和诸多鼓励投资的优惠政策,引起了区内外众多投资商的广泛关注。到目前为止,园区已启动实施开发面积6034亩,其中A区即“宗申工业园”,占地1313亩;B区即“建设工业园”和“先锋片区”占地4061亩;C区即“麒龙服装加工基地”,占地660亩。累计引进项目164个,包括宗申产业集团、建设工业集团、中冶建工集团、康超集团、麒龙服装加工基地等重点项目。累计完成工业固定资产投入54.76亿元,实现产值115亿元,工业增加值22.7亿元,税收4.23亿元,安置劳动力13000余人。通过发展,园区基本形成了以摩托车及主要零部件、汽车零配件、通机、机械加工、服装等产品生产加工为主的产业格局。园区2004年、2005年、2006年连续三年被评为全市“先进特色工业园区”。

二、发展展望

为加快实施重庆市“1小时经济圈”建设,承接更多的企业入驻园区展业,按照巴南区委、区政府做大做强园区经济的战略构想,园区即将进行拓展区的开发建设。拓展区地处巴南区界石镇,总用地面积12平方公里。位于重庆都市圈规划“一城五区”中东部片区的腹心,是内环、渝黔、渝湘三条高速公路的交汇点,“十一五”期间规划建设的轻轨8号线、綦江至界石铁路横贯该区域。拓展区将建设成以机械制造加工、电子、家具、服装、医药生产业为主,兼顾发展数字电子产业、集研发、生产、销售于一体的新型工业园区。到2010年,园区建成规模达到10平方公里以上,可实现年产值400亿元,上缴税收10亿元,安置劳动力5万人以上;到2020年,园区总用地20平方公里,可实现年产值800亿元,税收25亿元,安置劳动力10万人以上。

注:本文数据出自重庆市花溪工业园区管委会办公室

撰稿单位:重庆市花溪工业园区管委会办公室

双桥工业园区

重庆双桥工业园区是重庆市人民政府于2003年3月20日批准建设的市(省)级特色工业园区。工业园区于2001年6月开始筹备,2002年2月,重庆市双桥区汽车零部件工业园区管委会正式成立。2003年3月,经重庆市人民政府批准,正式命名为重庆市车城工业园区。2006年1月26日,经国家发展和改革委员会审核批准为省级开发区,并以《国家发改委2006年第8号公告》正式核定命名为重庆双桥工业园区。双桥工业园区总规划建设面积5平方公里,预计总投资29.7亿元,计划2012年完成开发建设。规划分两期实施,一期规划建设面积2.89平方公里,预计总投资9.7亿元,计划于2007年完成开发建设。

一、道路基础设施建设初具规模

先后开工建设十余条道路和一座桥梁,总投资8000余万元。

2003年开工建设的园区主要干道——车城大道全线(长1841米宽44米)和西湖大道南段(长320米、宽44米),已经建成通车。

2005年新开工建设的7条道路和一座桥梁,总投资4356万元。其中:车城大桥(长100米、宽44米,总投资800万元);车城大道东段(长456米、宽44米,总投资780万元);西湖大道北段(长517米、宽44米,总投资900万元);青春大道(长600米、宽26米,总投资300万元);北环中路(长1100米、宽26米,总投资600万元)。火炬大道(长524米、宽26米,总投资750万元);双北中路中段(长403米、宽26米,总投资410万元)等道路桥梁工程已经竣工。

以上道路桥梁和道路沿线的水、电、气、通讯、广电等管网的建成,使园区道路形成网络,基础设施建设初具规模,为园区的开发建设打下了基础,为招商引资提供了发展的平台。

二、招商引资工作成效显著

共签定项目协议34个,协议投资总额13.97亿元,其中新引进工业企业14家,协议投资9.9亿元。

其中:山城汽配厂、中帝公司、双永汽配厂、真仁机械厂、和存汽修厂、高远汽配厂、科桦物业公司等7个企业已基本建成投产。

重庆青专汽车公司,占地面积约217亩,年产5000辆专用汽车,总投资1.34亿元,可解决就业人员200多人。该项目正在进行厂区道路和厂房基础建设,计划年底投产。

另外,投资800万元,用地11亩的耐火材料厂、投资1000万元,用地12.89亩的简阳通用汽车管接件厂、投资400万元,用地11.7亩的升业汽配公司、投资520万元,用地15.85亩的西南汽车销售公司、投资2000万元,用地29.54亩的圣尔科技公司正在建设之中。

2005年园区企业的总产值5.58亿元,实现税收1113.75万元,利润2277万元,解决就业人员2939人。

注:本文数据出自双桥区发计委

撰稿单位:重庆市双桥区人民政府办公室

晏家工业园区

一、基本概况

重庆市晏家工业园区位于重庆地区性中心城市——长寿区,是重庆市人民政府批准的市级特色工业园区和"重庆市十佳工业园区",控制面积达18平方公里,分区布置机械、冶金、电子电器、新型建材等产业。园区区位优势明显。园区紧靠渝长高速公路,距重庆主城和江北机场仅50公里,距长江深水港码头仅3公里,距渝怀铁路长寿火车站和渝怀铁路川维货运专用线仅3公里,是重庆市唯一具备水路、公路、铁路、航空近距离联运的工业园区;园区基础设施完善。日供水10万吨,日供气45万立方米,园区内有3.5万伏专用变电站两座,地下电缆、通讯、闭路电视、排污管道可随时接至终端用户,并保证充沛供应;园区政策优势明显。可享受西部大开发、三峡库区、特色工业园区及长寿区的多项优惠政策;融资政策合理。园区已同交通银行、招商银行等多家银行与入园企业达成了良好的合作伙伴关系,列为区、市重点项目,可获得国债贷款贴息的扶持政策;园区投资服务良好。园区实行"一个窗口"对外"一站式"办公和"一条龙"服务的办事原则,企业所需办理的一切手续均可由园区管委会代办。园区自2003年3月启动以来,在各级领导的高度重视和关心下，2003 年进入全市“十佳”园区之列，2004 年、2005 年连续两年综合排名列全市第四，成为五个“示范园区”之一。

二、发展成就

(一)基础设施建设稳步推进

园区本着基础设施先行的原则，高起点、高标准完善硬件设施，保证入园企业生产建设和园区发展需要。一是根据园区发展态势，及时调整园区规划，由原规划面积 7.66 平方公里调整为 11.3 平方公里；二是加大了基础设施建设力度。投入 8.28 亿元，整治工业用地 6 平方公里。已建成城区至园区及园区内部给水、供气管道约 20 公里，污水主干管建设约 10 公里，建成陈家湾 110KV 配电站、但家湾开闭所和配气站一座，通信管网 75 管孔公里，污水主干管建设约 10 公里，以及固定电话和宽带网络；三是坚持规划先行，突出长远结合，坚持成本比较，强化方案优化。三年来，通过优化设计方案，高标准、低成本，园区节约建设投资约 9255 万元。园区已形成了一个基础设施完善、环境优美的现代化工业园区的雏形。

(二)招商引资成效显著

园区始终坚持把招商引资作为园区发展的生命线，各项工作的重中之重。不断调整招商思路，创新招商办法，启动区域驻点招商、委托招商、细化项目包装等招商方式。同时，延伸龙头企业产业链条，逐步建立产业集群。对已入园的重钢、国复、环松等大型企业的上、下游产品进行专项分析，走访重点配套企业，进行产业链招商；通过已落户园区的企业现身说法，产生“葡萄串”效应，提高了引资项目的成功率，壮大产业规模，形成集约化优势，提高企业的市场竞争力。还建立入园项目评审制度，引入综合实力强的企业。加强对拟入园项目的企业财务状况、投资强度、产出强度、科技含量、环境影响等方面综合分析工作，建立园区招商部牵头，有关部门参加的项目评审制度，努力引进企业综合实力强、污染少、附加值高、科技含量高的项目。通过抓好基础工作，建立较为完善的招商引资宣传体系和技术服务平台等，不断改善招商环境，使招商引资取得显著成效。现已签约入驻企业 83 户，协议投资 130 亿元。其中，市外企业 27 家，外资企业 11 户，上市公司 4 户，重庆工业 50 强企业 3 户。累计实现新增销售收入 40 亿元，安置劳动力就业 4500 多人。

(三)入园企业建设进展迅速

园区牢固树立了“招商、亲商、安商、富商”意识，寓管理于服务中，全面推行责任到人的无缝隙式服务，为入园企业提供了一个良好、宽松的生产建设环境。到目前为止，园区共征地 7354 亩，办理入园企业用地 6105 亩，办理各种审批手续和证照 1200 起。同时，园区建立专门机构，负责投产企业经济运行中有关问题的指导与管理。加强企业生产运行中情况沟通，帮助企业解决生产和扩大再生产中的问题和困难。全力做好水、电、气等生产经营过程中的服务，满足企业生产需求。规范入园企业的计划、统计核算、节能降耗、环保排污等四项管理，提高综合经济效益。加强企业安全管理，增强企业安全建设、安全生产的意识，保障企业正常生产经营。到目前为止，在建企业 25 户，已投产企业达 40 户。

(四)资金融通有效合理

晏家园区作为城市拓展的工业组团，搭上了特色园区的“末班车”。一方面在筹集园区自身建设发展资金上，一是以国开行授信和人大决议，政府承诺的方式争取国开行和其它商业银行中长期累计贷款 3 亿元，现贷款余额 2 亿元；二是盘活园区存量资产，以不对外出售的闲置土地，采取集中打包的方式向银行申请贷款；三是采取“BT”模式(建设、回购)的融资方式筹集资金，建设标准厂房近 4 万平方米；四是积极争取园区各财政性专项资金的补贴，截至 2006 年 5 月，园区取得区财政各项税费返还 18000 万元；五是全力回收土地出让金，累计达 2.8 亿元，占应收土地资金的 70%。另一方面在帮助入园企业筹集生产建设资金上，一是利用宏昌担保公司和晏家信用担保公司，帮助企业担保融资；二是积极协助企业采取其他形式向银行贷款，畅通了企业融资渠道。园区累计协助企业向银行贷款10亿元，其中通过担保公司担保融资1.1亿元。

（五）综合管理力度加强

为了给企业营造一个优美舒适的投资环境，园区狠抓了规范和强化综合管理。一是建立健全了各项安全管理制度，注重安全、文明施工，几年无重特大事故发生；二是加大了市政管理和市政设施的维护力度，脏、乱、差的现象得到了根治；三是坚持建设与环境保护协调发展的方针，认真执行建设项目环境影响评价和环保“三同时”制度，从源头上控制了新污染源的产生；四是加大园区治安管理力度，将园区治安纳入晏家片区治安内勤统一管理，几年无重大刑事、治安案件发生。同时，我们还加强内部管理，科学设置内部职能机构，制定各种规章制度，完善科（室）目标责任制和公司员工岗位级差、职称级差的收入分配制，拉开分配档次，把员工的奖金、效益、招商引资等考核同工作实绩挂钩，重奖贡献卓越人员。充分调动了员工积极性，为园区建设和发展的规范化奠定了坚实的基础。

三、未来构想

未来几年是园区“上台阶、争一流、出效益”的重要机遇期。园区坚持以“三个代表”重要思想为指导，认真贯彻落实科学发展观，按照“立足于快、服从于好、着眼于新、致力于本”的发展思路，以招商引资工作为中心，以基础设施建设为前提，以深化服务为保障，加快企业建设步伐，提高经济运行质量，全力以赴加快发展，千方百计创新发展，统筹兼顾协调发展，促进园区持续快速健康发展。总体目标是完成一期11.3平方公里和重钢迁建9平方公里开发任务，启动新区建设。新增协议引资总额达到150亿元，重钢迁建160元亿建设投资，工业产值实现450亿元，工业增加值实现65亿元，工业投入达到260亿元，利税45亿元，安排就业人数达到40000人，万元增加值能耗下降20%，入园企业环评和投产企业达标排放实现100%。形成以重钢为龙头的西部精品钢材深加工，以国复为龙头的新型材料，以环松为龙头的机械及成套装备制造，以景兴为龙头的包装业四大产业集群，把园区建设成为规划科学、布局合理、配套完善、服务优良、环境优美的重庆市一流示范工业园区。

注：本文数据出自晏家工业园区管委会办公室

执笔人：周建超、熊浩

江津工业园区

重庆江津工业园区，是重庆市首批16个特色工业园区之一，2002年12月经重庆市政府批准，2006年1月获国家发改委审核通过，属省级开发区。园区由德感组团、双福组团、珞璜组团组成，规划面积31.63平方公里，已建成6平方公里。园区成立4年来，先后引进世界500强企业2家、中国500强企业3家，新入驻企业107户，合同引资267亿元。2006年实现工业总产值53亿元，实现工业增加值15亿元，入库税金3.5亿元，实现就业1.4万人，综合实力位居重庆40个特色工业园区第五位，江津工业园区已成为推动江津经济社会发展的主导力量。

一、优化发展环境，打造“绿色”园区

“欲引凤，先筑巢”。坚持高标准和适度超前原则，大力推进基础设施建设。投资1.5亿元建设九江大道，打通了与主城九龙坡的快捷通道，

进一步提升了江津的区位优势；累计投入基础设施建设资金近10亿元，德感、双福园区大道投入使用。德感、双福、珞璜三组团均建有110KV专用变电站；供水能力分别达6万吨、3万吨、3万吨；日供气能力分别达35万立方米、10万立方米、35万立方米。充分发挥境内成渝铁路、渝黔铁路15个火车站和127公里长江岸线优势，以及渝川黔三省市结合部的便利条件，使江津工业园区成为大工业或特大型工业项目落户的理想基地。加强和改进行政服务水平，提高行政效能，对园区入驻企业一律实行“一费制”、“一站式”办公。实行“区领导联系重点企业”、“重点企业直通车”等制度，亲商、扶商、安商、强商，在全区上下形成了支持企业发展的良好氛围。积极搭建融资平台，成立两家担保公司，为园区企业担保贷款，缓解企业资金瓶颈制约。加强财政资金的导向作用，每年安排1000万元以上专项资金，鼓励企业技术进步和技术创新，为增强企业核心竞争力创造条件。

二、完善管理机制，打造务实园区

把加快工业园区建设作为江津工业园区经济社会发展的重中之重，区委、区府主要领导牵头，成立工业园区建设领导小组，统筹协调，整合资源，形成合力。及时完善园区管理体制，将园区管委会作为政府特设机构，人、财、物独立运行，建立健全园区目标考核体系，激发园区干事创业的热情。明确园区所在镇街的责权利关系，推动园区与所在镇街良性互动，协调发展。实行例会制度，园区领导小组每月定期研究园区重大事宜。对玖龙纸业，精密铜管、潍柴大机等重大项目，根据工作需要随时研究，及时协调解决园区建设的重大问题。在引进全球规模最大的精密铜管生产企业——河南金龙集团来江津工业园区的投资过程中，区委区政府主要领导先后3次赴集团总部洽谈，历时8个月，最后在市政府和市经委有关领导的关心支持下正式落户江津，该项目总投资达45亿元，将成为金龙集团在亚洲最大的制造基地。

三、着眼政企“双赢”，打造诚信园区

言必行，行必果。园区信守承诺，坚决摒弃“只爱凤凰不栽树，只爱投资不服务”的错误作法。通过换位思考，坦诚相待，真诚服务，促进企业安得下、想发展、能壮大。山东潍柴大机项目入驻园区后，为改善入驻项目的交通条件，园区兑现承诺，无偿投资450万元，仅用45天就挖开了4万多立方米岩石，填起了9000多立方米山沟，及时建好连接新老厂区长1.2公里的水泥专用大道，比原路缩短近4公里。潍柴大机项目从开工到投产只用了3个月，创造了该区企业从开工到投产的最快纪录。潍柴动力集团总部被我们的诚信所感动，又把投资9.3亿元的项目选址江津。目前，该企业已成为园区的纳税和就业大户，实现了政企“双赢”。

四、培育产业集群，打造特色园区

特色鲜明才能使园区具有较强的竞争力。根据园区的规划和产业布局，依托机械、建材、能源等具有较强竞争力的优势产业，突出特色，延长产业链，培育产业集群，凸显规模效益。充分发挥重庆齿轮箱公司、重庆潍柴动力公司等重庆工业五十强企业的优势，先后引进了重庆焱炼、禾丰机械、重庆金象、广际实业等20多家机械加工类企业，形成了从铸锻到精加工，从表面处理到热处理，从零部件到总装，专业分工明确的机械装备加工产业链，形成强大的配套能力，又成功引进了瑞士ABB涡轮增压器项目，重庆钢铁设计院和四川川润集团冶金设备项目。目前园区已聚集金龙铜管、赛迪川润等40余家装备制造企业；三峡油漆、重庆智亨等20余家涂料企业；法国拉法基、韩国SK集团、中国建材集团等近10家建材企业。目前，园区装备制造业、涂料业、建材业、包装产业集中度达到86%，集聚效应十分明显。

五、抢抓优质项目，打造实力园区

地区经济的发展离不开重大项目的带动。牢固树立"上大项目就是大发展"的思想，将招商引资的重点瞄准东部沿海发达地区和重庆主城"退二进三"等具有良好资金实力的大项目，成功引进玖龙纸业、韩国SK、金龙铜管、重庆钢院、中国建材集团、广州恒大、渝丰线缆、三峡油漆等投资上亿元的企业26家，园区协议引资额达262亿元。这些项目发展潜力大，带动性强，增强了园区发展实力。2006年8月，当得知亚洲第二大国内第一大包装纸生产企业——香港玖龙纸业（控股）公司正在四川等地考察投资的信息后，在重庆市有关领导和市外经委、经委、发改委、国土局、环保局等部门的大力帮助支持下，积极主动与玖龙公司项目负责人衔接，扭住不放，各方配合，仅三天就按投资方要求准备了环保、地质、地形、水文、气象、规划、原料、辅料、水陆交通、市场条件、生活条件等详尽资料，受到了玖龙项目组的高度评价。2006年11月20日，玖龙公司与园区正式签订协议入驻，总投资120亿元，总产能500万吨包装纸，年销售收入将达150亿元以上，对园区经济社会发展具有重大带动作用，已有10多家配套企业纷至沓来。

六、坚持科技带动，打造创新园区

科学技术是第一生产力，创新是园区保持持续活力的关键。坚持走低投入、低能耗、低污染、高效益的"三低一高"的新型工业化道路。在招商引资中，注意考察项目对环境的影响，绝不以降低环保的要求来吸引项目。积极引导和鼓励企业加快技术创新，每年安排新型工业化结构调整资金500余万元，支持和鼓励园区企业加快产业结构调整。积极争取上级政策支持，指导帮助入驻企业申报国家级项目7个，重庆市级工业项目32个，获得无偿扶持资金3260万元，为15户企业落实了西部开发政策。积极引导企业与科研院校进行合作，加强产学研结合的科技创新体系建设，创立国家级技术中心2个，获国家免检产品1个，创重庆名牌3个。2006年7月，重庆市科委下达第一批重点新产品计划中，江津工业园区有4个企业5个新产品榜上有名。

江津地处重庆近郊，是重庆市规划建设的六大区域性中心城市和"1小时经济圈"主要城市之一，自然资源丰富、水陆交通便捷、基础设施完善、工业基础雄厚，发展大工业具有得天独厚的条件。随着西南大通道、重庆绕城高速公路和小南海、朱杨溪水利枢纽工程的建设，江津建设区域性中心大城市的步伐将明显加快。"十一五"期间，园区将进一步创优环境，突出特色，以大项目为抓手，全力打造装备制造、建材、能源、包装、涂料五个百亿级产业集群，力争园区工业产值占全区工业总产值80%以上，成为重庆市重要的工业基地。

注：本文数据出自江津工业园区办公室
撰稿单位：重庆市江津区人民政府

合川工业园区

合川工业园区成立于2002年12月，2003年3月经重庆市人民政府批准成为省级特色工业园区。自成立以来，按照"优化资源配置，合理布局，强化配套能力，做长产业链"的原则，以项目推进为重点，紧紧抓住融资、征地、招商、建设、服务五项工作不放。到2006年，园区形成了以投资3亿元的中染纺织印染、投资1亿元的金考拉服饰和华诚四棉为代表的纺织服装产业；以投资1.5亿元的胜凯制药、投资1.2亿元的希尔安药业、投资8000万元的希望动物药业为代表的生化制药产业;以投资1.5亿元的比格机械、投资1亿元的奥顺特机械为代表的机械制造产业;以投资1亿元的德佳食品、投资5000万元的润绿食用油为代表的食品加工产业;以投资1亿元的强联人发、投资4000万元的华亚家私为代表的综合工业。初步形成纺织、制药、机械、食品、综合“4+1”的特色产业,园区建设发展取得较为显著的成效。

工业园区从2003年成立到2006年底,累计投入建设资金9.8亿元(其中:园区直接投入2.5亿元),建成面积达2.5平方公里,入驻工业企业50户。截止2006年底,园区总产值实现10.9亿元,同比增长37.6%,是2003年的2.8倍,占全市工业的比重从2003年的7%提升到2006年的12.6%。实现工业增加值3.5亿元,同比增长28.6%;全年完成固定资产投资5亿元,同比增长230%;实现财政总收入3250万元,同比增长32.8%,地方财政一般预算收入920万元,完成年度预算134.8%,同比增长57.8%。

一、筹融资取得实效

自园区成立以来,通过争取政策扶持、盘活土地资产、有效运作商业用地等方式,筹融建设资金25000多万元。其中:争取政府财政性借款6800多万元;获得信用联社、开发银行等金融机构贷款9900万元;获得土地出让收入价款5700万元;三年来园区财政一般预算收入2100多万元;上级补助收入500多万元。这些资金集中用于了拆迁安置补偿、征收土地、基础设施建设等,基本上保障了园区建设发展顺利推进。目前,园区正在包装策划一批基础设施项目,准备与开发银行、农发行、三峡担保公司等金融机构对接,力争获得一批政府低风险信用贷款。

二、土地利用集约化

自园区成立以来,共征用土地3579亩,其中:工业用地2770亩,商业用地559亩(抵押贷款446亩,挂牌出让80亩,存量33亩),基础设施用地250亩。到2006年底,已出让土地2340亩。在土地利用上,严格按照国家规定的投资强度、容积率、建筑系数等相关指标,加强招商项目的论证和评审,控制企业用地规模,清理和制止了企业“占而不用,多占少用”的浪费行为,2004年以来园区企业平均投资强度分别为38、54、68万元/亩,投资强度已逐年提高。

三、稳妥解决拆迁安置

截至2006年底,园区已安置人员3489人,拆迁房屋348户、面积35860平方米,累计发放拆迁安置补偿资金9900万元。妥善解决好拆迁安置补偿新旧政策补差等群众关心的热点、难点问题;高度重视农民“失地不失业”工作,帮助780名符合条件的园区农民上岗就业;为220名拆迁群众代办了农转城储蓄式养老保险;为350多户已安置但未拆迁农户安装了自来水,帮助80多户未拆迁群众用上了天然气,修建便民水泥路2000米,改善了群众的生产生活环境,维护了园区的社会和谐与稳定。

四、基础设施逐步完善

园区自成立以来,累计投入各项基础设施建设资金1.12亿元,基础设施已有一定规模。一是道路建设方面,堰口路、荣军路(含支道)3652米已经建成,高阳路B标段940米已完成工程量60%,堰口三支道680米已开工建设;二是土地和水系整治方面,累计整治项目用地2555亩,完成堰口至荣军校片区的水系整治及水、电、气、通讯等管网铺设工作;三是拆迁还房建设方面,堰口片区拆迁还房10800平方米已经建成,安置了拆迁农民112户,荣军校片区14000平方米拆迁还房主体工程已经完工,年内可安置140户拆迁群众入住,希尔安大道片区5000平方米还房正在进行前期准备,可解决47户拆迁群众入住。

五、招商引资初见成效

园区高度重视招商引资及企业落户工作，到2006年底，入驻工业企业已达50户，成功引进世界500强企业香港查氏集团、上市公司重庆华邦制药、比格机械制造、希尔安药业、葛恩生物科技、重庆生物科技、上海金考拉服饰、强联发制品、德佳生猪屠宰、华西希望集团、奥顺特机械等各类企业41户（其中：投资上1亿元的企业10户），协议投资总额达22.4亿元，占地2500余亩。其中：建成企业已达13户，如希尔安药业、华亚家私、希望动物药业、奥顺物机械等；在建企业17户，建成面积达17万平方米。自园区成立以来，企业建成面积达62.5万平方米，安置劳动力4800余人。其中：园区成立前有企业10户，2003年以来新引进企业40户（投资上1亿元的企业10户）。2006年新引进企业协议投资总额达22.4亿元，协议用地2500余亩，预计建成投产后年工业产值可达45亿元，年税收2亿元，解决1.8万人上岗就业。2003年至今，建成投产企业13户，在建企业14户，预计2007年初将新开工建设企业4户，另有9户企业正在进行开工建设的前期准备。即将签约的项目还有北京兰天大诚公司新型环保节能建材、重庆牧哥食品公司火锅底料调味品等2个；在谈项目有香港日进公司壳式变压器、安徽锦丰投资集团方便面生产、承恒热交换器厂电热交换器、特奇机械公司模具生产等4个。

六、综合服务能力不断增强

园区坚持服务是第一环境，扎实开展“执政为民、服务发展”学习整改活动，通过“三段式服务”着力打造服务型园区。一是做好企业投资审批时的全程代办式服务。派专人为企业办理各种报建审批手续，实行“统一接件、抄告相关、并联审批，限时办结”，开通报建审批“绿色通道”，即：在正常情况下，企业完成报建时间控制在58天；实际操作时，只要企业基本资料齐备，完成报建时间只用33天；即使企业基本资料不齐备，但达到开工条件的，也可提前动工建设。二是做好企业开工建设时的跟踪式服务。严格执行“三项制度”，即：项目推进责任制度、项目联席会议制度、相关部门参加的企业现场办公会制度，及时帮助企业解决建设过程中出现的困难与问题。三是做好企业建成投产后的经常性服务。召开企业座谈会、专题协调会，实行企业检查许可制度和首问责任制，不断增强服务措施，改进服务质量，消除“JQK”现象（J：即“勾”，把客人“勾”进来；Q：即“诓”，把“勾”进来的客人“诓”住；K：“尅”，等机会成熟后再慢慢地“宰”客人）。

七、五年发展规划

重点开发南城A区高阳片区（约4平方公里）和北城B区思居片区（约7平方公里），计划每年推进1—2平方公里，用5—7年的时间完成这两个片区的开发。一是把高阳片区规划为近两年实施重点，该片区已完成土地利用调规1600多亩，征收土地580亩，经测算该片区的可建设用地单位土地开发成本约12.55万元/亩；二是把思居片区规划作为拓展重点，该片区临嘉陵江一片3000多亩规划用作商业开发，作为“以商补工”，公路内侧7000多亩用于发展无污染或污染较轻的工业企业，该片区可建设用地单位土地开发成本约10.46万元/亩。同时增大资金投入，按每年1—2平方公里的发展速度推进园区建设，每年需投入建设资金2—3亿元。计划通过招商引资入驻企业收回土地出让价款，以及采取“以商补工”、财政扶持等办法，加大园区建设资金的投入力度。

加大招商引资力度，通过围绕产业招商，强化项目包装，对纺织服装、生化制药、机械制造、食品加工等特色产业在招商引资政策上更加优惠的办法，抓住东部发达地区产业向中西部地区梯度转移的机遇，抓住重庆主城区实施工业企业“退二进三”战略的机遇，扩大招商引资的渠道和成果。

与此同时，园区将进一步优化服务环境，努

力提高服务质量。精简报建审批环节，简化办事程序，提高办事效率，加强和谐园区构建工作，协调处理好园区与企业、企业与农民、企业与企业之间的关系，切实做好农民拆迁安置补偿工作，着力解决“农民失地不失业”、农民养老保险等工作，使园区的发展迈向新的台阶。

注：本文数据出自合川工业园区管委会办公室

撰稿单位：中共重庆市合川区委党史地方志办公室

执笔人：杨成术

永川工业园区

重庆永川工业园区是经重庆市人民政府批准设立的省级工业园区，规划建设20平方公里，现已建成3.5平方公里。引进企业73个，其中建成投产47个，实现协议引资90亿元，实际到位资金25亿元。2006年，园区实现工业产值35亿元。

一、园区建设成就显著

重庆永川工业园区以“一区四组团”的建设发展模式，设中山、大安、港口、临江四个组团。

中山组团。位于永川城市新区，紧邻永川火车站、成渝高速公路路口，与成渝铁路、成渝高速、渝隆高等级公路、永泸高等级公路环绕相连，主要以轻工、机械、电子为主导，优先发展高新技术产业，是重庆市确定的电子元器件产业园区。现已引进企业50家，投资总额达35亿元。有投资2.5亿元的GOOGLE大型高速电喷柴油发动机、投资2.3亿元的国维职教、投资2亿元的紫光化工、投资1亿元的重庆啤酒、投资8000万元的航凌电路，以及东方希望饲料、美德制药等企业。2006年，该组团企业生产总值达25亿元，初步形成了机械、食品、电子三大产业集群。

大安组团。位于永川城区东部5公里，成渝高速路大安道口，距永川火车站12公里，距重庆港永川港区40公里，距重庆江北机场50分钟车程，成渝公路、渝隆高等级公路横贯组团。组团主要发展机械加工、新型材料和食品工业，现已引进企业20户，投资总额达10亿元，有投资8000万元的金盛侨立、有投资6000万元的重型钢构、投资5000万元的万江铝材，以及精细化工、美萨佳士达、菩浪科技等企业，2006年组团企业生产总值达10亿元。

港口组团。位于永川城区南部，地处川、渝、黔三省市交界，相邻永川、朱杨溪两个二级编组火车站，紧邻长江水道，水路运输通江达海，重点发展资源加工型工业，配套发展港口运输、物流配送等。组团现有投资30亿元的香港理文造纸公司、投资15亿元的永川发电公司等大型企业，投资总额达45亿元。

临江组团。位于永川东南部，有成渝铁路、永津公路横贯组团，距重庆港永川港区25公里。组团主要发展精细化工，以其他加工制造业为补充，组团已完成了各项规划，已协议引进企业3户，投资总额达2.58亿元。

二、园区发展环境优越

重庆永川工业园区紧靠永川城区，投资环境优越，基础设施健全，金融体系健全、商贸繁荣、信息发达、资源丰富、能源充足，能充分满足入园企业的生产、生活需求。

园区拥有完备的公路、铁路、空运、水运物流运输体系，年货运吞吐能力可达2000万吨，是重庆西部金融中心，商贸中心、信息中心和物流资源配送中心。汇集了国家和省级科研机构6所，科研人员2.5万人；建有职教院校28所，开设了机械、电子、化工、工商贸易等98个专业，在校学生超过10万人，每年毕业生3万多人，可为企业提供充足的技术人才。建有省级重点中学3所,高级完整中学13所,实现了义务教育学生就学最近距离全覆盖。公共医疗、疾控预防、妇幼保健、卫生监督体系健全,建有三甲一所、三乙医院两所;拥有重庆野生动物世界、茶山竹海等四A级景区,以及陈子庄纪念馆、中华茶艺山庄等旅游精品十多个;距世界文化遗产大足石刻15公里。建有容纳2.5万人的体育中心、文化艺术中心、体育公园等文化娱乐设施,有名豪锦江、锦绣花园等2个五星级宾馆,6个三星级以上的宾馆酒店。这里治安状况良好,居住环境优良,人民安居乐业,建有两个大型休闲广场和六个市民公园,以满足市民和外来客商、人员的居住生活、休闲娱乐需求。

园区制定了最优惠的财税政策、极具吸引力的土地供应政策和招商引资奖励政策;建立了"投资全过程、建设全方位、投产全天候"的服务机制,出台了一系列方便业主的服务措施,把建设领域的行政审批事项纳入了园区管委会直接审批,代发《建设工程选址意见书》、《建设项目环境影响评价审批意见》、《国有土地使用权证》等13项证件,解决了入园企业前置审批多、中介服务繁、办理时限长、市场门槛高的难题,确保在园区内以最短时限办结所有行政审批事项。

重庆永川工业园区将始终坚持以科学发展观为指导,以推进新型工业化为主线,以培育企业集群和强势产业为重点,进一步拓宽投融资渠道,加快基础设施建设步伐,强化综合服务,营造开明、开放的投资发展环境,着力打造大城市建设强有力的产业支撑。到2010年,园区将建成20平方公里,形成400亿元的工业生产规模,逐步建成"大城市产业集聚区、新型工业示范区和社会财富创造区",努力打造重庆最具活力、最有实力、最有影响力的西部产业新区。

注:本文数据出自永川工业园区管委会办公室

撰稿单位:重庆永川工业园区管委会办公室

潼南工业园区

重庆潼南工业园区前身是2003年7月16日由重庆市人民政府批准设立的重庆市凉风垭工业园区。2005年,按照《国家发展改革委、国土资源部、建设部关于印发清理整顿开发区的审核原则和标准的通知》精神,经潼南县认真清理整顿和申请,再次通过重庆市人民政府批复,由国家发改委发布2006年第41号公告及国土资源部公告,将重庆市凉风垭工业园区和潼南县凉风垭经济园区进行整合,同意设立为重庆潼南工业园区。

园区规划面积为208.09公顷,园区位于潼南县政治、经济、文化中心的梓潼和桂林街道办事处。依托遂渝快速铁路和遂渝高速公路两条交通"动脉"、"1小时潼南工程"、涪江河富金坝航电枢纽工程等综合交通条件,以及潼南独特的水、电、气丰富等资源优势,将最大限度地为重庆潼南工业园区积聚各种产业项目。随着潼南区位优势的明显改善,"工业强县"战略坚定不移的实施,自然资源和能源资源的丰富储备,潼南工业园区必将成为渝西独具优势的投资创业基地。

一、园区的基本情况

(一)园区的区域划分

园区共分为A、B区:A区(北区)四至范围是东至梓潼镇莲花村,南至涪江北岸,西至南北干道(潼南王家店至合川兴隆公路),北至莲花村,主要是依托天然气资源优势,发展化工产业;B区(南区)四至范围是东至梓潼镇岩湾村,南至哨楼村,西至岩湾村、哨楼村,北至涪江河北岸,主要是发挥资源优势,以机械制造、农副产品加工、医药为主,发展高新技术等产业。

(二)园区布局及产业定位

园区建设发展方向是积极引进高新技术,充分利用潼南资源优势,因地制宜突出地方特色,园区将形成基础设施配套、优质服务和管理先进的现代化工业区。集聚的主导产业及今后发展方向是农副产品加工业、化工业和机械制造业。

1.农副产品加工业。主要布局在B区,以农业产业化项目为重点,发展农副产品深加工和精加工,潼南县是农业大县、产粮大县、100万头生猪大县,有全国无公害蔬菜基地,优质油菜基地、蚕桑养殖基地和笋竹基地,农副产品资源丰富。切实把资源优势变为产业优势和经济优势,做大做强潼南县的农副产品加工业。

2.化工产业。主要布局在A区,现代化工企业3户(重庆农化集团、新华化工厂、重庆万利来化工公司)落户工业园区,占地1000亩,产值约15亿元,有延长产业链条件。现已初定10余个上下产业链的相关项目,总投资5亿元。同时,建有化危品专用铁路线,县境内天然气资源储备丰富,探明储量300亿立方米,发展化工产业优势明显。

3.机械制造业。主要布局在B区,以重庆红旗钢圈厂的引入为契机,加大其配套厂的引进建设。同时,挖掘“退城入园”的企业:重庆潼南大佛塑料厂、重庆市瑞成铜业公司、重庆潼南东安机械制造公司、潼南川艺机械厂、重庆潼南丰收农机公司等企业的生产潜力,做大做强机械制造业。

二、园区取得的主要成绩

(一)基础设施建设

1.规划设计基本完善。完成了工业园区地质勘察报告和8平方公里的地形图测绘,制定了符合县域经济特色和产业结构要求的工业园区产业规划,完成了工业园区一期4平方公里的控制性详细规划编制。

2.建设工作稳步推进。顺利地完成了园区征用土地和报件工作。园区已征用土地122.9公顷,已办理供地手续87.54公顷,完成道路建设7.02公里,绿化面积96200平方米,修建标准厂房78600平方米,园区综合大楼13750平方米,平整土地80公顷,共完成了工业园区固定资产总投资4.2亿元。

(二)产业基础

园区目前已入驻企业24户(投产企业17户,在建5户,待建2户),投资规模达到15亿元,计划年产值近35亿元,安置劳动力就业8千余人。其中农副产品加工企业有:重庆仁人可蔬菜开发有限公司、潼南东安肉联食品厂、重庆保青蔬果有限公司等企业,主要以农副产品精、深加工为主;机电配套加工企业有:重庆红旗钢圈厂、重庆潼南大佛塑料厂、重庆市瑞成铜业公司、重庆东安机械制造公司、重庆潼南森威塑料制品厂等企业,主要以加工汽车配件、各类型轴承、机械设备、电子配件、塑料制品、玻璃制品等配套产品为主;化工、医药、纸业加工企业有:重庆农化集团、重庆市万利来化工股份公司、重庆新华化工厂、重庆康迪中药饮片厂、天成纸业公司等企业,以生产红矾钠、铬盐、碳铵、甲醇、硫酸、钛白粉、中药饮片、纸箱、纸板等产品为主。

三、园区的未来发展规划

潼南工业园区未来发展规划建设面积为15平方公里,计划到2020年完成实施建设,共分三期进行建设。园区总投资按每平方公里投资强度6亿元估算共计90亿元,总产值将达到300亿元,税金将达到15亿元,安置劳动力就业7.5万人。

近期发展规划:到2010年,建成4平方公里,实现总产值80亿元,税收4亿元,安置劳动力就业2万人。

中期发展规划:到2015年,建成8平方公里,实现总产值160亿元,税收8亿元,安置劳动力就业4万人。

远期发展规划:到2020年,建成15平方公里,实现总产值300亿元,税收15亿元,安置劳动力就业7.5万人。

注:本文数据出自潼南发展谋划委员会

撰稿单位:重庆市潼南县人民政府办公室

金龙工业园区

一、基本概况

重庆市金龙工业园区为2002年12月重庆市人民政府批准的首批特色工业园区。规划总面积18平方公里,其中商住区7平方公里,工业发展区11平方公里。工业园区交通便捷。位于成渝、遂渝、兰渝三条铁路和遂渝、成渝、渝合、重庆三环三纵一环高速路之间,是重庆连接四川和西部地区的重要通道。渝遂高速公路建成通车后,距重庆主城区40余公里,距重庆大学城30公里,距成都200余公里,距重庆江北国际机场65公里,寸滩集装箱码头60公里。

通过四年的努力,已完成了长5公里的金龙大道、长10公里的鞋业园主干道、连接园区南北的金龙大桥、机械园主干道等重点基础设施和配套设施建设。到2006年底,园区完成基础设施投入3.5亿元,完成征地拆迁8719亩,落户园区的工业企业达126家;入园项目132个,项目总投资45.77亿元,建成投产项目62个,在建项目48个;全部项目建成投产后年产值可达68亿元,年利税10亿元,能提供就业岗位3万个以上。浙江红蜻蜓鞋业集团、浙江天翔羽绒集团、金江水泥公司、和平药业公司、重庆天厨味精厂、重庆粮油集团、重庆铝制品厂、重庆力伦达钟表有限公司、澳大利亚EEC公司、台湾满祥集团公司、香港港泰电气公司等知名企业相继落户园区,已基本形成了以制鞋、轻纺羽绒、机械加工、食品医药等为主的主导产业。金龙工业园区已逐步成为铜梁县新的经济增长极,2002年至2006年连续五年被评为"重庆市特色工业园区先进单位"。

二、取得的主要成就与经验

(一)举全县之力建设园区

县委、县政府把金龙工业园区作为全县经济发展的重要增长极和推进城镇化的重要载体,明确提出了工业向园区集中、资金向园区投入、政策向园区倾斜、人才向园区聚集的发展思路,要求全县上下全力支持工业园区建设。一是把园区管委会作为县政府派出的常设机构,履行县级经济管理权限,并由机构编制部门落实定编定员。二是建立和完善扶持园区发展的稳定收入渠道,每年安排2000万元财政资金用于园区基础设施建设贷款贴息。三是将园区内收取的土地出让金、土地出让收益价金、基础设施配套费等各种规费全额返还园区,将企业上缴税金县级实际所得的80%返还给园区,用于园区基础设施建设。四是搭建融资平台,通过组建园区投资公司、信用担保公司、土地储备中心,采取银行贷款等多种形式筹集资金。五是将国家开发银行扶持中小企业的授信贷款政策向园区企业倾斜,促进园区内的企业快速发展。

(二)科学合理编制规划

按照"一次规划、总体控制、分步实施、滚动开发"的工作思路,紧紧依托城市拓展区、交通干道编制完善了园区总体规划和控制性详规。在编制园区规划中,注重规划的前瞻性、可操作性和可持续性,园区规划能满足未来10年至20年的发展需要。园区按产业规划,进行分区集中布局,有利于产业的快速聚集、企业的相互配套和环境治理。

(三)以城镇化带动园区

按照打造西部轻工城的目标,将工业园区纳入了城市总体规划。工业园区与城市商住区紧密衔接,紧紧依托铜(铜梁)合(合川)公路和国道319线,充分利用城区基础设施和水、电、气、通讯等公共设施,为园区节省了大量基础设施建设的投资,加快了园区建设步伐,促使园区早出形象、早见效益。

(四)大力培育特色产业壮大园区

按照重庆市特色产业指导意见的要求,结合

铜梁区位条件和资源状况,园区重点规划发展制鞋、轻纺羽绒、机械加工、食品医药等劳动密集型产业、城市大工业配套加工业和农产品加工业,围绕建设西部鞋业基地、西部轻工城、重庆机械汽摩零部件加工基地目标,大力实施产业招商,做大做强特色产业。成功引进了澳大利亚 EEC 国际集团公司、中国红蜻蜓集团公司、浙江天翔集团公司、重庆金江水泥有限公司、重庆和平制药有限公司、重庆奥博铝材制造有限公司和韩国 SJ 公司等企业 129 个,引资总额 50 多亿元,到位资金 20 多亿元,建成投产项目 40 余个,全部项目建成投产后年产值可达 130 多亿元,能提供就业岗位 3 万个以上。

目前,已引进机械加工企业 30 余个,计划投资约 10 亿元,项目建成后可实现工业总产值 40 亿元;已引进鞋业企业 60 余家,计划投资约 7 亿元,项目建成投产后可实现工业总产值 25 亿元,可提供就业岗位 2 万个。

(五)以商补工建设园区

为了筹措园区基础设施建设资金,铜梁县将部分城市商住开发区划入工业园区统一开发建设管理,通过工业园区建设拉动商住用地市场,大幅度提升商住用地的出让价格,将商住用地出让收益用于工业园区基础设施建设,为园区建设筹措建设资金。

(六)优化园区发展环境

根据园区的实际情况,"软硬兼施",积极营造良好的投资环境,构筑投资洼地。一是注重基础设施建设,优化园区发展的硬环境。首先是建好园区内主干道路,构建园区道路框架。各种管网、环保设施、绿化等配套设施与道路同时规划、同时建设。其次,根据入园企业建设的需要,适度超前地搞好支道建设。项目在哪里,就把道路修到哪里,把各种管网铺设到哪里。建成了长 5.9 公里的金龙大道,长 10 公里的鞋业园主干道,连接园区南北的金龙大桥,机械园主干道等骨架道路;动工建设了 220 千伏、110 千伏变电站,解决了皮鞋园用电和金江水泥公司用电问题。

二是强化企业服务,优化园区发展的软环境。设立了园区服务处,由园区服务处为企业代办登记和各种行政审批手续,协调中介机构为企业服务。会同县行政服务中心对入园项目实行"一站式"办公,每周一下午,相关职能部门抽调专门领导和工作人员在县行政服务中心,对入园项目需办理的手续集中"会审",集中办理,受到业主的好评。

三是"亲商、安商",营造良好的人文环境。主动同入园的业主协调关系、交朋友,帮助企业招工培训,帮助企业搞好生产管理,积极解决企业业主在居住、医疗、子女入学等方面存在的困难和问题,让业主们融入铜梁、热爱铜梁、扎根铜梁。

注:本文数据出自金龙工业园管委会办公室

撰稿单位:重庆市铜梁县发展计划委员会

大足工业园区

重庆市大足工业园区位于大足县龙水镇、邮亭镇,是经重庆市人民政府于 2003 年 7 月批准设立的省(市)级特色工业园区。总规划面积 12.1 平方公里,由龙水工业园区(A 区)和邮亭工业园区(B 区)两部分组成,其中龙水 A 区 8 平方公里,邮亭 B 区 4.1 平方公里。园区交通便利,环境优美,南接成渝高速公路、成渝铁路、邮亭火车站,北临大足县城、石刻风景区,东靠玉龙山国家森林公园、龙水湖,距重庆、县城仅 40 分钟、20 分钟车程。园区基本形成了以五金、汽摩配件为主导,发展铸造、锶盐、建材等产业的特色定位。

近年来,县委、县政府始终把工业园区建设作为县域经济发展的重点,在人才、财力、物力等方面给予倾斜保证,成立了由县委、政府直接领导的园区管理委员会，全面负责园区的规划、建设、管理、开发等事务。工业园区建设紧紧围绕全县建设“国际旅游胜地、生态经济城市”的目标，按照“规划立园、项目兴园、科技强园、生态美园”的思路，坚持“高起点规划，高标准建设，高效能管理”的原则，着力突破“资金、用工、土地、物流”四大瓶颈，主攻大项目，产业聚集项目，促使园区不断做大做强，吸引了县内外企业向园区集中，使工业园区保持了稳步、健康、快速的发展势头。

一、科学规划、规范管理

投入180万元，聘请自贡城市设计研究院等专业设计单位编制完成园区控制性详细规划、可行性研究报告、环境影响评价报告、地质灾害影响评价报告、水土保持方案等，对园区今后5—10年的土地利用、路网框架、设施配套、绿地建设、水系、景观建设以及功能区划分等进行了高标准规划设计。加强对园区的运行管理，完善园区统计体系，制定了《关于工业园区企业入住条件的规定》，对入园企业实行项目准入，限时开工、投产、达产制，督促企业严格按园区规划实施建设。

二、基础设施日臻完善

工业园区始终坚持“政府引导，市场运作，多元投入，滚动开发”的原则，积极挖潜内资、引进民资、争取国资，多渠道筹集开发建设资金。目前，已投入资金1.6亿元完成征用、整治土地143.3公顷，开发用地1235亩，建设完成厂房及综合用房25.5万平方米，其中标准厂房8.4万元平方米，道路、管网、光缆、通讯、灯饰等基础设施不断完善，基本达到“六通一平”。投资1.5亿元建设五金产业园，占地180亩，年内即将建成投产，并将成为西部最大的五金产业示范园。同时，工业大道及大龙大道龙水城区段道路即将配套园区启动建设，形成辐射面积3平方公里的道路骨架网，园区整体承接能力将进一步增强。一个功能齐全、规划合理、设施配套、管理先进、环境优美、优势明显的现代化工业园区已初具框架。

三、支柱产业不断壮大

工业园区实施“企业集中、产业集聚、资源集约”的发展战略，引导园区五金、汽摩配件企业不断做大做强，五金、汽摩配件产业支柱地位得到加强，产业优势持续扩张。五金产业已形成10大门类、200多个品种、2000多个花色，生产企业及专业户达到12000余户，从业人员9万余人，年产值达40亿元，被国家命名为“中国西部五金之都”。汽摩配件生产围绕重汽和重庆汽摩形成较大规模的配套加工区，门类齐全、规模较大，有汽车转向器、齿轮、缸体、板簧、各种压铸件，冲压件等，从业企业、人员达到40余户、1500余人，年产值实现5.4亿元。大足工业园区为促进五金、汽摩配件产业的快速升级提供了优质的发展平台。

四、招商引资成效显著

园区着力打造优良服务环境，奉行“政策一宽再宽，环境一造再造，服务一优再优，利益一让再让”的方针，遵循“以诚相待、恪守信誉”的宗旨，大力推行首问负责制、限时办结制、全程代理制和“一个窗口对外，一个漏斗对内”的封闭管理运行机制，全力为入区企业营造一个“零干扰”的发展环境。在全心搞服务的同时，坚持全力引外资，创新招商方式，切实提高了项目成功率、资金到位率、外资产出率。三年来，园区累计引进日本蝶理株式会社、青岛红星集团、江苏旋力集团等企业150户（其中外资企业2户，市外企业13户）。截至2006年底，已投产126户，占地66.16公顷；协议资金10.1亿元，完成投资8亿元；园区年产值实现18.5亿元，创税9000万元，安置劳动力4700人。除正洽谈项目之外，在建企业达24户，占地29.1公顷，企业全部建成完工投产后，园区可实现年产值28.6亿元，税金14000万元。产出强度达30亿元/平方公里，投资强度达10.6亿元/平方公里。“十一五”时期，规划完成园区建设500公顷，力争入住企业263户，实现产值87.5亿元，创税金4.2亿元，安置劳动力2万人。园区发展方兴未艾，大足工业园区正以更新的思路，更大的气魄展现出凌空腾飞的新姿！

注：本文数据出自大足县工业园区管委会办公室

撰稿单位：重庆市大足县人民政府办公室

荣昌工业园区

重庆荣昌工业园区是2005年国家发改委审核通过的省级开发区，是以发展兽药、饲料、生物制药、机械加工、食品加工产业为主的特色工业园区，其前身分别为重庆市板桥工业园区、重庆市荣昌生物工程科技园区、荣昌县经济开发区。从园区机构的变迁可以看出，园区从1992年县级自办的开发区起步，到1998年成为重庆直辖后审批的第一个市级开发区——重庆市荣昌生物工程科技园区，再到2002年成为重庆市人民政府命名的首批市级特色工业园区——重庆市板桥工业园区，这是一个开拓进取、艰苦创业的过程，是园区不断前进、发展的过程。重庆直辖10年来，园区发扬与时俱进精神，不断推进思路创新、体制创新、机制创新，积极应对挑战，创新发展优势，扩大对外开放，努力推进园区建设，使园区经济发展不断实现新的突破，成为荣昌最大的新的经济增长点。园区的创立和发展，对弥补全县建设资金的不足、加速全县产业结构的调整、增加财政收入、创造就业机会、推进城镇化和工业化进程、促进对外开放作出了突出贡献。

一、园区经济发展势头良好

该园区最初为县级自办的开发区，县里没有资金的注入，开发建设资金来源主要是依靠开发区土地出让收益，走的是“滚动发展”的道路。在开发区成立以来的最初几年，由于筹集渠道少，基础设施投入严重不足，导致投资环境改善缓慢，直接影响到开发区的招商引资；此外，由于招商引资机制不健全、缺乏统筹规划、招商引资主动性、积极性不高等因素的影响，导致招商引资效果不明显，虽然也引进了一些企业，但这些企业大多规模小、科技含量低、建筑体量小，缺乏发展后劲。因而园区在最初的几年，经济发展十分缓慢，1992年至1996年，园区仅实现工业产值1.8亿元，税收0.07亿元。

重庆直辖后，荣昌县委、县政府加大了园区建设力度，提出了“立足荣昌实际、强化外宣招商、加快设施建设、提高服务水平”的工作思路，进一步理清了园区的发展思路和发展规划，并采取有力措施，大力改善投资环境，加大招商引资力度，突出对外宣传，强化企业服务，使园区开始步入了良性发展的轨道，经济开始得到快速发展。“九五”期间(1997年至2000年)，园区累计实现工业产值11亿元，税收0.61亿元，创汇1756万美元。其中2000年，园区内骨干企业实现工业产值3.53亿元，为1996年的4倍，实现税收0.29亿元，为1996年的9倍。“十五”期间(2001至2005年)，园区累计实现工业产值26.91亿元，税收1.89亿元，分别比“九五”期间增长145%、210%。2006年，园区投产企业实现工业产值11.72亿元，税收0.66亿元。直辖以来，园区已累计实现工业产值49.63亿元，税收3.16亿元。

目前，园区以兽药、饲料为主的特色产业已初具规模。其中，有以华西新希望集团、重庆永健公司、重庆方通公司、重庆科信公司等为代表的一批按国家GMP建设的兽药企业；有以普瑞纳公司、铁骑力士集团、巨星集团等为代表的饲料生产企业。同时，还有以重庆华森公司等为代表的人药产业，以力帆公司、益鑫公司等为代表的机械加工业，以洽洽公司为代表的食品加工业等，园区已基本形成饲料、兽药、医药生物工程、机械制造、食品加工为主的产业群。

二、投资硬环境得到较大改善

引凤必先筑巢，园区按照“负债建设、滚动发展”的基建思路，坚持不懈地进行基础设施建设。1997年以来，园区调整工作思路，把基础设施建设摆在首要位置，采取多种有力措施，解决基建资金紧缺的矛盾，加强基础设施建设。一是突出开发建设重点，避免遍地开花，并把园区基础设施建设的重心由配合旧城改造逐步转移到新区开发建设上来。二是增辟融资渠道，积极从事各种形式的融资活动，吸纳金融机构及非金融机构贷、借款投入基础设施建设。三是逐步探索并运用市场手段，采用倾斜政策吸引外来资金投入基础设施建设，如联合整治、联合开发或他方出资整治，享有部分开发权等办法吸纳外来资金。四是加强和规范基建管理，对区内市政设施，凡达到招投标条件的均纳入有形建筑市场，进行公开招投标，以降低工程成本。五是采取业主单位垫资建设、延期支付的方法，缓解资金的短缺。由于加强了基础设施建设力度，园区基础设施建设取得较大突破。“九五”期间，园区累计投入基建资金约2000万元，新修、改建13条主次干道，形成了以桂花园路、海棠路、北环路、滨河路及昌州大道为主的道路骨架网络，开发区投资环境得到了较大改善。“十五”期间，园区继续加大基础设施建设力度，园区共投入基建资金1.8亿元。一是做好园区规划。完成了园区4平方公里范围的控制性详细规划，结束了园区无控规指导建设的历史，同时完成了园区环境影响评估、地质灾害评估、园区道路综合设计、农民集中安置房设计等一系列基础工作，使园区得以高标准建设。二是加大拆迁安置力度。拆迁农户400余户，拆迁面积4.2万平方米，保证了签约项目及时用地，同时也树立了园区形象。三是加强园区主干道路建设。新建全长约3公里的园区“三纵两横”主干道路，为园区向南拓展、向纵深方向发展奠定了基础。四是加大了土地整治力度，完成土石方平整250万立方米。五是开工建设了园区重点工程1万伏开闭所和自来水二级加压泵站。园区投资环境由此得到了更大地改善，招商引资吸引力不断增强。园区10年来的建设和发展表明，完善的投资环境是招商引资的制胜法宝，加快基础设施建设是加大招商引资力度的关键。

三、招商引资不断取得新的突破

园区建设，成败在招商，招商效果差，园区发展自然缓慢。要加快园区建设步伐，必须强化招商引资。因此，园区在“九五”期间，加大了招商引资力度，把招商引资作为园区建设的重中之重，确定了“主动出击”的招商策略，变被动招商为“主动出击”，同时强化招商引资措施，千方百计招商引资。一是建立广泛的招商信息网络，加强信息收集工作，及时获取招商信息，抢占先机，赢得主动。二是积极探索新的招商方式，不断开辟招商引资新渠道。在重庆、厦门等地设立办事处，派人常驻招商；扩大招商引资区域，在巩固现有招商市场的基础上，把招商引资的区域重点转向沿海经济发达地区；借船下海、借鸡下蛋，与重庆经济技术开发区合作，借助其招商优势；有选择地参加部分全国性的招商洽谈会；不断完善招商引资奖励政策，加大奖励力度，充分调动各界人士招商引资的积极性；积极寻找和通过中介机构、代理人招商；加强直接招商工作，在选择招商对象上重点转向拥有雄厚实力的大企业、大集团，以它们为主要目标，加强联系及跟踪。三是加强项目库建设。把建设高质量的项目库作为招商引资的重要工作来抓，紧紧依靠高等院校及地方科研机构收集项目，并做好项目的整理及包装。四是实行招商项目责任制，提高招商实效。对项目前期追踪、联系和项目后期的洽谈、服务，实行项目责任制，做到任务、责任到人，定期汇报，及时分析情况，制订对策。五是加强对外来投资企业的服务工作，切实为企业提供优质服务，促进企业健康发展，增强客商投资信心，努力实现以“企”引“企”。六是充分认识到宣传舆论在经济建设中的先导作用，把招商引资和对外宣传紧密结合，强化对外宣传，努力实现以“名”引资。由于招商工作得到了高度重视，加之措施有力，“九五”期间(1997年至2000年)，园区招商引资取得了显著成绩，共吸引投资4亿元人民币。“十五”期间，园区共引进项目58个，吸引投资11.69亿元，比“九五”期间增长192%。10年来，园区共引进各类项目120余个，其中生产性项目56个，吸引投资20亿元人民币，引进了农标普瑞纳公司、上海铭源集团、四川铁骑力士集团、四川巨星集团、安徽华泰集团、重庆力帆集团、汇宇集团、希望集团等名列世界500强和国内民营企业500强的企业。

注：本文数据出自重庆荣昌工业园区

撰稿单位：重庆市荣昌县人民政府办公室

执笔人：刘奠生、易长俊

梁平工业园区

重庆梁平工业园区是重庆市首批设立的16个市级特色工业园区之一，位于梁平县城和规划新城之间，是县城的三大组团之一。规划面积5.06平方公里，启动区面积1.38平方公里。园区距达万铁路梁平站4.7公里、机场1公里、渝万高速公路出口1.1公里，距万州港68公里。园区以食品加工、纺织服装为主导产业，积极发展特色资源加工业。园区设立以来，坚持按照“搭建三大平台(基础设施、企业服务、融资担保)，猛攻一个重点(招商引资)”的工作思路进行开发建设，基础设施逐步完善，入园企业逐渐增多，平台效应日渐显现。

一、高标准搭建基础设施平台

梁平并无明显的区位优势，要吸引投资者首先必须加强环境建设，必须走先“筑巢”再“引凤”之路。园区基础设施坚持高起点规划、高标准建设。一是夯实了园区发展基础。园区通过了国家发改委的审核，成为第三批通过审核的省级工业园区；完成了园区环评和勘界，为园区的持续、健康发展夯实了基础。二是征收储备了部分土地。共征收储备土地1353亩，迁移村民61户231人，拆迁房屋9005.2平方米，征地安置及房屋拆迁补偿费用按政策规定及时兑付给了村民。三是基本完成首期1.38平方公里基础设施建设，建成主次干道3条3.47公里，沿道路安装铺设了给排水、电、气、视、讯管线，基本达到“七通一平”。四是规划建设了2个回居小区。规划建设2个总容量可达300户的回居小区，已安置拆迁农户68户。五是建成园区标准厂房10500平方米。

二、高质量搭建企业服务平台

园区秉承“企业至上”的宗旨，坚持“园区工作围绕企业转”的原则，积极搭建企业服务平台，不断强化服务意识，提高服务水平，助推企业建设发展。一是对入园企业实施“保姆式”服务。积极为入园企业代办各类审批审查手续。派出专人到工商局、建委、消防大队、气象局等单位为京海药业、张鸭子等14户企业办理了工商登记、建设审批等相关手续。二是加强施工管理服务。及时为在建企业协调解决施工用电、用水问题。2006年6月初，园区在短短两天之内为外来投资商——达州富源矿产有限公司架设一条临时施工用电线路，确保其如期开工建设。积极为企业协调解决车辆通行免费问题。为在建企业的工程材料车办理免费通行证5个，每年为企业节省通行费支出10万元。加强企业施工现场管理指导，及时解决企业施工中存在的问题，维护正常的施工秩序。三是加强经营指导服务。实行定点联系企业制度,确定专人对企业生产经营进行指导服务。帮助企业负责人树立先进的经营理念,进一步提高企业管理水平。对园区企业进行深入调研,摸清企业基本情况,下达园区企业年度生产经营指导性计划,督促企业根据指导性计划落实生产经营任务。随着园区建成投产企业逐步增多,园区工业总产值逐年快速增长。

三、高起点搭建融资担保平台

企业融资渠道不畅,制约着企业的发展。县政府想企业之所想,急企业之所急,为解决园区企业融资难问题,将梁平县中小企业担保中心划归园区管委会管理,重点为园区企业贷款提供担保,从而为园区企业搭建起很好的融资平台。根据梁平县园区企业的需要,准备吸收企业资本入股担保中心,对担保中心进行股份制改造,增大担保中心的注册资本金,从而进一步提升融资担保能力。

四、集中力量狠抓招商引资

始终把招商引资作为园区工作重中之重,集中力量猛攻招商。出台了《双桂工业园区鼓励投资若干政策》和《双桂工业园区招商项目指南》等政策措施,立足本地、面向全国,结合资源、主动出击。将有市场潜力、有扩张意向的县内外企业作为园区招商的主攻目标,吸引其入园发展。同时结合本地特色资源,将竹子、石膏、食品、禽类四类资源加工型企业作为招商重点。由副县长亲自带队,主动出击,定点招商。先后到湖南、浙江、江苏、广东、山东、四川等地全国知名的生猪、鸭鹅、石膏、竹子加工企业招商。目前园区合同引进平洋电子、宏美达丝绸、富源矿产等企业(项目)23个,投资总额6.53亿元,设计年产值22亿元,其中外资企业1户,中外合资企业2户;投资额在1亿元以上的企业2户,投资额在5000万元以上的企业2户。2006年园区实现总产值1.86亿元。

注:本文数据出自梁平工业园区管理委员会

撰稿单位:重庆梁平工业园区管理委员会

丰都工业园区

2003年7月,经重庆市人民政府批准,重庆丰都工业园区正式成立。园区地处长江三峡库区腹地,位于丰都县新县城龙河东,距重庆主城区公路150公里、水路170公里,距涪利铁路车站2公里,距周边区县50-80公里,水陆交通十分便捷。

按照把园区建设成著名市级特色工业园区的要求,按照“高起点规划,大手笔投入,高品位建设”的发展思路,园区重点发展以食品、轻工、机械三大行业为支柱、传统优势产业为基础的县域工业经济新体系,重点培育和发展高新技术的医化、环保产业,建设绿色食品和山珍食品基地。本着“长远规划、总体控制、分期建设、滚动发展”的原则,园区将对远景规划10KM^2内的土地整治和基础设施投资10亿元,力争通过5-10年的建设,建成工业总产值200亿元,税收10亿元的具有移民特色的生态工业园区。

园区成立以来,丰都县委、县政府采取有力措施开展招商引资工作,强力推进工业园区开发建设,已完成5.26平方公里的地质灾害评估、矿产压覆评估、环境影响评估、控制性详细规划、地质勘查、初步设计和施工设计等前期工作,正在进行园区主干道路及水、电、气、污水管网、电讯等基础设施建设。截至2006年底,园区共完成投资11000万元,引进主要工业企业9家(主要集中在食品、机械行业),全年实现工业总产值26000万元,工业增加值11000万元,实现税金500万元,出口创汇800万美元,提供就业岗位1500个。

园区的稳步发展是丰都人民艰苦奋斗的结果,也得益于库区产业发展等一系列优惠政策。按照《中共重庆市委、重庆市人民政府关于印发〈重庆市实施西部大开发若干政策措施〉的通知》、《中共重庆市委、重庆市人民政府关于加快建设特色工业园区的意见》和《丰都县加快经济社会发展优惠政策》(丰委发〔2005〕10号)等规定,进入园区的企业和项目,享有开办"无费制"、全程"代办制"、服务"限时制"、经营"金融担保制"、园区管理"封闭式"等灵活优惠的扶持服务政策。园区向入园企业返还土地出让金、城市建设配套费,工业项目建设用地可采取协议出让或流转方式供给,投资额度大、带动性强的项目可由县内受益政府补助,享受优惠地价;固定资产投资在500万元以上的新办企业和现有企业在建设用地规划红线内或厂区内建设中涉及的行政事业性收费,县政府有权免收的免收,有权减收的按最低标准减半收取,无权减免的按最低标准收取;对符合国家产业政策的生产性企业和项目,县财政按企业投产后前三年上缴增值税25%和地方税50%给予资金扶持;落户园区的非生产性企业和业主,县财政按前两年企业上缴的国税和地税分成部分的50%给予资金扶持;落户园区的投资规模巨大的重点企业、重点项目,园区管委会将采取"一企一策"的办法给予大力扶持。

随着国家、重庆市对库区产业发展的日益重视,以及渝沪高速铁路、涪万沿江高速公路建设和长江三峡水位提高,园区基础设施逐步完善,政策比较优势形成,重大项目强力带动,重庆丰都工业园区正以便捷的交通条件、完善的基础设施、宽松的政策环境和优质的政务服务,成为丰都工业经济发展的重要载体,为破解丰都产业空虚、促进移民就业和安稳致富发挥着越来越重要的作用。

注:本文数据出自丰都县统计局

撰稿单位:重庆市丰都县人民政府办公室

垫江工业园区

一、基本概况

2003年7月16日,重庆市人民政府同意设立重庆市朝阳工业园区,并批准启动区面积1.5平方公里。随后在国家加大宏观调控力度,严格控制土地的形势下,通过完善规划,顺利通过国家和市级有关部门对各类开发(园)区的三次清理整顿。2004年2月市政府确认重庆市朝阳工业园区为30个市级特色工业园区之一。2006年1月26日,按照国务院批准的《清理整顿开发区的审核原则和标准》,国家发改委公告了第三批达到审核要求的167家省级开发区,其中包括重庆市朝阳工业园区,并更名为重庆垫江工业园区。2003年12月市政府批复朝阳工业园区征用土地59.3333公顷计898.6亩。在2003年5月工业园区申报预审通过之后,2003年6月18日工业园区暨东方大道正式开工建设。截至2006年底,工业园区完成基础设施固定资产投资1.2亿元,先后平整场地1000亩,完成土石方170万M^3,园区主干道即东方大道园区段1.24公里建成投入使用,配套水电管网齐全,路灯安装完毕,已通电启用。全长1.1公里的迎春河上游园区段河道整治基本完工,兴建了一座天然气增压站,安装供水和供气管线4000米,架设园区供电主干线1200米,园区基础设施的骨架基本形成。

二、开发与建设成效

工业园区建立伊始,就将招商引资列为工作重点,出台优惠政策,大力招商引资。县政府专门出台了《关于印发重庆市朝阳工业园区优惠政策的通知》(垫江府发〔2004〕17号)文件,结合国家关于土地、财税方面新出台的政策、规章等,对工业园区的优惠政策进行了明确。优惠政策主要包括4个方面:一是土地政策。按土地成本价格对外招商。其中,对投资密度高、产出强度大的项目,或者是国内500强、国家级高新技术企业,以及带动性好、辐射力强的项目,按照一事一议、一企一策的原则,实行更优惠的土地政策。二是行政事业性规费优惠政策。生产型建设项目,城市建设配套费按15元/m²执行;其他行政事业性规费按10元/m²包干计收。三是财税扶持政策。企业所得税按县级财政分成部分,第1—2年全额奖给企业,第3—5年按50%奖给企业。企业实现销售以后,增值税第1年按实际纳税额的10%、第2—3年按企业实际纳税额外的5%、第4—5年按实际纳税额的3%奖励给企业。企业缴纳的营业税按县级分成部分第1—5年的50%奖励给企业。三是保姆式服务。由工业园区管委会全程代理、代办各项行政事业性审批手续。四是贡献奖励政策。实现税额大的企业,由财政按当年企业新增税收县级分成部分的一定比例,奖励给企业法人代表。

截至2006年底,入园企业共14个,累计到位资金2.5亿元。形成了以坤泰轮毂公司为代表的轻型加工业、以长龙天圣药业公司为代表的制药业、以博飞生化制品公司为代表的精细化工业的产业格局。2006年实现工业产值3.8亿元,解决就业2300人。

三、下一步发展思路

(一)以突破资金瓶颈为首要工作重点。继续推进开发性融资工作,加强与市级各商业银行的联系,努力争取国家开发银行对园区基础设施长期贷款,辅之以商业银行的短期贷款,加上财政兑现的优惠扶持资金,构建长中短期相结合的园区资金链条。

(二)依托资金链,完成启动区剩余1300亩的征用。加快推进基础设施建设,进一步打造设施齐全,交通便利、配套完整的园区硬件环境。

(三)加强入园投产企业经济运行的管理,深入企业,了解情况,掌握动态,切实解决影响企业生产的不利因素,努力为企业在资金、物流、能源供给等方面提供保障,使投产企业达产达效,保质保量完成年度生产计划。

(四)密切跟踪项目。对已签约的永澳视力健项目、浙江红蜘蛛鞋业等项目,加强联系,落实投资协议内容,促使项目早日进场。对渝江压铸、三峡乳业等意向性项目,密切跟踪,力争项目落户园区。

(五)加大闲置地块的处理力度,提高土地利用率。对目前土地仍闲置的项目,加大催促力度,并运用土地管理的法律法规,加强与国土管理部门的联系,使项目早日启动。同时对项目仍不落实,或项目终止的地块,加强调整力度,积极引进新项目,盘活存量土地,尽快发挥效益。

注:本文数据出自2007年垫江县政府工作报告、垫江县统计局2006年12月统计月报

撰稿单位:重庆市垫江县人民政府办公室

武隆工业园区

重庆市武隆工业园区原名重庆市白马工业园区,于2003年3月由重庆市人民政府批准成立,2006年3月6日经国家发改委公告(2006年第16号)正式命名为重庆市武隆工业园区,属市级开发区。园区规划面积200公顷,是以铝产业为主的特色工业园区,主要规划项目为氧化铝及

其深度产品和配套产品的生产，产业围绕氧化铝生产项目，形成上、下游铝产业链，突出具有相对优势的资源加工转化型产业，发展机械加工、制造业及其他产业。县委、政府对园区的既定战略方针是：实施工业富县战略，以园区为载体，大力发展工业经济，把资源优势转化为经济优势，打造强大的铝工业基地，形成铝产品产业链。

园区自成立以来，担负着走新型工业化道路，培育新的经济增长极，推动武隆县工业经济发展的重任。为加速全县工业化进程，打造园区成为武隆工业发展的重要载体，县委县政府不断采取措施优化园区产业布局，制定园区发展战略，出台了一系列促进园区发展的优惠政策。在县委、市政府的正确领导下，工业园区不断解放思想、艰苦创业，在有限的条件下加强软硬环境建设，加强对入驻企业的服务，加大园区建设投资环境治理，维护园区社会稳定，为入驻企业创造了较好的建设环境。通过落实一系列的工作措施，园区建设工作取得了比较大的成效。

一、园区发展现状

规划是园区发展的基础，为确保园区建设可持续发展，2004 年，本着"园区发展，规划先行"的原则，工业园区在建设发展中狠抓园区规划建设工作，进一步明确近期和长远发展目标，紧密结合自身的区位、资源、交通优势，结合地理环境结构，科学地做好产业规划，完成了 2 平方公里的控制性详细规划编制，并通过专家评审和政府审批。科学的规划为园区的健康发展打下了良好的基础。

园区规划面积 200 公顷，根据园区控制性详细规划，园区工业用地 151.48 公顷，居住用地 2.23 公顷，公共设施用地 2.88 公顷，对外交通用地 1.12 公顷，仓储及绿地 42.29 公顷。目前，工业园区共开发土地 48.7 公顷。

基础设施是园区招商引资的重要载体。武隆县地方财力有限，没有足够的资金支撑园区基础建设，园区的发展采用了政府引导，市场化运作的方式，引导企业在园区投入基础设施建设。园区内电信数字交换站建设于 2003 年底完成并投入运行。2005 年 6 月，投资 4 千多万元的 110KV 变电站及投资 500 万元的日供水 1.35 万吨的供水站建设项目竣工。目前，武隆工业园区的交通、通讯、水、电等基础设施建设已能满足工业生产需求。

招商引资是园区发展的生命线，企业的发展是推动园区发展的主动力。园区成立之时，县委县政府就高度重视园区的特色定位，依托武隆丰富的 1.6 亿吨铝土矿资源和丰富的水能、电能、煤矿资源，依托发达的交通要道，园区的产业规划以铝产业为主。围绕这一特色定位，武隆县加大了铝产业的招商引资工作，并成功地引入了氧化铝生产项目。该项目由重庆鼎泰拓源氧化铝开发有限公司投资，是园区的第一个入驻项目，于 2003 年 7 月正式入驻武隆工业园区，项目规模为年产冶金级砂状氧化铝 30 万吨，占地面积 500 亩，总投资 12 亿元。项目分二期实施，一期规模年产 15 万吨，投资 8.7 亿元，规划实现产值 6 亿元，工业增加值 2.5 亿元，税收 0.5 亿元。项目解决地方就业 700 名，于今年初全面竣工投入生产。2006 年产量将达到 6 万吨以上，产值 2.5 亿元。

在县委县政府及各级各部门的大力支持下，通过企业的积极努力，项目建设发展态势良好。2005 年 9 月王鸿举市长视察了氧化铝项目，并对项目建设给予了充分肯定。该项目的建成为园区铝产业特色的形成和发展奠定了良好的基础，并将有效促进铝电联营发展，使武隆资源优势进一步转化为经济增长优势，带动一系列相关产业的发展，推动武隆县工业化进程，增加地方就业水平。

二、发展思路及目标

"十一五"期间，园区将坚持走新型工业化道路，注重园区工业经济效益与生态效益、社会效益的统一，以新型工业化统筹园区经济社会全面发展。产业发展方面，依托资源优势，围绕氧化铝生产这一重点项目，大力发展铝产业及配套产业，积极引导其他产业企业向园区集聚，通过加快发展园区工业，为第三产业提供发展空间，适当发展第三产业。

根据国家相关政策以及武隆县生态性开发的实际要求，园区提出了走循环经济的发展思路。循环经济就是在可持续发展的思想指导下，按照清洁生产的方式，对能源及其废弃物实行综合利用的生产活动过程。它要求把经济活动组成一个“资源——产品——再生资源”的反馈式流程；其特征是低开采、高利用、低排放。本质上是一种生态经济，它要求运用生态学规律来指导人类社会的经济活动。

武隆县利用自身得天独厚的资源优势，统筹社会各方面资源，逐步建立起了铝产业链的循环链条。

“十一五”期间，武隆县将进一步完善园区产业布局，按园区控制性详细规划实施园区建设，加快园区基础设施建设步伐，基本完善园区基础设施。力争到“十一五”末，园区承载能力、产业基础和就业能力增强，从根本上解决稳定发展的问题，基本成为特色突出，产业关联度强，辐射带动力大的武隆工业集聚核心地，园区经济总量占武隆工业经济总量的35%。

当前，武隆工业园区作为市级园区之一，建设发展面临着难得的机遇。随着市区产业结构、布局结构的调整，市区工业企业要退二进三，部分工业企业要向市郊转移，园区将以此为契机，进一步加大招商引资力度，解放思想，转变观念，增强机遇意识、开放意识和发展意识，与时俱进，开拓创新，切实把工业园区发展抓紧抓好，增创园区新景象。

注：本文数据出自《武隆县统计年鉴》

撰稿单位：重庆市武隆县人民政府

附表1 武隆工业园区循环经济项目规划表

项目名称	建设规模	主要建设内容和工艺	项目投资（万元）	项目情况
氧化铝	年产30万吨	生产冶金级砂状氧化铝为下游产业链提供原材料。分两期完成总规模年产30万吨氧化铝，年实现工业增加值5.9亿元，利税2亿元	120000	已完成一期工程，并投产
电解铝	年产10万吨	生产20kg规格铝锭，完成总规模年产10万吨电解铝，年实现工业增加值6.1亿元，利税2.01亿元	120000	可研已完成，进入筹备阶段
铝合金铸造加工产品	年产10万件铸件	引进世界先进的低压铸造生产线，配套国内先进的重力铸造、金属模及砂模铸造生产工艺。发展铝镁合金等各类铝合金的深加工，带动建材、壳体制造行业的发展，使铝变成材	20000	招商中
铝铸轧板坯项目	年产2万吨	该项目引进先进的铸轧机组，铸坯表面光洁，比传统热粗轧工艺节约10-15%的费用，产品市场竞争力强	12000	招商中
再生铝合金锭项目	年产5万吨	回收和再利用废铝，对其进行再生及深加工	7500	招商中
污水处理厂	日处理2550吨	园区配套工程，以改善园区环境，为园区企业减少负担，具有良好的社会效益和经济效益在工业园区所在地白马镇修建污水处理厂，对园区及白马镇污水排放进行治理	2647	已完成
垃圾处理工程项目	日处理66吨	园区配套工程，以改善园区环境，为园区企业减少负担，具有良好的社会效益和经济效益在工业园区所在地白马镇修建垃圾处理厂，对园区及白马镇垃圾进行处理和回收	3074	已完成

附图 1 武隆县工业园区—电铝联产循环产业链示意图

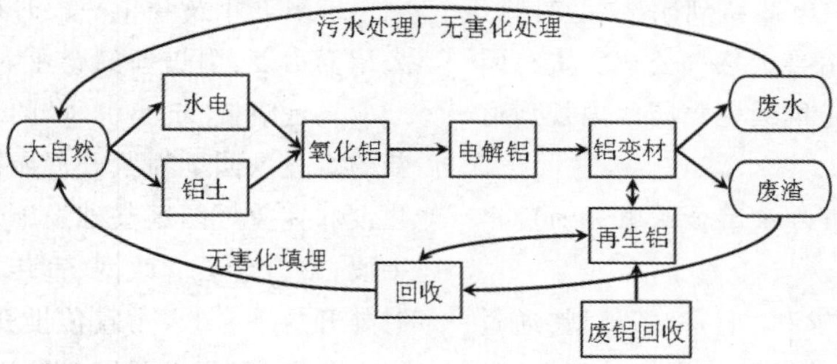

水坪工业园区

重庆市水坪工业园区位于忠县县城南岸，北靠长江，与县城红星移民新区一桥之隔，南依天子殿，东接复兴镇，西与东溪新集镇相连，距县城3公里。园区起步区面积1.25平方公里，拓展区面积5-10平方公里。

2004年11月，忠县县委、县政府结合本县实际，在广泛征求群众意见、充分听取各方意见的基础上，决定将原县行政中心规划建设区域水坪小区调整为工业园区建设。自2003年忠县实施工业强县战略以来，水坪工业园区建设成效明显，截止2006年底，已完成土地征用、拆迁、安置补偿、园区道路、场平工程以及水、电、气等基础设施建设，具备了承接企业入园的各项基础条件，园区累计完成投资8000万元，入园企业4家。

一、园区优惠政策

(一)园区已成功申报市级特色工业园区

在对水坪工业园区控制性详细规划、土地利用总体规划、压覆矿产报告、环境影响评价报告、地质灾害报告、可行性研究报告等资料进行严格审查后，2006年1月17日，重庆市人民政府园区领导小组批准水坪工业园区为市级工业园区，所有入园企业均可享受中共重庆市委、重庆市人民政府《关于加快建设特色工业园区的意见》(渝委发〔2002〕28号)规定的各项政策。

(二)切实可行的园区发展政策

2005年，忠县县委、县政府出台了《关于加快重庆市水坪工业园区建设的意见》(忠委发〔2005〕7号)，《意见》明确了支持水坪工业园区建设的各项政策措施。一是土地使用政策。在园区投资工业项目，土地实行协议出让，每亩价格不低于5万元。企业投产后，根据企业缴纳的税收(县级财政所得部分)给予企业相应补助，每亩不超过2万元。对投资额大，带动能力强、经济效益好的项目，可以实行“一企一策”，享受更加优惠的补助政策。二是入驻园区企业在其办理项目建设手续过程中，可由水坪工业园区管委会全程代理服务，各职能部门对项目报建的收费项目一律按最低限收取。三是对在园区投资的工业项目，县里优先为其申报国家产业发展基金和后期扶持资金。四是园区内的公共基础设施，如水、电、气、道路、管网、绿化、通讯等，由水坪工业园区管委会负责建设到企业用地边缘，不需企业承担费用。

二、园区基础设施

(一)水、电、气、道路及管网建设等基本完成，正在进一步完善

一是拟修建一座日供水1万吨水厂。截至2006年底，已完成备案、规划、选址、钻探、环评

等前期工作。二是由县供电部门负责从钟溪变电站架设10KVA的双回供电线路到园区，在园区建设一座配电站。三是由县天然气公司负责在园区新建一座配气站。四是继续完善园区内规划道路建设。

(二)拟建一座专门为入园企业服务的污水处理厂

按园区发展进程要求和“十一五”规划，通过国债或招商引资等方式筹备新建污水处理厂，日处理污水1万吨，预计投资5000万元。

(三)积极争取对入园企业车辆免收长江大桥过桥费

忠县正在与市级相关部门协调，努力争取改革长江大桥收费方式，解决入园企业后顾之忧。

三、园区招商情况

截止2006年12月，入园企业已有4家。一是星博化工。项目主要生产碳黑，占地80亩，现有员工300余人，年总产值已达1亿元，税金达600万元。二是云河汽车工业项目。项目总投资5亿元，建设工期5年，建成后将形成年产低速载货汽车3万辆、专用汽车5000辆的生产能力，可实现总产值20亿元，利税1.2亿元，提供就业岗位3000个。三是重庆巨琪诺美制药公司投资巨琪GMP生物制药基地。项目占地120亩，建设工期3年，每年投资2000万元，总投资6000万元。项目建成后将实现年产值2亿元，税金2000万元，提供就业岗位300个以上。四是天地药业。项目主要以石大蒜和红豆杉为原料生产国家一类新药，预计实现年产值4000万元，税金300万元。

未来五年及今年一段时期，忠县将进一步加大招商力度，引进新的企业入园。

一是坚持“筑巢引凤”的理念，千方百计引进新的企业入园。抓紧开展园区拓展区建设，重点建设和完善好园区基础设施。充分利用现代宣传手段，整合忠县党政网、宣传网等网络资源，打造对外开放平台，大力宣传推介水坪工业园区。突出专业招商，积极开展会展招商、亲情招商、网络招商等活动，努力实现园区招商引资新突破。

二是坚持“四个一”帮扶机制，竭诚为已入园企业服好务。继续实行一个项目、一名领导、一套班子、一抓到底的“四个一”帮扶机制，对在建项目进行全程服务和跟踪；对新开工项目，积极帮助协调理顺关系，解决项目开工过程中存在的具体问题，保证施工顺畅；对已批项目，加快项目前期工作，协助办理报建手续，促其早日开工；对洽谈项目则抓紧跟踪、服务。通过提供全程“保姆式”服务，确保项目在洽谈、建设和投产后都能得到最优质的服务。

四、拓展区建设

为深入推进工业强县战略，集约利用土地，优化资源配置，促进工业经济可持续快速发展，忠县将建设5—10平方公里的水坪工业园区拓展区。

注：本文数据出自忠县统计局

撰稿单位：重庆市忠县人民政府办公室

开县工业园区

开县工业园区是重庆市人民政府2003年批准的市级特色工业园区。园区分A、B区，园区采取“一次规划，总体设计，分期实施，滚动建设”的方针，重点发展能源、建材、绿色食品加工和天然气开发等产业。

一、突出的四大优势

(一)区位优势

开县位于川、陕、鄂、渝经济走廊腹心枢纽地带，在三峡库区生态经济区中，开县处于副中心地位，是渝东北商贸信息中心，在渝川陕边区经济圈中发挥龙头带动作用。特别是连接了周边地区的商贸集散地，辐射带动能力强，交易活动频繁，商贸经济发达，经济发展极具广阔的市场空间。

开县工业园区A区位于渝巫路旁开县白鹤街道办事处大胜、天祠居委会，，距开县县城不到10公里，距万(州)开(县)高速公路仅10分钟车程。目前，已征地面积3000亩，截至2006年底，大部分土地已经出让。目前，已经入驻建设和投产的企业有白鹤电力、星星套装门、宁宇门业、德凯覆铜板、勇华鞋业、百盛玻璃钢、长龙集团、民华塑料、新美陶瓷等，拟入驻的有重庆老鹰茶饮料公司、南昌金源包装公司等企业。

开县工业园B区位于重庆开县赵家镇清桥、长安、赵市三个村，远景规划(至2020年)为10平方公里，远期规划(至2010年)5平方公里，近期规划(至2007)2平方公里。第一期启动区1.62平方公里，拟征地面积2046亩。开县工业园B区紧临万开高速公路，距县城约9公里，距万州21公里。从园区到达万州的机场、深水码头和火车站均在30分钟车程以内，具有较好的交通条件。园区地势平坦，地质条件好，环境污染小，水电气非常便利。园区建成后，入园项目预计总投资21亿元，可实现产值29亿元，解决就业岗位可达13000个，其中解决移民就业岗位7000个。

(二)资源优势

开县煤炭理论储藏量2.5亿吨，可开采量9300万吨，县内电力充足，水能资源可利用发电约9万千瓦，火电装机容量75万千瓦，为高能耗企业的发展提供了丰富的能源资源。天然气储藏量3000亿立方米，属国家十大优质气田之一，能充分满足企业生产的需要。

(三)政策优势

开县具有三峡移民后期扶持资金、产业化扶持基金、企业项目贷款、财政贴息及专项资金如国债等政策叠加优势。开县在充分利用三峡库区的优惠政策基础上，根据国家和重庆市有关法律、法规，结合开县实际，制定出台了入园优惠政策，以最大的优惠支持入园企业的发展，借助三峡库区产业扶持、移民后期扶持、扶贫开发扶持和贷款融资等方面对入园企业给予优先支持，帮助企业迅速做大做强。具体的优惠政策有：对县内有权减免的行政事业性收费，给予全免；土地价格按照投资项目和额度进行优惠；符合库区产业发展的项目，优先争取安排产业发展基金补助和贷款贴息等。

(四)劳动力优势

开县的劳动力丰富，全县拥有劳动力资源80万个，是农村劳动力就业管理监控县和全国百个流动劳动力开发就业试点县之一。开县常年外出务工人员在40万人以上，这批劳动力掌握了一定的生产技能、积累了一定的管理经验。开县企业工人年工资为7221元，低于大、中城市的劳工报酬，为外来投资兴办劳动密集型企业提供了丰富的劳动力资源。

二、良好的投资环境

(一)投资硬环境不断完善

在较好的交通、能源、资源等硬环境基础上，园区基础设施建设立足高起点、采用高标准、按照人性化、科技化的现代规划设计理念，重点搞好交通、电力、通信、宽带、自来水、环保等公共配套建设，为各类企业搭建功能齐全、设施配套、环境优美、服务到位的良好发展平台。A区已完成“七通一平”，形成了“三纵三横”的道路系统，园区内水、电、气等设施齐全。B区地势平坦，地质条件好，环境污染小。不断完善的基础设施条件为入园企业加快建设和生产提供了良好条件。

(二)投资软环境不断优化

园区对入驻企业按照“一个项目、一个县级领导、一套服务班子”的原则提供“保姆式”和“全程代办式”服务。积极推进为外来投资企业“一站式”服务、代理式服务和“一费制”收费。按照服务最好、办事最快、环境最优的标准，由行政服务中心一个窗口对外，所有投资项目全部进入“绿色通道”，享受限时办结、全程陪同、封闭管理、特事特办的优质服务，项目审批实行并联审批，限时办结，努力形成“政府搭台、业主发财、干部服务”的局面。在政府部门推行首问责任制、岗位责任制、限时办结制、服务承诺制、绩效考评制、失职追究制，切实转变机关工作作风，实现服务效益的最大化、最优化。

(三)融资渠道更加便利

针对入园企业建设资金短缺难题，开县进一步创新融资模式，拓宽融资渠道，逐步实现由“政府投资”模式向“政府引导、市场运作”模式的转变。通过资产经营、放开投资领域等方式，引导、鼓励社会力量直接投资园区建设，形成政府引导、多元参与的建设格局。同时，对入驻园区企业，开县中小企业贷款管理办公室优先向国家开发银行推荐贷款，担保机构优先提供担保服务，协助企业解决生产经营中的资金问题。目前，已争取到了开行贷款资金3000万元，投入园区基础设施建设。县内交通资金1100万元、广电资金370万元，也将投入园区基础设施建设。园区将土地出让收入作为园区土地开发建设的主要资金，采用BT、BOT形式，加快对园区基础设施建设。

三、显著的建设成就

(一)土地开发成效显著，搭建企业入园平台

园区A区统一征地面积1032亩，点征地140亩，共计1172亩。其中：工业用地966亩，已出让用地693.5亩（其中：星星套装门公司占地358亩，宁宇门业占地50亩，德凯覆铜板占地81.1亩，百盛玻璃钢占地31.4亩，民华占地3亩，新美陶瓷占地140亩），待出让土地272.5亩；商住用地21亩（已出让8亩，待出让13亩）；村民住房还建用地135亩；预留污水处理厂用地50亩。

为适应库区产业发展的需要，加快开县工业经济发展的步伐，2007年5月B区建设正式启动，启动区为1.62平方公里。首期工业用地1250亩，目前已进入公告、预审、用地批文和拆迁补偿环节。随着B区建设步伐的加快，一大批企业将陆续入驻，B区必将成为开县加快产业发展安置移民就业的又一重要平台。

(二)招商引资成效明显，园区吸引力逐渐增大

开县工业园区重视招商引资，牢固树立抓项目就是抓发展的理念，响亮提出“投资者是帝王”和“项目是生命线”的口号，在全县上下形成了亲商、爱商、富商的浓厚氛围。按照“招大招强”的原则，以“劳动密集”、“新型环保”为产业导向，充分发挥行业优势、产业优势、企业家优势，实施有针对性的招商。在坚持政府团体招商的同时，注重市场招商。在打好“资源牌”、“库区牌”的同时，更突出打好“老乡牌”、“亲情牌”，积极引导开县在外企业家返乡创业，回报开县，投资开县，建设开县。2005年以来，园区先后赴长三角、珠三角、重庆、成都等地进行招商引资，与30多家企业达成了意向性协议，与12家企业签定了入园协议，引资规模达12.5亿元，先后吸引了勇华鞋业扩建项目、重庆青田家私有限公司太子沙发项目、重庆市恒鑫环保工程有限责任公司环保产品项目、帅笑植物油厂植物油项目及阳光饲料有限公司饲料项目、开县众鑫再生能源开发有限公司桔杆制气炉项目、重庆北大老鹰生物制品科技有限公司老鹰茶生产基地项目、南昌金源公司包装箱生产线、惠州市长江灯具制造有限公司LED制造和配套电子变压器生产项目等众多项目向园区聚集。

(三)管理制度不断完善，服务水平全面提升

开县工业园区着力建设“学习勤奋型、工作主动型、服务高效型、方法创新型、效果和谐型”的五型干部队伍，强化以制度管人、以制度管事、以制度促效能的制度建设。制定完善了园区与各部门、单位协调沟通机制，凝聚各方力量搞好园区建设工作。在服务上，对企业实行“保姆式”服务和“全程代办式”服务，与企业进行“零距离”接触和沟通。根据企业的不同需求采取代办、协办、现场办等方式化解企业难题，从而为企业创造省心、安心、放心的生产经营空间。一是帮助企业解

决生产建设中征地、场平、基础设施建设等一些具体事情。二是协调公安部门加大周边环境的整治，组建了治安巡逻队，24 小时加强巡查，为企业生产建设营造了安全、安定、和谐的外部环境。三是强化环境治理，落实专人负责园区内清洁卫生、道路畅通等工作。四是全程代办入驻园区项目从报批到各种证照登记、申办的各种手续，避免企业到部门直接办理，为入驻企业赢取了时间。五是及时为企业提供市场信息，帮助企业准确把握市场行情，明确产业导向。六是借助三峡库区产业扶持、移民后期扶持、扶贫开发扶持和贷款融资等方面的优势，对入园企业给予优先支持，及时化解企业资金瓶颈难题，帮助企业迅速做大盘强。

(四)企业健康快速发展，集聚效应初步显现

开县工业园 A 区已完成征地 3000 余亩，基本建成 2 平方公里，园区建设初具规模，社会经济效应日益凸现。目前，正式入驻 A 区到 2008 年，入园项目预计总投资 34.32 亿元，可实现产值 30 亿元，工业增加值 9 亿元，提供就业岗位 14000 个，其中可安置移民就业 6500 人。

入园企业产品质量不断提高，市场不断扩大，品牌逐渐名牌化，经济社会效益日益凸显。勇华鞋业生产规模及品种配套水平位居西部同行前列，生产的橡胶水靴、牛筋雨靴等部分拳头产品的产量已名列西部同行业之首；星星套装门已拥有十二项专利、三十多项专有技术，几项主要产品先后列入国家“七五”“八五”星火计划，产品畅销全国三十一个省市自治区，出口东南亚和东欧等八个国家；宁宇门业销路遍及开县、巫溪、云阳、奉节和开江诸县。百盛玻璃钢和德凯覆铜板建成投产后，以其较大的产量和过硬的质量，必将占据广阔的市场，发展前景良好。

园区建设步伐日益加快、投产企业不断增加，带动了开县及周边地区建筑建材业、住宿餐饮业、房地产业、批发零售业、交通运输业、租赁业、教育卫生以及金融业的发展，促进开县小城镇建设快速发展。

(五)地方财政收入增加，经济效益逐步凸显

入驻企业全面正常投产后，可为开县年新增财政收入 4000 万元。其中，2007 年受机器设备运行效率的制约和打开产品销售市场有一个过程等因素的影响，预计入园企业只能达到正常生产能力的 30%，可为开县年新增财政收入 1200 万元；2008 年可达到正常生产能力的 70%，将为开县年新增财政收入 2800 万元；2009 年这些企业达到正常生产能力后，预计可为开县新增财政收入 4000 万元。

(六)领导高度重视，园区发展前景广阔

自 2006 年 4 月以来，重庆市委书记汪洋、市长王鸿举、市委宣传部长何事忠、副市长谭栖伟、江北区委书记史大平等领导亲临开县工业园区视察，对园区建设取得的成果给予了充分肯定和赞赏。在上级领导的关怀下，开县工业园区必将进一步突出特色，把园区开发与培育产业集群紧密结合起来，以龙头企业带动产业链的发展，将现代物流、现代策划、研发设计、营销推广、财务管理等生产性服务业紧密结合起来，逐步形成核心企业—配套企业—生产性服务企业紧密链接的一批产业集群，形成开县工业的增长极。

注：本文数据出自开县统计年鉴和县级部门

执笔人：胡天辉、刘衍文

云阳工业园区

一、基本概况

园区位于云阳县人和镇境内，与云阳新县城西北方相连，紧靠渝巴路、紧邻正在建设的万宜高速公路云阳段出口处，距新县城深水码头3公里，距万州飞机场、火车站38公里，水陆空运输体系发达。园区内地势平坦，海拔最低高度185米，最大高差120米，为浅土基石地质，结构简单、稳定。

2003年，园区开始控制性详细规划的编制，完成启动区1.2平方千米土地利用总体规划。随即，园区管委会按照因地制宜、适度超前、科学规划、集约用地、留足空间的发展思路，多方筹资，狠抓土地储备及水、电、路、气、讯、标准厂房等配套设施的完善。截止目前，累计完成投资6425万元。已落实项目建设用地指标1168亩，新征地建设用地250亩，建道路2100千米，新建桥梁3座，改建供水管网4.5千米，电力通讯线路3.8千米，整治河堤1.8千米，建天然气配气站1个，建设标准厂房7200平方米。同时，在合理开发人和板块的基础上，将双江镇薛家沟以东约3.37平方公里的区域作为园区发展的拓展区，为园区中、长期发展提供足够的发展空间。

园区管委会不断创新工作运行机制，强化服务，实施园区建设“无障碍工程”，确保项目建设一路亮“绿灯”。截至2006年底，园区累计入园企业16户(投产7户，在建4户，签约5户)；累计合同引进资金435400万元，累计完成各项投资33300万元；实现工业产值10930万元，税收720万元，安置就业人员1200人。

二、主要成就与基本经验

(一)立足资源，打造园区产业特色

为充分贴近区域优势资源，科学定位园区核心产业，园区管委会将园区产业定位为以“硅、钡电子材料加工业，机械加工业，农副产品及丝绸加工业”为主，围绕三类资源、打造三大业态。即：依托县内及周边地区的特色粉石英矿、岩盐、煤、钡矿等优势资源，重抓“硅盐电联产项目”、“钡、锰电子材料加工项目”等专用化、系列化项目的综合开发；依托县内外特色农副产品资源，重抓“绿色肉食品、植物蛋白及乳酸饮料、可完全降解塑料母粒、绢丝、皮革、猪鬃、竹原纤维”等产业化、特色化骨干品牌项目的系列开发；依托园区标准厂房和县城闲置厂房优势资源，重抓纺织、服装、彩印包装、电子产品组装、机械制造等系列污染小、产出高的关联化、集群化楼宇轻工项目集中开发。

目前，“三大业态”已初具雏形。一是特色矿产资源加工业取得重大突破。重庆市锦艺硅材料开发有限公司建设的20万吨系列硅微粉项目率先在园区建成投产，该项目总投资36800万元，是当前国内最大的硅微粉加工企业，开发的电工电子级硅微粉产品的多项指标达到美国进口要求，有的指标还超过了美国和日本，完全可取代进口；香港冠军科技拓展有限公司投资建设的高碳酸钡项目，是我国第一家采用国际先进的转化法生产高纯碳酸钡的企业，开发的陶瓷电容级碳酸钡、硝酸钡产品已正式打入国内市场。

二是特色农副产品加工业实现多头并进。重庆一口鲜实业有限公司建设的年产2.5万吨牛羊肉制品加工项目，生产规模居库区同类企业之首；重友食品饮料有限公司投资3690万元建设的重友牌系列饮料项目，连续两年销售收入在2000万元以上，创利税400万元，实现就业180人；重庆云阳县发贸有限公司搬迁建设的年产500吨水煮猪鬃项目，其产品销往东南亚、美国、意大利等十几个国家和地区，是云阳县第一个农

产品出口创汇企业。同时,还有中密度纤维板加工项目、生物淀粉基可完全降解塑料母粒项目、大北农饲料加工项目等也相继落户园区。

三是特色楼宇轻工业全面推进。飞凤制衣有限公司投资450万元建设的年产10万套“飞凤”牌系列西服、运动服、校服项目已落户县城闲置厂房,于2004年建成投产,目前正在技改扩产之中;太湖丝绸有限公司投资7800万元建设的年产720吨绢丝加工项目已落户园区中云轻工园,可望在2007年建成投产。同时还有凯冠玩具、铭瑞服装等项目也相继签约入园。

(二)依靠科技,构筑项目“孵化”平台

园区坚持把科技作为产业支撑的核心,充分利用科研机构技术密集优势,通过采取企业与科研院校、项目与科技成果对接,建立科技资源与工业园区优势产业相结合的互补机制,逐步形成科研机构提供技术成果、中小企业搭建中试或技术成果转化平台、政府部门提供政策支持的良性互动局面,为项目咨询、企业产品开发及服务提供坚强的技术支持,确保每运作一个产业项目都有一个较强实力的科研机构或一项成熟的科技成果作为支撑,做到新建一个项目,“孵化”一个项目,盘大一个项目。目前,重庆市锦艺硅材料开发有限公司与中科院、清华大学、苏州市非金属材料设计院合作开发的5万吨系列硅微粉(含5000吨球型硅微粉)产品已正式“出炉”;重友食品饮料有限公司利用北京大学、中科院食品研究所的技术成果,成功开发出系列植物蛋白乳酸饮料产品,其产品被认定为“重庆知名产品”、“重庆市名牌农产品”;重庆冠军化工有限公司与天津化工研究院合作开发的陶瓷电容级碳酸钡产品已于今年10月试制成功;重庆市一口鲜实业有限公司与原西南农业大学食品学院进行技术“联姻”,合作开发的系列特色牛、羊肉制品可望在2007年投放市场;重庆旭恒橡胶工业有限公司运用自主知识产权开发的摩托车轮胎,已成为国内数家摩托车制造企业的配套产品。已签约的生物淀粉基全降解塑料母粒项目、清洁化制革项目都将运用四川大学研发的国家“863”计划科技成果进行“孵化”。

(三)挖掘优势,创新招商引资方式

园区管委会充分挖掘本地及周边地区特色生物资源和库区优惠政策资源“两大优势”,采取“打捆资源招商、用活政策招商”的方法,成功探索出了“三位一体”(即寻找一个科研单位或获取一个有价值的科研成果对项目作技术支撑;瞄准一个有投资兴业意愿、有眼光、有实力的投资老板作为项目业主;组建一支优质高效的工作班子为项目提供全程跟踪服务)的招商运作模式,并以此作为园区招商引资工作的实践经验进行运用和提升,不断创新了园区招商引资工作的思路。牢固树立产业链条式招商理念,通过实施“走出去、请进来”的办法,瞄准大产(企)业需要配套的上、下游项目,广泛搜集投资信息,落实专门班子提前策划运作项目投资建议书,主动出击,通过适时上门招商和以商招商,积极营造“引来一个、带动一串、辐射一片”的产业集群式招商氛围。抓住江苏省、九龙坡区对口支援云阳“互建工业园中园”的大好机遇,打好“资源牌”、“库区牌”,全面深入了解对口支援地的产业和企业转移方向及态势,实现了园区招商引资工作的超常规发展。

(四)抢抓机遇,力推“工业园中园”建设

借市委二届九次、十次全委会的强劲东风,抢抓九龙坡区对口支援云阳县的大好机遇,切实把握江苏省等东部地区部分企业受产业结构调整、土地、劳动力等因素影响逐步向中西部转移的有利时机,充分发挥三峡库区特有的政策、土地、劳动力优势,努力寻求优势互补的合作空间。通过双方相互考察学习和广泛协商,九龙坡区政府与云阳县政府于同年8月7日达成了互建“工业园中园”框架协议,并且双方及时组建了工作班子主抓互建“工业园中园”的日常工作。目前,九龙坡西彭工业园区已将规划区内D区1平方公里初步划定为“九龙坡—云阳工业园”建设区域,园内已基本实现“七通一平”。县委、县政府已研究决定将双江镇薛家沟1平方公里区域初步确定为“云阳—九龙坡工业园”,落实了专门班子开展前期筹建工作，并极力争取县农发行支持，运作基础设施建设资金，完善园区基础设施配套服务功能，以打造宽松的对口支援产业项目承载平台。九龙坡区对口支援云阳县的第一个工业项目——重庆旭恒橡胶工业有限公司的摩托车轮胎加工搬迁技改项目成功落户园区。

三、未来发展构想

今后几年，园区将按照"统筹规划、合理布局、分步实施、适度超前"的原则，坚持节约发展、清洁发展、安全发展、可持续发展的思路，牢固树立和落实科学发展观，抢抓库区特惠政策扶持和对口支援的大好机遇，贴近传统和优势资源，以市场为先导，以金融、科技为支撑，以招商引资为第一手段，以运作产业项目为突破口，强力推进"1+4"园区发展战略。"1"即一个占地总面积约为4平方公里的工业园区规划；"4"包括以人和为据点的A区，以大水沟为据点的B区(云阳—九龙坡工业园)，以老县城为据点的C区，以小江高速公路出口为据点的D区，全力经营好每一个项目，经营好每一寸土地，经营好每一分项目扶持资金，经营好每一个工作岗位，努力做大盘强特色农副产品加工业、矿产资源加工业、楼宇轻工业"三大业态"。力争到2010年，完成投资18.5亿元，策划储备重点项目20个以上，入园企业25户以上(其中，投产13户，在建12户)，完成工业总产值16亿元，工业增加值6亿元，实现全县"十一五"工业增加值60%的奋斗目标，逐步建成"西部最大的硅、钡新材料生产基地"、"库区特色的农副产品深加工基地"、"独具县级特色的楼宇轻工园"，真正把工业园区打造成为全县的工业经济发展高地和三峡库区一流特色生态工业园区。

注：本文数据出自云阳县政府相关部门

撰稿单位：重庆市云阳县人民政府

冒丰工业园区

一、园区概况及区位优势

重庆市冒丰工业园区是经重庆市人民政府2003年10月批准设立，享有市、县各级优惠政策和灵活措施的市级特色工业园区。园区坐落在奉节县朱衣镇魏家村、冒峰村、胡家村、黄桷村区域内，位于在建的万宜高速公路奉节段西出口区域，规划控制区总面积8平方公里，核心启动区2.69平方公里（其中含消落区可治理土地0.69平方公里)。东接奉节新县城，西连朱衣镇，核心区与奉节县城由一条拟建的3.1公里的园区开发大道紧密相连。园区核心区距县城3—4公里，长江主客运码头3.5公里，货运码头2公里。规划控制区紧邻朱衣中心小城镇，位于奉节县城拓展区范围内，可以共享通讯、供电、供水、垃圾污水处理等基础设施。规划控制区地质稳定，地势平坦，交通便捷，区位优势明显。

二、园区规划建设方案

(一)建设分期

重庆市冒丰工业园区分三期建设，一期用五年时间开发建设启动区2.69平方公里，从奉节新县城王家坪小区二号延长线起修建园区开发大道直达冒峰村，在冒峰村、胡家村、黄桷村建立工业园区的中心。选择合适时机，由县大型项目建设投资公司或工业园区开发公司引进业主在园区建设标准厂房和标准仓库，形成规范标准工业园区。二、三期在完成启动区开发基础上，计划用10年时间沿启动区向四周拓展，开发拓展区6平方公里，建成具有一定规模的，集工业、商业服务、生活居住于一体对外开放的综合性工业园区。

（二）发展产业

按照市委二届九次全委会《关于加快库区产业发展着力解决移民就业促进库区繁荣稳定的决定》和《重庆市特色工业园区产业布局指导意见》，结合奉节县相对资源优势和区位优势，冒丰工业园区重点发展煤电工业。

奉节县煤炭储量3.96亿吨，占全市储量16.9%，是全国100个重点产煤县之一，为全市第一产煤大县，年生产能力达到400万吨。水力资源理论蕴藏量达51.4万千瓦，可开发水力资源达35.2万千瓦，占全市总量的5%，居全市前三位，其开发价值、开发成本、改善生态等优势潜力巨大。奉节依托丰富的煤炭、水能等资源优势和地处华中电网中间最薄弱环节具有支撑作用的区位优势，大力发展煤电工业，力争到2010年煤炭工业、电力工业实现20亿元销售值，2.5亿元税收，解决20万人就业，从而确定煤电工业在全县的主导和骨干地位，引导煤电产业向工业园区集中，打造煤电产业集群和产业基地，形成特色经济突出的煤电工业园区。

（三）园区布局

根据奉节县城市总体规划及其修编，结合园区地形，将园区开发大道两侧土地划分为工业、商业、文化、生活用地，开发建设工业区、商业区、文化区、生活区等功能区域。在朱衣河码头和高速公路出口区建立仓储物流中心。园区内还将新修两条宽28米、16米的次干道，形成园内交通网络。

冒丰工业园区启动区控制性规划已编制完成并报重庆市规划局备案。总平面规划图的布局是一个连接带加上园区三横五纵的交通网络。

1.一个连接带即冒丰工业园区至县城长3.5公里，宽36米的工业园区开发大道，两侧可开发建设的土地约300亩。连接带的突出作用是紧密联系城区和园区，同时是出入高速公路的交通通道，还是城区主干道延伸出来的景观大道。连接带规划建设城区和园区共享的社会事业设施，主要包括奉节中学及教育园区（约500亩），中心血站、渝东片区中心医院、综合性体育运动中心、出租汽车营运中心、垃圾处理场等。

2. 园区三横五纵格局由三条东西向干道和五条南北向主街道交织若干街巷构成。

（1）园区中央一条东西向主干道从冒丰村至朱衣镇，长约2公里，宽50米，沿线连片开发土地约1200亩。冒丰片规划建设4×30万千瓦奉节火电厂，邻近规划建设环保型石膏建材工业小区、机电工业小区，往西延伸规划建设企业办公行政区和商业小区、园区行政中心。

（2）园区北侧邻近万宜高速公路路口，规划一条28米宽东西向次干道，沿线连片开发土地600亩，规划建设加工工业小区和仓储小区。可以按照前店后厂的模式，统一规划设计生产生活用房，集中建设，因地制宜地发展农副产品加工业、绿色食品生产、旅游商品生产、运输业、仓储业等产业。

（3）园区南侧治理朱衣河消落区土地800亩，规划建设一条长约2000米的河堤，建设一条东西向28米宽的河街，借鉴重庆南滨路模式，建成餐饮娱乐休闲一条街。

从东往西依次规划五条南北向主要街道，修建桥梁贯通朱衣河南岸片区。南岸主要是工厂区。

三、园区建设已取得的进展

编制完成了冒丰工业园区启动区控制性详规，编制完成了工业园区土地利用规划图并报请市国土局签批了审查意见，编制完成了工业园区规划控制区地灾评估报告，并通过了市国土局组织的专家评审，园区压矿报告已报请市国土局签批审查意见，园区环境影响评价大纲已通过了市环保局组织的专家评审，规划选址意见已报重庆市规划局备案认可，工业园区规划已纳入奉节县城镇总体规划。园区开发大道已完成项目可研并通过初设方案评审。正在向国家开发银行申请政府信用贷款解决建设资金问题。

2005年1月，澳门恒河果业率先进入园区组建了重庆市恒河奉节脐橙有限公司,拟投资1.41亿元,建设年设计能力20万吨出口脐橙加工,并首期投资1000万元建成了2000吨/年脐橙商品化处理厂和冷藏库;重庆华电集团已将投资50亿元的4×30万千瓦火电厂的厂址选定在工业园区,预计2007年开工建设。

四、优惠政策

(一)财政性资金类

1. 三峡库区产业发展基金:从2004年到2009年,中央财政在三峡电力建设基金中每年安排5亿元,从2006年起调整到每年10亿元,设立三峡库区产业发展基金,用以推进库区产业结构的优化升级,支持库区经济发展。其主要方式是库区产业项目的贷款贴息和投资补助。

2.三峡库区移民后期扶持资金:中央财政自2003年以来,从三峡发电中按照每度电4.5厘钱的标准,提取10年,专项用于三峡库区移民生产、生活、改善生产条件和基础设施。

3.市级工业结构调整资金、商贸结构调整资金、旅游结构调整资金、"三农"投入等市级资金,按项目予以安排。

4.市级部门资金:

市外经贸委中小企业国际市场开拓资金、外经贸发展促进资金,用于库区出口企业各项补助。

市经委新型工业化发展专项资金,用于库区工业企业发展的贷款贴息和补助。

(二)融资政策类

1.国家开发银行库区产业化政策性贷款:落户库区的内外资企业通过重庆三峡库区产业信用担保有限公司担保,可向国家开发银行重庆分行申报每年5亿元的产业化政策性贷款,该项贷款用于工业项目固定资产投资、工业流动资金和商业固定资产投资。

2.中小企业信用贷款:落户库区的鼓励发展类内外资企业可以通过奉节县成立的信用担保有限公司向国家开发银行重庆分行申报3000万元以内的中小企业贷款。

3.农业发展银行库区产业化政策性贷款:落户库区的鼓励发展的农业产业化项目可以通过农业发展银行申报贷款。

(三)财政税收优惠政策类

1. 市级收取的库区区县新增建设用地土地有偿使用费,全部通过土地开发整理复垦项目安排到库区各区县。

2.对落户库区的属于国家鼓励类产业(包括旅游业)的各种内外资企业减按15%税率征收企业所得税,在库区新办交通、电力、水利、邮政、广播电视等内资企业自获利年度起,第一年至第二年免征企业所得税,第三年至第五年减半征收企业所得税。其中社会效益显著而利润率较低的,经市主管税务部门或报请国家税务局批准,可再给予5年减半征收企业所得税待遇。

3.对国家鼓励类产业项目,固定资产投资达2000万元以上或企业年销售额实现5000万元以上的,从2003年起,两年内上缴的营业税增长部分,增值税县级分成的增长部分由县政府以入股资本金等方式全额安排财政支出,以后三年减半安排,扶持上缴企业发展。

4.企业投资国家鼓励类产业项目,投资开发性移民建设项目,在投资总额内进口自用设备和自用物资,除国家规定不予免税的商品外,免征关税和进口环节增值税。

注:本文数据出自于奉节县经委

撰稿单位:重庆市奉节县人民政府
执笔人:刘光华

石柱工业园区

自2005年重庆市园区办批准石柱县的南宾工业园区为市级工业园区之后，结合石柱县实际，又将六塘有色金属加工园、西沱临港工业园、万朝矿产品加工园纳入“十一五”规划，作为工业园区组团，形成了产业布局各具特色“一区三园”的格局。

一、南宾工业园区进展情况

目前已完成了《重庆市南宾工业园区启动区1.89平方公里的控制性详规》等园区申报资料，已经市上预批同意开展前期工作。2006年初开工建设的南宾工业园区启动区（1.89km^2）基础设施投资4000万元，征地650亩，意向性签约17户。园区内现有骨干企业重庆东田药业公司、重庆巴王酒业有限公司、渝鲁层板厂、重庆瑞通生化有限公司、宏达畜产品有限公司和祥飞丝织有限公司等20余户企业。占地0.7平方公里，实现工业总产值3.2亿元，利税0.3亿元以上，安置劳动力0.5万人。上述企业均规划或正在进行就地扩大生产规模，打造自已的品牌。同时，一些沿海地区企业和重庆知名企业已决定来园区落户、投资发展。到目前为止，有三十家企业等待入园，入园发展态势看好。

二、有色金属矿业园进展情况

六塘有色金属加工园选址确定在六塘乡冷水溪，园区占地面积2.1平方公里，园区总投资4.5亿元。整个加工园区建设为期五年，即2007年建设日处理硫化锌矿500T的浮选厂两个（其中新建一个，整合原有矿山入园一个）；建成年产5000T锌粉的氧化锌冶炼厂三个（其中新建两个，整合小冶炼厂入园一个）。2008年至2009年建成年产10万吨电解锌冶炼厂和年产10万吨硫酸厂。2010年至2011年建成年产5吨化学硅加工厂，年产10万吨工业硅厂和小集镇。整个有色金属加工园区全部建成投产后，每年实现产值5.6亿元，税收0.8亿元，可安置就业人员2000—3000人。

目前，园区规划已通过了初评，土地调规正在进行；县建委已委托了设计单位正在对矿业园区作控制性详规设计；国土局已对矿业园区的地灾、压覆进行评估；环保局正在委托评估机构进行园区环保评估；我委已完成了园区的可行性论证报告。意向性入户企业4户，园区现有2家硫化锌浮选企业，年产值6000万元，入税800万元；20家氧化锌加工企业，年产值5000万元，入税1200万元。

三、临港工业园和万朝矿业园进展情况

西沱临港工业园和万朝矿产品加工园还处在选址阶段。西沱临港工业园规划范围内现有农产品加工企业3家，年产值3000万元，入税200万元；即将入驻企业2家（壹将集团和火电厂项目）。万朝矿业园规划范围内现有煤炭企业9家，年产值近3亿元，入税近3500万元；建材企业2家，年产值2000万元，入税250多万元。

注：本文数据出自石柱县统计局

撰稿单位：重庆市石柱土家族自治县人民政府办公室、重庆市石柱土家族自治县统计局

第五编

附　　录

重庆工业企业50强

1996年度重庆工业企业50强

庆铃汽车(集团)有限公司
涪陵卷烟厂
中国嘉陵工业股份有限公司(集团)
重庆卷烟厂
黔江卷烟厂
建设工业(集团)有限责任公司
重庆啤酒(集团)有限责任公司
中国石化四川维尼纶厂
太极实业集团股份有限公司
重庆奥妮化妆品有限公司
重庆三峡油漆股份有限公司
重庆华伟工业(集团)有限责任公司
重庆牙膏厂
重庆钢铁(集团)有限责任公司
长安汽车有限责任公司
涪陵建筑陶瓷股份有限公司
西南药业股份有限公司
江津市水泥厂
四川汽车制造厂
中国人民解放军第3539工厂
重庆康明斯发动机有限公司
中国四联仪器仪表集团
西南合成制药股份有限公司
重庆农药化工(集团)有限公司
重庆华亚现代纸业股份有限公司
重庆碱胺实业总公司
重庆长江电工厂
重庆通信设备有限公司
涪陵市化学工业总公司
四川省重庆水泥厂
四川齿轮箱厂
重庆大新药业股份有限公司
重庆北盛玻璃制品有限公司
万县市万元造纸厂
四川江津增压器厂
重庆钢铁集团钢管有限责任公司
重庆三峡电器厂
重庆卡福汽车零部件有限责任公司
兆峰陶瓷(重庆兆瓷)有限公司
重庆日用化学工业公司
重庆渝州齿轮厂
重庆浦陵机器厂
重庆北碚玻璃仪器总厂
重庆变压器厂
重庆机床厂
重庆三铃工业股份有限公司
重庆金仑机械制造有限公司
重庆铝制品加工厂
重庆红宇机械厂
重庆华彩印务实业公司

1997年度重庆工业企业50强

庆铃汽车(集团)有限公司
涪陵卷烟厂
重庆卷烟厂
重庆啤酒(集团)有限责任公司
重庆奥妮化妆品有限公司
黔江卷烟厂

太极实业集团股份有限公司
中国嘉陵工业股份有限公司(集团)
西南合成制药总厂
建设工业(集团)有限责任公司
江津市水泥厂
涪陵建筑陶瓷股份有限公司
重庆三峡油漆股份有限公司
重庆牙膏厂
西南药业股份有限公司
杭州娃哈哈集团公司涪陵有限责任公司
四川陶瓷厂
中国石化四川维尼纶厂
重庆华伟工业(集团)有限责任公司
重庆通信设备有限公司
重庆农药化工(集团)有限公司
重庆钢铁(集团)有限责任公司
长安汽车有限责任公司
重庆华亚现代纸业股份有限公司
四川汽车制造厂
中国人民解放军第3539工厂
重庆红宇机械厂
重庆长江轴承工业有限公司
重庆康明斯发动机有限公司
重庆青山工业有限责任公司
兆峰陶瓷(重庆兆瓷)有限公司
重庆北盛玻璃制品有限公司
重庆水泥厂
江津增压器厂
涪陵市化学工业总公司
重庆三爱海陵(集团)股份有限公司
重庆长江电工厂
重庆碱胺实业总公司
重庆铝制品加工厂
重庆长江依之密活塞工业有限公司
重庆腾辉水泥有限公司
重庆金仑机械制造有限责任公司
白猫(重庆)有限公司
重庆渝州齿轮厂
重庆钢铁集团钢管有限责任公司
重庆庆江机器厂
重庆双桂啤酒(集团)股份有限公司
重庆华彩印务实业公司
重庆制药七厂
重庆北碚玻璃仪器总厂

1998年度重庆工业企业50强

庆铃汽车(集团)有限公司
涪陵卷烟厂
重庆卷烟厂
中国嘉陵工业股份有限公司(集团)
黔江卷烟厂
太极实业集团股份有限公司
重庆啤酒(集团)有限责任公司
重庆奥妮化妆品有限公司
涪陵建筑陶瓷股份有限公司
重庆牙膏厂
江津水泥厂
重庆三峡油漆股份有限公司
重庆三爱海陵股份有限公司
中国核工业建峰化工总厂
杭州娃哈哈集团公司涪陵有限责任公司
西南药业股份有限公司
重庆四维瓷业股份有限公司
重庆长安汽车股份有限公司
重庆百事天府饮料有限公司
西南合成制药股份有限公司
重庆农药化工(集团)有限公司
重庆钢铁(集团)有限责任公司
四川汽车制造厂
重庆通信设备有限公司
重庆索特股份有限公司
重庆鼎发实业股份有限公司

重庆科瑞制药有限责任公司
涪陵化学工业总公司
重庆长江轴承工业有限公司
重庆红宇机械厂
重庆华伟工业(集团)有限责任公司
重庆康明斯发动机有限公司
重庆药友制药有限责任公司
重庆铜梁红蝶锶业有限公司
重庆双桂啤酒(集团)股份有限公司
兆峰陶瓷(重庆兆瓷)有限公司
白猫(重庆)有限公司
江津增压器厂
重庆青山工业有限责任公司
重庆华亚现代纸业股份有限公司
中国人民解放军第三五三九工厂
重庆市江津酒厂有限责任公司
重庆长江依之密活塞工业有限公司
重庆大新药业股份有限公司
重庆华彩印务实业公司
重庆钢铁集团钢管有限责任公司
重庆川东化工集团有限公司
重庆北碚玻璃仪器总厂
重庆庆江机器厂
重庆金仑机械制造有限责任公司

1999 年度重庆工业企业 50 强

庆铃汽车(集团)有限公司
重庆烟草工业有限责任公司
嘉陵一本田发动机有限公司
扬子江乙酰化工有限公司
中国嘉陵工业股份有限公司(集团)
重庆啤酒股份有限公司
重庆太极实业(集团)股份有限公司
建设集团北方建设摩托股份有限公司
重庆奥妮化妆品有限公司
涪陵建筑陶瓷股份有限公司
重庆力帆轰达实业(集团)有限公司
重庆牙膏厂
重庆长安汽车股份有限公司
重庆三爱海陵股份有限公司
杭州娃哈哈集团公司涪陵有限责任公司
中国核工业建峰化工总厂
重庆民丰农化股份有限公司
重庆长江轴承工业有限公司
重庆地维水泥有限责任公司
西南药业股份有限公司
重庆市迪马特种汽车制造有限公司
重庆四维瓷业股份有限公司
重庆鼎发实业股份有限公司
涪陵东升铝业有限责任公司
重庆腾辉特种水泥有限公司
重庆科瑞制药有限责任公司
中国石化四川维尼纶厂
涪陵化工股份有限公司
重庆宗申摩托车科技集团有限公司
重庆三峡油漆股份有限公司
重庆长江依之密活塞工业有限公司
重庆桐君阁药厂
重庆华立控股股份有限公司
重庆华邦制药有限公司
重庆索特股份有限公司
重庆青山工业有限责任公司
重庆市江津酒厂有限责任公司
重庆华亚现代纸业股份有限公司
重庆九发包装印刷有限公司
重庆铜梁红蝶锶业有限公司
重庆双桂啤酒(集团)股份有限公司
四川汽车制造厂
重庆隆鑫汽油机制造有限公司
重庆康明斯发动机有限公司

重庆药友制药有限责任公司
重庆荣事达洗衣机有限公司
重庆红宇机械厂
重庆华伟工业(集团)有限责任公司
重庆通信设备有限公司
江津增压器厂

2000年度重庆工业企业50强

庆铃汽车(集团)有限公司
重庆烟草工业有限责任公司
扬子江乙酰化工有限公司
重庆啤酒股份有限公司
重庆长安汽车股份有限公司
重庆朝华科技股份有限公司
中国嘉陵工业股份有限公司(集团)
重庆钢铁股份有限公司
建设集团北方建设摩托车股份有限公司
重庆太极实业(集团)股份有限公司
重庆力帆轰达实业集团有限公司
重庆长丰通信股份有限公司
奥妮化妆品有限公司
重庆华立控股股份有限公司
重庆地维水泥有限责任公司
重庆长江轴承工业有限公司
西南药业股份有限公司
重庆民丰农化股份有限公司
中国石化集团四川维尼纶厂
重庆宗申摩托车科技集团有限公司
重庆市迪马实业股份有限公司
杭州娃哈哈集团公司涪陵有限责任公司
重庆鼎发实业股份有限公司
重庆牙膏厂
重庆大足红蝶锶业有限公司
重庆索特股份有限公司
重庆四维瓷业股份有限公司
涪陵化工股份有限公司
西南铝业(集团)有限责任公司
中国核工业建峰化工总厂
重庆腾辉特种水泥有限公司
重庆隆鑫汽油机制造有限公司
重庆华邦制药有限公司
重庆康明斯发动机有限公司
中国四联仪器仪表集团有限公司
重庆华亚包装有限责任公司
重庆桐君阁药厂
重庆青山工业有限责任公司
重庆药友制药有限责任公司
重庆市涪陵东升铝业有限责任公司
重庆长江依之密活塞工业有限公司
重庆科瑞制药有限责任公司
重庆大新药业股份有限公司
重庆荣事达洗衣机有限公司
重庆华伟工业(集团)有限责任公司
重庆重型汽车集团有限责任公司
重庆啤酒集团梁平有限责任公司
重庆市江津酒厂有限责任公司
江津增压器厂
重庆海康纺织(集团)有限公司

2001年度重庆工业企业50强

重庆烟草工业有限责任公司
重庆长安汽车股份有限公司
庆铃汽车(集团)有限公司
扬子江乙酰化工有限公司

重庆太极实业(集团)股份有限公司
中国嘉陵工业股份有限公司(集团)
重庆啤酒股份有限公司
重庆四维瓷业股份有限公司
黔江卷烟厂
重庆力帆实业(集团)有限公司
重庆华立控股股份有限公司
重庆隆鑫汽油机制造有限公司
西南铝业(集团)有限责任公司
重庆钢铁股份有限公司
重庆宗申摩托车科技集团有限公司
中国石化集团四川维尼纶厂
重庆市迪马实业股份有限公司
重庆华邦制药股份有限公司
重庆长江轴承工业有限公司
奥妮化妆品有限公司
重庆大足红蝶锶业有限公司
重庆美心(集团)有限公司
重庆市太白酒厂
重庆鼎发实业股份有限公司
重庆登康口腔护理用品股份有限公司
重庆腾辉地维水泥有限公司
重庆药友制药有限责任公司
重庆科瑞制药有限责任公司
西南药业股份有限公司
重庆南川市矿产品开发(集团)公司
重庆索特股份有限公司
重庆顶益国际食品有限公司
中国核工业建峰化工总厂
重庆康明斯发动机有限公司
重庆市天友乳业有限公司
中国四联仪器仪表集团有限公司
重庆大新药业股份有限公司
太极集团重庆桐君阁药厂
重庆长安跨越车辆有限公司
涪陵化工股份有限公司
重庆齿轮箱有限责任公司
重庆重型汽车集团有限责任公司
重庆泰山电线电缆有限责任公司
重庆市东升铝业股份有限公司
重庆华亚包装有限责任公司
江津增压器厂
重庆华伟工业(集团)有限责任公司
重庆青山工业有限责任公司
重庆民丰农化股份有限公司
重庆市江津酒厂有限责任公司

2002 年度重庆工业企业 50 强

重庆长安汽车股份有限公司
重庆烟草工业有限责任公司
扬子江乙酰化工有限公司
庆铃汽车(集团)有限公司
黔江卷烟厂
重庆太极实业(集团)股份有限公司
重庆啤酒股份有限公司
重庆华立控股股份有限公司
重庆力帆实业(集团)有限公司
重庆宗申摩托车科技集团有限公司
重庆隆鑫工业(集团)有限公司
重庆华邦制药股份有限公司
重庆长江轴承工业有限公司
重庆药友制药股份有限公司
重庆康明斯发动机有限公司
重庆川仪总厂有限公司
重庆市迪马实业股份有限公司
重庆腾辉地维水泥有限公司
重庆钢铁股份有限公司
重庆四维瓷业(集团)有限公司
重庆银钢科技(集团)有限公司
重庆登康口腔护理用品股份有限公司

中国石化集团四川维尼纶厂
重庆长安跨越车辆有限公司
重庆市涪陵娃哈哈饮料有限公司
重庆重型汽车集团有限责任公司
西南药业股份有限公司
重庆南川市矿产品开发(集团)公司
重庆泰山电线电缆有限责任公司
重庆科瑞制药有限责任公司
重庆鼎发实业股份有限公司
重庆大足红蝶锶业有限公司
西南铝业(集团)有限责任公司
重庆市天友乳业股份有限公司
重庆国际复合材料有限公司
重庆顶益国际食品有限公司
重庆美心(集团)有限公司
重庆市太白酒厂
重庆索特股份有限公司
重庆长江依之密活塞工业有限公司
重庆齿轮箱有限责任公司
重庆大新药业股份有限公司
太极集团重庆桐君阁药厂
中国核工业建峰化工总厂
涪陵化工股份有限公司
中国嘉陵工业股份有限责任公司(集团)
江津增压器厂
重庆青山工业有限责任公司
重庆市江津酒厂有限责任公司
重庆市东升铝业股份有限公司
重庆华伟工业(集团)有限责任公司(并列)

2003 年度重庆工业企业 50 强

重庆长安汽车股份有限公司
重庆烟草工业有限责任公司
重庆钢铁股份有限公司
庆铃汽车(集团)有限公司
黔江卷烟厂
扬子江乙酰化工有限公司
重庆啤酒股份有限公司
重庆力帆实业(集团)有限公司
宗申产业集团有限公司
重庆隆鑫工业(集团)有限公司
重庆太极实业(集团)股份有限公司
重庆药友制药有限责任公司
重庆华邦制药股份有限公司
重庆康明斯发动机有限公司
中国石化集团四川维尼纶厂
重庆华立控股股份有限公司
重庆市迪马实业股份有限公司
重庆川仪总厂有限公司
重庆长江轴承工业有限公司
重庆大足红蝶锶业有限公司
重庆银钢科技(集团)有限公司
重庆市博赛矿业(集团)有限公司
重庆国际复合材料有限公司
重庆腾辉地维水泥有限公司
重庆红岩汽车有限责任公司
中国嘉陵工业股份有限公司(集团)
重庆清华紫光英力天然气化工有限责任公司
重庆顶益食品有限公司
重庆科瑞制药有限责任公司
重庆鼎发实业股份有限公司
重庆登康口腔护理用品股份有限公司
重庆潍柴发动机厂
西南药业股份有限公司
重庆齿轮箱有限责任公司
西南铝业(集团)有限责任公司
重庆四维瓷业(集团)股份有限公司
重庆市江津酒厂有限责任公司
重庆美心(集团)有限公司

中国核工业建峰化工总厂
重庆渝江压铸有限公司
涪陵化工股份有限公司
重庆机床厂
国营重庆重型铸锻厂
重庆泰山电线电缆有限责任公司
重庆青山工业有限责任公司
重庆市太白酒厂
重庆市东升铝业股份有限公司
重庆市天友乳业股份有限公司
重庆索特盐化股份有限公司
江津增压器厂

2004 年度重庆工业企业 50 强

重庆长安汽车股份有限公司
重庆烟草工业有限责任公司
重庆钢铁股份有限公司
中国石化集团四川维尼纶厂
重庆太极实业(集团)股份有限公司
黔江卷烟厂
重庆力帆实业(集团)有限公司
重庆啤酒股份有限公司
庆铃汽车(集团)有限公司
扬子江乙酰化工有限公司
宗申产业集团有限公司
重庆隆鑫工业(集团)有限公司
重庆康明斯发动机有限公司
重庆药友制药有限责任公司
重庆国际复合材料有限公司
重庆市博赛矿业(集团)有限公司
重庆川仪总厂有限公司
重庆潍柴发动机厂
重庆齿轮箱有限责任公司
重庆顶益食品有限公司
綦江齿轮传动有限公司
中化重庆涪陵化工有限公司
西南铝业(集团)有限责任公司
重庆美心(集团)有限公司
重庆紫光化工有限责任公司
重庆 ABB 变压器有限公司
重庆李尔长安汽车内饰件有限责任公司
重庆宇通客车有限公司
重庆红宇精密工业有限责任公司
重庆建设摩托车股份有限公司
中国核工业建峰化工总厂
重庆市迪马实业股份有限公司
重庆泰山电线电缆有限责任公司
重庆华立控股股份有限公司
西南药业股份有限公司
嘉陵-本田发动机有限公司
格力电器(重庆)有限公司
中国嘉陵工业股份有限公司(集团)
重庆红岩汽车有限责任公司
重庆市天友乳业股份有限公司
重庆赛力盟电机有限责任公司
国营重庆重型铸锻厂
重庆青山工业有限责任公司
双赢集团有限公司
重庆渝江压铸有限公司
重庆腾辉地维水泥有限公司
重庆四维瓷业(集团)股份有限公司
重庆市东升铝业股份有限公司
重庆鸽牌电线电缆有限公司
重庆四钢钢业有限责任公司

2005 年度重庆工业企业 50 强

重庆烟草工业有限责任公司
中国石化集团四川维尼纶厂
重庆康明斯发动机有限公司
重庆太极实业(集团)股份有限公司
重庆长安汽车股份有限公司
力帆实业(集团)有限公司
扬子江乙酰化工有限公司
重庆宗申产业集团公司
重庆隆鑫工业(集团)有限公司
重庆啤酒股份有限公司
重庆国际复合材料有限公司
中国嘉陵工业股份有限公司(集团)
重庆钢铁股份有限公司
重庆华立控股股份有限公司
重庆潍柴发动机厂
重庆川仪总厂有限公司
华能重庆珞璜发电有限责任公司
庆铃汽车(集团)有限公司
重庆市博赛矿业(集团)有限公司
西南铝业(集团)有限责任公司
重庆美心(集团)有限公司
重庆 ABB 变压器有限公司
中化重庆涪陵化工有限公司
重庆建设摩托车股份有限公司
格力电器(重庆)有限公司
重庆信威通信技术有限公司
重庆紫光化工有限责任公司
重庆红宇精密工业有限责任公司
重庆齿轮箱有限责任公司
重庆新泰山电线电缆有限责任公司
重庆机床厂
重庆药友制药有限责任公司
重庆市迪马实业股份有限公司
中国核工业建峰化工总厂
重庆长江轴承工业有限公司
国营重庆重型铸锻厂
重庆鼎发实业股份有限公司
重庆鸽牌电线电缆有限公司
綦江齿轮传动有限公司
重庆李尔长安汽车内饰件有限责任公司
双赢集团有限公司
重庆赛力盟电机有限责任公司
重庆市太白酒厂
重庆恒通客车有限公司
重庆市江津酒厂(集团)有限公司
重庆市东升铝业有限公司
重庆登康口腔护理用品股份有限公司
重庆市渝江压铸有限公司
重庆市天友乳业有限公司
重庆青山工业有限责任公司

注:本资料出自《重庆经济年鉴》、《重庆年鉴》、《新华网》

重庆市出口15强企业

2001年重庆市出口15强企业

重庆力帆实业(集团)进出口有限公司
隆鑫集团有限公司(含恒胜)
重庆机械设备进出口有限公司
重庆宗申摩托车科技集团有限公司
重庆汉斯.安海酉阳进出口公司
重庆五矿、机械进出口公司
嘉陵集团对外贸易发展有限公司
重庆太极集团化医进出口公司
重庆南川市矿产品开发(集团)有限公司
建设工业(集团)有限责任公司
西南铝业(集团)有限责任公司
重庆国际贸易中心
中国石化四川维尼纶厂
重庆工艺、抽纱进出口公司
重庆纺织品进出口公司

2002年度重庆市出口15强企业

隆鑫集团有限公司
重庆力帆实业(集团)进出口有限公司
重庆宗申集团进出口有限公司
重庆市汉斯·安海酉阳进出口公司
重庆五矿机械进出口公司
重庆化医进出口公司
重庆南川市矿产品开发(集团)有限公司
重庆建设集团
西南铝业(集团)有限责任公司
嘉陵集团对外贸易发展有限公司
重庆茧丝绸集团有限公司
中国石化四川维尼纶厂
重庆国际贸易中心
重庆国际复合材料有限公司
重庆市中基进出口有限公司

2003年度重庆市出口15强企业

重庆力帆实业(集团)有限公司(含重庆五矿机械进出口公司)
隆鑫集团进出口公司
重庆市汉斯·安海酉阳进出口公司
重庆宗申集团进出口有限公司
重庆市渝北区中汽吉龙摩托车有限公司
建设工业(集团)有限责任公司
嘉陵集团对外贸易发展有限公司
西南铝业(集团)有限责任公司
重庆市博赛矿业(集团)有限公司
重庆柯迈克机械设备进出口有限公司
重庆国际复合材料有限公司
重庆市中基进出口有限公司
重庆诚信华荣新金属材料有限公司
中国石化四川维尼纶厂
重庆市医药保健品进出口有限公司

2004年度重庆市出口15强企业

重庆力帆实业(集团)有限公司(含重庆五矿机械进出口公司)
隆鑫集团进出口公司
重庆市汉斯·安海酉阳进出口公司
重庆宗申集团进出口有限公司
嘉陵集团对外贸易发展有限公司
重庆市渝北区中汽吉龙摩托车有限公司
西南铝业(集团)有限责任公司
重庆诚信华荣新金属材料有限公司
重庆国际复合材料有限公司
重庆市博赛矿业集团进出口有限公司
建设工业(集团)有限责任公司
重庆粮油食品进出口股份有限公司
中国石化四川维尼纶厂
重庆四维瓷业股份有限公司
重庆对外广告公司

2005年度重庆市出口15强企业

重庆力帆实业(集团)有限公司(含重庆五矿机械进出口公司)
隆鑫集团进出口公司
重庆市汉斯·安海酉阳进出口公司
重庆宗申集团进出口有限公司
西南铝业(集团)有限责任公司
重庆国际复合材料有限公司
建设工业(集团)有限责任公司
重庆银翔摩托车(集团)有限公司
重庆诚信华荣新金属材料有限公司
嘉陵集团对外贸易发展有限公司
重庆对外广告公司
重庆鑫源摩托车制造有限公司
中国石化四川维尼纶厂
重庆市博赛矿业集团进出口有限公司
重庆粮油食品进出口股份有限公司

2006年重庆市出口15强企业

重庆力帆实业(集团)进出口有限公司
隆鑫集团进出口公司
重庆宗申集团进出口有限公司
重庆市汉斯.安海酉阳进出口公司
重庆银翔摩托车(集团)有限公司
西南铝业(集团)有限责任公司
重庆国际复合材料有限公司
嘉陵集团对外贸易发展有限公司
建设工业(集团)有限责任公司
重庆长安汽车进出口公司
重庆诚信华荣新金属材料有限公司
重庆航天巴山摩托车制造有限公司
重庆鑫源摩托车制造有限公司
重庆渝安集团机电进出口有限公司
重庆日出三环机电进出口有限公司

注:本资料出自重庆市对外经济贸易委员会

重庆市民营企业50强

2003年度重庆市民营企业50强

重庆力帆实业(集团)有限公司
隆鑫集团有限公司
宗申产业集团有限公司
重庆小天鹅投资控股(集团)有限公司
重庆华宇物业(集团)有限公司
重庆南方集团有限公司
重庆市博赛矿业(集团)有限公司
重庆市富丰水泥集团有限公司
重庆渝江压铸有限公司
重庆美心(集团)有限公司
重庆市渝北区中汽吉龙摩托车有限公司
重庆银钢科技(集团)有限公司
重庆腾辉特种水泥有限公司
重庆志成机械厂
重庆博达建设集团股份有限公司
重庆民生燃气有限公司
重庆协信控股(集团)有限公司
重庆鸡冠石建设集团
重庆荣达建设(集团)有限公司
重庆市涪陵路桥工程有限公司
重庆钰鑫实业集团有限公司
重庆渝安创新科技(集团)有限公司
重庆精通工业集团
重庆隆西建设(集团)有限公司
重庆金凤丝绸有限公司
重庆富悦实业集团有限公司
重庆九龙建设(集团)有限公司
重庆一品建设集团有限公司
重庆恒滨建设实业有限公司
重庆希望饲料有限公司
重庆北部新城建设集团有限公司
重庆北部双龙建设(集团)有限公司
江津市第十建筑安装工程有限责任公司
重庆富皇水泥有限公司
重庆驰骋轻型汽车部件股份有限公司
重庆双赢化工集团有限公司
重庆秋田齿轮有限责任公司
重庆九发包装印刷有限公司
重庆环松工业(集团)有限公司
重庆市参天水泥有限公司
重庆金冠汽车制造有限公司
重庆市江津酒厂有限责任公司
重庆拓源华冠碳素有限公司
江津市禾丰化工有限公司
重庆酉阳天雄锰业有限公司
重庆市正川玻璃有限公司
重庆市雁山机械制造有限公司
重庆通达机械工业有限公司
重庆大江摩托车发动机制造有限公司
重庆星星套装门有限责任公司

2004年度重庆市民营企业50强

重庆力帆实业(集团)有限公司
宗申产业集团有限公司
隆鑫集团有限公司
重庆小天鹅投资控股(集团)有限公司
重庆市博赛矿业(集团)有限公司
重庆华宇集团
重庆美心(集团)有限公司
重庆南方集团有限公司
重庆渝江压铸有限公司
重庆市富丰水泥集团有限公司

重庆鸡冠石建设集团
双赢集团有限公司
重庆市志成机械厂
重庆民生燃气(集团)有限公司
重庆渝安创新科技(集团)有限公司
重庆渝永建设(集团)有限公司
重庆一品建设集团有限公司
重庆跨越(集团)股份有限公司
重庆钰鑫实业集团有限公司
重庆金凤丝绸(集团)有限公司
重庆顺威铝业有限公司
重庆北部新城建设集团有限公司
重庆富悦实业集团有限公司
重庆市参天水泥有限公司
重庆博达建设集团股份有限公司
重庆市段氏服饰实业有限公司
重庆华厦建工(集团)有限公司
重庆渝发建设有限公司
重庆九龙建设(集团)有限公司
重庆希望饲料有限公司
重庆市渝万建设集团有限公司
重庆富皇水泥有限公司
重庆市禾丰化工有限责任公司
重庆建安建设(集团)有限公司
重庆秋田齿轮有限责任公司
重庆长安汽车电器股份有限责任公司
重庆通盛机械工业有限公司
重庆恒胜集团有限公司
重庆市腾龙实业(集团)有限公司
重庆环松工业(集团)有限公司
重庆天雄锰业有限公司
重庆拓源华冠碳素有限公司
重庆银鸿铝业有限公司
重庆星星套装门有限责任公司
重庆市江津酒厂有限责任公司
重庆精通工业集团有限公司
重庆雁山机械制造(集团)有限公司
重庆九发包装印刷有限公司
重庆华强化肥有限公司
重庆市正川玻璃有限公司

2005 年度重庆市民营企业 50 强

重庆力帆实业(集团)有限公司
隆鑫集团有限公司
宗申产业集团有限公司
重庆小天鹅投资控股(集团)有限公司
重庆市博赛矿业(集团)有限公司
重庆华宇物业(集团)有限公司
重庆华立控制股份有限公司
重庆川东化工(集团)有限公司
重庆美心(集团)有限公司
重庆南方集团有限公司
重庆渝江压铸有限公司
重庆陶然居饮食文化(集团)有限公司
双赢集团有限公司
重庆市富丰水泥集团有限公司
重庆隆西建设(集团)有限公司
重庆市志成机械厂
重庆世纪民生能源(集团)有限公司
重庆北部新城建设集团有限公司
重庆渝永建设(集团)有限公司
重庆富皇水泥(集团)有限公司
重庆银钢科技(集团)有限公司
重庆天泰铝业有限公司
重庆渝安创新科技(集团)有限公司
重庆和邦碱胺实业有限公司
重庆长龙实业(集团)有限公司
重庆市参天水泥有限公司
重庆一品建设集团有限公司
重庆金凤丝绸(集团)有限公司
重庆银翔摩托车(集团)有限公司
重庆今普食品有限公司

重庆钰鑫实业集团有限责任公司
重庆顺威铝业有限公司
重庆市亚东亚电气(集团)有限责任公司
重庆市腾龙实业(集团)有限公司
重庆工贸实业(集团)有限责任公司
重庆跨越(集团)股份有限公司
重庆市兴茂房地产开发集团有限公司
重庆市禾丰化工有限责任公司
重庆富悦实业集团有限公司
重庆星星套装门有限责任公司
重庆九龙建设(集团)有限公司
重庆驰骋轻型汽车部件股份有限公司
重庆博达建设集团股份有限公司
重庆希望饲料有限公司
重庆华强化肥有限公司
重庆秋田齿轮有限责任公司
江津市第十建筑安装工程有限责任公司
重庆天雄锰业有限公司
重庆天圣制药有限公司
重庆雁山机械制造(集团)有限公司

2006年度重庆市民营企业50强

力帆实业(集团)有限公司
宗申产业集团有限公司
重庆华宇物业(集团)有限公司
重庆市金科实业(集团)有限公司
重庆龙湖地产发展有限公司
重庆市博赛矿业(集团)有限公司
重庆小天鹅投资控股(集团)有限公司
重庆隆鑫工业(集团)有限公司
重庆陶然居饮食文化(集团)有限公司
重庆美心(集团)有限公司
广厦重庆第一建筑(集团)有限公司
重庆协信控股(集团)有限公司
重庆天泰铝业有限公司
重庆南方集团有限公司
重庆渝安创新科技(集团)有限公司
重庆渝能泰山电线电缆有限公司
重庆世纪民生能源(集团)有限公司
北城致远集团有限公司
重庆市渝万建设集团有限公司
重庆渝永建设(集团)有限公司
重庆市志成机械厂
双赢集团有限公司
重庆建安建设(集团)有限公司
重庆顺威万希铝业有限公司
重庆银钢科技(集团)有限公司
重庆星星套装门有限责任公司
重庆市富丰水泥集团有限公司
重庆富皇水泥(集团)有限公司
重庆秋田齿轮有限责任公司
重庆钰鑫实业集团有限责任公司
重庆同舟实业(集团)有限公司
重庆市参天水泥有限公司
重庆鸡冠石建设集团
重庆市亚东亚电气(集团)有限责任公司
重庆市佛光旅游开发(集团)股份有限公司
重庆一品建设集团有限公司
重庆祥飞实业(集团)有限公司
重庆跨越(集团)股份有限公司
重庆金凤丝绸(集团)有限公司
重庆华厦建工(集团)有限公司
重庆博达建筑集团股份有限公司
重庆川东化工(集团)有限公司
重庆百事达汽车有限公司
重庆富悦实业集团有限公司
重庆工贸实业(集团)有限责任公司
重庆胜利工业(集团)有限公司
重庆市江津酒厂(集团)有限公司
重庆九龙建设(集团)有限公司
重庆华强化肥有限公司
重庆今普食品有限公司

注:本资料出自重庆市中小企业发展指导局

重庆名牌产品

2004年度重庆名牌产品

序号	生产企业	产品名称
1	庆铃汽车股份有限公司	五十铃牌重型汽车FVR8、FVZ12吨
2	重庆隆鑫工业（集团）有限公司	隆鑫牌两轮摩托车LX100、LX110、LX125型
3	重庆力帆实业（集团）有限公司	力帆牌摩托车发动机110、125型
4	重庆力帆实业（集团）有限公司	力帆牌两轮摩托车100、125型
5	重庆宗申发动机制造有限公司	宗申牌摩托车发动机ZS162MJ型
6	重庆宗申机车工业制造有限公司	宗申牌两轮摩托车ZS110型
7	建设工业（集团）有限责任公司	建设牌两轮摩托车110型
8	建设工业（集团）有限责任公司	建设·精工精机牌旋叶式汽车空调压缩机JSS-96H型
9	重庆市涪陵区威云机械制造有限公司	涪柴牌摩托车发动机气缸体50-250mL
10	重庆机床厂	重机牌高速高效模块化数控滚齿机YKX3132/、YKS3120型
11	重庆市云阳曲轴厂	云川(云扬)牌摩托车发动机曲轴连杆总成
12	重庆博联变压器有限公司	三峡牌110KV及以下电力变压器
13	重庆康明斯发动机有限公司	重发牌柴油发动机及机组
14	重庆大江工业（集团）有限责任公司工程机械厂	庆江牌自升式塔式起重机QTZ型
15	重庆水泵厂有限责任公司	山城牌计量泵J型、除鳞泵SD型
16	重庆川仪总厂有限公司重庆川仪一厂	友谊牌银、银合金/铜、铜合金复合带材
17	重庆前卫克罗姆表业有限责任公司	QW//Krom BK型家用膜式煤气表BK-G2.5/G4/G1.6
18	重庆鸽牌电线电缆有限公司	鸽牌铜及铜合金（管、棒、排、线）
19	重庆泰山电线电缆有限责任公司	泰山牌聚氯乙烯绝缘电力电缆2.5～400 mm^2
20	重庆钢铁股份有限公司	三峰牌船用型钢10#～37#、φ14～117
21	重庆钢铁股份有限公司	三峰牌汽车大梁用热轧钢板6—14 mm
22	重庆钢铁集团钢管有限责任公司	路路通牌锅炉及压力容器用钢管φ16～76×2～12 mm
23	重庆新美鱼博洋铝业有限公司	美鱼牌铝合金型材
24	西南铝业（集团）有限责任公司	西南铝牌涂层板
25	重庆市东升铝业股份有限公司	东辰牌重熔用铝锭A/99.70
26	重庆腾辉地维水泥有限公司	地维牌复合硅酸盐水泥32.5级，普通硅酸盐水泥42.5R
27	中国石化集团四川维尼纶厂	川维牌工业甲醛溶液、乙酸乙烯酯（VAC）
28	重庆宏漆涂料有限公司	HQ牌腻子胶水
29	重庆三峡油漆股份有限公司	三峡牌工业漆、家装漆
30	中化重庆涪陵化工有限公司	腾升牌复合肥料（高、中、低浓度）
31	江津市禾丰化工有限责任公司	四面山牌尿素（农用）
32	重庆江北化肥有限公司	渝江牌尿素
33	重庆科瑞制药有限责任公司	升康麦迪霉素片
34	重庆拓源华冠碳素有限公司	渝冠牌预焙阳极
35	重庆合川盐化工业有限公司	钓鱼城牌加碘精制盐
36	重庆美心·麦森门业有限公司	美心牌钢木室内门MXS
37	重庆市朗萨家私有限公司	朗萨家私牌板式家具
38	重庆顾地塑胶电器有限公司	顾地牌环保供、排水管及难燃线槽管PVC - U
39	重庆川江针纺有限公司	川江牌毛线

40	重庆市海伦地毯有限公司	CTLTC 牌簇绒地毯（3—4m）
41	重庆妙娅服饰有限公司	妙娅牌女西服、西裤、大衣
42	重庆段氏服饰实业有限公司	段记牌男西服套装
43	重庆砂之船（意大利）鞋业服饰有限公司	砂之船牌女西服套装
44	重庆明月皮鞋厂有限公司	月球牌粘胶女皮鞋
45	重庆三五三九鞋业总厂	3539 牌胶靴
46	重庆市沙坪坝区双陵鞋业有限公司 重庆市沙坪坝区双陵皮鞋厂	双陵牌（高级）男皮鞋
47	重庆市姚氏鞋业有限公司	女兆牌粘胶女皮鞋
48	黔江卷烟厂	黔龙牌 84（64＋20）mm滤咀卷烟
49	重庆啤酒股份有限公司	双桂牌啤酒 10.0° P
50	重庆市涪江酒业有限公司	涪江牌大曲酒 28°、35°（500ml/瓶）
51	重庆市江津酒厂（集团）有限公司	几江牌白酒 50°、金江津白酒 35°（500ml/瓶）
52	重庆市太白酒厂	诗仙太白牌盛世唐朝曲酒 38°、45°、52°，特曲酒 45°
53	重庆市笛女酒业有限责任公司	笛女牌大曲酒 35°、38°（500ml/瓶）
54	重庆市渝中区大坪三五火锅馆	三五牌火锅佐料、调料（袋装、瓶装）
55	重庆三九火锅底料厂	周君记南山牌麻辣香水鱼（鸡、鸭、兔）超浓缩调料
56	重庆沁园实业有限公司	沁园牌面包
57	重庆市涪陵辣妹子集团有限公司	辣妹子牌方便榨菜
58	重庆天厨味精厂	天雁牌 99%味精
59	重庆市天友乳业股份有限公司	天友?牌搅拌酸奶（塑杯装、屋形盒装）
60	重庆市万州区新绿粮油有限公司	良恭牌水磨糯米粉
61	重庆市蓬江食品有限公司	蓬江牌牛肉脯
62	重庆白市驿板鸭食品有限责任公司	白市驿板鸭、鸭肉干
63	重庆垫江启昌食品有限公司	启昌牌分割鲜、冻猪瘦肉

2005 年度重庆名牌产品

序号	生 产 企 业	注册商标	产品名称
1	中国嘉陵工业股份有限公司（集团）	嘉 陵 牌	两轮摩托车 JH70、125、150 型
2	中国嘉陵工业股份有限公司（集团）	嘉 陵 牌	摩托车发动机 125CC、70CC 型
3	庆铃汽车股份有限公司	五十铃牌	100P 轻型商用车
4	重庆红岩汽车有限责任公司	红 岩 牌	重型汽车 CQ24、CQ30
5	建设工业(集团)有限责任公司	建 设	两轮摩托车 100、125 型
6	重庆力帆实业(集团)有限公司	力 帆	摩托车发动机 100 型、水冷 150 型
7	重庆市劲隆摩托车制造有限公司	劲 隆	两轮摩托车 JL125 型
8	重庆银钢科技(集团)有限公司	银 钢	两轮摩托车 100、125 型
9	重庆綦江汽车半轴厂	綦 铃	NKR、TF/UC 五十铃汽车半轴
10	重庆大江工业(集团)有限责任公司	迈 克	重型汽车桥及传动轴总成
11	重庆青山工业有限责任公司	青 山	微型汽车变速器 465A、MR510、SC7080、SC1010 型
12	重庆长安减震器有限公司	渝 安	摩托车前、后减震器 125 型
13	马勒发动机零部件(重庆)有限公司	灯 塔	4J 轻型汽车铝活塞
14	綦江齿轮传动有限公司	綦 江	机械式汽车多档变速器总成
15	重庆益峰高压容器有限责任公司	益 民 牌	钢内衬缠绕气瓶、钢质无缝气瓶
16	重庆大江工业集团工程机械厂	庆 江	液压支架
17	重庆长江涂装机械厂	长 江	QPT6528 型气动无气喷涂机

18	重庆油泵油咀厂	川渝牌	P型燃油喷射泵
19	重庆齿轮箱有限责任公司	永进	JS中心传动磨机减速机
20	重庆云河实业(集团)有限公司	云河	水轮发电机组（冲击、混流、轴流式）
21	重庆潍柴发动机厂	WEICHAI	柴油机cw200型
22	重庆市智能水表有限责任公司	爱克能	DN15-DN50智能水表系列产品
23	重庆钢铁股份有限公司	山峰	优质碳素钢热轧盘条、工业结构用型钢
24	重庆钢铁集团钢管有限责任公司	路路通	输送流体用无缝钢管
25	重庆华浩冶炼有限公司	川星牌	FTD1.FTD2电解铜粉
26	重庆智博粉末冶金有限公司	ZPM	发动机粉末冶金气门座圈、导管
27	重庆腾辉地维水泥有限公司	地维牌	普通硅酸盐水泥32.5R.、52.5R
28	重庆小南海水泥厂	南海牌	普通硅酸盐水泥P.032.5级、42.5级
29	重庆市富丰水泥集团有限公司	富丰	普通硅酸盐水泥P.032.5级、P.042.5级
30	重庆富皇水泥(集团)有限公司	富皇	普通硅酸盐水泥32.5R、42.5R
31	重庆鸽牌电线电缆有限公司	鸽牌	电缆
32	重庆鸽牌电线电缆有限公司	鸽牌	电线
33	重庆新泰山电线电缆有限公司	泰山牌	35KV及以下交联聚乙烯绝缘电力电缆
34	重庆新泰山电线电缆有限公司	泰山牌	聚氯乙烯绝缘电缆
35	重庆市南方阻燃电线电缆厂	玉兔	电线
36	重庆渝丰电线电缆有限公司	渝丰	聚氯乙烯绝缘电缆电线
37	重庆浦东电力电缆有限责任公司	渠安	聚氯乙烯绝缘电力电缆
38	中国石化集团四川维尼纶厂	川维牌	聚乙烯醇树脂17-88、17-99S、24-88
39	中国石化集团四川维尼纶厂	川维牌	工业甲醇
40	中化重庆涪陵化工有限公司	腾升	磷酸一铵、磷酸二铵
41	中国核工业建峰化工总厂	建峰	尿素（农用）
42	重庆朝阳气体有限公司	朝阳	工业、医用气（液）体氧
43	双赢集团有限公司	双赢	磷酸一铵、磷酸二铵
44	重庆宏漆涂料有限公司	宏时丽、宏雅丽	内墙乳胶漆
45	攀钢集团重庆钛业股份有限公司	山川	金红石型钛白粉
46	重庆庆龙精细锶盐化工有限公司	庆龙	工业碳酸锶(粉状)
47	重庆凌达实业有限公司	凌达	高性能永磁铁氧体
48	重庆江北化肥有限公司	渝江	复合肥料
49	重庆科瑞制药有限责任公司	科曼欣	克拉霉素片50mg/片、0.125g/片
50	太极集团重庆中药二厂	太极	六味地黄丸、九味羌活丸（浓缩丸）
51	西南合成制药股份有限公司	可尔生、奥丁尼	可尔生颗粒剂、奥丁尼胶囊
52	重庆市富源化工有限责任公司	南翔	吗啉
53	重庆美心·麦森门业有限公司	美心	安全门FAM-A-P
54	重庆市西铝工业公司	西侣	铝质天花
55	重庆四维瓷业(集团)股份有限公司	SWELL、金四维	卫生洁具
56	重庆星星套装门有限责任公司	群星牌	星星套装门
57	重庆峡江燃气具有限公司	瑞泰	家用燃气快速热水器
58	重庆市皇健床具有限公司	名门皇健	弹簧软床垫
59	重庆金凤丝绸(集团)有限公司	凤宇牌	生丝、双宫丝、双绉绸
60	重庆市涪陵金帝工业集团有限公司	华草	苎、亚麻布
61	重庆天派制衣有限公司	天派	西服套装

62	重庆白丽服饰有限责任公司	纤 牌	女式套裙、女式大衣
63	重庆树王服饰设计发展有限公司	树 王	茄克
64	重庆新旺族服饰有限公司	欧碧倩	女装(裙套)
65	重庆巴士拉制鞋有限公司	芭士拉牌	粘胶女皮鞋
66	重庆富士达鞋业有限公司	富士达	牛皮粘胶女鞋
67	重庆科而士实业（集团）有限公司	科而士	男、女皮鞋
68	重庆市裕华鞋业鞋材有限公司	米 棋	男女式皮鞋
69	重庆啤酒(集团)有限责任公司	山城牌	啤酒
70	重庆市太白酒厂	诗仙太白	特曲酒38、45、52度
71	重庆三峡酒业有限公司	巴 渝	巴渝人家酒50度
72	重庆石松酒业有限责任公司	石松牌	高梁酒60度
73	重庆烟草工业有限责任公司	宏声牌	卷烟
74	重庆烟草工业有限责任公司	小南海牌	卷烟
75	重庆昊元生物产业有限公司	三 峡	鸡精调味料
76	重庆索特盐化股份有限公司	索 特	食用盐50Kg、1Kg、0.5Kg
77	重庆顶益食品有限公司	康师傅	方便面50-200克(桶、碗、袋装)
78	永川豆豉食品有限公司	永 川	酱油、豆豉系列
79	重庆市鱼泉榨菜（集团）有限公司	鱼 泉	榨菜
80	重庆市天友乳业股份有限公司	天 友	屋型盒牛奶240、500、980、1000ml
81	重庆红九九食品有限公司	红99牌	火锅浓缩底料
82	重庆市江津米花糖有限责任公司	玫瑰牌	油酥米花糖
83	重庆市黔江区珍珠兰茶业有限公司	双 绿	珍珠兰茶
84	重庆希望饲料有限公司	希 望	0#奶猪配合饲料40kg

2006年度重庆名牌产品

序号	生产企业	注册商标	产品名称
1	重庆长安汽车股份有限公司	长安牌	长安之星微型汽车系列
2	庆铃汽车股份有限公司	五十铃	T系列轻型商用车
3	庆铃汽车股份有限公司	五十铃	U系列轻型客车
4	重庆红岩汽车有限责任公司	红岩牌	重型汽车CQ16、CQ25、CQ31型
5	重庆红岩汽车有限责任公司	红岩牌	重型汽车斯达-斯太尔
6	重庆市迪马实业股份有限公司	迪 马	防弹运钞车
7	重庆市迪马实业股份有限公司	迪 马	养护车、抢险救援车
8	中国嘉陵工业股份有限公司（集团）	嘉 陵	两轮摩托车JH（JL）110型
9	重庆建设摩托车股份有限公司	建 设	两轮摩托车150型
10	重庆建设摩托车股份有限公司	建 设	四轮沙滩车250、400型
11	重庆市劲隆摩托车制造有限公司	劲 隆	两轮摩托车JL110型
12	重庆鑫源摩托车制造有限公司	鑫 源	两轮摩托车XY110、XY125型
13	宗申产业集团有限公司	宗 申	通用汽油发电机组ZSQF型
14	宗申产业集团有限公司	力之星	两轮摩托车LZX150GY、LZX125CC型
15	重庆市蓝黛实业有限公司	蓝 黛	轿车变速器总成8A4+1
16	重庆渝州电线有限责任公司	渝 州	汽车用薄壁绝缘低压电线
17	重庆秦川实业（集团）有限公司	秦川 QINCHUAN	汽车灯具SC6350型
18	力帆实业（集团）有限公司	力 帆	摩托车发动机250型
19	重庆长兴工业有限公司	常 鑫	摩托车离合器
20	重庆歇马机械曲轴有限公司	歇 马	摩托车发动机曲轴总成

21	重庆富川电装品有限公司	富　传	磁电机
22	重庆机床(集团)有限责任公司	重机牌	高效数控滚齿机及模块化产品 Y3180CNC6
23	重庆气体压缩机厂有限责任公司	重气牌	天然气加气站压缩机及成套设备（CNG 型）
24	重庆大唐称重系统有限公司	大　唐	电子汽车衡 SCS/ZCS（1-150）T
25	华立仪表集团重庆仪表有限公司	华立牌	电能表 DD862
26	重庆金算盘软件有限公司	金算盘	企业管理软件 8e/ERP
27	重庆信威通信技术有限责任公司	信威通信 XinWei	SCDMA 手机 、SCDMA 无线基站
28	重庆钢铁股份有限公司	三　峰	船体结构用钢板
29	重庆钢铁股份有限公司	三　峰	建筑用钢材
30	重庆钢铁股份有限公司	三　峰	碳素结构钢和低合金结构钢热轧厚钢板
31	重庆钢铁股份有限公司	三　峰	锅炉压力容器用钢板
32	西南铝业（集团）有限责任公司	西南铝	印刷用 PS 版铝板基
33	西南铝业（集团）有限责任公司	西南铝	建筑用彩色涂层板
34	重庆市涪陵区天彩铝业有限公司	福　祥	铝合金建筑型材
35	重庆腾辉地维水泥有限公司	地　维	中热硅酸盐水泥 42.5 级
36	重庆天助水泥有限公司	天助水泥	普通硅酸盐水泥 42.5R
37	中国石化集团四川维尼纶厂	川维牌	PVA 水溶短纤维
38	中国石化集团四川维尼纶厂	川维牌	乙酸乙烯酯-乙烯共聚乳液
39	重庆三峡油漆股份有限公司	三　峡	防腐漆、建筑漆系列
40	重庆威星橡胶工业有限公司	威　星	摩托车轮胎
41	重庆长寿化工有限责任公司	长　寿	氨苯磺胺
42	重庆长寿化工有限责任公司	长　寿	氯丁橡胶
43	重庆嘉陵化学制品有限公司	嘉　陵	工业高锰酸钾 I 型
44	重庆泰丰泰兴化工有限责任公司	TF	靛蓝（还原染料）
45	重庆东方药业股份有限公司	枕中、神女峰牌	宁心益智口服液
46	重庆药友制药有限责任公司	药友、沙多利卡	阿拓莫兰、注射用炎琥宁
47	重庆科瑞制药有限责任公司	佳　庆	阿莫西林胶囊
48	重庆科瑞制药有限责任公司	感　诺	复方氨酚烷胺胶囊
49	重庆莱美药业有限公司	莱美特宁	盐酸克林霉素注射液
50	重庆顾地塑胶电器有限公司	得　亿	低烟难燃电线槽管、 PVC-U 环保排水管及配件
51	重庆登康口腔护理用品股份有限公司	冷酸灵	牙膏
52	重庆力可达电池有限公司	火车牌	无汞碱性锌锰电池
53	重庆万光电源股份有限公司	玉　兔	锌－锰干电池 R20S、R14S、R6C、R6P、R03
54	重庆市典雅集团家俱制造有限公司	典　雅	典雅苑家具（DY-木家具、软体家具、金属家具）
55	重庆佳梦家具有限公司	佳　梦	床垫（单、双人）
56	重庆玮兰床垫家具有限公司	玮　蘭	床垫
57	佛山新美陶瓷有限公司	小康、元甲、雷克	陶瓷墙地砖
58	重庆隆发皮革制品有限责任公司	塔　山	水牛皮凉席
59	重庆渝能泰山电线电缆有限公司	泰山牌	钢芯铝绞线
60	重庆渝能泰山电线电缆有限公司	泰山牌	架空绝缘电缆
61	重庆市宇邦线缆有限公司	重　宇	电线电缆
62	重庆谭木匠工艺品有限公司	谭木匠	梳子
63	重庆梦之诗服饰有限公司	梦之诗	女式大衣

64	重庆极力服饰有限公司	极 力	男、女西裤
65	重庆盾之王实业有限公司	盾之王	防弹衣 2-6 级
66	重庆市海伦地毯有限公司	天伦（CTLTC）牌	威尔顿机织地毯
67	重庆市小林被服有限公司	小 林	绗缝被
68	重庆三五三九鞋业总厂	3539	布面胶鞋、布鞋
69	重庆红火鸟鞋业有限公司	红火鸟	男/女皮鞋
70	重庆红草帽鞋业有限公司	红草帽	男女式胶粘皮鞋
71	重庆市太白酒厂	诗仙太白	老酒（38、42、52 度）
72	重庆啤酒股份有限公司	双 桂	啤酒
73	重庆啤酒股份有限公司	重 庆	啤酒
74	重庆石松酒业有限责任公司	百年好合、露华浓牌	大曲酒（35、39、42、43、50 度）
75	重庆市江津酒厂（集团）有限公司	几江牌	白酒（江津老白干、江津白酒）50、56、60 度
76	重庆市江津酒厂（集团）有限公司	几江牌	金江津酒 35、42、45、50 度
77	重庆烟草工业有限责任公司	龙凤呈祥	烤烟型 84mm 滤咀卷烟
78	重庆市铜梁龙米业有限公司	铜梁龙	大米（早籼）
79	重庆市梁山米业有限公司	双 桂	大米
80	重庆人和米业有限责任公司	人 和	大米
81	重庆市铜龙食品有限责任公司	铜 龙	挂面、大米
82	重庆市油脂公司	红蜻蜓	菜籽油、大豆油、芝麻油、食用调和油
83	重庆新涪食品有限公司	新龙飞	大豆油、菜籽油、调和油
84	重庆新涪食品有限公司	绿 竹	饲料用大豆粕
85	重庆市帅笑工贸有限责任公司	帅 笑	菜籽油、色拉油
86	重庆宁兰食品有限责任公司	宁 兰	花生牛奶饮料
87	重庆市重友食品饮料有限公司	重 友	花生牛奶饮料
88	重庆三高乳业有限责任公司	三 一	益生菌奶酪
89	重庆市天友乳业股份有限公司	天 友	灭菌奶（利乐枕及康美包系列产品）
90	重庆美多食品有限公司	冰 点	冰点水
91	重庆市城口县赵孝春野生食品开发有限公司	赵孝春	城口老腊肉
92	重庆沁园实业有限公司	沁 园	裱花蛋糕
93	重庆昊元生物产业（集团）有限公司（原重庆飞亚实业公司）	飞马牌	80%味精、99%纯味精
94	重庆天厨味精厂	天 雁	80%味精
95	重庆渝泰食品有限公司	渝泰、邹郎	鸡精
96	重庆桂楼食品股份有限公司	桂 楼	腌腊肉制品
97	重庆市涪陵榨菜（集团）有限公司	乌 江	榨菜
98	西南农业大学实验茶厂	西 农	茶叶（绿茶、花茶）类
99	重庆正大有限公司	重庆正大	乳猪配合饲料
100	重庆正大有限公司	重庆正大	猪浓缩饲料
101	重庆市蜀达饲料有限公司	蜀 达	饲料（鱼、猪、鸡、鸭）
102	重庆双桥正大有限公司	双桥正大牌 SQ	乳猪配合饲料
103	重庆双桥正大有限公司	双桥正大牌 SQ	浓缩饲料
104	重庆正通饲料有限公司	正 通	添加剂预混合饲料

注：本资料出自重庆市质量技术监督局

重庆市百个经济强镇

安居镇	八桥镇	白沙镇	白市驿镇	宝顶镇
澄溪镇	城厢镇	大安镇	大观镇	大路镇
福田镇	赶水镇	高家镇	高梁镇	葛城镇
汉葭镇	虎峰镇	花溪镇	华岩镇	黄角垭镇
旧县镇	李渡镇	临江镇	龙潭镇	龙水镇
南泉镇	南桐镇	南沱镇	盘石镇	平凯镇
汝溪镇	三汇镇	三江镇	三教镇	社坛镇
双竹镇	水江镇	水土镇	太安镇	太和镇
文峰镇	温泉镇	西彭镇	西沱镇	巷口镇
邮亭镇	油溪镇	鱼嘴镇	鸳鸯镇	袁驿镇
保家镇	长沙镇	长生镇	陈家桥镇	澄江镇
打通镇	丁家镇	杜市镇	峰高镇	冯家镇
葛兰镇	歌乐山镇	广顺镇	郭家镇	含谷镇
黄水镇	建胜镇	鸡冠石镇	江口镇	井口镇
龙兴镇	珞璜镇	洛碛镇	木洞镇	南平镇
屏锦镇	坪山镇	钱塘镇	青杠镇	青木关镇
石宝镇	石会镇	石胜镇	狮子滩镇	双江镇
天城镇	统景镇	通桥镇	涂山镇	巫峡镇
歇马镇	新田镇	兴隆镇	熊家镇	永安镇
云门镇	云台镇	钟多镇	中和镇	梓潼镇
朱沱镇				

注：本资料出自《重庆新闻网》

2006年度重庆十大渝商

重庆小天鹅投资控股集团公司总裁 何永智
重庆金科实业(集团)有限公司董事长 黄红云
华宇物业(集团)有限公司董事长 蒋业华
隆鑫控股有限公司董事长 涂建华
惠州雷氏光电科技有限公司董事长 吴长江
重庆龙湖地产发展有限公司董事长 吴亚军
重庆民生能源集团董事长 薛方全
重庆陶然居饮食文化集团董事长 严 琦
重庆博赛矿业有限公司董事长 袁志伦
宗申产业(集团)有限公司董事长 左宗申

注：本资料出自《新华网》

后 记

《辉煌历程——重庆直辖十周年经济发展巡礼》是全面反映重庆直辖以来经济领域的巨大变化,向重庆直辖十周年献礼的系列成果之一,由重庆市人民政府办公厅、重庆市人民政府发展研究中心、重庆社会科学院具体负责编辑出版的。市委副书记、市长王鸿举任编委会主任,市委副书记邢元敏,市委常委、宣传部部长何事忠,副市长、市人民政府发展研究中心主任童小平任编委会副主任,市政府发展研究中心各常委单位和各区县(自治县)人民政府负责人任编委会委员。主编由副市长、市人民政府发展研究中心主任童小平兼任,市政府副秘书长、市金融办主任罗广,重庆社会科学院院长、市人民政府发展研究中心常务副主任陈澍任常务副主编;重庆社会科学院副院长、市人民政府发展研究中心副主任肖长富,重庆社会科学院副院长、市人民政府发展研究中心副主任兼秘书长孟东方,重庆社会科学院副院长陈红,市政府办公厅四处处长朱晟任副主编,孟东方兼编辑部主任。

本书以重庆直辖十年来翔实、准确的历史资料为基础,以取得的主要成就和基本经验为内容,全面回顾、总结了重庆直辖十年来,以邓小平理论、"三个代表"重要思想为指导,贯彻落实党中央、国务院的一系列正确决策,紧密结合重庆实际,负重拼搏,开拓创新,在经济领域取得的辉煌成就和积累的宝贵经验。

本书得以出版,是各级领导高度重视,各有关部门和单位大力支持密切配合的结果。中共重庆市委、重庆市人民政府有关领导对本书的编撰高度重视,并多次作出重要批示;市级有关部门和区县(自治县)党委、政府许多领导在百忙之中亲自审阅稿件,所有来稿都加盖了单位公章。编辑部严格按照出版物管理制度,严格规范了组稿、审稿、反馈、编辑、校对、出版等一系列流程,并根据流程制定了工作计划和预案。重庆出版集团对本书的出版给予了大力支持,重庆市人民政府发展研究中心李琼研究员、罗锐华副研究员对本书稿件的修改、完善付出了大量心血。在此,谨向所有为本书的编写和出版给予了大力支持的部门和同志表示衷心的感谢!

走过直辖十年发展历程,我们已经站在新的历史起点,在重庆谋划未来发展的关键时刻,胡锦涛总书记以总揽全局、高瞻远瞩的战略眼光为重庆发展"导航定向",明确了三大定位、提出了一大目标、交办了四大任务,揭开了重庆奋力"求突破、大发展、上台阶"的序幕,预示着重庆的未来更加美好,昭示着重庆新的更大辉煌。

由于截止该书出版时,部分2006年度统计数据尚未公布,故部分单位的稿件仍然引用2005年度数据并作相应分析。由于本书涉及面广、内容较多、时间较紧,加之编审人员工作水平有限,尽管我们已做了最大努力,但缺漏错误之处仍然在所难免,恳请批评指正。

编辑部

2007年5月20日

把握新机遇 实现新跨越 在“1小时经济圈”建设中大有作为

——北碚区未来五年发展思路

中共北碚区委书记 黄 波
中共北碚区委副书记、区长 雷政富

北碚是重庆主城九区之一，全区幅员面积755平方公里，人口66万，是重庆著名的文化区，也是全国三大仪器仪表基地之一和全国五大玻璃制品基地之一。

近年来，我们以科学发展观为指导，一心一意谋发展，聚精会神搞建设，全区经济社会保持了持续快速健康发展的势头，国民经济迈上新台阶。2005年，我区被评为全市十强工业区县和民营经济十强区县；市政府对各区县的综合目标考评，我区在主城九区中的排位上升到第6位；市发改委和市统计局对全市40个区县的“社会发展水平”综合评价，我区在全市的排位逐年上升，由2003年全市第8位上升到2005年的第4位。2003年以来，我区先后获得目前西部地区唯一的“国家园林城区”、“中国最佳人居环境范例奖”、“国家卫生城区”、“全国绿化模范城市”、“国家环保模范城区”等称号，并被联合国人居环境署授予“迪拜国际改善人居环境良好范例奖”，经济社会发展呈现提质提速的良好态势，已站在了一个新的起点。

今后五年，是北碚实现科学发展、和谐发展、加快发展的重要战略机遇期。胡锦涛总书记对重庆新阶段发展的“314”总体部署，既为加快经济社会发展导了航，定了向，又提出了新的更高的要求。市委、市政府着力打好“直辖牌”和“库区牌”，建设“1小时经济圈”的战略举措，给北碚的发展带来了前所未有的新机遇。我们将抓住新一轮战略机遇期，坚持“对外融入主城核心区，对内统筹城乡发展”，按照重庆“1小时经济圈”的重要增长极、城乡统筹发展的国家可持续发展示范区、重庆市全面建设小康社会先行区的目标定位，全力打好“两张牌”：一是要全力打好“直辖市主城牌”，在全市打造1小时经济圈中大有作为。二是进一步打好“生态牌”，努力把北碚建设成为生态经济强区。按照“123456”的总体思路来加快北碚经济社会发展，即：坚持一个发展理念，就是要牢固树立和落实科学发展观和正确政绩观，坚持走全面、协调和可持续发展之路，努力构建和谐社会。决不以浪费资源、污染环境、牺牲子孙后代的利益为代价换取眼前一时的快速发展。瞄准两大目标，就是要努力把北碚建设成为国家可持续发展示范区和重庆市全面小康社会先行区。把握三个定位，就是要把北碚建设成为生态产业区、文化旅游城、重庆后花园。实施“4+2”发展战略，就是要大力实施“工业强区、科教兴区、旅游活区、生态靓区”以及城镇化和重点项目带动的“4+2”发展战略。发挥五大优势，就是要充分发挥北碚的生态环境优势、科教文化优势、特色产业优势、资源禀赋优势、发展空间优势，将生态优势变为经济优势，资源优势变为产业优势，人才优势变为发展优势。突出六大重点，就是要突出抓好“一团二园三城”，即蔡家组团、同兴特色工业园、生态农业园和北碚新城、大学城、十里温泉城六大重点建设。

到2011年，地区生产总值年均增长12%以上，经济发展速度高于都市发达经济圈平均水平，地方预算内财政收入年均增长18%以上，固定资产投资年均增长20%以上，社会消费品零售总额年均增长14%以上，城市居民人均可支配收入年均增长9%以上，农民人均纯收入年均增长9.1%以上，城镇化率达到75%以上，人口自然增长率控制在2.5‰以内，城镇登记失业率控制在4%以内，万元地区生产总值能耗降低20%以上，社会发展水平进入全市前列，人民群众幸福指数明显提升，使北碚的经济实力更加壮大、生态环境更加优美、社会发展更加和谐、人民生活更加幸福。

为实现以上目标，我们将坚持树立科学的发展观和正确的政绩观，发挥优势，突出特色，努力在全市“1小时经济圈”建设中大有作为。

一、以扩大城市规模为重点，着力打造“三大洼地”

我们将抓住绕城高速路、中环线建成通车等契机，以北碚组团和蔡家组团为核心，加快城市扩张，把北碚组团、蔡家组团和江东片区打造成为聚集生产要素的“三大洼地”。一是把北碚组团建设成为生态产业区、文化旅游城和重庆后花园。北碚组团的建设重点是完善城市功能，拓展城市规模。老城区要进一步完善功能，精致玲珑，体现出“灵气”；东阳片区要坚持高标准规划，高质量建设，建成10平方公里的东阳滨江新城，体现出“大气”；北碚新城重点以大学城建设为主体、竹海生态城市为特色、文化旅游和高科技产业为支撑，加速向西永大学城方向拓展，形成50平方公里的城市区域，与西永组团共同构建中国西部著名的大学城。二是把蔡家组团建设成为以“高新技术、高端商务、高档次娱乐、高品质住宅”等“四高”产业为主体的现代化新型城区。我们将坚持大手笔规划，高标准建设，打造以“高尔夫、主题公园”为主要内容的时尚休闲运动区域，以“生态、节能、环保、数字化”为一体的“未来之家”国际生态示范居住区域，以吸引世界500强和中国500强企业设立总部的总部经济区域，将蔡家组团建设成为40万以上城市人口的现代化新型城区，与北部新区共同形成主城北部的重要增长极。三是把江东产业区建设成为以资源加工、农副产品深加工和生态旅游农业为主的外环经济产业带。绕城高速路贯通江东后，将拉近该区域与重庆空港的时空距离。我们将以对口支援巫山县移民就业为契机，在水土、复兴规划建设“广东、巫山工业园区”和农产品加工园区，发挥北碚的资源优势和交通区位优势，加快吸纳库区移民向主城区转移，建成连接空港工业园区的环线经济带，形成30平方公里以上的资源加工型工业基地。

二、以生态产业为支撑，着力建设“三条生态产业走廊”

我们将按照构建“生态高效农业、生态工业、生态旅游、生态城镇”四大生态产业体系的总体思路，坚持错位发展，突出生态特色，在聚集生产要素的“三大洼地”倾力打造“三条生态产业走廊”，加快把北碚建成重庆主城区的生态经济强区。一是着力打造江东生态农业走廊。以生态农业园区为载体，“江东花木暨旅游农业产业带”为重点，按照“一线八点”的总体布局，即沿碚金公路一线，全面建成“江东花港”、“大地渔村”、“重庆农谷”、“乡村嘉年华”、“台湾农民创业园”、“多彩园艺”、“金峡桃源”和“胜天牧业”等八个重点项目，打造形成以线串点、以点带面、“长藤结瓜”的产业发展带。二是建设生态工业走廊。以同兴工业园为载体，沿省道110一线加快建设力帆微车园、浙江产业园、华立生物制药基地，争取奥地利科技园落户蔡家组团并加快建设，与沙坪坝井口一线连接，打造形成省道110生态工业经济走廊。三是加快建设生态人文长廊。我们将全面美化和靓化北碚至渝中区的几条快速通道，着力打造渝武高速路北碚段的生态景观和缙云山沿线大型竹海生态体验旅游景观带，将缙云古道、名人村落、道家养生村落、家庭农庄、重庆艺术村落等项目有机串联，形成旅游环线平台，充分展示和宣传北碚良好的生态、优美的环境、厚重的文化、丰富的资源，以及在国际国内获得的荣誉，通过“生态人文长廊”的展示，把颐尚温泉、柏联SPA等项目串联起来，形成整体优势，引导消费，吸引顾客，聚集人气。同时，加快北温泉、金刀峡、金果园等旅游资源的开发，未来5年星级酒店争取发展到“50颗星”的规模，使北碚成为主城区休闲旅游、商务会议的胜地。

三、以新农村建设为契机，着力建设“现代都市+美丽乡村”的城乡统筹示范区

重庆“1小时经济圈”建设，将增强城市对农村的辐射和拉动作用，有利于带动北碚江东片区的发展。我们将按照发展现代农业的要求，大力发展绿色食品、生态观光、体验休闲、乡村旅游农业。大力实施特色产业、龙头企业、绿色有机品牌“三大培育工程”，发展壮大花卉苗木、名优水果、无公害蔬菜、嘉陵江名优鱼、优质笋竹、良种草食牲畜等六大特色产业。重点抓好纳入全市“千百工程”的5个示范村和28个推进村建设，以及纳入全市统筹城乡试点的“江东花木暨旅游农业产业带”建设，形成“一线八点”的特色产业带，努力把江东打造成为富裕文明的“现代都市+美丽乡村”，探索出一条具有北碚特色的社会主义新农村建设之路，在全市发挥城乡统筹的示范带动作用。

四、以完善基础设施为突破口，拓展发展空间

我们将进一步加快交通等基础设施建设，突破平行岭谷的障碍。当前，重点要做好“快捷交通”这篇文章，使北碚真正融入主城。积极争取尽早打通连接北碚的三条出境通道：一是争取在渝北区大树镇渝邻高速开口，与金刀峡至渝北的大湾公路接通，建设一条二级以上大道，这将极大增强重庆主城与重庆北部地区和四川华蓥山地区的联系和辐射；二是拓宽改造北碚至机场的复兴大道，发挥空港的交通优势带动江东片区发展；三是建设连接北碚经西永大学城至渝遂高速的西北快速干道，这有利于北碚组团与西永组团的融合和互动发展。要尽快启动省道110北碚段改扩建工程，使沙坪坝区与北碚区的交通瓶颈消除。同时要尽快确定城市轻轨项目北碚连接方案及线型走向，力争早日实现轻轨向重庆主城北部、西部地区的延伸。要规划实施重庆北部地区中梁山等隧道贯通主城方案，积极争取在北碚与蔡家组团间再新建1座穿中梁山道路隧道。只要将这些交通障碍突破，重庆主城向北和向西拓展的空间就广阔，潜力就十分巨大。

发展形势喜人，时代催人奋进。未来五年，我们将围绕全市“一圈两翼”的战略布局，抢抓机遇，阔步前进，为早日把北碚建设成为国家可持续发展示范区和重庆市全面小康社会先行区而努力奋斗！

北碚国家大学科技园简介

重庆市北碚国家大学科技园是国家科技部、教育部于2002年5月批准启动建设，2004年10月通过评估验收的国家级大学科技园，由西南大学和北碚区人民政府联合共建。北碚国家大学科技园按“三区一街”规划布局。技术创新区是大学科技园人才、智力、成果的创新源；专业孵化区是孵化企业成长和高新技术成果中试放大的专业区域；人才引进区为园区创新创业人才和留学归国人员提供良好的工作和生活环境；科技一条街突出信息、培训、市场辅导、会展、科技贸易、公共服务等功能，是连接三区的科技文化走廊。

▲重庆市委书记、市人大常委会主任汪洋（右二）视察园区在孵化企业

经过几年的发展，北碚国家大学科技园结合西南大学的优势，整合北碚综合资源，在科技成果转化、培育科技型企业、培养创新创业人才等方面取得一定成果，在生态环保、农业生态技术、机电仪一体化和新材料等领域，涌现出一批具有自主知识产权并在同行业中领先国内、国际水平的科技型中小企业，切实为三峡库区乃至西部地区经济社会发展提供技术创新保障。截至2006年底，北碚国家大学科技园共培育科技企业150家，其中在孵企业121家，毕业企业29家；园区有研发机构30家，其中国家和省部级研发机构12家；在三峡库区推广生态环保和农业技术项目256项，建立试验、示范基地26个，示范面积7.2万亩；建成综合孵化器1个，面积17000平方米，专业孵化器3个，面积12000平方米；在孵企业申报国家、市区项目228项，申请专利87项，其中发明专利21项；吸引留学创业人员18人，培训各类人才400余人次，解决了3000多人的就业；在孵企业累计实现销售收入19.01亿元，累计上缴税金4634万元。

北碚国家大学科技园计划用五年时间，建设2个综合孵化器，5个专业孵化器，孵化面积达10万平方米，在孵企业达300家，研发机构达60家，毕业企业年保持20家，建立试验/示范基地达60个，孵化企业年销售收入达30亿元 。培养200名高素质的企业管理人才和800名创新创业人才，创造4000多个就业岗位。届时，将把北碚国家大学科技园建设成为西部一流、国内领先、有国际影响力的特色国家级大学科技园。

▲北碚国家大学科技园专业孵化区效果图

▲北碚大学科技园综合孵化楼

休闲商务新城区
重庆市蔡家组团

与重庆北部新区仅一江之隔的北面，有一片平坦开阔的土地，这就是重庆市蔡家组团。该组团位于美丽的嘉陵江畔，幅员面积75平方公里，规划面积48平方公里，人口容量50万人，是《重庆市城市总体规划》确定的十一个外围组团之一，也是重庆市都市发达经济圈的有机组成部分。依托蔡家组团的优势和发展潜力，到2020年将达到沿海优秀城市水平，到时蔡家组团将建设成为休闲商务新城区和重庆未来新的经济高地，构建起集商务、休闲、旅游、居住、生态综合一体的高品质的城市系统，成为重庆城市建设的一张名片。

五大产业支撑城市发展

根据蔡家组团的区位优势和定位，其产业支撑将纳入主城区统一考虑，与北部新区的产业互补发展、互动发展和错位发展，主要以高技术产业、都市休闲旅游、现代物流、房地产和会展节五大主导产业为主。

一是以仪器仪表，汽车电子及机电一体化等为主导产业的高技术产业。二是以高尔夫、休闲度假娱乐、城市主题公园、现代游乐园和游艇俱乐部的都市休闲旅游。三是发展现代物流业，打造重庆的物资集散地。四是举办国际会议、展览，各种赛事以及节会的活动。五是发展高品质的住宅，打造品牌城市。

▲重庆市委书记、市人大常委会主任汪洋视察蔡家组团

2020年达到沿海优秀城市水平

蔡家组团的发展将分为三步走。到2007年，蔡家组团启动3平方公里起步区的建设，开始建设起步区内的交通主干道、水厂、污水处理厂等重点基础设施。中环线、南北干道、部分环线，使组团初显形象，成为投资热土。到2010年，建设面积8平方公里，人口10万人。规划一期范围交通网络基本完成，城市形态基本形成。到2020年建成面积31平方公里，人口30万人。形成较为完备的城市形态，城市品质达到沿海优秀城市水平。

依托优越的生态环境和区位交通优势，蔡家组团将引进一批具有带动性、经济效益好的劳动密集型产业和龙头企业，形成产业集群。同时发展高尚都市休闲旅游业增强城市人气，使一些大企业总部和高收入阶层入住蔡家组团。届时不仅可以举办国际会议、展览交易会、各种大型赛事以及节会活动，还可承办国家级、世界级的博览会、体育赛事等。

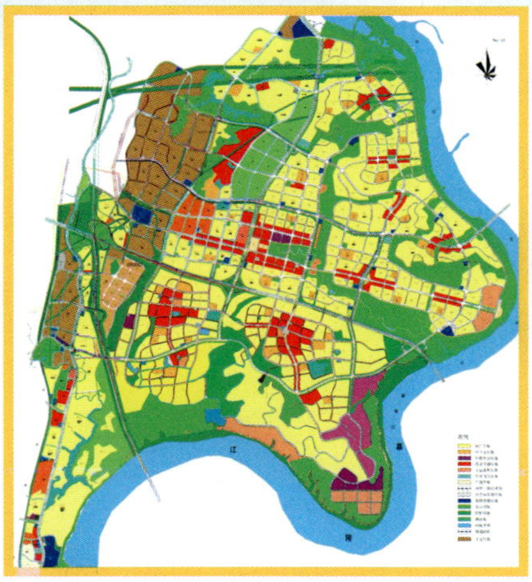

▲土地利用规划图

蔡家组团将与北部新区联动发展

蔡家组团处于重庆北部新区、沙坪坝区、渝北区、江北区和北碚区联动和功能衔接的枢纽位置，既接受五地政治、经济、科技、教育、文化的辐射，同时也对五地的政治、经济、文化起到了交流链接作用。

蔡家组团现有省道s110线和渝武高速公路穿过，城市中环快速干道贯穿东西。在未来重庆都市发达经济圈的公共交通系统形成后，蔡家组团将成为重庆主城北部的区域交通枢纽，有利于重庆主城区产业的规模化发展。蔡家组团同时也位于重庆主城向北拓展的重要地区，在《重庆市城市总体规划》中，对蔡家组团的发展定位为以高技术和现代制造业为主导的重庆北部重要的产业基地，同时也是以生态环境和都市休闲为特色的高品质生活区。蔡家组团有望承接北部新区的经济辐射，与北部新区联动发展。

与此同时，蔡家组团背靠郁郁葱葱、茂林修竹的中梁山，三面环水，有芳草鲜美、群莺乱飞的嘉陵江畔。在这山美水美的地方没有进行过大规模的开发建设，空气质量稳定优良，环境优势在重庆都市发达经济圈首屈一指，因此，到蔡家组团休闲旅游和商务办公将是最佳选择。

未来的蔡家组团将是一个以高新技术和现代制造业为主导，与北部新区联动发展的，环境优美、经济发达、社会和谐，最适宜人居、最具活力、最具竞争力的休闲商务新城区和重庆新的经济高地。

▲重庆市委常委、常务副市长黄奇帆出席中环线开工典礼

▲重庆市副市长童小平宣布嘉悦大桥开工

▲嘉悦大桥开工典礼

▲嘉悦大桥效果图

经济建设的守护神

★武警重庆市总队积极支援地方经济建设★

中国人民武装警察部队重庆市总队1998年1月成立以来，始终坚持以毛泽东思想、邓小平理论、“三个代表”重要思想和胡主席重要论述为指导，认真贯彻落实科学发展观，紧紧围绕部队中心工作，大力加强警政警民团结，积极参加和支援西部大开发，为重庆市的经济建设和构建社会主义和谐社会作出了重要贡献。

圆满完成重庆金融“三乱”、万州“10·18”等大规模突发事件处置任务和“亚洲议会和平协会第三届年会”、“第五届亚太城市市长峰会”等重大活动的安全保卫任务；完成1998年夏季抗洪、武隆县山体滑坡、“12·23”开县井喷、“4·16” 天原化工总厂氯气泄漏事故、“8·30”特大森林火灾等重大抢险救灾任务。较好地维护了社会稳定，有效地保护了国家资源和人民生命财产安全，确保了驻地经济建设顺利进行和人民群众安居乐业。

积极参加重庆市江北国际机场、重庆奥体中心、解放碑广场、滨江公园等市政基础设施建设和环境整治工作；启动万州“武警世纪林”生态保护工程；组织驻长江沿岸部队实施“警民共建绿色长廊”工程和“保护母亲河、清理漂浮物”活动；组织驻三峡库区部队开展为移民送温暖、办实事活动等，在重庆市经济建设中发挥了重要的作用。

积极完成重庆市536扶贫攻坚计划，组织官兵捐资1122.5万元，对口帮扶万州区普子乡、涪陵区聚宝乡、黔江区、渝北区天宝镇等14个贫困乡镇（区），为奉节县荆竹乡修建3所“希望小学”，改建4所未达“双基”标准的小学，开办2个“武警春蕾女童班”，资助181名失学儿童重返校园，修建村村通公路73公里，修建38户特困户住房，为重庆市“富民兴渝”工程作出了积极贡献。

单位：武警重庆市总队编史办/撰稿：满加雄/地址：重庆市渝北区龙山路66号/邮编：400017/电话：023-67923271

女童班开学典礼

武警三支队支援移民搬迁
民拥警 警援民
警民共建小天鹅大市场

继往开来，创新实干

CHONGQING GONGSHANGJU

为建设“西部领先、全国一流”的重庆工商而努力奋斗

2007年是重庆直辖十周年。十年来，重庆市工商系统在市委、市政府和国家工商总局的领导下，坚持以邓小平理论和"三个代表"重要思想为指导，认真贯彻党的十六大精神，全面落实科学发展观，充分履行工商行政管理职能职责，在整顿规范市场秩序、服务地方经济发展、构建社会主义和谐社会等方面取得了明显成效，实现了新的跨越，为促进重庆市经济社会全面协调可持续发展作出了突出贡献。

▲深入开展走访活动，竭力支持企业做大做强

十年来，重庆市工商行政管理历经变革，顺利完成了全市工商行政管理部门省级以下的垂直管理工作，切实实现了工商部门与所办市场的管办脱钩，率先启动了与行业协会的脱钩改革工作，全力推动了工商行政管理工作由“传统管理型”向“监管执法服务型”转变。

十年来，重庆市工商行政管理紧密围绕全市改革开放大局，尽心尽力优化市场准入环境，大力支持国有企业改制，积极引导民营经济发展，在推进新型工业化、社会主义新农村建设和三峡库区发展等方面取得了丰硕成果。

十年来，重庆市工商行政管理不断创新监管手段、提高执法效能，大力加强信息化建设，着力推动市场主体信用监管，全面加强市场秩序的整顿和规范，切实解决人民群众最关心、最直接、最现实的利益问题，努力营造公平公正、规范有序、和谐诚信的市场环境。

十年来，重庆市工商行政管理坚持不懈地推进队伍建设，狠抓教育培训，严格规范管理，进一步了提高干部的政治素质、业务素质和道德素质，为工商行政管理事业的发展提供了坚强的组织保障。

站在新的历史起点，重庆市工商行政管理将坚持以邓小平理论和“三个代表”重要思想为指导，以科学发展观和构建社会主义和谐社会统领全局，不断创新执法思想理念、管理体制机制和工作方式，全力以赴服务重庆经济社会又好又快发展和社会主义和谐社会建设，全面履职营造公平公正、规范有序、和谐诚信的市场环境，全心全意解决人民群众最关心、最直接、最现实的利益问题，继往开来，创新实干，为建设“西部领先、全国一流”的重庆工商而努力奋斗！

▲全力优化准入环境，积极促进市场主体发展

▲大力推进12315建设，及时解决事关群众利益的问题

▲着力强化监管执法，切实维护市场经济秩序

▲全面加强队伍建设，涌现出了田锡炳（全国先进工作者）等一批优秀基层干部

农业综合开发 辉煌的事业 丰硕的成果

直辖十年来，我市农业综合开发在市委、市政府的正确领导下，在市人大、市政协的关心指导下，在国家农发办的支持帮助下，以科学发展观为指导，坚持“两个着力、两个提高”的方针，紧紧围绕全市“三百”工程的实施，按照“项目建设规模化、运作机制市场化、项目资金管理规范化、投资来源多元化”的“四化”思路，与时俱进、务实创新地推进各项工作，为促进全市粮食增产、农业增效、农民增收和加快新农村建设发挥了重要作用、取得了辉煌的成绩。

开发投入成倍增加。2006年全市农业综合开发财政投入约3.4亿元，是直辖前的近10倍（中央财政投入是直辖前的近17倍）。10年财政总投入20.7亿元，改造中低产田土356万亩，实施产业化经营项目104个。

开发规模不断扩大。全市已有39个区县实施土地治理项目，坚持以农业主产区为重点，采取水、土、田、林综合治理，沟、池、渠、路合理配套，着力加强农业基础建设和生态环境建设，建成了如南川东城片区等一批规模大、生产条件好、综合生产能力较强的项目区。这些项目区水利排灌、农机耕作、交通运输、土壤肥力等农业生产条件和农业生态环境明显改善，成为了现代农业发展的示范区、新农村建设的示范区。

开发效益十分突出。坚持围绕农业产业化“百万工程”建设，着力推进农业和农村济结构的战略性调整，提高农业综合效益，增加农民收入。将改造的356万亩中低产田土，建成了优质粮油、柑桔、花椒、水果、茶叶、药材、蔬菜、蚕桑等一大批特色基地。扶持了今普食品等100家农业综合开发市级重点龙头企业和200多家区县级龙头企业，促进了农业产业化经营，使农民收入大幅提高，据统计，项目区农民年人均纯收入比非项目区高出280元以上，增收效果明显。

开发水平明显提高。各地根据开发任务，健全了开发机构，配齐了人员力量，坚持把项目资金管理作为农业综合开发的中心工作，加强了项目前期申报立项、中期实施建设以及竣工验收等项目全过程管理，全面推行了工程招投标制、项目工程监理制、项目和资金公示制、财政资金县级报账制，对项目资金安排、项目立项建设引入竞争机制，实现了项目和资金管理的制度化、规范化。

农业综合开发作为国家支持和保护农业发展的长期战略措施，前景广阔，任重道远。沐浴着建设社会主义新农村的春雨，踏着构建和谐社会的步伐，农业综合开发这项惠及广大农民的阳光事业必将彰显出更加无穷的魅力！必将展现出更加勃勃的生机！必将取得更加辉煌的成果！

文章来源于：重庆市农业综合开发评审中心　作者：杨守正

▲温家宝总理在重庆市委书记汪洋和市长王鸿举陪同下视察永川五间镇农业综合开发项目区

▲市委书记、市人大常委会主任汪洋（左三），市委常委、常务副市长黄奇帆（左四）和市委常委、秘书长范照兵（左五）视察南川土地治理项目区

▲市长王鸿举（左二）视察重庆市农业综合开发重点龙头企业—重庆稀尔安药业有限公司

▲市委常委、时任副市长陈光国视察大足农业综合开发项目区

▲市人大常委会副主任程贻举、时任市人大常委会副主任金烈、康纲有率领视察组实地视察梁平土地治理项目区

▲大足雍溪土地治理项目区

▲市重点优质粮油基地—南川东城土地治理项目区

▲南川兴隆土地治理项目区

▲巫溪上磺土地治理项目区

服务为民 科学发展

——重庆气象事业直辖十周年纪略——

▲重庆直辖市气象局成立挂牌

▲党组学习

直辖十年，重庆气象部门紧紧围绕科学发展观这个主题，大力实施三大战略，积极推进业务技术体制改革，加强精神文明建设，推动重庆气象事业跃上新台阶，为防灾减灾和促进重庆经济社会发展做出了重要贡献。

气象业务服务能力明显增强，气象工作在经济社会发展中发挥了重要作用

重大灾害性天气预警预报服务效益显著。特别是在去年百年一遇的高温干旱面前，各级气象部门大力提高气象业务服务能力，得到各级党委、政府的充分肯定，全市气象部门共有10个单位获得市委、市政府抗旱救灾先进集体称号，3人获抗旱救灾工作先进个人一等功，2人获二等功，9人获得先进个人荣誉称号。

决策气象服务深入开展。建立了决策气象服务机构，开发了业务工作平台，完善了工作流程，服务手段和方式不断改进，服务产品更加丰富，针对性更强。

全市新建170个土壤墒情观测点，开展土壤墒情监测业务。建立了农作物长势、森林火灾遥感、农业干旱遥感等监测业务。开展了农业产业化百万工程气象服务。

全市建立了66台火箭发射架和140门常规高炮作业的人工影响天气作业指挥系统，适时开展人工影响天气作业。

深化公共气象服务内涵，提高公共气象服务水平，为各种大型社会活动做好气象保障服务。通过广播、电视、报纸、网络等载体，提供了与人们衣、食、住、行息息相关的各类指数预报和各种专业专项预报，极大地满足了社会公众的需要。

做好安全气象保障服务。积极开展地质灾害、森林火险、水稻病虫防治气象等级预报和长江航道、煤矿安全气象预报等安全气象服务工作。做好了“开县井喷”、“天原化工厂氯气泄漏”等突发公共事件的应急气象服务。

▲重庆气象信息共享平台

气象现代化建设快速发展，总体水平跃上新台阶

大气探测向遥感遥测、自动化、综合观测方向发展。全市35个台站全部实现了气象要素自动化遥感遥测，建成一部L波段探空雷达、一套“三站式”闪电定位系统、一个紫外线监测站，13个长江航道能见度观测站、170个土壤墒情观测点，另建成146个无人值守自动气象站，启动了3部多普勒雷达建设，35个观测站开展了酸雨观测。大气探测的时空密度不断增加，观测要素不断增多，观测能力不断增强。

气象信息加工处理初步实现了自动化。市局引进了高性能计算机，运算能力达到1700亿次／每秒；建立了自动化的气象信息分析加工处理人机交互平台，形成了新型天气预报业务流程。数值天气预报产品得到广泛应用，预报时效不断延长，预报能力不断增强，使预报逐步从主观、定性向客观、定量方面转变，预报水平不断提高。

人才队伍结构日趋合理，整体素质明显提高

积极推动“人才强局”战略的实施，人才结构和队伍素质有了明显改善和提高，成立了重庆市气象局博士后科研工作站。目前，全市拥有博士后2人，硕士研究生30人，大专以上占职工总数的62.5%；有正研级高级工程师4人，副研级高级工程师47人，中级以上职称占职工总数的43.9%。

重庆市统计局

CHONGQINGSHI TONGJIJU

▲重庆市副市长童小平等到市统计局社情民意调查中心视察工作

▲全国政协常委、重庆市政府顾问甘宇平（左一）到市统计局社情民意调查中心视察工作

重庆市统计局是重庆市政府主管全市统计和国民经济核算工作的直属机构，贯彻执行国家统计工作的方针政策、法律法规和统计报表制度及统计标准，组织实施重大的国情国力普查和专项调查；管理全市社会经济调查，审批各部门的统计调查计划和调查方案，监督统计法律、法规的实施；统一核定、管理、公布、汇总全市的基本统计资料；对国民经济、科技进步和社会发展情况进行统计分析、统计预测和统计监督，向市委、市府及有关部门提供统计信息和咨询建议，定期向社会公众发布全市国民经济和社会发展情况的统计信息；建立健全和管理全市统计信息自动化系统和统计数据库体系，组织协调和统一管理地区各部门统计数据库网络的基本标准和运行规则。

重庆市统计局下设14个职能处室，现有干部职工109人。在市委、市政府和国家统计局的领导下，始终坚持实事求是、回馈社会、服务发展的宗旨，扎实推进各项统计工作，为重庆经济社会发展做出了积极贡献。建立了国民经济核算监控体系，及时反映国民经济运行态势；完成了工业、农业、人口、基本单位等大型普查，摸清市情市力，为制定国民经济规划提供了依据；开展了三峡库区经济社会监测、体育产业、文化产业、社会安全感、岁末年初听民意等专项调查及绿色GDP核算试点工作，及时向党政领导反馈各项政策执行落实情况；定期编辑出版《重庆统计年鉴》等系列统计资料，撰写了大量的统计分析，为各级党政领导、社会各界提供了有效的统计信息和决策咨询。

▲市人大常委会副主任赵公卿到市统计局调研

▲2006年12月17日，市统计局局长、市农普领导小组副组长唐英瑜在农普宣传日活动上讲话

▲市农普办主任、市统计局局长唐英瑜深入到三峡库区督查农普工作

▲市统计局局长唐英瑜到万州区统计局检查指导工作

计划生育委员会

JIHUASHENGYUWEIYUANHUI

甜蜜的事业 崭新的篇章

——直辖十年人口计划生育工作概述

▲2004年11月28日，国家人口计生委主任张维庆(右一)在重庆市委常委、时任副市长陈光国（右三）、重庆市人口计生委主任温永高（左一）陪同下，视查重庆市南岸区人口计划生育工作

重庆直辖以来,全市人口计划生育工作在市委、市政府的坚强领导下，在全市人口计划生育干部的辛勤努力下，十年艰辛努力，不断探索改革，努力创新发展，总体工作水平稳步提高，特别是行政执法工作、计划生育村民自治工作、技术服务网络建设、信息化建设、干部队伍建设以及宣传教育、避孕药具管理等工作富有特色，成效明显。“大人口观”初步树立，促进了人口与经济、社会、资源、环境的协调发展和可持续发展；人口计划生育法律法规体系逐步建立健全，为依法行政、优质服务、综合治理打下坚实基础；人口计划生育系统自身建设得到加强，为开创工作新局面提供了保障；人口计划生育事业经费投入逐年增长，基本建立起以公共财政投入为主体的投入机制；人口计划生育管理服务水平整体提升，有效地稳定了低生育水平，实现了人口再生产类型从高出生、低死亡、高增长向低出生、低死亡、低增长的历史性转变；人口计划生育工作改革不断深入，实现了“以单项改革促进综合改革，以综合改革促进全面发展”的目标；人口计划生育利益导向机制不断建立健全，逐步形成了多层次、多形式的“以政策性奖励为主体、多种优待优惠政策相衔接、各种形式帮扶活动作补充、相关社会经济政策相配套”的计划生育利益导向机制，认真实施了“民心工程”、“惠民计划”，真正使计划生育家庭在社会上有地位、经济上有实惠；治理出生人口性别比偏高问题取得成效，出生人口性别比持续攀升的势头得到有效遏制；不断深化技术服务为主的优质服务工作，最大限度地满足广大群众的避孕节育、生殖健康需求；人口发展战略研究迈出实质性步伐，为人口发展综合决策提供了理论支撑；积极探索建立人口计划生育工作新机制，力争在2008年前，实现在西部地区率先建立工作新机制、实现部门工作法治化的工作目标。

▲2004年11月，全国农村部分计划生育家庭奖励扶助制度暨少生快富扶贫工程试点工作座谈会在渝召开

▲ 2004年以来，重庆市酉阳县龚滩镇组织婚育新风进万家医疗宣传小分队

重庆市知识产权局简介

▲2006年3月，重庆市委书记、市人大常委会主任汪洋（右一）与国家知识产权局局长田力普交流

▲2006年5月，重庆市副市长吴家农首次以市政府的名义发布知识产权保护状况

重庆市知识产权局是市政府主管全市专利工作和统筹协调涉外知识产权事宜的副局级事业单位，由市科学技术委员会管理。同时兼有重庆市知识产权工作领导小组办公室、重庆市知识产权联席会议办公室职能职责。下设国家知识产权局专利局重庆代办处、重庆摩托车（汽车）知识产权信息中心、重庆市保护知识产权举报投诉服务中心三个事业单位。

近两年来，市知识产权局新领导班子在市委、市政府和市科委的领导下，在国家知识产权局的关心支持下，紧紧围绕经济建设中心，提出了“3333”知识产权工作举措，即：开展进企业、进院校、进库区的“三进活动”，拓展重点企业专利服务行动的内容和领域；建好专利中介服务机构、重庆摩托车汽车知识产权信息中心、国家知识产权局专利局重庆代办处“三大平台”，大力改善知识产权服务环境；办好“三件大事”即抓紧制定《重庆市专利条例》、制定重庆市知识产权战略、通过全市科技大会出台知识产权配套政策，大力夯实知识产权发展基础；开好企业竞争能力与知识产权战略国际研讨会、保护知识产权新闻发布会、知识产权保护工作联席会议“三个会议”，充分发挥知识产权局的引领作用，抓住机遇，形成合力，创造性地开展了各项工作，重庆知识产权事业取得了新的发展。全市知识产权意识明显提高，专利行政执法得到加强，企业运用知识产权制度提高核心竞争力的能力和水平明显增强。

▲2006年2月，时任重庆市知识产权局局长张文（前排左二）带专利服务小分队在太极集团视察

▲2006年8月，重庆市委副书记邢元敏（右一）、时任中共重庆市委常委、组织部部长马儒沛（右二）视察知识产权局

2006年3月，国家知识产权局局长田力普来渝为中共重庆市委中心组作了题为《知识产权与自主创新》的专题报告；2006年5月，重庆市人民政府副市长吴家农代表市政府发布《2005年重庆市保护知识产权状况》，这是重庆市首次以市人民政府的名义发布知识产权保护状况白皮书；2006年8月，重庆市编委批准成立重庆市保护知识产权举报投诉服务中心。2006年1-10月，全局共受理专利侵权纠纷案11件，结案9件。全市专利申请量为5165件，较去年同期增长6.23%，其中发明专利申请量为945件，较去年同期增长27.36%；全市专利授权量为3474件，较去年同期增长15.26%，其中发明专利授权184件，较去年同期增长33.33%。

联系人：重庆市知识产权局 余国胜 电话：023-67515683 地址：重庆市渝北区新溉大道2号生产力大厦14楼

▲2006年8月，国家知识产权局协调管理司司长马维野（右一）、重庆市科委主任周旭（中）视察重庆市保护知识产权举报投诉服务中心

九龙坡国土局

分局简介

1988年8月，根据重庆市编制委员会重编发〔1988〕19号文件和九府发122号文件，成立重庆市九龙坡区国土局。2001年10月地质灾害防治工作和矿产资源管理工作移交国土部门，根据渝委发〔2001〕6号文件和九龙坡委〔2001〕52号文件，重庆市九龙坡区国土局更名为重庆市九龙坡区国土资源局。2005年5月国土资源管理体制改革由市国土资源和房屋管理局直管，更名为重庆市九龙坡区国土资源管理分局。为重庆市国土资源和房屋管理局派出机构。

分局内设机构5个，派出机构5个，直属事业单位3个。

一、分局职责：

（一）宣传贯彻《土地管理法》和《矿产资源法》以及相关的法律、法规、规章和政策；负责编制修订和发布土地等级和基准地价，负责编制、

修订和组织实施土地利用总体规划。

（二）负责土地的出让、转让、出租、抵押管理。

（三）负责基本农田保护管理，负责土地的开发复垦、整理和落实耕地占补平衡任务。

（四）负责各类建设用地的审核和报批，负责组织土地征用的拆迁、安置、补偿工作；负责城乡土地确权、登记、发证以及土地资源现状调查、动态监测和变更统计。

（五）负责组织编制矿产资源保护和开发利用以及地质勘察中长期计划；办理矿产资源登记发证和转让审批；负责矿产资源勘查、开发利用和保护。

（六）负责调处土地权属、矿产资源争议；负责查处土地、矿产资源违法案件；负责对土地、矿产资源的法律、法规执行情况进行监督和检查。

（七）负责地质灾害（含水文、工程、环境地质）的预防监测和地质（地质、工程、环境）勘察项目立项、报批、评价。

（八）负责建设用地地质灾害危险性评估初审和报批。

（九）承办上级主管部门和区政府交办的其他工作。

二、机构设置：

（一）内设机构：

办公室(挂财务科牌子)、规划耕保科、权籍资产科、地质矿产科、法制监察科（挂纪检监察审计科牌子）。

（二）派出机构：

1、九龙国土资源管理所

管理辖区范围：九龙镇、华岩镇、高新区九龙园区A、B区；

2、西彭国土资源管理所

管理辖区范围：西彭镇、铜罐驿镇、西彭工业园区；

3、石板国土资源管理所

管理辖区范围：石板镇、陶家镇、巴福镇、高新区九龙园区C区；

4、白市驿国土资源管理所

管理辖区范围：白市驿镇、含谷镇、花卉园区；

5、走马国土资源管理所

管理辖区范围：走马镇、金凤镇。

三、直属事业单位：

九龙坡区国土管理一所

九龙坡区国土管理二所

九龙坡区国土管理三所

管辖范围：杨家坪街道、谢家湾街道、石坪桥街道、黄桷坪街道、中梁山街道。

局党组书记、局长王永祥

深入开展“执政为民、服务发展”学习整改活动部署会召开

杨家坪步行商业街

白市驿国土资源管理所成立挂牌座谈会现场

重庆商社（集团）

有限公司简介

▲法人代表：邝正平

重庆商社（集团）有限公司成立于1996年，是中国西部最大的商贸流通集团，重庆市属国有重点企业。连续多年跻身中国企业500强、中国零售百强、连锁百强，全球华人企业500强，位列2006年上半年全国连锁企业30强第9位，2006中国企业500强第275位（商业零售业第4位），中国服务业企业500强第86位，国家重点扶持的20家大型流通企业之一。

近年来，商社集团抢抓机遇，改革创新，调整发展战略，注重企业文化建设，强化资本运作，优化资源配置，突出核心业务，提升管理水平，加快市场扩张，培育适应市场需要的新业务和新业态，形成了以百货（含电器）、汽车贸易等为核心，覆盖化工原料、房地产开发、旅业酒店、进出口贸易、农业生产资料等领域的经营格局，业态涉及综合商场、连锁超市、便利店、专业店等，实现了从传统企业成为现代大型流通企业的转变，企业竞争力不断增强，连续保持西部商业龙头地位。2006年商社集团年销售收入突破180亿元，实现税利近5亿元，总资产81亿元，从业人员7万余人，经营网点达219个，覆盖重庆四分之三的区县和四川、贵州、云南、广东、新疆、陕西、海南等地,经营面积逾87万平方米。现旗下拥有全资及控股子公司20家，培育形成了商社新世纪百货、重庆百货、商社电器、商社汽贸、商社化工等知名企业品牌。从1997年到2006年十年间, 商社集团年销售收入增长6倍，年均增长25%以上；实现税利增长25倍。预计2007年销售收入将突破200亿元。

面对流通业发展的新形势，商社集团将立足重庆,拓展西部，走向全国，不断增强核心竞争力，力争到2010年，销售规模达到400亿元，跻身中国商业零售业十强前列，打造成为中国一流，西部第一，具有国际竞争力的国家级流通企业集团。

法定代表人：邝正平

总部地址：重庆市渝中区青年路18号　邮编：400010　电话：（023）63819888

传真：（023）63819788　网址：http://www.cgtg.com.cn

构筑中国西部天然气化工王国

GOUZHUZHONGGUOXIBU
TIANRANQIHUAGONGWANGGUO

▲国家发改委副主任张国宝视察园区

▲重庆市委书记、市人大常委会主任汪洋（右二）视察园区

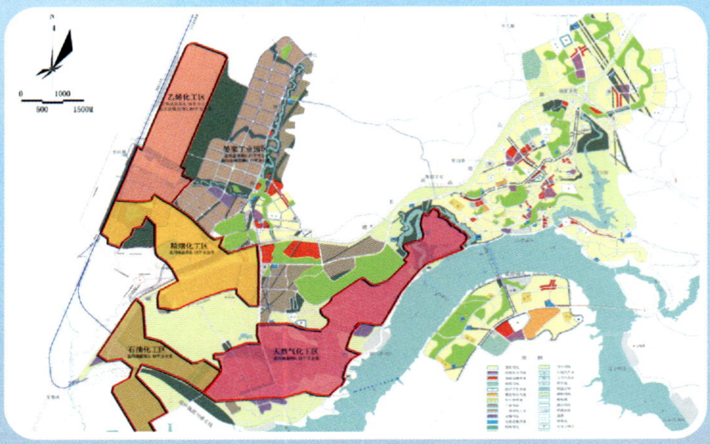

▲重庆 化工园规划图

重庆（长寿）化工园区

重庆（长寿）化工园区地处重庆主城区1小时经济圈的长寿区，距主城区52公里。一期规划控制面积31.3平方公里，是以天然气化工、石油化工、氯碱化工、生物化工四大产业为龙头，集医药化工、精细化工、新材料于一体的专业化工园区，是重庆走新型工业道路，发展壮大资源加工业，切实解决库区产业空虚，培育新的工业经济增长极的重要载体。

化工园区启动建设以来，落实科学发展观，坚持五个“一体化”的开发理念，走新型工业化道路，大力实施循环经济发展战略，按照“一次科学规划、分步适时实施”的原则，把可持续发展战略和循环经济理论贯穿于园区开发建设的全过程。通过10-15年的建设，把化工园区建设成为一个布局合理、结构优良、设施配套、科技密集、环境优美的长江上游最大的综合性化工基地、新能源产品基地、国家循环经济示范园区和国家级化工园区，逐步打造中国西部天然气化工王国。通过三年来的开发建设，化工园区全面完成了“三年打基础”的一期建设目标，园区呈现持续、快速、健康发展的良好态势。

一是基础设施建设快速推进，公用工程平台逐步完善。目前，化工园区已累计完成基础设施和公用工程建设投入近20亿元，园区已全面完成先期开发区域约6平方公里的建设任务，园区内土地平整，骨干道路网络基本形成，基础设施及公用工程配套服务逐步成熟。

二是招商引资持续增长。化工园区充分利用园区资源优势、产业优势、人才技术优势、区位优势和政策优势，针对不同企业和不同发展项目，多渠道招商，引资工作获得重大进展。园区已正式签约入园企业有33家，协议投资超过250亿元。其中包括跨国公司8家，投资20亿元以上的企业4家，投资10亿－20亿元的企业3家。

三是入园企业建设进展顺利。园区内入园企业建设如火如荼，入园企业已累计完成固定资产投资达32.1亿元，环球石化、博腾科技、长扬热能等7家企业已建成，德馨香料、长明物流码头等4家企业已完成基本建成，即将投运。2006年园区企业共计实现产值46亿元，其中新建企业实现产值达4.14亿元。

四是循环经济事业稳步发展。目前化工园区创建国家级循环经济示范园区申报材料已上报国家发改委待批。同时园区企业环球石化、长扬热能、云天化等5家企业已确定成为首批化工园区循环经济试点单位，其中环球石化、云天化2家企业已推荐创建国家循环经济试点单位，园区事业全面持续发展。

▲园区企业——环球石化

▲园区企业—中石化四川维尼纶厂

▲“一体化”净水厂鸟瞰图

▲“一体化”热电中心

开拓创新的九龙园区

▲九龙园区科技孵化楼

▲智能水表公司

九龙园区是国家科技部和重庆市政府批准设立的高新技术产业开发区和重庆市特色工业园区。园区分为A、B、C区，规划面积38平方公里。目前，A区形象日新月异，入驻企业蓬勃发展；B区建设路畅灯明，建设项目逐步投产；C区规划设计水准一流，基础设施日趋完善。从2003年-2006年，在全市特色工业园区中，九龙园区综合经济指标连续四年名列第一名，实现市级园区排名“四连冠”。

九龙园区已构建起健全的招商引资服务机构，为投资商提供优惠政策、优良环境和优质的一条龙服务。良好的投资环境和先进的招商理念吸引了人像多知名企业落户园区及合资、合作，包括世界500强企业已有沃尔玛、雅马哈、五十铃、宝马等4户，世界知名企业有椿中岛、佳速、光阳等3户，国内500强有建设集团、隆鑫集团、五粮液普什集团、徐工集团、建工集团等5户，重庆50强有赛力盟、重庆啤酒、腾辉水泥等3户，构筑起汽车、摩托车、精密机械、现代印制、石材和钢材加工五大主导工业；建立起以重庆电大、国际外国语学校、舞蹈学校和巴国城、华岩寺为代表的人文环境，实现了各项产业持续、快速、健康发展。

按照区委、区政府实施“第二次创业”的要求，九龙园区加快C区22平方公里规划建设。C区位于九龙坡区西部新城中心区域，由具备国际一流水准的新加坡裕廊集团实施规划，首期启动9.6平方公里，产业战略定位于重点发展装备制造业及都市新型工业产业群。九龙园区将通过5-8年的努力，把C区建设成为科技发达、经济繁荣、人民富裕的重庆西部科技新城。

九龙园区招商电话：（023）68159515

▲国际外国语学校

▲火炬大道

▲劲隆办公楼

▲隆鑫钢材市场

▲巴国城

重庆市西彭工业园区简介

CHONGQING XIPENG GONGYE YUANQU

中国铝加工之都，重庆大工业新基地，西部新城优势城市组团

中国铝加工之都·重庆大工业新基地·西部新城优势城市组团

重庆市西彭工业园区于2003年7月被市政府批准为重庆市特色工业园区，规划面积为65平方公里，其中包括建成区4平方公里，启动区5平方公里，拓展区56平方公里，近期可建设用地面积为18平方公里。园区以中铝西南铝企业为基础，以发展高新技术产业为核心，铝材精深加工为重点，着力打造“中国铝加工之都、重庆大工业新基地、西部新城优势城市组团”。

园区自2003年启动建设以来，全力推进基础设施建设，招商引资和工业项目建设，发展态势良好。截至目前，已经投入6个多亿资金进行各项建设，实现了18平方公里控制性详规覆盖，建成近20公里路网及配套基础设施，整治土地近3平方公里，具备了承载项目的发展格局。目前，已引入企业33家，引资金额65亿元，全面投产后产值可达230亿元。其中，与铝加工相关的项目17个，计划投资总额54亿元，预计产出规模176亿元，园区87%的投资、90%的产出将来自铝加工产业项目，全面达产后可形成90万吨铝加工产能、70万吨产量的铝加工产业集聚区。

2006年，园区实现工业总产值58亿元，工业增加值7亿元，销售收入60亿元，利润总额2亿元，入库税金突破1亿元。

2006年3月11日，重庆市人民政府与中铝公司签订合作协议，拟联合打造中国铝加工之都，并成立了由副市长童小平和中铝公司副总经理孙兆学为组长、副组长的协调小组。重庆市将把西彭工业园区升级为市级直管园区，并给予更多的优惠政策，中铝公司在铝工业布局上将进一步向重庆倾斜，并利用其在行业内的旗舰地位和影响力，引导国内外的铝加工企业向基地聚集，提高产业集中度和竞争力。双方力争用8–10年时间把重庆建成国内装备技术水平一流、产能规模最大、产业链更加完善、产业高度集中、服务配套齐全、具有国际竞争力的中国铝加工之都。

▲重庆市市长王鸿举（右二）视察西彭园区

▲重庆市副市长童小平（右二）视察西彭园区

▲区长秦敏在研讨会上讲话

▲2005中国国际交通用铝研讨会现场

▲中铝西南铝板带有限公司

▲中国铝加工之都框架协议签约仪式

▲西南铝板带轧卷

CHONGQING XIPENG GONGYE YUANQU

腾飞中的建桥工业园
JIANQIAO GONGYE YUAN

建桥工业园基本情况

重庆市建桥工业园区是经国家发改委2006年第8号公告审核通过的省级开发区之一，位于重庆市主城区核心组团的大渡口区，范围涵盖八桥镇、建胜镇和跳蹬镇的部分村社，规划面积12平方公里。上界高速公路、陈庹快速干道、华福大道、210国道横贯园区，园区内有独立的能源供应系统和大容量、高速率的现代化通信网络。重点发展先进制造业、食品加工、生物制药、新材料技术、电子信息技术、精密仪器等产业。

（一）区位优势突出，产业布局合理。建桥工业园所在的大渡口区位于重庆主城西南部，属重庆市城市总体规划的主城核心区范围，现辖五街三镇，总人口约26万。

建桥工业园依托大渡口区原有的产业布局快速发展。一是钢铁产业。二是火车汽车摩托车“三车”制造产业。以重铸厂、秋田齿轮、宗申摩托、数码模车身模具，估计到2010年总产值超过200亿元。三是新材料产业。四是现代物流产业。

（二）发展政策优惠，行政服务优质。入园企业享受国家西部大开发、高新技术企业、高新技术产品、外贸出口等有关优惠政策。涉及市级行政、建设规费按渝委文〔2002〕28号文有关规定执行。涉及区级行政、建设规费按大渡口委文〔2003〕49号文有关规定执行。

建桥工业园发展成就

2003年4月，大渡口区委、区政府决定正式启动建桥工业园的开发建设。区委、区政府积极响应市委、市政府的号召，秉承“高水平是财富、低水平是包袱、将就是最大的浪费”的发展理念，以做精品工业园为目标，举全区之力开拓新思路，构建新体制，实施新举措，精心打造建桥工业园，各项工作取得了阶段性成果，得到了有关市领导和市级部门充分肯定，自2003年以来，建桥工业园连续四年被评为市级优秀工业园区。

（一）招商引资工作成效显著。坚持“低成本、高门槛”和“招大引强”的招商原则，建桥工业园起步区（A区）2平方公里招商工作已基本完成。

建桥工业园始终坚持创新招商思路，拓宽招商渠道的理念，设计制作了介绍我区发展投资环境的幻灯片（PPT）。另外，还与市发改委、经委、外经委的有关处室建立了工作联系，全方位搭建招商引资信息平台。同时，通过网上招商，以商招商，以及走出去招商等方式为园区进一步发展建设储备了更多好的项目。

（二）基础设施建设逐步完善。园区已依法征地3000多亩，通过集约利用资源，逐步完善园区道路交通体系和能源供应，健全给排系统，充分满足工业项目投资需要。

（三）规模经济发展效果凸显。目前，建桥工业园已有中国名牌1个，重庆名牌1个。建桥工业园地处都市发达经济圈，园区发展遵循“以产业集聚项目，以项目促进产业”的方针，促进优质生产要素向园区集中，推进园区上档升级。园区正快速发展，规模经济效应凸显。

建桥工业园正在成为“商务成本的盆地、政府服务的高地、投资收益的福地”！

▲重庆秋田齿轮有限责任公司办公楼

▲重庆佳辰生物工程有限公司全貌

▲重庆今普食品有限公司生产线

▲重庆永通信息实业有限公司厂房

▲重庆钰鑫实业集团有限责任公司办公楼

▲重庆精通工业集团有限公司办公楼

JIANQIAO GONGYE YUAN

重庆璧山工业园区

重庆西部制造业基地

▲县委书记丁洪(左一) 在璧山工业园区视察

重庆璧山工业园区是经重庆市人民政府批准首批设立的市级特色工业园区，分为A、B两区。A区位于璧山县璧城、青杠街道，功能定位为中国西部鞋都工业园和机械工业城，重点发展机械制造业和制鞋业，配套发展建筑建材、印刷包装、服装和饮食品等产业。B区位于璧山县大路镇，正在建设的渝遂高速公路纵贯全境，建设机械制造基地、轻工产品生产基地和农副产品加工基地，重点发展机械制造业、家具制造业、纺织业，配套发展农副产品加工业。

重庆璧山工业园区经过四年的建设和发展，已完成启动区1.4平方公里和拓展区1.86平方公里的建设。截至目前，累计完成基础设施投资10.88亿元，修建厂房66.59万平方米，修建道路14.93公里。2006年园区实现工业总产值49.2亿元，工业增加值13.5亿元，上交税金1.9亿元，实现利润4.1亿元，完成固定资产投资7.3亿元，安置劳动力1.88万人。目前已有两家世界500强企业南方天合底盘系统有限公司、广东乐百氏集团(法国达能集团)和中国奥康集团、青岛双星集团、大江摩托车发动机制造公司、重庆红宇精密工业公司、重庆金冠汽车制造有限公司、砂之船(意大利)鞋业服饰公司等121家具有产业竞争优势、科技含量高、辐射带动作用大、品牌效应强的国内外知名企业入驻园区，其中入园外资企业6家。重庆璧山工业园区已成为集鞋业生产、销售、研发于一体的中国西部鞋都和重庆极具实力的“两车”及零部件配套生产基地。

重庆璧山工业园区建设发展成绩显著，2003年至2006年连续四年被评为重庆市“十佳特色工业园区”。

招商联系电话：41407196 41439098　　传真：41407196

招商联系人：苏先生 江先生

▲县长向可文（左二），县委常委封文福（右一），副县长严永超

▲重庆华陵工业有限公司

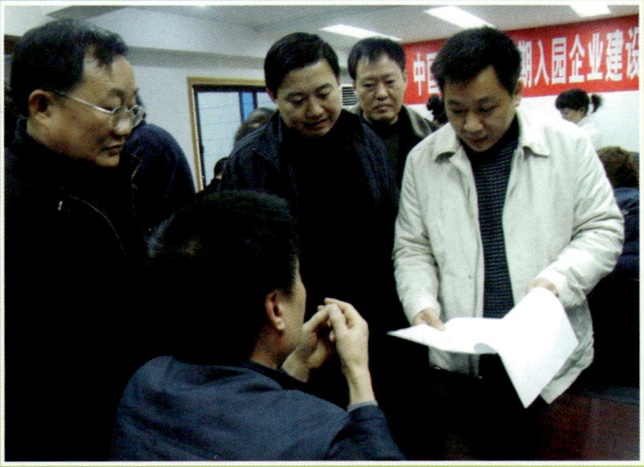

▲中国西部鞋都工业园二期工程入园区企业建设手续集中审批现场会

▲中国西部目前最大的鞋材交易市场——西南鞋材交易中心

起飞的跑道

重庆垫江工业园区

重庆垫江工业园区是经国家发改委确认的市级特色工业园区，园区总体规划面积8平方公里，启动区规划面积1.5平方公里。主要发展机电、摩配、服装、玩具、机械加工、电子配套等轻型加工工业和精细化工。

自2003年7月启动建设以来，完成固定资产投资3.2亿元，其中基础设施建设完成1亿元，基础设施骨架逐渐形成。累计招商引资签订入园投资协议11个，协议引资金额5.8亿元，到位资金2.5亿元，2006年工业园区实现工业产值3.8亿元。天圣药业、坤泰轮毂、志红印务等企业已建成投产。

在“十一五”期间，预计朝阳工业园区固定资产投入不低于10亿元，完成4平方公里内基础设施建设。入园企业达到50个以上，引进投资额25亿元，实现工业总产值60亿元以上，实现利税总额8亿元以上，实现再建一个垫江工业的宏愿。

垫江，是全国最具投资潜力的100个县之一。故此，热忱欢迎国内外、海内外投资者前来垫江、前来垫江工业园区投资发展。

凝聚广告行业力量，服务重庆经济建设

重庆市广告协会简介

CHONGQING ADVERTISING ASSOCIATION INTRODUCES

廖 伶
重庆市广告协会会长
资深广告管理人
高级经济师

Liaoling
Chairman of Chongqing Advertising Association.
Senior Administrative Staff of Advertisement,
Expert Economist.

重庆市广告协会（Chongqing Advertising Association）经重庆市人民政府批准，于1984年10月6日成立，由重庆市民政局依法核准登记，具有法人资格的社会团体。是重庆市唯一的、合法的、权威的广告行业组织。会长为法定代表人。重庆市广告协会在中国广告协会的指导下，在重庆市工商行政管理局的直接领导下，坚持“指导、协调、服务、监督”的宗旨，充分发挥行业管理和服务职能，团结广大会员单位积极发挥广告的市场经济先导作用，为重庆经济发展作出了应有的贡献。

重庆市广告协会伴随改革开放的步伐，已走过了23年的历程。尤其是重庆直辖给重庆广告业带来了前所未有的发展机遇，直辖前全市广告经营单位仅739户，从业人员万余人，广告年经营额4.05亿元。直辖10年，广告业获得迅猛发展，全市广告经营单位已达3284户，从业人员2.78万人，广告年经营额27.89亿元。

直辖10年来，重庆市广告协会致力于探索适应重庆广告行业特点的管理模式和机制，加强行业自律管理，先后制定了22个行规行约，有力地规范了广告行业经营行为，促进了广告市场健康有序的发展。

直辖10年来，重庆市广告协会致力于夯实产业基础，提高经营队伍素质，推动产业要素朝强势整合，拓展了工作空间。现在94家广告企业获得了资质等级资格、25家广告经营单位被评为诚信广告企业。通过开展精神文明单位、10强广告企业及优秀广告人评选，使一批业务素质优秀的会员单位和广告人才脱颖而出，成为行业中坚力量。通过开展各种形式多样的培训活动，为业界输送专业人才11000人，其中344人获得高级专业技术职称，155人获得中级专业技术职称，为大批重庆知名品牌和国内民族品牌成功占领市场，奠定了基础。

直辖10年来，重庆市广告协会通过开展形式多样的行业活动和公益活动，使广告行业充满了生机与活力。全行业齐心协力为政府分忧，为百姓解难，做了大量工作，受到了重庆市人民政府的表彰，并多次被中国广告协会评为“全国先进广告协会”。

“今天是过去的归宿，今天是未来的渊源”，重庆市广告协会紧跟重庆直辖步伐，走过了欣欣向荣的10年历程，在构建和谐社会进程中必将取得更加辉煌的业绩。

办公地址：重庆市渝中区沧白路73号 邮编：400011 电话：(023)63833605
传真：(023)63800118 63810371 63718857 网址：www.cqad.com 网络实名：重庆广告咨讯网

JCDecaux 德高中国

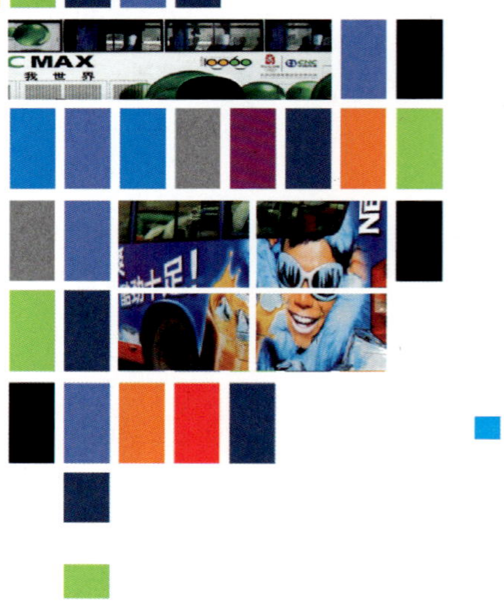

全球视野　全球运营

重庆媒体伯乐隶属于欧洲最大和世界排名第二的国际性户外媒体公司德高集团旗下，是与重庆公交（控股）集团联手组建的合作公司。

1997年重庆直辖之初，媒体伯乐进驻重庆，现已拥有重庆公交集团旗下近5000辆广告车、250余条线路，媒体资源覆盖全城。

十年积淀，献礼直辖十周年

创新十年 共铸华章

经过十年的努力，媒体伯乐已成为重庆领先的车身媒体运营商，为千余位客户提供了高品质的专业服务，积极帮助客户创造价值，与客户共同发展、共同成功。

诚信十年 服务永恒

媒体伯乐秉承“以客为尊”的服务理念，“诚实、贡献、尊重、卓越、全心全意服务”的经营理念，恪守诚信，以客户需求为导向，注重每个细节，为各领域客户提供悉心服务。

公益十年 感恩无限

媒体伯乐时刻铭记作为媒体公司的责任。在积极帮助客户实现价值的同时，也持之以恒地致力于公益事业，积极帮助树立直辖市形象。十年间，从未间断过公益广告宣传工作，与重庆直辖市一起发展。

Showcasing the world

媒体伯乐公交广告
整个城市都看到

德高中国·重庆媒体伯乐公交广告有限公司
JCDecaux China·Chongqing Media Partners International LTD
重庆市渝中区邹容路68号大都会商厦1208室
TEL:86+23+63822333　FAX: 86+23+63843955
www.jcdecaux.com　www.cqmpi.com

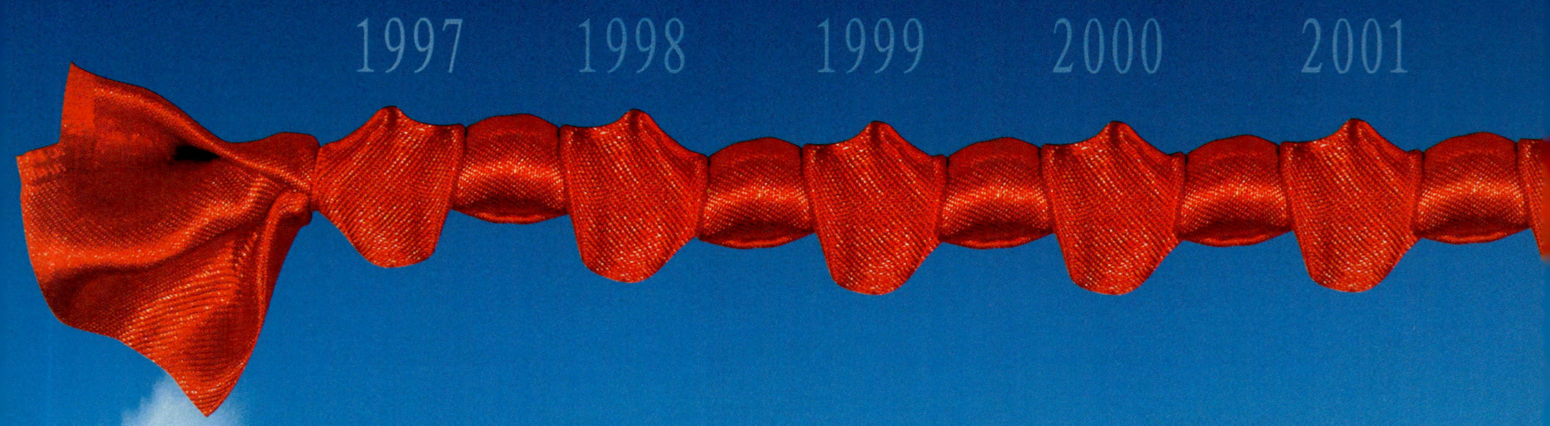
1997
1998
1999
2000
2001

2
2003
2004
2005
2006
2007

Outdoor
戸外媒介專家 >>>>
万里星空 千代皎月
□浩渺苍穹 广博无垠
□星月空间 璀璨永恒
□想客户之所想 启客户之未想
□以优质的服务 机智与客户谋合
□在云缠雾绕中塑造月明星朗的艺术空间
更多户外媒体欢迎浏览
www.moon-star.cn
我们服务过的客户
大都成为我们的朋友
并建立了长期合作的友好
伙伴关系
诚恳/品质/信誉
使我们赢得客户的支持
同时也赢得了市场
重慶市A級廣告企業
重慶星月廣告傳播有限公司
CHONGQING MOON&STAR ADVERTISING CO.,LTD.
□重庆市广协副会长单位 □重庆市诚信广告企业 □重庆市精神文明单位
□重庆市渝中区重点中介企业 □重庆市渝中区优秀非公有制企业
地址：重庆市渝中区邹容路151号邹容广场A幢9楼
电话：(023) 63798989 63799090 63799399
传真：(023) 63799456 邮编：400010

SPACE&LAND

11载春秋

□ 重庆天地广告有限公司成立于1995年，是重庆公共交通控股（集团）公司的下属企业。

□ 公司独家经营重庆公交候车亭广告，并拥有众多楼顶大牌和T型广告塔以及公交线路牌、超市手推车等黄金媒体，是重庆最大的户外网络媒介经营企业。

□ 重庆天地广告有限公司本着诚信、专业、协作、创新的企业理念，为全国各地的客户提供360度的全程贴身服务。对客户的媒介推荐、媒介评估、广告执行和广告效果分阶段侧评、分类活动策划、广告后期服务等都制定了严格的制度和标准，并坚持不懈地为客户提供最贴心的服务，赢得了全国各地众多客户的一致好评。

□ 重庆天地广告有限公司是重庆最早的A级广告公司之一，连续几年被评为"重合同、守信用企业"及"重庆广告十强企业"，公司不断稳步发展，逐步成为西南地区最具实力的综合性广告公司。

SPACE&LAND 天地广告
CHONGQING SPACE&LAND ADVERTISING CO.,LTD.

地址：重庆市渝中区健康路花园大厦4楼　邮编：400014
客户热线：023/63638008　传真：023/63894774
E-mail:cqadnet@yahoo.com.cn　Http://www.cqadnet.com

建造者
十年城市建设
创造光荣与辉煌
七年品牌建设
传播智慧与梦想
坤派广告，理想品牌的建造者……

10 years
Jinniu Huitong
金牛慧通
创意似金 敬业如牛
慧知于行 通厚载德
— 金牛十年 辉煌十年 —
重庆市A级广告企业 / 重庆市十强广告企业 / 重庆市广告行业精神文明先进单位 / 重庆市重合同守信用单位
重庆市高新区免检企业 / 重庆市建筑装修装饰工程专业承包三级资质企业 / 重庆市城市夜景灯饰资质三级企业
全国广告行业文明单位 / 中国一级广告企业 / 中国最具影响力的本土广告公司100强 / 中国十佳综合力策划机构
品牌建设与管理 / 品牌整合传播及咨询 / 媒介资源规划与购买 / 平面及3D创意设计 / 文化娱乐演出策划及执行 / 促销(SP)活动策划及执行
影视创作及拍摄制作 / 会展规划及执行 / 建筑装饰设计及工程安装 / 工艺设计制作及印务
重慶金牛慧通廣告有限公司
Chongqing Jinniu Huitong Advertising Co.,ltd.
ADD:重庆市渝洲路33-25号西亚广场A座4-5层 TEL:86-23-68692222转(各事业部)
FAX:86-23-68690543 http://www.cqad.cn e-mail:jinniu@vip.163.com

崛起的小城市 澄溪镇

澄溪镇位于重庆东北部，地处长寿、垫江和四川邻水三(区)县交界处，垫江的南大门，是全国重点镇、全国小城镇建设示范镇、重庆市首批重点中心镇和经济百强镇，是市委、市府命名的文明单位。全镇幅员面积59平方公里，辖7个行政村、6个社区居委会，人口5.4万人，镇区面积2.94平方公里，城镇人口2.57万人，城镇化率达48.8%，城镇化工作连续5年获县上考核一等奖。水电气路便捷通畅，通讯、光纤、电视、教育等产业十分发达，水资源丰富，日供万吨水厂两座，35KW变电站日供电能力9.6KVH；农产品丰富，生猪、油菜、蚕桑、白柚、丹皮等属重庆市百万工程项目；交通四通八达，长万高速公路、渝巫路、川汉路、垫涪路横贯其境，境内天然气资源蕴藏丰富，卧龙河气田储量居全国第三，开采量居全国第一，日输气量达450万立方米，为发展天然气化工工业提供了极好的条件。近几年来，全镇紧紧抓住国家实施西部大开发和市上实施百强镇、中心镇建设工程这一历史性机遇，坚持农村城镇化、城镇工业化和农业产业化“三化”互动，镇域经济实现了跨越性发展。2006年，全镇完成地方生产总值5.2亿元，固定资产投资总额3.3亿元，财政收入1086万元，社会消费品零售总额达3亿元，城镇居民人均可支配收入8901元，农民人均纯收入3265元。村级活动阵地建设、先进性教育活动和城镇化建设等现场会在澄溪召开，均向市县交上了圆满的答卷，得到各级领导高度评价，先后获得“全国创建文明村镇工作先进镇”、“全国经济普查工作先进单位”、“市级卫生镇”等荣誉称号。

澄溪生活小区

重庆天燃气净化总厂垫江分厂

重庆直辖以来，镇党委政府以贯彻落实党中央、市委、县委各项重大决策和应对多个重大挑战为契机，广泛听取各方意见，着力破除无所作为、封闭保守的思想，努力营造主动打开思路、积极探索发展出路的良好氛围，探索出了一条符合澄溪特色的发展路子。全镇上下紧紧围绕“建设渝东经济强镇、新型工商业小城市和全面建设小康社会”的总体目标，坚持工业强镇、商贸强镇、城建亮镇、科教兴镇之路，形成了建筑、建材、机械制造、化工摩配等十六类行业24个产品的经济体系，全镇现有民营企业91家，纳税大户23户，形成了垫江的工业基地。并以地生财、以财兴城、以城养城的城镇理念，本着高起点规划，大手笔建设，快速集聚的小城镇发展战略，先后了修建正大街、人民路、中心街，并投资800万打造了一条集商贸、文化、休闲、餐饮、娱乐为一体的宽38米、长2公里的滨河路路，构建了五纵五横的城镇骨架，开创了各项工作的新局面。

宽敞笔直的滨河路

在未来的5年发展中，镇党政一班人带领全镇人民坚持以马列主义、毛泽东思想、邓小平理论和“三个代表”重要思想为指导，围绕全面贯彻落实科学发展观和构建和谐社会的要求，继续实施工业强镇、商贸活镇、城建靓镇和科教兴镇战略，着力提高经济增长质量和效益，努力实现国民经济既快又好发展。切实加强党的建设，加强社会主义精神文明建设和民主法制建设，本着高起点规划、高强度推进百强镇的原则，认真打造好城镇化、工业化和产业化三大战略，全面兴起全党招商全民亲商的氛围，充分利用优越的地理位置，丰富的资源储备，优惠的发展条件及投资环境，进一步弘扬“团结拼搏、知难而进、求实创新、廉洁高效”的澄溪精神，把澄溪建设成富裕、文明、开放、和谐的新型工商业小城市。

渝万高速公路澄溪站

库区明星镇高家镇

镇党政领导班子成员

高家镇位于丰都县东南部，地处长江之滨，扼渝鄂之交通，连渝沪之重埠，是丰都东南经济、文化中心，是丰、石、忠三县物资集散的中心，重庆市首批经济百强镇和市级中心城镇、国家级重点镇，也是三峡库区全淹全迁的移民重镇。辖19个村、112个社、4个居委会、17个居民小组，幅员面积157.7平方公里，总人口4.7万人，其中城镇常住人口1.8万人。2006年实现生产总值1.4928亿元，财政收入670万元，固定资产投资累计4.4亿元，农民人均收入2486元，经济社会发展步入历史最好时期。

高镇历史文化悠久。建于明代，有近600年的历史，境内被誉为2000年全国十大考古发现的桂花旧石器时代遗址，佐证了高镇源远流长的历史；大规模、成批量发掘、出土的汉代珍贵文物，演绎着高镇“车马舟楫、商贾云集”的古代文明与繁荣。

高家镇地处三峡地区腹心，陆路距县城23公里，水路距县城19公里，黄金水道长江越境而过，丰石二级公路贯穿全境，东出湘鄂抵宁沪，南越黔川至粤桂，西溯大江望西蜀，长江良港重埠，区位优势独特优越。

自然资源丰富。镇内现已探明储煤190万吨，磁铁矿185万吨，大理石10万吨、白云石283万吨，石灰石10199万吨，矿土8100万吨、天然气1.3亿立方米，开发潜力较大；现有森林资源面积12万亩，森林覆盖率51%。

社会事业繁荣。拥有市级重点中学1所，九年制义务教育体系完善，现代教育较为发达；体育事业长足发展，是全国体育先进乡镇，有着“文化重镇”美誉。卫生事业蓬勃发展，医疗水平名甲三县。随着改革开发的不断深入和经济社会不断向前发展，社会各项事业取得了全面进步，为经济建设的进一步推进提供了有力的社会保障。

投资环境优越。城区建设规模1.23平方公里；水、电、气、通讯等基础设施完善配套，客货码头齐全，水陆交通便利，功能齐备。现已启动1平方公里经济开发区和1平方公里食品工业园区以及垃圾、污水环境治理项目建设，以最优惠的政策和最宽松的环境欢迎各位人士投资发展。

镇党委、政府一班人，决心在五年内坚持以邓小平理论和“三个代表”重要思想为指导，用科学发展观统揽经济社会发展全局，深入学习贯彻党的方针政策，紧扣“加快发展、富民兴镇”这一主题，围绕“同心同德谋发展、顽强拼搏求实效、突出重点创新貌、强化素质树形象”的总体要求，全面抓好沿江经济带、中山农产区、高山生态圈三大类区建设，始终抓住食品工业、城镇建设、移民安稳致富三大重点，突出发展商贸流通、仓储运输、文化教育三大特色产业，全力推进“兴工强镇”、城镇化、新农村建设三大战略，努力加快农业产业化、工业规模化、农村城镇化三大进程，解放思想，开拓开放，抢抓机遇，团结实干，推动全镇经济社会全面发展，努力把高家镇建设成为繁荣和谐的库区工业强镇、商贸重镇、文化名镇。

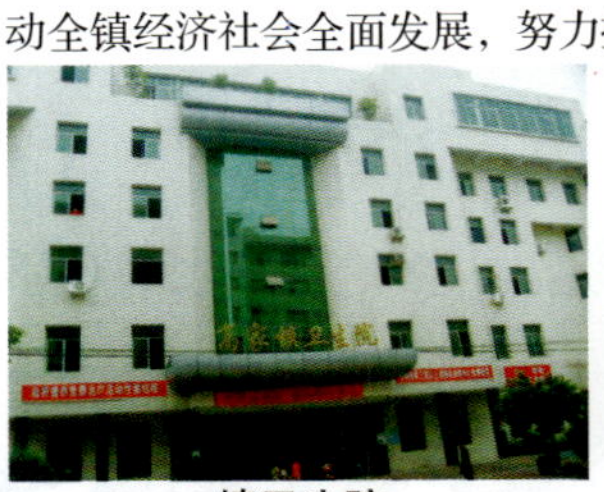

镇卫生院

丰都第二中学

重庆市友岚食品有限公司

小区一角

镇邮政支局

江津北部区域性中心城镇 油溪镇

油溪镇位于江津西北部，9个行政村，85个社，5个社区居委会。总人口8.2万人，全镇幅员面积154.11平方公里，城镇人口2.8万人，城镇化率达34%。2006年，实现生产总值58793万元，财税收入1734万元，镇财政收入212万元，农民人均纯收入3978元，在全市镇街经济社会综合实力年度考核中名列第六位。江津区历史上的老三镇，国家首批三峡外迁移民安置试点镇、国家生态环境建设重点镇、西南卫浴陶瓷重镇，重庆市市级“百个经济强镇工程”试点镇和中心城镇建设试点镇。

油溪镇的城镇建设，坚持以“三个代表”重要思想为指导，紧紧围绕镇委、镇政府提出的“业主拉动、工业推动、城镇带动、旅游驱动”的四动战略，实施“农业业主化，经济工业化、场镇城市化、旅游产业化”的发展目标，结合实际，坚持“抓规划、重建设、强管理、促发展”的城镇化工作思路，大力推进城镇化建设，先后两次对镇总体规划进行修编和编制，并对近期建设区域重新进行地形测绘，编制了近、中期建设区域的道路竖向规划、火炮街片区及石羊坝片区修建性详规及风貌设计方案。在城镇建设中严把规划关，从2001年起，城镇建设全面实施整体开发，注重风貌设计和小区环境设计。由市规划局牵头，专门对明月三小区和四维小区召开两次规划评审会，提升城镇建设形象。

充分利用区位优势，市“百镇工程”镇的政策优势，江津“老三镇”国有公房危旧房众多的资源优势，积极采取灵活措施，营造良好的建设投资环境，多方引资进行旧城改造和新区开发。先后引进重庆德高房地产公司等五家企业和个人，投入资金近亿元，新建改造旧城约25万平方米。建成城镇区面积约2.5 平方米，按照“改旧拓新，沿江变形”的发展战略，大力推进城镇建设，以每年新建商住楼5万平方米的速度推进。现已形成“三纵三横”的城镇格局，镇内水、电、气、通讯、电视宽带“五通”，医院、中小学、通讯、邮政、环卫、汽车站、农贸市场、金融等功能设施齐全，法庭、派出所、工商、税务等片区职能机构都收缩集中在油溪镇。日处理垃圾100吨的垃圾处理场、明月休闲文化广场投入使用，大型超市重客隆入驻，极大地改善了人居环境和购物环境。油溪利用四维瓷业71个工业企业，年产值5亿多元的基础，不断扩大生产规模，大力发展陶瓷建材业。

城镇化建设取得了突飞猛进的发展，综合实力显著增强、城乡面貌极大改善、人民得到实惠最多，在未来的5年随着成渝经济带和渝西经济走廊的崛起，江津的发展步入了良性发展的快车道，油溪也面临着前所未有的发展机遇。党委政府一班人不畏艰难、勇往直前的坚定信念，用坚韧不拔、百折不挠的钢铁意志，持意气风发、敢于胜利的英勇气慨，增强发展意识，坚定发展信心，脚踏实地，求真务实，在新的形势下，高举邓小平理论伟大旗帜，,始终坚持“三个代表”重要思想，认真贯彻十六届五中全会精神，紧紧围绕全面建设小康社会和社会主义新农村的宏伟目标，牢固树立和认真落实科学发展观，以推进“业主拉动、工业推动、城镇带动、旅游驱动”四大发展战略为重点，开创新局面，实现新跨越，把经济社会发展切实转入科学发展轨道，促进物质文明、政治文明和精神文明协调发展，努力建设经济发展、民主文明、科教进步、文化繁荣、人民安康的新油溪。

2006年油溪镇经济相关数据
1.国民生产总值：58793万元
2.镇财政收入：212万元
3.农民纯收入：3978元/人·年

油溪迎宾大道

四维花园小区

明月小区

欣欣向荣的李市镇

党委政府一班人研讨小城镇建设

李市镇位于江津市域中部，地理位置为北走重庆，南下贵州，东至綦江，西达合江，是渝川云贵四省市的重要交通要冲之一。距江津主城区28公里，东邻西湖镇、嘉平镇，西接永兴镇、慈云镇，南连蔡家镇，北依先锋镇，是市域是东西走向和南北走向两大主骨架公路交通干线的结点，为南部交通咽喉重镇。辖三角坝、林家嘴两个居委会和黄桷、牌坊、两岔、孔目、沙埂、双河、龙吟、大桥、洞塘等九个行政村，幅员面积183.3平方公里，总人口87241人。已利用土地97.8平方公里，其中耕地40.4平方公里，林地20.3平方公里，园地10.1平方公里，城镇建设用地11平方公里，全镇人均耕地0.05公顷。

镇域东西相距约12.8公里，南北相距19.5公里，海拔201米至1020米，地形多属丘陵，南高北低，各条溪流均纳入笋溪河。镇境内多浅丘、中丘，山体形态各异，多为馒头状山和猪背脊山等。气候属亚热带气候，四季分明，矿藏资源有铁矿，煤矿、天然气、石灰石、白石、沙石等。水利资源丰富，有笋溪河及10余条溪河。动植物资源有麻雀、喜鹊、杜鹃、野鸡、画眉等；兽类有黄鼠狼、狐狸、野猪；林木有松、柏、杉、青杠、竹类等。2006年，全镇生产总值58025万元，固定资产投资17810万元，财政收入142万元，农民人均纯收入3727元，居民存款余额达2.9亿元，农村劳务经济达3亿多元。大力实施城镇带动发展战略，完善了城镇建设总体规划修编工作，提升了城镇风貌设计与建设水平。启动林家嘴新区开发、旧城改造和城区重点工程建设，全面完成大道硬化，环城房产开发和居民住宅小区建设成为城镇新的亮点，商业步行街建设和猪行街旧城改造工作得以有序推进，解决大肚子河治污治理工程被评为重庆市小城镇污水治理示范工程，饮水工程全面建成供水，中心卫生院住院部大楼建成并投入使用，医疗条件改善；区级主干公路李—西公路全面硬化通车，村社公路建设与维护效果明显，里程达346公里，农村社员建房1300户25000平方米，闭路电视覆盖率达100%，程控电话用户突破10000门，互联网用户408户，天然气用户超过3000户，市政管理规范，城市功能日臻完善，城镇化率已达37%。三大产业凸显新亮点，建筑、建材、机械加工和农副产品等产业不断壮大，非公有制经济发展迅速，教育事业蓬勃发展，文化市场管理健康，医疗卫生、农村改水、改厕、狂犬病防治、计划生育等工作成效显著。

镇党委、政府一班人，决心在五年中，加强加速建设区域性中心大城市的重要战略思想学习，贯彻落实科学发展观，紧紧围绕“123”工作思路（实施一个战略：城镇带动发展战略；把握两大重点：非公有制经济发展和新农村建设；实现把李市打造建设为重庆市级中心镇、江津区级生态农村示范镇和津南地区农副产品加工及商贸集散地），推进社会主义新农村建设，加快全面小康步伐，解放思想，务实创新，与时俱进，真抓实干，按照发展要有新思路、改革要有新突破、开放要有新局面、各项工作要有新举措的要求，进一步完善发展思路，突出工作重点，狠抓工作落实，带领全镇人民不断开创经济社会发展的新局面，加快推进全面小康建设步伐，努力构建和谐李市。

重庆市边贸中心镇石蟆镇

新一届党政领导班子成员

石蟆镇位于江津西部，渝、川、黔三省（市）结合部，距主城区80余公里，幅员面积202平方公里。辖16个村，98个村民小组，3个社区居委会，15个居民小组。总人口100393人。2006年实现生产总值56180万元，财政收入完成201万元，固定资产投资达到17406万元，社会消费品零售总额16926万元，农民人均纯收入3762元。

镇党委政府一班人牢固树立和落实科学发展观，解放思想，务实创新，以增加农民收入为目标，以加快农业产业化进程为切入点，以建设社会主义新农村统揽经济社会发展全局，保持全镇经济持续、快速、协调发展，以经营城镇的理念狠抓城镇基础设施建设，把加快小城镇发展作为推动经济和社会快速发展的一大战略任务来抓。现镇区面积达105.7公顷，城镇人口1.6万人，城镇居民人均可支配收入1.08万元，城镇化率15.7%，建成“三路三街”（橄榄路、石康路、清源路、石泉街、中商街及石蟆口老街），街道长6.1千米、面积127000平方米，给排水管网总长138000米，镇区燃气普及率85%；建有日处理500吨的厌氧污水处理厂，城镇污水处理率达60%以上；建有200平方米的垃圾转运站和临时垃圾填埋场；镇区人均绿化面积达8平方米，绿化覆盖率30%，为城镇居民创造了整洁、优美、文明的生活环境，有效地拉动了城乡经济的快速发展。镇区现已建成一个基础完善、规模适度、功能齐全、环境整洁，且有较强凝集力与辐射力的小城镇。先后被评为“重庆市优秀绿化小城镇”、重庆市历史文化名镇”、“重庆市卫生镇”、“重庆市文明镇”、“江津市综合经济实力先进镇”、“全国创建文明村镇工作先进村镇”等荣誉称号，并被列为“重庆市级边贸镇”，重庆市级重点扶持中心镇，连续几年受到上级表彰。

加快城镇化建设进程，树立和落实科学发展观，大力推进“一路三化”战略，实现了农民收入和财政收入连续三年的双增长，全镇社会事业取得了较好的成绩，计划生育、农业产业化、城镇化、社会治安综合治理、信访稳定、安全生产等工作连续几年受到上级的表彰，不断完善市政基础设施，改善居民的生活空间，提高居民的生活质量，逐步实现“净、绿、亮、美”的人居环境，充分开发利用具有深厚文化底蕴，丰富旅游资源的清源宫。把石蟆镇建设成为以省际贸易、旅游、特色农副产品加工为主的特色农业旅游镇。

徐书记率镇党委政府一班人，团结一致，齐心协力，开拓创新，力争在五年内，生产总值年均增长25%；财政收入年均增长15%；人均纯收入年均增长10%；人口自然增长率控制在2‰以内。并将以邓小平理论和“三个代表”重要思想为指导，加强和改进党的领导，巩固农村基层党组织，坚持“稳粮增收、和谐稳定、又好又快”的发展思路，认真落实科学发展观，以建设社会主义新农村总揽工作全局，以加快农业产业结构调整为主要任务，以增加农民收入为核心，重点抓好以公路为主的基础设施建设，进一步加快城镇化进程，促进全镇物质文明、政治文明和精神文明协调发展，推动社会事业全面进步，把石蟆建设成为重庆市区域性边贸中心镇。

江津八中

石蟆镇中心卫生院

石蟆镇一角

FENGDULONGHEZHEN 正在崛起的丰都龙河镇

▲书记：余天明

▲镇长：张双全

龙河镇地处丰都县南岸中山区中心地带，距丰都新县城42公里、石柱县城40公里，周边与江池、武平、栗子、太平、三建等乡镇相邻，镇域面积137.84平方公里，辖23个村1个居委会，总人口51900人，是丰都县南岸的农业大镇，也是丰都县辐射力和带动力最强的中心集镇之一。这里物华天宝、人杰地灵。区位优越的地理位置、得天独厚的资源优势、便利快捷的交通条件、繁荣活跃的商贸氛围、开明开放的发展环境、开拓奋进的龙河人民，为龙河的发展提供了广阔的空间和无限的生机。2006年全镇生产总值达12926万元，固定资产投资3830万元，财政收入达到525.8万元，城镇建设规模达到0.9平方公里，城镇基础设施建设资金投入累计达1000万余元，个体工商业主达575户，城镇人口10948人，城镇化率21%，农民人均收入2390元。

▲龙河镇中心卫生院

▲环境优美的丰都第一中学

▲场镇一角（整洁的街道）

新阶段、新起点、新风貌、新征程，新一届党委政府在镇党委余天明书记的带领下，准确定位，科学发展，按照“农业产业结构调整合理化、农村生产生活条件优良化、农民致富收入增加快速化、农村三个文明建设一体化”的要求，把解决好“三农”问题作为党委、政府工作的立足点；把改善农村生产生活条件、提高农民生活质量作为党委、政府工作的切入点；把加强村镇建设规划和环境整治、建设新村镇、发展农村事业、培育新型农民、推进农村“三个文明”建设作为党委、政府工作的支撑点，紧紧围绕“打造重庆百强集镇和丰都南岸经济文化中心”的长远目标，立足农业大镇、人口大镇、山区重镇三大基本镇情，明确了今后五年“三个三”的工作思路。即：坚持三大区域格局，提升城镇产业壮大城镇经济、发展支柱产业拓宽沿路经济带、优化农村产业扶强库周经济圈；开拓三大经济，把握好人力资源优势壮大劳务经济、利用好产业资源优势壮大商品经济、发挥好设施资源优势壮大项目经济；实施三大战略，打好城镇带动、商贸拉动、劳务促动三张牌，以大手笔促进大发展。

十年重庆、十年龙河，面对取得的成就，我们倍加欢欣鼓舞；面对艰巨的任务，我们倍感使命光荣；面对绘就的蓝图，我们倍知责任重大。历史赋予了龙河庄严使命，人民寄予了殷切期望，新一届党委政府将把握新的机遇，应对新的挑战，带领全镇五万人民高举邓小平理论伟大旗帜，以“三个代表”重要思想为指导，向着“市级中心集镇、山区经济强镇、农业产业大镇、劳务输出重镇、县级卫生场镇”的新目标昂首阔步、奋勇前进！

▲枇杷产业

▲刷白的良桑

▲杨仕洪养猪场

开放的桂溪欢迎您

重庆市垫江县桂溪镇

镇党政领导班子

位于重庆东部平行岭谷区地带的垫江县城区，幅员面积106平方公里，海拔416米，属亚热带湿润季风气候，平均气温17℃，年均降雨量1183.11毫米，平均日照1262.1小时，年均无霜期289天，具有丰富的光、热、水资源。

基础设施配套齐全，功能完善，布局合理。渝宜高速公路穿镇而过；渝邻高速公路在境内与渝宜高速公路相汇；距重庆江北国际机场100公里；距重庆火车站120公里，渝怀铁路长寿车站50公里；距长江航运长寿港50公里，丰都港90公里，涪陵深水港80公里。有110KVA变电站2座，35KVA变电站2座，年供电能力可达6.85亿KWh。日供水能力5万吨。程控电话机房2座，移动电话等与180个国家和地区进行声讯和图文交换，国家公共信息网和INT网连接。天燃气资源得天独厚，年输气量达11亿立方米。商业配套设施完善：有中国银行、建设银行、农业银行、工商银行、信用联社、保险公司等金融机构。镇属中小学8所，现有214个班级。医院、商场、宾馆、广播电视台、电影院、体育场等公共设施一应具备。

近年来，在各级党委、政府的领导下，坚持以体制创新、技术创新、管理创新和对外开放为重点，优化发展环境，加大结构调整力度，围绕富民升位的奋斗目标，突出发展非公有制经济，不断壮大经济规模和总量，狠抓财政增长，为转移农村富余劳动力，增加农民收入，加快小城镇建设作出了积极努力。2006年，全镇实现地区生产总值6.96亿元，乡镇企业增加值58106万元，总产值241542万元，财政总收入4968.36万元，农民人均纯收入3337元。自2001年以来，连续五年获得重庆市发展乡镇企业“明星乡镇”称号。为全面建设小康社会，加快社会主义新农村建设作出了重要贡献。

桂溪镇区位优势明显，资源丰富，交通便捷，基础设施齐全。全镇人民以高昂的斗志，饱满的热情，开放的思想，开拓创新的精神，灵活优惠的政策和优质的服务，竭诚欢迎中外朋友前来共谋发展，共铸辉煌！

中共垫江县桂溪镇委员会书记：彭正容

垫江县桂溪镇人民政府镇长：曾庆超

阔步迈向前列的重庆旅游控股集团

李运光董事长、刘绍君总经理接受市领导授牌

2006年9月29日正式挂牌成立的重庆旅游控股集团有限公司，是市委、市政府全面实施“十一五”旅游发展规划打造旅游企业规模化经营、集团化经营、网络化发展平台，加速旅游经济发展的科学决策和重大举措。

集团公司领导同部分子公司负责人合影

“旅控集团”的经营范围：主要从事授权范围的国有资产的经营管理；旅游资源开发和项目投资；酒店管理；旅行社经营（包括出境旅游业务）；酒店用品销售；以及与旅游相关的生产经营活动及资产、资本运作。

“旅控集团”旗下现有重庆宾馆有限公司、重庆阳光温泉度假村、重庆旅控集团渝之旅国际旅行社有限公司、重庆阳光国际旅行社有限公司、重庆经典物业管理有限公司、重庆华夏文物拍卖有限公司、重庆阳光娱乐有限公司、重庆宾馆酒店管理分公司等8个全资或控股子（分）公司，及重庆（旅业）集团有限公司、重庆海外旅业（旅行社）集团有限公司、重庆博游文化传播有限公司等3个参股旅游企业。

“旅控集团”的发展目标：“夯实基础，走在前列”，“十一五”期间发展成为带动全市旅游发展的品牌优、实力强、业绩好、信誉高的旅游强势企业。

“旅控集团”的发展模式：政府主导、市场运作。

“旅控集团”的发展途径：资本运作，高效扩张。

“旅控集团”的发展步骤：一年打牢基础，两年创新效益，三年整合扩张，五年做优做强。

塑重庆名片 铸百年品牌
CHONGQING CYGNET

重庆小天鹅投资控股（集团）有限公司沐浴着私营企业又一轮腾飞的阳光，从80年代初的三张桌子三口锅到今天的产业多元化的跨国集团公司，已走过了25载春秋。

“十一五”以来，市委市政府以独到的“重庆模式” 大力支持民营经济，采取了一系列促进发展的措施。对于重庆小天鹅集团这一地地道道的民营企业来讲，更是如沐春风般温暖。在政府多次经济发展方针中指出，始终在所有制结构中以民营经济为主，成为坚实的发展定律。因此小天鹅集团25年的风雨历程，是在沐浴市委市政府正确的发展思想中成长起来的，加以社会各界的鼎力相助、精心呵护，企业不断吸取营养，才铸就了小天鹅集团今天的辉煌。

小天鹅始终让“诚信经营、创新发展”的企业理念贯穿在发展的进程中，从而实现企业的跨越式发展，向着做“百年企业”目标迈进。在25年的磨砺中，企业经营从单一的产业领域，到城市文化产业的萌动；从“中国私营企业500强” “重庆私营企业50强” “餐饮百强” “连锁百强”等荣誉，到“小天鹅”商标被国家工商总局商标评审委员会认定为“中国驰名商标”；从街边小店发展成拥有餐饮连锁、食品工业及物流配送、酒店（酒楼）管理和房地产开发等产业于一体、总资产达6亿元的投资控股集团……25年，企业始终沿着以“诚信、务实、团结、敬业”之路，创造着有归属感、成就感、和谐融洽的企业。25年，企业固守着“做大、做强、做精、做深”的原则，完成了从粗放型企业向集约化企业的转变，从传统产业型企业向科技型、文化型企业的转变。

回顾集团的发展历史，从餐饮自营到科学的餐饮连锁经营，如今全球分店300余家，小天鹅在行业内部创造了餐饮界的传奇；又从市内第一家涉外三星级酒店小天鹅宾馆的创立到新的经济型酒店连锁经营 “天鹅之星”品牌的成功开拓，我们实现了从单纯产业领域向人文领域的深层探索。同时我们更深信回馈社会塑造城市文化传承是企业义不容辞的社会责任，因此我们不遗余力地投资6000万建造洪崖洞巴渝剧院，投资1000万创造了艺术再现3000年巴渝传统民俗文化的大型原创全景式歌舞《巴渝情缘》，使它成为企业长久以来对文化事业贡献的颠峰之作。为促进文化体制改革,推动巴渝文化走向世界助力。

小天鹅在发展中不断寻求更加合理的产业资本结构。最值得我们骄傲的是企业上下众志成城,以其风雨同舟的勇气和敢于挑战的创新精神，实现了小天鹅产业经营新的腾飞。今天我们可以自豪地说：小天鹅投资3亿元成功打造的洪崖洞民俗风貌区这一城市名片，文化产业项目，成为了我们企业25年发展史上的点睛之笔！洪崖洞项目不仅受到市委、市政府的高度重视和大力支持以及社会各界人士的广泛关注，更受到广大市民和世界各地旅游爱好者的炙热追捧。它不仅是重庆历史文化传承的载体更是成为重庆民营经济发展的助推器。随着洪崖洞项目去年9月的胜利开市，翻开了小天鹅发展历史上崭新一页，更使企业跨向了一个新的发展历史时期！洪崖洞项目的建成，小天鹅集团已经向社会证明，小天鹅所做的一切，不仅仅是为了企业的利益，企业的形象，而是大众的需求、社会的需求，是在为我们这座城市的发展，留下一笔永恒的财富，为这座城市的人民留下一片快乐的天空。 风，起于青萍之末；翱翔，源于对超越的梦想……

从小本经营到餐饮连锁产业集团，是对自身成长的超越。

从餐饮领域到酒店管理领域、再到房地产开发领域，是对自身局限的超越。

洪崖洞，小天鹅的一次自身产业升华，奏响了进军文化产业的乐章，为城市文化的再造提供了一个创意模式。建筑与文化，时尚与历史在这里和谐相处、水乳交融。望着依山就势而建的吊脚群楼、鳞次栉比的仿古建筑。耳边仿佛响起了圣桑那曲优美的乐篇——“天鹅”，宁静而安详。然而，你依然可以听到她内心的澎湃激情：

从这里“天鹅”在广阔的天际将飞得更高更远！

重庆小天鹅投资控股（集团）有限公司简介
CHONGQING CYGNET
INVESTMENT HOLDING (GROUP) CO. LTD
COMPANY PROFILE

重庆小天鹅投资控股（集团）有限公司是中国民族餐饮连锁企业全球化发展的先导性国际企业，创建于1982年，在集团董事局主席廖长光先生及总裁何永智女士的领导下，始终坚持“诚信经营，创新发展”的企业精神，经过25年发展已成为集餐饮服务、宾馆旅游、房地产开发、物业管理、物流配送、服装制作、食品加工、文化教育、高新科技等多行业为一体的跨国集团。集团及其控股、参股企业资产总额达6亿元，年销售收入超过24亿元，员工1.8万余人，特许加盟企业300余家。重庆小天鹅集团“小天鹅”商标2005年被国家工商总局商标评审委员会认定为”中国驰名商标”，企业还先后获得中国私营企业500强、重庆100强企业、重庆私营企业50强、中国特许经营100强、中国餐饮百强企业、中国优秀特许品牌、重庆十佳企业、中国农业银行AAA级资信企业等荣誉，并被重庆市委、市政府确定为“重庆市三十家优势扩张型企业”。第四届、第五届中国美食节上获得“国际餐饮名店”、“中国名火锅宴金鼎奖”等10多项大奖。

重庆城市名片 洪崖洞图解

老房子

洪崖江景

歌舞剧《巴渝情缘》

记忆中的老重庆，悬崖上的吊脚楼

过节啦

迎亲喽

峭壁街市

吊脚楼

★180°全江景客房 ★超大型无柱多功能厅 ★特色两江美食 ★居高观景茶楼
两江丽景酒店
RIVER ROMANCE HOTEL
两江丽景酒店
RIVER ROMANCE HOTEL
给您更多尊贵感受
尊宠江景 高尚空间
★重庆市市级机关政务会议定点宾馆
★重庆市旅游协会会员单位
★重庆市会议服务最具特色酒店
创新经营
CHUANGXIN JINGYING
两江丽景酒店
酒店地理位置图
江北区
嘉陵江
至机场
黄花园大桥
上清寺
重庆市人民政府
三峡博物馆
人民大礼堂
石黄隧道
临江门
朝天门码头
解放碑
七星岗
两路口
菜园坝火车站
长江
长江大桥
南岸区
地址：重庆市渝中区黄花园双钢路3号 邮编(P.C):400013
No.3.shuanggang Road.Yuzhong District,Chongqing,P.R.C
电话(TEL)：023-89065555 传真(FAX)：023-89065566
http://www.cqljlj.cn
E-mail:ljlj@cqljlj.cn

重庆西亚大酒店
CHONGQING XIYA HOTEL
★★★★

地址Add：中国.重庆石桥铺渝州路31号
电话Tel：（86—23）68600999
E—mail：Xiyahotel@publiccta.cq.cn
传真Fax：（86—23）68600084

距机场
TO Jiang Bei Airport:30km.

距火车站
TO Railway Station:5km.

距朝天门码头
TO Chao Tian Men Harbor:8km.

座落于重庆交通枢纽位置石桥铺高新技术产业开发区的重庆西亚大酒店，是由重庆西亚（集团）有限公司投资并按国际四星级标准设计兴建的酒店，建筑面积约33123平方米。酒店装饰华丽典雅，功能设施齐全，交通便利，拥有242间客房,包括标准间、单人间、豪华套房和总统套房。装修豪华的3个中西餐厅、11个雅间、4000平方米的空间、600餐位供应各种川粤特色海鲜鱼翅美食。酒店还设有多项康乐设施：酒吧、美容美发中心、桑拿、夜总会、KTV包房、健身、棋牌、电子游戏、爵士吧及设备先进的会议室和商务中心，将成为您商务、旅游渡假和会议安排的理想之地。

Chongqing XiYa Hotel,invested by chongqing xiya group Co.ltd,is an international Four—star Hotal and total area is 33123 square meters.It is Located at the New High Technology Zone in Shiqiaopu district with advanced facilities and very conveninent transportation. We have 242 high—class guest rooms including standard room,Single room,luxurious suite and presidential suite. Three Splendent Western and Chinese restaurants service you with various delicious foods.We also have several recreation rooms such as Lobby—Bar,Beauty Salon,Sauna, Gymnasium,Karaok,Nightclub,Chess Room and the Conference Center,Business Center ,etc. It is just the ideal place for your business,tourists and meetings.

重庆洲际酒店，知微而见卓

重庆洲际酒店巍然屹立于重庆繁华的商业、金融中心地段渝中区解放碑，为追求高品质的商务旅客和旅行团队提供舒适、豪华的五星级住宿及服务，无论是充满活力的鸡尾酒会，还是高标准高规格的豪华宴会；无论是西式，还是中式主题会议的创意设计；无论是茶歇还是用餐的细节安排，重庆洲际酒店极为先进的设施设备和训练有素的专业服务人员都将提供极贴切的服务。

空高6米的华丽大宴会厅

重庆洲际酒店会议场地共有1500平方米，主要分布在酒店10楼和11楼。620平方米、空高6米的大宴会厅最大可以接待650人的会议和400人的宴会。根据会议规模的需要，此宴会厅还可以分割成大小不等的3个小会议室。与宴会厅配套的还有2间皇族厅，1间首长套间和1间小型会议室，主要用于首长接待、贵宾休息和会务组筹备。180平方米的宴会厅走廊及休息区，为与会人员提供了一个很好的会前接待和中场休息的场地。酒店10楼拥有9个大小不一的多功能会议室，是各式培训、小型商务会议、董事会议的理想场所。

极先进的会议设施、极周到全面的配套

重庆洲际酒店采用目前世界上极为先进的会议设施，提供非常周到全面的配套服务。无论是微型无线话筒，还是液晶投影机，酒店均向国外品牌企业采购，旨在保证会议进行过程中设备能精确和稳定的运行。会议配件洲际酒店也用得十分讲究，做工精细的真皮书垫、进口钢古纸的便笺、规格统一的环保笔，点点滴滴都衬托出会议的庄重与大气。

洲际酒店客房

酒店拥有各类宽敞的豪华客房、套房，以及俱乐部楼层客房和总统套房共338间，6部高速电梯为客人提供快捷的服务。

43-48平方米的客房让住店客人尽享如同套房般的舒适与豪华，而套房更带来62-339平方米的超大空间。所有房间都有观景玻璃窗，将重庆市貌一览无余。每个房间都配备有独立空调控制系统、独立盆浴和淋浴设施、语音系统和高速宽带网络、私人保险箱等，2条国际电话线路和1条市话线路分别设置在床边、写字台上和浴室内。50个卫星电视频道可收看到全球节目。私人小酒吧内配备有咖啡和茶、柔软的沙发、舒适的靠椅；套房内宽大的写字台、2条电话线和宽带网络又为商务旅客的工作带来了极大的便利。酒店还设有俱乐部楼层、非吸烟客房以及残疾人房。

洲际俱乐部（35-38楼）为高品质商务旅客提供更贴心的服务。置身37楼的俱乐部酒廊，可俯瞰重庆商业中心全景。商务旅客可在酒廊内办理入住登记、小型商务洽谈、从迷你藏书室取阅读物，并得到独有的商务秘书服务。入住俱乐部楼层的客人可以自由的在酒廊享受特色早餐、下午茶和精致夜宵。

餐厅和酒吧

1楼大堂酒廊：浪漫温馨的情调、多款香浓咖啡、创意鸡尾酒，加上特式小吃，是商务聚会，知己畅谈的理想地方；8楼雅轩：设计斐然瑰丽。在此可品尝到真正的川粤名菜、顶级海鲜和珍馐美肴，还有各国的精选美酒。另还特备13间豪华贵宾房；
9楼咖啡厅：别具魅力的装潢设计，舒适的用餐环境，引领您进入环球美食之旅；
9楼亚洲风情餐厅：典雅舒适的环境，时尚悦目的摆设，众多精选亚洲美食；
42楼巴西烧烤餐厅：荟萃传统与新派的巴西烧烤菜式，主厨现场制作佳肴美馔。

管理公司洲际酒店管理集团

洲际酒店集团是全球著名酒店管理集团之一，旗下拥有的知名酒店品牌有洲际、皇冠假日、假日酒店、快捷假日酒店等，这些品牌覆盖了从高档酒店到有限服务的多级酒店市场，并且在各自的市场中均占有领先的地位。
作为全球首屈一指的酒店管理集团，洲际已将响誉全球的优质贴心服务带到了重庆，并着力为重庆酒店事业的发展开辟新纪元。

Intercontinental Hotels & Resorts Debuts in Chongqing

September 16, 2006 InterContinental Hotels Group has opened its fourth InterContinental Hotels & Resorts hotel in China's Chongqing municipality. InterContinental Chongqing marks the world renowned luxury brand's entry into the commercial and cultural hub of China's western heartland.

InterContinental Chongqing is strategically located in the city's main business district and provides convenient access to key commercials buildings, as well as Chongqing's vibrant entertainment and shopping venues. Designed as an integral part of a multi-purpose commercial centre, the 42-storey, 338-room newly built hotel. InterContinental Chongqing's elegant rooms and suites feature plush furnishings that blend traditional and modern elements and its distinctive brand of discreet, personalised service will raise the bar for the city's hospitality industry.

Chongqing's rapid growth has been the result of the Chinese government's 'Go West' policy, which has been bringing in a steady stream of new businesses. In line with Chongqing's development, InterContinental Chongqing has been designed with guests' business needs in mind. The hotel has business-ready guest rooms, free Wi-Fi, private meeting rooms, over 1,400m^2 of conference space, a 500 capacity ballroom, and a fully equipped business centre offering translation, secretarial, and printing services.

InterContinental Chongqing also offers the exclusive Club InterContinental, where guests can enjoy complimentary refreshments in private lounges and where multilingual InterContinental staff cater to their every need. In terms of recreational options, the hotel has exclusive retail boutiques that offer an elegant selection of jewelry, art, and designer merchandise, and within walking distance from the hotel are the city's main shopping streets. The hotel also has a spa, a fully equipped fitness centre and an indoor infinity pool.

Gourmands will also be pleased to know that InterContinental Chongqing has four fine-dining restaurants, offering cuisine from around the world.The Emerald Sea Chinese Restaurant offers classic Cantonese & Sichuan cuisine, while Asia Live serves up Asian favorites. Ginger is a 24-hour restaurant offering international fare and at Wildfire Brazilian Grill, diners can feast on roast meats while enjoying panoramic views of new and old Chongqing.

直辖十年

市人大代表、开县交通局长李培中解说跨越式发展的开县交通建设

开县地处渝东北内陆山区，与周边区县相比，交通发展存在较大劣势，一度时期，交通不畅成为制约经济社会发展的最大“瓶颈”。压力激发动力，为改变区位劣势，开县紧紧抓住重庆直辖、西部开发、三峡移民等机遇，集全民之智，举全县之力，奋力营造了一个全党全民大办交通、办大交通的良好氛围，迅速掀起高质量、快速度、大规模推进交通发展的热潮，取得了丰硕的成果。

公路建设取得历史性突破

从交通建设发展年的1997年，至交通建设成果展示年的2006年，10年间全县新建公路3000公里，通车总里程猛增至8000公里，居全市各区县之首，实现了100%的乡镇和95%的行政村通公路。其中，新建高速公路18公里，改建省、道、乡道公路400公里，大修收费公路75公里，完成路基改造100公里，实现了92%的乡镇和8%的行政村通水泥路或油路。基本形成了以高速公路为龙头，省县道公路为骨架，乡村公路为支撑，对外快捷畅通，对内四通八达的交通网络格局。其间，开县曾创造陈岳经验（乡镇负责路基整治，县里负责路面硬油化）、开开典型（在别人的地盘上替自己打通出境路）、万开模式（地方政府与国有大型公路企业合作建设高速公路）、“八步工作法”（以民主的方式建养乡村公路）等成功经验。重庆直辖的10年，是开县历史上公路建设里程最长、质量最高、投资最大、效果最好的10年。

公路建设质量稳步提升

思路决定出路，细节决定成败。近几年，开县在吸取国内一些地方公路高速发展后凸现出质量问题的教训的基础上确立了建设“质量交通”的工作思想，并提出提高质保金、延长质保期、树立公示牌、重视质量检测等具体措施和办法，从意识观念、规划设计、检查监督、建立质量保证体系等机制上进行创新，形成了一套较为科学、较为规范的制度，较好地解决了发展速度与建设质量、规模扩张与合理把握标准等矛盾，公路建设向质量型、效益型和可持续方向发展。改革和创新的主要做法有：一是打破过去一直沿用的交通局领导或者县领导兼任项目负责人的习惯作法，改为选用德才兼备的工程技术人员担任项目负责人，使交通部门的监督管理更有力更到位。二是率先在全市交通行业中提出了“提高质保金、延长质保期”的作法，将原来只有5%的质保金提高到20%或以上，将1年的质保期延长至2年甚至5年，以强化施工单位的责任风险意识，效果很好。三是坚持每月至少两次的工地检查，对违规人员实行“倍增式”处罚：工作一次不到位，罚款1000元，两次工作不到位，对其解聘，且三年内不得在本系统从事工程管理。仅2003年至今，就开除监理员1名，处罚工程人员22人次，处罚施工企业60余次，处罚金额40余万元，返工总面积近6万平方米，管理人员的质量责任意识明显增强。四是制定工程管理人员“六不准”规定，强化监督。每个项目树立了工程公示牌，公布项目分管领导、工程主要人员及质量廉政举报电话，同时组织人大代表、政协委员、纪检监察人员和群众代表组建成质量廉政监督队伍，这些人员代表的社会层面较广，收集意见渠道较宽，因此，监督很有力度。五是投入资金，选择素质好、能力强、技术水平高的人员，组建自己的工程试验机构进行检测，检测覆盖面达100%，告别了过去搞工程全凭经验的历史，用科学保证质量。实践证明，这些措施有很强的针对性，执行有力，公路建设质量得到了很好控制。

话交通

ZHIXIA SHINIAN HUAJIAOTONG

广泛筹集公路建设资金

交通建设，资金是关键。10年来，开县的公路建设总投资超过30亿元，除开市级公司投资外，开县地方政府自筹资金达到14亿元之多。开县破解资金难题主要作法有：一是积极策划、储备、申报项目，争取国家、市级部门的资金投入，10年约是1.5亿元。二是运作银行，将境内2条省道和1条县道发展成收费公路，共向银行争取贷款1.4亿元。三是县委、县政府统筹移民、以工代赈、扶贫、财政等资金投入交通建设约是3.2亿元。尽管开县财力困乏，但意志之艰，力度之大，体现了历届党委政府致力改变落后交通面貌的决心。四是招商引资，开县出台优惠政策，通过路域经济开发、出让收费路经营权、采取BT建设等方式，共筹集资金1.3亿元。五是广泛运用“八步工作法”，积极发动群众采取“一事一议”集资修路。政府的积极引导和以奖代补的政策，以及公路建设带来的巨大实惠，使群众建设热情空前高潮，群众抱着配套资金到政府要项目的一个接一个。开县麻柳乡创造的“八步工作法”起源于修路，后被推广到农村基层民主政治建设、经济建设领域，它的创建，是开县人民自力更生，艰苦创业精神的体现，是开县“九五”、“十五”期全民大办交通、办大交通的缩影。实践证明，“一事一议”充分发挥了作用，“八步工作法”助推了公路建设，10年间群众投资投劳达5亿元之多，民力释放出巨大的能量。七是社会捐资。开县常年有40余万人在外务工或工作，其中不乏创业成功者，他们有报效家乡、回报社会的良好意愿，开县县委、县政府因势利导，每年召开开县籍成功人士返乡座谈会，鼓励他们支持家乡建设。10年来共收到单位和个人用于公路方面的捐款8000余万元，“一个人富了不算，要带领家乡更多人致富”已经成为开县外出创业成功者的共识。

重庆市开县交通局

创新廉政建设监督机制

交通大发展，资金大流量，带来的诱惑也是巨大的。近些年来，交通系统的职务犯罪居高不下，这给我们敲响了警钟。为此，开县把工程招投标、控制工程造价作为预防腐败的重点，加强教育，健全制度，强化监督，取得了显著成效。

1998年，开县县委成立了以县委书记任组长，分管县领导、检察长为副组长，财政局、监察局、交通局等相关部门领导为成员的交通工程建设预防职务犯罪工作领导小组，检察院在交通局设立预防职务犯罪联系点，并逐步建立完善了部门联系会议制度、预防宣传教育和监督巡查等制度，把廉政监督关口前移，把问题解决在萌芽状态，收到了很好警示教育效果。"不坏一段路，不倒一个干部，不出一起大事故"已经成为开县建设交通工程的自然法则。

开县在廉政建设措施上，显得更具体、更具有针对性。在执行上显得更有力度，更有创新性。主要体现在：一是推行"廉洁准入制"，施工单位有行贿劣迹，或质量事故记录，取消其投标资格。从1998年以来，先后有27家施工企业止步于招投标的资格预审。二是加强对招投标活动的管理。重点是灵活确定评标办法，临时从评标委员会中确定评标专家，强化过程监督，以保证招投标工作的公平公正，基本实现了"在没有开标前，没有哪位业主能够预测谁能中标，没有哪个施工单位能够断言，我一定能够中标"的预期效果。三是强化对增加工程量的监督。增加工程量是工程建设中极易产生腐败的环节。开县改革和创新了管理办法，其根本核心，就是让不与施工单位接触的人来监督搞工程的人和监督施工单位。在《开县公路建设管理办法》中，严格规定了工程量变更的审批程序，工程单项增加超过2万元的，必须提前报交通局组织相关人员现场审验，并经局长办公会研究后方可变更。同时，交通局成立了由局长任组长、分管领导、纪委书记为副组长，财务科长、质检站长、建养科长为成员的结算审核工作组，以加强工程结算审核的内部监督，若发现有虚假计量的，除纠正虚假计量外，另对施工单位处虚假计量10%的罚款。近4年来共审减少资金500余万元。此外，开县实行了审计终结制。项目的结算必须通过中介机构的审核，谁负责的项目在审计上不过关，就追究谁的责任。

加快公路管、养、运一体化进程

开县在大力实施公路通畅、通达工作的同时，还积极采取措施，加快公路管、养、运一体化进程。直辖10年，开县的公路养护年均好路率以1.7个百分点逐年递增，建成并保持文明路(样板路)4条,创建并保持市级文明管护单位1个。公路运力得到长足发展，公路客运车辆由381辆发展至725辆，货运车辆由2139辆发展到3747辆，新增城市出租车150辆，城区定线客车40辆，基本满足物资交流、人流其便的需求。2005年始，开县出台优惠政策，在全县试点发展农村客运，新开辟农村客运班线3条，120余车参与营运。经营者非常积极，人民群众非常拥护，效果很好。

年年岁岁花相似，岁岁年年人不同。10年的交通建设取得了成就，为开县几千年封闭式的传统农业经济向以市场为导向的高附加值农业经济转变创造了条件，为发展产业化农业铺垫了坚实的基础，产品变成了资本，资源变成了财富。据统计，2006年，工业增加值23.17亿元，农业增加值达到18.36亿元，农民人均纯收入达到2607元。这其中，公路建设所起的作用非同小可。

交通建设是一项系统工程，涉及到方方面面。在新一轮农村公路建设高潮中，开县面临的困难和问题还很多，要做的工作也很多。我们将按照市委二届九次、十次全委会精神，脚踏实地，真抓实干，为富民兴渝，构建和谐社会作出更大贡献。

重庆湖广会馆简介

CHONGQINGHUGUANGHUIGUANJIANJIE

重庆湖广会馆位于重庆市渝中区东水门长江边，系禹王宫、广东公所、齐安公所等清代古建筑群及仿古建筑群的统称。是目前全国最大的古会馆建筑群。会馆群始建于清康熙年间，历经乾隆到光绪年间的不断改建、扩建，始成今天规模，距今已近300年历史。

会馆坐落在高差近40米的坡地上，建筑布局因地制宜，分层筑台、层层跌落，与自然地形充分结合，具有浓厚的山地特色。而且会馆建筑大多沿袭明清时期四合院布局，采用不同的屋顶结构：如悬山、卷棚、歇山等形式，既承袭了广东、广西、湖南、湖北以及江南一带的典型建筑风格，又融汇了重庆传统建筑特色，应修建时间不同，三大会馆建筑风格又各有差异，具有很高的建筑艺术价值。

会馆的所有建筑都有精致的木雕艺术。不仅有几何纹样、花鸟虫鱼吉祥物，还有大量戏曲故事和民间传说，反映了丰富的民俗民风，具有很高的文化价值。

会馆为明、清时“湖广填四川”大移民潮的产物，具有浓郁的历

史文化底蕴，它既是移民历史见证，又是清代建筑雕刻艺术的结晶。具有很高的艺术、文化和旅游价值。组织的专家督导下，会馆于2005年9月修复并对外开放。至2006年12月止，接待中外游客共计40万人。建有全国首家“湖广填四川”专题博物馆，会馆文化陈列馆、匾额博物馆。会馆管理处和中国现代史学会联合成立了“中国移民文化中心”，开展对移民文化的研究。 会馆核心区占地面积18418平方米，建筑面积7653平方米展厅面积5326平方米。建有传统街区两处。

重庆湖广会馆不但是全国第六批重点文物保护单位，还是第四批全国青少年教育基地，全国AAAA景区。

重庆奥林匹克花园

三期整体效果图

奥园3300亩效果图

重庆奥林匹克花园处于重庆北部新区的中央商务区内，毗邻经济开发区管理委员会，分别由金开大道、金渝大道、机场高速公路三条主干道围合而成。项目距离江北机场仅15分钟车程，距离解放碑商贸中心也不过就20分钟车程，交通十分便捷。

项目占地约3300亩，总建筑面积约250万平方米，容积率约为1.1，总户数约20000余户，总居住人口约60000人，总体绿化率高达55%，它以中体产业强大的体育资源为依托，以复合地产为手段，将体育、教育、娱乐、休闲、商业等产业的知名品牌整合引入社区建设，创造一个3300亩运动、健康的居住形态。

重庆奥园斥资2亿引进中国顶级教育北大附中，位于奥园最核心位置，总用地面积120余亩，总建筑面积60000平方米左右，集小学、初中、高中为一体。学校已于2006年9月5日正式开学。

重庆奥园的商业品牌——畅谷已于2006年8月26日开街，是重庆北部新区首个呈现的商业街区。规划面积达3.7万平方米，规划有室内恒温海水游泳池、健身中心等系列运动场馆；商业服务包含超市、餐饮、商业，娱乐等多种业态。

重庆市佛光旅游开发（集团）股份有限公司

公司总部

重庆市佛光旅游开发（集团）股份有限公司，注册资本金人民币1亿元人民币，资产总额4亿余元人民币。注册地址：重庆市长寿区，法人代表冉义友。由重庆市宋城建设开发有限公司、重庆市寿城市政工程有限公司、重庆市佛寿实业有限公司、重庆市归园实业有限公司、重庆庄周财务咨询有限公司等五个下属公司组成，是集旅游开发、房地产开发、市政工程建设、农业综合性开发、园林绿化、财务咨询、资产管理等为一体的综合性企业。

现阶段主要经营的项目有：

1、“长寿江南龙山寨、龙桥湖的自然风景区”开发项目

项目地址在重庆市长寿区江南镇，占地面积3000余亩，总投资3亿元人民币。

建设内容：修复千佛寺、天龙寺；修复秦代“寡妇·清”遗址，建造特色景色。规模总建筑面积65000平方米，是三峡库区重点旅游开发项目之一。

该项目是挖掘传承文化、保护秦代遗址、突出爱国与休闲两大功能的旅游胜地开发项目。

2、“宋城·清明上河园”旅游房地产开发项目

“宋城·清明上河园”旅游房地产开发项目是根据长寿区桃花新城桃花河穿城而过的特殊地理环境，将一部书（公元960——1279）300多年的宋代史、一幅画（中国第一神品张择端的《清明上河园（图）》）、一种文化（“人生”最高境界的生命——“长寿”文化）有机衍化为一体，精心打造出的具有“长寿”特色的“休闲旅游”产业。

该项目规划建筑面积为108万平方米，占地2000亩，总投资20亿元人民币，正在建设中。

该项目以人们的“复古情绪”为寄托，是古典建筑的再现。

3、重庆市涪陵区“宋城·中央新界”房地产开发项目

该项目地址为涪陵区人民西路水电局至宏声桥段。建设总面积98538平方米，一期工程28000平方米，一期工程总投资1.4亿元人民币。

4、“重庆归园”项目

重庆归园项目定址于长寿区长江南岸。总投资：1.5亿元，是重庆市民政局、重庆市长寿区人民政府、区民政局批准的经营性社会公共基地，占地1000亩。

该项目是集追思祭祖、观光览胜、宗教信仰、生命文化为一体的特色项目。

5、“重庆市宋城采石厂”项目

已投资近500万元，年可采条石20—25万立方米，年生产6000套墓体，年产值不低于1800万元。

6、各种市政设施的承建项目

重庆市寿城市政工程有限公司具有市政公用施工总承包二级的企业资质，主要承接各种市政建设项目。

2006年实现经营收入近5000万元。

2007年一季度已完成产值约3500万元，年产值预计可达1亿元。

7、“重庆市长寿区龙桥水库”综合开发项目

该项目水面面积为500余亩，价值4690万元，主要经营水产养殖、农家乐、水上娱乐等项目，特别是大型企业重钢集团迁址长寿江南后，该项目将进入历史上最好的发展时期。

8、“长寿龙桥湖苗圃农场”项目

该项目占地500亩，总投资1000万元人民币，生产各种花卉苗木，年产值3000万元。

秉承“志存高远、立足脚下”的理念，“诚实守信、质量为本”的经营原则，集团公司目前生产经营状况良好，项目进展顺利，被重庆市人民政府评为2006年度“重庆市民营企业五十强”企业。

重庆归园项目

重庆市寿城市政工程有限公司沥青拌合站

宋城·清明上河园”旅游房地产开发项目

致力于信息社会服务

——中国网络通信集团公司重庆市分公司

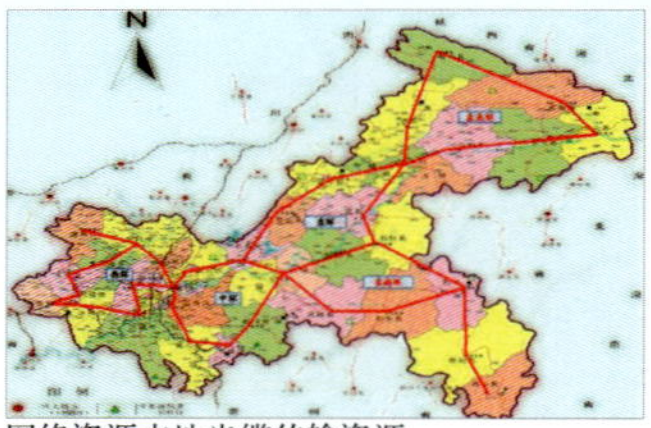
网络资源本地光缆传输资源

IDC/IXC

中国网络通信集团公司重庆市分公司（简称重庆网通）自2002年11月12日成立以来，秉承中国网通集团“诚信铸就品牌，服务编织未来”的企业理念，坚定不移地致力于信息社会服务，以客户感知为导向，不断提升服务与通信质量，以创新促进各项工作的顺利开展，在地方政府、社会各界及广大用户的大力支持下，走出了一条社会信息化服务的创新之路，赢得了广大客户的信任与支持。通过四年的发展，重庆网通拥有５０余万用户，跃居重庆地区宽带和固定电话运营商第二的位置，成为城市信息化建设的主力军。重庆网通党组书记、总经理杨俊同志荣获重庆市国资委2006年度“国企贡献奖－先进个人”光荣称号。

建立符合现代化企业管理标准的信息化建设服务团队。先进的企业管理模式是企业增强竞争力的有力保障。重庆网通以全新的经营理念，按照现代企业制度的要求建立了更能适应市场经济发展的新管理机制。建设以内控体系建设为重点的企业基础管理，推崇诚信、协作、勇担责任和信任沟通、低调实干的企业文化。以业绩为导向，实行以KPI为基础的数字化管理；以市场为中心，以客户为导向的多层次业绩考核激励机制。建设学习型企业，大力培养职业化的管理人才、国际化的经营人才、专业化的技术人才和技能化的营销人才；坚持"以人为中心"，充分调动员工的积极性，为企业的持续发展提供有力的保证。

重资投入，建立了一张支撑社会信息化服务完善的通信网络。中国网通自2002年入驻重庆以来，累计投资十余亿元人民币，高速建成完善的通信网络，为重庆网通的大发展打下了坚实的基础，实现了对主城5区和33个区市县的环路覆盖，拥有通达国内、国际的骨干传输网络，覆盖全重庆市几乎所有区县的本地通信传输网、交换网、数据网和支撑网。

积极参与政府社会信息化建设，承建重庆市互联网交换中心（IDC/IXC）。重庆网通作为重庆六大基础电信运营企业之一，积极响应重庆市政府信息化建设的号召，在政府的大力支持下牵头承建了重庆市互联网交换中心（IDC/IXC）。2003年11月，中心建成投产后，极大地缓解了重庆本地互联网资源互访时延，改善了目前重庆本地互联网资源互访困难的现状与本地各运营商之间的互联互通瓶颈问题，带动、吸引了更多互联网内容服务商的参与。该中心是我国第一个获得信息产业部批准设立的本地互联网交换中心，它的建成极大地提高了重庆市在全国的信息化地位。

以用户感知为目标，不断创新差异化服务。重庆网通以客户需求为导向，以用户感受为服务目标，真正从消费者的角度来考虑服务的内容、服务的方式。针对客户服务需求的不断变化和个性化，建立了一个向用户提供多服务接入，反馈快速、标准一致的闭环服务链，将“被动服务”模式转变为依托高技术信息平台的“主动服务”模式，大力推行预约服务，倾力打造中国网通服务的“金色俱乐部”，为客户提供高价值的金牌服务。重庆网通还在传统服务基础上开展了多项创新服务新模式，设立数据专家坐席、推行“五个一”服务规范、大客户星级服务、提供上门收费服务、市话详单查询等举措极大地提升了企业服务品牌，深获用户好评。重庆网通多次被信产部、网通集团、重庆市消协等授予“消费者满意单位”、“售后服务先进单位”、“优秀服务团队”等荣誉称号。

以社会信息化服务的关键产品为核心，打造专家级“宽带产品”。宽带是实现国家信息化必须的基础设施和战略资源，是未来国家信息产业发展的重要基础，是我国实现“电信强国”目标的重要条件。重庆网通作为重庆电信行业的组成部分，在重庆通信业“十一五”规划的大局下，自觉把自身的发展放到全行业的战略规划和总体布局中去谋划、去部署、去推进。

重庆网通把宽带业务列为重点发展业务，倾力打造“宽带专家”形象，重资投入宽带商务平台的建设，为企业信息化建设提供功能齐全、方便快捷、成本低廉的一揽子企业信息化建设解决方案，以信息化助推中小型企业的大发展。至2006年，“中国网、宽天下”—CNCMAX网通宽带已成为宽带业务黄金品牌，深受用户好评。为配合网通“宽带专家”的业务金字招牌，遵循从传统电信运营商向**宽带通信与多媒体服务提供商**的企业发展目标，充分利用中心骨干交换网络的优势，作为IDC／IXC中心内容建设的重要节点，重庆网通大力加强宽带内容建设取得成效，门户网站“阳光在线”（www.sun116.com）有效注册人数至2007年初达150万，AELXA 网站单日峰值排名达到1945位，已成为重庆地区访问量最高的电信基础运营商门户网站。

整合通信资源，排解政府后顾之忧，重资收购网通信息港建设。2006年7月，中国网通集团坚决支持重庆市政府提出的整合重庆网通信息港股权、规范企业运营的要求，由重庆网通负责，于2007年2月1日顺利完成了对重庆网通信息港的并购工作。此次收购对于落实重庆市人民政府的战略意图和网通集团在重庆市的发展战略具有重要意义，进一步壮大了重庆网通的规模与力量，实现了通信资源的有效整合。

重庆网通作为推动重庆市信息化发展重要力量之一，将继续以“引领机制和技术创新，推动城市信息化建设”为己任，不断创新服务领域与通信产品，为重庆市民提供更人性化的优质通信服务，加快推进平安城市、企业信息化、家庭信息化的建设进程，为重庆市信息化建设和经济的腾飞贡献力量。

中国移动通信 CHINA MOBILE 移动信息专家

中国移动通信集团重庆有限公司

CHINA MOBILE GROUP CHONGQING CO.,LTD.

中国移动通信集团重庆有限公司（简称“中国移动重庆公司”）前身为重庆移动通信公司，成立于1999年9月9日，隶属于中国移动通信集团公司，全面负责运营重庆境内139、138、137、136、135、134、159的数字移动通信网络。2002年6月，经国家批准，中国移动通信集团公司在香港设立的公众上市公司--中国移动（香港）有限公司通过注资收购，使重庆移动成为其全资子公司，并通过资产重组成立了中国移动通信集团重庆有限公司。

在重庆市电信业自1992年1月14日正式对公众开办移动电话业务的基础上，中国移动重庆公司积极致力于移动通信技术创新、业务创新和服务创新，经历了从小到大、从弱到强、臻于至善的发展历程，网络运营与业务创新已完全实现了与国际同行业先进水平的同步发展。中国移动重庆公司拥有一支高素质、凝聚力强的员工队伍和一个庞大稳定的通信网络系统，并以客户为导向，在极大地满足了客户对话音业务的需求的同时，还为不同层次的客户提供如短信息、彩铃、GPRS无线上网、彩信、彩音、彩号、信息点播、手机银行、手机博彩等多样化的移动数据业务。截止2006年底，中国移动重庆公司的移动通信交换机容量达到800余万门，庞大的通信网络现已覆盖巴渝都市发达经济区、渝西经济走廊和长江三峡生态经济区，覆盖高速公路、国道、长江水道、铁路交通干线及农村乡镇，基本实现了全重庆市的立体覆盖和无缝隙覆盖。与此同时，中国移动重庆公司与216个国家和地区的285个运营公司开通了GSM国际及台港澳地区话音漫游业务，与135个国家和地区的126个运营商开通了GPRS无线上网国际及台港澳地区漫游业务，国际短信共通达104个国家和地区的206家运营商，彩信通达21个国家和地区的29家运营商。截止2006年底，客户总数超过600万户,在重庆市的通信发展和公众服务中发挥着主导运营企业的作用。

中国移动重庆公司牢固树立“创无限通信事业，做信息社会栋梁”的使命。为实施以信息化带动工业化、推进国民经济和社会信息化的战略决策，以及全面推进重庆老工业企业的改造，中国移动重庆公司于2002年创建了西部地区最大、全国一流的中国移动重庆互联网数据中心（IDC），积极为社会提供一流的网络资源、优质的数据平台和丰富的应用服务，使重庆确立了中国移动集团中西部信息中心的地位。已与重钢集团、农业银行、消防总队等众多单位进行合作，帮助开发了基于工业监控应用的无线信息平台、GPRS无线POS项目和企业信息化解决方案等，推动了行业和大型企业的信息化进程。在推进信息化建设的过程中，中国移动重庆公司积极响应党中央“推进社会主义新农村建设”号召，以在重庆集中统一建设的中国移动农村信息网为代表的农村信息化工作，为新农村建设提供了完善的移动信息化支撑。随着移动通信和计算机等技术的不断融合与发展，中国移动重庆公司积极开发移动电子商务技术，持续进行业务创新，并以交通、零售等重要行业为重点，辅以集团内部应用，同时通过在商业模式上的创新，促成多行业的应用渗透与整合，将移动电子商务逐步融入大众日常生活的各项运用中，逐步实现渗透大众衣食住行的信息化业务普及。在积极践行企业使命、推动社会信息化发展的同时，中国移动重庆公司逐步实现着从移动通信专家到移动信息专家的新跨越。

中国移动重庆公司以“正德厚生，臻于至善”为企业核心价值观，一直立足于成为一个品格健全、受人尊敬的优秀企业公民。在承担好商业责任的同时，努力承担起社会责任，全面考虑企业对政府、客户、股东、供应商、分销商、员工、社区、环境等所有利益相关者的影响，致力于企业发展与行业进步相和谐、企业发展与社会进步相和谐、企业发展与环境保护相和谐；追求企业价值、员工价值、股东价值和社会价值和谐发展的价值型增长。

铁通 CHINA RAILCOM

竭诚服务社会 携手共创辉煌

——发展中的中国铁通重庆分公司

▲国家领导人视察铁通在国际通信展上的展位

2001年3月18日，中国铁通重庆分公司正式成立。六年来，伴随着年轻直辖市的成长，我们认真按照“三个代表”重要思想的要求，坚决贯彻《中华人民共和国电信条例》，严格遵照执行国办75号文件以及信息产业部和通信管理局的相关规章制度，加大自我约束力度，规范公司经营行为，积极响应政府和集团公司的号召，合理安排资金投入到“村村通”工程建设，主动参与市通信管理局组织的行风评议、文明行业建设、“畅通网络、诚信服务”和专项整治活动，努力为重庆通信事业的繁荣和发展作贡献，取得了较好的经济效益和社会效益。截止2006年底，公司资产总额达到10亿，比成立之初增长了3倍。

六年来，我们采用最先进的通信技术构建了完整、统一、覆盖全市37个区县的通信网络，依托铁路线路，扩大周边辐射范围，先后建成了渝东环、渝西环，拥有通信线路6000余公里，局用交换机40万线，数据业务端口8万个。先后接管了内昆铁路、达万铁路、渝怀铁路、遂渝铁路四条铁路干线共计46个车站近1200公里通信线路及设备的养护维修任务，积极参与铁路信息化工程建设，顺利完成了铁道部对铁路体制改革中铁路运输调度指挥系统和信息系统的割接倒代工作，在长期为铁路运输提供通信服务的实践中锻炼了队伍，丰富了经验，进一步增强了自身实力。

▲重庆铁通在2004年北京国际通信展上演示数字集群业务功能

六年来，我们不断加大对新技术新设备的开发使用力度，投入一定的人力和物力率先推出了新一代的软交换技术；在第五届亚太城市市长峰会期间充分利用自身资源成功地为峰会提供了“一讯通”数字集群调度指挥通信服务；先后参加了第五届、第六届中国重庆高新技术成果交易会、首届数字通信节及第八届中国重庆投资贸易洽谈会等等。同时，我们开通了“10050”统一客户服务平台，坚持用户至上、服务创新的基本思路，认真贯彻《电信服务标准》，不断完善各种服务体系，创新服务内容，规范服务流程，统一服务形象，强化服务监管，加大考核力度，大力提升客户服务工作水平，使我们的服务工作始终以客户需求为导向，以客户满意为目标，并自觉接受媒体和公众的广泛监督。

▲铁通为铁路提供通信保障服务

展望未来，在国家“十一五规划”的蓝图中，加快信息化建设，构建和谐社会对电信行业提出了新的更高的要求。作为基础电信运营商，我们将以“三个代表”重要思想为指导，坚持科学发展观，在国资委、信产部和集团公司的正确领导下，在政府主管部门和通信管理局的大力支持和帮助下，以建立现代企业制度为方向，秉承“奉献创业、学习创新、竞合创效、诚信创牌”的经营理念，一方面要认真总结公司成立五年来在内部管理、投资建设、市场经营等各项工作中的经验和不足，强化内部管理，理顺管理体制；注重投资回报，保证国有资产保值增值；坚持效益优先，提升收入质量；强化服务标准，规范服务行为，不断提升服务质量和水平；另一方面要坚决贯彻集团公司三年发展规划，全面发动公司全体干部员工，努力为铁路运输提供安全、可靠、优质、高效的通信服务，进一步探索市场经营发展的新途径和新思路，遵纪守法，理性经营，不断提高企业的盈利水平，增强企业的可持续发展能力，为促进重庆市通信事业的发展和信息化建设作出我们新的更大贡献。

重庆市能源投资集团公司概况

2006年，由重庆市能源企业重庆市建设投资公司、重庆燃气（集团）有限责任公司、重庆煤炭（集团）有限责任公司整合组建了重庆市能源投资集团公司，宣告了重庆市能源产业主力舰队的诞生，其核心竞争力、资源控制力、市场影响力、产业带动力大大提升。它的主要任务是：根据国家经济发展战略、产业政策和重庆市经济社会发展战略要求，以市场化运作方式对能源产业项目进行控股、参股投资，精心经营和管理能源企业，向社会提供优质、清洁、经济、安全的能源产品，通过资本经营提高投资效益，确保国有资产保值增值。能投集团以电力、煤炭、燃气等核心产业为主营业务，向新能源领域拓展延伸。

▲松藻煤矿公司与华能电力合作

截至2006年底，能投集团注册资本金44.5亿元，资产总额160亿元，净资产90亿元，拥有参、控股电力装机容量415万千瓦（占全市同期总装机容量790万千瓦的52.5%），权益装机容量160万千瓦，参、控股在建电力项目装机容量295万千瓦。2006年经营收入87.6亿元，主营业务收入63.6亿元，产煤1066万吨，天然气供应11.85亿立方米。

能投集团所属重庆煤炭（集团）有限责任公司是重庆市最大的综合性煤炭企业，现有煤炭年生产能力1426万吨，2006年产煤约占全市同期煤炭产量的30%，煤炭商品除满足重庆市需求外，还远销四川、湖北、江苏、上海、广西等省市，用户包括冶金、电力、建材、化工等行业的企业。

能投集团所属重庆燃气（集团）有限责任公司是重庆市城市天然气供应的龙头企业，天然气供应范围覆盖重庆市都市经济发达圈、渝西经济走廊和三峡生态库区的15个区县（市），服务于135多万居民客户，300多家工业客户和约2万户商业、集体、锅炉、燃气空调和CNG加气站客户。

按照能投集团发展目标，到“十一五”末，集团公司资产总额将达到350亿元；销售收入200亿元；参、控股电力装机容量850万千瓦，控股装机容量200万千瓦以上;煤炭年产能2000万吨，产量1600万吨以上;燃气年供应总量20亿立方米，用户200万户，瓦斯利用超过抽放量的三分之一，供气覆盖重庆市三分之二的区县。成为资源节约型，环境友好型，充满勃勃生机，具有强劲竞争力，规模、速度和效益协调发展的国内一流能源集团。

▲燃气客户服务中心

▲珞璜电厂

▲巴山水电站2X70MW

▲头塘大型天然气贮配站

▲高产高效采煤

▲白鹤电厂2×300MW(中电投)

重庆燃气 CHONGQING GAS

企业精神：诚信、利民、安全、创新

重庆市市长王鸿举（右二）在燃气集团调度中心视察工作

燃气集团头塘大型天然气储配站（一期）工程投运仪式

燃气客户服务中心

燃气抢险车

重庆燃气（集团）有限责任公司是我市国有重点企业，属重庆市能源投资集团的全资子公司，是以城市燃气储、输、配、售，基础设施建设，燃气工程设计、安装、燃气计量检测为主的大型燃气集团公司。所属子公司从事燃气规划、设计、安装，自来水供应及销售，管道防腐加工，汽车租赁，房地产开发等业务。具有建设部颁发的燃气规划设计甲级资质和燃气工程安装乙级资质。

在公司三十多年的发展过程中，经历了三个发展阶段：二十世纪五十年代末至八十年代初，为工业用气的发展阶段，期末年天然气的用量达10亿立方米，重庆处于省辖市地位；八十年代中期至九十年代中期为工业用气和民用气同步发展阶段，民用气仅限于家庭炊事和热水用途，期末年天然气的用量达20亿立方米，重庆处于计划单列市地位，经济总量和行政辖区有所扩大；九十年代中期至今，重庆升格为直辖市，年工业用气稳中有升，而民用气范围已扩至CNG汽车、采暖制冷、炊事、热水等多种用途，2006年当年天然气全市消费总量达40亿立方米。迄今，集团公司资产已超20亿元，天然气供应范围覆盖重庆市都市经济发达圈、渝西经济走廊和三峡生态库区的19个区县（市），管理149万多居民用户，300多家工业用户和约2万户商业、集体、锅炉、燃气空调和CNG加气站用户，现有输气管网4800多公里，储、输、配气站110座，年供气量13亿多立方米。

重庆燃气集团拥有全资子公司13家，分公司9家，参股公司3家，控股公司2家。现有员工3100多人。集团公司定位于关系国计民生的管理服务型企业，体现城市燃气供应行业公共性、公益性、基础性三大特征，提倡“诚信、利民、安全、创新”的企业精神，努力营造“心齐、气顺、风正、劲足”的企业氛围；秉承“遵循财务和统计信息真实性原则；遵循兼顾社会效益和经济效益的微利原则；遵循为政府分忧，为用户解难的优质服务原则；遵循市场经济原则”的经营理念。

集团公司通过头塘大型天然气储配站、重庆市主城区内环、中环主输气管线，燃气输配管网调度自动化监控系统，主营业务信息化等重点项目的建设，打造重庆市天然气安全供应保障体系，保证有充足的气源，充分的调度调峰手段，安全的管网系统，高度自动化的监控系统，向用户提供最人性化的服务。

近年来，集团公司被国家授予“全国先进基层党组织”，“全国文明单位”，“全国创建和谐劳动关系模范企业”，“中国客户关怀八十强”，被市消委评为“消费者满意单位”。

集团公司力争到2010年，实现年供气量20亿立方米，服务客户200万户的战略目标，把集团公司建设成为全国一流企业，引导企业由燃气产业集团向燃气产业集群方向拓展。

1999年投用，穿越长江江底的头塘玛瑙溪过江管线

西南地区最大的天然气储配站（头塘储配站）

重庆燃气（集团）有限责任公司
CHONGQING GAS GROUP CO.,LTD.

发展中的重庆煤炭（集团）有限责任公司

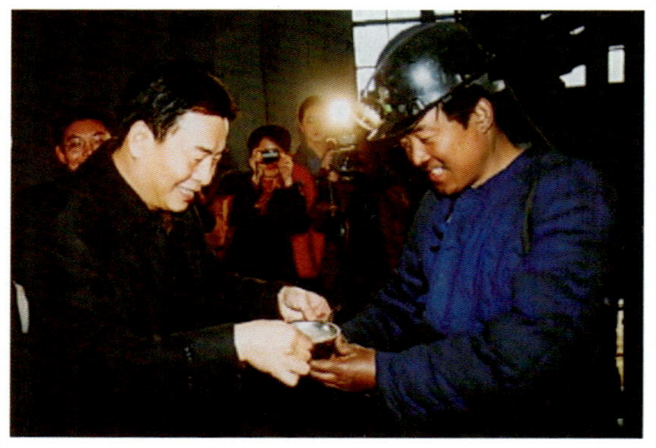

▲重庆市市长王鸿举（左一）大年三十慰问煤矿职工

▲重煤集团与俄罗斯高校毕业生国际联合会签订人才交流及技术合作协议

▲松藻公司与国新久和公司签订合作协议

▲吴连帆（中）在建荣电厂参加竣工验收

▼已建成投产的松藻煤电公司安稳电厂

FAZHANZHONGDECHONGQINGMEITAN JITUANYOUXIANZERENGONGSI

重煤集团是由重庆市人民政府出资，以原重庆市煤炭工业局为主体，整合重庆南桐矿业有限责任公司等26户国有煤炭企业，于2004年9月组建而成的综合性国有大型产业集团，主要从事煤炭生产、建筑施工、电力、建材、化工、民爆器材、生物工程、医疗卫生、煤田地质与工程地质勘探、地质灾害治理等生产经营，现有员工5.6万人，资产总额90亿元，核定煤炭生产能力1426万吨/年。

重庆直辖十年，也是重庆煤炭工业快速发展的十年，在市委、市政府的高度重视下，全市国有煤炭企业先后实施了债转股、政策性关闭破产和由工厂制企业改制为公司制企业，煤炭企业实现了减债减负，轻装前进，逐步走出了困境，并呈现良好的发展态势。特别是组建重煤集团两年多来，按照市委、市政府对煤炭能源发展目标和任务的要求，实施了“二次创业”做强做大、再造重煤集团的发展战略，构建的母子公司“六个中心”和“三个主体”管理体制与运行模式，受到中国煤炭协会的充分肯定并在全国同行业推广。2006年，全集团产煤1070万吨，比重庆直辖前增产200多万吨/年，在全国煤炭百强企业中排名第31位。

“十一五”期间，重煤集团将通过目前正在实施的技改扩能和新井建设，新增煤炭产量600万/年，产能达到2000万吨/年，产量达到1600万吨/年，企业资产和年产值达到“双百亿”。

▲重煤集团高产高效采煤工作面

▼煤矿职工群体像

加强队伍建设 全面履行检察职责

重庆市人民检察院第四分院

重庆直辖十年，重庆市人民检察院第四分院成立十年。在这十年里，市检察院第四分院按照"政治建检、业务兴检、素质活检、形象立检"的思路，坚持以人为本，坚持检察工作主题和总体要求，全面落实科学发展观，各项检察工作稳步向前发展，为渝东南少数民族地区经济又快又好发展做出了积极贡献。

狠抓队伍建设不放松。先后开展了"强化法律监督，维护公平正义"、保持共产党员先进性、"规范执法行为，促进执法公正"、社会主义法治理念、"执政为民，服务发展"等教育活动，通过这些教育活动的开展，进一步端正了执法思想，规范了执法行为，树立了社会主义法治理念。

全面履行检察职责。批捕起诉了一批严重危害社会治安的刑事犯罪，加大了打击破坏社会主义市场经济秩序和环境资源犯罪的力度；查处了一批有影响、有震动的职务犯罪大要案件，积极参加了治理商业贿赂专项工作，狠抓了职务犯罪预防工作；强化对诉讼活动的法律监督，尤其是民事、行政抗诉工作走在了全市的前列；加强控告申诉检察工作，积极化解矛盾纠纷；狠抓了执法规范化建设，出台了一系列规章制度。

各项工作成效显著。尤其是2004年以来，在党组书记、检察长葛森林的带领下，先后荣获重庆市卫生先进单位、市级文明单位、全国检察机关纪检监察工作先进集体、全国文明接待室，涌现出了"全国三八红旗手"、全市先进工作者、全市十佳女检察官等一大批先进人物。

▲党组书记、检察长葛森林正在查阅资料

▲团结和谐共事的新一届院领导

重庆市水利投资（集团）有限公司

水投集团董事长 王陶浪

水投集团总经理 吴家宏

重庆市水利投资有限公司于2003年11月28日挂牌成立，是市人民政府出资的国有独资公司，市政府授权市水利局为公司国有资产出资人代表，公司首期注册资本为163889万元。2004年7月22日，市政府批准市水利投资有限公司更名为市水利投资（集团）有限公司。

一、背景分析

水是基础性的自然资源和战略性的经济资源，是生态环境的控制性要素，水资源在我国经济社会发展中具有特殊重要的地位。重庆地处我国西部，位于长江上游。由于多种原因，重庆水利基础设施建设严重滞后，防洪、抗旱、供水、水源保护和改善水环境等方面的任务十分繁重。以水资源短缺、水环境恶化为特征的水问题，已经成为全市经济社会发展的重要制约因素，为了加强我市水利水电国有资产运营管理，增强融资能力，多渠道筹集水利建设资金，争取国家更大的水利投入，加快我市水利基础设施建设，推进水务一体化和水资源开发运营市场化，实现水资源的优化配置，适应全市经济社会快速发展的需要，市委、市政府认真贯彻落实党的十六届三中全会精神，适应国家有关水利体制改革的新形势，理顺和整合水利电力国有资产关系而投资设立了重庆市水利投资有限公司。

二、总体思路及发展目标

在坚持履行社会公共职能，为社会提供水利公共产品和社会公共服务的前提下，致力于探索市场经济体制条件下水利国有资产管理、资本运作和投融资管理的新路子，通过对市及市以上水利国有资产存量、地方水电站国有资产存量整合和新增水利投入的建设，构筑水利建设的融资平台，多渠道、多形式筹集水利建设资金；履行大中型水源工程国有资产出资人职责，承担新建大中型水源工程、供排水工程、中小水电站的建设经营任务；实施水资源的统一开发和经营管理，推进水务一体化。通过经营性资产的有效营运，获得良好的社会效益和经济效益，努力建立"以水养水"、"以电补水"、以经营性收入反哺公益性职能的格局，逐步形成水利建设管理的良性运行机制。

到2004年，公司资产总量达到30亿元，资产负债率18%左右。到2007年，资产总量达到100亿元以上，资产负债率40%以内。到2010年，完成新增水利水电总投资200亿元（其中渝西地区80亿元），公司全资、控股和参股总资产达到250亿元，基本建立区县（自治县、市）城镇供水保障体系，新增中小水电站和其它电源项目总装机容量110万千瓦以上。

Lioequity Assets
利开资产

利开资产经营管理(重庆)有限公司

利开资产管理(重庆)有限公司是在对现有金融机制平台、产品平台、规则平台进行创新下而创立，可谓经势济利，伟业鸿开。故曰“利开”。英文lioequity，为liabilities, owners’ equity组合，即对负债(负资产)与所有者权益之间的金融工具进行定位、策划、设计、包装、营销、分歧处置、经营，从而实现资产经营利益，以便为投资者捕捉高成长性投资机会，提供高附加值的增值服务，获取超越自我期望价值的超额利益。

利开资产具有深厚的专业背景,创新的技术能力、精细的营销网络和先导的企业文化。现有员工28人，其中硕士及博士12人。公司业务运作模式为：A、基金管理模式 B、项目营运模式 C、公司经营模式。已操作实施商业市场、高档写字楼、土地营运等项目支撑的金融工具，管理资产规模达5亿元，正以投资者安全，消费者便捷，利开团队精锐、股东利益丰厚而成为专业投资领域的领军企业。

利开资产专业工具之一——中小企业权益交易所。经营民营企业权益、项目权益、风险投资权益、IT技术权益为核心的交易。以政府授权形式支持，以民间形式发起和营运，做到国内整合，国际接轨。

利开资产专业工具之二——企业信用联盟。企业信用联盟(Enterprise Trust Organization，ETO)是自主形成的企业间信用交流与合作组织。企业联盟在资金供给与需求对内方面，重点解决企业间金融互助合作，在会员中组织资金互助会，将会员缴纳的资金集中起来，按照短期、小额等原则贷放,在内域内形成中小企业内部的资金市场,并促进连续性、集中度、专业化的民营金融。企业联盟在资金供给与需求对外方面，重点解决企业在融资过程中的担保和反担保问题。采取两种形式：其一，民间信用互助协会。以联盟发起，通过企业互助以及扩大信用融资能力并向社会提供信用咨询服务，为互助协会成员企业提供融资担保。主要有中小企业流动资金贷款担保、票据贴现担保、开具承兑汇票担保、固定资产贷款担保、改制贷款担保、管理者收购贷款担保等。其二：企业信用担保联盟。由联盟牵线，为同样有融资需求的两家企业在融资过程中互相担保和反担保，以中小企业信用担保联盟为形式，实现企业融资过程中的互保。联盟间载体平台主要有：管理公司、投资公司、权益交易所、论坛、交易会、杂志等。

重庆长寿化工有限责任公司
CHONGQING CHANGSHOU CHEMICAL CO.,LTD.

重庆长寿化工有限责任公司成立于2001年9月（由原长寿化工总厂改制而成）。公司地处三峡库区的重庆（长寿）化工园区，交通极为便利；公司注册资本13646万元，总资产5亿元，员工3700人；公司是我国第一个合成橡胶工业化生产企业，主要生产氯丁橡胶、氯碱、氯酸盐、氨苯磺胺四大系列30余种产品，公司产品覆盖全国并出口20多个国家和地区；公司通过了ISO9001:2000质量管理体系、ISO14001:2004环境管理体系和OHSAS18001:1999 职业健康安全管理体系认证。

公司近期目标：到2008年实现销售收入超10亿、利润近亿元、员工收入翻一番（即人均年收入达2万元）。

公司长期目标：到2015年实现销售收入超60亿、利税10亿元、利润6亿元。

公司终极目标：最终建成“资源节约型、环境友好型、健康安全型”特大型化工企业，实现富民强企目标。

重庆长寿化工有限责任公司董事长、总经理徐亚平

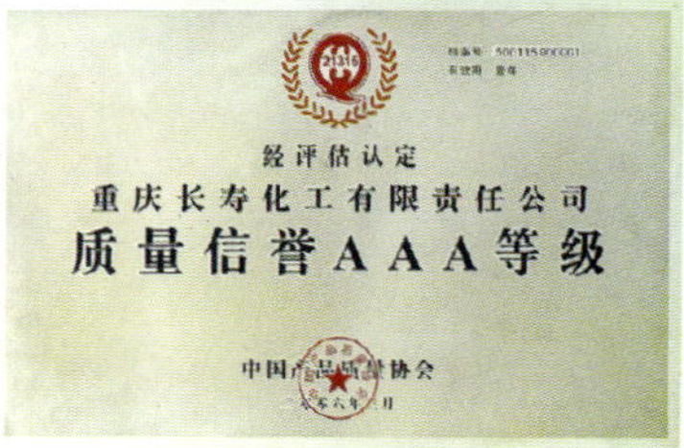

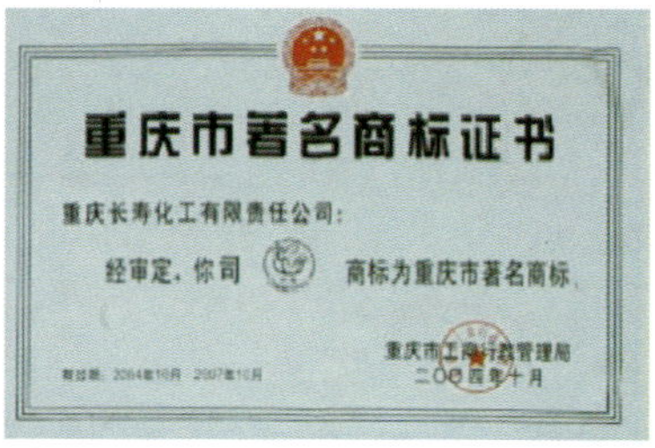

中国石油

改革奋进中的中国石油西南油气田公司重庆气矿

位于两江（长江、嘉陵江）交汇之处的中国石油西南油气田公司重庆气矿，是四川盆地东部地区天然气集输、营销等一体化企业，生产区域及集输管网遍及川渝地区24个县（地、市），配套日生产天然气2100万方，担负着整个大西南100余家大中型企业和数百万居民原料、燃料和生活用气供气任务。

地址：重庆市江北区南桥寺龙山路重庆气矿
邮编：400021
电话：023—67311360

"十五"以来，重庆气矿以解放思想为主线，以经济效益为中心，以勘探开发为龙头，以科技进步为动力，不断推进体制、机制和管理创新，生产能力快速发展，经营业绩不断攀升，天然气营销效益显著，科技创新能力明显增强，企业管理更加精细，以党建为核心的基层建设进一步加强，员工福利待遇有了新的改善，取得了丰硕的成果，实现了跨越式发展。2006年12月，重庆气矿油气当量突破600万吨，强力助推了四川油气田12月3日跨入千万吨级大油气田行列，终于实现了几代石油人的光辉梦想。几年来，气矿先后荣获国资委授予的"中央企业先进集体"、中国质量万里行"全国先进单位"、四川省"企业文化建设优秀企业"、重庆市"百佳文明单位"等荣誉称号。先后涌现了"全国技术能手"、"全国五一劳动奖状"获得者等一大批杰出人才。重庆气矿积极践行"奉献能源，创造和谐"的企业宗旨，三个文明得到了协调发展，为西南油气田公司建设中国一流的天然气工业基地贡献了中坚力量，为地方经济的繁荣与发展创造了新的业绩！

奋进中的

重庆鸽牌电线电缆有限公司

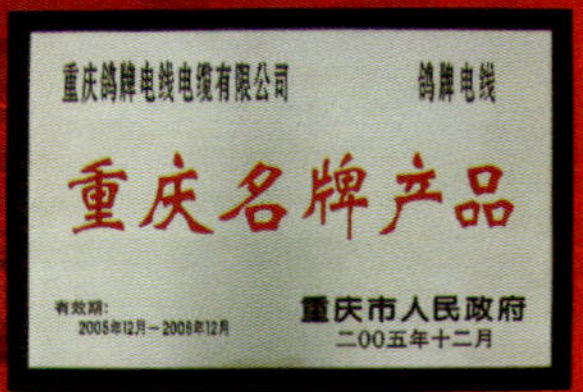

重庆鸽牌电线电缆有限公司是隶属重庆机电控股（集团）公司的国有控股企业，诞生于2001年3月26日，所属有线缆厂、铜材厂、电瓷厂、机械加工厂鸽牌电工材料有限公司、鸽牌电瓷有限公司，是全国电线电缆行业的骨干企业，全国五大型材生产基地之一，中国西南地区最大的电线制造基地和最大的铜型材加工基地。

鸽牌公司前身是具有60年电线电缆生产历史、曾经的大庆式企业重庆电线电缆有限责任公司（原重庆电线总厂、重庆电缆厂），创业之初，无固定资产，负债700余万元，生产要素悉尽租赁。依靠供应商提前投入的材料资金和经销商的预付货款，开始了创业之路。通过六年来的奋斗，鸽牌公司逐步改变了租赁生产要素经营的模式，继2004年在长寿建成鸽牌电工材料有限公司后，又于2005年1月在重庆空港工业园区投资1.2亿元建设鸽牌空港生产基地，2006年6月27日正式开工投产。2006年完成了对重庆电瓷厂的重组整合，成立鸽牌电瓷有限公司，并将在长寿晏家工业园区投资1亿元建设鸽牌电瓷产品生产基地，使国有资产做到最大的保值增值。经济规模平均以每年82%的速度保持高速增长，产销额由2001年的6052万元，上升到2006年的12亿元。2010年产销额将突破20亿元大关。已形成了电线、电缆、无氧铜杆、电工圆铜线、铜型材、铜及铜合金管棒、高压电瓷为主的多元化产品市场，布电线和电工用铜型材产品的产销量均列全国前三位。鸽牌电线抢占了重庆家装电线市场90%以上的份额，成为中国西南地区的知名品牌。

如今的鸽牌收获了的不仅有利益与效益，还有荣誉与信誉。鸽牌公司先后被评为"中国机械工业500强"、"中国管理100强"、"重庆工业企业50强"、"重庆市文明单位标兵"、"重庆市企业100强"、重庆市66户重点增长型企业、"重庆市先进基层党组织"、"重庆市最佳诚信文明单位"、"消费者最满意企业"、"重庆市守合同重信用单位"及"全国机械工业质量效益型企业"等。"鸽牌"已成为"重庆名牌"、"重庆市著名商标"。鸽牌线缆产品荣获国家免检产品资质。

"鸽牌速度"的成功激励着今天的鸽牌加倍快步的迈进。空港新基地全部采用全国最先进的技术设备，加之配套的技术改造，投产后生产规模将更上一个新台阶：双层色、尼龙护套、低烟无卤等品种家装电线可同时产出，年产量达20万公里，产值4亿元/年，较技改前增长117%；橡套、架空绝缘、控制、预分支等高、中、低压特种电缆的生产能力更加完善，可使电缆产品产值达到10亿/年，较技改前增长733%；铜型材年产量将增为1万吨，产值6亿/年，较技改前增长270%。鸽牌电瓷产品生产基地在建成后，生产各类电瓷产品的能力将达到10000吨/年，年产值预计超过1亿元，成为西南最大的电瓷产品生产基地。

鸽牌公司将以诚信、向上的核心价值观为坐标，以服务千家万户，铸就中国名牌为宗旨，以第二次创业为动力，在新的征程中，实现新的腾飞，再造一个新的鸽牌！

地址：重庆渝北区空港大道998号 邮编：401120 电话：023-67166111 传真：023-67169111 网址：http://www.cq-cable.com

重庆金凤丝绸(集团)有限公司

重庆金凤丝绸集团董事长、总裁、法人代表刘学芳

以人为本、科学管理、遵章守纪、创建和谐

重庆金凤丝绸(集团)有限公司创建于1998年，总部位于永川市经济技术开发区，紧邻成渝高速公路、成渝铁路，地理位置优越。建企以来，在集团高层领导的正确决策和全体员工的不懈努力下，集团从一个不足300名员工的小丝厂成长为重庆市最大的集贸工农一体化，产供销一条龙，跨地区、跨省市、跨国度的集团企业，其缫丝规模居全国之首。

集团由一个母公司八个子公司、三大原料基地组成。现有缫丝25600绪、织机240台，优质蚕桑基地50000亩，员工3000余人，其中科技人才580余人。年产1800吨桑蚕丝、360万米绸，20万床蚕丝被及“山凤”牌床上用品、24万套件真丝服装系列、真丝领带系列、真丝丝巾系列等产品，实现产值上亿元、出口创汇上千万美元的生产能力。集团拥有自主知识产权的行业优势品牌——“凤宇牌”白厂丝、双宫丝、双绉绸荣获中国驰名品牌、重庆名牌产品称号，产品畅销印度、东南亚、欧洲、等国家。

重庆市委书记、市人大常委会主任汪洋（左一）视察我公司

集团的发展成绩也得到了国家相关部门的肯定，先后被国家、重庆市评为农业综合重点龙头企业，“全国产品加工企业技术创新机构”、“全国诚信守法乡镇企业”、“全国农产品加工示范企业”，“全国新农村建设百强示范企业”、“中国缫丝加工业10强企业”和重庆“民营企业五十强”，“重庆银行系统信贷诚信单位”等荣誉称号。

国际品质　门业经典

天美木业制造国际集团（香港）有限公司是一家国际性大型综合性企业，下属原材料制造加工、家具制造、工业木制品制造等多家子公司，旗下拥有天美门、开开门等知名品牌，拥有世界先进的生产设备以及一大批高素质的管理人才和设计人才，其制造工厂和销售渠道遍布海内外。

重庆天美门业获得天美木业制造国际集团（香港）有限公司的授权，负责在中国大陆的生产和销售等事务。天美门业集门业研究、开发、制造、销售为一体，其主力产品包括实木门、模压门、工艺门、玻璃门等，在市场上享有良好的信誉，经过多年专业生产、销售，在国内拥有了广泛的销售网络。

重庆天美门业获得天美木业制造国际集团（香港）有限公司的授权，标志着其在国际化道路上迈出了重要一步；公司拥有一支由资深设计师与高级工程师组成高水准的研发队伍，确保产品的一流国际品质。

天美门业一直奉行“精心铸造品牌，致力诚信服务”的创业宗旨，坚持“以精良品质求生存，以一流服务树信誉，以优质产品占市场”的国际化发展理念，愿与大家一起开启快乐生活，共创美好人生。

天美門業
TIANMEI DOOR INDUSTRY

天美木业制造国际集团(香港)有限公司授权
TIAN MEI CARPENTRY MANUFACTURING INTERNATIONAL GROUP（HONG KONG）CO，LTD AUTHORIZED

制造商:中国重庆天美意木业有限公司　地址:重庆沙坪坝区高滩岩正街185号　加盟热线:13002320382　电话:023/65205029
传真:023/65221164　服务热线：023/66682993　网址:www.HKtmmy.com

从发展到辉煌

——重庆红蝶公司

红星的昨天是零，今天是动力，属于明天的只有努力。

青岛红星化工集团有限责任公司
董事长、党委书记

重庆大足红蝶锶业有限公司
地址;重庆市大足县龙水镇下河坝29号
电话：（023） 43624218
传真：（023） 64389096
邮编：402368
网址：http://dz.only.cq.cn

重庆铜梁红蝶锶业有限公司
地址：重庆市铜梁县安居镇油房街214号
电话：（023） 45855073
传真：（023） 45855836
邮编：402564
网址：http://www.hxfz.com.cn

重庆红蝶公司（重庆大足红蝶锶业有限公司与重庆铜梁红蝶锶业有限公司的合称）是青岛红星化工集团在重庆创办的碳酸锶生产企业。公司总投资2.28亿元，固定资产原值达2亿元，占地480余亩，现有在册职工1160余人。

公司以天青石为主要原料，生产销售碳酸锶及硫磺、海波等副产品。主要产品碳酸锶用于彩色电视机玻壳、磁性材料及光学玻璃制造。生产规模从年产2万吨增加到现在的13万吨，一年一个台阶，实现了中国第一、亚洲第一、世界一流的三步历史性跨越。产品销售占国内市场的70%以上，占国际市场的30%以上，主要经济指标每年呈两位数增长，增幅在国内同行业中遥遥领先。

公司创办后，先后受到重庆市和两县政府的表彰。铜梁红蝶公司1998年、1999年，大足红蝶公司2000年、2001年、2002年、2003年连续四年均被重庆市评为工业企业50强；从1998年开始，公司连续5年被重庆市评为“质量效益型企业”、“重合同、守信用企业”；2000年、2001年大足红蝶公司和铜梁红蝶公司先后被重庆市委、重庆市人民政府正式命名为“文明单位”；2001年公司又被重庆市评为“十佳外商投资企业”；公司推行的《强化企业竞争力的比较优势管理》获第八届现代企业管理创新成果二等奖，重庆市第九届现代企业管理创新成果一等奖。

目前公司是重庆市走东西结合、优势互补之路，实施比较优势战略最为成功的典范企业。公司内部管理逐步规范、更加合理；用工机制、激励机制更加完善；成本管理、资金管理更加合理；信息化水平逐渐提高。公司按ISO9001：2000，ISO14001：2004标准要求建立了管理体系，由于管理体系的实施和有效运行，规范了内部管理职责及工作程序，2003年2月和3月，公司顺利通过中环联合（北京）认证有限责任公司质量和环境管理体系认证，2006年9月又顺利通过了第二次监督审核。

企业要发展，要具有旺盛的生命力，必须要有新产品来替代，要以新的经济增长点来支撑。公司在开发新产品时，充分依托行业优势，从延伸锶盐产业链上下功夫，2003年初相继开发了硝酸锶、氯化锶、金属锶三个产品，新产品投入市场后，收到了较好的效果，先后与日本的炸药公司、NEG公司和国内的重庆华南、浙江天台等8家企业签订了供货合同。2005年硝酸锶销售收入达2210万元，形成了公司新的经济增长点。重庆红蝶公司以规模优势不断规范内部管理，资源得到充分合理的使用，并创造了一流的工业经济质量效益，企业的知名度、信誉度较大提高，综合竞争力迅速提升，在今后的工作中，公司将继续保持综合竞争力优势，提高工艺技术水平，加快新产品的开发步伐，努力打造百年红星企业。

重庆市委书记、市人大常委会主任汪洋（右二），市委常委、常务副市长黄奇帆（右一）视察重庆红蝶公司。

重庆市万州区资产经营公司
重庆市万州区国有资产担保有限公司

董事长 刘建远

总经理 刘 伟

重庆市万州区资产经营公司和国有资产担保有限公司是经万州区人民政府批准设立的国有独资公司，分别组建于1994年和2001年，注册资本金为人民币5亿元和3亿元，是万州区着力打造的政府投融资平台之一。公司实行董事会领导下的总经理负责制和“两块牌子一套班子”管理体制。

资产经营公司主要经营区内从事商品生产、贸易外经、农业和其他相关产业的国有独资及国有控股、参股企业的国有产（股）权，对包括国有土地资产在内的其它国有经营性资产进行资产经营和资本运作，从事授权投资融资业务。截至2006年末争取到国家开发银行重庆市分行政府信用贷款10.6亿元，支持了万州长江南北岸库岸综合整治、工业园区建设和城市道路改造等5个大型基础设施项目建设，拉开了城市格局，促进了万州二、三期移民工作顺利完成。

担保公司主要经营政府信用贷款担保，骨干国有企业、民营企业（包括招商引资企业）的生产经营、技术改造、新产品开发贷款担保，经批准的其他类型担保。6年累计担保近22亿元，2006年末在保余额7亿余元，支持了重庆太白酒厂、浙江（万州）科华水泥等50来户企业扩大了生产经营，促进了税收和就业增长，被誉为“企业融资纽带，银行放贷桥梁”。

万州区资产经营公司政府信用贷款项目投资完成图（截止2006年末）

	总投资	完成投资额	贷款使用额（亿元）
陈家坝	2.114	1.9	1
北岸综合治理	10.444	8.45	5.1
高塘路	3.2623	1.9	1.4
盐气化	2.4899	2.05	1.2
城市道路改造	1.8107	1.8	0.9

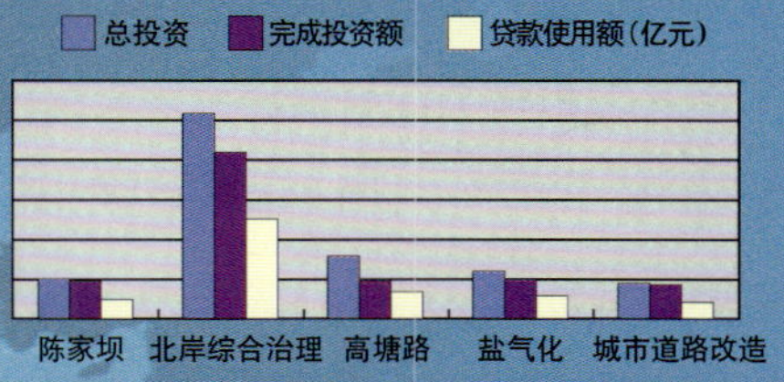

	当年担保额	累计担保额	在保余额
2001年	21135.8	21135.8	21135.8
2002年	38810	59945.8	41000
2003年	48947	108892.8	57700
2004年	39620	148512.8	59940
2005年	37005	185517.8	67950
2006年	29596	215113.8	73444

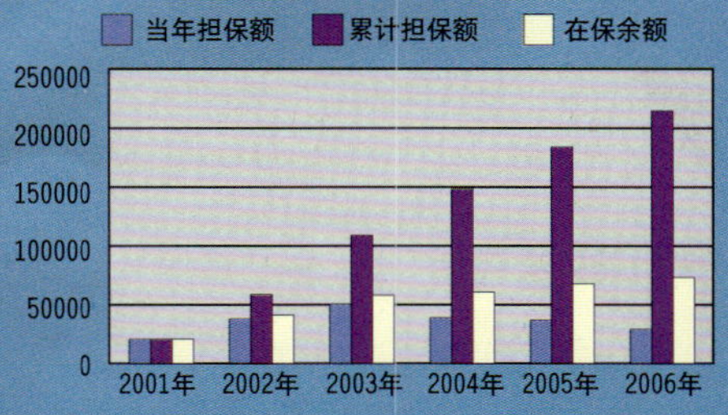

地 址：重庆市万州区白岩路225号附3号 邮政编码：404000 联系电话：023-85762207（传真）
董事长：刘建远 电话:023-85762201 总经理：刘 伟 电话:023-85762202
公司邮箱：zcgs@cqwzzc.sina.net

万里行百货 | WANLIXIN

重庆科能机电技术发展有限公司，是一家以机电产品、商贸、饮食、娱乐业为主的独资私营企业。

公司创立于1990年，创始人冯文玉，历经十余年的发展，已由原来几个人经营管理杨家坪西园商场，发展成为今天拥有一百多人的综合型企业。下辖重庆科力机电技术研究，研究生产能力系列微机控制燃油、燃气中央热水器；九龙古笛美食娱乐城，朝天门万里行品牌鞋城，公司拥有资产近千万。

由于公司坚持以精诚敬业，务实创新，求同存异的企业精神，以热情服务，信守格言的经营理念，赢得了众多客户和消费者对我们的信赖。在经营管理杨家坪西园商场时获得了市、区政府及客户的好评。被九龙坡区政府授予十强企业。1995年被评为重庆市十家消费者信得过企业中唯一的一家私营企业。

企业精神//团结、奋进、拼搏、创新
企业作风//高标准、严要求、讲诚信、重实效
企业目标//企业品牌与人格魅力同塑，社会效益与经济效益
企业理念//将创新意识、质量意识、品牌意识、服务意识贯穿于工作的始终
企业氛围//团结奋进、大树正气、勤勉务实、学习创新、宽容仁爱、大方得体、守章守纪、认真负责、积极负责、积极进取、蓬勃向上
服务准则//顾客至上、信誉第一，让顾客满意，让消费者放心。

万里行鞋城简介

为积极响应市政府提出的“实施名牌战略，振兴重庆经济”的指示精神，于1999年9月22日在朝天门港渝广场正式开业的重庆万里行品牌鞋城，是高档次的重庆品牌鞋业批发市场，经营具有品牌价值的精品，名牌鞋类。该鞋城靠严格的管理，热情的服务，连锁化经营，坚信以品牌占有市场，在朝天门这个被众多消费者视为经营低档货的大市场，率先托起以品牌塑造朝天门这颗商业批发巨星。被政府指定为重庆首家品牌鞋业定点批发市场，力争改变众多消费者对朝天门经营产品的口碑，创下骄人的业绩。

万里行百货有限公司简介

经过6年的发展，万里行鞋城成为重庆鞋业批发的主要市场，公司进入稳定阶段。冯文玉为了不断的发展、壮大公司，跟上市场的发展，在2005年8月，公司由原来的重庆万里行鞋业有限责任公司更名为重庆万里行百货有限公司，正式进军精品百货市场。2005年9月在重庆长寿区开业的第一家精品百货商场，主要经营具有品牌价值的服装、皮具、饰品、化妆品，走的是中高档的路线。公司以严格的管理，热情的服务，连锁化经营，坚信以经典品牌占有市场。字重庆主城区商业圈饱和的情况下，公司以“农村包围城市”的市场策略为指导，以长寿区商场为典范，在重庆周边中等城镇建立起公司的商场策略。在接下来的几年内，公司还要在更多的地区，建立百货商场分店，在重庆乃至全国打响我们公司精品百货商场的品牌。

夢享生活
www.weland.com.cn
Weland玮蘭®
免费服务热线 800 807 0018
亲历直辖，十年携手，玮兰与您共筑梦想之都
红星美凯龙：023-67398790/得意中心店：023-68615249/得意五店IF：023-68888747，023-68605277/凯恩广场店：023-62412096/新概念店：023-65400401/沙龙店：023-61787045/石桥铺新亚店：023-68639589/九龙店：023-61581112/上海一百店：023-63742584/南农店：023-62603604/铠恩C店：023-62410030/铠恩A店：023-62410158/金观音一店：023-67871763/金观音二店：023-67871607/渝北店：023-66805675/宇豪店：023-67905054/东冠店：023-67803477/渝航店：023-67159743/东方家园一楼店：023-86075163/云泉店：023-68209710/中铁店：023-61385920/涪陵兴华店：023-72767383/合川美博店：023-42842688/合川北部店：023-42732709

重慶大學藝術學院

Art College of Chongqing University

- 重庆大学是教育部直属的全国著名综合性重点大学。
- 国家“211 工程”首批重点建设大学和国家“985 工程”重点建设的高水平大学。
- 拥有 78 年悠久的办学历史，设有研究生院，82 个本科专业涵盖了理、工、文、法、经管、艺术、教育等学科门类。校园占地 5600 余亩，环境优美、设施完善、人文氛围浓郁。

重庆大学美术类专业设在艺术学院（原‘人文艺术学院’，于 2007 年 1 月调整为‘艺术学院’）。学院现有研究生、本科生 1100 余名，我院拥有与我校计算机学院共建的“中国传统视觉艺术与数字图象处理”博士专业方向，以及艺术学（含舞蹈、音乐方向）、美术学两个硕士学位授权点和风景园林、工业设计两个专业硕士授权点。学院设有艺术设计（含环境艺术设计、视觉传达设计、雕塑三个专业方向）、绘画（含国画、油画两个专业方向）、工业设计、动画、舞蹈学等 5 个本科专业。学院师资力量雄厚，拥有国内知名的教授学者多人，现有教职工 68 名，其中近 40% 具有教授、副教授职称，硕士生导师 15 名。

重庆大学立足于培养厚基础、宽口径、强能力的复合型人才，凭借综合性大学的办学优势和高平台、高定位，为艺术类学生搭建了艺术和文理科知识交差融合的平台，学有余力的学生均可以辅修或攻读第二专业。每年有近 15% 左右的优秀毕业生通过校内推免及与国内重点高校互换的形式成为免试研究生。另有 15% 左右的毕业生考取我校和其它重点高校的研究生。目前我院的毕业生主要就业于各省市规划设计院、各级政府部门、高等院校以及景观设计、房地产开发、广告、室内外装饰、影视制作等公司，大型企业新产品研发中心等。近年来，毕业生一次性就业率一直保持在 95% 以上。

面向未来，艺术学院肩负“繁荣我国文化教育事业”重任，坚持“扎根重庆、立足西南”的办学思路，为实现“国内一流、国际知名、特色鲜明的研究型的艺术学院”办学目标而不懈努力。

联系电话：（023）65106165

电子邮箱：yssjx@cqu.edu.cn

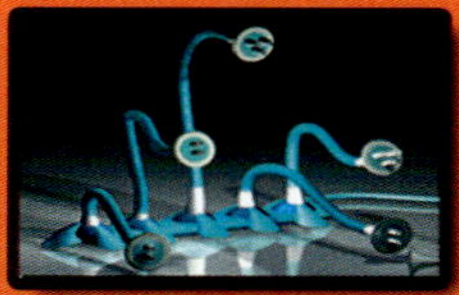

重庆工程职业技术学院

重庆工程职业技术学院是经重庆市政府和教育部批准，独立设置的全日制普通高等职业技术学院。学院的前身是创建于1951年的原煤炭工业部所属重庆煤炭工业学校，2001年升格为重庆工程职业技术学院。五十五年来，学院培养了5万多名高、中级专业技术人才，分布在全国20多个省市，绝大多数毕业生已成为企事业单位和党政军各界的技术中坚和管理骨干。学院为能源工业建设、地方经济建设和高职教育的发展作出了突出贡献。学院现有资源与勘测工程、机电工程、建筑工程与艺术设计、经济管理、计算机、基础教学部、成教学院等7个系（部）和二级学院，有专兼职教师380人，专职教师中副教授及以上职称91人，双师型教师105人，在校学生6100人，毕业生就业安置率达到98%以上。

学院拥有院内实习实训场所57个，校外实训基地49个，两个国家级实训基地，是教育部、建设部批准的“建设行业紧缺人才培养基地”，“重庆市摩托车装配及维修技能培训基地”以及“重庆市高校采矿工程类大学生职业技能鉴定基地”。学院是全国计算机信息高新技术考试站、软件考试站、微软认证考试中心、网络管理师认证考试中心。学院设有国家职业技能鉴定所，对33个工种（职业）进行技术等级鉴定。

学院是全国优秀高职高专院校，教学设施完善，教学设备先进，校园环境优美，绿树成荫，书香浸润，传统与现代交融，是读书学习的理想之地。

重庆城市管理职业学院
Chongqing City Management College

民政部部长李学举（左二）、重庆市委常委、时任副市长陈光国（右一）等领导视察学院

重庆城市管理职业学院是由重庆市人民政府主办、国家民政部与重庆市人民政府共建、重庆市教委直属的一所专科层次的全日制公办普通高等学校，是高职高专人才培养工作水平评估优秀院校、全国职业教育先进单位、国家技能型紧缺人才培养院校、重庆市普通高校毕业生就业工作先进集体，是西部地区培养城市管理和社会工作服务型高技能专门人才的主要基地。学校始建于1984年，原为国家民政部创办的民政部重庆民政学校，2001年3月升格为重庆社会工作职业学院，2006年3月更名为重庆城市管理职业学院。

学院现有建筑面积7.8万平方米，并在重庆大学城征地450亩筹建新校区。学院教学仪器设备总值1600多万元，拥有校内实践教学基地（中心）10个，下设49个实验实训室，校外实训基地56处，并承建由中央财政支持的现代物流实训中心、计算机网络技术实训中心、电子产品制造技术实训基地。图书馆藏书37万余册，报刊660余种。学院成立有国家职业技能鉴定所，可对37个职业（工种）进行技术等级鉴定。

学院设有民政学院、工商管理系、电子信息工程系、文化产业管理系、工程管理系、基础教学部、继续教育学院等7个教学部门，开设33个专业，在校生5000余人。计算机信息管理、软件技术、计算机控制技术是国家技能型紧缺人才培养项目专业，计算机网络技术是国家技能型紧缺人才培养项目专业和重庆市教改试点专业，社区康复是重庆市教改示范专业，商务管理是中澳职教项目成果推广专业和重庆市教改试点专业，物业管理、社会工作是重庆市教改试点专业，物流管理是中央财政支持实训基地建设项目专业。《计算机网络基础》课程为国家级精品课程。

学院现有专兼职教师近300人，其中教授、研究员8人，副教授及其他副高职称93人，博士、硕士（含在读）92人，专业带头人20人，重庆市中青年骨干教师2人，“双师素质”教师93人，正高职称人数居重庆市高职学院首位。教师科研成果丰硕。

学院高度重视毕业生就业工作，与沿海及内地发达地区的相关行业和企事业单位建立了广泛的毕业生就业网络，为毕业生提供了充足的就业岗位。学院毕业生因基础扎实、思想素质好、实践技能强，受到用人单位的青睐，不少毕业生已成了单位的生产、管理骨干。

学院加强国际交流，同美国、澳大利亚、挪威等国家和香港地区的院校开展合作办学，为师生提供学习和交流机会。

学院积极服务社会，开发应用软件系统7项，为西部省区和重庆区县培训民政干部、社区管理师等上万人次。

目前，学院正按照“加快发展，提高质量，办出特色，创出品牌”的工作思路，紧扣“城市”和“职业”这四个字做文章，面向社会工作行业、现代服务业、IT产业，为地方经济和社会发展服务，努力打造特色鲜明、国内知名的示范性高等职业院校。

学院与美国韦德纳大学签订合作协议

校企合作洽谈会

网络实践教学

中央民族乐团到学院专场演出

用人单位提前预订学院2008届毕业生

学院地址：重庆市巴南区走马梁景竹三村1号
邮政编码：400055
咨询电话：(023)62551323 89025856（院办）
(023)62558888 89025555（招办）
传　　真：62553895
学院网址：Http://www.cswu.cn

重庆市区（市）县医院明珠——

垫江县人民医院

医院一角

垫江县人民医院地处重庆三峡库区经济走廊，是一所专业设置齐全、功能完善的国家二级综合性医院，是全县医疗、教学、科研、预防保健中心，是重庆市（区）县交通事故快速抢救绿色救助定点医院、市总工会工会会员优惠服务单位、县产科急救中心和城镇职工基本医疗保险、新型农村合作医疗、各类商业医疗保险定点医院。

医院编制病床350张，实际开放病床450张，设置28个临床医技科室，辖澄溪、黄沙、永平、白家等分院四所。现有员工500余人，中高级职称170人，其中研究生5人，担任市、县级学术职务18人。拥有陀螺γ刀、美国GE磁共振、GE9800血管数字减影仪（中型C臂）、西门子螺旋CT、直接数字化放射成像系统（DR）、数字胃肠机、钴60放疗机等价值5500多万元的先进医疗设备。先后成功开展了联体婴儿分离术、肾移植术、颅内肿瘤摘除术、肺叶（肝叶）切除、肾上腺术、全膀胱切除乙状结肠膀胱原位术、颈椎多节段损伤前后路融合术、带血管蒂皮瓣转移术、经皮椎体成形术、全髋（膝）置换术、子宫癌根治术、白内障超声乳化复明术、腔镜微创诊断治疗、放射介入支架植入、腔内成形引流与、人工心脏起搏安置术等特色诊治项目。病区设有中心供氧、传呼对讲、医用电梯、空调、光纤电视、热水器、候诊椅、便民灶等，就医环境优美、方便、快捷。

重庆市直辖十年来，医院秉承“以人为本、病员至上”的服务理念，坚持“一切以病人为中心，一切以质量为核心”的办院宗旨，为垫江经济社会发展和保障人民群众健康作出了巨大贡献，取得了令人瞩目的成就。1997年－2006年，医院占地面积增加1.1万平方米，业务用房增加0.82万平方米；编制病床增加97张，新增临床医技科室12个；门诊诊疗人次增长2.9倍，出院人次增长2.6倍，医疗业务总收入增长2.8倍，万元以上医疗设备214台件，增加固定资产增长6.4倍，职工住房增加1.8万平方米；先后荣获了全国红十字先进集体、全国模范职工之家、重庆市先进基层党组织、市最佳文明单位、市职工职业道德十佳单位等荣誉称号，连续十年获行风评议优良单位和“群众放心（满意）医院”，2004年通过了ISO9001：2000质量管理认证。

目前，全院上下乘着新一轮卫生体制改革的春风，抢抓发展机遇，认真实践“三个代表”重要思想，团结民主、求真务实、勤俭高效、创新发展，内强素质，外塑形象，正朝着创建全国文明单位、市级和谐医院和达到三级医院规模的目标而努力奋斗。

院长：马明炎
电话：023－74696113　传真：023－85653499
地址：垫江县桂溪镇北外街89号
网址：www.cqdjyy.com

医院行政大楼

重庆华伦医疗器械有限公司

HuaLun

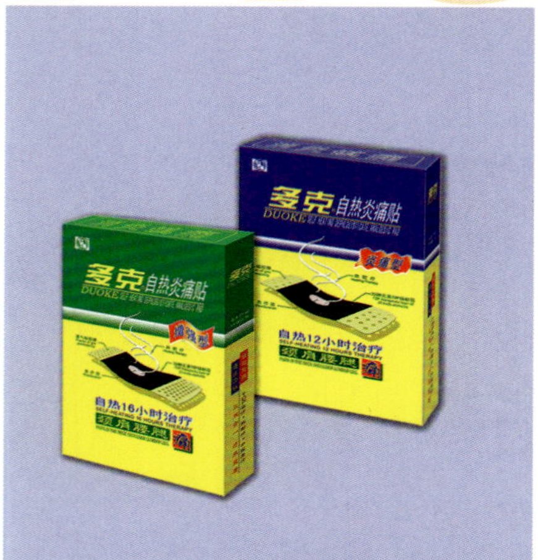

多克自热炎痛贴

重庆华伦医疗器械有限公司创建于1993年，是一家集科、工、贸为一体的中港合资企业。主要致力于医疗设备、机电、仪表、生物技术产品的研发、生产、销售、服务，是政府认定的“高新技术企业”。

公司成立以来，先后研制成功了自热式柔性TDP灸疗贴（多克自热炎痛贴）、华伦药灸、特定电磁波（TDP）治疗器、高频医用诊断X射线机、消毒液等系列产品，推向市场后，获得了极佳的口碑。TDP治疗器于1994年在中国第三届医疗保健品博览会上获得金奖；同年4月，在美国举行的首届世界传统医学优秀成果大奖赛上获得“最高功勋金奖”；1996年获中国专利十年成就展金奖。1997年，被推荐为“中国优质名牌产品”。多克自热炎痛贴于2004年在全球华人医学大会被授予“中华领先科技保健精品奖”，2006年公司高频医用诊断X射线机被命名为“国家重点新产品”。公司产品获得用户的广泛赞誉，销售网络已覆盖全国，并销往美国、加拿大、英国、德国、瑞士、港澳台等30多个国家和地区。

公司先后被评为“3.15质量无投诉，服务无投诉诚信企业”、“质量信誉双满意单位”。

2004年公司通过了ISO9001：2000，ISO13485：2003国际质量体系认证，部分产品通过了CMD认证、欧洲CE认证、韩国KFDA认证。

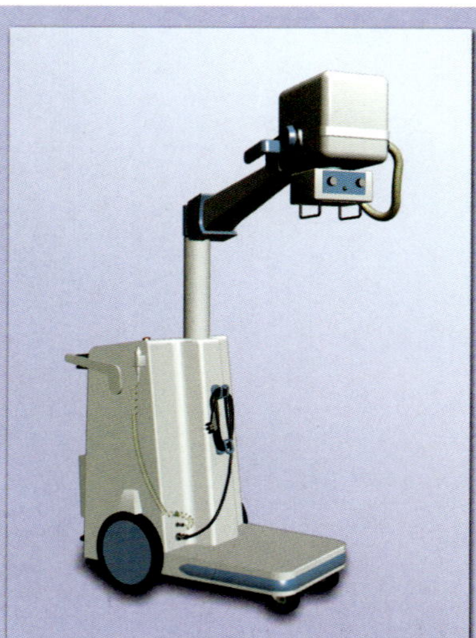

移动式高频X线机

全国第三届医疗保健品博览会金奖

美国世界传统医学博览会金奖

中国专利十年成就展金奖

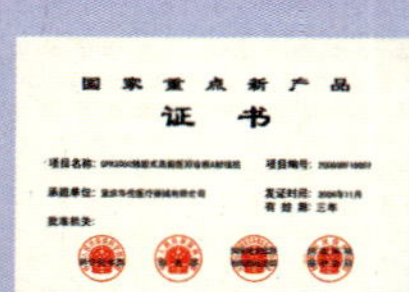

特定电磁波（TDP）治疗器

重庆市西南机动车驾驶员培训中心

▲重庆市交委副主任梁培军（左）一行到培训中心视察、指导工作

重庆市西南机动车驾驶员培训中心（以下简称西南培训中心），成立于2002年10月，属民办非企业性质的教育机构，纳入职业教育范畴进行管理，实行自主经营、自负盈亏、自我发展和按章纳税的经营机制。遵循以就业为导向的改革发展思路和“便民利民、服务群众”的办学宗旨，倡导“博学、崇尚、诚信、关爱”的办学宗旨，根据实际工作需要和精干、效能的原则，培训中心内部设立了办公室、财务科、初学培训科、在职培训科、摩托车驾驶员培训部、永川培训部、证照科、考试科、档案科、指导科等10个科室。为更好地方便群众，在近郊区县设立了江津、合川、长寿、北碚、綦江、万盛、潼南、铜梁、大足、荣昌、璧山等11个教学站，开展对驾驶员的培训教学工作。西南培训中心的成立从根本上解决了“多头培训、多家收费“的社会热点问题，成立四年来的实践证明了市政府的正确决策，成功改革，西南培训中心取得了显著的社会效益和良好的经济效益。

西南培训中心成立四年来，在市委、市政府的关心下，在市运管局、市公安交管局、市公安出管办、市社会劳动保障局、市红十字会等部门的大力支持下，构建了“五为一体、四个统一、三证合一、一条龙服务”的新的驾培模式。培训模式的创新，经营机制的创新，注入了培训中心的活力，全体员工在西南培训中心倡导的“博学、崇尚、诚信、关爱”的办学理念的感召下，坚持“便民利民、服务群众”的办学宗旨，四年来的工作赢得了社会的赞誉和群众的好评。先后于2003年12月被市劳动和社会保障局评为“重庆市2003年度职工培训鉴定工作先进单位”；2004年7月被中国职业教育和职业培训协会评为“全国民办职业培训机构先进单位”；2004年12月被国家民政部评为“全国先进民间组织”；2004年12月被市劳动和社会保障局评为“重庆市2004年度技能人才开发工作先进单位”；2006年1月被市总工会评为“重庆市教科文卫体系统先进工会组织”；2006年1月被国家民政部评为“全国民办非企业单位自律与诚信建设先进单位”；2006年4月被中共重庆市交通委员会、市交通委员会评为“重庆市交通系统文明单位”；2006年7月被中国教育研究会评为“全国红十字卫生救护工作先进集体”等九项殊荣。得到政府肯定和社会公认，体现出培训中心较强的社会公信力。

▲计算机考场

西南培训中心在驾培工作实践中探索了新的路子，创立了新的机制，取得了一些成绩，但驾培工作任重道远，我们一定在市委、市政府的坚强领导下，在驾培工作实践中与时俱进、真抓实干、努力探索、再创佳绩，谱写新篇章。

CHONGQINGSHI XINANJIDONGCHE JIASHIYUAN PEIXUNZHONGXIN

重庆市油脂公司

腾飞中的重庆粮食行业

直辖10年，是重庆粮食行业实现跨越式发展的10年。10年来，我们以深化粮食流通体制改革为主线，以振兴全市粮食经济为目标，各项工作取得引人瞩目的成就：一是建立粮食行政管理新体制。实现粮食行政管理职能的转变，加强和改进对粮食的宏观调控，建立和完善粮食监督检查体系。二是推进国有粮食企业改革发展。积极稳妥解决“三老”问题，实施“两头延伸”发展战略，全面推行“四代一换”，组建发展重庆粮油集团，推进“放心粮油”民心工程。三是实现粮食经济增长方式的转变。加快粮食基础设施建设，构建现代粮食物流体系，加大开发力度，振兴粮油工业，跳出粮食抓发展，寻求新的增长点。按照胡锦涛总书记为重庆发展明确的“三大定位、一大目标、四大任务”要求，新时期重庆市粮食局提出三大举措：加快“百市千店”建设，率先建成长江上游最大、西部地区最先进的现代粮食流通网络；加快基础设施建设，把重庆主城区建成西部地区最大的现代粮食物流中心；加快粮食企业发展，打造长江上游的米面油三大龙头企业。

重庆市委书记、市人大常委会主任汪洋（前排右二），市委常委、时任副市长陈光国（前排右三）视察油脂公司

迅猛发展的重庆市油脂公司

重庆市油脂公司凭借红蜻蜓食用油品牌，立足重庆，占领西南，挺进西北，走向华东市场，成为全国最大的国有专营油脂企业。目前江苏盐城红蜻蜓食用油产品即将上市，九龙坡铜罐驿红蜻蜓食用油生产基地正在抓紧建设，红蜻蜓食用油申报中国名牌工作有序进行。按照重庆市粮食局确定的发展目标定位，以红蜻蜓食用油品牌为龙头，做大做强重庆油脂产业，力争在3-5年内把重庆市油脂公司建设成为长江上游最大的食用油加工基地和销售中心，成为跨省界、跨国界的农业产业化龙头企业。重庆市油脂公司站在了新的发展起点，迎来新的发展时期，即将揭开新的恢宏篇章。

重庆新厂区规划效果图

■地址：重庆市渝中区临江支路九尺坎66号泰安大厦十楼 ■邮编：400011 ■联系电话：023－63703386、63844228
■网址：www.hongqingting.com.cn ■网络实名：红蜻蜓食用油 ■电子邮箱：hqt@hongqingting.com.cn

国家金奖、绿色食品环保之星

重庆紫焰桂花酒厂

ZIYANGUIHUAJIU

桂花酒是中华民族对人类的贡献，酒文化源远流长，早在仰韶文化遗址中，出土了许多形状和甲古文、金文的酒字十分相似的陶罐，这一点就说明了早在距今六千多年以前，中国的酒就已经产生了。几千年来，酒已成为人类的好朋友，人们无论是节日喜庆、苦闷悲伤总是忘不了它。从古代到现代，酒以其特性和文化内涵，与人类生活结下不解之缘，如今已成为一种追求物质与精神享受的特殊消费商品。

在琳琅满目的柜台里、在成百上千种酒类中，有一种酒获得了国家金奖、绿色食品环保之星称号，这就是由全国劳动模范贾紫焰经过多年苦心研制的天然绿色食品--“紫焰”牌桂花酒。

重庆南山每到深秋，金桂怒放，花香扑鼻，贾紫焰就地取材，酿制出中、低度桂花酒，经中国人民保险公司质量保险和IS09001：2000国际质量体系认证，已畅销全国各地，是居家宴请、馈赠亲朋好友的放心酒。

众所周知，适量饮酒可以促进血液循环、消除疲劳、防寒、祛风、解毒保健、怡情、畅意、欢际喜乐、触愁提劲。美国哈佛大学的研究证明：每天饮酒不超过50克，可以减少血低密度蛋白（导致动脉感化的脂蛋白）从而防止脂肪沉积，减少冠心病的发生率和死亡率。饮酒量以每月1.5 公斤效果最好。

“紫焰”桂花酒香气馥郁，味甜醇厚，除了具有上述美酒的功效外，还对人体有独特的营养、美容、药用和提高智力的功效。在传统的中医学里，桂花又称“九里香”花有白者名银桂，黄者名金桂，丛生岩岭间谓之岩桂（俗称为木犀）。明代医药大师在《本草纲目》中记有“辛、温、无毒”“能散冷气、消淤血，故可化痰散淤、治痰饮喘咳除口臭与视觉不明”。当今中医亦常将其入药，用于舒筋和血、止咳化痰、健脾开胃、消除口中异味浊气、散淤止痛、生津提神。

现代医学的研究证明：在桂花花瓣中含有十分丰富的蛋白质、淀粉、脂肪和矿物质，是任何肉类食物所远不及的。紫焰牌桂花酒以精品金桂、银桂为主要原料，加以优质辅料经过5年和10年的老窖浸泡，结合人体保健医学配方酿制而成。经权威部门测定，此桂花酒原料的花粉含有10种人体所需的氨基酸、铁、锌、碘、硒等微量元素以及14种维生素，多种活性蛋白酶、核酸、黄酮类化合物。人们常称氨基酸是“生命的标志”，蛋白质是“生命的基础”，微量元素是“生命的火花”，从生物医学的角度，这些说法毫不夸张。因此，这些物质对人体的神经系统、造血系统、消化系统、内分泌系统和免疫系统以及全身各部的组织、细胞的正常代谢有着不可缺少的保护和促进作用，而这些物质在“紫焰”牌桂花酒中应有尽有，不愧是“酒中之冠”。

重庆重邮信科（集团）股份有限公司

重庆重邮信科（集团）股份有限公司成立于2007年2月（简称“重邮信科”，其前身为成立于2000年10月的重庆重邮信科股份有限公司），是一家集信息技术和产品的研究开发、通信工程的勘察设计、施工建设、监理咨询为一体的高科技企业。

公司下属有重庆重邮信科通信技术有限公司、重庆信科设计有限公司、重庆信科通信工程有限公司、重庆信科通信建设监理咨询有限公司和重庆奔吉通信技术有限公司等五家子公司，以及一家控股公司重庆重邮东电通信技术有限公司。公司现有员工近1000人，其中从事3G研发的人员90%以上都具有研究生及其以上学历。

公司充分利用自身在TD－SCDMA核心技术方面的优势，全力推进以TD-SCDMA手机基带芯片和完整的手机解决方案为核心产品的产业化，同时公司还提供通信领域的工程勘查设计、施工建设和监理咨询等服务，推动重庆信息产业集群的发展，为TD-SCDMA第三代移动通信在中国取得全面胜利并走向世界贡献力量。

企业联系方式：
地址：重庆北部新区高新园星光大道62号海王星科技大厦B区4楼
邮编：401121
电话：023－89131688　　传真：023－89131689
网址：http://www.cqcyit.com

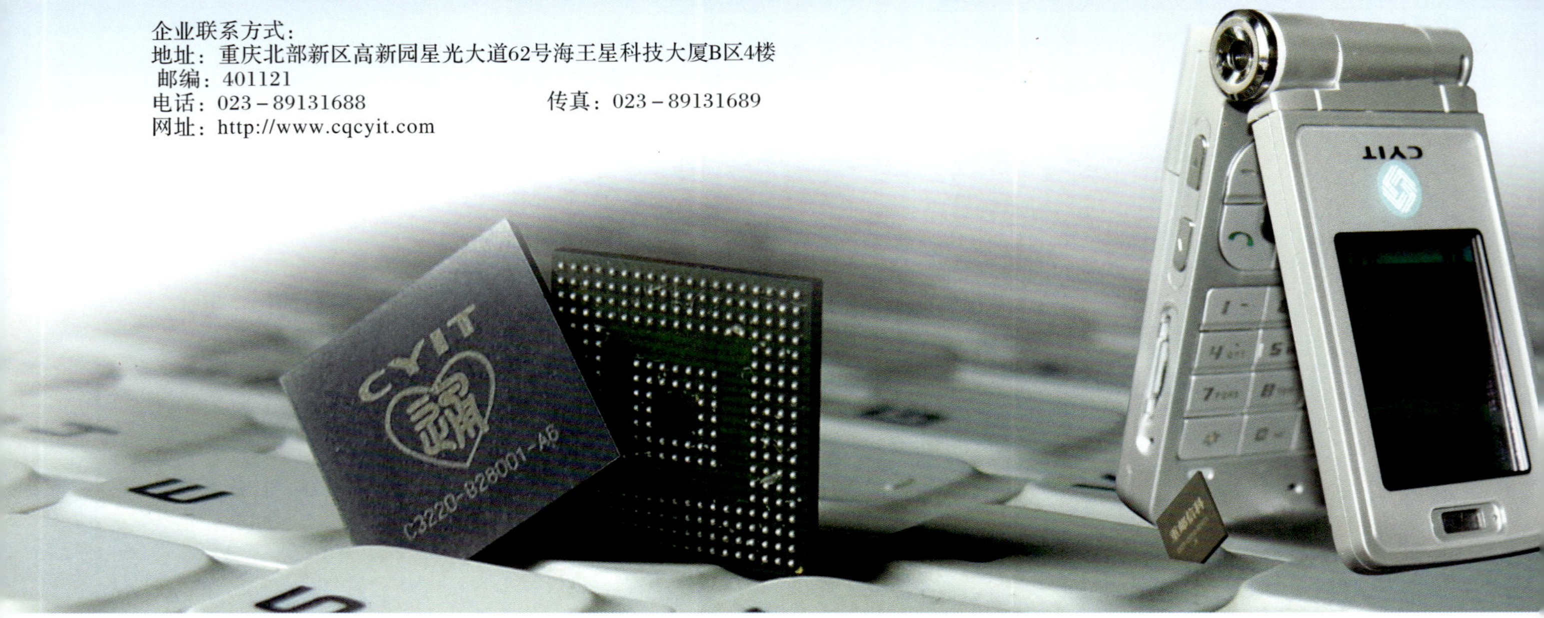

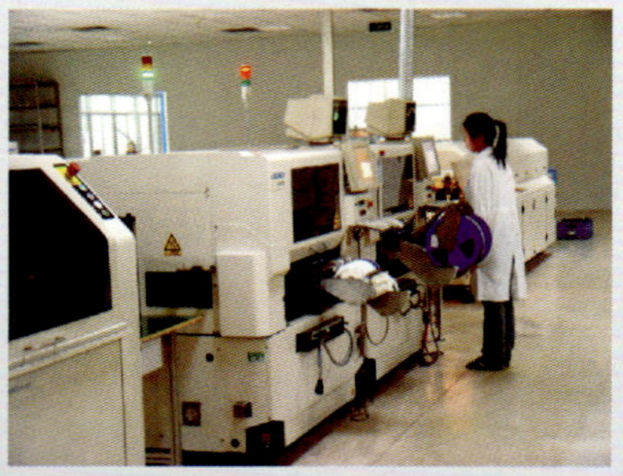

重庆普天通信设备有限公司

座落于重庆高新区二郎科技新城的重庆普天通信设备有限公司（原邮电部重庆通信设备厂，即 515 厂），成立于 1958 年，一直从事通信设备的研发、生产和销售，是国内第一家研制、生产、销售 PCM 数字通信设备和 SDH 同步数字通信设备的企业。

作为信息产业大型骨干企业，重庆普天得到了党和国家的关怀和支持，江泽民、李鹏、吴邦国、温家宝等党和国家领导人曾先后到公司视察工作。

直辖十年，重庆普天立足通信行业的信息产品和服务提供，以“一个基础（制造加工），二个主业（光网络系统、信息终端）为中心，实现三个突破（制造能力、光网络产品和行业应用）”的发展思路为指导，产品广泛涉及固定、移动和互联网通信领域。

重庆普天的电子产品装联制造已成为重庆最大的装联基地之一，光网络系统产品年销售量已达 1 亿元，信息终端生产能力已达每年 50 万台的能力，销售量可达 2 亿元，另外如煤矿安全等的行业应用已在相关行业推广。

蓬勃发展的泰鑫电子公司

法定代表人：牟伦静

重庆泰鑫电子有限公司是经营家用电器、音响器材的私营企业。公司成立于1998年。公司经营地址:重庆市渝中区新华路216路，欧鹏电子商务大厦四楼。公司法定代表人:牟伦静女士（董事长兼总经理）是渝中区15届、16届人大代表。

公司成立至今经营家用电器、音响器材已近10年。代理经营国内外家用电器、音响器材、DVD、冰箱、空调、小家电等产品，其知品牌有：荷兰的飞利浦、德国的密力、国内的长虹、高士、联声、志高、容事达等32个。产品销售网络遍布重庆所辖各县、区、镇、乡市场及四川周边地区。公司经营产品的质量、价格、服务等方面均得到各地区二级代理商及零售商的一致好评。

主城区依靠重百电器、商社电器、国美电器、苏宁电器、新世纪百货、家乐福等超级商场及连锁店，以店中店、专卖店的形式，强力推销公司代理经营的各种品牌，使之在电器市场增大占有份额，增加销售额度。为全面完成制造商的销售计划，公司不断地制定各种通过努力能实现的有效销售策略，从而在多年的经营活动中，保持较好的销售旺势，保证员工在辛勤劳动中有好的收入。

公司现有员工72人，其中，大专文化21人，国企下岗职工29人，管理人员6人，中共党员6人，设立有各种职能管理部门6个，建立了中共重庆泰鑫电子公司支部，各种管理规章制度健全。八年来，公司以市场为主导，持续增强企业盈利能力为基本点，用执着拼搏、永不言败、做百年老店的企业精神教育员工；用同事重于亲朋，制度重于权利，与时竞争、诚信待人、共谋发展的理念，管理企业；用人品优先、能力适度、敬业为本、团结一致的企业人才观，重用选拔人才；用企业文化内涵激励全体员工努力向上。目前，该公司全体员工在董事长牟伦静的带领下，高举创业大旗，为重庆的经济发展，创建和谐社会贡献力量。

公司电话:(023)63731725　传真:63815301

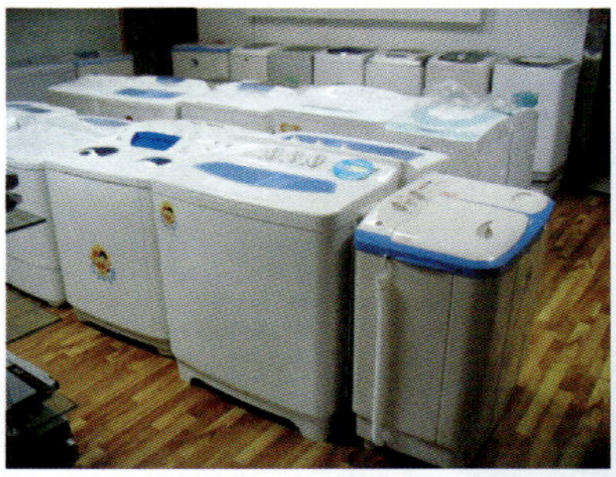

NOVA电通王数码广场
电脑/数码/手机/耗材/维修/售后
☆重庆第一家电子信息产品交易市场资质建设试点单位☆
电通王荣获2006年度晨、晚、商报年终评选重庆电脑卖场奖项：
2006最受消费者好评IT卖场
2006最受城市白领喜爱IT卖场
2006年度新锐卖场奖
最佳服务奖
最具潜力奖
卖场外观
馆外人潮
手机维修
馆内人潮
电竞比赛
★重庆市最大专业手机及维修基地
售前售后我最优！
诺基亚客户服务公司
NOKIA
摩托罗拉全质量服务中心
MOTO
三星Anycall客户服务中心
三星 Anycall
永诚维修服务公司
MOTO 诺基亚 索爱 三星 CECT NEC 首信 夏新 康佳 LG 飞利浦 中兴 海尔 松下 三菱 联想 多普达 国虹 天语 海信 TCL 波导
西维手机维修
MOTO 诺基亚 三星 索爱 飞利浦 LG TCL 海尔 夏新 中兴 CECT 松下 NEC 科健 东信 南方高科 万利达 金立 联想 波导 天时达 天宇 海信 大显 华立 多普达 创维 长虹 振华欧比 首信 康佳 UT斯达康 三菱 各种手机小灵通
联想手机售后服务中心
联想 诺基亚 MOTO 三星 索爱 TCL 南方高科 松下 多普达 夏新 创维 海尔 CECT 迪比特 首信 金立 波导 康佳 科健 唯开 中兴 飞利浦 西门子 LG 长虹
我们的五大服务
移动营业厅
手机 维修
停车
UnionPay 银联
刷卡
营业 9:30–19:00
民生路
万豪酒店
青年路
重庆国贸中心
NOVA电通王
大同路
女人广场
中华路
重庆书城
新世纪百货
402车站
迪康百货
解放碑
解放碑新世纪百货正后方 商场电话:63107088

创业，您需要集中精力，紧盯目标。
借助外脑，用别人的智慧助您成功… …
百脑汇威客网
WWW.178SKY.CN
成功，指日可待！
百脑汇威客网（www.178sky.cn）让您的各种问题和需求迅速解决。
◇做中国最有价值的在线工作、交易平台◇
百脑汇威客网是重庆红石文化传媒有限公司为满足越来越强烈的用户任务交易，以悬赏任务竞标为基本应用而搭建的一个悬赏者、工作者互利的、全实名制的诚信网络工作、交易平台。我们的主要用户群体定位为中小企业者、高级白领，大学在校生、SOHO等各界人士。
百脑汇威客网致力做中国最有价值的在线工作、交易网站，用户之间可以在这里进行最直接的悬赏交易、展示自己的才能和优秀的人际关系。百脑汇威客网是一个新兴的在线工作平台，也是一个智力产品交易与人才能力展示的平台。它可以为您提供各种问题和需求的解决方案，也可以让您找到需要的各种人才。
百脑汇威客网
WWW.178SKY.CN
百脑汇威客网网聚全国优秀创意人才和资源。通过网络的整合优势，让您以低廉的成本利用外脑，在创意设计、营销推广、管理咨询、IT网络、文稿创作、寻找人才甚至是个人需求等方面实现价值最大化。
●地址：重庆市江北区北城天街九号海怡花园14层●咨询热线：023-61880405/13452004681(唐先生)/15823116564(李先生)●客服QQ：335020188●

重庆石船建设开发有限公司

CHONGQINGSHICHUAN

公司成立于1977年，在二十几年工作中，在各级党委政府和市区各职能部门的指导下，经全体职工的共同努力取得了较好的成绩。2003年8月经有关部门批准改制成重庆石船建设开发有限公司，企业资质为二级，并顺利通过ISO9001：2000国家质量体系认证。主要经营：房地产开发、房屋建筑总承包二级、土石方工程专业承包、建筑装饰工程专业承包、混凝土预制件专业承包、城市及道路照明工程专业承包。注册资金2566万元，各类工程机械489万元。职工780人，其中：技术管理人员156人，中级职称88人，高级职称以上的10人，项目经理26人，具有大专文凭以上的85人。

公司自成立以来，以重质量、保安全、守信用、质量安全重于泰山为宗旨，顺利完成了重庆石油职工大楼，沙坪坝常乐木材行库房和住房，渝北区工业园区伴山名都小区住宅工程10万平方米，重庆江陵厂地下乐园2万平方米，职工大楼等近百栋楼房工程，建筑面积达70万平方米，土石方施工700多万立方米，双龙西路大道一级公路及厂区道路共16万平方米，工程质量合格率100%，其中优良工程40%以上，从未发生过任何重大安全事故，多次荣获渝北区守合同重信用单位、重庆市明星企业、诚信守法中小企业、安全生产先进单位、质量管理先进单位，质量信誉双满意单位。我们一直诚信共发展，优质服务保平安，以人为本，科技兴企为理念，以发展第一、安全第一、质量第一、信誉第一的一流管理水平是我们企业的目标和承诺。

SPLENDID HISTORY 1997—2007

辉煌历程
重庆直辖十周年经济发展巡礼

◎特别鸣谢单位◎

中共北碚区委　北碚区人民政府
重庆市北部新区管理委员会
重庆高新技术产业开发区管理委员会
渝北国家农业科技园区管理委员会
宗申产业集团
华夏银行重庆市分行
重庆钢铁集团朵力房地产股份有限公司
龙湖地产集团
重庆南方集团有限公司
重庆联合产权交易所
重庆交通旅游投资集团有限公司
重庆空港工业园区管理委员会
中国石化集团四川维尼纶厂
重庆潍柴发动机厂
西南铝业（集团）有限责任公司
中国核工业建峰化工总厂
中国人民财产保险股份有限公司重庆市分公司
重庆国际信托投资有限公司
重庆德庄实业集团

居高望远，一
中渝·山顶道壹号，北城
名门官邸贵胄

SPLENDID HISTORY

《辉煌历程·重庆直辖十周年经济发展巡礼》

◎外联部工作人员◎

主　任：陆　波

副主任：陈　瑞　陈　祥　张亚英

办公室：王　亚　兰　结　唐　琼

外　联：周　川　王明清　张秀娟

陈　斌　刘勇军　汪太明

张福荣　钟　准　文继惠

彩页设计：陈　刚　王李子　麦　可

印　务：张　琳

重庆科华控股集团

重庆市委书记、市人大常委会主任汪洋（左三）到万州科华调研

重庆科华控股集团是浙江科华集团响应国家西部大开发的号召，在重庆投资设立的浙商企业，是以水泥生产为主，兼商贸投资、资金信用担保、新型建筑材料、塑业包装实业等集科、工、贸为一体的跨省市跨行业发展的国家大型企业集团，拥有资产15亿元。集团拥有重庆科华建材（集团）有限公司、重庆市万州科华水泥有限公司、江西贵溪科华水泥有限公司等成员企业15家，分布在重庆、浙江、江西、四川等省市，年水泥生产能力800万吨。

集团先后荣获全国优秀企业、中国形象三A级企业、省级银行三A级企业、省级重合同守信用企业、安全环保先进企业等殊荣，2007年1月被国家发展和改革委员会、国土资源部、中国人民银行公布为国家重点支持水泥工业结构调整大型企业（集团）。集团所属公司生产的“科华牌”水泥全部荣获国家免检产品称号，广泛应用于国家和地方的重点工程、铁路、公路、桥梁、隧道、水库等主体工程建设。

站在新起点，抢抓新机遇；迎接新挑战，再铸新辉煌。“十一五”时期，不仅是中国改革开放的关键时期，而且也是水泥行业面临发展机遇的大好时期。“十一五”规划进一步明确新型干法工艺具有能耗低、污染少、产品质量好等优势，替代落后工艺已成为水泥行业发展的必然趋势。为加快西部水泥结构调整步伐，“十一五”规划中又提出加大西部新型干法水泥生产线的建设力度，西部水泥市场的需求将得到进一步激发。重庆科华控股集团“十一五”发展规划总体思路是：弘扬创业精神、创新管理理念；实施战略转移、稳健超速发展；严抓长效管理、技改降本增效；坚持质量立本，争创西部名牌。发展方针是：认真贯彻《水泥工业产业发展政策》和《水泥工业发展专项规划》精神，建设节约型环保型水泥企业，坚持以人为本的科学发展观，坚持走新型工业化道路，努力转变增长方式，拓展水泥产业链，实现做强做大和全面、协调、可持续、可循环发展。发展目标是2008年8月在万州建成重庆市最大的日产5000吨新型干法水泥生产线，在重庆市其他区县建设两条日产5000吨新型干法水泥生产线。通过项目扩建、新建、收购、联合、重组等方式，使“科华”在重庆的水泥产能达到1000万吨，全集团达到1200万吨，年销售收入达到35亿元，年创利税力争10亿元。重庆科华控股集团将继续秉承“团结、创新、求实、奉献”的企业精神，以“融科技精华、创一流产品”为己任，充分发挥“科华”在水泥工业结构调整中的带头和示范作用，使重庆水泥行业有序、稳定、健康持续发展，用激情和智慧铸造新的辉煌！

集团总部地址：重庆市南岸区南坪南兴路64号万凯新都会17楼
电话：023-62771033　传真：023-62771011　Http://www.kehuagroup.com　E-mail:cnzjkh@21cn.com

重庆科华建材（集团）有限公司

地址：重庆市綦江县永城镇温泉村　销售热线：023-48485088　传真：023-48485555

重庆市万州科华水泥有限公司

地址：重庆市万州区百安坝街办三洲居委会　销售热线：023-58545555　传真：023-58557866

重庆渝洛房地产发展有限公司

重庆渝洛房地产发展有限公司成立于2002年，民营性质股份企业，三级开发资质。现有职工30多人，其中高级职称8人，中级职称15人。公司主要从事地产项目开发。

为了推动重庆的地产市场，在房地产市场中露头崭角，公司新近完成位于黄泥塝的“中瑞方圆·天人居”2万平方米综合商住楼。达县天府小区国江镇商品住宅楼4万平方米。所开发楼盘以较高的品味、优质的质量以及较低的价位推出，受到普遍的欢迎。

公司发展宗旨：以人为本，诚信待人，品质优先，客户至上。公司欢迎各方朋友在互惠互利的原则上进行项目合作，共同发展。在重庆大足县已获西部机电市场项目的开发，该项目占地200亩以上，是以市场带动小康安居的一个好项目。该项目建筑面积约12万平方米。

Capital Star 重庆京辰房地产顾问有限公司

重庆京辰房地产顾问有限公司是一家专门从事房地产咨询与服务的专业公司。注册资金200万元。经营范围为企业管理咨询，房地产营销策划，房屋中介，房地产信息咨询。核心业务为项目策划营销代理、房地产企业管理咨询、区域房地产管理咨询。公司现有员工21人，大学以上学历占95%，其中，博士6人，硕士7人。

经营理念：低调、务实、商业。低调——低调为人，高调做事;务实——务实操作，务虚造势;商业——商业为公，淡白于己。

顾问誓词：京辰顾问,公司中坚,业界精英，任重道远，开拓市场，投资理财，学习训练,适度超前,建设团队，敬业奉献，忠诚使命，永往直前。

服务优势：产品市场价值的挖掘与实现；高品质的专业支撑确保业主产品的高品值与高增值；以项目为契机,附加管理顾问服务,全面构建高品质服务体系；辅以培训服务，将理论与理念转化为业主的操作力与竞争力。执业业绩：重庆广播电视报合作,策划、创办《地产21》、重庆建工集团房地产开发有限公司管理咨询、重庆市城市建设综合开发管理办公室合作,主持研究《三峡库区房地产业持续发展问题研究》科研课题、重庆渝北区房地产业发展战略研究、香港百圣丰国际集团有限公司重庆江北铁山坪房地产开发项目商业计划书、北京国兴南华房地产开发有限公司重庆江北天原滨江项目前期建筑规划、地块研判与可行性研究、重庆市巴南区一品镇“十一五”经济社会发展实施方案、重庆渝都百货集团有限责任公司“十一五”规划、西湖俪都销售策划与销售代理、财富龙水项目全程策划与营销代理等。

地址：重庆市渝中区新民街3号城市新锐大厦2611室　邮编：400010　电话：63700166　E-mail:capitalstar@126.com

◎中华养生 富侨保健◎

重庆富侨保健服务有限公司

重庆富侨保健服务有限公司是一家以传统的自然疗法、现代预防医学和康复医学相结合，为广大健康、亚健康群体服务的中国足疗保健龙头企业。总部位于重庆市九龙坡区袁家岗兴隆湾五环大厦，公司主要经营足疗保健、泰式保健、亚健康养生保健。

1998年7月，富侨足疗保健创立；2000年1月，富侨公司成立；2002年6月，富侨职业培训学校成立；2006年12月，富侨亚健康养生保健正式开业；2007年1月，富侨亚健康养生研究所成立；2007年2月，企业通过了ISO9001：2000国际质量管理体系认证。

多年来，富侨公司坚持“诚实守信、科学保健、文明服务、顾客至上”的经营理念，走技能专业化、经营规模化道路，以独特的技术求生存、以一流的服务谋发展，赢得了广大消费者和社会的认可，树立了良好的企业形象，打造出了富侨著名品牌，在国内同行业中取得了领先地位。富侨及旗下的子品牌在全国25省市开设了280多家连锁店，员工达22000余名。先后荣获“全国先进单位”、“中国诚信经营企业”、“重庆市企业法人知名字号”、“重庆市著名商标”、“中国保健十大最具潜力品牌”、“中国足疗连锁机构最具影响力品牌”、“中国亚健康产业（足疗保健）消费者满意最具竞争力第一品牌”、“国际优秀养生保健行业明星奖”等20多项荣誉称号。公司郭家荣董事长荣获“国际养生保健事业贡献金奖”，公司总经理胡芝容被国家七个部委评为“全国服务农村青年转移就业先进个人”、被全国妇联评为“全国商业服务业巾帼建功标兵”。

富侨人将以“博爱、奉献、严谨、自律”，以“诚实做人、爱岗敬业、开拓创新、高度社会责任感”来严格要求自己，为人类的健康事业做出应有的贡献。

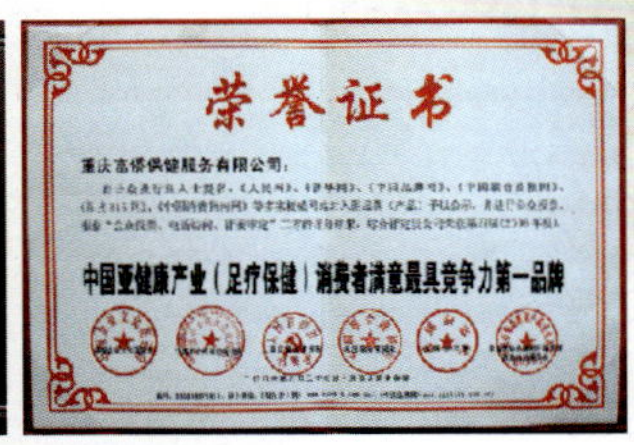

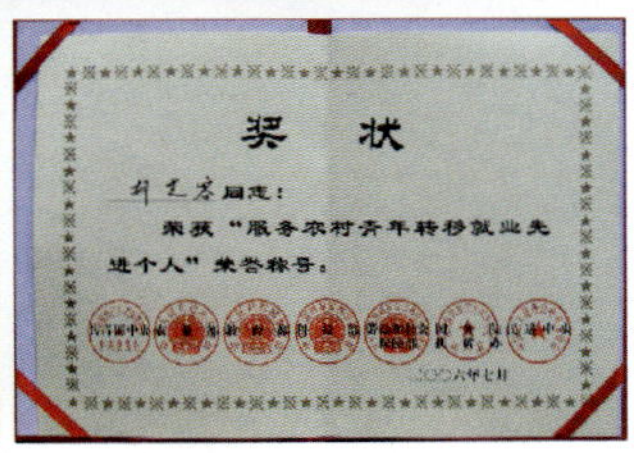

地址：重庆市九龙坡区大公馆五环大厦A座133号1-4F
电话:023-68963193、68823836、68050016（传真）
网址:www.cqfuqiao.com 邮箱:sales@cqfuqiao.com

重庆顺翔聚氨脂鞋底厂

厂长：徐顺祥

该厂生产的部分聚氨脂鞋底

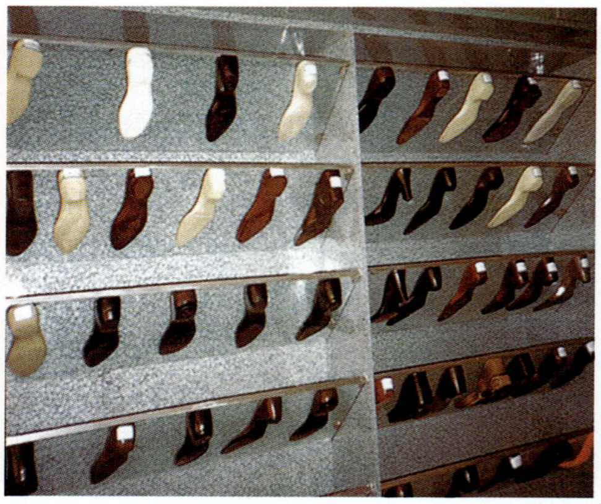

重庆顺翔聚氨脂鞋底厂是一家专业生产聚氨脂鞋底的厂家，产品畅销各区县、市，深受广大消费者的喜爱。厂长徐顺祥在质量上严格把关，产品每年经过重庆市质量技术监督局检测，都属于质量合格达标产品。

●锦天名都

●锦天佳园

●锦天康都

品质无界○诚信永恒

●锦天·商务中心

重庆锦天集团

CHONGQING JINTIAN GROUP

重庆市锦天集团是集房地产开发、旅游开发、营销策划、物业管理、园林绿化等为一体的现代化企业集团，企业注册资金6200万元，总资产6亿元，具备国家二级房地产开发资质。秉承“品质无界诚信永恒”的品牌核心，锦天集团创业五年来，步步为营，硕果累累，项目开发总量近100万平方米。

锦天置业集团是中国建设系统企业AAA级信用单位；已通过了ISO9001：2000国际质量管理体系认证，是重庆市房地产开发企业50强、重庆市诚信房地产企业50佳，董事长卢志红更荣膺重庆市非公有制经济人士优秀社会主义事业建设者称号；2006年度，锦天集团被中国企业联合会、中国企业家协会评选为“中国优秀企业”、并获得“全国行业质量诚信示范企业”、“中国房地产诚信企业”等殊荣，成为主流开发商行列中的佼佼者。

2007年，中华龙文化及玄天湖生态旅游综合开发项目正式签约，由锦天集团担纲、重庆市总商会浙江商会成员企业联合开发，该项目位于重庆龙乡铜梁，占地7100亩，总投资达16亿元，以“中华龙”为核心，项目开发集龙文化产业开发、温泉中心、星级园林式宾馆、湖区旅游度假、商务会所开发于一体，是在重庆市着力打造“温泉之都”，大力发展生态旅游经济的宏观大背景下，厚积薄发，以恢宏磅礴气势鼎力构筑的超大型综合项目，是锦天集团多元战略布局的全新平台。

在资讯爆炸和资本激烈变革的新经济时代，锦天集团将以独有的理念、独特的视角，透过从观念到策略的突破性整合，以房地产和谐发展为己任，共创同一片锦天。

海托置业 HAITUO REAL ESTATE

诚信企业 | HAITUO REAL ESTATE

重庆海托置业有限公司

海托大厦

龙都大厦

①龙珠丽锦
②A-龙珠丽锦小区大门
③B-龙珠丽锦小区内部

●诚信荣誉

海托置业先后荣获“万州区私营企业二十强”、“万州首届十佳房产”、“首届重庆市房地产五十强”、“一九九九年度、二〇〇一年度、二〇〇二年度年检免审企业”、“万州区优秀民营企业”、“万州区非公有制创业标兵”、“二〇〇一年度、二〇〇二年度重庆市开发协会优秀会员”、“市级先进档案管理企业”、“中国房地产业诚信企业”、“重庆市银行业协会诚信企业”等多项荣誉。

●诚信宣言

遵守国家法律、法规，保证依法纳税，坚持按开发程序办事，做到五证一册齐全；

保证广告内容真实、准确，不做虚假广告，不误导消费者，做到明码标价；

保证商品住房工程质量100%合格，拒绝使用淘汰落后及假冒伪劣建筑材料和产品；

保证所销售商品房合格无异议，建筑面积不“缺斤少两”、无欺诈行为，提供有效、齐全的产权登记资料，商品住宅还应提供《住宅质量保证书》和《住宅使用说明书》；

积极维护消费者的合法权益，保证按合同约定的内容、期限交付给业主使用，发生购房投诉时要热情回复，件件落实，若是自己的责任，及时纠正，不推诿拖拉；工程竣工后及时做好验收工作，认真办理物业管理移交手续，不拖欠建筑施工单位工程款；

加强行业之间的写作，自觉维护正常的市场竞争秩序，抵制企业间的相互诋毁及不正当的恶性竞争；

增强行业自律意识，及时建立信誉档案，加强企业员工的技能培训和职业道德教育，提高执业人员的思想、业务素质。

●诚信企业展示

重庆海托置业有限公司成立于1993年，国家二级资质，是专业从事房地产开发的资深企业。

海托置业拥有一支精专业、高素质的管理队伍，现有各级管理人员36余人，其中50%员工拥有中、高级专业技术职称，90%员工拥有大专以上学历，其经营管理模式已渐与发达地区品牌企业的经营理念接轨。

近年来，重庆海托置业已累计完成开发面积数十万平方米，公司治理结构完善，并在重庆市万州房地产行业中率先导入CIS与ISO9000管理体系，提炼以“构筑典范·关爱人生”为主题理念，以“品质铸就品牌·创新领先市场”为经营哲学，以“惟有第一·才是卓越”为企业精神。

海托置业一直致力于建设新重庆，以提升居家品质、营造社区居住文化为已任；以推进城市建设、引导住房消费新潮流为经营目标。

近几年开发的项目分别获得两个“巴渝杯”（市级）建筑奖与“重庆市第五届十佳住宅小区”殊荣。重庆海托置业有限公司先后荣获“万州区私营企业二十强”、“万州首届十佳房产企业”、“重庆市房地产五十强企业”、“万州区优秀民营企业”、“万州区非公有制创业标兵”、“重庆市开发协会优秀企业”、“市级先进档案管理企业”等，并在二00六年荣获“中国房地产业诚信企业”、“重庆市银行业协会诚信信贷企业”与“中国房地产业协会理事”等荣誉。

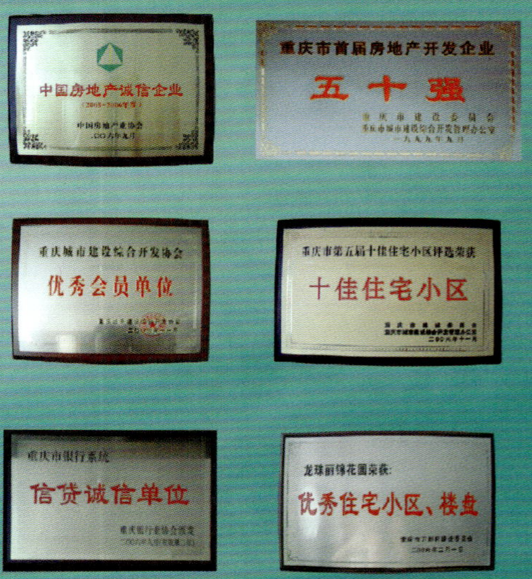

龙珠丽锦

盛黔振兴黔江 打造环水拥山
民族风情生态旅游的国家级山水园林城市

公司书记、副总经理张怀东介绍公司辉煌历程

▲公司董事长、总经理汪韬（中），书记、副总经理张怀东（右），副总经理杨永安（左）

重庆市黔江区盛黔城市建设开发有限责任公司是经黔江区人民政府批准成立的区属重点国有独资公司，具有房地产开发资质的城市建设与开发的投融资公司，肩负着我区城市建设与开发的重任。注册资本1500万元。拥有一支具有丰富的实践经验从事城市建设、房地产开发的专业队伍。公司内设综合部、财务部、工程策划部、工程建设部和工程拆迁部；下设直属全资子公司重庆市黔江区八方建筑工程有限责任公司。主要职能职责为城市基础设施建设，旧城改造，国有土地的开发和城镇经济适用房建设。

围绕建成"集团化上市公司的发展目标"，坚持"志存高远、团结盛黔"的企业精神和"合理利用资源，科学经营城市"、"营造公平环境，接受社会监督"的经营理念，"做实资本、做强产业、做优文化"，立足"一年打基础，二年上台阶，三年初具规模，五年发展壮大"，实施三步走的发展战略：第一步以城市基础设施建设为基础，完成政府交办任务；第二步以城市开发为重点，发展壮大公司实力；第三步是进入生产型企业，实行产业多元化发展，建成集团化上市公司。

▲时任黔江区委书记刘学普（前中）调研城建工作

公司成立近两年来，完成投资约5.6亿元，其中1.8亿元的文体中心、1.83亿元污水处理厂、6000万元的官坝开发、6800万元的黑山开发、2000万元的河滨公园四期建设、5250万元的滨河路六、七、八期景观工程、450万元的黔江大桥拓宽工程、西山公园建设等大型基础设施项目建设。目前正在新华大道改造工程以及开发建设1.5平方公里城北片区和南沟片区开发。

▲黔江区污水处理厂

2006年是以董事长、总经理汪韬为首的公司领导班子，在区委、区政府的正确领导和区国资委的监督管理下，全面实施"十一五"规划做强资产，打牢基础辉煌的一年。全体员工团结一心攻坚克难，拼搏进取，抢抓构建区域性中心城市的历史机遇，围绕"一年打基础、两年上台阶、三年初具规模，五年发展状大"的发展目标，以"志存高远，团结盛黔"的企业精神；以"合理利用资源，科学经营城市"、"营造公平环境，接受社会监督"的企业理念，在推进我区城市建设与开发，拓展公司产业多元化发展方面取得了显著成绩。完成了投资6437万元，是投资计划的179%；偿还历史债务500万元，完成任务的167%；新增资产5800万元，实现利润20万元，初步做实了资本，提升了企业的融资信誉和企业形象。近年来重点工程完成投资4950万元，其中，500万元的黔江大桥拓宽工程，1500万元的滨河路整治八期工程。城北开发工程土地丈量、登记及安置区建设启动，城南片区开发的规划设计开始招商，新华大道二期北侧改造破题，8户居民按规划采取联拆联建方式进行建房，新谭路建设前期规划设计并启动了安置区建设；新增加的新华大道改造工程正在紧张建设之中，完成了投资约830万元的三元宫、文汇路、武陵山路、黔洲桥至西沙桥栏杆改造等9个零星项目和投资657万元的邻鄂镇土地整治项目，助推了城市基础设施建设。为把深山明珠黔江城，打造成"环山拥水，民族风情，生态旅游"国家级山水园林城市作出新贡献。使美丽的黔江，向世人揭开她神秘的面纱，逐步建成环境优美，山明水秀，极具浓郁的民族特色和历史文明，底蕴深厚，适宜人居和旅游发展的桃园仙境。

▲黔城美景

▲黔江区体育馆夜景

▲新华大道"白改黑"工程开工仪式

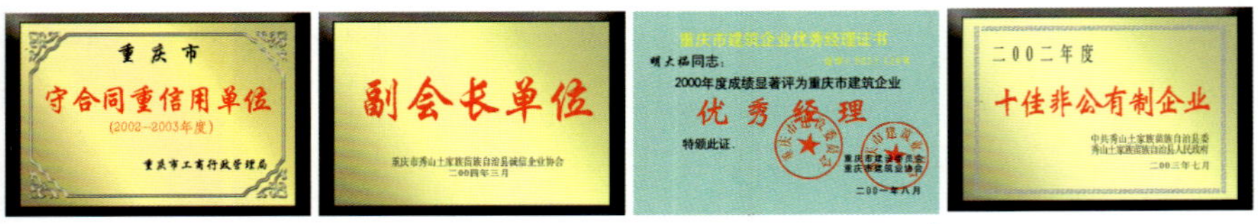

XIUSHANXIANSHIZHENGJIANSHEKAIFAYOUXIANGONGSI

秀山县市政建设开发有限公司

秀山县市政建设开发有限公司于2000年组建。公司成立以来，以质量求生存，以信誉求发展，经过几年的努力，公司已成为专业从事建筑施工、市政工程施工、房屋地产开发综合型企业，企业资质等级为三级。公司拥有固定资产820万元，流动资产637万元，注册资金820万元，公司有固定职工27人，其中中级以上工程技术人员7人，中级以上经济技术人员6人。技术力量雄厚，人员结构优化，具有独立承担较大型建筑及市政工程施工能力。

公司生产性固定资产占总固定资产总额的65%，有大型的机械、运输、吊装、砼搅拌、材料检验等机械机具设备，技术装备功率1137千瓦，能满足各类工程施工的需要。

公司管理机构健全，管理制度完善，各科室职能明确，管理到位。2000年度被县技监局授予质量信得过单位；2000年度被重庆市工商行政管理局命名为重合同守信誉企业，被县人民政府评为安全生产先进单位；2001年被重庆市建设委员会，重庆市建筑业协会授予重庆市建筑行业2000年度先进企业；2003年被县政府授予十佳非公有制企业；2002~2004年连续三年被重庆市工商行政管理局评为“重合同守信用”企业。

公司成立以来，承建各类建筑工程施工和在建工程，工程质量合格率达100%，优良率占85%，由于公司以质量求生存，以信誉求发展，以用户满意为宗旨，建造合格产品，得到上级主管部门及社会各界的信任和好评。

重庆港务物流集团有限公司简介

重庆港务物流集团有限公司是重庆市委、市政府将重庆港务（集团）有限责任公司、重庆物资（集团）有限责任公司、万洲港口（集团）有限责任公司和涪陵港务管理局的国有资产战略重组而成立的大型综合物流集团。

集团现拥有独资公司4个、上市公司1个、分公司9个、国有控股公司18个、参股公司7个、国有企事业单位18个。资产总额50亿元。

按照“一城一港、港航结合、东推西进、首尾互动、区港联动、综合物流”六大发展战略，重庆港务物流集团“十一五”发展目标是建成西部最大最有带动力、控制力和影响力的现代综合物流集团和全国有实力有影响的物流集团，成为长江上游最大的综合水运中转港和集装箱枢纽港，年货物吞吐量达到5000万吨以上，集装箱吞吐量150万TEU，港口物流基础设施投资总额达50亿元以上，总资产、销售收入分别达到100亿元，利润总额上亿元。

按照“港口+物流+资本运作+综合发展”的经营模式，精心打造港口、航运、物流（仓储、商贸）、综合四大板块，促进港口物流发展一体化，提高国有企业对经济社会发展的支撑、引导、带动作用。

重庆港务物流集团承担着重庆市港口项目投资、建设、对外招商引资和经营管理任务，坚持以改革为动力、调整为关键、建设为条件、创新为灵魂、发展为主线，愿为国内外客户、朋友提供最广泛、最诚信、最优质的服务，实现互惠共赢、合作共赢，为合力建设长江黄金水道，发展现代物流业贡献力量！

地 址：重庆市渝中区朝千路3号
传 真：63100612　63100902
网 址：http://www.cqg.com.cn
邮 编：400011

▲重庆港务物流集团有限公司挂牌

▲寸滩国际集装箱码头

▲重庆金材物流交易市场

重庆市公路工程集团

YLJT CHONGQING ROAD ENGINEERING GROUP

纯阳房地产公司"纯阳领岸"商品房顺利交付

商品混凝土及沥青混凝土配送

重庆市公路工程集团是专业从事公路工程的国家总承包一级资质施工企业，同时具有交通工程、桥梁、路基、路面、港航、房建、市政工程等专业资质，并获得国外承包工程以及对外派遣劳务人员资格。集团公司是ISO9001国际质量体系标准认证企业，下设3个项目管理分公司，并有全资或控股的光电科技、商砼配送、路面材料、设备监理、中心实验室、设备租赁站、老人康乐服务中心、房地产开发、旅游度假、劳务中介服务、企业管理等子公司。

集团拥有固定资产7亿多元，拥有各类大型工程机械设备300余台（套），拥有工程专业技术人员400多人和一大批有熟练技能的工人。

集团成立20多年来，先后参加了成渝、长万、绕城等十多条高速公路的新建和数百公里一、二级公路的改扩建工程及多个城市道路、港口码头和堤防、房屋建设施工项目。公司所承建的工程项目优良率达90%以上，多次受到业主的表彰和嘉奖，连续六年被评为重庆市建筑行业先进企业。2006年荣获中国产品质量协会颁发"质量信誉AAA等级标准"证书。企业持续保持地区和系统文明单位的光荣称号。

法人代表（董事长）：魏　璐　　　总　　裁：刘　共

企业地址：重庆市渝北区新南路52号　企业网址：http://www.cqgljt.com

邮　　编：401147　电 话：023—89187860　传 真：023—89187859

高速公路路面施工

高速公路路基施工

重庆市轨道交通总公司简介

重庆市轨道交通总公司于1992年经重庆市政府批准成立，是重庆市国有独资轨道交通客运企业，经市政府主管部门授权负责城市轨道交通的建设、运营和沿线资源开发工作。

公司现有资产56亿元，职工1900人，拥有专门技术与技能人才1000多名，其中有150多名工程建设管理、交通运输管理的研究生，以及国内唯一经过日本JICA专家系统培训的轨道交通高中级专业技术人才；有一批长期从事轨道交通技术研究与工程建设管理经验的技术骨干和接受过国内外大型地铁公司系统培训的轨道交通运营管理队伍。

公司具有甲级工程管理资质，甲级设备监理资质，乙级工程咨询资质，三级房地产开发资质；具有承担城市轨道交通规划、建设和运营管理以及轨道交通技术咨询的能力。

为了改善重庆核心城区交通拥挤状况，提高城市居民生活质量，建立安全、快捷、舒适的城市现代化客运骨干交通系统，公司承担的西部大开发重点项目、国内首条跨座式单轨交通线路——重庆轨道交通二号线已顺利开通，为缓解沿线地面交通的压力，提高市民的出行质量，促进城市经济的发展做出了贡献。

公司计划用20-30年的时间建设六线一环354公里的重庆轨道交通线网规划，已得到重庆市政府的批准，至2013年将完成轨道交通三号线（轻轨）和轨道交通一号、六号线（地铁）共82公里的轨道交通建设任务，实现日客运量百万人次。

公司坚持“以实干求生存，以创新促发展”的企业精神，秉承“以质量求生存，用服务铸品牌，靠速度赢市场”的宗旨，树立服务先导意识，通过理念创新、技术创新、管理创新、文化创新，发挥快速轨道交通在重庆城市客运交通的骨干作用，把公司打造成为国内优秀的城市快速轨道交通企业。

重庆市南山植物园简介

重庆南山植物园是一九九九年经重庆市人民政府批准，在原重庆市南山公园基础上扩建而成的，以收集我国亚热带低山植物种植资源、以观赏植物专类园为中心进行物种保存、收集、栽培，集科普、科研和园林艺术布置为一体的低山观赏性植物园。是重庆市政府“八大民心工程”和“十大社会文化基础设施工程”之一。总面积551公顷，距市中区仅15公里。目前已建成蔷薇园、山茶园、兰园、梅园、盆景园、一棵树观景园共6个专类园。大型展览温室和中心景观园正建设之中。

重庆市南山植物园素有“重庆氧吧”和“绿色屏障”之称，享有“山城花冠”之美誉。是重庆市“十佳旅游景区”和重庆“魅力一日游”的主要景点，也是全国AAAA级风景旅游区。一棵树观景园是重庆夜景的最佳观景点。